南浔志

点校本

（上册）

周庆云　纂

赵红娟　杨柳　点校

中共南浔区委宣传部　南浔区文联　整理

方志出版社
Publishing House of Local Records

图书在版编目（CIP）数据

南浔志：点校本 / 周庆云纂；赵红娟，杨柳点校；中共南浔区委宣传部，南浔区文联整理．—北京：方志出版社，2022.12

ISBN 978-7-5144-5423-9

Ⅰ．①南… Ⅱ．①周… ②赵… ③杨… ④中… ⑤南…Ⅲ．①乡镇—地方志—湖州—南宋－清代 Ⅳ．①K295.55

中国版本图书馆CIP数据核字(2022)第233943号

责任编辑：何明忠
责任校对：刘玉霞
责任印制：梅中英
出 版 者：方志出版社
地　　址：北京市朝阳区潘家园东里9号（国家方志馆4层）
邮　　编：100021
网　　址：http://www.zgfzcb.cn
发　　行：方志出版社图书营销中心（010-67110500）
印　　刷：北京中科印刷有限公司
开　　本：889毫米×1194毫米　1/16
印　　张：58.75
字　　数：1166千字
版　　次：2022年12月第1版
印　　次：2022年12月第1次印刷
定　　价：500.00元（上下册）

谨以此书庆祝

南浔镇建镇七百七十周年

南 浔 区 建 区 二 十 周 年

南浔志（点校本）整理委员会

主　　任：翟海峰

副主任：施永伟　陆　剑

点　　校：赵红娟　杨　柳

统筹策划：陆　剑

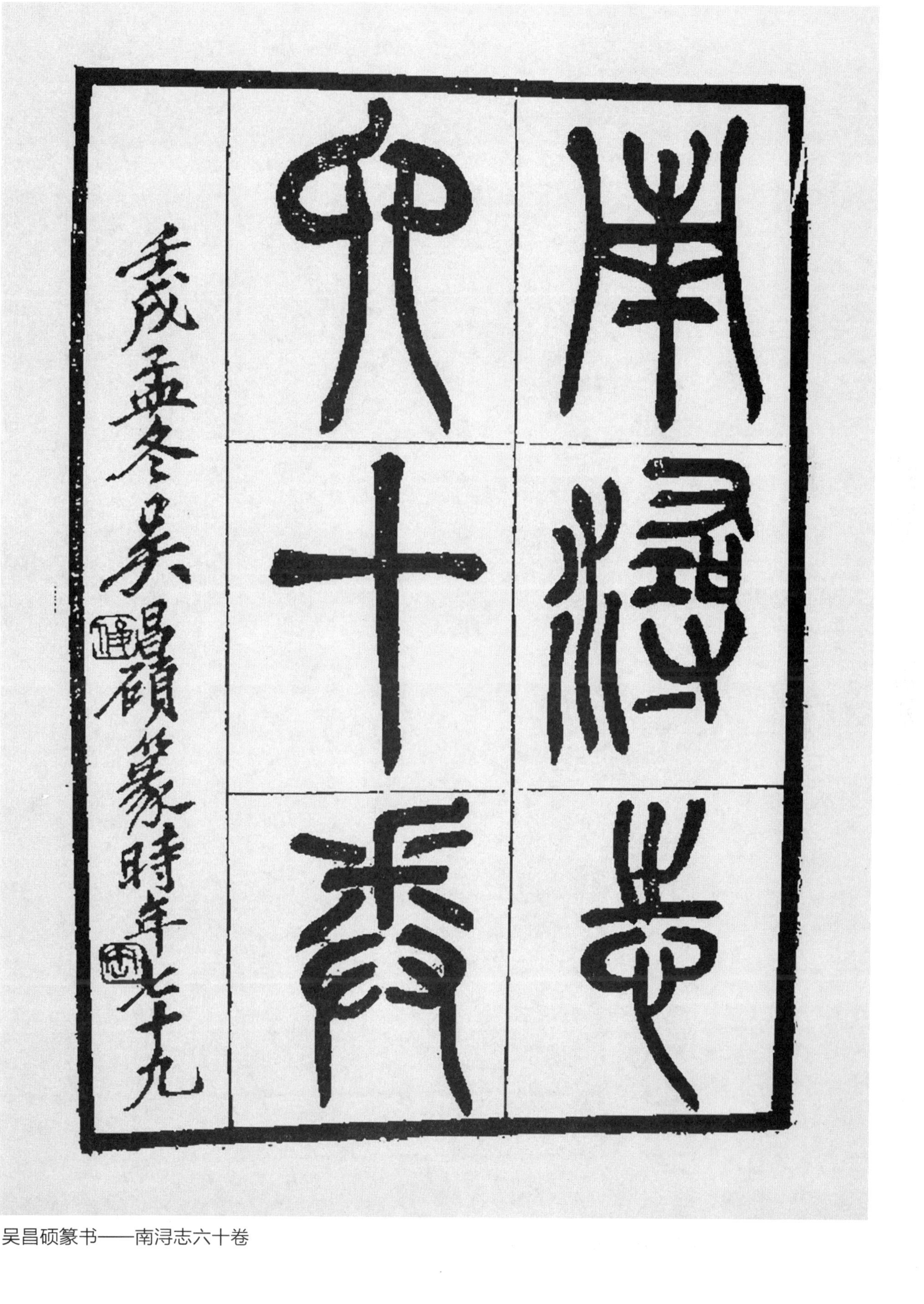

吴昌硕篆书——南浔志六十卷

《南浔志》编纂者周庆云遗像

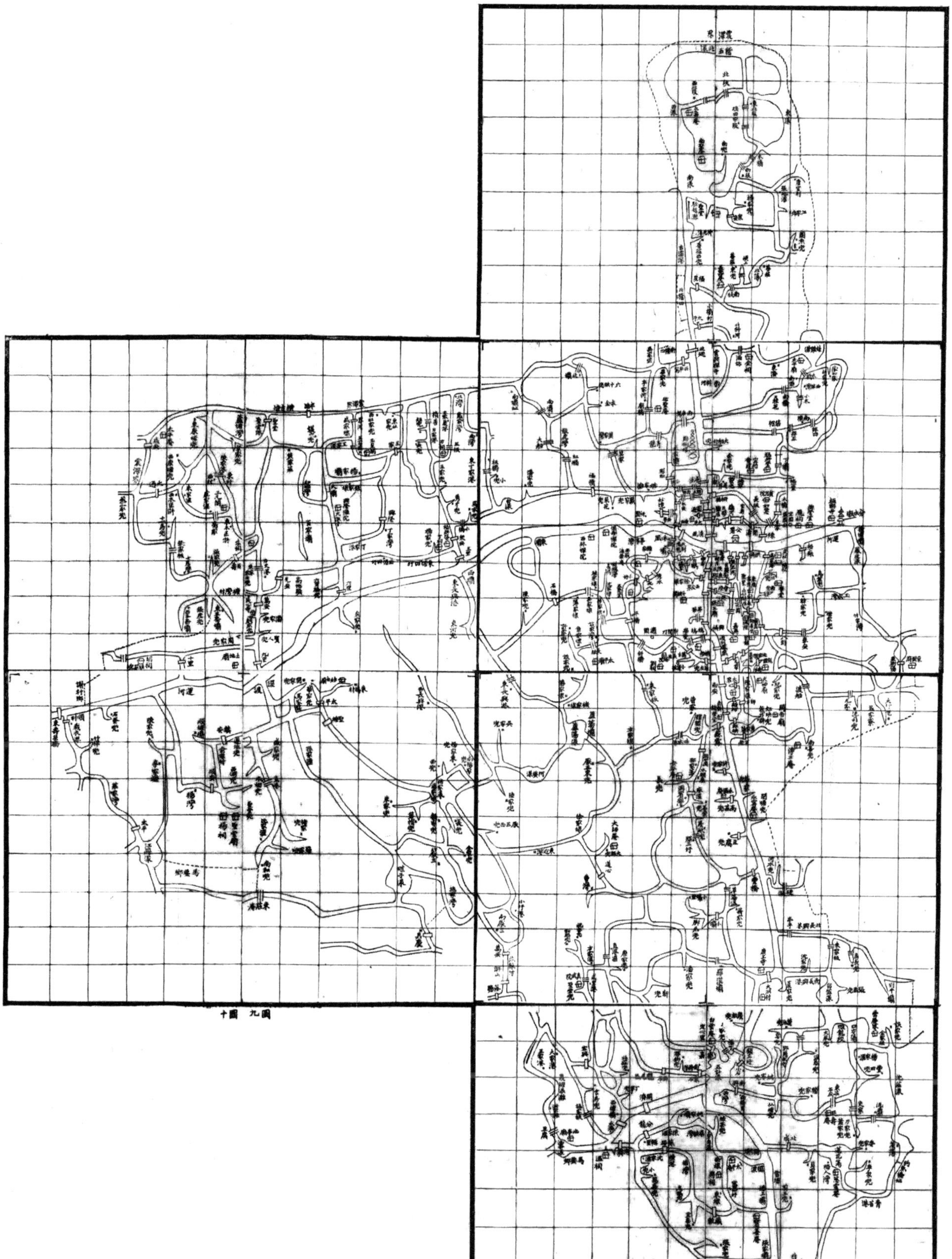

民国南浔十二庄示意图

点校前言

《南浔志》共16册60卷，由民国时期南浔儒商周庆云（字景星，号湘舲，别号梦坡）主持编撰，故简称“周《志》”，1922年首次刊印。1928年再次刊印时又增补了《南浔撷秀录》作为附录，总字数超百万，为迄今南浔乡镇志中体量最为庞大、资料最为全面、引用最为广泛的志书，在江南市镇诸多志书中亦首屈一指。

南浔自古以来崇文重教，文化昌盛，素有“文化之邦，方志之乡”的美誉。在《南浔志》刊印之前，南浔已有潘尔夔《南浔镇志》、董肇镗《南浔镇志》、范来庚《南浔镇志》、汪曰桢《南浔镇志》等多部镇志问世，但以往镇志收录的区域范围仅限于镇区，而周庆云这本《南浔志》突破了这一限制，将范围拓展到南浔周边农村的“十二庄”（东至江苏省界，北至金鱼漾，西至裁衣港，南至南社兜，见文前插图），所以不冠“镇”之名，是镇志中的一个创举。它的体例参照清咸丰年间汪曰桢编撰的《南浔镇志》，上起南宋建镇，下至清朝覆灭，收罗宏富、体例完备、考证严谨，是研究南浔历史最重要的文献，时人给予高度评价。

岁月变迁，世事流转，由于该书存世量少，一般人获取不易；加之原书为繁体竖排，且没有标点，普通读者阅读不便。值此《南浔志》首次刊印一百周年之际，我们花了很大力气重新点校、整理、出版这部“南浔历史的百科全书”，以期让更多人，尤其是年轻人，可以看到、读懂，进而了解南浔历史文化，赓续典籍文脉。

传先人之清芬，励后来之精英。旧志整理是保护文化典籍的重要工作内容，也是发掘传承地域文化的重要举措。从“嘉业堂丛书”到“南浔丛书”，在文化这一领域，南浔人一直有传承接续的优良传统。

在此，特别感谢浙江外国语学院赵红娟教授及其团队为此次点校工作付出的艰辛努力，赵老师与南浔有缘，是研究南浔董说及其家族、练市茅坤及其家族的资深专家；感谢方志出版社的编辑同仁，他们高效而专业的工作，使得这本书能在很短的时间内顺利出版。当然，由于是初次点校，一定还有讹误，还望广大专家和读者批评指正。

最后，也借点校出版《南浔志》的机会，向周庆云、汪曰桢、刘承幹、张石铭等为保存、弘扬、传播南浔文化的前辈乡贤致以崇高的敬意。

南浔后学陆剑敬识

2022年6月

点校说明

一、本书以周庆云1922年刻本为底本，参以1928年补刻本，补入宁海章梫、兴化李详、南通张謇题辞三篇，卷末附入《南浔撷秀录》一卷。

二、底本原为竖排繁体，为普及阅读，现为横排简体，采用现代汉语标点，并适当划分段落。

三、底本中异体字除人名、地名等专用名词外，尽量改用规范字，以便于阅读。避讳字径改。通假字不改。

四、底本明显的混刻或误刻，如“已”与“己”、“臼”与“白”、“秩”与“佚”之类，径改。

五、底本中的部分标题名称及朝代名称有前后不一致的现象，保留原貌，不做统一。

六、注重他校，全面参校《吴兴艺文补》《吴兴备志》《浔溪纪事诗》《涌幢小品》等志内征引文献。

七、本书纂辑之前，南浔已有潘尔夔《南浔镇志》、董肇镗《南浔镇志》、范来庚《南浔镇志》、汪曰桢《南浔镇志》等镇志，本书中称引，皆略为“潘《志》”“董《志》”“范《志》”“汪《志》”。

八、本书所附《南浔撷秀录》版刻格式较为特殊，径以横排简体排版易混淆其中所录试题，故特于试题后加括号标注该试题属乌程或归安。

目 录

刘序

世称明韩邦靖《朝邑县志》文省而事不漏，后之作者未能或先。按其体例，实渊源于宋常棠《澉水志》。夫以乡镇小志，立志乘之极轨，而能用其法者，自《朝邑志》后，莫之能继，此刘知畿所以叹史才之难也。然乡镇志实较郡县为尤难，分一县之片壤，为偏隅之别乘，稍溢则滥，过略则陋，苟无史才以纬之，鲜能免于二者之讥。要以阐幽举坠，足资观感，则志家之通义也。南浔在乌程县东境，介江浙间，水陆交通，人物殷阜，史迁所谓绾毂之口，与海盐之澉水同为浙西繁镇，而学术递禅，轩冕重袭，代有传人，又文献之所萃也。咸丰间，汪丈谢城辑《镇志》四十卷，搜讨既富，审择尤精，不滥不陋，足与《澉志》并传。春秋代运，迄今又六十年矣。余于光绪季年在里稍辑遗闻，冀整齐散佚，续成一编，顾以名作在前，逡巡未果。迨辛亥政变，而官书吏牍，半付劫灰，即职官一门，已难稽考，始悔前者之过于矜慎，为坐失事机也。同里周梦坡广文，眷怀乡社，锐意编纂，斟酌旧例，增立门类，厘为六十卷，不数年而告成。余于全书虽未细加检阅，而赴事之勇，抚衷实增恧焉。比年各邑竞起修志，大都进锐退速，鲜克有终，时会迁流，罔知所届。及今不为更历，数十年后，文献无征，其搜辑有倍难者。梦坡之汲汲从事，殆有鉴于是欤！夫今之乡镇，犹古之州党，州党之下，尚有族、有闾、有比。梦坡以吾浔所属十二庄为一乡区，变通汪《志》，扩而广之，亦犹《周礼》遗意。周制：族师、闾胥属民读法，书其孝弟睦姻、敬敏任恤者，以达于州党。是故教成于下，俗尚茂美。孔子曰："吾观于乡而知王道之易易。"诚以天下者，一乡之积，观一乡则天下可知。以今日横流之势，滔滔皆是，识者常有人心世道之忧。吾浔风气素驯，多硁硁自守之士，盖乡先生之流泽长也。今则渐趋浮竞，闾巷市井皆非昔日景象，殆运会使然。梦坡是编，其义例精审，未知视《澉志》何如；而掇拾旧闻，阐扬潜德，俾里中人士展卷兴慕，潜动其先民矩矱之思，是其有裨风化、为功于桑梓者实非浅鲜。余既获观其成，藉慰平生之愿，又冀吾浔习尚渐返于纯朴也，故乐为序之。壬戌季冬，刘锦藻。

自序

南浔为湖郡乡区，接壤苏之震泽，周围不过十数方里，而镇居东南，廛闬扑地，孳货委阗，为吾浙乡镇最。当明之季，先后官阁部者若而人，金紫貂蝉，海内宗仰。洎乎本朝，功名稍稍替矣，而穷经皓首、闭户著书者又若而人。至咸、同之际，贸迁起家者亦实繁有徒，岂地灵使然欤？咸丰季年，汪谢城世丈有《南浔镇志》之辑。丈故名宿，先为《浔辑》，都四十巨册，乃檃括以成，由博返约，体例谨严，识者推为善本。寒燠递迁，新陈代谢，补苴掇拾，责在后人。会辛亥国变，庆云蛰居海角，坐阅沧桑，虑乡邦文献日就湮没，欲为续志之辑，然距汪《志》成时已甲子将周，中经兵火，网罗散佚，尤属不易，且纂述亦难其选。会章一山左丞书来，介秀水陶拙存参议任其事。参议博闻强记，精于史学，为余所心折，乃躬为延聘。参议谓一乡之故实，惟乡之人知之最悉，若他邑人为之，则隔阂而舛误必多，固却之。退而商诸蒋殿襄茂才，殿襄又逊谢，坚请，始允任搜辑之役，并要庆云总其成。先是，刘澂如学士与纪仲景明经有《备志》之撮录，则举其大纲。殿襄于箧衍出《南林屑》一书，甄采遗闻，旁证说部，虽卷数未经厘订，而淹雅可观。既任事，又复博搜精掇，凡三易寒暑，而成端楷稿本若干册授庆云。庆云不揣谫陋，删其繁芜，补其缺略，将各稿类次而排比之，从史家断代例，以宣统三年为止，而体例则依汪《志》。惟汪《志》志镇，而庆云兼志乡。盖本南浔十二庄为一乡区，视汪《志》则稍广矣。稿垂成，且刻且纂，又阅四年而杀青。操觚率尔，其疏略纰缪，殆不能免，惟冀乡父老昆弟谅其一手足之为烈，起而是正之，岂惟庆云私幸也哉！里人周庆云序于海上晨风庐。

南浔志凡例

一、汪《志》以镇为限，故曰《南浔镇志》，然限以内不尽属诸镇，限以外仍有南浔乡之区域，则限而未断也。此志以南浔乡所属十二庄为限，故曰《南浔志》。

一、此志既不以镇为限，即不能为汪《志》之续，乃采辑镇以外及汪《志》以后之掌故，益以汪《志》所有者而成此志。

一、此志采辑自宋、元朝以至宣统辛亥为止，其生存人之著述诗文，概不拦入。惟援引杂识，其信而有征者，虽生存亦采，从汪《志》例也。

一、汪《志》略漏者补之，如宋、元、明之职官为最要。舛误者正之。分见各类小注。汪《志》“公署”包涵“学校”“义举”，今事实增多，乃依类分卷。汪《志》无“村庄”，而以西庄村、쭁里附入“镇区”，今既加入乡区，则“村庄”应自为一门。查范《志》，“古迹”“园第”分两门，汪《志》从《府志》例，概入“古迹”。今园林有近人建筑者，似不可并入“古迹”，园、第又不相联贯，故分“古迹”“宅第”“园林”为三类。汪《志》但有“节烈”，其非节非烈而女箴妇德可以风世者，亦不乏人，今改为“列女”以广之。汪《志》“集”“文集”“诗”不分邑人与邑外人，今邑外人与邑人各分两卷。汪《志》“志余”载史案篇幅已多，今又摭采不少，故提出别为“大事记”，并拐案、“粤匪”、枪匪连类及之。又提出关于“诗话”者两卷，仍附“志余”之末。其变更有因，非妄为增损也。

一、汪《志》分疆域、沿革附。公署、河渠、水利附。衢巷、桥梁、古迹、寺庙、祠墓、坊表、人物、寓贤、方外、职官、选举、荐举、历仕、封赠、荫袭附。节烈、灾祥、农桑、风俗、物产、碑刻、著述、集、文集、诗、志余，凡二十五类，附见者六编，为四十卷。此志增学校、村庄、宅第、园林、恤赠、商勋、义举、大事记，改“节烈”为“列女”，凡三十五类，荐举、历仕、封赠、荫袭，各自为类。附见者三，编为六十卷。

题　辞

答梦坡书

宁海章梫一山

前惠大著《南浔志》，迟未即复为歉。顷略读一过，取材富赡，隶事亦均有分别，一丸之土，张大若此。汪谢城尽其能，公又扩而充之，多学博闻，后先济美，成此巨著，海内无第二乡志能与抗衡。长才未可以斗石计，私幸去冬寿公诗不为溢量，至深钦佩。中有讹字，大约声近而从者多，须加校改正，以尽美善。

又

兴化李详审言

别经半岁，昨始来沪，即承赐《南浔志》一帙。体例精审，规抚自古，较之谢城书为完备，不独如骖之靳而已。翰怡、石铭皆流传古书，先生自出机杼，讨论乙部。玉山之集，既冠东南；金鐀之藏，远师诵训。信可追美澉川，希踪吴地，欢喜赞叹，夫何足云。志中尚有误文，容谋献替，兹因陈谢之言，附写鄙臆，亦士申知己之一耳。

又

南通张謇啬翁

徐生昨归，敬承起居康胜，纂述夥颐，研翠墨以滋古欢，拂朱弦而增雅韵。辱惠大著《南浔志》六十卷，甄采闳博，体例明备，不惟掌故征文，抑且史家余裔。远师澉水，近法北湖，虽同为村镇之编，而乃有详略之异，蔚然巨帙，信可观焉。《南通图志》，断手已久，流目匪遥，装竟当寄奉左右也。

南浔志目录

此志发端，附：浔溪小学为纂修之所，延人缮录，蒋殿襄文勋主持，其间征求采访十余人，而应者寥寥。会殿襄因事来沪，下榻敝庐，搜采不懈。而李希民宗贤、纪仲景福寿、吴彦臣钰、朱桂题允中及余犹子子美延年，或展卷摭采，或赴地访问，各有投稿。潘茗毓麟书则任测绘之役，并延无锡顾莼吾广熙为总校，无锡秦涤尘国璋为参校。又输资刊印者，为张定甫宝善、刘澂如锦藻、刘翰怡承幹、庞莱臣元济、邢穗轩墭、张石铭钧衡、梅祗安履泰、梅祉荷履中。余亦薄有补助，例得备书。壬戌九月周庆云识。

南浔镇乡图

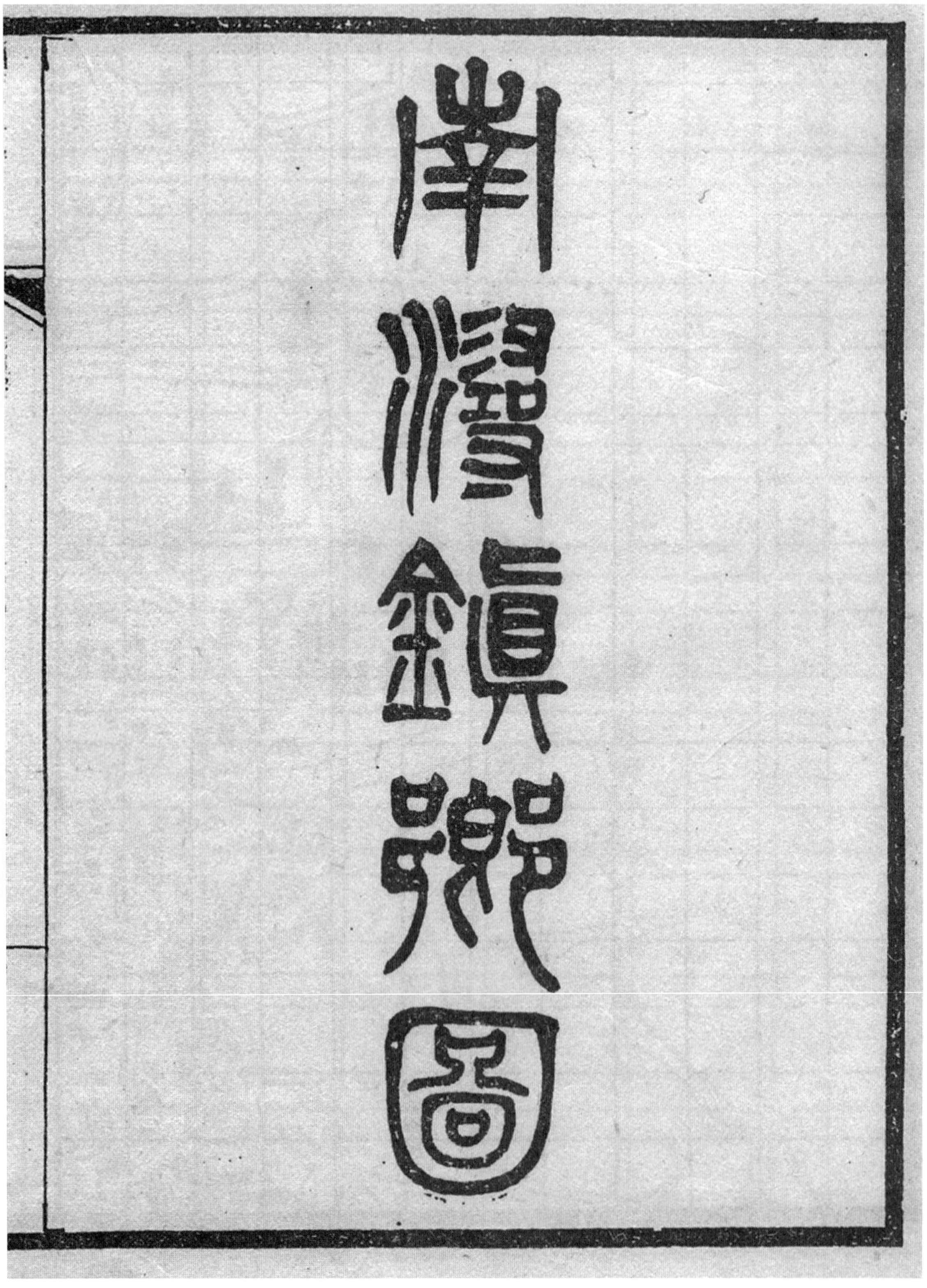
南潯鎮鄉圖

南浔镇乡图 1

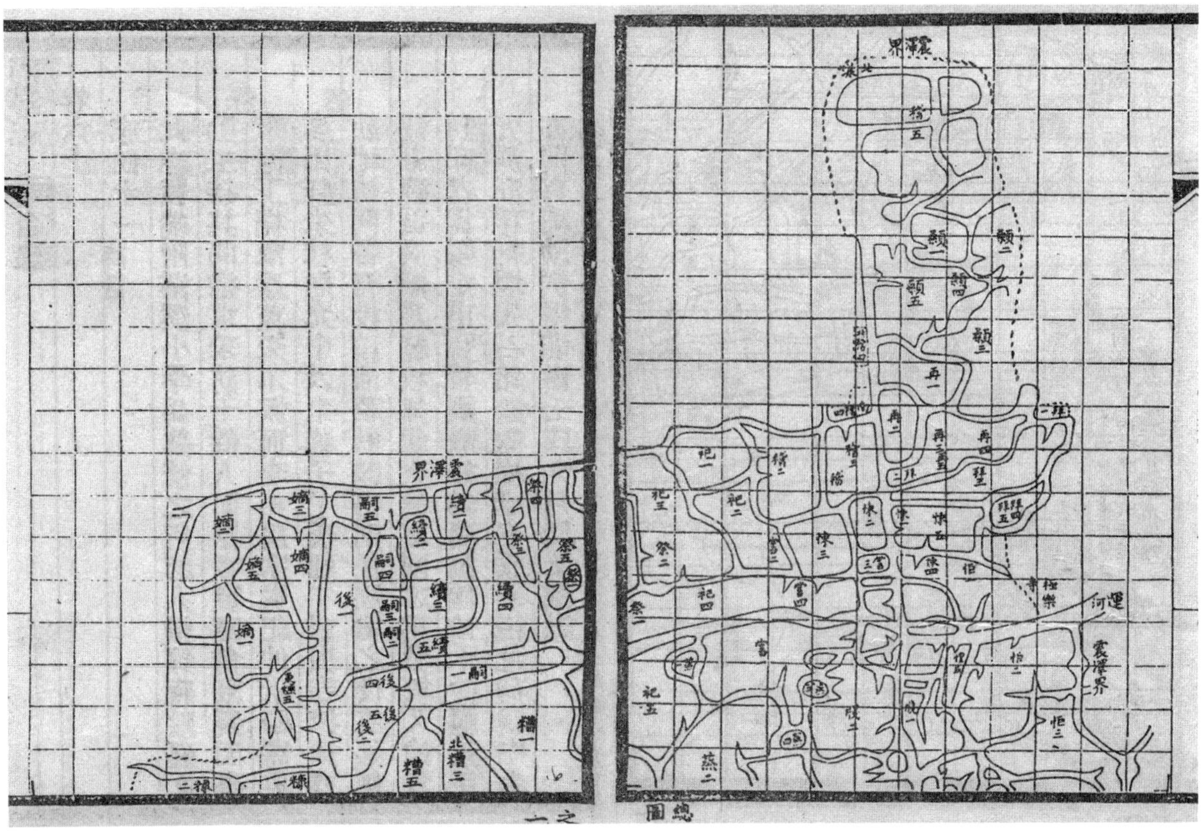

南浔镇乡图 2

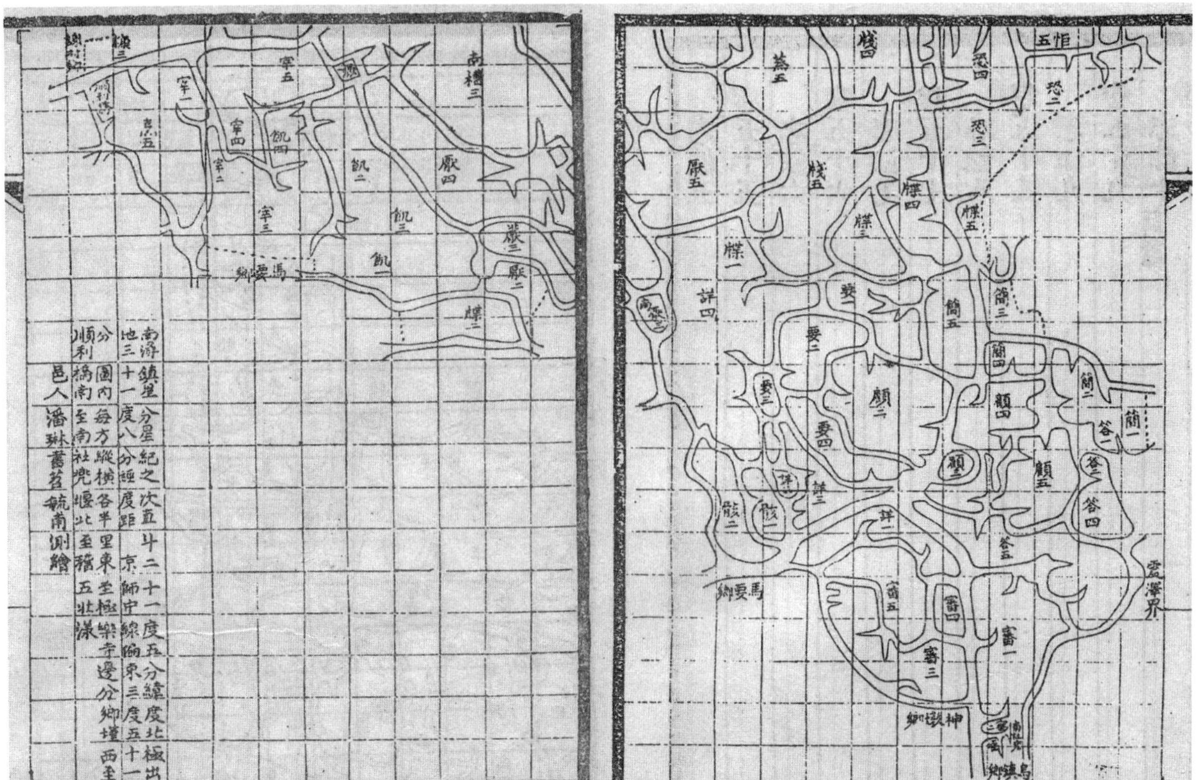

南浔镇乡图 3

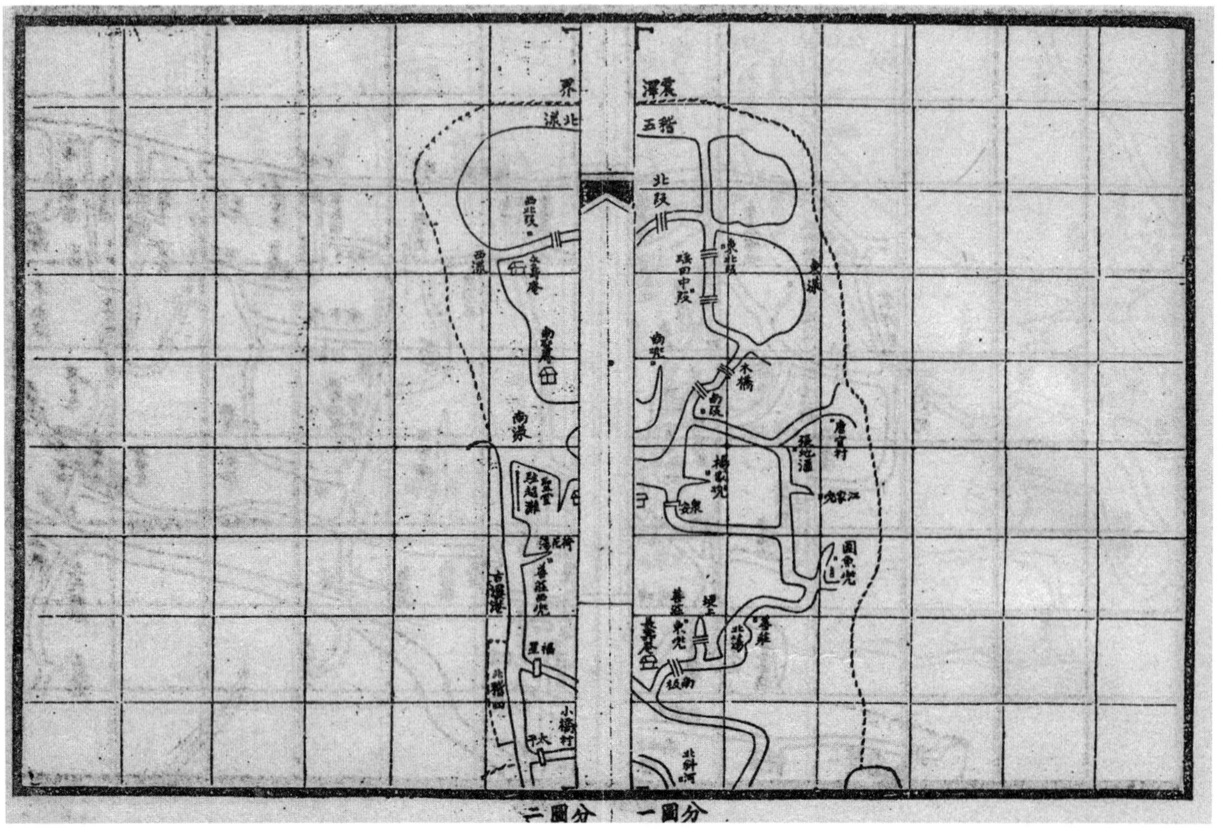

南浔镇乡图 4

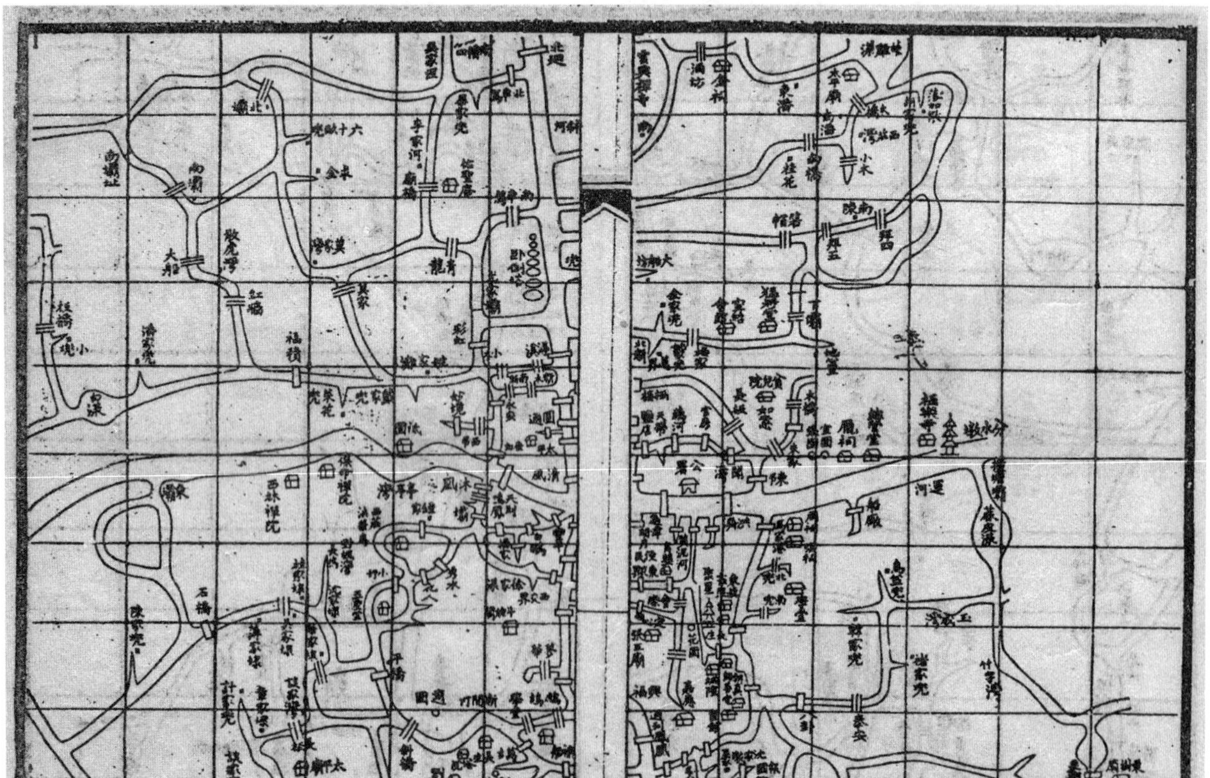

南浔镇乡图 5

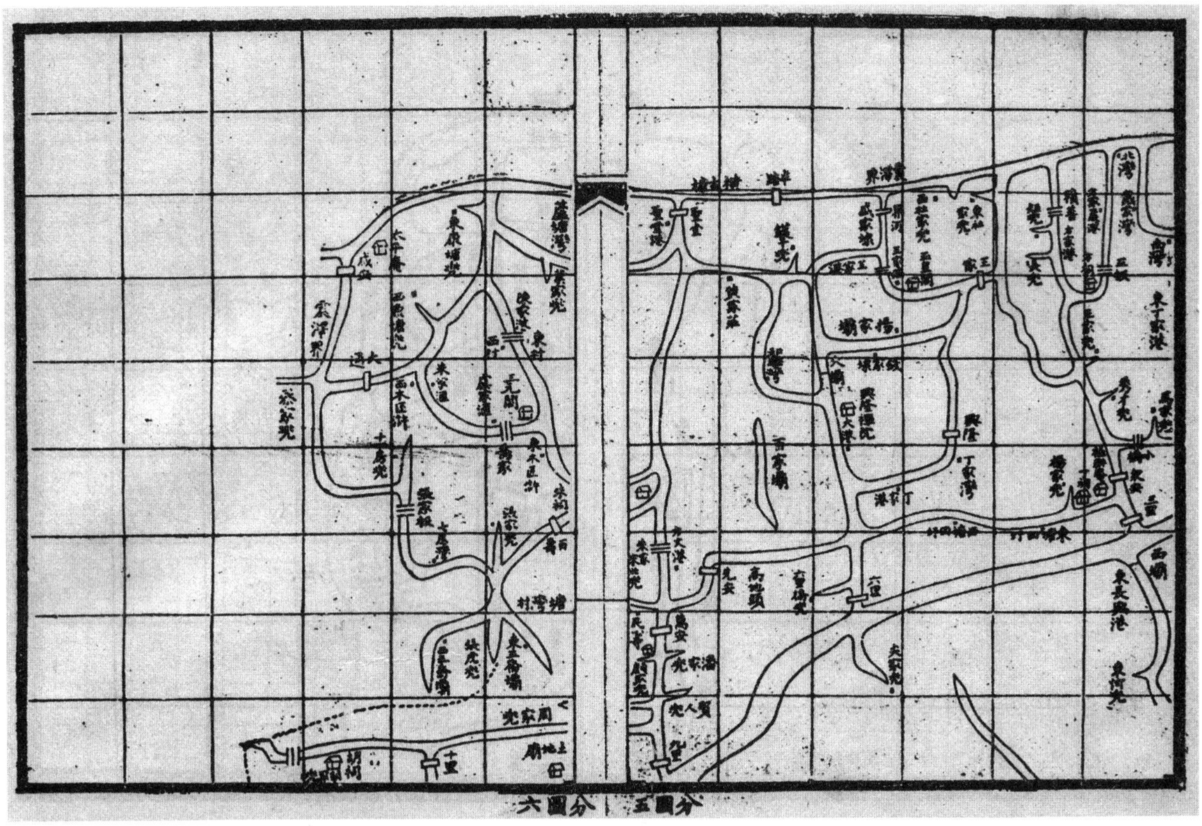

南浔镇乡图 6

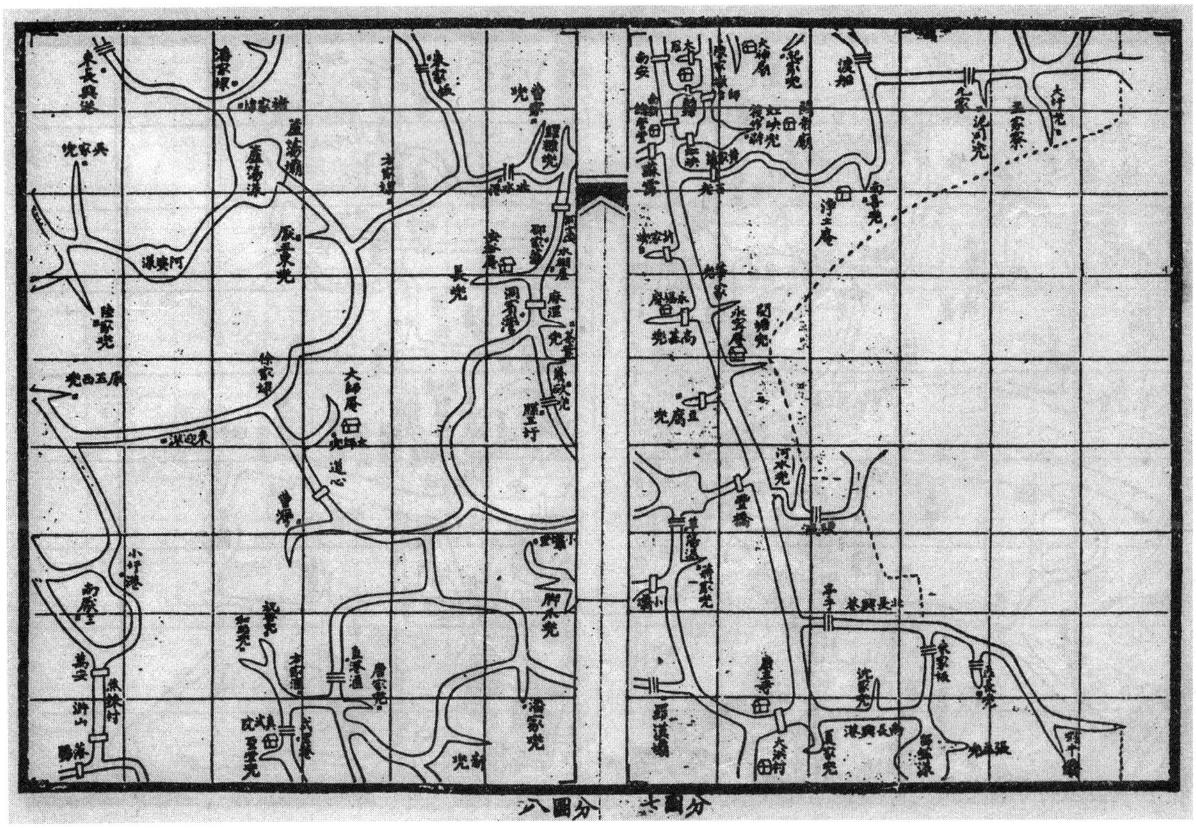

南浔镇乡图 7

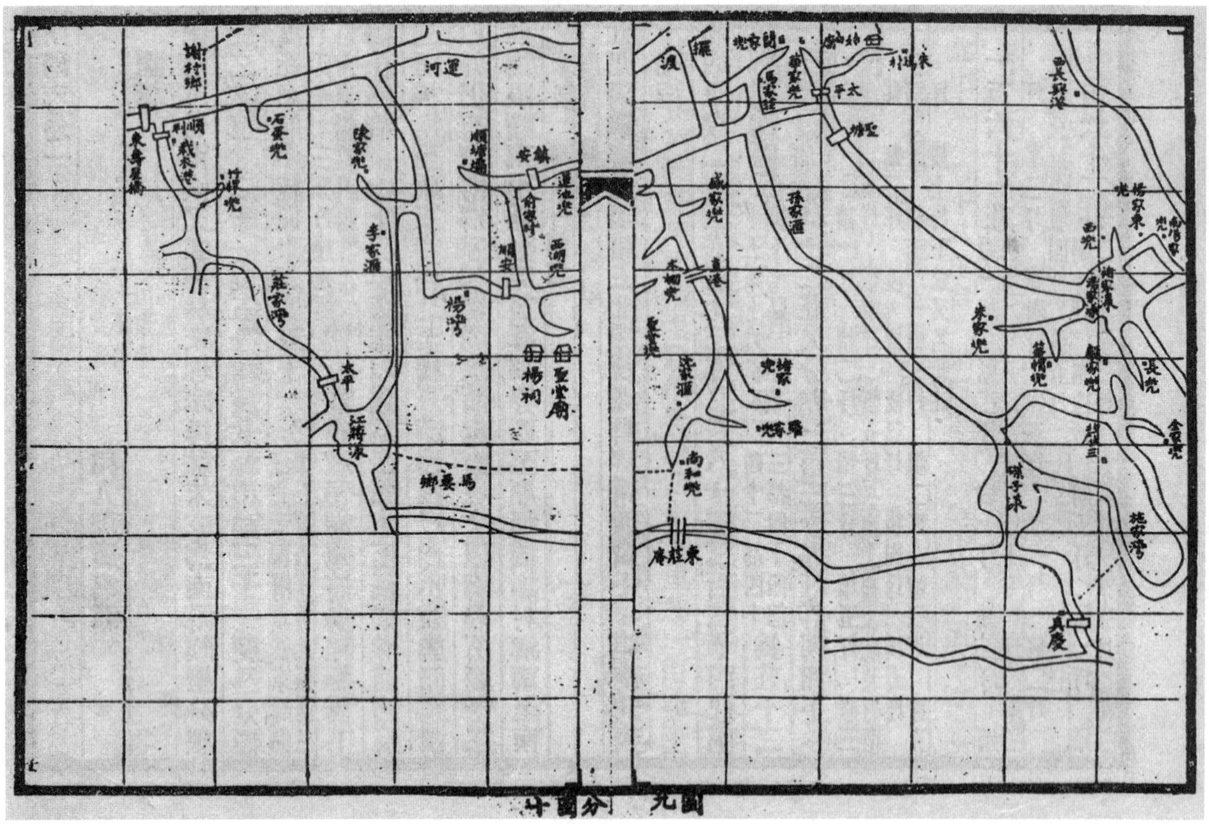

南浔镇乡图 8

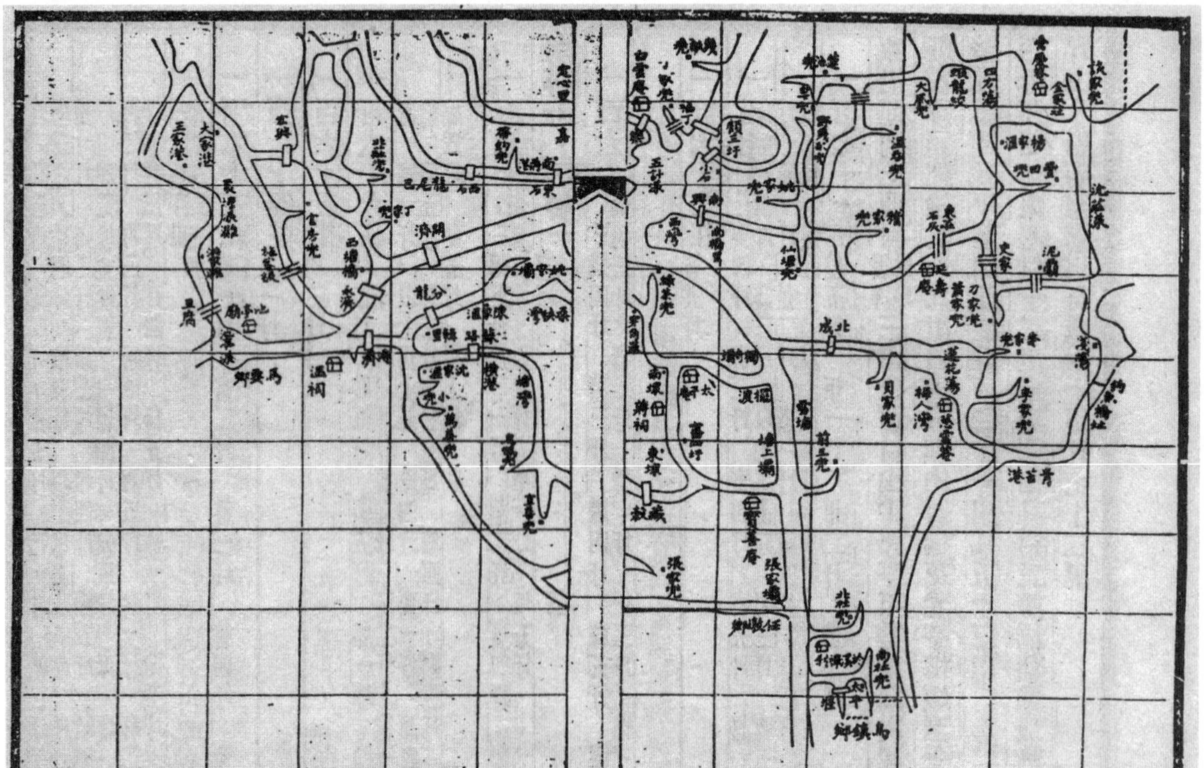

南浔镇乡图 9

南浔志卷一

里人周庆云纂

疆域

南浔，本名浔溪，又名南林，宋理宗淳祐末立为南浔镇。星分星纪之次，直斗二十一度五分，纬度北极出地三十一度八分，经度距京师中线偏东三度五十一分。汪《志》云：南浔镇在京师偏东三度五十分，北极高三十度五十三分，乃据康熙时内府铜板舆图计之。属浙江布政司湖州府乌程县震下乡，在县治东七十二里。旧志以镇为限断：东至极乐寺前，西至三里桥，南至康王寺桥，北至稽五漾。然限以内不尽属诸镇，限以外仍有南浔乡区域者，则限而未断也。今以南浔所属十二庄为限断：东至极乐寺震泽县界，西至顺利桥谢村乡，南至南社兜乌镇乡，北至稽五北漾震泽县界。东西广十一里，南北袤十七里。

县治原设二十三区、五十三都、二百八十图、二百二十四庄。南浔所属为区三，十五区、十六区、十七区。为都三，四十二都、四十三都、四十四都。为庄十二，一百六十庄至一百七十一庄。其十二庄又分辖一百三十九圩，详列如下。

一百六十庄糟一圩、糟二圩、糟三圩、糟五圩、厌三圩、厌四圩、厌五圩，以上为上庄，又名南庄；嫡三圩、后一圩、后二圩、后四圩、后五圩、嗣二圩、嗣三圩、糠一圩、糠二圩、糠三圩、糠五圩，以上为下庄，又名北庄。

一百六十一庄厌一圩、厌二圩、嫡一圩、嫡二圩、嫡四圩、嫡五圩、烹五圩、宰一圩、宰二圩、宰三圩、宰四圩、宰五圩、饥一圩、饥二圩、饥三圩、饥四圩、饥五圩。

一百六十二庄嗣一圩、嗣四圩、嗣五圩、祭一圩、祭二圩、祭三圩、祭四圩、祭五圩、祀二圩、祀三圩、祀四圩、尝五圩、续一圩、续二圩、续三圩、续四圩、续五圩，以上为上庄；祀一圩、稽一圩、稽二圩、稽三圩、稽四圩、稽五圩、颡一圩、颡二圩、颡三圩、颡四圩、颡五圩、再一圩、再二圩、再三圩、再四圩、再五圩、拜一圩、拜二圩、拜三圩、拜四圩、拜五圩、悚一圩、悚二圩，以上为下庄。

一百六十三庄尝一圩、尝二圩、尝三圩、尝四圩、悚五圩。

一百六十四庄笺一圩。

一百六十五庄悚三圩。

一百六十六庄笺二圩、笺五圩、蒸五圩、牒一圩、牒二圩、牒三圩、要二圩、简二圩、答一圩、审一圩，以上为上庄；悚四圩、要一圩、简四圩、简五圩、答二圩、答三圩、答四圩、顾三圩、顾四圩、顾五圩，以上为下庄。

一百六十七庄祀五圩、蒸一圩、蒸二圩、蒸四圩、恐二圩、恐四圩、恒一圩、恒五圩。

一百六十八庄笺四圩、蒸三圩、牒四圩、牒五圩、简三圩、审二圩、恐一圩、恒二圩、恒三圩。

一百六十九庄答五圩。

一百七十庄要四圩、审三圩、审四圩、审五圩、详一圩、详三圩，以上为上庄；要三圩、要五圩、简一圩、顾二圩、恐三圩、详四圩、详五圩、骸一圩、骸二圩，以上为下庄。

一百七十一庄惶五圩、恒一圩、恒二圩、尝一圩。

东沿运河至曹村震泽县地三里，自曹村由半路亭至震泽镇震泽县震泽司巡检驻所九里，自震泽镇由双杨花、光亭、梅堰至平望镇震泽县平望司巡检驻所四十一里，凡五十三里。

西溯运河至东迁村十二里，自东迁由祐村三际桥、旧馆、晟舍、升山、八里店至湖州府城六十里，凡七十二里。

南至丁家桥五里，自丁家桥由穿珠湾、半路塘址、中塘桥、息塘庙至乌青镇湖州府同知及桐乡县青镇司巡检驻所二十五里，凡三十里。汪《志》按，此路达乌镇西栅，若由陶墩、划船漾、沈张漾、蒜墟庙、渡船桥至乌镇北栅，亦三十里。

北出太湖口十八里，自太湖口至东洞庭山苏州府太湖厅同知驻所三十六里，凡五十四里。

东南至陶墩村震泽县地三里，自陶墩由董家新坟、严墓市至新塍镇秀水县新塍汛千总驻所五十里，自新塍由九里汇至嘉兴府城二十七里，凡八十里。

东北由平望、盛墩、八斥、白龙桥至吴江、震泽二县城一百里，自吴江由夹浦桥、尹山桥至苏州府城四十五里，凡一百四十五里。汪《志》按，此系官塘。若由梅堰、桃花漾、大龙荡小路至吴江八十八里，自吴江由七里港、茭草湖、面场港小路至苏州三十四里，凡一百二十二里。

西南至辑里村七里，自辑里至马要镇本县马要汛千总驻所十一里，自马要由含山孟西桥至新市镇德清县新市司巡检驻所五十四里，自新市由韶村漾荷叶浦至塘栖镇仁和县塘栖司巡检驻所五十四里，自塘栖由武林头拱辰桥至杭州府城五十四里，凡一百八十里。出南栅至双林镇归安县琏市司巡检驻所三十六里。

西北至伍浦溇本县大钱司巡检及伍浦汛千总驻所三十六里，至京师二千八百里。汪《志》按，驿站自京师至东光驿六百里，入山东界。又至红花铺驿九百七十一里，入江南界。又至姑苏驿一千零八十四里，并苏州至南浔官塘一百四十五里，得此数。旧志作三千七百里，讹。

刘沂春《乌程县志》：南浔镇南有浔溪，其市各货类聚，甚繁盛。汪《志》按，据此，则镇北之浔溪河必非古浔溪明矣。

潘尔夔《浔溪文献》：市廛云屯栉比，周遭四讫。自东栅至西栅三里而遥，水则运河，陆则荻塘也。距运河而南至栅，五里而遥；自荻塘而北至栅，二里而遥。盖镇无界域，以民居为道里也。此据今日目之所睹。闻诸父老云：正德间，居民尚鲜，下塘多苇荻。则后此盛衰，正非可悬拟也。

又南浔东至平望及吴江，西至乌程县治，皆陆由荻塘、水由运河。若捷出太湖，走吴江、苏州较近，至于顺风扬帆，比运河更驶。

又南浔北负具区，南控乌戍，东迁拱其右，曹溪、震泽峙其左。姚田诸村，巩后之藩篱。陶墩十三都，壮前之声援。阛阓鳞次，烟火万家。苕水流碧，舟航辐辏。虽吴兴之东都，实江浙之雄镇。

顾祖禹《方舆纪要》：南浔镇在府东七十二里，以浔水经过而名。元至正十三年，张士诚作城于此。明初，由湖州攻平江，自南浔至吴江，守将以城降。洪武二年，城废。十八年，置官泽税课局于此。

张鸿翯《南浔文献志》：按，南浔镇向有宋元人所绘地图，其东塘负纤而来，直抵通津，西过垂虹，仍登岸以行。中间寥寥数家，如晟舍、骥村。然其南一带，则俨然阛阓骈集，货物充盈，时庐舍疏密，迥异于今。数十年前，明义庵中尚存此图，惜已遗失，只得明季舆图。今国家休养生息，户口殷繁，绵亘已三里矣。

范来庚《南浔镇志》：浔镇之称，宋以前无闻。自宋太宗以浔东之地割隶平江，而镇地始为州境东出之门户，乃成重地。按《祇园寺庄田记》，在南宋高宗时，止称浔溪。汪《志》按，谈钥《吴兴志》亦止称浔溪。《报国寺记》：在理宗初，始称南林。《嘉应庙牒》：在度宗时，乃称南浔镇，始有官守。税务中有云：设镇几二十年。考咸淳六年为庚午，逆推而上二十年，庚戌乃理宗淳祐十年，然则镇之设，当在是时矣。汪《志》按，设镇当在淳祐十一年之后，盖"几二十年"云者，必未及二十年也。

又《嘉应庙牒》文有"乃卜地于市中，设祠宇而并祭之"之句，疑"市中"二字有误。及观董征君《重建通利桥记》，乃知宋时之市独盛于南，后渐及于北，故自东抵西沿塘河而家者尚少。元末筑城，专为自苏至湖运粮之便，非为一镇民社计，故不暇包及市井。所以圆通庵内有旧坟，为丁氏之墓，尚在明时见丁氏谱中。圆通庵地计元末当在城内，而至明时尚可筑坟，则居民不多可知。

汪曰桢《南浔镇志》：按，《文献》曰：按《民物考》，元魏时始置镇，官守之制，当亦随之。细阅《通考》，自隋而唐，各有建设，亦不能必其为浔也。《吴越备史》载孙儒、杨行密与钱镠接壤相持，事绪颇悉，而浔上不闻设一旅、置一吏，岂尔时未为要害欤？今考谈钥《吴兴志》曰：《统记》云：管镇二十四，八所已废，名不复存。见存而可纪者，凡十有六。《统记》作于景德初元，是当时所管之数，已损其三之一矣。熙丰间，王存修《九域志》，止存其六。乌程有乌墩，归安有施渚，安吉有梅溪，长兴有四安、水口，德清有新市，余悉罢废。后复废水口置和平，今为镇六。窃考镇戍置将，起于后魏，唐高祖尝为金门镇将是也。后齐以来，列为四品。唐制每五百人为上镇，三百人为中，不及三百者为下。置将、副，掌捍御。又置仓曹、兵曹参军，掌仓库、戎器之类。自藩镇势强，镇将之权渐重，以至五代，为弊益甚。兵权分裂，聚敛无艺，故兵主于镇将，而财赋器甲则主于参军。镇将又率用亲随，烦苛刻剥，无所不至，民不聊生。县官虽掌民事，束手委听而已，人至以长官为戏。置镇繁多，而每县又有镇者以此，如安吉县有安吉镇，德清县有德清镇，他郡县亦然。国朝平定诸国，收藩镇权县之有兵者，知县带都监或监押，升朝官带都监，京官以下带监押，财赋则参委丞贰。诸镇省罢略尽，所存者特曰监镇，主烟火兼征商，至于离县稍远者，则有巡检寨云。谈《志》此条源委分明，所以明宋之镇官，非复如唐以前之镇官也。乃后人误会其意，凡撰镇志，辄援元魏置镇为缘起，不知元魏镇将主兵，其权重于州郡，置于郡中者，镇将多郡守兼领。即唐之上中下三等所谓五百人、三百人者，亦兵数，非民数，是岂后代分防佐贰所可同年而语哉。《乌青镇志》曰：按，元魏时始置镇，以镇之名昉于元魏，非也。古所谓镇者，以地当设险，往来必争之区，爰命方岳重将镇之。乌、青两镇，不过市廛所聚，而分辖于三府七邑，较他市集为冲要。《宋史·职官志》：诸镇置于管下人烟繁盛处，设官管火禁，或兼酒税事。盖民间聚落，止以村名，惟设官以镇防者，始得称镇，故宋设镇官监税，其系衔曰“监嘉兴府安吉州乌青镇税”可证也。所辨极明。划乌、青如是，而南浔可类推矣。唯元时张士诚筑南浔城，遣将守之，似与古镇戍相近。然其城仅周三里，而明兵既下湖州，转至南浔，守将王胜遂降，未几而城亦毁撤。以视后魏六镇，终觉拟非其伦也。

杜俞《吴船日记》：南浔市井最盛，江浙盗贼麕集蚁附，皆以此为总汇。两省交界，太湖毗连，而浙省巨富多在此镇，故地方尤为繁剧。

元戴表元《东离湖州泊南浔》：张帆出东郭，沽酒问南浔。画屋芦花净，红堤柳树深。渔艘齐泊岸，橘市尽成林。吾道真迂阔，浮家尚越吟。

明虞堪《浔南书事》：偶即浔南地，川原路欲芜。老翁行乞食，稚子幼难一作“还”扶。未放开河卒，犹差守戍夫。为农那可卜，愁我老一作“在”江湖。汪《志》按，堪自元入明，此诗系元时所作，故有“守戍夫”之句。

明韩奕《湖州道中》：百里溪流见底清，苕花蘋叶雨新晴。南浔贾客舟中市，西塞人家水上耕。岸转青山红树近，湖摇碧浪白鸥明。棹歌谁唱弯弯月，仿佛吴侬子夜声。

明文徵明《夜泊南浔》：春寒漠漠拥重裘，灯火南浔夜泊舟。风势北来疑雨至，波光南望接天流。百年云水原无定，一笑江湖本浪游。赖是故人同旅宿，清樽相对散牢愁。

明王穉登《腊八日阻风南浔说偈戏似顺师》：腊月八日南浔曲，雪花满船浪如屋。如来得道道在何，师不肯言唯啜粥。

明安国《南浔道中》：春来踪迹类浮萍，历遍长亭复短亭。数里石塘天未晓，半篷残月酒初醒。湖光豁目开银镜，山势迎船拥翠屏。遥望浮图云际出，舟人指点是吴兴。

明黄周星《甲寅九日浔溪诸子招同湖州旧守吴君泛舟即事》：只将望远作登高，桂棹兰桨岂告劳。胸有千峰宜试杖，时非八月亦观涛。龙蛇奔命愁斑管，鸥鹭忘机笑锦袍。酒德如天难作颂，刘郎争敢更题糕。

吴绮《九日同明进士黄九烟南浔秋泛》：佳会相携上木兰，南林秋泛水云宽。由来此日莫轻负，向后欲游应渐寒。秫米登场家酝熟，蓼花吹袂客衣单。此身虽健干戈满，救世须多七返丹。

又《南浔泛舟》：七月新凉暑渐微，荷花深处钓船归。五湖鱼鸟犹相识，争傍兰桡不忍飞。

陆从桂《吴兴别故人》：岁华行欲尽，离亭霭将夕。寸心歧路间，日落南浔客。

鲍珍《南浔小泊》：水市千家聚，商渔自结邻。长廊连蔀屋，斥堠据通津。舟子催沽酒，村姬偶避人。平生湖海客，羞现宰官身。

又《夜过南浔》：数里闻村犬，昏烟小市宽。风便须虑稳，天迥望舒寒。夜舫停吹笛，疏灯罢倚阑。提壶临水栅，一遣旅情欢。

又《南浔舟次赠吴县李景山明府》：知君家近祝融峰，两地湖山名目重。谓洞庭。虾菜三秋连笠泽，烟波百里接花封。朱弦疏越遗音在，绿水芙蓉秀气钟。谡谡松风欣御李，同舟人愧郭林宗。

又《南浔》：不醉南浔酒，于今十五年。行藏真率尔，须鬓欲苍然。戍卒秋传柝，渔郎夜扣舷。浮萍无定迹，即此感通川。

又《南浔舟次送徐天伟还吴江二首》：松陵江满碧潭潭，莺脰湖宽夕照酣。此去吴枫犹未落，垂虹秋色咏东南。　露湿寒塘乌夜啼，酒醒残月片帆飞。怪来张翰多归思，针口鱼鲜稻蟹肥。

严民法《南浔曲》：白蘋亭外西风度，吹侬今夜南浔去。别浦初残金粟花，归舟却系斜阳树。留滞逢君最可怜，襞罗衣薄霜飞天。青骢悔结同心侣，红凤虚随携手仙。琵琶声碎落秋雨，灯前暗与愁人语。江上风湍足叹嗟，春时花柳关情绪。楚舞吴歌一夕分，当筵醉赠珍珠裙。明宵置酒西楼望，已隔南浔一片云。

费莔《浔中晓发》：幽居恒自适，适远亦何心。地僻云知懒，涛酣天欲沉。岂嫌多野泛，偶或一高吟。偏是渔家火，飞来芦荻深。

凌文然《送渊弟之浔上》：令弟悲分袂，归舟月尚留。轻离成远别，微梦隔残秋。两岸霜枝短，孤灯雁语稠。退寻篱竹下，一卷在寒楼。

俞潢《南林初集》：宿雨侵晨后，寒深野寺中。近郊云气密，隔水磬音通。放浪归吾党，衰漓任世风。纵横施剑技，刻画诉文穷。蕴负将无异，幽情聊与同。情随黄菊远，语到碧天空。蔬笋填饥眼，清醨汰愤衷。夜催庭向暝，林老叶辞枫。堤畔萧萧色，遥看月正东。

钱载《泊南浔》：太尉废城雪没，先生孤杖帘招。一笑百年此夜，清风明月双桥。

袁枚《竹墩访沈永之不值》：仙源难久住，回艇板桥西。霜叶堆篷满，溪云压橹低。小留愁日短，重访为花迷。暮雨南浔宿，声声冻雀啼。

王鸣盛《湖州道中》：一棹空蒙杳霭间，坐看云树独忘还。白盐赤米南浔市，流水桃花西塞山。焙茧香生蚕舍火，种菱人语碧溪湾。千家城郭行将近，犹有遥岑露髻鬟。

汪尚仁《南浔道中》：泛艇南浔去，烟波荡夕阳。涨痕添鸭绿，柳影漾鹅黄。雨过汀花净，春深岸草香。推篷一凝望，暮色正苍苍。

吴锡麒《南浔舟中同问渠叔作》：东西水栅市声喧，小镇千家抱水圆。败齿印沙沽酒屐，橛头抄路送租船。清风桥口三年梦，庚辰冬曾泊此。太尉城边一笑缘。点缀荒寒赖乌桕，小梅花压几梢偏。

朱紫贵《清湘瑶瑟谱·琵琶仙》：南浔道中，次白石道人韵，书贻老友奚榆楼。春初，榆楼曾谱《清平乐》一阕，招余探梅西崦，以事未果也。　佳丽江南，过莺脰、换了如云桑叶。蚕户深掩山扉，烟村更幽绝。寻旧梦、月作平襟水佩，惹新怨、落花啼鴂。结夏年光，留春意绪，谁共闲说。　算还有、诗老秋厓，蚤先问归帆甚时节。明日一楼榆影，东风芳筴。怜俊约、西崦未践，又玉湖、絮冷飞雪。却忆茸帽冲寒，那回离别。

庞正达《南林杂兴》：苕霅春流一道融，绿波三叠跨晴虹。市声夜入古壕月，帆影朝含震泽风。笤酒香生秋露白，缫丝村隔落花红。更添几点遥山好，楼阁家家住画中。棹歌谁唱水云乡，几曲浔溪覆绿杨。野色暗肥桑柘雨，灯光遥腻绮罗香。万家帘影开初旭，一塔铃声倚夕阳。风景由来随处好，漫将十景细评量。　洞庭山色望依稀，卅里烟光接翠微。野簖灯明秋蟹熟，黄梅水急逆鱼肥。墨溪波暖鸳争睡，塔院苔荒燕乱飞。最是红蚕齐上箔，乡村长日掩柴扉。　东西剩有吊桥名，遗迹全芜太尉城。风飏荻塘新浪软，花开石澥晚霞明。已怜鹰马难传世，空说鱼龙可厌兵。乱后不堪思往事，夕烟衰草自纵横。

秦敏树《南浔秋泊》：衰柳水边楼，频来系客舟。烟深村店暝，雨积野塘秋。华发惊黄叶，浮生笑白鸥。不堪谋一醉，又典旧貂裘。

董恂《南浔十景词》：

《疏影·荻塘帆影》：横塘百里，趁布帆乍上，今日风利。渡口潜遮，波面平移，渺渺送来桥底。江边八字分飞处，问梦醒、白鸥惊未？把夕阳、隔住篷窗，却唤榜人斜曳。　　不断蒲悬席挂，看芦湾荻汊，旋露还蔽。桂楫棠舟，东船西舫，日日愁风愁水。江湖纵得人安稳，已识惯、天涯愁意。到夜深、寒月初高，又把明湖全翳。

《齐天乐·禅院钟声》：墨溪南去春波绿，萧萧傍溪烟寺。僧课喧余，呗音歇后，一片疏钟催起。风前响递，看梵塔霜高，佛龛香细。百八蒲牢，数声吹度白云里。

清音催作去声薄暮，正天留返照，霞散余绮。寂坐频闻，凭栏暗数，遍屈纤纤葱指。人喧晚市，已拓钵多归，点灯还未？待到敲残，又禅扉静闭。

《翠楼吟·南楼春晓》：柳上青归，梅边白破，东风已减寒峭。画楼高百尺，耸天半韶华先到。亭台多少。看树树芳生，花花香绕。风光好，向阳门地，得春偏早。

倾倒，诗伯词仙，料剪红浮白，醉吟酣笑。莺闺还结伴，也油壁香车侵晓。莺喧蝶闹，想尽卷虾帘，齐开了鸟。栏干外，更看明月，一峰烟罩。楼在家绍闻园中，园有明月峰，高二文余。

《新雁过妆楼·东阁临流》：画阁高寒，凌烟耸、中流砥柱同看。绿波十里，流过半逻亭边。楼上起楼虚四壁，屋头架屋叠三间。倚层栏。布帆叶叶，飞渡清澜。　　何时登临最好，记月悬玉镜，菜布金田。买糕重九，还又捉醉偷闲。呼童把窗洞启，便千里都教来眼前。梅花曲，听倚来长笛，声彻瑶天。

《庆春宫·通津霁雪》：柳絮吟成，冰泉煮后，北风正酿轻寒。才散同云，微烘澹日，怕教玉地催残。卧虹高处，蜡双屐、扶童去看。踏来琼苑，过又瑶街，徙倚桥栏。

凝眸一白漫漫，万树梅花，粉碎香瘢。雁齿层铺，鱼鳞平叠，有人歌彻梁山。郑家诗思，定吟鼻、今朝拥酸。且教归去，毡帽葺衫，驴背驮还。

《扫花游·垂虹夕照》：架梁叠石，看水面飞虹，跨河横卧。曳筇客过。爱衢临四达，路通一舸。雁齿层层，净拂栏干小坐。洗眸望。正斜照荡空，斜日初堕。　天际云淡沱。看返景金摇，晚霞红破。树阴烟锁。已鸦阵归巢，渔舟吹火。可惜风光，付与尘区土锉。且归么。有声声、丽谯催我。

《芰荷香·曲江菱歌》：听清歌。正秋深石濑，雪点晴波。一绳低界，绿云平织纤罗。藕兄芡弟，道种菱、胜似栽荷。奁启处、镜面新磨。红娇翠婉，六幅裙拖。　更恨家临九曲，似阿侬肠绕，曲曲愁多。荡舟人到，也教愁蹙双蛾。娇喉宛转，浊水游、无奈伊何。还怕蘼芜逢他。低头不顾，马上郎过。

《西子妆·范庄莲沼》：一舸偕摇，五湖共隐，韵事易添欢喜。如何一曲小横塘，艳香名也称西子。弯弯玉臂。闹红唱、还将伊比。见鸳鸯，问浣纱纤手，而今来未。　西风里。坠月沉烟，又听清歌起。相思不识种花人，想花边、白鸥应记。秋都老矣。莫重话、云情雨意。倒金樽，且醉花前绿蚁。

《满江红·西村渔火》：泛宅浮家，算渔子、只商鱼计。傍芦溆、爇来枯蚌，比星还细。生活且谋春水外，人家多住孤村里。趁黄昏、明月未曾高，船来矣。　摇微焰，萤同曳。驰幽火，鸥先避。共渔儿渔女，一灯篷底。此夜抛叉停古渡，明朝换酒登墟里。笑吴侬、逸兴等濠梁，看偏喜。

《踏青游·古濠走马》：拾翠寻芳，东风又催游骑。记昔日、孤城百雉。问烟村，沿晓郭，重经荒址。只剩有，萧萧马嘶芳草，不断夕阳流水。　纵目郊原，垂杨小桃如绮。想太尉、雄曾一世。兔葵摇，燕麦秀，如今何似。且小驻，茫茫古怀无尽，说与跨鞍游子。

范来庚《秋舲渔唱》：

《古壕走马》：画堞曾传窃据兵，西风干别剩空城。百年草莽无豪杰，千古江山有战争。日落尚思旌旆影，水流犹带鼓鼙声。只今怕问前朝事，衰柳哀蝉噪晚晴。

《洗粉花香》：门前新涨落花多，万斛胭脂泻绿波。春雨半篙浣纱水，西风一曲采莲歌。溪边尚挂千丝网，河底空传五色螺。遥指洞庭山两点，家家眉黛学双蛾。

《垂虹落照》：粼粼雁齿数垂虹，拾级遥看路可通。流水暗连芳草绿，夕阳低抹小桥红。片帆远树孤村外，细雨斜风短调中。千载玄真今已杳，笠蓑何处问渔翁。

《范庄莲沼》：红阑百折映芳池，开到芙蕖第几枝。四面好花西子沼，一湾流水范蠡祠。空教越女歌兰桨，更想吴姬雪藕丝。刚见有人抛钿扇，谁家楼阁晚凉时。

《西村渔火》：蟹溆渔汀两岸平，夜深灯火隔溪明。疏星几点澹无影，残月半钩凉有声。远树乌啼霜渐冷，孤篷酒醒梦难成。江湖秋水蒹葭老，鸥鹭思寻旧日盟。

《煤山望月》：谁将抔土拟金焦，有客登临兴亦遥。几辈旧游怀隽侣，一年明月忆良宵。眼空玉宇三千界，梦绕扬州廿四桥。历历市阛俱在望，更销魂处听吹箫。

《荻塘帆影》：几曲清流绕荻塘，飞飞帆影度苍茫。一桅挂处冲朝雾，片幅归来带夕阳。估舶远寻鱼米市，人家都住水云乡。白蘋红蓼沧江外，回首烟波客路长。

《石澥菱歌》：谁家水调唱歌头，半是吴歈半越讴。飘泊每添词客恨，风波长替女儿愁。笑从渔妇矶边隐，妆向龙宫镜里偷。几处回船湿罗袜，恼人奁镜照三秋。

《嘉应香市》：一年一度赛灵祇，士女纷纷拜古祠。鸡酒竞歌迎送曲，管弦争唱太平词。御灾百代酬功盛，降德千秋毖祀宜。田事祝丰蚕事熟，共将香火告神知。

《古寺钟声》：墨溪溪畔系乡情，远寺钟敲百八声。明月寒砧秋万户，江枫渔火夜三更。香衾易醒空房梦，禅榻时闻宿鸟鸣。拟制水田衣一领，药炉经卷息浮生。

汪曰桢《南浔八景诗和壶山》：

《荻塘帆影》：岖塘荻萧疏，一水当孔道。孤舟天际来，风势片帆饱。依依烟树间，遐心逐飞鸟。日暮孤影沉，两岸月色皎。

《禅院钟声》：古寺塔欲颓，绿波绕门外。夜半吼蒲牢，声远透云霭。沉沉夜将阑，一杵破万籁。试问春梦婆，可在清凉界？

《垂虹落照》：秋色满东南，此桥名亦借。浑似卧飞虹，长溪一条跨。雁齿映残霞，夕阳正西下。晒网遍桥边，隔岸多渔舍。

《通津霁雪》：草屦出门去，步上通津桥。光明豁眼界，天霁雪未消。茫茫一望中，四顾堆琼瑶。谁家映雪人，苦读书声高。

《古壕走马》：遗迹犹可认，昔日太尉城。城圮古壕在，春草萋萋生。游人当春暖，蹀躞花骢行。飞花衬马蹄，一径残红平。

《西村渔火》：夜色何微茫，西庄聚渔舸。晚饭傍芦碕，村树炊烟锁。波寒露下时，星星簇幽火。疑在严陵濑，有客披裘坐。

《范庄莲沼》：言寻古园林，云是陶朱筑。绿沼余红莲，野田散清馥。当时采莲人，容颜惊绝俗。何不借此留，养鱼又种竹。

《曲港菱歌》：拨棹采菱去，沿洄曲港渚。也似舞前溪，声声歌白纻。采摘向秋风，狼藉愁秋雨。明日瘦菱花，歌声渺何许。

纪峻《浔上八景》：

《荻塘帆影》：萧萧芦荻遍寒塘，屈曲溪流水一方。旅客征帆无限意，飞鸟几队逐斜阳。

《古壕走马》：南林古迹万家斜，墅外曾经控五花。遥想当年天堑势，只今云树暮栖鸦。

《垂虹落照》：长虹百尺跨溪干，暇日登临眼界宽。西巘夕阳明灭处，红霞几点耐人看。

《西村渔火》：古木阴森一径幽，荻芦深处荡扁舟。扣舷一曲冲波去，遥见渔灯漾碧流。

《范庄莲沼》：范公旧是筑渔庄，废沼残荷尚有香。借问陶墩兼蠡宅，追寻名胜遍池塘。

《通津霁雪》：昨夜曾闻碎玉声，沿桥积雪见空明。阴云万里寒光彻，谁爱梅花踏径行。

《禅院钟声》：市烟稀处扣禅关，高架华鲸镇日闲。夜半月明天宇静，清声断续到溪湾。

《东阁临流》：翛然高阁镇通津，泻碧流丹见水滨。石槛莫嫌空咽浪，闲云犹照旧时春。

附录沿革表按，汪《志》云：南浔自宋时立镇，迄今无改，所考者皆府、县之沿革。故立表附于疆域之后。

	部	郡	县	乡
夏商周秦汉	扬州《禹贡》：扬州之域。《周礼·职方》：扬州，其泽薮具区，其浸五湖。汉置扬州刺史。	会稽郡春秋时属吴，越灭吴，属越。战国时楚灭越，属楚。秦始皇二十六年置会稽郡，治吴。汉高帝六年为荆国治，十二年改吴国。景帝三年，国除，复为会稽郡；四年，属江都国。武帝元狩元年，江都国废，属扬州。	乌程县楚为菰城，春申君之邑。秦始皇二十六年，改菰城为乌程县，属会稽郡。	镇为乌程县地。
后汉	扬州	吴郡后汉顺帝永建。	乌程县后汉永建。	
吴		四年，分会稽置，治吴。会稽郡移治山阴，仍属扬州。	四年，属吴郡。三国吴孙休永安元年，封孙皓为乌程侯，为侯国。	
吴	扬州	吴兴郡吴孙皓宝鼎元年，分吴、丹扬二郡置，治乌程。	乌程县吴宝鼎元年，为吴兴郡治。	

续表

	部	郡	县	乡
晋宋	扬州	吴兴郡	东迁县晋武帝太康元年平吴，分乌程之东乡置，属吴兴郡。	镇为东迁县地。
宋	扬州	吴兴郡	东安县宋后废帝元徽四年，改东迁为东安。	镇为东安县地。
宋齐梁	扬州	吴兴郡	东迁县宋顺帝升明元年，复东安为东迁。	镇复为东迁县地。
梁	震州梁敬帝绍泰元年置，震州刺史兼领吴兴太守。	吴兴郡梁绍泰元年，为震州治。	东迁县	
梁陈	扬州梁敬帝太平元年，罢震州。	吴兴郡梁太平元年，仍属扬州。	东迁县	
隋	按，《吴兴备志》引《统记》云：隋初隶扬州行台，大业末隶徐州总管。今考史，无明文。	苏州隋文帝开皇九年平陈，废吴兴郡，改吴州吴郡曰苏州，治吴。	乌程县隋开皇九年，并东迁县入乌程，属苏州。	镇复为乌程县地。
隋		湖州隋文帝仁寿二年置，治乌程。	乌程县隋仁寿二年，为湖州治。	
隋		吴州隋炀帝大业二年，改苏州曰吴州，废湖州。	乌程县隋大业二年，属吴州。	
隋		吴郡隋大业中，改吴州为吴郡。	乌程县属吴郡。	
隋唐		吴兴郡隋大业十四年，江南元帅沈法兴复置吴兴郡，治乌程。唐高祖武德三年，为李子通所陷。	乌程县为吴兴郡治。	
唐	江南道唐太宗贞观元年，分天下为十道。	湖州唐武德四年，平李子通，置湖州，领乌程一县；六年，又没于辅公祏；七年平，复置，治乌程。贞观元年，属江南道。	乌程县为湖州治。	
唐	江南东道唐玄宗开元二十一年，分江南为东、西二道，各置采访使。	湖州唐开元二十一年，属江南东道。	乌程县	唐管乡四十、里二百，并无考。
唐	江南东道	吴兴郡唐玄宗天宝元年，改州为郡。	乌程县为吴兴郡治。	

续表

	部	郡	县	乡
唐	浙江西道节度使唐肃宗乾元元年置。	湖州唐乾元元年，复以郡为州，属浙江西道。	乌程县为湖州治。	
唐	镇海军节度使唐德宗建中二年，合浙江东、西二道置。	湖州唐建中二年，属镇海军。	乌程县	
唐	浙江西道都团练观察使唐德宗贞元三年，分浙江东、西为二道置。	湖州唐贞元三年，复属浙江西道。	乌程县	
唐	忠国军节度使唐僖宗文德元年置，治湖州。	湖州唐文德元年，为忠国军治。	乌程县	
吴越	镇海军节度使后梁太祖开平元年，废忠国军，封钱镠为吴越王。	湖州后梁开平元年，属吴越镇海军。	乌程县	
吴越	宣德军节度使后周世宗显德六年，吴越钱俶置，治湖州。	湖州后周显德六年，为宣德军治。宋太宗太平兴国三年，吴越纳土。	乌程县	
宋	两浙路宋太宗至道三年，分天下为十五路，各置转运使。	宣德军湖州宋初仍带宣德军节度，属两浙路。	乌程县宋太平兴国中，分浔溪以东五十七里属苏州吴江县。	震泽乡宋初为乡三十一。太平兴国中，分十五乡置归安县，乌程管乡十六。景德中又并其三镇属震泽乡，地名浔溪。震泽乡三十五都至四十三都管里四，曰新城、西余、吴南、霅山。考西余、霅山，并因山得名，去浔太远。浔地在苏州之南，似当属吴南里。或云乌程有新城村，近浔之西南，疑当属新城里。
宋	两浙路宋神宗熙宁七年，分为东、西二路，寻合。九年，复分。十年，复合。	昭庆军湖州宋仁宗景祐元年，改宣德军为昭庆军。	乌程县	震泽下乡宋熙宁中，复并二乡，实管十一乡。后分震泽乡为上下扇，其下扇四十都至四十三都。

续表

	部	郡	县	乡
南宋	浙西路宋南渡后分为浙东、浙西二路。	昭庆军湖州宋南渡后属浙西路。	乌程县	震泽下乡
南宋	浙西路	昭庆军安吉州宋理宗宝庆二年，改湖州为安吉州。按，《宋史·地理志》作元年改，今从《本纪》。	乌程县为安吉州治。	震泽下乡浔溪地，又名南林。
南宋	浙西路	昭庆军安吉州	乌程县	震泽下乡南浔镇宋理宗淳祐末年置镇，设监官。
元	两浙都督府元世祖平宋置，治杭州路。	湖州路元世祖至元十三年，平江南，置湖州路安抚司，属两浙都督府；十四年，为湖州达鲁花赤府。	乌程县为湖州路治。	震泽下乡南浔镇元属后潘村巡检司。
元	江浙等处行中书省元世祖至元二十八年，改江淮行省置，治杭州路。	湖州路元至元二十八年，属江浙行省。	乌程县	震泽下乡南浔镇
元	江浙等处行中书省	吴兴郡元顺帝至正十六年，张士诚改吴兴郡。	乌程县为吴兴郡治。	震泽下乡南浔镇元至正十六年，张士诚筑城，遣将守之。
明	浙江等处行中书省明初为浙江行省，治杭州府。	湖州府元至正二十六年，明太祖取湖州，改为湖州府，隶浙江行省。	乌程县为湖州府治。	震泽下乡南浔镇
明	直隶	湖州府明太祖洪武二年，湖州府统于直隶。	乌程县	震泽下乡南浔镇明洪武十四年，复置后潘村巡检司。
明清	浙江布政使司明洪武九年，改浙江行省为浙江等处承宣布政使司。本朝因之。	湖州府明洪武十五年，属浙江布政司。本朝顺治二年八月，定湖州府，府、县名并因明旧。	乌程县	震泽下乡南浔镇后潘村巡检司移南浔镇，仍故名。本朝乾隆四年，改为南浔司巡检；八年，湖州府通判移治南浔。

汪曰桢《东迁考》：晋立东迁县，凡三百余年始废。今废已千余年，其县治及县境，诸家方志未有详考之者。前人多指城东六十里之东迁村为东迁故治，非也。实在城东四十里之旧馆村耳。宋谈钥《吴兴志》云：“故东迁县在乌程县东四十一里。”又云：“东迁馆在州东四十里，

本名太湖馆。开元二十九年，刺史张景遵置。大历九年，刺史颜真卿易今名，以其在晋东迁县故地。正元十年，刺史于頔以其近升山馆，移向东二十里严村置之。”夫太湖馆本即今之旧馆，易名东迁馆，明指为晋县故地。追移馆之后，东迁改称旧馆，而东迁之名为严村所冒，后人遂多蒙混，并严村之名，无复知者。康熙中，高必腾《乌程县志》云：“旧馆城是古县治，有废址在旧馆。”此正东迁县城，而不敢明指东迁，盖疑于严村之东迁而未能决也。至其县境，据《太平御览》引《吴兴记》云：“东迁县有孺子山。徐孺子入吴哭友人，尝登之，因以为名。”今孺子山在府城东二十八里，此东迁之西境也。其东境则至平望官河，北境则有东西两洞庭山，并荻塘、直北诸溇港。又据谈《志》云：“仙潭在新市镇，道士陆修静尝没潭中，数月乃出，故名。”考修静系宋元嘉时东迁人，则其南境直至新市，而乌镇、双林、琏市、含山皆在境内矣。今两洞庭山属吴县，浔溪以东至平望属震泽县，双林、琏市、含山属归安县，新市属德清县，在当日并隶东迁，然则东迁虽并入乌程，而今之乌程实不能全得古东迁县地也。

沈登瀛《南浔备志》：《梁书·敬帝纪》：“绍泰元年冬十月，震州刺史杜龛举兵攻信武将军陈蒨于长城。太平元年春正月癸未，镇东将军、震州刺史杜龛降，诏赐死，曲赦吴兴郡。二月己未，罢震州，还复吴兴郡。”按，震州之置，不纪其年月，然承圣四年三月纪有“遣吴兴太守裴之横”之文。考龛本传云，以龛为震州刺史、吴兴太守。龛即继之横而守吴兴者。龛之前，未有震州刺史之职，盖即置于是年之夏。承圣四年即绍泰元年也，明年又改太平元年，是震州之置，首尾不过数月耳。又《元和郡县志》《通典》《太平寰宇记》等书，皆云梁末改为震州，后复为吴兴郡。细核《梁书》，非改郡为州，乃置州于郡耳。吴兴郡旧属扬州刺史，今改属震州刺史，刺史兼领郡守，他州皆然，郡未尝废也。又旧府、县志并云：“梁制，郡为州，县为郡，故以吴兴郡为震州，以乌程县为吴兴郡。”此说尤谬，未知何本，惟罗愫《县志》不误。

又《新唐书·方镇表》：“文德元年，置忠国军节度使，治湖州。”《旧五代史·梁末帝纪》：“贞明五年四月，以镇海军北面水陆都指挥使、湖州刺史钱传璟遥领宣州宁国军节度使。”又《周世宗纪》：“显德六年二月，诏升湖州为节镇，以宣德军为军额，以湖州刺史钱宏偡为本州节度使。”按，府志及诸县志皆于“唐置忠国军”后云：梁、唐、晋、汉因之，周显德时改为宣德军。以史考之，则非也。盖忠国军节镇入吴越已废，故梁开平四年，吴越王钱镠以钱镖为刺史，未尝以为节度使。而传璟之领宁国军，曰遥领，不曰兼领，以湖州已无军额也。因其久废，故于周置宣德军，曰升而不曰改，欧《史·职方考》“湖州”下，于周注“宣德”，于梁、唐、晋、汉不注“忠国”是也。

又按，卢熊《苏州府志》谓分浔溪以东属吴江乃唐开元二十八年事。苏州耆民请于刺史吴从众，割洞庭三乡，与乌程易焉。《浔溪文献》从其说。然开元二十九年，湖州刺史张景遵设震泽馆，在今之震泽镇，若已分属吴江，不应更设馆矣。又湖州府城天宁寺石幢，其一题云："大唐国浙西道湖州乌程澄源乡宜阳里住居平望驿南弟子芮文琛舍钱五十五贯文造。乾符六年四月二十五日。"是则乾符时犹未属吴江也。据《归安县志》，事在分置归安之后，则当在宋太平兴国中，非开元时明矣。

附录《南浔镇经纬度及偏东里数表》按，是表据府、县志所载经纬度数推算而得者。

春分日测得太阳高弧五十八度五十二分三十六秒。即赤道度，因春秋二分太阳与赤道合，故不必加减距赤道度。内减清蒙气差，三十六秒。余五十八度五十二分与象限仪九十度相减，得三十一度八分即南浔镇北极出地度。即其地在赤道北之纬度。又推得南浔月食戌正二刻六分二十四秒初亏，京师月食戌正一刻六分初亏，相减，得差十五分二十四秒。即十五分四，亦即九百二十四秒。

有率：时刻分数一，时刻秒数四。

求率：天度分数一五，天度分数一。

有数：差时分数一五四，差时秒数九二四。

求数：偏度分数二三一，偏度分数二三一。

求得：二百三十一分。即南浔镇偏京师东。三度五十一分，即其地距中线之经度。

有率：半径一〇〇〇〇〇〇〇。

求率：赤道每度里数二〇〇。

有数：天顶距极度正弦，即北极出地度之余弦。八五五九六六四。

求数：偏东狭度里数一七一．一九三三。

有率：度数一，分数六〇。

求率：狭度里数一七一．一九三三，里数一七一．一九三三。

有数：偏东度数三八五，分数二三一。

求数：偏东里数六五九．〇九四二，里数六五九．〇九四二。

求得：南浔镇偏京师东，六百五十九里零。与湖州府偏东五百九十二里零相减，得六十七里零即南浔镇偏府城东之乌里数。在府县治东七十二里，即人行虚数也。

此与汪《志》康熙时内府铜板舆图所计之"北极出地三十度五十三分，偏东三度五十分"不同。

南浔志卷二

里人周庆云纂

公署会馆、公所附

监镇衙　宋于诸镇设监官，其衙各设本镇。今无考。

盐漕水利湖捕通判署　在东栅大街惧字一圩。旧管粮通判署在府治西，乾隆八年移驻南浔，以便控制巡哨。十一年，即潘尚智没入官房，改建衙署。正堂、燕堂、内宅计三进，又东厢耳房三进。宅门、大门、照墙、披栅，一切如制。咸丰庚申六月十二日，“粤匪”至镇，毁去头门。八月十六“匪”复至，衙署全毁。光绪二年，通判刘克成请拨善后公款四千余金重建。三十一年，通判孙钱募资重修。署设书识一名、门子二名、快手六名、巡缉民壮十名、盐捕五名、皂隶八名、军健八名、轿伞扇夫七名、巡船二只、水手十五名。汪《志》按，金友理《太湖备考》云：太湖同知初制兼辖浙省太湖。乾隆八年，湖州府通判移驻南浔，太湖水面按照两省地方分界管辖。

巡抚常安《请通判移驻南浔疏》：太湖潴水汪洋，支港纷杂，实为盗贼渊薮。臣查湖州府所属南浔镇，与江省接壤，地处湖滨，烟火万家，商贾云集，易藏奸匪。向设巡检，不足以资弹压。请将湖州府城驻扎之通判移驻，书役人等俱照本官原设。除通判衙门事务循旧管理外，其太湖水面，按照两省地方，与江南太湖同知分界管辖各县，编烙船只，姓名造册，申送通判，以凭查对。并令每岁督催清厘。倘失事疏防，应将通判与专汛官一体参处。每月驾船游巡，并将会哨缘由，分报道府查考，以杜规避。所需衙署，现有潘尚智入官房屋，应拨出正房三进、东侧房三进，改为通判衙署，添建墙垣、披栅、木桥。至入湖巡缉，应添造唬快船二只、驾船水手十五名、巡湖民壮十名。查通判衙门向有盐快十五名、快手八名、皂隶十二名。今各州县缉私有府县盐捕哨兵，足敷差遣。请于通判盐快内拨出十名，充巡湖民壮；又于快手内抽拨二名，皂隶内抽拨四名，充补水手，尚少九名。有乌程、长兴二县从前拨协江省之民壮四名，应行掣回留充。又从前乌青镇同知衙门原设巡盐哨兵二十八名，因缺奉裁，分派安吉等七州县。今应抽拨五名，以足水手之数。所有工食，按季解给，毋庸添设。至通判关防，请铸给以昭信守，庶平行分任，呼应较灵，用以弭盗安民，大有裨益。乾隆九年三月三日奉旨依议。

桂荣《重建南浔通判署记》文见《碑刻》。

巡检司署 在南栅笺字一圩。旧制，后潘司巡检署在县东五十里后潘村，元置吏一员、弓兵十八名。明洪武十四年复置，后圮。移居南浔税课局，又圮。僦居庵观民舍视事，无常处。至乾隆四年，奉文改为南浔司，部颁印信，巡检曹进创建衙署三进、仪门一间、大门三间、照墙一座。嘉庆二十三年，巡检张凤来重修。道光十三年，巡检胡次耕复修。咸丰庚申六月十二日，“粤匪”至，镇被毁，后任赁居民房视事。管辖南浔镇及十七区至二十三区。地方东接江、震，西通郡城，南达含山、乌镇，北近太湖溇港，水陆丛杂，弹压巡缉。设书识一名、皂隶二名、弓兵十五名。

胡次耕《重修南浔政厅记》文见《碑刻》。

分防南浔汛千把总署 在西栅尝字四圩，久圮，历任赁居民房。旧制，湖协右营千把一员，轮防外委千把一员，马步战守兵丁五十八名，船六只。旧在嘉应庙侧，故当时有嘉应汛之称。后改本汛，千总或把总一员，战兵六名，守兵十三名。兼辖东迁汛守兵五名，三际桥汛守兵五名，旧馆汛守兵五名，晟舍汛外委一员、守兵七名，升山汛守兵五名。“粤匪”后，又改南浔汛兼顾晟舍，把总一员，按，汛地缩小，改为把总。步战兵五名，守兵十九名，晟舍汛外委一员、即马兵一名。守兵四名。此缺宣统二年裁。

水师统带办公所 “粤匪”初平，伏莽堪虞。大吏以浔镇为水陆要冲，调水师统带一员、勇百余名、炮艇十余艘，分泊各水栅口，并离镇略远之水道扼要处。同治五年，唐都司秋元到防。七年，租丝行埭张姓基地，筹资建屋，为办公之所。历任统带因之。

湖属盐捕水师营办公所 承缉湖州全属私盐，设舢板十余艘，抢划数十艘，以管带领之，分驻城乡各区。其管带赁西栅民房为办公所，时出巡哨。

巡警局 自省城设巡警道后，城镇巡警克期成立。浔镇于宣统二年正月赁民房设局，就团防水陆勇八十人中裁去半数，改募巡勇二十名，由通判督带省局派警官一员训练之。

团防局 光绪二十一年，募勇四十名，谓之长防。至二十七年，里人刘锦藻等筹捐，募设飞划八艘、管带一员、水勇四十名。局设广惠宫右凤梧堂，后增募二十名，并长防为百名。宣统三年九月停办。

《设立团防公呈》：刘锦藻、庞元济、张宝善、邱炳垣、邢传经、梅鸿、金焘、闵次颜、钱汝雯、周庆云、陆熊祥、邱炳珍、李惟奎、沈克刚等，为筹备飞划、公举管带，谨将所拟章程并请领军火呈请察核事：窃北方“拳匪”交哄，已肇祸端。近来谣言迭兴，邻近苏省村庄劫案层出。南浔人烟稠密，宵小潜踪，而地当要冲，尤为若辈往来出没之所，若非严密巡缉，难免无意外之虞。浔镇驻防营勇，惟楚军新左营分泊栅内外舢板八号，湖协右营汛兵六名及本地长防勇四十名。合镇地面辽阔，区区勇丁百余名，巡防殊难周到。本拟禀请添拨营伍，而闻湖防陆军现方有抽调之令，其势断难兼顾。欲济目前之急，不得不自筹保卫之方。惟勇丁一名，所费不赀，筹款既难，召募非易。职等现在就地筹捐，赶备飞划八号，募练水勇四十名，借资巡缉。第新集之勇，非得谙悉营务之员不足以资训练。兹查有候补府经历夏经历尚忠，勤慎朴实，久历戎行，而于浔镇地方亦复情形熟悉。拟请饬委管带，以专责成。至洋枪、药弹，尤为巡防紧要之具，先行开单呈电，吁恳给文具领缴价。为此将筹备飞划缘由，并拟具章程十条，呈乞大公祖大人俯赐察核，详委夏经历尚忠管带浔镇飞划，会同在镇水陆营汛，协力巡防，以资保卫，实为德便。

湖州知府志批：北省“拳匪”肇衅以来，内地土匪私枭，难保不蠢然思逞。本府正以浔镇近接太湖，地方紧要，时时为念。兹得该绅等就地筹捐，添设飞划八号，募练水勇四十名，以资巡缉，具见谊切桑梓，洵堪嘉尚。所议章程，亦甚妥洽，候即札委夏经历尚忠作为管带，会同水陆营汛认真防护。粘单附。

湖州知府志照会：为照会事，本年六月初七日，奉臬宪荣排单札开：照得浙省幅员辽阔，匪盗夙多，迭奉谕旨，饬办团练保甲，借资捍卫。乃阅各属禀报，率多空言塞责，求其办有实效者，殊属罕觏。今者北省“拳匪”因与洋人为难，中外致开衅端，从此兵连祸结，正不知如何收拾。本省御侮事宜，固当速为布置。惟外匪内奸难保不乘隙而起，为吾民筹急救之策，舍办团练保甲而外别无良法。查温、台各属，民风素强，此外如宁属之奉、象、镇，绍属之诸、新、嵊，金属之义乌、东阳，衢属之江、常、开，严属之淳、遂，处属之青田、缙云等县，均不乏勇敢之士。果能激以忠义，练习成团，大可补官军之不足。应责成各该府作速督饬各县，会商绅董，效古人毁家纾难之义，由各殷富量力捐资，各就城厢村镇购置器械，团集年少壮丁习练技艺，无事则各安耕凿，有事则合力御匪。仍须慎选团总，严为约束，毋任结众滋事。其沿海团丁及各渔户有能协助官军奋勇御敌者，定当会详抚宪，奏请破格优奖，以示鼓励。当此外侮内忧交逼而来，正官民卧薪尝胆之日。且本省财力有限，未能处处设防，如能上下一心，使人人以身家为重，力图自保，则众志可以成城，何患不固若金汤？是在各守令善为董率而鼓舞之耳。合亟排递札饬，札府立即督饬所属遵照。刻日会董，将团练事宜妥速举办，限半月内办竣禀复。由各该府亲临点验，以团练之是否认真，定各牧令之优劣，据实开折，禀候核办。时事迫切，各牧令如再仍前因循，定行详请撤参。该府有督率之责，亦当实力从事，毋稍违延，同干未便。其保甲事宜亦饬认真抽查，勿任匪类匿迹，是为至要，切切等因。奉此查该镇濒临太湖，地方紧要，前据禀称就地筹备飞划八号，添募水勇四十名，以资巡缉等情前来，即经批示在案。兹奉前因，除通饬各县遵照外，拟合备文照会。为此照会贵绅等，请烦查照宪檄事理，将团练保甲事宜，会同印委各员认真举办。一面仍将飞划、巡缉各事，妥为经理，随时报查，幸勿有稽，是为至要。须至照会者。

《团防局章程》：

一、添设水巡。飞划八条，每船一舱长、三勇，共三十二名。另护局勇八名，合计四十人。

一、联络陆巡。浔镇驻防楚军新左营抽调四十名，会同水巡，分查四栅。每栅二十人，以专责成。遇有抢劫之案，鸣锣为号，迅速驰援，迟延者重惩。

一、轮流督更。仿唐公桂圃十家牌办法，每十家立一牌，轮流值夜。输值之家，门外须挂一灯。遇有警报，鸣锣为号，沿途接应。

一、驱逐游民。浔镇匪类繁多，凡遇江湖卖艺以及流落镳客人等，一概不准停留。

一、清查窝顿。匪类入境，必以烟馆、饭店、客寓为寄顿之所。现拟先行编查烟馆门牌，注明人口，以便稽核。自六月初十日起，烟馆一律十句钟息灯，按段严查，违者封闭。

一、稽察客船。光蛋、游匪以船为家，聚散无常。飞划往来梭巡，如遇客船情迹可疑者，勒令出境。或夜深不愿出境者，必得搜查有无禁器，以免匪类混迹。

一、修理栅门。浔镇所有栅门，年久失修，甚有废弃者。现定择要修理，旧者新之，废者兴之。水栅亦一律修整。

一、开除局用。飞划统带，每月薪水洋银二十元；司事二人，每月薪水洋银十四元；工人两名，每月洋银五元；火食杂用，每月洋银六十元；舱长工食，每月洋银六元；水勇工食，每月洋银五元。

一、筹备经费。以上所费，作为一百股，已经绅商认定。现在每股先收四千文，公议不敷按股匀摊，不得推委。

一、预定赏格。重赏之下，必有勇夫。凡遇抢劫之案，奋勇兜拿、当场擒获者，以及事后通风、人赃并获者，酌量案情大小，以定奖赏重轻。或不幸有受伤之人，酌给医费。拒捕身亡者，从丰棺殓，抚恤其家。

民团公所　宣统三年，里人庞元济等筹捐招募民团，裁团防局而归并之，设额三百六十名。以前湖防统领费金组为团长，赁民房设局，并分驻四栅，以资巡缉。九月十八日成立。

清乡局 光绪季年，枭匪猖獗，江苏藩司瑞澂为督办江浙清乡事宜，因设局于浔，赁居民房为办公之所。户口查讫，局即裁撤。

洗心迁善局 在东栅惧字一圩，晏公庙西地为张星斋所助，计二亩一厘。光绪十二年，陆墉等禀请仿照郡城章程，建造向南平屋五间三进，费二千余缗，府委佐杂一员驻局管理。曰洗心，以治世家不肖子弟；曰迁善，则地方痞棍责治拘押。其经费由富商捐助，并于丝包拨捐一角。各业又有永愿常捐。

蒋锡绅《洗心迁善局碑记》：乌程县治之东，辖巨镇以十数，最所称南浔镇有声。南浔距县治七十里而近，市廛栉比，烟火万家。又境邻江苏，宵小易匿迹。镇之群不逞者与连，辄横行市中，有睚眦怨必报复。里有婚丧事，恒相率造其门，索不遂，则同声诟詈之，必餍其欲而后去。或鸣于官，捕治之，逾时复出，横如故。乡人皆患之，谋所以处之之道，佥曰："惟郡中洗心迁善局之法为最良。"洗心迁善局者，前太守邹惠清观察所设也。曰洗心，则故家之不类者居之；曰迁善，则市井无赖居之。禁锢一室，朝夕逻守之。局之司事者日与之讲说善事，有不率者则有司董之。锢既久，悔心惭萌，或亲族来保，则释之，许其自新，往往为良民以去。镇之人议既成，乃上其事于郡县及宪司，皆报可。于是清河张氏首捐地一区，其余斥资以助兴建者踵相接，五月而工竣。落成之日，捕其尤者禁锢之。群小皆敛迹，或窜避他方不复至，闾里为之一清焉。明年春，锡绅归自海门，群使为之记，不获辞，乃著其缘起而识于后曰：天赋人以至善之性，而又有贤父师督责教诲之，自少至壮，若川之有防，兢兢焉惧其或溃也。及夫组织仁义，琢磨道德，其上者为名公魁儒，下亦狷介自守，型于一乡，匪僻之途不必禁而自绝也。方嘉庆、道光间，南浔讲学之盛甲于他处，锡绅生晚，不获随诸老师宿儒后奉手受教，而过庭之时，习闻绪论，孜孜以穷经敦行为务。迄今远或百年，近且数十年，而流风遗韵荡然无存者，何耶？科举之学，溺人既深，而耆宿沦谢，复无人焉为之提倡于其间，使之穷经而敦行。轻儇之习，遂成风俗，可不惧哉！昔漳浦蔡文勤公既没之后，其乡人不敢赌博者犹三十年。遗风所被，兴起若此，况身为化导者乎？余既悯夫斯人之不幸，而自蹈于禁锢，而尤愿吾乡人士力敦古谊，以复诸老辈之盛，善气熏蒸，咸遵轨辙。则斯局之设，特一时权宜计耳。局经起于光绪十三年正月，至六月而告成。时官斯土者，知府汉军丁鹤年、同知上海瞿永嘉、通判甘泉刘克成、知县延津徐振翰、南浔司巡检嘉应张麟石。总局事者，候补巡检歙方洪亮也。例得备书。光绪十四年二月，里人蒋锡绅撰。按，《记》未曾勒石，故不入《碑刻》。

《设立洗心局公呈》节录：具禀：前福建漳浦县知县陆墉，职员谈熊江，举人蒋锡绅、周庆贤，廪生张尔钦、陆熊祥，增生唐宗尧，监生徐星年，附生梅福墉、张为弼、张为第、蒋选钱，为筹设公所、化莠安良叩请批饬遵办事：窃南浔一镇，人烟稠密，良莠不齐。良家子弟被人诱惑，洋烟赌博，无所不至。其父兄约束，则不从。欲送官惩治，有碍颜面，迁延日久，流为匪类。伏念前府宪邹于郡城创设迁善洗心局，所有不肖子弟及流为无赖者，准由该管父兄送所羁管，使之自新，裨益匪浅。惟郡城所设公局屋宇无多，若浔镇亦按名并送，势难容栖。职等公同商议，拟请在于浔镇就近地方，仿照郡城《迁善洗心章程》，设立迁善洗心局，遇有不肖子弟以及棍徒，即送公所羁管，以冀悔悟自新。并请遴派委员督同经理所有建造公所，督同、工匠估计需钱二千串左右，已由阖镇店铺情愿捐集。至每年应需经费，又经绅富刘镛、庞云鐇、张鸿顺、张成绩、邱其梁、金桐、邢基等，按年共捐钱五百八十千文。丝业周申昌、梅恒裕、沈天长等允议售丝一包，捐洋一角。统计每岁所入，足资敷用，无虑匮乏。惟公所基地系监生张星斋等愿将祖遗公产，坐落浔东一百七十一庄惧字一圩，计地二亩一厘，合族出立助契，捐入公所。业经禀请邑尊饬承过户，并由职等择吉建造。为此酌议章程，缮折呈核。至于用过经费，年终刊刻《征信录》，分呈府、县报销，以昭核实。祈核详立案。

《湖州府知府丁鹤年通禀》节录：据南浔厘局委员刘令申：据该镇绅士陆墉等禀称：现于浔镇创设迁善洗心公局，应需经费，除已捐集外，尚恐不敷。兹据丝商允捐售丝一包，助洋一角，自光绪十三年正月初一日为始，按期随同正捐汇交丝业公所，俟职等随时领取等情。到局覆查，是项经费，系属各丝商愿助，既无关于正捐，亦非出自乡民，并无窒碍，事尚可行。申祈转移立案等由。过府准此。卑府查南浔镇为乌程属一大市，居民栉比鳞次，良者固多，莠亦不少。自莅任以后，每督饬县绅宣讲《乡约》，循循劝诱，以期默化潜移。无如近效难收，莠者不能即时为善。诚如该职陆墉等所禀，一经被诱，子弟昏迷不觉，父兄管教不易，难免匪类为伍。若一概绳以官法，又似不教而诛。欲期化莠为良，莫若送入洗心迁善公所。锢其身足，使桀骜之气不得不消；发其天良，使愧悔之萌不得不力。诚为地方变恶为善之良法。且卑前府邹守在郡城设所以来，颇著成效。所患者屋宇无多，经费有限，势难各镇兼收。现据该职等请于浔镇地方，仿照郡城章程，创建洗心迁善公局。所需经费，业已捐有成数；而所筹丝捐，又系出诸丝商乐输。既经厘局查明，于正捐、乡民两无窒碍。所拟章程，亦尚妥洽，应准照行。除批饬该职等实心任事，一俟建造工竣，即行照章禀候委员督同办理，并札饬乌程县随时稽察，期收实效外，理合据情转详，仰祈宪台察核，俯赐批示立案。光绪十三年二月二十八日，奉抚宪卫批：如详立案，仰即董饬县董随时认真稽查、悉心经理为要，并报明臬司查照，仍候督部堂批示缴。

《洗心迁善公所章程》：

一、洗心所专收士商人家子弟不遵父兄教训、吃烟赌博、游荡之人，禁锢期年，察有悔悟之机，由本人父兄亲族保释。

一、迁善所原为赌博小窃以及好勇斗狠、动辄滋事，未便绳以官法，即由公所羁管。若系拐贩、盗窃、行凶之人，罪在徒流以上者，应听地方官惩办，不得拘入公所，以昭慎重。

一、凡入洗心所之人，其能识字者，督令熟读善书，以资觉悟，定以功课，倘有不能完功者，随时戒饬；其有旧习手艺者，亦令随时工作，以振其志气。

一、凡入迁善所之人，稍能识字者，亦令熟读善书，并随其力之所近，课以工艺。

一、公所经费有限，凡入洗心所者，原系体面人家子弟，每年津贴饭资钱三十千文。

一、洗心所所收管之人，遇有疾病，延医调治。如患危急之症，即令其父兄亲族领回医治。

一、迁善所所收管之人，疾病一体延医调治，遇有疾不可为，至于不测，即令其父兄亲族买材收殓。如无父兄亲族之人，由师善堂殓埋，随时禀报查考。

一、除委员薪水、饭食悉照《郡章》外，议设司事一人，看役两名，把门、听差各一名，水火夫两名，每月各项薪水工食，由司事按月分别给发，不准预支。

一、公所之设本系地方善举，董事诸人不得开支薪水。公所事宜，每月董事二人、督同经理十二人，按月轮流，不得推诿。

一、公所用款，每月由司事誊写《月总》一本，交司董查核，年终汇入《征信录》。

一、公所每年经费，由绅富捐助永愿，并由各丝商按包捐助。如用有余盈，年终交典生息；并将存典钱洋数目，刻入《征信录》；各董事不得私自存放，致滋流弊。

一、公所支收钱洋总数，每年刷印《征信录》，分别送呈府、县衙门并绅富士商，以备存查而昭核实。

《光绪三十三年续增章程》：

一、委员薪资务须减给，以消分湖各委觎差之蘖。如果兼管，则保甲之俸决删无疑。护勇旧设四名，应减二名。看役时有多少，仍不得听衙役混充。如有添减，须由董事承认，以杜流弊。

一、该所如有违章暂寄、代押等情，司月董事仍有特别举发单衔禀讦之权，扶徇同科。

一、迁善浮额克日实行开释，以达善后改良之目的。此后迁善收管事由，除立表宣布外，一面知照董事，以资稽核。

一、司账照章一人主持外，司事帮账名目毋容增列，以符现章“司年司月”之宗旨。

一、司年定六家，司季董事定八人。

一、本局护勇现在暂定二名，看役三名，水火夫二名，更夫一名，管门一名。

一、洗心饭资应即追讨，自缴齐后，照章预收三个月。以后如欠至一月以上者，送还原保，自行管束。

一、迁善原额十名，现加二名。额满后倘有送进局中，开明案由，暂押三天，随请月董决议。如应拘押，于原额中择轻者开释，以补其额。至词讼案犯，不得擅收。

自治局 宣统元年，省城设自治筹办处，镇、乡限三年一体成立。镇绅有预备自治会之设，二年八月间从事调查，三年正月正式选举，四月推举会长，而议事会成立。五月选举正董、副董及名誉董事，而董事会成立。局所暂借义仓。

禁烟局 禁烟之议，创于光绪三十二年八月，假凤梧堂为局所。局长、局副以官绅分任之。有调查员二十人，以停闭烟馆、调查私吸为主，并发戒烟丸，设戒烟局，延医诊治、调查烟户、发给烟照之事皆属焉。

税务 《乌青志》云：宋时税务在众安桥北，镇官兼领收租。德祐丙子后，移安利桥南为酒醋税务，兼收两镇税课。大德年间，各归所属，乌镇属湖州，移在南浔；青镇属嘉兴，移在石门，止管税课酒课。按，今清风桥之西，犹有“务前”之称，而遗址湮没。

浔溪坊 宋时乌镇税务分设酒醋坊，凡十六所。一在浔溪，今南栅有醋坊桥，北栅有酒坊桥，盖其遗址。汪《志》按，谈钥《吴兴志》云：监乌青墩镇税务兼烟火公事一员，多差文臣京官。又云：乌墩镇税务在本镇，每半月合发一千七百七贯文，经系本镇团纲起发赴州库。浔溪坊系民户买扑，每半月纳坊，名课钱。

税课局 《湖录》：元官泽税务，在县东七十二里。明官泽税课局，劳《志》云：即元官泽税务。洪武二年改为南浔馆驿，十年革，十八年置为税课局。《明会典》云：嘉靖四十五年革。按，是年巡按御史庞题革其衙门员役工食，俱入条鞭征解。汪《志》按，旧志并云洪武十八年置，二十年革。正统十二年重置，嘉靖十年革。与《湖录》异。又按，官泽在县南七十里，地属一都。税务有官泽之名，意初设在官泽，后移南浔欤？

南浔馆驿 明洪武二年置，十年革。

范锴《浔溪纪事诗》：税务厅前草色青，太湖馆外水盈汀。数残津堠东西路，不见春风古驿亭。东迁馆在县东四十里，本名太湖馆。

厘捐局 同治初，创抽厘助饷之策，南浔以丝捐为大宗。四年，设局于镇，设卡于各栅口，出入货项，照则抽收。惟丝经正捐，由丝商设立丝捐公所，经收捐款，填给联票，然后赴局投换护照，按月照解，不同各捐之径由该局主政也。局所在南栅蒋家桥南，赁居民房。

洋药局 光绪十年，由沪关派委员一人驻镇，查验洋土印花。赁东栅民房为局所。

浔溪铺 宋时东门塘路邮递四铺，一在浔溪。今无考。

三里铺 在镇西三里桥，今废。汪《志》按，刘沂春《崇祯乌程县志》云：三里铺，县东四十二都。铺兵三名。高必腾《康熙乌程县志》同此。后府、县志并不复载，盖苕溪驿既裁，故递铺亦废。

邮政局 在北栅中市，赁居民房，光绪季年设置。今为二等邮局，设局长一员，邮差若干名。

电报局 光绪九年始设，电线自上海至浔镇，由浔达苏州，历嘉兴府，通杭州。委员一人，电生四五人。二十年，电杆通至湖郡，局迁城内。浔镇改设分局，赁居北栅民房，无常处。今为二等电局，设局长一员，电生若干名。

宁绍会馆 在北栅外下坝。嘉庆中建，咸丰时毁，同治五年重建，光绪十六年复建。

新安会馆 在南栅寓园旁。其厅事曰遵义堂，后供朱文公神位。道光十一年建，咸丰时毁，同治四年重建。又别置公所于醋坊桥东竹园头。道光十六年建，咸丰时未被毁。

金陵会馆 在南栅广胜桥东北，光绪十一年建，嗣又别置厝所于对岸笺一圩。

闽公所 即福建会馆，在南栅陈家墩，其厅事曰正中居，久圮。

丝业公所 同治四年春，丝商庄祖绶、李桂馨、吴铁江、华铭轩等禀请藩司蒋批准设立，以收解捐税、维护丝商为职志。假南栅广惠宫隙地建屋三楹，为办公之所。公举董事，聘用司事经理其事。其经费由丝商按出洋丝包酌提若干应用。其时庞公照、邵棠等筹办地方善后，其始募之殷户，后因本镇殷富业丝者居多数，乃于丝包出洋，每包输捐洋两元，作为筹办义举之用，禀请湖州府杨批准立案。嗣改丝每包输捐洋一元，经则半元，至十二年又减半，十三年停止，共输洋八万余元。其款均由公所职员经收转解，备书于此。

南浔志卷三

里人周庆云纂

学校

镇学 元时镇建儒学，设教谕一员，以主学事。明初废。按，或云报国寺即其故址。

社学 明嘉靖中知县钱学建。乡都五所，一在南浔，后废。

乡约所 明嘉靖中知县钱学建。乡都五所，一在南浔，后废。知府陈幼学恒到镇举《乡约》，每就广惠宫莅事云。

义塾 明董份置，久废。至嘉庆十三年，杭人周性寓浔，始创义学于广惠宫，后移于宫南董氏传桂堂，二十一年废。道光中，里人张宫桂、钱炳熙复设于广惠宫，未几又废。咸丰六年，丝捐局董事复设，始于南栅笺字一圩巡检司署东北，建屋一进三间，为南林义塾，又分设一塾于西栅祇园寺中砚冰精舍，后毁。同治六年重设，南栅在育婴堂后，北栅在圆通庵，西栅在武圣宫。由丝业捐银二千元，存典生息，为经常费。光绪末年逐渐停止。

浔溪书院 在东栅马家港惧字二圩。浔镇初无书院，咸丰庚申、辛酉间，里人吴鞠谱寓居上海，商诸浔上诸寓公设南林会课，延庞公照为师。时故乡沦陷，而旅居者弦诵不辍。同治三年甲子，湖郡肃清后，南林会课举行如故，为创建书院之初桄。五年，邑令萧书倡捐廉俸二百缗，朱文肃公后裔养恬等助马家港惧二圩地一亩四分，由本镇丝捐项下拨费三千余缗，又增置潘氏地四分，造讲堂三楹、后楼三楹，均南向大门，门房三间，共三进。楼左建厅事三楹，为息游之所。又前为庖厨三间。经始于庚午年，至辛未年告成。经绅董公禀请，拨湖郡善后丝捐款，存典生息，为膏火资，规模乃备。每月朔、望两课，每年二十课。其甄别请知府课试，又请府县官课二次，著为常例。山长初为里人庞公照，继为严辰。又查同治乙丑补行岁科三试，吴宗师存义案临湖郡，同里朱宝书、温鼎、庞正庄、沈镜漪等谒郡邑尊，公禀学院，请将伪乡官张竹香住宅入官作书院基址，蒙即批准。是岁五月间，邵棠、陆长春等以张竹香已拿解郡城，具禀府县，请令当堂具结，给示勒石，作为书院暨各善举公所，蒙府县批准在案。九年，以张竹香尚有胞弟张墅香，未经分析，应得一半，未便一例入官，由邑尊萧断给钱五百千文，由蒋堂等缴价，禀请吊单树案，以清瓜葛。惟院基既由朱氏捐助，而逆产又指明为书院及各善举公所，因定为书院育婴、师善公产，岁收租息，以资院用。此亦院中入款之一端，故备志之。光绪戊戌变法，改时文为策论。次年，镇绅刘锦藻、蒋锡绅、李维奎创议，就院中常课外，兼课经史、时务、策论，聘山阴汤寿潜掌教。经费则于浚河捐每丝包捐洋三角，禀请展限三年，以一角归团防，以二角归院用。自壬寅改书院为学堂，而此课遂辍。

徐有珂《创建浔溪书院记》文见《碑刻》。

邵棠等《公禀》：具禀：邵棠、陆长春等为逆产奉断充公叩请押令具结事。窃浔镇伪职张竹香房屋，前经县主金断为入官公产，举人等于上年闰五月日公同具呈吁恩，请将该屋作为本镇书院、义塾及善举公所之用，蒙宪批准，如所请在案。本年五月间，伪职张竹香经南浔分府缘案拿获，移解郡城。该伪职为"发逆"牙爪，毒害乡闾，恶迹多端，自有身受者呈诉，听候宪台明断，举人等不敢与闻。惟前奉断充公之产，恩准作为书院暨各善举公所。逆产归公，咎由自取，而书院义塾，实为造就人才、启发童蒙，必不可缺之所，明刑弼教，允协舆情。现张竹香缘案在押，合亟环叩大公祖大人，饬令当堂具结，给示勒石，以垂久远，实为德便。再此屋现设厘局，俟将来撤局后，归为书院、善举公所，一切条款章程，再行呈请宪定。合并呈明，戴德上呈。同治四年五月。附录《沈镜涟禀府、县批词》。府批："据沈镜涟禀，将伪职张竹香入官之产充本镇善举公所，上年业经禀县在案。兹该镇公议，将此房屋作为书院及义举之用，请示树案给示等情。该绅等谊敦桑梓，培植士林，洵堪嘉尚，自应准如所请。其书院善举一切章程条款，仍由该绅等公议，开呈具核给示，务祈悉臻妥善，可垂久远，是为至要。切切。"县批："现奉府宪札查，候即录案，详请示遵。一面饬取沈镜涟甘结备案抄批。"附又录同治九年蒋堂等公禀：蒋堂、朱养诚、邵棠、闵观澜禀为遵断缴价叩请饬吊单契树案申详事。窃南浔现驻厘局房屋，系伪职张竹香之产，于同治三年间为沈镜涟控告串贼掳抢案，经前县主金断给归款，沈镜涟即呈请助公，作为书院及各善举公所，历奉前府、县宪批准在案。惟查张竹香尚有胞弟张墅香，未经分析，应得一半，未便一例入官。本年三月间，前县萧亲莅开课，复奉批示，断缴制钱五百千，以给张墅香产。一面饬吊张氏单契，为此遵断缴价，伏求宪公祖俯赐恩准，树案申请，并饬传张墅香遵领产价，呈缴单契，以惠士林而垂久远。谨禀。

明理学塾 光绪二十六年，里人李惟奎独力捐资，赁屋开办，学制为高小学，凡三年。此为浔溪有学校之始。

浔溪公学 光绪二十七年，里人庞元澂独力捐资，建筑校舍于东栅上塘惧字一圩，规模宏大。学制仿日本中学，四方来学者甚众。未及三年而中辍。

正蒙学塾　光绪二十九年，里人张熙独力捐资，赁屋开办，学制为两等小学，凡四年而辍。

浔溪高等小学校　在马家港。光绪二十八年，里人公议即书院改为之。向有讲堂三楹，中供至圣位，左为膳堂，右为账房，后进楼房仍旧。左厅事改为楼，前庖厨三间亦改为楼，北向而移庖厨于门房。楼上为教习、学生、办事人卧室，楼下辟三讲堂，左旁隙地数分为体操场。禀县定为两等小学堂。校长一人，中文教习二人，西文教习一人，舍监一人，庶务一人。就书院原有经费，益以丝捐，每包提洋角半，合共二千余缗。岁丁未，另筹绅富捐一千余缗，而三十四年第一、第二小学成立。因改两等为高等小学校，为第一、第二两小学之升阶。高小毕业者，送入郡城中学堂肄业。

第一初等小学校　在东栅洗粉兜，就慈荫庵为之。先是庵僧犯戒律，镇人逐之，禀县封闭。戊申春，改为初等小学校，毕业者升入高等小学校肄业。经费取给于茶碗捐，约一千余缗。房屋宏敞，为镇上各学堂之冠。

第二初等小学校　赁民屋为之，于戊申秋间成立。经费于烟膏捐内每月拨百元为初等小学校，毕业者升入高等小学校肄业。宣统庚戌年，又附设简易学塾。

西北初等小学校　就北栅西木巷万善庵为之。先是戊戌岁，有改庵观为学堂之议，庵尼汹惧，因将庵西偏房屋助入师善堂，是为该校基址。经费仅取给西北惜字会余款，规模甚狭。光绪丙午年，禀县立案。

浔溪女学　在东栅，原有浔溪公学基址。光绪三十二年，里人张熙等设立，凡二年而辍。

南浔志卷四

里人周庆云纂

河渠

浔溪 宋谈钥《吴兴志》云：浔溪在乌程县东七十二里，有水自德清、嘉兴来，与震泽莺脰湖接焉。《明一统志》云：浔溪自运河东流，与震泽莺脰湖相接。今德清诸水自南来，运河自西来，北入太湖，东入莺脰湖。然则运河及南北市河，皆古之浔溪也。汪《志》按，沈登瀛《备志》云，《祇园寺庄田记》云："有溪曰浔，在浔之北，有寺曰祇园，然则浔溪即今之运河也。"文莫古于是，当从之。若以尝三中圩之带水当之，毋乃与苕、霅诸溪不类乎？

明吴国伦《行经浔溪奉怀尚书学士董用均先生》：楚客蒲帆震泽来，南浔甲第锦云开。悬舆万木尚书里，载笔千秋太史才。卧稳客星成水石，丹还紫气结蓬莱。经过不浅追趋意，病骨龙钟倘见猜。

明余津《浔溪渔唱二首》：溶溶流水曲溪晴，两岸桃花溪上生。杨柳拂头推不去，黄鹂连叫两三声。　蔡荡天孤碧四垂，雨晴正好放鸬鹚。沿河十里锦云烂，红藕花香拂面吹。

明葛一龙《浔溪对雨》：市断溪声远，桥回野色荒。吹来数点雨，相送一孤航。涨绿平官渡，烟黄拂女桑。隔花僧共语，东去是钱塘。

董志林《晓发浔溪将至苕城》：萧寺疏钟霜外传，荻花枫叶散平川。云连野色人迷渡，风送秋声独放船。树里渔庄闻晓汲，桥边蟹舍见炊烟。忽闻采采菱歌起，徐孺山头酒旆悬。

董熜《浔水秋渔曲》：南江秋来三尺深，《水经注》：南江支分历乌程县，南通余杭县，与浙江合。了了游鱼跃碧浔。橛头船子浮湖去，一发遥山欸乃音。　浔南浔北枫欲稀，杪秋遥夜来渔矶。澄潭列火挺叉入，月落乌啼船始归。

又《吴船曲》：南江东下曲于巴，苕霅西来襟带斜。一树秭归三月暮，疾风吹雨涨桃花。　春事愁中与病中，碧浔溜雨一村风。宋元名刹麻姑字，咫尺输他折屐雄。

范锴《浔溪纪事诗》：佚志残碑尚可稽，当时沿革未全迷。菰城古邑三唐后，谁识南林旧有溪。　镇戍监官古制存，万家烟火聚云屯。太湖水利关民政，安定斋空孰讲论。　十里桑阴水市通，家家门外白蘋风。五湖狂叟西村客，爱作浔溪老寓公。

沈谦《浔溪杂忆诗》：欸乃声中暮复朝，家家水阁泊轻桡。浔溪剩有闲风月，尽在弯环两石桥。　两点青山似画图，一溪碧水胜醍醐。段家桥外遥相望，叶叶风帆到太湖。

纪汝霖《浔溪道中口占》：喜泛浔溪棹，黄梅天独晴。浪迎双桨健，风荡片帆轻。鹭立桥梁湿，人归渡艇横。一篙新涨绿，处处插秧成。

潘翥《浔溪道中》：水气荡荷襟，扁舟漾碧浔。凌波容散发，得句且长吟。山远晴云净，江空树影沉。西风一萧瑟，薄霭忽成阴。

石溪　分小圩西南来水，东流经化人桥，至纪氏祖坟前，为仙液潭。又东经秀水桥，转北入纪家坝港。

墨溪　运河南岸第五支港，今名马家港。上承薛家漾水，南流转东出长生桥，转北为墨溪。范庄湾港东南来注之。又北经明德桥，东分南小兜。过朱少师第前，东分北小兜。又北出马家桥，入东市河。汪《志》按，墨溪之名，明时已有之。范《志》云："康熙间，张肩画竹洗砚于此，故名。"非也。

董斯张《初夏》：杨柳阴浓醉碧烟，一溪不雨不晴天。水楼处处凭红袖，吴下新来茉莉船。

张鑑《浔溪棹歌》：蛎壳红窗水阁边，墨溪初涨碧于烟。杏花衫子鹅翎扇，倚槛闲呼茉莉船。墨溪即马家港，盛夏多集花船，董斯张诗"水楼处处凭红袖，吴下新来茉莉船"是也。

李世伸《浔溪棹歌》：墨溪开遍战场花，寥落人家隔水涯。指点颓垣荒草里，当年曾是相公家。朱文肃故里在墨溪。

周庆贤《墨溪访友未遇舟次口占》：风急扁舟渡曲江，曲江即石獬，在墨溪之南。蓼花随雨入船窗。橹摇界破中流水，惊起芦边白鹭双。　墨溪初涨碧于烟，正是风寒欲暮天。黄叶踏残人不见，却看塔影落篷前。

鹧鸪溪　南市河西岸第二支港，即蒋家桥港，上承籐里潘家埭西南来水，东流经义冢桥北分谈家湾至八十亩圩，与朱家板桥南来水会。又东北分平桥港迤南经斜桥为鹧鸪溪。又东至丰草庵前，折而南流，支流东出为新开河。鹧鸪溪又南经万古桥，西分祁家兜，即挂瓢池。转东迤南，西南分麻皮兜。又东出蒋家桥，入南市河。

姚石《春日晚步至鹧鸪溪》：不耐市喧杂，寻幽到竹林。桥低春水涨，径小麦苗深。野鸟投烟树，渔罾晒柳阴。斜阳容小立，溪口好闲吟。

曹仁虎《浔溪竹枝词》：鹧鸪溪水碧涟漪，暇日宜教小艇移。有约招提茶话去，枯苔手剔宋元碑。

张镇《鹧鸪溪春望》：不定经行路，平桥带断矶。野花临水发，江鸟破烟飞。净土闲相访，遥山晚更微。渔舟何处唱？余亦咏而归。

又《浔溪渔唱》：阿侬家住鹧鸪溪，不见鹧鸪溪上啼。只有晓寒楼外月，夜深还照梦华西。

纪磊《鹧鸪溪》：鹧鸪生住鹧鸪庵，名氏还须仔细参。不为落花啼不住，触人愁思在怀南。

张文元《南浔竹枝词》：几折清溪架石桥，沿堤杨柳晓风摇。鹧鸪新制萧娘曲，合付渔郎紫玉箫。

徐咸安《初春野步》：一湾春涨碧沄沄，信步溪边远俗氛。得暖水田犹漠漠，向阳卉木亦欣欣。梅花渡古无遗迹，丰草庵荒有夕曛。忽听西村渔唱晚，归来薄醉未成醺。

莲溪 在东栅薛家漾东，俗名荷花池头。

董懋昭《莲溪吟稿序》节录：溪方可二亩许，中多莲，故以莲名之。溪上大宅，先王父芝筠先生故居也。王父退老此溪之上，忆自垂髫上学，每晨随诸兄后诣王父书室，则咸屏息，徐步雁行，立，拱揖而退，不敢妄出一语。昭冠偶堕地，王父亦莞尔而笑，不之责也。迄今二十余年来，课诸弟侄于溪侧，则吾家已日就衰落，不复昔时景象。溪北故有槐二株，今仅存其一。两岸垂柳成行，今亦变为桑畦菜圃矣。

董友松《莲溪夜步》：莲溪风月夜，夜静石堂清。月照溪生影，风回莲有声。香沉忘鹤梦，蛩怨冷鼍更。烟雾青冥处，萧然碧玉京。

董熜《过莲溪有感示舍弟鑑平绣原》：五柳先生早决几，人亡剩有柳依依。稚孙曾奉掀髯笑，揖罢私怀退笔归。　衣得新荷牵伴侣，笼他蟋蟀斗输赢。溪边长忆儿嬉事，三十年来半死生。

又《过莲溪追忆鑑平》：圆荷碧一池，小楼踞其上。昔君来授经，安贫任疏放。余亦时时过，澄怀对新涨。人静鱼不惊，风清柳轻飏。每指钓游地，儿嬉非一状。荏苒三十年，为师各颜抗。吾衰早颓唐，而才与齿壮。方当绝尘奔，秋驾不可量。何意偶西征，存没顿悲怆。化鹤不复归，援琴怨孤唱。行迹绿苔间，独寻何所向。

董恂《浔溪棹歌》：不村不郭占清幽，水阁窗开面碧流。吹得熏风才几日，白荷花放满池头。

瑶溪 在北栅外姚田。

吴山秀《瑶溪八咏》：环水茫无际，浑疑一岛孤。只凭云作岸，绝少路通衢。辛苦营巢燕，飘零逐浪凫。心安随处好，鹿豕尽吾徒　荒墟唯鸟集，穷巷少人行。隔岸双桥跨，虚舟一渡横。女编芦代织，农种水为耕。难得村醪熟，常时醉不成。北寻双塔寺，南望两河桥。宿雨片帆重，平波三里遥。秋淤穿荻笋，春涨没茭苗。蓑笠吾方办，不辞渔父邀。　千帆来北渚，一镜宛西湖。量水分菱芡，开门放鸭雏。盘餐鱼市集，烟雨米家图。合有玄真隐，栖迟兴不孤。　亭前谁载酒，桥畔自提壶。屋北双峰翠，墙东半亩蔬。与花分主客，聚石当生徒。永日消书卷，真成槁据梧。断港孤村僻，通波十里周。芦中人在水，岸上屋牵舟。霜月哀鸿雁，沙汀狎鹭鸥。双扉终岁掩，踪迹绝羊求。　丛祠箫鼓沸，傀儡舞偏工。南庵时演木偶戏以酬神。时听迎神曲，难回佞佛风。陈牲集渔父，散社醉村农。利市邀三倍，空嗟吾道穷。　不成行列树，自落子开花。草辨君臣药，藤延子母瓜。瓦盆长贮酒，蔬谱足传家。五日花猪肉，临溪唤小艖。

王梁《爻田有怀张瓜田》：苍茫云气拥层楼，对酒如何转得愁。十里波涛侵短鬓，一天风雨入高秋。绿萝门外无过辙，红树村西独下鸥。传语莼鲈漫登馔，天涯犹有未归舟。

淤溪　在南栅外藏谷桥。

董汉策《菩萨蛮·淤溪归路》：似雨如晴犹未雨，风光摇漾愁千缕。铁笛破苍烟，天边一鹤还。　　秋生云外树，信步随秋去。牛背曲声新，南阳高卧人。

又《前调·次日乘风复至淤溪》：似此长风能万里，涛声吹送秋声起。漠漠水云天，蛟龙挟我船。　　人随帆影动，拜舞千花涌。只此碧流中，应知江汉同。

芳溪　在西栅外方丈港，绵亘一里许，回环广百余亩，四周有堤。虽无舟楫帆樯之利，而饶鱼鳖螺虾之产。农田灌输，惟溪是赖。

运河　即东、西二栅市河，每岁漕艘必由于此。其源有二：一自岘山漾，分流至定安门外，绕城而东；一自城内霅溪，分流至骆驼桥南，过望州桥，出迎春门，俱达二里桥，合为一河。东流六十里至东迁村，自东迁而东，其南岸支港为白米塘、挑水湾，北岸支港为十里桥、九里桥、六里桥等港。南北交综，分合不一。又东至三里桥，支流北出为三里桥港。运河又东过西、东二坝口，入南浔镇西栅，为西市河。过营汛前、祇园寺前，支流南出为西仓港，北出为永安桥港。又东经垂虹桥，东南流过米廊下，纪家坝港西南来注之。又东与南北市河交错，为十字港。又东为东市河，经通津桥，过董宗伯第前、通判署前，南分船场浜。皇御河南来注之。南分仓潭。又东经洪济桥，百间楼港北来注之；又东马家港南来注之。又东过东总管堂前，出东栅。南分三杨亩兜。又东过极乐庵前，出分水墩，为东塔湾，过撞塘坝口，入震泽县界。又东，曹村西港南来注之。又东，曹村中港南来注之。南市河东出支水，东北流而仍注于运河者，至此尽矣。按，水道源流，并据里人纪南枝所著《浔溪水道考》，后仿此。自此而东，至半路亭，其间南岸支港则有曹村东港、盛家坝港、外堠港。北岸支港则有驷马桥港、曹村北港，亦南北交综，分合不一。又东至安庆桥，支流南出，经应天寺、严墓市，入嘉兴府秀水县界。运河又东，至震泽镇。又东过双杨、梅堰，至平望镇入莺脰湖，与嘉兴南来运河会。东栅外自分水墩至平望，凡塘南北诸漾荡支河，皆泄水归东要道，虽地属江南，其通塞皆关湖州水利。唐元和中，荻塘河水潴淤逼塞，不能负舟，刺史薛戎浚之百余里。董《志》、范《志》并云：运河时或旱涸，镇民开浚。汪《志》按，此是民间私事，若漕艘搁浅、开浚运河事，固属官不属民也。乃载入志中，几疑民浚为定例矣。虑贻将来徭役之扰，故特辩之。

曹仁虎《浔溪竹枝词》：雁渚鸥沙足水痕，阴阴桑柘接曹村。西来一夜苕溪涨，碧玉春流直到门。

董蠡舟《浔溪棹歌》：运河横贯市心中，南北支流屈曲通。画舫行家夹明镜，石梁三道卧晴虹。

董恂《浔溪棹歌》：于岏塘长远岫青，西天目水此由经。桃花三月春波暖，绿过江南半逻亭。

皇御河　运河南岸第四支港，按，第三支港即南市河，别见后。一名御河，一作王御河，本名黄泥河。分薛家漾水北流，东分莲溪，西分小兜。经暖桥，又北出酱园桥，入东市河。汪《志》按，俗说宋高宗至此，故名。旧志已知其妄，不载是说，然仍入之古迹，未当也。本作“黄泥”为是，或云当为惶五河。其东岸即惶五圩，犹北栅外之拜五港、稽五漾，南栅外之简五塘也。说亦可通。

范锴《浔溪纪事诗》：钟敲野寺留神马，春到梅林说异蛇。赢得居人长叹息，御河愁照月痕斜。劳钺《府志》：建炎二年，高宗南渡至浔，惧追者见，匿嘉应神祠中。月下，俄见泥马忽动，跨之而行，遂入杭州。帝旧封康王，今褒能寺俗呼康王寺，以帝经过名也。《涌幢小品》：镇西北可十五里曰梅林，中有大梅树一株，可设三十筵。宋高宗过浔，宴其下，因称曰上林。方到庵，有一巨蛇冲水昂首而至，众鱼尾之，日以为常，若有意者。高宗举笔题其首，作小画，泣下，怀之而去，至镇南五里古寺宿焉。今有康王桥，桥之西为康王寺，废已久矣。一老儒每言：镇之大桥下常有巨蛇横亘如木舟，碍不得行。又居人数逢于路，两眼如灯火，见顶上有“康王”二字。又或蟠于市楼上，第不伤人。人既数见，亦不为异。盖其时人烟尚稀，最初高宗过之，乃一荒落，见草庵景致，不觉留连。今聚且万家，人物日盛，蛇亦非容身之所。老者死，幼者不及闻，离人口角且五六十年。天下大矣，何所不有？姑记之，亦浔镇一异事也。《研北居琐录》：史载高宗南渡，建炎三年二月，帝至镇江，宿于府治。翌日，召从臣问去留。是夕，发镇江。越四日，次平江。又二日，次崇德，遂如杭州。考此，则过南浔之说谬矣。劳《志》褒能寺与嘉应祠既溷而为一，且嘉应祠咸淳六年敕建，建炎二年乌得见此庙额？又闻诸父老曰皇御河旧名黄泥河，因有高宗南渡过浔之说，遂相沿傅会云。异蛇神马，传说纷纷，不足信也。

南市河 上承简五塘港，北流入南栅，为南市河。支流东出，为白鸾港。市河又北，苏露港西来注之。又北支流东出为虹映港。市河又北经南新桥，支流东出为竹园港。市河又北经南安桥，鹧鸪溪自蒋家桥西来注之。支流东出为凤凰河。市河又北经华家桥，鹧鸪溪自新开河西来注之。又北经兴福桥。西分寸池潭。又北经张王庙桥，支流东出为定心港。市河又北与城壕及司前港交错，为南十字港。又北经便民桥。又北出泰安桥，至十字港与运河会。

北市河 分运河水，自十字港北流入清风桥，为北市河。又北支流东出为后河。市河又北经太平桥，西分唐家兜。又北经盐店桥，又北经栅桩桥，与西木行港及百间楼港交错，为北十字港。又北过北姚家汇，浔溪河西来注之。又北经北新桥，东分小兜。至董氏祖坟前，彩虹桥港西来注之，支流东出为下坝港。市河又北出北栅，与古溇港接。按，北市河自北十字港以北即为古溇港。

后河 北市河东岸第一支港，一名藕湖。分北市河水，东流入天带桥。又东，南分爱莲池小兜。经净波桥。又东迤南为栲栳湾，经官房桥，转东出闻涛桥，入百间楼港。

新开河 南市河西岸第三支港，明董氏所开，分鹧鸪溪水，东流出鹧鸪桥，入南市河。

董恂《浔溪棹歌》：新开河畔几人家，野径栽桑复种麻。丰草庵荒已无主，烂堆黄叶似袈裟。

凤凰河 南市河东岸第四支港。分南市河水，东流入凤凰桥。迤北又东，出毛家桥，入木瓜漾。

浔溪河 北市河西岸第二支港。分尝三圩西港水，东流出浔溪桥，入北市河。溪小水曲，下有泉穴，水极清澈，取以酿酒，最清冽，浔酒因以得名。汪《志》按，此河明时始开通，而冒浔溪之名，实非古浔溪也。

姚景熹《夜过浔溪河》：晚晴秋已暮，积雨涨溪痕。云净江天远，烟凝草木昏。暗蛩吟古墓，寒月吊荒村。四顾无人迹，凄凄欲断魂。

董懋昭《早行溪上》：寒云晓日尚蒙笼，疏树遥村淡似空。忽悟西风夜来紧，枯萍尽聚板桥东。

张树培《浔溪河》：浔溪溪畔遍桑麻，溪上人家傍水涯。酿得黄柑霜后酒，晚风轻飏一帘斜。

西仓港 运河南岸第一支港。分西市河水，南流入沐凰桥。西分沐凰兜。又南经鸣凤桥。又南出坝桥，入纪家坝港。

纪家坝港 运河南岸第二支港。上承艨里褚家埭、谈家湾二港西来之水，东流至补船村，与平桥港南来之水相会。北流至小圩西南，分为二，直北而转东者为小圩后港，转东者为小圩前港。东分南兜。前港转北与后港合，支流东出为石溪。又北转东为享亭湾，过西庄村，经钟家桥，与石溪水合为纪家坝港。又东西仓港北来注之，支流东出为城壕。纪家坝港又东经杨家桥，南分白鹏兜。迤北经天到桥，北分凤凰池。东北流出丰年桥，入西市河。

三里桥港 运河北岸第一支港。按，运河西来，支港甚多，今取距镇最近者为始。分运河水，北流入三里桥，又北过裘庄方氏祖坟前，与塘田圩港西来之水相会。又北经众安桥，分流向北者为方家港，转东者为福积港。

永安桥港 运河北岸第二支港。分西市河水，北流入西吊桥，又北经小吊桥。西分妙境庵兜。又北出永安桥，与尝三圩西港接。西分琵琶兜，即白果潭。合流东出，为西木行港，入北市河。

百间楼港 运河北岸第四支港。按，第三支港即北市河，别见前。分北市河水，自北十字港东流入莲界桥，又东迤南经长板桥，又南后河西来注之。东分洗粉兜。又南出东吊桥入东市河。北市河东出支水东南流而仍注于运河者，至此尽矣。

方熊《浔溪竹枝词》：参差阛阓压溪流，长板桥连洗粉兜。夹岸珠帘风宕漾，春波影泛百间楼。

董攀龙《浔溪竹枝词》：傍水千家断复连，小楼一桁碧窗悬。娥娥红粉齐当牖，新到姑苏茉莉船。

张文元《南浔竹枝词》：百间楼住百人家，一水清涟绕槛斜。莫怪卖花船竞泊，楼间少女尽如花。

简五塘港 即南市河之上流，一作甲午塘港。上承马要塘西南来水，东北流过池亭漾，合神墩塘南来之水，迤北而东，为七里塘。迤北至大洪村，经丁家桥转东，经康王寺桥分流。向东南者由四方荡入沈张漾，向北者为简五塘港。纪南枝曰：旧志皆称乌镇北息塘之水，北流至穿珠湾，由大洪村康王寺桥入简五塘，因穿珠湾在大洪村东南比近故也。实则简五塘所受皆属干河之东北流，至乌镇之北流，不独不能由穿珠湾西北流入大洪村，抑且分七里塘之水，由穿珠湾东南流，同入沈张漾，水性惟顺是适，可目验而知也。简五塘港北流，与蔡荡自丰桥西来水会。西分豆腐兜，又分高基兜，又分许家兜。东分硬涨桥港，通划船漾。又分闵塘兜，一作闵堂兜，又分华家兜。又北与南市河接。

张鑑《浔溪棹歌》：霜花晓扑漉鱼篮，白韭红姜食谱谙。简五寒塘秋水阔，渔娃处处唤螺蚶。简五塘多集渔艇。

沈金渠《甲午塘》：今是庚寅日，来过甲午塘。荒城寻太尉，野庙拜康王。艇小瓜皮泛，村深竹影藏。阴晴天气半，节候已梅黄。

苏露港　南市河西岸第一支港，上承笺五圩南北二港之水。其南港上承凤凰荡南来之水，北流转东至唐家汇，与蔡荡南来之水相会，而北经麻泾桥。西分长兜。又北为邵家荡，转东经洞宾桥，转北为善田湾，又北与北港会。其北港上承艚里方家埭西南来水，东流北分朱家板桥港为北水港，经北水港桥北分曹家兜迤南，又东与南港会为苏露港。北分粜糠兜。东流出苏露桥，入南市河。

白鸾港　南市河东岸第一支港。分南市河水，东流入百老桥。迤南又东，过潘氏祖坟前，迤南又东南分南喜兜分流，向北者为渡船港，向东者为尤家港。

虹映港　南市河东岸第二支港。分南市河水，东流入虹映桥。又东为黄家荡。东分虹映兜。转北出师古桥，入竹园港。

竹园港　南市河东岸第三支港。分南市河水，东流入醋坊桥，至张处士坟前，与虹映港南来水会，绕坟而北。西分寿庆庵兜。又北，东分南林池及孙家兜。至嘉应庙前，为木瓜漾，东分华家兜。凤凰河西来注之。转东，经王家桥为石澥，屈曲而东，名曲江。又东至朝真堂前，支流北出为范庄湾港。曲江水又东，支流南出，至碛沙寺后，与渡船港南来水相会而东，为惧三圩南港。曲江水又东经八卦桥，南分小兜。又东经秦庵桥，又东转北，东分褚家兜。又北，西分韩家兜。转东为玉成湾。北分乌朋兜，一作乌盆兜。经朱氏祖坟前，又东，支流南出为惧三圩东港。北分撞塘坝港，坝南有麻皮漾。曲江水又东入震泽界，又东转北为曹村西港，又北出木桥，入运河。

定心港　南市河东岸第五支港。分南市河水东流入定心桥，至广惠宫后，南北分流，南流经花园桥为胜义庵兜，北流入司前港。

司前港　南市河东岸第六支港，即东交界坝港。分南市河水，自南十字港东流入东交界坝桥，又东经会际桥。又东，定心港南来注之，又东为薛家漾。分流，向北者为皇御河，向南者至城隍庙后转东。南分小兜。出长生桥，转北为墨溪，并北入东市河。

西木行港　北市河西岸第一支港。永安桥港与尝三圩西港合而东流，为西木行港。又东至北十字港，与北市河会。

彩虹桥港　北市河西岸第三支港，亦称北浔溪河。分福积港水，北流入彩虹桥，转东至竹篠，汇入北市河。北市西隅诸水流注市河者，至此尽矣。

古溇港　即北市河之下流，一名鼓楼港。北流出北分水墩。西有李家河，自南车驾桥来会；又有横古塘水，自北车驾桥来会。东分箬帽桥港，又分匠人湾，又分斜河，并通湖基漾。经北回桥，东分楼下新桥港，又分冉庄港，又分姚田苎叶滩。入震泽界。又北达稽五漾，或东或北，支流歧出，由各溇港入太湖。

下坝港　北市河东岸第三支港。按，第二支港即百间楼港，已见前。分北市河水东流。南分董坟兜，又分南姚家兜。又东，北分金家兜。经梅家桥，至新庵前，南分地心东兜。折而北流，转东入震泽界，支流歧出，东入洚溪，北入稽五漾。

十字港　在中市，通津桥西，清风桥南，明月桥北，运河与南、北二市河交午相贯处。

曹仁虎《浔溪竹枝词》：港汊纵横尽水乡，菱歌隐隐起回塘。清风明月何曾改，依旧双虹跨水长。

董载昌《浔溪竹枝词》：市楼灯火映波红，十字中分处处通。一水盈盈不得语，郎家明月妾清风。

南十字港　在南栅便民桥北，东西两交界坝桥之间。城壕西来，司前港东出，与市河交午相贯处。

北十字港　在北栅栅桩桥北，莲界桥西。西木行港西来，百间楼港东出，与市河交午相贯处。

渡船港　白鸾港水北流为渡船港，经渡船桥至袁孝子坟前，东西分流，西流者转北，西分纪家兜。至碛沙寺右。按，此处本通流，近已坝断。东流者转北，与曲江水支流自北来者相合而东，为惧三圩南港。

尤家港　白鸾港水东流为尤家港。南分泥司兜。经尤家桥，南分孟家寮。又东，惧三圩南港北来注之，又东入栗树港。

惧三圩南港　渡船港与曲江水支流合而东流，过尤氏祖坟前，转南入尤家港。

栗树港　乌程、震泽东西分界，一作力持港。南接划船漾，经庄思坝桥，北流与尤家港西来水会。又北经栗树庙桥，又北与惧三圩东港水会，为栗树荡。一名小荡。东流入震泽界，为横港。又东转北为水斗注。又北转东为曹村中港。转北出树滋环桥，入运河。南市河东出支水止此。

福积港　上承三里桥港南来之水，东流过小桥村。北分马家兜，又分东丁家港。又东为白漾。北分潘家兜，又分红墙桥港。又东经福积桥。南分菜花兜。又东，北分莫家湾。过姚家滩。南分戴家兜。南北分流，北流为彩虹桥港，南流为尝三圩西港。

尝三圩西港 分福积港水南流，支流东出为浔溪河。尝三圩西港又南东分朱坟兜与永安桥港接，合流东出为西木行港。

范庄湾港 分曲江水，北流入曲江桥。西分小兜。西北流过范庄湾，入墨溪。

惧三圩东港 分玉成湾水南流，转东折而南流，又转东入栗树荡。乌程、震泽东西分界。

蒋家港 无考。或云在南栅蒋家巷后河，故今呼补船桥为蒋家桥。

纪官《蒋家港》：夹岸阴浓柳似幢，小桥流急水淙淙。扁舟逆上橹无力，篙足惊飞布谷双。

城壕 南市河西岸第四支港，即西交界坝港，分纪家坝南出之水东南流。东分纪氏南园池。迤东，南分小兜，北分徐家漾。出西交界坝桥，至南十字港与南市河会。南市西隅支水流注市河者，至此尽矣。元代筑城时，南面偏西之壕也，亦名城隍上。汪《志》按，城四面皆有壕，惟此处城壕之名，至今尚存。今以地势考之，城壕转北通西仓港，西南面之壕也；司前港自薛家漾通马家港，东南面之壕也；百间楼港，东北面之壕也；西木行港转南通永安桥港，西北面之壕也。因是推之，东吊桥西南洪济桥为东水门，西吊桥东南垂虹桥为西水门，北十字港南栅桩桥为北水门，南十字港北便民桥为南水门，而中市十字港则为城心也。城之遗迹，约略可知矣。

董熜《吴船曲》：不复啼乌栖女墙，长烟羃䍥旧城隍。断桥流水春畦绿，闲杀罗敷陌上桑。

杨凤苞《城濠览古》：废隍尚见黑云屯，叹息三兴破楚门。钱俶锦衣空内属，尉陀左纛漫称尊。白驹北梦舟中夜，黄叶西风水外村。当日群雄总安在，野乌啼上女墙昏。

董攀龙《浔溪竹枝词》：断垣残础没藜蒿，陈迹流传雉堞高。割据英雄今已矣，夕阳仍下古城壕。南浔城，张士诚建，明洪武初拆修苏州城。

丁源《故城壕》：溪回径仄似羊肠，荒草堆边旧女墙。村竖牧牛残照里，空留遗庙说张王。广惠宫一名张王庙，或云即元张士诚也。

纪磊《城壕》：石桥南去古城壕，酬唱当年有二豪。一卷清歌谁省识，野花映水自萧骚。殷赤珠、沈心怡同居城壕，有《唱和集》。

李世伸《浔溪棹歌》：吴山越水重边防，太尉城余夕照荒。有客大堤来走马，兴衰旧事话张王。元末张士诚筑城淤浔。

石濑 在南栅，以北岸有眠牛石得名。一名曲港，一名曲江，一名九曲里。

董蠡舟《浔溪棹歌》：一棹延缘石濑过，华园秋晚起菱歌。远偏庐圮生绡断，古木丛篁画意多。“石濑菱歌”为十景之一。

董恂《浔溪棹歌》：石瀨湾湾九曲环，村娃打桨采菱还。清歌唱到斜阳暮，秋老渔汀鹭溆间。南浔十景有“曲江菱歌”。

李世伸《浔溪棹歌》：蓼红苇白水微波，小艇沿洄石瀨过。依约芳塘风起处，有人低唱采菱歌。

蒋锡纶《浔溪竹枝词》：小艇瓜皮唤欲应，花花叶叶碧波澄。烟笼石瀨歌声歇，俊味新尝沙角菱。

周家漾　在北栅外，后筑为卧塔。

稽五漾　在北栅外震泽县界。一作居吴漾，一作军吴漾，一作金鱼漾，一作鸡鱼漾。荻塘以北诸漾，稽五最大。汪《志》按，或以军吴之名，指为吴王屯兵处，无据。盖在稽五圩之北，故名。漾地属震泽，而与乌程接界。漾南之稽五圩属乌程，又为浔镇诸水下流，故仍载入。

明董说《军吴漾》：秋漾荒荒白，军吴事杳茫。诗缘随窄艇，风信委枯桑。泥塔双桥串，惊涛破寺当。因之话黄鹤，楼势等孤翔。

释正提《泛军吴漾》：一霎孤村烟里过，数圈嫩绿插灵签。远山云迸离奇翠，一幅潇湘画里添。　橹势拖开双燕尾，鸭头撑出蓼花汀。长天皎洁无渣滓，秋水相连别样青。

纪官《雪后舟行军吴漾》：何须更筑望山台，缥缈群峰尽载来。漾口几枝无叶树，村梢一角欲开梅。庄严野寺俱璎珞，珍重寒炉拨冷灰。放鸭船边冰未解，竹篙拦阵忽然回。

纪端《军吴漾》：扁舟湖上忆鸱夷，折戟苔枪远莫追。堪笑吴侬真短浅，争看画舫载西施。

董渭《十七夜军吴漾泛月寄文若》：中秋把酒书楼上，今宵又泛军吴漾。一叶舟从镜面行，绝胜醉卧梅花帐。人生到处类飞鸿，雪泥爪记常飘荡。渔灯闪闪远岸明，芦花片片秋空飏。恍如万顷碧玻璃，水色天光两清亮。前途极目杳难穷，自在中流颇萧放。扣舷划桨歌沧浪，声散凄风随野旷。夜来露重浴蟾蜍，天公眸子无纤障。此时安得谢玄晖，弯蜷篷底相酬唱。

董载昌《浔溪竹枝词》：居吴漾畔遍菰芦，蟹簖渔标不纳租。此去太湖无十里，罛船聘得陆家姑。

董蠡舟《浔溪棹歌》：北汇秋深芦絮残，星星蟹火照波寒。居吴漾口移舟宿，十辈尖团供晚餐。

拜三漾　在北栅外三里，古溇港东，俗名湖基漾。

薛家漾 在东栅。司前港西来，皇御河北出，东接莲溪，南通墨溪，十字交汇。下有泉穴，水极清深，亦称雪漾。

木瓜漾 在南栅嘉应庙前。

徐家漾 在南栅白鹇兜南。

划船漾 在南栅外三里，简五塘东，乌程、震泽东西交界。

浏盆漾 在南栅外四里，简五塘东。

沈庄漾 在南栅外五里，四方荡东漾东岸，属江苏省，周十余里。相传明沈万三所居近此，故名。

穿弓漾 在南栅外七里双月湾东。

池亭漾 在南栅外七里村西，或云即淤溪。

纪端《还至淤溪池亭》：一棹归来醉似泥，渔罾芦叶点秋溪。丹黄隐约疏林里，欸乃声中日已西。

褚家漾 在西栅外九里。

碟子漾 在西栅外东庄港东。

江蒋漾 在西栅外杨湾口。

蔡荡 在南栅外二里简五塘西，一名草荡。按，镇东北有蔡家荡，属震泽界，与此别。

明董份《夏日与诸君避暑蔡荡》：漫拟当年河朔游，偶携佳客放扁舟。天高月上夜如昼，水阔风多暑欲秋。箫管拂云来别墅，酣歌达曙傍中流。若知世外须臾乐，肯羡人间万户侯。

明董嗣成《纪子达子修昆仲夏夜相邀蔡宕玩月醉后放歌》：青松轩下微雨收，清风六月凉如秋。明月斜衔碧云里，赤日半落西山头。主人不辞酒百斛，清宵拟作乘槎游。乘槎荡桨出村口，小溪夹道垂杨柳。侍儿初返采莲船，玉腕纤纤进新藕。击楫行歌出画桥，紫箫曲曲度兰皋。蒹葭风静湖光白，星文不动青天高。青天倒映湖光里，鲛人龙女声嘈嘈。散发一呼数斗尽，河朔空复称英豪。千年刘阮已寂寞，即今此乐输吾曹。尊中已空不足恣酣畅，又有轻舠送新酿。中流宛转夜未央，狂来大啸踏高浪。相逢总是高阳徒，此时不饮何为乎？青春一去不相待，富贵可得常在无。浮生碌碌竟何事，双鬓辞我先凋枯。饮君酒，为君寿。惟愿清风明月对金尊，与我相随同白首。醉眠不知天地复何处，但见星辰历乱在我手。

又《十六夜与诸君再集蔡荡得城字》：云垂一曲鉴湖平，乘兴重来此濯缨。五夜霞光飞别岭，千家秋色澹孤城。轻槎忽动星河影，尊酒高悬薜荔情。若向灵台占象纬，真人今已奏东行。

董蠡舟《浔溪棹歌》：老渔吹火水中坻，西庄村边晚饭炊。玛瑙四垂天澹沱，雨晴蔡荡放鸬鹚。明余津《浔溪渔唱》诗：蔡荡天孤碧四垂，雨晴正好放鸬鹚。

芦荡 在篠里西南。

黄家荡 在南栅师古桥南。

四方荡 在南栅外浏盆漾东南。

浅荡 在南栅外沈庄漾南。

莲花荡 在南栅外眉月湾北。

荷花荡 在北栅外驻越滩南。

白果潭 在西栅朱家坟前。

仙液潭 在西栅纪氏秀水坟前，亦名半月池。潭底有三泉涌出，如“品”字。每岁十月朔，鲤鱼集此，里人网取颇多。

梦华潭 在南栅。本名秤锤潭，亦作寸池潭。明董说居此，改名。按，旧志皆作砚池云，相传梁昭明太子读书处。附会无据。

明董说《行药梦华潭口》：吟立西南角，潭秋云乱生。浦思前夜钓，树露别村晴。记补竹篱缺，私拈客句评。醉渔歌正好，再转后溪行。

又《梦华潭即事用非翁疏字韵》：白豆花阴药杵疏，闲忙为曝旧藏书。浮名徒益九重障，草木曾参七不如。秋园缚帚难供扫，石壁缠藤合受梳。拟凿小溪通钓艇，从教野史补河渠。

又《梦华潭谣》：鹧鸪生贫而嗜书，一日遇南宋旧本，纸墨既繁，还书长恸，故托为书贾愁望之声。梦华潭口石齿齿，枯柳身攲拜秋水。梦华潭泊鬻书舟，客望残阳立柁楼。立柁楼，见书屋，菊篱中人抱书哭。

方熊《浔溪竹枝词》：一泓净绿水拖蓝，牛饮荒汀百不堪。莫借昭明夸砚沼，只今但晓秤锤潭。

董载昌《浔溪竹枝词》：陌上花开三月三，相邀女伴寸池潭。踏青无数匆匆去，明日清明欲养蚕。

范锴《浔溪纪事诗》：梦华潭口晚风吹，一抹残阳柳影攲。旧事嘉隆传韵语，恍闻闲话水天时。《丰草庵集》有《梦华潭口听客话嘉隆间大内旧事》诗十首。

纪磊《梦华潭》：梦华潭口唱新词，补出前朝大内诗。玉碗金鱼何处问，空教遗老泪如丝。

张文元《南浔竹枝词》：小小池傍桑柘幽，梦华人去古潭留。而今新涨黄梅水，闲看儿童浴蠢牛。

梦石楼潭 在补船村丰草庵旁，董说尝梦登石楼，故名。

舍身潭 在南栅嘉应庙前。按，今渐湮塞，旧传崔、李二承事自沉此潭，乃里俗谬说。

仓潭 在东栅。明董氏所开，以泊租船。

西林潭 在西栅西林古刹后。

范庄池 在马家港。范庄水甚清，大旱不涸。《涌幢小品》云广十亩。按，今池分为二，较小于前矣。

曹仁虎《浔溪竹枝词》：范庄小沼碧粼粼，卜宅当年种翠筠。可惜五湖轻泛去，不曾同住浣纱人。

董恂《浔溪棹歌》：满沼荷花映日红，范庄池上坐荷风。阿依只爱池中藕，多与西施臂样同。南浔十景有"范庄莲沼"。

凤凰池 在西栅纪家坝港西北，池尽处有二泉旁出。

明华士嶟《李振业移家南林凤凰池春日过访赋赠》：小筑菟裘隔市喧，闲云拥户日高眠。短墙风折梅枝瘦，曲径春深笋稚鲜。浊酒尽拌诗似白，空亭堪寄草成元。修篁应自来栖凤，紫气遥占岂惘然。

放生池 一在极乐庵，一在东藏寺南，今并无考。一在长生寺前，亦名长生池，亦名挂瓢池，俗称鱼池泾，荷花颇盛。一在报国寺前，亦名南林池，或云即镇学泮池也。

董汉策《放生社册序》节录：家倩沈子子兼，集同志为放生社，盖欲与飞潜同保此生也。

又《放生弁言》节录：此翁禅师与家江屏、阆仙辈结放生社。浔水沦涟，飞栖上下，吹沫鼓翼，极乎霄渊。

明董斯张《张泰氏于报国倡放生社欣然有赋》：入界旷求我，迎照蔼不殊。元黄自相血，靡哲而弗愚。居士平等慈，斋心澄物初。风泽无二观，心肾为江湖。文波停昼梵，鳞者还其居。解斯荡析愍，至仁消呴濡。中林悬日规，萍藻相与舒。飞沉在天地，往来于一如。浩焉川上机，乐我了非鱼。

董汉策《极乐庵放生》：解网开笼今日意，云痕月路望中微。碧天极目升沉趣，漠漠长烟鸟自飞。 微波澹澹荇花新，泽国初占鱼乐春。传说江淮多草食，啼号还有路傍人。

董耒《塔院放生社诗为此山和尚赋》：品物同天赋，凄然各性情。莫将鲛室泪，滴向藕花城。蜃气连云黑，虾瞳剪水明。濠梁圆旧社，愿借远公名。 泽国新波及，江天夜雨深。冷他调鼎手，闲杀羡鱼心。赪尾离涂炭，修髫切梵音。犹将枯肆泣，弹入伯牙琴。

丁蟾《长生池观白莲》：数弓池匝梵宫宽，玉蕊香浮露未干。净士一般朝涌出，霓裳万队夜清寒。花容倒晕长空空，水色澄心止观观。小住浑忘炎暑逼，闲鸥时掠水晶盘。

张镇《浔溪渔唱》：庵遗丰草夕阳斜，一曲溪桥杨柳遮。若个幽情忘未得，挂瓢池畔看莲花。

张文元《南浔竹枝词》：挂瓢池改小莲庄，吊古谁知选佛场。愁绝莲花千万朵，低头也似感沧桑。

爱莲池 在大宗伯第内，西有小兜，通后河。

长池 在东栅外分乡墐侧。

义井 在南栅嘉应庙大殿前，明隆庆三年重开。

真武井 在北栅善寂庵内，亦名七星井。

张模《浔北七星井记》节录：余家浔之北，其地旧名井临头，亦作井陵头。西北数武，有庙数楹，额曰“北圣庭”。西檐下有井一阑，镌八字，曰“坎水制火，永息烽烟”。旁镌小字三行，曰“乾隆五十八年吉旦，信官温云皋重开井泉，住持南莲建”。其背更镌坎水八字，较前差小。访之故老，曰：此处旧有井七焉，曰七星井，皆不出数十武外。今多湮塞，莫能指其处，惟此井独存。而重浚时，曾植七星旗一杆于井上，以存其遗。复访余井处，有言庙墙外西去数武，昔有一井，约略可辨。而余家后屋曾闻跨井而建，则又为二井。其余四井，数年来屡求，不得其处。余因叹旧迹之不彰，纪载阙如，年代莫考，而重开兹井者又未详溯其颠末，因谨记之。

木瓜泉 在南栅木瓜漾西，毛家桥北堍，岸址有泉旁出。

一线泉 在西栅妙境庵兜底。水涸时，土窟中有泉流出，涓滴不绝，水涨则隐，一名竹雪泉。

张镇《浔溪渔唱》：才过诗桥妙境庵，祇园铁佛旧曾谙。泉飞竹雪清如许，活火煎来活水甘。

董蠡舟《浔溪棹歌》：太傅祠堂枕碧川，春波清浅仅通船。船唇炊火烹新茗，剩得涓流一线泉。

水利附

谈钥《吴兴志》：郡地最低，性尤沮洳，特宜水稻。又田畴必筑塘防水，乃有西成之望。涝则以车出水，旱则别入水。今郡境东南乡分延袤百里，田旧有围塍岸，岁修崇固，悉为上腴，亩直一金。旧谚云："诸郡旱，我有岸；诸郡熟，我无谷。"今不然也。太湖旧有沿湖之堤，多为溇。溇有斗门，制以巨木，甚固。门各有闸板，旱则闭之，以防溪水之走泄；有东北风亦闭之，以防湖水之暴涨，为利浩溥。后渐堙废，颇为郡害。

徐献忠《吴兴掌故集》：湖州运河东达平望，几一百二十里。太湖之水，半泄其间。按，此以运河为太湖下流，误。自运河以南，诸溪港经泄之处，为民间所占，日渐狭小。而上源诸漾积受洪流之处，渐至填塞为芦埂、圈筑为藕荡者，又不知其几也。是可不为厉禁以防阏闭之患哉？元周文英《三吴水利》云：苏、湖、常、秀之田，高下不等，大率低田十有其七，高田十有其三。吴越钱氏之在东南，专享此利。苏州有营田军四部，共七八千人。又有撩浅夫，专为田事，导河筑堤，以减水患。于是岁熟钱五十文，籴米一石。元潘应武言：浙西道自归附，官虑哨船入境，掳掠乡村，将河港钉断，亦有筑为坝者，所以水流不疾，不能涤去淤塞。忠按，成化九年，添设苏、松、常、嘉、湖五府劝农通判，所属县县丞各一员，近复革去。今世冗官，理应裁省者甚众，惟劝农官独不可少。所谓劝者，专管水利以兴农功者也。苏、松在震泽下流，淤淀日甚，吴淞江已为平陆，而税额日重，加派不息。吴兴居于上流，其入太湖之水，既为吴江所遏塞，则其南向之流，所系亦甚重，而圈为菱藕之荡，塞为桑麻之区，日益加多，苟无专官治之，其谁已哉。

董斯张《吴兴备志》：方道通判平江府，尝论太湖高于运河，当疏雪川浦溇之要者，庶无饥岁。后湖府得其说，为之，果有功焉。楼钥《攻媿集》。严讷《论水利圩图》：今天下以垦田当司农巨供者，苏松为最。苏松介在湖海，厥土涂泥，利害以水。圩岸者，所以堤水而田，即《周礼》稻人、匠人所掌涂防者也。田甚下湿，岸则陡立如城，河循其外而中田焉。禾在田，虽芃芃起矣，而河流犹出其上，舟行者盖俯而窥焉，岸或咫隙莫御，而田且沛泽矣。其田之最高阜，去水远而水不及溉者，则终古舄卤。田在上下壤之间，土厚而水深，则号膏腴，以其得水蓄泄，可为旱涝备。而所为能蓄泄者，以有圩岸耳。岁苦旱，则河之水续桔槔而上以入于田。河不龟坼，田不乏溉。岁苦潦，则戽水出于河而岸障之，虽劳人力，不尽待命于天。自三江道湮，疏浚失宜，恒雨注积，而无从尾闾也。水襄于岸寸许，而膏腴汩为巨浸，不能与下湿者论良瘠矣。且圩岸之有无，其利害彰彰也。农民栉沐薫蓑，罄室竭力于田，而妇子悬命焉，宁束手于一朝之患，号呼奔走其傍，痛莫之救，而独不为先事之备。余怪而究其说矣。每圩田亩姑以千计，田其中者，姑以百计。百家之中，有十不协力，而九十家者修筑之无益也。农虽值有年，仅给俯仰，困于涝而转徙者众矣，宜未暇为圩岸计。岸土取于田，岸宽则田窄，小民愚，不察其损小而利大也。《续文献通考》。按，此无预湖事，然治水者以湖治湖，不若以三吴治湖也。此则论圩田极详，张故备载之。按，水乡多低田，故其害涝甚于旱，而其利亦泄亟于潴，以宣下流、固圩岸为要务，湖与苏无异也。董氏备载此论，旨哉！试以所闻所见者论之，嘉庆九年之水大矣，道光三年尤大，而二十九年又大于三年，岂非河身日浅、圩岸日低之明验欤！

朱国祯《涌幢小品》：堤之功，莫利于下乡之田。余家湖边看来，洪荒时一派都是芦苇之滩，却天地气机节宣，有深有浅，有断有续，中间条理，原自井井。明农者因势利道，大者堤，小者塘，界以埂，分为塍，久之皆成沃壤。今吴江人往往用此法力耕，以致富厚。余目所经见，二十里内有起白手致万金者两家，此水利筑堤所以当讲也。

郑元庆《石柱记笺释》：环湖之水，悉注于太湖，微太湖，民其鱼乎？所谓导水以疾趋太湖者，水之道也，决之而已矣。议者谓木簰、鱼簖、桩橛之类，皆能壅水，亦一说也。至于决太湖之水以放于海，其事固在苏、松。张铎《府志》。按，三吴之水利在下流，而吾湖之水利在溇港。自宋迄元，代有治绩。永乐以后，自监司以及郡县，俱设有水利官，专治农事。每圩编立塘长，即其有田者充之，岁以农隙，官率塘长循行阡陌间，督其筑修圩塍，开治水道。水旱之岁，责其启闭沟缺，时其守护，而检报灾数焉。迨至中叶，农政不修，水利官渐次裁去。所谓塘长者，徒以勾摄公事、起灭词讼而已，遑问其为水利哉？近年沈乐存侍御上疏，请开太湖下流并溇港，章下所司勘覆，不行。因作《东南水利编》，大指以为湖水为患，要在疏桥口以出江，浚江以达海，而湖州所属各溇港，筑堤置闸，以捍风涛，亦与疏浚相表里。要言不烦，可当石画也。

张鸿嶲《南浔文献志》：浔镇西来之水，由湖州府城定安门合迎春门，沿东塘而至；南来之水，由乌镇而下，其源皆发天目。按，《县志》：南条之水，发源天目之阳；西条之水，发源天目之阴。南自定安门而入曰霅，西自清源门而入曰苕，合于江渚汇，总名霅溪。其巨流出临湖门，支流出迎春门，霅溪之水出迎春门。按，沈登瀛《备志》云：郡中之水自西来者曰苕溪，入清源门，至于江渚汇；自南来者曰前溪、曰余不溪、曰北流水，三水会于岘山漾入定安门，至于江渚汇，然后谓之霅溪。今人误以打柴湾为倒霅湾，谓霅水自南来；又误以闸水桥为霅水桥，谓霅水自西来。至于苕溪，发源广苕山，在天目山之阴。今人附会苕水自南来，创为南苕之名，殊不知《山海经》浮玉之山，苕水出于其阴，未尝言出于其阳也。其支流至塘北，分注各溇港。其巨流东过浔溪，入吴江之莺脰湖，东南入嘉兴秀水、桐乡诸邑。《乌戌志》：镇水发源天目山之险潭，历苕、霅二溪，自涵山东流。其在西栅者，一股由通湖桥而北达南浔。总之，浔镇诸水，其来也，西南皆以苕为源；

其去也，东以莺脰湖为委，北以太湖为壑。按，此略本《浔溪文献》。《文献》又云：霅自在湖郡，岂溪东南流乎？《乌戍志》盖因苕而误为霅也。今考涵山之水，固与霅无涉，且乌镇来水，至穿珠湾即折而东流，实不至浔，《乌戍志》诚误也。后人误会《文献》之意，并谓霅水不至浔，岂运河中亦无霅水乎？大谬。

胡承谋《湖州府志》：湖之东塘，往来要途。河直而狭，洪水骤涨，数至逾岸。筑之宜高，然无波涛冲激，故边可石，中可泥，阔亦丈许可也。丁元荐《湖塘遗议》。据乌程县详称：太湖为湖郡下流，苕、霅诸水俱以湖为汇归，其上流出水之溇港，不无壅塞。一遇黄霉阴雨，山水旁溢，自应少为疏浚。若必开浚深广，恐遇旱则太泄，而车戽无从；遇涝，又恐湖水泛涨，而疆理可危。诚不若略为疏通，顺自然以备蓄泄。倘入海、入江之下流毫无阻滞，则湖水不致泛涨，而湖郡无水患矣。范承勋《覆开太湖疏》。按，此论盖不知溇港各有闸板，以时启闭；乃转以深通为虑，又诿诸下流。夫下流宜通，而溇港则不可深广，此何理欤？如其所言，是溇港之设，有害而无利矣，不亦傎乎？

罗愫《乌程县志》：自东关外至平望官塘，苕、霅诸水，皆归于塘，北进溇渎而至太湖。其塘桥内支河，现在通行而淤浅者十之五六，向因兵燹盗贼，筑塞不通者十之三四，即宜早为疏浚，毋使附近豪猾分踞网簖。东塘之水港不通，即有溇渎难泄。童国泰《水利条议》。

董世宁《乌青镇志》：昔吴越天宝八年，置都水营田使，以主水事，募卒为部，号曰撩浅军，谈水利于今。兹撩浅诚为急务，但恐奉行不力，有名无实，则徒费钱力耳。盖募夫供役，取办于富户；部夫督役，责成于有司。二者皆非所乐，必致阻挠而后已。张履祥云：耕者各浚其田之际，其不耕者，田主给其食，佃户出其力，惟闲旷之所，乃用众力，在经浚经，在支浚支。有司警其顽惰自私、梗令异议者，分界刻期，以鸠群作，不及一二月，在在皆通矣。见《张杨园集》。置水栅，所以备寇盗也。镇四隅设栅，立法非不尽善，然承平日久，怠玩相循。所称建栅扃闭者，不审地势之要害，仅于市梢横一短木，虽有锁链，都不坚致，岁久听其木朽腐而并不更易。宵深而闭，未旦而启，猝尔有警，讵堪防御？况港汊既杂，逐路可遁，不必尽由栅也。即扼要之处，有横木以拒之，而乘更阑守望之疏，亦不难毁而入耳。昔者禾郡太仆李实君有言曰："置栅当于离镇半里许，查有小水接连大水紧切去处，两边密钉桩木四五层，中作水门一，通船出入，锁链务须坚巨。点附近殷实之人，编定工食，从厚给与。于栅之左右地面，构屋数椽，令彼栖守。仍于各栅口安置横木，以时启闭。此后即有绿林窃发，能斩栅而入乎？纵使得入，看守者力不能敌，亦可从陆路抄至第二层内栅边，呼集居民，助其声援，则以众御寡，兼之入而难出，势即成擒，所谓重门之险也。栅成，于冬月水涸时逐一看验，损坏者辄行修补，则民无探丸之恐，官免捕缉之劳。”太仆虽为嘉郡言之，而变通宜民，实有规异势而同形者，仿而行之，未始非守土之良谟也。盗贼往来利于捷，捷莫捷于划船。盖划船用桨而不用橹，一船仅用两橹，用桨则一叶之艇桨愈多则愈速，且手持一桨便于回旋，即可当器械以拒追捕之人，其害不可胜言。予承乏兹土，洞悉其弊，条议陈于监司：“一切划船，概从禁止，船厂不得制造。其现在者改短船身，用桨者易而用橹，则已成之舟，不致宿于无用，而草窃奸宄之徒，亦不能借乘流之便捷而恣行枭张尔。”

沈彤《震泽县志》：熙宁三年，郏亶上言：古人治低田之法，或五里、七里而为一纵浦，又七里、十里而为一横塘，因塘浦之土以为堤岸，使塘浦阔深则水流通，而不能为田之害。堤岸高厚则田自固，而水可必趋于江，非专为阔其塘以决积水也。隆兴六年，李结献《治田三议》曰：敦本之法，要在治田。若但知决水而不知治田，则所开浚之地，不过积土于两岸之侧，霖雨荡涤，复入荡浦，不五七年，填塞如旧，前功尽弃矣。弘治中，史鑑议筑堤，当于春初编集民夫，每圩先筑样墩一为式，高广各若干尺，然后筑堤如之。其取土皆于附近之田，又必督民以杵坚筑，务令牢固。堤既讫工，令民篙泥填灌，取土之田必使充满。复于堤之内外增广其基，名为抵水。盖堤既高峻，无基以培之，则岁久必颓矣。

金友理《太湖备考》：周永年《水利书》：论水于江北，则利在漕；论水于江南，则利在田。欲求水之利，先审水之害。害在淤塞，则利在疏通；害在泛溢，则利在渟泓。而泛溢之病，又根于淤塞，其要不出蓄泄二字。故岁修之计，无如深其浜溇，高其岸塍。如治田之法，治水深者益深，则流疾而不至上涌；高者益高，则防峻而不受溃入。《震泽县志》：水之为物，惟下之趋，惟隙之乘。诸溇大通，则水从诸溇入湖。诸溇半通，则半从诸溇入湖，半从荻塘、烂溪等处四散东注，从汾湖、三泖、白蚬江而归于黄浦。按，今日之水势如此。太湖之水略小耳，未必诸溇淤而湖杭诸郡邑必遭沉溺，然诸溇之淤不可不开也。此不必责之官而责之民，亦不在一时而在平时。责之民则惟其所便，田可溉而舟可行，无余事矣。在平时则岁岁可修，潦则置之，旱则开之，勤日则置之，暇日则开之，功无已时，利无尽日矣。自大钱以东，诸溇港之上流，皆从荻塘来。荻塘之水，初不直下溇港，距溇港四五里或二三里，又有横河一道，自西而东，屈曲以贯溇港之端，上承荻塘诸桥港北下之水，分入诸溇港以下太湖。震泽县诸港上流，皆自乌程县界来。其在荻塘之北，由汤、溇等泾来者，入境为浲溪，为南渡船港，为豆腐港，东潴为虞家漾、白田漾、西漾，又为蔡家荡。其由荻塘、九里、六里等桥来者，入境为夜字港、雨字港，北潴为唐蒙漾，东为蒋家漾、斜尖漾。其由南浔、荻塘、三里、北渭二桥来者，入境为古溇港，潴为稽五漾。以上诸水，散入薛埠诸港，下太湖。其东出一支为横草路，最深阔。凡湖州东境、杭州北境之水之归太湖者，无不经荻塘而北下。盖众水之枢纽、湖口之纲领也。荻塘以北之水，为漾为荡，支派纷错，及归于横草路，又合诸水而为一。欲确指某水从某港下太湖，条分而缕析之，虽土著亦不能辨。

王凤生《浙西水利备考》：湖州百川丛错，而要以苕、霅二溪为总贯，全凭北面溇港归太湖以为蓄泄。又支分而东，由南浔之东塘，乌镇之烂溪，而出平望莺脰湖。故九霞山长云："吴兴之水，不患其源之不通，而患其流之不泄。凡苏、松兴利之处，即吴兴去害之由。"斯言可谓扼要矣。乌程之水，由东塘抵南浔，出平望，又自东塘支分而注于北塘，由北塘屈曲而趋于各溇港，归太湖。南浔、西栅、东栅出水，则泻于北汇桥、陆家漾、金鱼漾，自此盘旋而北，或纵或横，分注各溇港，以归太湖。总核大势，乌程西、南二方，为七邑下流之薮，惟赖北有太湖以为蓄泄，东由运河而注莺脰湖，东南由烂溪、浔水分泻于秀水、震泽。故童国泰《水利条议》云："譬诸人身，湖郡，咽喉也；太湖，肠胃也。入湖诸港，壅阻既多，如咽喉抑塞不通，则肠胃、四肢均受其害。若水来西南、沙阻东北，势将泛滥横行、旁溢四境，为害可胜言哉！"

范锴《浔溪纪事诗》注：《明世宗实录》：嘉靖十八年九月丁巳，添设浙江湖州府通判一员，于乌镇驻扎，主缉捕盗贼，兼管治农水利。郑准《开国集》：宋庆元间，袁说友言浙中陂塘溇渎，悉为田畴，水则无地可潴，旱则无水可戽。不严禁之，无复稔岁。然则淤水为田，利少害多可见矣。茅氏曰：熙宁七年，兴修两浙水利，议者谓苕、霅二水出于天目之山，而溢于太湖。《书》曰："三江既入，震泽底定。"今二江并废，独一松江入海，故太湖之水壅而吴兴被患。遂欲废北关、长安二埭，上塘之渠，与下塘相通，又于余杭之南湖引苕溪之水，达于漕渠，穿钱塘之市而入于江，以纾吴兴之患。时多以为然。部使者檄余杭主簿葛书举行视，书举以为吴兴之水，归于太湖，太湖广袤四万八千余顷，旁占数郡，其所灌输，非独苕、霅也。《书》称三江震泽，说者不同，就如议者之言，则寻常沟渎之流，岂可以比二江之任，只益纷扰耳。且钱塘二埭，其来久矣。大役之兴，古人所重。固执不可，议者不能夺，其事遂寝。故龙图阁直学士李公常，时守吴兴，闻书举之说，贻书嘉叹，部使者亦交荐之。今吴之谚曰："摊了长安坝，没了吴江港。"见上港之必不可通下渠也。万历戊申，余杭南湖堰坏，苏、湖俱成大浸，抚军移湖守陈幼学兼治之而定。若非葛主簿，则湖久为浸矣。按，此条可为妄言妄作之鉴。昔宋郏亶、郏侨父子言三吴水利极详，而沈氏《震泽县志》举其说而条辨之，以为后鉴，亦此意也。万言曰：崇祯元年，蔡懋德疏言：三吴水利之不兴，已数十年，吴淞江入海故道化为平陆矣。白茅、七浦、盐铁等泄水大川仅存一线矣。止刘家河尚通，而泥沙渐淤，亦非故迹。所以一遇淫霖，太湖西来数郡山水奔注，苏、松下流无从宣泄，数百万顷良田，悉成巨浸。夫臣乡虽居一区，财赋半天下。况今边警需饷，仰给东南，尤为至急至切。及今不治，患日甚一日。灾祲易乘，蠲赈难望。小民皮毛俱尽，猝有他虞，即国赋将安所从出耶？

张丹山《浔录》：三吴泽国，外邻江海，内迫太湖，故吾乡之旱潦，半视震泽之通塞以为准。南浔北距太湖二十里而近，固宜究心水利。已故湖州府通判衙门驻扎南浔，亦称盐漕水利。然则运河之浅深，溇港之蓄泄，是其专责。尝考明周文襄忱守苏时，专讲围田、筑塘、立闸、旱潦启闭之法，而谈钥《吴兴志》已早言之。余少时闻故老传说，直北诸圩皆有夹塘。今人皆怠惰废驰，不复修整，一遇旱潦，仓皇庠救，率皆不及，此大病也。愚意以为今夹塘之有根脚者，于春间或水浅时，先令乡人放芦，傍种杨树，俟其长大繁茂，渐灌以土，年年帮补，久久筑实，不数年而成堤矣。按，张氏为此说，以筑堤取土不易也。每见旱年各乡开浚河港，所出之土多患无堆积处，若即用以筑堤，斯真两得之计矣。堤成之后，视其圩岸之浅薄者，汇角之孤单者，两面增筑，水潦时固借以堵塞，而渐帮渐阔，树以桑枝，其利亦溥。按，或疑堤多则容水之处少，恐有碍于蓄泄，不知浚河以培堤，堤日阔，河亦日深，不患其无所容也。再圩之四围，得此藩篱，于其进出之口，施以水栅，设以闸板，旱潦借以无虞，村落因之保守，最为吾乡水利要务。官斯土者，每于冬末春初时出巡行，相其高低，察其勤惰，量为奖诱，亦未始非古人劝农遗意。至于立闸之法，大约高者、大者，仿长兴、孝丰之制，用石，尤坚固耐久；低者、小者，仿太湖溇港之例，用木。而其立闸之费，则照田起派，责之田主。一切放芦、种树、填泥帮岸之事，责诸佃户。立有成规，垂诸永久。洵乎官民并利，惠泽无穷矣。

徐有珂《重浚三十六溇港议》：浙西杭、嘉、湖之地，众流交汇，万壑争趋，喧豗奔腾，诚海隅泽国也。然西南阻山，东巩海塘，数百里间，水无所泄，泄之者，区区吴淞一口而已，而又甚远。中间所借以潴水者，则惟太湖。而杭、嘉、湖众水之趋太湖也，必吞吐于乌程之三十六溇，若咽喉然。溇西起小梅，东尽胡溇，皆在浙境。口皆北向，鳞排栉比，四十余里。地势颇高，向时深阔，冬令积水不涸，今则涸矣。其南有横河一道贯其端，河面阔十丈至二十余丈不等，杭、嘉、湖众水之趋湖也，必穿此而出溇口，今亦淤矣。窃案平地，湖郡低于杭、嘉，而测其河底，则湖郡之三十六溇，高于杭之五陵头、塘栖等处，及嘉之石门、乌镇等处，并高于归安之菱湖等处。每遇冬令，溇口已涸，而彼处犹水深丈余也。然则欲令河底南高北下，易于泻水，必重浚溇港，加深寻丈矣。同治戊辰、己巳，官浚深不及尺，长不及溇港三之一，如不重浚加深，则当霉雨连朝，山水奔腾，壅决不得入湖。如食遇噎，反涌横吐，无所不至，而圩田坏矣。且杭、嘉、湖三郡之水，而扼于三十六溇咽喉之地，使之倒灌溃溢，庐舍陆沉，禾麦糜烂，其害民也甚大。既大害于民矣，而犹复惮于兴作。或曰特绌于经费，则何不取诸民？曰恐扰民耳。即不扰民，而仍恐病民耳。夫以开河筹费病民，与坐视沉溺病民，其病孰轻孰重耶？用就所见，私议若干条，以备采择。

一、立水则。杭、嘉、湖之水不达钱塘江，悉于吴淞口入海，而必由三十六溇下太湖以趋吴淞。其他旁窦歧出，仍在腹内，且纡远不通，则他处之深，徒为养痈，而溇口之浅，终如扼吭矣。试饬杭、嘉、湖境内，同限某日某刻测定水则，凡遇桥梁石柱平水处，横泐一画，由此下测得水若干尺，即可知南北河身之高下矣，而三十六溇之浅处见矣。大约此后须加深六尺，乃与境内深处平也。桥柱由下而上，部尺一尺为一则，横泐十画，遇水旱勘灾，亦有定准。水至某，则官民灼然共睹，远近即可比例。是水则之立，本前人成法，大有益于农政者。

一、估土方。部尺纵横一丈深尺为一方。河底不同，假令平土开深六尺为率，增减照此乘除可也。三十六溇自康熙四十七年、雍正八年、乾隆八年俱有工程，今无可稽。惟道光九年开浚，在官虽无旧案可查，而民间记载尚有刊本。计各溇估土十六万二百二十八方，横河王母来桥至下往桥估土九万八千五百九十二方。各溇又有丈尺段落，以今淤浅度之，有增无减。即以旧额核算，开深二十六万方之土以为受水之地，又增二十六万方之土于圩岸之上，以御水溢。即遇水涝，何患其泄之不速，何患其溢之不可御？不然，如今己巳年之水，何以滨湖田圩俱不沉没，而他处皆以倒灌坏也？

一、权民力。精壮农夫竭一日之力，早作晚息，可开一方有半，次者亦可开一方。其上岸卸土，自四丈起至十丈止，以七丈为率，包工每方须给制钱一百六十文，戽水在外。器具归民自备，官可省事，民亦乐从。三十六溇河底土性尚松，不致困悴。筑坝戽水，亦以包工为程，但须教以用夹坝，否则风挟水力，无不溃者。今己巳年官开，每方止给制钱一百四十文，戽水在内。且实核挑土，不过三万方而止耳，其能通畅乎？

一、乘天时。十月纳租事毕，十一月筑坝动工，正月告竣，至二月又有事于耕矣。三十六溇，蚕桑极盛之地，二月桑枝放茁，必不能兴大役也。今己巳年，官开在三月，适逢春雨连绵，竭蹶从事，而民亦奔走不暇矣。

一、申官禁。凡渔簖、芦墩，大碍水道，亟须铲除净尽，不得借口纳税，任其阻挠。且荡税甚微，除之可耳。三十六溇有居民处，原无芦苇。其曲折支流，自寇乱后已多淤塞，丛生杂草。小民贪利，或帮为地，或放芦墩，故陈溇以东至胡溇各港难通舟。即横河一道，自胜堂桥至下往桥，水涸亦无舟路，当水盛时，河身仅五之一，余皆芦苇交错矣。溇口向有闸板，沿北宋故制。数百年来，至道光九年，闸板齐备，由官启闭。额设闸夫，属大钱巡司专管，夫役口粮系乾隆间民捐，此项今无存矣。己巳之开，芦苇依然，闸亦不设，故无益也。

一、筹工费。查江苏开河，近年如浏河、白茆，俱系假帑摊征，此摊于田者也。若湖郡则不宜摊于田，而宜摊于丝。其不宜摊于田，何也？田有正赋，寇乱之后，田未尽垦，履亩未清，正赋且不能供，何有于摊征？则借帑必为官累，并为民累，此湖郡情形与江苏异，故不宜也。其宜摊于丝，何也？丝无定价，且与外洋贸易，而其价半由中国主之。湖民之利，蚕桑为最厚，丝不得价不售，他处不能夺也。故近年筹饷善后诸款递增，皆取诸外洋者也。此湖郡所独擅，故宜也。湖丝极旺时，出洋十万包，寇乱后仅三万包，桑少故也。每包一千三百二十两，约售洋钱五百元。今拟每包抽开河费两元，民间每家所出无几，售得百元者出四角，轻而易举，而于大工可立办。每年六万，以三年为限，则十八万矣。且随时扣除，一无延欠；获利本厚，一无怨咨；不经吏胥，一无加耗。况此项雇工，其钱仍散于民间，取诸民，散诸民，民用其力而农田水旱有备，不伤财而阴受其利，大有屡庆，何惮而不为哉！或曰："三十六溇事，与湖郡阖境何与？"则诘之曰："咽喉梗塞，与全身无关乎？"故抽丝捐必合湖属城镇抽之也。

以上六条，重在立水则与筹工费，此在事前预谋者。余四条则临时之事。东南财赋之区，苏、松、嘉、湖岁漕数百万，民间农田所入，岁且数千万。今以水利未讲之故，至遇淫雨，即成大涝，正供既缺，民又坐困。苏、松之水，又自杭、嘉、湖来，而中间以太湖三十六溇为之梗。溇之东即震泽县境，其七十二港形势略同，而不当苕、霅之冲，其势稍缓，且非浙境，故不赘。

施国祁《志感》：攘熙曾记旦朝同，晏市惊迟日过中。觅渡晨装殊缓缓，还家夜担更匆匆。太湖溇工久圮，浊泥塞港，水涸时不能行舟，浅处且不通汲，诸溇航人泊舟漾口以待，入市者每望晨负担而出，迂道至步，下船远或四五里，是以为市日晏。归棹率在昏夜，又必转搬什物，燃炬，寻路至家，农民甚苦之。见愁溇塞津搬苦，况忍斋荒水利空。宋胡安定先生莅湖学时曾设水利斋。得似肯庵贤太守，李公名堂。重寻二十七常功。案，二十七溇名丰、登、稔、熟、康、宁、安、乐、瑞、庆、福、禧、和、裕、阜、通、惠、泽、吉、利、泰、兴、富、足、固、益、济，皆冠以常字，见《石柱记笺》引《湖溇记》。

沈垚《七古一章用愈愚韵赠家柳桥》：雨多川溢水相触，防患谁先改突曲。两淮荆湖灾较重，饥民形面皆鸠鹄。锦江粳稻足支移，千里云帆转夔蜀。吾乡地下北滨湖，南来苕水源天目。运道所资有荻塘，冲处畚石揵以竹。近日棚民垦山地，泥松和雨下山腹。填塞沟渠患非细，人尤凶悍性不淑。湖州以西一带山，近皆棚民垦种，尤多植包谷。一孝丰人云：山多石体，石上浮土甚浅，包谷最耗地力。根入土深，使土不固，土松遇雨，则泥沙随雨而下。种包谷三年，则石骨尽露，山头无复有土矣。山地无土，则不能蓄水。泥随而下，沟渠皆满。水去泥留，港底填高。五月间，梅雨大至，山头则一泻靡遗。卑下之乡，泛滥成灾，为患殊不细。山地价值不多，棚民多温、处流人。初至时，以重金陷土人，赁垦山地。赁之钱倍于买值，以三年为期。土人不知其情，往往贪其利。三年期满，棚民又赁垦别山，而故所垦处皆石田不毛矣。流人之来益众，则棚益广。西接宁国，北至江宁，南且由徽州绵延至江西、福建。凡山径险恶之处，土人不能上下者，皆棚民占居。性凶悍，强垦人土，或掠人妇女畜产，土人不敢校，官吏不敢诘。下流况又太湖淤，茭芦弥望包山足。洞庭山东南湖面，近皆成茭荡。旧时山离南岸二十余里或三十里，今则自茭荡尽处至南岸，狭处才四五里。湖面浅狭，水无所容，害将不可胜言。旧时言水利者，皆以浚辟吴淞江为要，今则当以辟茭荡为第一义。盖茭荡不辟，吴淞虽浚，无益也。山源不蓄湖复浅，泛滥将如痈溃肉。水盛啮塘桥久圮，阻断行途嗟蔀屋。乌程县令议修塘，淫流奔放防溪谷。敛钱富民事岂易，司役惟君见免俗。君本儒者洽见闻，冥心水利搜曾独。劝君努力重下帷，膏泽他年沾草木。

汪《志》按，水利之言，繁不胜录。今即旧志并府、县志及邻近诸志，各摘数条，不复泛引。虽俱有关于一镇，而不能专属一镇，故附“河渠”之后。要之，论水利于吾乡，可一言以蔽之曰：以治田之法治水而已。虽然，昔人有言：水利兴而水害益烈。是又后之论水利者所当深长思也。

庆云按，兵燹时，吾浔屋宇毁去十之九，河道为瓦砾淤塞。既由义举公所筹款开浚，至光绪十三年，因天旱工程易施，北栅里人集资，起清风桥讫栅桩桥及栲栳湾一带，悉行开浚。十二年，又集资浚马家港一带河道。廿四年六月大旱，南栅里人集资由便民桥至南安桥，一律开深。廿九年正月，自西栅起至东栅止，市河一律开深。既关水利，附记于此。

南浔志卷五

里人周庆云纂

衢巷

东栅上塘　自清风桥东堍向东为大街，经大桥北堍，又东至董宗伯第前，又东至通判署前俗称三府前，又东经官房巷南口，又东经新桥北堍，又东经混堂巷南口，又东逾东吊桥为百间楼口，又东经沈家巷南口，至晏公庙前，又东至董宗伯祠前，又东至总管堂前，又东沿塘路至极乐庵前。

东栅下塘　自大桥南堍向东至看墙头，即宗伯第隔河照墙。经看墙巷北口，又东逾留婴桥为船场浜口，又东逾酱园桥为皇御河口，又东至董进士祠前，俗称牌楼前。又东逾三板桥为仓潭口，又东经新桥南堍，又东至马家汇，迤南为马家港口，又东逾马家桥，迤北又东至石铺里，又东逾三杨亩桥为船厂头、四牌楼前，又东至撞塘坝。

西栅上塘　自清风桥西堍向西为寿星街，又西为务前，经西庄家巷南口，又西经石家巷南口，又西经垂虹桥北堍，逾西吊桥，又西经妙境小巷南口，又西经妙境大巷南口，又西至祇园寺前，又西沿塘路达三里桥。

邢典《浔西》：苕水西来白似云，市梢风景绝尘氛。祇园铁冷唐时佛，仁福碑残宋代坟。一片平畴宜稻麦，几回散步看耕耘。浮尘扰扰缘何事，弁岭常青日易曛。

西栅下塘　自泰安桥西堍迤北向西为姚家汇，又西为纪家坝口，南通纪家坝、西庄村及白鹇兜。逾丰年桥，又西为米廊下，又西经垂虹桥南堍，南通仓桥及凤凰池。又西逾沐凰桥为树行埭，又西至三官堂前，又西至大士庵前。

南栅市河东岸　自大桥南堍迤西向南为大桥湾，又南经泰安桥东堍，又南为丝行埭，又南经便民桥东堍、蛤蚆巷西口，又南逾东交界坝桥，沿河向东为年家廊下，一作廿间廊下，逾会际桥达巡检司前。又南逾定心桥至张王庙前。经张王庙桥东堍，又南经花园巷西口，又南经兴福桥东堍，又南经莲界巷西口，又南经余祥巷西口，又南经华家桥东堍、东华家巷西口，又南逾凤凰桥，沿河向东，通土地堂前。又南经南安桥东堍、东南安巷西口，又南逾醋坊桥，南堍沿河向东逾师古桥通渡船头，北堍沿河向东通竹园汇及太君堂前。又南经南新桥东堍，又南逾黄杨桥东通黄杨兜为戏台头，即总管堂隔河戏台。

又南至百老桥。

南栅市河西岸　自泰安桥西堍向南经陶家巷东口，又南为南白场。又南经便民桥西堍，又南逾西交界坝桥，西通城隍上。又南经张王庙桥西堍、观音巷东口，又南逾梦华桥为秤锤潭口。西通醾里及补船村。又南经兴福桥西堍，又南为新开河口，西通新开河头。逾鹧鸪桥，又南经华家桥西堍、西华家巷东口，又南逾蒋家桥，又南经蒋家巷东口，又南经南安桥西堍、西南安巷东口，又南至南新桥西堍，又南至总管堂前，逾苏露桥，又南接简五塘。

北栅市河东岸　自清风桥东堍向北为爆场街，又北逾天带桥为后河口；又北经太平桥东堍，又北经盐店桥东堍，又北至栅桩桥东堍，迤东为百间楼口；又北逾莲界桥至葫芦白场南，北通下坝。迤西又北至姚家汇、北新桥东堍。逾北新桥向北至竹篠汇，向南至浔溪桥。

施国祁《游北郊讫友人》：尘腥闹厌若徘徊，访旧郊原月几回。车驾双桥塘上路，郊外西岸南北两车驾桥，东去留下村约一里，西去上林村约十里，南去康王寺约七里，皆因宋高宗南渡附会之说。塔池七级水中隈。郊外北新桥北西岸水际有七池，如卧塔形。刘公野庙寻碑去，栅外东岸宋刘宰祠，俗名莽将堂。董氏花坟下马来。又董坟俗名老坟滩，有梅花数十株，今亡，惟二翁仲尚存。最好斜阳迤北望，洞庭金碧画图开。

北栅市河西岸　自清风桥西堍向北经南庄家巷东口，又北经太平桥西堍、北庄家巷东口，又北逾圆通桥为唐家兜口，又北经盐店桥西堍，又北至栅桩桥西堍，转西过新木桥为北小圩。北通北新桥，稍西通又新桥，沿河成市，皆同治后所辟。

百间楼东北岸　自莲界桥北堍向东迤南经少年巷口，又南经酱园巷口，又南经长板桥东堍，又南为洗粉兜口，逾朱家板桥，又南至东吊桥东堍。

董载昌《浔溪竹枝词》：垂杨踠地掩清秋，长板桥头水自流。分付哀丝与豪竹，夜深吹遍百间楼。乐工多居此。

百间楼西南岸　自莲界桥南堍向东迤南经煤矢巷口，又南经柴场巷口，又南经长板桥西堍，又南为后河栲栳湾口，逾闻涛桥，迤东又南接混堂巷。

马家港西岸　自马家桥西堍向南至东藏寺前，又南经明德桥西堍，又南逾长生桥，达城隍庙前。

马家港东岸　自马家桥东堍向南经北小兜口，逾木桥，又南经朱少师第前，又南经南小兜口，东通范庄。逾木桥，又南至明德桥东堍，又南迤东达孙家坝。

后河北岸　自天带桥北堍向东经藕湖桥北堍煤矢巷口，又东经柴场巷口，又东转南为栲栳湾，经官房桥东堍，转东至闻涛桥北堍。

永安桥港东岸 自西吊桥东堍向北经小吊桥东堍，又北经牛棚、长寿二巷口，又北至永安桥东堍，逾永安桥，向西通妙境庵兜。转东即西木行。

大街 即东栅上塘，东至新桥闻涛阁前，西至清风桥。

寿星街 即西栅上塘，东至清风桥，西至务前。

爆场街 即北市河东岸，南至清风桥，北至天带桥。

东通津坊 在大桥东首大街。

西通津坊 在大桥西首大街。

宝善坊 在爆场街之中。其街名改“爆场”为“宝善”，即以名其坊。

按，以上三坊，光绪十二年十二月大街大火后建，设公墙三处，上题坊名。

大船坊 在北栅外悚五圩。

务前 即西栅上塘寿星街西，元明设税务处。

董恂《浔溪棹歌》：监镇衙空驿馆迁，前朝遗制渺寒烟。已无酒醋茶油课，犹听行人问务前。

董攀龙《浔溪竹枝词》：坊指文奎近石街，酒楼高耸下悬牌。宋朝税务今时废，且饮钱楼酒畅怀。即今务前。

丝行埭 即南市河东岸，南至东交界坝桥，北至泰安桥。

树行埭 即西栅下塘，东至沐凰桥，西尽西栅。

西木行 东至北栅栅桩桥，西至西栅永安桥。

米廊下 即西栅下塘，东至丰年桥，西至垂虹桥，俗呼米棚下。

张镇《浔溪渔唱》：才听三春布谷鸣，又过八月获香粳。年来杵臼村村闹，赢得冬春入米棚。

董蠡舟《浔溪棹歌》：鸡缸坛盏样能传，雨过天青傅彩鲜。欲共东皇斗颜色，卖花船泊米廊前。米廊下，贸瓷器者列肆焉，吴中卖花者至辄聚此。汪《志》按，乾隆以前，此地米市最盛，故得此名。吴下花船泊百间楼及马家港，今则但有瓷器列肆，米市移于西木行，而卖花船多泊于此矣。庆云按，近则瓷器已无列肆，卖花船亦移泊广惠桥上塘。

官房巷 南通大街，北通官方桥。

混堂巷 南通新桥，北通闻涛桥。

沈家巷 南通东栅，北通洗粉兜。

少年巷 西南通百间楼，东北通洗粉兜，俗名烧银巷。

酱园巷 西南通百间楼。

煤矢巷 东北通百间楼，南通后河头。巷内有煤山。按，煤山今废。

柴场巷 东北通百间楼，南通后河头。

看墙巷 北通看墙头，东南通船场浜。

仓潭巷 北通仓潭，南通莲溪。

庄家巷 东口二，并通北栅。偏北为北庄家巷，偏南为南庄家巷。南口通西栅，为西庄家巷，一作臧家巷。

石家巷 本名石街巷。南通西栅，北通唐家兜。汪《志》按，旧传唐陆龟蒙斗鸭栏处，无据。

牛棚巷 西通永安桥，东通唐家兜。

长寿巷 西通永安桥。

妙境巷 一名大巷，南通西栅，东通妙境桥。

妙境小巷 南通西栅，北通妙境木桥。

金鸡巷 南通纪家坝，北通凤凰池。汪《志》按，或云此系向时纪氏私巷，旧金鸡巷实在南栅凤凰桥南，近年已塞断。今以纪汝霖《吃觉集》为据。

蛤蚆巷 西通南栅，东通巡检司署后溪上。汪《志》按，地名溪上，而实无溪。或云向有吴氏自烂溪迁此，人称溪上吴家，遂并地名亦侨立焉。或云旧时薛家漾较大于今，此地滨漾，故名。

司前巷 在巡检司署右，南通会际桥，北通溪上。

花园巷 西通南栅，东逾花园桥，通城隍庙前，以巷内有夏家园得名。按，汪《志》作以华氏小桃源园得名，讹。

莲界巷 西通南栅，东通寓园前。

余祥巷 西通南栅，东通土地堂前，俗名皮匠巷。

东华家巷 一名通利巷。西通南栅，东通土地堂前。

东南安巷 西通南栅，东通太君堂前。

陶家巷 东通南栅，西通白鹇兜。

观音巷 东通南栅，西通补船村、橑里及城壕。

西华家巷 东通南栅，西通万古桥及长生寺前。

蒋家巷 东通南栅，西通麻皮兜。

姚家巷 东通南栅，西通粜糠兜。或即汪《志》所载西南安巷。

洗粉兜 西通百间楼，东通大干字圩，一作西芬兜，一作西分兜。汪《志》按，旧志云西施洗妆于此，附会无据。增修十景有“洗粉花香”。

邢典《南林杂咏·西分兜》：不见诗人久，歌传十二红。西分兜水洁，还与昔年同。

华家兜　在南栅报国寺西南，宋华文胜居此得名。一在西栅外糟三圩。

唐家兜　东通北栅，西通石家、牛棚二巷，一在南栅外要二圩。

妙境庵兜　南通西栅，东通永安桥，西为妙境白场。

董恂《重过妙境场》：一渠新水绕孤村，疏竹园环隐寺门。回首旧游无限意，夕阳芳草黯销魂。

白鹇兜　东通陶家巷，西北通杨家桥，南为徐家漾。一作白雁兜。

董熜《归浔溪即事》：家临红蓼白蘋间，枕藉清流月一湾。风雨刺船缘底事，劳生输与白鹇闲。屋后兜名白鹇。

又《白鹇兜》：都无三径能延客，但有清溪可漱流。鱼婢蟹奴缘底事，也来分我白鹇兜。

董载昌《浔溪竹枝词》：一树棕榈两板扉，浣衣稳坐钓鱼矶。妾家白雁兜前住，空见年年白雁飞。

董蠡舟《浔溪棹歌》：已觉嚣尘远市阛，小桥通处水弯环。雪塘舣艇饲花鸭，月夜开笼放白鹇。冬日贩鸭船悉泊于此。

周庆森《白鹇兜》：谁家爱住白鹇西，清美堂开绿绕溪。不信也遭文字狱，雕梁空有燕衔泥。朱佑明宅因购朱文肃家“清美堂”旧额，遂定谳入官。

三杨亩兜　在东栅惧二圩。

船场浜　北通东栅，西通看墙巷。一作船长浜。

栲栳湾　在北栅，通东栅后河曲处，居民多以制栲栳为业。

董恂《浔溪棹歌》：折得杨枝又柳枝，生涯十指强支持。移家栲栳湾中好，听唱回波旧日词。

大桥湾　在通津桥西，十字港东南。

范庄湾　在马家港东南。

东塔湾　在东栅外。运河为分水墩所阻，分泻两旁，得此名。一作东濑湾，一作三濑湾。

范锴《浔溪纪事诗》：风信吹残柳絮飘，一声离笛客魂销。塔湾东去迢迢水，直到松陵第几桥。

董蠡舟《浔溪棹歌》：东濑湾东鸭觜停，际天烟水晓冥冥。棹歌听唱江南好，满树流莺半逻亭。半逻亭在镇东六里震泽县界。

北小圩　在北栅一百六十三庄。本为荒地，无民居。咸、同之间，“粤匪”踞镇北栅，中市悉被焚毁。北小圩出栅口甚近，商民搭芦棚设肆，有张姓尽得其地。乱后改建瓦屋，复于万善庵下岸建木桥以通行人。廛舍栉比，久成市集。初，张氏筑新木桥时，里人嫉之，讼诸官，交争不已。当道以便民为是，乃令张氏捐助公益，允其建筑定案。

竹篠汇 在北栅北新桥西北。

北姚家汇 在北栅北新桥东南。

南姚家汇 在泰安桥西，十字港西南。

马家汇 在马家港西，洪济桥东。

竹园汇 在南栅醋坊桥东竹园港。

梅花渡 在补船村，有梅花数十株，今废。

蚬子滩 在南栅苏露桥西。

张镇《浔溪渔唱》：环溪南畔半浮家，蚬子滩头一径赊。日暮罛船齐泊岸，渔灯点点隔芦花。

姚家滩 在北栅彩虹桥西，沿滩多泊钓艇。

老坟滩 在北十字港东北董氏墓前。

范锴《浔溪竹枝词》：春风酒榼好追欢，几树梅花破小寒。翁仲无言啼鸟寂，夕阳流水老坟滩。

俞家浒 在垂虹桥南，纪家坝北。

撞塘坝 在东栅外运河南岸，乌程、震泽东西分界。

东坝 在西栅外，运河南岸。

西坝 在西栅外，运河南岸。

纪家坝 西通西庄村，东北通丰年桥。

孙家坝 在范庄湾东南，西通九曲里。

上坝 即彩虹桥，西通姚家滩，东南通竹篠汇。

下坝 一名谷丰村，南通葫芦白场，北通箬帽桥。

南坝 在北栅外，古溇港西。

北坝 在北栅外，古溇港西。

分乡墐 一在东栅外极乐庵西，为江浙分界处。墐西属乌程恒字一圩，墐东属震泽大干字圩。旧有石树荻塘表界，今无存。一在西栅外胡家兜北，南浔与谢村两乡东西分界处。一在西栅外东庄港。一在镇西南牒二圩。一在镇西南厌二圩，马要与南浔两乡分界处。一在南栅外大圩兜底至河水兜底，东为江苏吴江县界。一在南栅外简五圩。一在南栅外斗牛坝简一圩，东为江浙两省东西分界。一在南栅外南社兜，乌镇、南浔两乡分界处。

湾湾墐　在西栅外东糠五圩，为南浔与谢村两乡分界处。

糠三墐　在西栅外糠三圩，十里桥西。

南浔志卷六

里人周庆云纂

村庄

长兴港 在糟一圩。有东长兴港、西长兴港。居民以锯木为业。

胡家兜 在糟一圩。

东河兜 在糟一圩。

杨家兜 西兜在糟二圩，东兜、南兜在糟三南圩。

朱坞村 在糟三北圩，元教谕褚天祐所居。

夏家兜 在糟三北圩。

笺家兜 在糟三北圩。

荡头 在糟三南圩。

闵家兜 在糟五圩。

施家兜 在厌三北圩。

小圩港 在厌三南圩，港东为详四圩。属一百七十下庄。

马家庄 在厌四圩。

朱家兜 在厌四圩。

箬帽兜 在厌四圩。

孙家汇 在厌四圩。

顾家兜 在厌四圩。

金家兜 在厌四圩。

长兜 在厌四圩。

东兜 在厌五圩。

西兜 在厌五圩。

陆家兜 在厌五圩。

徐家埭 在厌五圩。

以上一百六十上庄，又名南庄。

圣堂港　在嫡三圩。有圣堂庙、杨氏祠堂。

芦荡湾　在嫡三圩。

六里桥兜　在嫡三圩。

方丈港　在后一圩芳溪。旧传港南有方丈寺，因以得名。后改民心寺，为朱氏聚族而居。港东、港西有百数十户，他姓仅一二户，务农者居多。港东有新庵。

黄家庄　在后一圩。

潘家兜　在后二圩。

六里桥兜　在后四圩，港南为后五圩。

高地头　在后四圩。

贤人兜　在后五圩。

胡家兜　在糠二圩，西南在糠三圩，人烟百数十家。

宋北兜　在糠五圩。

塘湾村　在糠五圩。

东五乔村　在糠五圩。

顾家兜　在糠五圩。

张虎兜　在糠五圩。

周家兜　在糠五圩。

五家坝　在糠五圩。

闵家湾　在糠五圩。

以上一百六十下庄，又名北庄。

碟子漾东滩　在厌二圩。

东木匠浒　在嫡一圩。

张家兜　在嫡一圩。

西木匠浒　在嫡一圩，港北为嫡二圩。

十一房兜　在嫡一圩。

七房湾　在嫡一圩。

双荡兜　在嫡二圩，有东、西两兜。

陈家港东村　在嫡四圩，西村在嫡五圩。

叶家兜　在嫡四圩。

虞家汇　在嫡五圩。

朱家汇　在嫡五圩。

石栏兜　在烹五圩，港北为宰一圩。

竹竿兜　在烹五圩。

庄家湾　在烹五圩。

李家汇　在烹五圩，港东为宰二圩。

陈家兜　在宰一圩。

圣堂兜　在宰三圩。

沈家汇　在宰三圩。

杨湾　在宰三圩。

小兜　在宰四圩。

顺塘坝　在宰五圩。

南河兜　在饥一圩。

罗家兜　在饥一圩。

沈家港　在饥一圩。

直港　在饥二圩，港西为饥四圩。

褚家兜　在饥三圩。

俞家村　在饥四圩。

西河兜　在饥四圩。

木棚兜　在饥四圩。

以上一百六十一庄。

塘田圩　在嗣一圩，有东、西两圩。

和睦湾　在嗣四圩。

镬子兜　在嗣五圩。

盛家埭　在嗣五圩。

潘家兜　在祭一圩。

戴家湾　在祭二圩。

孙家湾　在祭二圩。

秀才兜　在祭二圩。

小桥村　在祭二圩，港南为祀四圩。

王家兜　在祭二圩，内有坩圩。

马家兜　在祭二圩。

短兜　在祭三圩。

长兜 在祭三圩。

方家港 在祭四圩，有方氏宗祠，人烟百余家。在港里者，曰方家里港。

南湾 在祭五圩。

北湾 在祭五圩。

戴家湾 在祭五圩。

散虎湾 在祀二圩。

南坝头 在祀三圩。

莫家湾港西 在尝三圩。

佘家兜 在续一圩。

社家兜 在续一圩，有东、西两兜。

王家庄 在续一圩。

王家港 在续二圩。

杨家坝 在续二圩。

钱家埭 在续三圩。

大港 在续三圩。

丁家湾 在续四圩，有兴隆庵。

丁家港 在续五圩，为西丁家港，即袭庄，有极耕庵，在丁氏宗祠左。港北为续三圩。东丁家港在祭二圩，港东为祀三圩。港内二三百家，丁氏一姓相承，自明迄今，人烟称繁庶焉。

杨家兜 在续五圩。

以上一百六十二上庄。

南坝 在祀一圩。

北坝 在祀一圩。

周家湾 在稽一圩。

求金兜 在稽二圩。

六十亩兜 在稽二圩。

李家河 在稽二圩，港东为稽三圩，有人烟百数十家，务农而兼佣贩。有金仙庙、佑圣庵。

毕家兜 在稽三圩。

吴家泾 在稽四南圩。

北回桥港西 在稽四南圩。

瑶田 在稽五圩。瑶溪分中段、南段、北段、东北段、西北段，有人烟二百余家，中段有永寿庵、南圣庵。

南兜 在稽五圩。

杨家兜 在颡一圩。

唐官村 在颡二圩。

江家兜 在颡二圩，有圣塘庵。

张店汇 在颡二圩。

团鱼兜 在颡二圩。

善庄 在颡三圩。东兜在颡四圩，有长寿庵。西兜在颡五圩，内有坩圩。

苎叶滩 旧名集贤滩，在颡五圩，有圣堂庵。

北斜河 在再一圩。港南为再三圩，有大通庵。

小桥村 在再一圩。

南斜河 在再二圩，有云兴禅寺，港南为拜二圩。

新桥港 在再三圩。

东潘村 在再四圩。

南潘村 在再五圩。

谢人湾 在再五圩。

坟湾 即桂花坟，在拜三圩。

西庄湾 在拜三圩。

南陈 在拜三圩。

姚家兜 在拜三圩。

陆家塥 在拜三圩。

大船舫兜 在悚一圩。

尤家坝 在悚二圩。

莫家湾 在悚三圩，有人烟百余家，务农外兼佣贩生涯。

以上一百六十二下庄。

对枫湾 在尝一圩。

亭亭湾 在尝一圩。

西庄村 在尝一圩，南通鲼里，亦称西村，有法华庵。村有小圩，建五圣堂。明陈忱居此。

明陈忱敬夫《移居西村》：流离怜杜老，还僦瀼西居。水作孤村抱，门开烟柳疏。

裹沙移药草，带雨负残书。世故虽多舛，南薰且晏如。　溪上云林合，茅茨落照边。奇情负山水，杂兴托园田。老去诗真误，贫来家屡迁。苕西清绝处，栖逸在何年。

又《初夏村居即事》：秧叶新齐护浅沙，竹门初启日将斜。客来话到繁华事，笑指篱边着槿花。

纪端《村中》：夏景可入画，只在此村看。比屋豆棚喧笑语，小桥流水坐团栾。

董世熙《西村晚步》：日落村西步，归鸦噪晚风。客喧松径外，犬吠竹林中。野艇溪湾宿，村灯树杪红。归来庭户寂，淡月瘦枯桐。

邢典《西村》：寂寞西村路，前朝是水滨。吾家荒陇在，明成化间典十七世祖天池公葬于此。墓道有邻人。

纪峻《西村》：闲来呼渡坝桥西，垂柳垂杨暗护堤。茅屋数家人不见，出墙枝上窃红啼。

沈谦《浔溪杂忆诗》：水乡风味果如何？到处鱼桩蟹簖多。偶向西庄摇橹过，十三囡女唱吴歌。

张鑑《浔溪棹歌》：秋阴乌桕落西村，打鸭归来烟雾昏。一棹红蘋深处去，燕捎明月印蓑痕。"西村渔火"为十景之一。

董攀龙《浔溪竹枝词》：渔灯点点似星悬，隔浦烟迷十顷莲。忽见鸳鸯惊拍起，棹歌唱近使君船。吴园次太守诗：七月新凉暑气微，荷花深处钓船归。五湖鱼鸟犹相识，争傍兰桡不忍飞。

纪磊《西村杂咏》：半湾流水裹垂杨，隔岸僧庐渡野航。此景宛然犹在目，一杯醽醁吊浔阳。董汉策《苏庵家诫》云：先宗伯公未遇时，在浔西法华寺同纪氏诸先达读书，每三、六、九文期，晡刻完三艺，即浮木板，载酒肴，渡对岸绿杨下，与诸公痛饮。归来题诗壁上，作擘窠字，至今满壁犹淋漓有生气也。　分明犹是瀼西居，曾忆诗人此结庐。今日经过多是恨，并无烟柳翳门闾。明陈忱敬夫《移居西村》诗：流离怜杜老，还僦瀼西居。水作孤村抱，门开烟柳疏。　老作松陵古寓公，故园回首夕阳中。归来丁令知何日，唱断秋霞一片红。陈寅清霁山居西村，见《榴龛随笔》，"秋霞"为其最后所居集名。　牧童归去路黄昏，一幅春牛迥绝伦。尹老故居何处是，却将名字占西村。尹锡善画牛，号西村，实居南兜。

鲸里　在西庄村南，跨有三庄四圩。其在一百六十三庄尝一圩为沈家埭、桂家埭；一百六十七庄祀五圩为陈家兜，蒸二圩为华家埭、章家埭、吴家埭、濮家埭、计家兜、谈家兜、谈家湾、潘家埭；一百六十八庄蒸三圩为方家埭、褚家埭。里中居民大半锯木为业，农具外兼制算盘、钱板、筷桶、升箩及玩具，肩担挑售，谓之算盘担，推行江浙各处。

范锴《浔溪竹枝词》：一抹轻烟两岸风，归来簳里夕阳中。渔家莫道无春色，落尽桃花满钓篷。

斗门 在簳里沈家埭。

以上一百六十三庄。内尝二圩，查无村庄。

补船村 在笺二圩。西北通簳里，亦名南村。今无补船为业之家，故“补船”之名久湮。

明董说《南村即景》：鸟啄樱桃压树垂，种秧归屋屡悬篱。水村补瓦迎梅雨，野庙酬神唱艳诗。断渚客呼渔艇渡，落霞僧立石桥窥。灯前细引儿童话，写作南浔即景词。

又《村居述》：五岳聊游水墨屏，江陵老去户长扃。松风午触茶烟逆，蘋叶秋粘钓艇青。耆旧集中看故国，田家谶里证残经。卖花人到话新事，除却看山总厌听。

又《补船村》：青枫为屋柳为门，细雨斜风总莫论。只为生涯慕船子，断帆秋挂补船村。

又《采菱词》：休夏补船村，水交流如双玉环，溪有菱苗可烹，穆然古风味。松花食尽饱依然，随意清溪剪碧鲜。一箸冰丝载书画，华亭不数旧时船。　白鹭飞边翡翠铺，筠竿打破浪花粗。柳烟如梦人敧笠，错认玄真钓雨图。

又《补船溪口晓望》：黄鹄渺千里，宁为稻粱谋。哀雁但随阳，凄锵春复秋。溪口月初落，鸡鸣烟四浮。波纹蹙鱼鳞，碎碧菱苗稠。采菱汲溪水，疗饥复何求。疗饥虽云乐，青山弃良俦。晓立高柳中，洗砚赋远游。

又《祖弓至补船渡水不得立沙际久之》：隔水看同沙鸟停，断桥秋霁树冥冥。呼将鱼艇风初急，影落蘋丝袖半青。

又《补船斧歌》：补船村头补船斧，斧声当当恼人耳。恼人倍恼补船僧，补船僧无船可补。江南叶脱水拍天，九峰三泖巢神仙。华亭船子歌声在，只少烟桨相追攀。袅袅歌声浪花去，后人笔画前人处。画学生疏烘染涩，准备乌丝募船疏。钓竿手枯松柏肤，如椎十指文章无。不如随顺听船补，野鸭子浮菱叶铺。

纪官《补船村归》：语言逼迫回身避，处处新苗一寸青。畦径纵横自端好，诗人往复听农经。溪桥望遍西村路，柳树时遮东市腥。此意无多归记取，窗前拂素坐停停。

又《至补船》：因病闭门非裹足，病差柳色在晴明。人来旷野云间望，船在深村树下行。

又《野望在补船村》：鷇鸟巢中初学语，空斋伴我寞然时。东墙已破通溪柳，一搭风光一句诗。

释荫在《补船闲眺》：一曲垂杨裹坏桥，犊裈人去挡新苗。苍茫久立成诗渴，更掬溪流手代瓢。

范锴《浔溪纪事诗》：鹧鸪桥上鹧鸪啼，丰草庵前丰草萋。唱罢月函禅乐府，补船村外夕阳西。

董蠡舟《浔溪棹歌》：宝云人去暮云昏，丰草庵荒蔓草存。小泊菰蒲听秋雨，一天凉绿补船村。若雨先生有《听雨图》，其自题有云："舟听雨绿，绿则凉。"

洞宾湾 在笺五圩。

大师兜 在笺五圩。有大师尼庵。

邵家荡 在笺五圩。有安谷庵。

长兜 在笺五圩。

北水港 在笺五圩。

东迎港 在牒一圩。

曹湾 在牒一圩。有人烟百余家。

和睦兜 在牒一圩。港南为详四圩。属一百七十下庄。有人烟百余家。

方家汇 在牒一圩。旧有人烟数十家，皆连云大厦，今稍稍荒落矣。

祝香兜 在牒一圩。

登青坝 在牒二圩。

真庆坝桥港西 在牒二圩。

牒三圩桥 在牒三圩。

唐家兜 在要二圩。有太平庵。

直港汇 在要二圩。

孟长兜 在简二圩。

张孟兜 在简二圩。

谈家兜 在答一圩。

茂任湾 在审一圩，又名眉月湾。

贝家兜 在审一圩。

前塥兜 在审一圩。

北社兜港北 在审一圩。有淤溪土地庙。

以上一百六十六上庄。

草荡漾村 在要一圩，港东为简五圩。

罗汉坝 在要一圩，港南为顾二圩。属一百七十下庄。

小坝里　在要一圩。

朱家板桥　在简四圩。

沈家兜　在简四圩。

蒋家兜　在简五圩。

丰田兜　在答四圩。

杨家汇　在答四圩。

泥坝桥　在答四圩。

福丁桥东　在顾三圩。

大洪村　在顾四圩，有大洪庙。

莲池兜　在顾四圩。

白下兜　在顾四圩。

姚家兜　在顾四圩，有复兴庵。

大风兜　在顾五圩。

温吞兜　在顾五圩。

稽家兜　在顾五圩。

东庄　在顾五圩。

以上一百六十六下庄。内答三圩已沉没沈庄漾。

倪家汇　在蒸四圩。

朝北埭　在蒸四圩。

孟家寮　在恐二圩。

泥司兜　在恐二圩，兜口有结草庵。

南喜兜　在恐二圩。港西为恐三圩。属一百七十下庄。有净土庵。

渡船头　在恒五圩。

以上一百六十七庄。内祀五圩、蒸二圩之村庄已并载一百六十三庄鲸里下。

许家兜　在牒四圩。

高基兜　在牒四圩，兜口有永福庵。

豆腐兜　在牒四圩。

乍安兜　一名茶兜，在牒四圩。

几亩兜　在牒四圩。

善田湾　在牒四圩，元张士谅居此。

水棚下　在牒四圩。

闵塘兜　在牒五圩。兜口有永宁庵，俗称三官堂。
硬涨桥　在简三圩。
南社兜　在审二圩。
小鸡兜　在恐一圩。
南小兜　在恐一圩。
乌盆兜　在恒二圩。
韩家兜　在恒二圩。
孙家坝港南　在恒三圩。
褚家兜　在恒三圩。
以上一百六十八庄。内蒸三圩之村庄已并载一百六十三庄轆里下。
博成桥　在答五圩。
乔家兜　在答五圩。
萧家兜　在答五圩。
李家兜　在答五圩。
刁家兜　在答五圩，有延寿庵。
仙塘兜　在答五圩。
南桥里　在答五圩。
浅荡里　在答五圩。
以上一百六十九庄。
乐嘉桥　在要四圩。桥北有白云庵。
南蒋港　在要四圩。港南为详三圩，陆唫居此。
带钩兜　在要四圩。
西石桥　在要四圩。
乌鹊兜　在审三圩。
万善兜　在审三圩。
宜善兜　在审三圩。
张家兜　在审三圩。
横港　在审三圩。
塘湾　在审三圩。
沈家汇　在审三圩。
独骑坝　在审四圩。有太平庵。

审四村　在审四圩。

藏谷桥　在审五圩。港南为审三圩，港名淤溪，通辑里村。有宝善庵、三圣禅院。

双月湾　在审五圩。

陈家汇　在审五圩。

东埭　在审五圩。

南埭　在详一圩。

乐读兜　在详一圩。

姚家坝　在详一圩。

辑里村　在详一圩。港南为审五圩，又名淤溪。俞塔村有东村头、西村头，明相国温体仁居此。有万善庵。居民数百家，市廛栉比。农人栽桑育蚕，产丝最著，名甲天下。海禁既开，遂行销欧美各国，曰辑里湖丝。

温棐忱《七里村志》：苕、霅交流，绕郡城而东，直下五十余里，从支流而南，涯径纡折，蓄为漾，散为溪。又十余里至吾村，其名曰七里。吾宗聚于斯，三百有余年矣。载于《县志》者，曰俞塔七里村。今求所为俞塔者，无有矣。又曰塘桥，桥之址犹存焉。至考所为七里者，未之详也。父老相传，村之西有马溪，度其里可七里；其南为浔溪，度其里可七里。以其道均，故名尔。岂非所谓无稽之言欤？有称其宜者曰："七里丝甲天下，辇毂输将，其名上达京师，大贾皆冒七里。"今贸于江南及川广者皆然，邑乘固载之。然则七里之衣被远矣。有夸其先者曰："马溪世家沈氏，有相国焉；浔溪世家朱氏，有相国焉。吾里之显，亦家相也。三相国相距凡七里，至今以为谣。七里所由称欤！"则又有非之者曰："是何取于斯？柳子之言曰：问其位与德久矣，其先也犹曰我氏大。可耻也。吾村之西，溪流纡徐，烟树迷离，渔歌相答，凫鹭交飞。倘徉于斯者，有恬波之适，而无惊涛之虞，是何异桐江之濑有以七里名者乎？取之无禁，称之无忌，以名斯村，谁曰非宜？"虽然，是袭也，袭者妄，夸者坠，称其宜者陋，度其里者质。质者近乎？吾志之。

屠鲸《寓居七里村初夏遣兴》：绿榆低映水边门，菱叶莲花数涨痕。苕霅风光夸四月，缫车声递一村村。　做丝花落做丝忙，尽日南风麦弄黄。村里剪刀声乍断，又看二叶绿墙桑。

北庄兜　在详三圩。

丁家兜　在详三圩。

龙尾坝　在详三圩。

以上一百七十上庄。

式里港 在要三圩，港西为详四圩，有真武禅院。

对牛坝港东 在简一圩。

几亩兜 在顾二圩。

潘家兜 在顾二圩。

定心里 在顾二圩，有白云庵。

华家兜 在恐三圩。

西兜 在顾二圩。

北汤村 在详四圩。

焦辣村 在详四圩，港西为马要乡。

小圩港 在详四圩。

西塘桥 在骸一圩。

官房兜 在骸一圩。

杜家港 在骸二圩。

王家港 在骸二圩。

吴家汇 在骸二圩。

里荡漾滩 在骸二圩。

以上一百七十下庄。

按，一百六十四庄、一百六十五庄、一百七十一庄，在镇区内，不另录。其有一庄而兼辖镇区已见《衢巷》者，亦不重录。

南浔志卷七

里人周庆云纂

桥梁

通津桥 环石，在东栅中市，跨运河，俗名大桥。宋建，名浔溪桥，后改名。嘉庆三年重建，咸丰五年修，七年又修，同治五年又修。

时敏《重建通津桥记》文见《碑刻》。汪《志》按，《征信录》载司事郭用成等二十三人，共收捐钱三千二百千文。除开支外，余钱一百五十千文存典生息，以备本镇公事公用。是役也，时公先约各司事书疏、焚香设誓，不得稍有侵蚀。其郭用成司账监工，劳金洋钱五十圆，虽已开支，即转施报国寺铸钟并起造百老桥及广惠宫起造东岳殿之用。

曹仁虎《浔溪竹枝词》：红蚕一簇四眠过，金茧成来欲化蛾。听道今年丝价好，通津桥口贩船多。

邢典《南林杂咏·通津桥》：万户周遭见，千艘日夜通。至今碑是口，重建有时公。重建通津桥，余奉别驾时公命撰记，今碑在分府头门外左壁。

董蠡舟《浔溪棹歌》：通津桥外驻兰桡，雁齿樊登趁雪朝。不惮新寒透罗袜，香尘满路印琼瑶。“通津霁雪”为十景之一。 里中耆旧见应稀，当道灵蛇大十围。怪底夜窗惊客梦，屋山风雨应龙飞。通津桥下有巨蛇，横亘如木，舟不得行。居人或逢于路，或蟠于市楼，第不伤人。见《涌幢小品》。相传曾大父时，有客宿予家金粟山房，月夜闻风雨声，出视，见一蛇首垂檐际，如三斗栲栳。急掩户，屏息伺之。俄有声从西北去，屋瓦皆振，殆即此蛇耶？

洪济桥 环石，在东栅，跨运河，俗名新桥。北堍有闻涛阁。嘉庆十年重建，并设四巷硚埠。

东吊桥 石级架木，在东栅运河北岸，跨百间楼港南口。同治五年修，八年又修。

纪磊《吊桥》：太尉城高迹已消，莫将遗事问前朝。至今惟看浔溪水，犹锁东西两吊桥。

长发桥 石级架木，三栱，在东栅百间楼，俗名长板桥。道光中重建，同治五年修。

张镇《浔溪渔唱》：百间楼上倚婵娟，百间楼下水清涟。每到斜阳村色晚，板桥东泊卖花船。吴下花船多停于此。

纪磊《长板桥》：一带红楼面水涯，几人错认是秦淮。板桥如画斜阳里，杂记无烦志郑娃。

朱家板桥 石级架木，在东栅百间楼东北岸，跨洗粉兜口。同治八年重建。

如意桥 平石，三𣲘，在东栅洗粉兜内，一作慈荫桥，旧名洗粉桥，今名虹桥。道光十一年重建，今中𣲘易为木梁。

洗粉木桥 石级架木，在洗粉兜内。同治十一年修。

闻涛桥 石级架木，在东栅百间楼西南岸，跨后河口，俗名混堂桥。同治四年重修。

新民桥 环石，在东栅运河南岸，跨马家港口，旧名祖师桥，俗名马家桥。上建圣帝祖师庙。光绪十六年重建，改今名。庙亦废，改建小亭。

明德桥 平石，三𣲘，在东栅马家港内，贤圣殿前。道光十年重修，同治六年又修。

宝善桥 在马家港东岸，旧名北小兜桥，架木，有屋。同治五年修。

至善桥 在马家港东岸，旧名南小兜桥，架木，有屋。同治六年修。

广福桥 环石，在马家港西岸，青华观后，今名长生桥。咸丰八年重建，同治七年修。

三板桥 石级架木，在东栅运河南岸，跨仓潭口。嘉庆二年重建。同治五年修，宣统三年又修。

永福桥 平石，在东栅运河南岸，跨皇御河口，旧名御河桥，俗名酱园桥。上有随粮王祠，久毁。同治五年重修。

御河暖桥 石级架木，在东栅皇御河内。同治五年修，宣统三年又修。

莲溪桥 架木，在皇御河东岸，今废。

永凝桥 平石，在东栅运河南岸，跨船场浜口，旧名留婴桥。同治五年修。

三杨亩桥 石级架木，在东栅外运河南岸，跨三杨亩兜口，一名船厂桥。同治六年修。

力持桥 平石，三𣲘，在镇东南栗树港，旧名栗树庙桥。光绪九年重建。

垂虹桥 环石，在西栅，跨运河，俗名晨虹桥。咸丰五年修，光绪二十八年重建桥面。桥有五足，象龙形，今西南一足已被居民拆去。相传有火龙匿其下，故桥之上跨上塘街，建晏公庙以镇之。乾隆十七年，其庙仍毁于火。今上塘桥下有楼屋，相传楼上不开窗，开则邻近必火，至不可解。

明华士嶟《中秋偕友人垂虹桥坐月》：秋思澄江远，蘧然病骨苏。闲情樽可寄，有客月非孤。不夜摇银海，垂虹坐玉壶。何须幔亭彩，身恍度仙都。

丁源《垂虹桥竹枝词》：荻花塘上荻花秋，来往风帆过客舟。载得西家浣纱女，扁舟直到五湖头。　西风落日奈愁何，傍水人家夹岸多。夜半月明闻欸乃，黄头齐唱旧山歌。　家家结网半从渔，鲈鳜槎头笑不如。最好趁风梅雨候，柳条穿得白时鱼。采菱渡口荻花塘，双髻如丫红粉妆。不及筠篮采桑女，春来新织嫁衣裳。　簇簇江村万井烟，门前多泊估人船。麦奴黄后稻孙绿，十斛明珠值几钱。　侬家住近古虹桥，郎若来时诗一瓢。风月满窗清似水，红花开到美人蕉。

董载昌《浔溪杂诗》：百尺危桥落彩虹，谁知勺水是龙宫。他年嘘气成云后，吸取西江水一空。

邢典《南林杂咏·垂虹桥》：夕阳见苍弁，积雪明洞庭。不向垂虹望，谁教眼倍青。

董蠡舟《浔溪棹歌》：轻寒料峭一村风，闻道胭脂落日红。生怕明朝归棹阻，玉纤扶婢上垂虹。“垂虹落照”亦十景之一。

董恂《秋日出游》：踏残黄叶访吟窝，竹杖芒鞋得得过。秋色满天何处好，垂虹桥口夕阳多。

又《浔溪棹歌》：虹影横空卧一条，小红何处和吹箫。闲看落照登临去，绝胜松陵十四桥。

纪磊《垂虹桥》：清溪百尺跨垂虹，俎豆千秋祀晏公。今日祝融频肆虐，崇祠谁复起穹窿。垂虹桥北晏公祠为御火建，乾隆时废。

李世伸《浔溪棹歌》：垂虹桥畔足幽居，流水弯环好结庐。最是诗情堪入画，半湖残照卖鲈鱼。

西吊桥　环石，在西栅运河北岸，跨永安桥港南口。嘉庆十四年重建，同治四年修。

石像桥　平石，在西栅西吊桥北，一名小吊桥。嘉庆中建。

孙燮《浔西石像记》节录：浔之西有桥，桥侧有巷，地甚臭秽，市人于此旋焉，居者弗堪也。琢石为老人像，置巷口，庶几人有所避，而旋者如故。市有博者，夜梦神谓之曰：“祭我，我助汝博”。旦见石像如所梦，祷焉，果大获。其邻卖浆者，以浆之不售也，亦往祷，浆果倍售。于是疾病者、负贩者、称贷者，凡有求者皆祷。备牲牢酒醴而至者，踵相接。优伶演戏为赛会，日夜不休。里人以神像露处，不称崇祀，率钱构屋，限于地，则衕路尽入于屋，而别作小桥通往来。方鸠工，祷者渐稀。屋成，祷者绝不至。不数月，人复旋于其侧焉。

永安桥　环石，在西栅。乾隆四十四年重建，同治五年修。

董蠡舟《浔溪棹歌》：深掩乌篷怯晓寒，十年前事话更阑。冰鲜大艑碇三板，织里书船聚永安。三板、永安，皆桥名。

永安木桥　架木，在永安桥西，同治六年修。

庙径桥　平石，在西栅妙境庵兜。一作妙境桥，一名诗桥，今名明月桥。光绪三十三年重建。按，考《朱文肃集》，此桥并不与泰安桥同名，盖后人妄改，俾与朱仁福墓碣相影附耳。

庙径木桥　石级架木，在庙径桥东。

丰年桥　环石，在西栅运河南岸，跨纪家坝口。乾隆壬寅重修，上有祖师庙。

董蠡舟《浔溪棹歌》：黄云极望陌阡连，十斛多收士户田。上水担篙抄路近，丰年桥下讨租船。

纪磊《丰年桥》：淫霖岁岁淹禾田，十室应怜九罄悬。惟有勘灾官长到，题桥名自说丰年。

天到桥　环石，在西栅丰年桥西，俗名栈房前。康熙十五年，里人纪广重建。道光二年复建，侧有御书阁。

纪峻《重建天到桥记》：去予家数十武而近，有桥曰天到，盖所从来者远矣。今上御极之元年，里中父老子弟虑斯桥之久而欲圮也，谋所以更新之。且谓维居于桥侧者，于工料所需，经理甚便。一时若温君曰鑑、邱君学海、族弟观德、族侄珩诸人董其役。不匝月，募有成数，相与庀材鸠工，经始于道光壬午之二月，阅三月蒇事。向之攲侧者，今成坦道，乡之人士过而乐之。纪子举手而言曰："物莫不有盛衰，而惟利人者恒寿。"方高宗南渡，驻跸明义庵，斯桥适承幸之所经，固斯桥之幸事也。然尝闻宋元时，自东抵西，寥寥数家。庵在葭苇丛间，斯桥亦不过掩映于溪流村落而已。今则人居稠密，比屋云连，桥亦几成孔道。盖我国家休养生息，涵濡已百数十年之深矣。抑《家谱》载，峻先六世祖竑阶公于康熙初重建斯桥。及见公日记，知为丙辰岁，共费白金五十两有奇。桥之中有碣焉，乃丙辰之三月。夫自丙辰迄今，不过百数十年，而其费且逾乎倍、逾乎蓰！不知自公而前，修者几人，费复几何？今峻也，力有不逮，不能步武前人，心窃伤之。然推我公泽行旅、惠桑梓之心，今得好善诸君子踊跃乐施，不数月即观厥成，岂非里之中一快事哉！乡老闻之，欣然而笑曰："有是哉！古今沧桑更易，岂仅此区区者哉！今子曷书其事，使后斯者知我里之日增月盛，斯桥亦日久而弥新。子又何必以一家之盛衰为戚戚乎？”予因退而稽之，计桩木值若干，石料值若干，工食费若干，又杂费若干，凡白金三百六十五两有奇。乐捐姓氏几十几家，俟泐之贞珉，以与斯桥并寿云。

杨家桥 平石，在西栅纪家坝。乾隆时重建，咸丰七年加石栏。同治五年修，光绪二年重建。

钟嘉桥 平石，在西庄村。乾隆时重建，咸丰七年加石栏，一作钟家桥。同治五年修，光绪二年重建。

纪磊《钟家桥》：石桥南去古城壕，酬唱当年有二豪。一卷清歌谁省识，野花映水自萧骚。殷赤珠，号迂叟，与沈公怡同居城壕，有《唱和集》。

沐凰桥 环石，在西栅运河南岸，跨西仓港口，一名凤凰桥。乾隆十一年重建，道光十二年复建，同治四年又建。侧有凤凰池。汪《志》按，《府志》《县志》俱作凤凰桥，与南栅凤凰桥同名。

纪再思《重建沐凰桥记》文见《碑刻》。

鸣凤桥 架木，三磡，在西栅沐凰桥南，亦称仓桥。汪《志》按，相传朱佑明家米仓在此，因架木为桥，名仓桥，在鸣凤桥之北。后桥已拆去，而仓桥之名遂移属此桥矣。

纪家坝桥 平石，在西栅鸣凤桥南，俗称坝桥。同治七年修，宣统三年又修。

纪磊《浔溪杂咏·坝桥》：小桥流水近门墙，笑语朝朝趁晚凉。我亦当时旧子弟，不堪回首问斜阳。

化人桥 平石，在西栅秀水坟前，跨石溪。

秀水桥 架木，在化人桥东，俗称小木桥。

小圩桥 平石，在西栅小圩北。

三里桥 环石，在西栅外运河北岸荻塘上。康熙初重建，嘉庆十四年复建。

董恂《浔溪棹歌》：三里桥边水染螺，裘庄风景得秋多。阿奴生小丁家港，惯唱丁娘十索歌。

小桥 石级架木，在镇西北小桥村。

杨家兜桥 架木，三磡，在杨家兜。

福积桥 平石，在镇西北尝五圩，俗名黑漆桥。咸丰五年重建。

红墙桥 石级架木，三磡，在北栅尝五圩。

丁家港桥 石级架木，三磡，在西栅外丁家港。

渡船桥 石级架木，五磡，在西栅外南坝。

南坝桥 石级架木，三磡，在南坝。

方家港桥　石级架木，三洪，在西栅外方家里港。

积善桥　石级架木，三洪，在西栅外方家港。

界河桥　平石，在西栅外王家港，北通横过塘。同治五年修。

王家庄桥　石级架木，三洪，在界河桥南。

王家桥　平石，在王家港。

半路塘桥　环石，在西栅外横过塘。光绪十六年重建。

六里桥　环石，在西栅外运河北岸三里桥西。同治十三年重建。

兴隆桥　平石，三洪，在西栅外丁家湾。

九里桥　环石，在西栅外运河北岸六里桥西。同治十二年重建。

纪端《九里桥》：蓼花风急近重阳，两岸初镰稻把香。青林欲染成为缬，须到冬初九月霜。

纪官《晚过九里桥》：树暗空潭蝉韵清，隔溪轮月出云城。不须更俟中秋夜，填写唐皇汉使名。

十里桥　平石，在西栅外运河北岸九里桥西。道光七年重建。

万安桥　平石，在西栅外方丈港南，俗名北庄桥。嘉庆十三年重建。

方丈港桥　石级架木，三洪，在方丈港。

新庵桥　架木，三洪，在方丈港东。

百寿桥　平石，三洪，在方丈港西。道光三年，方丈港朱景彝庆六十寿，因出资建此桥。

张家板桥　石级架木，三洪，在百寿桥西。

乔家桥　石级架木，三洪，在方丈港北虞家汇。

陈家港桥　石级架木，三洪，在方丈港北陈家港。

大通桥　平石，三洪，在陈家港北。

圣塘桥　平石，三洪，在圣塘港北，光绪二十七年重建。

威安桥　平石，三洪，在半路塘西南，俗名河泥桥。宣统三年，张钧衡妻徐氏重建，改今名。按，徐氏名咸安。

张钧衡《重建咸安桥记》文见《碑刻》。

胡家兜桥　架木，三洪，在十里桥内胡家兜。

东长兴港桥　架木，五洪，在艜里西。

太平桥　平石，凡六处：一在西栅外糟三南圩，西通褚家漾；一在陆家坝，俗名陆家坝桥，北通褚家漾，道光八年重修；一在朱坞村，光绪九年重建；一在南栅外南社兜；一在北栅外小桥村，嘉庆十五年重建；一在北栅市中，另详。

圣塘桥　平石，三䃮，在西栅外朱坞村南。旧为木桥，光绪二十九年改建。

镇安桥　平石，三䃮，在西栅外杨湾东。咸丰五年重建。

直港巷桥　架木，五䃮，在西栅外直港巷。

顺安桥　平石，在杨湾。

杨湾板桥　平石，五䃮，在杨湾。

顺利桥　平石，在西栅外运河南岸，近东迁。光绪十三年重建。

油车板桥　石级架木，五䃮，在江家湾，南通江蒋漾。

东庄港桥　石级架木，五䃮，在东庄港，东通江蒋漾。

明月桥　环石，在南栅，近中市，跨南栅市河口，与清风桥南北相对。宋绍兴初建，后更名泰安桥。乾隆间重建，道光十一年复建。

便民桥　环石，在南栅，跨市河，俗称奠民桥。本系平石，乾隆四年改建，咸丰八年重建。

纪磊《便民桥》：义仓久已失前朝，欲究遗闻总寂寥。不见白场南去路，至今犹有便民桥。按，旧日义仓，当在便民桥右。

广惠桥　环石，在南栅，跨市河，俗称张王庙桥。同治五年修。

纪磊《广惠桥》：博施济众古来难，略彴谁将广惠刊。我愿题诗告同志，莫将饥溺等闲看。

兴福桥　平石，三䃮，在南栅，跨市河。乾隆五十年重建，同治四年修，光绪三年重建。今为一䃮，两旁甃石。

通利桥　平石，在南栅，跨市河。宋嘉熙中江州参军华文胜建，俗名华家桥。康熙初重修，乾隆四年重建、五十年重修。本系三䃮，咸丰八年改建一䃮，两旁甃石。

董汉策《重修通利桥碑记》文见《碑刻》。

《重建通利桥碑》文见《碑刻》。

董蠡舟《浔溪棹歌》：新开河口路初分，南下永安未夕曛。笮解青丝度通利，临流酾酒酹参军。

南安桥　平石，三䃮，在南栅，跨市河。咸丰五年重修，同治四年又修。

南新桥　石级架木，五䃮，在南栅，跨市河，一作南星桥，一名日新桥，俗名木桥。同治四年修，光绪中又修。

东交界坝桥　平石，在南栅市河东岸，跨司前港口，与西交界坝桥隔河相对。道光二十年重建，同治四年修。

纪磊《交界坝桥》：路分南北水西东，遗址当年尚可穷。行到桥边正交界，才过一步即城中。

毓秀桥　平石，在南栅旧司前，原名会际桥。初为木梁，俗称太平木桥。道光十一年改建，同治五年修。

董蠡舟《浔溪棹歌》：打桨归从薛漾西，月华雨后尽沾泥。晚晴会际湔裙去，吏散官衙花覆堤。

义仓桥　石级架木，有屋，在南栅义仓前。光绪三十三年建。

定心桥　平石，在南栅市河东岸。上建三元阁。桥极低小，与街道平。或云此地当一镇之中，故名。

花园桥　石级架木，在南栅花园巷后。同治五年修，光绪三十四年又修。

凤凰桥　平石，在南栅市河东岸。道光二十四年重建，同治四年修。

土地庙桥　平石，在南桥嘉应庙西南，俗名毛家桥。同治四年修。

广胜桥　平石，在南栅嘉应庙东南，报国寺后，俗名王家桥。同治五年修。

南林桥　环石，在南栅报国寺前，一名报国寺桥，俗名畔君桥。汪《志》按，俗谓匿为畔，相传宋高宗尝匿于此，故名。附会无据。

曲江桥　石级架木，在南栅孙家坝，一名朝真桥，俗名孙家坝桥。同治七年修。

万缘桥　环石，在孙家坝，原名八卦桥。光绪五年重建。

秦庵桥　石级架木，在孙家坝内。

醋坊桥　环石，在南栅市河东岸，跨竹园港口，因宋时官醋坊故址得名。今作楚芳桥。光绪二年重建。

太君桥　平石，在南栅太君堂前。

师古桥　平石，在南栅醋坊桥东。同治八年修。

虹映桥　平石，在南栅市河东岸，跨虹映兜口，今名虹阳桥，俗名黄杨桥。同治五年修。

西交界坝桥　平石，在南栅市河西岸，跨城壕口。道光二十年重建，同治四年修。

白鹇桥　石级架木，在南栅白鹇兜内。同治七年修。

纪磊《白鹇桥》：白鹇兜上好楼台，曾阅沧桑几姓来。惟有桥边一溪水，春来依旧绿潆洄。

梦华桥　架木，在南栅市河西岸，跨秤锤潭口。同治七年修，十三年重修，宣统三年又修。

鹧鸪桥　架木，有屋。在南栅市河西岸，跨新开河口。同治五年修，光绪十五年重修。

蒋家桥　环石，在南栅市河西岸，跨鹧鸪溪口，与凤凰桥隔河相对，今名补船桥。咸丰九年重建，同治五年修。

纪磊《浔溪杂咏·蒋家桥》：雁齿依然旧日斜，不知何事补船加。行人未解更名故，仍自将桥属蒋家。

万古桥　平石，在南栅西华家巷后，万古庵前。同治五年重建。

斜桥　石级架木，三磡，在补船村通篠里。宣统三年重修。

姚石《由丰草庵渡斜桥过长生寺访友》：流水绕南村，村荒荫枯木。斜桥落古藤，破寺围修竹。一径入深松，之子在空谷。徘徊不知还，林鸟已栖宿。

平桥　平石，在篠里。咸丰元年重建。

朱家板桥　石级架木，三磡，在篠里。

明董说《板桥》：燕尾鸣涛急，龙鳞驾壑时。津梁复何恨，刀锯不能辞。枯槁溪樵狎，艰危白石知。微茫辨人迹，霜压柳丝垂。

又《板桥得句》：碎云著月裂秋縠，老鲤嚼花吹断霞。橹声伊轧雁飞处，人影倒垂桥齿斜。

又《板桥》：舍南舍北笭箵泛，春雨春烟鸂鶒飞。残黄闪闪落未落，皱绿溶溶归不归。

谈家桥　石级架木，五磡，在篠里谈家湾。

石桥　平石，在篠里桂家埭西。光绪二十六年重建。

义冢桥　石级架木，五磡，在篠里义冢前。同治九年重建。

北水港桥　架木，五磡，在篠里东南。

桂家桥　石级架木，三磡，在篠里桂家埭。

苏露桥　平石，三磡，一作苏鲁桥，旧名丰登桥，在南栅市河西岸总管堂南。道光十七年重修。

洞宾桥　平石，在南栅外独树湾，一名塘滨桥。嘉庆十三年重建。

麻泾桥　石级架木，铺石，在南栅外塘滨湾。

道心桥　平石，三磡，在南栅外曹湾。乾隆五年，俞锦山兄弟三人建。

小圩港桥　石级架木，三磡，在南栅外小圩港。

万安桥　平石，三磡，在小圩港。

浒山桥　平石，三磡，在南栅外徐家港。道光十七年重建。

百老桥　平石，三磡，在南栅市河东岸，旧名白鸾桥。嘉庆四年重建，光绪二年复建。

渡船桥　架木，三洪，在南栅外渡船港。

尤家桥　石级架木，三洪，在南栅外尤家港。光绪十二年重建。

许家桥　平石，三洪，在南栅外简五塘许家兜口。

高基桥　平石，三洪，在简五塘高基兜口，一名皋桥。道光二十二年重建。

闵南仲《冬日赁舂皋桥芝筠先生见过》：广厦初蒙庇，仙舟更枉寻。斜阳如挟纩，流水似弹琴。羸马千金价，孤鸿万里音。家乡安处是，不作越人吟。

纪磊《过皋桥有怀闵湘人先生》：本名高基桥，因董芝筠先生馆先生于此，故遂名皋桥。在昔有高士，曾闻此客居。门前车辙远，户内爨烟虚。自得林泉趣，谁知封禅书。赁舂千古谊，经过一踌躇。

豆腐桥　有二。一为平石，在简五塘豆腐兜口，亦名斗富桥，明释袾宏曾住此三年。汪《志》按，南栅外有莲池兜，在康王寺桥南，相传莲池大师所居，至今沈氏聚族于此。考袾宏本仁和诸生，非浔人，盖因曾住豆腐桥而附会也。一为石级架木，砌砖三洪，在南栅外王家港，通池亭漾。

纪磊《豆腐桥》：欲将影事问前朝，日日来寻豆腐桥。目断莲池兜畔水，不知何处有诗瓢。

丰桥　平石，三洪，在简五塘草荡漾口。同治九年重建。

新木桥　石级架木，三洪，在草荡漾北牒三圩。同治中重修。

草荡漾桥　石级架木，五洪，在漾南简五圩。

小桥　石级架木，在脚爪兜口。

罗汉坝桥　石级架木，五洪，在南栅外罗汉坝。同治十一年修。

直港汇桥　石级架木，五洪，在南栅外直港汇。

式里港桥　石级架木，五洪，在南栅外式里港。

仰止桥　石级架木，三洪，在南栅外，俗名硬涨桥。光绪元年重建。

康王寺桥　平石，三洪，在南栅外褒能寺前。明万历丁未，湖州府郡尊陈筠塘、乌程县邑侯陈端瀛捐俸重建。乾隆庚子，东石桥蒋永嘉、藏谷桥王仪二人重建。同治九年修，光绪中重修。

袁士达《康王桥晚泊偶占》：夕阳畹晚翳回塘，偶系扁舟古寺旁。忆昔宸游曾驻跸，溪桥犹自记康王。

董攀龙《浔溪竹枝词》：传闻泥马事荒唐，古庙平桥水一方。光武中兴重耳在，翻沿旧号说康王。

亭子桥　石级架木，五袱，在简五塘东岸北长兴港。

朱家板桥　有二。一为石级架木，五袱，在南栅外浏盆漾北；一为石级架木，在南栅外杜家港。

孟长兜桥　石级架木，三袱，在南栅外孟长兜。

西木桥　石级架木，五袱，在南栅外砚池兜南。光绪三十一年重建。

施家板桥　石级架木，五袱，在南栅外。

石灰桥　石级架木，三袱，在南栅外顾五圩南，延寿庵西。

泥坝桥　架木，三袱，在南栅外泥坝头。

福丁桥　环石，在南栅外丁家港，俗名丁家桥。同治七年重建。

乐嘉桥　环石，在南栅外白云庵前。

东石桥　平石，三袱，在南栅外南蒋港。光绪三十三年重建。

西石桥　平石，三袱，在东石桥西。光绪三十三年重建。

石桥　平石，在南蒋港后。

南兴桥　平石，三袱，在南栅外南桥港，俗名南桥。光绪十八年重建。

博成桥　平石，五袱，在南栅外穿珠湾北。同治十年重建。

开济桥　平石，五袱，在南栅外七里村北，俗名北塘桥，亦称七里塘桥。同治十三年重建。

永济桥　平石，五袱，在开济桥南，俗名西塘桥。同治五年重建。

溥济桥　平石，三袱，在南栅外西辑里村。同治六年重建。

分龙桥　平石，三袱，在东辑里村。光绪八年重建。

苏鲁桥　石级架木，砌砖三袱，在南栅外藏谷桥西北。

藏谷桥　石，三袱，在淤溪。道光二十年重建。

宏兴桥　平石，三袱，俗名夜叉桥，在南栅外骸一圩。

姚滩桥　石级架木，三袱，在南栅外焦辣村。

官房兜桥　架木，在南栅外官房兜口。

清风桥　环石，在北栅，近中市，跨北栅市河口。宋绍兴初建，乾隆五十年重建，咸丰五年修，同治四年又修。

姚景熹《月夜梦坐清风桥得句醒而足成之》：吟魂惊破五更钟，耿耿寒灯挂碧空。欲向枕边寻断梦，半桥残月落清风。

凌震《送刘西安至南浔夜泊清风桥下联句》：维舟乘月上河梁，刘。人语喧嚣夜未央。灯火隔川相映照，震。楼台隐雾半微茫。紫貂风急吟魂细，刘。白雁天高别恨长。

万里远行从此始，震。殷勤何异浣花傍，刘。

太平桥 石级架木，在北栅，跨市河，康熙初重建。桥之东堍，出入一狭巷，行人深为不便。嘉庆二十四年，里中醵公资买桥下屋宇一间，拆卸改为公路，阔一丈一尺五寸，两旁立石界。同治四年修，光绪二十五年重建。

金之俊《募造二桥疏》：浮图之说，非儒者所尚也。至募缘僧尼，沿门托钵，饰苦行以惑众，借佛面以刮金，则尤佛法中可鄙者也。虽然，儒之辟释，不过以其崇尚虚无，毫无利于民生物用，与儒者之穷约而存心立达、荣膴而显用施济，不啻霄壤尔。若夫水乡之桥梁，犹之陆地之车马，实王政中济民利物一端也。自浔水西至苕城，系往来通衢，运道攸关，沿塘七十余里，为桥不下数十处。凡以维断通阂，一处圮坏，咫尺关河。乃浔西之三里、六里、九里，三桥一时并圮，纤卒裹足，行人怨嗟，甚且霜凝雨滑，惨坠数命。余往来其间，未见有存心立达、显用施济者，为之倡议整葺，如拯溺救焚然。岂以徒杠舆梁，无关王政之一端乎？嗣见向之裹足者，信足而疾驰；向之怨嗟者，啧啧赞叹，有欢喜色，则三桥已焕若飞虹、坦若康庄矣。余异而询之里人，谁其为此？则曰：有一比丘尼募造而成。噫！此固崇尚虚无之流也，而反肯为此济民利物之事乎？且闻其募不强施，资不沾手，经费有节，程材估料，井井有画，旬月之间，三桥成，若役鬼驱神。余不觉感叹久之。一日，比丘尼持一缘册来索余言，应门拒之。尼曰：“我非假名募缘惑众者，比浔西三桥成之者即我也。”比入见，则蚩然一老婆罗，而胸中颇明了，矢愿更广，将复举浔北之北回桥、太平桥，一时并葺之。此二桥为居民作息必经之要路，求济者殆有甚焉。拟即日鸠工，誓犹三桥之成。余固目击其有成效，而许之一言以赞助之。嗟乎！彼服儒服、冠儒冠，而不以利物济人存诸其心、显诸其用，孜孜焉惟日不足者，其视此尼为何如哉！然余终不敢谓济人利物者不出于公卿士人，而反有逊于尼也。则斯二桥之成也，虽为费不赀，亦可以刻日俟矣。

聚福桥 石级架木，在北栅，跨市河，旧名永济桥，俗名盐店桥。同治四年修，光绪十年重建。

栅桩桥 石级架木，在北栅，跨市河，旧名冯公桥，一名万善桥，一名北关桥。同治四年修。

北新桥 石级架木，在北栅，跨市河。同治四年修。

董恂《浔溪棹歌》：小市千家聚水滨，轻舟日日往来频。桥从栅口分南北，南尽南新北北新。

天带桥 石级架木，在北栅市河东岸，跨后河口，今更名天福桥。乾隆五十年重建，咸丰六年修，同治四年又修。

藕湖桥 架木，三拱，在北栅，跨后河，今名净波桥。宣统三年重修。

官房桥 石级架木，在北栅栲栳湾，跨后河，一名西暖桥。前即官房巷，久废。汪《志》按，范《志》又有东暖桥，系质库中架木以通往来者，故俗名当桥。近年已撤去，今不载。

莲界桥 石级架木，在北栅北十字港，东跨百间楼港口。旧名戬谷桥，一作剪縠桥，亦作联界桥；一作联解桥，俗称阮家桥。明建，雍正三年重修，乾隆十六年复修，嘉庆四年又修，同治四年又修，光绪十三年重建。

张文光《重修联界桥征信录小引》：兹桥建自明季，以迄于今，其间或修或补，光生也晚，弗克记。追雍正三年间，坍塌难行，里中集同志十家，得二十金，聊为修补，先君与焉。今年六月初三日，忽崩，其南堍水陆阻者两日。同里好善诸君子思为永远计，复集二十六家，仿前法各捐金二两，弃其旧而新是谋。即于十二日起工，不费日而告竣。嗟乎！人心之不可解也久矣！凡遇游戏宴佚、赛会迎神，往往不吝费。甚且惑于因果，布施僧道，争捐金数千而不惜。至于补路修桥，利益万人，为眼前实际，每赤面涩声，较量锱铢焉。乃吾里之建此桥也，不谋而合，匝月而成，踊跃输将，若惟恐他人之我先，何吾里之多善人也！光得强勉附骥，诚哉幸矣。因列叙捐金姓氏并工费若干于后，俾百年后久而思新者得所仿焉。兹桥虽细事，芳名庶几其长留欤！乾隆十六年八月十九日，张文光谨笔。

张澂《募重修联界桥启》节录：本圩联界桥，当南北之冲，为舟楫之会。层基渐圮，拾级堪虞。昔虽屡葺其板梁，今拟更新其石甃。嘉庆四年正月。

圆通桥 平石，在北栅市河西岸，跨唐家兜口，旧名风月桥，一名众安桥。向系石梁，乾隆间圮，重建改为木梁。道光中，复改石梁。同治四年修。

新木桥 石级架木，三拱，在北栅尝三圩。同治中建。

又新桥 石级架木，三拱，在新木桥西。宣统三年建。

浔溪桥 架木，三拱，在北栅市河西岸，跨浔溪河口。同治十年修。

小木桥 架木，三拱，在浔溪桥西。

彩虹桥 平石，在北栅姚家滩东，一作彩五桥。有华氏晓山园遗址。

南车驾桥 石级架木，三拱，在北栅外古溇港西岸。同治八年重建。

北车驾桥 平石，三拱，在北栅外古溇港西岸。同治十三年重建。

莫家湾桥 石级架木，三拱，在北栅外。

青龙桥 平石，在北栅外李家河。同治十二年重建。

李家河桥　石级架木，三洪，在北栅外李家河，一名庙桥。

北坝桥　石级，架木，在北栅外北坝。

下坝桥　石级架木，三洪，在北栅外下坝，一名梅家桥。同治五年修。

箬帽桥　架木，三洪，在下坝北。同治八年重建。

酒坊桥　架木，三洪，在北栅外斜河，疑是宋时官设酒坊处。

楼下桥　平石，在北栅外楼下，亦称新桥，一作留下桥。

斜河桥　架木，三洪，在北栅外北斜河。

拜四南桥　石级架木，三洪，在北栅外拜四圩。

拜五桥　石级架木，三洪，在北栅外拜五圩。

南桥　架木，三洪，在北栅外拜三圩。

北桥　架木，三洪，在南桥北。

北回桥　环石，三洪，在北栅外三里，跨古溇港。一作北汇桥，亦作北渭桥，亦作北会桥，一名云兴桥。明嘉靖中建，乾隆九年重建，光绪十八年复建。

茅星来《北回桥碑记》文见《碑刻》。

福星桥　平石，在北栅外古溇港东岸，光绪二年重建。

南半桥　架木，三洪，在北栅外善庄港。

更落桥　架木，三洪，在北栅外善庄港。

众安桥　有二。其一为平石，在北栅外苎叶滩，光绪三十二年徐明芳建；一为环石，在西栅外三里桥北。

姚田木桥　共六处，南北四，东西二。均架木，三洪，无名。

南浔志卷八

里人周庆云纂

古迹

南浔城 元至正十六年，张士诚所筑。汪《志》按，旧志及府、县志并作“十三年”，与碑记“丙申”不合，误也。二十一年七月重修。明洪武二年十月，拆砖石修筑苏州城，基址尚存，约周三里。今东西二栅，皆有吊桥，又有城隍上之称，犹可想像规制，亦称太尉城。按，咸丰庚辛之间，“粤匪”据镇，在东栅吊桥，沿河绕洗粉兜，筑土城。又马家港桥下连石铺。又栲栳湾一带亦皆有土城。同治三年肃清后，经保卫局拆去。

元无名氏《南浔重修城记》文见《碑刻》。汪《志》按，据此碑，城始筑于元代无疑。华氏《传芳录》谓宋时即有城，旧志附著其说，实无确证。后人有宋时尝设郡县之瞽说，盖基于此。考宋时镇市，皆在运河之南，故《祇园寺庄田记》谓寺在浔北，《嘉应庙敕牒》谓庙在市中。赵子昂道出运河，而《兰亭跋》云至南浔北，是元初犹然。迨筑城以扼运河孔道，于是市井渐移而北，遂以通津桥为中市。迄今四栅惟南市最长，亦其明证。而宋时有城之妄，不攻自破矣。

曹仁虎《浔溪竹枝词》：张王城废有空壕，折戟沙中浪暗淘。惆怅夜乌啼不住，女墙基畔月轮高。

范锴《浔溪纪事诗》：春明走马向城壕，可是三兴土筑牢。凭吊淮张遗故址，夕阳曾映女墙高。

董蠡舟《浔溪棹歌》：监镇无官驿舍倾，女墙谁听夜乌声。诗人沽酒停舟问，一笑来寻太尉城。南浔城为张士诚降元后所筑，故人称太尉城。 三兴辇土事相同，想像金汤百雉雄。好片城壕调马地，阿谁玉埒走花骢。南栅有地名城壕上，亦曰城隍上。“古壕走马”为浔上十景之一。 百队戈船溯急泷，当年王胜此生降。不留折戟供凭吊，衰柳残芦咽暮江。王胜为张士诚守南浔。至正丙午，明兵至，胜以城降。见王文恪《姑苏志》。

汪《志》按，《浔溪文献》“沿革”“古迹”并首载南郛国，引王嘉《拾遗记》：“南郛之国，有洞穴阴源，其下通地脉，中有毛龙、毛鱼，时蜕骨于旷泽之中，鱼龙同穴而处。其国献毛龙于上，置豢龙之官。至夏豢龙不绝，因以命族。至禹导川，乘此龙，及四海会同，乃放于洛汭。”并引《郡国志》及《山海经》：“太湖包山，禹藏《素书》及不死方于此，与洞庭君山石穴潜通。”以证阴源地脉。又引《吴江县志》及史鑑《龙坟志》：“蠡泽湖为大禹治水斩黑龙处，永乐间大获龙骨。”以证毛龙蜕骨。且援《涌幢小品》所云“大桥巨蛇”，指为毛龙之耳孙，荒渺附会。张《志》“沿革”不载南郡国，是矣。而“古迹”仍载之。董《志》复增入“沿革”。范《志》始尽削不载，最为有识。

聚星塔 在东藏寺内。明董份建浮图，功成大半，格于形家言，不为合尖，俗称无头塔，亦称半塔。康熙中，裔孙董汉策改造为三层阁，易名聚星阁，一名聚奎阁。道光十九年重建，改名聚星塔。光绪十二年毁于火，仅留下层。按，汪《志》入《寺庙》。

沈登瀛《重修聚星塔记》文见《碑刻》。

明董说《南浔半塔》：终古只一半，孤高傲五湖。混茫连积雾，耿介截虚无。天地留长恨，云霄限壮图。凭谁摇赋笔，收拾上吴都。

曹仁虎《浔溪竹枝词》：礼佛禅堂趁早秋，莲花座畔炷香留。生憎殿角浮图影，一半亭亭不到头。

董载昌《浔溪竹枝词》：东藏禅寺古招提，月上休嫌塔影低。何必浮图高七级，初桄得上亦云梯。

范锴《浔溪纪事诗》：杰阁风铃响碧檐，晨钟夕呗戒精严。菩提树下人游憩，共怅浮图不合尖。

董恂《浔溪棹歌》：槵树阴浓绿接天，浮图倒影墨溪边。阿依愿把恒河力，塔级重添万四千。

荻塘 今名东塘，自湖州府城东至震泽县平望镇，凡袤一百二十五里，即运河堤岸也。为西来诸水之障，且通往来。晋太守殷康所开，旁溉田千顷，在城者谓之横塘，城外谓之荻塘，以地多芦荻故名。后太守沈嘉重开，改名吴兴塘。唐开元中，乌程令严谋道重开荻塘。汪《志》按，谋道，一作“谋达”。广德中，刺史卢幼平增修。贞元时刺史于頔重筑，又曰頔塘。汪《志》按，《震泽镇志》作“贞观中”，误。元和中，刺史孙储增修。明万历戊子、己丑间，知县杨应聘修筑。三十六年，知府陈幼学甃以青石，尤为坚固。今在镇中者，市廛丛簇，夹岸骈阗。本朝顺治十二年修筑，道光十二年重筑运河石塘，光绪中重修。汪《志》按，《文献》云：《吴江县志》云自平望镇西行至乌程南浔镇曰荻塘。一曰“荻”当作“頔”，以塘筑于于頔，故名。而俞睦诗曰：“当年于頔刺湖州，曾筑长堤捍逆流。两岸晓风杨柳直，王孙得意骋骅骝。”按，平望在唐当属湖州，頔作刺史时，尚未分隶吾吴也。然则自浔西抵县城，驰道七十里，皆为頔塘。《吴江志》只自叙其一邑，故抵界止耳。又按,《乌程县志》:县南一里亦曰荻塘,太守殷康开,两岸多荻草。今自县东门外绝浔水,名曰东塘。朱文肃公有《记祇园寺碑》,亦曰:"霅城之东,有塘曰荻。"的为明据。考《文献》此条称"吾吴",必是潘《志》原文,辨析精允。盖归安县南之横塘、乌程县东之东塘、震泽县西南之西塘,皆古之荻塘,分隶三县,在唐时并乌程地也。《太平寰宇记》:荻塘在州南一里一百步。《吴兴记》云:晋太守殷康所开,旁溉田千顷。杨侃《隋录》云:乌程沈恒居荻塘,家贫好学,每烧荻自照,因名。塘西引霅溪,东达平望官河,北入松江。其云在州南一里一百步,指塘首而言,去州治最近处也;其云东达平望官河,指塘尾而言,去州治最远处也;其云溉田千顷,则统塘之全势计之也。后人或专指震泽之西塘为荻塘,或专指归安之横塘为荻塘,其说皆偏而不备,不若《寰宇记》数语最为详晰。又山谦之《吴兴记》谓吴兴塘即荻塘,此与唐刺史崔元亮所开吴兴塘在府城东二十三里属今归安界者,名同实异。盖唐时仍名荻塘,而吴兴塘之名渐泯,故元亮别开吴兴塘,不复以同名为嫌,观开元重开、贞元再筑皆只称荻塘可见。

明朱国祯《修东塘记》:水之利害,界以塘,甃以石,太复先生及余各有记。然此特百一耳,中间支派曲折至多,最巨者东塘,自东门尽浔水,凡七十里,履亩而堤,漕道出焉。管一州六邑之口,而外郡入者如汲。故浔虽镇,一都会也。自浔而上,虽名塘,实驰道也,内护田护疑衍庐千万岁。戊申大水襄数尺,溃下如之,风冲波激,行旅践踏,篙橹攒排,存者无几。太守陈公痛之,于是请所司修东塘,要归以兴作兼赈济,仍纪录以奖,分任立石,以垂永久。费凡一千五百余金。先是,公秩满将迁,梦有神告曰:"徐之,活十数万人乃去。"心异之。既加衔视事,两作按,"两"疑"雨"误,叹曰:"嘻,身当之矣!"涕泣焦思,锱铢积累必以情,幽隐搜剔必丽法。劝市劝积,先劳无倦。余皇之粟,旬日而帆上者千。两淮之稛为空,五湖之廪俱满。民不知灾,道无浮殍。次年大丰,斗米六算。盖公之节目极多,而修塘其一也。塘成,父老列三德五制以颂:曰佣工、曰保障、曰利涉,我知之矣;曰测水加高、内土帖岸、暗沟浅水、只筑防損、移沙滤淖,我又知之矣。乃若公之大造我湖,在于土石筋力之外,父老未之悉也。夫国以礼为防,防民之溃,甚于防川。湖俗枭悍,其窥关弄机、浸淫蠹食,则塘之蚁穴也。犯上捍文,六卉欲溃礼,按,"六卉"疑"奔"字误分。则塘之撞竿也。豪私族据,焰尾腥唇,则塘之鳄渊也。公闵斯勤斯,忘寝与食,要以正纪纲、别善败为急。窒其穴、折其竿、阗其渊,用固吾圉而施之德泽。即有时动发,终不胜其窒与折与阗之力。夫然后田畴可殖,子弟可教,骎骎风移俗易,而偕之大道。窃笑我湖自庄襄公后,及泉李公至,而人始知官府;自我公至,而人始知朝廷与圣贤之学。则其为防者,峻而极之,至于旱干水溢之无恙也。人第知七十里屹如亘如,以为公之

大，而不知特一节之验。又第知一举两利，成百年之功，活亿万人之命，以为公之得天告成事，而不知苦心竭力除其锢疾，饮以太和，几捐身以障东流，而不忍妄用湖之一钱一粒，则固可对天地、质鬼神也。祯，戆人也。北行时岁事正急，认赈百石，归而自免，重为诸父老羞。今又以不文之辞记。人情往往私其果实、献其皮毛，为不信，视朱生，则忻然笑曰："惟其有之，是以似之。"公讳幼学，号�塘，锡山人。汪《志》按，此文虽刻石，而在府城东门外，不在南浔，故不入《碑刻》。仍据刘沂春《县志》录全文于此。《县志》刊本多脱误，《朱文肃公集》此篇适在缺卷中，惜不得拓本一校之。

张鑑《重修东塘碑记》文见《碑刻》。

唐卢纶《奉同颜真卿送李侍御萼赋得荻塘路》：云鳞鳞，满河渍。叠处浅，旋处深。澈波寒鱼上复沉，群鹅鼓舞扬清音。主人有客簪白笔，玉壶贮此光如一。持此赠君君饮之，圣主识君冰玉姿。汪《志》按，旧志及府、县志并不载此诗。考《全唐诗》，纶诗凡五卷，亦无此诗，且诗语与荻塘路题意不甚合。徐献忠《吴兴掌故集》载之，疑有舛讹，姑录以俟考。

唐释清昼《奉同颜使君真卿送李侍御萼赋得荻塘路》：落日车遥遥，客心在归路。细草暗回塘，春泉萦古渡。遗踪叹芜没，远道悲去住。寂寞荻花空，行人别无数。按，范《志》载此诗，误为颜鲁公作。

又《与李司直令从荻塘联句一首》：画舸悠悠荻塘路，真僧与我相随去。寒花似菊不知名，霜叶如枫是何树？令从。倦客经秋夜共归，情多语尽明相顾。遥城候骑来仍少，傍岭哀猿发无数。昼。心闲清净得禅寂，兴逸纵横问章句。虫声切切草间悲，萤影纷纷月前度。令从。撩乱云峰好赋诗，婵娟水月堪为喻。与君出处本不同，从此还依旧山住。昼。

宋沈与求《舟过荻塘》：野航春入荻芽塘，远意相传接渺茫。落日一篙桃叶浪，熏风十里藕花香。河回遽失青山曲，菱老难容碧草芳。村北村南歌自答，悬知岁事到金穰。

宋孙锐《荻塘柳影》：日出烟销春昼迟，柳条无力万丝垂。韶光新染鹅黄色，偏爱东风款款吹。

曹仁虎《浔溪竹枝词》：菰城东下镜光遥，迤逦长堤泊画桡。水阁千家帘影接，荻塘无复荻萧萧。

方焘《荻塘舟次》：一水斜阳晚，寒塘系短艖。地荒栖鸟冷，枫老受霜多。烟外明渔火，风前听榜歌。孤怀愁不寐，数问夜如何。

分水墩　在东栅外运河中流，为江、浙分壤处，故名。一名转水墩。相传元人所创，以束去水。明董份建龙王庙，后改为文昌阁。又北栅外古溇港中流有北分水墩。又南栅外独骑坝口有分水墩。同治中，东埭蒋某填筑。

姜虬绿《登分水墩偶题》：爽气西来流向东，翚飞鹊峙矗空蒙。千寻碧甃连溪绿，一道晴波落照红。绀寺烟浮通越峤，津亭帆峭指吴宫。与谁沽酒凭高望，快挹雌雄面面风。

方熊《题分水墩》：浔水中分江浙流，凌虚缥缈矗飞楼。三吴云物连波卷，百里风烟空影留。栏槛重开新面目，湖山仍照旧春秋。年来小劫频兴废，眼底沧桑总罥愁。

方焘《题分水墩和陈鹤野韵》：不负殷繁地，危楼亦效灵。市梢当水阔，烟际插空青。震泽流归海，西山爽拍庭。长思人代杳，几得对沧溟。

董骏《泛月登浔东分水阁》：蓬莱何必去东瀛，三濑湾前杰阁撑。朱棋霏微流玉液，遥闻天半步虚声。

纪汝霖《次韵分水墩远眺》：杰阁凌虚景物收，数声渔笛足清幽。两眉远隔具区泽，一水中分苕霅流。俯仰忽成今日感，澄空真觉此身浮。回头极乐无多地，彼岸还凭一叶舟。

范锴《浔溪纪事诗》：清明时节正春酣，六柱吴船荡碧潭。分水墩前试春望，断肠门外是江南。《研北居琐录》：自郡城东六十里至南浔镇，镇南北约五里，支港多而纡曲，东西约三里余。苕水自西来，至通津桥，一大折东流直下，并无关键。分水墩阁之建，原以培风水也。前明中叶，科第极盛，有“九里三阁老，十里两尚书”之谚。阁老谓马要沈氏、七里温氏、浔之朱氏，尚书乃董氏与马要沈氏也。当蚕丝入市，客商云集，四民各习其业，彬彬然一大镇会矣。国初以来，显达不多。然余或踏月街衢，书声与机杼往往夜分相续，岂因风水之不培植欤？术者云：“分水墩两岸，得建两塔，以锁水口为妙。此非大有力者不能也。”汪《志》按，风水之说，本难深信。然即以风水论，栅口建塔，恐亦非宜。昔董浔阳建东藏塔，不敢合尖，以塔影太高、泻入去水也。后来重建，仍止三层，不敢加至五层，亦以此故。倘建诸栅口，不更甚于东藏之塔乎？虑后人误惑是说，将糜财力于无用之地，故详录而辩之。

董蠡舟《浔溪棹歌》：飞楼缥缈丽朝暾，两界分流限此墩。遥指荻塘帆转处，疏林薄霭隐曹村。分水墩旧有龙王庙，今为文昌阁，十景中“东阁临流”即此。“荻塘帆影”亦十景之一。曹村在镇东三里震泽县境。

邢典《分水墩》：南阻苕溪水，旁通笠泽船。一登高阁望，江浙正毗连。

又《登分水墩阁上》：杰阁登临眼界开，水光山色净无埃。一湾绿到莺湖去，两点青浮笠泽来。鸟带晨曦穿北牖，帆拖夕照过平台。凭虚顿觉超城市，倾得乌程酒满杯。

茅屋墩 在南栅外划船漾中。明董份读书处。

明董说《茅屋墩》：围潭最得蒹葭意，四五里推茅屋墩。更无桥板水中接，指点鸟寒飞过村。放眼楼嫌三面闭，半枯松说六朝根。经箱扇面题墙字，春雨茫茫暗墨痕。庵有先翠榆先生诗并白华楼前辈诸翁遗墨。

张鑑《茅屋墩》：古寺出中流，烟云一望收。似闻深竹里，旧有读书楼。水鸟啼高树，藤花妥晚秋。昔人不可见，怊怅棹归舟。

纪磊《过茅屋墩》：数间茅屋水中居，曾忆幽人此读书。今日闲云自来往，更无鸥鹭绕空墟。

煤山　在北栅。煤灰所积，高数丈。浔地无山，故强以山名，俗称煤矢滩。光绪季年已夷为平地矣。

方熊《浔溪竹枝词》：堆垛年年叠作峦，登高步月共跻攀。可堪空阜稀云树，六里南林只假山。

张鑑《浔溪棹歌》：凉露娟娟一半秋，木犀花发月当楼。隔窗唤起吹箫侣，曾到煤山顶上头。增易南浔十景有“煤山望月”。

纪磊《咏煤山》：苕水东来绝少山，一抔积土足怡颜。会须更与添松竹，好待闲云日往还。

张文元《南浔竹枝词》：浔溪虽好惜无山，南北东西水一弯。幸有积煤千万斛，却教平地涌螺鬟。

卧塔　一名水塔，在北栅外北新桥北西岸水际。自南至北有七池，纵、广各数丈，迤北渐小，约长里许，形若浮图七级，故名。明董氏用形家言傍岸开筑以塞水口者。

汪《志》按，卧塔或称眠塔，在尝三北圩直北，稽三圩之西，依荡则办粮。考各圩之名，定于宋代。两圩之间，必有沟渠间隔，而一圩之地，必相连属。后世陵谷变迁，惧一、尝三、笺一等圩，各分为三，并应连而断；悚四圩与惧一北圩，则应断而连。尝推究其故，一由元代筑城，环城浚濠；一由明代宦家造墓构屋，辄拘形家言，纷纷迁改。如惧一北圩与中圩中隔百间楼港，尝三中圩与南圩中隔西木行港，笺一中圩与北圩中隔司前港，皆元时城濠也。惧一中圩与南圩中隔后河，则以在董氏宗伯第后也；笺一南圩与中圩中隔定心港，则以建定心桥、三元阁也；尝三北圩与中圩中隔浔溪河，则以其南有吴、曹、朱三家祖墓，其北又有吴氏、陆氏、董氏诸墓也；悚四、惧一分界沟渠，亦必董氏造石人坟时塞之也。北栅外桂花坟之北，隔水有小拜二圩，与大拜二圩中隔小港，亦董氏所凿。又东栅之仓潭、南栅之新开河，并以董氏住宅而开。此与卧塔创于董氏，故老皆能言之。若惧、笺等圩分合之故，则无复知之者。今以形势测之如此，而他圩之分合皆可类推矣。

范庄　在马家港惧字二圩，相传范蠡种竹养鱼处。有水一泓，曰范庄池，近朱文肃公宅后。圩之南，又有范庄湾。按，镇东南三里许曰陶墩，以陶朱公名村也。又数里曰蠡泽，而震泽西偏有桥曰思范，岂鸱夷子皮往来此间独久耶？汪《志》按，范蠡旧居，当出明人附会，故旧志亦作疑词。今姑从旧志录之。

张隽《范庄》：老梅一树覆寒塘，乱石堆危压槿墙。丞相亭台倾圮尽，更无人指范公庄。

孙瑛《范庄留题》：范公遗迹旧池塘，隔竹人家尚有墙。清绝水边梅一树，不教冷落此村庄。

姚石《游范庄》：披榛入竹到溪庄，深草芊芊鹤径荒。小犬吠人依竹援，归凫带水上渔梁。香疏豆架花成荚，树老秋园叶半黄。终日徘徊幽意惬，把茅何计得连墙。

邢典《南林杂咏·范庄》：少伯功成后，飘然去海滨。范庄如黑子，留与墨溪人。

拜三庄　在北栅外。明董份馆李乐于此。汪《志》按，庄西即董氏桂花坟。

牒四庄　在南栅外。董汉策馆闵南仲于南港，即此。

枪楼　在北栅栅桩桥畔。有小楼独高，乃明季里绅董氏所筑。登楼施放鸟铳，以御湖盗“赤脚张三”者。

张丹山《浔溪棹歌》：御灾捍患借前筹，文武才名第一流。烟火万家资保障，栅桩桥畔有枪楼。

南浔志卷九

里人周庆云纂

宅第一

小瀛洲 在西栅朱坞村，元褚寿之所居。

杨维桢《小瀛洲记》：吴兴褚寿之之居，有水木花石之胜，名其堂曰小瀛洲。寿之宴予堂上，以记请。非徒以山川风俗似瀛洲也，以其先出瀛洲学士亮，亮之子遂良居杭，其后有徙湖之南浔朱坞庄者，遂为湖州人，诗礼传家。寿之伯仲皆有仕才而不仕，其学而仕，而都清高之地，以继登瀛之荣号者，不在诸子乎？

秋卿第 在西栅纪家坝，明刑部员外郎纪濂所居。

大宗伯第 在东栅大街，明礼部尚书董份所居。至咸丰时，毁于兵燹，光绪中始易他姓。

蒋锡纶《浔溪竹枝词》：尚书门第太凋零，绰楔空余草色青。闲话兴亡增感慨，几人茶叙董家厅。董家厅址改为茶室，是可感也。按，董氏至道咸时已衰落，其宅中大开博场，负者死于后园池中者有之。庚辛之间，全宅灰烬。同治时支盖平房，曾开茶肆，至光绪中则属金、邢二氏矣。

少师第 一在东栅马家港，明少师朱国祯所居。一在辑里村，明少师温体仁所居。

董载昌《浔溪竹枝词》：满园桑柘十分青，中有前朝阁老厅。一带沙堤谁省识，寒烟漠漠雨冥冥。

范锴《浔溪纪事诗》：揭议均田法最良，至今父老话难忘。凄凉月落秋林外，蔓草寒烟相国庄。

水部第 在东栅洗粉兜，明工部郎中华士嶟所居。

京兆第 在南栅丝行埭，府尹张鸣钧所居。

九老第 在东栅大街，工部侍郎范璨致仕归所居，钦赐“香山九老”匾，故名。

太史第 在西栅泰安桥西，编修夏开衡所居。汪《志》按，道光时毁于火。一在南栅泰安桥堍，编修张桢所居。

大夫第 在南栅，知州徐德元所居。

进士第 一在城壕上，进士殷维藩所居。一在南栅，进士陆士渭所居。一在西栅，进士陆嵩高所居。一亦在西栅，进士温鹤立所居。一在马家港，进士温文禾所居。以上俱废。一在东栅，进士庞公照所居。一在马家港，进士朱宝书所居。一在南栅，进士刘锦藻所居。

纪白云故居 在西栅凤凰池上，纪远所居。

纪远《古树赋并序》：余久寓嚣尘，丁丑重阳前二日移居垂虹桥之南，有古树在焉。因倚树结屋，并为赋之。其辞曰：嗟乎哉！轮囷夭矫而不可方物者，非此树也耶？乍见之而情移，久亲之而心悦。郁然其貌，兀然其节，人以为庭中之奇，吾以为世外之杰。皎如临风，洁如坐雪，昼接之而绿阴生，夜听之而云涛裂。若乃腹之虚也，是其能容；枝之曲也，所以为直。曾于子山赋里见，亦在摩诘画中识。夫其寄身薄俗，混迹尘市，而所以得全其天者，其斯臃肿而不中绳墨也耶？

又《古树》：虬枝偃蹇未为赊，傲兀临轩野客家。风起乍疑吹骤雨，日斜浑欲集归鸦。只堪一室盘盘影，不斗三春艳艳花。与尔相依俱避世，吾生何必羡无涯。

纪官《老树子深叔新居》：市烟尽处屋三间，老树扶疏弓样弯。恰盖茅檐风飒飒，偏留菜圃雨斑斑。半庭清影供佳客，满壁浓阴当好山。始觉连林未为异，平生特立似相关。

又《过旧宅有怀》：风霜饱饫得支撑，六十年前此聚生。自拔红尘遮半壁，谁承青镂架三楹。研田未辟畦田窄，眉宇将开屋宇清。垂老还思江海上，晏安惟恐堕家声。

邢典《里居有感》：蠹简悲香谷，国初，明义庵僧有《香谷集》，已佚。荒居吊白云。纪远，号白云，有遗稿一卷，已刻。先生故居在凤凰池畔，余幼时曾过之，今为孙氏后园。眼前方百步，流水自沄沄。

金梅《咏纪子深宅边古树》：槎丫老树荜门边，曳杖行吟意洒然。黛色蔽天三伏暑，绿阴满地一声蝉。养成梁栋须千尺，植立蓬蒿定百年。世眼只知红艳好，肯将臃肿斗婵娟。童童车盖覆檐端，偃蹇虬龙此屈盘。枝似古藤垂绝壁，声疑幽涧落哀湍。霜皮溜雨苔痕湿，风叶捎云日影团。莫怪先生常憩息，由来诗境喜荒寒。

释秉融《和金次调咏纪子深业师宅边古树》：古态横生不一端，讵惊花果荐杯盘。半天露重声如雨，五夜风高响似湍。莫谓无情真落落，孰知借荫亦团团。直疑何事千年秀，霜雪盟心总耐寒。

纪廷辉《老树》：树老根弥固，枝枯节愈坚。大风吹不折，铁骨傲人间。

姚亦山故居 在洪济桥畔，姚石所居。

董扶摇故居 在百间楼酱园巷内，董浩所居。

邢典《南林杂咏·鸡肠巷》：屈曲鸡肠巷，相寻过板桥。百间楼似昔，目断董扶摇。

陈补亭故居 陈可升所居，今无考。

陈可升《返故宅》：言归我素志，喜是先人庐。庭渐莳新卉，楼仍叠旧书。晓晴莺唤近，昼静客来疏。既得长闲适，萧然实晏如。《汪志》按，半亩间为可升之祖所居，此言先人庐，当是其父所居。可升祖为隐士，父亦诗人，惜名字并无考。

吴晚青故居 在北栅姚家汇。乾隆初，吴江吴山秀寓居。

吴山秀《戏作吾庐三绝以发观者一笑·品字窗》：穴墙为窗迎朝曦，长短画一无参差。我家窗式有异制，中锐旁丰形太奇。如瓶如瓮可仿佛，咸以方扁议其非。主人以为得之矣，厥状品字其庶几。然则奈何不名晶，晶类乎品长过之。打头矮屋艰欠伸，窗称其屋方相宜。惜少一阑雕卍字，并无六枳限群鸡。主人日向窗前坐，品泉品砚百不疲。品题人物则不敢，腹有春秋口不碑。由窗而推以意拟，象形成字咸我资。竹摇个字响淅沥，香烧心字烟霏微。盘陈鲁字一头矗，书架兀字双足支。鸿送乙字目杳冥，画点介字树离披。倘招三人成众字，主人窗前无立锥。仅堪此间置一枕，羲皇上人是我师。

《一线天》：人家有天如井方，我家有天如线长。其势宜横不宜纵，累尺而长五六强。主人登楼向西笑，奈何令我日面墙。得非君公难入世，不材宜以墙东藏。可怜明月悬三五，新秋那能照我床。差喜风多卷茅去，有时仰屋窥清光。堂室阃奥无深浅，宛如列肆平分张。客来款语不逾晷，时方卓午疑昏黄。吁嗟万古此圆盖，羲娥出入遥相望。岂于贫富殊小大，而独为我悭青苍。天分一线令吾见，吾乐吾天周四旁。大哉居乎斯足矣，高明鬼瞰非我祥。不然且当林屋住，隔凡要与人分疆。

《鸡肠巷》：寓居不作十年计，穷巷何妨得暂憩。沿河小折入鸡肠，石多于土皲不砌。纷列溷厕盈颓墙，侧行犹恐沾衣袂。有风必劲如鼓涛，不雨常暝少开霁。北门之掌虚无人，时通时塞无常例。有时烦我收管钥，不惜屈身代仆隶。夜来频惊垤泽呼，千呼不应毒詈继。吾穷于此占鸡栖，便老此中窝不敝。自知无力蜗角争，安得全家鹤背系。伏雌早鉴能鸣灾，弃肋肯贪余恋滞。鸡肠转似鱼肠宽，剑铓旋折囊时锐。守约不同掉臂游，贞凶俨凛壮趾厉。一桥疑有虎溪戒，三径止许羊求诣。肠中之人深山深，柴扉白日长双闭。

潘似山故居 在南栅市河西岸蒋家巷，潘尚仁之先世尝居此。

潘尚仁《重葺蒋家弄旧居四首》：萧氏青杨旧日春，扫除又见一番新。重来却忆辽阳鹤，邻里还多旧日人。 竹间池畔昔经行，蜂蝶逢人弗避生。犹忆老梅红一树，亚枝不向旧窗横。曩迁时，为我叔移去。　巷南元是步兵居，二十年来想象虚。甲申迁出，计今已亥，十六年矣。位置全依当日好，满庭花竹一床书。　岁月堂堂倏已徂，苍然非复旧头颅。同骑竹马儿时伴，今日俱成伟丈夫。

张丹山《浔溪棹歌》：苏门老去赋归与，诗酒流连好隐居。更有姬人筠绿稿，追随唱和乐琴书。潘苏门太守尚仁著《苏门山客诗钞》。其姬人苏始芳，字幼馨，号筠绿居士，著有《筠绿剩稿》。

吕海山故居　在东栅马家港东岸。吕学所居，今归李氏。

梅绾居　明寓贤孙淳所筑别业，今无考。汪《志》按，《蝇须馆诗话》据董说《重阅梅绾居存草》诗首句云“可怜清啸靠湖斋”，谓遗址当问诸水滨。然董诗或即指太湖言之，未可泥也。

范锴《浔溪纪事诗》：渡青飞棹客填门，复社当年韵事存。梅绾居荒人不见，一瓯茶荐为招魂。

寒玉居　在南栅，为诗人闵南仲所居。

董耒《喜闵湘人移居浔上兼示近咏》：三年不抚湘灵瑟，细入江云又几层。岂有穷途埋阮籍，听君鸾啸过孙登。数椽借屋寒于水，一棹移家澹似僧。如此溪山如此句，余生端合老吴兴。

潘尚仁《寄题闵湘人先生故居》：白鸥飞去冷晴沙，陋巷萧条水一涯。休念传经违父志，漫求遗草散人家。空楼自换东风燕，废院谁怜夜雨花。宋玉宅惟居庾信，于今应自锁烟霞。

一天居　在薇林书屋北。

乍浣居　在大宗伯第内，董汉策幼时读书处。

爱莲居　在大宗伯第内爱莲池上。

研北居　在南栅，为居士范颖通著书处。

吉贝居　在北栅，施国祁著书处。

邢典《吉贝主人传为施北研作》：吉贝主人，不知何许人也。人见其居于市肆，佥曰市肆中人，而不知其神游象外也。人见其居市肆，则货吉贝，佥曰货吉贝者，而不知其有至宝，而未尝货也。主人少而读书，长而博洽，老而著述。人见其操不律，注遗编，则又以为持筹计簿，而不知其挥洒无垠。积黄金高如北斗，曾不以是染其一毫也。有知之者，则曰异人；有知而不知者，则曰怪物。而不知非怪非异，固依然市肆中人货吉贝者也。夫吉贝亦世所罕知，非不知其为吉贝，而不知其衣被天下，较之罗纨绮縠，厥功尤巨也。然则主人虽不可知，吾即于吉贝而知之。或曰：吉贝之有功，人知之。主人之有功，则人所未知。然则吉贝主人究不可知，而主人之所以号吉贝，亦不可得而知也。

施国祁《吉贝居暇唱自序》：去南浔之东百里而遥，地沿海，田之高仰者宜木棉，其乡民大半植此。夏种秋收，采积既多，即捆载而易钱于西贾。浔之西百里而近，地多冈阜，为茶、栗、竹木山场，俗少女工，时因其地之所出，亦捆载而易布于东贾。浔市居其中，四乡之人，自农桑外，女工尚焉。推车、蹋弓、纺线、织机，率家有之。村民入市买棉归，诸妇女日业于此，且篝灯相从夜作，亦一月得四十五日工，计日成匹，旋以易棉，蚩蚩续来不已。市之贾，俟新棉出，以钱贸于东之人，委积肆中，高下若霜雪。即有抱布者踵门，较其中幅，以时估之，棉与布交易而退。随有西之人赍钱来，计布值合，则书剂与之，去而钱存焉。姻家盛氏，业此者久，有别肆在北市，收濒湖溇港之饶，事颇繁夥，属余综理之。余久废学，雅不愿领徒教授，而少习朱墨、计然之法，诺其请。伙伴周旋，视其工拙勤惰，为上下食力程功各取裁足。月有要，岁有会，每得余利若干，则题簿而报归之。题簿之暇，间以读书；读书之暇，继以吟咏。肆后有小室，纵广不及二寻，胡床桌椅，可以延客。中有扁题曰“吉贝居”，志本业也。上有小楼，一榻以安身，一几以置研，一笥以藏书，油檠茗碗而外，了无长物。寓坐其间，多即事感兴之作，以导扬俗情。句皆律体，或得数语，或成一篇，辄投之敝簏。己巳寓灾祝融氏，弃不取去。比因检出篇题稍多，略加删订，自丙辰讫癸酉，得五十首。其他有题咏，则别为集。爰命徒辈洁写成帙，遂乞序于诸好友。友人以胡饼师之孤唱，靳之诺，而久不见赠，乃握管自述如此。山谷云：诸弟子惟病俗不可医。奈余作俗人，吟俗诗，阮家布裈所未能免，抑吾行吾素耳。或且谓左氏云：“言之不文，行之不远。”俗情而以文言出之，亦何不可？曰：六十年来，足迹不出里门，一行作贾，欢事去心，素衣化缁，头鬓已白，不过与青裙媪、白足郎为之曹，张打油、胡钉铰为之伍，安得有秀句商声传诸口颊？阅者当于溪桥野店、渔歌村笛中遇之，斯可矣。

又《寓中被灾后市楼初成重到即事》：好修墙屋我言旋，记取移薪曲突边。先检帐符《唐书·宇文融传》须密切，更排吟榻要安便。栽花槛小元无地，得月窗虚尚有天。只为井商语见《清异录》间架重，败侬清兴苦论钱。

叠翠居 在西栅纪家坝，纪庆曾所居。

寿华居 在东栅马家港，温文禾所居。

金锡桂《坐寿华居池上》：复向此间坐，真成濠濮游。元言毕清景，高咏惊沙鸥。拂槛柳丝乱，出波莲叶浮。何当待月上，随意下纶钩。

退庵 在北栅竹篠汇，明高士姚某别墅，今废。汪《志》按，旧志在姚家汇，讹。

借庵 在高晖堂内。

丰草庵 在南栅补船村，董说屏迹著书处。

明董说《题丰草庵》：碧玉藤阴影小庐，磁盆秋水镜红鱼。床头一握崩霜剑，销作清钟伴读书。

又《丰草庵杂兴》：藤阴翠落护花篱，屋角云归度影迟。秦吉了谁听鸟语，磨兜坚又教儿痴。占移枫式还名射，芽摘茶园正展旗。禹篆学成人莫笑，草堂待勒梦乡碑。

又《庵居杂事》：门掩溪南自种蔬，十年不上看山舆。渐遮窗影离盆树，忽乱波纹散子鱼。架借异书签代换，雨蒸旧画轴频舒。日长睡起茶烟冷，蝴蝶花开梦客庐。

又《儿辈重集丰草庵》：昨日困吟役，新歌定懒谐。缓攻五字垒，只斗四声牌。渔给蒸香火，禽衔试茗柴。纸窗团野话，真个隐能偕。

又《题丰草庵书谱》：病来图史喜偏增，竹架玲珑叠数层。有日暂抛缘听雨，他年终舍去为僧。窗中磊磊西山石，阁外垂垂百岁藤。目录编成空自惜，几家传得读书灯。

又《庵居即事》：历乱苔生满药畦，懒将身世算枯蓍。古人不见那须恨，俗客无来自一奇。只为山川增涕泪，可怜风雅又衰危。哀吟坐尽三更雨，《文苑》删成欲寄谁。时成《文苑英华诗略》。

又《自题丰草庵群碎录》：岁月频仍叠纸繁，南村碎事入清言。忧愁压倒孟东野，山水平分郦道元。碧篆镌碑装白凤，昔人以白凤名猫。绿蓑冲雨买金萱。石幢拟傍松根竖，一任秋风转绣幡。后四句并记草堂近事。

又《丰草庵新声》：采莲折柳，代极情文。《桃叶》《竹枝》，辞分欢戚。事传丰草，体变新声。天下有情，庶几堕泪。卖得针秧屋后田，采香船是卖书船。谁人解爱杉烟鼎，还许同参丰草禅。　为绣青山买色丝，他年长挂梦乡词。珊瑚一把啼鹃泪，团扇新题落叶诗。　蔷薇影里种红鱼，一尺盆松翠鬣疏。不是旧衣偏称体，为将白苎换新书。　十年魂梦到峨眉，补却王家一段奇。右军思游峨眉，与友人帖云：若果此缘，一段奇事也。无端唱出新声曲，到处风传徵调悲。

闵南仲《春日杂兴和丰草庵韵》：莜毫秃尽不留尖，砚北犹存三百签。名酒乍斟难取醉，异书频乞未容廉。香因宿雨氤氲远，衣为春寒禁瘁添。正是闲愁无着处，西泠怨句又重拈。　夜读双眸月颖尖，微风瑟瑟响琼签。梦中江海由来阔，纸上兴亡看亦廉。愁欲来时凭酒洗，花当缺处借香添。清狂似我真无赖，那用心宗问白拈。

纪官《潘喜曾养疾庵中余劝持诗戒》：文章为祟不足患，用心无已诚可忧。此地闲冷散愁结，触眼好景慎勿酬。碍檐风尾翠光浮，深深尺草风飕飕。壁间屋漏交青藤，中悬黯黯古佛灯。参差树顶白鸟立，屋背清溪流正急。焚砚瘗笔永夜泣，亦是书生常气习。庵中一事欲语君，执爨老人实姓闻。洪钟雷鼓声大别，十年耳聋渠不分。

董汉策《西平乐·癸巳春叩丰草庵晤西庵师》：大隐高心，全身妙解，闭门似病如愁。举世庖厨，我为麋鹿，长林丰草优游。何用投渊洗耳，只此红尘堆里，江山尽自清幽，相逢听雨西楼。便觉人间可憎，从鹧鸪溪畔判鸿沟。听雨楼、鹧鸪溪皆庵中境。

冰霜澡雪，炎风尽浣，更听秋声，我与为秋。庵有秋声庵。静里石顽成梦，影落寒流。比拟悬崖枯坐，水月同观，醒梦无端总不留。庵有梦石楼潭。黄叶台前，殷勤授《易》，黄叶台在庵中央。此乐如何？别矣梅花，吹送余香，还应许我檥舟。绕庵种梅数十本，名梅花渡，故名。

刘桐《过丰草庵吊董若雨先生》：绝点尘埃百尺楼，行人误认傍山丘。夕阳斜映疏林外，怪鸟低飞古渡头。吟到好诗初落叶，参来小影宛停舟。先生有《舟居听雨图》。从教遁迹空门去，长使高风此地留。

张鑑《过宝云和尚丰草庵》：瓶钵无端付劫尘，重来门巷及萧辰。白衣自合称开士，青史何从传逸民。禅室树深仍度鸟，钓潭秋净不生鳞。西风吹坠昭阳梦，谁为招魂问后身。

张镇《过丰草庵有怀董西庵先生》：挂衲逃名去，徒存扬子居。空梁飞旧垒，破壁想遗书。树老阴无几，人稀草不除。几回池上立，落日正踟躇。

沈谦《浔溪杂忆诗》：钴鉧潭边水半浑，丁丁斧恼补船村。可怜丰草庵何在，水市南头试叩门。

纪方虎《丰草庵怀古》：脱却青衫去，归来两鬓华。此身宁有累，斯世竟无家。吟瘦寒梅影，歌残落日斜。西风天地冷，清泪湿袈裟。

纪庆曾《过丰草庵遗址》：冰雪残冬万木枯，阳春才到气潜苏。那知薄暮荒江上，独听林中叫鹧鸪。

陈可升《追和丰草庵即事之作》：炎威喜乍释，夜雨晓还续。天际秋欲来，槐柳滴新绿。俯仰一无事，岂复有羁束。虫鸟适然鸣，兴会颇相触。深言各有怀，情终不附属。落落数亲朋，风窗散棋局。

董志林《漫兴和丰草韵》：水浸楼台月浸床，碧云堆里一茅堂。晓风杨柳怀人句，夜雨棠梨选梦场。落叶有声留野渡，乱鸦无语坐斜阳。生憎酒冷灯残处，敧枕孤舟引恨长。　闲断黄齑啜粥糜，自来怕是合时宜。狂情几弄《渔阳操》，醉眼频摩《幼妇碑》。半刺十年怀不灭，千狐一腋价难移。只今北海知何在，赢得洲前泪满池。

纪磊《过丰草庵》：言寻丰草庵，遂至梦华潭名里。一龛故依然，斯人长已矣。寒声振林木，云影澄潭水。踯躅不能还，小雨湿芒履。

秋声庵 在丰草庵旁。汪《志》按，南潜为僧之后，有漏霜庵之名，盖即此庵所改。

兑庵 沈登瀛筑，在所居之后，与金锡桂读书其中。后锡桂卒，登瀛为治棺殓，即呼锡桂妻子，割兑庵之半以居之。

孙燮《柳桥于屋后别作精舍偕山甫读书其中》：渡彴入深巷，连墙邻旧庐。檐低浑碍帽，地洁好藏书。煮茗儿行汲，栽花客荷锄。最怜高树近，鸦噪五更初。

又《叠前韵赠山甫》：我友金山甫，来居隔水庐。闲还携子课，勤只傍窗书。小传先贤纂，丛编乱草锄。添成新著作，不负此心初。

又《过柳桥精舍拜山甫灵座再登前韵》：谁教弦诵室，孤子此居庐。梦幻疑人世，因缘信佛书。编年诗待订，埋骨地应锄。我邑添流寓，何如孙太初。

又《三叠前韵赠柳桥》：君能怀死友，而与共蘧庐。一纸赁居券，千秋敦俗书。灵床躬措置，乱石手芟锄。足使乡闾式，淳风还太初。

金锡桂《沈柳桥登瀛新葺别业，读书其中，招予同往。孙愈愚有诗见赠，辄和其韵二首》：钟声闻最近，隔水有僧庐。曲折新开径，招邀共读书。学期同志切，人比耦耕锄。暂息奔驰辙，欢然下榻初。　来赴故人约，束装辞敝庐。快然忻一饱，老矣倦佣书。地辟一弓广，花谋三径锄。深情何以报，投分想当初。

纪晴岚故庐 在西栅纪家坝，纪寅所居。

纪寅《敝庐》：漫说溪山等若耶，平田片段接村沙。石桥挂网新鱼市，荻岸飘帘旧酒家。扫室不开惟竹影，遮门迷路有秋花。拟同五柳柴桑宅，岂有尘踪到水涯。

远偏庐 在南栅石澥，张肩所居，傍多栽竹。

范锴《浔溪纪事诗》：澥溪溪上水云居，旧有张肩此读书。日暮天寒美人去，萧萧风竹远偏庐。

许旦复《野行》：浔南烟景足幽居，桑柘阴阴十亩余。欲访高人栖隐处，结庐须傍远偏庐。远偏庐，为张山人肩旧隐处，在石澥。

冬心庐 许旦复寓居。

许旦复《避难返祐村，南浔又被焚烧，斯真一椽之剩矣。我家赁屋冬心庐，恐亦难免》：小劫修罗孰主之，浔川扫荡竟如斯。烽烟不断来朝暮，杀掠频番阅岁时。凶焰难教天遏抑，众生莫仗佛慈悲。廛居万户今何在，瓦砾斜阳蔓草滋。　廿年赁得屋三椽，尚有残书未遽迁。每念堆来倘漏雨，忽惊销尽化寒烟。前时疏懒嗟何及，此日悲啼孰为怜。儿死心伤还未甚，而今心曲痛无边。

董蠡舟《辛丑正月五日，海樵招同刚木、子瑜、景颜小集冬心庐，赋此索和》：开岁倏五日，陶公念吾生。因之接宾侣，提壶聊纵情。抚时适相契，望古心屏营。故人践佳约，肴馨酒复清。参伍无俗客，二三皆良朋。脱略岂拘礼，主宾胥忘形。有客忽兴喟，影事频相振。眷彼花下宴，岁籥俄一更。子香谈及去春拾香草堂看梅雅集故事。又抱存殁感，黄垆怆笛声谓子敦。我云且痛饮，觞至辄复倾。三杯既陶陶，万感咸冥冥。此日贵作达，毋令愧泉明。

我耕庐　在南栅。明黄周星题额，后为潘尚仁所居。

篷窝　在辑里村，温棐忱所居。

温棐忱《篷窝记》：篷窝者何？温山子偃息之所也。窝向南，为户于西，以帷垂之。长可丈八尺，阔九尺，高九尺，背墙而面虚，若傍舟于岸而启其窗之半者，故曰篷窝焉。中间列书橱二，上联于墙，下设醉翁椅一，中虚尺许，通前后出入。前临窗列半几，几前设花梨椅一，可盘膝坐。近户列书架，架前设小椅，壁悬大士像，供紫檀几，列铜樽、香炉、水盂、拄杖、蒲团。后列书架一，木榻一，榻依于架，可卧而观书。榻前布长几，具研墨、觚翰、茗碗、棋局。温山子日坐卧其中，不迷武陵之花，不棹剡溪之雪，不嗅晚浦之莲，不泛牛渚之月，云天共其溶溶，鱼鸟同其泼泼，自谓虽千乘之尊，不若一窝之适矣。三五之夕，窗外古桂一枝，扶疏帘影，如展素屏十二。观文与可墨竹，清泠可爱，此又扁舟一篷所未得有者也。昔明有裴民庭者，江湖士也。自号一篷，而安乐则康节之窝也。予乌知拟古，取其似者云尔。若谓予兼而有之，则愧甚。

潘隐君草堂　元末潘公颖寓居，今无考。

明虞堪《寄南浔潘隐君草堂》：湖头隐居好，竹树日萧森。对酒花当面，焚香鹤在阴。青山应似旧，歧路只如今。潘令思吾否，高情足漫吟。

又《访潘公颖浔南隐居》：去岁途逢岁欲徂，今年岁晚访浔隅。头颅未老心还一作先折，世路多艰事屡殊。知子淮南思桂树，愁予剑北问桑株。闲情廿载浑依旧，却笑虞翻走畏途。汪《志》按，堪字克用，一字胜伯，自号玉屏山小樵，家长洲，洪武中云南府学教授。著《鼓枻稿》一卷，一本作《虞山人诗》三卷。《鼓枻稿》作潘公隐，《虞山人诗》作潘公颖。又有《送潘公隐还越上将葬乃父子素翁》诗，则二本皆作"颖"字。其作"公隐"者，盖以"隐君""隐居"等字音相近而致误也。考潘子素名纯，淮南人，见《敦交集》。据此诗"淮南、剑北"一联，盖子素自淮南徙越，公颖自越徙浔也。堪先世本蜀人，故有"剑北"之句。

琴堂　在南栅华氏小桃源园中，其地跫然有声，故名。

致觉堂　在南栅广惠桥西。明张鉊所筑。

清美堂 在东栅马家港，即朱国祯少师第。按，《费恭庵日记》：朱佑明买董氏宅，既改造，邀金太傅之俊留饮。金归，云在一大货船中饮数日耳。问故，云：浪，船亦有一匾。朱闻之，大恶。适其甥韦甲买朱相国家“清美堂”匾，董思翁笔，即以送佑明，挂堂中。逆书案起，板上有“清美堂”三字，朱遂籍没。汪《志》云：其屋移建杭州敷文书院。

纪远《清美堂看梅》：寂历萧斋昼杜门，探梅聊复此闲行。南宗句法推和靖，旧相风流忆广平。昔日卷帘通乳燕，今朝掩卷听流莺。春深无复闲题咏，绿野堂前感慨并。

高晖堂 在南栅新开河，明董斯张、董说父子所居。

董斯张《高晖堂前燕》：土巢啾啾声，妪一四其子。客言此闽喉，象胥不可理。燕问客何言，汝答恐无以。昨到碧眼僧，亲渡流沙水。卷舌宣清梵，渔童笑不止。神圣亮斯传，语亦骈枝耳。木与石何情，点头而东指。人鸟两寂寥，五柳琴鸣矣。

纪官《集高晖堂》：何必停云远寄词，寓公萍集慰相思。无分主客挥毫健，自有门庭觅句奇。文出定然评绣虎，诗成不俟听黄鹂。饮同避暑人休讶，取友亲师却在兹。

董蠡舟《浔溪棹歌》：高晖堂北涨掩蓝，兴福桥西是借庵。不见苦吟瘦居士，双双樯燕诉詀諵。《静啸斋存草》有《高晖堂前燕》诗。

漆镜堂 在高晖堂旁，董斯张所筑，得唐时漆镜，因名。

明董说《漆镜堂杂兴》：重拈瑞草表茶魁，杜牧之诗“茶称瑞草魁”。石臼敲残午梦回。王子券收新便了，董生行续古嗟哉。王褒《僮约》奴名便了，韩退之作《嗟哉董生行》，为董召南悼不遇也。篆萦奇体笔垂露，琴斫名工样学雷。文稿不须还作家，撚成纸烛看飞灰。

张鑑《浔溪棹歌》：漆镜堂前落叶稀，梦华潭口夕阳微。漏霜乐府谁能续，无赖刍尼接翅飞。董若雨家筑漆镜堂，屋上常有灵鹊，人以是异之。

雁影堂 在丰草庵中。

明董说《八月离补船村题雁影堂西壁》：西风寄语碧菰蒲，休把忘情罪野夫。秋水已题茅屋榜，夕阳待补板桥图。危楼此去看霜雁，破艇重来熟浪凫。珍重溪光自矜惜，洞庭两点一村孤。

夏为堂 在东栅马家港，为寓贤黄周星隐居。周星又曾寓董氏屋，有《董庑吟》。

渭云堂 在东栅下塘，董氏所筑。

董汉策《壬寅灯夜同人集渭云堂漫赋》：春星万点照书堂，玉树含辉尽夜光。影浸明楼人月静，风来水馆梦华香。素心喧寂同天籁，红友参差送羽觞。醉国桃源接壤在，诸君从此问羲皇。

乐志堂 在东栅皇御河，工部侍郎范璨所筑，恭奉御赐“松岩乐志”匾，故名。

董襄《人日集范野蘋乐志堂即席次令兄澹人原韵壬戌》：小饮及佳辰，天街雨洗尘。是日大雨。诗题人日旧，宴启草堂新。酒垒分兄弟，座上惟范氏昆仲及余兄弟三人。骚坛角主宾。梅花残欲落，吾计正愁春。

宝诒堂 在北栅外李家河，孙氏所居。

袁士达《经浔溪过孙电旸村舍话旧》：茅屋曾无百里赊，为君雅爱滞归槎。身逢故国犹为客，地较他乡已是家。西陇稻香肥紫蟹，东篱霜冷绽黄花。杯深转觉心添绪，分手溪桥月又斜。

纪复亨《至孙绍武家看牡丹》：一棹延缘就牡丹，到来秾艳怅凋残。转思昨日颠风急，知向高台特地寒。斜曳纤裳愁故苑，半攲丛佩倚危栏。明年早办看花眼，醉倒枝头赤玉盘。

夏耀曾《丙申春暮宝诒堂孙宅看牡丹》：一度寻春一黯伤，素衣愁对百花王。骊戎兜率描摹别，先大父诗有“骊戎国内浑无色，兜率天边别有香”之句。丽日晴风韵格香。先节母诗有“红迎丽日朝酣酒，笑倚晴风暖送香”之句。两世新诗成古迹，廿年旧路认斜阳。羡他无恙梁间燕，长伴名花话草堂。

又《看花次日偕董大鸣虞、华四衷周重过宝诒堂评鉴壁间题咏，仍叠前韵以示同人兼赠主人孙丈》：为爱名花重枉步，相携词客尽韦王。红颜倾国无惭色，藻句掞天亦自香。十亩桑麻成小隐，三千翠黛拥昭阳。天津桥畔新诗社，收拾春风遍草堂。

溪上草堂 明董份筑，今无考。汪《志》按，或云即莲漪草堂。

明董份《草堂新成适子睿过偶作》：家住浔溪绿水隈，临风新筑读书台。应门只有双黄鹤，惟许幽人日往来。

又《溪上草堂》：碧溪深处绝尘喧，自汲清流日灌园。却笑渔船长共到，不知是否比桃源。

莲漪草堂 在东栅莲溪上，亦称莲溪草堂。董汉策所居，后归金氏，更名莲溪书屋。汪曰桢尝赁居于此，时修辑《镇志》，并取近人未刻之文录存，题曰《莲漪文钞》，志其地也。

董良弼《感怀有序》：予有祖父所遗莲溪草堂，境颇幽静，予兄弟同居。门外古槐如绘，前临方池，芙蕖擢秀。每于晚风晓月，清香扑鼻，乐何如之。予于己酉自京旋里，已售与他姓。海燕来归，旧巢已失，付之浩叹而已。　多年混迹类鱼盐，回味何曾似蜜甜。寻垒燕思归折栋，夺巢鸠喜唤当檐。桃花泛水从兹去，柳絮随风著处黏。三径关心今已矣，决疑奚用卜灵签。　门墙槐荫似虬松，回首何堪叹莫容。试到习池终姓易，难归赵璧本才庸。兄酬弟劝豪情洽，月下灯前絮语喁。昔景依然空涉想，碧荷香散露华浓。

金大鲲《莲溪书屋先大父读书处也，长夏小憩，慨然有作》：门外藕花香，门内书声起。邻媪为余言，宵深犹如此。谁是绳武人，而忘三味旨。吴江两周公，两清华先生。苕水一凌子。备人先生。于兹结文坛，相与讨诗史。荏苒百年间，双桂犹存耳。

完璞堂 董氏故居，今无考。

闵南仲《今夕良宴会行呈陶子静兼简同席并序》：陶与李两君者，越中之快士，而芝翁之旧好也。挥金结客，买丝何必绣平原；垂手援人，穷鸟底须投季布。客秋九月，来访董师，董师投辖以留宾，客子凌冬而度腊。献岁元夕前四夜，子静爱玩白雪，追踪兔园，未遇烧灯之期，先作传柑之宴。庭多胜友，尽浔上之名流；坐鲜杂宾，半胶西之俊士。顾余无似，亦厕宾筵。饫熊之珍羞别出，南烹北馔；羽商之逸调新翻，豪竹哀丝。主人情重，极意娱宾。远至嘉禾，探寻烟火，惊彩绝艳，骇目欣心。加以爆竹流星，银花火树，既弥缝其罅漏，遂绍续其始终。飞觥浮白，月尽更阑。斯筵雅畅清欢，今夕可为彦会。苟无新什，遗笑前人。因与书田约，各为诗歌，以纪其胜。不揣蹇浅，意欲贻诸后来，数千百年外，亦足为交友中一段佳话也。即夕扶醉题于完璞堂之东偏。　玉堂投辖留亲串，远主传柑启良宴。雪片犹堆鸳瓦平，雨丝旋洒苔墙遍。长沙后裔剧英贤，陇右云孙仍俊彦。嘉客重逢邺下才，璧人亲见河阳面。主人情重欲娱宾，银花火树何缤纷。宝镜晶莹搏白鹊，珠环照耀出青麟。黄金塔现空中雾，碧玉楼看海上尘。柳绵棠雪春争艳，月晕星流天更新。主人娱宾情未足，纵金伐鼓吹燕谷。蜀弦嘹呖响轻冰，湘管幽鸣戛哀玉。郑子能为窈眇音，周郎解顾凄清曲。季伦金谷擅风流，逸少兰亭乏丝竹。仲叔萧条类仲宣，酒寒灯背耸吟肩。破帽青衫随遇适，朱鞋葛屦信天缘。悲歌激越觥筹外，侠气纵横案席前。书成茧纸蝇头字，乞与辽阳鹤返年。

宝庆堂 在辑里村，明温清乐所筑。

屏山草堂 在辑里村，温氏宝庆堂之东南隅。

温棐忱《屏山草堂记》：吾始祖清乐公于宝庆堂之东南隅作堂。堂下双松，相传明以前物。其堂或因树而建，然不可考矣。双松之下，垒石成山，为石梁，为溪涧，有奕棋之亭，有夕照之轩，今皆颓废，而石台余址尚存。盖吾始祖于洪武三年由长兴迁居于此，传至吾祖，已二百余年矣。山故多奇峰怪石，吾祖殁，为好事者移去。巉岩突兀之观，今所存者，十之二三而已矣。堂向无扁额，吾父葺新之。而吾师严逸山先生适来是堂，曰："是不可以无额。"题曰"屏山草堂"。棐忱请其义，曰："子之尊人，少负经纶，慨然有天下为己任之志，每以家相之。为政七年，遭时多故，谤议丛兴，思出而补其所不逮，是岂山中之人哉？顾遽遇沧桑之变，杜门绝迹三十余年。同时号为逸民者，或以怵迫而趋西东，而尊君抱其孤贞，以道自尊，乡邦望之，如泰山乔岳然，可望而不可即，其为屏也远矣，名之以屏山固宜。”棐忱曰：“敢拜先生之赐。”因请徐公树丕题其楹，退而记之。系之以诗曰：亭亭双松，吾祖树之。贻吾孙子，百世之思。奕奕屏山，吾师命之。赠吾大人，而非谀词。高不在山，屏不在藩。彼捷而径，有靦其颜，而何足与言。

贞石堂　在辑里村，明温璜所居。

温棐忱《贞石堂记》节录：贞石堂者，先司理伯宝忠先生之堂也。东向面田，筑墙为蔽，隙其中望远，启北户以通出入。由堂而进，有亭，其深如堂，广半之，旁植兰桂，萧疏可爱。康熙间，兄天璧窘于官负，折售以偿，到今十五年矣。棐枕于是追忆之，为记曰：予儿时于岁首拜公遗像，因得瞻仰所谓贞石堂者。后读公母陆孺人传，公三岁而孤，所遗仅一室。孺人奉其姑，设床褥其中，则公之先固未尝有堂也。后孺人以贞节旌，公建是堂，颜之曰“贞石”。盖公初名以介，字于石，介石贞吉，常目在兹，此堂所以志也。公年五十九，中崇祯癸未进士，授徽州府推官。未逾年而旧京陷，同其乡大夫金声提一旅以捍孤城，力竭死之。距公之读书于斯堂也，不二十年，而公之志毕矣。公之死也，先杀其夫人与女而自刎，题其带曰：“世受国恩，一死以报。”方是时，全躯保妻子之臣累累矣，而公以藐焉孤臣，誓死靡他。于是，公之名重天下。公殁，而其门人故旧辑公遗稿梓之。《贞石堂集》出，海内慕公之节，读公之文，而后知公之介节不移本之学问，而非出于一时慷慨激烈之为者。于是世之学士大夫重公之文，而贞石堂之名亦重于天下。呜呼！公之大节在宇宙，行谊在文章，虽与日月争光可也，而何与于斯堂之有无？独予以宗门后裔，自幼即知敬慕公，而仰公之遗型，如接音徽于斯堂。今一过之，而畴昔周行术径，已不可辨，不能不为之慨然而兴叹，因记之。

乐天堂　无考。

纪远《二月小尽饮乐天堂紫牡丹花前漫赋》：花王殿春春欲老，眼明暂得抒愁抱。主人情重为开樽，如泉不惜客倾倒。花枝照酒能几时，明日看花迹如扫。天公似会惜花意，略着轻阴花更好。寄声蜂蝶莫相寻，我欲抽毫纵幽讨。人间未有簪花人，一抹遥情向谁道。香分色借已陈陈，愧我笔难穿鲁缟。

怡颜堂　在南栅，孙燮所居。

董蠡舟《九月七日雨中，吕扬招同春治丈许曙卿、沈金坡登瀛、纪石斋磊、丁子香桂、汪刚木曰桢及哲嗣斯咏小集怡颜堂》：佳辰迫重九，良朋有嘉招。鱼笺屡促召，雀舫复见邀。偶值风雨会，将毋悭吝嘲。入座无俗客，团盖咸硕交。主人文章伯，长输驾天涛。安昌老经师，颓龄学弥劭。高文继八咏，外累捐一瓢。纪瞻江左俊，丁度列仙曹。孙郎及汪子，才富年方韶。清谈各娓娓，元箸何超超。伊予厕其间，眇若牛一毛。俯饮醉醽醁，仰和惭弦匏。雅材歌德饱，蒙叟言意消。聊赓伐木篇，抚事托长谣。

孙燮《九月七日招张秋水先生鑑、许海樵旦复、董铸范蠡舟、沈柳桥登瀛、纪石斋磊、丁子香桂、汪谢城曰桢草堂小集，铸范有诗，予亦和作》：闭门时序迁，故人久不见。商量折柬招，草堂作欢宴。是时近重九，秋天风雨战。扁舟载客来，一半衣裳溅。年推张苍高，情重汪伦眷。考古隐侯博，谈经叔重擅。少瑜六朝良，敬礼三国彦。峨峨董夫子，顾盼目如电。阳春发高唱，四座皆称善。伐木求友生，蟋蟀感岁宴。一聆君子谣，未免后时叹。申章报嘉惠，聊以抒缱绻。明年樱笋时，预约春光饯。

纪磊《吊怡颜室即孙愈愚先生故居》：不积黄金只积书，当年心计未全疏。岂知转眼成灰烬，书比黄金更不如。

礼耕堂 在楚芳桥南，施国祁所居，今归蒋氏。

范登《过施北研礼耕堂值杨秋室邢书城至□□□舟溪南作》：咫尺溪南路，还同访故人。潆洄仍鼓棹，怅望忽迷津。渔唱中流晚，梅开小院春。清谈逢二妙，握手倍情亲。

施国祁《春夜归省》：何须服贾驾车轺，归省从容即此宵。扶路暖风春寂寂，伴人明月影萧萧。牛鸣远道无三里，犬吠长街有十条。盼得梳行将近处，旧家曾在醋坊桥。《癸辛杂识》："先祖侨居吴兴，虽食醋，必市于官。一日与客持螯，醯味颇异，问之，则乳母所为，以备不时之需者，遂亟弃之，曰：毕竟是官司禁物。"《乌青文献》："宋末，酒醋税务兼收两镇税课。元大德间，各归所属，乌镇属湖州，移在南浔，止管税课、酒课。"案，二书所云故镇之中市有名务前者，吾里中必有醋坊，此桥以是得名。余家尚在桥南数十步。

又《除夕归家感事题壁》：无那光阴懮儸催，蹉跎小效事难裁。代庖越俎元非分，赠策临行也欠才。老画欧阳斋杵梦，年分利市蜡灯灰。婆娑账籍封还罢，拂袖且歌归去来。

西芬草堂 在东栅洗粉兜，姚景熹所居。

拾香草堂 温曰鑑所筑。

孙燮《消寒第一集拾香草堂对雪用东坡聚星堂韵》：一弟长年坐斗叶，一弟清歌擅白雪。安排酒盏召吟宾，此事应让阿兄绝。是时雪后天气晴，竹树全封梅压折。诗坛白战鏖心兵，要使泥鸿爪不灭。人生胜会不可常，岁暮那容蛇尾掣。披帷卷地朔风来，吹得绿醽生皱缬。文章原不管穷通，嗫嚅媚人吾岂屑。明朝见晛雪全消，富贵浮云等飘瞥。世人半是岭南犬，群吠声中君莫说。热闹能存冰雪肠，如君洵是铮铮铁。

董蠡舟《三月三日偕刚木过霁华拾香草堂看梅，相交三载花时从未相造，也用东坡点灯会客韵索和》：禁瘁余寒二月天，连朝风日失暄妍。刚逢河渚探春候，同放山阴乘兴船。认我游踪开一帧，君有《邓尉探梅图》。泥人香梦阅三年。花前共展新编读，布广前闻继道元。君方撰《魏书地形志集释》。

又《用前韵呈秋水丈并约同往看梅霁华豪饮故有六句》：冬岭苍松独得天，文章晚岁更雄妍。亡书何止记三箧，赁舍那须牵一船。幸接同舟李元礼，好寻着械石延年。偕来玉照题新句，格律偷应许老元。

温曰鑑《春雨喜陈辛彝经至》：久阙跫然喜，空阶上绿苔。桃花春水涨，细雨暮帆来。古剑千金佩，清樽一笑开。好将新卷帙，秉烛互相裁。

杨凤苞《同陈生经过温氏拾香草堂看荷包牡丹》：昨夜东风昨夜寒，渐舒宫缬小红攒。一帘晓雨如尘细，也报春光到牡丹。　三寸青罗一捻红，花瓷窠石映玲珑。从教洛下添名种，定入欧家小谱中。　弗弗轻绡蹙细纹，东君未倩麝兰熏。玉人插伴钗头燕，不共罗囊系绣裙。　半春幽恨为谁缄，细朵如亲女手掺。名借香缨宜杂佩，芳时空负鼠姑衔。

深柳读书堂　在西栅吊桥内，即吴岩爱日轩故址，沈登瀛所筑。

许旦复《沈柳桥所建深柳读书堂火中无恙，此向日友朋谈宴之所也，喜甚为赋此章》：作屋诒谋德务滋，郁攸那得横加之。三槐堂岂王公比，五柳宅还陶令遗。砚北勘书参大笔，花南款客把清卮。廿年前是追游地，历劫仍留差是奇。

又《沈柳桥家深柳读书堂竟被焚去，昔时樽俎雅集之所何堪设想》：雅集华堂忆昔年，主人一去渺重泉。频经烽火仍无恙，或是神灵默有权。厄到终难逃劫数，客来凄断对寒烟。丹黄千卷还留得，赖是儿孙计早迁。

三径草堂　蒋氏所居，今无考。

施国祁《丙子春寓读蒋也庵三径草堂即事》：无缘祠禄放翁与分司香山，老大羞颜作馆师。今夜宿来三径里，真成第一破题儿。　芳梅落后杏梨娇，不分窥园破寂寥。却听檐端春鹊语，忽惊明日是花朝。　执经隅坐尽前头，竹马童心且罢休。莫倚韦家思旧语，小年逃学惯登楼。

微笑堂　无考。按，此堂无寺庙可隶，姑列于此。

纪远《寒食后同文若蕙如过微笑堂访晋幢上人》：禁烟已过觉红稀，访旧寻春去较迟。犹有桃花三四朵，老僧指点说开时。

九友堂　在南栅育婴堂内，同治癸酉，汪曰桢等九人醵资所建。前临方池，杂莳荷芰。两岸绿柳垂条，颇饶幽趣。

汪曰桢《九友堂记》文见《碑刻》。

徐有珂《九友堂后记》文载《集文》。

蒋锡礽《九友堂歌仿吴梅村〈画中九友歌〉体》：广文先生天人流，一官冷署贫无忧。左图右史经术优，才高运蹇人不尤。汪曰桢。伯伦豪气凌沧洲，慷慨好义人依刘。荐书频向怀中投，有时骑鹤扬州游。刘镛。谁其继之公艺俦，同居九世无相仇。宅心仁厚情夷犹，汉阴丈人忘机谋。张颂贤。仁山讲学垂千秋，外实相似中藏幽。好施乐善传乡陬，情推族党咸歌讴。金桐。顾曲乃有江东周，真书直与真卿侔。图书金石供藏搜，性耽风雅笔力遒。周昌富。鹿门旧德迎前修，才如剥茧同丝抽。计然有策工持筹，不愿车前拥八驺。庞云鏳。灵鞠后人群推邱，高卧元龙百尺楼。杜门不出居无愁，江湖放浪随闲鸥。邱炳咸。丹青独绝推虎头，太原公子衣裼裘。一鞭走马还击球，能将道路开骅骝。顾寿松。子文结侣推羊求，开樽北海互唱酬。诗书满腹怀奇猷，群贤毕至符九畴。蒋堂。

蒋锡纶《浔溪竹枝词》：新筑三椽好纳凉，沿池四面种垂杨。荷花开后添香韵，消夏争传九友堂。

凤梧堂　在南栅广惠宫右，府城隍庙后。镇绅以庙中余地，建堂三楹，为集议地方公事之所。光绪二十一年，创设团防局，即驻此堂办公。

赵氏溪楼　在西栅务前。明赵金、赵隽祖孙所居。

明董份《秋日过宴心山楼上》：幸有王孙宅，宁无东郭游。融尊赖常满，陈辖判须投。高阁景难暝，疏林色易秋。小山饶桂树，自是得淹留。

明王叔承《赴莲池宏上人讲筵辄同宋宗献僧行悫过访赵长文溪楼即事》：斋余寻胜侣，尘市即沧洲。少喜千秋业，贫嫌七贵游。野航莲社约，村醑药钱留。满眼驱田舍，那堪百尺楼。

纪磊《赵心山故居》：市楼临水称幽闲，一室婆娑只闭关。闻道文刘结诗社，不曾招得赵心山。

和云楼　明董份馆李乐于此，今无考。

太清楼　在大宗伯第西，明董嗣昕读书处。

抱冬楼　在南栅广惠桥西，明张光治读书处。

晓寒楼　在丰草庵中。董说梦至石楼，有七字篆牌云“七十二峰生晓寒”，因名。后纪磊亦有晓寒楼，今无考。

董说《读书晓寒楼上》：崎岖待来哲，秋泪砚中滴。飞尽潇湘云，叶脱四山寂。古人不著书，当年空戚戚。悬心百世下，朽骨求良觌。

听雨楼 在丰草庵西。

且住楼 在莲溪上，闵南仲寓居。

董师植《沁园春·闵耐庵自豫章归，新僦小楼，颜曰“且住”，赋歌索和，倚韵答之》：鲁国苗裔，胶西孙子，在雁行间。但轩渠遐举，英风蔽月，萧闲自好，落魄深山。君且幽居，我能乘兴，掉臂游行把钓竿。晴帘外，任江鱼潜跃，舞鹤盘桓。 无心斜倚东阑。看几点、飞花且放颜。怪吟肩高耸，神寒骨瘦，霜岩徒步，暮去朝还。白昼摊钱，良宵醵饮，风雨飘摇不掩关。莲溪上，有绿荷红芰，尽可言欢。

霏青楼 在南栅广惠桥东，董思读书处。

董衡《九日风雨夜集霏青楼分韵得九字》：湿雾暗高空，登临一何有。雨深树欲兼，云重山疑九。意冷半因秋，心顽全付酒。岂惟陶令然，不醉非吾友。

倚鹤楼 在藤语轩南。

影山楼 在白雪斋中，董汉策所筑，楼前有影山径。

董汉策《影山径》：此地无山，而余性喜山，甚以云为山。玩其横侧峰岭，号为影山，故径曰影山径，楼曰影山楼。冰阑斜倚月，墙角白云虚。磴幻通天室，风清埽石居。回辕无俗客，送橘有剡书。澄目景何尽，烟峦得自如。

又《影山楼》：似有如无天半岭，非耶是耶云中人。高悬帐里梦乡印，轻移空中蜃楼春。芙蓉仙阙雨余失，麟凤奇峰晓色新。坐揽千山万山趣，历游洲岛且休论。

夕佳楼 董汉策馆张道岸于此，今无考。

张道岸《浔上夕佳楼奉赠秋江道兄有序》：吾友杨子天益，菰中隽士也。身兼三绝，风度蔼然，置之晋人中，当与阮、嵇称伯仲。一日晤眉仙席次，请更字于余。余曰：“仰挹清范，秋江其可乎？”问何义，而曰：“君不见江自巫峡来，其流远矣。水至秋而澄，其气深矣。深且远，非山水之最胜乎？况君以秋水为神，涵虚澹宕，舍此，其安所取耶？”爰赋短章，以推雅尚云：“杨子凌云器，超然不可疏。清风融物累，真气入黄初。木落山容见，波平帆影徐。坦怀歌尔汝，静对若凭虚。”辛亥三月，七十二峰樵张道岸悬渡，时年已四百二十甲子矣。

九宜楼 在莲漪草堂西，董炌读书处。

董汉策《九宜楼即事》：万言薄有缥囊恨，一剑当空日影寒。雨过残灯供夜读，清宵常抱阵图看。 宜风宜雪更宜秋，酒送清欢月挂愁。窗里吟声飞绿玉，人间即此采真游。

又《九日同温苍来九宜楼小饮》：灏气潆折凉云天，宜秋宜醉看苍烟。酒枪梦垒真儿戏，诗瓢拇阵还逌然。人情争学马蹄疾，道怀终与冰渊传。同君一笑横今古，杞菊澹永堪参玄。

董炌《九月既望与经远弟小饮九宜楼》：闲居了无事，逍遥坐南窗。酌酒招吾弟，相与话羲皇。断墙吐明月，皎洁生寒光。天宇若昼明，零露垂筼筜。下阶蹋花影，残桂留微香。苔间扫落英，收拾充枕囊。喜伊不趋炎，傲骨甘清凉。醉余思煮茗，顽童入梦乡。相对两忘言，四壁啼寒蛩。

董耀《题竹隐兄九宜楼次兄韵》：生成傲骨世情疏，深掩柴关独寤歌。松罩小楼秋意好，竹摇荒径夜声多。读书攲枕听儿子，把钓乘舟入芰荷。便可此间长避俗，襟怀澹荡乐如何。

董熜《九宜楼杂咏》：旧插五株柳，今栽百本桑。尚堪供啸咏，春草满池塘。　书积高连屋，春深绿满庭。上阶铺碧藓，昨夜雨冥冥。　元龙楼百尺，贞白阁三层。卧起浮云尽，南山见一棱。　疏竹漏初日，高松聚晚风。地偏无客扰，抱膝故书中。

董调元《九宜楼晚眺》：环绕有洄溪，层楼耸岸西。槐阴归鸟倦，暂寄一枝栖。

董肇镄《九宜楼白皮松》：虬姿只合倚天根，移种书堂比德邻。旧物百年思手泽，霜皮十丈见龙鳞。阴迷羲魄长疑雨，翠挹湖山不为春。莫羡向荣凡草木，知君自抱岁寒真。

又《美人峰石》：石骨偏呈窈窕容，巫山顶上最奇峰。天边蜀道真难上，梦里襄王岂易逢。花影乍涵红颊润，苔痕初长绿鬟浓。藤萝莫怪多蒙绕，只恐还飞云雨踪。

青霞楼　在莲漪草堂东，董耀读书处。

谢洲《青霞楼读书歌为董经远赋》：青霞之楼莲溪侧，董君读书楼上头。朝朝不待晨曦出，一编在手揩双眸。夜夜听尽更漏永，孤灯黯淡吟不休。时而千花错绮绣，春光烂漫楼前浮。时而奇峰四罗列，夏云万叠天边稠。时而皓月到床前，清辉如洗长天秋。时而照案雪三尺，寒风凛冽岁已周。四时日月任宾送，惟有牙签万轴勤钻搜。我因问董君，读书有得不？古来四库浩烟海，滋味只有遗经修。务弃琐碎置不道，但使义理心相谋。不然手披目览徒自苦，到头只作书中囚。董君领此意，日向周孔求。涵养久愈熟，盎盎天机流。忽然长啸万籁寂，突兀乾坤一小楼。

董师植《青霞楼秋夜玩月》：风扫闲云净，霜争皓月明。坐深人静后，鹤唳一江声。

橘香楼　在西芬草堂内。姚景熹童时，植橘一株。越数十年，而硕大繁衍，味甚甘美，人咸以为寿征，因颜其楼。

百尺楼　一在洗粉兜姚氏园中。一在花园巷，明庄允城子廷钺所筑。庄氏籍没，为董绍闻所得，称董园，又名南楼。今并废。

严定越《集百尺楼看牡丹红紫二种分得风字》：洛下名园竞百丛，翠帏初卷日融融。香生锦绣开金谷，客抱璠玙系玉骢。一片紫凝珠箔外，万层霞吐画栏中。新题乐府红儿按，倾倒仙株醉晚风。庆云按，严定越即庄廷钺变名。

董恂《浔溪棹歌》：溪南旧日好楼台，百尺楼高近已颓。犹有奇峰留草莽，夜深相送月光来。家绍闻园中有百尺楼，即南浔十景之“南楼春晓”也。又有明月峰。

心远楼　董煜所居，今无考。

董懋昭《题麟绂弟卧楼》：低低心远只三间，两面窗通燕往还。晚霁遥天青一抹，卷帘认得洞庭山。

竹筠楼　闵南仲所居，今无考。

闵南仲《癸酉重五竹筠楼小饮联句》：座分主客占题先，沈芥舟。雨洗今朝越样天。淡沱云鳞如罨画，闵石渔。悠扬风绪足流连。一时文酒当开宴，俞逸人。两个诗翁愿执鞭。艾虎上头威自伏，沈。绒蛇结字气先颠。手搓梅子吴香嫩，闵。心沁兰房楚些怜。梁燕归来符满室，俞。介龙歌去笔如椽。丝堪续命灵均活，沈。草解宜男叔向仙。系臂守宫红玉软，闵。涂唇蟾墨黑晶妍。醉应卜昼催开瓮，俞。吟约连床教叠肩。菖节刻人巢外老，沈。蒲牙抽剑镜中悬。吸花锦脆看蛛网，闵。映水帘疏透蜡烟。指动得尝西子舌，俞。胁奇谁浴晋侯骈。鸳鸯被外飞鸂鶒，沈。薜荔墙边识蕙荃。细捣兴渠调石首，闵。重磨义甲拨冰弦。霞窗梦想蕉遮屋，俞。萍沼雷轰蛤吠田。地腊埋愁须九地，闵。天中飞恨上三天。隔墙榴火烧红焰，俞。贴岸荷珠照碧鲜。蜜父登筵霜落齿，闵。蜡兄惊座涧流涎。红黄满泛朱砂酮，俞。缥绿轻煎翡翠泉。新笋半拳欺紫蕨，闵。疏杨几抱荫元蝉。泪流不尽怀沙水，俞。虹闪长留化剑渊。送老琴尊聊已矣，闵。忘忧书画且终焉。长空漠漠天如笠，俞。小牖矬矬屋似船。竟夕淹留珍瘦沈，闵。毕生摹仿愧寒虔。拟撑落日千山左，俞。誓砥狂澜万渚前。但得风流通气分，莫论负乘莫论年。闵。

风雨楼　在西栅纪家坝，纪磊所居。毁于兵燹，近重建，改曰梅花居。

许旦复《石斋风雨楼竟尔被焚，此向时诸故友昕夕聚谈之所也。庭前红白二梅已历卅载。墙外梧桐一株，予与主人从洞庭山移来，今亦高与楼齐矣。乃俱为火灼死，即物感怀成诗二首》：世间难得此高楼，李郭豪华忆昔游。青草每嗟同辈少，白头还有故人留。亭亭梅老双株秀，郁郁桐阴百尺幽。今日重来焦土恨，何从索酒复相酬。

劫火昆明历几回，望中楼阁尚崔巍。错疑天幸能逃厄，谁道途穷复此灾。书策他移还剩几，妻孥望断重归来。榜成风雨真成谶，四宇空空乱瓦堆。

望晖楼　在西栅外九里桥南村民心寺，僧慧澄所建。环植梅花，颇饶幽趣。今废。

梦好楼 董铸范所居，今无考。

张鑑《梦好楼记》：《周官》太卜掌三梦，而《列子》六候与经不异，三曰思，五曰喜。其为气淫于藏，则有余于内不足于外者一也。里中有沉默之士，曰董子铸范，读书志古，不慕荣禄，于书靡不窥，而犹病其藏家之少、阅市之浅，颜其所居之楼曰“梦好”。棐几竹榻，百城南面，以寄其深爱笃嗜之思，俾同志者为之歌咏焉，而属余记之。鑑因而告之曰：“如此者，非所谓有余于内不足于外者耶？吾观世之乐狗马声色者，非仅侪夫狗马声色已也，必将有取于韩卢宋鹊，追风蹑影，羞花沉鱼，虽不得，亦形诸梦以为快。则子于书，亦岂村塾兔园册之所能锢，又岂《七录》《四部》之所能饫？其求则吾将由子之梦以窥子心矣。今夫经至赜矣，自宋欧阳氏信奝然日本古文之说，而后之托安国《孝经》，以暨毛渐《三坟》、丰坊《鲁诗》，不一也。以子之梦，其必拨灰缩粕，神游域外，必将有远驾乎！皇侃《论语义疏》、《七经孟子考文》之足贵不大快欤？史至淆矣，自曾巩、刘恕校秘阁诸史之阙，而后之补逸《汉书》，广搜十八家晋史，以暨重编季汉，更修西魏，不一也。以子之梦，其必推幽凿险，心越恒蹊，必将有亲获乎？谢承《后汉书》、路振《九国志》之完美，不大快欤？子与集又至纷矣。自庾仲容子《史钞》、沈约《袖中记》之书失传，而后之破佛髻、掘智井，以暨补缀，《北堂书钞》摭拾晏元献《类要》不一也。以子之梦，其必搴翠集腋，察尽豪末，必将有遍及乎？《文思博要》《韵海镜源》《修文殿御览》之间见侧出，不大快欤！昔郑人之言梦，一以为真，一以为假。今吾且以子之梦未必假，而余昔之遇未必非梦也。曩在琅嬛仙馆，曾梦见夫鹿矣。校文澜阁未收之书，得百有数十种，中如魏了翁《礼记要义》、张洽《春秋集传》、杨仲良《宋通鉴长编纪事本末》、史炤《通鉴释文》、萧吉《五行大义》、王象之《舆地纪胜》、钱沨《回溪史韵》、杨銁《增广钟鼎篆韵》，皆非世所经见，为皇清五阁所未掌录，心欲钞其副而苦无力。然则余之校不过一梦，而子今之梦，又焉知不为得郑人之鹿者耶？长水朱氏之撰《经义考》也，仿《开元释教录》之例，分存阙佚，未见四目，而近日之溢未见而散出者，已不可枚数，又焉知后之不足饫？子之梦，特恐专心致志，忘寝与食，至乃梦与鬼争义如崔伯深者，余且为鼓掌而笑于其旁矣。”铸范名蠡舟，乌程人，为余同年云帆先生子，世家旧姓。近见其藏书目，所得盖不少矣，遂书之以为记。

眉月楼 在南蒋港，陆长春所居。

左茂桂《题眉月楼填词图》：家家香径自春风，镂玉雕琼拟化工。绿鬓尚留秦学士，红牙争按柳郎中。楼头纤影新蛾媚，槛外青山往迹空。多少扬州惆怅事，断肠都与付词雄。

张维嘉《题应箫士眉月楼填词图》：红豆青衫托艳思，鹅笙象板寄新词。十三人与初三月，并入屯田笔一枝。　杨柳风前咳唾新，画阑一角倚吟身。远山亦是文君黛，赢得相如卖赋贫。　家世机云未易才，吴中团扇话南来。还应五凤修成后，眉史教君一例裁。

孙运锦《扬州慢·题眉月楼填词图》：苕霅横波，苎萝凝黛，一楼远飐鸥庄。看初三月样，浅澹学雅黄。怅当日、风流太守，雨荒云冷，谁按伊凉。让平原，词客清裁，重谱霓裳。　打从跨鹤，广陵涛、休问罗江。只杜牧三生，何郎五字，尽协宫商。好是二分明月，仍流盼、雾阁云窗。度哀丝豪竹，新声还付吴娘。

陈彬华《湘月一阕奉题眉月楼填词图，凉夜秋凄，一镫如豆，因度念奴娇过腔于双调吹之，不觉其凄以感也》：玉壶皎朗，只璚楼悄倚，词写清兴。料是初三，却画出、一片弯弯风景。揉碎红心，凋残青鬓，付与吟魂冷。苕溪横锁，夜凉别具幽境。　应是鲁望风流，江湖啸傲，荡烟波春影。寸样愁肠，尽领略、月落天空人静。刻翠还工，流黄自掩，酒奈今宵醒。箫声吹度，梦回却待重省。

画扇楼　刘桐所居，今无考。

《浔溪诗征》：计鱼计尝馆于同里刘氏画扇楼，以古学诲其弟子。

绛霞楼　在北栅，姓氏无考。

徐有珂《小不其山房集·九友堂后记》云：余家去浔不一舍，于浔多莫逆交，尝寓浔北之绛霞楼二载。

南浔志卷十

里人周庆云纂

宅第二

秉经阁 在南栅外乍安兜善田张氏宗祠内。明初张立建。

纪氏文昌阁 在西栅纪家坝，久圮。

明董嗣成《骤雨夜集纪氏文昌阁时予即发苕溪矣》：高阁凭虚敞，平临四望遥。日光含雨脚，云气抱山腰。曲与龙吟度，风随笛韵飘。夜深惆怅别，孤枕自寒潮。

方熊《浔溪竹枝词》：凤皇池畔书庄圮，白雁兜旁花墅空。惟有三层楼尚在，几经易主笑春风。

云兴阁 在北栅外云兴寺旁。董汉策建，久圮。

莲阁 在大宗伯第内爱莲池上，董汉策所筑。后裔孙董庆槐居之，易名芳荪阁。

董汉策《莲阁即事》：清香来快阁，我亦爱莲群。生计惟秋水，闲身比墨君。歌摇千树月，书散一床云。户外传车马，悠悠吾不闻。

紫香阁 在石澥，张肩所居。

张肩《己巳夏六月，溽暑异常，云间沈恪庭携伴弄琴阁上，了无贵介气，别后思其真率隽永，故写此以志余怀也》：明秀西偏高竹林，琴从三泖惬幽寻。移宫换徵声如在，聊借琅玕寄此心。按，张肩画立幅竹石，题此诗，有“紫香阁”小印，其画藏庆云处。

凝香阁 姚景熹曾居，今无考。

姚景熹《题凝香阁前梅》：曾向西湖几度游，孤山山下再维舟。空传和靖千株好，不及兰仙一树幽。庭际雪消香满室，夜深人静月当头。年来好作维摩伴，病眼吟看兴未休。

又《正月十四夜归书凝香阁壁》：一间破阁寄江皋，冲黑归来酒未消。只有梅花清不寐，夜深相与伴无聊。

又《过旧居凝香阁见梅》：满庭风雨小窗寒，一树疏梅放未残。肠断凝香人不见，夜台何处寄花看。

留云阁 在东栅总管堂后西偏楼屋。吴江张澹曾寓此阁，张鑑为绘《留云阁图》

按，图藏庆云处。

沈登瀛《留云阁图记》：浔溪之东，有道院焉，俗名总管堂。堂后西偏，有楼翼然，境幽僻。余生长于浔三四十年，未尝一至。道光庚寅之冬，盛泽张征君春水来寓于兹，因造访焉。登而四眺，颇极轩敞。西则市廛鳞次，而不染嚣尘；南则帆樯出没，往来于俄顷间，而无风涛之险。东北则平畴千亩，棋布星罗。洞庭两山，若列屏障，震泽浮屠，亦可指点而得。登临风景，四时皆宜。相与叹赏者久之，但深惜其无名，请于春水。春水曰："昔人有言，一片野心已被白云留住。予固出岫之云，而不能作霖雨，岂其有野心乎？"遂颜之曰"留云阁"，而张明经秋水先生又为之补图。余因知二公之用意深矣。浔虽偏处一隅，然名人逸士流寓此者，代不乏人。如元则有庞夷简，明则有李临川、王元趾、潘友龙，国朝则有周草亭诸先生是已。至若袁胥台，知其在法华庵矣，孙孟朴则筑梅绾居矣，黄九烟隐居于墨溪矣，茅钝叟尝主丰草庵矣，谢散木自题谈昔斋矣。又若张西庐有迁居之意，见董若雨之诗。张悬渡寓于夕佳楼，见杨秋江画册。与君同姓者，亦不止一人。乃数百年来，欲求其留题下榻之所，已杳不可得。无他，地虽以人传，然无其人则不能传。有名矣，而无图以征诸，无诗歌以纪之，则传亦不久，久且无从，与无名等。今西楼得春水寓之，名之已足以传，又得秋水之图、诸名人之诗歌，则其传无穷。吾知他日修浔志者，必大书曰留云阁者，即道院之西楼，以寓公张某而得名也。可以按图而索，岂不大快！是楼若待春水而开矣。余为兹楼幸，且为浔之后人幸，故不辞而为之记。

张鑑《道光辛卯三月为春水仁兄谱留云阁图兼賸廿八字》：扫地焚香倚夕曛，梦痕初静绝纤氛。他年人记吟诗处，正似无心出岫云。

金锡桂《留云阁图》：白云靡定姿，舒卷随所适。好风偶吹聚，蓬蓬去无迹。小阁压清溪，幽人此焉宅。点笔面晴岚，关门坐遥夕。题诗鸿爪留，明发又于役。我劳夫如何，停云思脉脉。

姜宫绶《题留云阁图》：飞云去住本无心，缥缈奇踪何处寻。差幸有缘留得在，不教大旱望徒深。　阁悬一榻伴云眠，延揽溪光到槛边。记取千秋作佳话，此中曾卧赤松仙。

温文禾《题张春水留云阁图》：虚窗三面拓朝烟，山色湖光满眼前。客似闲云云似客，日高犹宿翠微巅。

奚疑《客冬奉访春水仁兄于浔东留云阁，今夏重过苕上，出此图索诗，率次秋水明经韵》：访君曾记话斜曛，茗碗熏炉少俗氛。小阁三间窗四面，不留尘客只留云。

沈雷《留云阁图》：半窗遥岫，一砚冷云。伴君吟啸，我亦鸥群。

周銮《辛卯天中节登榆荫楼，春水仁兄属题留云阁图》：一片闲云偶出山，留时犹似在山间。阁边鸥鹭休相笑，云自无心任往还。

邵芝生《留云阁图》：笠湖峰影落窗前，洞壑清幽住即仙。出本无心留亦好，望云人倚夕阳天。

邵增龄《题留云阁图》：小阁临溪曲，片云将梦还。心胸开拓处，林外不多山。

麜月阁 在东藏寺，吴江吴鸣锵曾寓居。

快阁 在南栅朱瑞莹述园中，高三层，最宜远眺。今归梅氏，园已废，而阁尚存。

艺圃 在鹧鸪溪南，桂芝房所居。

张鑑《艺圃图跋》：古之习隐者，入山深，入林密，其清常畏人知。故汉韩康卖药自晦，为女子所称，盖隐有若是之难也。浔有沉默之士桂君芝房，少不慕荣禄，居鹧鸪溪之南，得隙地，名曰艺圃，不侈不陋，琴书清润。暇则偕朋好觞咏其中，名花珍药，洗涤尘虑，知其避俗也深矣。已而慕柴桑之风，编篱落，植菊。予尝于暮秋邀友人过之，翛然移晷，几不知身之到云林堂、清閟阁。翌日，以是图来属题。复叹薰习之暂，不过一长安卖药人，仅识其名，而欲心知其意，盖亦难矣。

黄叶台 在丰草庵中。

松月轩 在镇西九里朱坞村。元褚氏所居。《县志》作闵家兜。

杨维桢《松月轩记》：吴兴东去若干里，其聚为南浔，褚氏乐闲居之，世家在焉。至正甲午，先庐遭兵毁，其子质，字彦之，重创别业朱坞溪上，苍松夹径数百植，林下石床云磴，荫以重轩，时焚香读《易》其下。月夕则鼓琴，或歌骚，或与客啸傲赋诗。仰听虚籁，俯席凉影，俨然物外境也，遂即“松月”扁其轩。

君子轩 元时姚氏所居，今无考。按，管道昇画竹立轴上有跋云：“至大二年四月二日，吾妹魏国夫人仲姬见访于南浔里第，燕坐君子轩，写此幅。姚管道杲识。”汪《志》按，轩疑在北栅，或谓即洗粉兜姚氏，非也。洗粉兜姚氏元季自安吉迁吴江，康熙初始迁浔。盖元时浔中自有姚氏，今有南北两姚家汇，而北栅外地名有姚田、姚家兜、姚家滩，明时尚有筑退庵之高士姚某，姚氏之盛可知。其人为赵子昂僚婿，而其妻亦工翰墨，意必风雅好事者。子昂有《与直夫姨丈》札，托其南浔购物，未知即其人否。惜载籍无征，名爵莫考，并仲姬有姊，知者亦鲜矣。又《浔溪文献》引《书画缘·名媛》：“元时陈自幼能书，适南浔姚氏。”盖姚氏之妇，世以书名，亦韵事也。

临水轩 在圆通庵中。明华士嶟有题壁诗，今无考。

醉沤轩 在莲溪上，董汉策所筑，久圮。

董熜《次韵鑑平溪上》：醉沤亭枕碧溪滨，冒雨谁来共垫巾。收拾烟云开倦眼，平章花鸟趁闲身。柳阴眠水深遮月，竹翠迎风远笑人。正及池塘春草发，梦阑得句不无神。

董汉策《醉沤轩闲坐》：天地容吾老，乾坤一水沤。闲云来野渚，寒日上危楼。烟叶霏霏雨，莲衣黯黯愁。桓伊吹半阕，风急起眠鸥。

又《季夏微阴，同温子苍来、张子潜庵、李子正平、家貽簪叔、次阮逸群两弟、玉禾侄小饮醉沤轩观荷》：独乐园开水绕廊，碧筒半顷雨余凉。醉吟有曲声无谱，茗战微酣韵自长。玉树云连深见影，渚莲风澹静闻香。卷帘忽见潇湘意，会着无衣揽众芳。

来月轩 在青霞楼旁，庭中牡丹一丛，花开颇盛。

董渭《题全夫弟来月轩》：此身不受俗尘蒙，曲槛虚窗兴未穷。琴韵微闻缘拂榻，茶烟忽乱为通风。日移新竹摇帘绿，蜂带残花落砚红。幽境唯吾频往返，高谈常见月如弓。

严遂成《来月轩雅集》：轩临荷花池，集者九人，董讷夫、景纯、扶摇、承余、对飏，皆昆弟也，异姓谢文若、王翾如及余。开轩月未来，荷气袭寒浏。贤哉东道主，叉钱荐鱼韭。经远。于思髯将军，箕踞座之右。文若。尾以短主簿，伛偻循墙走。承余。长身赪其面，扶摇。白皙濯春柳。翾如。山心厌轩冕，景纯。虎气腾牛斗。对飏年最少。都讲讷夫时为经远馆师阄分题，唱一和者九。嶰管雌雄鸣，钟簴大小叩。谭纷唇外焦，听倦耳内吼。殷壁邻里骂，触屏童仆诟。日沉未许归，归辄挽其肘。明日亦复然，卯来去以酉。欢获十乘珠，愁扫千金帚。赋别良独难，归梦落虚牖。夜寒雁叫群，残月照鱼罶。

汪廷泽《来月轩牡丹》：一线猫睛认旧图，天香裛露染襟襦。月痕正午花尤艳，粉本翻新合再摹。

巢轩 在东栅下塘，董汉策读书处。

董汉策《贺新郎·癸未、甲申两载，在水南巢轩读书，与友人王元趾、陈星隐、顾龙隐、毕澹鸥、顾芷庵相聚甚乐，所著有〈巢轩诗稿〉〈计然子〉〈老子注〉等书》：浅架藤阴屋。幸窗外、兰松相向，伴予幽独。助我论文花共酒，晤对人人如玉。碧天新、蘸云为縠。深夜月明谁识我？有苦吟、声当横吹曲。赋垂成，飞金粟。　观之不足梅和竹。较文心、众花无色，瑶华新沐。笔绘函关描画得，文喜先生含蓄。兼霸越、强吴蛮触。到今朝书藏花谷，莺莺燕燕还能读。千重意，芭蕉束。

藤语轩 在白雪斋旁。

别有轩 在雨兰谷南。

见月轩 在薇林书屋北。

容安轩 在南栅且住园南，董熜读书处。

董爔《渭瑄兄以容安轩唱和见示次韵奉呈》：阿兄超诣不求安，屋宇无多尽觉宽。庭只半弓聊种植，架堆百卷细抽看。孙刘虽隔曾无恨，求点相逢讵鲜欢。不是寒泉有家法，谁能于此乐瓢箪。

爱日轩　在西栅西吊桥西北，吴岩所居，后归沈氏。道光中，沈登瀛重葺，更名深柳读书堂，见前。

丁蟾《乙未二月八日，桐村斋中盆梅初放，见招小饮，时昆弟晚青山秀、翠亭霞暨陈君冠峰在坐，余独后至，率赋以柬诸君》：春围小盎逗清香，小饮花前醉日长。傲骨自堪方铁干，酡颜羞更对红芳。韶光易逝嗟时暮，旧雨难抛恋夕阳。休笑竹林来独后，床东还喜晤元方。时陈君新为桐村馆甥。

辟尘轩　无考。

纪远《辟尘轩偶作》：湿云零乱雨初收，落日残霓忆客秋。赖是闲情消执热，绿窗红友看西楼。

容膝轩　纪氏故居，今无考。

纪峻《容膝轩木香盛开，奉两世慈亲饮酒其下》：容膝轩前春正芳，当轩如雪开木香。香风拂拂度短窗，窗下设酒娱高堂。大母奉一卮，愿祝乐无涯。老母奉一觞，愿祝寿而康。大母老母相顾欢，当筵骨肉看团栾。愧无禄养千钟厚，只有莱衣五色斑。喜著斑衣侍膝前，非关醉态舞蹁跹。对花惟愿春长好，一息时存喜惧年。

读画轩　无考。

计发《读画轩访桂有怀崔渠珊岭南》：幽轩草木自纷纷，为访岩花步屧勤。天气温于春涧水，客怀莽似暮山云。枝高那许旁人折，香远应教隔巷闻。拟向南中反招隐，年年丛桂怨夫君。

惜茗轩　无考。

姚景熹《惜茗轩偶书》：雨前茶叶不多枪，睡起新烹蟹眼汤。瓶蕊落残重插蕙，炉烟消尽更添香。鱼喷水沫翻晴沼，蝶抱风花弄夕阳。最爱青林阴处好，蒲团移近石阑旁。

思贤斋　在南栅外善田湾，元张士谅所居。

时习斋　明董庠所居，今无考。

泉石斋　亦称泉石居，在西栅纪家坝，明纪廷钺所居。

明袁袠《同文衡山过浔留纪氏泉石斋赏菊》：秋后菊逾芳，花前席对张。缀金纷间色，错锦列成行。细蕊朝承露，繁枝夜避霜。幸逢投辖主，烂醉短篱旁。

纪端《泉石居所集名贤作长歌以纪其遗事》：泉石遗庐二百年，庭中列坐尽名贤。

今日清风白云里，所闻往事犹能笺。一庵初结岘山社，社散来谈禅与仙。白华楼下鹿门子，一觞一咏兼管弦。文章行谊惊海内，吴中名士各骈肩。绒衣绯色卷檐帽，衡山醉倒竹窗边。白杨老笔追米芾，子传傅粉薄黄筌。二公文氏称高足，携来砚席果翩翩。风流胜会今已矣，门外老树色苍然。诗画还存十之一，余皆零落等飞烟。客来指点旧风景，斑斓半壁字婵娟。袁公曾谪苕溪驿，春风一棹写花前。

纪峻《泉石斋感旧》：前哲结幽赏，曾来泉石斋。名诗遗破壁，细草满空阶。矫矫庭中树，喧喧露下蛙。古人不可作，怀抱向谁排。

元览斋 在大宗伯第内，明董嗣成筑，董廷勋读书处。

白雪斋 在东栅下塘。明董嗣成读书处，董汉策重筑。

明董嗣成《小斋初成率尔纪兴兼酬方文明李白父诸丈》：久厌朝市喧，幽栖托蓬门。心期仲蔚宅，敢拟辟疆园。隙牖青霞入，闲除碧树翻。将迎余欲绝，枯坐已忘言。　孤踪希独往，长揖谢人群。故址聊新构，空斋满白云。山中攀桂树，谷口挹兰芬。复有瑶华在，悠然净世氛。　辟地聊当隐，诛茅暂屏纵。开轩数竿竹，隐几一孤松。有客题凡鸟，无人识卧龙。远公时共语，清夜坐闻钟。

董嗣成《姚伯道昆季留饮白雪斋即事赋赠》：簪缨旧说中丞贵，车马今容下客过。不是高庭辉棣萼，谁令幽赏附松萝。杯传玉乳清炎气，偈有金仙解病魔。时予适有微疴，且为生作偈故云。明日五湖烟水棹，思君遥在白云阿。

董汉策《白雪斋》：先光禄读书处，历年倾圮，稍稍葺之，兼扩数椽，仍旧名者，不忘本也。先人有遗构，遥仿雪堂名。镜月照皇古，冰心入太清。曲终琴解和，听静竹传声。对此悦幽素，临轩棐几横。

澹月斋 在洗粉兜华士嶟水部第中。

范锴《浔溪纪事诗》：遗爱松溪善颂皆，指陈利弊凛冰怀。归田不少吟诗兴，秋掩梧桐澹月齐。

静啸斋 在高晖堂内，明董斯张著书处。

明董斯张《静啸斋杂咏·画菖蒲是宣庙御笔》：剡藤扫微绿，龙迹真轶群。至今九节香，还带空同云。《许君赠予何首乌植之庭》：神枕谁相授，丹砂饵讵能。朝来欺素发，已种夜交藤。《纸糊窗》：腻粉置窗侧，衣之高丽茧。短檐风任吹，深夜月长展。

又《春暮杨若木、王秋朗过访斋头，孙孟璞、吴骧如、赵长文、陈校书同集分得兼字》：不因知己到，何日起湘帘。燕市人相向，东山月必兼。歌弦垂手艳，觞政画眉严。却妒宵阑易，轻桡未肯淹。

又《辱朱相国冒雨问疾小斋，偕虞卿长文留集》：木兰花老谁相期，车骑到门人不知。病中垂访苍藓滑，酒次赓歌黄鸟迟。中根上根药草雨，三日四日豳风诗。东方尽可了公事，傥许张玄来对棋。

又《孟朴见过小斋夜集阅孟朴艳诗》：雨苔绿逾月，触眼少成欢。人在句中画，天于离后寒。坐深溪柳卧，春住砌花单。吴会浮云满，予怀溯逝湍。

又《丁巳晤于昭彦于双径，今乙丑相过，别逾八年矣。小斋留集喜赋一首》：正月凌霄峰上雪，千秋句曲洞中人。岁华误客真容易，朋友联袍亦有神。桐径扫花留夕语，桑鸠唤雨妒晴春。缘君领得麻姑好，几日松斋共擘麟。

张隽《同王元趾集若雨斋执盏言别联句为赠》：尽说云门家可移，结巢长恨未能为。孙淳。文非今日三年药，病是吾侪一字师。隽。半幅寒香心在画，残更旧绪客留诗。淳。楂梨橘柚虽多味，无舌人看总不知。隽。皂鹤从来不可移，尽将好事让人为。隽。世情老阅方尊我，农谱新翻便得师。淳。一笑幸圆怀友梦，无端又作送君诗。隽。此宵静啸停杯意，应有兰亭花露知。淳。西吴一席又将移，更有同声恨尔为。隽。陈章侯诗《恨王元趾滞西吴》。姓氏不忘终我祟，文章何苦作人师。淳。未横雪窦千枝杖，非续松陵杂体诗。隽。落落此中难举似，半阶寒月或相知。淳。

范锴《浔溪纪事诗》：文章佛事作同科，静啸斋头善养疴。憔悴当年瘦居士，闭门长日著书多。

密斋　在莲漪草堂后，董汉策习静处。

董汉策《南歌子·独坐密斋》：啸倚窗迎月，吟成云到门。青鞋不踏落花尘。堪笑风翻桃叶、自纷纷。　　悟后方知过，心雄澹更真。玄中着到果何人。纵有赤松黄石、总传闻。

拥默斋　在薇林书屋西。

余素斋　在西栅纪家坝，纪官所居。

董熜《过纪丈余素斋时双目以病而瞽》：望衡只隔一溪清，屧步斜阳略彴横。乐府新声属张籍，野亭旧史访邱明。撑肠尚有书堪味，著眼都无事可惊。独向宝云寻活水，安澜不与世途争。

纪官《庭中》：碍檐一架蔷薇叶，堆砌千层苔藓痕。新引草绳缠白豆，预期荷柄代清尊。

又《冬日书斋》：一分清味十分饥，岂是诗人果不肥。寂寞砚田无稻获，老晴天气晚鸦飞。

又《晚坐斋中》：尽日驰驱细较量，是非相错自彷徨。假饶缘督无关事，已负瓶花满室香。

又《门前》：溪南一角暮春田，小立斜阳起爨烟。市尾路通村口路，卖书船次载花船。

又《戏题书斋》：止水蓄文蛤，蛤化与石同。竹帘碍游蜂，枯死线光中。江湖气浩浩，春风荡无穷。浅盆窗隙间，力尽何由通。怜此二物微，书以铭西东。

又《窗下》：已剪蔷薇漏日光，恰逢梅雨暗闲堂。抄书且喜无来客，得句何须更举觞。纸上挥毫声飒飒，静中磨墨色苍苍。流观山海图间事，也胜担簦万里行。

谈昔斋 在南栅泰安桥东。谢洲所居，纪远馆于此。

纪远《紫薇赋序》：唐人作《牡丹赋》，有“朱槿灰心，紫薇屈膝”之语，余尝以为不平。戊寅之夏，读书于谢氏之谈昔斋，适有紫薇一本，当暑盛开，乃邀次调同赏，因而赋之。

又《谈昔庭前叠石为山，诗以落之》：便有林泉兴，何须更逼真。想从云际出，应与画家论。已觉消烦暑，还疑远市尘。为山非是假，托意在斯人。

又《谈昔斋送炭》：谢家风味满屋春，腊夜分暖送乌薪。建州茶鼎烹活火，疑是金谷零落珊瑚新。不须邹子漫吹律，俄顷曲身已觉成直身。袁生高卧东郭履，从此欢声动邻里。五言不比春草工，聊复濡毫效颦耳。

又《谈昔斋紫薇盛开聊短述寄次调》：烂红满庭当炎午，二月芳菲那足数。百回绕树看不足，尚想清谈此挥麈。初疑异种天上来，人间局促那能开。散柯布叶亦澹荡，牡丹芍药真凡才。又疑前身生绝域，海底珊瑚好颜色。何年移自水晶宫，秀出瑶林描不得。露浓花重晓风前，一枝低亚态更妍。霓裳羽衣难可拟，飘飘直欲凌神仙。偏偏反反新月下，独伴竹窗近风雅。夜阑淡沲灯灺余，影入书帏更潇洒。落花委砌似残春，觅句如花尚未亲。几度呼僮花莫扫，闲愁留与探花人。

又《春尽日小饮谈昔斋，因作送春诗寄次调》：春风拂拂吹绿深，愁人无那百愁侵。叵罗痛饮三百盏，送穷乞巧难追寻。忽思今夜春尽夜，欲买春风定无价。我今颓唐成老翁，醉面不必桃花红。百年夜夜须秉烛，相期莫负杯中醁。

又《早春过谈昔与文来昆季夜话》：积雨阻春信，梅梢花未放。闲过竹林社，胸次觉朗畅。邺架盈缥缃，诸子皆倜傥。封胡与遏末，相期千载上。庭前列嘉卉，叠石疑烟嶂。时作洛生咏，群从自颉颃。我来解榻悬，况复怜疏旷。盘飧出郇厨，醇醪醉家酿。因之笑口开，谈昔以慨忼。梦觉闻暗香，栩栩神亦王。恨无适俗韵，常恐动得谤。乃知臭味同，流言岂足迁。

益斋 在大宗伯第内，董友松读书处。

古香斋 在大宗伯第内，董扬读书处。

董扬《春日古香斋偶咏》：买山不必更求资，帘阁晴窗颇自宜。但有梅花供客笑，更无尘事皱吾眉。摊书女喜摹奇字，抚几儿能诵好诗。闲里风光皆属我，一杯谈笑互栖迟。

青镂斋 在纪家坝，纪汝霖所筑。

纪汝霖《新构小斋即事》：小构初成意若何，但能容膝且高歌。空怜帝子神鹰杳，难觅王孙骏马过。天上金鸡声久寂，池中彩凤种无多。莫言此处无魔障，爱慕牵萦即是魔。斋东偏即御书阁，后有金鸡巷、凤凰池，俱古迹。

又《招吴霭村、陆少翁、董佑渠小集青镂斋饯秋时湘客舅祖在座》：淅淅西风满树头，招携胜侣散闲愁。风尘于我曾无得，物色催人不少留。一盏欲酣桑落酒，半生难足蟹螯秋。荒庭凡卉俱衰落，只有黄花未肯休。

心香斋 姚景熹所居，今无考。

姚景熹《心香斋即事》：一睡午方觉，檐前日已西。兰衰香气薄，茶热沸声低。懒半由无子，贫惟累有妻。山僧频寄信，开缄得诗题。

又《醉题心香斋壁》：小饮东篱下，衔杯复放杯。情随天际远，愁傍醉边来。霜蕊犹舒艳，丹心肯作灰。匣中孤剑在，壮节向谁开。

又《心香斋北晚步》：萍消砂净水粼粼，岸帻披衣向晚晴。黄叶村边人独立，白云天际雁孤征。参差野色蒹葭动，断续寒声机杼鸣。吟尽夕阳无好思，澹烟轻霭小桥横。

两甗斋 在南栅华家桥北，顾寿松所居。得周子邽父甗及王宜人甗，以“两甗”名其斋。杭州邹寿祺为编《两甗斋藏器目》。

薇林书屋 在莲漪草堂西，九宜楼北。董汉策所筑，后归汪氏。嘉庆中，汪廷泽重葺，更名五架三间新草堂。

董汉策《薇林书屋落成有赋》：宅西别构数楹，颜曰“薇林书屋”，朝夕吟啸其中。长吟岂复叹知希，耐久香林且下帏。万点花飞酣蝶梦，一庭云卧挂荷衣。随人木偶看颦笑，伴我松围共瘠肥。仰睇薇垣发清慨，谁从安乐得先几。

董蠡舟《浔溪棹歌》：莲漪风皱野塘坳，当日征君此结茅。想见薇林消夏地，半池凉月浸花梢。

董恂《让庭舅氏营别业于浔溪，赵味辛司马颜之曰“五架三间新草堂”，作此志贺》：五架三间新草堂，御河东畔水云乡。经营白地功非易，卜筑青山愿竟偿。曾是薇林征士宅，旋成竹里右丞庄。地为先征君公薇林书屋故址。刚逢燕到吾同贺，手写洪庥作颂章。　南檐北户费筹量，五架三间新草堂。余地尽教多种竹，好花更欲别开庄。栏前凉月凝晴雪，巢外香风艳海棠。堂之南曰晴雪山房，西有海棠巢。眼看落成吾反愧，莫言相宅似王郎。　诗轴琴囊载小航，落花时节办轻装。一家八口旧仙眷，五架三间新草堂。位置东山花下席，安排北海座中觞。画图倘要移居写，合倩荆关擘硬黄。　绕门一带芰荷塘，何必桃花始姓汪。前后门俱临水，夏时荷花甚盛，居人称曰荷花池头。小立夕阳儿下学，浅斟明月妾焚香。九条七录古书库，五架三间新草堂。更羡红闺多韵事，女相如亦擅文章。妗氏赵子逸夫人有《滤月轩集》。　来去何烦一苇杭，吾庐咫尺恰相望。也如乞墅频谈弈，还为探奇屡泛觞。同访古城思太尉，约寻遗碣话康王。从今记取高吟句，五架三间新草堂。

南窗书屋　在九宜楼旁。

董燿《题竹隐兄南窗书屋》：世事年来薄，潜身亦自宜。松风凉午梦，梅雨战新诗。落拓宁违俗，游闲正及时。兴来谁会得，长啸对清池。　门径湾环入，轮辕未许通。灌栽新事业，耕读旧家风。竹韵侵墙角，槐阴落坐中。南窗堪静寄，掩户乐无穷。

董炌《南窗次明轩兄韵》：斗室尘封久，诛茅径渐通。只安新粉壁，不改旧门风。影息窗纱里，心融卷帙中。荣枯吾已澹，翻笑泣途穷。

伊蒿书屋　在西栅纪家坝，纪复亨所居。

纪复亨《乙丑冬自秋卿第迁伊蒿书屋四首》：又向浔川觅住新，相随家具亦劳薪。卜居未要求詹尹，近市何妨作小人。药为扶衰寻笼贮，犬因得食到家驯。依然瓶盎无多子，却带睢阳旧曲尘。　蟏蛸曳网罥寒芜，洒扫临时与仆俱。灯檠折腰支壁立，瓦铛缺足倩人扶。雨欹半落墙头粉，日计旋谋爨下苏。蠹简零星勤捆载，世情任唤是迂夫。　只分巷后与溪干，咫尺还烦众力攒。姑妇扶携冲雪至，里邻指点隔墙看。酬人语拙家僮笑，取酒囊空贺客寒。北里弟昆时见过，绳床土锉好盘桓。　贫家况味久侵淫，买宅何当五百金。马磨依栖欣促膝，鸡窗灯火勉同衾。芦帘纸阁心奢望，茗碗诗筒力易任。少住那堪犹未得，入春征骑又骎骎。

溪南书屋　在南栅，徐延祺所居。

徐延祺《溪南书屋夜坐》：卜筑溪南小似艭，夜深坚坐拥寒釭。楼头点屐尘凝几，花影横衣月在窗。清景每从闲里觅，名心都向静中降。欲商草稿无从问，比似疏钟自击撞。

又《溪南小筑，吾家书塾也。幼时依叔读书其中，嗣余与兄弟辈各事佣书之役，星散四方，而叔仍授徒于此。十笏之地，遍植时花，每返家庭，辄徜徉不去焉》：朱鱼泼剌烂如霞，仿佛濠梁乐事夸。移得苕溪盆盎里，一泓秋水白蘋花。　紫荆手植十年深，到得春来最赏心。似识谢家兄弟乐，繁花开遍短墙阴。　山茶蓓蕾记初胎，寄与僧房取次栽。笑道花如夸衣锦，不开时节不归来。　街西闻泊菊花船，移得寒英绕座前。烧烛夜深同射覆，看随醉影写婵娟。 闲替盆荷为解嘲，调停花性审肥硗。莫因爱惜争涂附，一淡方成君子交。去岁不作一花。 花开无月不娇红，扶上筠竿锦一丛。四季总输三月好，受恩深处是春风。

搴萝书屋 在东栅马家港，冯鸣盛故居。

张鑑《挽冯筤园》：蚤同砚席试联床，六十年如掣电光。绩学竟虚登上第，传经差慰继诸郎。丹黄手泽文章稿，桃李伤心弟子行。他日墨溪回马策，搴萝凄断读书堂。搴萝书屋，冯氏旧斋名。

淡竹山房 在少师第中，明朱国祯所筑。

是亦山房 在通津桥，陆氏所居。

凌树屏《重寓陆氏是亦山房有感》：苔衣绣槛绿初齐，曲曲闲寻路未迷。清供居然鲑廿七，故人依旧屋东西。襟怀聊复同沂水，时课童子六七人。笺注何妨到玉溪。一卷《尚书》全部论，古来不少树鸡栖。 六州铸错事全磨，马帐重围事岂图。长物欲干呵水砚，小斋仍恃爱才奴。花因久识惟含笑，鸟为深知惯劝铺。好友任来今旧雨，长安此遇故应无。

又《余作是亦山房感旧诗，南谷先生见之有前谶之言辄依韵奉答》：称柴数米阛阓风，千金累置夸豪雄。我辈磊落那须尔，不稼往往坐颓宗。临邛移宅空四壁，长卿岂必真愚蒙。卖田买书古有是，金坟石典富非穷。列竹未看宫人凤，刻墙竟遣斋盘龙。君家旧识良可怪，嗟余亦复制圆穹。山人头衔署已久，惊视先上此前栊。是亦山房额本黄九烟书，嫁名欧余山人；方猷遂与余旧号适同。古墨淋漓黄九笔，补唇那得落其中。固知万事有前定，桑薪岂敢怨煁烘。小诗乘兴觉昨非，误烦推论称愁工。块磊且浇破闷酒，芥蒂不挂吞云胸。婆娑玉树消永昼，日高尚寐花影重。侧闻汉王重经术，董生勉乎善为容。蒲车翘待下西蜀，士安立起风痹躬。此时广厦构万间，沾溉寒士零雨蒙。虫鸡得失诚细事，浮云不合碍高空。

九曲山房 董汉策所筑，今无考。

董汉策《季秋下旬同函之国风胎簪叔在九曲山房夜酌，连宵风雨，酒能浣愁，诗以纪之》：揽芳在兹辰，相见翻惜别。风雨送鸡鸣，天为别者设。夜深闻桂香，高谈转清切。泉明旷达意，沉酣竟埋辙。越石怀雄风，起舞看回雪。咄哉世间子，背炎方炙热。大笑疑蝇声，纷纭乱蠓蠛。鼠穴博道争，笔端能喋血。刚节岂保生，为齿不为舌。吾力学沉冥，终宵诵明哲。京华梦中游，呓语夸金埒。腾怒飞剑光，散愁驰驷驖。大文不可舒，大白亦可涅。与道同污隆，何必秋霜洁。诸公称久要，相对忘我拙。乐此秉烛娱，歌罢微言绝。同是醉乡人，独醒向谁说。

半屏山房　在北栅百间楼，张升吉所居。

张升吉《半屏山房书怀》：吴兴清远佳山水，取次归田自在身。顺命何须推甲子，乐天不用守庚申。五星奎照屏山外，万壑云连淡水滨。今日故乡甘息影，旧存松菊正逢春。　两行杨柳夹浔溪，门馆曾无凤字题。主客且分床上下，弟兄每占屋东西。梦沉愁听三更雁，游倦空言半夜鸡。世事角张应莫定，得安心处即菩提。　仿佛高人雅集图，好携吟管记方壶。团巾蕉扇传名直，石案瑶琴道姓苏。贫贱不辞将玉汝，周旋还喜有今吾。南林亲友如相问，预拟烟波作钓徒。　晓风初日带朝温，草木新沾养育恩。千顷汪洋摇麦浪，数峰隐现绕花村。红兰被露香称租，绿竹惊雷笋作孙。谱入岁华辞太费，只邀殷七细评论。

晓宜山房　纪远所居，今无考。

纪远《春日雨中喜潘陆两先生过晓宜山房夜话》：梅梢香雪吐奇姿，萧寺高轩过访时。天外好风吹二妙，灯前细雨话相思。青云未敢睎刘瑀，浮世何当识紫芝。欲写孤怀附鸿翼，自惭布鼓不堪持。

又《晓宜山房牡丹》：笑倚山窗亦自妍，双珠连璧带朝烟。徐熙去后无能画，李白题来不记年。未羡豪华足评赏，岂因荒僻减芳鲜。无端吹放还吹落，不信东风亦解禅。

草草山房　姚淳楫所居，今无考。

姚淳楫《草草山房》：轩冕浑忘却，闲情共鹿麋。幽花随地发，野果隔垣垂。云散月初上，风来灶自炊。山房宜草草，不用只题榱。

又《闲居》：茅茨常不剪，庭草复齐腰。性僻耽泉石，才疏远市朝。灌花蚁避穴，移树鸟迷巢。落落相知少，沉吟破寂寥。

又《幽居即事》：拟居群弃地，松竹乱交阴。室小堪容膝，家贫剩有琴。旧书重自理，幽梦续相寻。悟我湛然性，邀来月一林。

又《小筑》：水云深处无人住，我惯寻幽占得来。草草结茅临碧涧，小扉恰好对山开。　调停诗味与茶烟，冷落心情堪问天。自笑百顽无着处，此身只合水云边。

晴雪山房　汪氏所筑，今无考。

董蠡舟《小除夕宿晴雪山房》：敢望悬榻待，且比挂单来。力士逃痁阁，孱王避债台。樽空愁不遣，腊尽雪相催。孤坐无聊赖，诗还一卷开。

又《十一夜皎月集晴雪山房用前韵》：兰宵失喜乍收霖，兔杵流霜客袂侵。饤座脆梨明照玉，谓积仲。登盘生菜细镂金。饼裁月样团圆近，樽画雷文潋滟深。绝似西园飞盖夜，君才原不愧陈琳。

又《十二月望自寓斋归有作》：儿童齐下学，怀抱顿生春。负债都偿日，休官自在身。何能长息影，且暂免依人。改岁如弹指，疲牛迹又陈。

又《正月二十一日题晴雪山房壁》：橐笔仍来此，书窗度旦昏。妓难离乐籍，职易称晨门。散地人无竞，蒙师道自尊。栖迟俄六载，日月似崩奔。

又《与子缄集晴雪山房即席赋赠》：叔伦词赋擅，朱子亦良材。共诩鱼龙化，谁悲兰玉摧。我尤伤辅嗣，人竞比苏环。莫问升沉事，惟应尽此杯。

欧余山房 在西栅垂虹桥，丁桂所居。

许旦复《丁子香欧余山房书室三楹，是向时被灾后诸亲友所佽助成之者。今遭此大火俨然独存，岂非天幸》：当年遇火泣丁兰，母氏衰年失所安。屋起杜陵看突兀，庐成韩子倍艰难。百年人往三椽剩，万户灾来一炬残。恰怪四围烟焰里，茅檐高耸独能完。

闻籁山房 无考。

杨凤苞《同施二国祁闻籁山房看菊》：石坛风露觉秋偏，招得吟朋预菊筵。出院经声清似水，隔篱山影澹于烟。将开白社邀元亮，谁铸黄金事浪仙。今日明镫方丈室，军持一领小乘禅。

揽茝山房 范锴所居，今无考。

杨凤苞《上巳雨中，严大可均携酒招同王五翰青、张三鑑暨舍弟凤击集范四锴斋中，是日清明施二国祁以上冢不至分赋》：盍簪期上巳，劝酒过迁辛。雨泼榆钱火，觞分杏酪春。依然修禊事，不作踏青人。向晚檐花落，萧萧冷食新。 廉纤宵更急，改席漫沾衣。怅望庞公远，空嗟赏会稀。媵觚求避罚，著屐判先归。何似羊刘辈，诗成幸免讥。

石林山房 在南栅华家桥北，顾寿臧与兄寿松同居。寿臧收藏金石书画甚富，署其室曰“石林山房”。杭州邹寿祺为编《石林山房彝器文字目》。

池亭 在泌园中，今无考。

明董份《池上偶成》：故里存三径，临池结数楹。柳将波并绿，竹与石俱清。杳杳看鸿去，嘤嘤听鸟鸣。援琴鼓流水，谁辨曲中声。

又《亭上》：筑圃通幽径，凭池架小亭。帘虚凝水碧，幕敞映苔青。望野云垂盖，开窗树列屏。倦游非好隐，漫拟少微星。

荷亭 在莲溪西，亦名池亭。董汉策建，后圮。嘉庆十一年，裔孙荃重建。

董志林《荷亭小饮同湘人》：荇菜风微间白蘋，柳塘疏雨暗红鳞。门临溪水窗横树，且住楼中未是贫。

董友松《荷亭春宴和温北崖先生韵》：东风如有意，柳眼为谁开。细雨迷花径，闲云护碧苔。琴随山气静，春逐鸟声来。愿共忘形客，寻梅醉月台。

可也亭　在东栅马家港，吕学所居。临池环柳，树花罗石，颇饶佳趣，今废。

友石亭　在南栅周昌富怡园中。今废。

周昌富《友石亭记》文见《碑刻》。

巢云馆　在辑里村，明温潆所居。

潘居贞《仲春望日访其旋，夜话巢云馆》：小艇迎波数问风，到门恰好月朣朦。松高无恙重增绿，梅老何心更放红。握手顿忘今日苦，挑灯还忆十年穷。德公德操惭相傍，秋水澄怀此意同。

董汉策《温其旋巢云馆听松》：虚堂无响清风来，飒飒云涛千万堆。太空飞羽动四壁，不觉天地同低徊。主人冷澹多高节，对此双松叹奇绝。浥露披霜数百年，历遍春秋似呜咽。不数秦朝五大夫，宁学龙潜涧边穴。权奇囚缚不得平，纷纷怒气为秋声。金天奔走麟凤语，久之澹荡如瑶笙。声有万兮听则一，静扫繁音废琴瑟。忽疑身世在空山，顿使眼前烟火江村失。

云柯馆　在南栅兴福桥东，明董嗣昂读书处。

明董嗣成《过从弟仲颒云柯馆》：此地疑元阁，吾宗尔白眉。窗芸循故业，庭桂长新枝。夜雨供爇烛，寒风好下帷。愿言崇令德，不独慰幽期。

陶馆　在薇林书屋左。

眠琴山馆　刘桐所居，今无考。

曹言纯《春日同胡金题、王镛集眠琴馆和蒋浩韵》：把君花下酒，相劝故人斟。忘却欢娱老，依然怀抱深。年光芳草迹，日暮碧云心。别后意难写，泠泠清玉琴。

孙枚《题忆书图为刘鸿渐赋》：记得藏书处，牙签插架深。故人嗟逝水，山馆剩眠琴。遗迹飞鸿印，前尘覆鹿寻。不堪重感旧，抚轸写愁吟。

严可均《刘小梦忆书图》：君家疏雨我好友，积书之癖与我同。别来江子亭边树，终古山阳笛里风。人有微名都折福，世间豪举总成空。只今说着眠琴馆，卅六年前一梦中。

施国祁《癸亥哭刘疏雨八首》：竟陵游子彩衣归，喜捧乌头表旧扉。寸草不夭长恨在，玉楼应梦到春晖。春晖，顾阿瑛奉母楼名，君于己未秋自竟陵归省，为节母汤太孺人请旌。　船灯吊影浪空悭，断雁遗音仲氏哀。头白阿兄上床哭，伤心又自楚江来。君长兄凤和闻讣归哭，已逾月矣。《楚江听雁图》，君哭次兄梦斋作。　挝门倚榻尽伤秋，懿望争推第一流。飞骑头衔归白纻，校书家世本红侯。　吟联杨秋室拙园范白舫诗偏好，论洽张秋水王雪浦学更精。老我许陪成六客，怀惭负痛白须兄。　牙签声戛万琳琅，雅集重开宝绘堂。莫话眠琴山馆事，云烟过眼小沧桑。君家藏书数万卷，书画亦数百轴。眠琴山馆，君读书之所。　奈可金源往事寻，穷愁慰我著书心。泪痕夜夜看银蜡，知己残年分最深。余校金史，多从君借书。　遗经端赖后人贤，失怙娇虫最可怜。天幸珠郎成立早，再窥东阁有他年。嗣郎时年十二。　潜研题幅奚君画，寄墨鸣哀泪晕新。四十五年谁讳得，寂寥终古访书人。潜研，谓钱竹汀先生。奚铁生冈尝为君写《访书图》，竹汀有跋。

又《乙丑重过眠琴山馆再哭疏雨四首》：旌衔寥落繐帷孤，一树庭梅泪晕枯。何处巡檐同索笑，履綦尘迹满寒芜。　山邱华屋总堪哀，蔓草无时宿夜台。魂旐不前良有以，哭声端伫素车来。白舫屡有书来，趣伊家毕葬事。　转瞬祥琴服近除，孤儿义训痛何如。会须太乙藜光续，好著青衫与读书。　紫霞肠断溯眠琴，范子杨侯别恨深。君向道山怜我独，海天休忘旧知音。

蝇须馆　张鑑所居，今无考。

范锴《张秋水明经招饮蝇须馆》：爱君居故里，著述理丛残。久却诸侯聘，深知远道难。江关十年别，鸡黍一樽欢。珍重名山业，松花满石坛。

修竹山馆　在西栅米棚下，孙燮所居。

金锡桂《修竹山馆海棠盛开，愈愚用东坡韵作诗索和》：斜阳一段下高木，好友书来破幽独。生香活色溢函表，已扑软尘三斗俗。大才奚翅千琼瑰，斗不能量量以谷。髯翁别来一月余，意谓称贞徒缩屋。著书勤或过运甓，说士甘应胜啖肉。一堂晤对惟古人，余事让人矜捷足。岂知造物富精英，要赚诗人诗句淑。有花不畀俗客赏，只恐将军空负腹。海棠一株独赠君，位置天然闲修竹。招邀近局作邀头，胜侣纷来刮双目。诗篇叠出峰峦奇，属者为峄独者蜀。名缰利锁亦何有，骚坛应羡摩天鹄。怜予吟事久颓废，惠以琳琅感心曲。偏师拟把长城攻，力弱还愁笑蛮触。

小蓬莱山馆　无考。

夏霖《闰月同沈小香、纪石斋、秋墀、味琴集小蓬莱山馆》：坐啸行吟傲七贤，蓬莱只合住神仙。一时谈吐皆高雅，千古风流几少年。归燕绿翻芳草地，夕阳红挂楝花天。闲愁亦与春俱尽，共约南湖放钓船。

容庵　在藤语轩南。

董汉策《容庵自轩以南别构虚堂曰容庵》：泛泛沧江五石匏，山河影里任诛茅。半龛小雨莺花国，几树轻烟鹳鹤巢。海岳卧游分梦垒，风雷空际卷灵旝。从教丈室容今古，玩世曾占肥遁爻。

元元室　在容庵东。

雨兰谷　在容庵西，董闻京读书处。

榴龛 在大宗伯第内。汪《志》按，陈寅清著《榴龛随笔》，盖尝馆于此。

董汉策《榴龛诗稿自序》节录：余所居非名山大川，不足恣游览，遂寄意于草木。性复懒灌莳，凡草木之弱苗枯菀，率听之天。岁在己卯，余生十有六年矣，喜食榴，则唾其实。居无何，则丛生如小葳，不察也。越半载稍壮，则植者、倚者、拳曲者相连，比如小儿蹴踏走阶下，始知其为榴也。稍薙其繁，存修干数本，如是者一年，则大者如男子初冠弁，小者如髫髦，当窗楹间。未几，则亏蔽日影，密荫竹榻，益可爱。如是者又数年，则朱实累累矣。余方箕踞日哦其下，因题所居曰"榴龛"。然当其食榴唾实时，岂知有今日乎？天下功成于不意，道成于偶然，类多如此者，则余也殆将把酒赋诗，浅歌长啸，拍浮呼榴，以为老友。

红柿书寮 王铸所居，今无考。

施国祁《哭王雪浦》：里社交游属纪群，忘年把酒夜论文。谁知疏雨凋伤后，又掬衰残泪哭君。君为刘疏雨侄婿。 三吴文望极搜罗，小隐题看写墨多。名士由来真画饼，惜君抵死爱名何。君有《湖山小隐图》，题者约百人。 碑版琳琅耀墨池，黄金散尽为书痴。清风自合留天壤，说与时人那得知。君家藏书不及疏雨，而金石碑版过之。予尝见《蜀石经》二卷、王俅《啸堂集古录》、《张迁碑》等。 隶画超超艳竹汀，君善分书，早为竹汀先生所赏。架头湘管已无灵。病中许借分书手，为写章和古佛经。病中往候，曾为君说《四十二章经》出尘罗汉事，君欣然许予隶写此经一册以赠。 向平愿毕也成尘，奈把天缘问俗因。不省陀罗三梦恶，伤心等是出家人。君儿女皆未婚嫁，故用因果经文佛事。 半生豪逸气如虹，座满朋樽酒不空。痛绝柿寮谈客散，夜床流照一灯红。君书斋名红柿书寮。

蜗余草舍 无考。

董襄《还浔溪风雨夜蜗余草舍小集即事戊辰》：蛮触饶余地，空斋夜乐群。竹低疏戛玉，石瘦皱添云。对酒听风雨，挑灯话典坟。明朝扫花径，黄叶落纷纷。

圆通精舍 无考。或云在北栅圆通庵内。

潘桱章《圆通精舍息疴喜同董诵孙甥宿宫》：精涤灵烦燠，况与静者逢。元树忘山水，幽期共菊松。俱飞安贵鹄，能卧必真龙。贞素存吾道，追随敢好佣。

南浔志卷十一

里人周庆云纂

园林

陶氏别业 在西栅笺二圩，宋代所建，久废。汪《志》按，纪氏秀水坟即其故址。

晓山园 在北栅外彩虹桥。元元统中，宣义郎华振道建。构三院，面阳轩堂、水阁、厢房，规制相等。地形方，四周皆碧湍，石凳琴床，杂莳芳卉。望洞庭两山，青翠如削，因名。明时已废。汪《志》按，《浔溪纪事诗》注作晓园，脱“山”字。董蠡舟《浔溪棹歌》注因之，云晓园在镇东之石瀨，尤舛。

小桃源 在南栅石瀨之北。元至正初，承事郎华宏纲建。地多丛篁茂树，又多土阜。就其高者为陇，亚者为阿，垒石成山，作茅屋草堂。款制略与晓山园等，而幽秀过之，久废。蒋文勋按，华氏《传芳录》：宏纲于石瀨之阳筑园曰小桃源。可知小桃源故址，当于石瀨附近处求之。石瀨在报国寺后，其北岸田中有石曰眠牛，相传尝有人掘之，入地丈余，不能动，遂有疑为包山之山足者。勋于癸丑之冬，尝与李君希民雇工试掘，将以验旧说之信否。乃掘未数尺，石已底蕴毕露，孤峭秀拔，盖一峰也。石磐亦即在其旁，因并起之。置青华观前。时又于其旁近发见大小太湖石无数，纵横百余武内，锹耜所触，无非石也，磊磊者不可胜穷。乃仅起二十余枚而置其余。起石之处，正当石瀨之阳，其为小桃源故址无疑。于何时夷为田亩，世远年湮，无从考质。其园石之大而突露者，至为人加以眠牛之号，旧志亦莫不载之。传说谬悠，无好事者为发其覆，遂并华氏之小桃源，无能确指其故址之所在。岂物之显晦有时，非其时固不可强欤？汪《志》“小桃源”下称“地多丛篁茂树，又多土阜”云云，此必前人成说，专为石瀨言之者，花园巷则无此景象也。董蠡舟《浔溪棹歌》：“一棹延缘石瀨过，华园秋晚起菱歌。远偏庐圮生绡断，古木丛篁画意多。”诗咏石瀨，而以“华园”与“远偏庐”并言，得其实矣。惟“华园”自注为“晓园”，不无小舛，然其舛初不在脱“山”字也。汪氏志小桃源，不知据《传芳录》索故址于石瀨之阳，而强以花园巷内之夏家园当之。花园巷东枕定心港，与石瀨不相近。准其地望，且在石瀨西偏，何得云在北？汪氏之意，不过以《湖阴杂记》载庄允城购夏家园，疑其误“华家”为“夏家”耳，故于“衢巷”门“花园巷”下亦曰：以华氏小桃源园得名。然吾浔旧有夏姓，安知无夏家园？即曰“夏”当为“华”，而华氏自宋迄明，世为一乡望族，其第宅园亭，当不止一二处，汪又安知庄所购者，为宏纲之小桃源乎？今石濑左近，若兜、若巷、若桥，多有以“华家”名者。第以“华”“夏”音近，遂悍然以“夏园”为“华园”，何如求华园于石濑之旁之较为切实乎？其既曰“花园巷内”，犹必先之曰“石濑之北”者，殆汪亦自知非是，故著此语以影附于《传芳录》所云，而不悟花园巷之与石濑，两地悬隔，必不可并为一谈也。汪訾董舛，而舛乃更甚于董。故因园石之发见，为辨析之如此。

张文元《南浔竹枝词》：一水盈盈认碧浔，桃花无复结成阴。除非久住南林客，愁煞仙源无处寻。

夏家园　在南栅花园巷内。建自何时，不可考。明季，庄允城过其处，见金银气甚盛，遂购居之，获藏金无算。允城子廷钺建百尺楼于园中。及庄氏籍没，园为董绍闻正传所得，称董园。有石挺立如人，高二丈余，中有孔，月光照之，穿影如壁，名曰明月峰。后园废，石亦为人购去，园址今归刘氏，改建宅第。

张丹山《浔溪棹歌》：晓山深处似江村，石濑回环旧迹存。一自泌园增筑后，无人重问小桃源。汪《志》按，张鑑《蝇须馆诗话》云：“董氏泌园旧址在花园巷内，有太湖石，高丈余，后为马要沈氏取去。白皮松一本，高过屋山几倍，亦为有力者所夺。”《静啸斋存草》云：“先宗伯泌园不十年化而为圃。”然则此石也、松也，是后人所添置，抑即前人所经营耶？今考松石皆董绍闻园中物，因董园之称，误指为泌园，此诗即承其误。按，花园巷内之园庄，董之先为夏家园，见《湖阴杂记》。诗以为即华氏之小桃源，其误与汪氏同。又晓山园在北栅外，泌园在东栅，石濑在报国寺后，诗中牵并言之，尤为疏舛。汪氏第于泌园正其误，而以定心港为石濑，则犹承此诗之误也。

纪磊《浔溪杂咏》：旧时子姓几人存，春晓南楼欲断魂。却怪道旁行路客，往来还自说花园。

纪氏南园　亦名南庄，在城壕东岸，明纪中建，久废。

纪磊《咏南园》：一池碧水镜新磨，想见香风透芰荷。今日南园谁顾问，隔溪隐隐采莲歌。

东墅　在东栅，亦称东园。今无考。汪《志》按，今惧三圩田野时掘得太湖石，疑即其遗址。

明董份《张君东墅记》：浔地小人众，民稠居而栉比，无闲旷之隙。旷特在四野，其东倚大道，有广原莓田，益东颇有林泽之饶，岁时好事者每多东游。而予家浔东也。曩予甚困，时时行林泽间，道诵其书罢，即时与客取饮，醉卧歌呼，与游者相应乐也。已而感叹，坐中欷歔，莫知其所为者。然好数往，率以是为常。其后仕宦京师，陆沈金马间，多默不自得，每思浔林泽之可游者。积一数年，乃得请告归。而居浔好事者益驾艇，设楼旆，多从鼓钟笙歌，招邀载酒为乐，慷慨道故，历历曩时事，而诸公雅游，辄授简为文辞赋诗，雍容甚盛。当是时，张君在坐，予私观其有翩翩之思焉。会予告满，复治装，道由浔东溯北入都，驻盖俯仰林泽，久之与客别而去。其后予入都而病，每念未尝不在浔东所歌游处也，其悔之甚。常与客言："人强其性，则怫而病滋。辟之笱鱼篓鸟，虽日饰以芬饵，飧以珍粒，不如纵之湛渊、任以林蔚也。且既不可同日语矣，乃者暂游渊而适蔚，又复内之笱篓，其情可胜道哉！"良久，予病不已。徐子者好方多奇，素与予甚善。乃从溽暑赤日中，走数千里，入都视予病。病方差，因从容曰："楚人有云，人之思，故在其病。予，越人也，其声之越久矣。今浔东诸林泽处何如？诸游者今无恙否？"徐子为备道其处，因言张君者，最喜客慕游，数为乐浔之东，其自称东墅也。予蹶而叹曰："嗟乎！夫浔，予有终焉之志，向者将乐而忘老，顾不早自定，驱驰于尘埃车马之间，使张君得借而有之，诚不能无少望也。"予闻张君厌纤啬，好闲雅。曩之所见其翩翩者，不诬也。夫人既已委质于朝，此于鱼鸟之性，宜不自遂已。张君方年少，不为禄宦，即极其所往，比之濯波清泠而负风寥廓也，则东墅且属之张君明矣。徐子曰："予行急。张君则有言曰：夫人所居不同，其事亦异。栖林托泉，媚一丘壑以自荣者，偏方之士也；赞庙堂，佐区宇，揽四海以为度者，达观之情也。今夫子上遇明天子，下得任职，他日得究其度，使丘壑者有所庇而安焉，不亦伟欤？而顾争勤于田墅之间，左矣。"徐子因挟一卷，请所以赠张君。予既高徐子之义，又美张君之言，遂记其本末如此。虽然，予病不适用，为我谢张君甚厚，予当归浔水之上，与张君言于东墅矣。

泌园　在东栅。明宗伯董份别业，今改造。或云董宗伯祠即其故址。汪《志》按，泌园建后未几即废，久无可考。董《志》明云改造，自必有征。后人或指董绍闻园以当之，或谓煤山即泌园旧址，皆讹。

明董份《夏夜园亭即事二首》：避世人方笑，行园客偶同。窗摇杨柳月，亭敞芰荷风。鸣鹤穿萝径，游鱼戏藻丛。生涯唯有醉，莫使酒杯空。　宴坐当初伏，开尊封小池。夜深鱼跃水，月出鸟移枝。菡萏随风馥，梧桐带露垂。何当歌吹歇，时为理琴丝。

又《园中》：清溪迤逦曲通源，野径池深画掩门。一鹤天空时自唳，百禽春到总能言。柳因久植阴围地，花正繁开香满园。珍重园公好培护，莫教风雨妒芳荪。

又《园居即事》：五柳闲门画不开，一园高卧日悠哉。池边把酒听禽语，竹里弹棋有鹤来。白石烂时歌已倦，紫芝采罢曲新裁。少微只媚山中色，岂有祥光烛上台。

又《春日园行客至》：挂冠早喜得还辕，抱瓮今来学灌园。旧国山川如有待，新蹊桃李本无言。地深翻觉鸣鸡静，竹密时看孔雀喧。已少世人来绝境，任教仙客到桃源。

明董嗣成《泌园芍药盛开，侍家大宗伯公宴集，赋呈二首》：平泉景物丽三阳，曲槛雕阑百宝妆。朵绽纤霞娇吐焰，枝承晓露暗凝香。喜随曳履星辰动，共羡开尊日月长。好此谢家诸玉树，春风岁岁满华堂。　奇葩曾占上林雄，怯并花王富贵同。金谷乍披香霭散，华清初沐瑞烟浓。氤氲低压银钩湿，璀灿光分玉烛红。赐得汉庭灵寿杖，不妨扶醉月明中。

明董斯张《秋日旧园书事》：先宗伯初构别业，命曰泌园，不十年化而为圃，予伤之，作是诗。隔岁重相过，秋心满一园。高楼经昼闭，往事老人言。径直柔桑合，池平野鹊喧。坐看白日影，勿使泪空繁。

曹仁虎《浔溪竹枝词》：瑞云峰势最玲珑，盘石曾传出水中。夜半宝光何处去，泌园无主草青葱。　汴京遗老赋归田，一树寒梅句早传。留得清芬余泽在，隔花曾启上林筵。

范锴《浔溪纪事诗》：泌园水木赋幽居，一朵云峰画不如。惆怅旧时双紫燕，衔泥重到已荒墟。王同轨《耳谈》："董宗伯浔阳公得某家山石，高五丈，运巨舟载归，至震泽，舟沉堕水中，公不能释，募善泅者入水求之。泅者探石盛在一大石盘上，盘可合五六抱，公甚骇异，令数百人次第皆起之，而以石置盘孔，毫末凑洽。盖即当时以盛石者，而其家亦不知所始。"袁宏道《锦帆集·园亭纪略》："徐囧卿园在阊门外下塘堂侧，有土垄甚高，多古木。垄上太湖石一，旧名瑞云峰，高三丈余，妍巧甲于江南。相传为朱勔所凿，才移舟中，石盘忽沉河底，觅之不得，遂未果行。后为乌程董氏购去，载至中流，船覆，募善泅者取之。须臾忽得其盘，石亦浮水而出，今遂为徐氏有。范长白曾为余言，此石每夜有光烛空。石亦神物矣哉！"

董攀龙《浔溪竹枝词》：空箱犹贮旧乌纱，修史兰亭著作家。欲访泌园寻竹石，晓莺啼上碧桃花。泌园，先宗伯所筑，因以名其集。

华氏小园　在洗粉兜。明华仁溥所筑，今废。

明董斯张《夏日同周虞卿集华济之斋中》：公子善留客，清樽开竹轩。桑阴间入牖，水气暗浮村。散坐同知己，无聊或放音。持杯有深意，落日满高原。按，华仁溥字济之，诗在华氏小园作。

又《华济之宅看兰》：一室静于水，楚兰惟与君。谁得炎歊月，孤翠来寒云。千花散幽采，丛叶摇异芬。归深四更梦，犹是醉中闻。

窥园　董汉策建，今无考。或云煤山即其故址。

董汉策《木兰花令·戏赋窥园小山》：酒浇五岳何方去，坐对忘言唯有汝。嶙峋天外解飞来，占断松筠最深处。墨池影动天边雨，洒遍龙门和砥柱。傍人休笑此山孤，犹有云峰相伴住。

温能夫《访窥园赋赠》：乘秋泛湖下，清波明朝晹。林壑发逸兴，思君一登堂。幽径翻石穴，松湲托潇湘。顷云留野鹤，小泉寒鸣蛩。山川敛一室，星月披襟裳。伊人怀琴操，一咏一飞觞。高风湖笠泽，赋心轻洛阳。抱膝何所思，成都八百桑。

温春生《窥园》：浔南有君子，高素如空秋。经纶冥极外，静与丘壑谋。结庐非桃源，乃穷泉石幽。昆仑出户牖，云霞飞床头。抚琴作龙吟，惆怅蟪蛄愁。有时发浩歌，空中惊涛流。天地尚兵甲，吾道将安休。所贵蒙庄情，偃仰为沉浮。晨夕论今古，旷然耳目周。斯世未可忘，暂尔寄悠悠。

姚氏园　在东栅洗粉兜，姚景熹所筑。园中有石，峭立如笋，高丈余。

董恂《浔溪棹歌》：荒烟寒雨绕枯藤，姚氏园林自昔称。看竹不须重问主，一峰如笋立峥崚。

半亩间　在南栅白鹇兜。陈可昇之祖所筑，久废。

陆贤英《经半亩间故址》：鹊林哑哑鸦阵黑，橘林桑凋无一实。外氏经营半亩间，我来双手披刺棘。桑柘垂垂荫板门，采桑之妇来前村。入门相视不相识，问我谁氏之子孙。俯首沉吟转凄咽，口不能言对以臆。草木平泉金谷园，世家流落今何存。舟移壑徙等闲事，一物易主安足论。出门直去不复顾，回头日暮风吹树。暮景桑榆记往年，往年娱老此中住。牡丹落手兴欲飞，奕叶流连赏花句。曾大父有《宴赏牡丹诗》。瞥眼辛勤不记年，落花满地浮苍烟。一器失堕非子弟，纵乃头角高摩天。乃知古人有深意，一草一石都勤记。叹息归来闭院门，检书兀兀心如醉。

陈可昇《阅陆甥经半亩间诗为之雪涕和诗二首》：老桑绿被白鹇滨，半亩当年称隐沦。佳境荒唐成隔世，高情稠叠愧畸人。幼弱惯从名宿醉，衰颓空忆故园春。板桥巷口依然路，来往花时泪满巾。　才费经营老息肩，废来又见卅余年。牡丹不与孙行看，奇石先教友辈迁。读《易》破窗巢野雀，观鱼旧榭散寒烟。门墙遗址寻无迹，豆架瓜棚绿蔓延。

且住园　且住园，在南栅陶家巷南。中有且住轩，董氏所筑，今废。

董熜《且住轩记》：宅北有隙地半亩，缭以周垣，垣西架屋三楹，绮疏雅素，皆东向。前列梅桃，杂以蜀葵、蔷薇、木香，缘墙皆蓬麻，余畦则蔬菜瓜茄，随时擢莳。已而剪其蒙蔽，杀竹为篱，篱环圃而护之。外筑石径，每风日澄霁，时鸟变声，行于圃中，陶然乐也。始宗伯浔阳先生之营是宅也，宅后重楼高大，更数传，而贫不能守，归他姓。先王父破产复之，而撤其楼，楼址遂为荒土。久之，又更二姓。自家君复完，理之，荒秽始去。既又僦于人数年，今乃仍归主人。得以筑斯数椽，为游息之所焉。嗟乎！容台创业，奕叶簪缨；流风遗书，犹在人口。而楼居变为平地，甲第屡易居人。俯仰二百年之间，兴衰祸福，倚伏循环，何可胜道！则今者父子兄弟，乐且住之为佳，而扶杖撰几于斯也，能无感于中乎？且夫烟云风雨，咫尺万变，且住中之天地也；坐春花，纳夏凉，听秋声，曝冬日，且住中之四时也；或挟书而长吟，或倚石而赋诗，布衣疏食，逍遥物外，且住中之日用也；闭门扫轨，座无恶宾，莺求其友，携柑以听，且住中之友朋也。然则感遗构之难保，乐生机之日新，坐观草树之荣悴，而徙倚于栅鸡圈豕之余，盖未尝不叹盖公传舍之达，而笑卫公平泉之陋也。

董炎《且住园》：僻性爱秋山，愧无登顿日。舍北结园亭，聊以求自适。种竹千万竿，萧然见清逸。好鸟对我鸣，琴书日在室。俯仰万事宜，何劳空戚戚。人世多营谋，我独守吾拙。

皋园　皋园，在东栅马家港。俞氏所筑，今废。

张鑑《墨溪俞氏皋园记》：皋园者，同里俞氏云楼承先志之所筑也。俞之先自诸暨三迁至墨溪之北小兜，近二百载。雍乾中，翰飞、可堂两先生以名诸生，用儒学起家，与吾张氏有潘杨之睦。忆幼时数至其书种堂，迨倦游归，则问渠君与余皆垂白，暇复过从。堂之东有楼与先垄近，曰佳望，旁莳花竹以为娱。至则必登楼远眺，相与道桑麻故旧之乐，移晷不倦。因述上世曾推旧宅与族，遂来此营祖墓，今并卜生圹焉，志欲拓此圃，虑不赀也。已而捐馆舍，哲嗣云楼乃次第修举。既导服，延余过之。仍从东偏取径，过藕花仙馆。其北为旧佳望楼。楼前曰听香阁，循廊而北，转东有堂焉，南向。前俯清池，荷藻纷植，曰诵莪诗庐者，志罔极也。池之西南有亭，东向。由诗庐而过醉月亭曰承志堂。南与山相直，以妥栗主。迤东而南，为盥廊，廊与山即近。山有台，面西曰“白云在望”，取狄公语。启户则趋垄甚迩。山之北嘉木修列，栽花帖石，极为幽迥。山有洞二，拾级而上，有亭翼然，曰“陟望”，取诗人屺岵之意也。引领东向，则前两世之茔与新阡历历在目，不过一牛鸣地。环植樲樌，中老梅二，高数丈，花时望之如雪，盖承祖父之志而成之者此也。尝读《韩诗外传》，皋鱼曰：“树欲静而风不止，子欲养而亲不待。”曾子曰：“孝子欲养而亲不待也，木欲直而时不待也。”何其言之如一辙也。夫曾子孝高圣门，而孟子但称曰养志，由是知祭义，思其居处，思其笑语，思其志意，思其所乐，思其所嗜。养志即羊枣饮食，及请与诸事，古人实事求是，初无有小大，虽此肯堂肯构，将立德立功，能外是欤？至于林泉之胜，十百于此者有之，可勿深论。或曰三世风木，昕夕展觐，非其贤欤？是又不然。汉重庐墓，至晋不衰，及《北史》为孝行列传，几于无墓不庐，亦奚足为云楼重。以余所闻，问渠君晚岁尤乐于为善，见窭人稚子，靡不得其意以去，然则充其志有进于是者。在园之名，初但以姓曰俞，由《韩诗》之言事与之类，谓之皋也亦可，遂书以为记。壬寅五月。

徐延祺《张萍卿桂璜溪招看菜花，顺至俞氏皋园，晚入青华观》：野蝶绕春原，乱飞菜花路。东风入书帷，余亦郊外步。遥睇桑柘阴，中有屋鸥露。扣关直排闼，丘壑惬幽趣。丛石半衔花，池面树阴护。鱼鸟自亲人，境与诗心赴。归作琳宫游，眷此春光暮。水榭纳远景，朦胧入烟雾。浮生半日闲，去者即为故。秉烛如同心，愿与伸情愫。

温文禾《雨后过俞问渠半塘小筑牡丹已半谢矣》：欲暖犹寒二月过，绿烟一径入藤萝。风前已暗丝丝柳，池面初明滟滟波。富贵百年春梦短，亭台几处落花多。繁华自昔无常主，且听林莺宛转歌。

憩园　在西栅外方丈港东。嘉庆二十年朱余亭所筑，毁于“粤匪”。今改建他屋。

述园　在南栅毓秀桥下。光绪初朱瑞莹筑。有涵碧堂、快阁，岩石幽秀，中有石高丈余，石有孔，吹之则出声。阮文达元题曰“啸石”。今园归梅氏，惟阁尚存。旧有梅瓣兰花，曰述园梅，得者珍之。

徐延祺《游俞氏皋园，因谈及朱氏园亭新加修葺，记八九年前曾至其地，顷复造访，晤兰荑主人。抚今追昔，为之怃然。同游者为朱少茗、张镜溪、舍弟俪荪也》：晴风骀宕春无价，缩屋称贞幽兴败。选胜来寻昌谷诗，偷闲亲入辋川画。墨溪溪水碧湾环，问讯东桥悄叩关。主人笑指平台上，啜茗先看一篑山。不用追陪拘礼数，翻因自在得萧闲。登临阅遍闲花木，兴尽剡溪归亦足。客言得陇未甘心，曷不熊鱼饱所欲。朱门楼阁敞青云，一色玻璃耀眼明。是我昔时旧游地，轩窗改换几经营。真疑碧玉壶中立，仿佛山阴镜里行。郎君暇日几勾留，花气薰窗指上头。历寂焚香宏景阁，萧疏玩月庾公楼。藏书兼得读书福，插架牙签纷满轴。为说前期似梦中，双丸下坂吁其速。董帷清话忆当年，重认鸿泥倍可怜。董君小云昔馆君家。曾写王珉旧团扇，曾随温峤共传餐。汉南杨柳看如此，那不攀条一泫然。曾偕温慕莲同访，蒙留夜膳，沈少吟出团扇请书，尔时数围杨柳尚未植也。

怡园　在南栅华家桥南，后临鹧鸪溪。同治季年周昌富所筑。园有梅花仙馆、华萼楼、清远楼及友石亭。见《宅第》。今废。

周昌富《园中有鹤甚驯，一日忽失踪迹，凤凰桥左近黄某者送之归，盖黄手植红梅数本，高与檐齐，鹤逡巡不去，为黄所获也》：有客无端送鹤回，开笼半日竟归来。翱翔不肯冲霄去，为恋横斜几树梅。

颖园　在东栅皇御河，同治季年陈熊所筑。其子诗与海宁管鸿词，郡城邱含章，嘉定许鹓，石门沈焜，里人蒋锡纶、蒋锡礽、徐麐年、屠维屏、蒋文勋辈，先后结江村吟社于园中。

小莲庄　在南栅万古桥西刘氏家庙旁。光绪中刘镛所筑。池广十亩，即古挂瓢池。夏日荷芰盛开，最宜消暑。临水回廊亭榭，布置秩然。有古杨三本，近百年物。

徐麐年《题小莲庄》：小莲庄不近喧哗，林木回环水一涯。位置全凭胸有竹，文章合羡笔生花。沿堤新种千株柳，隔岸时鸣两部蛙。瀹茗闲谈今古事，不知天外夕阳斜。名园先睹快如何，青借遥峰几点螺。西望，弁山隐隐可见。东壁云山人宛在，西轩水木地无多。桑畴凝碧日迟下，荷渚送香风偶过。绝似小瀛洲里景，凭栏费我一吟哦。　倚槛遥看绿野耕，水边仿佛画图呈。地多幽趣宜寻醉，天为嘉宾特放晴。池面游鱼时逐队，枝头好鸟自呼名。晚凉同赋归兮什，缓棹扁舟一叶轻。

又《秋日同人游小莲庄即用屠全士先生夏日忆小莲庄元韵》：名园秋色爱无边，结伴闲行即是仙。旧涨渐消荷叶渚，新霜已过菊花天。兴豪倒尽千钟酒，句好原如万选钱。一例游人多不禁，绿杨堤上往来便。

宜园　在东栅吊桥外，光绪中庞元济所筑。园前半画阁，重楼回廊，曲折入后则荷池数亩，空旷宜人。

周庆森《丁未清明东郊散步遂游宜园》：清明二月杏花天，杨柳丝丝扑禁烟。多少游人齐出郭，文昌阁畔舣游船。游船如织往还渡，信步还寻芳草路。鹿门依水构名园，蚁聚蜂屯不知数。由来园禁门常关，佳节游资一律删。绿女红男相杂沓，水心亭子碧波湾。主人亭馆盛乔木，叠石为山莳花竹。夭桃灼灼草毵毵，挟弹抛球好驰逐。不须千万买芳邻，绣壤天然朱与陈。白板只余双扇隔，绿杨分作两家春。两家眷属娇纨绮，各有园林兼声伎。层楼杰阁状崔嵬，曲榭回廊恣迤逦。独有风尘潦倒人，偶逢池馆黯伤神。秦宫汉殿一何丽，繁华消歇化为尘。

东园　在东栅吊桥外。光绪中张宝善筑，与庞氏宜园只隔一垣。筑小桥以通河水，浚芳塘以种芰荷。有阁临水，题曰"绿绕山庄"。

黄曰丰《东园即事》：不向云林画本描，风廊月榭景偏饶。沿阶草色通幽径，逐水花香渡小桥。漫道座中常客满，讵因市远绝尘嚣？分明方寸无多地，颐养天然品自超。　中和气抱水淙淙，灵秀天教此地钟。半亩堂开红菡萏，一拳石削碧芙蓉。云深修竹曾栖凤，风卷长松欲化龙。花影入帘苔绕砌，夕阳闲煞洞云峰。　群花为幛树为屏，小筑园林傍闼庭。浅水护堤桥跨柳，远山当户室留青。茂如松柏春常在，秀挺芝兰德自馨。一榻琴书尊酒夜，凭君邀月上窗棂。　一亭竹亚一亭花，位置清奇最足夸。爱听松风频作画，惯烹荷露学煎茶。他年待看天池奋，得气先资地脉嘉。如此名园抛却去，更从何处驻游车。

半亩园 在西栅丰年桥下邱氏家庙旁。光绪中邱炳垣所筑。

戈园 在东栅仓潭内。光绪中邱炳华所筑。

适园 在南栅补船村，光绪中张钧衡所筑，即董说丰草庵黄叶台故址。叠石为丘，浚池成壑，亭榭花木，结构颇佳。

郑孝胥《适园记》文见《碑刻》。

缪荃荪《韫玉楼遗稿序》节录：家有适园，共称胜境。疏泉作沼，叠石为山，跨溪阁之一湾，豁风亭之百尺。夕阳花坞，红蒸绮丽之云；晓露竹塘，翠刻琅玕之玉。每当春深睍睆，四壁花浓，秋影玲珑，半帘月堕。疏窗小雪，一枝先插。江梅虚馆凉镫，四照最宜篱菊。羌巡檐而索句，亦击钵以朗吟。时作雅游，借开胸臆。

留园 在南栅笺一圩，花园巷对河。光绪季年刘安泩所筑，拓地数十亩，池沼亭台，所宜咸有。

陆树藩《留园记》节录：浔南花园弄有地一区，明季为庄允城所居。子廷鉞建百尺楼于此，今又将三百年矣。镇人刘梯青观察从钱氏购得是地，乃筑宅于其中。顾壤地褊小，不足以供布置，乃于隔河拓地二十余亩，培土叠石以为坡，凿地蓄水以为池。曲径蜿蜒，小畦错落，且有石可倚，有亭可憩，有台可登。楼虽不百尺，亦可凭槛而朗眺桃源，不啻也小桃源乎哉？

南浔志卷十二

里人周庆云纂

寺庙一

东藏寺　在东栅马家港，俗称东禅堂，明万历中董份创建。国朝康熙二十七年，董汉策修。雍正甲辰、乙巳间，里人起金刚会，醵金施衬建地藏殿，称为“赛九华”。每岁七月，香火最盛。壬子建大悲阁，乾隆中，阁毁于火，重修殿宇，并建阁。道光十年，住持僧达曾募化改造山门，重修殿宇。十七年，重建地藏殿。二十六年，增立关帝殿，咸丰时毁于兵。同治初年，住僧草创数椽，屋极卑陋，后殿有铁佛。光绪中，僧悟性曾覆瓦屋，未复旧观。

明吴文企《东藏禅寺碑记》文见《碑刻》。

董汉策《重修东藏禅寺碑记》文见《碑刻》。

金之俊《题放生汇纪后》节录：《放生汇纪》者，忘庵胡先生之所编也。初放生池经始时，一望荒丘，并无片瓦寸椽。彻机上人仅营一团瓢，孑然孤处于寒风苦雾中。曾几何时，绀殿巍峨，翼以东西两禅堂并准提堂，玮丽悉称是。且缘放生，推之悯死。又于池东寂照寺，偕柴道人收埋骸骨，行将庄严一地藏殿，永度冥魂，咸自忘庵先生一念大悲中涌出。汪《志》按，东西两禅堂，当即指大殿前东西两厢。准提堂故址，今无考。又放生池当在寺南，今亦无考。惟山门旁有石刻“放生河”三字，或系当时所勒欤？

夏光远《东藏寺建大悲阁序》节录：东藏禅寺，浔溪古刹也，为接众之所。地介江浙，历来住持者率传舍视之。绀宇琳宫，日就颓圮。如天上人来自邗江，驻锡数载，百废具举。首建地藏殿，金碧庄严。由是前后殿宇、寮舍及毗卢阁，次第鼎新。兹因殿西有隙地一区，矢愿建造大悲阁。吾愿一切众士，同发大悲，将见乐输者自辐辏而至矣。雍正壬子八月。

《重修东藏寺序》节录：浔溪东有东藏寺，其来旧矣。昔董宗伯浔阳先生与云栖禅师投契，遂重建而更大之。其后华亭董宗伯思白先生与朱相国平涵先生交最密，宗伯来浔上，数往寺中，捐金更构堂宇。庭前槵树，扶疏高耸，犹思白先生手植也。康熙三十年，董征君芝筠先生复捐资，合众力修之，且作记以刻于石。今岁久倾圮，无复旧观。前月，樵上人有意恢复之，而以病去。今也闲上人来继是席，遂发愿重修焉。汪《志》按，寺实创于明万历中，碑记甚明。文云旧有此寺，董份重建者，讹。又张鑑《秋水文丛》亦谓僧言寺有元人碑，则非肇始于明。然今搜访寺中，实无元碑也。

释悟诠《东藏寺重修山门记》文见《碑刻》。

张鑑《重修东藏禅寺记》文见《碑刻》。

又《东藏寺重建地藏殿碑铭》：余既为《东藏寺碑》之八年，达公智刃所游，无适非可，复以正殿西侧旧有地藏殿一区，岁久倾圮，榱桷摧坏，改而拓之。前展石亭以延瞻礼，仍先名而增后构。法宇光严，焚修弥洁，隆材厚础，式焕丹青，凡用工费若干两。落成之日，香花骈集，会吾友范锴白舫舍写殿匾。自汉阳驰书达公，谓乐石之文，当属不佞，往返敦切，则进而叩之曰："公具三空之解脱，研四忍之真修，诚重劳轻，曜兹佛日，厥功伟矣。不佞贞疾跧居，元关莫跋，事不知，不可言羯磨，众不悦，不可言陀那，石墨云何？"达公曰："否，否。纂修十稔，虽劳勚不辞，而掩人之善，则口业滋重。此虽迦叶之栋梁，实则人伦之龙象。檀施共成，予何力之有？昔白雪吴太守碣有言：佛家戒诳，儒宗贵诚，初无岐视。今兹众善数沙，即等于恒河。而道本一宗，法还不二，盖有人焉。里中张君宗骥之母徐太君者，宿智愿力，输其家钱。自琳宫绀宇之庄严，暨宝相金姿之涂泽，种种善端，莫可殚纪。献岁发春，寿开百帙，躬见五代。盍亦因像以悟真，因名以悟实，此而不书，湮没是惧。"余曰："然则亦以吾道释之。夫《洪范》五福，一曰寿，而继之以攸好德。《列子》顺民四事，亦一曰寿，而继之以名。盖名所以载德，佛之久视长生，即儒之永锡难老。太平之世多寿，而世之求仁养志，靡不愿延龄长命。观达公之克辛劬者如彼，而张母之能成就者又如此，欲不被诸贞珉，其可得欤？达公既远绍月樵、也闲两高行之坠绪，因基址有限，即于殿侧表彰塔碣。善缘凑聚，不忘前轨，咸宜垂久。其余善信，书诸别碣。友人温曰鑑、汪曰桢、董升桢，并与寿母子姓有涉者，笃信儒术，学古不惑，偕过怂恿同载之石。爰作铭曰：浮玉之阴，有洌者泉。汇为墨溪，左右澄渊。翼然崇构，跏结金仙。法轮自转，乐树长圆。爰集禅侣，参证益虔。祥云夕涌，慧日晨悬。鱼钟梵呗，花烛经筵。介我稷黍，谷我市廛。亦自檀越，妙性纯全。锡之遐祉，报以永年。无涯之庆，施及大千。迦陵嘤嘤，贝多娟娟。既光寿寓，弥厚福田。对扬王泽，共证尧天。"汪氏按，此文虽题碑铭，而未及勒石，故不入《碑刻》，仍载于此。

明董嗣成《秋日过禅堂即事》：东林少尘事，丛薄散深秋。水色到门净，钟声入院幽。焚香莲座下，洗钵竹溪头。不识归途近，吾将问赵州。

董浩《轼儿读书东藏禅院》：浔东汉而南，水木最明瑟。东藏古禅院，高阁矗林樾。碧波环寺门，绿野列村墢。幽禽和梵唱，渔榔鸣落日。触景得妙音，会心助吟笔。我昔尝爱之，尘鞅苦内热。只今又病痱，足软类跛鳖。累虚赞公请，难入维摩室。今春喜招手，一榻为汝设。如师颇爱儒，粥饭分僧钵。齑菜汝所惯，淡泊发明哲。古来精进人，参悟借老佛。六时阅钟磬，寸心勤卷帙。　卷帙实渊海，博洽岂汝能。六经四子书，义理深且澄。躁心动尘镜，口诵心则瞢。记丑强挦撦，饤饾愧淆蒸。心中不了彻，笔下宁呼应。今尔寓招提，谅无俗虑陵。春朝曜晴旭，春昼俯新塍。农事竞东作，佛子参西乘。矧伊圣人徒，敢以嬉游承。外寂得静坐，内专在服膺。身安而心驰，愧彼面壁僧。趁此三春功，亟登最上层。昼夜永不息，炯炯长明灯。

董炎《东藏寺访梅二首》：昔年曾上青芝冈，万山梅花佐飞觞。岂知三载不相见，酒醒梦觉空彷徨。朅来探梅到古寺，两株团雪舒幽光。荒村如睹故人面，婆娑其下喜难量。梅花见我亦有情，微风为作扑鼻香。天清无人花不语，妙意自在空蒙乡。诗人领略不能尽，坐待月圆明昏黄。　梅花不蹈世间热，独倚僧斋寄清绝。老僧不作世间事，独向寒流洗空钵。梅花老僧臭味同，我来对之心神豁。去年寄食村南头，今年家食愁生活。人生衣食苦奔驰，借此清风解饥渴。绕庭百匝不忍归，生怕一别成永阔。羲和驾驭鞭更急，白日已挂扶桑末。还当载酒续前游，与客同醉梅花月。

纪复亨《东藏寺槵树是莲池手植》：精蓝得古木，黛色望中浮。种说云栖衲，阴连海国秋。震雷烧树腹，树曾经霹雳。哀濑泻僧楼。快意来消暑，摊经枕石头。

纪汝霖《东藏寺即事有感》：忙里寻将闲处来，百年心事欲成灰。故人冥漠荒烟合，谓董六欧亭读书寺中。古阁凄凉乱石堆。谓焚大悲阁。噩梦几番先我觉，法门不二俟谁开。最怜殿角諵諵者，一卷金刚瞬不回。

吴谦《过东藏寺有怀莲池大师》：信步向东林，溪桥远尘阓。院深枝亦幽，手植莲池在。寺有槵树，大已数围，相传为莲池手植。莲池古法云，《净土汇语》：莲池为法云地菩萨示身。辨才了无碍。力开净土门，白业谁敢背。上宗远法师，不离斯旨外。眼前非匡庐，宛与莲社对。

张鑑《浔溪棹歌》：禅堂灯火向秋多，十寺烧香女伴过。一串桫椤珠百八，大家深夜诵弥院。东藏禅堂植槵树一本，僧岁取其子为佛珠。又俗于十月晦日夜礼佛达旦，名曰坐夜佛。

张丹山《东藏寺菩提树歌》：道场宝树森轮囷，四围光怪千由旬。旃檀香与吉祥果，庄严杂宝罗奇珍。年来梦想极乐境，琪花瑶草经冬春。今兹过从范庄道，为访枌榆事幽讨。东藏彳亍殿西陲，婆娑夭矫菩提好。盛夏花发黄金涂，纷披覆庇西南隅。佛手下垂如接引，枝枝叶叶高低铺。登毗卢之杰阁，眺夕照之浮图。香飘飘兮芬郁，实离离兮萦纡。千根万叶不可以悉数，但见头陀佛子俯仰而清娱。君不见南海根，六祖老干撑乾坤。戒坛亭亭干霄立，秦松汉柏皆弟昆。又不见英华殿，慈圣手泽犹葱蒨。百年世故阅沧桑，无生无灭殊僧院。我来此寺长咨嗟，客无雌黄僧无哗。愿将此树昔人记，为君一一详搜爬。或云启祯日，华亭掌邦秩。上方艳说香光名，嘉种分来画禅室。或云万历时，浔阳手栽之。金仙长生承密记，泌园荒圃空尔为。或云勤拂拭，莲池亲手植。讲筵现出菩提身，如见法云地古德。不须跻攀回曜峰，不须驰赴宝刀龖。不须灌溉金液圣义功德水，枝头日日扬仁风。况今精庐憩范蠡，便便腹笥囊无底。朝来相对桄榔庵，清谈令我尘氛洗。盘桓怀古发新吟，清风习习开烦襟。佛祖有言菩提本非树，与君试听微妙空中音。

夏耀曾《东藏寺看牡丹》：名葩自昔数天津，曩时，李家河牡丹甚盛，屡经过访。孙翁殁后，花久荒废。谁向空王殿里陈。时地顿殊春不改，色香依旧景偏新。看来老眼浑如雾，认作天花倍觉珍。富贵若能长自在，好凭小隐结芳邻。

董恂《东藏寺》：我爱禅房寂，清幽此地推。能诗僧不俗，卖画客频来。树古阴犹密，年深塔半颓。茶烟还竹韵，相对绝尘埃。

又《浔溪棹歌》：南接神祠北梵宫，游人道与九华同。莫赓月落乌啼曲，百八蒲牢吼暮风。南浔十景有“禅院钟声”。

许旦复《浔中禅舍之精洁无如东藏寺，文人墨客每来寓此，今亦被毁去，方外之游更无所适》：菩提树古溯前朝，遗植莲师迹未消。庭中菩提树一株，相传为莲池大师手植。一自灵山开广刹谓云栖，尚留初地敞精寮。六时清梵无人到，三级撑空有客标。何意千年贤劫届，金沙布处尽成焦。

范锴《东藏寺菩提树歌为竺峰上人赋》：东藏梵刹墨溪右，庄严佛土相周遭。菩提一树矗庭畔，百弓阴覆层檐高。根盘屈曲穿石甃，雨淋日炙坚且牢。不审何年巨斧劈，两干直上中空枵。杈丫势欲拂霄汉，岂与凡木同其曹？苍然浓绿万千叶，七宝幢峙当风摇。散花天气未结夏，黄金布地声萧骚。五月始花，色黄而细，瓣落盈地。冬陨槵子莫知数，秋实冬陨甚多。算师想亦虚筹操。摩伽陀国孰移种，法鼓洪振日月韬。传是浔阳善护念，寺为董宗伯份重建。纷论手植殊訾謷。相传董文敏寓此手植，又谓莲池大师所种。招提灰劫几兴废，独存此树清尘嚣。灵光照阅三百载，远胜玉带留荣褒。近时达老继修葺，经营土木弥勤劳。禅堂东西纵湮迹，寺旧有东西两禅堂，见金文通之俊《息庵老人集》，今但称东禅堂矣。山门开拓芟蓬蒿。松关静掩结吟社，梅阁高启挥秋毫。竺峰善画梅。饥饭困眠减痴妄，空诸所有无纤挠。我来借榻值炎热，逭暑树下偕游敖。繁星烂烂耀天象，茶垆谡谡鸣松涛。清月出云散光彩，凉飔弄影如张翿。相与长歌少挂碍，却笑多事南郭逃。

又《寄怀竺峰上人》：暂结东林社，倾谈色相空。橞庭吟伫月，萝径暑迎风。世外存知己，溪边感别衷。松楸动遐思，艺植仗支公。先考妣墓种树，曾托上人经理。

释文峰《过东藏寺时吴铸生、蒋霞竹、费晓楼诸君俱来合并，欢然道故，晓楼有诗出示，次韵》：暂息风篷脚，同参书画禅。相逢真快事，一面总前缘。夜永连床坐，灯明顾影怜。凌晨吾欲别，珍重此残年。

孙燮《道逢沈子敦同入东藏寺》：一笑溪桥畔，良朋意外逢。班荆来佛院，论古豁心胸。卓荦真年少，纵横好笔锋。谈深愁日昃，明发幸过从。

范锴《六月十五日，竺峰上人达曾煮茗，相邀赏月，坐菩提树下，凉风徐来，倾谈永夕，赋此以纪》：解装谒佛垆，当暑火云赤。向夕聚蚊雷，欲避苦无策。阿师林外来，邀对月华白。石磴具茗垆，匡床布�席。殿庭广且幽，橞阴覆百尺。枝叶交纵横，清光漏其隙。坐久凉飔生，清谈快胸膈。旋试阳羡茶，胜饮菩提液。薄云散中天，朗鉴益明媔。因思涉趣园，水榭俯澄碧。花木影扶疏，轩楹漾圆璧。兹复践清游，流光不虚掷。地闲身亦闲，顿觉烦襟释。月岂善驱暑，幽旷自清适。一笑卧庭阴，影转虚廊白。

夏世堂《赠东藏寺柳桥上人》：东涂西抹几经过，曾记霓裳唱大罗。逸少书名传智永，武梁画意结维摩。释犹好学方如此，儒不能文愧若何。一卷《兰亭》十三跋，南浔自古墨缘多。　浪负狂名四十年，半生绮语忏从前。昔闻定慧传坡老，始信昌黎爱大颠。天地无灵聊佞佛，英雄不死总逃禅。而今我亦多烦恼，愿结当头一棒缘。

金梅《九日同渭瑄过东藏寺及御书阁，渭瑄作二诗，因次其韵》录一：双鬓星星悟昨非，冠敧自笑发还稀。未能免俗捐萸酒，将谓偷闲款寺扉。槛外霜葩横塔影，殿前蠹叶惹垣衣。逍遥陌上村妆妇，也摘黄花戴髻归。

纪奎光《东藏寺兰花》：春郊寻古刹，一路长新苔。为有看花约，因之冒雨来。香侵骚客佩，幽向老僧开。相对无言处，浑忘暮鼓催。

温文禾《七月十六夜同晓楼、奚虚白、戴彤士三人集东藏丈室步月，分韵得月字》：远公引陶潜，于此耽禅悦。从之过虎溪，一径踏黄叶。朱阑围空廊，菩提荫清樾。瘦蝶随风来，点缀秋花末。共此邂逅缘，未怨音尘阙。大白注梨花，山肴杂烟蕨。醉眼重摩挲，中庭已如雪。广寒在人间，此景亦奇绝。旷怀坡公言，清梦时飞越。但少闲人耳，何处夜无月。

陆长春《过东藏寺吊竺上人》：一声清磬里，步屧过禅堂。面壁蒲团改，翻经石磴凉。香飘弥勒座，花落远公房。太息高僧去，凭谁话夕阳。

寂照庵 一名夕照庵，在东栅马家港东藏寺南。咸丰时毁，同治中重建。

方桼《寂照庵宝枝山房迟温雪舫不至》：境僻远市喧，窅然万籁寂。佛炉吐静香，幽户生虚白。落叶满空庭，墙角攒秋色。心闲诗趣生，延伫联吟客。足音想跫然，暮霭凝空碧。

姚景熹《春正月十三日同韩挟飞、范弁之暨立三、被光两舍弟偶过寂照庵见梅》：入春镇日苦相思，惊喜禅房破玉蕤。不见一僧应更好，任携佳客且吟诗。是日适诸僧尽出。

夏耀曾《丁泾李二云飞偕吴丈丹枫过寂照寓斋，以诗索和，未及应也。李子归之夕用次原韵代柬》：莲社谁为主，骚人坐上环。花开风雨后，诗斗笑谈间时吴李赌赋山茶诗。结契如秋水，多才让大山。愧迟桃李报，玉佩已难攀。

贤圣殿 在东栅马家港长生桥北，明建，国初重修。道光中，永福庵僧建中驻锡，募化重修。傍有砺山神及鲁班、张班祠。咸丰时毁于兵，同治七年重建。

金之俊《募修五方贤圣殿引》节录：苕镇贤圣殿庇佑一方，不知几阅岁矣。日就倾圮，有僧智远谋更新之。

董蠡舟《浔溪棹歌》：明德桥横绿水湾，文禽两两宿波间。唾绒莫便当窗绣，贤圣行香此往还。明德桥西南有贤圣庙，每岁五月舆神出行于市，以驱疫疠，谓之行香。

泗莲庵 在东栅马家桥东堍，光绪十八年建。按，桥上旧有圣帝祖师庙，桥改建时移庙于下。初止一小屋，极狭小。今则逐渐扩充，已有殿宇三进矣。

正宗居 在东栅马家港，久圮。按，汪《志》或云在陈家墩。考陈家墩有闽公所之正中居，此则为僧舍之正宗居。"正宗"与"正中"疑同音而误传耳。

黄周星《过正宗居晤不负禅师，盖因其父殉国难而兄弟隐于空门者》：昨识南家路，相逢似夙缘。桃花堪悟道，柏子漫参禅。忠孝三生事，文章万古天。我师端不负，名号自今传。

周道昱《宿正宗居寄允然师》：人间无路觅蓬瀛，是处陶情已足称。炉篆半帘迎素月，梅花两树伴高僧。夜长梦去尘心断，静极机来诗兴增。珍重良宵非易得，任他鸡唱不须凭。

董恂《浔溪棹歌》：明德桥头有故墟，游人不识正宗居。白苹花傍秋溪放，绿笠青蓑客钓鱼。《镇志》"正宗居"误作"正中居"。

闻涛阁 在东栅洪济桥北堍，祀文昌、关帝，董氏所建。乾隆四十年八月中秋夕毁于火。五十年，通判范全忠倡劝里人重建。咸丰五年复毁，七年重建，随毁。同治八年重建。

董蠡舟《浔溪棹歌》：部名八线技殊工，三匝雕梁绕未终。好是磨刀新雨过，怒涛声里唱玲珑。乐工之演傀儡者，手口兼作，谓之八线班。闻涛阁五月十三日每演是技。

慈荫庵 在洗粉兜，俗名如意庵。明董份建，以供御赐佛像。康熙中重修。咸丰初，增塑文昌像，后毁。光绪中重建。二十三年，武进盛柳氏建造大殿，旁有精舍。三十一年，因事发封，拨作学校校舍。

董汉策《慈荫庵疏》节录：先宗伯公典司秩宗，常直东观，御赐佛道圣像甚多，归休林下，辟地在浔东偏，建数楹供奉焉。越数十载，而家业中衰，圣像多散失，绀宇渐圮。旌节先妣顾孺人，建别业于浔北，迁供圣像之仅存者，而浔东之香火遂辍，居民樵苏其中，成废圃又三十年所矣。有慧宗上人者，来自禾中之双硖，募塑大悲檀像，诚敬备至。里中信之，十年而像成。请赁东偏之废圃，以奉檀像。余还其券，为指示从某至某舍地，听其葺建，绳先志也。

谢品《重修慈荫庵碑记》文见《碑刻》。

张丹山《浔溪棹歌》：斋殿青词赐佛龛，水云村外结精蓝。西分兜畔钟声静，树冷灯昏一古庵。

极乐庵 在东栅外震泽县界。明嘉靖甲子，董份始建真武殿，左文昌，右关帝。万历丁卯，续修东侧禅堂。未几，朱国祯延云栖法属完石开讲，迁文昌于分水阁上，移真武像居左，而中殿位三世佛像，并题额为“极乐庵”。后董氏续舍田为后殿基。至崇祯丁丑，曹村金之俊延弁山圆证寺印松上人为住持，遂议饭僧，置斋田。辛巳，后殿始落成。往来云水，用便息肩。顺治十年重修，乾隆二十四年重修。嘉庆十四年，僧觉青募缘建山门，造后殿。道光七年，里人铸大钟于殿。咸丰时毁，同治三年重建。汪《志》按，旧志云：震泽县与乌程县界石在关帝庙右田中，有分乡墈，东西判江、浙，庵实隶震泽地，但在浔东数武，势相联属，镇民赛祷，皆于是焉。譬之天文书，南门不属库楼、寿星不属井宿，而势不得不相附以见也。

金之俊《极乐庵饭众募疏》节录：余里居曹溪之西，越数武即浔水极乐庵，盖浙直之孔道也。其间云水缁流，凡自平川西至自苕霅东来者，瓶钵络绎，必跋涉六七十里，方获至止焉。至此遇午一餐，遇晚一宿，庵之接众饭僧者，历有年所矣。向虽经各檀那舍置饭僧田若干亩，而输税孔亟，岁丰仅足完课，岁歉则挪贷赔偿，田无稍济，实有大累也。迩者云侣往来，不减于昔，而斋厨索然。甚至茎齑弗继，半菽不供。或遇大暑大寒，烈日灼肤，寒冰堕指，求一餐一宿焉不可得。兹幸浔上董氏诸昆季，及远近善信等，延请云栖的裔、行解相应之圣先法师，驻锡兹庵，以先转食轮者，大转法轮，谋久远为众之计。势必寮房之狭者广之，禅堂之芜者葺之，以及庖湢圂圊、澡浴浣濯之所，并夏日之赵州吃茶去，冬日之大愚为众乞炭，所需必备，缺一不可。至于一应执事僧人，皆资单钱。约略计之，为费不赀。非广募众缘，曷克有济？

又《募建大悲阁疏》节录：浔水印松禅师，悲愿深广，既乏往来行脚应钵之所，为之募斋僧田，以津梁禅悦，又乏云水贤圣停锡之地，复思建大悲阁，以宏启禅关。

董汉策《极乐庵募修大殿疏代作，系癸巳秋著》节录：庵名极乐，指喻苦种，标举乐境，岂强名哉？虽然，庵有成坏，苦乐固相寻也。当其盛也，璀焕轩翥，虫镂鹊琢，过客朝参，游僧夜息。嘻，乐矣！不数十载，而绀殿半倾，观者感叹。于是住持印松上人作而曰："苦矣！"往岁印上人创大悲阁，去年苦洪水，复筑堤开渠，溉泄南亩百千计。今更谋重新，此上人苦行也。方且反乐入苦，反苦入禅，吾愿观厥成焉。

又《募供华严僧序》节录：华严为万界森罗，十方清净，极乐庵正上人创期持诵。凡诸上善，六度兼修，吾将以此为都人士劝。

又《极乐庵饭僧序》节录：今年夏秋，江以南罹奇荒焉。耕且织者，皆宵啼露处，觅衣食不得。彼三数衲子，持钵郊原，抑复何望？极乐禅院以接济云水为事，岁荒民饥，饭僧将废矣。家鲁瞻侄遍告同里，敦请禅伯裒集薪水，行将再续先宗伯暨金太傅之愿，甚盛举也。

温秉睿《南浔极乐禅院接四方僧侣，饘粥常数十百人。祥云、广修两上人，每日向市廛村落，次第得乞，以供大众，无有缺乏。余在大悲殿嗱持华严，见之，嘉其道行，以偈言赠》：浔东极乐，古刹崇台。有两上人，乞食市街。去其慳吝，令成信胎。寒暑无间，虚往实来。回积饭味，大众饱斋。是则名曰，荷担如来。

董衡《过极乐禅院清夜听梵音有感》：心事凭谁问，形骸孰可亲？忧惊新日夜，老逐旧云尘。岁月消何事，烟波驻此身。梵声通远榻，长伴衲头春。按，此诗一作董耒作。

鲍珍《极乐庵》：时会吴县李明府录囚于此。客兴秋来澹，清羸病尚依。扁舟操吏牍，细雨旧僧扉。佛法谁为说，跖徒诚不稀。片言堪折狱，愧乏箭锋机。

董燿《清明同友人步至极乐庵登分水阁，又呼渡野外散行，抵家已薄暮矣》：春光吾亦爱相羊，有客招邀到野塘。叠鼓催船双桨健，呼卢聚寺一时狂。溪桥柳暗谁家笛，水阁风微何处香？更上层楼舒远眺，青青陇麦菜花黄。　乘兴还呼一苇东，农家风景倍纤浓。平堤春水鸭头绿，隔岸桃花人面红。僧舍煮茶同淡话，绿阴脱帽受轻风。归来欸乃渔舟晚，笑指蓬门夕照中。

曹仁虎《浔溪竹枝词》：幡影深藏古寺龛，踏青女伴步能谙。祇园铁佛同参后，更到塘东极乐庵。

纪复亨《过极乐庵》：廊槛阴森甚，彤云覆佛龛。鸦栖残积雪，僧语落寒潭。风俗时交九，因缘笑欲三。独将枯木偈，闲与赞公参。

董载昌《浔溪竹枝词》：莲花细步径三三，礼佛频过极乐庵。归语檀郎休远出，塔湾东转即江南。

金锡桂《独步至极乐庵》：首夏来寻古院游，破窗风入似凉秋。三门临水断人迹，一鸟刷翎栖佛头。欲扫利名归净域，历观兴替总浮沤。记侬题壁曾饶舌，试问老僧今在不。

许旦复《浔中诸寺极乐庵焚去最早，以乡团驻此之故》：地僻东塘双树林，经鱼粥鼓昼沉沉。帆樯江浙来朝暮，栋宇齐梁自古今。谁把兵尘斯地扰，重教寇祸一时深。精蓝都入华严劫，破瓦颓垣对碧浔。

李廷赓《春日游极乐庵》：东风吹彻柳毵毵，灼灼桃花露正酣。极乐寺前回首望，不知身已在江南。

东岳庙 一在东栅极乐庵内，一在南栅广惠宫内，一在南栅关帝殿内，均劫后重建。

天后宫 在东栅极乐庵西。道光十七年建，咸丰二年修，后毁。今在极乐寺内。

龙王庙 在东栅分水墩。明董份建。神幄西向，上为阁，作圆顶尖，矗如浮图。康熙间毁，后副使潘尚智重修。乾隆初年，复毁于火，龙王像移供报国寺中。汪《志》按，董说《楝花矶随笔》云："分水龙王墩龙王及仪卫像，嘉靖朝名手塑，如唐人画。后来修饰，为俗工浪益丹青，遂不复见昔人意度，可惜！"盖庙始于嘉靖中，至万历时，移文昌像于此，然犹称龙王庙也。自移置报国寺，今人几不知分水墩曾为龙王庙矣。

曹仁虎《浔溪竹枝词》：分水墩头绀宇孤，龙堂钟动晓云铺。绿阴罩岸蘋风起，直送微波到太湖。

文昌阁 一在东栅分水墩，本为龙王庙，明万历中移极乐庵文昌像于此，乾隆初毁。至乾隆二十四年，通判陈名荣劝捐重建。四角飞椽，不为旧时款样，上层魁星，中层文昌，下层元坛神。咸丰二年重修，后毁。同治八年重建，宣统三年复建。一在慈荫庵，今废。一在南栅报国寺，咸丰时毁，同治七年重建。一在北栅北圣堂，同治八年重建。一在西栅祇园寺，咸丰时毁，同治九年重建，并有惜字库。一在东栅闻涛阁。

陈名荣《重建分水墩文昌阁记》：予分守苕郡，驻浔镇，镇与江南震泽接壤，其东兀立于水之中者，为分水墩，上有文昌阁焉。创自明宗伯董公，继修于潘公，而毁于戊午秋，盖二百余年矣。人皆谓浔水自苕而下，径行六十里，赖此以蓄其势也。非重建之不可。阁之重建也，议始甲戌之春，浔之士民咸贾勇乐就。予以物力稍艰，为循序渐进计。至前冬，而度材者致矣，采石者输矣。爰于去冬鸠工兴作，去其草莱，复其基址，视旧额而环之以石，且从而坚厚之。至今春，阅两月而工竣。上筑堂三楹，广三十尺，深五十步，累三层，亦视旧阁之额而变通焉。又两月而工竣。一切墙垣、门牖、阶级，未能猝办，次第至秋后而一一告备。落成之日，士民环署而请曰："微公莅吾土，是阁几不复。盖自公减俸以倡，士民鼓舞于后，莫不感公德意。今阁甫成，而士子文风益振，市中商贾络绎。至岁初患旱干，未几而甘霖大沛，讴歌载道路，其较欧之丰乐、苏之喜雨，名异而实同也。其可无以记之？"予应之曰："是阁之复，固苕之士民志合众力以为助，予何敢以居功？且尔亦知予建阁之心乎？盖乐民乐而利民利者，居上事也。圣天子兴利除弊，无事不为斯人念，小臣敢不体斯念以治斯人？予自分守后，士子则勉其先行后文，为王国器；民则欲其力恒产，守恒心，为太平时；善良商贾则秉心公正，毋幸售侵欺，为市肆蠹。所以为乐利之道者，固自有在，区区一阁乎何有？且夫土木之举，已成者弗毁，非万不得已者不兴。使阁之于浔，无关乎苕之形势，其废兴不足为损益，方且并其基而撤之，而顾复建之哉？乃因前人已然之效，众人不得已之心，以鸠工兴作，然犹虑耗市财，殚民力，而岁月以俟。今虽得遂众志，以无负予心，尤愿士民勿以为宴乐观，而以为劝勉法。至予去后，犹勤勤勿替，而是阁亦传之不朽，斯则予之心也。若夫登高四眺，阡陌桑麻，村墟烟火，左弁岭而右具区，春和风而秋皎月，则盛世象也，亦苕之胜也。至酣歌燕舞，借是以纵耳目、逞心志，而不修职业，非予之所敢出，而尤不愿士民之蹈乎斯也。"遂应其请而为之书。乾隆二十四年岁次己卯孟秋月吉旦，知湖州府通判事加四级粤东陈名荣撰书。汪《志》按，此文未勒石，故不入《碑刻》。

庞公照《重修分水墩文昌阁记》：古之祭川者，或源也，或委也。源取流通，委取渟蓄，先河后海之义也。南浔镇之东半里，有分水墩，踞苕水之委，若砥柱然。墩上杰阁三层，中层崇祀梓潼帝君，人文也；上祀魁星，天象也；下祀财神，地产也。一举而三才备焉。阁肇于明董宗伯，乾隆初毁于火，里人重新之。通判陈公为之记，镌于屏。迨道光己酉，三吴大水，阁复圮，里中诸君子相与谋曰："自陈公迄今越九十载，虽屡经修葺，今必并其基址而新之，然后固而可久。"为费甚巨，惧弗克成。于是首事者醵金倡始，复约同志广为劝捐，里之人咸乐输将。爰庀材鸠工，经始于咸丰壬子仲夏月，工过半，而秋闱捷音踵至，镇上获隽者二人。众翕然颂斯阁之功，余以为未尽也。盖苕水西来，奔流灏瀚，苟无以渟蓄之，则秀灵之气不凝，而财易匮，是阁实为一镇之关键。且在江、浙分界之所，则又为一邑之关键。吾镇帆樯云屯，百货丛集，登斯阁也，万家烟树，历历在目。推原家给人足之由，斯阁不为无助，非仅主科名已也。即以科名论，往者岁丙申，阁后产灵芝，而温君捷南宫。今兹芝复茁生，备五色，秀挺双穗，嘉瑞之来，宜必有应。夫既以物华兆人文，岂不能以地灵萃天宝？继自今里之人，守孝弟力田，佩神训也；歌阜财解愠，沐神庥也；书康乐平安，赖神佑也。饮和食德，源委昭然，则斯阁之有裨于吾镇，岂浅鲜哉！是岁十有二月，工告竣，规仍旧制，藻饰有加焉。余乐诸君子之图功巨而襄事勤也，爰为之记。

董恂《九日登文昌阁第三层》：胜侣相偕作胜游，蜻蛉艇子棹深秋。未霜杨柳犹青眼，如雪芦花半白头。卅载尚留初过地，一层同上最高楼。都教面面云窗启，容我凭栏豁远眸。

汪曰桢《登浔东文昌阁同吟五师铸范壶山作》：同泛轻舟水栅东，危楼凭眺豁幽衷。秋明露髻烟鬟外，人在云窗雾阁中。近水风翻芦颤白，远村霜染树摇红。谁携谢朓惊人句，搔首青天问可通。

已上东栅僧寺。汪《志》，内西栅圣帝祖师庙，南栅东岳庙及西、南、北三栅文昌阁，并附见。

南浔志卷十三

里人周庆云纂

寺庙二

祇园寺 在西栅，宋杨某建。绍兴二十一年，里人朱道宁重修。明万历四十一年，裔孙朱国祯重修，并铸铁佛。汪《志》按，四十一年或作四十五年。本朝康熙中，建白衣观音阁。五十三年，僧东隐募修。雍正后，寺渐颓废。乾隆三十七年，兴造后殿高楼，供奉地藏王。至嘉庆二十年后，住持僧沧海募化建造山门。道光元年，重新大殿，咸丰时毁。光绪四年重建大殿及地藏殿，十八年改建大殿。

宋丁昌朝《浔溪祇园寺庄田记》文见《碑刻》。汪《志》按，旧志及府、县志，并以寺为唐贞观元年释圆通建，至道宁重修，舍田百亩。据此记，则杨公保义之所榷轮，实创于南宋之初。朱氏舍田只二十亩，并广募士庶所施，共成百亩耳。相传明时大殿颓圮，梁上有“大唐贞观元年尉迟敬德监造”字，本俚俗无稽之说，而旧志误信之。府、县志则又以旧志为据，所谓俗语不实，流为丹青者也。若果唐初创建，至绍兴中，为五百余年之古刹，《记》中不应无一语及之，且安得云“杨公榷轮，百废未举”耶？又俚俗谓寺有铁佛，必造于唐，不知此寺之铁佛，实铸于明万历中也。又康熙时丁有源《记》言寺创于萧梁，尤妄。

明朱国祯《祇园寺装大佛金容并各罗汉天王募疏引》节录：佛何以金？本色也。金何以贵？不坏也。金何以像？耀光明也。又何以募？拉大众同入清净坚固中也。寺中铸像既成，雄伟端严，真一方之冠。一座星罗，群魔鼠伏。直是佛临，何啻神相。

金之俊《祇园寺化募饭疏》节录：浔西祇园禅寺，一镇名刹也。比年为魔眷所侵，香火几坠。住僧海空发愿于大雪中，徒步至罄山，跪请松际和尚飞锡此中。乃松际以罄山之席不可久虚，特留高足转上人启建华严祇场，以三年圆满。

又《祇园寺建白衣观音阁疏》节录：浔水海空上人，欲建阁于祇园寺殿后，以奉白衣观音。

丁有源《重修祇园寺碑》文见《碑刻》。

邢典《重修南浔祇园寺记》：吴兴祇园寺二，一在府城南东林山南，一在吾南浔西。在南浔者，自唐贞观初建，宋绍兴二十一年里民朱道宁重修，明万历中裔孙朱国祯重修。历年久远，朱宫碧瓦，散作寒烟衰草，惟金刚殿及大雄殿柱础尚存。正殿释迦牟尼像一尊，两旁阿罗汉一十八尊，山门弥勒佛一尊，皆铁铸。旧碑记“唐尉迟恭监修”，今不存，而铁像依旧，惟罗汉失去其一。今补以木像，风雨剥蚀，庄严尽脱，此象教之堪悲也。我朝乾隆三十四年，大圆和尚自天台山来，苦行募修，日诵《法华经》，拜于浔市。衣衲衣，赤足，冬夏不改三年，士商敬重，相为发檀信真心，设万人缘，以佽助之。大圆乃谋材鸠工修废殿，创宝阁五间及僧寮三间，次第庄严象设，完好供具，使瓦砾之场，遂成灵境，其功德有足感动人天者矣。虽然，寺之兴废无常，数百年后，朱宫碧瓦，仍散作寒烟衰草，未可知也。后之人嗣而葺之，是则大圆之所望者耳。乾隆四十三年二月壬子谨记。汪《志》按，此文未勒石，故不入《碑刻》。文中“尉迟恭监修”语，亦为俗说所误。

明无名氏《南浔祇园寺赠老僧》：清溪通笠泽，地以水为乡。竹青三日雨，僧白一头霜。

明董斯张《温长卿礼佛祇园寺诗以柬之》：谁为亲也寿，归命十方僧。午钵随持咒，宵龛自供灯。寒溪通坐碧，飞雪到帘凝。止酒遂旬日，柴桑将未能。

又《曾君山客祇园寺却寄》：鸳渚钓初歇，精庐借僧住。采朮何处来，危坐松窗暮。新霁未出门，梵呗听成趣。嗟彼尘中子，胶扰百忧屡。翻来讥寂寞，请君还自顾。客去吟小诗，残纸作枯树。睡余息深深，醉象调已素。昨夜鬼神觑，犹嫌藏未固。君山曾有异梦。

陆唫《登祇园寺楼送柴石泉归桐乡》：唐代遗萧寺，西风此日过。楼高秋水远，木落夕阳多。古佛金全剥，残僧鬓已皤。登临动惆怅，一为发离歌。

范锴《浔溪纪事诗》：祇园坐久道心微，寂寂钟声满落晖。依旧竹青三日雨，白头僧去掩禅扉。

董恂《祇园寺》：桥过垂虹去，偕来般若门。岁荒僧亦散，寺古碣无存。功德金身护，庄严铁佛尊。暮钟声百八，归路近黄昏。

孙爕《登祇园寺楼》：春风吹游心，偶此楼上眺。空林积雨晴，潭水涵返照。兹候及东作，农事尚未告。二麦荒不种，原田但余潦。熹微远人村，炊烟起稍稍。穷黎仰官赈，景物吁可悼。梅花无处寻，幽禽隔篱叫。闭门僧院静，物外领众妙。情幽境可忘，趣远诗可召。拚尽半日闲，僧雏治茶灶。

纪磊《过祇园寺有感》：古寺西塘路，怆然感废兴。荒烟遗断碣，奋志仗癯僧。龙象欣重觏，楼台快共登。如何才一瞬，劫火又相仍。

许旦复《过祇园寺有感》：寺虽未被灾，而门阑窗槛已拆去净尽，并损及佛座，东壁关帝旁立神像为雨漏消释。真个空门一扫空，重关洞达四周通。六时梵呗僧无影，七宝庄严数有穷。差幸佛尊身是铁，可怜神将额非铜。雨风莫御遭摧塌，苦行兴修忆远公。

又《过砚水精舍》：舍为楼三楹，楼下为义塾，楼上供文昌牌，东为乡贤祠，西为节烈祠，今神厨、神主俱被摧残，是可叹也。禅林深处有高楼，曾把乡邦祀事修。苦节千秋名教重，先贤一邑行义平搜。情殷桑梓留模范，地饬堂阶肃奠酬。谁道礼成时未久，几筵摧折画栏抽。

又《重过祇园寺》：寺叠遭焚毁，神厨、僧寮已净尽矣，惟大殿独存，今已拆去无遗。释迦佛尚在，旁十八应真俱瞌伏在地。行者伤之，每合十称罪过云。无复觚棱耀眼明，四围檐宇尽颓倾。世尊仍耐金身坐，弟子难将铁干撑。佛与应真俱铁胎。三宝地偏重厄运，四禅天应有归程。所嗟法像留尘世，风雨孤蹲座九层。

蒋锡纶《浔溪竹枝词》：漫说金刚不坏身，许多铁佛尽横陈。祇园古寺成荒刹，胜有残碑卧积薪。

关帝庙　一在西栅祇园寺左，旧名长春道院。乾隆二十四年，后殿增建文昌阁，咸丰时毁，同治九年重建。一在东栅闻涛阁。一在东藏寺，今废。一在极乐庵。一在南栅虹映兜，光绪五年重建。一在报国寺。一在西栅长寿庵。一在南栅外康王寺。

董蠡舟《浔溪棹歌》：追呼幸免赖无田，载客输租到务前。五丈还防符算例，三郎庙下莫停船。武圣宫在西栅，县吏征税设局于此。

妙境庵　在西栅。本名厚德庵。宋淳祐三年，进士朱柟及弟释法通建。咸淳五年增修。明万历间，僧敏之重修，改名妙境庵。道光戊子年，附设乡先辈祠。见“祠墓”。咸丰时，毁于兵，俗称妙境白场。光绪十六年，比丘尼存道重建。汪《志》按，旧志并作荐福庵，今名妙境庵。府、县志亦作荐福庵。考厚德遗言，当时实无荐福庵之称，即伪造《德祐敕牒》亦但称荐福祠，非庵名荐福也。张、董二《志》“厚德”作“德厚”，亦讹。

宋朱柟厚德《遗言》：南浔镇据进士朱柟等状称，不避威严，仰干穹听。柟曩偕兄弟辈，奉先人治命，立田、营坟、建庵，为子孙奉祀之地。今幸遂付托，欲使继继承承，靡替先志。不可无所稽据，用置簿籍，条划事件，一样四本。其□□□坟庵，其三分隶子位，各将遵守，将□□□须凭印押。庶后之人知立此簿，以当勒碑。子子孙孙，有能景慕羹墙见尧之心，则披睹斯籍，视听如生，必为之增光润色。铭刻诸石，其于此簿，相为世守。柟等区区孝思，莫能追报罔极。欲乞仁慈，俯垂矜察，悯其奉先之念笃，亮其贻后之虑深。特赐台判送印司印给，俾得永久存殁，岂胜感恩茹德之至。奉权镇知丞文林台判云：尝观圣门以孝弟为本，释门亦以孝义为先，儒固有之，僧未多见。当职来镇于此，忽有朱进士□□通长老手状袖簿，求为印押。详其□□□

思之念，油然而生，则知心无二心，理则一理，信乎“大人不失赤子之心者”是也。《孟子》曰：“孩提之童，无不知爱其亲；及其长也，无不知敬其兄。”这个天理乃所固有，惟是习与性殊，人欲横流，血气攻于内，财物役于外，遇小小得失，视骨肉为仇雠，如秦越之肥瘠，藐不加省，良可叹也！况望其尽心尽力于父兄已死之后乎！今朱进士、通长老乃能遵守遗言，既营安宅，又立久远成规，畀之后人，诚可嘉尚。大凡为人之子孙者，悉能以祖宗父母之心为心，则爱亲敬长，报本反始，俱可无憾矣。送司印给事目具呈照印，须至行遣。右今给付季字位收执。大宋咸淳五年二月日给官户。汪《志》按，朱国祯《记》略云：印凡十一，自“台判”以下起。“尝”字至“行遣”，及“季字位”三字俱朱书，黑字俱蝇头楷书。“大宋”以下十字如栗，“官”字如拳，“户”字侧而小。

厚德庵砧基尝字四圩：　本庵建于淳祐癸卯，增修于咸淳己巳。夫庵之立，不存定规，则不能传久德之积；不坚定力，则不能如此德之义。此厚德之所以名庵欤？其所以望于子孙世守者，甚不薄也。先考生于乾道壬辰，终于淳祐癸卯，享年七十有二。先妣生于乾道癸巳，终于绍定壬辰，享年六十。嫡生四子：长松，次椿，又次柟，综理家务；法通最后，从释，奉祀祖坟。余庆三子析居之后，先父得以安养者数年，留田一十五亩。治命同□□□。柟等遵守遗言，垒土以图窀穸，结庵□□□像，给粮食，饭工匠，三子均之。即于淳祐甲辰，柟等忍死安厝，以尽送终。越二纪余，敬事如存。其间庵宇添创，靡惮劳费。不幸长兄早逝于景定庚申，仲兄又逝于咸淳丁卯，惟柟与僧弟朝夕永怀，增修一事，每切于心。今来增修就绪，将卜日，祔葬二兄于双亲之旁，使不致于沦没。倘后之人继志述事，共为孝子顺孙之职，由厚德以拜丘陇，宁不念祖宗创业之艰难而加之意云。咸淳五年三月吉旦，柟同僧弟法通，侄芾、藻等谨志。内地五亩即系坟基并庵宇基址，内田十亩坐落坟西际。

孙爕《妙境庵》：清磬一声歇，微风吹佛幢。偶来初地静，顿使此心降。云占石房半，花开春树双。何时借禅榻，卧听雨鸣窗。

范登《上巳偕友人集妙境庵》：溪上闲游好，春来景色新。羽觞修禊事，斋饭醉吟身。却喜朋簪盍，何妨佛座亲？参禅逢妙境，应许涤烦襟。

王翰青《吴纯夫招饮妙境庵复用前韵》：斫雪为欢酒满卮，此间坐次借花时。风帘颇爱通头爽，雨屐谁嫌叩齿迟。卿更能来觞此否，臣今聊复一中之。篱阴错莫窥洪醉，却恐樊川大欠诗。

董恂《重过妙境庵》：一渠新水绕孤村，疏竹园环隐寺门。回首旧游无限意，夕阳芳草黯销魂。

土谷祠　在西栅，今无考。汪《志》按，嘉应庙即土谷祠，而浔西又有此祠，未详其故。朱土地之说，疑即因此附会。

董汉策《浔西土谷祠募缘序》节录：浔之西偏，有土谷祠焉。里中人岁时以蒸梨、剥枣、豚蹄之礼献，甚或陈彩缯、镪帛，敷衽赞祝不绝。忆其生平必有功于民者也，乃野史不记其事，里人并忘其姓名。庙貌虽存，风雨蚀薄。祠中头陀谋所以新庙貌，行且赫然改观，志功不忘，而食报弥厚。

关西侯庙　在西栅妙境庵东，一名财神殿。光绪二十一年建。

圣帝祖师庙　在西栅丰年桥上。

明义庵　在西栅纪家坝。宋治平中建，国朝康熙中修，乾隆十四年重修。庵中有御书阁见下条、古佛楼、得闲轩、漏叶轩。咸丰时毁于兵，同治三年重建。

明董说《明义庵建古佛楼疏》：宋箓既南，偏安自固，读书至此，未尝不流涕。建炎初，宗泽累表请帝还京，其言：回銮汴京是人心之所欲，妄议巡幸是人心之所恶。忠臣之谋，宝于琬琰。帝意指南，闻言不用。数年奔走，终定都临安，钱塘霸图，岂堪垂拱哉！当高宗南渡，驻跸南浔明义庵，书"清风明月"四字，复留徽宗画鹰一幅而去。僧建阁藏之，曰御书阁。而元赵松雪为明义庵书额，画《滚马图》，遂称合璧。今皆不知所在，过而问者，感慨系之。宣和怠政，京、贯为妖，访求书画，以荒万几。注心丹青，仿佛虫鸟，殆与花石艮岳、神霄玉清同亏君德。文敏，宋室苗裔，进退无度，以翰墨役于元。青山红树，负议天下。南北新疆，当年旧主。诗辞虽婉，无补惭疚。自矜画马，当与龙眠并驱，笔匠而已。假使二图具在，接徽宗之翰艺，展松雪之遗墨，不过长叹昏德，吁嗟辱身。释氏之宝，寂静无为，法书名画，似非所急，鹰马存亡，不足问也。庵有四百年之古佛，莲眼珠眉，金容照耀。某上人欲起小楼于庵东方，以崇象教，此其意良善，较古建阁藏书，宏愿犹胜。护持香阜，敢告檀那，乞余数言，用当持钵。西方之书曰：如来既化，诸大弟子想慕不已，遂刻木为佛，晨夕瞻敬。以形象示人，谓之象教。象教之前，依性成佛，依佛成象。象教既立，因象见佛，因佛见性。今天下之大患，在形骸之见过重。普天率土，人各见性，皆知四大假借，不重形骸，何勋业不可建，何气节不可立，何朋党不可销，何国仇不可灭？余尝纵其狂言，谓佛以空寂为宗，然悟其渊致，往往令人忠孝。学佛十年，可以报国。象教之功，高于泰山。当今四方多故，兵气未销，上人独思惟古佛，经营禅关，意或与余言符契乎？向者道峰雪航师演《楞严》报国寺，余作《南浔社学说》，其略曰：报国寺者，今日南浔之社学也。社学不存，势难骤复。法师说经报国，阐扬元义，稍屈高论，鼓钟长夜。社学废，诰令荒，乡人闻黑业之戒，如诵律书；社学废，长幼惰，乡人闻精进之劝，如对师保。听余言者，或信或疑。今以上人之请，复为象教之说，归于忠孝。以世间语论出世间法，可为知者道也。

邢典《尚齿会，向延羽士结社广惠宫，今易缁流，移席明义庵。景仰之余，窃为忖度，敬步原韵，口占一律录呈。会次用博、哄、堂》：万木秋深落并黄，经霜松柏却生香。高怀毕竟推前辈，雅集从容到夕阳。听罢步虚声一一，窥残梵策字行行。要知佛有无量寿，懒醉蓬莱阁上觞。

纪峻《明义庵九月见梅花》：始信禅门别有天，能将春信报秋前。水心未受严霜炼，疏影偏教好月传。几点预征高士梦，一枝新佐菊花筵。逋仙陶令原同调，故结名花一面缘。

纪远《题学海上人得闲轩二首》：为访诗僧屡叩关，竹林风致似居山。寻常不识西来意，输尔今朝一日闲。　何事焚香只闭关，市廛不到即深山。从今莫问安心法，不是无心那得闲。

释秉融《陆驷虬和得闲轩韵见赠再和以应》：清风明月护松关，何用将钱更买山。尽可经行兼打坐，恐消不得许多闲。　陋巷苔侵门不关，半间茅屋胜居山。看来人事真难了，讨个便宜落得闲。　水云深处即乡关，不用沽名觅好山。略比世人高一着，无过占得一生闲。

又《吴双祐历游中州燕赵壬夏始归重过得闲轩话旧》：分袂梧桐初寂历，归鞭杨柳已婆娑。齐竿未学应难舍，贾橐空归有几何。灯暗吟残新旅馆，月明梦断旧岩阿。浓阴仍复听蝉噪，那悔侯门弹铗歌。

又《得闲轩盆梅》：甘隐萧萧避俗尘，飘飘玉貌胜童真。开帘不碍邀明月，绕榻何妨做好春。粉壁借灯分影瘦，墨池染翰惹香新。尽教檐外兼旬雨，不怕催残正耐亲。

又《漏叶轩与指上人夜话》：萧萧红叶乱寒烟，倒像春风欲暮天。好句捷于晴月吐，闲身倦似晚蚕眠。青灯的的蕉窗下，白眼醒醒藜杖前。且斗茗杯今夜永，何须掐指算残年。　霏霏竹底飏茶烟，清露蛩吟叶落天。便与故人相对语，何妨彻夜未曾眠。月移蕉影来窗畔，风飐灯花落砚前。何日挂瓢同结习，乱云深处送流年。

御书阁　在明义庵中。南宋初建，藏宋徽宗画《鹰》一幅，高宗御书“清风明月”四字，元赵孟𫖯复题“明义庵”三字，画《滚马图》留此。明嘉靖间，袁袠有“御书阁下《鹰》还在，明义庵中《马》尚存”之句，犹及见二物也。道光丁亥，温金莩、董邦桢、纪磊等结咏霓文社于阁中，旋毁于兵。同治三年重修。缁流卓锡，均称御书阁，无有人复言明义庵矣。汪《志》按，旧志及府、县志并谓御书及画《鹰》乃高宗南渡过此所留，不知高宗从未至浔也。

曹大斌《募修南浔御书阁小引》节录：浔水之南曰南浔，乌程东鄙聚落也。有古刹曰明义庵，肇自宋英宗治平间。迨高宗南渡，驻跸临安，尝经于此，小憩庵中，留道君御画《鹰》，自书“清风明月”四字而去。庵僧建阁供之，因名御书阁。庵以阁著，而明义之名稍隐。及元，赵承旨孟頫为题庵额，画《滚马图》。由宋而元而明，而迄我皇朝，历年逾六百，其阁屡坏屡修，久而不废。今年春正月，无尘上人诣予告曰：“阁攲敝日甚，不修必废，欲恳四方宰官善信合力而重葺之，君其以言先焉。”时乾隆十四年，岁在己巳。

张隽《御书阁和恭叔武京》：洞冥遗迹委秋原，取次邻廛逼槛轩。何帝曾留飞白字，寺僧虚指画鹰存。因钟试石从来有，借地栽花亦自繁。祖谢响然遥集处，即今胜事属梁园。　市廛回合暗郊原，暂得登临意欲轩。逖矣不闻南渡事，岿然犹见鲁灵存。谁家甲第经新辟，几处征船数旧繁。丰草记成曾见稿，可无佳石壮孤园。

潘耒《御书阁三首》：阁在南浔明义庵，有宋高宗画《鹰》及赵子昂《滚马图》，今亡。南迁草草宋思陵，驻舫拈毫尚画鹰。何似鹰扬麾上将，掣鞲万里纵飞腾。王孙怀古此逍遥，滚马留图纸价高。输与开元老曹霸，南薰殿上画拳毛。　墨妙销沉不可攀，前贤遗迹尚班班。甲第朱门几迁改，长存谁得似禅关。汪《志》按，诗以《鹰》为高宗所画，又与旧志说异。

董熜《御书阁怀古》：高树下夕阳，荒江接汪秽。岌嶪御书阁，新晴宿残霭。康王奠南都，恭俭人推戴。兵回山口镇，跸驻维扬埭。相李七十日，汪黄三尺喙。才胜白沙棋，俄下天长垒同礌。建业扼险塞，失计乃避回去声。驾言幸武林，浔阳顿前队。回首京洛尘，艮岳纷镈镦。苍茫书画学，兵燹发长慨。绣褫与锦赗，那可汗牛背。故简识去声太清，流离增感慨。苍鹰不解扬，风月何足爱。御笔竟零落，江岸铁山碎。中兴倚诸将，岳韩凡几辈。奈何一偏听，不思敌所忾。狡狯黄天逃，愤懑朱仙逮。弃叶忘国仇，甘心金币载。椤木侈结构，奎藻辉阛阓。但喜天亡金，不料元强对。玉匣冬青寒，荒陵流水裁去声。损斋书放失，天章阁倾废。矧此宣和笔，不随皋亭溃。鹃啼一花落，歌咽千珠琲。登临怅遐瞩，兴亡感时代。士诚亦英雄，城隍莽安在。

董文白《御书阁》：天章沦落角鹰扬，古刹名传宋未亡。梵唱声中迁岁月，炉烟影里阅沧桑。江山半壁归泥马，社稷中兴跨凤凰。风月佳时禅榻畔，居人犹自说康王。

纪复亨《御书阁绣球花》：谁将月彩镂玲珑，面面看来花样同。记取广场人簇立，气球争蹴御街中。　春尽空庭绿荫遮，佛灯爇火斗新茶。文殊结夏狮闲戏，滚落禅房一树花。

曹仁虎《浔溪竹枝词》：霜鹰一幅道君摹，更有王孙滚马图。玉躞金题零落尽，御书阁闭长青芜。

范锴《浔溪纪事诗》：南渡兴亡那忍论，天涯芳草去王孙。丹青一例多零落，佛阁森寒昼闭门。

纪官《赵墨斋》：东邻佛阁光烛天，宣和片纸凝松烟。黄河再倾汴城里，九鼎灭没千余年。村童熟烂百家姓，打头一字人茫然。往岁秋风游艮岳，故宫危石堆墙角。道君龙袖渺无踪，陈桥袍色已如濯。相传泥马携画鹰，半天飞落南浔僧。愁胡侧目势欲腾，通灵妙物万里鹏，板箱竹策锁不能。逸事谁提感慨出，吴兴酒徒凭醉笔。

金梅《立夏日同方谷渭瑄游御书阁下怀古偶作》：建炎天子蒙尘日，浔上精蓝曾驻跸。留得苍鹰掣臂飞，画图辉灿维摩室。御笔流传久失真，岿然一阁存其名。深巷无人路纡折，凤池滀水渊汀泓。我来刚遇清和候，行行转向禅房叩。据案闲吟魏野诗，逢僧同话宣和旧。沈子风流淡荡人，素心晨夕如饮醇。董生年少亦沉静，肩随步屧浔之滨。吾曹行乐须乘暇，性灵是处堪陶写。君不见岁月堂堂去不回，昨日春光今复夏。

又《九日同渭瑄过东藏寺及御书阁渭瑄作二诗因次其韵》录一：欲助茶香问皎然，插天高阁许栖禅。烟迷往日潜龙地，风急清秋放鹤天。未买糗糍题好句，间携名碗酌新泉。浮生愁向尘中度，半偈心持息万缘。

张丹山《浔溪棹歌》：回首宣和事可怜，锦题玉轴旧流传。御书阁下空惆怅，花落鹃啼五百年。明义庵旧藏宋徽宗画《鹰》一幅。

董攀龙《浔溪竹枝词》：鸥波亭子宋王孙，手扫骅骝墨迹存。不意大都承旨后，偏题明义榜山门。“明义庵”三字，赵子昂书，并留《滚马图》一幅。

邢典《南林杂咏》：徽庙鹰何在，王孙马不留。凤皇池上月，独自照千秋。

方焘《御书阁》：杰阁连云廛，却复隐曲径。寂历如岩阿，市声绝清听。我行迤逦来，小憩惬闲兴。忽忆南渡时，驻跸来帝乘。画鹰疑解扬，风月字留赠。寺僧慎护藏，金碧相辉映。遥遥数百年，去留竟何定。零落委兵燹，人事迭变更。倚阑发慨叹，竹房敲清磬。

纪磊《咏御书阁》：香阁兰花迥绝伦，得闲觅句亦无邻。而今莫问休勤事，南渡江山付劫尘。香谷僧于吟咏外尤善画兰。

李世仲《浔溪棹歌》：思陵南渡岂从容，底事丹青兴尚浓。此日御书空有阁，神鹰飞去久无踪。御书阁旧藏宋徽宗画《鹰》。

法华庵　在西栅西庄村，元至元二年建。国朝康熙中修，乾隆四十一年复修，咸丰时毁于兵，同治五年重建。

严其焜《法华庵寿山题榜跋》：浔溪法华庵，唐咸通五年试翁困讲师所立。五季兵燹，赵宋间但寒烟衰草而已。元至元二年，土人某氏慨然重建，延郡城复初和尚居之。

既又作斗室，小窗玲珑，四壁虚白，天台杨天显有记。明之中晚，卓锡多贤，若道岩，若印松，其选也。搢绅先生善文章者，往往而至，简毕具在。国朝初，扫云道人赵俊复大葺之，念斋缪侍讲题曰："俨然一会试翁尚矣。"扫云者，可谓中兴。曾未百年，凹僧败度，贩及花宫，我佛如来，束身无所，可慨也夫！今住持道明上人，出家之雄也，知兴废在人事。当剥复之会，志气益奋，偕其徒曰阐珍、曰维慎、曰挹青，减衣缩食，铢锱积累，盖十有五年，而光复堂宇。猗欤休哉！涂丹错璧，奂轮离立；绛云成盖，宝相闲安，然后千有余年之青鸳兰若，乃不至名存而实亡矣。署曰"寿山"，贺之也。丙申秋九月，鸾坡严其焜书并跋。汪《志》按，据此文，唐末建立，五代即毁；下逮至元重建，中间空废已阅三百余年，果即唐时故址否耶？盖实始于元顺帝时，托诸唐末，乃附会渺茫之说耳。

明袁袠《法华庵寄吴兴诸友》：昔爱湖山野寺居，今依浔水借精庐。阴阴橘柚开虚馆，密密桑麻绕曲渠。风土渐于乡国近，壶觞无奈故人疏。年来更有文园病，愧似虞卿强著书。

明刘麟《南浔法华庵访袁永之不值留题二首》：离索经秋百感侵，交知如鹤远投林。法华庵里袁安去，蘋老清浔空复深。　夕舟凉雨鬓丝侵，宿鸟惊栖何处林。雨过南浔寻未得，客心秋水竟谁深？　癸巳乞巧日，访袁子于郡城，城中人曰："去南浔矣。"中秋日访于南浔，浔上人曰："去西湖矣。"重阳后一日，再至南浔，造所馆法华庵，庵中人曰："去岘山矣。"郁陶之思难言，虽题二绝，不喻区区。九月十日，南坦刘麟书。　倘袁子再过，僧可燃松此下，即日托一书于其薪水侣人曰："董赋者环庐弁山山下，而会晤之难如此，况天门万里、虎豹九关也。如有会期，千万珍重！"麟记。

明董份《诸子夜坐法华竹林叙别》：轻云开宝阁，明汉涌银波。胜地衣冠集，离筵意绪多。月宜疏竹看，人好隔溪歌。寂寂怜渔父，盈盈荡晚坡。

董蠡舟《浔溪棹歌》：愁绝精蓝谪宦人，谋生计拙困风尘。思归不待秋风起，三月江乡已采莼。袁永之寓法华庵，有"今依浔水借精庐"之句。又有《卜居不遂作诗解嘲》云："已矣谋生真计拙，东西南北任浮沉。"

温文禾《雪后游法华庵》：小溪一路接桑麻，着屐来寻古法华。梅蕊尚余春后雪，竹炉新试雨前茶。香残篆影犹凝榻，风定游丝半度花。此地清幽人不到，老僧只合伴烟霞。

五圣堂　在西庄村小圩，道光十三年重修。咸丰时毁，光绪中重建。

张鉴《蒸字五圩社庙记》文见《碑刻》。汪《志》按，文称"莽将"，实即五圣也。

保命庵 在西栅下塘，俗名三官堂。咸丰时，毁于兵。光绪中重建。

大士庵 一名西林禅院，在西栅下塘。嘉庆间重修。咸丰时毁于兵，宣统三年重建。今名西林禅寺。

纪寅《独行大士庵》：渡河云缓去未去，蒸花日薄闲复闲。人声四静鸟双语，一尺东檐水碧山。

邢典《憩西林古刹偕施二国祁闲话》：踏青双足倦，小憩到禅关。日色明窗琐，风声动屋山。客来村步外，僧住市廛间。暂假蒲团坐，方知白昼闲。 绮语奚为者，华颠不自知。得名翻是累，好古转成痴。佛祖无文字，儒家有孝慈。世缘吾未了，难与比邱期。

许旦复《浔西大士庵门前清旷，遥对洞庭两山，雨后岚光历历，余每喜过之，今与东藏极乐同被焚，可惜也》：香云缭绕紫云庵，宝相庄严比海南。门外潮音流水碧，天边髻影远峰蓝。慈悲灵应三千界，皈向人争五十参。大好精庐随喜地，灰飞何处礼珠龛。

九莲庵 在西栅蒸二圩。庵久废，后纪氏购其基，为族葬之区。

极耕庵 在西栅外裘庄，丁氏宗祠左。

民心寺 在西栅外方丈港南，初名方丈寺，一名天王殿，有望晖楼。咸丰时毁，光绪中重修正殿，尚未建复。

圣宁禅院 在西栅外圣塘港。

兴隆庵 在西栅外西丁家湾。

太平庵 在西栅外咸安桥东。

土地庙 在西栅外九里桥西。

祠山殿 在西栅外朱坞村。

已上西栅及栅外僧寺。

南浔志卷十四

里人周庆云纂

寺庙三

嘉应庙 在南栅，祀崔承事、李承事。宋宣和间，方寇扰攘，共率乡丁捍御获全。每值歉岁，出廪赈给，人皆德之。卒后，于市中庙祀。咸淳六年，敕赐庙额。按，今称土地庙，盖已为一方之神，本镇比户尸祝曰“崔、李二大明王”。明嘉靖、万历间两次重修。国朝康熙中重修，雍正三年复修。左有药王殿，右有五路祠，又有水、火二神及牛王祠。咸丰时毁，同治六年重建。

宋《嘉应庙敕牒》文见《碑刻》。汪《志》按，旧志及府、县志并以庙为咸淳六年敕建。据牒，则二公卒后即为立祠，当在南宋初，下距咸淳赐额已阅百余年矣。又华氏《传芳录》谓庙为华元实舍地所建，而元实为南宋末年人，其妄不待辨。

明钱钋《嘉应庙置地碑记》文见《碑刻》。

董汉策《重修嘉应庙募疏》节录：南浔嘉应庙神崔、李二明王，歙产也。宋淳熙间，客居浔上，以善贾称。时遇奇荒，二明王捐资赈饥，全活无算，浔民德焉。殁后立庙，奏封为嘉应神。祠建自咸淳六年，历著灵验。明万历间，家从祖遐周公感梦两王者来，皆冕黻搢珽，请新居址。晨起，有款门者，以嘉应庙缘册进，叹异，重修，今又六十年所矣。今年冬，奉祀苾刍，将告同里，再请更新焉。汪《志》按，董《志》谓崔、李二承事度宗时方寇扰浔，率乡丁捍御，岂方腊之反在南宋末耶？又谓值岁饥，二承事以湖南米商至，尽散其粟以赈，贫不能归，卒于浔。此文则以为淳熙间歙人。说既两歧，又并与《敕牒》不合，要皆齐东野人之语耳。据《敕牒》，系宣和时人，故捍方腊之乱，且云崔、李二公居焉，又云声摇乡郡，又云二公率乡丁捍御，则崔、李皆本镇人明矣。《敕牒》石刻具存，而载笔者竟未一寓目，何欤？又范《志》云：崔府君名煊，又名重徵，清河人，官于浙，隐于浔，卒于浔。李府君名懋，歙县人，宋咸熙间贾于浔，遇奇荒，罄资赈饥，全活无数。崔君重其义，相与友善。至今嘉应庙神座暖阁下，有古墓存焉，相传玉身葬处。其说既与捍御方腊年代不符，复与湖南米商自相矛盾。且所谓古墓者，崔墓耶，李墓耶，抑崔、李共葬耶？盖出俚俗臆造，尤为诞妄，当以《敕牒》为据。

夏光远《重修嘉应庙碑记》文见《碑刻》。

曹仁虎《浔溪竹枝词》：月中泥马事荒唐，万乘曾传避乱忙。赢得丛祠灯火盛，春秋社鼓赛明王。

邢典《南林杂咏·嘉应庙》：古木栖鸦冷，荒祠落照寒。客寻炎宋迹，搜得庙碑看。

董蠡舟《浔溪棹歌》：浪传嘉应又褒能，泥马荒唐岂足凭？赚得上临村父老，古梅林下说思陵。劳钺《府志》云：建炎二年，金人陷扬州，高宗南渡，金人追之。帝至浔，惧追者，匿嘉应神祠中。月夜，俄见泥马忽动，跨之而行，遂入杭州。今褒能寺，俗呼康王寺，以帝经过名也。按，《南渡录》云：高宗为康王时，质于金，与金太子同射三矢，俱中，金人以为宗室之长于武艺者冒名为此，遣还，换正太子来。高宗得逸，奔窜疲困，假寐于崔府君庙中，梦神人曰："金人追及，速去之，已备马于门首。"惊觉，马已在侧，乘之南驰，既渡河而马不复动，下视之，泥马也。是此事在靖康元年，高宗未即位以前。崔府君庙在河北，非江南也。《志》以此事附会于吾镇嘉应庙，不知嘉应庙额敕赐于咸淳间，此时安得有此称？果有此事，则绍兴中即当褒显，何俟度宗朝因里民具牒陈请而后赐额乎？且建炎二年，高宗尚在扬州，扬州之陷，乃在三年，高宗幸杭亦在是年，前此未尝渡江也。考之《宋史》，高宗由平江、秀州至杭，即今之驿道，无迂途过浔之理。村学究惑于传闻，虚造此说。予谓《南渡录》本不足信。高宗之偕张邦昌使金营，在靖康元年正月，二月即还，金斡离不营于开远门外，在汴京郭内，何待渡河南窜？此后两次使金，皆未成行。然则泥马一事，当在何时，其妄不辨可知。然其致误之由，亦有所自。《宋史·王云传》云：副康王使金，至磁州，王出谒嘉应侯神庙，民遮道呼曰云云。《宋稗类钞》：高宗至磁州，宗忠简假神道以止之曰："此有崔府君庙，甚灵，可以卜珓，有马更显应。"遂入烧香，其马衔车辇等物塞去路，遂止不行。此与《王云传》所言本是一事。嘉应侯即崔府君也。宗忠简设为神应，以止王行，马衔车辇，安知非忠简所为？《南渡录》因此而有泥马之说。后人又因嘉应之号、崔承事之姓相同，遂辗转附会，属之吾镇，殊堪嗢噱。不知嘉应侯乃封号，非庙额，《镇志》则误以二承事为封嘉应侯，其实未有封号，仅赐庙额耳。咸淳牒石刻具存，可覆按也。镇北十五里有梅林村，相传村有古梅树，高宗南渡，驻跸其下，宴赏赋诗，更梅林曰上林。或曰上所临也，曰上临，见朱文肃《涌幢小品》。其附会正与劳《志》同。　百货齐陈百戏张，丛祠秋社赛明王。夕阳凌乱行人影，知是归从土地堂。俗呼嘉应庙为土地堂。三月一日、九月五日，二承事生辰。每岁九月，贸易者先期至，手技杂戏毕集，演剧报赛，游人阗溢，二旬始罢，三月则无之。增易南浔十景，有"嘉应香市"。

纪磊《浔溪杂咏》：东西南北庙辉煌，劫火初经尽可伤。惟有重新双土地，秋来依旧闹如狂。

徐延祺《立夏前二日偕友人野步遂入嘉应庙》：乘醉出郊外，微风渐郁蒸。野桑多碍路，古寺不逢僧。花落莺声懒，日长蚕事兴。沿堤随意去，健步兴飞腾。

董蠡舟《嘉应庙晚步》：微行通古寺，略彴小溪傍。野渡飞黄叶，秋原澹夕阳。鸡豚祈社福，粳稌庆年穰。郭外疏人事，为农乐未央。

董攀龙《浔溪竹枝词》：秋赛春祈奏玉箫，祠名嘉应寸香烧。生憎胡蝶偏轻薄，频逐弓鞋过野桥。

许旦复《嘉应庙即事有感》：年年社鼓赛明王，风景今秋觉异常。祝雉呼枭喧广野，妖红姹紫遍芳塘。如闻战伐悲邻郡，岂独安全竟我乡。眉睫之忧来转瞬，荒嬉奈此众如狂。

汪曰桢《嘉应庙前闲步》：爨弄场开集众哗，芦棚招客话茶瓜。闲游独向笙歌外，负手循畦看稻花。

李世伸《浔溪棹歌》：曼衍鱼龙闹夕阳，千秋俎豆祀明王。沿塘画舫如蚁集，齐向嘉应庙进香。

报国寺　在南栅。宋开禧间释宗伟草创。嘉定中眉山杨某助建。初为接待忏院，后名报国寺。其钟楼佛阁，嘉熙元年华文胜续建。明洪武二十四年立为丛林，万历十六年毁于火，四十六年朱国祯重建。有白衣阁、水堂。按，水堂亦称溪堂，亦称水轩，见汪《志·古迹》。国朝顺治中重修。雍正六年复建，有文昌阁、关帝殿、纯阳阁、龙王祠，咸丰时毁。同治七年重建纯阳阁，十一年建文昌宫。光绪十二年里人张书常重建大殿，二十七年建奎光楼。寺前有曲水，环以石桥。后有放生池，相传为元时镇学遗址。按，寺右为元坛庙，庙前有戏台，属道士产，与寺毗邻，疆界划然。兵燹后，先建吕祖殿、文昌阁，为道士所管理。后与僧徒互商，彼此相易，僧以大殿后基地让与道，而道则以吕祖殿、文昌官归僧。故今大殿后之东林元妙宗坛归道士居，而吕祖殿为僧徒管理也。吕祖殿前之殿基共五间，即元坛庙，乱后未建，台亦焚去，今只存白地。吕祖殿后之奎光阁，乃光绪末年所建。今改设浔溪图书馆，归地方士绅管理，则不属僧道之产矣。

宋《接待忏院公据》文见《碑刻》。

宋《报国寺告示》文见《碑刻》。

宋《密公山主舍田园记》文见《碑刻》。

宋李心传《南林报国寺记》文见碑刻。汪《志》按，旧志及府、县志并云端平中学士陈益建。据此记云今敷文阁学士眉山杨公，则非陈益明矣。华氏《传芳录》作杨益。今考记云“杨公时领祠部，益捐金钱以为吾助”，“益”字亦非杨公之名也。

宋《檀越布施记》文见《碑刻》。

明董斯张《题报国断手僧募缘》节录：吾里之南，有报国寺。创始者谁？曰宋伟公。丹雘峊然，殿阁严丽。胜国兵燹，荡为烟墟。百年以来，无议复者。净云比丘，容止端静，精持羯磨。自隶斯寺，夙夜思维，愿还旧观。其徒沙弥，是曰慧裔，童龀不荤，齐兹愿力。今岁丙辰，七月既望，胡跪像前，骤持霜刃，解其左腕，置宝几前，而自誓言："此寺不新，永断佛种。"尔时，身血飞射数步，其腕忽然跃出于槛。大众闻已，各诣其所，云集赞叹，俱发声言："南无佛陀！"或复悲泣，恭敬顶礼，前致问讯："仁者为此无痛楚乎？"时彼沙弥，结跏趺坐，凝视不动，从容而语："诸善男子！吾佛加护，都无所苦。寺若鼎新，死亦何吝？"异哉此事，第一希有！能以支骸，而作佛事。是真堪忍，竖精进幢。诸见闻者，愿舍悭贪，建宝王刹。视我腐财，作彼手想。是二人福，正等无异。汪《志》按，旧志：万历戊子毁。此云"胜国兵燹"，是毁于元末矣。盖元末兵火尚有留余，至明神宗时复毁也。且洪武中立为丛林，必非荡为烟墟可知。

明董说《南浔社学记》：报国寺，今日南浔之社学也。余按，国朝学校本末，自高皇帝洪武八年，诏有司立社学，延师儒以教民间子弟。十六年，诏民间立社学，有司不得干预，其新断有过之人，不许为师。二十年，令民间子弟读《大诰》《律令》。英宗正统元年，令各省提学官及司、府、州、县官严督，不许废弛社学。宪宗成化元年，令民间子弟愿入社学者听，贫乏者勿强。孝宗弘治十七年，令各府、州、县建立社学，访保明师，民间幼童年十五以下者，送入读书。《祖宗宝训》为民间乡党计甚深远，今郡国学仅存，而社学已废。考乌程旧志，社学城中三所：一在西市界，儒学南相对，学舍三间；一在县治东；一在南门界，知县钱学建。乡都五所：一在旧馆，一在后林，一在马要，一在乌镇，一在南浔。在城中者，其二已无考；其与儒学相对一所，今已实居民，闭门终年而已。南浔社学，今日不可复见，古迹荒颓，大可悲叹。假使有人儒衣冠，白日呼号于市"我欲复社学"，社学必不可复，而人唾其面。今报国寺断手僧恻然以长夜为痛，迎道场雪航师讲《楞严》义，浔之戴白者、胜冠者、垂髫者、富者、贵者、贫贱者，皆接其踵于报国寺。师又为之阐扬至善，稍屈高论，以鼓钟昏俗为主。闻讲安仁，入寺见性。社学废，诰令荒，乡人闻地狱之说，如读《大明律》；社学废，长幼惰，乡人闻果报之说，如对严师保。共劝仁义，以勉凶残，余故曰：报国寺，今日南浔之社学也。欲见南浔社学，如隔秦汉；欲复南浔社学，如登云霄。惟宋端平间，学士陈益所建报国教寺，峊然在南浔之南。社学明建而已废，报国宋建而犹存。存而使人如读律令、如严师保，社学之遗意，亦赖并存。谓佛无功于儒，吾不解也。又《乌程县志》云：乡约所，城中二所，一在南门界，一在西市界，俱知县钱学建，俱废。今在铁佛寺。乡都五所：一在旧馆，一在后林，一在马要，一在乌镇，一在南浔，亦钱学建，而俱废。今俱在各乡寺观。以余观今日之事，虽谓社学在各乡寺观，可也。

董汉策《题南林上人册》节录：古德创奇，或以拭眼示众，或以断足召龙。而吾乡南林上人，独以臂显。师自少年即发愿断臂，立报国古刹略四十载。兹丁亥秋，师复欲终前志，建护法幢，造龙华阁，抑何勇哉！

夏光远《重修报国教寺序》：予少习于儒，不谙浮图之学，时或角艺于浮屠之室者，取其清净闲旷，迥异尘市之纷扰也。我浔素称巨镇，而名蓝古迹，断推报国第一。忆予六世祖朝端公，于嘉应庙捐资拓地，勒诸碑石。盛称庙前数十武，有古刹报国寺，创自南宋端平，广袤数百丈，栋宇崇焕，僧寮闳壮，为浔镇冠。无何，世远代迁，不特宋时规制。日久更移，即我祖所称述者，阅二百年来，倾圮变易，不可复睹。里人目击心伤，咸思道高行修者为之住持而振兴之。近得吴门湘潭上人驻锡其中，而回顾荒凉，风雨不蔽，其后殿已成灰烬，创兴有待，即大殿、天王殿，朽栋颓垣，几几乎有土崩瓦解之势。由是刿心疾首，度非舍身，无以成功。一日，参礼大士前，誓愿鼎新，毅然断手，以继昔年南林，愿如所为。彼时善信力救，死而复苏者再。其立志诚坚，制行良苦矣。奈点石难以成金，蒸沙讵能作饭。爰告同心，慨发慈悲，广种福田，宏开善囿，俾功成一掌之烈，复见于今。庶此寺得还已往之规模，而我浔亦获浸昌之景象矣。雍正戊申重阳前一日乐清老人题。

丁桂《重修纯阳阁精舍记》：浔南报国寺有阁，翼然临于其右，所以像奉吕祖纯阳真人者也。其旁旧有屋几楹，已就倾圮。今道光戊戌，里人某等醵财葺治，筑为精舍，以为行礼后饮福之所。凡鸠役若干日，縻白金若干两，而工以讫。于是朱君某属桂为之记。桂维真人灵迹昭著人间，不可胜记。而其所以觉世牖民者，实惟期人为善而已矣。真人之训曰："欲求仙道，先尽人道。夫人道莫大于为善，为善之道，莫要于孝弟。孝弟者，人伦之首务，亦莫博于仁义。仁义者，人事之极功。孝弟以立其本，仁义以充其量，则亲亲仁民爱物之道，胥于是乎统之，而无不尽之人道矣。"《孟子》，儒者之书也，言乐善必依仁义；《玉钤经》，道家之书也，言立善必本孝弟。自古仙人之教，实本圣人之道，而圣人之道，实为人心固有之善，而可不勉欤？室之坏也，撤而新之；人心之善，扩而充之：其理一也。然则是役也，其非徒饮福之谓，其谓于祀事之余，各以善行相劝勉，以期无负真人觉牖之诚，而膺积善之庆于无穷也。桂故敬绎真人之训以告之，是为记。

明董斯张《过报国寺》：乘春幸多暇，信步出溪南。独叩竹间寺，来为世外谈。苦吟犹是幻，佞佛亦成贪。一片前朝碣，禅机为乐参。

又《沁园春·报国寺倡放生社》：历劫无明，食前方丈，饥火烧喉。叹口似血盆，刀砧滋味，牙如剑树，冤业风流。三寸才过，便成何物，性命偿他没断头。君知否，一般疼痛，两个骷髅。　　劝伊及早熏修。向宝胜如来五体投。看花笑香林，萍开碧渚，鸟辞笼去，鱼逐云游。昨日夜父，今朝菩萨，有广额屠儿样子留。英雄汉，慈悲社长，极乐乡侯。

明董说《将至报国寺示灵璧》：要赴溪头听雨期，钵囊挂傍法华碑。苕游他日编吟稿，添得中秋报国诗。

又《登报国白衣阁》：受记瓶匋小智龄，江枫江柳几回青。摧颓日暮西风里，指点空梁说小名。阁为先子借庵先生助建，阁梁题余小名。

又《改报国旧篱》：路从乌桕树根断，人踏豆花棚上行。眼光枯尽客未赦，还袖法书来乞评。

又《题报国寺西老树》：忆在谢痴图里见，驾壑若龙风雨战。不须大树现全身，只遣横枝当一面。

又《赠南林师，师年二十时断一臂，募兴报国寺，今六十四矣》：草履麻衣老碧浔，寒崖劲柏气萧森。三千界仗神光臂，四十年操报国心。天上麒麟题品遍，茂陵玉碗感怀深。数年前，师凿井得宋瓶，余许作记。繁花古墓邻秋殿，薤露风凄夜梵音。

又《报国寺断手僧赠之以偈》：欲辟琳宫转法轮，霜刀解脱供金神。神光榜样分明在，我辈今朝一妇人。

又《报国秋霁》：孤村危阁立，漏日断碑明。溪怒奔秋水，云枯报晚晴。竹西新冢路，松里杂华声。隔渚忆曾到，看枫绕寺行。

又《初晴日芝�过水堂》：此政晒兰叶，汝来闲共评。浮吹天末雾，耦话郭西耕。诗味雪溪水，游心少室行。相持病船子，小住听瓶笙。

又《秋夜水堂即事》：履声历历缓可数，灯影苍苍光一围。夜深人在竹窗语，蟋蟀满廊同补衣。

又《此山禅师见访报国水堂之作，病未裁答，展周氏双节图，慨然叹咏，即和前韵》：鹧鸪听雨拟相寻，病懒依然槁木林。丙戌易姓林，有槁木林印。录到雪舟惊发白，本师尧封老人有《雪舟集》，皆乙酉省亲归里时杂著。秋寓报国，初编余录。九月望，晨起，新见白发。织成蒲屦又秋深。双松一卷孝兼节，名画联珠吴与钦。去贤氏八幅，远游氏六幅。况读非斋老翁跋，夜长销得水堂吟。

张隽《报国寺石刻法华塔》：入寺穹碑在，灵文结构曾。向年诒墨本，此地问遗僧。桥卧惭枯堑，墙欹恃古藤。摩挲成独慨，风雨更凭陵。

陈忱《过报国寺》：所报是何国，令人心惘然。平桥压新水，古殿闭朝烟。老去逢多难，诗成绝可怜。偶闲知感激，又听去年蝉。

纪寅《过报国寺》：寺古都无遗像在，年深惟有断碑存。饭钟敲出云林外，今昔沧桑孰共论。

董熜《报国禅寺》：郁郁招提表宋朝，清流当路石横桥。暝钟带雨惊孤客，森木干云盘皂雕。枯叶挟将寒共至，尘襟顿与雪俱消。方舆不复书安吉，记取南林旧事遥。碑云安吉州南林报国禅寺。

纪复亨《报国寺》：南林存古迹，僧寺复凋残。泮水荒烟合，香厨落木寒。废兴寻断碣，往复抚危阑。古衲空行迹，萧萧剩竹竿。

纪琴思《偕同人游报国寺用壁间韵》：支筇寻胜步芳洲，欲识高僧结伴游。此日斋心成妙境，当年断手记真修。眼前即景题偏韵，象外求元语更遒。勺水相传古泮壁，好留墨沛照清流。明季有寺僧断手立誓，得集善缘，众为之额，颜以“一掌功成”。

施国祁《南林杂诗时读书报国禅院》：古寺传名旧，荒碑岁月多。佛龛空想像，经塔小摩挲。磴老凝苔藓，廊深长薜萝。凭谁话陈迹，时觑野翁过。　楼外宜修竹，疏阴障碧流。僧归黄叶渡，鸟下白苹洲。隔水渔榔远，深林暮雨收。横空明一片，无限石桥秋。　杰阁嗟桑海，端平事已非。古钱没秋草，寒础枕斜晖。慨此青林晚，何年白马归。老僧殊有意，金碧待重辉。寺后千佛阁之毁地中有崇宁钱，或拾得者。　寥落秋菰岸，溪流石濑清。山人今往矣，剩有啸猿惊。竹绢珍遗墨，云烟独擅名。远偏林际是，颓圮两三楹。寺后溪名石濑，国初里人张肩尔就居此，工墨竹，不轻予人，图中有竹萌者尤贵。所居名远偏庐。

张镇《浔溪渔唱》：翠条丛丛漾水清，闲寻报国小桥横。法华碑碣须珍重，铁画银钩是李贞。

邢典《秋晚游报国寺》：偶向村南步，秋深野径中。草枯头早白，树老腹多空。古寺从元代，残桥溯泮宫。昔年安吉地，碑额未全蒙。

杨凤苞《舍弟凤击逭暑报国禅寺》：结夏绿阴层，炎歊不到僧。妙香供读画，疏磬悟传灯。选石修篁坞，临池古剡藤。夜堂围柏影，蹋月兴堪乘。

又《新晴病起游报国寺梅花已残即事有作》：一旬卧病辜梅花，烟痕静锁山僧家。夜堂檐溜听不绝，恨与雨脚纷如麻。西溪西崦忽梦到，千树万树冰槎丫。翠禽啼破众香国，梦觉月落参横斜。纸窗暹暾烘晓枕，失喜走看空咨嗟。香雪片片作泥絮，但见绕树蜂闹衙。骚客赴湘苦猿狖，明妃出塞愁琵琶。老禅观空物自物，花开花落同聚沙。雨天不作三昧咽，曼陀底用华严夸。后村公案累诗句，留题那得笼碧纱。干愁欲浇错认水，有若背痒倩不爬。残英满地送归策，一桁酒慢桥东叉。

杨凤击《报国寺看梅》：清溪数曲浮于练，短彴疏篱围四面。东风似约我来寻，隔竹幽禽语深院。春寒几日春事违，冻压南枝开未遍。两三点蕊香晕苔，横笛那许吹一片。翻思前岁铜井游，千树烘云目摇眩。湖光花影沁诗骨，半醉剪绡斗冰砚。别来玉雪最可怜，吟里携香梦犹恋。轻舟载鹤复何时，行脚精庐聊自遣。赏心尘外矜媚妩，相对忘言散幽怨。乍看初旭上花须，归去黄昏抱深眷。余馨仿佛曼陀罗，莫待雪天三昧咽。石门文字不离禅，染月皴云披画卷。

范锴《浔溪纪事诗》：浔南报国梵王宫，花竹禅房曲径通。记得打碑约吟侣，扁舟客到夕阳中。报国寺前有曲水石桥，相传伪周左丞潘原民筑城时泮宫也。嘉庆七年秋，偕纪铁珊秀才峻、王雪浦上舍蒪拓碑于报国寺及长生讲院，值少詹钱竹汀先生大昕同瞿木夫秀才中溶、何梦华上舍元锡，舟过浔上，见访草堂，因集于刘氏眠琴山馆。席间出示拓本，竹汀先生喜而携归，将以补入阮云台中丞元所辑《两浙金石志》也。

纪峻《偕蒪园侄至报国寺》：联袂寻幽兴正浓，梵宫闲觅古人踪。宋元字剥苔中碣，院宇声清午后钟。曲水到门翻碧浪，闻花满径绕苍松。南林胜迹娱心目，孰是清吟震蛰龙。

孙爕《偕瀛眉柳桥入报国寺》：欲觅断碑去，闲寻曲径行。春风吹雨歇，斜日照松明。一鼎铸民力，时新铸鼎成。三门开晚晴。我来携胜侣，啜茗又诗成。

又《登报国寺楼》：风吹黄叶净郊原，与客登临散郁烦。斜日半林秋欲尽，栖鸦千点暮还喧。经时渴水田禾减，逐队烧香村女繁。触忤闲愁徂岁感，更堪蟋蟀叫颓垣。

姚景熹《报国寺》：寺建自大宋，碑记犹存，题曰"南林报国教寺"。今寺已坍塌不堪，住持亦甚寥寥矣。古殿荒凉半废倾，苔侵尘翳少僧行。金铃铁佛前朝在，破瓦颓垣故址平。草满禅关桑叶暗，蘋铺秋水夕阳明。南林遗迹销磨尽，剩有残碑记寺名。

董恂《报国寺》：南林留旧寺，遗迹识前朝。香火缘偏寂，桑麻路不遥。绕门环曲港，垒石驾横桥。遍觅荒碑读，多将古恨消。

又《浔溪棹歌》：寺外环桥卧水涯，残碑历久没泥沙。行人不问南林事，只看年年梓树花。南林之名见碑文中。

元坛庙　一在报国寺西，右有罗祖祠，今废。一在西栅，大士庵东，道光二十五年建，旋废。今偶像移入大士庵。

碛沙寺　在南栅渡船头。道光元年修，十九年重修。咸丰时毁，后复建。按，是庙乱后为人盗卖与吴姓。今虽复建，而规模狭小，无僧居，亦无庙榜。

胜义庵　在南栅，今废为寓园。详《祠墓》。

张鸿窸《过胜义庵访协夫》：一径窈然碧，诗人何处楼。柳围溪水曲，竹放鸟声幽。门外一僧立，窗前众木稠。翛然尘虑远，乘兴且勾留。

长生寺 在南栅。宋建炎中建，元延祐二年重建。有挂瓢居。见汪《志·古迹》。国朝乾隆中修。院前松径几半里，久已无存。咸丰时，寺毁于兵。同治中，草创后殿三楹。光绪末，僧徒复募建数椽于大殿废址旁。宣统二年，重建山门。

元宇文公谅《长生讲院碑跋》文见《碑刻》。

曹大斌《募修长生讲院大殿引》：长生讲院者，浔溪里古刹也。按，元延祐二年宇文公谅《重修碑记》云，院肇于宋建炎间，自肇迄修，相距仅逾三甲子，已称遭罹兵燹，靡有孑遗。住持静觉者，爰募善缘，丕复旧观。况延祐至今，传国三代，易主几三十朝，历年更七甲子，重修者非一二。意必有坚志苦行之僧伽、信心乐施之檀越，相与维持，得勿废坠。而乃纪录放失，末由考证，予甚慨焉。幻空禅师坚志苦行，克配前良，睹梵宇将颓，奋思整顿，请予书其梗概，以为糠秕之先。予愧文不谐俗，无能为役，且韦衣诸生，声名气力，奚堪鼓唱时风众势？疑沮搁笔者久之。虽然，乐施固由于信心，檀越之心即僧伽之心，僧伽之心即佛祖之心，岂视区区者为轻重？行见欲种福田者，咸倾筐倒箧，以襄胜事。微师之精勤，不足以动人之乐施；微人之乐施，不足以成师之巨费者，应不异于纯节先生所云也。敢以鄙陋之作为券。

纪远《月下步长生松径有怀此大师》：雨歇寻幽静，萧闲兴若何。欹松犹挂月，废沼已无波。寂寂寺前火，亭亭露下禾。何当续莲社，醉客更来过。

包咸《同天阶访袁公白先生于长生寺，适游湖滨不遇，览吴中往哲遗像而归》：余先人之隐穹窿时，同至者为袁先生，感愤寥落相若也。余为童子时，立先人后，恒识先生，卒卒数年，存没殊恨。回首西山，有泪空洒，不相闻问者已久。己亥客于浔，先生亦以事留萧寺，闻之，趋访焉，不遇，赋以志感。风尘回首忆穹窿，访旧禅林识寓公。十载兵戈双鬓老，五湖烟月片帆通。寺依流水藏深竹，路有斜阳缀落枫。不尽前朝人已古，怀君薄暮望征篷。

董燿《游长生寺》：桃柳成行屋几家，溪烟敛尽日初斜。游人寂寂春归去，古寺闲僧扫落花。

董绳烇《游长生寺次韵》：寂寞荒村只几家，轻风荡漾柳枝斜。数声啼鸟春归去，一路游人踏落花。

纪复亨《长生寺杜鹃花》：佛日清和殿影阴，一窠踯躅欲烧林。法王火伞开金地，天女霞裙试道心。夜静宝灯明院落，坐深红雨溅衣襟。花飞已得长生偈，莫向啼残怨魄寻。

范登《长生寺》：白云掩溪曲，户外闻花香。初讶入仙境，不知登佛堂。松寮清磬出，石磴古琴张。敷坐落空翠，老僧归夕阳。

范锴《浔溪纪事诗》：萧然讲院有余清，入暮龛灯照眼明。仙梵东西相应处，此公当日说无生。长生讲院前，旧有松径，风响涛声，与钟梵相应，傍有塔院。

孙燮《正月二十七日偕金山甫、吴半峰、沈柳桥入长生寺，用昌黎〈寒食日出游〉韵》：忆昔春游散顽病，偕行更有眉庵盛。十年转眼失斯人，墓上萧萧白杨映。抟沙易散谁坚牢，世事纷纭那足竞？今年春寒阴雨多，掩关日夕事吟咏。沈君谓予业太专，张而不弛礼非正。枝上梅花不待人，春光一去何能更？携朋选胜素所乐，良友有言谨唯命。我生久合住深山，未办长镵白木柄。婚嫁虽完精力竭，那得远游学禽庆。南林地僻稀游观，惟有金仙俗所敬。竭民脂膏事土木，到处精庐各幽敻。名流往往伴僧闲，遑计竺乾理非圣。长生古刹连塔院，两寺直如一寺并。市廛较远境最幽，我来聊可悦情性。庭隅老树拔千寻，气凌华屋一何横。樛枝四出如蛟龙，春浅应知叶未迸。吾闻心地静生明，有如止水形能镜。安得襆被长住此，屏绝米盐谢家政。坐久天边落日昏，归迟桥畔朔风劲。倘飞薄雪点梅花，吾亦能从白战令。　我昔清羸常善病，读书孤负年华盛。君时永夜伴寒灯，有若枯葭与玉映。迩来渐老益不堪，世事心灰百无竞。惟余耽诗结习在，时向陈编发高咏。吾乡文献张先生，末学寡闻宜就正。况有吴沈来招邀，前日已往何妨更。中途挟君成四子，闯门直入无将命。自古骚坛振起难，要有魁儒执其柄。先生固非一世才，门墙亲炙殊堪庆。谈余倒箧出著书，观宝龙宫骇且敬。文章博览成恢奇，诗句苦吟入幽敻。千百里路海成图，十五经丛口译圣。假归未许读未能，千日何当一日并。出门携手迤逦行，纡道桑阴便野性。自聆钧天三日聋，犹觉空中余响横。晚寻古刹访梅花，香气入肠诗欲迸。将诗取景景不灭，譬如物影留明镜。会来此地设杯酌，赌咏诗篇作觞政。彼苍何世不生才，先生老矣谁后劲？君诗压我我未降，火急报章如律令。

金锡桂《正月二十七日孙愈愚、吴半峰、沈柳桥约访张秋水丈，出全稿见示，晚入长生禅院，用昌黎〈寒食日出游〉韵》：新年一月嗟屡病，坐见芳菲及春盛。竭来襆被斋中居，剩有寒梅数枝映。主人为我特开筵，孤负招要酒杯竞。孙吴瘦沈皆好事，连襼浔南发高咏。相于就访张夫子，入门犹讶贺新正。等身著述堆满案，目赏不给心喜更。望洋不独我兴嗟，致此当由天所命。试将竹帛较名山，千秋各擅穷通柄。安得携归作论衡，秘之帐底私相庆。仪征尚书今韩欧，爱才未必不生敬。曷不荐之入史馆，投老依然屏幽敻。东马严徐何足数，此才可以扬明圣。迟回欲去手不释，记忆贪多如食并。是时三子兴未阑，更叩招提悦情性。孙髯足蹇扶掖行，天色冥蒙风力横。小桥一曲溪水涸，细草苏苏泥缝迸。云堂寂静无一僧，何处参禅证明镜。终年闭置少出游，兹游差喜我为政。作歌剌剌纪创获，笔力自惭弱不劲。髯乎髯乎试和之，旗鼓重开惟所令。

张鑑《浔溪棹歌》：挂瓢禅宇夕阳斜，鸭脚花开叫白鸦。认取鱼池泾上路，松毛棚底斗春茶。挂瓢居为长生寺精舍，前有荷花池，俗名鱼池泾。盛夏多作茶寮，以俟游人。

董恂《长生寺》：胜地消兵燹，残碑掩薜萝。古松滋老藓，野水长新荷。小艇渔歌递，荒坟鬼唱多。朽金兼钝碧，载酒一相过。

塔院 在南栅长生寺右。顺治五年，董汉策建。有岁寒堂。见汪《志·古迹》。咸丰时毁。光绪二年，贞女施敦裕聘妻张氏重建。二十七年重修，并于右首另建新塔院。旧为僧居，今为闺秀潜修之所。

董汉策《长生塔院记》文见《碑刻》。

又《塔院舍券》文见《碑刻》。

又《长生塔院募准提忏斋疏》：今年孟冬，余方结友礼准提忏。既三日，子半，梦卧地上，佛母以黄裙围我下体，旋以黄衣覆身云："子将有难，吾为子遮却。"觉后语诸子，咸异之。越一月，游苕上，道经晟溪，泊焉。复梦坐墙角，丹凤飞来，抚其雏，乘凤飞去。未寤，寤则闻矢石声如雨，披衣欲令僮辈格斗，则绿林客已四面合围。舟次约百人，皆贯弓挟矢相向矣。余蹴苍头，持刀奋呼。余乘间踊焉，贼或挟我臂，则与手搏，绝袂得脱。从箐林中出，迷失道，则遇童子示以路，贼追不得，遂废然息。余与贼交臂，若有天人障贼双眸者，岂非三宝威神，不可思议哉！今此山禅师，择戊戌春王募斋修忏，宝铢天衣，将覆大地，息灾解难，固可目余为佐证矣。题诸页首，敢告同志。时丁酉除夕。

董铉《和枯木吟序》节录：忆丁亥秋，渔庵和尚初至长生，时值重九，携筇登眺。予读书寺中，因得接謦欬，快谈竟夕。未几，复去吴门，荏苒两月，岁聿云莫，乃同此翁复至长生，不三日而西逝。此翁于此，遂慨然有结庐之意焉。惨淡经营，历数年间，而建院铸像、营塔凿池，诸事咸一一告成。此翁曰："此先师之事也。"

顾靖《和枯木吟序》节录：今日之此山大禅师者，即当年之澹城周先生也。童龄钟秀，壮岁逸群。读父书而潸焉出涕，甫九岁如成人；侍母侧而殚竭乃躬，四十年如一日。住金阊绝顶风华之地，毫不沾情，富贵久空梦幻；构复社狂澜声价之时，从无把臂，好仇别篪嘤鸣。与开士道人为伍，喜残山剩水作缘。入世每同出世，累劫清修，乃脱妻孥障海；居方不敢游方，半生潜托，只缘母氏慈帷。适高堂之霜露忽零，大运之乾坤亦改，遂臻初志，皈命梵林。遵渔庵古德之箴，以声闻为痛戒；受浮石老人之付，更蛰晦而深藏。念本师之隐愿未完。渔庵剃染武林长生庵后，参学四方，晚过南浔，挂搭长生讲寺，喟然叹曰：“我始于长生，终于长生乎？”山公体遵其意，为赴浔中。吾辈之报恩终缺。一钵走湖滨，茫无锥立；五衣同露宿，那有巢居。感天人之修供，龙女布金；董母顾氏。集吴越之因缘，象王献宝。甫半载而梵刹鼎新，未几何而能仁鼓铸。佐以窣堵穹舍，妥先灵而恩敷海众；慈波浩淼，消劫运而惠殚潜鳞。诸凡德果之孳生，佥属福根之广植。六时不敢解衣，坚同胁者；二竖听他荧惑，病学维摩。公到浔，喀血十年，不用药，亦不倒睡，俱裹病经画。遂述枯木之吟，聊示开山之路。

释正岩《和枯木吟序》节录：《枯木吟》者，此山大师承先渔庵老人命也。老人存日，以浔水介东西吴，参徒络绎，苦少食宿，且素与佛幻翁相契，遗指后必同瘗，因有以及股肱近事。地则土广市近，致鲜虚静。长有建院、凿池、营塔三愿，以利道俗，而善死生，所惠甚嘉。嗟乎！既老丁乱，未果化去。师为居士，早绝婚宦，进笔耒供母。母殁，即从渔庵，以遂初志。然烽火震邻，岁无虚日。师乃夷然一室，断扣檀门。盖烟销雪拥，至十逾稔浸，且云水获济，祖父用安，水族乐生，尘襟喜涤。于是长生古院，非复旧观矣。特以罔极靡报，加铸地藏大士并目犍连尊者暨大辨长者各一区，为世人子广作度亲宝筏。

释净孝《枯木吟》：《建院》：戊子花朝，董帷儒居士施长生寺西一袈裟地，清和即缚茅成落，有“杨岐乍住屋壁疏，满床尽撒雪珍珠”之意。老大觅住处，寺傍插茎草。殿阁迴层开，往来任幽讨。十年不出篱，苟完亦粗好。旦暮礼寒云，枯淡如山杏。狂雪披两肩，初怀匹岐老。何期潜水南，病缘终未了。有杖逞风流，相随日潦倒。

《铸像》：己丑小春，募铸地藏，瑞像天然，一经磨琢，色如金灿，神奇屡现，不可枚举。木翁和尚云此相甲天下。造像之发端，始自优填王。仰慕不可得，雕镂旃檀香。我今治洪治，欲凿天之荒。遐想大雄身，充满菩提场。独有幽冥主，道范空以装。誓现比丘形，广度寒林亡。历从贞孝来，行愿殊非尝。予亦孤哀者，寤寐永勿忘。一朝呼万应，感拜咸心降。炉威烛遥天，陶铸仪端庄。相好俨天成，灵动生吉祥。秀质甲寰区，时放金紫光。不以正眼观，焉知此地藏。

《营塔》：癸巳秋，先建佛幻与渔庵同塔，效庵石屋故事。丁酉冬，帷儒居士梦诸鬼乞建普同。戊戌冬，一塔巍然。其侄鲁瞻居士亦捐资领众，遂成双美。海众同居，亦先师之遗意也。先师有遗训，欲与海众俱。生既投分寡，没遂获所娱。忆昔佛幻翁，立志何其迂！谁知渔庵叟，继述如真儒。嗟予丁运艰，独力开荒途。病血事畚锸，垒叠忘残躯。十年守枯骨，一旦与古符。感梦布仁慈，能使神鬼乎。溪烟澹林月，窣堵藻荇扶。事事惬人意，列目成画图。钟梵每相答，静夜庶不孤。

《凿池》：先师欲邀高贤修净，仿远公莲漏而不果。甲午春，予乃凿池，集众补之。凿得一池水，贮却万里月。消尽世间炎，照我一腔血。端念远公莲，香开十丈雪。潇洒集群贤，东林恣怡悦。吾师蓄此志，拟漏莲花叶。一朝入无生，惜哉萎人哲。慨然嗣真风，逍遥散高洁。谁是同流人，能把心如铁。尘累固难遣，忧怀肯独立。层波泛清扬，招引登净域。

明黄周星《次韵答此山上人并序》：此山上人，以儒门之游、夏，作释氏之闵、曾。草莽悲天，首效申胥之哭；髡髵避地，略同夏馥之形。盖有家无家，一生莫非至性；出世入世，三教共此彝伦。故爱亲不异于爱君，而报师一如其报母。建塔院而凿池范像，已酬四事之因缘；播文翰而善画工诗，堪贲千秋之史乘。此真读书种子，吾党当奉为楷模，不独成佛根基，彼法自推为龙象已也。仆偶寄浔溪，时过竹院。谈经问字，非仅偷半日之闲；赏月吟风，窃已结□□之契。属当今春雨之后，适逢故友于舟中，偕一笑而登堂，遂联床而共话。浃月饱伊蒲之馔，但有余惭；清夜听招提之钟，每发深省。未几云飞出岫，客去而□仍留。孰意闾殚为河，天灾而人尽殍。堪嗟桑田向若，野间之青草何存？犹幸灵光岿然，世外之紫芝无恙。乃重叩维摩之室，忽惠贻支遁之词。将毋抛玉而引砖，聊复投琼而报李。敬和十三之韵，如临《洛神赋》之十三行。漫成百八之吟，敢拟牟尼珠之百八颗耶？浔溪无山有此山，此山居浔十之九。棱棱瘦骨雪垂肩，绝壁孤松谁与偶。此公少年材艺多，胸蟠万卷罗星斗。家有双嫠世节奇，一生忠孝儒林首。谁知尘海忽翻腾，□倾柱折龙蛇走。报国难寻矍铄翁，逃禅且伴支离叟。拈花击竹尽文章，西来大意从公剖。棒喝钳椎我不知，与公但作空门友。岁寒堂上共论心，合翠轩中时握手。今春复遘延陵君，招携如入桃源口。清谈快论麈频挥，茗柯堪醉何劳酒。同床各梦倏东西，辱公先后交为寿。三寿须公好作朋，冈陵日月同恒久。

又《赠此公上人》：吴中高士旧琴樽，老住浔溪作□髡。选地凿池分月魄，开山建塔护云根。明伦堂上千秋泪，苦节庐边两世恩。漫向人间寻好事，谁知忠孝在空门。

明董说《敬夫过塔院访此山禅师》：数年不向寺中行，石塔新开古院名。一树寒桐晴后绿，几回茶鼎竹间烹。高僧旧约严诗政，落叶新词定细评。时敬夫《落叶诗》成。应话西窗病居士，满床书画看云生。

又《挽塔院此山和尚》：茅堂忆当水寺角，懒僻悔成相见疏。扇面清风修竹影，箧中淡墨饷茶书。湘西归来阙宵话，腊尾哀歌开旧庐。凭想岩松癯像在，照人冰雪昔年如。

明陈忱《过长生塔院访沈雪樵徐松之兼呈此山师》：寺门松影动离离，纵目西郊欲雪时。故国栖迟遗老在，新亭慷慨几人知。愁深失计三年别，乱极犹谈一日诗。虽是支公超物外，岁寒堂里亦低眉。

包咸《长生塔院访徐松之程百畹兼呈此山禅师》：访旧龙宫日欲西，长松深竹护招提。交游落落逢霜雪，吴越荒荒自鼓鼙。鸣磬半随黄叶下，雨花斜带白云低。远公不问东林路，送客无端过虎溪。

闵南仲《追和此山老人枯木吟》：《建院》：孤鹤何处来，积雪埋双脚。满床颇黎珠，春风随意落。谁施袈裟地，披榛事畚锸。十载常杜门，聚沙急成刹。萤磷作金碧，蒿莱化榱桷。麈尾谢廉贪，玉钵齐丰约。绀殿与茅庵，闲云雨无著。夜雨塔铃深，襄庞共栖托。《铸像》：器界堕重阴，漆灯纷可数。狐狸呈异态，魑魅争亲语。钦哉孝子心，普念世间父。猛火炼寒金，范出幽冥主。光回照夜珠，春发催花鼓。莽莽铁围山，倾颓化黄土。遥瞻一长叹，为告诸有苦。想得范金人，清辉遍泉户。《营塔》：至人委遗蜕，凡夫留白骨。若从同处观，微茫间毫发。吴阊一开士，浔水两檀越。慈情痛蒿薤，永念悲霜雪。冥冥鸥鹭乡，窈窈人天劫。双塔俯平阔，凌高空巀嵲。疏钟听来断，光响夜夜发。老鹤语秋烟，哀猿啼冻月。《凿池》：夙有江海心，疏泉蓄空翠。微雨飒然来，清风动环佩。浔南烟水地，鳞羽罗众类。借此一掬波，溥作鸢鱼会。轻鯈初出水，弱燕时矜袂。俯仰慰沉浮，参差辨庄惠。晚荷故清越，秋柳特凄媚。独坐看停澜，无端发深喟。

纪官《过塔院》：村静时闻唤买鱼，鹧鸪溪曲绕荒庐。夹池翠柳深还密，只剩门前几尺余。

董恂《浔溪棹歌》：一径苍松盖绿云，寒风鬼唱满秋坟。凄凉塔院游人少，白骨青磷暗夕曛。

杨凤声《塔院岁寒堂题壁》：最喜僧扉辟，幽寻且破颜。吴鞋穿市曲，佛屋枕溪湾。竹色兼秋净，禽声入定闲。翛翛禅味逸，已觉隔尘寰。　尚有高人迹，留题剩榜楣。黄九烟尝寓此，岁寒堂榜其书也。千秋归梦史，一笑续湘累。鱼服生前困，龙髯堕后悲。回溪风月夜，酹酒榜船迟。

纪远《春日过岁寒堂观李龙眠〈渊明抚琴图〉有作呈静师》：妙手用意羲皇前，来写高士抚无弦。萧散简远真神仙，衣冠两晋风飘然。意态逼真傲林泉，半酣下袖指法传。谁其作者云龙眠，白描飞动颊上添。浮云变幻五百年，不知几回浪媸妍。幸勿希价到市廛，留与诗人参画禅。

张德奎《同人岁寒堂看菊》：林叶萧然脱，同侪策杖来。僧闲禅磬寂，地冷菊花开。淫雨澄潭水，清霜老石苔。心空茶话久，不觉夕阳颓。

徐延祺《偕石琴兄南栅看荷即入塔院》：交伏才三日，火伞盛卓午。侵晓步南溪，避暑如避虎。阿兄君子品，妙与莲花伍。爱兹晓霞红，初日丽遥浦。亭亭含素馨，风过各倾吐。可惜若耶女，不来荡柔橹。再入古招提，清旷辟窗户。兰气绕幽香，琴心亦太古。幻园上人出示画琴。跂脚卧北窗，已忘热恼苦。一杯荷露茶，凉更沁肺腑。安得置笔砚，长此谢尘土。

汪曰桢《南浔长生塔院兵燹尽毁，近新构临水数椽，小憩题壁》：临溪重结宇，非复旧嵬峨。烟外菱歌远，风前梵吹和。地偏过客少，水近得秋多。亦有诛茅想，劳生奈若何。

普云庵 在南栅观音巷后，今圮。

接引禅院 在南栅观音巷后南首。

漏霜庵 在南栅补船村，亦称补船庵。释南潜住此，今圮。

明董说《湖上秋遂来漏霜夜话》：枯树婆娑乍飞动，相遭岁寒浔水西。忍来一载言尤旨，坐尽孤灯气未低。句到铙歌愁读破，诗轻小序抹前题。感怀不独词场坠，只说词场意已凄。

又《湘人同灵璧樵过漏霜论古慨然，因及西江旧游倪迂墨法》：社鼓浮云共一村，唤回古道数言存。乾坤未易真同调，男子休轻说报恩。二千里外滕王阁，三百年来水墨痕。黯淡前贤心不死，村僧滴泪写招魂。

明黄周星《南浔漏霜庵赠月公》：天教诗骨带烟霞，门第文章笑大家。上士不妨担榔栗，奇人偏喜著袈裟。孤峰狼虎床头梦，万卷虫鱼笔底花。末世紫芝吾幸识，祥威未许俗流夸。

睦庵 在南栅孙家坝。汪《志》按，范《志》云明殿撰范应期建。旧志不载，疑附会。

朝真堂 在孙家坝，本系尼庵，今为僧舍。咸丰六年重修，后毁。同治中，草创三椽。光绪十三年，节妇邢李氏重建。

结草庵 在南栅泥司兜口，明朱国祯建。

梵音庵 俗名王庵，在南栅外。无考。

永宁庵 俗名三官堂，在南栅外闵塘兜口。

安谷庵 在南栅外邵家荡西。

纪复亨《秋日集安谷精舍赠得中上人分得幽字》：古木危桥取径幽，崎岖前渡认林邱。半开桂蕊如人意，每到僧房似旧游。禅病多从狂后发，密珠还向醉中留。衲裙他日能相报，更棹空江一叶舟。

纪汝霖《和刘风汉先生泛舟安谷庵即事》：尘事蚕萦茧，聊随物外游。清寮幽似洞，深院爽如秋。酒尽红浮面，云来黑压头。催成诗句好，碧落挂银钩。

丁蟾《自蓝溪归宿安谷和韵》：溪水正清浅，扁舟起暮愁。野凫时近榜，败苇白横秋。暝色催情话，寥天隔画楼。僧寮暂栖息，心与月波流。

永福庵 在南栅外高基兜。庵中牡丹花最盛。汪《志》按，董汉策有《永福庵募建大悲堂偈》。

董蠡舟《次谦甫弟永福庵看紫牡丹韵》：七宝阑围一片霞，寻春来问梵王家。诗多绮语难呈佛，病灭风情易负花。余未及同往。已悟倾城空色相，应从禅榻感年华。紫云许把丹青乞，便抵深宫系臂纱。向僧乞种，许以画易。

种福庵 在南栅外。无考。

净土庵 在南栅外南喜兜。顺治丁酉，僧吼石因旧址建。康熙乙未，僧镜如重修。咸丰时毁，光绪初年重建。

董熜《净土庵寓中作》：八尺风漪颇称慵，犹炊深甑避无从。幸闻高论冰壶静，亭午相过抵夕舂。时友有过谈者。 未能免俗相牵率，久住茅庵悔亦迟。深喜跫音来二妙，藕花香里细论诗。 小鸟弄声娱俗耳，杂花作意媚秋瞳。先生一觉羲皇梦，起看溪流雨后淙。

褒能寺 俗名康王寺，在南栅外三里，明崇祯时建。佛座刻"信士唐纶同室敬助佛台一座，崇祯丙子孟春"。咸丰时毁。同治十一年，重建观音殿。光绪八年，建武圣殿，二十年重建大殿，仍名康王寺。右辟一门，榜曰"褒能古寺"。

范锴《浔溪竹枝词》：秋来极望水平矼，雪荡珠湾伯钓艭。记得西风吹梦醒，褒能寺里夜钟撞。

董恂《浔溪棹歌》：泥马传来事渺茫，褒能寺古近城隍。扁舟昨过康王庙，落日寒林甲午塘。

陈忱《康王寺》：南渡銮舆驻跸多，只今疏磬出烟萝。遗民不识中兴主，犹唤康王是九哥。

周庆森《康王寺题壁》：壬寅元宵，之任平阳，舟泊康王寺桥候轮，妻子入寺礼佛，见壁上题诗，追步前韵，率成一律，以志去思。 冷宦从余愿，扁舟过讲堂。源流分释道，苜蓿傲侯王。千里飘萍迹，双轮激水光。东瓯聊吏隐，世事任沧桑。

又《康王寺题壁》：丙申春二月，谒墓回来，停桡小憩。 捧檄前经过，匆匆忽五年。蛮云共落月，瘴雨数行船。法相犹庄重，奎光早弃捐。忆曾逢圣诏，丛宇赖存全。某国僧干预普陀寺院，政府恐外人借口，有天下寺院不准改作学堂之谕。

李庚《康王寺题壁》：偶放申江棹，因缘到讲堂。流风传宋代，遗迹说康王。帆向门前落，波摇佛座光。重来瞻庙貌，感慨问沧桑。

灵观音堂　在南栅鯚里。咸丰时毁，同治十一年重建，光绪中修。

太平庙　在南栅鯚里谈家湾。

新庙　在南栅鯚里许家湾。

金龙四大王庙　在南栅鯚里石桥西。

大洪村庙　在南栅外大洪村。

白云庵　在南栅外乐嘉桥北。

万善庵　在南栅外辑里村。

温棐忱《万善庵大士画像灵感记》：淤溪之东二里，有庵曰万善堂。三楹，僧葺而新之，后为轩，筑石栏焉。里有归姓者，贾于滇，得大士画像。梵相庄严，相传吴道子笔。携置家，每有光怪，惧其亵也，因施于僧，悬轩中。一日瞑，卖卜金翁者见荣光烛于轩，骇以告。僧启视之，无睹也。翼日告于里人。里人曰："固有异，昨暮闻庵中声䃂䃂然，疑若不戒于火者。数十人奔焉，庵门闭。岂大士画像之灵或有感欤？"于是老幼男女拜而祈者无虚日，愿舍栋梁瓦甓，创杰构而事之。客有问于予曰："像之灵，果有之欤？"曰："有之。子不语怪力乱神。力与乱，世所时有也，何疑于怪神乎？虽然，世莫神于人，人莫神于心。世惟弗知心之神也，而求神于神。求神于神者，动于福田利益也。动于中，如睹于目焉，如闻于耳焉。目果有见乎？耳果有闻乎？皆人心之变也。大士者，善用人之变者也。运之以千手，瞩之以千眼，恍惚不可端倪。是故世之色见而声求者，于佛无所不谨，而事大士为加严，以其尤神也。夫大士能以千手千眼之神，变化大千，而何有于一室之光乎？故曰有也。"客曰："然。"因次之以为记。

池亭庙　在南栅外七里村东，池亭漾北岸。

温棐忱《池上记》：吾曾大父自靖江王府致政归，为堂于故居之西，王赐额曰"良辅"。又于堂之东南为别墅。清池横其前，溪流绕其外，敞其中以为堂，辟其后以为圃，左为燕寝之室，右为梵诵之庵，而合而名之曰"池上"。庵之内曰"禅喜"以集僧，曰"丈室"以止静，曰"西斋"以送落日，曰"南轩"以俯清流。浴湢厕室，无不备具。开北以为户，水及于扉下，临水而厨。引波注釜，无跬步之劳；维舟而登，有引手之适。往来是庵者，居然以为洞天福地焉。堂之东，则为门以延宾。自门而入，有回廊以达于堂。朱阑碧槛，广厦曲房，庖人有厨，仆人有舍。客之往来者，第知林泉别馆之胜，而不知其旁之为精蓝也。池中为曲桥，桥覆以屋，坐列两旁，如画舫焉。越桥登阁，下祠伏魔，绘壁萧疏，上供文昌，云汉为章。每岁时，士女祷祠丛集，树影迷离，菰蒲蔽亏，凫鸭交飞，回望阁中，灯火掩映于水湄。此池上之大概也。春宜和风，南窗融融；夏宜纳凉，芙渠晚香；爽气秋来，凭眺佳哉；寒冬密雪，琼林温室。池上之四时也。曾大父经始于万历之某年，叔祖上林公丹雘于崇祯之庚午，伯父明经公享其成。方明之季，有游冶之乐，无征输之苦。宾从骈阗，歌管间作，仿佛香山池上之观。及乎晚节沧桑，皈心禅悦，名僧净侣，清斋法筵，敧湖辋川，犹庶几焉。今竹木日以衰，屋宇日以敝，僧侣日以散，而士之来游来观者，亦且为感慨而咨嗟矣。吾兄玉持虑其久而废坠也，属余记之，以示子孙，毋陨厥观。予曰："有是哉！维桑与梓，必恭敬止，而况吾曾大父衣冠之所藏哉，敢不记？"

又《半舫记》：半舫者，池上之桥也。桥也，何以舫名？上有屋，环其椽，槛其两旁，中可列四筵，故曰舫也。曷半乎？桥若干尺，中分之为牖焉。予时与侄麓台读书池上，日将夕，二人者酌酒牖中，则舫之半也。建于明天启间，王大父长史公尝游息于斯，以通池亭之往来。颜以"半舫"，则自予与麓台始。予涉于世久矣，每见客游江湖，乘风之利，一日千里，以视系汀沚间者，长与渔蛮伍，何其快也！然而风波溺焉，指以为戒者，往往有之。何若兹舫，波涛不惊，而两岸之垂杨修竹、桑麻鸡犬，与夫云烟风月、渔歌帆影，随时递变于吾前，竟忘其系且半也。噫！不涉险，斯安矣；不求全，斯足矣。安能胥世之求全涉险者，而与予二人常游于半舫之中也哉！

又《观荷西窗记》：德麟禅师观荷于水心亭之西偏，招予倚窗而观之。时季夏之初，时雨方过，莲蕊未敷，风从东南来，荷盖弱不自持，随风折旋，香袭衣带。予啜茗数瓯，笑谓德麟曰："昔之环池皆莲也。行人过淤溪者，从柳堤望之，仿佛如过西子湖，阅断桥、玛瑙寺诸胜。今之独占此一湾者以为美，亦何异尔？教中所云，举百千澄潭大海弃之，而认一浮沤为瀛渤乎？"德麟笑而不言也。又谓之曰："禅者善幻，能纳须弥于一芥。吾安知此一勺者之非即澄潭大海耶？西方有池，莲大如车，青黄赤白具焉。西子湖又不足道也。倚是窗者，作如是观。"德麟又笑而不言。

金锡桂《池亭荷花诗和孙愈愚作》：清池一曲林塘幽，有亭翼然池上头。乌程昔日钓游地，书堂以外栖缁流。绕池遍种水杨柳，池内芙蓉长碧藕。文窗雕槛位置工，遥望行人辄点首。花开六月何亭亭，清风微度涟漪生。惜哉游人太丛杂，喧呶酒蔵沙鸥惊。我昔舣舟秋正老，柳丝叶脱枯荷倒。回廊岑寂僧寮空，附热人多甘冷少。今年闻说花最繁，兴公兴发开心颜。屐齿未到诗已就，置身宛在花中间。噫嘻乎！繁华瞬息夫何有，钟鼎山林谁不朽？会待莲塘坠粉红，与君重醉乌程酒。

三圣禅院 在南栅外藏谷桥。

宝善庵 在南栅外藏谷桥。

太平庵 在南栅外独骑坝。

真武禅院 在南栅外式里港。

太平庵 在南栅外唐家兜。

复兴庵 在南栅外姚家兜口。

淤溪土地庙 在南栅外北社兜。

延寿庵 在南栅外刁家兜。

已上南栅及栅外僧寺。

南浔志卷十五

里人周庆云纂

寺庙四

圆通庵 在北栅唐家兜。

明华士嶟《十六夜同孙鲁生集圆通庵》：天街洗夜色，空翠袭人衣。桂馥初飘细，箫声遥度稀。半庭禅榻冷，千顷漾波微。为爱明河粲，三星坠未归。

又《题圆通庵泉上人房》：寄适依名刹，幽斋隐市廛。经残祇树冷，磬寂法幢偏。有榻能消昼，长贫不碍禅。盆鱼窗草绿，春半亦知年。

王翰青《题敏公禅房二首》：宛宛风幡坐日迟，石栏秋色养幽姿。不知何处轩临水，水部当年也赋诗。明华士嶟官工部主事，集有《题圆通临水轩壁诗》。 净扫机心慵对弈，断无尘事淡评茶。近来朋旧凋疏甚，更借孤清破幻花。

又《湘月·圆通庵明学上人赏菊和华拙存》：霜林踏叶，系秋光，净绿尚团初地。高下香台，分宝座，花也总耽禅味。黄现金身，香浮银界，艳艳僧衣紫。赋诗可否，巳公茅屋今是。　　正好画竹烧兰，评茶劝酒，斜凭乌皮几。剪剪西风，尘不到，不减东篱幽致。扫石安琴，褰帘待月，清绝人间世。更皈绣佛，小轩何处临水。临水，圆通轩名，今圮。

徐延祺《同人集圆通庵赏菊》：阿兰看菊集嘉宾，秋与僧寮替写真。醉里诗篇怀易壮，定中花事不宜春。霜螯出釜刚登几，寒蝶餐香亦近人。笑我周何终岁累，才从初地驻吟身。

北林寺 在北栅葫芦白场西，原名善寂庵，俗名北圣堂，一作北胜堂，一作八胜堂。有古井一口，取北方“真武制火”之义。嘉庆初重建。咸丰时，“粤匪”踞庙中，故未被毁。同治八年，重建文昌阁。

云兴寺 在北栅外北回桥东。宋元祐中建，元末毁，明万历十二年复建。本朝顺治八年重修，咸丰时毁，光绪十六年重建。寺旁有云兴阁，董汉策建。久圮。见汪《志·古迹》。

董汉策《重修云兴寺碑记》文见《碑刻》。

方焘《北回桥庙》：何年留古寺，寥寂少人过。碣断埋荒藓，垣颓罥碧萝。栋檐蛇蜕在，经帙鼠痕多。欲识无生旨，须参四大魔。

金仙庙 在北栅外李家河。

大通庵 在北栅外北斜河。

圣塘庵 在北栅外江家兜。

永寿庵 在北栅外稽五漾东岸，俗名北庙。

南圣庵 在永寿庵南，俗名南庙。

长寿庵 在北栅外，福星桥港内。

已上北栅及栅外僧寺。

随粮王庙 一在东栅口，明通判张祐创建，俗称东总管堂。乾隆十一年重建，道光中重修，称道院。堂后西偏有楼，曰留云阁。见《宅第》沈登瀛《留云阁图记》。咸丰时毁，光绪二十四年重建。一在南栅口，亦张祐建，俗称南总管堂。乾隆中修，咸丰八年重修，增建后殿，后毁，同治五年重建。一在东栅御河桥上，明建，乾隆时火毁，神像移置船场浜留婴堂内，今废。一在南栅太君堂内，同治中建。

张鸣钧《募修南总管堂引》节录：浔有东、南两总管庙，据旧闻，皆元时以护漕丕著灵应。沿明至本朝，庙名无改，而浔之捍灾降福、阜财裕民，尤捷若桴鼓，故香火报赛极盛。年来东栅之庙，里人既鸠工增廓，而南尚有俟焉。余居界浔市东、南之间，今年恩命归里，深愿时和年丰，与父老咏歌太平，迓神庥以答主眷。适里人咸愿新南之庙如东制者，乞余为引。吾知同里必有踊跃布金者，夫岂等丛祠野庙之荒谈也哉！汪《志》按，《文献》、张《志》并云张祐创建，此文作元时所创，疑出傅会。

华万九《重建随粮王庙碑》文见《碑刻》。

曹仁虎《浔溪竹枝词》：总管丛祠七夕开，琼箫几曲敞楼台。如何但识钱神贵，不向天孙乞巧来。

晏公庙 一在东栅惧一圩，祀水神平浪侯。一在西栅垂虹桥上，跨街建造，乾隆十七年毁。

广惠宫 在南栅，俗名张王庙。宋治平间建。元时镇人钱清甫重修。明嘉靖四十年重修。万历四十八年倾圮，朱、董二氏重修。天启七年，董惇儒增建玉皇阁。崇祯十年，雷火毁。国朝顺治十五年重建。康熙中，江苏布政使慕天颜与镇人董汉策复建弥罗阁，一名太微阁，上奉玉皇，中供斗姥。宫之南，嘉庆初建东岳殿，其北为祠山殿。今改奉为湖州府城隍殿，而供祠山大帝于雷震殿。西南有灶神行宫，咸丰时毁。同治七年，重建东岳殿、府城隍殿。光绪二年，重建三清大殿。按，宫内三清殿供奉万岁龙牌，为朔望行香祝厘之所。

张初龙《重建张王庙碑记》文见《碑刻》。

谈九乾《广惠宫碑记》文见《碑刻》。

董友松《广惠宫即事》：翛然涤烦虑，绀宇坐谈玄。鹤舞迎三素，箫声落九天。惠风寒食后，芳树暮春前。莫道蓬山远，昌阳可引年。

纪复亨《广惠宫白藤花》：醮坛月上礼元君，鹤辇瑶簪次第分。素笈晓披明宝字，玉笙夜吹落晴云。人间紫粉徒夸艳，仙观琼花合作群。应是蕊珠宫里种，诸天供养静氤氲。

范锴《浔溪纪事诗》：珠宫绀宇奉三清，道院修真羽化轻。试向玉皇高阁望，恍闻云外奏鸾笙。予友施北研国祁述其尊甫樨林先生云：广惠宫俗称张王庙，故老传，始于宋时。庙止一殿，奉祠山神像，为道流香火之所。元人始立外门，塑王灵官像，内向持鞭而立，如释氏伽蓝法。至明时，里人有见灵官怒色示梦曰："庙门像设，当外向而坐，可急改之，否则焚之矣。"众以妖梦置之。未几，殿门并毁。启祯间，里绅董氏复建正殿，易奉三清，增置后殿为玉皇阁，移祠山神于正殿之右。外门改塑灵官像，外向扬鞭而坐。规制闳敞，迄今如旧。予思额称"广惠"，而无敕牒者，殆里人私奉崇宁锡号，未经申请，故流俗止称"张王"也。

董蠡舟《孟冬二十一日晚入广惠宫》：石坛幡影飐，玉座藓衣封。画剩开元迹，碑迷荐福踪。壁画采药山人，国初人笔"宫于明季为雷火所毁"。颓阳明绀宇，急景迫元冬。安得桃千树，寻春策短筇。

又《浔溪棹歌》：七人八谷过匆匆，约伴烧香广惠宫。胜概绝殊南渡日，太微阁迥岳祠雄。俗以正月九日为玉皇生朝。郭象《睽车志》载：淳熙辛丑，吴江陈布袋为冥吏误摄放还，恍惚至浔溪，见岳祠甚雄。浔溪素无岳祠，心独怪之云。

丁蟾《广惠宫道师毛朴庵表兄挽诗己亥》：髫龄曾记侍参玄，余幼从先君子数过周师静翁，兄为静翁高弟也。瘤赘余生怅昔缘。一种丰神原似舅，兄与先君子为嫡甥舅，而情谊甚笃。两尘睽隔竟难仙。补闲君恨闲犹未，周师著有《补闲集》，君自名诗草曰"未闲"。负俗吾惭俗尚牵。遥溯前型都已渺，洪崖何处得随肩。　八秩全真得返初，十月九日卒，年八十三。神幡妙谛不传书。兄有神幡巧结之术，惜无传者。百年纵复乘朱鲤，六合国名空思挽白驴。暂寄尘踪留不坏，岂矜幻术博虚誉。玉皇案下蓉忱诉，顿异当年月露摅。

蚕神祠　一在南栅广惠宫北，道光中建，咸丰时毁于兵，同治六年重建。一在东栅青华观内，道光中建，咸丰时毁于兵，同治七年重建。一在西栅妙境庵东，咸丰七年建，后毁。

三元阁　在南栅定心桥上。咸丰时，毁于兵，同治六年重建。

城隍庙　在南栅笺一圩。乾隆时建，咸丰时毁于兵，同治三年重建。

董兆元《代募建城隍庙引》节录：浔南青华观，规模视诸佛寺为隘。有堂三楹，中奉太乙真人，而乌程县城隍神像在其左庑，风雨剥蚀，往来睥睨。余顾而叹息，方思所以妥吾神者，适巡司裘君与绅士等谋于观旁隙地别构殿宇，奉神像其中，相率来请于余，爰捐俸以为之倡。汪《志》按，此文代通判爱山作。

丁桂《重修城隍庙后轩记》文见《碑刻》。

青华观　在南栅城隍庙东。康熙六十年建，道光十五年重建，咸丰六年重修。中有太乙殿、蚕王殿。旁为漏泽园。咸丰时毁于兵，同治七年改建为师善堂，而楼上仍奉诸神。东南田中有眠牛石。

范锴《浔溪纪事诗》：道观青词奉紫垣，步虚声里月临轩。何时一片眠牛石，留作人间漏泽园。

纪磊《眠牛石》：长生桥畔草萋萋，布谷声中水满堤。何事贪眠鞭不起，懒随黄犊负耕犁。

董恂《浔溪棹歌》：踏青斗草事都非，三月东风絮雪飞。此日游人谋野醉，青华观外菜花肥。

坎离宫　在南栅，即积善庵故址，俗称火神庙。咸丰七年建，随毁。光绪六年重建。

东林玄妙宗坛　在南栅报国寺后。光绪四年建，并开井两口。十七年重建。

慈云道院　在南栅外茂任湾。

文昌阁　在七里村池亭庙左，今废址尚存。

已上道观。

解脱庵　在东栅皇御河西，废为民房已久。

草庵　在东栅外下塘，今圮。

董汉策《浔东草庵募引》：梵行之盛，利在增崇；像法之衰，利在澄汰。盖择焉不精，则反滋扰乱，如狮子身中虫，自食狮子肉。曷若厘剔为善道也？然而五浊泥深，能出者少。彼丈夫犹尔，何况巾帼？脱令捐诸所有，独踏大方，卓荦自命于云雾之表，十方薄伽梵必尽称叹。岂易及哉？浔东偏草庵女僧，现比丘尼身，力斗五浊，作象王嚬呻，此殆欲增崇梵行者耶？余谓今以后，当究明性命，严净毗尼奉身如头陀，然后可以绍慧命，扶像法。万勿优游纵恣，劳心于利养名闻，为护持真乘者所笑。

朝运庵　又名潮音庵，在东栅乌朋兜。明朱国祯建。国朝咸丰时毁于兵，同治中重建。

斗姥阁 一名太君庵，在西栅垂虹桥南堍。咸丰时，毁于兵，同治初年重建。

长寿庵 在西栅长寿巷。咸丰时毁，光绪十八年重建。

普济庵 在南栅巡司署对河。乾隆壬午，里人重修，改名吉祥庵，俗称小庙。咸丰时毁，同治中重建。

莲界庵 在南栅莲界巷。明陆充孚，字剑池，妻吴氏，因无子，建观音堂于祠墓之旁，为夫妇焚修之所。殁后，葬庵南，延尼姑主之，供奉充孚夫妇神位，岁时祭享。其墓庵基赋税，迄今归陆氏公堂完纳。采《陆氏家谱》。

望海庵 即望海观音堂，在南栅，明董氏建。国朝咸丰时毁于兵，同治中重建。十年三月二十二日大风，屋圮，后重修。旁有鲁班殿、总管殿。

水月庵 在南栅。咸丰时，毁于兵。

太君堂 在南栅。咸丰时，毁于兵。同治十三年，里人周昌大醵资重建。光绪中，增建寿星殿。

董恂《浔溪棹歌》：昨夜熊罴入梦无，笑郎先写弄璋图。太君堂里祈男去，杨柳腰纤倩婢扶。太君堂，俗呼阿太堂前。

寿庆庵 在南栅太君堂后，今废。

万古庵 在南栅。咸丰时毁，同治中重建。宣统三年因事发，封。今改为第二小学校舍。

寿星阁 在南栅观音巷西南。光绪元年建。按，此庙为闺秀潜修之所。

积善庵 在南栅报国寺之南。康熙四十一年修。乾隆中复修，久圮。今建为火神庙。

《积善庵刻石》文见《碑刻》。

计士枚《募修积善庵引》节录：吾浔虽市镇，而水陆辐集，走利区也。间者，创留婴堂以恤孤，起金刚会以椟死，蒸然竞兴于善。而官显于朝，士充于秀，商阜于财，农丰于谷，天亦若阴骘吾浔。是可不知所以衍其庆乎？浔之南有积善庵，住尼皆力行清修，日久将圮，谋所以新之。吁于众而恐其难，索引于余。余曰：“是不难，师但以积善二字为劝。浔之仕、商，方竞于善。庵名积善，必有乐施而布金者。”

秦庵 在孙家坝。明朱国祯侄媳秦氏建。咸丰时毁于兵，后重建。

万善庵 在北栅。明天启间建，俗称万寿庵。咸丰时毁于兵，仅存大殿。光绪初年，次第重建。庵分东、西二房。东房于光绪三十一年迁出，房屋助入师善堂。现改设西北小学。西房于宣统二年因事被封，房屋拨归巡警局。

董汉策《万善庵碑记》文见《碑刻》。

般若庵 在北栅外下坝，俗名新庵。董汉策母顾氏建。咸丰时毁，同治五年重建。

董汉策《致女师一夔启》节录：般若禅院，创自先慈。既舍宅为觉林，复表闾于鹿苑。饭僧施脱粟，供众置闲田，其来久矣。住持义川禅师阐第一义于兹，不意色身多厄，病辄经年，心思退院。伏望飞锡遥临，俯念同门之雅，俾川师得谢事优游。敬申悬告，想沐俯俞。

董渭《游般若庵》：鱼鳞细水环村斜，寒塘处处铺银沙。溪边老树叶初脱，时露茅屋三两家。沿流直到般若寺，寺中阒寂无喧哗。恍然此身入幽谷，地偏已觉远尘俗。峨峨高殿如翚飞，四面朱阑围曲曲。宝幢十幅飏松风，云廊一带飘金粟。忆昔先人到此间，相随宾从何喧阗。竹叶盈尊奏银管，落花满地浮茶烟。十五年前同一梦，堂堂岁月如梭穿。追思往事空回首，欲洗愁肠无斗酒。同行还幸有嘉宾，高谈令我开笑口。晚来携手出庵门，惟见残阳挂疏柳。

谷丰庵 一名猛将堂，在北栅外下坝。同治中重建。

董蠡舟《浔溪棹歌》：乐岁家家有盖藏，何为重利远行商。祷风郎诣晏公庙，祈谷依趋猛将堂。俗祀刘猛将，神乃宋刘锐也，主驱蝗蝻。

新庵 在西栅外方丈港东。明里人朱姓所建。久圮。

佑圣庵 在北栅外李家河。

圣堂庵 在北栅外苎叶滩。同治十年重建，宣统元年修。

大师庵 在南栅外大师兜。

已上尼庵。

南浔志卷十六

里人周庆云纂

祠墓

荐福祠 在西栅妙境庵西，祀宋从事郎朱仁福。汪《志》入《寺庙》门。

《宋荐福祠敕牒》文见《碑刻》。汪《志》按，董、范二《志》并作朱土地祠，以牒中称土神朱仁福也。实则敕牒乃后人伪撰。考朱柟《厚德遗言》，建厚德庵，本以守其父百四公墓。百四，名庇理，仁福之曾孙。初无为仁福立祠之说。又《厚德遗言》册中所列条规，有至正年号，当是元时增入。亦但称厚德庵，不称荐福祠，并无一语涉及仁福。朱国祯《百一祖墓记》云："镇西有庙径桥，相传为朱氏家庙处，想亦进士公所创，已夷阛阓，盖族中不肖所质。又有大古柏，亦伐去。前年族曾祖表求于董祠部复之，立进士公牌位其中，然绝不成庙貌也。整之在异日。又稍西有楼一间，族某焚修其中，盖因庙毁改立。"其言如此。但云家庙，则必非土神明矣。又立进士公牌位，未尝立从事公像也。设果有敕牒，大书深刻，且里民敬奉，为一方之神，元明时人岂竟未见未闻耶？

邢典《南林杂咏》：尚有荒祠在，拜瞻仁福公。昔年征乱首，祸起漆园中。

朱文公祠 在南栅莲界巷新安会馆后，祀宋朱熹，谥文公。

杨文公祠 在西栅外杨湾宰三圩，祀宋工部侍郎浦城杨亿。

朱进士祠 在西栅妙境庵内，明万历中立，祀宋进士朱柟。后废。

褚公祠 在西栅外闵家兜褚家坟，元元统元年立，祀教谕褚天祐。久圮。

元褚锡瑜《褚公祠碣》文见《碑刻》。

胡安定公 在西栅外胡家兜穅二圩。

董宗伯祠 在东栅总管堂西，祀明礼部尚书董份，俗称东祠堂。咸丰时毁。

方谷《董浔阳宗伯祠》：飞檐题额字萧森，宗伯丛祠俯水浔。想见青词归讲殿，犹疑白发动华簪。木钟曾许醇儒望，宗伯为唐一庵高弟，《木钟台集·语录》属为订定。荆石偏高国士心。王荆石相国为门下士，宗伯有国士之目。剩有家声垂博物，百年耆旧说梅林。

朱文肃公祠 在妙境庵兜，祀明大学士朱国祯。今圮。

董蠡舟《谒朱文肃公祠堂》：寒泉手瀹荐溪苹，欲借阉言揭榜新。五字荣逾华衮锡，大书此老亦邪人。

董进士祠 在东栅下塘，祀明进士董嗣昭，俗称三祠堂。咸丰时毁，光绪中重建，改为宗祠。

王太守祠 在东栅极乐庵西，祀康熙中湖州府知府奉天王以巽。嘉庆十年圮。汪《志》按，范《志》作极乐庵东，疑讹，盖即在庵西留婴堂中也。

乡先辈祠 旧在祇园寺义塾砚冰精舍楼左，称先民祠。道光戊子，里人公设乡先辈祠于妙境庵，祀国初孙孟朴以下凡若干人。至咸丰九年，祀乡前辈及寓贤。自元至清凡四十五人，额题"先民在昔"四字。庚申，毁于兵。同治季年，重设于马家港浔溪书院中。今又移至报国寺奎光阁下。

孙燮《妙境庵祭乡先辈记》：浔镇乡先辈之祭，始于戊子之岁。是时眉庵之亡逾年矣，山甫哀之甚，思所以妥其灵者。予谓北研、书城两先生亡已数岁，数数见之梦寐，是宜并祀，以致思慕之意。于是山甫为祝文，柳桥办祭物，祭于妙境庵中，实正月十日也。祭毕，就柳桥家饮会者十人。明年己丑正月十五日，予方治苹蘩之荐，邀同人以继前事，而秋水张先生适至，遂欣然与于会。先生为吾浔耆宿，与北研、书成两先生同辈行，而眉庵则其后辈也。因思先生之友，更有杨先生秋室，而先生主祭，则乡之先辈宜及乾隆以上之人。于是同人合议，断自国初始，孙先生孟朴以下凡若干人，咸设位虔祀。会者十二人，饮于予家。是日议定顷刻，故祝版未备。越明年庚寅，众谓公祭不可取办于一人，醵钱付庵僧某，使之主办。于是会者十一人，秋水先生为之文，仍于正月十日设位祭焉。祭毕，即饮于庵中，极欢而散。先是，己丑之会，予为长排以纪事。是日又作五律一首，秋水先生亦和焉。而秋水先生善绘事，为之图，粉墨潇洒，禅房花木中十一人者，呼之欲出。图存柳桥处，庶几什袭藏之，为他日之鸿爪。众又谓庵僧主办，事不可继，遂定于明年辛卯，始推二吴子、柳桥与予四人者为主，轮年司祭，而诸友各醵钱以助。设一册，诸先辈各为小传，而与会者亦书字号、年齿于其中。凡饮酒，毋拇战，毋喧哗，诸所禁忌，咸著之册，以昭永久。兹祭之始，为亡友眉庵也，因友而及师，遂祭北研、书城两先生。复推而上之，至国初以来诸先辈，世不同而道同，其神交冥契，无非师师而友友。或曰："取友之道，由一乡而一国，由一国而天下，而后尚友古之人焉。业尚友古之人矣，而仍限于一乡，何哉？"盖求古人于百里一贤、千里一圣，不如近在乡里者，其流风遗韵，尤足以动人。古之释奠者，必有合，而有国故则否，亦此意也。呜呼！吾侪十余人者，其平日之所讲论，固乡里之人所笑为迂而不欲与近者也，而深相契合，不得不求之数百年以上之人。而数百年以上之先辈，其当时之人亦必见以为迂而远之，而岂料世远年湮，乃有吾侪俎豆于僧庐之内。是可知士苟同志，旷世相感，而古今旦暮，益信吾道之不孤矣。戊子之会，十人为：许海峤旦复、金山甫锡桂、吴芋园钧台、吴半峰汝雯、纪半虔庆曾、沈柳桥登瀛、沈子敦垚、纪石斋磊、丁子香桂，而予孙爕愈愚也。己丑，得张秋水先生鑑而芋园远出不至，海峤挟陆鸥波、徐印泉至，为十二人。庚寅，芋园来，而陆、徐不至，为十一人。温花卿金萼预订于明年入会，足十二人之数云。庚寅三月。

沈登瀛《精庐小集图跋》：精庐者何？浔上之妙境庵也。小集者何？私祀乡前辈也。是集之举，发于金丈山甫，成于孙君愈愚，广于纪君师泉。始举于戊子，所祀者仅三人；定于今岁，共三十五人。曰史征士博、庞修撰朴二公，元人也。曰贞愍先生张洪、余山人津、赵征君金、其孙诗人隽、袁佥事袠、纪员外濂、李参议乐、董光禄嗣成、其弟文学斯张、斯张子释隐说、太傅朱文肃公国祯，其子中书舍人绅、其孙中书舍人鑑如，正义先生王毓蓍、张节士隽、孙茂才淳、节愍黄主事周星、潘茂才尔夔，凡十有八人，皆明产也。至于国朝人文蔚起，则有周山人篆、陈山人忱、张山人肩、纪秀才远、茅秀才星来、端文先生董封翁熜，其弟孝廉浩、其子大令丰垣、谢布衣洲、文贞先生曹秀才大斌、王大令起鹏、杨秋室先生凤苞、施北研先生国祁、邢书城先生典，附以盛秀才朝勋，合十有五人，尤其选也。先是两祭，愈愚有诗纪其事。至往岁之春，张丈和之，并绘是图，以永其传。而瀛窃有感焉。尝读朱文肃所作《赵征君传序》曰："浔，名镇也。然三百年来，无一人祀于学宫，心甚耻之。"自文肃至今，又二百年矣，仍无一人，其耻不愈甚乎？然浔不以为耻者，盖有可祀之人，虽不祀不为耻，不当祀而祀，则祀之愈增其耻。乡贤之设，其初举也，至严至重，故入之者以为荣。后世徇私滥祀，有志之士几欲奉其祖父之主以出者，是以得祀为耻矣。夫以得祀为耻，何如不祀之为愈乎？兹之三十五人中，节义、文章、名宦、隐逸各行俱备，半可列于乡贤。然吾程学宫未尝不滥，恐转不若私祀之合于公议耳。是举也，乌可忽诸？因付装池而敬跋之，藏示后人，未始非浔上掌故云。

蒋锡礽《南浔私祀乡贤祠记》：吾浔向无乡贤祠，道光中始设于妙境庵。咸丰初，复设于祇园寺研冰精舍中，祀乡先辈之品学兼优者，其贵显者不得与焉，故前所祀三十六人，多山林隐逸之士。乱后，移设浔溪书院之南偏。其地为朱氏所助，于朱文肃公有地主之谊，故附祀焉，由是董浔阳公亦得入祀。惟近时所举二十四人中，有品未必优，而学仅工制举业者，亦得列入，未免太滥，但已列入者，未便黜去。从前吾师汪谢城先生所修《南浔镇志》，不列乡贤之名，使后之人无从考证。今补修《镇志》，悉载其名，惟滥入者不书名，以示区别，亦承吾师之训而已。吾师尝云：乡贤须品学兼优而已，达者不与焉。今虽因文肃公而宽其例，以后仍宜慎举。若既达而有功德言可纪者，不妨列入，否则不可滥祀云云。故本此意，而为之记。宣统元年夏四月识。乡贤始祀三十六人：史博、庞朴、张洪、余津、赵金、赵隽、袁袠、纪濂、李乐、董嗣成、董斯张、董说、朱绅、朱鑑如、王毓蓍、张隽、孙淳、黄周星、潘尔夔、周篆、陈忱、张肩、纪远、茅星来、董熜、董浩、董丰垣、谢洲、曹大斌、王起鹏、杨凤苞、施国祁、邢典、盛朝勋。尚有两人未详，俟考。乡贤增祀，至丁酉年，共二十四人：朱国祯、董汉策、张澄、纪峻、冯鸣盛、温曰鑑、董蠡舟、张升吉、纪庆曾、沈垚、张鑑、许旦复、孙燮、金锡桂、丁桂、纪磊、汪曰桢、陈方穀、沈登瀛。尚余五人，未协祀典，故不著。按，纪福寿考为原祀三十五人，朱国桢在内。又按，宣统以来增入者尚有黄锺、董峄诸人。

范锴《题妙境庵祭乡先辈图为沈柳桥秀才瀛赋》：昔时读梵碣，镇名肇南宋。南浔镇之名，始见于咸淳六年《敕赐嘉应庙额碑》。六百余年间，文献寡甄综。《浔书》嗟佚亡，一序仅传诵。董若雨辑有《浔书》，共四十四人，书久亡佚，予惟见其手录《自序》一篇。中有静者心，潜藏类抱瓮。美哉诸君子，志为名教用。修祀乡先进，主祭昭慎重。荐以苹藻香，侑以黍醴供。追溯元明来，靡弗达诚衷。作文复绘图，张秋水为文以祭，并为绘图。记传留歌颂。孙愈愚有《祭乡先辈记》，自元、明来，凡得三十有五人，沈柳桥各作小传以记之。姓氏千载后，庶免堕烟雾。岁会陬月期，萝径正解冻。语云德不孤，旷世心契共。哂余独饥驱，久感狂荡讽。寂寥寄乡思，纪事诗自讼。余旧有《浔溪纪事诗》。垂老怀流风，愧未获陪从。佛庐梅始花，将毋笑颓纵。

张鑑《奉和愈愚庚寅正月同人妙境庵成祀先正小集之作》：宿约招提践，风光动曲尘。簪裾集胜引，俎豆洽先民。坐久群花午，酒行双树春。余年寻乐志，咏馈敢辞频。

孙燮《己丑正月十五日同人集妙境庵祭浔上诸先辈得长律二十韵》：薄雪俄开霁，僧房暖日融。衣冠朋辈集，俎豆昔贤同。蕞尔浔南地，由来杰士丛。故家多硕彦，流寓亦词雄。讲道心能得，耽文老更攻。等身遗著述，放眼辟鸿蒙。各有渊源自，非徒结构工。性情狂异狷，遇合达兼穷。旧德凋何速，蘧庐过已空。青箱亡世业，黄口有孙童。每缺苹蘩荐，遑论礼数崇。獭豺知报本，猫虎尚酬功。备物虽无腆，扪心实至公。魂招桦烛影，人拜纸钱风。如见先儒貌，惟凭我辈衷。礼原从义起，诚可与天通。欲永千秋祀，难谋一亩宫。发端因故友，旧岁本拟祭亡友盛眉庵，因及北研、书城二老，今年并及国初以来诸先辈。主祭仗诗翁。秋水先生。事毕还留饮，谈深欲启蒙。恐贻前哲耻，相约慎持躬。

又《庚寅正月十日同人重集妙境庵祭乡先辈》：禅房集胜侣，又换一年新。树老知前代，僧闲作主人。溪毛修礼薄，杯酒话情亲。似挹醇儒貌，和风满座春。

又《甲午正月十二日同人祭乡先辈于妙境庵即事成咏》：春风又到去年时，重集禅房感鬓丝。一瓣香因先进祝，千秋业让壮夫为。客来不速清谈畅，莺报初晴昼景迟。百尺树高残雪在，须教补入画中诗。

吴春藻《祭乡先辈日偶成》：兵荒久阙苹蘩荐，十数年来又举行。四色湖山多在眼，几家车笠复新盟。初经草创难斋礼，默罄葵忱自下声。高筑墙垣尚余望，相期吹籥奏和平。

又《续成拙律呈琴甫词长》：经营筑庙枉心殚，木主重新意自安。我本前贤弟子列，愿为游夏赞辞难。前贤与祭者共三十五位，今欲加列数人，同人纷纷辨难，啧有烦言，故云。续貂世说我何能，先君子《世说注》遭“发逆”之变，业经焚去，余愧无能再续也。附骥乡贤位已增。先君子得与祭乡贤之内，故云。楚楚衣冠少年会，巍巍日上势熏蒸。余两子多不读书，见少年峨峨冠带，不禁生羡，故云。

温鼎《祭乡先辈和吴莲吟原韵》：乡贤自昔传私祭，劫后重将祀典行乡先辈之祭始于戊子岁，孙愈愚先生作记记之。位置不祧援旧例，典型宜报续新盟。瓣香曾炷招提室，灵爽今依诵读声。莫笑我曹迂阔甚，先民相对意能平。　祭虎迎猫思报德，矧兹先哲励躬行。芳徽每切衰丝绣，经籍谁开孔壁声。肃拜衣冠排雁序，扩怀诗酒狎鸥盟。从今设奠弦歌地，莫负多情宋广平。

又《诗后复漫成二绝》录一：保障浔溪赖仲舒，如何尸祝独遗之。权谋未必非经济，怪煞人间重伪儒。帷儒实一代伟人，不与于祀，颇为惑之。

桂荣《和吴莲吟祭乡先辈日偶成原韵》：先民祀久遭兵劫，祀典于今始举行。欲使梓桑留故事，因陈苹藻续前盟。成规宜切追随意，往哲如闻謦欬声。安得丛书齐刻就，流传著作慰生平。谢翁先生欲刻乡先辈遗书为《南浔丛书》。　乡贤崇祀凭公论，犹是斯民直道行。自昔精庐频雅集，于今文社复联盟。楷模未远曾私淑，位置宜增肯附声。先哲有灵如在上，高山景仰慎生平。

姚士璠《祭乡先辈和吴莲吟原韵》：飞尽劫灰修祀事，先民矩矱要遵行。待崇庙貌偿虚愿，用荐溪毛践旧盟。指点枌榆搜故实，胪陈俎豆杂欢声。象贤最是延陵札，一瓣香传意气平。　老成尚有典型在，后进居然古道行。博采乡评参国史，乐从文社订诗盟。分曹好共馨香祝，合漠何来磬管声。一代儒宗心向往，阐幽议论贵持平。

唐宗尧《祭乡先辈和吴莲吟原韵》：墨溪文社祀儒氓，小子躬逢敢抗行。千古馨香联友谊，一堂尊俎傲仙盟。鸿仪弥切神交意，鹄立如承面命声。幽德宜彰增位置，延年庄论最持平。

节孝祠　旧在祇园寺研冰精舍楼右，咸丰九年里人公设。凡里中节烈贞孝妇女，自元至清凡四百余人。额题“清芬靡忒”四字。庚申毁于火。光绪二十四年，改设于九友堂东楼三楹。惟清芬祠所祀，已无纪载可考。今所祀，据旧志“节烈”门所载，及乱后殉节诸妇。

庞氏宗祠　在东栅总管堂西，庞云鐕创建，并立义庄，以赡族人。

张氏宗祠　在东栅马家港东岸，张鸿顺创建，并立义庄，以赡族人。

周氏宗祠　在东栅马家港东岸。光绪十有一年，周昌炽与其兄昌福、昌大，弟昌富创建。昌炽又置义田以赡族人。

谭献《南浔周氏祠堂记》文见《碑刻》。

邵氏宗祠　在东栅马家港东岸。

朱氏宗祠　在孙家坝惧二圩，今废。

邢节妇祠　在孙家坝朝真堂右。祀光绪二十六年旌表节孝邢胜奎妻李氏。前有石坊。

华氏宗祠　在西栅妙境场，祠前池中白荷花甚盛，今废。

张丹山《浔溪棹歌》：苔青碣断覆墙阴，人去坟空地被侵。赖有贤孙力恢复，祠门犹带夕阳沉。汪《志》按，西栅华氏祠，本系墓地，日久无人经管，其庄佃遂覆墓碑于墙下，售地于异姓。乾隆时，裔孙开泰按谱核实，疑其地而未得确据。祷于关帝，得“虎头城里喜相寻”笺句。因访至白鹇兜，有虞姓老人，年七十余，备述其源，而开泰鸠族资赎焉。然其坟已不可考，乃即其地建祠，以为睦族祭先之所。

董恂《浔溪棹歌》：昨访莲漪旧草堂，今来华氏古祠旁。刺船只向花间住，荷叶如云不断香。

又《偕同人至妙境场观白荷花》：残月疏星破晓迟，相偕吟侣短筇支。路抄曲巷来深坞，花散幽香绕古祠。两岸冷云秋在水，一襟凉露客寻诗。白莲社里人都去，定许清游续旧时。

纪氏宗祠　在西栅米廊下。咸丰七年迁于纪家坝金鸡巷北。

丁氏宗祠　在西栅外裘庄众安桥西。

朱氏宗祠　在西栅外六里桥嗣二圩，首祀文公。

朱氏支祠　在西栅外方丈港后嫡一圩。嘉庆五年，朱履安独力建立。

方氏宗祠　在西栅外方家港祭三圩。

孙氏宗祠　在西栅外十里桥胡家兜。

胡氏宗祠　在西栅外十里桥胡家兜，首祀安定公。

杨氏宗祠　在西栅外宰三圩杨湾。

顾氏支祠　在西栅外后四圩贤人兜。

褚氏宗祠　在西栅外糟二圩闵家兜。

邢氏宗祠　在西栅仓桥西。

邱氏支祠　在西栅丰年桥西。

善田张氏宗祠　在南栅外乍安兜，今移于南栅蛤蚆巷。

陆氏宗祠　在南栅余祥巷。明嘉靖时建，光绪二十八年重建，祀宋御史大夫陆盛为始迁祖。

庄氏宗祠　在南栅西交界坝桥南，今废。

顾氏宗祠　在南栅百老桥北。

刘氏家庙　在南栅万古桥西。光绪二十三年，刘镛创建，并立义庄，以赡族人。

邵氏支祠　在南栅外庄思坝桥。

徐氏宗祠　在南栅外罗汉坝顾二圩。

范氏宗祠　在南栅外鲸里方家埭。

屠氏宗祠　在南栅外式里港。

俞氏宗祠　在南栅外，今废。

屠氏宗祠　在南栅外双月湾审五圩。

蒋氏宗祠　在南栅外东埭审五圩。

王氏宗祠　在南栅外藏谷桥审五圩。

徐氏宗祠　在北栅百间楼港南岸。

蒋氏宗祠　在北栅外渡船坊，今废。

金氏宗祠　在北栅外北斜河再三圩。

汪氏祠堂　在北栅外拜三圩姚家兜。道光十七年，汪廷泽建。祀康熙时刑部郎中仁和籍乡贤汪以澄。咸丰时毁。

俞氏墓祠　在南栅外宣塘兜。

刘氏墓祠　在南栅外潘家兜。

蒋氏墓祠　在南栅外南喜兜。

蒋氏墓祠　在西栅外九里桥后四圩冯家村。

张氏墓祠　在西栅外宰三圩杨湾。

朱氏墓祠　在西栅外糠五圩东五指坝。

钱王墓　在西栅上塘后港姚家滩，有榆树两株。旧有墓碣，今已埋入土中。按，墓今已夷为平地。

宋从事郎朱仁福墓 在西栅石街巷内。仁福从征方腊有功，卒军中，赐葬于此。今无考。汪《志》按，《浔溪文献》云：石街巷今称巷，而墓不可考。或云迁荐福桥北兜后。访诸故老，云旧传及第世家，宅中正厅基下，确有一圹，系石街巷口朱坟是也。但筑室者温氏，不知售主何人，填平何日，年远事久，难为考究。今考温氏之宅，后售与丁氏，正厅已毁。土中之圹，未知信否？即有圹，亦难确指为仁福之葬也。

《宋朱仁福墓碣》文见碑刻。汪《志》按，此碣在妙境庵后朱家坟，《文献》所以有迁葬之说也。然碣实后人伪造，罅漏甚多。碣称"宣和二年三月一日赐葬"，旧志并沿其误，不知方腊之反，乃宣和二年十月事也。据朱国祯《百一祖墓记》及朱楠《厚德遗言》，妙境庵后之墓，乃仁福之孙俊及俊子庇理所葬，初无仁福迁葬之说。又华氏《传芳录》载，仁福赐葬在德祐元年华元升等陈牒请赐荐福祠额之后，则又以为南宋之末。要皆谱牒家通弊，附会无稽，未足深诘。

张鑑《浔溪棹歌》：石街巷口倚凉曛，啄木声声树杪闻。金雁银凫漂落尽，墓田何处吊将军。

范锴《浔溪纪事诗》：楚歌为吊国殇来，从事坟荒付劫灰。风雨石街深巷路，冬青枝上杜鹃哀。

又《杜韦娘》：宋从事朱仁福墓在南浔镇西妙境庵后，傍有墓碣。去岁之秋，偕施北砚、王雪浦、项函江尝手拓其文，考其年月，舛误实多，殆朱氏子孙补勒而未深考也。时北砚赋《杜韦娘》一阕，以纪其事，属余和之。余窃有疑，久未报命。兹江行阻风，篷窗无事，摩研拓本，爰次北砚元韵，继声填此，书寄北砚、雪浦、函江。

白杨孤墓，栖鸦乱噪秋风飒。有数行、碑字扪难读，记吊古、诗朋相拉。听椎声细打，墨痕乍洒，溪藤润滑添香蜡。数宣和，旧事如许，何堪手答。 任写拓。星移物换，多将世系付讹杂。看昔年、灯火丛祠在，问荐福、谁来行匝。只石街古巷钟敲，妙境萧萧，落叶老僧蹋。剩篷窗，梦断惊浪，寒吟夜榻。

施国祁原作：烟丛西墅，寒花墓下秋萧飒。问宣和、从事碑存否？怎忍令、风霜摧拉。喜俊流逸兴，长笺拓去，荒磷乍试新毡蜡。听椎声，向夕阳里、丁丁响答。

看薄拓。模糊蝉翼，重行泐墨古香杂。恍石街、明月遗清影，一水外、浔溪回匝。话南朝旧事忠祠，孝里榛芜，半付晚樵蹋。好装池，且与评泊、吟窗醉榻。

赵王坟 在南栅醋坊桥东，俗称竹园头，相传宋宗室某所葬，今无考。汪《志》按，旧志俱作赵王陵，然今俗只称赵王坟，未尝称陵也。张《志》、董《志》并云遗址尚存。范《志》云其圹墩石墓门巍然尚存。今考墓门尚存者，乃张处士墓，相传误指为赵王坟耳。实则此坟久无考矣。庆云按，今并张处士墓门已无矣。

董蠡舟《浔溪棹歌》：朱从事墓没榛艿，吴相碑亡事莫征。回首可怜天水碧，行人犹说赵王陵。

宋兵部尚书华初成墓 在西栅尝四圩菜花兜南。

张丹山《浔溪棹歌》：忠孝传家谱系存，菜花深处溯前闻。可怜南宋尚书墓，荒圮争传太监坟。汪《志》按，菜花兜有南宋尚书华大生墓。雍正初年，坟圮尸见，居民见其冠服殊异，因讹传为华太监坟，久且并尸而失之矣。华氏系出锡山，晋孝子华宝之裔。

宋承事郎朱俊墓 在西栅妙境庵后。俊子庇理亦祔葬焉，俗称朱家坟。汪《志》按，《朱氏谱》：仁福第三子名宣，宣生百一公俊，俊生百四公庇理。庇理即进士柟之父。朱国祯《百一祖墓记》云："百一公所葬当在尝字四圩。"朱柟《厚德遗言》云："奉祀祖坟余庆。"又云："先父治命同卜宅兆。"并指此墓而言。后人傅会，指为仁福迁葬于此，大谬。

宋江州参军华文胜墓 在镇西北尝五圩。

梁氏古墓 在西栅菜花兜。汪《志》按，旧称梁宦墓，时代、名爵并无考。

陈氏祖坟 在东栅薛家漾东北。明名医陈理先世所葬，俗称陈家坟。

明处士纪中墓 在西栅笺二圩，俗称秀水坟，中为纪濂之祖。

范锴《浔溪纪事诗》：飞梦金庭渡碧云，优游泉石亦超群。秋卿第后门风著，尽道钟灵秀水坟。汪《志》按，《纪氏家谱》："六世祖中，字公权，号西岩逸叟。善诗文，不乐仕进。卒葬笺字二圩法华庵之东。"《琐录》："墓前临半月池，后抱西村，水清绕汇，乔木森森。其地形如荷叶，得水欣荣，故俗名秀水坟。"

明处士金恭墓 在南栅嘉应庙后。

明谢翰《故处士金君墓碣》文见《碑刻》。乾隆六十年出土。

陆氏祖茔 在南栅余祥巷陆氏宗祠内。明嘉靖时葬太学生陆嵩、陆岩弟兄。嘉靖壬午恩贡北直隶满城县知县陆元吉、南京中城兵马司指挥陆元祥，嘉靖壬子举人永丰县知县陆充龄、府庠生陆璜山，乾隆庚午举人四川叙州府通判陆以载，均祔葬。坟前有池，四围有墙，俗名砚子坟。

丁氏古冢 在北栅圆通庵内。明时丁氏所葬。

丁氏祖坟 在西栅外三里桥西北嗣一圩，俗称鸳鸯坟。

方氏祖坟 在西栅外众安桥东祀四圩。

明谥贞愍教授张洪墓 在南栅外牒四圩独树湾洞宾桥南，俗称老坟湾。洪子炳即葬洞宾桥北笺五圩卢家壋，俗称张家桂花坟。

明通判张祐墓 在南栅苏露桥西。汪《志》按，范《志》以为宋学士张定墓，讹。

吴、曹、朱三家祖墓 在北栅外尝三中圩。其后裔鬻其地于张姓，张发之，有石椁二具，得宋镜及佩璧磁器。今墓已夷矣。

明朱国祯《百一祖墓及以仁公附葬吴墓记》：朱氏，陕西泾人。宋宣和二年，承事仁福从征方腊有功，卒军中，葬于湖之南浔镇，是为始祖。第三子宣，从行不能归，因家焉。宣有十三子，传远而派繁，散居金阊、丹阳、安吉诸处。浔为正宗，自国祯以上多长子，勤于耕贾，鲜行业及宅墓可考之处。盖既求巴西黄宫允表南阡矣。宫允方在讲筵，无休沐暇，独为我操笔，古质淋漓，是真不朽者。夫朱氏浔之旧也，由来止此已乎！仁福葬明月桥西石街巷，巷自如，墓不可考，《册》云“祖坟余庆”，未知即是石街与否。百一公所葬，当在尝字四圩。今隔河祀字三圩有坟一区，子穴累累，守者犹是吾宗，足知两圩俱是朱氏墓地。今自穴而外皆成田，惟镇西有庙径桥，相传为朱氏家庙处，想亦进士公所创，已夷阛阓，盖族中不肖所质。又有大古柏，亦伐去。前年族曾祖表求于董祠部复之，立进士公牌位其中，然绝不成庙貌也。整之在异日。又稍西有楼一间，族某焚修其中，盖因庙毁改立。以仁公讳济，东郭吴氏之甥，配吴氏。吴有二甥，其一为曹某。曹先死，吴怜之，许葬已墓，盖先辈高谊如此。曹之子镤，弘治癸丑进士，馆选得刑部主事，善画残荷，有清名，寿最高，所谓桐邱先生者也。以仁公殁，用曹例，不告而葬其右。吴讼之，业已然，又会有居间者，得不发。忆祯幼时，先府君乞妇于曹，曹不许。已，曹氏行吴墓间，得以仁公穴，叹曰：“是旧家，且有连，无不可者。”先府君亦不许。以仁公盖贫约悃愊之士，配吴氏，生死日月，谱俱失之。二子一女，仲又绝。穴丁向后有银杏树二，如华盖，对立插天，几作屋材矣，赖吴氏有隐于医者争之获免。此百千年物，阅富贵多，别有鬼神守之，五雷所不敢犯，辄可睥睨耶？伊人中止亦其福。浔中旧姓，自吾宗外，为东北二吴、纪、陆、张、尹、慎、沈、尤、钱、范、华、翁、龚，不过十余家，都居奥垲。吴、尹、慎、范仅文学。北吴贡生吴在川，吾母其侄，爱而女之。祯三四岁时造庐，与先大父侃侃，犹记其状貌，方面皤腹。每谓先府君曰：“学莫先于治生。”深虑府君阔手，不甚屑屑，数至困乏云耳。入京，抗贵人同笔砚者，未得官，归家穷死，岂所谓善治生者非耶？其长为弟子员，老而黜，益贫。外祖在溪，有二孙，俱夭绝，何吴之凋丧，而幸吾母尚逐儿子居京二年得疏食拜观音大士前耶？忾叹可知。纪、陆、张有乡进士，纪为刑部员外郎；陆一为知县在仕籍者，一通判，其祖以贡亦知县；张亦通判，最先发，尚有坊在南。尤以恩贡亦通判，祯少时，尝从受业。沈以贡亦知县。翁氏子能诗，雅工草书，与予善。钱与龚俱无文，士范即吾姑节妇之家，刘宫允为之碑，与黄当称两绝，行且请旌，然所重在彼不在此。华登甲午者，吾社友也。东吴南徙，与吾家犹联儿女亲不替云。张、沈、尹、慎式微，夷于三劫之后矣。董自梅林来，稍后独据其胜，大发所不归一者。陆氏稍远，为纪亦十四姓，子孙自废。大树之下无丰草，非人之所能为也。而百年前父老追随，于于衎衎，婚姻休戚之谊遂绝。盖所闻于祖父如此。祯以使节归，当请吴之老人，告之故，立碑曰“附葬吴墓，以仁朱公之穴”，以示别祭必先吴，不忘本也。敬叙大都并及浔之兴废，以示子孙，且俟数姓之后之崛起者。第十八代孙国祯薰沐谨记。汪《志》按，《涌幢小品》曰：曹桐邱公镤之祖原，吴之自出，育于曹，故一姓。曹祖殁，葬吴墓。余高祖民畏公，吴甥也，贫甚，殁亦葬吴墓。其地辛、丙、巽三水俱会云云。此记则云以仁为吴氏甥，葬吴墓。一人所记，自相矛盾。考民畏名震，即以仁之子。震墓不在浔北，《朱氏南阡表》可证。盖震父殁而震葬之于吴墓，《小品》之文当有脱讹也。

董氏祖坟　在北栅外悚四圩。明尚书董份葬其曾祖处士铎及祖赠通议大夫庠于此。墓前二翁仲犹存，俗称石人坟。墓西向，稍南为庠子珮、珂同葬，俗称独树坟，亦称老坟滩。汪《志》按，范《志》云在惧一圩，盖因悚四、惧一两圩连属致误。又庠墓志系主事唐枢撰文，今不录。

董攀龙《浔溪竹枝词》：寂寞荒滩覆白云，渔舟十五自成群。明朝寒食梨花落，麦饭一盂上老坟。予家赠少宰竹闲公坟在浔北，为渔船停宿处，俗呼老坟滩。

纪复亨《董坟观梅歌》：香风划溪水，梅花绕古坟。提壶坐其下，茫茫醉白云。却恨寻春春已老，一半飞英委芳草。举杯遥酹陈死人，被君卧看春风早。花下横眠秋树根，花前无数夕阳村。倚桥淡荡衔山影，傍岸参差皱水痕。村女折花不插首，窥人缟袂冬青后。几间茅屋甃卑垣，昼夜清香塞户牖。好辟花园筑径斜，扶疏绕屋野人家。春来日日巡檐笑，莫到坟头始种花。

温睿临《王杨墩访牡丹，会饮双塔庙，晚游董墓》五首录一：石马凄凉零露中，居人指点说幽宫。百年宰树留先泽，半日风帆访古封。若有人兮被薜荔，隐思君矣抚杉松。汉陵唐寝今何在，谁勒铜驼泣暮风。

明处士张凤墓　在南栅醋坊桥东。宣统二年冬，为人盗发，得朱书砖志。通判刘式渊捕治以法，修其墓。里人为立碑表之。

明董份《明故栖筠处士张公配褚硕人墓志铭》：史氏董份曰：“予舅氏家难，可胜言哉！”始予舅死于毒，官方按治，而仇倾家财，倚有势者，抵构于其间。外大父栖筠翁及褚硕人相继以忧殁，最后舅子仲兄需亦下世。人之云亡，家亦殄瘁，痛哉！于是伯兄震就禄远方，自照磨稍迁，弃其官不赴，叹曰：“所为万里仕者，欲窃升斗以葬先人，毕大事耳。今官既贫而业益窘，即万一先雾露，恨可赎哉？”盖栖筠翁葬已久矣，而未有铭，硕人殁已久而未葬，震独念曰：“夫葬而无铭，与无葬同；殁而未葬，与无子同；子诚已死而孙不能举，与无孙同。震何面目以立世也？”乃与需之子四聪等来言铭事，会予方以太孺人丧未能就也。居岁余，又泣而言曰：“惟不得铭，以不敢卜日月。”而温氏兄应禄亦数责予曰：“子伤母而独不念母所自出乎？且忍使二大人殁，遂卒卒无纪载，比委于草莽者哉？”乃摧心裂肠，拭泪而序其事。张氏者，其先乌程浔溪人也。翁曾祖华甫，以高行称，浔溪人言大姓有礼者，必曰张氏。祖恕，父敏，皆有隐德，居浔溪。翁少有雅度，自儿时为坞村褚丈人所奇，遂归女为翁配。因依褚治田宅，尽让兄浔溪所居，而徙为坞村人。性简重，悛悛口不出辞，未尝折人以辨，然论理道识，要指犁然，有当于时，人亦不能难也。顾不喜仕，不肯授章句业。而坞村在浔溪西，有沃野、膏田、陂池之饶，乃乐其地，益规治。莳桑麻，艺林圃，亲率耕耨其间。入其境，丛阴茂杂，流泉掩护，暧然隐居也。大概勤身俭节，以起其家，而不事贷息，不争废鬻，以竞赢利，其古之所谓以正道自殖者欤？治家不得阑费，自尺寸有经，而问义所当，不小拘也。人以是称之。教子孙有法，绳束轨限，毫毛不得违度数。延经生博士，使子孙以次受学，传诵日夜。趣问所进，稍稍究以师说为处，其然否多中幻眇，经生博士捐几而听之，无不许善。其行已极慎，进退步履，皆有常处，至遇人煦然，无不得其欢心。居常，微行琐节，皆可述者。予少侍先府君、太孺人之侧，时时言翁，而予早不解事，久远不能详也。要之，诚谨笃厚，表里醇壹，斯所谓善人长者，足以贻后昆而敦薄俗者欤！曩记予数岁，姆携戏翁膝下，翁授以古歌诗，能言其义，数赐千钱，甚喜。而予好弄不羁，独温氏兄卓然成人，起立不苟，而翁两取之，叹曰：“术者言我宅相当有甥贵，而两儿皆不凡，倘在是矣。”丁酉之岁，予幸与温氏兄同举于乡，人皆以翁之言有征，而惜夫翁与硕人其皆逝也。硕人即坞村丈人之女。始归于翁，辄屏铅弃珥，自力作苦，身纺绩织纴，工与婢最者校，食与下者等，人无惰指，家无遗粒。翁积治产业，多硕人之助也。然与翁孝养舅姑，姻睦宗戚，事上惠和敬恭，而闺门甚肃，其遗范余风凛如也，人故益知其贤。平生不逾阃阈，独以子死，官验尸，与翁相持，出哭尸下，悲号甚惨。官乃动曰：“是父母将并为子死，囚可释哉？”乃卒按仇罪。然无何，翁殁，而硕人失明十数年，亦殁。呜呼哀哉！予见硕人失明后，常处一木榻不下，每饭不过数匙，肉三四举，食蟹不过一节，而寿九十余而殁。问之硕人，往故少食如此。夫味薄则神清而气坚，硕人自少能以勤俭助翁，而寿老固以神用也。然则世专以极味穷嗜为养生者，不已汰欤？翁名凤，字某，栖筠其别号也。生正统庚申九月十日，殁正德丙子八月十九日。硕人生正统丙寅四月十六日，殁嘉靖庚辰九月十四日。汪《志》按，生卒干支必有讹字。据上文，硕人殁在翁殁后十余年，寿九十余。今以二人生卒之年反覆推较，进退皆不相合。子暹，即死于毒者也。娶沈氏，女三，长嫁沈，次即予母太孺人，次即温氏兄母也。沈渊、予父环、温氏兄父瀚也。予父以贡士不肯就选，赠翰林院编修，温氏兄父亦以例贡不选，将待封云。孙男二，长即震，授镇远府照磨，迁周府审理，娶陈氏；次即需，早殁，娶丁氏。孙女二，适蔡槐、陈梓。曾孙男四，四维娶金氏，四科娶谈氏，四聪娶黄氏，四教聘陆氏。四维、四聪皆学生。曾孙女三，适闵隆庆、陈汝登、庄寅。元孙男四，嘉谟、嘉猷、嘉言、嘉行。嘉谟聘闵氏，嘉言聘宗氏。元孙女六，长许嫁陶某，余俱幼。翁以正德辛巳葬浔南之笺字圩，今嘉靖辛亥举硕人合葬焉。铭曰：痛者子，繁则孙。痛彼朝露，其繁如云。虽以忧殁，实慰乃魂。古云作德，祚及其昆。诸孙彬彬，实兴于文。将大其门，维祚之存。铭稽葬缓，终归兹坟。史氏勒石，以示后人。汪《志》按，此墓即向时妄指为赵王坟者，近年里人纪南枝始考得为张栖筠墓。以此文证之，信而有征矣。凡墓志埋于圹中未出土者，例不入《碑刻》，但究属勒石，故录全文。且此墓传讹已久，特详著之，俾后人有所考焉。

尤氏祖坟　在南栅尤家港北。明尤应祥先世所葬。

朱氏南阡　在南栅外，今无考。明朱国祯之曾祖赠光禄大夫震及祖赠光禄大夫经墓，后迁葬惧二圩玉成湾。

明朱国祯《月溪公行实》节录：民畏公讳震，生四子，长月溪公讳经，字朝纲。壮年厚一术士，共游镇之南隅，指一地曰："前冈似吉"。即默识。价极贵，亩不及三，而错业十余家，营历三十年，已得之。惟正中可三丈余，抵而不殊，为人所觉。有刁氏奴七者，其父故民畏公之仆，尚在，仗势觊觎。公以计引其人置券，厚给其直，买空棺实土培其上。明日，独身至，扬言曰："若来，吾挟之与赴水。"奴亦慑，始不敢争。是举也，迟一夕即负嵎不可迩，前所得，悉决裂，然非公之气概，亦不能逆慑至此。既决策，众云："公倾家之半与一生精力都在此，真穴宜自奉。"公泣曰："谓吾父何？"卒谢不听。三弟尚在，不烦一粒一钱之助也。左为某奴之域，仅隔一小渠。丁位原有徒杠，其流来处属彼所。去易以石，屈曲束口之半，说之万端，不听。无如之何，卒亦无害，而奴已奄忽墟其地矣。临殁，犹南墓为惓惓云。

明黄辉《朱氏南阡表》文见《碑刻》。

明征士赵金墓　无考。汪《志》按，旧志云：金年六十，自为寿藏。范《志》云：《赵心山墓志》，尚宝司少卿陆师道撰。其墓当在浔，而皆不言在何处。

明刑部员外郎纪濂墓　在南栅外简二圩姚埠坑。本朝诸生纪远及太仆寺少卿纪复亨并祔葬墓侧。汪《志》按，濂墓志系董份撰文，今不录。

明赠光禄大夫朱守愚墓　在南栅外顾五圩。守愚即朱国祯之父。汪《志》按，守愚墓志系兵部侍郎许孚远撰文，今不录。

明赠光禄寺少卿董嗣成墓 在北栅外拜三圩。初葬乌镇获字圩，顺治四年迁葬于此，俗称桂花坟，今桂已槁。汪《志》按，嗣成墓志系大学士申时行撰文，迁葬未尝改撰，今不录。

黄周星《董墓看桂次题壁韵》：早香直作晚香开，牵惹游人几度来。天竺影疑花雨堕，月宫曲记紫云回。蕊珠丛里探芳径，金粟堆前酹古苔。仿佛淮南招隐地，可堪作赋小山才。

汪延泽《桂花坟吊董光禄》：市义翻胎祸，穷泉迥不晨。一抔迁瘗骨，两疏颂批鳞。薄俗谁奇士，衰朝此直臣。我来秋色里，太息桂为薪。

殷氏祖坟 在南栅笺二圩，俗称殷家坟。按，范《志》作在恐四圩，讹。

邢氏祖坟 在西栅西庄村后，俗称邢家坟。

明户部主事黄周星墓 今无考，或云在马家港长生桥北堍，俗称独树坟。汪《志》按，周星自撰墓志，今不录。旧志不言墓在何处，以为在马家港者，始于邢典云。据先世旧闻，墓上有白皮松一本，冢则三和土所筑，然亦未云在长生桥畔也。丁源诗则谓墓前有冬青树，又有南林寺句，似当在报国寺左近矣。道光中，东藏寺僧达曾始指长生桥北独树坟以当之，而范锴赋诗并载之《浔溪纪事诗》中。近人遂为立墓碣，殊失疑事毋质之意。今墓上树非冬青，亦非白皮松，系砖圹，非三和土，冢堆甚大，似有三四穴。夫周星卒后，其子已奉母返金陵矣。即云后来奉母柩至浔合葬，亦止二穴而已，祔葬者又何人耶？相传十余年前有上冢者，居府城西门外，非黄氏子孙。或云系朱氏族人无后者所葬。又里人纪南枝云：“尝检惶字五圩，圩册无黄姓户贯。”诸说纷歧，迄无定论。今姑采范《志》，而附著所疑，以待后人考订焉。

邢典《南林杂咏·独树坟黄九烟先生墓》：寂寂荒坟在，依依问水滨。一枝松与伴，孤绝似斯人。

丁源《黄九烟先生墓墓前有一树，土人名独树坟》：浪迹江湖未有家，酒船诗轴共生涯。夕阳终古南林寺，犹照冬青独树鸦。先生有句云：“高山流水诗千轴，明月清风酒一船。”又先生最爱夕阳，有《夕阳诗》二首。

范锴《偕竺峰上人寻黄九烟先生墓》：百年留故迹，咨访墨溪濆。刍狗斋无址，铜驼梦散云。先生著有《梦史》，佚不传；而《刍狗斋集》板片亦久毁。小桥流水曲，独树一抔坟。旧称独树坟为先生墓，在长生桥畔。相与谈文献，裴回倚夕曛。 五迁茅屋隐，遗世首频搔。颠沛亡张俭，凄凉老谢翱。生存明进士，死读楚《离骚》。太息无碑碣，何人荐野蒿。

又《浔溪纪事诗》：马家港曲入溪南，独树坟荒路未谙。更问桑麻朱相宅，只今世系少人谈。昔亡友施北砚国祁、邢书城典、纪铁珊峻尝云：独树坟在马家港，为黄九烟先生墓。余以浪游数十载，久忘踪迹。乙未春归省先茔，暇与竺峰上人达曾偕寻，在青华观后隔水之长生桥畔，有坟蓬累，一树扶疏，老干蟠结其上。达上人曰：此即俗称独树坟也。后人零替，久绝祭扫矣。徘徊夕照，慨无碑碣，为赋二律。

张丹山《谒黄九烟先生独树坟》：浔溪迤东南，波光净于练。水木湛清华，坡陀恣游衍。乘兴访石湖，桑梓征纪传。忽云独树坟，一抔昨曾见。兼欲表章之，丰碑屹一片。我闻意飚发，急思瞻月窨。适墓生敬心，愧乏芳芼荐。吁嗟伤心人，才华洵邦彦。弱冠擢京闱，簪花闻喜宴。观政摅怀抱，户曹承帝眷。忽焉天地倾，世事沧桑变。肥遁隐江湖，迢遥历郡县。武水重迟回，长城食贫贱。五迁始至浔，孤蓬任飘转。晦迹鹦鹉洲，勤耕鸲鹆砚。迄今市廛中，尚尔流光绚。天中额仙宫，岁寒榜僧院。泣鬼与惊天，快绝唐诗选。桑海泣遗民，愤郁若瞑眩。瞬息年古稀，岁月惊流电。神州已陆沉，悉数泪如霰。南都小朝廷，君臣丧游宴。绍武败仓卒，思文绝邻援。螳臂竭翁洲，龙种献缅甸。长杨依延平，海峤犹吾战。恨乏补天手，精卫沧海填。苦无鲁阳戈，夕照空矜炫。钟山王气销，解脱夫何恋！《绝命词》既吟，《生圹志》亦撰。遘兹令节辰，汨罗宁独擅。寂寂刍狗斋，蒲觞聊自饯。妻孥痛诀别，墨溪赴清淀。忆昔书城师，赋诗曾吊唁。因之桑野间，榛莽搜寻遍。积闷二十年，今此殊欢忭。赖有冬青枝，历久尚葱蒨。鬼神常护持，名流仰狂狷。惜哉土花残，剥落资修缮。何时宿草除，何日椒浆奠。鄙俚缀芜词，大雅征黄绢。时范文白舫相约赋诗纪之。

金锡桂《寻黄九烟先生墓不得》：南林当孔道，古迹不可度。基留太尉城，名著御书阁。残碑蚀苔藓，漫漶少椎拓。遂令怀古心，怅惘渺无着。峨峨黄夫子，高风动寥廓。素抱怀沙志，不肯受羁缚。客死葬此地，故老传闻各。一抔究难寻，阛阓纷交错。荒溪水沄沄，破冢烟漠漠。叔誉观九原，死者那可作。我诗告邦人，表微贵踊跃。勿使忠义名，久久坐萧索。

李世伸《浔溪棹歌》：叠山迟死亦千秋，《解蜕》吟成万古留。三只孤坟称独树，一抔终古枕寒流。黄九烟先生墓在墨溪。

沈氏祖坟　在南栅百老桥北。

潘氏祖坟　在南栅百老桥东。潘尚仁、尚智先世所葬。

孝子袁大周墓　在南栅恐四圩碛沙寺前。

明赠光禄大夫、左柱国、少师、中极殿大学士温应初墓　在南栅外笺五圩。按，应初为体仁之祖。

明赠光禄大夫、左柱国、少师兼太子太师、中极殿大学士温子佐墓 在南栅外详五圩。按，子佐为体仁之父。

席家坟 在西栅外六里桥。相传为洞庭席氏先世所葬，今华表犹存。

道士坟 在南栅笺一圩巡司署。对河广惠宫，道士聚葬于此。

六禅师骨塔 在东藏寺中。汪《志》按，聚星塔旁又有四禅师骨塔，附载于此。

张丹山《浔溪棹歌》：六祖功成庇一龛，儿曹佛土好庄严。金仙亦有长生诀，法界空花一笑拈。汪《志》按，东藏开山为云栖法嗣：一默然静，二妙湛源，三无见相，四永源，五引之，六祥永。旧传，初起地藏殿时，六祖骨塔在焉。初议移去，而董其事者，张丽成、李某也。有渔船张网于张丽成湖埠，夜分见张门大辟，六僧鱼贯进，疑有法事。久之，张送僧返，户旋阖。次早李谒张，备言夜梦六僧来恳骨塔毋移，不碍殿址，与张梦适符。大惊，遂寝前议。殿成，适在右壁，因设位供奉，香火至今不绝云。

三禅师骨塔 在塔院中。题云“临济正宗第三十世佛幻神珠海禅师、第三十一世渔庵天倪闻禅师、第三十二世开山此翁孝禅师之骨塔”。

普同塔 在塔院中。碣题“同登上品优婆夷、优婆塞之骨塔”。又报国寺中亦曾建普同塔，今无考。汪《志》按，“同登上品”，《浔录》“同”作“普”，讹。

董汉策《募建普同塔引》：忆昔亥子岁交，此山禅师自吴门来浔，为其本师倪公建塔。余因以立普同塔广引孝思之说进，此山禅师便首肯曰：“此先师之愿也。”居无几何，倪公之塔成。别构数椽供地藏，使冥趣知所向往。乃营地势，为四众掩遗骸，复及于遗骸之无主者。岁在庚寅，将鸠工焉。余谓鼎象封树，儒者之教也。贫无以葬，则教有时而穷。掩骼之法，所以救鼎象封树之穷也。兹逢兵燹之后，骨肉满沟壑矣，为刀锯死，为风雨死，为猛虎死，为赤鼠死，甚则为蚤蜮刺射死。举天下母失其子，夫丧其妇，兄弟眷属，势如土崩。欲访遗体，置荒坯中不可得。而高原蔓草之侧，白骨青火，魂既难招，神犹入梦。问儒家：“有掩骼者乎？”则不顾而唾。嗟乎！此时立普同塔，又所以救儒者之教之穷也。今浔之人，历此大劫，而安堵如故，前所言五死悉不犯。于是用其余生毕力于掩骼之事，赞助普同，已称极乐。当不待予言之毕，而有脱巾帻簪珥，以成倪公之愿者。

金之俊《普同塔引》：东坡之铭暴骨也，曰：“是岂无主？仁人君子，斯则其主矣。”噫！此真仁人君子之言也。从来掩骼埋胔，食报不浅，而世人鲜留意于此者，良以黄金能语，白骨无言，与其施恩必报之地，何如市德必偿之人。于是著悭贪想者，徒饱自己脓血；即生布施心者，亦遑顾谁氏枯颅。不知羁魂旅魄，飘泊堪怜；暮雨晨风，凄伤欲绝。王忳之葬，客舍书生；陈元之瘗，饥岁万殍。稽之往牒，因果昭然。

世间容有负心之活口，地下决无背德之灰骸。为之主者，繄惟仁人君子是赖。余伯兄□然先得我心，慨然首倡义举，欲建普同塔于浔镇之隙地，而比丘某踊跃赞助，誓共圆成。若自作，若教他作，见作随喜，伯兄与比丘之谓也。伯兄曰："人之欲善，谁不如我？弟其为我广之。"余因书此，以遍告仁人君子。

又《浔水普同塔疏》节录：曹溪西去数武为南浔镇，有报国寺。南林上人曾断一手，以誓兴复兹寺，至今机缘未就。然为法忘身，一念何异断臂之神光。余素嘉其真心实行，庶几其无我相者乎？一日持疏册，欲建普同塔于寺之弥陀阁后，而丐余言为劝。

寓园 在南栅莲界巷后，旧为胜义庵僧舍。嘉庆年来，僧僚散亡殆尽。九年，师善堂董事绅士请于当道，改作便民停柩之所，名曰寓园。三年之内，觅地安葬。咸丰时毁于兵，同治七年重建三十间。

续增寓园 在南栅余祥巷，与寓园毗连。同治十二年建十间。

停棺所 在师善堂东。嘉庆九年建，毁于兵。同治七年重建三十间。

寄园 在师善堂东。光绪二十九年建十二间。

新寓园 在师善堂东。光绪二十九年，以饮牛池填筑殡房四十间。

义冢 康熙十一年，里绅董汉策创建。义冢久废无考，或云即今艕里义冢是也。雍正二年，绅士潘尚智、夏光远、沈谦、徐宏逵、张辑玉、温尧臣、潘尚仁、张文翅、庄敏之、陆熊臣、陈宝东、陆心期、陈宁周、董洛如、张丽成、殷兹在、丁觐扬、华佩兰、庄祖庚、宋颖传、丁次寅、沈谦受、罗会乾、周大伟、张维申、潘彩云、顾序皇等，复捐资公建。在笺一圩。焚无主之骸骨，藏瓮丛葬，男女各别，积二阜。汪《志》按，义冢，董《志》作漏泽园，名异实同。范《志》乃云漏泽园即寓园，讹。

曹大斌《青华观义冢版榜》：《周礼》：大司徒以本俗六安万民，二曰族坟墓。春官之属，墓大夫掌凡邦基之地域，为之图。令国民族葬，而掌其禁令，正其位，掌其度数，使皆有私地域。先王所以谋民之丧死无憾者，綦详矣。而孟春又有掩骼埋胔之令，岂不以四海之广，惟恐一夫不获其所耶？吾浔溪里烟火数万家，远方商旅辐辏。其土著贫乏不能葬，及流寓滞榇之无归者，往往有焉。仁者悯之。呜呼！《诗》有云："行有死人，尚或墐之。"又云："凡民有丧，匍匐救之。"孔子所谓"无服之丧，内恕孔悲"者也。于是里之大夫、士庶、耆老，公择地于嘉应庙东北隅若干步，为义葬之阡，厉从社后，允合古法。旁构青华观，命黄冠者居之，荐其岁事，庶几仁者之用心，而佐王政之十一者。因立榜楹间，余为书其梗概，以谂将来。善信芳名列左右，道士沈道恒与有劳效，例得附名。汪《志》按，此文明题版榜，旧志列于"碑刻"，误。

董熜《义冢记》：古者，冢人、墓大夫各有职掌，自贵及贱，未有不得祔葬、族葬者。其或死于道路，又令蜡人埋而置楬。至孟春，掩骼埋胔，并令掌其国禁。凡所以仁死丧者，详密如此，断无有贫不能瘗而残骸暴露者也。后世义冢之设，不在官而在民，盖下体上之意。出其私财，聚枯骨，筑大阜以埋之，故谓之义。我国家仁育万物，恩颁葬典，使慎终事，弗之有悔，然贫而暴骨者时有。康熙辛丑，浔镇沈君谦、徐君宏逵、张君元灿等，恻然伤之，始捐资创议，劝里中之乐善者，各出资财，买笺字一圩税地八亩有奇。屋前后六间，中供青华上帝，颜曰“青华观”。无主之骨悉收之。地东西八十余丈，南北四十余丈，计用银七百两有奇，深得置楬掩埋之义。顾以力薄地隘，不能不火化也。盖自桑门之教盛行于中土，莫之匡正。宋建隆中，诏禁火葬，今律从尊长遗言，将尸烧弃，杖百。而宋贾同禁焚死，王安石、闵习二文尤痛切。贾之言曰：“父母生而或毁伤之，不仁；死而复毁伤，不仁甚矣。况自执火而焚其尸乎？”王之言曰：“习之久也，至于戕贼父母，而无以为不可。”然则义冢所收，其用心甚慈，其为功甚大，而犹未能禁人火化。更能推而广之，措置宽闲之地，得以安葬，而无烧焚之惨，则事系于官，而士亦得为之特书，以俟有力者。乾隆十有一年六月。

义地 师善堂于嘉庆年间，向府城西南三十里之杼山置买义地。每年春秋二季，凡停久不葬及无主之棺，载往丛葬。在菁山建有义庄三间，两进憩息。经事之人陆续置买之地，计杼山一百七十亩，龙尾山七亩五分，馒头山十三亩，丽山二十五亩，刘家山三十亩，涧硚山四十五亩。

宁绍厝所 在下坝宁绍会馆内。

金陵厝所 在广胜桥，金陵会馆对河。

新安厝所 在醋芳桥东竹园。

张鑑《遵义堂征信录序》节录：新安六邑商人之在浔镇，其殡室向仅附筑于青华馆侧，历年滋多，渐觉冗逼。自道光六年，经金君稼、田星彩暨方梦吉、汪梗南、程际煌、吴炳文、杨以和、陈任贤、许清臣、胡集和十余君朝夕综理，至十一年冬，始克买地二亩，于溪南笺字一圩。既营公馆，即其旁鸠工开薙，建广厦六楹，以为遵义之堂。栋宇完固，地势垲爽。又虑阴阳凌杂，别置楚芳桥东女厝一区。落成之日，同人思垂久远，乃议立规条十余则，纂成一编。先以当事诸批答，凡董司之任、捐施之名、出入之号、启闭之期、工役之资、水火之费、善缘所集，靡不毕载。而无归淹滞，买山丛葬。其卒事也，丙申三月。

周氏丙舍 在东栅马家港周氏宗祠内。

刘氏丙舍 在南栅万古桥西，刘氏家庙后。

南浔志卷十七

里人周庆云纂

坊表

状元坊 在北栅太平桥畔，为宋绍熙甲寅上舍释褐状元张定立。今圮。

曹仁虎《浔溪竹枝词》：簪缨计里有辉光，几处朱门迹渐荒。南渡衣冠休再问，苔痕久没状元坊。

文魁坊 在南栅笺字一圩，为明成化辛卯举人张祐立。今遗址尚存。

苕水远来坊 在东栅惧字一圩，为礼部尚书董份立。今废。

梅林独步坊 在东栅晏公庙右。为明嘉靖辛丑进士董份、万历庚辰进士董嗣成、万历癸未进士董道醇、万历乙未进士董嗣昭立。今废。

探花坊 为嘉靖癸丑一甲三名进士温应禄立。今无考。

凌烟十俊坊 在东栅晏公庙右。为万历癸酉举人董道醇，己卯举人董嗣成，戊子举人朱国祯、沈鼎成、崔祖锡，甲午举人董嗣昭、华士嶟、庄日宣、丁树本、吴时宪立。今毁。

四世一品坊 在东栅。为明赠少师建极殿大学士朱震、朱经、朱守愚及建极殿大学士赠太傅朱国祯立。今圮。

节孝坊 一在东栅三板桥西董进士祠内，为明进士董嗣昭妻李氏建。

一在东栅下塘，乾隆五十六年，为邱元文妻庞氏建。

一在东栅下塘，嘉庆十三年，为严楚臣继妻朱氏建。

一在东栅下塘，嘉庆十八年，为沈堪继妻徐氏建。

一在西栅沐凤桥西，康熙六十年，为江南举人程嘉和继妻潘氏建。今圮。

一在西栅外裘庄，为文学丁熊占妻严氏建。

一在西栅外裘庄丁氏宗祠内，为监生丁柽妻杨氏建。

一在西栅外九里桥西五指东坝，为邑庠生朱杰妻李氏建，即在墓上。

一在南栅广惠桥西堍，为陈雪川妻孙氏建。

一在南栅新开河，为张全雯妻陈氏建。

一在南栅孙家坝朱氏宗祠内，嘉庆四年为朱位南妻蒋氏建。

一在南栅外豆腐桥北，乾隆五十三年，为潘文炳妻陈氏建。

一在南栅外南蒋港口，乾隆六十年，为文学蒋慎川妻朱氏建。

一在南栅外开济桥东，道光元年，为王岐妾叶氏建。

一在南栅外东埭蒋氏祠前，咸丰五年，为候选布政司理问国学生蒋宗衔妻张氏建。

一在南栅刘氏祠前，光绪十六年，为国学生咸丰庚申殉难崇祀杭省昭忠祠刘保康妻陆氏、工部虞衡司郎中刘安澜妻二品命妇邱氏、国学生刘安俊妻邵氏合建。

一在南栅孙家坝朝真堂前，光绪二十六年，为邢胜奎妻李氏建。

一在北栅外下坝般若庵前，顺治十三年，为副贡生董廷勋妻顾氏建。

一在北栅外悚五圩，乾隆五十二年，为董耀妻严氏建。

一在北栅外南坝，乾隆五十年，为陈文元妻周氏建。

一在北栅外瑶田村，乾隆五十三年，为文学张骏观妻叶氏建。

节母坊　在西栅外福积桥西，为沈斗南妻陈氏建，亦称寿母坊，时年九十。享寿九十四岁。

贞女坊　在西栅务前，为明金来聘聘妻纪氏建。俗称牌楼里。

明朱国祯《节孝纪贞女碑记》文见《碑刻》。

一门双节坊　一在东栅下塘，乾隆五十二年，为监生朱光焕妻吴氏、文学朱光炳妻程氏建。

一在西栅外裘庄，道光二十一年，为丁起堂妻沈氏、丁源妻沈氏建。

升平人瑞坊　在东栅下塘惧字二圩。光绪十五年，为寿民四品封职梅宝楚建。与四牌楼并列为五。

乐善好施坊　一在南栅刘氏祠前，光绪十六年，为三品封职刘焕章、三品命妇吴氏，十七年为三品封职刘元吉、三品命妇屠氏，十九年为二品封职刘镛、二品命妇沈氏合建。

一在西栅外贤人兜，光绪十七年，为一品封职顾寿乔、一品命妇施氏建。

一在南栅外厌三圩，光绪十五年，为候选员外郎邵文瑛，四品命妇吴氏、谈氏建。

南浔志卷十八

里人周庆云纂

人物一

宋：**张茂宗**张准、张定、张翼　**华文胜**华初成、华元实、华玙　**史博**　**陆盛**

元：**庞朴**　**徐恺**　**张士谅**　**褚天祐**褚锡珪　**董仁寿**

明：**华裕昆**华钦、华振道、华宏纲、华扬、华天民　**张文显**张立　**沈贵**　**陆岩**陆胜观、陆孟和、陆文、陆椿、陆敬德、陆元吉　**陈理**陈谟、陈元器、夏廷秀、董佾　**温琏**温璋　**张洪**　**董环**董庠　**赵金**陆岳、赵隽　**董份**董道醇、董嗣昭、董嗣昕、董嗣昉　**纪濂**纪廷钺、纪纵群、纪有林、纪象台　**陆充龄**　**温应禄**　**温应聘**温子正　**田万年**　**张斗**　**朱守愚**　**董嗣成**　**许兆桢**　**朱国祯**朱絟、朱绅、朱锡如、朱鑑如、朱镕如　**华士嶟**华仁源、华仁溥、华允桢　**庄日宣**庄思、丁树本、吴中颖　**纪滢**　**温育仁**　**王振宇**　**温是**温良学　**温滐**　**温璜**温郊瑞　**董斯张**　**董说**董樵、董耒　**陈忱**　**董汝煌**董嗣昂、董震虬　**董式**　**庄允城**庄廷鑨、庄廷钺、庄廷鑾、庄济、庄君佩、庄西雍、计阿翁

宋

张茂宗　字克大，横渠张子之后。徽宗朝知潭州。南渡时，自郿县徙家浔溪。孙准、定。准，庆元丙辰进士。按，《府志》作庆元元年乙卯，讹。据《宋史》，在二年。直秘阁待制。定，字云峰，以字行。绍熙甲寅上舍释褐状元。按，张《志》、董《志》作覃恩状元，《湖录》作绍熙四年癸丑进士，并讹。《浔溪文献》作高宗绍兴五年，尤讹。龙图阁直学士。裔孙翼，字公辅，号履素，明永乐甲申进士，河南参政，迁归安义雁里。按，茂宗，旧志入《流寓》，今依《府志》例，凡子孙占籍于此者，始迁之人即入《人物》，后仿此。汪《志》。

华文胜　字彬野。祖天保，自无锡徙南林。父初成，字大成，师事考亭朱子。淳熙中，以经义荐，历官兵部尚书，尝劾苏师旦，有直声。文胜以人才举为江州干办公事。景定四年，吕文德请开榷场于樊城，文胜闻之，进策督府曰：“是资盗粮而以樊予敌也。襄、樊为东南保障，无襄、樊则东南不可守矣。请奏停榷设备。”不听，遂辞疾

归。家素丰，好施予。临安大祲，文胜运粟千斛，为赈者倡。尝施财建报国寺钟楼、佛阁，又架石梁于南市，本名通利，居民德之，因名华家桥，并所居之兜巷亦以华名焉。子二：元实、元升。元实，字端人，贾似道奏买公田于浙西，浙中大扰，破家者众，元实慨然以田之半输之官，似道举为著作郎，辞不受。自是扃户，镇官每造庐求见，不可得。元实子玙，字玉衡，以荐举为定远主簿。时行经界推排法，地尺寸皆有税，玙力请郡守，凡山溪、涧沼、沙碛，概宽推排，卒于官。汪《志》。

史博　字约之，宋季南浔人。博极穷书，尤邃于《易》。元世祖平江南，求南人欲用之，远近交辟，皆不就。汪《志》。

陆盛　字子仪，唐忠宣公贽十七世孙，宋御史大夫。因家世为宋臣，不甘仕元，隐横山，赘于南浔唐雷翁为婿，遂迁居焉。《陆氏家谱》。

元

庞朴　字夷简，其先单州人。高祖谦孺，官太常博士。宋南渡，游寓湖州。时邸戚竞寓驿骚，移居松陵。朴少负才名，宋末补《春秋》弟子员，贾似道聘为塾师，不赴，锢不得试。元初，诏行台御史程钜夫访南士，征不起。强至再，出，授翰林修撰。奉敕修宋、辽、金三史。同官多北人，欲统金附宋，朴曰："昔曹魏不附蜀汉，元魏不附齐梁，此《纲目》所以重大统也。今元继宋统，近接汉、唐，远追三代；若承金统，近接辽矣，辽以上无可继者。"总裁不从。按，旧志俱作"总裁脱脱不从"。沈登瀛曰："脱脱为三史都总裁，在顺帝至正三年，非世祖时。疑总裁当为耶律铸，未敢臆定，然非脱脱则明甚。"同事门人贡师道复力辨之，拟转外秩，遂引疾归，居南浔。赵孟頫、陈孚咸与倡和，自号五湖狂叟。今其后人世居浔东。汪《志》。

徐恺　字士元，隐居不仕，画山水，师李成。幼从外氏姓，称莫士元。汪《志》。

张士谅　字君声，号思斋，先世居泰州。士谅仕元，为提举官于浙西。按，旧志俱云安吉路提举，考元无安吉路，但有湖州路，领安吉县，其田赋、善农提举皆在平江路；儒学、官医提举皆在行省；财赋提举则平江、杭州皆有之。又常、湖等处茶园都提举司所统有安吉提领所，并无安吉提举，故不复质言。明兴，遂隐于浔南之善田湾，自号八十九公。洪武六年，征召隐逸，有司三举，不应。杜门著书，以训课其子孙。今称善田张氏者，皆其后裔也。汪《志》。

褚天祐　字善甫，号友竹，世居朱坞。勤俭起家，日增田业，差役繁重，处之泰然。病而无医者，施药以济之；死而无归者，给棺以殡之。力行好事，岁以为常。《朱坞褚公祠碣》。从子锡珪，字君玉，性沉静，究心经史。游庠序间，有俊声。安定书院举之儒台，授东阳教谕。锡珪曰：“吾亲老且病，忍一日去侧耶？虽不仕，得朝夕侍吾亲，吾志满矣！”遂辞。事亲孝，亲有疾，衣不解带者累月，药饵必亲尝乃进。族有贫不自给者，则贷之粟，又多蓄善药以济人。晚岁创乐闲堂，筑圃莳花以自娱，邦人称之为乐闲先生。《县志》。

董仁寿 原名珏，又名辰寿，字子复。七世祖贞元，宋政和中自海州徙居乌程梅林里。父正四，县学生。仁寿博学，有贤行。元末，父子相戒不仕。明兴，浙江行中书省荐于朝，三征弗就。凿石船以隐，曰：“石船烂，吾其仕矣。”曾和智觉禅师明本《梅花诗》百首。按，《诗萃》作数十首。杨维祯亟称之。赘于浔溪沈氏，遂迁自梅林里，而世居焉。汪《志》。

明

华裕昆 字容斋，玙元孙。曾祖钦，元初以博学荐授明州教授，又以经术精通荐为国子博士，擢集庆路总管府判官。告归，与社学长集民之秀者，讲学无虚日，学者称南阳先生。祖振道，字文河，元宣义郎，主常平、坑冶、农田、水利。以父丧归，筑别业于浔北彩虹桥，曰晓山园。父宏纲，字纯一，元承事郎，更于石瀨之阳筑园，名小桃源。以二园授二子，长居南，次居北，称南北房焉。裕昆为宏纲次子，倜傥任侠。元末张士诚割据三吴，不戢于兵，寇多啸聚于具区七十二峰间。裕昆倡捐结社于浔北军吴漾，并谕诸溇港俱召募乡勇，编联保甲，每甲出壮丁十人演拳棒，更番持械击柝，以防窃发。村多渔舟，亦以保甲法，十舟为队，约盗发鸣钲，群驾篙橹巡绰，盗乃不敢犯。浔人目华园为一方保障。明太祖起兵攻士诚弟于长兴、德清，辟为团练使，使作乡导。洪武二十六年卒。子扬，字显卿，洪武初，补弟子员。至北平，谒淮安侯华云龙。云龙以子弟远来，喜甚，畀以赞画军务。先是，云龙与徐达、常遇春击士诚兵于湖州、嘉兴间，而南浔、东迁、旧馆及皂林为屯兵交战之所。云龙以此为族党祖宗坟墓所在，每戒军士毋杀掠、毋焚民居，故下城之日，民皆安堵。至是，镇守北平，扬从之，为合郡生民谢，并为条陈开塞诸要略。无何，告归。永乐十一年卒。扬子天民，隐于耕，朝廷访求贤哲隐逸之士，有司以荐，辞不就。自号无庸处士。汪《志》。

张文显 字明光，士谅曾孙。祖立，字吾行。洪武八年，征召贤良，任国子监学录。父良保，县学生。文显，府学生。汪《志》。研经稽古，重义疏财。范《志》。成化十七年大水，发粟赈饥。巡按以尚义旌，诏授七品散官。正德五年大水，复捐粟赈饥。巡抚孙元贞旌曰“齿德兼优”。有诸生某，窭甚，鬻其女为人婢。文显为赎归，择婿嫁焉。饥民郑七，聚党数百人，沿村掠食，相戒勿惊张善人家。文显闻之，遂只身往见，反复开谕，众即解散，里人德之。卒年八十七。汪《志》。

沈贵 字仲华。其先本湖州人，徙长洲之东蔡村。《留青日札》。后又徙乌程之南浔。《县志》。父祐，致富不赀。《留青日札》。兄富，字仲荣，行三，人以“万三秀”呼之。《天录识余》，而呼贵为“万四”。《县志》。明初，富曾为太祖犒军，而筑都城三之一，太祖忌，欲诛之，以马后谏，释而戍滇。《胜朝彤史拾遗记》。籍其家，有田数千顷。刘三吾撰《沈汉杰墓志》。贵尝以诗讽富云：“锦衣玉食非为福，檀板金尊可罢休。何似子孙长久计，瓦盆盛酒木棉裘。”富不听，贵遂隐于终南，不知所终。《天禄识余》。吴僧温日观善画葡萄，出新意，以飞白书体为之，贵传其法，亦佳。《农田余话》。

陆岩 字兰谷，太学生。高祖胜观，洪武中充山西屯尉军。曾祖孟和，一名逵，号中和，国子监苑马寺丞。祖文，字宗儒，号存省，锡山县丞。父椿，字士龄，号筠谷，以征蛮有功，特授锦衣卫指挥使。岩勤货殖致富，于大桥之北，买顾提举宅而新之，年七十三而终，葬南栅笺一圩。子，长曰元吉，次曰元祥。元吉号槎川，豪侠好义。先时里中陆敬德佣力元吉家，勤学十余年，遂得入泮。与元吉同饮于冯家，众推敬德首座，元吉忿然而归，年二十余，已贾二年矣。至是复刻苦劬学，昼夜不辍，五载而游庠。嘉靖壬午恩贡。又十余年，任北直隶满城县。仿赵广汉治迹，搏击豪强，玩法者束手，百姓安堵，号为仁君。邑中奸豪贿长官，遂以律外加刑罢。而父老攀辕卧辙，抵暮乃从间道而归。治家严肃，内外咸敬惮。居恒赋诗饮酒，以养天和。年五十四而卒。子充龄，另有传。《陆氏家谱》。

陈理 字用和，号橘庄，好善乐施，得异人授女科医术，名冠两浙。天顺间，迁居南浔南栅。子谟，字嘉言。孙元器，字子重。俱为太医院官，至今世其业。妇女亦知药性，人目为陈药婆家。明时有夏廷秀，号怡闲，由诸生膺荐辟，任太医院院判。谢事数载，寿终于家。自是夏氏世以医著。又有董佾，字遗安，以医名于时，隆庆中卒。汪《志》。

温琏 号清乐。先世由太原至长兴者，为大司马云中讳祥卿，以儒士献策明太祖，佐大将军耿炳文守长兴，因家焉。司马之侄清乐，复由长兴迁乌程之七里。温棐忱《朝列大夫长史公家传》。敦行尚义，乡党推长者。正德中，举为粮长，诚实不欺。《县志》。家富于财，享年九十九，所谓百岁翁也。《长史公家传》。按，《县志》引《浙江通志》“温琏号清乐”，又引《湖录》“温廷玉字清乐”，所引事实大旨相同，疑一人误作两人。曾孙璋，戴田有《温滢家传》。号桂轩。成化间，解粮京师，道由山东。值岁祲，民竞鬻妻女输赋。璋即捐所运粮千二百石代输，抵京假贷自纳。事闻，有旨褒异，给章服。《县志》。

张洪 字柳庄，文显子。汪《志》。未冠即为诸生，淹贯经史，研精古学，疏财重义，周急扶危，儒林推重之。范《志》。弘治朝，举贤良，授王府纪善，改应天府教授，又改宁波府教授。嘉靖丙午，倭寇宁、台，时无行诸生及仕宦不得志者，竞为乡导，入城焚掠。洪及妻萧氏、妾陈氏同殉节于官署，恤谥贞愍，荫子炳，入太学。《张氏谱》。按，张《志》、董《志》并云：洪武朝举贤良，授应天学正。文皇登极，释奠先师，登明伦堂，曰："此堂名明伦，今日君臣之义何在？"遂大哭，触柱死。妻妾亦殉于官署，未邀恤典，私谥贞愍先生。范《志》云：成化二年举贤良，授应天教谕。嘉靖壬午二月十四日殉节。癸未四月初二日，部议恤典，赐谥贞愍。后次子炳荫入太学。诸说参差，今姑从《张氏族谱》，仍附录旧志俟考。汪《志》。

董环 字良仪，一字臣仪，号翠榆，仁寿曾孙。父庠，字文序，且耕且读，足不入城府。构一丈室，吟啸其间，额曰"时习斋"，因以自号。环，府学廪生。正德中，岁贡入都，冢宰某因学使者荐，致币聘，坚辞不就。后冢宰败，人服其远识。时苦重役，当事者构其弟名，挺然身任，不以累弟。及役久废业，唯日事觞咏，怡情衡泌。卒年六十四。以子份秩，赠通议大夫。汪《志》。

赵金 字淮献，号心山，自号苕霅逸仙，系出宋济邸，数传居南浔。博学强记，工诗文，善画，尤精于医。刘麟、顾应祥、张寰、文徵明结岘山会，邀之入社，不应。按，范《志》作"与诸君子结社岘山"，讹。正德中，诏征奇能隐士，有司荐举，敦促再三，终不应。晚年，知府李颐重其名，五辟乡宾，亦不应。家故贫，夷然不以屑意。所居当阛阓中，闭户读书，入门者肃然，宛如深壑。行高洁，非其义介然不可夺，亦不为矫亢之行。当武庙末年，诏征天下书画士，如杨循吉、高简，未免呈身，卒受辱归。金独超然，卒完其节。六十即为寿藏，自为生祭文、挽诗，自是不复出。年八十九，无疾端坐而逝。是为万历庚辰九月五日，祀乡贤。按，胡《府志》、罗《县志》乡贤祠皆无赵金。《吴兴艺文补》朱国祯《赵征君传序》云："浔，名镇也。三百年来，无一人祀于学宫，甚耻之，顾心山先生尚津津在人口也。"是亦谓其可祀而未及祀。然考朱絵《平涵府君行实》有云：举赵处士之乡贤。则当时实曾入祀，即国祯所举，不知何时黜去也。子藻、孙隽，皆能世其家学；其婿陆岳，金所自择，传以医，行亦惇至。隽，字广业，后以字行，更字长文，号印渚。力学攻诗，顷刻千言不竭。教授里中，人无知者。董斯张方学为诗，与订交，自是诗学大进，后因命其子说受业焉。晚游江西，亦无所遇，老于布衣。崇祯壬午卒。隽子棐，字去非，贫愈甚，尝欲觅三百钱包麦饭附航，入会城赴试，不能得。其后人竟以废疾不娶而绝。汪《志》。

董份 字用均，一字体化，号浔阳山人，环子。嘉靖丁酉举乡荐，辛丑成进士，吏部观政，选庶吉士，授翰林院编修，与纂修《会典》，转右春坊右中允，管国子司业事。世宗斋居西宫，简儒臣橐笔侍直，亲擢翰林学士，得乘骑出入禁中，青词多出其手。寻加太常少卿，赐一品服，晋礼部右侍郎，赐飞鱼服，支从二品俸。转吏部左侍郎兼翰林学士，掌詹事府事。会修《承天大志》，为副总裁，赐蟒服，时壬戌正月也。先是甲辰、癸丑两充会试同考官，丙辰典武会试，戊午主试北闱，己未复充会试同考，至是总裁南宫，赐有“东观总裁”之章，所录士最称得人。加工部尚书，仍管吏部左侍郎。以父尝困于诸生，建议贡生就教职者，并除近地，为著令焉。升礼部尚书，兼翰林学士，内直如故。时郊社庙祀，率遣官代奏言：“天神无两格之理，请罢一切秘祷，需次撰席。”忌者间之，给事中欧阳一敬论劾，夺职为民。归里，与唐枢、蒋瑶为逸老堂之会，时比宋之耆英洛社焉。收恤族人，创义田，筑义宅、义塾，又为义仓，而义掩于富。晚年，乡民鼓噪，不胜敛避，以病卒，遗命“毋书吾故官，以白布三尺，题曰耐辱主人足矣”。时万历二十三年，年八十六。子道醇，字子儒，初名元功，字懋德，号龙山，癸未进士，行人司行人，晋南京工科给事中。事后母曲尽孝养。先份卒，年五十二。道醇子六：嗣成、嗣茂、嗣昭、嗣昕、嗣昉、斯张。嗣成、斯张自有传。嗣昭字叔弢，号中条，以孝友称。年二十一，举乙未进士，礼部观政。仅五十日，殁于京邸。嗣昕字季爽，附监生。善画山水，得石门宋旭笔法。哭母呕血，病遂不起，人以为董季子死孝。嗣昉字幼函，附监生，有孝行，早卒。汪《志》。

纪濂 字宗周，号明斋，其先汴人。宋南渡，居金陵。元时有纪秀者，徙浔居焉。父廷钺，字威之，号泉石，高行不仕。濂少笃友爱，弟尝被诬抵狱，倾家往救，得出。嘉靖丙午举于乡。入都，馆严嵩家，理义自闲。严败，不及谒，选光州知州。州故为贪墨者所鱼肉，民不堪命。乃下令罢供亿，平收发，除罚锾，禁贱市，省里甲，诸朘民者悉去之，民相庆得生。州介淮、黄、汝、汉之间，冠盖络绎取道。既悉革，诸费无以应，士大夫或衔之，藩府中贵人争益甚。适有行州中，见所布令，察其实，惊曰：“彼方自苦，岂独啬人？”至有引车郭外驱过曰：“毋苦纪君为也。”然事皆有宜，无已甚。廪传减而不乏，徒役少而无道亡。久之，更称便焉。民好讼，而多盗。尺布斗米以上，或诉监司，下州株连坐罪，不胜数。濂阅狱大笑，辄尽论释报，允遣出州。仇氏者，大盗也，聚党剽光、黄间，历数守捕，弗获。一日，众忽拥仇至，愕问之，则诸被释者，转谕其党，同奋死，缚以报效者也。大喜，劳释者，案仇而赦其党，民遂安堵。转工部营缮司员外郎，改刑部河南司。隆庆元年，迁兵部车驾司郎中，未任，以疾卒，年六十。族孙纵群，字众甫，号太传，泰昌庚申恩贡，南直隶灵璧训导，迁靖江教谕，升太和知县，调广东永安知县。获巨盗五人，亦仿濂法，劝谕释放。盗佯感泣而仍不悛，几以纵盗获谴，幸当轴鉴其无他，得引疾归。温体仁少时，尝与纵群同学，后柄国政，屡遣人存问，纵群于寒暄外，无一语及私。濂又有族子有林，字子茂，礼部儒士，尝刲股疗父病，以孝称。汪《志》。濂孙象台，字汝瞻，号宣符，好古力学，饩于县庠，贡入北京国子监。纪庆曾《宣符先生家传》。异才天挺，每当落笔，奇情横溢。董斯张《书纪宣符扇头》。授广西河池州同知，廉洁自矢，边民安堵。升宣山知县，移任荔波、忻城、隆安，俱有政称。以病归。甲申春，北都告陷，愤懑不食者累日。明年夏，大兵渡江，诸郡县降服恐后。象台自以世食明禄，犹偕故国遗臣，日夜部署兵食，思为鲁阳戈之挥，未及发，顺治丙戌正月以忧卒，年六十三。《家传》。

陆充龄 字子久，号抑斋。先世自嘉兴迁浔。充龄幼孤，事母至孝。嘉靖壬子举人，江西高安知县，调繁永丰，民怀吏畏，鲠直忤时，罢归。年八十一卒。子以载，字处厚，号秀源，初名德望。隆庆庚午应天举人，福建福安知县。因俗而治，案无留牍，县人立祠祀焉。福宁州境滨海，水利使者属以载治堰，民不扰而功完固，至今号陆公堰。升四川叙州府通判，丁外艰归，遂不出。寿至八十五。汪《志》。

温应禄 字以庸，号古渠。嘉靖癸丑进士。时殿试策例排偶，应禄独以逸气散行，纵笔淋漓。上奇之，擢第三人，授翰林院编修。会河南、山陕地震，死者相望；海贼汪直纠倭入寇，江西俱被残破。应禄语政府及大司农曰："生民涂炭矣，荒于天灾，又荒于海寇，盍以蠲振？"请于上曰："无言事者。"应禄即草疏，略云："国家太仓之粟、太府之钱，计其羡余，堪给度支。今之议救灾、议振荒者，曰宥罪，曰蠲宿逋。夫宥罪则长恶而纵奸，蠲宿逋则胥吏侵渔，顽梗沾惠，总无益于良民。臣请恩蠲本年田赋，俾人人实受圣泽。"奏上，不行。逾年，暴卒官。应禄性纯孝，善承亲志，虽在史馆，每以不得禄养为歉。所为诗文，气迈豪古，而仕不展志，寿不享年，人皆惜之。《县志》。

温应聘 字一渠，希明长子。由监贡历任兵马司指挥、四川提举使、靖江王府长史，进阶朝列大夫。《温氏家谱》。少时常入留都，宿逆旅，遇一生方巾布袍，喟然而叹，问之，曰："应试无资，将徒行归耳。"应聘立解囊，出金五两遗之，不记其姓名。及官兵马司，申相国时行居政府。申出浔阳董宗伯之门，谓宗伯子给谏某君曰："君与温氏有交乎？"曰："姻也。"曰："温氏一渠丈，君知其人乎？"曰："今南城兵马司是也。"相国惊曰："某故人也，为人长者，君语之，某日过我。"相国览揆日也。应聘弗肯往，给谏强之。至期，公卿毕集，应聘投谒，遄返，门者驰骑遮留，相国亟降阶，携手入，阖门谢客，而独与应聘饮竟日，为言向者逆旅事。人于是始知相国为应聘布衣交，而不言也。升四川盐课提举司提举。成都殷富，有吏作奸，价腾踊。应聘廉得其情，治以法。巡按御史吴某旌之曰“长才雅能”。振刷厉志，卓有操持，奸吏畏其威，远商怀其惠，而以兵马司时他事，左迁靖江左长史。王雅重应聘，朝罢，从容延访。应聘熟于典故，为陈祖宗朝睦亲至意，所以增建削夺始末，王倚之如左右手。寻以老乞归，赐额曰“良辅”。方应聘之为四川提举也，相国以书贻之，其略曰：“仆方逆旅贫困，时于公素无平生之旧，公乃慨然援吾，非世之具只眼、有仁心者不能也。天下事得公等数人任之，于治不难。惜祖宗朝限于资格，然吾为国家人才计，俟考满时，必当特荐公。”应聘曰：“吾与相国逆旅之知，岂为官阶地耶？”坚辞之。年七十，相国祝以诗曰：“赤松游已心初遂，白首交仍感自真。聊以湖中一尊酒，殷勤长醉百年身。”感旧也。年八十二卒。子太学生温棐忱《朝列大夫家传》子正，字涵所，少颖异，读书过目成诵。朱相国国祯诸生时，馆于长史家，最爱其文，后以例游南雍，声藉六堂，冠其侪偶。寻贡入北雍上舍，十试锁院温棐忱《太学公家传》不遇，身有隐德。《温氏家传》。年七十一，无疾卒。《家传》。

田万年　字赓复。素饶于资，好施予。人有急求之，无不应。万历间，岁祲民饥，蠲橐赈济，全活无算。诏旌尚义冠带。汪《志》。

张斗　原名光斗，字景北，号文峰。万历丁丑进士，初授刑部主事。有豪犯大辟，托要人从大司寇居间，斗竟置之法。升郎中，知荆州府。江陵狱起，株连者众，斗以江陵辅少主十年，明毅持法，天下肃然，朝廷之政出于一，独嫉异太过耳。其刻廉务名，赃入不当，分宜什二，而株系累累。心窃怜之，为设权宜，规措多方。升福建副使，调补云南，平养寨苗王华之变，赐白金，晋右参政。乞归，卒于道。汪《志》。

朱守愚　字汝明，号心斋，其先陕西泾阳人。宋从事郎仁福从征方腊有功，卒葬于浔，因家焉。父经，字朝纲，且贾且耕，困于赋役。守愚县学生，辄代父奔走，又代之往役典库藏。先是，典库者为有司所鱼肉，率破家，至有雉经以殉者。符下，相向泣。会御史庞尚鹏按浙，首疏行条鞭法，罢一切徭赋应役，有司不旬日而归，相庆如更生。病弗任试，投牒自免。髹工某，素德于守愚，有逐奴乘醉与斗，而工死，里豪直以攻守愚。会知府李颐廉知状，推官苏士润又旁赞之，事得白。虽处贫乏，人有急难，恒悉力赴之。宗人以践更哄，出己资代之，乃解。一牧竖病风甚厉，岁大祲，或劝驱去，曰：“此儿一出门即填沟壑矣。”为疗治，养之终身。子国祯，既成进士，就养入都，卒于天津。以国祯秩赠光禄大夫。汪《志》。

董嗣成　字伯念，号青芝、道醇子。天姿颖敏，工诗文，精六书，尤善草圣。星纬经脉之学，丹青孤矢之艺，莫不旁通。年二十，举万历己卯乡试。明年庚辰进士，廷对二甲第一。授礼部仪制司主事，晋精膳司员外郎、主客司郎中。时神宗倦政，皇长子未出阁，郑妃宠，有争立意。十九年十二月，会帝感疾，遣官袷祭。慨然上疏，请慎养皇躬，豫教元储。大略谓："曲蘗为腐肠之药，柔曼为伐性之斧。调摄之功不可不留意，震位不可以久虚。宫闱非所以养德，册立之命不可不亟行。"疏留中。明年正月，户科给事中孟养浩疏争降削科臣李献可等有五不可。帝大怒，廷杖百，除其名。是日风霾日曀，朝士相顾失色，喧传养浩杖毙，同时谏官被斥者十一人。嗣成策马归邸，适宾客满座，饮酒不尽卮，起，阖户草疏，略言："诸臣所言并社稷至计。黜降刑罚，非愎谏之具；畏法惧罪，非忠义之夫。敢谏者皆去，则所留者必畏缩与谄佞者耳，安得俶傥之士与陛下共理者？臣见陛下之孤立于朝廷也。"诘旦，实封以进，始出副本示同舍郎，读其疏者，莫不心怖股栗，谓是且危于孟公。而嗣成意气自如，易服出舍，待命左掖庑下。方草疏之夕，舍中儿抉户入，以母老子幼请。嗣成攦襟大言曰："今日之事，倡言首祸者我也，讵不使孟给谏独死，我独生。且我三世食天禄，奈何爱七尺，不为明主一忠言？决矣，无可夺者。"于是舍中儿涕泣，市良药，或治木以待。帝览疏怒，抵之地。已复取览，嘻曰："若不畏死耶？"坐以出位妄言罪，削籍去。嗣成祖父仍世贵显，豪富冠东南。嗣成以气节著，士论多之。家居读史，至冯谖请市义策田文，辄三复叹曰："安得如弹铗生，白我王父乎？"一旦请之祖，曰："大人所设义仓，意在惠此一方耳，盍亦推广盛事？诸所置田园庐舍，剖其什三以予民，否则量其值而予之金，庶几积而能散。"祖善其说，即命处分。刁民所欲不遂，反肆鼓噪。适巡按彭应参至湖，控告纷纷，久而方定。人咸称其义，而叹民之不古若也。愤懑构痞疾，顷之，祖亡，哀毁亦卒，年三十六。光宗即位，诏复原官。天启三年，吏部续疏阐幽，赠光禄寺少卿。汪《志》。李宗贤考范夫人《怀弟诗》注，作尚宝少卿。

许兆祯 字培元，布衣，精医术，著录于秀水太医院使赠少保朱儒之门。儒取其所撰《诊翼》《药准》《方纪》《医镜》四部，合名之曰《医家四书》。儒曾孙贵阳知府茂时镂板行之。方书成时，申时行、李廷机、朱国祯均为作序，儒亦题其简端。兆祯之名，海内无不知之者。按，范《志》以兆祯为国朝人，讹。汪《志》。

朱国祯 字文宁，号平涵，又号虬庵居士，守愚子。万历己丑进士，改翰林院庶吉士。丁外艰，起补检讨。戊戌分考礼闱，庚子典闽试，得周起元等，多为名臣。辛丑，告养母。湖俗逋赋，绅衿免徭役，富民复事诡寄，独累贫丁。会编审，创议均田均役，众大哗。国祯曰："是难以口舌争。"因先自计田，占役与编户等，众始大服。复移书巡抚，极言卖富差贫之弊。计亩定役，役法少变，贫民得苏。其法便于民，不便于宦，侧目者争起图之，寻被论。壬寅，丁内艰。甲辰，起南国子监祭酒。丙午，升右春坊右谕德，请告归里。戊申，江浙大水，致书抚按，力请蠲恤，并条上《救荒略》。会知府陈幼学恫瘝民隐，同心区画，灾民赖之。辛亥，转左春坊左庶子。壬子，升北祭酒，誓墓不起。天启辛酉，起礼部右侍郎，辞不获。壬戌入都，行至中途，请告回。将抵家，而枚卜之命下。癸亥正月，拜礼部尚书兼东阁大学士，与顾秉谦、朱延禧、魏广微并命。阁中已有叶向高、韩爌、何宗彦、朱国祚、史继偕，又骤增四人，直房几不容坐。六月，国祯还朝，秉谦、延禧以列名在后，谦居其次。改文渊阁大学士，累加少保兼太子太保。甲子春，晋户部尚书、武英殿大学士，知经筵，日讲《制诰》，总裁国史、实录，寻加少傅兼太子太傅。东南又水，疏请改折，户部以仓无现粮，不肯覆。国祯力言之，乃改折三分。魏忠贤窃柄，国祯佐向高，多所调护。杨涟劾忠贤，廷臣多劝。向高出疏，至有诟者。向高愠甚，国祯请容之。及向高密奏忤忠贤，决计去，谓国祯曰："我去，蒲州更非其敌，公亦当早归。"蒲州谓爌也。向高罢，爌为首辅；爌罢，国祯为首辅。广微与忠贤表里为奸，视国祯蔑如。其冬，为逆党李蕃所劾，三疏引疾。忠贤谓其党曰："此老亦邪人，但不作恶，可令善去。"乃加少师兼太子太师，晋吏部尚书兼建极殿大学士。沈登瀛曰：诸升转皆本自志行略及请恤典疏，参以府、县志《封赠表》，叶向高、董斯张诗文集皆合，《府志·人物传》误。赐银币，荫子中书舍人，遣行人送归，月廪、舆夫皆如制。崇祯元年，遣行人存问，加太保。五年，卒，年七十六。赠太傅，谥文肃，予祭葬。子四：长緯，初名绍煒；次絟，初名绍絟；次绍炫；次绅，初名绍炯。絟字尔成，号诚所。按，董《志》作"尔臣"，范《志》作"尔绳"，《董氏宗谱》作"尔诚"。县学生，荫授五军都督府都事。按，董《志》作"内阁中书舍人"。绅字公申，县学生，荫授中书科中书舍人。遘家难，为知府某所持。会大计，某辇金入都门，为逻者所获。既而贿中贵，寝其事。绅抗疏发其状，事连大珰，疏留中；再上，得旨廷杖，卒。絟子七：锡如、鑑如、镕如、铉如、镜如、锵如、镇如。锡如字宗黄，号讷庵，县学生，荫授中书科中书舍人。顺治辛丑，孔孟文讦钱缵曾通海，缵曾逃匿其家，被执，连染死。按，《朱氏谱》，锡如卒康熙壬寅六月初一日，与朱彝尊《贞毅先生墓表》缵曾死日相合。费之墀《恭庵日记》作"文肃孙闵平"。考平乃壬寅岁贡，虽本姓朱而源出顾氏，非文肃孙也。鑑如字有子，号戒庵，荫授中书科中书舍人。按，旧志及《朱氏谱》作"后军都督府都事"。甲申之变，为闯贼所执，不屈死，未邀恤典，私谥忠愍先生。镕如字右陶，号垒庵，荫授五军都督府都事。乙酉起兵南浔，帅其众数千，北拒王师。寻败被执，语不屈，断喉死。其友潜抱尸，以楮封喉而殓之，归其家。妻王氏一恸而绝，既苏，日痛哭，断肠死。明末二十年间，乌程三辅臣先后擢用。沈文定潅于天启辛酉进文渊阁，温文忠体仁于崇祯戊辰进武英殿，历首揆，柄政最久。三人居，相距不过十里，一时传为盛事。国祯当逆珰肆虐、门户水火之际，独能不阿珰、不树党，洁身引退，性真率剀怛。曾脱海宁陈公子之冤狱，休休有大臣风度。而遇非其时，不克尽用，位至辅相，家业萧然。归田后，留心典故，成《史概》《涌幢小品》诸书。子若孙恪守家训，不敢以贵胄骄乡里，卒能为国捐驱。国论乡评，咸推重焉。汪《志》。

华士嶟 字孺抑，号儆新，天民来孙。父尚能，县学生。士嶟万历辛丑进士，授福建松溪知县。县绕崇山，盗立堡屯，储如敌国。为仿置鼓团营法，一方有警，则声闻百里，俄顷就擒。又视其出入转运之途，令兵民合一，置寨设堠，纵火焚山，逸出者即擒以闻。屯守甫匝月，盗果穷饿来款，枭渠魁数人，四境帖然。调建宁县，充丙午乡试同考官。县吏侵蚀钱粮，民好博好讼，并治以法，不少贷。清查屯政，盛暑履亩，亲核之。以卓异荐，擢南兵部车驾司主事，历工部都水司郎中。陈船政十弊，铸钱五利，皆中窾要。及管节慎库，则惩奸吏，严出纳，夙弊一清。将外转，会病辞。里居二年，卒。两县士民共立祠，祀名宦。子二：仁源、仁溥。仁源，字大生，廪贡生，入都，依侍郎公鼐幕下。按，董《志》作侍郎周庭乃，误以"鼐"之字为姓名。时辽事纷更，当局了无成算，因从容讽鼐曰："辽事之坏，不坏于兵饷之单寡，而坏于纠弹之苛刻。若熊经略之筑屯而敌少却，可谓难矣。乃众口铄金，查核逮讯，何为者？当此戎马生郊之秋，得一人甚难，凡有心者，皆当爱惜其才。乃缚手絷足，俾难展布，守非战是，过作推求，又何为者？"鼐深契其言，欲疏救，会爰书已成，莫可挽，仁源浩叹而已。就选，得南直隶桃源县丞。江淮大饥，条陈荒政，且禁游惰，严保甲。以鲠直忤时，免官。仁溥，字仁仲，号济之，县学生。汪《志》。性豪迈，历游汴、洛、楚、闽，所至即着屐扪萝，登高作赋。逾年归，心益超旷，下笔泉涌。范《志》。时逆珰肆虐，因纵酒高歌，颓然自放。所亲有被劫者，挺身讼之；邂逅有落魄者，解囊赠之。病卒，无子，立兄仁源季子允桢为嗣。允桢原名用梅，字开先，一作开山，自号青城山人。少为诸生，以贡入成均，往南都，闻庄烈帝殉社稷，恸哭三日夜，遂弃去。当是时，萑苻遍闾里，与董汉策等议保甲，多所条略。躬冒险，探出没。同里纪年以义旗诬逮，独挺身，保其无他。当事疑有私，并下狱，既廉其冤，皆获免。本生母朱氏遇贼赴水，急跃入负母，以不善水，濒死者数四，始得渡。岁祲，斗粟四百钱，悉所贮散之。无何，史事成狱，目击诸人遭祸，遂与道衲讲无生之学，逍遥物外焉。汪《志》。

庄日宣 字懋昭，号复我。先世居吴江十三都，父思始徙于浔。思字子睿，号九溪，礼部儒士，仁厚喜施。里有子亡父金者，挞而投之水，急救之，育于家，给衣食者累岁。遇岁歉，辄蠲偿，存活甚众，而于族谊尤厚。日宣，万历甲午举人。谒选江西广昌知县，调繁崇仁，并有政声。举卓异，除陕西巩昌府同知。屡以边功题叙，改广西平乐府同知，擢浔州知府。会寇乱啸聚，剿抚多方，四境帖然。迁桂林兵巡道按察副使，致政归。所在并祀名宦，立德政碑、记。卒年八十。同里丁树本，字仁仲，号昆吾，与日宣同举于乡，山东知县，晋泰安知州。解组时，民勒去思碑，屡举乡饮，辞。卒年七十五。又有吴中颖，字君脱，号支矶，壬子举人，南直隶太平知县。按，董《志》作“太和”，讹。以清执归，士民立去思碑。汪《志》。

纪滢 字宗源，号涵泉，乡饮宾。万历三十四年，奉恩诏例准冠带，有司颁给“清朝耆旧”匾额。童稚时，随生母寄养兄处，嫂以马料豆杂饭中，滢私食其豆，而以饭奉母。尝共屠姓充里役，签解丝绵入京，滢怜屠老且贫，遂独任其役。至则驳难压折，赔费至千金，终无怨言。同里朱某，老而无子，自营后事，售桑地与滢，立券涕泣。滢恻然悯之曰：“是异于世之不肖弃先业，供饮博，而且扬扬自得者。”乃退地十之一，令其夫妇居之终身。人有侵其田址者，滢怡然曰：“彼与我皆王土也。”卒不与校。《纪氏族谱》。

温育仁 字幼真，乌程人。以兄体仁荫，任应天通判，署溧水知县，有惠政，邑人建祠。历官南刑部郎中。《县志》。考绩以知府用。《府志》。引疾归田。为人醇谨谦厚，砥砺廉隅，不稍苟且。《县志》。兄方柄国而有官不受，其勇退有足多者。《府志》。

王振宇 一名勋，始居藏谷桥。崇祯间，同里某柄政，性阴鸷，外示孤介，为庄烈帝所信任，凡朝臣不附己者，悉摈斥之。其子弟倚势，不法于乡，乡人咸畏之，振宇独不为屈。后以乡练有功，例得锦衣卫指挥属官，振宇恐为某所中伤，力辞，赐官带归里，顺治中卒。《王氏家谱》。

温是 字曰甫，岁贡生，绩学高行。子良学，字叔子，号大愚，《温氏家谱》。一号散宜。《县志》。归安庠生。《温氏家谱》。端悫，不苟言笑。《县志》。晚好诗，能苦吟。其思艰而词涩，观者叹为奇奥。吴涵《传略》。师事族兄璜，深沉刻厉。《县志》。以儒学著名。《府志》。璜殉节徽州，遂弃举业，与从弟滢逃名世外。时当荒乱，流殍载道。父尝有余钱散邻里间，悉焚其券，不责偿。家业中落，处之泰然。《县志》。

温潆 字其旋，号履庵。生而卓荦，贡入成均。族兄体仁方柄国，借势者争为声援，潆独负笈入栖贤山，不屑沾余润。《县志》。崇祯中，东南诸名士结复社，以文章节义号召天下，潆亦与焉。吴门徐枋见潆于复社，以体仁故，意颇不相得。后明亡，复社诸生多出试场屋，潆弃诸生服，终身不出，而枋匿迹太湖之滨，闻潆高节，屡作画与诗贻潆。潆悬之壁间曰：“吾与昭发时相对也。昭发，枋字。然昭发今日知我耳。”徽州司理温璜，亦潆兄弟行。先是，璜知天下不可为，使召潆至，曰：“吾当以死报国家，宗族事，恃有汝在。”相与饮泣而别。居无何，南京失守，徽州随陷，璜杀妻子，自刎死。潆遂隐居，曰：“吾不忍负我兄一诀也！”与其友皆矢言。久之，其友皆变节以去，滢独与同县高士严三求及学佛人栖云善。栖云者，姓沈，名葵明，亦明诸生，隐于僧者也。潆为人忠厚，宗族事无大小，悉身任，虽劳且怨，不避。戴田有《温潆家传》。诗文清峻拔俗。刻璜遗集，助其孤郊成立，人皆重之。《县志》。

温璜　初名以介，字于石，《明史·邱祖德传》。别号宝忠。李长祥《徽州府司理宝忠温公传》。生三岁而孤，《府志》。母陆守节被旌。《明史》。璜自襁褓至壮，皆禀母教。林璐《司理温公传》。久为诸生，有学行。《明史》。出就馆谷，束修悉以奉母。年五十二，绩学不倦。举崇祯丙子乡试。是年，嵇永仁《温宗烈公宝忠传》。母殁，《府志》。哀毁尽礼，嵇《传》。庐于墓，出入必为文以告。《府志》。服阕，例应赴礼部试。时族兄体仁为相国，秉政。嵇《传》，门生、属吏附之者如骛。全祖望《推官温公传》。璜慨然曰：“吾清白人，何苦坐权要，累进身而犯众忌耶？”避迹不应春官，益下帷灯火，沉酣于先正制举业。族人有因田屋争，累岁不决，各推券契赴璜求直。璜裂券碎契，投于地曰：“叔侄至亲，不思引分就谊，乃效市井较量锱铢，宁不为祖宗罪人哉？”族人惭愧而退。璜为孝廉七载，相国致政归，始上公车，更今名。捷崇祯癸未科。嵇《传》。出吴给事甘来门，吴甚重之。全《传》。以二甲授推官，得徽州。下车平反讼狱，得两造情实，不喜深刻。暇时与郡人士敦厉行义，讲求学业。会流寇薄京城，怀宗自缢殉国难。璜闻报恸哭，嵇《传》。北向拜曰：“小臣璜，大行皇帝所斋祓而登也。不能执干戈卫社稷，使吾君蒙于难，生不如死！”林《传》。乃整顿疆宇，嵇《传》。练民兵为保障计。明年，南京亦覆，《明史》。清兵云集，林《传》。诸郡瓦解，嵇《传》。知府秦祖襄及诸僚属皆遁。《明史》。璜叹曰：“城无主，民且相屠。”《府志》。尽摄其印，召士民慰谕之，《明史》。激以大义，《县志》。授兵登陴。旧《府志》。左佥都御史休宁金声纠集义勇，保绩溪、黄山，分兵厄六岭。璜与相犄角，且转饷给其军，《通鉴辑览》。而徙家属于瀹坑村舍。《府志》。未几，声败，璜严兵自守，《明史》。恒引佩刀叹曰：“此身当付汝。”陆心源《吴兴诗存》。同官某某以功名来诱，璜峻词拒绝。嵇《传》。已知事不可为，急取郡中助饷姓氏册焚之。《县志》。区分后事，携幼子托居停方养。重九月，嵇《传》。降人黄澍为反间，引清师入。全《传》。璜趋归村舍，《明史》。阖户。服朝服，北面再拜，拔剑嵇《传》杀其长女宝德，次杀其妻茅，妻女皆延颈就死。《吴兴诗存》。乃索笔书百余字，略曰：“世受国恩，一死图报。妻与长女已俱殉，幼子、季女如其不容，并杀之可。”李《传》。遂自刭。《府志》。颈血淋淋溅地，因连刃手怯，破喉未死，目炯炯不闭。嵇《传》。幕府命舁之至，视其创处，相谓：“温先生何苦！我握兵南来，未见有如温先生者，温先生何独苦？”悬赏购医，医至，不受，两手据创处，裂其喉而死。李《传》。年六十一。耆民汪正本、方时照等具棺衾，成礼而殓，合殡璜暨茅氏淑人与长女宝德，复祀璜于二贤祠。因璜故，更祠名为“三贤”，岁时奉祀不衰。嵇《传》。至雍正四年，祀县学忠义祠。《县志》。乾隆四十一年，赐谥忠烈，《四库全书提要》。祀乡贤。《县志》。璜平居宽厚，未尝有疾言遽色。与体仁最友于，如同怀兄弟，然始终无几微攀援意。林《传》。体仁死，其家有润仁者，乡举拆糊名得之，相顾曰：“此乌程家也。”置之副科，而璜无以此指之者。论者以比之史氏弥坚、弥巩。方南都以防乱揭逐阮大铖，璜曰：“阮大铖为真小人，钱谦益则伪君子。真者易知，伪者难测。斯人得志，即小臣亦当裂麻争之，况同僚耶？”时人不以其言为然，而不知其言之中也。全《传》。年老服官，禀慈训不少衰。林《传》。读书得大要，李《传》。注名复社第一集。不以兄在相位，见摈于清流。《吴兴诗存》。子旨召早殁；郊瑞学于田间，以承父志；祁瑞留新安，乱定，仆人携之归。嵇《传》。

董斯张　原名嗣暲，字然明，号遐周，又号借庵，道醇第六子。廪贡生。按，董《志》作原名嗣昉，讹。清羸善病，汪《志》。独行孤啸，范《志》。自号瘦居士。于生计最拙，独耽于书，手录不下百帙，泛览百家，旁通二氏。生平契厚，皆海内名士。汪《志》。如吴郡范长倩，云间董元宰，同郡潘昭度、韩求仲、凌茗柯、沈千秋诸公，日与往还，范《志》。商榷著述。汪《志》。而笃好论诗，与曹能始、吴北海、王亦房、韩人谷、范东生、吴凝父、孙孟朴，范《志》。结社联吟，力扶诗教。留心吴兴掌故，一为《艺文补》，一为《备志》。伏床咯血，犹兀兀点笔。年四十三，崇祯元年卒。按，《吹景集·静啸斋吃》跋云“广曙识”，东藏寺、报国寺石刻亦称“董广曙”。盖斯张一名广曙，《谱》所失载。汪《志》。

董说　字若雨，号西庵，自称鹧鸪生，斯张子。幼时谒开元寺闻谷大师广印，锡名智龄。事母至孝，毕生孺慕不衰。年十四，补弟子员，旋食廪饩。出太仓张溥门，工古文词。江左名士争相倾倒，而姿禀孤特，与俗寡谐。按，《诗萃》云名著复社。沈登瀛曰：“考吴翻《复社姓氏录》、陆世仪《复社纪略》，皆无说名，且社盛于崇祯己巳、庚午，数年后构祸遂辍，说齿尚少，恐不及与。”更国变，遂弃诸生，改姓林，名蹇，字远游，号南村，亦称林胡子，又称槁木林。皈依灵岩，继起大师宏储名之曰元潜，字俟庵。屏迹丰草庵，宗亲莫睹其面。精研五经，尤邃于《易》。方言、地志、星经、律法、释老之书，靡不钩纂。少未尝作诗，酉、戌以后始为诗，以写其空坑崖海之思，乐府出入汉魏。丙申秋，削发灵岩，《县志》。更名南潜，字月涵。按，《明诗综》云字宝云。一作月岩，号补樵。一号枫巢，又名本以。云游四方，浮湘上衡岳，至长沙，见陶汝鼐，倾盖言欢。晤寓公黄周星，曰："此古之伤心人也。"展《桑海遗民录》，黯然而别。已归吴中，主古尧峰宝云院，时往来于洞庭之西小湖及浔溪补船庵之间。甲子母亡，葬毕归山，遂不复至。尝寓吴之夕香庵，一当事屏舆从访之，闻声避匿，当事叹息而去。年六十七，示寂夕香，时康熙丙寅五月六日也。子樵、牧、耒、舫、渔、村，说戒诸子弃举业，以韦布终其身。兄弟六人，确守家训。村早卒，余并有声。汪《志》。樵字裘夏，号蔗园。董氏《谱》。著书修行，为沧海之遗民，而与耒学尤拔出。诗亦澹荡俊伟，各擅一场，学者宗之，几成南浔诗派。说既为僧，诸子皆称弟子，各命以法，名曰灵璧樵、灵珏耒、旨径牧、旨胜舫，又有旨然，即村也，唯渔名无考。说所著书甚夥，樵等贫，不能齐刊，门人纪官虑其久而散佚，为刻《遗文总目》，冀遇好事者梓以传焉。汪《志》。

陈忱　字遐心，号雁荡山樵。其先自长兴迁浔，阅数传至忱。读书晦藏，以卖卜自给。究心经史，稗编野乘，无不贯穿。好作诗文，乡荐绅咸推重之。惜贫老以终，诗文杂著俱散佚不传。汪《志》。

董汝煌　字幼文，号胎簪。父嗣昂，字仲频，号宁寓。喜施予，家虽落，犹好义不衰。汝煌，县学生，甲申后，闭户著书，尝谓："经学不明，举业家坏之也。士欲明经，不当以举业为逢时之具。"初治诗，已而学《易》，研精数载，与族弟说、侄汉策晨夕讨论，时号"上林三易"。汉策为小人所构讼，几蹈不测，汝煌挺身为之辨雪。浔上有恃才妄作者，汝煌闻而叹曰："古来史家，非有人祸，必有天殃。况不知而作，难乎免于今之世矣！"已而，大狱起，诸与名者皆伏法。晚年患足痹，自称跛隐。年七十五，卒。子震虬，字鳞九，府学生。戚友有急需，倾囊无所吝；死则经纪其丧，恤其孤。鼎革时，萑苻窃发，首画防御之策，人有固志，镇赖以完。先汝煌卒。汪《志》。

董式　字印先。明岁贡生，不赴廷试。甲申后，绝意进取，屡举乡饮宾，固辞。汪《志》。

庄允城　字君维，世居吴江之陆家港，允城始徙南浔。岁贡生，为复社遗老。子廷鑨，字子美，年十九，中拔萃选。旋目盲，因史迁有"左丘失明，厥有《国语》"之说，遂欲著成一家言。初，故相朱公国祯取国家大事记及公卿章疏志状，命胥钞录数十帙，廷鑨得之。爰招致宾客，日夜编辑，为《明书》。书垂成而廷鑨卒，无子，允城流涕曰："我当先刻其书，而后为之置嗣。"书凡百余册，所附参订姓氏二十四人，皆一时知名士。乌程令吴之荣见廷鑨所著多忌讳语，遂持以要赂。《庄氏史狱》，竟拒之。吴至吴江，于坊间得是书，即往吴江县呈首。事发，董《志》。执允城及廷鑨兄廷钺，与弟侄等之列名于是书者，皆论死；而发廷鑨墓，焚其骨，籍没其家产。其列名之同产昆弟子男年十五以下者并妻子，俱论戍。廷钺，字佐璜，明诸生，才华最富。七岁能诗，著有《百尺楼诗稿》。罹祸时，年仅二十四。《苕上诗钞》选其诗，作“严三史”，《虎丘志》作“严戉”云。延鋆，允埰子，字美三，词翰俱妙。廷鋆长子济，字日鳞，十岁补博士弟子员，以文名，遣戍沈阳。震泽沈镰至戍所，设奇运策救之归。济更姓王，有《半砚斋诗稿》。庄君佩者，允城从弟也。狱急时，君佩竭力营救，并给衣食，复尽收十八人骸骨，归葬于祖茔之侧。庄西雍，允城族子，在都，知难发，命善走者日驰五百里至家，使区处后事。越五日，逻者始及门。廷钺妻潘氏媵仆计阿翁，随潘至戍所，事主母，备尝荼苦。主母死，土人欲火葬，阿翁以死争，得免，乃收拾遗骸，走万里归葬。《庄氏史狱》。

南浔志卷十九

里人周庆云纂

人物二

清：纪镐　董锡董道明、董嗣威　陆锡陆士渭、陆嵩高　朱纶　董思董衡、董纯人、董穀士、董颖佳　纪庑　董汉策董廷勋　齐治　吴明垣姚梧　闵茂元纪彩　张肩褚介宗、邢鸿、王萼、董雍和、殷锦、殷澍、尹锡、李偲　纪年　吕学吕渭、郝坤　凌一凤　夏鼐夏焕　陈寅清　温桀忱温贻孙、沈嘉　温楧温焻、温焯　沈平露　温辰䂂　蒋大潮　温睿临　沈国正　纪廷辉　闵南仲　纪星　薛观奇薛景熺、王九牧、严云衢、王大声、纪用思、纪尧年、汪廷业、冯步青、董如璧、董扬堦　董闻京董奕相、董廷枋、董友松、董志林、董师植、董文白　方縠　杨凤岐　董志阶董峥、董嵘　王玉士　倪兰倪璠、纪远纪官、纪寅、纪端　董炳文董浩、董嘉言　董允文　张鸣钧　夏封泰夏光远、夏开衡　袁大周袁沂、陈冠群、汪隆　董熜董丰垣、董金城、董肇镗、董懋昭　董炎　曹大斌曹尔价　谢洲谢潮、姚石、姚景熹、孙世楷　王起鹏　董承勋　徐宏逵徐祖彬、沈子言、纪月峰　陈可升潘尚仁　俞从龙俞彬

清

纪镐　字武京，号亦山，一号西村逸圃。汪《志》。县学生。识见明卓，受业湖滨张西庐。时同里有构造逆史者，征集文士，镐以大义责之，杜门谢客。事觉，西庐被逮，镐独不与其祸。及张受戮，往取其尸，哭而殡之。《纪氏族谱》。

董锡　字晋侯，号望仙。祖道明，字昭夫，明崇祯初，寿八十余。知县马思理给冠带，旌耆德，举乡饮宾。父嗣威，一名汉儒，礼部儒士。锡，府学生，勇于为义。顺治乙酉冬，太湖巨盗突至，环浔五百余艘，贼众五千余人，镇民骇走。锡族侄汉策方率僮仆拒贼于北港，贼陡从东入，锡执槊与二三壮仆当之，以一矢毙其前锋。而贼又有乘巨舰薄水道者，或爇火炬焚之，巨舰沉，贼歼焉。东北稍定，忽有踉跄至者，云："贼从东南隅乘屋直达矣。"时拒贼人少，势不可动，锡乃潜去，遇贼，击之以矛，贼蹶仆。于是群贼拥至，巷战良久，贼乃舆尸遁去。顷之，江南督镇猝至，盖侦贼来

浔，率大队而尾剿者。督帅询状，大奖异焉。己酉，里中有籍产奉檄承佃，人苦偏累。锡独诣府县，请计户均输，人咸德之。年八十卒。汪《志》。

陆锡 字禹畴，以载曾孙，顺治戊子拔贡，江南常熟知县。待士以礼，驭民以宽，有古循吏风。以罣误去任。后陆氏以吏治著者，又有士渭、嵩高。士渭，字熊臣，号介夫，康熙庚辰进士，江南建平知县。兴利剔弊，有治绩。辛卯乡试同考官，所得皆宿儒，致政归。汪《志》。引掖后学，梓里推重之。范《志》。嵩高，字肩吾，号敬堂，归安籍，乾隆丙戌进士，安徽太平知县。戊子江南乡试同考官，改云南富民知县，署昭通府鲁甸通判。鲁甸多山，独城南平畴十余里，垦种菽麦，山水偶发，即湮没。为开渠筑堤，遂成沃壤。过牛澜江，见水势汹激，多覆溺患，筑墩建桥，往来利便。至今桥与堤俱名“陆公”焉。以病归，杜门不出者垂三十年。汪《志》。

朱纶 字公荃，号允言，县学生。顺治八年水灾，条议救荒之策，并捐资助赈。知府张继孔给“惠洽哀鸿”四字，知县刘玺给“代天雨粟”四字匾额。族党姻戚，赖以济者无算。桥梁道路，率先佽助。年九十一，卒。汪《志》。

董思 字湛思，号兼山，又号悬圃，式之长子也。旧名灵预，字潜虬。后丧母而思不已，泣曰：“我当名思。”遂改焉。康熙壬子岁贡，考授教谕，以葬亲亟归。汪《志》。明末张庶常溥狎主复社，以附东林，延思及思从父说为之领袖，当世名流俱以不识两先生为耻。其后复与石门吕季臣聚江浙十余郡为澄社，杂沓千余人，思为之创立条约，以重志节、立气概为尚。入本朝，屡中蜚语，至遭奇祸，家遂衰落。沈炳巽《权斋老人笔记》。藏书数万卷，无不披览。选明代古文，历十余载，始定名曰《文传》，未问世，遂卒。说为撰小传曰：“文章知名之士，则唯谓湛思文人；而一时蓄天官、河渠、礼乐、平准诸学者，谓湛思长经济。然湛思独敦内行，实得事亲之微。”其称之如此。式次子衡，字楚望，号岱南，顺治甲午举人。第六子纯人，原名咸，字存素，监生，考授州同。式长女适东迁举人沈重熙，坐重案论死。里中猾以董与沈有姻，构式第四子渠成。时渠成以例贡效用云南，纯人挺身诉理，遂得白。既刁民王式复借前案罗织吾湖诸大家，波及式、思、渠成，俱困圜扉。衡力请代父就系，究之，父不能免，而亦身与狴犴。思长子縠士号叩银台，代祖陈冤，事获少解。逾年，王式复构讼，式及思又逮入都廷鞫。纯人亦星驰北上，幸事得雪。王式坐反诬流徙。昆弟奉父南归，庆生还焉。縠士，字书田，号农山，归安学生。汪《志》。以才佐幕府，摇笔千言立就，晚困穷以卒，有《农山诗文集》。思次子颖佳，字玉禾，号中江，与縠士并擅才名。年十二入胶庠，扶摇而上，乃竟不第。授经白下、东蒙，主宾山水之趣于诗发之，特多警句。李相天馥称其诗苍凉雄伟，古体直追魏晋，近体则驱三唐于腕下，殆穷而后工者，而以平子言愁、文通赋恨为比。《董氏诗萃》。有《中江编年诗》及《玉禾诗集》。《浔溪诗征》。

纪庑　字个臣，乌程学生。英姿飒爽，读书之外，兼娴武事。膂力绝人，当户而立，数人拽之不能动，庑少纵，人无不仆者。尝因籴，出太湖，猝遇盗，即以银沉水中。盗至，庑危坐不为动，搜之无所得，皆踉跄去。盗既去，庑即出银于水，不爽其处。乙酉以后，天下初定，族人尚有与故明诸臣往还者，其出入恒不由户。庑闻之，叹曰："日月出矣，而爝火不息，将为宗族忧。"因率众拒于路，后遂不复至。其有胆力、明大义如此。纪磊《晓寒楼杂忆》。

董汉策　字帷儒，号芝筠，又号苏庵，又号帚园，嗣成孙。父廷勋，荫监生，万历中两次副榜。汉策，廪贡生。少孤，好读书，敦品行，意气豪迈。孩提时，闻有珰祸，辄握所弄木斧，作恨恨声。事孀母以孝闻。拳勇绝伦，亦通韬略，而折节友生，恂恂善下，傍及剑客、酒人、射弈、医卜之流，靡不倾接。崇祯庚辰、辛巳，岁荐饥，身先捐赈，远近赖焉。顺治乙酉，大兵抵震泽，浔民震恐。汉策即诣军前，止勿夜来，浔卒无恙。时太湖土寇焚劫，囚人勒饷。浔固滨湖，自五月以后，晨夕窥伺。不惜重资，募勇士捍御，与同里严修保障，阴折乱萌，盗不敢犯。十一月中旬，马要兵变，误伤善良，于是浔人议销五兵而请益汛兵。汉策曰："此召寇之道也。兵未至，而贼先至矣。"贼党果联数百艘掩至。时僮仆因弛备，皆散去。呼集，仅得六七人，拒贼于北港。斗方酣，贼已从南路入室。复潜分三四辈，扑贼于户内，贼大骇，去。己亥，浔北屡有小警，浔汛兵游徼，乡民疑之，有格斗。闻于郡，副将督兵至，几不解。汉策谒都司唐某，伸前说，乃旋师。保全桑梓，皆其力也。湖中频兴大狱，虑无以自保，乃乞为部院材官。康熙初，吴之荣首告庄氏逆书，未发难，先求贷于汉策及里人朱佑明。汉策厚贻之，佑明不应，卒被株累，而汉策仅免。然告密之风未已，迨癸卯而刁诬转剧，星火动成燎原。汉策深怀义愤，毅然曰："吾不难舍我命，救吾湖一方民。"间关陈奏，事下西曹，挺身对簿，事雪南旋。庚戌，浙江大水。范忠贞公承谟时抚浙，博访荒政。汉策以改折、籴粜、缓征、平粜诸议进，悉举行。又奉行赈粥，请易为赈米。既复请，移文江抚，凡救荒诸善政，悉如浙。大江南北，民忘歉岁。先是抚按荐辟至再，皆以养亲力辞。壬子，诏举贤良方正，访求山林隐逸之士。承谟重其才，特荐于朝。癸丑春，敦促就道，赴阙引见，奉旨以科道员缺试用。会柄国者挟有私憾，忌者乘间中之，嗾承谟所参革之，后潘司巡检陈其忠讦告之，随被台参，下狱。已而严鞫，皆诬，放归田里。益肆力群书，丹黄评骘，虽卧厕，手不释。癖嗜道家符箓，自以为雷雨可召，鬼魅可破。兼精青囊、青乌、易筮、乙蓑、风角、壬遁等学，并有奇验。好奖掖善类，施惠无望报心。立义学，设义田，施帏絮，舍药饵，葺桥梁，焚券已责之事，难更仆数。康熙三十一年卒，年七十。咸丰三年，以孝子题旌。其著述有数十种行世。按，顺治甲午，汉策作《紫光朝谢科仪序》，自称芝筠道者。董麟科，盖其道士之名也。汪《志》。

齐治 字康成。康熙丁巳，乌程岁贡。范《志》。好学能诗。庄廷鑨以脯修招之，其约已具二十四金矣，后批曰："果能专精勤敏，则愿加六金。"遣仆送至。治览而讶之，遂坚不赴，以免于祸。后以资为学博。陈寅清《榴龛随笔》。

吴明垣 以医名，不用奇术，人有以攻击效，夷然鄙之。年八十矣，步趋若闲，齿更生。人问其故，曰："仆非有异术也，惟不敢自戕其生耳。"与老人姚梧善。梧字澹庵，少时蜚声庠序，喜作诗，家贫甚。有助之粟及刀币，固辞不受，其他技好与明垣同。汪《志》。

闵茂元 字震湖，住南栅外闵堂兜。素业耕，父为老诸生，病亟，医药不效。闻医书有"生肝可愈死疾"之说，遂以刀破腹割肝，和汤饮进之，父病遂起。茂元殒绝复苏，不数日，创竟合。时康熙元年十一月十七日也。咸丰三年，以孝子题旌。同时有纪彩，原名志耀，字绳武，监生。生未数岁，父上猷弃家远出。比长，泣告于母，将孑身寻父，母许之。由是奔走崎岖，间一归省母，已复出，凡数十年，卒无所遇。汪《志》。

张肩 字尔就，康熙初隐居浔南之石澥。按，张庚《续画征录》以肩为平望人，讹。筑远偏庐，傍多栽竹。年三十，始读书，不数岁，书法诗词俱极遒美。善画竹，一时推重。兼工山水人物，又知天文推步之学，晚馆西洞庭山秦氏十余年。其后，里中以书名者，有褚介宗，字可烈，号椒园，县学生。邢鸿，字卫南，号虹桥老人，县学武生。汪《志》。王铸，原名甹，字蕴成，号雪浦监生。嗜金石，能诗，工篆隶。《县志》。以画名者，有董雍和，字宫在，号穆庵，县学生，善画蝶；殷锦，工山水芦雁；殷澍，工人物；尹锡，字怀九，号西村，工山水，尤善画牛；李偲，号成蹊，善写生，工士女。汪《志》。

纪年 字来之，号乾山，濂曾孙，县学生。豪侠好义，喜周急。尝寓苏州，里人孙旭得罪奔匿，捕者踵至，即密具舟楫，遣之出关。捕者搜检不可得，皆踉跄去。一日在浔，岁暮，嚄唶无措，有客袒而吁于市者曰："孰能拯我？"人曰："非纪年不可。"客来谒，年视其在穷途，气兀傲，书片纸，假十缣遣之。后中蜚语，逮系钱塘狱，向客为营护得免。耿、尚二逆闻其名，以金币聘。察其有异谋，坚辞不往。年五十八卒。汪《志》。

吕学 字时敏，号海山。善写照，更精人物山水。康熙间，浙江总督李之芳既平耿逆，大僚制屏为赠，或荐学为状出师攻守凯旋始末，寸人豆马，山川草木，跃跃欲活。悬诸吴市，东西行者咸骇叹，名由此大振。曾为贝子某写《群仙图》，恭祝万寿。贝子令入都，将荐为画院长，固辞不就。贝子赐“笔歌墨舞”四字扁额。归葺园圃，蓄侍妾数人，教之歌舞。宾朋赏宴，颇具豪侈之奉。园有可也亭，临池环柳，日夕觞咏其间。求画盈门，挥素应之。少拂其意，虽饷千金，不顾。尝赴苏州知府之聘，舟泊城外，担夫肩行李逸去，告诸知府，图其貌而缉之，遣役至泊舟处，出图示人，咸相哗曰：“貌何酷似某也？”遂捕获之，行李固在也。其写照之妙如此。无子，继子渭，字名世。沈文定公漼曾孙，能传其笔法，名噪一时。又有郝坤，亦沈氏子，字自修，善写生及山水人物，得学之传，颇称神似。汪《志》。

凌一凤 字子威，本双林人。明名医凌汉章之后，为纪氏馆甥。同父迁浔，工书法，嗜吟咏，落落不偶，窭困日甚。适朝廷设针炙科，访求汉章后人，有司以一凤名应召。入都，授太医院判，颇信用其术。尝出入内廷，或扈跸巡行，隆恩异数，几列于九卿六部间。旋以属吏不戒，得罪削籍，坐杖留京，郁郁数年卒。汪《志》。

夏鼐 字元夫，号玉厓。父焕，字龙寰。家贫，业药肆，遇窭人子，不取值。鼐以医名，少年贫窘时，父客有寄橐金千者，久无耗，询其人，返之。生平以济人为事，闾闬缓急，任不顾害。汪《志》。

陈寅清 字霁山。自浙之乌程徙居吴江之北麻，后又寓城东荡上。贫而耿介，博古工诗，与戴笠、王载、顾有孝友善。康熙中，年八十余卒。著有《焰余草》《竹轩存草》《江村集》《秋霞集》《怡云编》《啸庐文稿》《榴龛随笔》等书。纪磊《望山楼杂钞》引《吴江县志》。

温棐忱 字恂孺，号继庵。《温氏家谱》。自号温山子，又曰怪翁。棐忱自著《怪翁传》。家故窘。同上。年十四，掠于盗，絷而索资者累月。父拮据匍匐，无以充萑苻之欲，濒于死者数矣。遇善人沈君慎所救以归，幸更生焉。年二十二，补弟子员。又三年，为增广生。又十年，廪于庠。又五年，《五十初度自序》。康熙乙丑，《家谱》。选贡成均，《五十初度自序》。任金华武义县学教谕。《家谱》。常游京师，不得意，信宿归。性不喜见人，人有迹之者辄避匿。《怪翁传》。居常静坐，守先人之敝庐，耕先人之薄田十余年。《五十初度自序》。有志性命之学，尝读濂、洛诸书，有会于心。棐忱《哀仆沈嘉》。著有《篷窝文集》行世。《家谱》。子贻孙，字毂绳，一作谷芳，亦字力畴，岁贡生。《浔溪诗征》。历任绍兴府学、海宁县学训导。《家谱》。萧闲高旷，怀抱古今，有不可一世之概，时极为徐苹村、沈心斋两先生所器重。有《爱吟轩诗集》。《诗征》。棐忱仆沈嘉尝语人曰："吾主所言者，理也；人所言者，气也。"侍立左右时，间亦执疑以相质。能识行草，应对惟谨。于资财出入，有羡必以告，虽纤悉不苟。体素羸，不能强步，遇有事，不避风雷昏晓。韩蘧庐亦尝指而叹曰："是可称晋公子之从者。"没之日，曰："吾主饮食之恩，嘉不能忘，然犹众所同也。独惓惓开示之恩，嘉能忘吾主哉？"呜呼！此可以见其志矣。嘉生于康熙甲辰，殁于丁丑，年三十四。节《哀仆沈嘉》。

温模　字梅士，育仁子。《县志》。贡生，乡进士。《温氏家谱》。身居华胄，不言利，不附热，刚方正直，唯义是趣。屡遭困踬，操履不改。寿八十二。长子焜，字孟韬。《县志》。明经，贡士。《温氏家谱》。次子焯，字仲闇，《县志》。号麓台，岁贡生，候选训导。《温氏家谱》。皆以孝友称。《县志》。

沈平露　字天舆，一作天裕，号连山，自吴江蠡圩浜迁浔。汪《志》。天资英敏，康熙庚午举于乡。御史袁公委以选政，学使张公延以阅文，并服其卓识，授西林令。卒于官。范《志》。

温辰熙　字容成，世居乌程之七里村。其事亲也，宗族以孝闻。父卧箦数年，侍燥湿寒暑惟谨，所嗜竭蹶以进，而已或忍饥，匿不以伤其亲。既殁，哀号顿擗，躬负土以葬。母老性严，而委宛顺从，得其欢欣。教授于外，诏其妇以晨昏之养，必切以谆，归必问其母，母或色不怡，执妇之手而挞之，以释亲之嗔。妇亦感夫教，食贫弗厌，翁姑殁而事亡如存，藉籍称孝。尝问濂、洛之旨，谓人皆可以为圣者，以厥性之维均，吾欲求一刻之圣而未能。曰："扰扰乎其心，斯非惟狂克念之训乎？"年仅四十余以殁。节温棐忱《族子容成传》。

蒋大潮　字荟圃。《县志》。康熙间人，国学生。得秘录异书、五雷正法。善疡科，活人甚众。兼以道术决病人生死，无不验，远近神之。年六十八，乾隆初卒。许旦复《冬心庐杂钞》。

温睿临　字邻翼，一字令贻，号哂园，辑里人。康熙乙酉举人，以诗古文雄于时。性伉直，好面折人过。游京师，卿相皆敬礼之。《县志》。移书礼部侍郎严我斯，谓国学不可无人才，因上其议。适回籍，议遂寝。《府志》。雅意著述，与四明万斯同交善。时斯同方佐辑《明史》，语睿临曰："鼎革之际，事变繁多，金陵、闽、粤播迁支拄历年二十，遗事零落，及今时故老犹存，遗文尚在，可网罗也。子盍辑而志之，成一书乎？"睿临曰："诺。"在京邸无事，因录得野史数十种，荟萃成书，题曰《南疆逸史》。工于叙述，具有史裁。所著《哂园文集》，多有关于学术掌故、民生利病，不为空言。《县志》。

沈国正　字沧孺，号元吉，安吉籍。康熙癸巳岁贡，任临海训导。课诸生甚勤，与石门吴之振善，馆黄叶村庄，参订《宋诗钞》。著有《论文》一则，为陆陇其所赏，载《困勉录》卷首。《县志》。

纪廷辉　字虞求，号牧庵。少读书，能诗，好拳勇，善骑射。《县志》。勇于任事。《晓寒楼杂忆》。胆识绝人，能为人所不能为。雍正己酉武科举人，江南兴武卫千总，加守备衔。尝请解以济丁力，几获重谴，不顾，卒得请而止。后居乡，亲族有不平事，辄为匡救，不避怨尤。乾隆辛巳夏，浔有殷大梁者，稚而鲁，赍簪珥质钱，与质库争，质库讼之。通判周承芳诬大梁拐窃，煅炼成狱，两日用三夹棍，大梁垂毙。廷辉闻之，面质承芳，抗辩不屈。承芳怒，以殴辱官长具详。廷辉上控，巡抚檄府提究，事得雪。自是，始有分防衙门永不许用夹棍之例。《县志》。纪氏祖墓在笺二圩法华庵左，墓前余地率为族中无力者厝冢，堆塞几无行路。廷辉慨之，因商之族人，买蒸二九莲庵基，将所有厝冢尽迁于彼处，墓道为之一清。时里人夏源恒谓之曰："君此举，于族人则有功，于己则不免有损。"廷辉毅然不顾。《晓寒楼杂忆》。

闵南仲　字子襄，又字湘人，号耐庵，又号石渔，宫保尚书洪学孙，凌忠介义渠之婿也。少英敏，举目数行下，博综书史，务求贯穿。性豪迈，不事生产，家中落。由晟舍迁浔，赁廛而居，至不聊生。有踵门请业者，引文征献，娓娓不倦。好音律，工词曲，嗜吟咏，操管立就，著述颇富。没后三十年，同里潘尚仁得其集，为之刊行。汪《志》。

纪星　字含誉，号青岩，工绘山水。幼育于董氏，故书款每称"董星纪"。零缣短幅，人争得之。顾家有升斗储，辄不肯轻作，人伺其匮乏僵卧，挟所有往渎，始披衣立风雪中，挥洒数纸。并善手搏。有女，亦善画及手搏，适诸生温衣点。汪《志》。

薛观奇　工医术，当时称为神手。子景熺，字瞻文，亦精医，江浙推重，兼擅星命之学。里中以医名者，康熙、雍正间，有王九牧、严云衢、王大声，并善痘科。乾隆初，有纪用思，字我扬，得九牧之传。后又有纪尧年，字龙剑，号长春，府学生；汪廷业，字立人，号笠人，旧籍歙县，后为浔人，兼工诗；冯步青，字觐颜，归安学生，西栅江蒋人。李宗贤按，西栅外江、蒋二姓居多，汪《志》作蒋港，误。迁居浔南，亦能诗；董如璧，字觐南；董扬堦，字升九，号雨兰，并监生。扬堦兼精劾魅驱邪之术。汪《志》。

董闻京　字丹鸣，号复园，又号兰樵，汉策子，廪贡生。汪《志》。敏而好学，弱冠通经史百子，考授河南布政司理问，《董氏诗萃》。升江西吉安府通判。时甫经兵后，民据油田山险为盗，闻京屏驺从，单骑抵其寨，鞭酋长，释其余党，咸请执锄而为氓。正经界，课积逋，安置难妇，禁保正之科敛者，为同僚媒蘖，削籍，卒于江西。汪《志》。奕相，字梁禹，号生洲，汉策四子。岁贡生，历义乌、临安、上虞训导。《浔溪诗征》。清修绝俗，家日落而操益峻，诗亦脱去尘埃，归绚烂于平澹，有白太傅遗格。《董氏诗萃》。延枋，字准生，汉策五子，国子监生，有《葵园诗稿》。友松，字高容，号镜园，汉策七子。廪贡生。《诗征》。幼有羸疾，善摄生，闭户默诵经史，不预俗务。晚岁以名德推重乡里，时游吴越山泽，以适其志，年七十一卒。《诗萃》。志林，字嵋存，号萼园，汉策八子。例贡生。《诗征》。博通坟索，千言咄嗟立办。始为诗，以才藻自骋，中岁削除华艳，约之以清婉，有范石湖之胜。《诗萃》。师植，字圣衣，号汾园，汉策九子。廪贡生，候选训导。工诗文，素行端悫。汪《志》，为外舅曹侍郎倦圃所器重。登高能赋，往往于诗发之，英辞古藻，卓然自名一家。《诗萃》。师植子文白，字洛菲，一字子猷，号易庵。雍正己酉顺天副贡，官福建惠安场盐课大使。有《易安诗集》。《浔溪诗征》。

方穀　字硕公，号学山，锐志向学，从唐灏儒先生游，研究经传，兼工诗古文，而书法亦遒劲。食饩，为名诸生，学使汪公赏识之，有"文超一郡，字冠通场"之语评之。持身端悫谦和，与契友赏奇析疑，终日忘倦。康熙间，以岁贡廷试第二，因心疾不赴选。杜门纂辑，藏于家，著有《吉花轩诗草》。范《志》。

杨凤岐　居务前，业负贩，贫无妻子，母老好饮，且喜古今事。凤岐昼役于市，晚归，沽一壶，谈笑以悦其亲。母以余酒饷之，因且酌且唱，高歌震邻，声容俱备，母亦骂亦喜，日以为常。俗有呼李担者，亦居巷中，一日忤母，见者即以其担殴之，李跪而泣曰："我知改矣。"自是奉母甚谨，不期年而母亡。夜闻凤岐高唱娱亲，必大恸曰："悔无及矣。"汪《志》。

董志阶　字升吉，号素庵。伯父峥，字云襄，归安学生；父嵘，字鲁瞻，监生，自吴江八都同迁于浔，兄弟并以友悌闻。志阶，康熙乙丑拔贡，任建德训导，升金华教谕。早年乐善好施，晚岁浮沉冷署，家计日窘，怡然自适。勤以课士，开诚化导，胶庠咸爱慕焉。汪《志》。

王玉士　本旗德人，业漆工，居浔。祖病革，玉士闻闵孝子割肝救父事，遂怀刃祷汉寿亭侯像前，剖腹出肝，和药烹以啖祖，祖病立效。而玉士已仆地殒绝一昼夜，邻媪梦绿衣伟丈夫持膏药傅其胸，寻得苏，创口果合。副将罗琦给"孝烈格神"扁额。咸丰三年，旌表"顺孙"。汪《志》。

倪兰　字畹公，先世由钱塘迁浔。祖璠，字鲁玉，附贡生，任中书舍人，迁工部虞衡司主事，转员外郎。尝注《庾子山集》，以博赡称。父灏，字次淳，号东湖。兰生有异征，年十二，作文即有奇气。母顾氏病笃，兰吁天求代，语其兄棻曰："倘母有不测，吾必不生。显亲扬名，是在兄矣。"越二日，母卒，既视饭含，即潜往密室自缢。时康熙庚寅六月廿二日也。汪《志》。

纪远 字无远，一字子深，号白云山人，原名遴，字亮工，濂元孙。博闻强识，嗜酒，工诗文，善草书。性不谐俗，从张隽、董说游，尽得其读书之法。晚年始补县学生，寓谢氏谈昔斋，悲歌痛饮，往往漏尽，虽穷愁老病，而气不少衰。康熙壬辰正月六日夜半就寝，炉翻，伤于火，至十一日乃卒，年七十。从子官，原名永成，字遥集，一字大韶，号余素，事继母以孝闻。父殁，训诲幼弟，以兄兼父。分财产，取瘠推肥，行谊为宗党推重。亦从隽与说游，康熙壬子武科举人，屡试兵部不遇，病瞽，以诗酒终。官从弟寅，字大为，号晴岚，康熙辛酉武科举人，江南徐州卫守备，致仕归。笃好吟咏，尤潜心内典，时与陆士渭、潘尚仁、夏封泰号"归田四老"。汪《志》。官子端，字南表，号菊存，县学生，娴吟咏。其诗清新俊逸，渊源有自。《晓寒楼杂忆》。

董炳文 字耿光，号霞山，衡子，例贡生。性慷慨，戚友缓急无弗应，解纷息讼，不避怨言。中年家落，有告急者，必委曲济之。绕屋种梅花，啸咏其下。工诗余，书八分，画花鸟，俱臻妙品。子浩，字扶摇，初名南鹏，字翰飞，号南谷，与族兄南江熄齐名，时号"二南"。康熙庚子举于乡，名益著。无故得奇疾，卧床第七八年，赍志而殁。诗学宋人，豪迈不拘，顷刻可得千言。养疴扫轨，剥扉而谈诗者，户外屦常满也。炳文族子嘉言，字孔彰，耒之孙也。居丰草庵，自少嗜学，所写古书不下数千卷，与归安茅星来善。星来精注疏之学，有疑义辄往叩之。嘉言诵其辞，琅琅如宿习，覆按，不遗一字，星来自以为弗若焉。汪《志》。

董允文 字斯在，监生。少孤，事母至孝。妻温氏，亦淑慎。允文母疾，子妇周旋床席，不解带累月。兄殁，遗孤十龄，为之教养婚娶，温脱簪珥以佐之。康熙己丑岁饥，官议设粥厂，允文率先典贷，赈给二日，由是施者接踵。咸丰三年，旌表孝子。汪《志》。

张鸣钧 字双南，号笠滨，其先吴江桥下人，父辑玉徙浔。鸣钧幼善事继母。康熙乙未进士，由庶吉士授编修，出为山东巡按。轻车简从，撤供帐鼓吹，不染一尘。历礼科给事中、江南泰通道、江宁驿盐道、河南按察使、直隶布政使，内调通政使、顺天府尹，俱有政绩。在河南时，课民植桑育蚕。告归后，筑稽五漾南滩石塘以卫圩田，迄今赖其利。居于明月桥南。其季子迁于郡城西门，遂扁舟往来苕、霅间，人忘其为乡大夫也。汪《志》。

夏封泰　字冠东，号心谷，鼒孙。父光远，字永宾，号乐岩，一号乐清。康熙丙申，安吉岁贡，任永嘉训导。瓯俗武健好胜，诸生有以讼牒来者，必告以情恕理遣，士风为之丕变。邑之绅士即学旁创生祠绘像焉。尝增辑《浔溪文献》。封泰，归安籍，雍正甲辰进士，直隶任邱知县。修赵北口堤道，免地丁之苛派，平旗民之讦讼，严治捕役窝盗者。缘事解任，旋开复，补湖北麻城知县。谳命、盗诸案以明允称。宋埠民因获拐聚噪争殴，送鹅笼司人船解县，察其非真。因忆康熙壬寅吾浔为指拐激成大案，或即开释，人疑，易致激变，谬谕众曰："拐有良药，俟其性过刑讯。"因密属典史散禁，傍晚提审。据称，黄冈平民来麻探戚，船则黄冈编号，常来宋埠装载，因移回黄冈，取结备案，据实详释。乾隆甲子、丁卯，两充乡试同考官，告病归。究心经学，老而不倦，年八十五卒。初，鼒妻黄氏梦有五岳入门之祥，光远适举五子，因以五岳命名。长即封泰；次开衡，字弁南。康熙戊戌进士，点清书庶吉士，授编修，预修《一统志》及省方盛典。雍正二年，甄别词臣，褒锡"品行端方，学问润邃"，充三朝国史纂修官，卒于京。次中嵩，字望中，县学增生；次载华，字指西，号莲峰，例贡生，四川安县知县；次源恒，字冀北，县学生。汪《志》。

袁大周　初名昌龄，南栅人。以疡医自给，廿七岁丧偶，不再娶。抚幼弟，教弱子，皆有成。父殁，母孙氏年七十一，病危笃，彷徨无措，昏闷中若有告之者曰："服龙肝汤可瘳。"忽念己生年在辰，辰，龙属也，得非神命我刲肝乎？乃以刀刲胸左偏深寸许，以指剜取，中热如沸汤，不得入，昏晕而僵。旋似有趣之起者，惊视创处，肝已突出，遂割之，作汤以进，疾良已。越数日，近出过桥，失足颠于桥下，创裂晕绝。子宗耀亟往抱持归，解衣见胸次束以帛，血斑斑然渍其上犹新。涕泣固请，始言之。子仓皇延医，用善药敷治，莫效。夜又若有告之者，日服藕汁可愈。如言而创始合。知县罗愫闻之，亲式其闾。他日有讼其子不孝者，有司讯于市，延大周并几坐，指以示其子曰："此刲肝袁孝子也，居同里而不知所效耶？"杖之。大周为怃然者累日，越十二年而卒。其母后一年乃终。曾孙沂，字仰曾，家贫业医，请余姚卢文弨作文纪其事。咸丰三年旌门。道光中，有陈冠群，字景山，居皇御河，父病，刲股以疗，而人鲜知者。又有汪隆，一名继发，本杨氏子。随母改适汪氏。居马家港，鬻草器养母，以孝闻。母年九十余病殁，隆泣血年余，竟以毁卒。汪《志》。

董熜　初名臣燮，又名熜，字谓瑄，一字讷夫，号南江。汉策孙，汪《志》。师植子。《浔溪诗征》。县学生。尝从仪封张清恪公伯行，得其指授。游外祖曹溶之门，倦圃所藏人间不经见书，熜独窥之，故学有原本。文章拨华就实，归于大醇。诗自汉、魏以下，手定甲乙，丹黄无虚日，尤得力于韩、杜，著述甚富。雍正中，诏举博学鸿词。

甲寅、乙卯间，府、县两举熜名，固辞不获，乃就试，皆罢归。汪《志》。键户读书，惟日不足。陈世修《渡江小稿序》。而寒斋讲授，萧然自得。一门之内，自为师友。虽间有酬唱，而绝去哗众借交之习。周龙藻《南江诗集序》。晚年名益高，而接引后进，先器识，后文艺。尝为松陵书院山长，有经师、人师之目。乾隆十二年卒，年六十八，学者私谥端文先生。子丰垣，字墍之，号菊町，辛未进士，历任安徽建德、河南扶沟知县。博览群书，得力于庭训，而贯穿六经，析疑辨误，阐及精微。癸酉，充江南乡试同考官，主试以经术湛深重之，卒于官。金城，字亢之，号少客，熜第四子，乾隆辛酉拔贡生。少力学，异思壮采，惊其长老。暇则掌录《文选》及王、韦、韩、柳、东坡、遗山、本朝王新城、朱秀水之作，博览兼采。著有《少客诗集》两卷。年三十五卒，内外宗悲感不置云。《浔溪诗征》。岁丙午，有县学生肇镗，字金奏，号梅圃，《增订南浔镇志》。熜之从孙也。汪《志》。师植四子懋昭，字鑑平，一字庆霄。《浔溪诗征》。少具高才，试辄高等，补归安廪生。前后受知于督学彭公始搏、汪公珩，巡抚朱公又荐于场屋，不第。初，熜作诗，鑑平亦为之选录汉、魏至元、明诗，而涵泳有得，落笔有规矩，与熜俱以诗名。年三十二而夭。《董氏诗萃》。

董炎　初名臣焕，字苏门，号坚斋，熜弟，寄籍直隶沧州。雍正癸卯拔贡，官学教习，选湖南华容知县，即于是年己酉中顺天举人。因已得官，赴楚莅任。华容频遭大水，堤防倾圮，下车即昼夜巡逻，畚锸之事，必身先之。调新宁，又补绥宁，地连苗瑶，时当进剿初平，官军驻防，星罗棋布，遂分苗产、苗基以抚恤之，酌夫家之众寡，给旅卒之糗粮。苗民每过，辄叩首曰："非董公，吾族无遗种矣！"卒于官，士民立祠祀之。汪《志》。

曹大斌　字曾三，号敦山，县学生。父尔价，字德宏，号鹤汀，岁贡生。笃学能文，老困场屋，常馆于外。大斌少从母董受句读，闭户读书，汪《志》。性不屑屑以名利为意。博览载籍，尤专治《史》《汉》、唐宋之文。《揽茝山房漫记》。心摹力追，绝去声色，专以闲澹真实为宗。苟非折衷经理、阐扬善行者，不肯妄为人下笔。又精于音学，撰《音白黑》二卷。自一东以起，取字之最易辨及最难辨者，一一粗为发凡。分三十六母，每母为一篇，专以平音一字为主，上去入即鱼贯而下，俾欲审音者昭然若别，白黑而无误。家故贫，屋无定居，常与谢洲寓市楼读书，喧呶扰攘，若不闻者。尝一至嘉定及盐城，为知县程国栋修两县志，于明季殉节诸人，极力表扬之。晚年迁于乡。友人董承勋为武定知府，延修府志，甫脱稿而卒，时乾隆十五年，年六十三。门人私谥曰文贞先生。汪《志》。

谢洲　字文若。父杰，自余姚迁浔，居泰安桥东。洲与兄潮，字文来，并从学于纪远，托业贸迁，多与名流往还。汪《志》。有谈昔斋，叠石为山，酒朋诗侣，时吟啸其间。《蚓庵琐录》。工诗古文，洽闻周见，遇有佳书，辄雇敏手写置架上，虽贫不辍。尤好宋、元、明人诗文，尝与董熜、曹大斌评选其高下，钞录成书，可补《宋文鉴》《元文类》《明文授读》所未备。雍正十一年卒，年四十二。姚石，字亦山，能诗，与洲及王起鹏齐名，早卒。石从子景熹，字存之，号兰仙，亦以诗名。汪《志》。其后，南浔有诗人孙世楷，字维翰。父徙苏州，以豆腐为业。而世楷好读书，善吟咏，颜其室曰“半巢”。事亲孝，与人交，油然可亲。授徒里中，有贤声，人称“豆腐才子”，早卒。《县志》。

王起鹏 字翻如，一作蕙如，号溪堂。少即倜傥不群，诗文敏妙。雍正己酉，归安拔贡，廷试以知县用，分发陕西，任清涧知县。公余之暇，不废吟咏。巡抚硕色深加奖异，遂荐举博学鸿词，惜未获隽。寻卒于官。汪《志》。

董承勋 字对扬，号芑堂，又号白岩居士，汉策孙。承勋，雍正己酉副贡，觉罗官学教习，以知县拣发直隶，署元城、魏县，补良乡县，升遵化知州，擢山东兖州知府，调武定府，又改青州府，升分巡天津道按察副使，又升长芦盐运使。乾隆二十二年，卒。在官兴水利，省徭役，治土棍、剧盗，所至以廉能称。守兖时，值岁大祲，详请蠲赈，七上不行，复欲具详。或有以危言进者，承勋曰：“守以养民，不养何以守为？”复上，卒得请。奸民陈秀诱集饥民数千人，匿泗水县之黄山寨、石虎洞，昼则散行乞食，夜则明火劫粮，事叵测。承勋轻骑夜掩其巢，擒秀等数人，令饥民期以某日，集城中，开仓受谷，众即立散。知县某执赈谷一千三百石之原议，且以未及期难之。承勋曰：“如此嗷嗷，何可拘于常格？设有累，余身任之。”即日尽发仓谷七千余石，计口均给，全活无算。虽以是调简，不悔也。京城向无吴兴会馆，春秋试士，每苦僦居。捐资置屋于宣武街，实创始焉。汪《志》。

徐宏逵 字云阶，一字行达，廪贡生，候选教谕。建义冢，造桥梁，施药助棺，收废书之糊蚕箔者，又以素纸易妇人夹线书焚之。乾隆己未，知县罗愫创建育婴堂于清源门，宏逵及子贡生祖彬捐田三十亩助之，愫标其名于旌善亭。及乙丑，育婴堂添置乳房，祖彬复捐资焉。同时有沈子言，居西栅，嗜佛好善，东藏寺金刚会施棕，实为领袖，汪《志》。年七十余卒。范《志》。纪月峰，字山书，号恂夫，归安学生。性乐为善，见道弃婴儿，恻然悯之。与诸同志醵资，设留婴堂，又倡为放生、惜字诸会，罗愫以善人称之。汪《志》。

陈可升 字日如，号补亭。生遭坎壈，诗多哀怨之声。幕游南北，尝客潘南林太守尚仁署。《浔溪诗征》。尚仁，字安之，号似山，国子监生，河工效用，历官河南怀庆河捕通判、开封北河同知、奉天锦州知府。有《苏门山人诗钞》。同上。选刻闵石渔《寒玉居集》《碎金集》二卷。陈可升《题闵石渔先生续集小序》。

俞从龙　字翰飞，县学生。《浔溪诗征》。落落寡交，惟与二三知己操觚吟讽。《揽茝山房漫记》。有《在竹居诗稿》一卷，《诗征》。子蛟门潮辑录。孙问渠，名彬，字雅瞻。阅历既深，持躬益谨，恒以柔克为用。晚年嗜阅内典，日诵佛号，常语人曰："此可收放心尔。"道光己亥，年七十而卒，亦我浔之隐君子也。《揽茝山房漫记》。

南浔志卷二十

里人周庆云纂

人物三

温文炳温芝田、温芝山、张元灿　李景坡　纪复亨丁蟾　吴岩　温源起温士利、温瑶琨　张升吉张震亨、张澂、张丹山　丁宗英丁文锦、丁源　纪豹文　徐德元　董增龄　方熊方焘　张德奎　计发　夏耀曾　王翰青　丁殿金丁泗　温纯　董传经　陆唫陆骥、陆驹、陆长春、陆贵琛　杨凤苞杨凤声、杨锴　施国祁　邢典冯鸣盛　温一贞陆楷、项初　刘桐温曰鑑　郭廷元　纪峻纪方虎　张鑑张镇　范锴范颖通、范宗镐、范登、范来庚　孙燮　沈登瀛沈锺璜　丁桂　纪庆曾　盛朝勋　董蠡舟董恂　纪大夏纪汝霖　沈垚　周霈霖周昌寿、周庆征　纪思曾纪奎光、纪五辰、纪六箴、纪七襄　沈益　周良苗周文魁、周恒　丁宸　董邦桢温金萼　李景崑李邦治

温文炳　字星若，晚号菊隐老人。天性至孝，家无中人产，而施济不倦。以厚德为躬行，而化及于宗党乡里。年八十四，端坐而逝。子二：芝田，文行师法归太仆；芝山，字养冲，号友琴，倜傥负奇气，喜经济家言。丁子复《温菊隐传》及《温友琴传》。乾隆丙子，湖郡饥甚，有捐瘠于道者，芝山恻然，邢典《温君友琴传》。与同志张元灿等请于通判澄海陈公荣议捐赈。陈公首捐俸。遍劝得银五千两，语陈公曰："经费不难，分给难。分给不难，弱不漏泽、强不滥冒难。"陈公曰："此事非君才不能办，非君心不肯办，君其行矣。"时疫疠甚作，戚族多沮留，曰："此吾志也。一方之人濒于死，义不可止，得多活人，余焉恤？"丁《传》。遂以编查为独任，徒步往来，东至震泽县界，西至东迁，南至辑里，北至瑶田，计庄十有六，得极贫户一万零二百七十七口。邢《传》。手注册给符，一口钱四十，小口半之，一给七日，丁《传》。挨庄判发，翕然称善。两月事竣，邢《传》。病作，竟不起。疾革，命嗣子曰："我家世尚节义，以自便利为大辱，非只辱其身，且辱其祖若父。我死，汝宜益勉于善。"年五十有四。丁《传》。

李景坡　字云轩，性沉毅，具才略，服贾于河南。乾隆三十九年，教匪王伦扰

乱东昌，豫省戒严。景坡率同志倡办义团，以资守助。事平，保举六品顶戴。《李氏宗谱》。

纪复亨 字元稚，号心斋，年曾孙，河南商丘县籍。乾隆辛酉顺天举人，壬申恩科进士，翰林院庶吉士，散馆授编修，补陕西道监察御史，改隶本籍，转京畿道，兼管左佥都御史事，升吏科给事中。京师有“阎王张四”，又号“蛇张”，藐法恣横，特参惩治。贵州苗民承值差务，劳逸不均，奏请免其偏累。充丙戌会试同考官，甄拔称得人。历鸿胪、光禄二寺少卿，迁通政司参议，寻升太仆寺少卿。因病乞归，寄居苏州之枫桥，后卒于浔，年七十四。复亨少即工诗善书，间画山水，皆超逸有致。汪《志》。同里丁蟾字月亭，号蓉斋，弱冠入庠，举业外兼工词赋，尝见赏于纪心斋太仆。后张秋水明经称其诗缒幽凿险，可夺唐王建、张籍之席云。《浔溪诗征》。

吴岩 字怀峰，号桐村。乾隆辛酉举人，大挑选任仁和教谕。汪《志》。以巡抚匿灾，白诸学使雷铉翠亭，据以入告，抚军落职。《吴兴诗话》。丁丑成进士，授刑部奉天司主事。乙酉贵州副主考，历任福建司员外郎、山东司郎中。在西曹十余年，审画详慎。戊子兼编修衔，提督山西学政。选先正文以示轨则，刊《三通序》以重根柢，所拔多名士。呈请归养，里居数载，嗣丁外艰。戊戌服阕入都，卒于湖州会馆，年六十三。汪《志》。岩善饮，工绘。《诗话》。宗娄东派，兼工写意花卉。《墨林今话》。自题山水，诗多清绝。《诗话》。先世育于曹，自吴江八角亭迁浔，故有“曹吴同姓”之说，里人至今称“曹怀峰”云。汪《志》。

温源起 字汇沧，号池客，又号蕙窗。先世自辑里迁浔。曾祖士利，饶于资，值岁饥，罄其财以赒邻里，家遂落。再传，贫益甚。源起弃举业，专力治生，不数年复完旧业。有沈某质田于源起，沈殁，其妇贫不能自存，将有去志。源起亟焚券，归其田，妇得抚孤全节。佃户钱某，迫于逋负，鬻其妻为人妾。遗之金，得赎还。又有陈端龙者，被人诬扳入狱，怜其冤，力援之，乃出。亲串中兄弟阋墙构讼，其兄求为左袒，切责之曰：“手足可自戕耶？”其人感悔，讼旋息。自奉甚约，每节缩衣食，以济正用。晚年，葬同族兄弟七人之棺。赠朱文昌之孤以田，遗徐圣培以粟。姚江谢氏子不能婚，则助之。徽客吴麟趾榇不能返，则归之。年六十一卒。子瑶琨，字右良，号古愚，究《易》理，精篆刻。母范氏，好施予，瑶琨奉命惟谨。又推其意，修治桥梁，如浔西南之龙珠桥，其一也。汪《志》。

张升吉 原名乾元，字易门，号西塞，一号奚疑，先世自震泽迁浔。升吉，乾隆戊子举人，大挑知县，发福建，充癸卯乡试同考官，补将乐县。丙午，调凤山县。未履任，适林爽文倡变，连陷彰化、嘉义二县，凤山亦为庄大田所陷。丁未三月，升吉至台湾，大田日犯府城，升吉分守小北门，招集凤山余民，得二千人，屡出城杀贼。奉檄偕副将丁朝雄由海道取东港，十一月得而守之。三面皆贼，一面濒海，且剿且守。时贼屯水底寮，所掳良家妇女三百人，贼党胁从约万余人。阴遣武生郑其仁入寮晓谕祸福。戊申元旦，有贼目十人叩营投顺，谕以送还妇女，始许降。诘旦，牛车数十两尽送诣营，各给口粮，招亲属领回。会将军福康安统大兵救嘉义，复彰化，擒爽文，还兵剿凤山贼，大田亦就获。凤山故城荒圮，因迁县治于埤头。勤抚字，赈饥民，捕余党，尽获而贷胁从者无算。调署浦城，得真西山《心》《政》二经，中有催科法，仿而行之，民乐输恐后。复补宁德县，奔父丧归，遂不复出。嗜研《易》理，兼善六壬数，然不轻占休咎也。嘉庆八年卒，年六十五。从弟震亨，字惊百，号小雋，少工文，有声庠序，书法赵吴兴，乾隆庚寅恩科举人，早卒。从子澂，原名珂，字佩珊，号秋畹，嘉庆戊午举人，官鄞县教谕。修学宫忠孝、节孝二祠。勤于督课，率先身教，士林称之。升吉孙丹山，字仪曾，号半屏，改名梦沅，又改亥昌，廪贡生，辑《浔录》，搜猎故里遗逸之事。张氏同居七世，崇俭斥奢，一庭雍穆，恒随子弟之材而教之，或士或商，莫不遵循矩训。家法之善，为南浔冠云。汪《志》。

丁宗英 字愧庭，自号云谷。少勤学，为文章务法先正，不诡随时好，故屡困于试。年逾壮，诸城窦光鼐督学浙江，始补县学生。为人忠厚长者，犯而不校。处兄弟间，终身怡怡如也。父卒，遗负不赀，倾产以偿之，家遂落。与弟分析，所得田宅瘠且陋，惟以蓄书为喜，叹曰："后人能世世读之，吾愿足矣。"于乾隆六十年卒，年七十一。子文锦，字绮岩，自号力堂，县学生。性孝友，操行洁白。尝馆于外，遇珍羞，以不能供父母，辄不敢食。弟朝镇早卒，抚其孤女如己出，终日衣冠整肃，望之俨然。然待人甚恕，不以己之所能责人，故人虽惮其庄而乐就焉。幼多病，稍长，乃自刻苦于学。鸡初鸣，即披衣坐，默诵日所读书，寒暑无间，虽行道路亦然。由是业大进，为诸生有声。纪庆曾少从学，好古，不屑屑时艺，人或非笑之，文锦曰："今子弟读书，大抵借圣贤之言，博利禄已耳。若纪生者，乃不愧为读书人也。"后庆曾果以通经治古文名于时。年五十八，以嘉庆十一年卒。子源，字肇昆，幼敏悟，年十五，遍诵诸经。年十六，补县学生。时宗英已谢诸生业，与文锦俱以久困场屋，日望源以科名显。源承两世庭训，惟日孳孳为文，穿穴经史，雄深雅健，有刘黄冈风力，然终不得举。性好诗，喜学东坡，至形梦寐，故以梦坡自号。著有《啸月斋集》三卷。逮执父丧，自痛科名未就，不能慰父志，长号连昼夜，气郁于中，遂成瘵疾。逾年卒，年仅二十九。丁桂《丁氏先墓表》。

纪豹文 字幼廉，号蔚岩，又号雾隐山人。乾隆乙巳恩贡，历署景宁、嘉善、临海教谕。《晓寒楼杂忆》。人极方古，年高而腰脚甚健，登山不用杖，为诗不假思索，出入诚斋、放翁之间。《耐冷淡》。其任临海也，渡钱塘，舟覆，潜行水底十余里，得不死。自庆幸生，有诗纪其事。后遂不复出，优游林下十余年，与里中耆老结尚齿会于广惠宫，同会者三十余人。宴饮赋诗，深衣朱履，鹤发童颜，极一时之盛。《晓寒楼杂忆》。

徐德元　字达三，号芷堂，乾隆丁卯举人。工诗，以《秋海棠》诗见赏于王际华，和者遍海内，《县志》。竟以“徐海棠”称之。《吴兴诗话》。选四川彭山知县，训士有方，设立书院课程，拨圣寿寺山地百余亩以资膏火。会金川叛逆，奉使佐理台站。巡抚鄂宝见而问曰：“能诗彭山令即汝乎？”即调随营办事。以功升同知，补汉州知州。《县志》。后迁居东郭兜。汪《志》。

董增龄　字庆千，号寿群，归安廪生，汪《志》。博雅士也。王引之《国语正义序》。善治《春秋》，兼善医道，著述有《规杜绎义》《论语雅言》《金匮集解》《江海明珠》《国语正义》。汪《志》。其《国语正义》援据该备，自先儒传注及近世通人之说，无弗征引。又于发明韦注之中，时加是正，可谓语之详而择之精矣。王《序》。

方熊　字飞崖，号渭扬，县学生。自束发就傅，即耽声韵之学。中年屡困棘闱，遂废举子业，肆力于诗。又雅善芦雁，有所作辄题小诗。时与茅湘客、姜渔樵诸名宿结渔社，群相唱和。后主田园诗社，其弟笥岩亦与焉。宴集联吟，殆无虚日。晚年多病，甚至体枯声哑，犹不废吟咏。至疾革时，出其未定之稿，命笥岩删存之，题曰《飞崖诗删》。笥岩名焘，号淞洋，又号裘庄村农，府学生。少好学，师事兄飞崖学诗。海盐朱笠亭称其诗：“婉丽明秀，如灵和杨柳、初日芙蓉，于唐近刘文房、杜樊川，情韵胜也。时下饤饾为博、纤佻为工者，奚可同论？”可谓倾倒矣。有《山子诗钞》十一卷。笥岩又善山水花卉，见其稿中有题画诗，世无知者，因并拈出。《浔溪诗征》。

张德奎　字聚东，号默斋，监生，秋水明经之父也。妙解医理，著《桐雷歌诀》二卷。性慈和，有为善最乐之风。南浔旧有长生会，掩骼胔，施棺椁，实其父元熙为之首创，继事益勤，迄今弗替。卒于嘉庆丙寅，年七十有八。《浔溪诗征》。

计发　字发之，号鱼计，县学生。克承家学，锐志读书，尤刻苦作诗。尝馆于同里刘氏之画扇楼，以古学诲其弟子。性和易，爱奖掖后进。时浔上诗道日衰，而里中人士复为兴起，皆鱼计提倡之益也。晚年赋祭诗，诗皆道其诗境之辛苦。有《鱼计轩诗钞》及《鱼计轩诗话》。《浔溪诗征》。

夏耀曾　字藻亭，号少岳，县学生，为心谷大令之孙。家传经训，学有根源，又得其节母孔孺人指授。少即能诗，有《小山居偶存稿》及《附存稿》。《浔溪诗征》。

王翰青　字文虎，改字鄂舟，号鹤野，归安附贡生。少立名誉，庠序推重。善制举文，屡荐不售。尤工于词，深得梅溪、竹屋之音，自署“鹤野词客”。《浔溪诗征》。

丁殿金　字康侯，号柳溪，归安籍。厄于小试，于嘉庆庚辰始补博士弟子员，时年已七十余矣。孜孜好学，至老不倦。遂于道光戊子钦赐副贡，又于丁酉钦赐举人。年逾九十，耳目聪明，行不扶杖，而立身行己，动遵礼法，尤足为乡里仪式。卒年九十有三。族弟泗，字带江，号文波，乌程学生。淡于科名，一踏省门，终身不复至，与殿金正相反。泗为人勤勉，丁氏祖茔宗祠皆在三里桥旧居，一切公事皆泗为经营综理，规条井井，出纳平允，人服其无私。《晓寒楼杂忆》。

温纯　字一斋，号春湄。生而颖异，五岁从从兄乘珠学，即知礼让。稍长，博涉经史，爱读诗古文辞。尝因小试谒郡守雷公轮，异之曰：“子气宇不凡。”后补博士弟子员，旋食廪饩。阮云台先生视学湖郡，诗文外兼访多士之善书画者。纯绘《道场山色》及《秋桑图》以进，使者叹赏之，比于赵吴兴，由是声誉日益上。梁同书《一斋温君传》。援例就教职，官象山县训导，调处州府学。《府志》。两任学博，天若纵之名山胜水之区，以发金石之秘，手拓六朝、唐、宋以来志传未载之题名诗版，凡数十件，可谓好事矣。诗宗白、陆，书法临摹晋、唐诸家，尤工篆刻。梁《传》。幼受画法于沈宗骞，山水浑灏渊懋，力追董、巨，其小品尤有别趣，人以比之姚云东、陈孟阳云。《墨林今话》。其所居曰墨妙楼，藏弆名人墨迹、精拓碑版及金石图史。闲窗静对，与古人为徒，辄自意得。戊辰七月，以秋试至省，假归省母，触热，到家适遭两女一时夭殇，既感且郁。复至省，势不能入闱。越半月，竟不起，春秋四十有五。子皆早殇，以兄子邑庠生森樟为后。梁《传》。著有《吴兴诗钞》，校刊《王箬林题跋》《墨妙楼丛书》。《温氏家传》。

董传经　字厚畬，号性存。少孤贫，刻苦攻书，旁通堪舆、奇门、克择之学。性好吟咏，尝北游燕赵，胸次日廓，故其诗日益工，力追唐人，入摩诘、襄阳之室。传经以九岁之孤，侍奉节母崔，亲供菽水，终身不娶。节《浔溪诗征》。

陆唫　一名宁，字静川，号柳南，居南蒋港，监生。性和易，善交友，隐居读书，工吟咏，轻财好施，乡里称为善人。子骥，字千里，天资颖异，力学能文，与其弟驹，字昂若，号藿园齐名。骥子长春，字向荣，号瓣香，又号箫士，道光甲辰副贡。工诗词，善骈体，孜孜稽古，不为俗学所羁。驹子贵琛，原名桂春，字献其，号秋士，道光庚子举人，有文名。《浔溪诗征》。

杨凤苞　字传九，号秋室，又号萸沜，亦称小玲珑山樵，又称西图老人，归安廪生。汪《志》。博雅迈伦，屡试不得志，赋《西湖秋柳词》以寄意，前后积七十二首，情味并胜，陆以湉《冷庐杂识》。有名于时。于经学、小学皆有根柢，尤熟谙明末事。尝为《南疆逸史跋》十二篇，补温睿临之未备，而订其误。尤留心乡里掌故，朱、庄史祸为南浔一大案，凤苞旁搜遗轶，纪载甚详。乌程陈无轩焯向有《湖州诗录》之辑，知县彭志杰欲付之梓，以校补属之，为增录数百家，并考其爵里。志杰旋罢去，刊未成，阮文达公元督学浙江，拔入诂经精舍，编《经籍籑诂》，凤苞与分籑焉。布政使谢启昆聘之入幕，以侍老母疾，辞不就。晚年馆于郡城陈氏，其书室为郑茝畦元庆鱼计亭，人以为茝畦复生云。卒年六十四，无子。兄凤声，字昆谷，号虚舟；弟锴，初名凤击，字锡朋，号雪篷，并有才名，早世。汪《志》。

施国祁 字非熊，号北研，县学生。好学不倦，工诗古文，善填词，尤熟于金源事实。尝病《金史》芜杂，拟考正之，有所得，辄为纪录。年逾四十，遂弃举子业，专力以著书自任。积二十余年之久，书成，名曰《金史详校》。继以卷帙繁多，乃列举条目，为《金源札记》。又以其余绪作《元遗山集笺》《金源杂兴诗》。家极贫，少尝授经于外，中年忽乐市隐，寓于浔北，为人经理生业，设吉贝肆。市中有一楼，颜曰"吉贝居"，所著书多成于其中。嘉庆己巳秋，不戒于火，著述尽付一炬。今所存者，大半出于记忆补录之余耳。卒年七十余，无子。汪《志》。

邢典 初名大典，又名二典，字绮封，号书城，县学生。居垂虹桥下，家赤贫，读书谈道，泊如也。每论及历代象纬、舆地、兵农、食货诸志，与国朝疆域典章，悉凿凿可证，旁通壬遁、医卜、星相诸术。晚更栖心内典，大旨归于明体达用，不屑屑于章句训诂。与杨凤苞、施国祁并称"南浔三先生"。卒于道光四年，年七十一。冯鸣盛，字上鸣，号筤园，嘉庆戊寅举人，授翰林院典簿衔。少孤，授徒以养母。工制艺，从游者甚众。初，同里三先生中凤苞、国祁不喜为制艺，曰："焉用此庸滥之谈？"典曰："制艺，文之至精者也。今之习于庸滥，其末失也。"然典所作，淳古淡泊，人未之好也。至鸣盛论文，则法古而仍不戾于时，要必以经史为根柢，故及门无空疏躐等之弊。其尤高者，遂能博通古今，著书立说，皆鸣盛有以启之也。见义勇为，弟子中贫乏者，尽心训诲，而不责其贽。葬其外祖父母，《行略》。又葬其祖母外家姚氏数棺。道光十八年卒，年六十三。汪《志》。

温一贞 字又贤，号也痴，诸生。先世自辑里迁南浔。从其姑夫沈宗骞游，由是工六法，好金石，收藏甚夥。《县志》。也痴山水不轻作，尝嫌所居隘，画数十帧售之。构屋两楹，疏池种竹，署曰"绮石居"。录苏、黄两家题跋，梓以行世。杨岘《题宋拓〈郙阁颂〉跋尾》。族祖明推官璜，殉节徽州，葬道场山麓。岁久，榛芀莫辨，搜访得之。有圭田十余亩，为薯厂侵占，率同族鸣于官，得还其旧。往来具区之濆，见诗人吴山秀之孙贫而瞽，家有浅土十五棺，遂捐资偕山秀门人施国祁会葬因渎村中。老益勤学，神明不衰，卒年八十二。同时陆楷，字正之，号梅圃，亦宗骞弟子，画与莘开齐名。项初，字容初，一字函江，号药房，以善画名。《县志》。

刘桐 字舜挥，号疏雨。例贡生，候选州同。好交游，善谈艺，锐志聚书，积至十余万卷。凡宋椠及精写本，不惜兼金罗致。插架之富，自天一阁、瓶花斋而外，莫之及也。筑眠琴山馆为藏书所。汪《志》，属奚铁生写《访书图》以寄意。丁丙《善本书室藏书志》。大江南北及浙东西知名好古之士，或扁舟过浔上，靡不题襟延接，出奇书以相欣赏。嘉定少詹钱大昕许作《藏书记》，未就而桐卒，年四十五。子幼，山馆之书，鼠窃鲸吞，不数月尽归乌有。当是时，里中如杨凤苞、施国祁、邢典、张鑑、范锴诸人，各擅才识，然皆苦贫无书，大半借桐所藏，始得考订撰述，施及后进，流风未艾，桐之功为不细云。桐女婿温曰鑑，字霁华，号铁花，监生。从凤苞及典游，亦好蓄书，并嗜金石文字，精舆地之学。于南北朝疆宇分合、郡县侨置，考索尤详。汪《志》。

郭廷元 幼为宋凌高养子。凌高娶后妻，生子蕴斯。时廷元已稍长，从凌高贾于贵州。凌高先归十余载，音问不通。廷元居积渐阜，乃还乡。至则门庭非昔，惊问邻里，始知父卒母嫁，居室已售他姓，蕴斯鬻身法华山寺为僧矣。急访其母，则母之后夫已亡，正无所依，遂迎归，返其居室而居焉。将访其弟，母止之曰："今幸母子完聚，安用弟为？"廷元泣曰："毋误矣！弟为宋氏子，廷元郭氏子，终不能为宋后也。"遂之法华。时蕴斯剃发多年，其师靳之。浼寺邻为之请，以厚资赎归。即为蓄发娶妻，挈至贵州，同贾十余年，资益丰。乃析为二，兄弟各有其一。后蕴斯归，奉母以终。宋氏得延其祀，廷元力也。廷元年近五十，嘉庆初卒。汪《志》。

纪峻 原名汝瑚，字铁山，号石溪，后改冶夫，府学生。父守谦，早卒。峻才六岁，母潘氏抚之成立。家贫，习形家言以养母。母病剧，或告以割股事，峻曰："亏父母之遗体，非礼也。"既而百计罔效，潸然曰："舍此则有何术疗我亲耶？"乃刲左股以进，病遂愈。弟方虎，好学而多病，抚视不倦。妻屠氏，事姑亦以孝闻。母喜酒，以贫，命勿进。峻每私购数罂，借称姻好所馈，然后饮。邻有担夫江某，尝醉归，叱母具茗，峻斥之，而饮以己茗，江顿改焉。读书能穷经义，明汉儒爻辰、飞伏、纳甲诸术，尤精乐律推步，复善琴弈。湖俗故多火葬，峻劝捐富室，立师善堂，设杼山义冢，虽里人好善，而其议实峻创之。道光三年水灾，墟墓率被淹，峻乘舟往省祖茔，风雨几覆者屡，不顾。泊墓侧两月，水退始返。痁疾大剧，归五日而卒，时八月十九日也，年五十六。方是时，浅厝者尽圮，棺入太湖无算。峻命其子乘筏以拯之，凡三百五十余具。道光十四年旌表孝子。汪《志》。方虎，字炳章，号啸谷。生四岁而孤。少长折节读书，与其兄共相砥砺，甚友爱也。乾隆丁未夭折，未娶，无子，冶夫命其次子南枝为嗣。南枝遍为搜辑亲族故老遗诗，亦好学之士也。《浔溪诗征》。

张鑑 字春治，一字苘鹤，号秋水。先世自乔溇迁浔。鑑少从诗人计发游，弱冠补诸生。馆刘氏眠琴山馆，遍读所藏书，学益博，自经史暨地理、水利、乐律、步算、六书、音韵、篆隶、金石，莫不周悉。发为文章，引据典确。仪征阮文达公元视浙学，既而抚浙，筑诂经精舍于西湖，拔两浙知名士讲肆其中，鑑及同里杨凤苞、施国祁皆与焉。佐修《盐法志》《经籍纂诂》等书。嘉庆辛酉拔贡，甲子复中副榜。文达督师宁波，剿海寇，挟鑑同行，复以水灾蠲赈，皆资鑑赞画。今所传《两浙赈灾记》，即当时所编，详赡足为后法。适奉上谕，预筹海运，嗣因河流顺轨，其事遂寝。鑑以河运虽安而费巨，海运虽危而费省，且得其人而行之，海道习熟，亦未尝不如河道之安。于是著《海运刍言》，凡料浅占风之法、定盘望星之规、放洋泊舟之处，靡不讲明切究。侍郎英和见其书，称为可用。迨道光甲申冬，河决高家堰，漕艘路阻。英和力主海运，奏请允行，大略与鑑说合，而稍加变通焉。年近六旬，膺风疾，里居不出，自号贞疾居士，求诗文及画者踵相接。丙午，选授武义教谕。庚戌正月，卒于官，年八十三。所著书凡三百余卷。汪《志》。从弟镇，字南华，一字小山，号荻塘。阮文达督学浙江，嘉庆丙辰，试临湖郡，见镇诗赋，拔取入泮。以是益为发愤攻读，乃得上嗽之疾。庚辰逝世，年未及三十也。《浔溪诗征》。

范锴 初名音，字声山，号白舫，又号苕溪渔隐，例贡生。其先明祭酒应期居菁山，殁后，族党散处各郡。祖颖通，字希贤，号栖园，监生，攻轩岐术，精脉理，自塘栖迁浔，著《研北居琐录》，皆载故里文献。汪《志》。性恬淡，为善于乡。悯俗火葬，忼慨捐资，不能敛者棺之，不能葬者瘗之。冬夏购棉衣，制药，施送贫乏。又事亲至孝，清理坟墓，修葺义庄。见族人有好学者，必教诲得以成立。其孝友高义，足绍文正之遗风。范《志》。父宗镐，字学周，号检斋，监生。辑《浔著》二卷。锴有俊才，工诗，尤善词。中岁以后，远游四方，磊落好交，寓意盐策，往来楚蜀者三十年。留心掌故，作《浔溪纪事诗》七十首。征引记载，遗闻佚事，靡不毕具。客蜀，著《蜀产吟》；侨寓汉上，著《汉口丛谈》，皆不愧作家。晚岁寓居扬州，卒年八十余。锴兄登，字既庭，号烟畦，县学生，亦有文行。登子来庚，初名濂，字小庭，秀水县学生，尝刊《南浔镇志》。汪《志》。

孙燮 字吕扬，号愈愚。家世服贾，至燮，始补府学诸生，旋食饩。少患足弱，苦眩瞀，每入闱辄病。一再试，遂不复赴，以岁贡终。既无意进取，乃肆力于诗古文辞，一编入手，则家事悉置不问。敦友谊，尤好接引后进，其弟子多以文学雄于时。有族子某，贫而悍，屡周之不慊。一日，闯入燮室，声言将剚刃其胸，燮怡然读书不辍，某技穷而退，人以气度服之。道光丙午，次子斯咏乡试捷音至，燮已病。越数日卒，年六十四。先是，里中以诗文名者，推董熜、谢洲、曹大斌。迨燮出，识者以为突过前人云。汪《志》。

沈登瀛　字金坡，号柳桥，府学生，归安籍。祖堪，自震泽迁浔。父锺璜，监生，以孤童起家，骤致饶裕。登瀛性醇厚，外和内介。道光三年大水，佐有司行赈，规条井井，胥吏不能上下其手。初劝分时，乡人拟循旧例出钱，登瀛谓："今之灾实甚往年，循旧例奚济？"于是各倍其数，而登瀛则再倍之。十一年，岁复祲，筑运河石塘，以工代赈。登瀛董其事，勾稽督察，不惜劳苦。两次捐数凡五百余缗。故人金锡桂馆其家，病殁。割屋以处其妻孥。盛朝勋、纪庆曾卒后，恤其孤寡。岁有常饩，急人之急，虽当匮乏，必黾勉应之。屡被市侩所欺，不暇顾，卒以是耗其家资。善读书，喜考史传异同，尤留心于乡邦文献。谓《府志》讹舛，因历引史籍以识其误；复搜采南浔事实，作《南浔备志》，皆未卒业。道光二十二年卒，年四十九。汪《志》。

丁桂　字景颜，号子香，归安学生。六岁而孤，为沈登瀛姊子。长于登瀛家，教养有成。《浔辑》。孝事孀母，择友綦严，虽酷贫，取予不苟。《县志》。好读书，天才豪迈，为文破去崖岸，有长河直下之势，束以时文格律，犹槛猿猱而缚虎豹。于小题大艰，以故屡试不售。人或以为诟病，或劝其稍敛以媚俗，不顾也。孙燮《赠丁子香序》。卒以古文名于时。卒年四十五。《浔辑》。

纪庆曾　字思诒，号师泉，又号半虔，《幽华诗略》。晚号密庵，《浔辑》。归安学增生。孙燮《纪半虔哀辞》。少孤，育于祖母。天姿警敏，强记过人，双眸炯炯。每明侪会合时，笑语喧杂，辄起取架上书默视，俄顷已尽数卷，多能背诵。论古今得失、儒术纯疵，口若悬河，闻者为之色骇。其为学，初颇泛览，继乃潜思理学家言，沈尧纪《思诒事略》。笃好程朱之学，兼攻古文辞。《柳桥先生行述》。为诗用意深远，非浅识者所能窥。《晓寒楼杂忆》。然所长终在史，而明史尤深，耻为求知干誉之文。遇知名士则走避，曰："学与我合则往，不然，宁与古人相对。"酒酣以往，书卷纵横，欢呼自得，其累颇亦由酒。《事略》。家乏恒产，无以为计，有故人为令山左，遂往游焉。孙燮《纪半虔游山左记》。妻子时困乏，又丧其次子，思家而归，行装用尽，冬月单衣。呜呼！何其穷也。《事略》。卒年五十一。《揽茝山房漫记》。遗稿古文数十首、日记一册、《事略》。《师泉遗诗》一卷。《杂忆》。

盛朝勋　字介眉，一字寿朋，《志稿》。号眉庵，县学生。《幽华诗略》。少孤贫，沈垚《书唐述山房日录后》。而志趣高超，胸怀浩落。沈垚《与张渊甫书》。年十六，佣力于市肆，主人使典客烹茶，火爇其手，叹曰："是岂为吾业耶？"因辞去。孙燮《盛眉庵小传》。刻苦厉学，而能自拔于俗。初述词赋，甚获时誉，即尽弃之，而潜心于经史，沈垚《书唐述山房日录后》。旁涉百家言。后专治《通鉴》，沈垚《纪思诒事略》。曰："士不当为藻饰无用之言。"数年，学益进，境益苦，而峻洁之心、坚定之守，益严厉峭拔，棱棱露风骨。饥则闭门，饿不外求人。遇同志，仍忼慨论古今，不稍倦。《书唐述山房日录后》。谓著书不可太早，故生平读书甚勤，钞录前人之书甚多。沈垚《与张渊甫书》。卒年三十三，以暴疾，不及还家，殓于温氏之馆。汪《志》。著有《唐述山房日录》二卷，《晓寒楼杂忆》。《鸡肋偶存》一卷。汪《志》。

董蠡舟 字济甫，号铸范，监生。贯穿经史，尤精三体，著书甚多，兼善诗画。汪《志》。不慕荣禄，于书靡不窥，而犹病其藏书之少、阅市之浅，颜其所居之楼曰"梦好"，棐几竹榻，百城南面，以寄其深爱笃嗜之思。《浔溪诗征》。从弟恂，字谦甫，号壶山，府学生，工诗词，能医，亦通经学。尝疏《夏小正》并重修《南浔镇志》。汪《志》。

纪大夏 初名文凤，字韩之，号五楼，湖府增生。精研经史，一时有"纪经解"之目。子汝霖，字献琛，号半山，乌程学生。少承庭训，于汉儒说经异同并能援据详明，每为学使者所拔取。居家孝友，父母卒，丧葬尽礼，皆一人为经营，不累兄弟。亲族有贫不能葬者，恒为叩募大户，集资葬之。《晓寒楼杂忆》。

沈垚 字敦三，号子敦，道光甲午优贡。英姿卓荦，议论常出人意表。经史子集，罔不溯流探源，而于"三礼"最深。尤精舆地之学，著《新疆私议》。谓国家开边万里，常患馈饷难继，省饷必须屯田，屯田必讲水利。某山出某水，某水经某处，洒洒数千言，如指诸掌。中书徐松一见叹曰："吾谪戍新疆，凡诸水道皆所目击，然犹历十年之久，始知曲折。沈君闭户家居，独从故纸中搜得之，非具绝大识力，曷克有此？"为之延誉公卿间。及贡入成均，屡试不售，为编修徐宝善补修《大清一统志》新疆数册，又为侍郎姚元之修《国史・地理志》，并撰《道光九域志》。松尝考《元史》西北地，又欲注《魏书・地形志》，皆引垚为助。垚友谊最笃，故人盛朝勋、纪庆曾卒，虽穷困，常从京师寄钱，恤两家之孤，其风义实今人所罕有。在京师六年，郁悒遘疾，夜感噩梦，梦中独享盛馔，几上祭文，六朝体，甚工丽，胪举其生平学行甚悉，旦而知非吉兆。越十余日，遂卒，年四十三。汪《志》。

周霈霖 字佩璜，号雨舫，又号寄安，原名恂，号沁泉。《周氏家谱》。秉性冲淡，极嗜学。闵大寅《题山水遗幅》。与同县高芦洲明经湘交。湘，故诗人，尝有所作，辄强和之。两人相得如昆弟。霈霖善山水，湘善画兰。每当春秋佳日，两人乘舟出城，搜寻岩壑间。游人杂沓处，皆不往，尽一日乃还，人莫测其所至。有知之者，曰："将以探林壑之胜。"绎其画理，归而摹入尺幅中，故所画不名一家。虽不多作，而得之者与湘之兰并重。许国年《周雨舫传赞》。湘尝赠诗，题便面，其跋云："先生为余作山水卷子，遒峭如黄子久，萧远似倪云林。其清秀劲达之气，又在顾、陆、张、吴之外。"《梦坡文存》。家故贫，衣食于奔走，寓吴中几十年，今吴中人犹有称述之者。《传赞》。侄孙昌寿，字介福，号味三，精绘事，尤工山水。《周氏家谱》。其于画初无师授，而摹仿前人手迹无不逼肖。尝取画值为觅醉之资。与里人张兰言相友善，两人皆善饮，至夕阳西下，辄至酒家并酌，或唱或和或联句，率以为常。日本国人得其画，极珍重之。《梦坡文存》。昌寿长子庆征，字吉云，号缦卿。承家学，娴绘事，以山水得名。《周氏家谱》。

纪思曾 初名经，字向传。府学生，官曾孙。嗜酒能诗，性温厚，终日无怒容，一杯入手，即怡然自得，家无儋石，弗顾也。卒年五十三。子奎光，字树门，号砚香。少颖异，才情豪爽，有声庠序。兄弟同居，终身不析箸，事母能得欢心。姊寡，常恤其家。尤乐交游，待人能尽力。赴秋试十五次，卒不售，以岁贡终。奎光子三，并有令闻。长用康，初名五辰，字抚于，号星槎，道光壬辰举人；次六箴，字方李，号谏三；季七襄，字云锦，号西庚，乌程廪生。少承庭训，亦兄弟同居，家庭雍穆，内外井然。七襄能左书，殊工整。《晓寒楼杂忆》。

沈益 号秋岚，客漕督幕，司笺奏四十年。每岁入都，见有路毙者，独任掩埋，先后三千七百余尸，一时咸称其惠。晚始得子，人以为善报。《县志》。

周良苗 字养禾，号稻村。《周氏家谱》。先世本余姚人。杨葆光《周味六府君暨其德配沈恭人传》。祖文魁，字圣能，周昌福《始迁祖圣能公行状》。绩学未仕，治商出游。谭献《周氏祠堂记》。以南浔风土醇朴，虽素封家，相率为俭约，谓斯地可久居，乃家焉。许国年《周君圣能传》。父恒，字佩兰，号东桥，性温厚，寡交游，有独行君子之风。《周谱》。良苗生有至性，孝于亲，兄弟则友，形影肺腑，殊昵近也。聪明力学，好读书，不竞仕进。笃行，嗜为善于乡里。父老有利济事，倾资赞之，无吝色。谭献《稻村周君传》。举止磊落，《周谱》。绩学能文，朱祖谋《琴轩周君传》。嫄雅冠曹偶。谭《传》。辑有《听香楼尺牍》，未梓，毁于兵。《周谱》。道光庚子卒，年四十八。谭《传》。

丁宸 字邦佐，号若木，归安籍，道光辛巳恩贡。博学多闻，自古今沿革以及乡邦文献，莫不言之凿凿。后习形家言，得青囊秘术，为人气度从容，内和外严。纪奎光使酒难近，惟宸能优容之。奎光亦心折宸，不敢有所忤。其足动人畏敬有如此。《晓寒楼杂忆》。

董邦桢 号砚洲，乌程学生。美秀而文，与纪磊、温金蕚交最密，尝为金蕚代偿宿逋，不少靳。道光丁亥，金蕚结咏霓文社于御书阁，会者凡七人，邦桢及磊与焉。邦桢文思沉挚，颇近归、胡风格，与时辈迥殊，为冯鸣盛所称许。卒时年未三十。金蕚，字子彝，号花卿，府学生孙燮高弟也。为人翩翩儒雅，家故贫，出游山左后，并挈其家以去。《晓寒楼杂忆》。

李景邕 字莲塘，随兄客河南，年六十始家居。仁慈好施与。戚友有告贷者，予以资，反复开导，无疾言遽色，以故咸感激之。及殁，有入门号泣而拜，不知其姓名者。兄子邦治，字琴若，性温厚，外和内介。少从冯鸣盛游，与沈垚、金锡桂、吴汝雯相友善。根经柢史，力学不倦。家庭之间，日以修齐之要，谆谆然为子弟诫。晚年得翻胃疾，闭门养疴，以诗酒自娱。著有《自怡斋吟稿》四卷，佚。《李氏宗谱》。

南浔志卷二十一

里人周庆云纂

人物四

温文禾温文铨　蒋维镛　归奉璋归嘉言、归嘉宾　陈方榖　蒋维堃　李世榛　许旦复　吴汝雯吴谦、吴钧台　董熊　金澳　沈树楷　邵典纶邵怀芳、纪南星　纪云倬　徐延祺　纪南金纪邦直、纪南枝、纪驹　张炳森　钱炳熙　纪磊　顾福昌顾寿松、顾寿臧、顾寿朋　李世佩李世偁　蒋罄　蒋堂　汪曰桢汪延泽　将维基蒋锡纶、蒋锡绅　郁士桢郁运申　黄锺　张颂贤张宝庆　温濂　桂荣　陈煦元　梅宝楚梅鸿吉、梅福墉、梅福培　朱兆传朱瑞莹　金桐　吴文光吴输蜜　刘镛刘安澜　谈熊江　周昌福　周昌大周昌炽、周昌富　张桢　庞云鐠　庞正达庞公照　朱宝书陆墉　李庚李世伸　李光霁　唐宗尧　钱庚　谈增　李惟奎　周庆贤周庆森　李兰

温文禾　字允嘉，号稼生，归安籍，一贞孙。道光丙申进士，工部主事。《县志》。工吟咏，陆以湉《冷庐杂识》。倜傥多才艺。《县志》。欢场结客，角酒征歌，偶一拈毫，顷刻成文，才锋锷锷。《冷庐杂识》。画山水，以大痴为宗。《县志》。着墨淹润，神韵天然。蒋宝龄《墨林今话》。以需次稽迟，郁郁不得志，益纵酒自放。癸卯秋，以疾卒于京邸，年仅四十二。《冷庐杂识》。弟文铨，字金叔，《县志》。一字金粟，乌程学生，《府志》。工书。《县志》。性刚直，好规人过，往往面斥不少贷，为里党所敬服。《府志》。咸丰十年，"粤匪"犯南浔，骂贼被戕。《县志》。恤赠云骑尉世职，入祀昭忠祠。《采访册》。

蒋维镛　原名维墉，字崇如，号竹坪。《县志》。乌程人，归安籍。《府志》。幼而嗜学，工制举文及诗赋。从仁和赵庆熺游，为入室弟子。以国学生援例捐纳，咸丰五年选授云南路南州知州。时干戈扰攘，涂路梗塞。维镛只身就道，仅挈一仆。蒋锡礽《先伯竹屏公家传》。六年，抵滇。《县志》。适"回匪"滋事，《家传》。甯扰省垣，奉委督练防守，《府志》。以功加运同衔。《家传》。八年三月，赴任。九年，澄江"回匪"围攻路南，维镛调集乡团，登陴固守，悉力堵御，贼不得逞。十年七月，《府志》。贼散掠四

乡，维镛出城搜剿，为贼围里，力战阵亡。同治中，《县志》。滇督岑奏请议恤，《家传》。给云骑尉世职。《府志》。入祀本籍昭忠祠。维镛性伉爽，不设城府。平居急人之急，遇不平事，辄须发上指。其在滇时，武弁多有通匪者，维镛侦知之，将密揭上官，事未发而及于难。《家传》。

归奉璋　字璞斋，府庠生。笃学纯孝。家贫，授徒养亲。一日，妻病，母出汲，因溺水死。奉璋昼夜号泣，痛不欲生，侍寝柩侧。甫一月，竟以哀毁卒，年二十九。《归氏家谱》。其族人嘉言，字声扬，设鞋肆于金陵，因家焉。咸丰三年，金陵陷，嘉言率妻于氏、子瑞年、福年、女一，阖门自缢殉难同上。嘉宾，字孔昭，业鞋于苏州。咸丰十年，苏城陷，与妻徐氏并三岁子同缢殉难。同上。

陈方縠　字六如，号篠塘，归安学生，自菱湖徙浔。贫而尚义，授徒自给，爱之如子，贫者不取修脯，坊表自饬，人严惮之。咸丰庚申八月，“粤匪”至浔，危坐，侃侃责以大义，遂被戕，年七十三。旌恤如例。《县志》。

蒋维堃　字次言，号静洲，南浔人，自号古欢阁主。少工制举文及诗赋，尤善真书，学褚河南，笔法颇能神似。屡应童子试，取佾生，卒不售。援例以县丞分发江苏，历署奉贤县县丞、常州府知事、太仓州州同，所至皆有政声。庚申，“粤匪”寇湖郡，奉苏抚徐庄愍公檄，解饷至湖。时赵忠节公景贤督办湖防，留办防务，挥毫草檄，手腕几脱。辛酉，随同赵忠节督师，追贼至平望，始获大胜，后遇大股贼匪，维堃力战不退，誓以身殉，遂投河自尽。适旧仆缪剑见而拯之，气息仅属，灌以姜汁，始得生。以助守湖城功，叠保至知府。旋奉母命，随侍至上海，至崇明，家居数年。癸亥冬，适李文忠督师至沪，随营差遣，旋即随同克复苏城，奏保赏戴花翎。嗣委办全省军米局务，涓滴归公，一介不取。会同治甲子，湖城克复，以先茔在长兴之和平山，欲亲往扫墓，挈一仆及四勇买舟至湖。由湖至长兴，适沿途乱兵滋事，遂及于难，一仆及四勇同殉难焉。事闻，李文忠拟为奏请赐恤，而贤母黄恭人以既死于乱兵之手，未敢以此欺君，遂止。可谓深明大义矣。节录蒋锡礽《先伯静洲公家传》。

李世榛　字思周，性疏略，嗜酒，不谙治生。屡空，晏如也。咸丰四年，客河南汝宁。时“粤逆”猖狂，世榛襄理训字营务，由例贡递保六品军功。十年，“粤逆”扑湖郡，世榛在籍带练勇。六月十二日，贼窜浔，世榛巷战力竭，身被数刃，越日卒。《李氏宗谱》。

许旦复　字曙卿，号海峤，《府志》。一作海桥，《县志》。一作海樵。蒋锡礽《海樵先生传》。祐村农家子，《县志》。赘南浔沈氏，后遂迁南浔。归安增生。《晓寒楼杂忆》。少工制举业及诗赋，屡试秋闱，不售，乃纵情诗酒。性坦易，不设城府。好奖掖后进，每于谐谑中寓箴规，人亦乐从之游。蒋《传》。短小精悍，奕奕有神。《晓寒楼杂忆》。家甚贫，而不屑干求。蒋《传》。读书不名一家，《晓寒楼杂忆》。尤熟于史事。每酒酣耳热，谈娓娓不倦。手校之书不下千卷。蒋《传》。友谊最笃，视人事如己事，任劳任怨，无自矜色。《县志》。于故交子弟之孤寒者，必多方称贷，俾之得所。蒋《传》。喜抄录友朋著作，《晓寒楼杂忆》。搜罗成帙，府、县《志》。苦心爱护。虽流离转徙，恒携以自随。晚年境益啬，蒋《传》。两耳重听，《晓寒楼杂忆》。枵然破壁。《答纪磊书》。时或断炊，而钞书不辍。府、县《志》。年八十余卒。蒋《传》。

吴汝雯 字半峰，号穜农。《县志》。父谦，字晴谷，号冷余。少工举子业，晚好吟咏，往往托于酒。愈醉愈醒，终不以枕糟藉曲易寝馈经子之素。邢典《吴晴谷传》。兄钧台，字芋园，博学能文，尤工词赋。《采访册》。汝雯有声庠序，试辄高列。道光乙酉拔贡，以《世说新语》为明人改削，世少善本，悉心校定二十余年，博引群书，实事求是，足为考证之资。方写定成编，遽为贼毁，愤悒病卒。生平笃于友朋，奖掖后进，从游者甚众。《县志》。

董熊 初名如熊，字岐甫，号晓庵。秉性冲淡，周庆云《玉兰仙馆印谱跋》。不尚浮薄，范玑《印谱序》。无趋炎之态。叶铭《再续印人传》。枕经葄史，不求仕进。笃嗜金石，精篆刻，力追秦汉正轨。《印谱跋》。每为知己作印，必精心摹仿。《再续印人传》。落墨古拙，刀法浑厚，分朱布白，神意穆如，无异于国初诸前辈也。兼善刻竹，至老年犹能于折箑凿蝇头小字五六行，亦精雅靡匹，具见功深力到，非毕生寝馈于斯者，不能得其神似。又精绘事，笔意若白阳、复堂一流。吴俊《印谱序》。好吟咏，所为诗出于性灵，不事雕琢。尝橐笔作汗漫游，所交多知名士，其艺益进。会“粤逆”扰浙，奉母播迁，困备抑塞，遂得鼓疾，卒于沪，年四十有一。《印谱跋》。

金澳 字邃青，号桐庵，震泽曹村人。廪贡生，官凤台训导。夙工举子业，刊有《金邃青时文》行世。澳尝遇异人，授以道术，能役鬼神，召风雨。为吴江令，祈雨有验。里人有疾病，以符治之，立愈，求治者麕集。告归后，迁居南浔，卒。子孙遂世为浔人。《县志》。

沈树楷 号寅媚，归安岁贡，辑里人。以书名，兼善丹青。然每自韬晦，人无知者。馆方丈港朱氏，后去朱氏，写《方丈录别图》，笔意潇洒。《晓寒楼杂忆》。

邵典纶 与弟怀芳皆县学生，并善奕，而典纶尤胜，远近无与为敌者，惟姚某与齐名。姚行十，人呼“姚十老”，然门第人品远不如典纶矣。典纶又博洽多闻，酒后谈史鉴，娓娓可听。同时纪南星，字寿门，号秋墀，亦善奕，与典纶相去不远。《晓寒楼杂忆》。

纪云倬 字象贤，号蕾园，县学生。淳厚方古，家多藏书。年七十余，犹手不释卷。间为诗，不自存稿。尝作《八十自寿诗》，有“新诗惠我好题棺”句，一时和者甚众，亦足见其胸怀之旷达云。《晚寒楼杂忆》。

徐延祺 字引之，号芷绶。生有至性，八岁丧母，擗踊如成人。甫就塾，颖悟异常儿。由是博极群书，肆力于古文学，尤工诗，兼嗜倚声。道光丙申，补博士弟子员，家贫，授徒自给。咸丰壬子，举于乡，两上春官，报罢，留馆京师。尝出榆关，赴北平，遍览山川形胜，有所感触，发挥于诗。同治壬戌，考取内阁中书，协办侍读。癸亥考取总理衙门各国事务军机章京。星夜从公，矢勤矢慎。每遇外交棘手处，剖陈利害，尽言无隐。丙寅，得咯血疾，由京返沪，病一月而卒，年四十有七。节王文濡《徐芷绶传》。

纪南金 号小山，峻季子。能书，停匀工整，结构自然。族人邦直，号萼园，亦能书，颇得董华亭笔意。南金兄南枝，号味琴，习彤家言，善琴及奕，兼工吟咏。居家孝友，喜交游，往还皆知名士。晚爱梅花，又自号梅仙。植梅数十株于半轩前，剪裁合度，暗香袭人，入其室者，如入蓬壶瑶岛。族兄驹，号味闲，善画，断简残编，极工细，尝为人写扇头，人争宝之。亦工书，兼篆刻。又善艺菊，每当花时，璀璨溢目，满圃皆馨。独携壶酒酌花下，怡然自得，颇有柴桑风致。《晚寒楼杂忆》。

张炳森 原名钟，号醉蕉，廪生，保举训导。好学敦行，古道自持。搜访妇女节烈最勤，久而不倦。同治中，与修《府志》。光绪初，又佐修《县志》，未竟而卒。《县志》。

钱炳熙 字颖兰，归安廪贡生，乌程人。咸丰七年，选授湖北武昌县，调署嘉鱼县。下车伊始，大难甫平，伏莽未靖，为设团防、保甲，造炮艇，昼夜梭巡，四境敉平。时白骨蔽野，为设师善堂，令掩骼埋胔，至今遵守焉。邑滨大江，频有水患，为修葺堤埝，又设保赤局，以挽溺女之风。创清节堂，以全穷嫠之节。邑旧有忠烈堂，为重建，又创设存诚局以祀乡贤。适飞蝗蔽野，亲自督捕，蝗不为害，岁仍有秋，因有蠲免旧赋之请。大吏难之，炳熙争之力，牍数上，竟得允行。士民欢声雷动，踊跃输将，遂以催科称最，保以同知用。履任年余，善后事宜次第举行，而尤善于折狱。有左生，率其子控所聘许氏女不贞，指某两生为证，叩请离异。炳熙廉得其冤，而以妇女入公堂，有关风化，命其家人自往察验，女冤得白。又有蠹吏，借弊为奸，立命毙于杖下。时为之语曰：“片言折狱全人节，铲除蠹吏民安息，谁其尸之钱父力。”逾年，调武昌任。士民焚香跪送，十余里不绝。炳熙为政，大要在重学校、植寒畯、培民生，尤能知人。有仆周有全者，炳熙察其才可用，命纳粟投效军营，以功授陕西陕安道，改武职，后任郧阳镇总兵。故士林为炳熙所赏拔者，无不掇巍科以去。以积劳卒官，年五十有一。采石中玉《钱大令传》及湖北《嘉鱼县志》。

纪磊 字位三，号石斋。《县志》。湖郡增广生。纪福寿《先祖事略》。家贫，幼学于义塾。《县志》。言笑不苟，聪颖异常儿。弱冠入郡庠，即授徒以养亲。时为小诗，沈垚读而爱之，谓诗亦可成名，劝勉卒业。磊以吟风弄月非儒者分内事，思治一经以自见。因矢志读《易》，《事略》。以杂卦传为主，推其消息，具有条理，《府志》。孳孳矻矻，积三十余年，《事略》。成书数种，《县志》。与汉、唐、宋说不相沿袭，卓然成一家言。持身严正，不可干以私。而于戚族友朋间，无所不用其厚。金锡桂、丁桂、许旦复、纪庆曾之丧，磊恤其孤寡，藏其著述，如恐不及。汪曰桢方修镇志，磊躬任采访，于故里人物，搜采尤勤。又以《志》有体裁，不得人为立传，即立传亦不得过事铺张，于诸人之遗文逸事，或未能尽传，因仿李氏《见闻录》遗意，凡戚友中足以示劝惩而资采择者，无不毕载，为《晓寒楼杂忆》一书。镇上人文辈出，代有传人，《莲漪文钞》仅存崖略，因有《浔上文录》《浔上诗录》之辑。读《易》余暇，旁及堪舆之学。晚年谢去馆政，借以自给。凡延致者，无论亲疏远迩，必尽心相度，不欲以术自炫，效流俗人所为。尝语人曰："子孙卜葬祖父，所以妥亲魄也。若杂以富贵利达之见，则不孝之罪，上通于天矣。"且以地理精微，解人难索，故不著书，不传徒。临殁，犹嘱其子，不得传习。其谨慎如此。卒年七十三。《事略》。

顾福昌 字成之，号春池，国学生。秉质仁厚，有济世利物之心。徐有珂《赠中议大夫顾君暨配朱淑人墓志铭》。幼而家贫，弃儒学贾，始设布肆于浔溪，旋又移设于震泽。每晚必徒步归，具甘旨以供其父，寒暑无间。《家传》。壮岁薄游沪上，时值各国通商，首先经理夷务，一切以国家大体为主。于是向时所蓄隐念，始得见诸施行。里中丧葬及孤寡家，无不随时周恤。继设义塾，俾族中子弟贫不能从师者，无论贤愚，皆有所造就。咸丰辛酉冬，省城陷，福昌为设粥厂于新市镇，复往来苏关外，移资接济，以靖流离。同治壬戌，郡城被围，与郡人避难上海者，各买米请兵救援。事虽不成，用心良苦。上海寇至时，捐开城濠，以备守御。当事嘉之，列诸保举。福昌力辞，以为分所当为。甲子，郡城克复，各处善后，如捐修桥梁道路之举、浔镇创设育婴堂、重建师善堂，悉推福昌为巨擘焉。戊辰冬，卒于上海旅邸，年七十三。居恒训子孙以读书为善，至疾革时，犹谆谆告戒，俾毋忘先业，总不外勤俭持家之意。其卒也，花旗国领事官命挂半旗，此为外国隆礼。语云："忠信可行乎蛮貊。"信然。《墓志》。子三，长曰寿松，字容斋；次曰寿臧，字子嘉；三曰寿朋，字颂三。均能世其业，性亦慷慨，好施与，乐成人之美。尝出其余力收藏古物金石书画，靡所弗爱。寿松、寿臧值咸丰季年大难初夷，世家右族之珍玩，流转苏浙间，所见既博，所收益精。其铜器之最著者，寿松有子邽父甗及王宜亦作王祖尸甗，故以两甗名其斋。寿臧所藏亦不亚于乃兄。杭州邹适庐寿祺为寿松编《两甗斋藏器目》，为寿臧编《石林山房彝器文字目》。今器虽散佚，犹得借二目而考之。寿朋耳熟能详，鉴别精而收藏亦富。彼时营运失利，家业中落，而兄若弟评书读画，谈艺如故。在尘市之中，乃能风雅若此，诚不易觏也。《梦坡文存》。

李世佩 字吟梅，承祖业，商于河南。光绪丁丑，汝南大饥，流民日以千计。世佩倡设粥厂，病者药之，死者殓之，救济甚众。时疫大作，染疫卒。弟世俩，字芝庭，客河南，工篆隶铁笔，间岁归里，戚友争索之。《李氏宗谱》。

蒋罄 原名维培，字寄欽，号季卿，附贡生，《县志》。候选训导。性端谨，不苟言笑。蒋锡礽《先考奉直府君传》。居家孝友，尤敦气谊。所交游，必择修行力学之士。有贫者，推解不吝。潜心经史，晨夕讲肄，校订问难，不惮再三丹黄，未尝少息。偕其兄维基共聚书，各有万卷，多精钞旧刻。闻人有秘册，必宛转借录，储藏日富。得严可均所编《全上古三代秦汉三国晋南北朝文》，谓其卷帙繁重，誊写不易，势必终归湮没。为编目录一百三卷，每篇必注明所出之书，其参校各书，亦并备载。间有讹漏，俱为考正。庶将来全书纵或缺佚，后人犹可按目补辑也。其于前人撰述，苦心爱护如此。咸丰十年，避地海门，忧愤病卒。所著《唐藩镇考》《水经注碑目考》，未编定本。已定者《说文解字校勘记》《求是斋杂著》，并毁于兵燹，藏书亦大半煨烬，惟《全文编目》幸存焉。《县志》。

蒋堂 原名维城，字朝宗，号海珊。少应童子试不售，遂援例为员外郎候选。吾镇丝业甲于天下，堂与同人创丝捐公所，董其事。咸丰初，王壮愍公有龄来守吾湖，以军兴饷绌，劝输大捐，檄委劝募，首自倡捐，应者无稍吝。时有枪船藏匿匪类，各挟军器，开博场，演淫剧，啸聚流亡，扰害闾阎。堂致其酉钱荣庄于县，县令严治之，以立笼站毙，匪稍敛迹。庚申，“粤匪”寇湖州，堂闻警，至上海避焉。乡之人从贼中脱出者，咸来依附，甚至有素不相识者。堂亦市屋居之，解衣推食，义声载道。同治甲子，湖州克复，堂迁往郡城，与当道往来，历任府县皆器重之。庚午返里，里中向无书院，堂与邑侯萧公书首倡是举，集资兴办。旧有育婴堂，久废，与邑人庞芸皋云鐕议提丝捐以给经费，不足则由诸富室助成之，而自驻堂中督察，全活婴孩无算。又劝镇人集资积谷，为御荒之策，遂厚集巨款，存典当生息，以垂久远。他如师善堂、义塾、节孝祠，凡属善举，靡不赞助。尝独建东迁之寿星桥，适次孙汝曜生，遂名曰寿，以志庆焉。生平好学，字摹怀素，诗仿东坡，皆能神似。性又好客，人比之孔北海。晚年耽禅悦，自注《金刚经》，并校正《华严经音义》，付刊焉。节蒋锡礽《先伯海珊公家传》。

汪曰桢 字刚木，号谢城，又号薪甫。父延泽，字润之，号让庭，又号酉山。工诗，有令名。母赵棻，系出名阀。博通经史，淬志教子。曰桢得力慈训为多，故学有根柢。早岁厄于小试，纳粟为上舍生，赴秋闱者十三。咸丰壬子，始举于乡。春官报罢，绝意进取，旋补会稽教谕。砥砺名教，士风归雅，在官俸入半供枣梨。有《荔墙丛刻》十六集行世。长于推步勾股之学，因历术纠纷，乃上起周共和，下讫明末，各以当时用术步其朔闰，为《历代长术》五十三卷，继省为《辑要》十卷，与所著《古今推步诸术考》相为发明，津逮后学。复留意等韵之书，补正江氏慎修《四声切韵表》五卷，平湖顾广誉谓其虚心观理，故能论核而气平。历修《南浔镇志》《乌程县志》《湖州府志》，而《镇志》体例谨严，尤为世所倾叹。曰桢又通医理，博学多能。赭寇乱后，上《善后条程》于左文襄公，公奇之，檄委襄办军务，并有“品端学邃、识议超群”之褒。乃上书力辞，盖恬退其天性也。生平无妄语，践履笃实，劬学汲古，虽造次颠沛中，文墨不废，耄而益勤。光绪壬午，卒于官，年七十有一。无嗣。节《梦坡文存》。

蒋维基 字厚轩，别号蛰安居士。因两鬓多髯，尝镌小印曰“蒋胡子”。植品端方。《梦坡文存》。精小学，工篆书、填词，兼长绘事。张謇《婴宁居士墓志》。少好聚书，与其弟维培藏书数万卷，多精本。其于乡先辈著作，搜罗尤夥。与汪曰桢友善，延课其子侄，多所造就。子锡纶，号桐生，学有根柢，诗古文辞无不擅场。早岁游庠，旋食饩，而十度槐黄，艰于一弟。性固豪迈，科名得失无介于怀，惟日以诗酒自娱。善墨梅，自号梅隐，晚号梅叟。每画必系以诗，尝自写其生平，故随意挥洒，都成佳构，得者称为双绝。《梦坡文存》。锡绅字书箴，号葵生，别号婴宁居士，锡纶弟。《浔溪诗征》。幼慧，七岁能诗，十一岁毕十三经，负气耻为人下。人以其颖异也，故难以算术，耻不习，发愤出藏书，默攻之，寝食为废。壬申，应童子试，算术录第一。光绪己卯，举于乡，屡试礼部不售，由是究心经世之学。入资为内阁中书舍人。为人开爽警敏，笃于内行，遗产悉委之昆季，自负债。清季弟之逋，抚从子于孤如己出。至于易箦，犹拳拳焉。辛丑，病中风，三年而逝，年五十。节张謇《婴宁居士墓志》。

郁士桢 字梓楣，晚号庸翁。早年从里人张秋水鑑游，所作诗古文辞，为诸前辈所称许。旋补归安县学博士弟子员。工书善画，山水外尤擅墨梅，书法钟王，银钩铁画，亦遒劲，亦妩媚，人恒宝之。生平不拘小节，性伉爽，遇人急需，虽倾囊资助无吝色。有患难就商者，必竭力为之排解。年五十七，卒于沪渎。节《梦坡文存》。士桢弟运申，字庚庵。七龄就傅，有神童之目。工诗古文词，并致力于经世之学，蜚声庠序。两应拔萃，一应考优，仅获备取优贡。光绪戊子岁，例入成均，以训导候铨。生平孝友肫挚，其父早世，侍母能先意承志，与诸昆弟则亲爱逾恒，人无间言。同上。

黄锺 字鹤楼，少负神童之目，有声庠序，然蹇于运，以明经终老。家寒，课徒自给，及门甚众。性冲淡，无疾言遽色。暇则手一编，觇之，则《康熙字典》。或随举一字，难之，则某字下音切训释，滔滔背诵若泻瓶，人服其强识。案头有见闻随笔，皆蝇头小字，都二十余册。求之后人，乃散佚不可复得，致可惜也。节《梦坡文存》。

张颂贤 字竹斋。其先本贯徽州，康熙间始迁南浔镇，勤于商。颂贤广颡丰头，声若洪钟。饮食兴止有常节，独居危坐，竟日无怠容。守慈俭，践然诺，应事敏而无机心，亦诙啁而不触人之隐。凡廪孤饩嫠，药病槥殣，食衣寒饿，赡族人田千七十余亩，敦行不倦，皆他富人之所难，而浙之人尤喜道纲纪榦盐之善。同治初元，私贩充斥，引滞课绌，盐法大坏。巡抚召商集议，颂贤连约诸商，收余姚、岱山之私，轻课减价，以阴敌缘江并海之私。于是商利益滋、官课以充，而家亦日以丰大。光绪十八年卒，年七十有六。节张謇《乌程张封公墓碣》。子宝庆，字质甫，性至孝，以养志称。能逆揣父母之意所在而视无声，听无形，维持之，补益之。与弟定甫尤友爱，出入必偕，秉庭训，振贫乏。邑有义举，虽捐巨金不吝。佐理家政，心力交瘁，但使吾心能稍分亲之心于毫末，而后始安。年未三十，因得怔忡之疾，遂至沉绵而不能治，卒年四十三。缪荃孙《张封公家传》。

温濂 字摩莲，学有根柢，屡困棘闱，以岁贡生待铨训导。《采访录》。同治庚午，授天台。下车伊始，即聚生徒讲论大义，而以孝弟忠信植其基。先后叠主文明讲席，诱掖奖励，恩勤备至。又恐专尚词华，时与之搜罗典籍，考金石，摹仿秦、汉篆隶图章，以相期于古雅。盖常慨然于学宫之为刍狗，而欲于实心实事怡然，涣然汇儒吏政教之归，二十五年如一日。忽有乡思之感，恳留不可。邑人惜其去而志其遗思，不意无疾而终于官廨。节陈汝钦《天台学博摩莲温先生去思碑》。

桂荣 字澍生，号琴甫，亦号勤甫。郡廪生。《浔溪诗征》。有夙慧，生数月即识字。为张秋水明经高弟。工诗善饮，屏除声色，与人交，寡言语，久而能敬。红羊之难，避居他乡，与同志饮酒吟诗，不改常度。归家后，以授徒为生计，抚侄如子，教养兼至。通医理，旁及星命之学。晚年馆于同里周氏之华萼楼。周氏藏书甚富，得博览群书，寒暑不释卷。《浔志》重修，多资采访。卒年五十有六。节桂林一《先伯小传》。

陈煦元 原名熊，字竹坪，乌程人。《上海县续志稿》。世居南浔镇，先代以业丝起家。煦元生有至性，天资开敏。李经芳《陈公行状》。我国出品，以丝为大宗，而洋商来华贸丝，实繁有徒。煦元侨沪数十年，为丝业领袖，能通译西语，而出以诚笃，中西丝商倚之如长城。性好施与，如恤嫠保节、助衣施粥、救捞覆溺、掩埋暴露诸义举，无不为，为之无不力。严廷桢《光禄陈公竹坪传》。鸦片生膏能鸩人，得解救方良效。求治者，暮夜风雪必赴。每岁暮，市鱼肉饼饵，馈四邻贫户，俾祀先祖，戒毋忘本。租界逻卒见乞丐，辄拘禁。越夕，驱界外，餐风宿露，多病死。集同志捐建栖流所。光绪辛巳，川沙厅海溢，醵资往振，《续志稿》。创建新塘于八团，约二十余里。明年，复于九团续筑新塘，广袤如前，费三万二千数百缗，保护民田五万余亩。十四年，又修筑苏省塘桥，自青浦、昆山、新阳而至元和境，凡一百七十余里，为桥四十七座，便行旅者有如此。晋、粤、奉、直、豫、鲁、皖、苏、浙各行省，先后告灾。时越五年，集振银二十一万，分拨灾区，名播海内。鲁抚张、豫抚倪疏煦元之旷义滂仁，灾黎戴德，两蒙传旨嘉奖，并赐“心存济物”之匾额。十五年四月，积劳成疾，尚复扶疾赴苏，筹商振务，行至中途，疾重而回，弥留中尚以灾民为虑。《行状》。年六十九。卒之日，川沙农民相约诣庐拜奠，不下数百人。《续县志》。煦元纳资，官候选郎中，以前办津振叙劳，加知府衔。殁之明年，李文忠公总督直隶，会同两江、湖广、河南、山东、江苏、安徽各督抚联衔具奏，吁请旌恤，诏赠光禄寺卿衔，并准自行建坊，给予“乐善好施”字样，生平事迹列入原籍府县志书。旷典殊荣，足以表彰善行、昭示来祀矣。《行状》。

梅宝楚　字掌纶。兄弟四人，宝楚最幼。娶同里金芑丰女，生三子二女，即丧偶。俯视遗孤，尚有呱呱在抱者，和泪抚蓄，誓不再娶。宝楚自幼佐人营绣货业，以供菽水。兄玉阶、嫂萧氏相继即世，其子坤吉仅数龄。宝楚饮食教诲，更过所生，曰：“吾兄只此一脉，不忍与诸儿齿也。”宝楚性情和易，与人无片言忤，即遇极难堪者，亦夷然受之。居恒刻苦自励，并以勤俭勖其后人。年届百岁，聪强犹昔。工部侍郎徐用仪、太仆寺少卿钱应溥奏请旌表。光绪十五年五月，依例令行该抚转饬地方官，给银三十两，自行建坊，即给予“升平人瑞”字样。二十八年，加恩赏给上用缎一匹、银十两。今坊建于镇东恒字二圩。节董銮《梅公掌纶家传》。仲子鸿吉，字月槎，入塾读书，警敏异常。百岁翁家贫，力不能给膏火，遂废学。从姑丈张某业丝，朝出暮归谒亲，取亲中裙厕牏，身自浣洒，不敢令亲知也。岁暮，磨砻伤指，血涔涔下，犹茹痛勿辍。其勤苦如此。性孝友，好施与，有急难相告者，视力所能及，无不勉为。兵燹后，本镇各善举诸巨富为之倡，无役不随其后，曾无一毫吝色。子福墉，光绪戊子膺乡荐，大挑知县，分发直隶。鸿吉曰：“知县为亲民之官，一或不慎，造孽无穷。博升斗以荣亲，吾不愿汝曹为也。”福墉遂回籍，以养亲终同上。次子福培，继父志经营丝业。宣统元年，南洋劝业会以所制经丝赴会比赛，得头等商勋，经农工商部奏请三品封典。《采访册》。

朱兆传　字溥香。少孤，弃举子业，治生产，以丝业起家。性亢爽，凡地方公益无不乐与从事。南浔向有育婴堂，兵燹后历久废弛，乃与诸同志谋集资重兴。首先助地以作基础，订规条，筹款项，悉尽心力以为之。师善堂亦因兵燹后未复旧观，复集诸同志捐资重兴，添筑殡舍，扩充杼山埋葬地，凡一切经营筹备，咸取决焉。先世本徽州婺源籍，凡旅浔病故不得归榇者，每年助以资，遣送十余具以为常。同治庚午，年六十三卒。子瑞莹，字士玉，号兰第，邑诸生。少好学，受业于陆定圃、徐小豁两先生之门，其诗文散见于两先生文集中。年三十，遵例捐训导，历署江山、桐庐等县训导，旋补缙云县训导，以亲老乞养归里。性好施与，恒济人之急。凡公益慈善事业，悉继承先志而扩充之。每年必施衣米若干，散给贫乏。至各处水旱偏灾，必竭力资助之，不稍吝。筑述园，吟啸其中，坐上客常满焉。年五十，以盐大使需次广东，为张文襄所契，重补大洲场大使。到任后，适瘟疫盛行，大洲地滨海，死亡相继，无力者不得棺殓，恒以芦席裹尸投诸海。乃捐资助以棺木，免葬鱼腹者约以千计。每月两次集士子会文课于署中，亲自评阅，厚给膏火，以奖励之。其他义举，无不竭力提唱，士民咸感其德。岁戊子某月之朔，循例拈香归，触瘴气，卒于任，年五十有七。《采访册》。

金桐　字竹庭。少好读书，家贫不能具脩脯，遂弃而学贾。客游沪渎，经纪有方，广取而节用，薄己而厚人，所获资财，壹以济物。祖遗老屋，遭“粤寇”之难，毁于兵。乃独力重构，俾族人得以聚处。亲族中物故暴露者不下百余棺，悉为营葬。乡里善举，锐身坚行，或有窃金于椟中者，桐知之，亟代实之，终不言其人。贫士艰于应举，公捐数千金，岁权子母以给宾兴之费。按，《宾兴章程》载《义举》门。综生平行谊，仁礼存心，随事自致，以化于乡而德于人者多矣。卒年六十八。节樊恭煦《金公竹庭墓志铭》。

吴文光　字卧山，别号卧牛山樵。《浔溪诗征》。先世自徽迁杭，又自杭迁湖，家于乌程之南浔，今已七世。其先德输蜜先生，醇德劬学，著有《太平闲话》二卷，天启、崇祯《宫词》各一卷。文光幼承庭诰，笃学敦行，长而学贾，顾虽精于废举，而耽诗嗜酒。会计之暇，把盏陶然，吟咏成帙，有《叠梦厂诗钞》二卷，不知其身在市井嚣尘中也。汪曰桢《鹿车偕隐图记》。

刘镛　字贯经，旧籍上虞。康熙时，有讳尚贤者，迁南浔。汤寿潜《刘通奉家传》。少学商于绵绸布肆。年余，闻其师岁入仅百千，则以为此不足起家，去。入丝肆，五年而尽通其奥，又去。与里人合资，别设肆市上方。是时，欧洲诸国开商埠于上海，大购湖丝，岁出口八九万包，业是者赢获过当，不数年而业大起。张謇《刘公墓志铭》。当同治初，已殖财数十万，号巨富。汤《传》。既以财雄乡里，张《志》。凡义塾、书院、育婴诸义举，皆输巨帑以倡。汤《传》。至于救灾恤患，好行其德。若晋、豫之旱，顺、直之水，汉口之火，淮、徐海之饥，南昌之筑堤，苏、湖之桥，镇江之义渡，凡有所告求，与为见闻，靡不应时立赴，千里响应。张《志》。方“粤寇”乱时，镛奉檄办严州盐茶，由宁波逾义桥，溯富阳而上，入险出险。将抵建德，闻邻舟女子哭，亟询之，则夫病，将鬻女以市医药。邻之无赖，给以逃，距家已一日程，乃给资亲送之归。光绪己丑，浙大水，湖州浸尤巨，穷民大欢，走城市乞食。筹集数万金，雇轮船诣芜湖，兼旬得米万石，而米价顿平，人心以定。是役也，微镛几殆。晚年富益不赀，汤《传》。别储数万金，岁用其子钱购米食饿人，名曰爱米。戒子孙第增毋减。及殁，张《志》。岁俵爱米及千石矣。汤《传》。循例捐光禄寺署正，后捐员外郎。以海运劳绩，保加四品衔。光绪二十五年卒，年七十四。张《志》。子安澜，字紫洄，附贡生。性驯谨，不为放言高论。于声色货利之事，举不甚措意。蒋锡绅《工部郎中刘君墓志铭》。好博涉，尤好本朝人著述，遂有志于缀辑。检诗家别集、总集读之，以为渔洋《感旧》其年箧衍仅录师友，即沈归愚之《国朝诗别裁》、王德夫之《国朝诗传》门庭稍稍扩大矣，而诗家之所遗者正多也。乃备征诸集，创为略例，自顺治始，迄道光止，于是有《国朝诗萃》之辑。章梫《刘紫回虞衡别传》。暝钞昕写，历有年载。撰录而外，致力于科举文字，屡应乡举，辄不遇知于有司。光绪己卯，援例就郎中职，掣签工部，试京兆，复被放弃，乞假南归。乙酉，未及入闱，而病殁于旅寓，刘承幹《先虞衡府君行述》。年二十九。无嗣，以弟子承幹后焉。《采访册》。

谈熊江 字任斋。早岁弃学，贾于江苏之震泽镇。久之，遂寓居焉。性慈惠，乐善不倦。凡地方义举，无巨细、无难易，必尽心焉而为之，而掩埋暴露，尤为注目。常将枯骸悉心分配，绘成一图。至春秋时，亲赴荒郊，见败棺露骨，心识之。次日携骨坛，督工役，依图检骸，无或遗漏，然后装入骨坛。数十年如一日，但就所著《掩埋备览集证自序》证之，自光绪丁丑以至甲申，八年之中，共埋暴骨三万六千，可谓夥矣。节《梦坡文存》。

周昌福 字履成，号诒斋，又号榆斋，国学生。《周氏家谱》。父寅亮，字宾余，恒懋迁远出，谨慎自将。昌福生八岁而孤，读书无少懈。寻以家贫，不能久呫毕，遂习业贾区。上海自道光中互市以来，绾毂四方要冲，主客错居，䌰賄鳞萃。轮船招商总局握江海转般之枢，粤人徐润笕局务最久，辜榷万货，乘便逐利，以高訾雄视一时。

其废著陈掾之术，昌福实左右之。褚成博《榆斋周公传》。后润营业颠踬，债家责偿，势汹汹。昌福为司会计，开诚布公，悉泯诈虞，积负渐理。检点契券，居间无昌福名，曰："荒僻之地，坟墓累累，我不忍得居间之钱，以扰及白骨也。"光绪十五年，谢事家居，会同里张鸿顺以浙西盐策需才佐理，强之出。昌福为抉剔丛弊，尽瘁数年，精力渐减。告归养疴，旋卒于家，年七十有三。《家庭琐语》。昌福宅心仁慈，乐善不倦。凡孤寡穷民、四方灾沴，必输财赒恤，或展转募资以济。里中善堂，旧用瓿甀瘗暴骸，覆以瓦缶，日久易致甐露。昌福以意创为牡盖，令合处钮铻相衔。复以白灰圬其隙，永无薜暴之患。其外为方圆揭橥，以辨男女。撰图说，详著其法，冀他人推广行之。尝览《坐花志果》一书，喜其纪述详雅，有资劝惩，偕同志详为音释，镂版行世，得其书者颇受启发之益云。褚《传》。

周昌大　字尔耆，号味诗。生有异禀，少就外傅，读即解，学倍常儿。鲁宝清《味诗周公传》。稍长，动必以礼。谭献《许太夫人传》。年十五，遭父丧，鲁《传》。于是辍读，从巨商往来。谭《传》。尽心经营，杨葆光《董宜人传》。家业渐起。郑传笈《董宜人传》。性伉直，任事有条理，见义勇为。《周谱》。居恒走乡里，掩骼埋胔，补邑中善堂所未及。鲁《传》。恤嫠惜字，默行不倦，人往往不知其名。助戚属婚丧，有谢者，辄匿避。谭《传》。弟昌炽，字经腴，号味六，《周谱》。生而岐嶷。杨葆光《周味六府君暨其德配沈恭人传》。读书推暨义理，不事华藻。性谦笃，从诸兄后，退然不欲胜人。未弱冠，从贾于沪上。谭《传》。善于亿中，候时转物，虽遇时艰，未尝困乏，辄以羡余广行善事，倡设新塍育婴堂，以挽溺女之俗；闵行救生局，以济覆舟之险，然不自以为功。沭阳振荒，昌炽实先倡捐，则推之钱塘施善昌。太湖救生局，乱后久废，昌炽议出洋丝斤千两以下，量施如干，有司著为令，勒石颂德，则推之太湖金恩绶。二十年中东南捐振，义浆仁粟，每岁络绎，昌炽皆先之。尝客石门姚氏，自姚氏中落，昌炽贷以白金五千。及病亟，召姚氏子与诀，而焚其券。杨《传》。光绪八年，与从兄昌福、弟昌富昌炽《祠堂记》合力建宗祠于墨溪。昌炽又购腴田五百亩，以为祭费，且赡族焉。杨《传》。湖丝为物产大宗，道光时运销海外，初无摇丝为经者。同治季年，昌炽始令震泽双杨镇人之业苏经者，仿东洋经制成，销于西人，各商竞效为之，迄今风行。昌炽殁，双杨摇经人感其开通风气，衣食所资，子孙利赖，因别营一龛，奉昌炽栗主而祀之。《采访册》。季弟昌富，字鹤峰，号芸斋。天资敏慧，能诗善书。生平仗义轻财，地方善举，或倡或因，无不勇为。乐与名士交游，收藏甚富。尝自辟一园，藏吴江徐山民紫藤花馆石刻，及摹刻严铁桥《临琅琊台碑》，颜其亭曰"友石"，自为记，勒石，嵌之壁间。晚年园归他主，石亦赠人。所得金石书画书籍，以渐散佚，不无有盛衰之感也。周庆云《叔父芸斋公小传》。

张桢 字绍濂，号少兰，沉默寡言，读书得闲，长于词章之学。父醇，字兰言，善绘事，性潇洒，嗜酒而不乱，作诗不假思索，信口拈成，无不隽妙。少兰承家学，极刻厉。咸丰辛酉拔贡，同治丁卯顺天乡试举人。光绪丁丑成进士，授编修。所交皆通彦，无热中客。虽留馆数年，未得试差。恒郁郁，旋卒。著述散佚，并诗稿亦无征焉。《梦坡文存》。

庞云鐳 字芸皋。幼读书，警悟异常童。年十五，习丝业，精究利病。父听泉，幕游湘中。母卒，哀毁骨立。服除，父为授室，出箧中金二百，使营生计。咸丰十一年，“粤匪”寇湖州，陷南浔，避之上海数月。父殁，持丧不出。操旧业，视市盈虚，与为进退，获利倍蓰。数年舍去，挟资归里。买田宅，辟宗祠，置祀产，建义庄，蔚然为望族。南浔俗好溺女，倡立育婴堂，输巨资，躬为董事，全活无算。郑孝胥《庞公墓表》。又以杭城育婴堂屋狭人多，夏间易染时疫，出巨款购邻地，广建号舍，疾沴不生，婴孩赖以保全者甚众。抚宪刘公秉璋给“保赤同仁”匾额，以彰善行。丁丙《乐善录》。又立湖郡栖流所，修镇市桥梁，及杭州下河塘堤、拱宸桥工、直隶河南灾，筹振款数累巨万。大府奏闻，传旨嘉奖。晚游苏州，见清节堂规制而善之，立仿行于湖州，未竟而疾革，年五十七岁。《墓表》。

庞正达 字吉士，号橘士，归安岁贡生。《浔溪诗征》。父公照，字襄云，号楚渔，道光丁未进士，湖南会同知县。解组归来，里中义举咸与筹商，如育婴，如书院，尤其荦荦大者。书院落成，即聘为掌教，士风一振。当宦湘时，正达侍焉。《采访册》。湘中人文渊薮，天下称最。正达跻衡岳，涉洞庭，接之目者发之言。又以屡踬场屋，不得志于有司，乃尽泄胸中郁勃之气，托之于诗，傥所谓穷而益工者与。庞《序》。有《养拙斋诗存》。《诗征》。

朱宝书 字稷生，号稼轩。少负文名，磊落不拘。庚申避兵沪渎，作《海角图》以寄意，时流题咏甚夥。乱定还乡，住乐酣坝。同治癸酉拔贡，并举于乡。次年成进士，分发福建。乙亥恩科福建乡试同考官，得士称盛。历任宁德、建宁知县，所至皆有政声。旋即解组，曰：“知足不辱，曷归乎来？”宝书本文肃公后裔，即就相国之墨溪旧宅，建屋三楹，优游岁月，宦囊无多，绝不预闻外事，邑人高之。同时有陆墉，字小园，亦需次闽省，由佐贰起家，曾署宁德县，卸任返里，里之人钦其诚笃，公推丝业董事，终其天年。《梦坡文存》。

李庚 原名世保，字佑之，号芋卿，晚号余庆，亦号赘疣老人。《浔溪诗征》。早岁应童子试，不售，弃儒服，贾客河南，不得志，乃游心艺事。中岁寓沪渎，著《歇浦棹歌》。《李氏宗谱》。传诵一时。越二十年，倦游归里，屏弃尘事，日以诗酒自娱。又以平生所好如医、卜、风鉴之属，尝行其术于乡，求者罔弗应。善画芦雁，以生动之笔而写萧疏之致，寄兴悠远，且必媵以诗歌，得者珍为双璧。寿七十有一。节《梦坡文存》。弟世伸，字子兼，号志宣，晚号屈翁。《浔溪诗征》。家贫，力学能自立，不事举子业，喜吟咏。徐世勋《西塞山房诗选序》，自称西塞山樵。中岁游楚豫，抑郁不得志，晚客云阳，益纵情诗酒。与徐世勋、闻人福圻、韩卿云相唱和。著《屈翁吟稿》十二卷、《坚匏录》四卷。《李氏宗谱》。

李光霁　字雅深，晚号遐翁。吴齐治《李府君行略》。生而岐嶷，有至性。年十一，父病，侍汤药，未尝废离。居父丧，哀毁若成人。事母孝，年逾六十，孺慕不衰。遘"粤匪"难，与兄廷赓同被掠，越二月，以智脱归。乱后，补弟子员。《李氏宗谱》。与兄均课读为业，风雨蘧庐，手一卷不释。经史百家，靡不淹贯，下笔洋洋数千言立就。性严厉，人有过，面斥不稍贷。乡子弟贤者敬爱，不肖者畏惮，脱有疵行，每相戒勿使知。《行略》。工诗文，善草书。著有《劫余杂识》《下士刍言》《延桂庐诗存》藏于家。《李谱》。

唐宗尧　字宝穆，诸生。植品端重，好学不倦，性又沉默，所造益精。喜临池摹唐圭峰碑，颇得神似。尝发起赒农会，集资以拯农民之困乏者。又与蒋锡绅、周庆贤等创设洗心局，以惩子弟之游惰者。胞与为怀，人咸钦敬。晚馆张氏两枫居，忽撄目疾，以过投寒凉之剂，元气大戕，驯至不禄，惜哉！《采访册》。

钱庚　原名开，一字璟初。幼颖异，工篆隶，尤善铁笔，上规秦汉，刀法谨严。见上虞徐辛谷《三庚印痕》，于丁、蒋、奚、黄外，别开生面，遂执贽门下，悉心摹仿，卒为辛谷入室高弟。有《近许斋印谱》。近许者，以篆体宗《说文》而不泥于《说文》也。德清俞樾为之序。《梦坡文存》。庚性豪迈而喜饮，与郡人王树荫友善。树荫以道员需次安徽江右，庚为入幕之宾，酌酒谈艺，相得甚欢。卒以酒丧其躯，年五十余。《采访册》。

谈增　字梅轩，少习丝业，喜涉猎经史。后获同里纪石斋磊遗书，研究《易》理，遂悟堪舆之学。尝服务师善堂，凡掩骼埋胔之事，岁岁下乡助理。因得留心古墓，测其来龙去脉，及气运之衰旺，默识于胸。阅年既久，遂出而问。世人邀之相地，往往徒步以从，不索重酬，贫乏者不取值。故里人之求地者益众，而停葬之风因之稍杀。性嗜酒而粗豪，喜诙谐而无城府。任事有始终，人乐就焉。年五十七而卒。《梦坡文存》。

李惟奎　字慕苏，号联仙。生有至性，聪颖殊常儿。年十七，籍于学。弱冠丁父艰，哀毁柴立，旋得痿痹之疾，艰于步履，于是摈影一室，遍读所藏书。学益博，病亦渐瘳，不数年，翘然见推士类矣。母氏张以疾淹床蓐，惟奎悉心奉侍。母卧时，脱屣登楼，不使有声息，历十年如一日。有同怀兄二人，长者殇，次惟阶盛年忽失明，且病喑，惟奎乃大戚，若己致也者。疗之，久不效，自以不谙方伎为恨，求愈兄疾之心，积十四年而不懈。亲朋聚首，辄述其兄所苦，忧思溢于言表。嗣得西医割治之，其目愈。又数年，其喑亦痊。惟奎少时，欲以科名荣亲，既失怙，兄又遘疾，家政总于一人，不能远游，遂绝意进取，而为外家董理浙西盐业。当积疲之后，锐意整饬，数年而事大理。里人咸服其才敏，每以公事推之。戊戌、庚子间，内外交讧，育才孔亟，以私财创明理学塾，为一邑倡。于是浔溪公学、正蒙小学接踵兴办。浔故滨湖多盗患，又创议设团防以遏其萌，迄于今不废。自余义举无不踊跃为之。性好交游，重然诺，故人乐就之。每于暇日，约知己数辈，啸聚一室，弈棋赋诗，以为娱乐。平生豪于饮，然不及于乱。体故羸弱，忧劳过人，病中丧母，竟以毁卒，年四十有一。《梦坡文存》。

周庆贤 字普生，号芹轩，又号群仙，亦号琴轩，昌大子。《周氏家谱》。植学深厚，年十六，补弟子员。二十二，饩上庠，登光绪壬午乡榜。益浸淫于典坟，肆力于诗古文辞。藏书数千卷，丹铅遍焉。攻经学，不分门户，以为汉、宋学说可互证而不可互废。录先贤经解千余篇，务存恢博。丙申，入南学，考取觉罗官学教习。六踏槐棘，仅挑誊录，遂绝意制科。往来西湖、虞山间，探名胜。每素月横空，花香满室，辄抚琴自娱。人或强其勾拨，曰："只可自怡悦，不堪持赠君也。"旋以史馆叙誊录劳，得知县，筮仕江苏，廉静寡营，利禄不能淫。壬寅，补行庚辛恩正科，朱祖谋《琴轩周君传》。充江南乡试同考官，所得皆知名士，《周谱》。舆论翕然。办理常、昭沙洲清粮事宜，躬临海澨，区画精详。以世变日亟，研究今世所谓法政者，常若不及，试以事，丛杂立办。朱《传》。苏抚陆元鼎颇倚重焉。《周谱》。弟庆森，字郁文，号蓉史，又号荣史，别号占城冬至生。《周谱》。幼而聪颖，嶷然如成人，为文辞操笔立就。朱中树《荣史周公墓志铭》。诗学梅村，得其神髓。周延年《荣史公行状》。累试不得第，遂援例以校官用。年四十余，始授温州平阳县学篆。激拔英俊，多所造就。暇则以山水自娱，澹如也。《墓志》。平俗亲死不葬，率皆弃棺山麓。庆森游雁荡，见而悯之，乃捐资募助，建义冢于雁山之奇石亭。邑中天花盛行，婴孩死者无算。庆森创施种牛痘局于城中，以拯民之贫不克就医者。在任四年，《行状》。乞假归里。里中有公益事，度力所及，无不与，时望归之。《墓志》。

李兰 字农如，别号稻香外史。善铁笔，精绘事，尤工花卉，秀逸多奇气，顾未尝妄为人画，人亦不能强。家故贫，性又孤介，落魄无以自给，不得已，始稍稍出其画示人。常僦居古刹中，箪食瓢饮，萧然自得。时或握管凝思，往往有所心会，于是所诣益精，然贫乏益甚。某岁除夕，索债者毕至，仓卒无以应，探囊出琴曰：“客惫矣！家贫无长物，愿鼓琴为客娱。”因奏琴，曲终，人亦去矣。晚年益纵情山水，薄游虞山，日醉垆下。主人怜其蹭蹬，遇之至殷，乃寓其家。可一载，主人未尝索值，兰亦不言谢也。逾时，出一帧授主人，图雀凡百，殊其状，盖生平绝作也。兰能文，诗亦清丽可诵，惜不自珍爱，所传诵者，零章断句而已。节蔡莹书《李农如事略》。

南浔志卷二十二

里人周庆云纂

寓贤

元：潘公颖

明：范麟　袁袠　李乐　余津　周虞卿沈选、龚元成　申用嘉　孙淳　黄周星　沈皇玉　潘尔夔　张隽张道岸

清：周篆　茅星来　范瑹　凌树屏　吴山秀　金锡桂　周性　王国誾　张澹　吴鸣锵　吴光熊　谢品

元

潘公颖一作公隐　越人。元末明初隐居浔南。蜀人虞堪叔胜流寓吴下，恒往来苕上，与公颖交颇密，集中屡有赠诗。见《虞山人诗集》。

明

范麟　字国瑞，号桂岩。恩贡，授儒学教谕。成化间征召，赐六品官，辞，由秀水迁于浔西，即今所称范村桥。卒，葬禾城。范《志》。

袁袠　字永之，号胥台，长洲人。嘉靖丙戌进士，选庶吉士。汪《志》。改刑部主事，调兵部，坐失火，下诏狱。《明诗综》。编戍湖州，过浔上，题诗于御书阁壁间。尝寓法华庵。会赦归，以荐起补南京武选主事，历职方员外郎，出为广西提学佥事。谢病归，年仅四十六而卒。所著《皇明献实》四十卷、《吴中先贤传》十卷、《世纬》二十篇、《论世纬》一卷、《世系八述》、《修省集》一卷、《岁时记》一卷、《胥台集》二十卷。汪《志》。

李乐　字彦和，号临川，桐乡人，寄籍乌程。馆董氏和云楼，读书拜三庄。给事董道醇，其高弟也。隆庆戊辰进士，知新淦县。简约坦易，民爱戴如父母。擢礼科给事中，改吏科。忤张居正，出为福建佥事，历江西、广西参议。所至洁己爱民，而惩墨吏不少贷。告病归，起尚宝卿，不赴。著《见闻杂记》，于风土人心升降之际，三致

意焉。又著《金川纪事》《乌青志》《拳勺园小刻》。年八十七卒，祀乡贤。汪《志》。

余津 字济之，其先余姚人，徙海盐，至津徙浔南。性颖敏，一目辄成诵。不肯为举子业，专为歌诗，皆亮节逸响。不事生产，家故贫，然晏如也。所作《浔溪渔唱》，脍炙人口。后居吴江，纵酒卒。汪《志》。

周虞卿一作奚卿 失其名，燕京人，寓居浔之西庄村。工书善弈，荐绅皆爱重之，以韦布相对，夷然也。肮脏任侠，好论天下事，所料悉奇中。时脱人于险，不令人知。友人宋珏为刻其诗百余篇。卒年七十余。无子，有九女。其婿若沈选精于弈、龚元成工于书，皆得其一体。选，字仲升，崇祯庚午举人，石门县教谕，自杭州迁浔。汪《志》。

申用嘉 字美中，吴县人，文定公时行仲子，为董给谏馆甥。寓居于浔，由湖庠，中浙闱，万历壬子举人，历官广西参政。范《志》。

孙淳 字长源，号孟朴，吴江吴溇人，嘉兴府学生。少负才名。张溥、杨廷枢、张采、朱隗诸人倡举应社，淳为效奔走，以襄厥事。造一舟，颜曰“渡青”，乘之周游江浙。一时有“孙铺司”之目，稍大之为广应社。至崇祯初年，淳又与吴翻、吴允夏、沈应瑞等肇举复社。于时云间有几社，浙西有闻社，江北有南社，江西有则社，又有历亭席社、昆阳云簪社，而吴门别有羽朋社、匡社，武林有读书社，山左有大社，佥会于吴，统合于复社，始于戊辰，成于己巳。其《盟书》曰：“学不殖将落，毋蹈匪彝，毋读非圣书，毋违老成人，毋矜厥长，毋以辩言乱政，毋干进丧乃身。嗣今以往，犯者小用谏，大者摈。”佥曰：“诺。”是役也，淳渡淮泗，历齐鲁，以达于京师，贤大夫士必审择而定襟契，然后进之于社。故溥之言曰：“忘其身，唯取友是急，义不辞难，而千里必应。三年之间，若无孟朴，则其道几废。”盖先后大会者三，复社之名动朝野，淳劳居多，然而敛怨深矣。十年正月，苏州民陆文声疏陈风俗之弊，皆原于士子倡立复社，以乱天下。苏州推官周之夔复讦奏溥等树党挟持，至徐怀丹之草檄，并声十罪以致讨。中有云：“或呼学究智囊，或号行舟太保，传檄则星驰电发，宴会则酒池肉林。”所谓行舟传檄，皆指淳言之。迨社祸既解，社集亦辍。年已老，家又中落，乃筑梅绾居于浔为别业，常寓居焉，以诗自娱。顺治三年卒。有《蘅草》及《梅绾居存草初集》《二集》《湖上联句集》，赖浔溪董氏藏之得存，此亦交游之力也。汪《志》。

黄周星 字九烟，号圃庵，上元籍，广东人。幼抚于楚湘周氏，名星，系楚籍，入成均。崇祯癸酉，举北畿贤书，南还泊金陵，遇本生父母。庚辰成进士，终周氏父母丧，经理弟妹婚嫁毕，谒选户部主事，乃具疏复姓归宗。国变，高隐不仕。变名曰黄人，字略似，号半非。拟作将、就二园，称将就主人，又曰汰沃主人，又曰笑苍道人，布衣素冠，寒暑不易。流寓长兴，五迁而至南浔之墨溪，卖文自给，工篆隶，求者如市。性耿介，处交游间，语言不少假借。喜施与，虽箪瓢屡空，遇当厄者，必多方济之，家益贫落。康熙庚申春，年七十，忽感怆伤心，仰天叹曰："噫！而今不可以死乎！"为《解蜕吟》十章，自撰墓志，与妻孥诀。忼慨命酒，尽数斗，大醉。次日漫书谢叠山："宋室忠臣，止欠一死，吾今不死复何待！"家人时护持之。五月五日，赋《绝命词》数章，遂投闻涛桥下，赖救以免，继又赴水。越数日，伤病死，葬于浔，世所称"独树坟"是已。著有《唐诗快》，分《惊天》《泣鬼》《移人》三集，凡三十卷。自编《圃庵诗文》《刍狗斋集》《夏为堂集》《山晓阁诗集》《千家姓编》《庾词》《罣笺》《复姓纪事》《夏为堂别集》《词余》《唐宋八大家文备》《益蒙集》，又有《梦史》，佚不传。子樯，字禹弓，奉其母返金陵。汪《志》。

沈皇玉 字玉汝，吴江之震泽镇人。性孝友任侠，尝歼巨盗，以雪父耻。与人交，伉直无所隐。早岁补诸生，与于复社。晚年寓浔之墨溪，与张隽、闵声、张道岸称石交。著《金刚心经二解》《鲈乡诗文集》《浔溪稿》。康熙丁未，鄞人万言至浔上与定交，为作《七十寿序》，胪举生平学行甚详。汪《志》。

潘尔夔 字友龙，吴江之北麻人。诸生时，游曹村，过浔上，爱其风土。崇祯癸未，遂寓居于浔。习稔旧闻，因成《浔溪文献》四卷。尔夔忼慨有风致，能文工书，庄允城慕之，列其名于《明书》简端。偶与允城有财帛交，以致诟，削其名，得不罗祸。镇之有志，自尔夔始。是后夏光远、陈可升、庄学德、张鸿寯、方熊、方泰、董肇镗屡次增订，汇为一编，尔夔原本遂不复可识别矣。又著《涉江草》。汪《志》。

张隽 字非仲，一字文通，苏州诸生。于经史百家无不得其旨趣，所与游皆名彦。楼居积书甚富，手录千余卷，拥列左右，已则坐卧其中。《榴龛笔记》。尝综括帝尧以来至明代事迹为《三蔀略》数百卷。表弟董二酉，字诵孙，同居吴溇，从隽讲濂洛之学。王豫《江苏诗征》。董说《丰草庵集》有《闻非翁卜居浔上》之作。《蝇须馆诗话》。后为庄氏所招，作有《明理学诸人传》，其稿另录出，名曰《与斯集》。祸未发时，已知其非，逃于僧舍，年已七十余。就逮时，谈笑自若，与潘、吴诸人同死。《榴龛笔记》。同时闻人有张道岸，字悬渡，一字闲度，号闲鹤，一号南村。《双林镇志》。性嗜酒，少进辄醉，醉即喜画兰，勃勃有生气。陆子黄尝得所画，悬之素壁，忽发香满室中，因额其处曰"兰堂"。《府志》。董汉策馆道岸于夕佳楼。汪《志》。为苕溪四隐之一。《双林镇志》。庆云按，沈登瀛《南浔备志》列道岸于"寓贤"，汪《志》以其居浔不久，削之不录。然考旧刻本《同岑集》第七卷署名浔水张道岸，参道岸自署浔水，其为久居于浔可知。又削张隽、凌树屏，亦见《备志》。范麟、申用嘉早见范《志》。虽偶尔托足，未尝久居，而其人皆旧志所已有，今亦列入。征之前例，盖犹汪《志》之录袁袠、李乐也。

清

周篆　字籀书，号草亭。先世居青浦。父沣，字再功，号天顽，避乱来浔，生篆。年十七，迁居松江华亭，后复迁吴江之严墓。颖敏好学，能为诗、古文。弱冠后，问道于顾炎武，炎武以务本语之，遂博究经史，所作多关治体。遍游九州，参文武幕府，于所在河渠、兵农、钱谷之事，益加谙练。发为词章，皆切中当时利弊，而律度严密，卓然成家。年六十五归里，卒。著有《蜀汉书》《杜诗集说》《草亭诗文集》等书。汪《志》。

茅星来　字岂宿，号钝叟，又号具茨山人，归安之花林人。明河南按察副使坤之后。年近三十为诸生，屡绌于有司，乃专攻经史，欲以著述自见。以朱子《近思录》旧注未详密，遂为之集注。行止坐卧皆不辍，历二十余年书成。所著古文，于国维民瘼，反复致意，足为后世劝惩。少时尝客授于浔南乌镇徐氏、浔北桥下张氏，故常往来于浔，后遂侨居浔之西交界坝桥。与董氏世有连，晚年时相过从。以暴疾卒于董氏丰草庵，年七十，无子。汪《志》。

范璨　字电文，号约轩，晚号松岩，榜姓姚，秀水人。康熙癸巳恩科举人，雍正甲辰进士，入词馆，以人才荐知大兴县。县故有隐粮一案，璨关白府尹发之。布政使某不悦，方以他事揭璨，在廷有白璨枉者，特擢河南邓州知州。旁邑巨盗张连，膂力绝人，吏不敢捕，璨召瞽目退役某，以计擒之。再擢分巡庐凤颍道。庐凤境有飞蝗，璨祷于神，率吏民捕之。忽有虫似蝗而黑，杂处蝗中，三日啮蝗为尽。升直隶布政使，授湖北巡抚，移安徽。或挟千金追送江干，不受，且虑傔从为奸，自坐鹢首，视其舟去远乃已。入为副都御史，迁工部右侍郎。奏弛富户囤积之禁，曰："部议：青黄不接之时，米价昂贵，地方有司应谆切劝谕。盖藏充裕之家，令其酌留食用外，陆续粜卖，以济民食。请敕下直省督抚转饬地方官先行出示晓谕，务使恪遵禁令，陆续粜卖，以平市价。如有积米数多，闭粜妨民者，酌量勒令出粜。臣思俭岁歉收，青黄不接，市价腾涌，待哺嗷嗷，地方有司自应劝谕富户，陆续粜卖，以济民食而平市价。但大张告示，勒令出粜，保无奸顽之辈声言朝廷之惠爱穷民。若此煽惑良善，纠党成众，或踵门凌辱，或逞殴行凶，或本属小康而妄称巨户，或稍留食用而指有余藏，或勾通地方总甲而私相勒诈，或朋比衙门胥吏而装点捏呈。其尤甚者，本其挟制之有因，肆其抢夺之恶习。是良善贫民未受其利，而富民已大被其毒。臣以为宜用密札，令地方官密劝富户，敦睦乡里。如数百石之家，令其自家门首零星出粜，亲自经理；倘盈千累万之户，令其附近村落分设粜局，亦须零星出粜，亲自经理，务使本地买食穷民得沾实惠。如有乐于行善，情愿减粜者，州县官核其所粜若干，所减若干，酌其多寡，量为嘉奖，或赉花红，或给匾额，行善者多，或统作一碑志，以为乡党劝。则贫者既无挟制之缘，而富者自多乐善之举矣。”上是其请，部议准行之，时乾隆九年十二月也。又奏酌命盗处分之条，核下江收漕之制，并有裨于时政。旋以葬亲乞归，移家浔上，居东栅大街，所传九老第是也。复构乐志堂于皇御河西，恭奉御书“松岩乐志”扁额。后以南巡迎驾，屡蒙优渥，列于九老。年八十七，卒于丙戌。赐祭葬。著有《乐志堂集》《露涓篇》。汪《志》。

凌树屏 字保鳌，晟舍人。幼即颖异，里中方兴道古社，时艺之外，兼及诗古文词。年十五，从其父后拟作《梅花赋》，辄惊其前辈，旋补邑廪生。树屏为吾浔陆氏之自出，尝课徒于陆之是亦山房，陆士渭、董南谷皆奇其才，树屏亦以前辈事之不衰。雍正末，开博学鸿词科，县令将以名上，郡守少其齿，罢之。乾隆元年举于乡，四年成进士，选陕西咸阳知县，寻改嘉兴府教授以终。著有《瓠息斋前集》二十四卷、《后集》若干卷。其寓浔时所作为《狝壁集》。沈登瀛《南浔备志拟稿》。

吴山秀 字人虬，号晚青。震泽岁贡生，居湖滨因渎村。晚以贫故，授经于浔，始迁北乡之姚田，继徙北姚家汇。其教人时艺之外，兼攻诗古文辞，旁及六法、绘事，学者各得其所。近施国祁、邢典、温一贞，皆其高弟也。著《小梅花庵文集》十二卷、《诗集》六卷，编年分录，集名甚多。又著《颐神斋题画诗》，赍志而卒。有孙游幕于外，老而归，目已双瞽，数年亦卒，竟无后。汪《志》。

金锡桂 字伯辛，号一山，又号山甫，震泽县学廪生，曹村人。工四六及古文，尤工诗。敏才健笔，千言辄就，不烦绳削，亦不耐苦思也。不善生计，授徒浔上十余年，窭困日甚。道光甲午春，将为达游，不果。时沈登瀛于屋后营精舍，徙藏书于其中，榜曰“兑庵”，为讲诵之所。手纂乡先辈诗文，援锡桂为助。四月朔始来，逾月而病，病七日竟卒，年五十。登瀛为营殡殓，即割兑庵居其妻子，并谋及同人，岁醵钱以给其衣食焉。锡桂所著《明史杂咏》四卷、《溪云阁诗》十二卷、《文》三卷、《诗余》一卷。友人孙爕尝选其诗百余首。范锴与锡桂初未相识，读而爱之，为刊诸汉口。汪《志》。

周性 字赞天，号兰园。汪《志》按，纪磊《晓寒楼杂忆》作“讳甡，字赞夫”，讹。国学生，钱塘人，寓浔南质库，司会计事。嘉庆丁卯秋，倡捐设义塾于广惠宫，延师训寒微子弟，以二十四人为限。每朔望，肃衣冠至塾谒先师，恭读《圣谕广训》一章。核功课以示惩劝，始终如一，不厌倦。性仁爱，虽昆虫草木不忍伤。家不甚裕，人有求者，无不应也。后以病谢事去，未几卒于家。讣至，虽贩夫牧竖，莫不叹息泣下。义塾之设，前后凡八年，卒后义塾遂废。纪磊《晓寒楼杂忆》。

王国闾 字际辉，号醒夫。先世自徽州迁广德，再迁湖州。幼明敏，父建初笃爱之。甫成童就试，遭父艰，毁瘠逾礼，贫不克卒学。与兄松舟贾于南浔，友爱甚至。有赢余，辄寄家以为继母甘旨。客久，始占籍乌程。家虽贫，遇事必举，尤能济物。南浔师善堂掩骸，长生会施槥，及恤孤寡，议捐振，赒人之急，靡不曲至。嘉庆二十三年，宗祠圮，与兄倡首，得千金，祠宇复完。道光九年，辑《家乘》，凡造庄、置产、立碣，无不身任。桐水王氏之得复振，国闾之力居多也。节录张鑑《王君家传》。

张澹 字耕云，一字更云，号春水。吴江盛泽人。《浔溪诗征》。尝寓居浔之东总管堂，《采访册》。登临风景，四时皆宜，曰："昔人有言，一片野心，已被白云留住。予固出岫之云而不能作霖雨，岂其有野心乎？"遂颜之曰"留云"。沈登瀛《留云阁图记》。澹幼孤力学，寒暑不辍。虽篷窗客邸，吟哦自若。嗜画入骨，得同志钱志伟指授。中年橐笔游武林，一时才俊倾襟揽佩，唱酬无间。《盛湖志·文苑传》。其寓浔时，张鑑、沈登瀛、董蠡舟、汪曰桢、陆长春辈皆与订交。《浔溪诗征》。鑑为绘《留云阁图》，登瀛为之记。《采访册》。

吴鸣锵 字铸生，吴江县岁贡生，工诗善书。嘉庆戊子、己丑岁，寓南浔东藏寺，颜所居曰"廉月阁"，课徒自给。与温一贞、张鑑友善。《采访册》。

吴光熊 字吉庭，县学生，湖滨乔溇人，寓居南栅。工画葡萄，墨分五色，时绘松鼠，栩栩欲活。研究医理，内外科均有心得。行道来镇，兼课生徒，家故贫而怡然自得。晚年就上海蜚英书局校勘之席，未几卒于浔。有子三，仲与叔均早世，其长贾于市，不知所终。《梦坡文存》。

谢品 字芝青，上虞人。浏河甘草司巡检。罢官后，寓南浔，为人司质库。好吟咏，有才能，任事果敏，里中义举常相助为理。居三十余年，卒于浔。有《春池草堂诗文》《浏湄唱和集》。《采访册》。

南浔志卷二十三

里人周庆云纂

方外

宋：法照　宗伟

元：普应

明：净戒　袾宏　行忞

清：愿如湘潭　大全　净孝秉远　灵璧超一　悬证　荫在戒石、明鑑　宗严浣尘　秉融学让、达尘　达曾悟诠、证渟　崔和尚　慧澄　慧性已上僧　周科耀毛朴庵、闵九阳　沈澄初已上道士　智缘尼

宋

法照　字悟心，崇德人。绍兴间，兴建祇园寺。汪《志》。

宗伟　永嘉人。开禧间学道，寻师至南林，爱其风土，结草庵居焉。尝血指书《报身佛所说经》，口不绝诵。兴建报国寺。汪《志》。

元

普应　国师证道之后，因欲避世，多好船中居。至大己酉泊仪真，辛亥泊吴江，延祐泊南浔，故咏船居者颇多，而《广录》中所载者仅一二耳。宋濂《跋德禅师船居诗后》。

明

浮戒　俗姓王，字定岩，号幻居，南栅人。身居桑门，心存孝道。出家于种福院。后游诸方，参礼名师。天竺、虎跑、灵谷诸寺，皆有遗迹。官至左觉义、左讲经，受敕为慧济禅师。无疾而寂，荼毗时，有五色云如盖，又有四鹤来飞。弟子宗彝奉其不烬之齿牙数珠。葬于道场山之太师坞。有语录行于世。汪《志》。

袾宏　字佛慧，号莲池，仁和沈氏子。初为博士弟子，弃而事佛，从蜀师剃度受具。游方，住吾浔豆腐桥废寺中，苦行三年，无知者。由浔至云栖。汪《志》。见山水

幽寂，遂有终焉之志。结茆三楹，倚壁危坐。环山多虎患，师发悲悬，讽经施食，虎遂远徙。岁大旱，击木鱼，循田念佛，雨随足迹而至。居民德之，遂成兰若。道风大扇，四众歙集。首倡毗尼，以立基本；单提念佛，以摄禅净，人称云栖菩萨。《列朝诗集》。住山三十余年，别众示寂。国朝雍正十二年，敕封净妙真修禅师。汪《志》。

行悫 字□择，号复元，湖州人。少出紫柏大师真可之门，而不相下。居于南浔，工诗，朱国祯、董斯张并与结方外社。斯张称其“口不谈贵介，笔不流凡近”，为刻其诗以传。汪《志》。冯开之序《且止庵诗集》谓：“悫公诗清真孤迥，如倪元镇画，远水疏林，孤亭片石，绝无酸馅气。”《采访册》。

清

愿如 或云名慧裔，字南林，报国寺沙弥。寺久废，断一臂，誓还旧观。董斯张为作缘起，后郁成楼阁。南林者，寺古名，其为字，所以誓也。顺治中，年六十余，尚健理院事。康熙初卒。雍正时，有湘潭者，失其名，复断一手，倡募重修报国寺。汪《志》。

大全 字云浪，姓赵氏，改姓薛。年十四，睹云栖遗像，决志出家。寓皋亭龙居，苦心参究。见松针坠地，廓然有省。初住嘉兴之碧云，后住湖州之东藏。性落拓，不事威仪。见解既高，于世无染。素直言，或偶谈人过，不知者皆怪之。顺治己亥之冬，为蜚语所中，挤狴犴，端坐微笑而逝，年五十八。汪《志》。

净孝 字此山，姓周氏，名廮，字澹城，吴县诸生。按，张隽《和此翁秋日访月函水堂》诗自注：姓廖，号澹城。考隽作《岁交诗序》，此翁以孝动天子，两节母死生得褒扬。未几天地崩坼，寄命戈铤云云。据《苏州府志》，吴县周重仁妻王氏、嗣子士元妻陆氏，姑节妇孝，并于崇祯十四年旌，别无廖姓双节事。盖隽误以名“廮”为姓“廖”也。少孤，事母以孝闻。鼎革时，逃于禅，为渔庵禅师明闻法嗣。从董汉策募长生寺旁地，为明闻造骨塔，创建塔院，黄周星为题“岁寒堂”额。能诗，善画梅，与南潜友善。著《岁交诗》，自谱其流连废兴之迹。又著《枯木吟》，中有《建院》《铸像》《营塔》《凿池》诸诗，即记创院事也。后有秉远，字觉先，晚自号幻空，本吴江陆氏子，住持长生寺，所著诗亦名《枯木吟》。汪《志》。

灵璧 号竹憨，吴江人。来浔，寓圆通庵。善山水花鸟，多墨笔。自率胸臆，脱略恣肆。兼长草书，复善诗。又有超一，字参鲁，震泽镇庄氏子。出家姚田庵，后为尧峰主席。诣力精纯，门庭严峻。年七十示期，趺坐而化。汪《志》。

悬证 初名元证，故副使孙旭也。其父自绍兴迁浔。旭字子旦，少机警，归安籍，康熙丙午武科举人，屡游京邸不遇，还而皈依南潜，字之曰转庵。耿精忠反，总督姚启圣募士入闽，旭往应募，貌既修伟，又有口才，启圣悦之。旭请招某山寇，寇受抚，偕旭至县，县令以宾礼待之。县有捕役，素恨旭，白令曰："旭所招盗名在捕中有年矣。"按县牍，良然。于是执旭及盗，鞫讯具服，解赴浙省臬司狱。时军事旁午，囚多淹禁。旭与解役私相结，乃移旭还县。出北新关，遂与解役逸。凡七日而至建昌府，诣乐灿军。乐灿者，耿逆之大帅也。旭改姓名为王怀明，自言聚兵为义师，不幸而败。灿及参军周发祥信之，为具衣冠，署伪职。灿败，发祥以残卒千人归吉安贼将韩大任，大任求幕客，发祥以旭应，一见相契，遂用事，权倾一军。大兵围城，简王、安王皆招降，大任犹豫。时康王偕姚启圣经略闽事，旭欲大任就启圣，诸招降者皆阻不允。赣州折尔肯遣魏祥来招降。祥，字善伯，宁都人，负重名。旭忌其才，恐大任为所动，则夺我闽约，构祥于大任。大任入其言，怒曰："二王招我，我且未许，折尔肯何人，乃欲以藩臬为饵乎？"命旭收祥，搒掠惨毒，发祥争之，不能，竟杀之。旭日说大任入闽，大任亦以诸招降前已皆不允，非闽不可，遂从旭言降于闽。旭以招降功议叙，任贵州粮储道、按察副使，练兵督饷，上台颇称其能。未几，滇、黔削平，凡投诚者概不录。归里，一门血属，死无孑遗，庐舍亦焚毁一空。旭自伤，遂祝发为僧于仁王山之宝华庵。自谓精于数学，高谈雄辨，纯用机法，耸动搢绅当道。虽山居蓬屋，户外屦常满者四十年，寿八十三卒。有《侣云诗集》。汪《志》按，《庭闻录》：旭为僧，号谛晖，住持灵隐寺。今考张汇《谛晖和尚塔铭》及厉鹗《云林寺志》：谛晖，名慧辂，吴兴金田沈氏子。顺治中已出家，雍正三年卒，年九十九。乃别是一人。《庭闻录》误也。庆云按，觉罗楗《啸亭续录》所载转庵和尚事略与此传不同之点甚多，因并录之：和尚俗姓孙，名旭，余姚人。尝中顺治丁酉武科。家甚豪富，喜施予，乡人感其惠。有盗邱甲，聚不逞数十人，为闾阎之害。邑令不敢撄，君慨然曰："目睹乡里受害，而不为救援，非人也。"因选强弓利矢，命壮士负簏夜攻其巢，咸射杀之，独邱甲潜逃，隐恨刺骨。时海禁森严，君素慕郑延平知人，尝谓人曰："今之人豪，惟海上郑公。"邱甲挟蜚语讼诸邑中，邑令亦与君素有隙，因诬君通海上，置诸狱中。君素勇健，夜毁梏，逾垣出，匿某上舍家，久之亡去。滇南吴逆叛，伪将军韩大任招至帐下，甚为赏鉴，曰："奇男子也。"大任屡寇萍乡，为安亲王军所阻，吴逆促其师期，大任爽然曰："吾竭力以事吴王，何相迫若是之急？"君闻其语，大悦曰："此丈夫报国时也。"因说大任曰："将军之事吴王已至矣。为之辟地攻城，战无不克。数月之间，招徕数郡，未闻王有尺素之奖。今一旦偶愆师期，即肆意辱詈，待以奴隶，兵戈方始。其慢士已如此，吾恐钟室之祸复见于君也。"韩为色沮。会先良王遣姚制府往招抚，大任迟疑未决。君复进曰："今大清恢复闽、越，事业已成，吴王之败在于目睫，将军何尚作儿女之态也？"大任乃从抚。先良王承制表授道衔，君慨然曰："吾本国家赤子，不幸陷于非罪，不得已逃诸贼薮。今得返归乡井，复为圣世之氓，吾志已伸，敢以累囚之躯污章甫之荣哉！"因辞职不受。久之，剃发为僧，居杭州侣云庵，号转庵和尚。年八十余始逝，亦奇人也。

荫在　字香谷，一字愿桂，号橧庵，吴江皇甫氏子。顺治丁亥，年十一，为僧于叶港妙华庵。丙申来浔，住明义庵，从张隽游，授以诗诀，始以诗鸣。参南潜于补船村，遂师事焉。后之海宁，旋归胡溇双林寺。乙巳，随南潜作楚游，以病目先归。复至双林。尝主菁山常照寺，以患症结归，刺舌血写《华严经》，未竟，卒于妙华，年三十八。庵侧民家，未几生子，不茹荤血，长愿出家，于庵亦刺舌血续书之。既竣，旋示寂，咸以为荫在转世云。弟子戒石，字友山，住双林寺，亦能诗，时往来于浔。是时明义庵僧能诗者，又有明鑑，字无尘，号扫叶行者。汪《志》。

宗严　字霁庵，本姓丁，西栅裘庄人。所居埭溪，后为江苏浲溪妙智寺僧。喜文墨，为诗格韵恬静，在中唐、晚唐之间。有《晓宜斋遗稿》，为其族人丁蟾录而序之。妙智寺，国朝以来，其缁流卓越者，如月堂、岳青、旦平、南询、止三、默安诸人，率皆博雅工吟咏，与当时名人相酬唱，而霁公尤雅。迨后继起者有浣尘，即丁蟾从弟在瞻，祝发于此，亦能诗，而懒不收拾。乾隆十八年，主云林方丈，二十年蒙恩赐紫。妙智之名之甲于数郡，其赖霁公诸人倡于前，尤借在瞻之继于后云。采《晓宜斋诗序》。

秉融　一作智融，字觉海，一作学海，号问月，又号得闲，系出余姚王氏。其父渡江来浔，教授童子，因家焉。幼好独处，不茹荤血。七岁出家明义庵，受诗法于纪远，从游垂三十年。远殁，助其丧葬，又刻遗诗。将示寂，诸法孙请留一偈，曰："赤条条来，赤条条去，死了便烧，复留何偈？"遂趺坐而逝，年四十八，建塔弁山之麓。浔上诗僧有学让，字月樵，吴江人，吴中积善寺僧，后主浔东极乐庵。又有达尘，亦字月樵，震泽马氏子，梅堰显忠寺僧。尝授徒于浔，居东藏寺、妙境庵、圆通庵者数年。汪《志》。

达曾　字竺峰。汪《志》。震泽人，东藏寺僧。自为沙弥后，志量阔远，便思振兴梵宇。及长，才识过人，凡重任巨举，及人所难能之事，独喜当之，无倦色。震邑有崇福永乐寺者，在麻溪之滨，久废。师往为募资重建，务极宏丽。凡数载讫工，仍返东藏。东藏亦旧刹，而寮舍不多，规模甚狭。师乃相度其势，逐渐改营，弗吝所费，既久，遂成名蓝。平生澹泊自持，能鼓琴，喜吟小诗。画梅师煮石山农，疏峭历落，得法外意。弟子悟诠，号柳桥，儒家子，嗜古精鉴，工书，所蓄端砚多上品。柳公弟子证渟，汪《志》作"眸渟"。字墨缘，幼习楷法，兼画山水，俱有秀挺之致，学诗更超，画参香光之席。《墨林今话》。其一种书生气象，尤非寻常禅和子所能望其肩项。陆长春《答竺林上人书》。武进汤都督贻汾见其所作，极称赏，即驰缣素乞画，而墨缘已抱疾不能起。辛卯六月，竟化去，年才二十九。墨缘体素弱，清削见骨，而负气兀傲，其于缁流罕有合意，独喜亲才艺之士，固亦矫矫自拔者。《墨林今话》。

崔和尚 失其名，一姓胡氏，诗人胡珊之子，家在北栅，幼为僧于川广之间。母老家贫，依兄嫂以居。一日，母病亟，念少子不置。僧忽归，携金与兄供药饵，且曰："母疾无妨，尚须数年耳。"母果渐瘳，僧乃辞母，泣然而行，谓兄曰："吾不能复与母言矣，五年后当再来襄兄大事也。"至期，母又病，僧复来，则母已神昏不能言。因出数十金经纪丧事。营葬毕，乃别兄曰："此后当云游，了生死大事，兄亦不久归山矣。"逾年兄殁，遂不复来。汪《志》。

慧澄 南浔方丈港朱氏子，名璇。自幼茹素，年十八，随父至武林，游云栖，徘徊其间，遂有离尘之想。归家，梵诵如素习。已而至镇江金山寺削发，居三年，复归故里。里有民心寺，枯寂残破。慧澄卓锡其中，虔修礼诵，四方僧侣咸乐亲焉。于是募建殿宇，重装佛像，不十年，蔚为巨刹。复筑望晖楼，环植梅花，花时集居士数辈吟啸其中。慧澄又工琴，偶一勾拨，渊渊作金石声。所为诗，托物喻情，无非发明宗门心要，故人皆尊崇而敬礼之，惜所作不传。《采访册》。

慧性 逸其名，台州人。中年在天台山某寺祝发。光绪初，朝山至南浔南栅康王寺而卓锡焉。寺门供关帝，屋瓦仅存，非社饮，无香火，然地当孔道，行人憩息，早晚尤多。慧性于隙地栽蔬种竹，禅诵之余，兼课农桑，出其余力。日施茶，夕燃灯，乡人称便，咸与敬礼。居数年，重建武圣殿。镇绅周昌大怜其诚而嘉其勤，赞助之力居多。而慧性益加奋勉，修康王寺桥，则监工有劳；铺简五塘石路，则独力筹款。复于庙旁建观音大殿及天王殿，榜曰"褒能古寺"。观音殿后拟建文昌阁，乃筹捐未集而怛化。慧性抱扶危济困之怀，己无力则募之人。适镇绅刘镛好善弥笃，晚年购米济四乡之艰食者，曰"爱米"，注册领米，岁以为常。南乡一带，分配升斗，悉委诸慧性。慧性实心任事，不辞劳瘁。迹其生平行事，皆足以信今而传后，岂可以常僧例之。《采访册》。

已上僧。

周科耀 一名道昱，字静涵，嘉兴人。初居武康升元观，后住浔南广惠宫。清静自修，习青符五雷秘法。雍正癸丑夏，大旱，延科耀登坛祷雨，立应。知府唐绍祖褒以诗并序，知县罗愫给"为霖润物"扁额。手辑升元观事，自元人戴表元以后名士之记序题咏，都为一集，著《补闻吟草》四卷。广惠宫又有毛朴庵，失其名。又有闵九阳，并能诗。汪《志》。

沈澄　初名一秋，自号白华道人，本德清儒家子，居塘栖白栗山之福清宫。性嗜梅，满山遍植梅花，当梅花盛开，辄昼夜坐卧其中。善画工诗。光绪壬午、癸未间，寓南浔城隍庙，卖画自给。山水人物花鸟，莫不神妙。笔意苍古浑脱，自成一家，咸、同以来，罕有其匹。后归福清宫，卒年五十七。李宗贤《墨溪剩墨》。

已上道士。

智缘　字常一，嘉兴荷花地蔡氏女也。年十七，皈依明岩为师。十九岁披剃，住嘉兴保寿院，焚修勤学。浔北万善庵，始于明季，有东明、永远两比邱尼，募隙地于董氏，创建殿宇。康熙中，延阳山崧济住持二载。癸巳，复延智缘主方丈，规制悉依云栖袾宏之法，驻锡万善数十年。汪《志》。

已上尼。

南浔志卷二十四

里人周庆云纂

列女一

元：姚某妻管道杲陈自幼　张二娘

明：沈安女沈琼莲　张洪妻萧氏妾陈氏　范某妻朱氏　沈之鎏妻吴氏　朱绰妻沈氏　华士嶟妾曹氏　温九思妻陆氏母沈氏、媳茅氏、孙女宝德　温伯生妻吴闺贞　纪有经妻徐氏金耒聘妻纪氏、纪氏婢　纪有征妻吴氏　庄日强妻蒋氏　朱镕如妻王氏　董嗣昭妻李氏　董嗣䪥妻茅氏　董氏妇　温某妻叶氏　吴某妻陆氏子妇张氏　方章甫女　皇南申之妻孙氏　庄廷鑨妻某氏

清：董廷勋妻顾氏　顾士杰妻黄氏　程嘉和聘妻潘氏　华宏宙妻沈氏华仁汉妻盛氏　程文煌妻孙氏　庄明扬妻潘氏　庄之琳继妻沈氏　纪志光妻温氏妾张氏　吴有思聘妻姚氏　丁梦鬲妻蒋氏　朱念绍继妻王氏　温方妻庄氏　庄济妻王锡蕙朱乳母　王赞匡继妻吴氏继高祖母张氏　夏开衡妻姚氏　纪又纮妻吴氏纪又纯妻童氏　董士骕妻胡氏　梅铁伦妻纪氏　董绍宗妻金氏　董三凤妻金氏　董承勋妻徐氏　潘尚仁妾苏始芳　夏祖勤妻孔继光　邱元文妻庞氏子妇庄氏　董丰垣妻姚益敬　蔡云妻董琴　董启埏妻吴年　温中黄妻叶氏翔仞妻周氏、似蘧妻董氏　张鸿宲妻倪氏　沈文聘妻董氏　潘润之女　程某妻陆氏　沈方安妾钦氏　沈斗南妻陈氏　潘祖德妻温氏　陈濂继妻纪氏　丁贞女漱六　许某妻蒋氏　谢恒若继妻徐氏　计元梦妻吴氏　李世华妻程氏子龙光妇蒋氏　某氏妻顾氏　某氏妻沈氏　蒋丽天妻倪氏　丁斗南女　朱某妻张氏　高氏　李贞女　沈烈妇　高士奎女　温坤聘妻范瑞珍　丁起堂妻沈氏丁源妻沈氏　纪峻女　姚松年妻李氏　姚泰交妾尚氏　丁大奎妻潘氏　金邦礼聘妻方氏　张其昌妻金氏　金豫丰妻华氏　薛汉升女　汪曰霖聘妻陆氏　李某妻某氏　邵某妻曹氏　朱杰妻李氏芝田妻吴氏　姚永贵继妻郑氏　王承霖妻盛氏　徐茝　温纯妻严文继妻吴德韫、徐孟贤、妾王氏　吴锦江妻李氏　董庆槐妻汪懋芳　汪延泽妻赵棻女汪曰采、汪曰杼　汤祖训妻蒋氏　孙锡琛二女　李思周妻黄氏李世元妻黄氏、妹二姑　朱烈女温文俊女、沈祖培妻张

氏　沈思藻妻严氏　施敦裕聘妻张妙贞　钱氏　纪七襄妻严氏承瀛妻潘氏　袁烈女　王锡瑺妻钮氏　周寅亮妻沈氏　周良苗妻许氏　吴烈女　蒋罍妻吴氏　周昌大妻董氏弟昌炽妻沈氏　温晋妻周氏　徐珊姑　刘保康妻陆氏　董春龄妻万氏　吴能臣聘妻李蕴姑　邱培恩妻沈氏　张辅妻周氏　李邦治继妻张氏　谢书绅妻汤氏书元妻吴氏　张氏婢爱姐　某氏婢瑞香　邢胜奎妻李氏　刘安澜妻邱氏　周庆奎妻徐熙珍　张令如继妻潘氏

元

管道杲　道昇姊。适南浔姚氏，善书，尝为道昇题画，《县志》。云：吾妹魏国夫人仲姬见访于南浔里第，宴坐君子轩。夫人笑曰："君子名轩，何以无竹？"爰使奴磨墨，写此幅于轩中。《履园丛话》。君子轩疑在北栅。汪《志》。后有陈自幼适南浔姚氏，《县志》。一意奉佛，有手书《观世音普门品》，《玉台画史》。赵孟頫题其后。姚氏之妇，世以书名，称为韵事。《县志》。

张二娘　宋季南浔人，嫁吴江十都陈熙载，孝事舅姑，和睦宗族。夫亡无子，父母怜其少，欲为改适，张守志不可夺。久之，乃立夫侄文焕为子，教养如己出。逮至成立，而张年已八十余矣。元元贞初，震泽巡检王守让、震泽镇学教谕贾复为上其事，大德二年始旌其门闾。汪《志》。

明

沈琼莲　字莹如，乌程人，世传富民万三之后。父安，弟溥，俱举人。母李氏，昼梦孤鸾含碧莲花下卧内，觉而生，慧甚，博览经史，过目成诵。八岁口占协声律。天顺末，置女史，典宫籍，诏征天下才女，吴楚以琼莲应。时年十三，入为女秀才。宪宗御极，供奉禁苑。《县志》。暇饲白鹦鹉，教之诵《尚书·无逸》篇。《静志居诗话》。一日当进御，琼莲伏地叩首曰："臣本江南儒家子，待罪校书足矣。希恩徼宠，复何敢觊！"得请。孝宗尝试《守宫论》，琼莲发端云："甚矣，秦之无道也！宫岂必守哉！"上悦，擢第一。历官女学士，卒于宫中。尝制《宫词》十首，与寄兄、送弟诸律，世多传诵，人呼为沈阁老。《县志》。时人以为婕妤、花蕊不足多让。《府志》。

张洪妻萧氏、妾陈氏　洪任宁波教授，嘉靖丙午倭寇犯宁波，随夫同殉于官署。《县志》。旌表详《人物·张洪传》。祀府学节孝祠。汪《志》。

朱氏　生员范某妻，朱经女，少师国祯之姑也。归范甫周，嘉靖癸亥，年二十一，夫卒，恸绝。乃集内外戚属，请后于舅姑。孤立，中绝，复遭舅姑之丧，迁徙流离，半亩之宫，不蔽风雨。乡人式其门曰："斯非范节妇居耶？何不幸如是？"国祯初贵，以父丧归，氏谓之曰："若将以贵重耶？嫠闻布衣之士，贤于肉食者多矣，子之父是也。其毋忘父之所欲为者！"国祯唯唯曰："谨受教。"守节三十四年卒。国祯诔其行，刘宗周为撰传。万历二十七年旌表，祀府学节孝祠。汪《志》。

沈之鎏妻吴氏　嘉靖丙寅，之鎏溺死，氏年十九，抚嗣子汶。家政甚整，业日拓。汶有俊才，早贡为博士。有郎廷瓒者，贷金十，鬻妻以偿。氏闻，亟还金赎之。盗入室，氏厉声曰："我沈门老寡妇，刀不去手，犯即自刺。"盗骇愕散去。人服其胆识。祀府学节孝祠。汪《志》。

朱绰妻沈氏　给事中沈之唫女，少师国祯之子妇也。夫有心疾，不通人道，氏侍奉无怨色。夫亡，矢节，孝事舅姑，国祯亟称之。汪《志》。

水部华士嶟妾曹氏　二十六岁，水部临殁，以氏年少，欲遣嫁之。氏愤然曰："从一而已，誓死不二。"及水部卒，氏端居小楼，矢节五十五年。范《志》。

温九思妻陆氏　年二十四，夫亡，遗孤璜。与姑沈氏同居，破屋一间，无帷帐。岁大饥，姑病且饿，同坐卧一板箱，种火煨粥以为食。手不停针，每岁祭享，衣食束修，纸笔之费，皆自泪痕指血中来。姑卒，哀毁如子，守节五十年卒。天启七年，旌表建坊，璜为祖母沈志墓云："大母与曾大母同贫困者二十余年，与母同孤寡者三十余年。大母与母同卧起，母泣则大母与俱泣，母饥则大母与俱饥，母针黹彻昏晓，大母与俱昏晓。尝教母曰：'寡妇有三安：一曰安命。不安命者，瞋天仇地，父母公姑，视同冤业。一曰安贫。不安贫者，怨己责人，手足颓惰，乞贷无厌。一曰安分。不安分者，烧香种福，结伴出门，招摇人目。'母谨守此三言，以终其身。年八十六，无疾而逝。"璜述陆氏之训，为《贞石堂家训》一卷，一名《温氏母训》。《县志》。璜妻茅氏，璜授徽州司理。《府志》。甲申闻京师陷，欲伏刃死，氏劝之曰：《县志》。"君父大仇未报，徒死无益也。愿公稍延性命，俯徇歙人之请。"乃整顿疆宇，防遏土寇。嵇永仁《温忠烈公宝忠传》。王师下江南，《县志》。邻郡县皆望风溃。李长祥《徽州府司理宝忠温公传》。璜退居瀹坑，《县志》。从弟以中劝之归，璜曰："吾守土臣，义当与此地为存亡。汝护持嫂氏挈侄辈还里门，毋以余为念。"弟迫氏就道，氏敛衽正色曰："夫死异乡，妇归故里，于心忍乎？夫愿竭忠，妇不引节，于义安乎？"嵇《传》。指天作誓，愿殉死一处。弟遂涕泣而别。兵至，《县志》。璜慨然语氏曰："吾生平学为圣贤，不过求今日处死之道耳。"因绕屋而走。氏曰："君之迟留，得无以我及长女宝德在乎，《四库全书提要》。请先死。"旧《府志》。时女已寝，氏呼之起，女问何为？曰："死尔。"《四库提要》。女即引颈，氏手结帨授璜，对拽女仆地。有顷动，氏曰："其投匕！"如其言，乃死。女死，李《传》。氏遂整衣卧，《通鉴辑览》。呼曰："刃我！"《县志》。璜以刀截其喉，《辑览》。未殊，氏犹出一声曰："再刃我！"璜复力裁之，遂绝，璜乃自杀。《县志》。

温伯生妻吴孺人 系出前丘，名闺贞。父仕诠，登万历甲戌进士。生而敏慧端庄，幼能诗，得季父讳梦旸北海之传。及长，作配温伯生，太傅文忠公、司理宝忠公，皆其族也。伯生苦志力学，不得寿，生一女，无嗣。孺人殁，其婿与外孙景先辈订其诗稿，钟伯敬有评，名曰《吴节孝诗选》，刊板行世。节录《诗选序言》。

生员纪有经妻徐氏 万历癸酉，年二十七，夫亡，无子，惟抚一女，守节十余年。女字金来聘，未嫁，夫亡。汪《志》。纪母适病，讣至，女辄脱簪珥，衣缟素，请往哭。母大诧曰："必吾死乃可！"竟不得往。时时饮泣，或至失声。居顷之，母死，女殡敛如礼，卒哭不卜日，遂行，揽涕登舆，道路酸楚。及门，下车拜柩，号恸几绝。命侍儿治觞置灵几前，合卺如生人礼。自堂下趣登楼，阖门闭影，终岁不出。事姑氏至孝，晨夕奉祀咸备仪，卒无纤芥忤姑意。董斯张《纪贞女传》。姑欲以罗氏甥为来聘嗣，女以立异姓非礼，坚执不从。乃立夫兄孙绍禄为夫后，茹斋十年而卒，汪《志》。年二十有七。女以一婢自随。婢事女甚谨，寒燠甘苦，亡所辟。遣之嫁，弗应，愿终身事大家。迨其殁，落发从浮屠。《贞女传》。按，汪《志》云："有二婢偕主母苦节，主母殁，二婢不嫁，随殁。"二说不知孰是。万历二十七年，请旌建坊，私谥贞悫。朱国祯撰碑记，祀府学节孝祠。汪《志》。

纪有征妻吴氏 万历丙子，年二十四，夫亡。子象衡甫生两月，抚育成立。汪《志》。戊寅以后，连遭奇荒，潜鬻衣饰，以济族中不能自存者。《县志》。姑卧病数载，调摄侍奉，始终不怠。守节二十四年。汪《志》。

生员庄日强妻蒋氏 年二十八，夫亡，遗孤甫三岁。家贫，又值岁饥，晨昏纺绩，仅饲其子，而身甘穷馁。迨日强弟日宣欲请表其节，氏不欲以节自显，力止之。祀府学节孝祠。汪《志》。

荫生朱镕如妻王氏汪《志》 镕如，文肃孙也。以乌程学鼓众北拒，事败，为北师断其喉。其友潜抱归，以楮封喉而殓之。查继佐《鲁春秋》。妻一恸而绝，既苏，日痛哭，肠断死。《朱国祯传》。

进士董嗣昭妻李氏 嘉兴王店李原中女。万历乙未，汪《志》。进士初第，卒于京。氏年十八，闻讣几绝，无嗣，立侄诜为后。二岁而殇，以两侄孙分祀。范《志》。善事孀姑，约束内外。岁戊申，大祲，捐谷帛以赈乡里，设义田以赡宗族。天启六年，抚按赠给旌扁、粟帛，疏请建坊。崇祯五年，卒。朱国祯撰传，祀府学节孝祠。汪《志》。

附监生董嗣玮妻茅氏 归安花林茅国缙女。万历丙午，嗣玮卒。方病剧时，氏刲臂肉，和药以进，卒弗效。侍孀姑，长斋礼佛，以终其身。守节十五年，卒年三十三。嗣玮弟斯张为赋《旌志诗》。汪《志》。

董氏妇 南浔人，不详夫之名号，亦不详系出何氏及何时人。惟吴江《午梦堂集》，刊于崇祯间，皆当时才媛之作。妇有诗选入，云“嫁始逾年，抑郁而卒”。《浔溪诗征》。

温某妻叶氏 温，七里人。乙酉，兵掠马溪，嫂妹数十人俱登舟，叶犹立岸上。兵猝至，投水死。已而舟重自沉，军士悉钩出之，叶独不辱。《府志》。

陆氏 通判陆以载女，嫁归安前邱吴某。顺治乙酉，寓居浔西六里桥。同媳张氏，生员张大成女，避兵田间，张为兵所获，陆急奋救，俱厉骂，遂同被害，时年三十四。其侄陆律记其事。张年二十一，同祀府学节孝祠。汪《志》。

方烈女 袠庄方家港方章甫女。时官兵追盗，道出袠庄，被掠登舟。乘守卒稍懈，奋身投水死。次日，尸浮，面如生，年仅十三。顺治乙酉十一月二十九日也。祀府学节孝祠。汪《志》。

吴江六都皇甫申之妻孙氏 吴溇孙济寰女。顺治乙酉，挈家避居袠庄方家港。时剧盗沈判劫浔，官兵蹑之，所过淫掠。氏方理发，申之走告曰：“兵至矣！”氏从容曰：“吾死分耳，勿畏兵入。”欲污之，氏啮其肉。兵怒，纠三卒共逼之，啮愈甚，不得近。兵乃引绳缉其指，悬于梁，呵之曰：“不从则死！”氏嚼血骂曰：“速杀我，毋多言！”遂杀之。申之先伤于刃，仆地，邻里救之苏。感其烈，遂剃发为僧。氏死与方烈女同日，里人称为“双烈”。祀府学节孝祠。汪《志》。

庄廷鑨妻 值明末寇乱，一日，携婢探亲，途遇寇，掠婢去，不从，死。鑨妻遁归，白其故，旋自缢死。《湖滨杂记》。

清

明副榜董廷勋继妻顾氏 归安瑶庄顾尔禄女。事姑尽孝。汪《志》。夫患痫疾，悉力调养，不愈。经理内外，备极辛勤。《县志》。崇祯壬申，年二十七，夫亡，守节二十四年，抚孤汉策成立，教以义方。氏有《传家序》一篇，自述甚悉。顺治十三年题旌。胡襄撰《传》。汪《志》。

顾士杰妻黄氏 士杰卒，子世铉才八龄。氏以两世读书均撄锢疾早世，不令世铉习举业。而世铉好学不倦，胸多诗卷。氏丸熊教子，志矢《柏舟》。郡守有“贞心匪石”之旌额，乡党荣焉。《浔溪诗征》。

程嘉和聘妻潘氏 潘宏次女，尚仁、尚智之姑也。嘉和世居徽州，康熙丙午举人。

后迁于浔。初娶王氏，卒。续娶潘氏，即宏长女，又卒。复聘氏为继妻，未婚，夫亡。氏闻讣，即自经，获救，乃缞绖归程氏，时年十九。抚前妻子女，极慈爱，家人罕见其言笑。守志六十余年。康熙五十九年题旌。董熜为撰《行状》。汪《志》。

华宏宙妻沈氏 甲申盗起，宏宙率乡勇御之。族人仁汉有膂力，与寇格斗遇害，宏宙中矢而殒。氏年二十五，抚襁褓儿，给饔飧于十指，苦节四十余年。仁汉妻盛氏，当寇盗蜂起，蹂躏乡村，氏匿乱草中以免。而仁汉遇害，氏方三十岁，抚孤守节四十余年。两孀均于咸丰九年题旌。汇采《县志》、汪《志》。

休宁临溪程文煌妻孙氏 休宁旸湖孙扬清女。文煌，字履辉，号王子，于顺治乙酉远游闽粤，兵燹道梗，存亡莫问。己丑春，有族人自蜀中归，云："文煌以丙戌年授西川经历，赴任，途次遇贼，殁矣。"时孀姑在堂，孤子章基仅五龄，仰事俯育，备极艰苦。及章基长，贾于湖州，遂迎养于湖。康熙甲寅迁浔。戊午秋，感微疾，预定死期，及期而卒，异香满室者三日，年六十一。章基扶柩还葬休宁，与其父衣冠合窆。黄周星为撰《传》，沈三曾撰《墓志》。章基有《述哀诗》八章，翁燧为跋。汪《志》。咸丰九年题旌。《县志》。按，他处人寓浔者，旧志或载或否，今一例载入，不复分析，后仿此。又文煌为残明殉难之臣，虽身未至浔，而借以附见，故特详其字号、仕履，寓阐幽之意焉。汪《志》。

庄明扬妻潘氏 年二十六，夫亡。含殓后，即吞金，不死，复绝粒。妯娌劝之，皤然曰："父母殁而无兄弟，我死谁营窀穸？"乃复饮食，出簪珥衣服鬻之，以卜葬其父母。归拜夫灵，见妯娌，强为欢笑，俟夜静，阖户自经，时年三十四。雍正十二年题旌。

监生庄之琳继妻沈氏 给事中沈士茂女。年二十二，夫亡，抚二岁孤成立。家贫，连遘舅姑之丧，殡葬尽礼。当浔溪寇发时，里人咸奔窜，氏独守孤，闭户曰："寇至，即死此耳，去将何之！"卒获免。守节三十八年。朱鹤龄、温睿临并为撰《传》，祀府学节孝祠。汪《志》。

廪生纪志光妾张氏 康熙辛未，志光亡，氏年二十七，志光妻温氏年三十五。张依正室，茹苦励志，共抚嗣子言成立。温守节四十二年，张守节五十二年。汪《志》。

姚烈女 姚家埭人，孙燮《烈女诗》。吴有思聘妻。雍正癸卯，年二十一。汪《志》。结褵有日，夫遽殂。《列女诗》。闻讣，自跃堕楼，家人救之，卒不食死。汪《志》。后人罕有知之者。越百余年，《列女诗序》。有思从孙汝雯为赋《贞女篇》，里人孙燮为赋《烈女诗》。祀府学节孝祠。汪《志》。

生员丁梦嚣妻蒋氏 监生蒋仪仲女。顺治戊子，夫亡，遗孤洪祖甫周，痛欲自经，数以救免。既而曰："未亡人去，孤谁抚？"于是以抚孤保家，泣血自矢。洪祖早卒，复抚三孙成长。时有两世丧未葬，葬之以成夫志。康熙十八年，卒。知府胡瑾给扁旌奖，董汉策撰《传》，毛际可作《旌扬节孝录序》。祀府学节孝祠。汪《志》。

朱念绍继妻王氏　仁和王羽妹。念绍，乌程廪生，康熙癸卯，以史案牵连得祸，氏例当发遣，即买一小剃刀佩腰间，以眷念幼子，未引决。及幼子殇，有强暴欲窥之者，氏引刀自断其喉，血流被体，见者惊走。越日卒。过其门者，皆目为"王烈妇家"。前妻之子骏肇负骨归葬祖茔之侧。祀府学节孝祠。按，念绍即朱佑明之长子。汪《志》。

庄孺人　字辑里温方。其为妇也，夫已病痁，以庄母病，卜赘婿，吉。既成婚，庄母不起。夫归就医，且赴试，未几卒。孺人犹女子也，翁怜之，劝之嫁，孺人以死誓归于温。家四壁立，早夜勤女红于凄凄一室中，为其翁所称。阒不闻人声者二十三年。康熙甲寅二月三日卒，享年四十有三。宗族乡党无不哀之，谥曰节孝。温棐忱《庄孺人哀词》。

庄济妻王氏　名锡蕙，字树百，吴江处士王锡阐妹也。济字日鳞，本南浔庄廷鑨之子。年十三入泮，以文名。聘锡蕙，未婚，以家祸，戍沈阳。锡蕙誓不更字，日夜涕泣求死，母吴护之得免。其戚震泽沈鐮哀之，为孑身走塞外，设奇运策，卒归其夫而合配焉。济赘锡阐家，乃改姓王。潜心正学，于身心性命颇有所得。卒年五十二。著《半砚斋诗文集》。锡蕙性淑敏，能诗文。锡阐以精算学名，兼会中、西之术，各取所长，益以心得，世推绝艺。锡蕙得其指授，亦通天文、推步、勾股算法，妇女中所罕见也。有《倡随集》五卷。《县志》。史案发难时，松江乳母朱姓，或曰谢姓，曾以珠笼匿廷钺三岁子绳武，遁迹松江，与其夫纺织以为食。后庄氏求绳武归，及长，思报乳母夫妇恩，竟不可踪迹。《湖滨杂记》。

王赞匡继妻吴氏　吴有隽女。汪《志》。年二十二适王，生子高升。甫逾年，赞匡殁。前妻子高明才毁齿，世以医为业，无儋石储。氏俯仰危苦，供舅姑菽水，提抱孤雏，目营手干。阅十年而舅即世，姑耄且病，困顿床笫。氏持匕箸，进饮食，卧起扶掖，身自浣涤，无形无声，息息与姑意属，俾罔异康宁者。又垂十年，而姑弃养，积针头线尾之功，为高明娶妇。居无何，妇夭，哺遗孙。再娶，妇复夭，再哺遗孙。内行淳备，曹大斌《王门完节吴氏传》。守节二十五年。汪《志》。赞高继高祖母张氏，婚十八日而寡，守志六十四年而被旌。《吴氏传》。

编修夏开衡妻姚氏　吴江涤溪姚绅女。年二十三，归开衡，四年，生子女各一。开衡官翰林，氏留家，子殇，氏为夫置妾，携幼女同至京，而女又殇，开衡亦疾作。

溺死，屡顾氏哽咽，氏泣曰："果有不讳，我誓不独生。"及卒，氏闭户投缳，既而曰："吾死如灵輀何！"因扶柩而南。过淮之日，市白绫，手缝命服，复买命妇冠。返故庐，入拜舅，诀曰："氏夫亡无子，只有一死耳！"舅命以叔子为嗣，答曰："诚善。然长养成立在叔，未亡人何能为！"舅令家人守之，氏乘隙服冠带自缢死。知府唐绍祖、知县王懋讷给扁额，沈近思、金梅、曹大斌并为作《传》，谢洲作《烈妇篇》。祀府学节孝祠。汪《志》。

纪又纮妻吴氏　雍正乙巳，年二十七，夫亡。抚又纮兄又纯次子武魁为嗣，守节二十四年。又纯妻童氏，又纯卒时，二子文魁、武魁生甫五月，童氏偕孀娣共矢《柏舟》，俾两儿成立。童氏虽中年守志，其苦节亦不可泯没也。汪《志》。

胡氏　德清诸生廷最女。年二十四，归乌程董士骕。结褵未期而殁，氏吞金绝粒，百方觅死。既乃瞿然曰："吾过矣，吾不可死。夫亡而夫之子道未终，奉舅姑以待季之立，吾责也。吾固不可死。"遂衣粗食澹，主中馈，事舅姑惟谨。而夫弟仲士骧出后叔父。季士骧既壮，生子嘉言，舅命抚为嗣。未几，姑卒。又数岁，嘉言所生父母相继卒。无何，舅又谢世。值戊子、己丑大祲，凶丧洊臻，氏尽瘁支吾，与嘉言形影相依者十年。嘉言始娶妇，氏曰："前者生无以生，死无以死，今后以毕余年，下见吾夫子于九原无憾矣。"雍正己酉，嘉言将为母举七十寿觞，氏曰："吾以是日生，汝父以是日死。五十年来，每当是日，不胜凄绝，忍言寿耶？"曹大斌《节母胡氏传》。

纪氏　十有八岁，归梅轶伦。姑方严厉，不以妇弱稍假借。氏上承下接，惟恐弗当姑意。井臼烹饪，纺织针黹，毕萃厥躬，无丝毫怨怼见于颜面。曹大斌《纪氏画像记》。年二十四，夫亡。汪《志》。无嗣，抚小姑子楫，爱如己出，俾老姑有含饴弄孙之喜，以忘其茕独。姑殁数年而氏殁，寿六十，《画像记》。苦节三十六年。汪《志》。

监生董绍宗妻金氏　内阁中书金秉朴女。《浔溪诗征》。少学诗于族兄梅，亟称其潇洒有林下风气。《董氏诗萃》。著《兰玉轩稿》。《诗征》。

董三凤妻金氏　吴县金天章女。《浔溪诗征》。嫠居年未四十，持门户，抚三孤，不愧怀清。华日南《金氏小传》。有《绿窗闲咏》，一名《吟香诗草》。《诗征》。贞燕离鸿，音节凄婉，见者伤之。《府志》。

长芦盐运使董承勋妻徐氏　石门监生徐行灏女。《浔溪诗征》。诗有意度，惜年三十三岁卒，未竟所作。《董氏诗萃》。

锦州知府潘尚仁妾苏始芳　字幼馨，号心石，又号筠绿居士，山阳诸生亢生女。《浔溪诗征》。著《筠绿剩稿》，有《濒危口占与夫子诀别》八首，末云"指上玉环如可验，他生重得侍韦公"。赵虹作《剩稿序》，谓越十六年，尚仁娶得沈大家。询其诞弥日时，即苏姬卒之日时。言貌举止，亦与前身酷肖。痴情偶结，竟获再生，诗言遂成谶语，乃知齐谐志怪，不尽无稽也。《南浔备志》。

孔继光　字德隐，号范湖散人，桐乡人，监生夏祖勤妻。年二十八，夫亡，抚孤守节三十六年。学政李宗文给匾额。《县志》。乾隆三十一年题旌。汪《志》。氏幼读书，明大义，能诗事。祖勤病时，遍搜医家言，因粗通其术。姑病伤寒，处方饮以药而痊。著有《诗稿》。《县志》。

庞氏　乌程庞超伦女。年二十二，归同县邱元文室。邱称令门，顾生计弗裕，氏以女红佐樵米，得少纾。举丈夫子二，长锡龄，次锡爵。某年，元文以疾卒，氏痛不欲生，重两孤未成立，责无旁贷。勉节哀，为未亡人。亲操井臼，至于织纴组紃，事无大小，必克勤无怠。尝夏夜苦蚊，纳足瓮中避之，未尝释刀尺，虽精力殚瘁，勿恤也。其鞠育藐孤，以慈母而兼名父、良师所为教，乃至出入顾复，寒暑嘘拂，恩斯勤斯，尤无微弗至。其后锡龄以市粜致高资。氏抚今思昔，蕲有合于持盈保泰之微旨，而以“不溢守富”为训饬，尤必躬行节俭为矜式。余庆所钟，有孙九人，寖昌寖炽。氏以大德跻上寿。乾隆四十九年，旌表节孝。五十六年，奉敕建坊于东闸下塘。其子妇庄氏，朴实任劳，有君姑之风。椎髻操作，如孟光之在舂庑，是亦妇德所难也。朱祖谋《邱节母庞淑人传》。

姚益敬　字元吉，归安生员姚世钰女，适扶沟知县南浔董丰垣。益敬幼时，父但教以《孝经》《女诫》等，使通大义。《县志》。以文翰非女子事，未尝教以诗，而益敬窃学之，诗即清婉。尝诵《木兰诗》，问父曰：“朔气传金柝，寒光照铁衣。着色实为大雅，若铺排过多，恐近小说。”《府志》。父大奇之，有《芬陀利居小稿》，厉鹗撰序，以欧阳公目谢希孟有古幽闲淑女之风为比。《县志》。

董琴　字峄蕴，生员蔡云妻，南浔董陈亮女。《县志》。奉孀姑尽恭顺，相夫能规以正，教子女亦有法。《董氏诗萃》。夫妇皆能诗。夫中年殁，琴衔悲茹痛，遂尔焚笔。越六年，亦卒。所著无闺阁绮靡习气。《县志》。见《董氏诗萃》中者，尤苍老。著有《静吟集》。《府志》。

吴年　字古春，号雪庭，《县志》。郎中吴联珠女。《浔溪诗征》。归安前邱人。《县志》。同知董启埏室。《诗征》。年之弟，名兰庭，博学多才，世所称胥石先生也。故年亦有才学，著《雪庭遗稿》，兰庭为之序。《县志》。

温中黄妻叶氏　三十岁夫亡，苦节三十年。温翔仞妻周氏，二十五岁夫亡，苦节三十七年。温似蘧妻董氏，二十九岁夫亡，苦节二十六年。妯娌三人，甘贫守志，孝事尊嫜，抚孤成立。称为“温氏三节”。《县志》。

张鸿寀妻倪氏 事舅姑以孝称。家贫，借纺织供甘旨。鸿寀远游不返，仰事俯育，备极艰辛。晨起操作，晚犹篝灯课子女，蚤夜勤苦，数十年如一日。迨年七十余，家已小康，犹必躬亲琐事，自奉俭约，非宾祭不特杀，未尝入庙烧香。尝曰："我非不敬佛，第一日拜佛，则废一日正事。且积数日之操劳，供一日之耗费，恐神佛反见责也。"其达识如此。董王锡《张母倪太孺人传》。

沈文聘妻董氏 训导董正谊女。幼许字，未婚，随父之任温州。年二十一，文卒，讣至，吞金誓死，父母许以归沈守志，始得救解。时文有老母，以哭子丧明，族党恐氏归，重伤其心，乃素服毁妆，守贞在室。越五年，姑亡，氏自温州奔丧，立侄清震为嗣。氏母尝遘危病，医祷罔效，氏吁天割臂肉作羹以进，母病得愈。是夜，清震在家感异梦，有神告之曰："汝母以孝伤臂，当疗以朱砂血竭。"凌晨赍药至，则割臂之事，尚无一人知也。药敷创口，应手而合。至孝感神，远近叹异。当伯叔析箸时，割产以授，则坚辞之曰："以是畀我，殆以我为分产来耶？"一无所取。守节四十一年，乾隆十五年题旌。汪《志》。

生员潘润之女 适吴江平望王玉成。乾隆戊子，年十九，夫亡，遗孤甫晬，孀姑在堂。玉成兄弟三人，伯以贫故，就食于外，仲惑妇言，不能孝母，姑就养于氏。仲又讽氏他适，氏号泣不食，仲亦恻然而止。贫甚，苇席遮门，又值大水，拮据奉姑，自食糠秕榆屑。邻有褚某重其行，谋聘为继室。媒之不可，乃重赂其父，授以金珠一箧。父往见氏，而难于辞说，出金珠示之。氏觉其意，碎箧痛哭，父惭而退。褚益重之，复啖其弟，诡称母疾，迎氏归。母与姑姊妹日夕说诱，氏愤甚，疾趋而归。弟急棹舟追送之，行已十余里矣。自是不复返母家，终养老姑，抚孤成立，凡苦节数十年。汪《志》。

程某妻陆氏 陆受祺女。年十九，婿以病笃议婚，父母难之。氏恚曰："果若是，则夫未死而先有死其夫之心矣，何以事人？"父母韪之，仓猝成礼。三日夫卒，丧葬如礼。顾以贫依母，而母家亦贫，针黹自给。为夫立嗣，苦守至六十一岁卒。湖滨张夆之撰《传》。汪《志》。

监生沈方安妾钦氏 吴县生员钦义方女，幼读书，娴《内则》。方安妻早卒，年逾四十，子若孙又相继夭折，遂纳为妾。钦氏年十七，越数载，举女二。钦乃还吴，将再买妾，得同邑曹氏女，遂聘以归。方安不肯留，曰："得子迟早有命，何多置妾为？"钦自托有隐疾，强而后可。甫半载，方安病卒，曹有去志。钦涕泣勉谕，且言："果肯守志偕老，愿折节奉侍终身。"曹为感动，乃止。既而家渐落，凡炊浣针黹之事，钦皆身任其劳，不以烦曹也。未尝有怨色，尝语人曰："我但知为沈家人耳。使后有承祧之孙，家无再醮之妇，幸矣！”继族侄之子为孙，名曰承宗，曾孙犹及见也。曹病革，钦年已老，复遭邻火，移居于乡，益贫，且患疟，然侍曹汤药，仍不少懈。曹既殁，钦曰：“彼节已全，我心斯慰矣。”即亦继逝，相间仅晨昏耳。汪《志》。

沈斗南妻陈氏　秉性坚洁，纺绩惟勤。范《志》。年二十四，夫亡，孝事舅姑，抚孤守节七十一年。当八十岁时，病剧，梦父母授以鲜桃二枚，食之甘芳，遂愈。又十余年，无疾而终。乾隆五十二年题旌。汪《志》。建坊在浔西尝字五圩。范《志》。

监生潘祖德妻温氏　监生温省方女。年二十六，夫亡，抚五岁子晋鼎成立。娶妇，子又卒，孤孙亦殇，立侄孙为嗣，助媳闵氏守节者又十余载。卒年六十六。乾隆五十三年题旌。汪《志》。

陈烈妇纪氏　镇洋县学生陈濂继室，乌程纪晃辰女也。幼聪慧，解书史。年十六丧父，弟在髫龄，百务纷如，妇佐母持家政，井井有条理。濂适丧偶，闻其贤，遂委禽焉。濂先有一子一女，妇入门抚之如己出，事姑尽孝，和于妯娌，家人咸得其欢心。逾年，濂赴试昆山，得疾归，病甚。妇泣曰：“妾去家四百里而托于君，君苟不讳，焉置妾也？请先死以绝君虑。”濂颔之。妇即持钱数枚欲吞，家人夺去之。翌日，濂卒，妇视含殓毕，阖户自经，急救得不死。又自楼上掷下，已绝复苏。母曰：“儿有孕，倘生男，为夫更延一脉，何遽死为？”妇沉思良久，曰：“此言是。”越数月，妇产女也。妇欲死而家人守之，守稍懈，窃出，自投后园池中，竟死。孙燮《陈烈妇传》。乾隆五十九年题旌。汪《志》。

丁贞女　名漱六，居丁家港。父麟，乾隆甲戌进士，知广州之宾州。侧室陶生贞女于署。父卒，贞女才六岁，随母扶柩还里。及笄，字归安监生戴琎为继室。琎落魄，不事生产。伯兄璐官太仆寺少卿，往依京邸，久不能归。伯兄赠之金，使归娶。琎出都，又为他事耗去，竟不能娶，故贞女年逾三十而未嫁。未几，琎客死山左，贞女闻之，恸哭，欲自经者再，家人救免。自后毁容减食，常独坐一室，郁郁成疾，竟卒，年三十五。孙燮《丁贞女传》。

监生蒋士钧女　嫁许某，不数年，夫亡。氏茕茕孑立，年仅二十六岁。继侄孙为孙，氏抚之如己出。及生曾孙文照，又抚之。嘉庆六年，孙又下世，氏不食者数日。是年，文照乃为题请旌表。旨下，氏谓文照曰：“尔父在日，屡欲为此，我不许。尔今以馆食营生，能有多金干此事？”泣下久之，旋卒，年八十七。节范《志》。

谢恒若继妻徐氏　徐冠英女。成婚三月，夫亡，投缳七次，并以救免。越百余日，卒自经以殉。嘉庆十年题旌。汪《志》。

计元梦妻吴氏　监生吴继成女。乾隆壬申成婚时，夫病已笃，越五十日，夫亡。

氏绝食投缳，并得救解。后母家欲夺其志，遂于除服之次日，伺隙自经死。嘉庆十四年题旌。凌树屏撰《传》。汪《志》。

笺四圩李世华妻程氏 程廷扬女。早寡，孝事舅姑，抚孤子龙光。龙光妻蒋氏，蒋心荣女。夫病革，氏割股啖之，不效。夫卒，视含殓毕，潜赴后园，跃入池水死，年二十二。学政汪廷珍给"姑贞妇烈"扁额。嘉庆十二年，与姑节孝程氏并题旌。汪《志》。

顾氏 姑苏人。《府志》。嫁为本里某氏妇。有县役某催科至其家，见而艳之。伺其夫远出，突入内室，以手抚其颈，氏大惊，旋泣语小姑曰："此颈忽为男子手所加，岂可洗乎？"即缢死。越两月，役偶乘舟过浔，忽见氏上其舟，役告舟人曰："吾前日不过手摸其颈，何遽死乎？"遂发狂投水。适遇来船，纤缠于项不能解，立时流血死。舟人扬其语，闻于小姑，事始白。钱泳记其事。汪《志》。

沈氏 少鬻为本里温氏婢。性不慧，恒受人鞭挞。父亡，母谋改适，氏号泣谏，不能止。其姊有二子，夫死亦适人，遂与姊绝。长嫁本里某氏，夫有田二亩，耕以自给。生一子，而夫死，其夫兄利其田，逼之他适。氏曰："我岂忘号泣谏母时哉？况我有子在，将焉置此？"逾年，子患痘剧，求夫兄召医，不应，遂死。又逼之，曰："我岂以子故易初志哉！"夫兄乃弃其二亩田不为耕。氏苦不得食，长号二十日饿死。明年新谷升，夫兄方餐，忽投箸呼曰："汝何得食此二亩田！"遂自扼吭而死。张士元记其事，张海珊撰《传》。汪《志》。

蒋丽天妻倪氏 震泽举人倪树枚女。嘉庆庚申，年二十九，夫亡，守节四十五年。善画花卉人物，嗣子堃仅周晬，抚育及成婚，皆出鬻画之资。汪《志》。

丁氏 丁斗南女，适吴江六都孙丽辉为继妻。合卺之夕，夫忽遘异疾，数日而卒。氏抚嗣子矢志。姑徐氏病，刲股作羹疗之，苦节三十年。汪《志》。

朱某妻张氏 震泽吴溇张宝成女。夫喜狭邪，又病狂易。氏抚子女，事夫无失礼。姑遇之甚暴，见子不肖，家业日落，又恶人言其子之短，迁怒于妇。氏虽屡遭辱责，无怨怼，孝养益谨，里党称为孝妇。沈垚为记其事。汪《志》。

高氏 双林沈世煌妻。结褵甫一周，世煌患血疾，氏刲股调药，不效，投缳于空舍，家人救之免。逾月，世煌亡，即自缢死。《双林镇志》。

李贞女 许字双林梁氏子。先是，梁氏子聘女之胞姊，姊死，其父母以爱梁故，更以妹字之。结褵有日矣，而梁氏子病瘵死。女闻讣，恸不食，父母慰谕之，不解。越三日，投缳死。《双林镇志》。

烈妇沈氏 父钟璜，母张氏，适震泽文学吴榕。翁刿生三子，榕其长也。姑倪氏已殁。始烈妇将生，母梦雪压竹，砉然如雷裂而醒。年二十，归于吴越。三载无子，夫亡，叔幼未婚，嗣莫定。七终，自缢以殉。方其夫患喉风，烈妇吁天请命。属纩后，未成服，先以白布缠其首。烈妇语分裂者曰："须五尺。"既朝夕临奠，不下楼，惟小姑得以登视。母家以二妪伴之，视其手制衣履，黯然无语。终七次日，使一妪焚香于庙，余一妪始具汤至，曰："将濯足。"小姑与妪俱出，遂掩户。久之，妪皆至，叩之不应，共抉户以入，则烈妇已自缢而气绝。解其悬，即前此五尺布耳。邢典《烈妇沈氏传》。大书一十八字曰："妇有夫弟奉晨昏，夫无遗孤借抚养，不死何待？"置衾侧。张海珊《吴烈妇传》。衣五袭，层层结束，整齐而不乱。履则履墨莲，而其髻盘旋如故，颜色不改。含之则米一、茶一、白金一，已先自含。时嘉庆己酉七月晦日也。年二十有三。距榕死，凡五十三日。张《传》。

高士奎女 适归安双林沈汉标。夫病，割股以进，不效。及夫卒，誓以身殉，屡缢屡救。后防稍弛，竟缢死。距夫亡八十二日，年二十八。道光八年题旌。汪《志》。

温坤聘妻范氏 监生范征潆女，名瑞珍。未嫁夫亡，父母秘不使知。逾年，始知的耗，矢志欲归温室。频死，获救者数次。旋以哀毁抑郁成疾卒，时道光庚子，年二十二。温氏迎其柩，与夫合窆。董恂撰《传》。汪《志》。

丁起堂妻沈氏 马家港沈中复女。汪《志》。母华氏艰于子，所生惟氏。少时慕北宫婴儿子之风，欲不嫁以养父母，父母不许。年二十三，适起堂。起堂父麟，广西宾州知州，居官廉，罢官卒于粤。家无甔石储，先世遗田甚薄，不足供饘粥。氏入门时，姑亦先卒，唯起堂生母陶氏存。起堂以贫故，业贾吴门，得疾不能归，氏偕其父匍匐往视之，吁天请祷，医治百端，竟不起。氏恸哭，欲以身殉夫，父以养姑责之，乃已。氏善女工，昼夜操作罔倦，频遇凶年，己食糠核，而奉姑陶氏，食必以粲。又以余力养己之父母。凡事姑十五年而姑卒，丧葬如礼。又葬其夫，资皆出自针黹之所积，数亩之田，卒保如故。立夫兄子预年为嗣，夫祀得不乏，皆氏力也。孙燮《丁氏双节坊记》。族孙源妻沈氏，汪《志》。太学生钟璜女。年二十，适源。源夜读，氏纺绩于旁，一灯荧然，常达旦不寐。源试不利，父母督过之，氏婉言以解，始得霁颜。嘉庆丙寅，源父卒，源长号连昼夜不止，痛郁于中，遂成瘵疾。病中多恚怒，氏愉色婉容，多顺适其意。疾年余，竟卒。子桂才六岁，女四岁，姑年及六旬。瘠田二十亩，先世弃置之余，岁入仅足供租税。氏以一身支撑门户，养老抚孤。桂少多病，医药之费不赀。姑年至七十余卒，荒歉之余，黾勉以供大事。又娶妇嫁女，凡百所需，皆仰给于十指。或悯其贫，劝令子桂学贾，冀得微利。氏曰："丁氏之先，虽无显仕，然世守儒业，名在学官。今吾子废学，其若先人何？"故桂虽独子，氏督课之甚严。及桂为弟子员，氏心稍慰。桂好攻古文辞，或言非科举所宜。氏曰："丁氏先世皆攻时文，而科举不得一当，可知穷达有命，非人力所能为也。子苟学古有得，虽终身不遇，亦有荣于所生。况未必不遇，又何用屑屑揣摩时尚，求速化之术为？"其达识如此。孙《记》。起堂妻，年二十九夫亡，守节三十六年。源妻，年二十七夫亡，守节三十三年。汪《志》。例合旌表。孙《记》。道光二十一年，汪《志》。得旨建坊如制，题曰"双节"。里人孙燮为之记。孙《记》。

生员纪峻女 适马要张凤池。年二十二夫亡，无子，抚侄为嗣。氏欲殉夫，自尽者再。父以大义切责，乃止。孝养孀姑，丧葬成礼。外侮叠至，氏每藏短刃于枕傍以自卫，数十年如一日。年七十余。道光十八年题旌。汪《志》。

姚松年妻李氏 李象荣女。道光辛卯，年二十四，夫亡。抚嗣子守节，孝事翁姑，生养死葬。或劝以事佛祈福，氏曰："命由天定，佞佛何益？"生平不入寺庙。年五十余。汪《志》。

监生姚泰交妾尚氏 苏州人。泰交以无子，纳之。嫡妻褚氏御之过严，氏无怨色。嘉庆壬戌，氏年二十八，泰交卒，抚所生五岁子成立。事褚尤谨，守节三十一年。道光二十三年题旌。丁桂撰《传》。汪《志》。

潘节妇 乌程楼下农家女，同县丁家港丁大奎之妻也。节妇十岁为养媳，迨长，与大奎婚。年二十八而大奎殁，时节妇生子鸣鹤未百日。大奎家世赁田而耕，殁后，以田归其主，遂无所得食。或劝其改嫁，则嗷然哭且骂曰："肯以一妇人而嫁两夫乎？"日抱其子乞乡间，夜则为人纺绩，或雨雪不能出门，预留饭食其子，而已则忍饿，如是十数年。后子稍长，能为人佣耕，乃不复乞。然其子生长困馁之中，力弱不能耕五亩，终岁勤作，仅供母子飦粥。以故鸣鹤终不能娶妇，节妇常以此为恨。苦节四十一年，卒年六十有九。丁桂《书节妇潘氏事》。道光二十五年题旌。汪《志》。

金邦礼聘妻方氏 增生方郁女。幼失恃，育于继母。继母病，刲臂疗之，以孝女称。道光甲申，年十八，将嫁而夫亡。闻讣，即不欲生，父母力劝止之。越三年，缟服归金守志，抚侄为嗣。卒年三十二。道光三十年题旌。孙燮撰《传》。汪《志》。

张其昌妻金氏 嘉庆壬申，年二十三，夫亡，无子，苦节。母族讽以再嫁，矢志不从。有无赖子夜叩其门，诳以母病垂危，氏不为动。至天明，始启户，其诈遂败。道光三十年题旌。汪《志》。

华氏 华景墀女。父病剧，氏刲臂以疗。父无子，誓不适人。父母知其志，因招金豫丰为婿。婿不谙生理，家益贫，针黹以养。父母殁，竭力营葬，亲为负土。道光三十年题旌。汪《志》。

薛氏 薛汉升女，适震泽横漾墩孙梁选。年二十二夫亡，无子。翁讽之改嫁，且尽取其资装，使不能自存，乃归母家，以针黹自给，苦节四十一年。董熜撰《传》。汪《志》。

汪日霖聘妻陆氏 山阴人，仁和籍知府陆蘽女，即曰霖姑女也。道光丁亥，年十八，未婚夫卒。闻讣，即矢志求死，父母力为劝解，遂缟素长斋，誓不更字。年五十余。汪《志》。

某氏 李某妻，居西栅石家巷口。翁康源，业银匠。夫早亡，氏守志，后翁姑微示夺志之意，遂投水死。时道光己酉，方大水，其尸倚岸挺立急流之中，不仆，亦不移。人传为异。汪《志》。

邵锦坤之子妇曹氏 夫败检，翁客死湖广，无以为生，氏乃为佣媪，得值以养姑。夫诡言氏母病亟，以舟载氏往母家。及至，则非母家也。骇愕问故，始知为夫所鬻。夫已鼓棹径去，氏欲投水，为人所持。乃因其劝慰，佯为欢笑，伺隙即日缢死。时咸丰元年，氏年二十余。汪《志》。

邑庠生朱杰妻李氏 朱杰，字砚生，方丈港人。娶南浔镇李性川女为室。道光辛巳，砚生病卒，氏年二十有六，上事翁姑、下抚遗孤，辛勤备至。孤至三岁又夭，再抚嗣子成人。氏治家严肃，终其身不与亲族男子交谈，宗族戚党咸敬惮之。守节四十年而卒。咸丰朝旌表，乃建坊于九里桥西五指东坝，与其夫合葬之墓前。《朱氏家谱》。又吴氏，西庄村秀章女，嫁方丈港监生朱芝田。道光甲午，芝田卒，氏年二十有三，无子。当夫故，大殓后焚化冥镪时，氏投火两次，几不及救，逾时始苏。青年矢志，勤苦自安，抚嗣子成立，守节四十年。未经旌表。同上。

姚家滩从九品姚永贵继妻郑氏 震泽从九品郑大纯女。成婚未期，夫疾革。属纩时，氏潜吞盐卤，及众觉救，已不及。遂与夫同时死，时咸丰癸丑九月二十日，年二十四。咸丰四年题旌。汪《志》。

监生王承霖妻盛氏 震泽五界亭监生盛元镕女。父早卒，事母至孝。母病，刲股和药以进，遂愈。后又病，复刲股，竟不效。咸丰甲寅，年三十，夫亡。茹苦抚孤，哀毁成疾。越三年，卒。汪《志》。

徐茝 字湘生，号古芗，《府志》。又号南林女史。蒋宝龄《墨林今话》。生而敏悟，祖爱之，教以经史，过目成诵。马要沈宗骞以书画名东南，茝从之讲论，学日进，孙燮《古芗吟稿序》。适归安武生莘开，《府志》。开居郡城莲花庄，亦宗骞高第弟子。夫妇偕隐，惟以文章笔墨自娱。片纸流传，人得之，珍逾拱璧。一时歆羡，以为不减赵文敏、管仲姬云。《吟稿序》。开早卒，茝事姑抚子，荼苦万端。姑卒，丧葬如礼。未几，子亦卒。茝孑然一身，《府志》。借画以自给。其画绝去脂粉，幽秀可喜。蒋宝龄《墨林今话》。诗气清而格稳，抒写性灵，多自得之趣，极人世不堪之境，而不以损其天。《吟稿序》。年迈犹能作小楷。《府志》。画著色山水，谈诗终日不倦。《吟稿序》。卒年九十余。《府志》。

温纯妻严氏 名文，字淑晖。幼聪慧，善吟咏。年十七归纯。纯谓之曰："能画而不能诗，画即无韵；能诗而不能画，诗必无神。"遂潜心学画，不数月而能花果。其《病起》一绝云："萧萧秋雨织烟丝，遍绕窗前帘幕垂。如此轻寒禁不得，莫嫌病起晓妆迟。"惜不永，年仅十八而卒。纯继配吴氏，名德韫，字恒卿，能弹琴，工墨兰。纯尝篆"花中疑有曲，弦外欲传神"句以贻之。蒋宝龄《墨林今话》。纯三娶徐氏，名孟贤，善书，为梁同书所赏，谓其可造。工诗，有《理琴阁稿》。纯殁时，徐年二十九，守节五十三年。妾王氏从徐守节。《县志》。

生员吴锦江妻李氏 孝翁姑，处事能持大体。三十无子，为夫买妾。女红之外，时为口讲《女训》。嫡庶如母女，妾生子，爱如己出。辛勤操作，延师课子。夫故，家日贫，亲族有助以资者，婉却之曰："人须自食其力。"论者无不钦其贤淑。《县志》。

诸生董庆槐妻汪氏 候选主事尚仁女，名懋芳，字兰畹。《浔溪诗征》。父喜词赋，命诸女读书习吟咏，惟兰畹最慧。迨兰畹归董氏，父弃养，遂辍不复为。戊子，兰畹称未亡人，老怀惨怛，始曰："吾少时好为五七言近体，非矜鞶帨，盖以博堂上欢耳。故三十余年，人无知之者。今欲借此消遣。"自是晨夕苦吟，楮墨遂夥。甫阅数载，而遽永诀矣。其子恂录成一帙，赵棻序。为《寿花轩诗略》。《诗征》。

赵棻 字仪姞，一字子逸，号次鸿，晚号善约老人。上海户部侍郎秉冲女，适批验所大使汪延泽，节妇金顺之孙妇也。生而有文在其手，曰文。性耽文史，长于议论，幼即能诗词，长乃为古文及骈体。女红之暇，常手一编，尤喜读《通鉴》，论史事多特识创议，出人意表。《县志》。天性高朗，有丈夫风骨。陆以湉《冷庐杂识》。曾评注《温氏母训》，每举以教人。其课子以求根柢，近耆旧相勖。尝曰："古云求忠臣必于孝子之门，吾谓取友亦然。《礼》：为人子者，出必告，反必面，不苟訾，不苟笑。此小节耳，求诸当世已不易觏，无惑乎益友少而损友多也。门内之行不修，则虽貌为直谅，自诩多闻，皆矫饰而已，勿与友可也。"其持论之切于事理类如此。又通医籍药性，传方施药，疗人多效。有《滤月轩集》七卷。《县志》。延泽长女曰采，字伯荀，号于繁，华亭袁修瑾妻。承母训，娴吟咏，有《醉愚轩诗稿》。次女曰杼，字七襄，号绚霞，桐乡严锡康妻，亦工诗，有《雕青馆诗草》。《浔溪诗征》。

汤祖训妻蒋氏 蒋堂女。幼时善事父母，于归后，有贤淑声。同治丁卯，祖训疾革，氏涕泣不食数日。祖训气绝，氏即吞金以殉。氏死，而祖训忽复苏，后一日乃殁。《县志》。

孙锡琛 居浔溪。咸丰庚申，红羊劫起，挈家避辑里村祖茔山庄。迨癸亥二月下旬，“粤匪”猝至，仓皇之间，无舟可觅。次女年十八，已许字同里夏氏。三女年十三，未字。次女惧为贼辱，至祖茔侧北沈河畔赴水。三女不忍其姊独撄厥难，相随以殉。越旬余，贼退，出其尸，面如生。里人惊叹，嘉其贞烈。郡城克复后，其父复绘《浔溪双烈图》，求题诗文以表彰之。《双烈图事略》。

李思周妻黄氏 工针黹，借十指以供薪水，俾思周无内顾忧。无子，生三女，皆拮据以嫁。咸丰十年，浙省戒严，里中咸他徙。思周巷战被戕，氏骂贼不稍屈，贼怒，挥以刃，骂益厉。贼纵火焚屋，氏死之，时庚申六月十二日也。族人世元妻黄氏，氏从姊妹行，性柔婉，平居无疾言遽色。庚申六月，世元被掠，黄氏朝夕啜泣，目尽肿。辛酉二月三十日，贼复至，投水死。世元妹二姑，亦投水死。《李氏宗谱》。

朱烈女 南浔人。咸丰十年六月，“粤匪”犯浔，被掠，尽褫衣裈，终大骂不辱，身受九刃，弃尸于水。次日贼退，父母觅尸殓之，面如生，瞋目切齿，犹作骂贼状，传为奇烈。同镇温文俊女投水死，两肩亦各被数刃。又有沈祖培妻张氏，同治三年为贼所迫，坚不受污，身受三刃，并刲两乳死。《县志》。

生员沈思藻妻严氏 咸丰辛酉，夫被掳，屋宇皆焚。氏归骥村，依母家，纺绩自度，朝夕焚香，祝夫回里。同治甲子，官兵收复府城，浙江渐次肃清，夫终无耗。氏度必不返，遂绝粒死，年二十七。《县志》。

张贞女 南浔施敦裕聘妻，张兆南女。咸丰辛酉，敦裕骂贼不屈，贼支解之。时女避难上海，闻讣，吞金二次，均以救免。继以姑老，乏人供养，遂于归施氏。姑病危，刲股以进，得痊。布衣长斋，纺织养姑，抚侄为后，教抚恩勤，一如己出。《县志》。后居塔院，院久荒废，仅存颓垣坏壁，贞女为募资重建，蔚为精蓝，法名妙贞，居院终老。《采访册》。

许兆熊妾钱氏 南浔人。避寇，寓居菱湖。咸丰十年，兆熊病笃，奉侍汤药，衣不解带者月余。兆熊卒，氏潜服毒，嫡子及孙竞为解救。氏誓不复生，但嘱曰：“贼氛未靖，治丧毕，宜速葬先骨！”少顷而死。《县志》。

廪生纪七襄妻严氏 洞庭东山太学生严镜池孙女。粤乱，迁震泽之大庙港。匪至，仓皇出走。子女各奔窜，或已被掳。氏知事急，乃愤然一跃，投身于河。既死，无以为殓。越十余日，七襄友席蓉塘闻之，始代具棺殓，携归洞庭东山，时年四十有七。殓时颜色如生。又纪承瀛，字都仙，与七襄为族昆弟。妻潘氏，庚申之变，其家闭户潜居，匪亦不及入。秋，匪又至，仍不出走，谓可幸免。岂知是夜焜其前楼，坏大门入，遇承瀛弟承陛，索金不遂，戕之。登楼见夹墙有人，遂掳承瀛及弟承杰子秉璋以去。氏潜身出门，投御书阁前河自尽，时年三十。纪磊《记二烈妇事》。

袁烈女 南浔吴玉亭家婢。感主母德，不愿适人。咸丰辛酉，幼主将为贼掳，女力为捍蔽，幼主得脱，女不及遁，投水死，时年五十五。得其尸于真清坝桥。主人义之，为葬于东迁饫三圩，立碣以志。《县志》。

王锡瑺妻钮氏 湖府学附贡生、恩恤世袭云骑尉钮福蕃女。婚甫一年，夫亡。氏痛不欲生，誓以身殉。时方妊，家人劝以大义，且密防之。后产一女，氏自为哺乳，视若坦然。日久防懈，遂自尽，《王氏家谱》。时同治七年也。《县志》。旌表如例。《王氏家谱》。

周寅亮妻沈氏 江苏震泽平望人，太学生沈巢峰女。寅亮懋迁常外出，氏以妇兼子职，堂上定省，朝夕饮膳，必躬必亲。许国年《沈太宜人传》。撑拄门户，内外井井，金和《沈太宜人传》。以故寅亮无内顾忧。道光辛卯秋，寅亮抱病卒，子昌福仅八岁。许《传》。家綦贫，金《传》。氏下抚遗孤，上事尊嫜。《县志》。刺绣纺绩，以资生计。许《传》。日用琐屑，金《传》。专赖十指。拮据《县志》无瘁容，亦无忧色。诸姑姊妹或劳苦之，氏曰："吾分也。"金《传》。湖俗信鬼，妇女多入庙烧香，氏独不为所惑，尝曰："以嘉言懿行为子孙讲解，可以身体力行。因果之说，未足凭也。"人服其识见之超。《县志》。

周良苗妻许氏 儒家女，相夫孝友，脱簪珥，阴行善事。良苗卒，生计颇绌。谭献《许太夫人传》。氏力贫抚孤，教四子皆成立，卒以勤俭起其家。钟文蒸《放生会记》。婚嫁毕，氏综家政，力俭以率后人。益好施予。谭《传》。每岁生日，钟《记》。辄取宴赏之费以赈贫恤嫠、施汤药。沈秉成《放生会跋》。或创焉，或助焉，垂十年不倦，每事各费钱数百缗。钟《记》。同治十三年，年八十，子孙将举寿觞，治牢醴飨客，氏正色曰："汝曹忘先君乐善未竟之志耶？未亡人幸致八十，乃戕物命以供燕笑，乌乎可！"立斥钱五百缗，创放生会，约乡里，当生辰，辄节费以聚生物，放之山泽，迄今不废。谭《传》。

吴烈女 吴县人。家贫，鬻于南浔张姓为婢。端重勤慎，有大家风，为主妇所钟爱。马要沈彬元闻其贤，聘为室。委禽甫半月，彬元以暴疾卒。女闻耗，毁容茹素，有终守之志。示意主人，主人虑有他变，佯颔之。年余，复为议嫁，女遂伺隙自经死，时光绪五年闰三月八日。《县志》。

蒋馚妻吴氏 下塘田吴楷女。读书知大义，事姑钱暨祖姑王，皆能恪守妇道，相夫以敬。性仁厚，生平无疾言遽色，虽婢仆，不加呵叱。好施与，推解不吝。咸丰庚申，氋遘危疾，氏刲臂肉和药以进，疾竟不起。氏痛不欲生，誓绝粒以殉，家人百计劝慰之，始稍进饮食。从此不茹荤酒，抚诸孤，俱成立。光绪庚辰冬卒，年五十七。守节凡二十一年。蒋锡礽《先妣吴太宜人事略》。

周昌大妻董氏 同邑董邦基女。庚申寇乱，杨葆光《董宜人传》。昌大挈眷属避难，由乡而沪而浦，中间关转徙，不常厥居。氏襁负子女从行，备尝艰苦。天寒冰冻，至跪船舷，亲椎冰供汲洗。郑传笈《董宜人传》。同治纪元后，浙江渐次肃清，昌大出入兵燹间，懋迁有无，家略裕。周庆森《董太宜人行状》。乱定归里，氏自奉俭约，杨《传》。如食贫时。郑《传》。虽有婢仆，躬自操作。杨《传》。性和平，里党内外，皆称为易亲。然课子甚严，祁寒盛暑，弗令辍诵读。郑《传》。五十岁后，婚嫁都毕，浣濯犹不倦。诸子妇效之，且请少息，则曰："吾非不知今日之可以安逸，而故为是也。诚欲使子孙知勤俭足以持久，而奢惰之足以败家也。人情莫不好逸而恶劳，孰知耽安逸即足以敝其身、倾其家耶？吾虽老，犹不敢存此念以敝我精神，则凡少者与夫老而未及吾者，其可不吾若耶？吾无厚望于子孙，能守吾之勤俭，以保其身，保其家，则吾愿毕矣。"氏生平不苟言笑，不佞佛，不事鬼神，而乐善好施，岁糜巨款，无吝色。病中，邻家索催生药，时已夜半，强起检与之。其为善不懈类如此。杨《传》。昌炽妻沈氏，桐乡庠生宝贤女，性静穆，无疾言遽色。《周氏家谱》。年二十，归于周，无所出，为昌炽纳簉室，闺门之内，雍雍穆穆，无间言也。有不幸夭折者，遗女仅三龄，抚之如己出。有粤人弃妾，年幼无所归，氏留为义女，择婿而嫁之。昌炽尝客石门姚氏，自姚氏中落，贷白金五千。及病亟，与沈氏谋，召姚氏子与诀而焚其券。人谓非氏，无此卓见。其他率众以俭，御下以宽，犹其余事。杨葆光《味六公沈恭人传》。

温晋妻周氏 本镇周良苗女。晋卒，氏年二十二，遗孤善基生甫四十日。家寒，以十指自给，常依外家。事母尽孝，母晚年得风痹疾，四支不仁，起居胥赖扶掖，垂十余年不懈。迨善基成立，又中年不禄，氏时年六十有七。媳又早死，遗孙洪宝仅十三龄，狼狈相依者又近十载。至七十五岁卒。抚孤两代，守节五十四年。光绪十二年题旌。《周氏家谱》。

徐某次女曰珊姑 母司中馈，珊姑晨起，辄蓬发代母劳。时弟病殆，几不起，珊姑以弟之钟爱于父母也，祷于神，祈以身代。其时父亦病，病方笃，而珊姑且死，年及笄，未字。珊姑以弟之故，恐伤其父之心，以至愿代弟死。其心之婉曲微挚，蔼然孝友，固已彰明较著也。徐延祺《珊姑小传》。

刘保康妻陆氏 震泽陆万丰女。婚未期月，"粤匪"掠南浔，氏舅达泉挈家避。既登舟矣，保康为其师运家具，出而复入。寇大至，不得出，遂失去。当是时，存殁固未稔也。氏恐伤舅姑心，制泪抑痛，若无戚容。至宵深人静，则有哭无睡，目尽肿，旋失明。同治四年，难平，举家返，悉保康被害实耗，乃招魂，以衣冠葬，抚叔氏子安仁为嗣。每遇宗亲喜宴，衎衎称贺，氏嗒焉坐室隅，不笑亦不言，人恒悯之。己卯夏，病笃，曰："昨梦与亡人晤，殆不起矣。"竟殁，年四十有三。守节二十年。光绪十六年题旌。刘锦藻《叔妣陆孺人家传》。建坊于宗祠前。《采访册》。

董春龄妻万氏 万生庭次女，工诗善画，尤精女红。年二十三，归春龄。孝翁姑，睦妯娌，伉俪綦笃。光绪十六年二月十二日，夫病卒，氏不语不泣，形神若丧，乘人不备，仰药以殉。临终，进其夫兄弟而泣曰："翁姑虽年迈，有伯叔在。予归董五六载，曾不能产一男以为予夫一线之续。希望既穷，生亦奚为？翁姑当予亮。至身后若何，伯叔当为我料理之，可无论已。"言讫而逝。时距夫死仅半日耳，年二十有九。《采访册》。

李承初女蕴姑 字同里吴能臣。未嫁，能臣死，讣至，家人秘不使知。时窃窃私语，蕴姑觉之，屡觅死不得。旋以哀毁致疾卒，年二十四。乃归柩于吴而合葬焉。《李氏宗谱》。

生员邱培恩妻沈氏 候选训导沈善钧次女。性贞静，事翁姑尽孝。年二十八，夫亡守志，抚遗孤，督责綦严。虽处境丰厚，而持家俭约。旋得心疾，郁郁以卒，年三十八。光绪二十六年题旌。《采访册》。

张辅妻周氏 郡城周杏樵女。年二十六，夫以痢疾亡。氏痛不欲生，欲投缳自尽。经家人劝慰，以夫无昆弟，况有遗孤，且重闱在堂，仰事俯畜，义不可殉。氏颔之。其长子方六龄，次甫生十阅月，含泪鞠育，以至成人。氏性亢爽，而和以接物，人无闲言。守志三十七年，宣统二年卒，年六十有三。《采访册》。

李邦治继妻张氏 震泽庠生张古香女。秉性和平，宅心孝友，吴凯等《寿妇邀恩禀》。睦妯娌，抚诸侄，人无闲言。夫病翻胃，侍汤药，操井臼，持筹握算，氏一身任之。夫殁，子廷赓已授室；次光霁，年十一。氏勖儿辈锐志读书，勿分心家务，米盐琐屑，仍躬任其劳。"粤逆"扰浙，子先后被掠，日夜倚闾，忧愁万状。越两月，乘间脱归，氏喜过望。后廷赓昆季补弟子员，文名藉甚，从学者众，束修所入，借以养亲。历数十年，门庭秩然。子且两鬓如霜，而氏犹必浣濯躬亲，主持家政。年登大耋，神明不衰，白头昆季，事必请命，奉慈母如严父焉。以年届百龄，光绪二十八年请于朝，旌表如例。《李氏家谱》。

谢书绅妻汤氏 同镇汤学濂女。于归甫逾月，而书绅病，病数月，竟卒。氏欲以身殉，女党察其有娠，责之，意稍回。已而产一男，即庆麟也。家奇贫，借女红以养，盛暑祁寒，必漏尽始已。道光二十九年，湖属大祲，米价腾贵，无以为炊，疽发于背，血缕沾衣，手纫针不辍，见者怜而敬之。次年，姑病殁，适岁除，无可告贷，尽典所有以成礼。嗣避“粤寇”之难，出生入死，更无一日安。庆麟商于海上，家渐起，心稍稍宽。然性习劳苦，家政仍躬任之。光绪三十四年卒，年八十六。嫠居六十六年，题旌如例。初，书绅兄弟三人，仲早卒。长书元，娶吴氏。书绅卒后五年，书元亦卒，遗一子，继殇。娣姒赖庆麟延一线，劳苦共之。刘锦藻《谢节母汤夫人传》。吴氏同治二年殁，年四十一岁，守节十六年。《上海县志》。光绪七年题旌，时有“一门双节”之誉。刘《传》。

湖滨王（张）氏婢 媵于镇北张某家，名爱姐，逸其姓。张夫妇早卒，子幼，为抚养，代综家政。迨少主长，已娶妇，乃居朝真堂焚修。性和蔼，尚朴素，居庙中诵经甚虔。所履之砖，成二足痕，终身不嫁，清净以终，卒年四十余。张氏子孙为之岁时设祭焉。又某氏婢，名瑞香，主妇卒后，誓不适人，潜修于朝真堂。方李氏欲建此庙也，瑞香与爱姐二人实助成之。二人为击木鱼，走市肆中募资，历久不辍，庙卒以成。未几，卒于庙。《采访册》。

邢胜奎妻李氏 年十七归邢，甫七月，夫亡，茹苦守志。父夙擅岐黄术，得其传，因以医稍稍自给。长斋绣佛，募资重建朝真堂居之，焚修礼诵，诸妇女之乐潜修者，群往依焉。守节五十余年，卒于庙。光绪二十六年题旌，建坊于朝真庙前。《采访册》。

工部郎中刘安澜妻 同里邱其樑之女。《采访册》。举止端静，不苟言笑。光绪乙亥，归于刘，晨夕侍奉，得堂上欢。安澜入为工部虞衡司郎中，南北乡试均未售，抑郁而殁。氏欲以身殉。堂上悯其少孀又无子，命弟之子承幹为嗣，且诏之曰：“而有子矣，抚育之，足继吾儿未竟之志。”乃涕泣受命。自是抚承幹，出入顾复，缪荃孙《刘母邱夫人传》。恩勤不可殚述。性好施予，尤以振灾为亟。疾革时，垂念海州灾黎，语承幹输巨款拯海州之难。殁于宣统己酉，王先谦《刘母邱夫人墓志》。年五十，守节二十五年。旌表节孝。《采访册》。

周庆奎妻徐氏 名熙珍，江苏试用县丞海宁徐鸿逵次女。《浔溪诗征》。性聪慧，知文字，有《华蕊楼吟稿》一卷。《周氏家谱》。稿中存诗若干，大抵溯源于剑南、石湖，渐窥香山、义山门径。王廷相《华蕊楼遗稿序》。笔情真挚，意致缠绵，颇合风雅诗人之义。曹鏴《遗稿序》。年二十二而卒。《周氏家谱》。

张令如继妻潘氏 潘建成女，年十六，嫁令如。咸丰四年，夫亡，距成婚未及三月，遗腹生女，抚前妻遗孤，备尝艰苦。历十余年，其孤又亡，女嫁后未几亦亡。氏孑然一身，守节六十五年，卒年八十三。《采访册》。

南浔志卷二十五

里人周庆云纂

列女二

按，节烈贞孝人数繁多，不能一一立传。其无传者，仿《县志》例，另编一卷，以姓氏为纲，下载事略而次第焉。

明

蒋氏董儒继妻。嘉靖时，孀居苦节。

陈氏董俊妻。万历时，县旌贞节。

龚氏董仁妻。夫故，矢节，县给扁旌，祀府学节孝祠。

蒋氏蒋衡阳女。许字，未婚，夫亡，矢志甘贫苦节。以上汪《志》。

温氏温子鳌女。嫁同邑太学生潘龙山，守节抚孤，捐千石米赈饥，旌于朝。有传，载《潘氏家谱》《太学公家传》。

吴氏华梅岩妻，吴江震泽镇吴少堂女。万历戊申，夫亡，抚孤守节。

费氏华仁泳妻，费兆元女。年二十七，夫亡，抚孤守节十余年。子夭，恸哭而卒。以上汪《志》。

沈氏华仁溥妻。二十九岁，夫亡，长斋绣佛，矢节四十三年。

朱氏华用霖妻。二十九岁，夫亡，抚遗腹子，教育成立，苦守五十三年。以上范《志》。

方氏温九经妻。苦节，无子。

徐氏温九奏妻。无子，祝发苦节。以上《温氏家谱》。

清

赵氏生员董应科妻。明万历初，夫亡，苦节。顺治五年卒，年九十九。汪《志》。

周氏温有成妻。割股救夫，早孀苦节，合列题旌。

徐氏温明槿妻。夫亡，无子，苦节。

王氏温明闲妻。夫亡，子一，守志。

施氏温明林妻。苦节，无子。

蒋氏温明棫妻。苦节，无子。

陈氏温偕春妻。子一。早孀，苦节，合例题旌。以上《温氏家谱》。

潘氏纪懋才妻。崇祯辛巳，年二十九，夫亡，抚孤守节二十九年。康熙乙巳，仲子锡卒，与仲媳陆氏抚孙。陆氏，夫亡时，年三十一，守节二十八年。学政颜光敩给“双节济美”扁额，康熙中题旌。

沈氏张伯庆妻，七里温横家仆沈吉女。顺治壬辰，有姜汝成，以索负为名，值伯庆他出，逼奸不从，自缢死。祀府学节孝祠。

方氏朱良琛妻，衮庄方鼎甫女。成婚三载，夫亡。越七日，自缢死，时年二十三。董汉策作传，董师植撰哀辞，祀府学节孝祠。

某氏朱某妻。朱居浔东，娶妇时，疾已笃，未半月，殁于上巳。越七日，氏遂自经于寒食之夕。董友松为赋《朱烈妇诗》，祀府学节孝祠。按，此与方氏同时，疑即一人。然成婚“三年”“半月”不同。张、董、范三《志》皆两载，今仍之。

陈氏朱琇妻。成婚半载，夫病革，氏慰之曰：“孀姑有叔在，妾固有以自处矣，君无忧。”含殓之夕，服缞绖自经，时年二十二，雍正戊申七月二十四日也。祀府学节孝祠。

卜氏王汉英妻。年二十二，夫亡，无子，即时自经以殉。祀府学节孝祠。以上汪《志》。

沈氏温楷妻。子一，抚孤守志，合例题旌。

沈氏温溶妻。夫亡，守节，合例题旌。

沈氏温圣域妻。无子，苦节。

张氏温国卿继妻。子一，抚孤守节，合例题旌。

杨氏温国泰妻。无子，苦节，合例题旌。

陈氏温琦妻。子一。早孀，子名时又早世，无子，媳闵氏守节，两代均经题旌。

金氏温炯妻。无子，苦节年久，合例题旌。

张氏温元龙聘妻。闻讣，奔丧守节。以上《温氏家谱》。

沈氏夏焕妻。早寡，抚子鼒成立，守节三十余年，夏煜撰传。

沈氏生员张光政妾。明天启辛酉，光政卒，氏年二十五，苦节五十六年，康熙十五年卒，光政侄廷植为赋《旌志诗》。

沈氏生员华仁溥妾。天启乙丑，仁溥卒，氏年二十九，守节四十三年，康熙七年卒。以上汪《志》。

薄氏方丈港朱心宇妻。明崇祯辛未，夫故，氏年二十四，孤五龄，抚之成立，守节五十年。《朱氏家谱》。

桂氏纪上猷妻。顺治丙戌，年二十四，夫亡，守节三十一年。

沈氏董懋龙妻。顺治壬辰，年十八，夫亡，苦节无子。

吴氏张启蛟妻。顺治甲午，年二十六，夫亡，无子，苦志守节，十一年卒。

沈氏纪卫生妾。顺治乙未，卫生卒，氏年二十四，守节二十六年。

庄氏张应试妻。震泽生员庄祖溪女。顺治丙申，年二十三，夫亡，抚孤守节三十八年。

茅氏纪曾诒妻。康熙庚申，年二十三，夫亡，守节二十五年。知县吴昆给"节茂松筠"扁额，夏开衡撰传，祀府学节孝祠。

吴氏董志陛聘妻。吴江吴之翰女。康熙庚戌，未婚，夫卒，氏即矢志，缞绖奔丧，抚嗣子成立。

纪氏纪必达女。适吴江沙泽陈元升。年二十一，夫亡，养姑训子，守节三十一年。雍正九年，祀震泽县节孝祠。

沈氏田家驹妻。年二十九，夫亡，立侄自明为嗣，苦节四十五年。

纪氏生员何炳泰继妻。婚仅数月，夫亡，抚前室子如己出，苦节四十余年。

纪氏生员何昂若继妻。年二十二，夫亡，家甚贫苦，抚孤成立。娶妇后，子又病殁，复抚幼孙，守节四十五年。按，董《志》、范《志》有昂若妻，无炳泰妻。《文献》及《纪事诗注》有炳泰妻，无昂若妻。疑昂若即炳泰，然无确据，姑两存之。

沈氏庄圣容妻。年三十，夫亡，抚孤，苦节四十一年。

王氏李乾春妻。夫亡，苦节三十余年。

叶氏屠礼妻。本居新城，避盗迁浔。年三十，夫亡，抚孤，守节五十九年。

王氏沈百顺妻。本姚延著家婢，广西人，名朝秀。年二十九，夫亡，守节二十八年。

沈氏董志进妻。康熙乙卯，年二十八，夫亡无子，苦节三十二年。

严氏金世埰妻。年二十一，夫亡，守节四十七年。

吴氏贝嵩英妻。年十七，甫成婚，夫亡，孝事舅姑，抚侄为嗣，守节三十三年。

倪氏生员邢恩妻。夫亡，守节。康熙二十四年题旌。

费氏董冠麟妻。年二十八，夫亡，守节四十年。康熙五十九年题旌。

严氏丁熊占妻。夫亡，守节。康熙时题旌。

杨氏监生丁柽妻。夫亡，守节。康熙时题旌。以上汪《志》。

金氏方丈港朱日音妻。康熙壬子，年十九，夫亡，贫苦无依，遗孤文魁早世，孙三岁又夭，与媳沈氏日夜勤劳，以女红存活，守节三十余年。

沈氏朱文魁妻。康熙己巳，年二十，夫亡，上事孀姑，下抚遗孤。孤三岁又夭，勤苦自安，守节五十余年，一门双节，未旌。以上《朱氏家谱》。

陈氏张全雯妻。年十九，夫亡，教遗腹子成立，守节四十年。雍正四年题旌。

孙氏陈雪川妻。年二十二，夫亡，守节三十年。雍正八年题旌。

严氏董村妻，骥村严尔斯女。康熙庚戌，年十九，夫亡，立侄为嗣，又夭。氏葬舅姑，与夫心力交瘁，苦节六十七年。雍正九年题旌。

张氏朱玠继妻。年二十四，夫亡，孀姑在堂上，有祖、翁两世孝养，生承欢，死尽礼，抚前妻子如己出，守节二十六年。雍正十一年题旌。

龚氏监生董稚圭妻，郡城龚堂女。康熙壬申，年二十六，夫亡，立侄为嗣，守节四十七年，雍正十三年题旌。

陆氏陆广女，适震泽吴溇监生马维熊。年二十二，夫亡，抚孤守节。乾隆二年题旌。

胡氏杨之璧妻。年三十，夫亡，抚侄成立，守节二十五年。乾隆初，县给扁额，祀府学节孝祠。

汤氏杨文焞妻。年二十八，夫亡，守节六十一年。乾隆初，县给扁额，祀府学节孝祠。按，《县志》“焞”作“焞”，今从《府志》。

褚氏杨荣先妻。年二十九，夫亡，守节三十年。乾隆初，县给扁额，祀府学节孝祠。

顾氏杨子相妻。年二十八，夫亡，守节二十九年。乾隆初，县给扁额，祀府学节孝祠。

沈氏杨士钜妻。年二十九，夫亡，守节二十四年。乾隆初，县给扁额，祀府学节孝祠。

王氏李山学妻。年二十九，夫亡，家酷贫，抚孤守节二十五年。乾隆初，县给匾额，祀府学节孝祠。

姚氏董应梓继妻，平湖姚淳熙女。康熙辛巳，年二十七，夫亡，无子，守节二十年，祀府学节孝祠。

吴氏董某妻。年十七，夫亡，苦节六十余年，乾隆初卒，祀府学节孝祠。

钮氏俞一夔妻。年二十五，夫亡，立夫从弟一凤之子为嗣，守节三十七年，与一凤妻吴氏称“一门双节”。

吴氏俞一凤妻。年二十一，夫亡，与钮氏共抚一孤，甘贫纺织，孝事孀姑，力营丧葬，守节三十一年。

水氏董允忠妻。康熙丁巳，年二十，夫亡，苦节，无子。

尤氏钱中选妻。年二十九，夫亡，教子成立，守节四十八年。

华氏金应钟妻。年二十三，夫亡，守节五十四年。

董氏吴鲲妻。夫亡，守节。

尤氏张启信妻。康熙癸酉，年三十，夫亡，抚嗣子，守节三十三年。以上汪《志》。

丁氏方丈港朱明揆妻，马家港丁子幼女。康熙丁酉，年二十夫亡，守节三十余年。《朱氏家谱》。

孙氏温朝昌继妻。无子，苦节，合例题旌。

庄氏温鹤龄妻。无子，苦节。

叶氏温瓒妻。孝行载《府志》。

董氏温瑗妻。夫亡，守志。

沈氏温豫妻。夫亡，守志。

王氏温启元妻。夫亡，守志。

吴氏温文榜妻。抚孤守志。

陈氏温文征继妻。苦节，无子。

钱氏温元芳妻。苦节。

胡氏温秀芝妻。守志，题旌。

严氏温士琇妻。守志，题旌。

冯氏温秉权妻。无子，苦节，题旌。以上《温氏家谱》。

陈氏生员闵启襄妻。监生陈永洵女。康熙癸未，年二十五，夫亡，守节四十年。乾隆三年题旌。

董氏张种玉妻。年二十，夫亡，抚孤子鸣鈵，娶妇后，鸣鈵又夭，苦节四十六年。乾隆三年题旌。

金氏张鸣鈵妻。年二十五，夫亡，苦节二十七年。乾隆四年题旌。

施氏徐宏进妻。年二十二，夫亡，守节四十六年。乾隆八年题旌。

徐氏生员华凤继妻。年二十六，夫亡，守节四十三年。乾隆八年题旌，学政陈其凝给“节茂寒松”匾额。

董氏张燿妻。年二十四，夫亡，守节三十一年。乾隆八年题旌。

王氏董信烽妻，太仓王滋庆女。康熙庚辰，年二十一，夫亡，敬奉翁姑，抚嗣子成立，守节五十七年。知县罗愫给“雪磨玉节”匾额，乾隆九年题旌。

唐氏张宏志妻。康熙己卯，年二十八，夫亡，抚孤，守节二十年。

俞氏马家港俞启明女，适吴江染店浜孙载周。夫亡，无子，苦节五十余年。

杨氏纪曾宏妻。康熙辛巳，年二十九，夫亡，抚孤子幼思成立，守节五十四年，与幼思妇沈氏称“姑妇双节”。

施氏庄自绅妻。年二十九，夫亡，立侄为嗣，纺织自给，苦节二十八年。

钱氏儒童张元植妻，震泽举人钱威女。康熙丁丑，年二十六，夫亡，抚嗣子，守节三十五年。

汪氏沈昌龄妻。年二十五，夫亡，无子，苦节三十八年。

董氏董份曾孙女，适桐乡青镇监生唐廷楷。年二十五，夫亡，抚嗣子，守节三十二年。

朱氏沈一村妻。夫亡，守节三十余年。

孙氏何春万妻，孙群鸾女。夫亡，守节三十余年。

董氏张掖妻，董子常女。康熙丁亥，年十九，夫亡，事翁姑曲尽孝道，抚孤守节三十九年。

纪氏陆登墀妻。夫亡，守节三十余年。

董氏桂天声继妻。年二十四，夫亡，抚孤守节二十年。

孙氏廪生董懋昭妾。康熙戊戌，懋昭亡，氏年二十六。懋昭妻陈氏有癫疾，氏抚其子及己所生子。无何，两子俱夭，氏茹荼，矢志守节五十一年。

沈氏华用毂继妻。夫亡，无子，日对其夫小像焚香涕泣，守节四十余年。按，《浔录》作“华周毂”，讹。

吴氏华懋杰妻。年二十六，夫亡，茹苦抚孤，复振家业，矢节五十年。按，《纪事诗》注作“华懋昭”，讹。

曹氏陆某妻。夫亡，守节。按，张、董、范三《志》并载，范《志》云未详其守节事迹。

丁氏纪枢妻。雍正癸卯，年二十九，夫亡，守节五十年。

沈氏纪幼思妻。雍正戊申，年二十八，夫亡，抚孤，守节四十五年。

潘氏顾某妻。夫亡，抚孤守节，葬三丧。凌树屏为《节妇诗》。

沈氏李湘远妻。年十九，夫亡，抚孤，守节二十七年。

张氏方建侯继妻。年三十，夫亡，抚四子俱成立，守节三十五年。

沈氏张道南妻，监生沈我成女。雍正庚戌，年二十七，夫亡，抚嗣子，守节六十年。

陈氏姚士盘继妻，陈苍球女。雍正辛亥，年二十七，夫亡无子，守节二十六年。

孟氏张楠妻。雍正癸丑，年二十九，夫亡，抚孤，守节四十年。

严氏生员纪士龙继妻，生员严受千女。雍正甲寅，年三十，夫亡，抚孤，守节二十四年。士龙族弟复亨为赋《旌志诗并序》。

汤氏董在璿聘妻，吴江盛泽汤允文女。雍正壬子，未婚，夫卒，闻讣，吞金死，乃以魂旛、神主归于董氏。知府唐绍祖给“皎日为期”扁额。

温氏张振麟聘妻，七里温某女。乾隆辛酉许字，甫三月，夫亡。闻讣，号恸，不食数日而死。县给扁额。

李氏吴九仪妻。乾隆戊寅，年二十八，夫亡，守节五十年。

陈氏吴九征妾。乾隆己酉，九征卒，氏年二十八，无子，守节四十六年。

李氏监生李在明女，许字某氏子，未婚而亡。氏闻讣，投水死。县给扁额。

章氏张宗礼妻。乾隆己未，年二十九，夫亡，无子，守节五十一年。

金氏纪钲妻。乾隆庚申，年二十八，夫亡，抚孤，守节二十三年。

沈氏钱民则妻。年二十三，夫亡，立侄为嗣，孝养舅姑，守节三十五年。

庄氏廪生董调元妻，监生庄若城女。乾隆癸亥，年三十，夫亡，事舅姑，先意承志；抚遗孤，读书成立，守节四十九年。

徐氏陆纯熙妻。夫亡，无子，苦节二十余年。

沈氏生员纪岳登妻。乾隆壬申，年二十八，夫亡，守节二十八年。

陶氏方允思妻。年二十二，夫亡，无子，勤纺织以养舅姑，苦节三十余年。按，范《志》作"方元思"，今从董《志》。

陈氏张鸿宝妻。年二十七，夫亡，家贫，事翁姑曲尽孝养，抚孤成立，苦节四十余年。

吴氏生员张鸿搴妻，吴江监生吴宗岳女。乾隆丙子，氏年三十，夫亡，抚孤，守节三十六年。

许氏李文卿妻。年二十八，夫亡，无子，苦节三十二年。

孙氏李晋卿妻。年二十五，夫亡，抚孤成立。娶妇后，子又夭，复抚幼孙长成，守节四十七年。

沈氏屠明扬妻。乾隆庚辰，年二十六，夫亡，抚孤，守节三十八年。

李氏吴汉明妻。年二十，夫亡，教子成立，事翁姑，生养死葬尽礼，守节三十八年。

钱氏华某妻，华美成之母。早寡，家贫，事姑至孝，抚孤守节。

闵氏潘晋鼎妻，闵兆魁女。乾隆癸未，年二十九，夫亡，子又殇，立侄为嗣，守节五十二年。

潘氏孙光炯妻。年二十九，夫亡，抚孤，守节三十七年。

庞氏孙朴悌妻。年二十一，夫亡，孝翁姑，训嗣子成立，守节三十年。

张氏生员庄人继妻，吴江籍，居浔。年二十五，夫亡，立侄为嗣，守节三十余年。

朱氏毛丹林继妻。年二十二，夫亡，继侄为嗣，守节五十七年。

田氏董蔚宗聘妻，生员田见龙女，名梦魁，未嫁夫亡。闻讣，缟素自缢，异香满室，颜色如生。陈世倌撰传，纪复亨撰墓志铭。乾隆十四年题旌。

沈氏谈志芳妻。成婚二载余，夫死，自缢，救免。越月余，夫既葬，复缢于灵帏，时年十九。乾隆十六年题旌。以上汪《志》。

李氏李在明女，双林杨鸣周妻。年二十，未嫁，鸣周亡，闻讣，欲奔丧，父母阻之，投水死。乾隆十七年题旌。《双林镇志》。

沈氏谈履清妻。早寡，守志数年，自经死。学政给“烈媲蒯荆”扁额，乾隆十八年题旌。

陈氏潘文炳妻。夫亡，守节，乾隆四十六年题旌。

唐氏王振伦妻。年二十二，夫亡，抚三岁孤成立。至五十九岁，子媳俱亡，又抚九岁孙成立。年八十五卒。乾隆四十七年，学政王杰给“松筠劲节”扁额。

钮氏吴大年妻。年二十二，夫亡，抚侄为嗣，守节四十九年，教谕吴璠给“松质筠贞”扁额。

蔡氏监生潘世琦妻，蔡培风女。年二十九，夫亡，抚孤守节四十六年，祀府学节孝祠。

胡氏监生朱光焕妻。年二十一，夫亡，抚孤守节五十七年，与光焕从弟光炳妻程氏称“一门双节”。乾隆四十八年题旌。按，《浔溪纪事诗注》作“朱光煖”，范《志》作“吴氏”，并讹。今从《事实册》。

程氏朱光炳妻。年二十七，夫亡，无子，事翁姑，生养死葬尽礼。乾隆四十八年题旌。

秦氏纪友松继妻。雍正戊申，年二十五，夫亡，守节五十八年。乾隆四十九年题旌氏。

范氏监生金熙载妻。年二十七，夫亡，立侄为嗣，守节五十一年。乾隆五十年题旌氏。

周氏陈文元妻。夫亡，守节。乾隆五十年题旌。

严氏监生董燿妻，骥村严祖伦女。雍正乙巳，年二十六，夫亡，守节五十二年。乾隆五十二年题旌。以上汪《志》。

叶氏文学张骏观妻。夫故，守节。乾隆五十三年题旌，建坊北栅外瑶田村。《采访册》。

茅氏监生金士桢妾。士桢卒时，氏年二十五，守节六十六年。乾隆五十三年题旌。

宋氏金璞妾。璞卒，守节，抚孤世杰成立。乾隆五十三年题旌。

费氏丁志选妻。年二十，夫亡，守节二十五年，祀府学节孝祠。

陈氏姚石妻。年二十二，夫亡，无子，守节三十七年，祀府学节孝祠。

凌氏金周孺妻。年十九，夫亡，抚侄为嗣。嗣子又亡，复抚孤孙成立，守节五十五年。知县刘镐给扁额。

钱氏吴凤鸣妻。年二十九，夫亡，抚孤守节三十余年。知县刘镐给扁额。

朱氏方英表妻。年二十，夫亡，守节五十年。县给“劲节可风”扁额。

吴氏张廷燮妻。夫亡，抚嗣子，守节五十二年。乾隆四十四年，学政彭元瑞给“冰霜贞操”扁额。

唐氏陆星槎妻。年二十二，夫亡，无子，守节四十余年。学政窦光鼐给“志励秋霜”扁额。

金氏方若周妻。年二十四，夫亡，立侄为嗣，守节三十三年。学政窦光鼐给“纯固清操”扁额。

李氏吴德辉妻。年二十九，夫亡，抚孤，守节三十年。

费氏陆大铭妻。夫亡，无子，苦志守节

沈氏张星槐妻，生员沈昆紫女。乾隆庚寅，年二十三，夫亡，抚嗣子，守节五十年。

沈氏吴维成妻。年二十九，夫亡，抚孤，守节三十八年。

姚氏生员屠元淳继妻。乾隆丁酉，年三十，夫亡，守节三十年。

周氏吴昌明妻，周启明女。乾隆辛亥，年二十四，成婚匝月，夫亡，无子，抚嗣子，守节四十六年。

姚氏生员张镇继妻。乾隆癸丑，年十七，成婚十月夫亡，无子，苦志守节五十年。

尹氏西庄村生员尹以铨妹，适震泽吴溇生员马若韩。年二十七，夫亡，子又殇，苦节二十余年。

方氏吴廷桂妾。嘉庆初，廷桂卒，氏年二十，无子，侍冢室尽礼，守节二十一年。以上汪《志》。

田氏方丈港朱昌周妻，田维瀚女。嘉庆丙辰，年二十四，夫亡，嫁仅一载，抚遗腹之孤，守节三十五年，无疾而终。《朱氏家谱》。

金氏归安武生纪万春继妻，震泽金明刚女。嘉庆戊午，年二十六，夫亡，抚嗣子，守节四十四年。

田氏张邦凝妻，田震南女。嘉庆戊午，年二十六，夫亡，抚孤，守节四十五年。

吴氏张裕堃妻，吴声和女。嘉庆己未，年二十五，夫亡，抚嗣子，守节三十七年。

朱氏陆在兹妻，监生朱武安女。嘉庆己未，年三十，夫亡，守节二十四年。

韩氏张之麟妻，韩振扬女。嘉庆庚申，年二十三，夫亡，抚孤，守节三十四年。

刘氏沈如松妻。嘉庆庚申，年二十六，夫亡，抚孤，守节四十年，与如松弟如槐妻姚氏称“娣姒双节”。

邵氏候选主事汪尚仁妾。嘉庆庚申，尚仁卒，氏时年二十九，无子，守节五十二年。初居郡城，后迁浔。

纪氏邵心葵妻，纪涀辰女。嘉庆癸亥，年二十八，夫亡，无子，抚嫡侄，守节三十六年。

董氏韩振球继妻，董抡元女。嘉庆癸亥，年二十二，夫亡，无子，事翁尽礼，抚侄成立，茹苦守节五十余年。

潘氏监生朱时雍妻，潘辛才女。嘉庆甲子，年二十九，夫亡，抚孤，守节五十余年。

沈氏吴大坤妻，沈圣南女。嘉庆丁卯，年二十五，夫亡，抚孤，守节三十年。

李氏南栅蒋永琪妻。嘉庆戊辰，年二十八，夫亡，抚孤，守节五十余年。

姚氏沈如槐妻。嘉庆己巳，年二十七，夫亡，无子，以如槐兄如松之子兼祧，与如松妻

刘氏，两孀共抚一孤成立，守节四十三年。

蒋氏屠泰中妻，蒋彦章女。嘉庆己巳，年二十六，夫亡，苦节四十六年。

王氏副贡吴检妾。嘉庆己巳，年二十五，检疾革，以其无子，将更嫁之，坚志不从。及检卒，茹苦守节，侍冢室尽礼。以上汪《志》。

罗氏方丈港朱起林妻。嘉庆庚午，氏年二十三，起林卒，无子，守节二十五载。《朱氏家谱》。

赵氏监生张胜潮妻。嘉庆庚午，年三十，胜潮卒，抚孤，守节三十年。

钟氏邢兆熊妻。嘉庆庚午，年二十八，夫亡，抚孤，守节四十二年。

费氏周萼川妻。嘉庆丁丑，年二十七，夫亡，家贫无子，以纺织自给，抚嗣子成立，守节四十一年。

丁氏监生董学灏继妻，丁世贤女。嘉庆丁丑，年二十五，夫亡，抚前妻子及己子成立，守节三十六年。

黄氏生员陆筠妻。嘉庆戊寅，年三十，筠卒，抚孤，苦节十余年。嫡出女适晟舍闵氏，早亡，氏为抚其幼子，读书成立。闵希濂撰传。

张氏监生范雅岩继妻。夫亡，守节四十余年。

董氏范冠英妻。夫亡，抚遗腹子成立，守节三十余年。

吴氏宋方岳妻，吴启潮女。嘉庆己卯，年二十四，夫亡，抚嗣子，守节四十余年。

朱氏张咸时妻，朱云瞻女。嘉庆庚辰，年二十八，夫亡，守节四十余年。

吴氏谢锦璜继妻。年二十一成婚，十月夫亡，抚遗腹子成立，守节五十八年。

吴氏谢绍东妻。年二十七，夫亡，苦节四十五年。

顾氏沈甫民妻。夫亡，抚嗣子守节。嘉庆二年题旌。

毛氏王得懋妻。夫亡，抚孤守节。嘉庆二年题旌。

李氏方家港戴永南妻。夫亡，抚孤守节。嘉庆二年题旌。

蒋氏朱位南妻。夫亡，守节。嘉庆三年题旌。

朱氏严楚臣继妻。夫亡，抚孤守节。嘉庆四年题旌。

闵氏监生蒋士钧继妻。乾隆庚申，年二十六，夫亡，抚嗣孙及曾孙成立，守节六十二年。嘉庆六年题旌。按，范《志》作“蒋士鑑”。

施氏监生谈澳妻。乾隆辛卯，年二十四，夫亡，事姑抚孤，苦节二十八年。嘉庆六年题旌。

汤氏监生刘玙继妻。夫亡，抚孤守节。嘉庆六年题旌。

尤氏吴彦章妻。乾隆庚寅，年二十八，夫亡，抚孤，守节五十一年。嘉庆十年题旌。以上汪《志》。

吴氏方丈港监生朱烈扬妻，观乐村贡生吴右衡女。乾隆辛巳，年十九，夫亡，抚嗣子成立，守节五十年。嘉庆十一年题旌。《朱氏家谱》。

陆氏潘志愈妻。夫亡，守节十八年。嘉庆十五年题旌。

周氏蒋怀忠妻。夫亡，抚孤守节。嘉庆十六年题旌。

许氏钱人珑妻。夫亡，抚嗣子守节。嘉庆十七年题旌。

丁氏闵天恒妻。夫亡，抚孤永锡成立。娶妇后，永锡又夭。与子妇周氏称“一门双节”。嘉庆十七年题旌。

周氏闵永锡妻。夫亡，抚孤守节。嘉庆十七年题旌。

沈氏董上墉妾。年二十七，上墉卒，抚孤，守节六十四年。嘉庆十七年题旌。

庄氏李汉峰妻。夫亡，抚孤守节。嘉庆十七年题旌。

徐氏沈堪继妻。夫亡，抚孤守节。嘉庆十八年题旌。

潘氏倪应宽妻。夫亡，抚孤守节。嘉庆十八年题旌。

姚氏生员吴奎勋妻，监生姚星炫女。成婚次日，夫病革即卒，立侄为嗣，苦节四十余年。嘉庆十九年题旌。以上汪《志》。

沈氏王凤洲妻。夫亡，抚孤守节，卒年九十三。嘉庆二十年题旌。《王氏家谱》。

陆氏生员黄缙云妻。乾隆丁丑，年二十九，夫亡，抚侄为嗣，孝养翁姑，守节六十年。嘉庆二十一年题旌。

张氏沈潮妻。夫亡，抚嗣子守节。嘉庆二十一年题旌。

丁氏董九如妻。夫亡，守节。嘉庆二十二年题旌。

吴氏监生王思芹妻。夫亡，抚孤子珍守节，与思荃妻朱氏、珍妻董氏称“三节”。嘉庆二十三年题旌。

朱氏王思荃妻。夫亡，抚嗣子守节。嘉庆二十三年题旌。

董氏王珍妻。夫亡，抚孤守节。嘉庆二十三年题旌。

黄氏施元标妻。年二十九，夫亡，抚孤，守节四十七年。嘉庆二十四年题旌。

陈氏蒋起骏妻。婚未三月，夫亡，抚嗣子守节。嘉庆二十四年题旌。

方氏李某妻。嘉庆中，成婚数月，夫亡，姑迫嫁之，投水死。孙燮为赋《烈妇诗》。

严氏姚皆福妻。嘉庆庚辰，氏年三十，夫亡，投水死。

蒋氏生员施溶妻。夫亡，守节六十年。嘉庆时题旌。

董氏监生董光裴女，名昭度。幼许字仁和塘栖卓氏子，未嫁，夫卒。缟素归卓守志，立侄为嗣。

孙氏生员范超所聘继妻。未嫁，夫亡，缟素归范，抚侄为嗣，守节三十余年。

温氏生员温梅女。幼字顾氏，年三十，未嫁，夫亡，遂守志不更嫁。以上汪《志》。

叶氏王岐妾。抚孤孝养，嘉庆中卒，年七十九。题建坊详一圩开济桥。

王氏五品衔江苏候补县丞陈晋妻，王守愚女。夫亡，守志，合例题旌。

屠氏王守恕妻，斜家兜屠绍铮女。婚仅十日，夫亡，守节，道光庚子卒，合例题旌。

屠氏王守业妻，屠廷理女。苦节守志，道光丁亥卒。

王氏叶家浜叶蕃妻，王毓金女。抚孤守志，合例题旌。以上《王氏家谱》。

温氏归德培妻。年二十五，夫亡，无子，守节终身，道光朝题旌。

温氏归奉璋妻。年二十九，夫亡，食贫守节，抚孤成立。道光朝题旌。

凌氏归城年妻。年二十四，夫亡，守节二十余年。

严氏归葵卿妻。婚甫一载，夫亡，无子，苦节二十年。

归氏庄蟾香妻，归怀清女。适庄甫一载，夫以瘵疾卒。氏年二十三，守节二十五年。以上《归氏家谱》。

薄氏拜三圩姚家兜吴维安聘妻，薄正元女。道光丁酉，年二十二，未嫁，夫亡，缞绖归吴，抚侄为嗣。汪《志》。

吴氏方丈港监生朱云翔妻。乾隆壬辰，年二十三，夫亡，抚孤秀松成立，守节四十年。道光元年题旌。

潘氏朱秀松妻，震泽人，文昌县知县元吉女。嘉庆辛酉，夫亡，年二十九，同孀姑吴氏抚孤成立，守节二十余年，县赐“一门双节”扁额。道光元年题旌。以上《朱氏家谱》。

陆氏监生沈耕南妻。夫亡，抚孤守节。道光元年题旌。

杨氏徐振芳妻。夫亡守节。道光元年题旌。

吴氏监生董铨妻。年二十八，夫亡，抚孤，守节三十五年。道光元年题旌。

温氏朱兆杰妻。夫亡守节。道光元年题旌。

黄氏沈师韩妻。夫亡，抚嗣子守节。道光元年题旌。

金氏增生董肇锜妻。年二十五，肇锜卒，抚孤，守节四十四年。道光元年题旌。

沈氏生员张八柱妻，生员沈鹏飞女。年二十四，夫亡，抚孤，守节二十余年。学政王杰给“节励松筠”扁额，道光二年题旌。

庄氏监生田自明妻。夫亡，守节五十年。与嗣子聘三之妇朱氏称“一门双节”，道光二年题旌。

朱氏监生田聘三妻。夫亡，抚孤，守节四十余年。道光二年题旌。

姚氏董传孙妻。夫亡，守节。道光三年题旌。

费氏夏万清妻。夫亡，抚嗣子守节。道光三年题旌。

皇甫氏钱瑞明妻。夫亡，守节。道光四年题旌。

吴氏李尔梅妻。夫亡，守节，抚孤汝连成立，与子妇盛氏称“姑妇双节”。道光六年题旌。

盛氏李汝连妻。夫亡，抚孤守节。道光六年题旌。

陆氏贡生金维元妻，嘉兴进士陆昌祖女。年二十二，夫亡，抚孤守节五十三年。道光六年题旌。

虞氏周觐天妻。夫亡，抚孤守节。道光六年题旌。

董氏张文潮妻，董廷梧女。年二十五，夫亡，守节，抚侄为嗣。道光六年题旌。

董氏吴绚沧妻，董上墉女。年二十八，夫亡，抚孤成立。孤又早亡，与媳苦守三十三年。道光六年题旌。

金氏朱糈承妻。夫亡，抚孤守节。道光六年题旌。

金氏董虔钺妻。乾隆甲辰，虔钺卒，氏年二十五，守节四十四年。道光七年题旌。

董氏张天珍妻。夫亡，抚嗣子守节。道光七年题旌。

蒋氏王云程继妻。夫亡，守节。道光八年题旌。

李氏监生蒋闾妻。夫亡，抚孤守节。道光八年题旌。

徐氏生员纪沂春妻，知县徐绳玉女。嘉庆庚申，年三十，夫亡，守节三十余年。道光九年题旌。

严氏徐锡仪妻。夫亡，抚嗣子守节。道光九年题旌。

陶氏生员徐鸾妻。夫亡，抚嗣子守节。道光九年题旌。

纪氏生员董麟达继妻，教谕纪豹文女。夫亡，抚嗣子守节。道光九年题旌。

张氏沈士龙妻。夫亡，抚孤守节。道光九年题旌。

曹氏监生纪再思妻。乾隆戊辰，再思亡，氏年二十六，抚孤，守节四十七年。道光十年题旌。

徐氏钱树荣妻。夫亡，抚嗣子守节，道光十年题旌。

周氏诸均元妻。夫亡，抚孤守节，道光十年题旌。

董氏附监生董肇镄女，适归安生员戴璥。年二十五夫亡，抚侄铨为嗣，守节四十五年。道光十年题旌。孙爕撰传。

董氏徐德修妻。夫亡，抚孤守节。道光十年题旌。

温氏监生归令杼妻。年二十二，夫亡，抚孤，守节五十一年。道光十年题旌。

李氏纪言妻，武举人李东白女。康熙戊寅，年二十二，夫亡，立侄为嗣，守节五十六年，与言弟曾藩妻温氏称“一门双节”。道光十一年题旌。

温氏纪曾藩妻，温庭柏女。康熙己丑，年二十二，夫亡，抚嗣子，苦节三十五年。道光十一年题旌。

王氏杨师颖妻，吴县监生王栋女。年二十六，夫亡，抚孤，守节二十三年。道光十一年题旌。

吴氏郁戴兴妻。嘉庆甲子，年二十，夫亡，无子，以针黹所积，营葬舅姑及夫，苦节五十三年。道光十一年题旌。按，《事实册》作“郁再兴”，今从《采访册》。

郁氏崔诚慗妻。夫亡，抚孤守节。道光十一年题旌。

沈氏金冠三妻。夫亡，抚嗣子守节。道光十一年题旌。

金氏邱大莱妻。年二十五，夫亡，抚孤，守节二十六年。道光十二年题旌。

屠氏监生王恕妻。夫亡，抚嗣子守节。道光十三年题旌。

沈氏朱学淇妻。夫亡，抚嗣子守节。道光十三年题旌。

朱氏归安廪生温晋妻，生员朱青莲女。嘉庆己巳，氏年三十，夫亡，守节四十五年。道光十四年题旌。

黄氏陆辅周妻，夫亡，抚孤守节。道光十五年题旌。

顾氏梁润元妻，夫亡，抚孤守节。道光十五年题旌。

崔氏薄庆曾妻，崔继光女。乾隆辛亥，年十八，成婚未及半载，夫亡，抚嗣子，守节四十六年。道光十六年题旌。

汪氏县丞金辰妻，主事汪尚仁女。嘉庆乙丑，年二十八，夫亡，抚孤，守节三十八年。道光十六年题旌。

方氏沈元星妾，元星卒。抚嗣子守节。道光十六年题旌。

温氏监生张观国继妻，知县温鹤立女。夫亡，抚孤，守节四十三年。道光十七年题旌。

马氏监生张蒙亨妻，震泽监生马云开女。夫亡，抚孤，守节三十五年。道光十七年题旌。汪《志》按，《事实册》作“张蒙吉”，今从《采访册》。

宋氏谈陛岩妻。夫亡，抚嗣子守节。道光十七年题旌。

杨氏吴圣寿妻。夫亡守节。道光十七年题旌。

陆氏拜三圩潘文鹤妻。夫亡守节。道光十七年题旌。

徐氏监生张乾初妻，张宗骥之母。寿至一百一岁，亲见五代。道光十八年，恩赐粟帛，并给扁额。

蒋氏董畅庵妾。年二十八，畅庵卒，抚孤嫁女，守节五十八年，与子可门妇汪氏称“双节”。道光十九年题旌。

汪氏董可门妻。夫亡，抚孤，守节五十余年。道光十九年题旌。

吴氏董虞廷妻，吴廷玉女。乾隆丁未，年二十九，夫亡，守节五十余年。道光十九年题旌。汪《志》按，《事实册》作“董仪廷”，今从《董氏谱》。

周氏林光宸妻，监生周润女。成婚年余，嘉庆丁卯，年十九，夫亡，抚孤，守节四十五年。道光十九年题旌。

宋氏程铨妻。夫亡，抚孤守节。道光十九年题旌。以上汪《志》。

虞氏方丈港朱振玉妻。乾隆甲寅，夫故，氏年十九岁，抚孤守节。至道光元年，子仁华又卒，同孀媳抚育孤孙。道光十九年题旌。《朱氏家谱》。

朱氏沈万奇妻。夫亡，抚孤守节。道光十九年题旌。

庄氏沈汝霖妻。震泽庄廷标女。乾隆己酉，年二十九，夫亡，守节三十九年。道光二十年题旌。

迮氏纪廷榜妻。夫亡守节，道光二十年题旌。

陆氏监生姚书鑑妻，陆廷标女。嘉庆癸亥，年二十九，夫亡，抚孤，守节三十八年。道光二十年题旌。

谢氏吴鼎镛妻。夫亡，抚嗣子，守节三十八年。道光二十年题旌。

朱氏蒋履丰妻，朱晋庭女。嘉庆戊辰，年二十五，夫亡，抚孤守节。道光二十年题旌。

童氏田敬恒妻，郡城武生童立三女。夫亡，抚孤，守节三十余年。道光二十年题旌。

张氏沈舫洲妾。舫洲卒，守节。道光二十年题旌。

纪氏监生吴谆妻。夫亡，抚孤守节。道光二十年题旌。

张氏温锡圭妻，震泽吴溇监生张屺瞻女。嘉庆戊辰，年二十六，夫亡，抚侄为嗣。道光二十年题旌。

沈氏生员丁源妻，监生沈钟璜长女。年二十七，夫亡，抚孤，守节三十三年。道光二十年题旌。

倪氏生员邢大经妻。夫亡，抚孤守节，与大纶妻许氏称“妯娌双节”。道光二十年题旌。

钱氏陆堡妻。年二十六，夫亡，守节五十二年。道光二十年题旌。

许氏邢大纶妻。夫亡，抚孤守节。道光二十年题旌。

朱氏沈楷继妻。夫亡，抚孤守节。道光二十年题旌。

张氏施体元妻。夫亡，抚孤守节。道光二十一年题旌。

韩氏沈森木妻。夫亡，抚孤守节。道光二十一年题旌。

闵氏吴若星妻。乾隆庚子，年二十，夫亡，抚嗣子，守节四十五年。道光二十一年题旌。

谢氏沈大川妻。夫亡，抚孤守节。道光二十一年题旌。

卢氏纪顺之妻。年二十八，夫亡，抚孤，守节三十五年。道光二十一年题旌。

林氏顾朗廷妻。夫亡，抚孤守节，与子宗礼妇姚氏称“姑妇双节”。道光二十一年题旌。

姚氏顾宗礼妻。夫亡，抚嗣子守节。道光二十一年题旌。

凌氏陆奎妻。婚未期年，夫亡，守节十二年卒，与坤妻张氏称“妯娌双节”。道光二十一年题旌。

张氏陆坤妻，监生张宗骥女。夫亡，守节。道光二十一年题旌。

谢氏沈贞吉妻，谢圣祥女。嘉庆壬申，年二十八，夫亡，守节三十九年。道光二十二年题旌。

毛氏李世熹妻。夫亡，抚孤，守节二十五年。道光二十二年题旌。

陆氏监生唐鸣谦妻。夫亡，抚孤守节。道光二十三年题旌。

王氏姚锦尚妻。年二十三，夫亡，抚嗣子，守节三十二年。道光二十三年题旌。

褚氏姚胜昌妻。夫亡，抚孤，守节三十七年。道光二十三年题旌。

罗氏尹景元妻，罗象峰女。嘉庆庚申，年二十八，夫亡，抚嗣子，守节四十五年。道光二十四年题旌。

周氏蒋殿章妻。乾隆丁巳，年二十四，夫亡。无子，立侄孙维镛为嗣，年八十余岁。道光二十五年题旌。

董氏从九品吴步韩妻，董兆泰女。年二十六，夫亡，抚二子成立，守节十九年卒。道光二十五年题旌。

谢氏吴春元妻，谢其祥女。年二十一，夫亡，事姑尽孝，抚侄为嗣，守节三十二年。道光二十五年题旌。

胡氏监生桂鹤元妻，胡士贵女。年二十九，夫亡，事舅姑，抚三子成立。咸丰丙辰病卒，卒时异香满室，守节五十年。道光二十七年题旌。

吴氏沈健行继妻，增生吴鹏女。嘉庆辛未，年二十九，夫亡，抚孤守节三十八年。道光二十九年题旌。汪《志》按，范《志》有吴鹏妾韩氏，年二十六，守节七年卒。今以年例未符，姑附载于此。

陈氏桂寿珊妻。年二十九，夫亡，抚孤，守节三十六年。道光二十九年题旌。

徐氏吴效曾妻。嘉庆庚辰，年二十七，夫亡，抚孤守节。道光二十九年题旌。

吴氏庄肇启妻。年二十七，夫亡，事翁尽孝。无子，抚叔翁子克瀛嗣翁后，爱之如子，守节四十二年卒，克瀛丧之如妣。道光三十年题旌。

孙氏王受五妻，归安菱湖孙树馨女。嘉庆己未，年二十二，夫亡，守节，遗腹生子，又殇。道光三十年题旌。

陈氏丁敏求妻。夫病三年，纺织以养。年二十三，夫亡，抚孤，苦节五十年。道光三十年题旌。

费氏监生沈珮玉妻。嘉庆戊辰，年二十四，夫亡守节。道光三十年题旌。

朱氏曹敬修妻。年二十七，夫亡，守节四十七年。道光三十年题旌。

董氏庞青鹤妻，监生董正治女。夫亡，守节。道光三十年题旌。

温氏桂长泰妻。夫亡，守节。道光三十年题旌。

宋氏纪能仁妻。夫亡，守节。道光三十年题旌。

温氏纪文鸿妻。夫亡，守节。道光三十年题旌。

沈氏温文郁妻，沈鸣珂女。道光壬午，年二十三，夫亡，抚嗣子守节。道光三十年题旌。

闵氏监生金鸿逵妻。道光乙酉，年二十六，夫亡，抚孤守节。道光三十年题旌。

金氏监生金福澜女，适郡城李重熙。道光乙酉，年二十五，夫亡，子亦殇，归于母家，苦节三十年。道光三十年题旌。

吴氏桂万清妻。年二十一，夫亡，无子，苦节二十九年。道光三十年题旌。

邱氏徐璋妻。道光庚寅，年三十岁，夫亡，守节二十一年。学政给"贞操冰清"扁额，道光三十年题旌。

庞氏陆钧妻，庞青鹤女。嘉庆己卯，年二十二，成婚数月，夫亡，守节。道光三十年题旌。

严氏蒋文澜聘妻。乾隆己亥，年二十六，未嫁，夫亡，归蒋守志。家贫，事姑无怠，未立嗣子，孤苦三十余年，卒年五十九。道光三十年题旌。

范氏董梃聘妻。道光戊戌，年二十三，未嫁，夫亡，誓不再字，哀毁成痼疾，卒年三十二。道光三十年题旌。

蒋氏蒋某女，适震泽吴溇董佥义。未婚，夫亡，誓不改嫁。缞绖归董，苦节六十余年，旌额曰"贞心劲节"。

董氏薛冠五聘妻。冠五以贫无行，远出，久无音问，父母欲改字，坚不从，依祖母以居，年六十余卒。祀府学节孝祠。

徐氏朱兆佺妻，徐莹女。道光辛卯，年二十二，夫亡，守节。

董氏生员张藻锦妾。道光辛卯，年二十一，藻锦卒，偕嫡妻王氏抚所生子，守节。

赵氏秀水汪誉榛继妻，上海赵林女，寓居于浔。道光辛卯，年十九，夫亡，抚嗣子守节。咸丰戊午卒，年四十六。

张氏生员邢杰妻，监生张镕金女。道光壬辰，年二十二，夫亡，守节。

张氏纪晋钊妻，张荫棠女。道光癸巳，年二十七，夫亡，抚孤守节。

俞氏监生张大桥继妻，俞仰之女。道光癸巳，年二十五，夫亡，抚孤守节。

朱氏徐秀章妻。道光癸巳，年三十，夫亡，守节。

程氏王元龄妻，程秋畦女。道光甲午，年二十一，夫亡，抚嗣子，守节二十三年。

蒋氏张书铨妻，震泽蒋秉衡女。道光乙未，年二十九，夫亡，守节。

尹氏金振扬继妻，尹秉铨女。道光乙未，年二十六，成婚仅八十日，夫亡。事孀姑，抚前妻子，守节。

潘氏桂万安妻。道光乙未，年二十一，夫亡，无子，守节。

顾氏倪延林妻，顾会嘉女。道光乙未，年二十七，夫亡，守节。

王氏生员董邦桢妻。道光丙申，年二十七，夫亡，抚孤守节。

张氏监生严瑞昌妻，张建中女。道光丙申，年二十九，夫亡，抚孤守节。

邵氏监生张其焜妻，邵鸿如女。道光丁酉，年二十九，夫亡，抚孤守节。

董氏金林妻，董全模女。道光丁酉，年三十岁，夫亡，抚孤守节。

闵氏温锡祚妻，闵肇基女。道光戊戌，年三十岁，夫亡，守节。

尹氏张达海妻。道光戊戌，年三十岁，夫亡，抚孤守节，年五十余。

沈氏穛里谈士槐妻，沈世珍女。道光辛巳，年二十九，夫亡，抚孤守节。

王氏监生王岩女。道光辛巳，年二十三，适震泽生员沈骏。成婚三月，夫亡，抚嗣子，守节。

陆氏钱鸣岐妻，陆瑞祥女。年二十五，夫亡，守节三十一年。

姚氏孟正有妻，姚丰女。道光壬午，年三十岁，夫亡，守节。

张氏举人董襄妾。道光癸未，襄卒，氏时年二十九，无子，抚遗腹女成立，苦节三十二年。

陆氏闵肇基妾。道光甲申，肇基卒，氏时年二十六，抚孤，守节十余年。

陆氏金自庄妻。道光甲申，年二十六，夫亡，抚孤守节。

闵氏周殿升妻，闵肇基女。道光丙戌，年二十八，夫亡，守节。

吴氏姚怀昌妻，吴珮金女。道光丙戌，年二十六，夫亡，守节二十二年。

董氏褚建中妻，董世安女。道光戊子，年二十七，夫亡，抚孤守节。

俞氏纪鲁儒妻，俞耀廷女。道光戊子，年二十四，夫亡，抚孤守节。

杨氏吴文魁妻，杨凤章女。道光戊子，年二十八，夫亡，无子，守节。

叶氏桂长瀛妻，监生叶汝舟女。道光庚寅，年二十二，夫亡，抚孤守节。

纪氏曹松森妻，纪宗稷女。道光辛卯，年二十七，夫亡，守节。

朱氏纪士和妻，朱福堂女。道光戊戌，年二十六，夫亡，守节。

朱氏张平甫妻，朱君雅女。道光辛丑，年三十岁，夫亡，守节。

钟氏金滨妻。道光壬寅，年二十七，夫亡，抚孤守节，至咸丰壬子卒。

严氏生员冯我仁妻，严重辉女。道光壬寅，年二十二，夫亡，守节。我仁长兄钰亦生员，与次兄肇模并早卒，唯肇模有二子：长嗣为钰子，次为我仁兼祧子。钰妻张氏，张会嘉女，年三十五，夫亡。肇模妻金氏，金伏生女，年三十二，夫亡。三孀共居，抚孤，食贫苦守，称“一门三节”。

李氏张钟鑫妻，李涵辉女。道光癸卯，年二十九，夫亡，子早殇，抚侄汾为嗣，苦节。汾妻潘氏，潘瀛客女。汾卒时，氏年二十，事孀姑，抚子女，守志。

沈氏张鹗继妻，沈金门女。道光癸卯，年二十九，夫亡，抚孤守节。

陆氏监生归令耕继妻，陆衡臣女。道光戊子，年三十，夫亡，抚孤，守节三十年。

邵氏邵玉峰女。生母毛氏疾革，女刲股以进，遂愈。后女适吴霆春，早卒。

徐凤姐三岁父死，随母更适施姓。后其母欲许字己所私者，遂自缢死，时年十八。汪《志》按，张《志》、《浔录》并载之。董《志》据张鸿銮《徐贞女》诗首句云“有客至浔上，爰征贞女诗”，疑非浔人，削之不录。然张《志》即鸿銮兄鸿巂所修，果非浔人，必不阑入。盖贞女居近乡，不在镇市，故张诗如此。今仍从张《志》载入。

张氏监生蒋宗衔妻，张大素女。年二十四，夫亡，抚嗣子守节。咸丰元年题旌。

袁氏沈申通妻，袁沂女。道光壬午，年二十八，夫亡，抚嗣子。守节二十八年。咸丰二年题旌。

闵氏生员董思妻，闵隆基女。道光庚寅，年二十九，夫亡，抚嗣子守节。咸丰二年题旌。

金氏乌盆兜李调元妻，监生金振扬女。乾隆甲申，年十九，夫亡，抚孤子吉堂成立，守节五十七年，与吉堂妇吴氏称“一门双节”。咸丰三年题旌。

严氏监生吴光纬妻，教谕严兆元女。道光乙酉，年二十一，夫亡，抚孤守节。咸丰三年题旌。

吴氏李吉堂妻，吴电安女。乾隆丙午，年十七，夫亡，抚孤，守节六十五年。咸丰三年题旌。

于氏陆树声妻，于文光女。道光壬午，氏年三十，夫亡，孝事舅姑，抚孤守节。咸丰三年题旌。

杨氏陆树德妻，监生杨登瀛女。道光乙酉，年二十四，夫亡，抚嗣子守节。咸丰三年题旌。

王氏生员张藻锦继妻，王觐女。道光辛卯，氏年三十，夫亡，守节二十一年。咸丰三年题旌。以上汪《志》。

董氏监生董朝肃女。少时尝刲臂疗母疾，长适仁和商籍恩贡生归安戴宸为继妻。事姑尽孝，又刲股疗夫疾。咸丰三年题旌。

金氏鄞县监生金镛女，居浔，许字青浦凌玉成。未婚，夫卒，闻讣，服毒死，年十八。孙衍庆撰传，咸丰四年题旌。

李氏梁希鸾聘妻，监生李鹏飞女。未嫁，夫亡，讣至，越二日，氏侦知之，即服毒死，年二十六。咸丰五年题旌。以上《采访册》。

陆氏生员闵鑑妻，训导陆宝持女，自晟舍迁浔。雍正己酉，年二十八，夫亡，守节三十九年。咸丰五年题旌。

钱氏张景廉妻。年二十七，夫亡，守节三十五年。咸丰五年题旌。

屠氏张景章继妻。年二十七成婚，半载夫亡，守节二十六年。咸丰五年题旌。

俞氏监生张景苏妾。景苏卒时，氏年二十九，守节十八年卒。景苏与景廉、景章胞兄弟也。氏与屠氏、钱氏称“一门三节”。咸丰五年题旌。汪《志》按，俞氏是妾非妻，范《志》称“姒娣三节”，谬。

吴氏袠庄丁家港丁茗英继妻。年十八，夫亡，守节二十七年。咸丰五年题旌。

沈氏袠庄丁禹文妻。年二十八，夫亡，守节三十五年。咸丰五年题旌。

张氏袠庄监生丁汉妻。年二十九，夫亡，守节十三年卒。咸丰五年题旌。

任氏袠庄丁飞豹妻。年二十二，夫亡，守节十四年卒。咸丰五年题旌。

张氏屠荫嘉妻，张圣来女。嘉庆壬戌，年二十八，夫亡，守节。咸丰五年题旌。

金氏沈凤山妻，金凤芝女。嘉庆庚午，年十八，夫亡，守节。咸丰五年题旌。

孙氏陆鑑妻，孙宝琛女。嘉庆丙子，年二十一，夫亡，守节。咸丰五年题旌。

吴氏袠庄丁蔚新继妻。道光癸未，年二十七，夫亡，守节。咸丰五年题旌。

潘氏袠庄丁荫佳继妻。道光乙酉，年二十六，夫亡，守节。咸丰五年题旌。

金氏廪生纪运芳妻。夫亡，守节。咸丰五年题旌。

皇甫氏生员张模妻，震泽人，桐乡籍增生皇甫鳌女。咸丰丁巳，年二十七，夫病革即不食，及夫卒后三日，终以不食死。徐延城撰传。以上汪《志》。

吴氏李子安妻，同里太学生吴瑞周女。咸丰庚申六月十二，贼至浔，子安被掠不回，氏年三十二，无子，守节二十八年而卒。《李氏宗谱》。庆云按，年逾三十守志，例得宪旌。

于氏归嘉言妻。嘉言设鞋肆于金陵，因家焉。咸丰三年，金陵陷，嘉言率妻，子瑞年、福年，女一，阖门自缢殉难。

徐氏归嘉宾妻。嘉宾业鞋于苏州。咸丰十年，苏城陷，与妻并三岁子同缢殉难。以上《归氏家谱》。

董氏生员闵鸾书妻。咸丰庚申，贼至，投河死。

宗氏蒋美章妾。夫亡，守节四十年，咸丰庚申卒。

蒋氏屠大中妻，蒋彦章女。夫亡，守节四十年，咸丰庚申卒。以上《采访册》。

王氏王吉女，字审四圩屠，未嫁。咸丰辛酉，殉难投水，祔祀忠节祠。《王氏家谱》。

胡氏吴锦山妻，同里胡某女。咸丰庚申，避难江苏三白荡，八月廿三遇贼，投水死，年二十三岁。夫弟伍生，年十三，同日遇贼，被创。

柳金长寿庵尼。咸丰庚申六月十二日遇贼，投水死。

袁氏吴玉亭婢。咸丰辛酉，贼至，投水死。

张氏庄祖鑑妻。“粤匪”时殉难。

某氏潘涧滨妻。“粤匪”时殉难。

张氏纪子廉妻。“粤匪”时殉难。

陈氏纪浩妻。“粤匪”时殉难。

吴氏张某婢。“粤匪”时殉难。

张氏沈祖培妻。“粤匪”时殉难。

朱氏某女。“粤匪”时殉难。

冯氏沈登瀛妻，及女银姑。同治元年八月，“粤匪”犯浔，俱殉难。以上《采访册》。

纪氏屠斯恭妻。同治甲子，贼至，殉难。

王氏屠斯樟妻。同治三年，贼至，殉难。

归氏屠宗亮妻，孝姑。甲子春，遇匪，抱幼女投河死。祀节孝祠。

朱氏屠维垓妻。“粤匪”掠浔，殉难。以上《屠氏家谱》。

吴氏吴梅桥女，湖州生员钮祐庭妻。城破，投河死。《采访册》。

洪氏王槐福妻，安徽太学生洪汉荣女。同治甲子殉难，年六十一，祀忠节祠。《王氏家谱》。

沈氏王槐玉妻。同治甲子，投河殉难。《王氏家谱》。

姚氏姚文山女，嫁湖州董氏。夫有瘵疾，及故，氏仰药以殉，时夫丧未出殡也。《采访册》。

张氏王守琛妻。同治甲子，遇“粤匪”，投水殉难，年五十九。恩恤，祔祀忠节祠。《王氏家谱》。

张氏温庭椿妻。守节五十余年，遇“粤匪”，投河而亡。其孙宝荣、宝生，同夭于贼乱时。《温氏家谱》。

蒋氏蒋炳女，新市虞湘帆妻。夫亡，守节三十年，同治初年卒。

钱氏蒋炳妻。夫亡，守节五十年，同治甲戌卒。

王氏蒋炳妾。夫亡，守节三十年，同治甲子卒。

李氏监生严英甫妻，生员李邦治女。夫亡，守节，依母氏以居，卒年八十。以上《采访册》。

吴氏王守愚妾。年十九，守志，同治乙丑卒，年七十六，合例题旌。《王氏家谱》。

倪氏金五荣妻。夫亡，守节。

纪氏沈邦桢妻，府学生纪磊女。夫亡，身殉。以上《采访册》。

吴氏温养元妻。夫亡，守节。

归氏温兰瑞妻。少年苦节。以上《温氏家谱》。

涂氏屠永凝妻。夫亡，守节，合例题旌。

沈氏屠启年妻。夫亡，守节，合例题旌。

嵇氏屠启贤妻。勤俭食贫，相夫以礼，夫亡，同日身殉。已旌表烈妇，县给“劲节可风”扁额。

归氏屠见龙妻。食贫苦节，合例题旌，卒年九十三。

张氏屠启亨妻。无子，守志。

朱氏屠启宗妾。无子，守志，合例题旌。以上《屠氏家谱》。

施氏方丈港朱秀嵩妻。道光庚子，年二十七，夫亡，遗孤二岁，抚育成人。孤又早世，遗孙五岁，同媳蒋氏共抚之。守节四十四年。《朱氏家谱》。

李氏张桂舟妻，李莲塘五女。早寡，守节。

李氏邱季恭妻，李莲塘六女。早寡，守节，与五姊自幼均不茹荤，寿并逾七十。以上《李氏宗谱》。

蒋氏朱仁椿妻。咸丰十年，年二十三，夫亡，遗孤五岁，与孀姑施氏同抚成人，守节十八年。《朱氏家谱》。

屠氏生员汪蔚生妻，屠竹庭女。夫故，守节十二年，光绪庚辰卒，年三十八。《采访册》。

潘氏增生温丰继妻。夫亡，守志。光绪十四年题旌。

孙氏候选巡检潘蓉塘妻。夫亡，守志。光绪十八年题旌。以上《浙省节孝全录》。

韩氏李芳元妻，庠生韩治夫女。夫亡，抚嗣子守节。宣统二年题旌。《李氏宗谱》。

梅氏布政司理问杨希声妻，梅昂千长女。婚未及月，希声死，氏年才二十。守节四十余年。

杨氏名瑞珠，小家女。割股疗父疾，孝行可嘉。张文元作长歌予之。

邵氏四品封典许长龄继妻。夫早亡，守节抚孤，事姑尽孝，戚里称之。光绪三十四年卒，年七十五。

沈氏沈淬字女，嫁董辅卿。辅卿故，氏年三十岁，抚孤，守志十六年。以上《采访册》。

南浔志卷二十六

里人周庆云纂

职官

按，历代职官，因年远缺略，汪《志》断自国朝。晚近书吏裁撤，案卷荡然，并极近之官员姓氏、籍贯、任事年月，不能全举。今只载其所知，并依《县志》补列宋、元、明职官，而详职考，据于下方。

南浔镇知丞

宋

咸淳：朱林咸淳五年权南浔镇知丞。范《志》据《朱进士移状请给印押台判遗册》作“文林”。

承务郎监南浔镇事

咸淳：陈荣咸淳六年承务郎监南浔镇事。按，《嘉应庙敕牒碑》作“承节郎监安吉州南浔镇事”。

南浔征官

元

至正：王子成至正十三年南浔征官。

《苏平仲集》：王子成以父荫补乌程南浔征官。至正十三年，广德寇陷湖州，湖州吏无大小皆鼠窜，子成独不窜。江浙行中书省脱脱统军平湖，子成率里胥奔走，供给不懈。参政便宜欲超迁子成，子成谢曰：“无功徼赏，非小人之心也。”参政曰：“寇至不去，军实不乏，非功而何？”子成曰：“琐琐者，安足齿录？”于是参政不复进其秩。秩满，改庆元路录事判官。见《县志·名宦传》。

南浔镇儒学教谕

元

至正：杨天显至正中，见《修南浔城碑》。

湖州府盐漕水利湖捕通判

清

乾隆：李思庚湖北汉阳人，监生，九年任，十一年三月移驻南浔，十二年十月卸事。

吴继元字季亭，江苏如皋人，辛酉举人，十二年十月署，十三年七月卸事。

陈名荣字木亭，广东澄海人，贡生，十三年七月任。

周承芳字纫兰，湖南平江人，贡生，二十五年二月任。

左书贵州人，己酉举人。

爱山满州镶白旗人，官学生，四十五年任。

范全忠字补堂，江苏如皋人。贡生。

时敏满洲正黄旗人，五十八年任，嘉庆三年升台州府同知。

嘉庆：高大成汉军镶黄旗人，生员，三年十二月升补，四年莅任。

德宁满洲正红旗人，八年任。

梁伟业十一年署。

石云斗字虚平，江西乐平人，监生。十一年七月选，是年莅任。二十五年三月出差押运，十月回任。道光元年三月出差解饷，八月回任。四年七月告病，闰七月病痊回任。六年三月出差解饷。升广西平乐府同知。

王寿榕字荫之，湖北蕲水人，贡生署。

陈昌宇试用同知，二十五年三月署，九月卸事。

赵瑞璧试用同知，二十五年九月署，十月卸事。

道光：陶定求江苏江宁人，贡生，运副，改补通判。元年三月署，八月卸事。

吕树梅安徽旌德人，试用通判。四年七月署，闰七月卸事。十六年二月复署，十月卸事。十八年二月复署，十月卸事。

顾伟烈江苏吴县人，监生，布政司照磨。六年三月署，十二月卸事。

唐古泰满洲正蓝旗人，监生。六年九月选，十二月莅任。七年四月出差押运，十年正月回任，四月卒于任。

明枫满洲镶白旗人，监生，试用运副，七年四月署，八年十二月卸事。

冯钟洛江苏通州人，监生，试用运判，八年十二月署，十年正月卸事。

崔曾益试用通判，十年闰四月署，十月卸事。

项兆松江西彭泽人，辛巳举人，十年十月任，十一年十二月丁忧，十二年正月卸事。

祝普庆试用同知，十二年正月署，六月卸事。

明文汉军镶黄旗人，十二年六月任，十三年三月出差解饷，九月回任，十四年四月卒于任。

马兆椿坐补处州府同知，十三年三月署，九月卸事。

杨春煦试用布政司理问，十四年五月署，十月卸事。

陈天瑞字辑五，汉军正白旗人，附监生。十四年六月选，十月莅任。十五年三月委署杭州理事同知，七月回任。十六年二月出差解茶引，十月回任。十七年二月委署嘉兴理事同知，十八年十月回任。十九年三月复署嘉兴理事同知，十二月回任。二十年七月复署嘉兴理事同知，二十一年八月回任。二十二年二月出差办架木，十二月回任。二十三年十一月丁忧，十二月卸事。

蒋恩铭试用运判，十五年三月署，七月卸事。

郭培荣议叙布政司理问，十七年二月署，十八年二月卸事。

邓承恩试用运副，十九年三月署，十二月卸事。

徐久道试用同知，二十年七月署，二十一年三月卒于任。

刘震试用运副，二十一年闰三月署，八月卸事。

黄宗贵试用运判，二十二年二月署，十二月卸事。

韦兆濂试用布政司理问，二十三年十二月署，二十四年三月卸事。

许亦清字问渠，顺天宛平人，监生。二十三年十一月选，二十四年三月莅任，十二月出差解架木，二十五年十二月回任，二十六年四月丁忧。

汤世勋试用运副，二十四年十二月署，二十五年十二月卸事。

陈涑试用布政司库大使，二十六年五月署，十一月卸事。

夏世堂字无敏，福建建宁人，优贡生。二十六年五月选，十一月莅任，三十年四月卒于任。

傅化南试用按察司经历，三十年五月署，十二月卸事。

江允康字松圃，安徽黟县人，监生。三十年六月选，十二月莅任，咸丰七年五月捐升知府，留浙候补。

咸丰：汤烈成字果卿，直隶清苑籍，江苏武进人，辛卯举人，候补同知。七年五月署，十月卸事。

刘奎卯河南尉氏人，附贡生。七年十月任。

杨然敬字铁星，湖南善化人，咸、同间协守郡城，殉难。

同治：佛龄阿宁夏驻防正蓝旗人，举人。同治三年四月任。

曾国霖字雨人，河南固始县人，癸亥进士。以工部主事改官知县，奏补乌程县。五年七月兼护。

萧书字芸史，湖北汉阳人，进士。本县知县。七年八月兼署。

葛康锡江苏吴县人，监生。候补按经历，七年九月署。

黎锦瀚湖北宁乡县人，监生。即补知府，九年三月借补到任。

涂冠江西新城县人，监生。候补经历，九年十二月署。

刘克成字幼白，江苏甘泉县人，附贡生。十一年三月任，十三年十月调办海运沪局卸事，光绪元年六月回任，八年二月俸满引见卸事，八年十月回任。

揭裕镕江西南丰县人，佾监生。候补同知，十三年十月署。

光绪：黄昌甲字荣亭，四川南江县人，监生。试用同知，八年二月署。

许国瑞江苏无锡县人，监生。候补同知，十六年九月署。

沈寿铭字子阁，湖南湘乡县人，附贡生。候补同知，十六年十月署。

邹宝善字小峰，江苏丹徒县人，监生。十七年八月署。

钟汇字湘飔，汉军正黄旗人，监生。十九年九月署。

吴鸿烈四川铜梁县人，监生。二十年四月题补，十二月任。

金遵祖字慈生，荫生，安徽人。廿一年署。

孙鍐字绍彭，江苏上元人，荫生。二十一年十一月选，二十二年八月任，三十四年八月病故出缺。

方骏字倬甫，安徽歙县人，监生，补用知府，借补杭州通判，三十四年九月调署。

宣统：刘式渊字溥时，安徽合肥县人，荫生。光绪三十四年十月选，二年正月任。

孙子元字　青，湖南湘乡人，二品荫生。三年八月委署，未到任而国变。

南浔镇巡检

元

夏某逸名，南浔镇巡检，见《日损斋集》。按，元设后潘司巡检，而此称南浔巡检，盖当时已寄治南浔矣。《县志》。

乌程县巡检

明

李举沅陵人。

曾邦泰福清人。

冷应龙南昌人。

周思祖临川人。

张守谦巢县人。

贺应宾休宁人。

林大纪福建人。

蔡自明德化人。

余恺新淦人。

张万成金坛人。

程继昌歙县人。

王有朝建平人。

叶盛徐州人。

林大夏莆田人。

李榛丹徒人。

周文彬武陵人。

于先志顺天人。

胡大顺江西人。

万应秋宣城人。

杨执中云南人。

梅先春曲江人。

周文聪怀宁人。

以上二十二人，后潘司与大钱司并载，无从分析。又，《府志》唯十六人在明代，于先志、胡大顺在顺治中，万应秋、杨执中、梅先春、周文聪在康熙中，未知孰是。《县志》。

后潘司巡检

《浔溪文献》曰：浔之设官，自赵宋始。明初，置税课驿馆，旋设旋罢，迹类雪鸿。其后起而历久者，惟巡检一员，然名同于宋元而权不逮论，官方者或忽之矣。洪武中，有谕各处巡检敕曰："朕设巡检，扼要道，验关津，必士民之乐业，致商旅之无艰。然古法之良，未经点督。今特差人诣所在，谕以巡防有道、讥察多方，有能坚守是职、镇靖所司，役满来朝，朕必嘉焉。故兹敕谕。"噫，何其责之者重以周也。尝闻一命之士，苟存心于爱物，于人必有所济。且朝廷岂漫树此剩员，听尸素也哉？夫重视官，则居官者亦自重，故巡司题名不可失也。后潘村巡检元置，明时已驻南浔，元代名氏俱无考。至驻防题名，旧志并缺。按，至正二十年，有万户徐某，见《修南浔城碑记》。又有副帅许某，见《通利桥碑记》。至正二十二年，有伪吴守将王胜，见王氏《姑苏志》。此外并已无征。节录汪《志》。

顺治：罗文选江南青阳籍，江西南昌人，三年任，七年任满，给由赴部。

魏景星陕西富平人，十七年任。

康熙：彭可久湖广巴陵人，四年任。

陈其忠江南宝应人，七年任，九年因案去任。

吴枋江南歙县人，九年任。

蔡国臣陕西三原人，吏员，十六年任。

李枝芳顺天良乡人。

葛金标直隶景州人。

周国兴顺天大兴人。

傅国光河南人。

潘林加江南江宁人。

鲁洪图顺天大兴人。

李恩玉山西阳城人。

李伸山西人。

周国勋顺天宛平人。按，范《志》作"周国兴"，讹。

孙伦秩本府司狱，六十一年署。按，一作"秩伦"。

雍正：王国标山西人。按，范《志》作"周国棕"，讹。

南浔司巡检

乾隆：何廷举顺天大兴人，元年任，四年详请后潘司改南浔司。按，一作直隶天津人。

毛士义山西人，本县大钱司巡检，四年署。

曹进山西人，四年任。是年起建衙署。

杨笃恭甘肃人，七年任。

赵连城顺天文安人，八年任。

钱以礼安徽人，十二年选，未莅任。

舒世缨安徽旌德人，十三年任。

罗定朝四川岳池人，十七年九月任。

陈基飞安徽池州人，二十五年任。

练成平广东人。

裘元谟江西新建人。

丁观尧顺天宛平人。

朱应豹顺天大兴籍，江苏仪征人。

陈汝钦四川金堂人。

陈大龙湖北汉阳人。

嘉庆：田正开湖南永定人，监生，二年任。

吴敬焘江西人。

罗应垣广东新会人。

张凤来字少良，号巢阁，陕西人，十八年任，二十五年六月卒于任。

张谦洛试用主簿，二十五年六月署，七月卸事。

冯光周试用从九品，二十五年七月署，十一月卸事。

汪嘻号竹香，安徽休宁人，监生。二十五年九月调，十一月莅任。道光三年四月俸满赴验，五月回任，十二月卸事，四年八月回任，八年十月俸满赴验，十一月回任，十年十二月甄别去任。

道光：徐锷本县大钱司巡检，三年四月署，五月卸事。

张森试用从九品，三年十二月署，四年八月卸事。

唐允模本县主簿，八年十月署，十一月卸事。

屠道泽试用未入流，十年十二月署，十一年五月卸事。

胡次耕字服田，四川宜宾人，吏员。十一年三月补，五月莅任，十四年正月出差解油茶，十五年二月回任。十八年九月出差解饷，十九年二月回任，三月因案去任。

洪廷桂试用未入流，十四年正月署，十五年二月卸事。

刘玉麟试用未入流，十八年九月署，十九年二月卸事。

徐绍芬本县县丞，十九年三月署，四月卸事。

张炳钟试用从九品，十九年四月署，二十年四月卸事。

盛朝卿贵州石阡人，附监生。二十年三月补，四月莅任，二十三年闰七月调办闱差，九月回任，二十五年十一月卒于任。

孟传纶本县主簿，二十三年闰七月署，九月卸事。

周贻绶试用州吏目，二十五年十一月署，十二月卸事。

刘春台试用未入流，二十五年十二月署，二十六年十二月卸事。

唐厚载江苏吴县人，监生。二十六年六月选，十二月莅任，二十八年十二月回避卸事。

高卿培试用未入流，二十八年十二月署，三十年正月卸事。

张廷璿试用从九品，三十年正月署，八月卸事。

姚绍煦湖北江夏人，吏员，二十九年十月调，三十年八月莅任，咸丰二年八月调省差委。

咸丰：毕光昭山东文登人，试用未入流，二年八月署，三年二月卸事，八月复署，四年十二月卒于任。

周信洞江苏吴县人，吏员，二年十月调，三年二月莅任，八月丁忧。

包容试用县丞，四年十二月署，是月即卸事。

胡元勋字立成，湖南安乡人，监生，四年五月补，是年十二月莅任，五年五月卸事，八年六月回任。

程国光江苏金山人，本县县丞，五年五月署，八月卸事。

查炳文江西义宁人，本县大钱司巡检，五年八月署，十二月卸事。

李嘉谟江西金溪人，玉环厅玉环司巡检，五年十二月署，七年五月卸事。

林汝霖福建侯官人，试用从九品，七年五月署，八年五月卸事。

仁和董慎言《皇清恤赠登仕郎、前署仁和县典史林君传》：君姓林氏，名汝霖，字小岩，福建上杭人。父坤，字松岩，任安徽茹麻岭巡检，以老致仕。君幼读书明大义，援例得九品官，分发浙江。咸丰七年，署南浔巡检。九年，署仁和县典史。父母就养任所，姊二人、妻周氏及子四、女二随侍。十年二月十七，城陷，君携子跽请其父："俱死非计，速挈孙出避，以延宗祀。"父不许，流涕固请，乃携诸孙匿狱壁中。君送之出，归署，则母、妻及两姊、长女均自缢矣。抢地长号，旋危坐堂皇，列印于案，手酒痛饮，大书于壁云："未能矢志勤王事，惟有捐躯答圣朝。"俄贼至，君怒骂，击以印，不中。贼前加刃，旁一贼言："此忠臣，不可杀！"竟舍去。复有数贼至，君佯顾堂后，贼争趋入，则积尸纵横。搜金不得，骇且憾，突出，断君首，置案上，尸僵坐，不仆。及贼退，父挈诸孙自狱中出，殓诸尸，命役槁葬署旁。父旋卒。长子懋生，年十六，谒前巡抚王公有龄，泣述死事状。有龄为请于朝。是年五月，诏赠君主簿，给世职，家属旌表如例。懋生奉檄效力浙东军营。次年，诸暨兵溃，欲回杭，以贼围城，不果。嗣闻包村起义，往赴之，志欲立功，以雪父仇。同治元年，包村陷，殉焉。次子年十二，亦死辛酉杭城之难，次女及两幼子以寄养越中戚属家，得不死。五年冬，复葺典史署堂西偏，掘土，得尸六。迫视之，朝衣冠者，首在颈旁，生气凛然。众愕，不敢发。有老役朱华，过而诧曰："此前典史林公也。藁葬时，某与其役，今七年矣。"因述死状甚悉。同官暨绅士等醵金卜葬于孤山林处士墓侧，立祠宇，加冢碣焉。周氏，仁和人，父名肇仁，以从九品殉难云南，尝任安徽土桥巡检，与君父同官，故以女妻君，死时有娠数月。幼女今适会稽钟氏分发江西从九品铭球之次子。论曰："林氏为闽右族，代有闻人。君负伉爽才，顾不及大用，而辱于末吏，卒能阖门殉难，志节皦然，则亦何愧其家声哉！"初围城中，君谒仁和令李福谦，语次及贼，李慷慨长吁，揽衣带视之曰："吾佩此久矣。"盖李君前令金华时，贼至，尝左佩印，右佩鸩，登陴以督战守，至是复然，故云。君闻而默然。李问之，则敛容起对曰："某誓不负公。"两人卒皆如其言，而君死事尤烈。於戏！一命之尉，望重青云，如林君者，可以风矣。石刻在杭州孤山林典史祠壁。

曾传保湖北江夏人，补用从九品，八年五月署，六月卒于任。

同治：张麟石字受之，广东嘉应州人，监生，三年任，光绪十五年卸事。

光绪：聂渚湖北人，十五年署。

吴栻字鑑南，江苏吴县人，十六年任。

俞鸿钰字少云，安徽婺源人，监生，十七年署。

耿葆澂字赓庭，江苏金山人，十八年任。

方洪亮字钟泉，安徽歙县人。由洗心局委员兼代。

邹铨二十年署。

苏应培字士成，广东顺德人，佾监生，五品军功，二十年五月选，十一月任。二十一年十一月调署长浦巡检，二十三年四月回任。二十七年九月调署新市巡检，三十一年四月回任。

姚元镠字邻梅，江苏吴县人，二十一年十一月由长浦巡检调署，二十三年四月卸事。

汪丙熙字振南，安徽绩溪人，二十七年九月由新市巡检调署，二十八年十月丁忧卸事。

李炘字少琴，江苏江宁人，附贡生，试用府照磨。二十八年十月代。

方祖培字荫棠，安徽绩溪人，二十九年三月署，三十一年四月卸事。

郭家瑞字祥荪，山西临汾人，署。

左庆廷字宜之，安徽人，监生，三十二年任，三十四年四月卸事。

顾鸣凤字意城，江苏无锡人，附贡生，候补典史，三十四年四月署，八月通判孙钱病故，奉藩司檄委兼护，九月交卸护篆，宣统元年二月卸事。

宣统：曹晋泰字星垣，顺天宛平人，监生，知县用，在任候补分县，元年二月任。

南浔汛把总

汪《志》未载营汛，今举同、光后所知者。按，此缺于宣统二年裁撤。

同治：梁梦熊字子英，杭州人，正任，十三年出缺。

范夔元字秋泉，湖州人，署。

光绪：李钟麟字伟卿，临海人，由乌镇汛调署。

许殿彪字卜臣，临海人，七年任，二十七年卸事。

詹正华处州人，二十七年署。

孙福炳字吟仙，三十一年署。

赵云飞字沛霖，上虞人，三十二年代理，三十三年任，宣统二年裁撤。

南浔志卷二十七

里人周庆云纂

选举

进士

宋

庆元二年丙辰邹应龙榜**张准**《人物》附传。

淳祐七年丁未张渊微榜**朱枏**字元宰，四川茶马司都大提举。

明

永乐二年甲申补行会试曾棨榜**张翼**《人物》附传。

嘉靖二十年辛丑沈坤榜**董份**《人物》有传。

嘉靖三十二年癸丑**温应禄**探花，翰林院编修，《人物》有传。

万历五年丁丑沈懋学榜**张斗**《人物》有传。

万历八年庚辰张懋修榜**董嗣成**道醇子，《人物》有传。

万历十一年癸未朱国祚榜**董道醇**份子，《人物》附传。

万历十七年己丑焦竑榜**朱国祯**《人物》有传。

万历二十六年戊戌赵秉忠榜**温体仁**字长卿，号员峤。历官光禄大夫、左柱国、少师兼太师、中极殿大学士，卒赠太傅，谥文忠。

万历二十三年乙未朱之蕃榜**董嗣昭**《人物》附传。

万历二十九年辛丑张以诚榜**华士嶟**《人物》有传。

清

顺治十八年辛丑马世俊榜**殷维藩**字价人，四川峨嵋知县。

康熙三十九年庚辰汪绎榜**陆士渭**《人物》附传。

康熙五十四年乙未徐陶璋榜**张鸣钧**《人物》有传。

康熙五十七年戊戌汪应铨榜**夏开衡**封泰弟，《人物》附传。

雍正二年甲辰陈惪华榜**夏封泰**归安籍，《人物》有传。

乾隆十六年辛未吴鸿榜**董丰垣**归安籍，《人物》附传。

乾隆十七年壬申恩科秦大士榜纪复亨河南商丘籍,《人物》有传。

乾隆十九年甲戌庄培因榜丁麟字炳中，号香海，直隶蠡县知县、广西宾州知州。

乾隆二十二年丁丑蔡以台榜吴岩《人物》有传。

乾隆三十一年丙戌张书勋榜陆嵩高归安籍,《人物》附传。温鹤立字苹飞，号陂田，湖北大冶、黄冈知县。戊子乡试同考，官福建崇安知县。

乾隆四十五年庚子恩科汪如洋榜吴宽字峰青。

道光十六年丙申恩科林鸿年榜温文禾《人物》有传。

道光二十七年丁未张之万榜庞公照《人物》附传。

同治十三年甲戌陆润庠榜朱宝书《人物》有传。

光绪三年丁丑王仁堪榜张桢《人物》有传。

光绪二十年甲午恩科张謇榜刘锦藻乌程籍，字橙墅，号澂如。工部都水司郎中，特用五品京堂内阁侍读学士衔。

上舍释褐附

宋

绍熙五年甲寅张定上舍释褐，状元,《人物》附传。

钦赐进士附

清

乾隆六十年乙卯恩科温大鹤字云皋，以年逾八十，恩赐翰林院检讨。

武进士附

清

雍正元年癸卯恩科许燮字公调，御前侍卫。

举人

明

永乐元年癸未补行乡试张翼见《进士》。

成化七年辛卯张祐字元吉，福建泉州府通判。

弘治八年乙卯张泉字紫旸，湖广石首知县。

弘治十七年甲子沈渊字文源，号浔溪，广东乳源知县。

嘉靖十六年丁酉董份见《进士》。

嘉靖二十五年丙午纪濂《人物》有传。

嘉靖三十一年壬子陆充龄《人物》有传。

隆庆四年庚午陆德望充龄子，应天中式，改名以载。《人物》附传。

万历元年癸酉董道醇份子，应天中式，见《进士》。

万历四年丙子张斗见《进士》。

万历七年己卯董嗣成道醇子，见《进士》。

万历十年壬午温允治字懋绳，号念衡，一号彦蘅。

万历十三年乙酉董祖锡字素存，号青霞，本姓崔，吴江七都人，出继董氏。

万历十六年戊子朱国祯见《进士》。

沈鼎臣一作鼎玉，字君实，号梅石，国子监丞。

万历十九年辛卯温汝舟字省庵，号受吾。任太和县令，转黟县，升任王府审理，恩荣耆寿。

万历二十二年甲午董嗣昭道醇子，见《进士》。

华士嶟见《进士》。

丁树本《人物》附传。

庄日宣《人物》有传。

董中宪归安籍，顺天中式。复姓吴，改名时宪，字公敏。江西南昌府同知，宗人府经历。汪《志》按，《府志》戊子有吴中宪，号苍华，乌程籍，吴江人，顺天中式，宗人府经历。甲午又有吴时宪，归安人，顺天中式。误以一人为两人。今从刘、高两《县志》。

万历四十年壬子吴中颖《人物》附传。

天启元年辛酉陆树本字道生，号丹霞。

天启四年甲子张光午字剑水，一作见水，号吾若，一作五若。钱塘教谕，南直隶庐江知县。汪《志》按，《文献》云初名光斗。考光斗为张斗初名，非光午也。

崇祯三年庚午方晋明字孟昭。

屠宏偁字禹若，号圣真，顺天中式，金华教谕。自新城迁浔。

清

顺治十一年甲午董衡顺天中式，《人物》附传。

顺治十四年丁酉张中虙字仲行，兰溪教谕。

庄允堡吴江籍，字季坚，一作孟坚，号珂月。以科场事发遣，后赦归。

顺治十七年庚子殷维藩见《进士》。

汪《志》按，范《志》有康熙辛酉范景，系秀水人，居吴江。今不载。

康熙二十九年庚午**沈平露**《人物》有传。

康熙三十五年丙子**张发**中虑子，字丹宸，号湖山，内阁中书舍人。

康熙三十八年己卯**陆士渭**以载元孙，见《进士》。

陆士潮以载元孙，字起澜，号逸庵。

康熙四十四年乙酉**温睿临**《人物》有传。

康熙五十年辛卯**张鸣钧**见《进士》。

康熙五十二年癸巳恩科**夏封泰**归安籍，见《进士》。

康熙五十三年甲午**夏开衡**封泰弟，见《进士》。

周大年本姓倪，由徽州迁浔，钱塘商籍。顺天中式，号东壶。

康熙五十九年庚子**董浩**归安籍，《人物》有传。

雍正四年丙午**董利见**顺天中式，改名良弼，字绣原，一字秀园，号守斋，江南英山知县。

汪《志》按，范《志》是科有范逢尧，系石门人。今不载。

雍正七年己酉**董炎**沧州籍，顺天中式，《人物》有传。

雍正十年壬子**董球**字虞在，号赓堂。自吴江八都迁浔。

雍正十三年乙卯**计士枚**字东瓯，号卜亭。

乾隆六年辛酉**吴岩**见《进士》。

纪复亨河南商丘籍，顺天中式，见《进士》。

乾隆九年甲子**董丰垣**归安籍，见《进士》。

丁麟见《进士》。

董小坡丰垣弟，归安籍，字过之，号眉峰，改名景坡。

温崧曾贻孙孙，字侪岳，号云坡。选授陕西直隶鄜州洛川县知县。

乾隆十二年丁卯**徐德元**《人物》有传。

乾隆十五年庚午**纪士玉**归安籍，字充持，号悬圃，甲戌明通榜，湖南攸县知县。

董翼字健飞，号讱斋，临安教谕。

乾隆二十四年己卯**陆嵩高**归安籍，见《进士》。

乾隆二十五年庚辰恩科**温鹤立**见《进士》。

乾隆二十七年壬午**范君僎**归安籍，字右之，号恕堂，一号望山，山东夏津、阳信、历城知县，登州府同知。

乾隆三十三年戊子**张乾元**改名升吉，《人物》有传。

乾隆三十五年庚寅恩科**张震亨**《人物》附传。

吴宽见《进士》。

乾隆三十六年辛卯范养浩本姓朱，字乐芹。

乾隆三十九年甲午董攀龙王锡子，改名载昌，字谔风，号蕢舟。

沈升峤归安籍，字方李，一字舫蠡，号辛斋，景宁钱塘教谕。按，李或作季，讹。

乾隆四十二年丁酉董王锡归安籍，字恭甫，号谦山。廪贡生，任嘉兴、萧山、黄岩训导。中式，升金华教谕。

乾隆四十八年癸卯董一经字宝传，号韦庄，一号韦斋，嵊县训导。

乾隆五十七年壬子董惇史王锡子，攀龙弟，归安籍，字书廉，号廉泉。江西候补知县，署吉安府莲花厅同知；河南候补知县，署许州知州。

嘉庆三年戊午张珂改名澂，《人物》附传。

嘉庆六年辛酉董应椿一经子，字冠英，号云帆。

嘉庆十二年丁卯董襄一经子，应椿弟，宛平籍，顺天中式，字念乔，号茗庵。

嘉庆二十三年戊寅恩科冯鸣盛《人物》附传。

董荣青王锡孙，归安籍，字午庄，号小喦，山东沂水知县。

汪《志》按，旧志是科有徐林春，系德元孙，居东郭兜，后居弁山太子湾，未尝居浔。

道光二年壬午董恪一经孙，字景侨，号镜芙，定海教谕，安徽六安州同。

道光十一年辛卯恩科董荣椿归安籍，字贯时，号静厓，江苏太仓州同。

温文禾归安籍，见《进士》。

道光十二年壬辰补行正科纪五辰更名用康，字抚于，号星槎。

道光十七年丁酉徐霖钧归安籍，字雨三，号子雨。

道光二十年庚子恩科邵湘归安籍，字楚云，号雨帆。

陆贵琛原名桂春，《人物》附传。

道光二十三年癸卯庞公照归安籍，见《进士》。

道光二十四年甲辰恩科邵棠湘弟，归安籍，字树嘉，号勿亭，石门训导。

道光二十六年丙午孙斯咏字永之，号秋士。

咸丰二年壬子徐延祺《人物》有传。

汪曰桢《人物》有传。

咸丰八年戊午陆鸿逵字楚荪，号恂友，江苏沭阳县知县。

咸丰九年己未恩科吴桂森字馨山，号友兰。

同治六年丁卯徐延城霖钧子，归安籍，字培之，号管花，宁海训导。

张桢顺天中式，见《进士》。

同治十二年癸酉朱宝书见《进士》。

光绪九年乙亥恩科刘安涛乌程籍，字禹平，号雨蘋。侍读衔、内阁中书、江苏候补道。

光绪五年己卯蒋锡绅《人物》附传。

光绪八年壬午周庆贤《人物》有传。

光绪十一年乙酉韩焜乌程籍，字文起，号孟蛟。龙游县教谕。

光绪十四年戊子刘锦藻见《进士》。

梅福墉乌程籍，字勗勤，号既庭，一号石菴，直隶大挑知县，《人物》附传。

光绪十九年癸巳恩科钱汝雯乌程籍，原名汝源，号桐轩。

光绪二十年甲午邱炳珍乌程籍，字幼岩，号右銮，余杭教谕。

闵次颜乌程籍，号季望。

张钧衡乌程籍，号石铭，兵部车驾司主事。

光绪二十三年丁酉屠维屏乌程籍，字黼青，号辅清。

光绪廿八年壬寅补行庚子、辛丑恩正并科梅履泰乌程籍，字阶平，号祗安。

光绪二十九年癸卯蒋汝藻锡绅子，乌程籍，字元采，号孟蘋，学部郎中、总务司行走。

宣统二年庚戌朱斯芾乌程籍，号榜生，由美国耶路大学法政科毕业，廷试考取举人，农工商部郎中、庶务司行走。

孙嘉禄乌程籍，号皆六，由美国柯克、康乃尔二大学机械科毕业，廷试考取举人，邮传部郎中、路政司行走。

庞中规归安籍，号揆庭，由江苏高等学堂毕业，廷试考取举人，礼部司务。

宣统三年辛亥李善富乌程籍，字善甫，号永之。日本大阪高等工业学校机械科毕业。廷试考取举人。

钦赐举人附

清

乾隆五十九年甲寅温大鹤年八十三，恩赐举人，见《进士》。

道光十七年丁酉丁殿金字康侯，号柳溪，归安籍，年逾九十，恩赐举人。

光绪十七年辛卯庞元济乌程籍，号莱臣。豫直赈捐，报效巨款，由直督李奏奖，奉旨赏给举人，一体会试，刑部江西司郎中，特赏四品京堂。

武举人

汪《志》按，《文献》曰：前代重文轻武，乡试有不由庠士者。且登科后，会试三次不中，并黜其科，故我浔于武途寂寂无闻。至国朝文武一体，于是讲韬略、习骑射者，镇中不乏其人矣。

清

康熙五年丙午**孙旭**归安籍，后为僧，名悬证，《方外》有传。

康熙十一年壬子**纪官**《人物》附传。

康熙二十年辛酉**纪寅**《人物》附传。

纪志昌字俊成。

康熙四十四年乙酉**沈文炜**字贞阶。

康熙五十年辛卯**潘浩**字摇光。

康熙五十二年癸巳**温云龙**字鲁望，号见亭。雍正丙午督题卫守备，戊申部选城守备。

康熙五十三年甲午**陈昭**字宁周。

康熙五十六年丁酉**许燮**见《进士》。汪《志》按，《文献》作庚子，讹。

雍正元年癸卯恩科**杨开运**字主维。

雍正二年甲辰补行正科**朱成**本姓陈，后复姓，以朱成为名，字宝东，山东平山卫千总。

雍正七年己酉**纪廷辉**《人物》有传。

邢廷金字端文，号南村，湖广荆州卫千总。

乾隆九年甲子**陈基**朱成子，字孟敞，一作孟超。

乾隆十二年丁卯**陈飞龙**字建南。

贡生

明

洪武□年**朱祖**乌程岁贡，字从先，直隶丹徒教谕。

正统□年**金富**乌程岁贡，南直隶溧阳训导。

成化十四年戊戌**张正**乌程岁贡，原名钲，字廷瑞，湖广蕲水知县，后迁乌镇。汪《志》按，《府志》作字廷端，讹。

弘治十七年甲子**董琮**乌程恩贡，字良玉，号约轩，南直隶萧县训导。汪《志》按，《府志》作萧山，讹。

正德□年**丁元**乌程岁贡，字乐山，广东惠州府推官。

正德□年董环府学岁贡，《人物》有传。汪《志》按，府、县志皆在正德时，无年分。董《志》作正德壬午。考正德止于十六年辛巳，无壬午。

嘉靖元年壬午陆元吉乌程恩贡，《人物》附传。

嘉靖三十四年乙卯董斯民府学副榜，字心夫，号勉斋，四十三年甲子复中副榜。

嘉靖□年吴在川乌程岁贡。

隆庆二年戊辰尤应祥府学恩贡，字凤冈。湖广沅州通判。汪《志》按，旧志及府、县志皆作瀛州，讹。

隆庆五年辛未张锷府学岁贡，字剑台，桐乡训导。汪《志》按，府、县志并云万历中贡，官教授。

万历九年辛巳纪鸿府学岁贡，字宗禹，号绍泉，嘉兴府训导、定海县训导。

万历十二年甲申纪有章乌程岁贡，字子达，号华山，顺天宛平知县。汪《志》按，子达，一作子逵。

万历二十二年甲午董嗣茂乌程副榜，字仲培，号方白。

万历二十八年庚子庄日益府学副榜，字懋谦，号澄我。汪《志》按，范《志》作甲午，讹。

万历三十三年乙巳张光治乌程恩贡，字春冶，金华县训导、江西会昌教谕、南直隶淮安府教授。汪《志》按，范《志》作乙未岁贡，董《志》作会昌知县，并讹。

万历三十五年丁未陈王猷乌程岁贡，字尔嘉。象山开化训导、广东万州学正。

万历四十年壬子董廷勋乌程副榜，字巨能，号元常。汪《志》按，廷勋入南雍，又中副榜，未详何年。

张明起乌程副榜，字顺之，号元升，鄞县教谕，四十六年戊午复中副榜。汪《志》按，《涌幢小品》有“沈汶，早贡为博士”，当在万历中。府、县志并不载。

泰昌元年庚申纪纵群乌程恩贡，《人物》附传。

天启七年丁卯张廷荐府学恩贡，字二溟，号念真。天台训导、景宁教谕、严州府教授、淮王府审理。

崇祯元年戊辰屠宏偁乌程恩贡，见《举人》。

温是府学岁贡，《人物》有传。

崇祯十年丁丑陆兆鲁府学岁贡，号嵩阿。汪《志》按，《陆氏谱》作丙子。

温潆乌程岁贡，《人物》有传。

崇祯十七年甲申董式乌程岁贡，《人物》有传。

汪《志》按，庄允城岁贡，庄廷鑨拔贡，当在明末，苏、湖二《府志》并讳而不载，不知确在何年。又夏允桢明季贡入成均，疑是例贡，故不录。

清

顺治五年戊子陆锡乌程拔贡，《人物》有传。汪《志》按，或作丁亥恩贡，讹。

顺治八年辛卯陆律吴江拔贡，字吹元，号嶰公，江西广信府通判。汪《志》按，《苏州府志》作监贡，讹。

顺治十一年甲午庄允坤吴江岁贡，字君宁。自吴江五都迁浔。

顺治十四年丁酉张应纶府学岁贡，字言如，号绎庵，龙泉训导。汪《志》按，或作辛卯恩贡，讹。

章兆圣乌程岁贡，字凤鸣。

康熙元年壬寅闵平府学岁贡，本姓朱，字上本，其先原长兴顾氏。

康熙十一年壬子董思府学岁贡，《人物》有传。汪《志》按，张、董、范三《志》作辛亥，讹。

康熙十六年丁巳齐治《人物》有传。

康熙十八年己未潘士培乌程岁贡，字培之。汪《志》按，《文献》作归安，府、县志并不载。

康熙十九年庚申董奕相府学岁贡，字梁禹，号生洲，义乌、临安、上虞训导。

康熙二十年辛酉方穀府学岁贡，《人物》附传。

康熙二十四年乙丑董志阶归安拔贡，《人物》有传。

温棐忱《人物》有传。

康熙二十六年丁卯朱奎乌程副榜，字文朗。

康熙二十七年戊辰章彝乌程岁贡，字周开。

康熙三十六年丁丑吴士冕安吉拔贡，字周服。

康熙三十七年戊寅沈慎初安吉岁贡，本姓庄，字铭之，桐乡训导，自吴江五都迁浔。汪《志》按，《震泽县志》作四十二年癸未。

康熙三十八年己卯庄蕴和府学岁贡，字子恂。汪《志》按，因病不及试，故府、县志不载。

康熙四十五年丙戌曹尔价乌程岁贡，《人物》附传。沈登瀛曰：按，《县志》作四十四年，此与《府志》合。

康熙五十二年癸巳沈国正安吉岁贡，字沧孺，号元一，临海训导，自吴江八都迁浔。汪《志》按，《文献》作戊戌，《震泽县志》作丁酉。

康熙五十五年丙申夏光远安吉岁贡，《人物》附传。汪《志》按，董《志》、范《志》作庚寅，与《府志》同。考其子封泰《梦呓编》作丙申，必不误。《文献》、张《志》并作丙申。

康熙五十七年戊戌沈瓒功归安岁贡，字锡鬯，宁海训导，自吴江八都迁浔。汪《志》按，范《志》作缵功，字锡畅，并讹。《震泽县志》作丁酉。

雍正元年癸卯陆宝持湖府岁贡，字位仁，号云虹，松阳训导。

陆璜桐乡岁贡，字西灏。

董炎沧州拔贡，见《举人》。

雍正四年丙午陈亮仁和副榜，本姓董，后复姓，以陈亮为名，字电章，号益斋。

雍正七年己酉王起鹏归安拔贡，《人物》有传。又见《荐举》。

董承勋乌程副榜，《人物》有传。

张文白沧州副榜，本姓董，后复姓，字洛菲，一字子猷，号易庵，福建惠安盐场大使。

雍正十一年癸丑沈雄鸣府学岁贡，字律元。汪《志》按，《县志》在乾隆六年，讹。

雍正十三年乙卯董汇吉乌程副榜，字泰茹，号淳庵。

乾隆元年丙辰计成乌程恩贡，字永思，号南林居士。

张宗洙乌程副榜，顺天中式，见《荫袭》。

乾隆六年辛酉董金城府学拔贡，归安籍，字亢之，号少客。

乾隆十一年丙寅王三凤府学岁贡，归安籍，字武源。

乾隆十八年癸酉范君僎府学副榜，见《举人》。

乾隆二十三年戊寅董希辂乌程岁贡，字皋怀，号莲台。

乾隆三十一年丙戌杨素槐乌程岁贡，字立庭。

乾隆三十五年庚寅钱存忠归安副榜，字青虬。

乾隆三十七年壬辰沈丰岐归安岁贡，字大宗，号易斋。

乾隆三十九年甲午韩峰府学岁贡，字醇甫。

乾隆四十年乙未陆贤英归安岁贡，字翥声，号廉石。

乾隆五十年乙巳纪豹文府学恩贡，《人物》有传。

乾隆五十三年戊申董肇镐乌程岁贡，字思赞，号月桥。

乾隆五十四年己酉吴检乌程副榜，字韫青，一作应青，号省斋。

乾隆五十五年庚戌张宗灏府学恩贡，字幼梁。

嘉庆三年戊午沈骏发归安岁贡。

嘉庆六年辛酉张鑑乌程拔贡，《人物》有传。

嘉庆九年甲子张鑑由拔贡复中副榜。

嘉庆十三年戊辰杨鸣琴府学岁贡，字南薰。

嘉庆十五年庚午温琪乌程副榜，字韫山。

嘉庆十八年癸酉殷锵府学副榜，字鸣球，号石溪。

嘉庆二十一年丙子夏其炳府学岁贡，字枫宜。

道光元年辛巳董桐仪府学恩贡，字穉威，号丹岑。

丁宸归安恩贡，《人物》有传。

道光二年壬午温文禾归安副榜，见《进士》。

道光五年乙酉吴汝雯府学拔贡，归安籍，《人物》有传。

道光八年戊子孙燮府学岁贡，《人物》有传。

纪奎光乌程岁贡，《人物》附传。

丁殿金归安籍，年逾八十，钦赐副贡，见《举人》。

沈树楷归安岁贡，《人物》有传。

道光十四年甲午沈垚府学优贡，《人物》有传。

道光十五年乙未范建中乌程副榜，顺天中式。初名征兰，字信芳，号小波。汪《志》按，范《志》作壬辰，讹。

道光十六年丙申张一士府学岁贡，初名理将，字福曾。

道光二十一年辛丑张秉纯乌程岁贡，字佑成，号雨庵。

道光二十四年甲辰陆长春乌程副榜，自浔南南蒋港迁浔，《人物》附传。

道光二十六年丙午范允中乌程副榜，顺天中式，字季思。

道光二十七年丁未温文炳乌程岁贡，字郊如，号澧生。

咸丰四年甲寅张燮章乌程恩贡，字焕纶，号薇轩。

咸丰五年乙卯徐延城归安优贡，字培之，号管花。

咸丰七年丁巳陆鈖乌程岁贡，字蕴山，号玉如。

咸丰八年戊午温濂乌程岁贡，天台训导，《人物》有传。

金汝明府学岁贡，号玉泉。

咸丰十一年辛酉张桢乌程拔贡，见《进士》。

同治五年丙寅纪汝刚乌程岁贡，号小石。

金以铭府学岁贡，号杏村。

同治十一年壬申温鼎乌程岁贡，号秋心。按，《县志》作同治庚午。

庞正庄归安岁贡，号栩园。

同治十二年癸酉朱宝书乌程拔贡，见《进士》。

光绪元年乙亥**韩焜**乌程副贡，见《举人》。

光绪二年丙子**黄锺**乌程岁贡，号鹤楼。按，《县志》作同治壬申。

董庆来府学岁贡，号菊农。

光绪五年己卯**徐锡恩**府学岁贡，号笏堂。

光绪六年庚辰**纪丰第**乌程岁贡，号幼槎。

光绪七年辛巳**朱兰升**府学恩贡，号少茗。

光绪十年甲申**方贞元**府学岁贡，号沁梧。

王锡祺副贡，号弁甫，藏谷桥人。

光绪十三年丁亥**王锡城**岁贡，号燮臣。

庞正达岁贡，《人物》有传。

光绪十五年己丑**钱汝雯**乌程副贡，见《举人》。

光绪十六年庚寅**李廷赓**乌程恩贡，号子琴。

温绮生恩贡，号霞城。

归唐岁贡，号二川。

方正修岁贡，号介眉。

光绪十九年癸巳**郁运申**归安岁贡，号庚庵。

潘琳书安吉岁贡，号茗毓，昌化训导。

光绪二十二年丙申**陆熊祥**府学岁贡，号渚航，江苏候补直隶州州判。

光绪二十六年庚子**张廷贵**府学岁贡，号子良。

光绪二十八年壬寅**汤敬熙**归安岁贡，号芑生。

光绪三十年甲辰**纪福寿**府学岁贡，号仲景。

光绪三十三年丁未**归尔臧**府学岁贡，号颂眉。

光绪三十四年戊申**陈廷桢**乌程岁贡，号鹤亭。

宣统元年己酉**张廷华**乌程岁贡，号萼生。

蒋敬修府学岁贡，号贯群。

宣统三年辛亥**张善修**湖州中学堂毕业，例授优贡，号献庭。

钱奎杰湖州中学堂毕业，例授优贡，号静臣。

张善熏湖州中学堂毕业，例授岁贡，号赓虞。

庄世樑湖州中学堂毕业，例授岁贡，号开伯。

按，自光绪乙巳停止科举，凡大学堂毕业及留学生廷试考列最优等者，得奖给进士。高等毕业及留学生列优等者，奖给举人。中学毕业者，奖给贡生。不另立表，仍依年列入《选举》，惟注明某省某学堂、某国某学堂毕业。

荐举

宋

华初成淳熙中，以经义荐，官至兵部尚书，《人物》附传。

华文胜宝祐中，以人才举为江州干办公事，《人物》有传。

华宝实景定末，举著作郎，不受，《人物》有传。

朱材以乡贡荐，为建康府通判，后为僧，号法通。汪《志》按，材即华文胜女婿。华氏《传芳录》作朱林，《朱氏谱》作材。

华玙德祐中，以荐为定远主簿，《人物》附传。

元

史博世祖时征辟不就，《人物》有传。汪《志》按，博本宋遗民，其征辟则在元代，故传入宋，表入元。余仿此。

张褕由征辟任国子监学录。

庞朴元初征授翰林修撰，《人物》有传。

华钦元初以博学荐，授明州教授，又以经术精通荐为国子博士，《人物》附传。

明

华裕昆太祖起兵，辟为团练使，《人物》有传。

董仁寿明初三征不就，《人物》有传。

张士谅洪武六年征召隐逸，不应，《人物》有传。

张立洪武八年，征召贤良，任国子监学录，《人物》附传。

丁时庸字显卿，洪武时征召，授国子监学录。自吴江儒林里迁浔西之袭庄。

华天民以隐逸荐，不就，《人物》附传。

陈谟以医学荐，为太医院官，《人物》附传。

张洪弘治中，举贤良，授王府纪善，《人物》有传。

赵金正德中征奇能隐士，不起。又征书画士，亦不应，《人物》有传。

陈元器以医学荐，为太医院官，《人物》附传。

夏廷秀由诸生荐医学，任太医院院判，《人物》附传。

清

董汉策康熙十一年，由廪贡生荐举贤良方正、山林隐逸，《人物》有传。

凌一凤以医术荐，授太医院院判，归安籍，《人物》有传。

王起鹏雍正十二年，由陕西清涧知县荐举博学鸿词，归安籍，《人物》有传。

历仕按，已见前《表》者，不复载。

宋

张茂宗徽宗时知潭州，《人物》有传。

朱宣任评事。

张良嗣御前提举所使臣。

元

褚天祐字善甫，号友竹，官教谕，《人物》有传。

张士谅官提举，《人物》有传。又见《荐举》。

明

朱英官盐提举。

陆胜观洪武中，充山西屯尉军，《人物》附传。

陆孟和一名逵，胜观子，国子监苑马寺丞，《人物》附传。

陆文孟和子，锡山县丞，《人物》附传。

陆椿文子，锦衣卫指挥使，《人物》附传。

陆元祥椿孙，监生，南京北城兵马司副指挥。

丁寅字士谅，号畸隐，监生，广东市舶提举。

纪滔改名顺卿，字宗辅，号荻塘，府学生，归安籍，充浙江都司吏、北直隶保定卫知事、元城县丞，以裁缺告归。汪《志》按，《归安县志·吏仕表》作纪顺卿，任断事。

董椿龄字秀夫，号近山，吴江籍，附贡生，教谕、国子监学录、宗人府经历。

董嗣忠字与明，号一吾，廪监生，鸿胪寺序班。

张镗字东园，廪贡生，南京武学训导。

杨文度监生，内阁中书舍人。

张自修原名思文，字云台，一字子翼，附监生，西城兵马司副指挥、南直隶昆山县丞、长洲主簿。

华仁源廪贡生，南直隶桃源县丞，《人物》附传。

纪象台廪监生，广西河池州同，宜山、荔波、忻城、隆安知县，《人物》附传。汪《志》按，《县志》作池州同知，讹。

温忠训字象贤，贡生，历任秀水、松阳、九溪卫教授，升署松阳知县。

温应聘由监贡历仕兵马司指挥、四川盐课提举司提举、靖江王府长史，进阶朝列大夫，《人物》有传。

温应招字南湖，太学生，授光禄监事、迪功郎。

温子恒字培初，号及庵，监贡，仕迪功郎、上林苑署丞。

温子傅字霖寰，明经进士，教授崇德。

清

董渠成字绮庄，号芑庵，附贡生，江南六安州同，云南都司经历。

董闻京廪贡生，江西吉安府通判，《人物》有传。

孙尔琦字锡畴，监生，陕西秦州州判。

倪璠钱塘籍，附贡生，工部虞衡司员外郎，《人物》附传。

陆方山字衡南，号鹤亭，吴江籍，附贡生，江南蒙城训导。雍正乙巳，奉旨教官不得例贡授职，改选杂职归。

董正谊字义三，廪贡生，温州府训导，乙巳改选归。

程时字芳霖，杭州籍，附贡生，寿昌训导，乙巳改选归。

潘尚智字若愚，监生，河工效用，河南仪封县丞、江南高邮州判、淮安府同知、淮徐河道。雍正己酉，以亏帑卒山阳狱中。

潘尚仁字安之，号似山，监生，河工效用，河南怀庆河捕通判、开封北河同知、奉天锦州知府。

沈梗字方升，号雪门，例贡生，福建南安、长泰、漳浦、侯官、浦城知县。

金澳字邃青，号桐庵，吴江籍，廪贡生，安徽凤台训导。自曹村迁浔。

范昭远字士宏，监生，河工效力，江苏桃源主簿。

范昭逵监生，安徽盱眙县丞。

纪曾敝字有南，河工效力，议叙，署徐州郭汛千总。

倪云路字萸山，监生，河南信阳州吏目、江苏溧水典史。

纪睿思字心融，号随安，监生，以州同南河效用，管江苏宿迁归仁司巡检，山盱通判。

褚振麟吏员，任巡检。汪《志》按，此已补缺，而地名无考。

庄学苏字似眉，吏员，云南定远典史。

张起鳌字君锡，监生，云南石屏州吏目、福建兴化府照磨。

董钟字鼎声，号省斋，例贡生，河南布政司经历。

沈之浦字又漳，监生，湖南湘乡县丞、江苏上元知县、广东惠州府通判、琼州府同知。

夏载华字指西，例贡生，四川安县知县。

董启埏字云衢，一字云溪，号秋树，例贡生，云南云南府通判、南城兵马司正指挥、福建邵武府同知、台湾府南路海防同知，署诸罗知县。乾隆丙午，与子锟并死林爽文之乱。

董启嘉字翼之，号朴斋，例贡生，广东肇庆府通判、四川成都府通判、湖北汉阳府通判、湖南辰州府通判。

潘履恒字奉时，监生，江苏六合典史。

温翼字端甫，廪贡生，衢州府训导。

金大鲲字浸千，号春涛，附贡生，湖北德安府同知。

计澮字澮之，监生，安徽霍邱典史。

徐绳振字宝之，监生，安徽凤阳府税课大使。

徐绳玉字芳廷，号铁夫，监生，四库馆议叙县丞、福建寿宁知县。

归鸾字镕金，廪贡生，署武义教谕。

温一纯字蕴玉，号朴堂，监生，兵部车驾司额外主事。

董宗海字鲲飞，号燮庭，廪贡生，署寿昌训导，遂安、秀水教谕，严州府教授。

徐恺改名炳廷，字丹言，附监生，湖北江陵、江夏县丞，竹溪、黄陂知县，江西上饶知县。

纪咸熙字开禧，监生，四川永川典史。

温邦达字东园，监生，江西布政司理问。随将军赛冲阿赴福建台湾查办滋事余匪，积劳成疾。卒，赐葬银，荫子官主簿。

徐垣字暨若，监生，江苏候补从九品。汪《志》按，此曾署任，而地名无考。

符峻岩字春泉，武生，改监生，江西候补从九品，署巡检。汪《志》按，署任地名无考。

金辰字文启，号菊如，监生，署湖北江夏县丞。

范章泗字文波，监生，安徽巡检、署休宁县丞、山东候补县丞。

董炳谟初名辰谟，字定讦，号春坪，附监生，署福建诏安、南平典史，邵武水口巡检，崇安五夫村巡检。

董淦字赓枚，号可园，供事广东永安驯雉里巡检。

董金声字丽川，号寿萱，监生，山东海阳行村寨巡检、兖州府司狱、文登威海司巡检。

纪右堂字锦章，监生，江西巡检，署新喻典史。

程备字达三，号廉泉，桐乡籍监生，奉天宁远州中后所巡检、岫岩城巡检管司狱事，捐升府经历。

张钺字映房，号仙槎，增监生，湖北宣恩东乡镇巡检。

钱树森原名元楷，字品陶，号月琴，附贡生，丽水训导。

董端成字子衡，号砚香，供事山东钜野通济闸官、济宁天井闸官。

温贻孙岁贡生，历仕绍兴府学、海宁县学训导，《人物》有传。

温国标字冠南，号耐圃，兵部车驾司主事。

温纯廪贡生，处州府学训导，署象山县学训导，《人物》有传。

董庆元字引之，号味菘，附贡生，慈溪训导。

张泳字銮甫，号一帆，又号星六，监生，江苏县丞，署高淳典史，代理高淳知县，又署江宁府经历。

范炳中号仰泉，监生，江苏宿迁县丞，署溧阳知县。

蒋维镛初名维墉，字崇如，号竹平，归安籍监生，云南路南知州。

蒋维堃字次言，号静洲，监生，江苏县丞，署太仓州同、奉贤县丞、常州府知事，捐升同知。

钱炳熙字允澜，号颖兰，归安籍廪贡生，湖北武昌嘉鱼知县。

钱恩绶字鸾伯，号啸苏，监生，安徽建平梅渚巡检。

程孟熙供事直隶肃宁典史。

董征徽初名照寰，字孟垣，号月卿，监生，山东泗水典史。

朱瑞莹署桐庐训导，改官广东大洲场大使，《人物》附传。

张同芳字雨香，监生，江苏候补从九，历署青浦、沭阳、靖江典史，洞庭东山巡检。

纪承源字喜亭，监生，江苏府照磨，历署震泽、华亭、丹徒典史，高桥巡检。

沈春晖字瘦珊，监生。光绪七年选授广东兴宁县知县，历署吴川、新安、新宁、博罗等县。

董堃字也鲁，监生，江苏候补知县，署理阜宁县知县。

温嘉钰字楚亭，监生，由县丞军功保同知直隶州知州，署山东汶上县知县。

张亦贤字路青，附贡生，由军功保同知，署松江柘林通判。

钱庆琳字芸轩，监生，江苏候补通判，署松江督粮通判。

钱汝霖字兰生，监生，安徽路河司巡检。

陆墉监生，福建漳浦县知县，《人物》附传。

陆承烈监生，山东闸官。按，承烈已补缺，而地名无考。

朱景垣字镜湖，监生，兵部郎中、武选司行走。

金焘字沁园，增贡生，缙云县训导。

刘安澜附贡生，工部郎中、虞衡司行走，《人物》附传。

吴均元字松生，附贡生，江苏南桥巡检。

陆清臣字子儒，监生，江苏阳湖县知县。

张宝善字定甫，附贡生，户部郎中、贵州司行走。

周庆森附贡生，中书衔，平阳县教谕兼署训导，署泰顺教谕，《人物》附传。

周庆云字湘舲，附贡生，中书衔，永康县教谕。

吴尔昌字平伯，附贡生，江苏候补道，历署仁川领事，日本神户领事，法国、比国二等参赞，驻葡代办，日斯巴尼亚国代办。

邢礼铉字鸣远，监生，工部郎中、营缮司行走。

邱炳圻字寅叔，附贡生，工部主事、都水司行走，改选陕西同官县知县。亲老告近，选授福建闽清县知县。

蒋溥字辅宸，号韵留，福建三沙厅巡检。

蒋斌字静波，福建南安、南平、建阳、罗源等县县丞。

蒋育菜字丹秋，署江苏太平洲同知。

李世俊字伟人，监生，河南庙湾巡检、灵宝县县丞，署正阳、确山知县。

金绍城归安籍，字巩伯，监生，大理院刑科第三庭推事。

张增熙字弁群，监生，法部郎中、调邮传部电政司行走。

邵乃桢字继刚，监生，度支部郎中、田赋司行走。

张乃熊字望征，附贡生，邮传部主事。

周延礽字健初，附贡生，民政部主事、会计科行走。

吴锡永字仲言，日本士官学校毕业生，广东参谋处参谋、江南第九镇标统。

刘承材字笃初，监生，农工商部郎中、商务司行走。

金绍基归安籍，字叔初，监生，邮传部电政司主事、参议处行走。

封赠

宋

华天保以子初成赠光禄大夫。

张茂宗以孙准赠秘阁待制，以孙定赠龙图阁直学士、清河郡伯，《人物》有传。汪《志》按，祖既有赠，则父亦当封赠，而府、县志并不载茂宗之子何名。

明

张仲文以子翼赠奉政大夫、广西按察佥事。

张济字振源，以子祐赠承德郎、福建泉州府通判。

丁璋字公瑜，以子元赠承德郎、惠州府推官。

董庠以孙份赠通议大夫、吏部侍郎，《人物》附传。

董环以子份赠通议大夫、吏部侍郎，《人物》有传。

陆岩号兰谷，以子元吉封文林郎、满城知县。

纪廷钺一名钺，以子濂赠奉直大夫、光州知州，《人物》附传。

陆元吉以子充龄赠文林郎、高安知县，见《贡生表》。

尤素字养真，以子应祥赠承德郎、沅州通判。

张星字寿岩，以子锷　赠修职郎、桐乡教谕。

陆充龄以子以载赠文林郎、福安知县，《人物》有传。

朱震字民畏，以曾孙国祯赠光禄大夫、少师、建极殿大学士。

朱经字朝纲，号月溪，以孙国祯赠光禄大夫、少师、建极殿大学士。

朱守愚以子国祯赠光禄大夫、少师、建极殿大学士，《人物》有传。

华尚能字薛冈，以子士嶟赠文林郎、建宁知县。

庄思以子日宣赠中宪大夫、广西桂林兵巡道按察副使，《人物》附传。

丁继芳字震阳，以子树本赠奉直大夫、泰安知州。

董道醇天启中，以子嗣成追赠奉直大夫、光禄寺少卿，《人物》附传。

张锡字东郊，县学生，以子光治赠文林郎、淮王府教授。

张銆字介石，县学生，以子斗赠中宪大夫、荆州知府。汪《志》按，《府志》作张柏，讹。

张鏁字左桥，县学生，以子光午赠文林郎、庐江知县。

张光弼字春池，县学生，以子明起　赠修职郎、鄞县教谕。

张光治以子廷荐赠承德郎、淮王府审理，见《贡生表》。

温纹字荆川，以子汝舟赠文林郎、黟县知县。

温瀚字西川，以曾孙体仁赠光禄大夫、左柱国、少师、大学士。

温应初字北渠，庠生，以孙体仁赠光禄大夫、左柱国、少师、大学士。

温子佐字允贤，号新宇，庠生，以子体仁赠光禄大夫、左柱国、少师、大学士。

董嗣成光宗即位，诏复原官，天启三年赠光禄寺少卿，《人物》有传。

温九思以子璜赠文林郎、徽州推官。

清

董式以子渠成赠承德郎、云南都司经历,《人物》有传。

张明佐字方岳，县学生，以子中虑赠修职郎、兰溪教谕。

董汉策以子闻京，封承德郎、吉安通判。以孙承勋貤赠中宪大夫、直隶分巡天津道按察副使,《人物》有传。

张廷炜以孙鸣钧赠通奉大夫、直隶布政使。

张辑玉字来侯，以子鸣钧赠通奉大夫、直隶布政使。

潘文福字用五，号天成山人。以子尚智赠奉政大夫、淮安同知。

纪锡字揆嘉，以子寅赠明威将军、徐州卫守备。

张中虑以子发赠文林郎、内阁中书舍人，见《举人表》。

陆广字涵万，县学生，以子士渭赠文林郎、建平知县。

孙杰一作孙冠，字彦英，以子尔琦赠征仕郎、秦州州判。

夏光远以子开衡封文林郎、翰林院编修,《人物》附传。

沈毓秀字奉桥，以孙梗貤赠文林郎、漳浦知县。

沈谦字六阶，以子梗赠文林郎、漳浦知县。

王佳峻以子起鹏封文林郎、清涧知县。

邢基字圣开，府学生，以子廷金赠武信佐郎、荆州卫千总。

董师直以子炎封文林郎、华容知县,《人物》附传。汪《志》按,《县志》作董斯宜，讹。

董友松以子承勋赠中宪大夫、直隶分巡天津道按察副使,《人物》附传。

董志林字嵋存，号萼园，例贡生，以子良弼赠文林郎、英山知县。

张廷植字紫垣，县学廪生，以子应纶貤赠修职郎、龙泉训导。

董熤以子丰垣赠文林郎、扶沟知县,《人物》有传。

纪年以曾孙复亨貤赠中议大夫、太仆寺少卿,《人物》有传。

纪永命字新周，以孙复亨赠中议大夫、太仆寺少卿。

纪云锦字卿兮，以子复亨赠中议大夫、太仆寺少卿。

吴士榛字鲁臣，以子岩封中宪大夫、刑部郎中。

董汇吉以子王锡貤赠修职郎、金华教谕，见《贡生表》。

陆允中字受祥，以孙嵩高貤赠文林郎、太平知县。

陆骏字逸凡，号乐山，以子嵩高赠文林郎、太平知县。

丁枝玉字梅一，以子麟赠文林郎、蠡县知县。

徐祖荫字越森，号松亭，例贡生，以子德元封文林郎、彭山知县。

董浩以外孙石门吴震起貤赠朝议大夫、刑部福建司员外郎，《人物》附传。

范昭远以子君僎赠文林郎、阳信知县，见《历仕表》。

金澳以孙大鲲貤赠奉政大夫、德安同知，见《历仕表》。

金朴字含章，以子大鲲赠奉政大夫、德安同知。

张文光字声远，号刚峰，县学生，以孙升吉貤赠文林郎、凤山知县。

张三槐字佑庭，号古愚，归安学生，以子升吉赠文林郎、凤山知县。

沈受彤以子升峤　封修职郎、景宁教谕。

董镛字大声，号备堂，例贡生，以子一经貤赠修职郎、嵊县训导。

张丰亨字庆来，号欧亭，府学生，以子澂封修职郎、鄞县教谕。

温国标字冠南，以子一纯封奉直大夫、兵部主事。

纪廷琬以子咸熙貤赠登仕佐郎、永川典史。

董铨字掌衡，以子金声貤赠登仕佐郎、兖州府司狱。

程亨南以子备貤赠登仕佐郎、宁远州中后所巡检。

董孔铭一作孔昭，字循甫，以孙荣椿貤赠奉直大夫、太仓州同。

董英字望周，县学生，以子荣椿赠奉直大夫、太仓州同。

温一清字立斋，庠生，敦品励学，以孙文禾赠奉直大夫、工部虞衡司主事。

温梅字花史，庠生，以子文禾赠奉直大夫、工部虞衡司主事。

温良栋庠生，咸丰十年八月在马家港遇贼殉难。以子濂赠文林郎、天台学训导。

李邦甸字建章，号六行，以子世俊正阳知县，赠奉直大夫。

朱瑞莹广东大洲场大使，以子景垣封资政大夫、兵部车驾司郎中，见《历仕表》。

刘铉字宏甫，候选同知，以子安涛赠中议大夫、侍读衔内阁中书。

刘镛候选员外郎，以子锦藻封通奉大夫、五品京堂工部郎中；以子安泩赠光禄大夫、头品顶戴、直隶补用道，《人物》有传。

邱其棵字仙槎，候选同知，以子炳圻同知衔福建闽清县知县，赠奉政大夫；又以子炳垣湖北特用道，晋赠资政大夫。

庞云鐕以子元济赠光禄大夫、四品京堂、刑部郎中，《人物》有传。

蒋堂候选员外郎，以弟维墉貤封朝议大夫、云南路南州知州；又以子锡钧封中议大夫、盐运同，《人物》有传。

陈煦元光绪十六年，以其善行诏赠光禄寺卿衔，《人物》有传。

金桐以子焘封奉直大夫、缙云训导、中书科中书，《人物》有传。

张颂贤以子宝善封资政大夫、户部贵州司郎中，《人物》有传。

邢烺字子园，以子基赠资政大夫、四品卿衔、分部郎中。

周昌大以子庆森赠征仕郎、中书衔、平阳县教谕；以出嗣孙延礽　封资政大夫、民政部主事，《人物》有传。

周昌炽以子庆云赠征仕郎、中书衔、永康县教谕；以孙延礽封资政大夫、民政部主事，《人物》附传。

邵嘉福字月泉，以孙乃桢度支部郎中，赠通奉大夫。

邵文瑛字槲荪，以嗣子乃桢度支部郎中，赠通奉大夫。

邵文琪字戟门，以出嗣子乃桢度支部郎中，赠通奉大夫。

刘安澜以子承幹赠荣禄大夫、四品卿衔、分部郎中，《人物》附传。

金焘字沁园，以子绍城大理院推事，封通奉大夫。

蒋锡绅以子汝藻学部总务司郎中，赠荣禄大夫，《人物》附传。

孙洪字冠臣，以子嘉乐邮传部路政司郎中，封通奉大夫。

朱秉钧字丙君，以子斯芾农工商部庶务司郎中，封通奉大夫。

周庆云以子延礽封资政大夫、民政部会计司主事，见《历仕表》。

荫袭

明

张昺字秋田，以父洪荫监生、礼部主事。

董廷勋以曾祖份荫监生，见《贡生表》。

朱铨以父国祯荫五军都督府都事，一作内阁中书舍人，《人物》附传。

朱绅以父国祯荫中书科中书舍人，《人物》附传。

朱锡如以祖国祯荫中书科中书舍人，《人物》附传。

朱鑑如以祖国祯荫中书科中书舍人，一作后军都督府都事，《人物》附传。

朱镕如以祖国祯荫五军都督府都事，《人物》附传。

温育仁字幼真，以兄体仁荫，历官奉政大夫、刑部贵州清吏司郎中。

温俨字公望，庠生，以父体仁荫尚宝司丞。

温侃字公普，一作公俊。以父体仁荫中书舍人。

温启倩字公端，号且闲，庠生，以父体仁荫尚宝司丞。按，《湖录·经籍考》与《县志》作温佶荫，中书舍人，与《温氏宗谱》互异，未知孰是。

清

张宗洙字鲁岩，副贡生，以父鸣钧荫陈州府通判，又见《贡生表》。

温嗣昌字应奎，以嗣父邦达荫主簿。

恤赠

清

蒋维镛《人物》有传。在云南路州知州任，搜剿“回匪”，力战阵亡，恤赠云骑尉世职，入祀本籍昭忠祠。

温文铨《人物》附传。咸丰十年八月殉“粤匪”难，恤赠云骑尉世职，入祀昭忠祠。

陈方穀《人物》附传。咸丰十年八月殉“粤匪”难，恤赠云骑尉世职。

温良栋邑庠生，咸丰十年八月殉“粤匪”难，恤赠云骑尉世职。

董邦桢字砚甫，咸丰十年殉“粤匪”难，恤赠云骑尉世职。

按，殉“粤匪”之难者，除上列外，尚有归嘉言、《人物》附传。咸丰三年，在金陵阖门殉难。归嘉宾、《人物》附传。咸丰十年，在苏城与妻及子同殉难。李世桢、《人物》附传。咸丰十年六月殉难。刘保康、字星槎，附见《列女传》。咸丰十年殉难，入祀昭忠祠。施敦裕、附见《列女传》，咸丰十年殉难。庄祖鑑、一作祖镒，从九品。张喜曾、附贡生。庄祖鎏、武生。金汝砺、庠生。董庆龄、庠生。李世毓、陆启东、纪承陛、纪廉升、纪慎之、纪承浩、纪源、纪秉琛诸人，恤赠无可考，附记于此。

商勋

清

梅履中字祇和，三品衔，分部员外郎。以其所制经丝陈列南洋劝业会，得头等商勋，并赏三品封典。

吴其桢字彦臣，五品衔，分部主事。以其所制经丝陈列南洋劝业会，得头等商勋，并赏加四品衔。

沈秉钧字哲人，附生。以其所制经丝陈列南洋劝业会，得二等商勋，赏加六品顶戴。

南浔志卷二十八

里人周庆云纂

灾祥一

宋太平兴国六年，大水。

咸平元年，旱。二年，旱。三年，大饥，民疫死。

景德二年，饥。

大中祥符五年，旱。七年，饥。

天禧元年，蝗，民饥。三年，饥。

乾兴元年二月，水，坏民田。

天圣元年，大水，饥。四年九月，雨水，坏民庐舍。

宝元元年，旱，无禾。二年，饥。

庆历八年，大水，田淹几尽。

皇祐二年，大水。唐枢《县志》作庆历庚寅，刘沂春、高必腾《县志》作庆历九年，并讹。四年，水。

嘉祐五年，水灾。六年七月，淫雨为灾。

熙宁三年，旱。四年，水灾。五年，水。六年，饥。七年，大旱。八年，连大旱，民多殍死。按，《吴兴掌故集》作治平八年，讹。十年春，旱。

元丰四年，大水。五年，久雨，太湖水溢。六年正月，大雨，至六月，太湖泛溢，田不布种，庐舍漂荡。

元祐元年春，旱。三年秋，旱。四年夏，旱，饥疫大作。五年，水灾。六年，水灾。刘沂春《县志》云：《龙川略志》谓大旱，误。

绍圣元年，海风害民田。九月，地震。三年，地屡震。四年，旱。

元符元年，旱。二年六月，久雨。

建中靖国元年，自七月雨至十月，水。

崇宁元年，旱，饥。二年，蝗。三年，蝗。四年，水。

大观元年，水灾。三年，旱。

政和五年，水灾。

重和元年，大水。

宣和元年，水灾。三年，蝗。六年，水灾。

建炎二年春，水。三年五月，霖雨。夏寒，秋旱。四年二月，大疫。夏秋旱，大饥。胡承谋《府志》作淫雨害稼，乃绍兴四年事。

绍兴元年，饥。六月，大疫。二年春，饥，米斗千钱。时餫饷繁急，民益艰食。八月，地震。三年，旱。八月，地震。四年六月，淫雨害稼。栗祁《府志》作建炎八年，讹。五年五月，旱三十余日。八月，大雨，太湖溢。六年，地震。七年，旱。十三年三月望，大雪。十四年，大水。十七年，大水。十八年，旱，饥。二十三年，大水。二十四年，旱。二十八年，大风，水。二十九秋，旱，民饥。《吴兴备志》云：《掌故集》"宣和二十八年，苏湖大水"，误。按，宣和仅七年耳，考《宋史》，湖、秀诸州饥在绍兴二十九年，徐误以绍兴为宣和、二十九年为二十八年，今正之。今按，《宋史》，绍兴二十八年水，二十九年旱。《掌故》"宣和二十八年"乃绍兴二十八年之误。《备志》谓当作二十九年，则以旱为水，亦误也。三十年秋，旱。十月，螟蝝。胡承谋《府志》作久雨，刘沂春《县志》作水，并三十一年事。三十一年，久雨，伤蚕麦。三十二年六月，大霖雨。江东蝗飞入湖州境，声如风雨，害稼，民饥，斗米千钱。

隆兴元年八月，大风水，飞蝗蔽天，螟害稼。二年七月，大水，操舟行市者累日，人溺死甚众。越月，积阴苦雨，水患益饥，民疫者尤众。

乾道元年二月，寒败首种，损蚕麦。六月，水坏圩田，饥疫殍徙者不可胜计。二年正月，淫雨，至于四月。夏寒损稼，蚕麦不登。三年，青虫食谷穗。八月，水坏民田庐，积潦至于九月，禾稼皆腐。《吴兴掌故集》作二年，讹。四年七月，久雨。六年，大水，秋螟为害，冬饥。栗祁《府志》作乾元六年，讹。七年秋，大旱。

淳熙二年秋，旱，螟。三年，积雨，损禾麦。八月，连雨，水害稼。六年，水坏圩田。七年，旱，饥。八年七月，不雨，至于十一月，旱。九年春，大无麦。八月，蝗，饥。十年，蝗害稼。十一年，水。刘沂春《县志》作乾道十一年，讹。十四年春，疫。七月，旱至于九月乃雨。高必腾《县志》作乾道十四年，刘沂春《县志》乾道十四年、淳熙十四年复出，并讹。十六年五月，霖雨。

绍熙四年，霖雨坏圩田，害蚕、禾、蔬、桂。五年，自去冬不雨，至于夏秋，大旱。既又霖雨害稼，冬无麦苗，饥。

庆元元年九月，久雨，米价翔踊，大疫。二年，大水，虫灾。三年，疫。春夏不雨，禾稼不能入土。四年秋，荐饥，多道殣。五年六月，霖雨，至于八月，复大疫。

六年冬，暖，无冰雪。

嘉泰元年，大旱，荐饥。二年春，旱，至于夏，大蝗。四年五月，不雨，至于七月，旱。

开禧元年夏，不雨百余日。二年四月，地生毛。三年夏秋，久旱，大蝗群飞蔽天，豆粟皆既于蝗。《震泽县志》《震泽镇志》并作二年，讹。

嘉定元年，旱，大蝗，疫。二年夏四月，旱，至于七月乃雨，又蝗。六年，雹害稼。六月，雨，至于七月。《吴兴掌故集》、刘沂春《县志》并作开禧六年，讹。七年，蝗，夏秋大旱。八年春，旱，首种不入，至于八月乃雨，飞蝗蔽天，饥。《吴兴掌故集》作开禧八年大旱，嘉泰八年饥，刘沂春《县志》云嘉泰八年饥，皆讹。九年四月至八月，大雨，水灾。十一年六月，霖雨，饥馑，亡麦苗。十四年，旱。《吴兴掌故集》作开禧十四年，讹。十五年七月，霖雨为灾。十六年五月，霖雨，水漂民庐，害稼。《吴兴备志》云："开禧十六年，湖州大水。徐氏《掌故集》作六年，误。"今考《掌故集》，明载嘉定十六年霖雨，未尝误也。其"开禧六年大水"一条，乃嘉定六年之误耳。开禧止三年，安得有十六年？董氏之误更甚于徐矣。刘沂春《县志》、沈彤《震泽县志》并误作开禧十六年。

宝庆三年七月，大风拔木，水溢，大饥。

绍定元年春，大疫。三年夏，大雨四十余日，田禾荡没。

嘉熙四年，大旱、蝗，人相食。

淳祐二年，盛夏积雨，大水。七年，旱。十一年，水。

宝祐二年，大水。三年，大水。

开庆元年，大水。

景定二年，霖雨，水灾。三年二月，水，民多溺死。八月，蝗、螟。

咸淳三年，大水。六年闰十月，水。十年八月，大霖雨。胡承谋《府志》有"景定十年八月，安吉、武康县水"，即此年事，复讹。

德祐元年，大水。

元至元二十三年，大水。二十四年，大水，饥。二十五年三月，大水，坏田稼。二十七年，大水。二十八年，饥。二十九年，水。

元贞元年，大水。二年，大水，饥。

大德元年，大水。二年，蝗。五年七月，积雨泛溢，大伤民田。六年，饥。七年六月，淫雨，饥。十年，大水害稼，大风，太湖溢。十一年，水，民饥。明姜南《叩舷凭轼录》云：元大德十一年，杭州大饥。何长者敬德乃请杭好善而有才智者五六人，即菩提寺作粥。夜置大瓮中，明旦，饥民以至，先后列堂庑下，或溢出门外道上相向坐，虚其前以行粥。用两人舁，一人执杓以注器中，食已，以次去。始六月至八月，凡七十日，饥民无死者。石塘胡先生长孺云："往岁湖州作糜食饥人，糜脱釜犹沸涌器中，人急得食，食已，辄仆死百步间。长者夜作粥，贮大瓮中，盖惩湖州事也。有意哉！"按，此事与吾湖有涉，且足为后鉴，故附载于此。

至大元年，水、饥疫大作，死者相枕藉。四年，水灾。

皇庆二年七月，大风，太湖溢。

延祐三年，雨，田半淹。五年，雨，田淹过半。六年、七年如之，大饥。

至治二年，大水。

天历元年，水没民田。二年，旱，饥。冬，大雪，太湖冰厚数尺。

至顺元年，大水，饥疫。二年，恒阴，水害稼，太湖溢。三年，大水。

元统三年，大水。

后至元二年，自春至于八月，不雨，大饥。三年，水田半淹。四年至六年如之。

至正元年，大水，田禾淹没。大风，太湖逆涌而入民庐，顷刻倒荡，民大饥。栗、胡二《府志》、《震泽县志》、《乌青镇志》、董《志》、范《志》俱作二年。今考《元史·顺帝纪》，实在元年。六年，水。七年，大水，无秋。八年，大水。十年，大水。十一年，大水。十三年，大水。十五年，大水。十六年，大水。二十年，饥。

明洪武二年，大水。六年，水，荒。七年，大水。八年，大旱，十二月水。九年，大水。十七年，大水。十八年、二十年、二十二年、二十七年如之。三十一年，水。三十五年如之。

永乐元年，大旱，蝗。二年，水，饥。三年，大水。四年，饥。七年，大水。九年，霪雨没田，疫。十年，水。十一年，水，疫。十二年，水灾。十三年，水伤田。十四年，水。十六年，大水。二十年，大水。二十一年如之。

洪熙元年夏，积雨伤稼。

宣德元年春夏，雨，禾稼损伤。五年，大水。九年，旱，饥。

正统三年，饥。五年正月，大雪二旬，积丈余。夏，大水。秋，亢旱，斗米千钱。大疫，饥殍载道。六年，春夏并旱，饥。七年，大水，太湖溢。七月，大风，无秋。八年，地生白毛。八月，大风潮，田禾悉漂没。九年，大水，堤防冲决，湮没禾稼。十一年夏，连月大雨，水灾，地震。十二年，大旱，蝗，饥。十四年，大水，无秋。

景泰元年正月，大雪二旬，间有黑花凝积，丈许。夏复淫潦，大饥。四年十一月至五年春，大雪数尺，压覆民居，诸港冰结，舟楫不通，人畜冻死。夏，大水，民相食。六年，旱，大饥。七年，久雨，没田禾。

天顺元年四、五月，连雨，苗烂。三年，旱。四年四、五月，阴雨连绵，江湖泛溢，麦禾俱伤。五年，大水。八年，大水，饥。

成化元年，久雨，无秋。七年，水灾。九年四月，水灾。十二年，大水。冬，大雪，大寒。十三年春，水，无麦，蚜蝗生。九月，桃杏花盛开。十四年，大水。十五年九月，地震。十七年，春夏不雨。七月雨，有飓风。八月，连大雨，太湖水溢，平地深数丈。九月朔，大风雨，昼夜如注。至冬，无日不雨，禾稼仅存者悉漂没。明年大饥，人相食。二十年，水，大饥。二十二年，大水。

弘治元年，饥。四年，水旱迭作。五年，夏秋水，饥。七年，大水。八年，饥。十六年，旱，饥。每夜妖魔横发，魇人，举境以内，惊骇彻晓。十八年，地震，生白毛。

正德三年，大旱。四年，大水，民疫。五年，大水，民疫。地震，生白毛，米价石二两。七年三月，地震，有声。八年四月，连日大风雨，洪水泛溢。十二月，大雪丈许，溪河冻，冰厚尺余。九年，蝗，不害稼。十二年，大雨杀麦禾，大水。十三年六月，大雨，水淹田。十四年秋，大水，突出平地数尺，田禾尽淹。

嘉靖元年，水灾。二年，大水，岁三至。三年，大水。四年，大水。八年，夏蝗，秋螟。十三年，水灾。十五年，水灾。十六年，水灾。十九年，蝗飞蔽天，伤稼大半。二十三年，大水。朱国祯《救荒略》作久雨，与《浔溪文献》同。胡承谋《府志》、《乌青镇志》、《震泽县志》及董《志》皆作大旱，讹。二十四年，旱，太湖水涸，人食草根、木皮，大疫。二十七年十二月，雷电。二十八年，大水。三十二年，旱。三十三年，地生毛。十月，倭贼入嘉兴，载辎重百余船，北抵王江泾，出南浔，掠皂林、乌镇等市。三十四年正月，倭复至海盐，转掠双林，出南浔。湖兵熟于水战，邀击频胜，贼弃辎重二十余舟。五月二十八日辛酉，倭寇三百余，自南浔至松江之叶谢，总兵汤克宽、同知都文奎逆击于黄浦，大胜之。渡浦来援者皆溺死。是年，忽昼暝，每数日并出，日光亦摇荡不定。十月，天雨赤豆。三十五年，倭警，镇民惊窜。乌程知县张冕督兵千余，逐捕过镇，以军法从事，摄大户，断溪东流。三十六年，有妖人马祖师者，流寓乌镇，以白包巾幻术惑众，官司以兵捕之。马妖树青、白二旗，放火肆掠。官兵追及于南浔、双林间，众皆歼，独马妖逸去，遍踪迹之，不能得。范《志》引《琐录》作万历三十六年九月事，讹。三十七年，水。三十八年，大旱。三十九年四月，地震，屋庐摇动如帆，河水撞激，鱼皆跃起。十二月，雷电。四十年正月，雪，雷。闰五月至十月，霪雨不息，禾沉水底，大饥。四十一年，大水。四十三年十一月，二次大雷。四十四年六月，地震。四十五年，马道人为妖，远近大哄，各户多悬“篋鎮篋篋”四字以厌之，三四月方息。

隆庆元年，讹言朝廷选宫女于三吴间。旬日，民间婚嫁殆尽。二年元旦，大风扬沙走石，白昼晦冥，大旱。三年五月，大风雨，田禾淹没。秋，亢旱，大荒。四年，水灾。六年，夏雷雹。

万历三年春，旱。五年六月，连雨，寒如冬。六年，螟害稼。冬，雨木冰，大水。七年，大水淹禾。冬至前一日，大雷，虹见。

明董份《与郡伯及泉李公书》：份昨因民间汹汹，出而观之，见水皆滔天，圩皆如沼，而室家倒塌，远近呼号。份望水则魂摇，闻号则心碎，不知天之降灾，何至是极也。今稍洼者已荡没矣，惟高者尚在救护，然其间不过十之一二耳。而天倘不雨，则人力犹有可施。今雨势不但不止，且时复倾盆，恐不没不已也，将如之何！闻公以恻隐之心，怀焦劳之志，日来为民祈祷，无所不至矣。今所恃者，惟有公至诚回天。若稍得雨止，或可救此十之一二；否则，一望皆湮矣。乞公身率各属，檄下各县，大行停禁，咸极焦劳，真有为民请罪于皇天之意。庶几天或稍回，民可稍活，则万民仰戴，而亦公悯民穷、恤民隐之至情也。昨嘉禾流民聚众攘动，阖郡惊惶，而我湖独赖公抚绥有素，坐镇有方，是以邻壤如沸汤，而湖中独如安堵，人实阴受其赐而不知其由也。故份独阖门感之，逢人即诵，非以为谄，亦自谓独知其所由耳。然旧岁我湖虽未可为丰穰，亦未尽为荒歉，是以民不敢动，法犹可行。今田既皆淹，人将无赖矣。顷闻自平望至苕城，百里之间，沿途多抢，行舟将绝，恐攘夺之端一启，而变乱之渐将生，机已动于目前，非细故也。今所恃者全仗我公。夫此时非为处常，实乃御变。夫御变之道，必先结之以恩，而后重之以法。所谓恩者，公有焦劳、祈祷、竭诚之意，民既知感矣，而必当预为多方赈济之图。民知将有赈济，则庶以少安其心；民知急图赈济，则尤以感动其心。民之恃公，真如赤子之恃乳母，岂有赤子而忍悖乳母者乎？如此则公之恩结矣，而后以法制之。昔在《周礼》，治乱国则用重典，而孔明以严治蜀，实仿此意。夫周家仁厚，岂欲其用重典哉？而三国当战争之时，姑息不暇，孔明岂欲其用严哉？盖乱国而待以仁厚，则民无忌惮而其乱益滋；战争之时而待以姑息，则军无统纪而战争必败。此圣王之法，而贤者之妙用也。今当此时，虽未为乱，而其机已萌矣，其渐已见矣。若一人不治则百人效尤，一处得利则百人染指。此必须大为出榜，重为禁戢，而访其甚者，择其渠魁，转申部使者，示以严禁，处以重辟。彼见法令如此，自不敢犯矣。夫恩以结之，而民有所依；法以制之，而民有所畏。圣人所谓安民者，计无出此，伏惟高明察焉。

万历八年，大水，饥。《孝丰县志》云：旱，大饥。盖山乡仍旱也。村墅间薄暮，觉五里外汹汹人声，如捕贼者。稍冥，益近而厉，如数千人水战状，大呼击撞，火光四合，焰在树端，震动天地，夜半方熄。九年大水。十年七月，大风雨，太湖泛溢。十一年，旱。十二年正月，地震，冬无雪。十三年，大水。十四年，大水。十五年元旦，雨雪，浃旬不止，雨木冰。秋，大风雨，拔木，太湖溢，平地水深丈余。十月，米价七钱一石，次年贵至一两七钱。饥，疫，死者弃尸满道，河水皆腥。十六年，蝗，旱，疫。《苏州府志》作隆庆十六年，讹。李乐《见闻杂记》云："吾乡万历十六年荒甚，有一郡伯令穷民至富家食粥，百十成群，几致大乱。又下令顿米之家，止许卖一两一石，米愈不出，价日益高，毕竟到一两六钱一石才住。"又涟川沈氏《农书》云："湖州水乡，每多水患，而淹没无收，止万历十六年、三十六年，崇祯十三年。"疑十六年为十五年之讹。十七年，连岁大旱，震泽为平陆。大疫，饥殍载道，夏雪。十八年旱。十九年大水。二十一年，冬不雨。二十二年元旦，雷雨。二十三年，大雪，平地丈许。二十四年，五月至七月不雨。七月十一日将夕，河水忽涌起二尺余，少选复平，如此者三。八月，骤雨狂风，数日夜不息，大水。冬，大雪，寒，溪湖水冻，舟楫不通。二十五年正月，雷电。二月，黑雨，黄沙。二十六年冬，雷。二十七年五月，怪风拔木。二十八年九月，地震。二十九年，霪雨伤麦。六月，寒气逼人，至七月始热，八、九月仍热如故。里无不病之家，家无不病之人。江湖溢，秋禾不能栽种。三十二年，疫。十月，地震。三十三年，旱。《乌青镇志》作三十四年。三十六年夏，霪雨，湖水泛溢，大饥。

明朱国祯《戊申年救荒略》：万历年来，称水荒者，无过十五年。次年，米贵至一两七钱，饿疫死者无虑数十万，弃尸满道，河水皆腥，其祸最惨。今比十五年，不止水势增高数尺而已。大端最可骇、最难救者，有三：十五年水发在四月中旬，圩田存没约相半。五月中旬，天晴，水渐消。已没者，亦重救三分之二。买苗种田，甚至偷苗，抢打告状，只是费力，多用本重。今者尽数淹没，水至五月中尚未退。田中无一颗新苗，即欲下秧再种，何处可下？且立秋已近，下亦无用。小民既无田作，岂肯束手待毙？游棍煽动，乱抢相杀。其大不同者一。十五年只乌程、归安、吴江水淹至多，水发源高处，安吉、武康易溢，尤易消。邻近最高如嘉秀、嘉善、崇德、桐乡，原未尝没。记得是年十月，米价止七钱一石。次年，外江米络绎而下，并无拦阻，然犹其贵如此。今最高者俱没，俱不可再种。目下即粜八九钱，零星者一钱一斗，人心皇惑，市棍拦阻米船，索诈抢夺。其大不同者二。水涨雨淋，小民所恃，惟在圩岸，岸上复加浮土堵拒。奈上雨盆注，下水骤拥，忽然奔溃，立地平沉。民房尽在水内，所存之米，斗斛罂瓿，犹即搬移。自数石以上，皆结囤安顿，水围囤外，顷刻便透，见存者先损强半。又村落人家，有甚坚牢房子，淋漓倒塌，景象可知。有船者船居，无船者或于僻远处，俟小船经过，推其人及行李于浅处，驾船而去，纷纷搬入城市。无可搬者，十室而九，此其大不同者三。十七日，便舟看塘栖新墓，阻桥不得出，遇熊坛石使君，易小艇，陪上西湖，复换舟至塘栖，则前舟已自桥左偏浮出，取道崇德、石门归。传者谓平望水急不可上，复至五林，自德清郡城归南浔，三百五十里间，不没者止石门一圩、升山一圩及敝镇九里桥一圩止耳。此廿二日事。次日，水涨七八寸，九里桥一圩即夕没。升山继之，石门当亦可知。以耳目经见，高岸在水心，水面只草尾，一望连天，驿路大桥，弯如新月。总之，处处霪雨，夹以山泉，湖海俱溢，拥以东风，不能即泄。立秋甚近，农望绝矣。某自信勘水最真，无过不佞。某，农家子也。水灾如此，题请在抚按，覆允在司农，讲求赈济在良有司，更在专遣，主持匡正在政府，意外攘乱在朝廷威德。即百姓尽数沟壑，亦自家大运，灾劫如此，区区私忧，焉能有无？但今且未忧钱粮决无措办，未忧小民决然饥馑啸聚，馁死兵死。姑以最小一事言之。《传》曰："虽有饥馑，必有丰年。"上之勤劬而救，下之忍死待救，谓来年再可播种也。种田而舍谷种，可乎？湖州田三万顷，每亩谷种四升，该谷十二万石，从何处来？从何处出？旧谷又不可用。若非旷然将漕白粮尽折，又大蠲大赈，则官府鞭敲，吏书鱼猎，奸民吞噬，乱民挺突，贫者贫，富者亦贫，饿者死，不饿者亦死，天下事未知所终也。先儒曰："仁，人心也。"心如谷种，愿当道君子先护此谷种。若曰田有高有低，有山乡，有水乡，水有涨有消，圩不必尽没，苗不必尽死，民间盖藏可支，富户可借米，不可尽蠲，申报者多虚恢，谭论者太激切，自古皆有荒年，何独今岁如此？膜外有膜，隔处生隔，此则大人君子识见高卓，明见万里，不张皇不摇动处。某生也鄙，止据耳目所及，雪涕而书，何足以知之？予假品水史氏述。

又《荒政议上甘中丞》节录：吴兴古称泽国，天目诸山之水，冲激如射弩，而具区为尾闾，乘风横溢，时抱不测之忧。嘉靖廿三年、四十年以久雨，万历十五年以湖啸，最号凶岁，未有如今日之甚者也。四月初十以后，无日不雨，麦已无秋。及至芒种，贫民贷本插秧，而淫潦异常，经旬不止，山水骤涨，东北风乘之，卷浪翻空，湖流内啮，高田水深数尺，低乡几至尺余。沉灶产蛙，墙倾屋倒，百姓扶老携幼，迁徙无家。由安吉、长兴抵归、乌，七邑尽成巨壑。自端阳至小暑，新苗浸久糜烂。幸今水退，业已无望，况未退乎？即使有秧，尚难再莳，况绝根乎？野无突烟，道多聚哭，诚二百年未有之灾也。不佞目击时变，近怀枌榆之忧，上切根本之虑，仰赖大父母仁心为质，情切痌瘝，敢摅一得，稍佐末议。倘不以葑菲见遗，俯赐采择，地方幸甚！一、议蠲赈。救荒之法，常恐后时。良由踏勘稽缓，文移往返，迁延旬月。有匿不得报，即报不以实者。亦有申请再三，当道不遽以闻，度支不即曲处者。谓太仓告匮，边饷急如燃眉，何暇议蠲议赈。又有谓圣意难回，上请无益。不知国家仰给东南，嘉、湖、杭首称外府，民既无聊，必至逃徙。逃徙不已，去而盗贼。盗贼不已，追捕计穷，千百成群，揭竿啸呼。淮北燕南，连年荒歉，极矣，人心思乱，纷纭剽劫。若江南一动，土崩之势必成，异日军兴调遣，较目前补助，难易多寡，恒人能辨。今日请蠲请赈，本一念血诚，破常调行之，方能感格明主，耸动群公。所谓求牧与刍而不得，必非从容谈笑可以寻常塞责者也。一、禁攘夺。富家平时以子母十五之利横索贫民，从怨既深。一遇凶荒，唯有封囷邀厚价，乘时射利，难以休戚一体之义户晓。而地方奸棍，假饥民为名，哄然而起。曩者借贷不允，寻至攘夺。今不待借贷矣，飞舟执械，放铳鸣锣，白昼横行，各村聚劫。稍有积储之家，挈子女轻装入城，而村落墟矣。夫大家者，一方元气也。元气日索，单户谁倚？此大乱之渐，必不可贷者也。官府重念民饥，稍为姑息，纪纲一弛，盗窃公行，驯至干戈，贻害更甚。此《孟子》所谓“罔民”者耳。善救荒者，拊循饥民，不为奸民所乘；禁约奸民，不为富民射利者所乘。操纵宽猛，间不容发。一、议设处。近年仓廪空虚，上下无措，平粜则积而不出，闭籴则遏而不入，不得已劝借，无论怨嚣易起，变故横生，富民之粟亦有时而尽。不若访于丰熟去处，择富户当铺之老成有才识者，加以礼貌，给以院道明文，每名量给数百金，不论米麦豆谷，速令各处收籴。仍知会南京操院、苏松淮扬军门，移文各属有米处，毋得刁勒留难，彼此通融，护送出境。米户既无关津之榷，且有子母之利，公籴外各有私赍，规利者骛走，闻风者蚁附，米聚而价自平矣。至于钱粮难措，非望之恩，不可几幸。或各处罚赎；或各年积羡，可以曲处；或徒杖以下，罚米可以权宜；或不急钱粮，可以停征缓征；或南北白粮可以改折；或应省解户，可以纳米代役。设诚而行，多方以求，何患不济？一、兴工作。赈济之苦有四：开报虞欺漏，兴发虞刁勒、侵冒，丛聚虞疫疠。唯鸠工修筑，为赈济良法。即以长兴言之，邑东如白乌区，邑西如官庄圩雁荡，东北如包洋湖畔石家圩最低，埂既卑薄，水易平漫，常年预行修葺，临患不至束手。今若加筑圩岸，便可分赈饥民。如一圩中多至千亩，少数百亩，就四围堑濠取土，量水浅深为堤高，下趾三倍，以渐而高。三杀之中，每百亩复围一小埂，高广如外堤十四，大小堑濠，可蓄内水，菱芡藕可借完粮。堤畔树桑，计田量分，可为世业。桑利污泥，岁增高厚，瘠产化作膏壤，价亦倍踊。量其增价几何，预捐十七，易米兴工。百亩以上为田正，每筑土一方，包价若干，课其勤惰给发。力不能出米者，官为处给，计丈尺论工发米。委一公正里老，互相纠举，良牧时亲督察，不劝借而乐输，不开报而趋赴，诸弊尽革，永利渐兴。大户肯广收圩田，出米修筑，或挑筑桑地，官量时价给与印帖，小民不得丰年取赎，较之抵借息重产归大户者，利害径庭。若长吏任事于上，富室随力修创，兴利默寓，赈饥治田，兼可弭盗。其他残疾衰耄，不妨于各寺院煮粥分赈，但得可托之人，与寻常设局虚应故事者不同。一、议旌别。非常之灾，必才诚两合之士竭力担当，苦心斡旋，方济万一。虽然，文法不宽，豪杰多至掣肘；名实不核，巧壬多易乱真。邓使君，廉吏也，以停征至经岁罚俸。长兴饥民，迄今流涕曰："戊己而后，微邓父，我辈不生矣。"当事者弗善也，偃蹇一民部以老。盖仔肩与巧饰异轨，独行与脂韦殊调，嫌疑起于相轧，谤忌生于任真。古之循良易，今之循良难，世趋然也。下至村叟稍欲自竖，訾诟顿生；琐屑略有兴除，群咻横集。上下以虚文相蒙，中材以嫌怨畏缩。信赏罚于不测，核名实于匹夫匹妇之口，令任事者毕志穷阎，则良牧出，荒政自举矣。

万历三十七年冬，无雪。三十九年，黄梅无雨，仍有秋。四十年，未蛰先雷。四十一年三月，大风，冰雪。四十二年，旱。四十四年十二月，天鼓鸣。四十六年正月，黑虮。十月，雷电。四十八年正月，大雷。二月，连雨。夏旱，石米一两五钱，饥。

泰昌元年十月，大雷电。

天启元年，大雪。三年十二月，地大震，生白毛。四年正月，黑雨。四月，雨伤蚕麦。五月，梅雨浃旬，秧苗尽没。七月后，大雨三日，再插再淹，一岁两荒。

明大学士朱国祯《江南水患异常旧守荒政可纪疏》节录：本月廿一日接得家报，谓五月廿四日以前，江南大雨连旬，水势骤涌，比戊申年高且数尺。惊而叹曰：国家困匮极矣，畿以南连及山东、淮扬，或水或旱，皆见告矣。仅赖江南有秋，可资外库，今又极灾，将何以支？因思戊申年臣方在家，一望陆沉，田禾尽没，为二百年未有之变。幸今南京光禄寺少卿陈幼学为太守，今户部尚书李长庚为分守，相与流涕奔走，晋诸父老策之，臣亦忝与末议。其言曰：以一人救则难，合众人则易；以一府一县救则偏，合众州县则全；以江南救则小，合淮之南北，晋而江、楚则大。就中又有缓急。先其急者：一、禁抢夺，以定民心，定之不妨用重典也；一、停劝借，以安巨室，安之正以收实用也。二令并颁，汹汹顿息。于是议及缓者：一、通米之源。田无颗粒矣，何以通之？则悉召富商大贾与宦宅民家稍有力者，谕以：戊子水荒，次年米价至一两八钱，饿死百万。河水腥不可汲。今且灾更甚，酷亦必甚。汝辈宜贩籴江淮，多多益善，既可救饥，又可得利，利且数倍。而先期言之抚按，移书漕运江西、湖广三抚臣、三按臣及郡邑长吏之冲要者，告以恤邻义之大，闭籴恶之尤。又言之操江都御史游弈，千里迎送，商舟拦阻者即行捆打，一时诸臣莫不响应。而贩者仍给路符，往返再四，听其久用。船入京口，随其所之，民无不踊跃愿从。臣记得秋月泊舟平望，米船连帆而至，尾相接也。饥民欣欣相告曰：米多如此，岂愁饿死？至冬，价仅一两；次年正月加仅一钱；二月后渐减至八钱。眼不见饿夫，道不卧卧子，农皆讴歌力业，耕其故土。此通米之说也。一、开银之源。人各自私，何以开之？悉召质库，不分主客，告以大灾不派汝银，亦不烦汝他费，有事倍加照拂。但米到即质，质直以十之八九为率。如米价百两，质八十五金复籴，渐质渐减，减不废籴，大约百金可得三百金之米。在质者，本利递增，闻风竞起；在籴者，质之利寡，籴之利多。计期取息，百不失一。臣略记苏、湖二府积米可三百余万石，程氏一铺至二十四万石，此开银之说也。其间节省伸缩，二臣备极苦心，又殿以"劝借"一策。是时所籴既多，获利不少，感上官体恤之恩，发自己恻隐之念，一檄才张，万众欢赴，民命既全，国课不损，虽荒不荒，此皆二臣与浙直抚按之力。而臣得之目击，私相诧以为自来救荒，未有如此尽善尽美，则其规模宏远，条理精密，识之早而图之豫也。今灾仍此灾，势更剧；地仍此地，人更穷，刁顽更甚，豆麦蚕丝先皆两败。又当长兴、毗陵变故之后，惊魂未定，不逞尤多。虽旧法未可尽泥，要妙用即在前规，神明曲鬯，是在地方诸臣一加之意。不日抚按疏至，破格蠲赈，事在该部。臣生其地，值其时，既知确信，先以入告。非为家乡也，为江南也；非为江南也，数百万钱粮产此，数千万货殖萃此，为国家根本计也。伏乞敕下户部，覆议施行。

又《为东南请命以弭祸乱疏》：臣拜疏求去，蒙皇上恳留于先，允放于后，草疏陈谢，方期少效靖献，以毕生平报主之概。随于暇时阅浙江巡抚王洽、应天巡抚周起元再请改折，语意酸楚。盖二臣身在事中，故言之真切至此。夫仓庾空竭，人皆知之，谁非臣子，不顾朝廷之急，颛为小民性命计，为有司催征计，发此言哉？盖其荒为异常之荒，苟无以处之，则其势为必乱之势。何则？朝廷所征者，银耳，米耳。银犹可发藏转贷，以应公家之求，米则一岁之收，不足供一岁之用，反取给于外江。故荒政有折，有蠲，有赈。大荒兼行，中荒用二，小荒只止于折。今漕米之折，不过用小荒之策。且五钱旧额加至六钱或六钱五分，而所折之数又减之为三分之一。夫百姓喁喁，期望全折，其贫者方引领尽蠲，曰："圣天子深念民穷咀尽，且如万历十六年大发币金以赈矣。"今赈不敢言，蠲不可望，而区区"折"之一字，又靳而不与，且许而复夺，地方官何辞以见百姓？而百姓哀号震动，势必就死，其又何所不至哉？且折之盈缩短长，臣固已苦口言之矣。近年漕运之迟，皆繇船政之坏。若得全折，回空之船，秋冬之交，必已大备。复冬月开兑之期，银折一半，实止半年。此事之确确可据，而众不谓然也。在京各衙门冗支甚多，悉行查革，岁可省米十五六万。京营军月粮十分折一，岁可省米三十万。此亦事理确确可行，而众未见举也。其应支者，或折半，或全折，岁可省米十余万。惟狃江南富饶之说，而曰敢不如额，要有司何用？谁敢称乱，在国法不容其然。岂其然乎？臣去国之人，与父老同死，亦不足恤。独谓财赋根本之地，事势皇迫之秋，因米而竟至失米，因漕而返至亏漕，则臣所不敢言，亦不忍言者。近者应天之疏已得严旨，该部必与处分。其浙江之疏，臣方杜门，未知作何发落。据臣草莽之见，莫若皇上自霈德音，再折五十万石，使浙、直依额均分，以慰百姓之望，以宽地方诸臣之忧。仍敕所司在京师曲议查折，补此缺数，则民情不至骇动，国储尚可支吾，而臣归家后，区区爱国忧民之心，亦得借以少补其万一也。

天启五年，大旱。

董斯张《乙丑秋热苦旱作俳谐体廿五韵》：淫霖方昨叹，旱魃复今谣。矫枉何其过，含生忍再凋。庭榴看叶卷，池藻畏茎憔。毒热雄销骨，繁忧坐达宵。僧嫌茶施尽，仆苦浴薪饶。炙手嗟无避，层冰想竟遥。桔槔声渐燥，盆盎滓如潮。旧井皆逢漏，沿林祇给樵。鸠喉全塞兑，蚁穴懒过乔。俗传蚁迁穴则有雨。出市霞无信，谚云："朝霞不出市"。弯弓月可描。语曰："月似弯弓，少雨多风"。星非名士聚，雨似大夫招。浅港干菱蔓，蔬园卧豆苗。稻泥龟兆坼，桑荫火云烧。祷社驱巫觋，迎神列鼓箫。杨枝童子首，里中祷雨，诸童子以柳枝蟠首，二步一拜。角带县官腰。闻令公日素服祷雨。禁杀偷悬秤，开渠拟买锹。未容愁蚌脯，直虑起蝗妖。城闭难呼钥，溪行不要桥。曲占鱼骨喜，俗传鱼骨曲则有雨。尖怕烛花摇。俗传灯花尖则天晴。米价踊中踊，民腴消更消。断炊邻妪瘠，遏籴富儿骄。枵腹谁能忍，探丸恐或挑。污邪求半活，霡霂望崇朝。比者租庸急，空思惠泽邀。传闻珠足采，水涸甚，数十里间多剖蚌者，往往得珠。吾欲纬江萧。

天启六年，蝗灾。七月朔，大风拔木，霪雨如注，屋庐俱坏，两昼夜方息。七年正月，震电雨雪。五月，昼夜霪雨，四境平沉，秧苗尽没。六月，水平复种。至七月，雨复如初，种者又没，一岁两荒。秋，大风拔木，太湖水溢。

崇祯元年，水。七月，大风拔木。二年四月，地震。闰四月，又震。十二月，又震，岁大祲。四年，大水。五年，自八月至十月，七旬不雨，饥。六年二月，雨雹。六月，龙风，折屋拔木，水，饥。七年三月，地震。四月，大雨雹。八年，大水，秋蠡。九年，大旱，酷热。十年，大饥。讹传太湖贼寇从北栅掩杀而至，镇民奔窜几空。十一年，旱，蝗。十二年夏，恒雨。十三年五月，大雨七昼夜，水溢淹禾，米价腾踊，每石价一两六钱。十四年春，大雪。六月，旱、蝗、雾继之，禾尽萎。疠疫盛作，米价石四两。十五年，大水，饥。人相食，盗贼蜂起，大疫。十六年，大旱，饥，人相食。十七年春，大疫，民呕血缕即死。地震，生白毛。民间有"地动白毛生，老小一齐行"之谚。

南浔志卷二十九

里人周庆云纂

灾祥二

清顺治二年，大水淹禾。四年，大饥，米石价四两。五年，大疫。六年，二月雷雹，五月大雨，水溢，麦无秋。七年，大水。八年，正月地震，春夏大水，斗米四钱五分。九年，大水，饥。十一年，冬，大雪旬余，大寒，太湖冰厚二尺。十二年，二月地震，六月又震。秋，旱，蟊。十三年，大水，饥。十四年七月，民间传有妖人叫摄生魂，白日呼人姓名，即随妖人去，卖与边地。又剪纸为猫虎形，夜出压人，爪伤面目。居民竟夜鸣锣鼓自卫，逾月乃罢。吴陈炎《旷园杂志》云："康熙年间，嘉、湖二郡有狐精至乡市，皆彻夜鸣钲不绝。稍懈即被伤，如爪痕。后知为道人妖术，剪纸为狐，以针为爪，昼则收之，夜复咒而遣之，假是以行窃耳。如是两月余，后安。"疑即此事，误以为康熙时耳。十五年，地震，大水，冬雷。十六年，大水。十七年，九月霜降，不杀草。十八年，大旱，米石一两七钱。

康熙二年五月，雪，大疫。三年闰六月，雪。四年，大水，饥。五年秋，大熟，斛米二钱。田之所出，不足供赋税，菽粟盈仓，委之而逃，百货充斥，无过问者，民间号为"熟荒"。十二月，地震。六年十二月，雷。七年六月，地震，生白毛。八年夏，大水。十月，大燠，雷，雹。九年正月，大雪，星陨，声如雷。五月至六月，大雨。太湖水溢，禾淹。九月，雪。十二月，大雪丈余。

董汉策《野老叹庚戌年作》：落叶空村鸣蟋蟀，野老吞声坐寒日。含悲三叹拙言辞，历诉穷愁泪如滴。忆昔孩提全盛时，黄云满亩飞香秫。何意阳侯鼓怒来，畇畇禹甸皆流潗。云华电发坠妖星，宝曜沉埋泄云出。天吴啼啸乘阴风，舞浪冯夷恣奔逸。吁嗟乎！谁召羲和开漆室，手挽芃黎免漂泆。阳微阴愤，如珠称镒。江湖沟洫，较若画一。望日观兮甚远，鹹商羊兮无术。老妻弱女馁且号，麦陇严霜净如拭。夜呼万一迫征徭，穷老将投虎狼窟。吁嗟野老且勿悲，郑公发粟出淮徐。汝欲不死休惕怵，温公不远汝但呼君实。

又《渔父行》：洪波原隰平，町畦渐迷径。荷锄已无家，遂发江湖兴。持竿往田间，罠罟坐朝暝。罾笱匠心成，烹鲜乃悬甑。渔父曰：鱼行有道。举网获鳞，谁识要妙？田父曰：吾行我法，水流汩汩。两岸为毕罗，探囊唯泳沫。异哉！今之耕者不如渔。体不沾涂，民无税租。脱令一日田禾熟，窃恐虎冠相刺促。

又《寒江叹》：游子寻春看未足，潜行秋水寒江曲。枫冷啼乌秋欲醒，隐隐悲声出茅屋。昔年庾廪称陈因，今年禾稼输波臣。昨夜飞凫下乡里，县帖征粮方取新。呜呼悲哉！丁年如此，生不如死。天不雨粟，官逋日蹩。瓮头无米盎无舂，吏呼何怒君其问。水滨狼豕俄踯躅，悲哉农夫膺贯索。以头抢地，胡然而帝。岩城冬鼓催严霜，官衙庭燎如荧煌。古语有之：丝不如竹，竹不如肉。檐前儿女任啼号，堂上鼓吹声断续。按，是年董汉策有《救荒条议》上巡抚范承谟，并见施行，足为后法。惜未见其文，不得录入志中也。

康熙十年五月至七月，旱，蝗。十一年春，旱。夏，大水，民竭力戽救，秋将成。八月初旬，忽大风，雨降。小虫青黑色，如蠛蠓，又如蚁，有足有翅，飞蚀禾稼立槁，气侵蚕种亦空，民大饥。九月，桃李花。十二年除夕，雷电。十三年，大水。十五年，大水。十一月，地震。十六年元日，雷震，大雪，旱。十七年，大水，无禾。十八年，虫灾。十九年，大水。二十一年春，恒阴，麦无。秋，大水。二十二年春，久雨，麦无收。麦石银一两八钱，米石八钱。秋，旱，荒。冬，大寒，忽暑热雷电。二十六年，大水。秋，螟食禾。二十九年十二月，河冰不解。三十年，大水，无禾。三十二年二月，大风霾。五六月，大旱。九月，大风雨，河溢淹稼，米贵，民饥。三十三年，旱，大疫。三十四年，大水。三十五年七月，大风雨，次日水涨三尺余。三十六年，大水。三十八年，霪潦伤稼。三十九年，旱。四十一年，大水。四十二年三月，大雷雹。四十三年，大水。四十四年三月，大雷雹。六月三日，龙风，大雷雨，昼暝。四十六年夏，大旱，石米一两三四钱。十月四日，河水暴涨，石米一两八钱。四十七年二月，大风，雷雹。五六月，恒雨淹禾，石米二两二钱，民饥。董《志》作四十六年大水，四十七年大旱，乃两年事，互讹。四十八年四月，雹，大水，饥。夏，斗米一百八十钱，施粥于妙境庵中。四十九年五月，淫雨。五十三年，大旱。五十四年四五月，连雨。六月、七月，大风潮。五十五年五月，暴雨水溢，苗尽烂。五十九年夏，旱。六十年夏秋，大旱，河底龟坼。六十一年七月，星霣，有疾声。大旱。冬，木冰。

纪远《震雷记》：有声自西南来，隐隐䃂䃂，若将大雨者。已而云解风动，林影调刁，斜照满地。余时寓博陵之别馆，偶晚饭后，乘兴步归。比至家，大雨如注，霹霹终夜不绝声。及明至馆，而屋已倾矣。长垣连十数丈俱仆，若匹练，无零乱者。观者咸叹为异，且贺余之幸免于厄也。余曰：天下事何者非幸？人特以己之幸，笑人之不幸，而欣欣若有得焉。而彼不幸者，又若戚戚焉病人之笑，而不以自释也。观此可以悟矣。时丁卯五月廿一日也。

雍正元年夏，旱。二年正月，大燠。七月，大风，太湖溢。四年八月至十月，恒雨，水浸陂塘，村人驾船刈稻头，饥。八年五月，大水。十一月，地震。十年正月，天雨豆。七月，大风雨，伤稼。九月，大风，电。十一年夏，大旱。十二年四月，大雨雹，损麦。十三年七月，地震，有声如雷。

乾隆三年，旱，蝗。九月，大风，雨雹。十年夏，旱。十一年正月，雨，木冰。十三年五月，雨雹。六月，米腾贵，斗米白金三钱。通判吴继元敦劝殷户平粜。七月，陈名荣接任，亦如之，至八月终乃止。十四年夏，疫。十六年夏，大旱，石米白金三两，劝捐平粜。十七年四月初四日，地震。六月初六日昏时，星陨，有声。八月，大风拔木，久雨，大水。十八年春夏，久雨，虫灾，秋又久雨。

方熊《秋霖行》：长河黯淡秋气肃，愁云幂历秋霖霂。晓来起看阡陌淹，阡陌之人聚相告。弟语兄曰："五月大雨，新秧漂泊。丝钱盈贯米一斛，悍吏征租狼虎酷。"父语子曰："七月久雨，洪波泛渎。逋偿赤手贷告难，耘耔车戽徒枵腹。"我闻此语已频蹙，旋见渊薮水久蓄。四野沟作渠，百里陵为谷。瓯娄宅草莱，沮洳葑蓝彧。君不见去年八月大风雨，白水压岸风摧木。旦晚号呼几三旬，涛奔浪涌人踯躅。今年春与夏，几次苦沉陆。际此更绵绵，青苗偃芊蘴。况经螟蟊害枯黄，一亩能收几斗谷？老农老农，拭眼对咨嗟，稻花香远空成熟。妻孥救口何暇计，冬粮难免遭鞭扑。

乾隆十九年，水损稼。二十年，淫雨，损麦，麦石银二两五钱。蝗蝻生，大水伤禾，石米三两二钱。十二月，地震。

方熊《粟贵叹》：饥驱不待时，难冀秋熟早。仰屋徒呻吟，奔驰心悄悄。经营给半菽，无计谋一饱。三春雨雪飘，二麦愁枯槁。夏秋卷洪波，蟊螟都消耗。鸿雁鸣嗷嗷，于野莫控告。濒冬米价昂，不啻珠与宝。所赖估舶来，应接庚癸噪。侧闻江南北，亦复苦水潦。淮徐咽吻地，鸠形时载道。沿海数州县，索食散飞鸟。念此心茫茫，所忧非藐小。富家拥仓囷，红朽积山岛。高坐不肯卖，犹嫌时价少。交新犹如此，来秋那可到。吾侪本惰民，粗粝亦云好。计日数钱刀，量腹度昏晓。土突寒无烟，沙覆尘瓦沼。床头一斗粟，八口最易了。怜视少陵女，娇痴唬且咬。哀哉陶公子，何处觅梨枣？倾囊笑郎罢，开箧无衫袄。曷以支凶岁，枵棘饥肠烧。嗟彼袯襫夫，力作空茹蓼。罄悬无需贮，荒亩泣青草。告贷谅所难，延望官庾粜。

乾隆二十一年春，大疫，饥。二月，石米二千八百钱。民食榆皮、草根，甚有抢劫者。四月，石米三千四百有奇。饿殍满道，劝捐平粜。五月，旱。十月，地震。二十三年夏秋，大水。二十四年秋，虫伤禾，石米二千四百钱。二十六年，大水。二十七年，雨，损蚕收。六月，旱。七月，大风雨，积水经月。二十八年五月，地震。二十九年正月，地震。五月又震。三十年正月，地震，大水。三十三年，大旱。四月，雨雹。三十四年春夏，霪雨连旬，损蚕、麦。大水，田禾淹没，秋无收，石米白金三两三钱。

方焘《愁霖行》：岁在屠维赤奋若，吴越之邦水横溢。白头老翁骇且惊，历遇水灾今第一。一春淫雨辄浃旬，阳和黯黯春无力。立夏已过小满来，逾躔又复逢箕毕。十日曾无一日晴，溜声不绝天容墨。菜畦汩没子抽芽，麦陇漂流穗垂黑。桑根浸水桑叶黄，叶贵蚕饥妇姑泣。心头剜肉疮莫医，八口嗷嗷罄悬室。村氓忍饿救新秧，桔槔历碌翻龙骨。喜闻沟水退潺潺，拍手相庆好栽植。岂知五月交六月，大雨连旬转蒙密。银河落地天瓢倾，长如贯绳挂千匹。电光闪烁兔目盲，雷车砰訇阳景匿。陡然赤地涌鲸波，汹汹频涨十余尺。黄昏阁阁灶鸣蛙，平原处处通舟楫。村南村北无完居，十家九壁愁攲仄。我惟拥被向壁卧，如蚕缩茧鸟塌翼。倥偬最苦被襫氓，面目尽形鸠鹄色。时过小暑田未莳，那有新谷粜五月。东风况复防圩沉，筑堤规土争匍匐。深宵蓦地人喧哗，鸣钲呼号似攻贼。丁男欲救空彷徨，老农相对惟叹息。去年旱魃降奇祲，禾稼焦杀屯膏泽。今更大水困灾黎，沉溺颠连至此极。忽闻米价昨骤昂，贫家无复黔我突。幸邀旷典免官租，终夜苦雨夺民食。五行舛错天公痴，屏翳之神独受职。谁能手持阳石鞭，一扫重霾见天日。

夏耀曾《田夫词》：田夫耕作，身家所依赖也。乃一遇水潦，辄向主人诛求无已焉，感而作此。农家重三时，雨水宜适可。今兹何太多，嗟嗟愁杀我。一解。田夫动成伙，语语须青蚨。好办御水具，为主去救圩。二解。田夫一何愚，衣食从何赖。田夫原不愚，水车照田派。三解。断钗并敝褐，典钱付田夫。趣办御水具，为我去救圩。四解。踏得田中干，大暑已过矣。插得田中秧，立秋几日耳。五解。救得尚自可，淹没愁杀我。侧闻长兴县，万户断烟火。六解。

乾隆三十五年春，饥。冬，大水。三十六年十二月，雷电。四十五年，镇大火，东至大桥，西至臧家巷，北至盐店桥，延烧数百家。《堪舆一贯》作辛丑，则为四十六年，讹。四十七年六月，地震。五十年，大旱，蝗。自五月至七月不雨，溪港皆涸，苗尽槁。六月，石米二千八百钱。十月，石米三千八百钱。九月十二夜，大火。上塘东至董宗伯第门前，西至清风桥；下塘东至三板桥，西至丝行埭，延烧四百余家。是年，水皆西流。

丁蟾《去冬大水民田半淹，今春行乞者踵至，余亦炊烟常自冷，无以给其求也》：官蛙杂沓扰民田，十室村荒九磬悬。司命何神延绝命，禁烟非节渺炊烟。同胞群识横渠话，后乐谁希文正贤。无奈陶公常乞食，不须衣钵借君传。

杨凤苞《催租行》：昨朝府帖下，今朝吏捉人。手持白木版，叫突东西村。黄蒿空卷小家屋，日晚铄釜煮榆粥。打门租吏搜瓮粟，老翁逾墙走，老妇向隅哭，邻鸡上树狗觳觫。又《官仓行》：仓垣新筑三丈高，中有曲房为游遨，笙歌酣宴夜复朝。仓前朱书一行字，悯今秋熯苦车水，愿纳五折贷尔死。下廒小吏貂襜褕，怒骂税户同叱奴，责令额外俱交输。叩头哀告宽鞭扑，归去卖儿并卖屋，乞符邻邑籴余粟。大旗闪闪双门开，两边虎翼如云排，半醉县官呼殿来。

方桼《乙巳苦旱》：旃蒙大荒落，旱魃肆惨酷。五月至六月，日日悬晴旭。昨闻父老言，有雨在中伏。如何秋已交，虫虫更炎燠。老龙死泥中，雷车竟折轴。良田皆龟坼，黄尘扬溪渎。桔槔具已穷，瓢水胜珠玉。嗟哉祓褉氓，无策但仰屋。米价市日腾，病热且枵腹。安得天心仁，一雨庆优渥。庶几薄有收，上输天庾粟。不然虎吏来，何以免鞭扑？

乾隆五十一年春，大疫，饥，石米四千六百钱。夏，虫伤禾。

杨凤苞《负釜谣》：夫负釜，妻抱儿，饥驱出门何之？道逢人食人，更谁知尔汝。故乡今难爰处，适彼乐郊得我所。饿鸱啸枯树，下有破垣，乞食叩主门。主人朝出采榆，暮归徒手无夕餐，请看冷甑生尘。主与客，两相视，泪落不能止。

乾隆五十四年，大水。五十五年，大雪，饥。十二月，雷电。五十六年，大水。五十七年五月，地震，冬无冰。五十九年七月，大风拔木，寒如冬。

嘉庆元年正月，大雪，苦寒。九年五月初至六月，大雨，田禾淹没者十之七。斗米四百二十钱，劝捐平粜。

董宗海《甲子端午节后大雨至六月初昼夜不绝，诗以志之》：今亦太平世，胡不十日雨。缘何滂沱时，一夜乃尺五。天道有阴晴，我民何太苦。阳春始负耒，霡霂沾壤土。但愿黄梅肥，桔槔移废圃。岂知入夏来，天漏更难补。羲轮黯无光，雷师未停鼓。日夜但倾盆，不待商羊舞。藻萍泛井灶，鱼蛙生甑甗。桑田变沧海，茅檐敧远浦。衢路教褰裳，涛声喧扃户。老农岂无知，罕闻亦自古。潴蓄技亦穷，疏浚力难努。民曰吾其鱼，尧廷非无禹。安得排且瀹，令民宁其宇。薙烧暑溽退，阳光乃煦煦。秋到始插秧，秧尽何所取。晚岁有良田，汩湮难胜数。但听仰屋嗟，安望曾孙庾。菜色忧谁分，挟纩温谁抚。幸赖天子恩，轸念开神府。农官缓催科，小民得安堵。豫为其始谋，良策借九扈。牟麦歧双秀，嘉禾颖合吐。明年大有年，行看人四酺。

董襄《大水谣》：蚁封牖，鸠逐妇，湿云处处压深柳。三日五日不放晴，为霖为潦骑月久。廉纤不断疑漏天，滂沱势急将溢亩。天目之泉奔放不少留，纵横苕霅难容受。转眼禾稼场，忽作鱼鳖薮。长鲸水面作人立，瘦蛟腾波老龙吼。南阡北陌水决堤，夜半惊喊村人走。鸣锣击鼓聚众邻，速教捍御防塘口。雨声锣声听不辨，巨浸汪洋没星斗。野屋将齐处士肩，低田渐及农夫首。翘首望沟塍，青苗复何有？或逐水漂流，或为水浸朽。何堪银索尚倾盆，开晴直待三庚后。迩来半月势不退，野老呼天莫措手。连肩入县报水灾，官吏停征方饮酒。

施国祁《积雨》：积雨熟梅候，水势天目壮。涛声三百里，汩没翻海藏。兹乡实下流，川灌骇排浪。田苗插未半，千夫走农饷。桔槔转日夜，霖霪适过当。冤呼绕村急，野火照滩旺。真恐狂澜倒，堤啮不容障。喻如瓠子决，竹少淇园仗。一瞬化沮洳，终断秋成望。蚕饥春收薄，口亟夏饱饷。力竭此厄遭，检括到盆盎。河复纵计日，支困已大创。漫漫浙西水，久并东海放。常溇二十七，结苇阻沙涨。垂虹七十二，罨岸编舻舫。尾闾不以泄，乃作怀襄荡。愁绝水晶宫，未免鱼腹葬。伟哉《乐存编》，石画言言说。莫惜一劳勚，溺援穷黎怆。缅思李公迹，奋发神先王。

嘉庆十年春，又大水，麦无秋，斗麦四百八十钱。巡抚阮元发银施粥。按，是年粥厂设于浔南之神墩，一切条规，精审详密，并足为后法，具详张鑑所编《两浙赈灾记》中。十三年夏，霪雨，米价腾贵。十九年正月初四夜，讹言太湖盗起，民多惊走。五月至七月，不雨，地生白毛，禾半槁，石米五千三百钱。大吏招商，给以印票，行文福建州县仓储，有余者，照福建市价派拨，令商缴价，海运至浙，免其关税，价始平。二十年二月初旬，大燠，既而雷电，大雪。二十三年五月，大雨雹。二十四年夏，旱。

道光元年夏，大疫。二年正月，大雪经旬。夏，旱。三年，霪雨，自三月至五月不止。禾未插秧，大半被淹。六月初七日，大雨雹，水势渐退。七月初二日，大风，骤雨，水复顿涨数尺，圩田仅存者，是夕皆没。太湖水溢，至冬初始平。官劝殷户捐资施赈，按册散给。大口每日米半升，小口减半，约五十日。米石价钱四千五百。次年春夏复赈，大口每日钱十文，小口五文，凡七十五日。

张鑑《题水灾纪事册·绵雨》：水没头，雨没尾，盲风兼旬吹不已。苦竹丛深日鸠语，逐妇声高人转哭，老鱼横飞上邻屋。《踏车》：上留田水没狗，下潩田水漂臼。三男五女踏水车，荦荦确确蜕骨蛇。杷头菌出镰衣长，今年水脚过两丈。《筑坝》：蚁穴漏金堤，大小理则齐。屯皮木桩须应手，鸣锣集夫防决口。白版双扉复何有？《补种》：夏至未至鹎旦叫，勤者翻被惰者笑。刺水绿针日夜黄，舴艋重买来山乡。补未完，雨不止，早秧迟秧一例死。《风暴》：五旬雨，七月风，黑云如磐龙挂空。石飞沙走作风暴，老鼍入市瘦蛟导，帝遣天吴为海啸。《报荒》：驾鹅飞飞满四野，此灾百年仅见者。扶老挈弱号县门，县官何日行乡村？不是风潮小损稼，挝鼓攀辕府帖下。《流徙》：村村移家具，争棹槭头艇。何许可藏身，梯空羡松顶。蛙产灶，鱼入门，跳珠急雨还翻盆。《捞棺》：白杨树根浪头大，破冢漆灯无一个。两和已啮题字稀，捞来捞去满钓矶。阳侯虐过摸金尉，忍此万千若敖之鬼无所归。《勘灾》：湿旗吹船鸣菰蒲，鱼头小吏左右趋。官来勘灾行不纡，里正诺诺复喈喈。青黄无期患煎迫，茫茫殆遍鱼鳞册。《大赈》：梵钟初动寺门启，皇仁给帑复给米。朝起望晨光，车轮历碌摧肝肠。道长腹馁走且僵，芦蘼暮卷上北邙。芦蘼，见《南史·刘歊传》。《助赈》：常平仓空当劝分，指囷纳粟沸若云。春陵宰固美，子敬心亦勤。论升论合论锱黍，鱼行蚁载未满筥，剜肉补疮不如稆。《春熟》：一年无禾犹可，十年无蚕则那。桑空闲斧柯，絇丝不上邻女梭。良苗怀新幸春熟，交午涨痕在颓屋，墙角枯桑长苔绿。

孙燮《苦雨叹》：两月淫霖不肯止，蔷薇花落鼠姑死。檐头漏下如乱麻，门外泥深愁没履。荒草满阶人不到，但有蛙声怒聒耳。幽人遣闷寻清课，坐揭烂书日百纸。朝来窗隙漏晴曦，众鸟争鸣如有喜。忽然钲鼓闻集众，畚锸来救圩岸圮。桔槔连夜水益涨，中隔一堤仅尺咫。更教数日雨翻盆，眼看平堤入江水。国家租赋仰三吴，疲民力作供官里。豆麦已坏春事去，惟望秋成粳稻美。皇天仁厚终爱民，及此转机祸可已。哦诗直欲叫阊阖，又见西南阵云起。谚云：西南阵带过，落三寸。

又《平粜行》：平粜不予市侩权，计口大小但给钱。大口十日给钱百，籴米只救两日活。小口五十更可怜，枵腹应将草根掘。侵晨古庙何累累，鸠形鹄面行相随。官颁竹签当符节，唱名对簿关防施。或作晋鄙兵符窃，李代桃僵难究诘。或如告身易一醉，妻儿无粮但聚泣。东风吹雨行路湿，易米归来煮糜食。中田又见菜麦坏，盼到秋成那可得。吁嗟乎！丰年钱多盛赛会，凶年钱赖富民贷。富民钱尽赈不长，茫茫来日忧方大。

金锡桂《勘灾行》：群胥切切夜深语，明日下乡勘灾去。敛民供官不敢行，那得私囊觅钱处。前旌泊野塘，凫雁相回翔。髑髅如瓜破冢出，随波汩没争击撞。狂飙连夜拔大木，水面摇摇数间屋。里正指点为官说，即此已是天上福。其余颓塌无几存，低者及楼高浸门。鸺鹠鼓翅坐屋角，亭午不见炊烟痕。室庐坟墓类如此，高田低田可想矣。非无足谷翁，亦有多金子，不住穷乡住城市。重门击柝御暴客，怕听人言粜平米。灾民望勘如望岁，官去依然水不退。嗷嗷待食无已时，九重高远恐未知，灾状犹闻三等施。

又《平粜行，和孙愈愚作》：去年浔人粜平米，断断界画分彼此。今年粜米震泽人，两月以来人不分。同一平粜劳逸殊，浔人何智震何愚。浔人语震客：止须勤编尺一籍，事既易办费可惜，安得南浔混震泽。震客告浔人：我乡地广皆贫人，人人顾近不顾远，其势独苦穷乡民。果如君言定户口，依旧流民满街走。争夺相杀无不有，吏为攒眉官掣肘。规画井井各较然，古寺设厂何喧阗！浔人大口给钱十，十日一百青铜钱。震泽小口米合半，彼此大小总倍算。浔人十日九日闲，一人到厂余在田。震泽发米无虚日，纷纷妇子如蚁密。始犹数千继数万，囷廪将空叹无术。传闻索米人太多，拥挤不畏官吏呵。强者在前弱者倒，赫然死人横当道。吴船赤马行如飞，击撞樯舻争先归。长年失手船则覆，死人愈多网不漏。呜呼！斯民不来固死来亦死，忍死来争数合米。不知发米日余几，两眼睁睁望田里。浔人孙君作为《平粜行》，其词沉痛多楚声。岂知震泽之人苦亦极，求生不能死亦得遥望南浔尚乐国。

夏荫棠《水灾行》：女娲炼石不可又，沉沉难补苍天漏。连绵三月雨不休，水怪欺人唬白昼。农夫桔槔夜继日，急取涂泥填岸缺。抛将板壁及门窗，恨无万丈横江铁。哀声遍野妻孥号，愁云低羃天不高。雨止能邀晴几日，龙风又起声滔滔。水龙酣斗横空下，倒卷波涛向天泻。向天倒泻势如倾，青山欲奔白石化。不闻知命避急流，但见横尸水面浮。旧时打稻场宽敞，而今变作鱼龙洲。吾闻为政无定法，灾小灾大宜分画。表其疾苦献朝廷，输民征税酬民乏。此外小惠皆沽名，劝农补种言何轻。纵然谷可种，地理难变更。处暑后插秧，无乃非人情。从来天下之溺由己溺，圣人知之有恩实。伫看朵朵庆云飞，捧出当头一轮日。

董恂《七月初二夜大风作歌》：十日五日雨不少，一尺二尺水没道。蜚廉呋怒风姨从，始犹飘尘继偃草。黄昏渐作刁刁声，三更四更势尤挠。退飞六鹢事可惊，号怒万窍声空扰。雨脚截住下不能，飞龙倒卷空中掉。瓦片多同蝴蝶飞，树头相并猢狲倒。浪走高从人额过，墙颓响压雷声小。书生胆怯不禁吓，彻夜不眠坐待晓。

道光四年春，大饥，米石钱五千。六月十五日大雨，水势骤涌，平地数尺，次日始退。

孙燮《米价昂甚而酒肆群饮如故，诗以志慨》：桂玉朝来已断炊，得钱沽酒且酣嬉。屠门大嚼喧阗甚，真个凶年食肉糜。

道光七年十二月，大雪，雷。九年夏秋，旱。十年夏，旱。十一年夏，霖雨。秋，复久雨。水灾，野凫成群，食稻。

金锡桂《忧旱行》：浓云日日四野垂，亭午一过狂飙吹。百里以外皆沾足，旱魃独虐浔之湄。长官斋沐事祈祷，纷纷缁素兼姑尼。暑不张盖劳不乘，侵晨先众迎朱曦。芳塍渐作龟甲坼，狭港水腻流凝脂。竹炉浥注活火沸，须臾茗碗浮腧縻。道士坟头水清澈，担仆踵接肩相随。我家家临頔塘上，微风荡漾生涟漪。一湾水自小桥入，艇子不足容瓜皮。朝朝提瓮艰出汲，妻孥挼手愁双眉。朅来书馆发长叹，心思窒塞精神疲。殷雷昨夜南山陲，神龙恍现鳞之而。甘霖到地不破块，荷盘滴沥风倾攲。繁星皎洁河汉澹，新凉已觉侵人肌。江东米价消息好，幸不翔贵虞调饥。更得翻盆一尺水，云师雨伯日交驰。径须跂脚北窗下，披襟高咏羲皇诗。

董蠡舟《祷雨谣》：大府檄来命祷雨，有误催科奈何许。大府理财柬湿似，故事奉行岂得已。例禁屠宰停鞭笞，奏销已分愆程期。醇酒宵酣妾当御，明日长官祷雨去。不须土龙像攫拿，不须巫觋呼吁嗟。开士和南讽梵呗，何肉周妻新受戒。亦有夺婿瑶光尼，胡粉饰貌涂唇脂。东方未晞月出皓，齐共长官来致祷。陵天俄顷翔金鸦，田夫炙背方踏车。僧尼还寺官归署，追凉共绕池边树。少焉有渰齐兴云，始信至诚能感神。太平之世不破块，诘旦刲羊虔报赛。上忧国计下恤民，县符夕下晨开征。鞭痕请视疲农背，长官德政丰碑在。

又《久旱得雨作歌》：千夫举首皆欣欣，前山有渰初兴云。会见天瓢快倾注，滂沱慰此群情殷。西郊不占小畜象，仅得霡霂沾轻尘。有如柬之高阁辈，苍生属望方殷勤。及其设施竟大谬，虚声纯盗何足云。郭外村农走报我，昨夜急雨翻瓶盆。咄哉距此无十里，畛域俨若分粤秦。得非屏翳私骳法，号令毋乃乖平均。我歌且谣未终曲，箭镞交飞瓦堕屋。绕屋烁烁走金蛇，映户森森挂银竹。愁霖不患十日并，丰泽已欣一犁足。我家无田亦蒙惠，聊为疲人洗郁燠。向来妄欲管中窥，腾口讥嘲肆漫黩。人犹有憾自古然，夏暑冬寒辄谤讟。耕田值雨刈值晴，私喜皇天副所欲。讵知德怨两不任，玉霄高拱神清穆。么麽下士虮虱臣，口语细过不足录。放教稳睡梦周公，饱饭坐享丰年福。

张丹山《辛卯霖雨大饥，郡伯杨公绍霆来浔，会诸董事者于别驾署劝捐发赈，是晚天微雪，郡伯感赋一律，属绅士和之》：仙凫飞下爱山台，破晓冲寒数举杯。人叹千家爨烟绝，天教一路福星来。计筹里社常平粟，诗忆乡关驿使梅。寄语榜人须借寇，莫教风便片帆开。

董蠡舟《报灾谣》：报灾人，出县门，低头饮泣声暗吞。仲秋久雨岸屡崩，町畦立化波涟沦。收租计日开仓囷，输将何出急走报令君。令君奋髯抵几大怒瞋，收租计日开仓囷，决以大杖驱出门。旁观太息为不平，曷勿诉之大府庶得伸？野人畏惮郡县尊，何况大府威严若天神。报灾人，出县门，开征明日征官银。俗谓夏税为官银。

又《秋雨叹》：五月六月雨不休，大水漂溺连四州。江宁、南昌、武昌、严州。西吴虽潦幸无害，东作未后期有秋。秋成其奈垂成败，十日曾无三日霁。夜窗不忍背灯听，一宵万户农心碎。老农叹息中夜起，只恐高原亦出水。桑土被啮尽露根，禾头已没难生耳。旧谷食尽新未登，青钱五十籴一升。卖丝输税尚未足，忍饥踏车能未能。

又《野鹜》：寒空排雁行，落日翻鸦阵。未若此野鹜，作队数逾万。蔽天蝗蛹密，动地风雨迅。今秋水冒田，禾头存亦仅。何堪果尔腹，百亩无一瞬。老农徒拊膺，尔生于我浚。慧非鸭能言，信异鸡司旦。乃如金翅鸟，龙子恣吞咽。鸱枭吓腐鼠，初不为人患。涎涎音电燕啄矢，知分安卑贱。尔鹜独不然，饕餮忘祸难。苍鹰饱余粒，搏击尔无惮。一朝下霜隼，毛血平原遍。饥凤九仞翔，回首为三叹。

董恂《报灾谣》：报灾人，互相吊，今年遇灾无可告。报灾人，转相贺，勘不成灾灾可作则个切。君不见山头猛虎身负嵎，过其下者无全躯。又不见天际苍鹰张羽翼，当其前者为所食。报灾人，泪如渍，虎不得避饿鹰鸷。俯无以育仰无事，一灾不除一灾至。报灾人，且勿愁。君不见虎将变鼠鹰化鸠，禽兽逃匿岁有秋。

金锡桂《大水后到家口占》：浮梁曲折驾涟漪，四壁空明把钓宜。道不拾遗门不闭，极荒翻似太平时。米是珍珠桂是薪，果然九食要三旬。麻姑能撒吴刚斫，一样神通不疗贫。　凌波树在方知岸，压水桥低总碍船。即此茫茫已沧海，今年四月尚桑田。　苦搜苨簏旧衣裳，质库归来办宿粮。割肉补创原险事，疗饥那更御冰霜。

又《偶晴》：偶晴仍欲雨，天意竟何如。豆麦已无实，蚕桑知又虚。坏堤难再决，破屋易成墟。平粜资豪右，困仓有几储。

道光十二年，饥，筑运河石塘，以工代赈。夏，旱。

董蠡舟《乞食行》：泽国当秋苦炎熯，有水可戽害犹浅。讵知一溉仅后枯，俨若畎田耐风旱。去年有诏宽赋租，几曾霹雳飞官符。新丝不用输井税，旧谷尚足供朝铺。旱未成灾聊借口，窃幸皇天不雨久。叫呼乞食横索钱，妇孺扶携竞奔走。鳞萃蜂攒踵相接，千百成群毕入邑。恣行谁复敢谯诃，以旱怵人以众胁。凶年原合食肉糜，屠门一掠空无遗。沸腾何啻吹唇众，盗贼公然对面为。议恤豪家恐祸迫，半陌青蚨徒手获。但肯朝朝蒙袂行，转赢夜夜当窗织。命俦啸侣相招要，寅入辰退殊逍遥。盖藏贮见金籯积，旸雨翻愁玉烛调。旁观蒿目为三叹，岂可噢咻长骄悍。乡闾谊合赡穷黎，莫把贪狼当哀雁。

道光十三年，雨水害稼。冬，久雨。

赵棻《书感》：如环愁绪总无端，俭岁持家事事难。斗米直须钱五百，相逢不敢劝加餐。

又《老农叹》：今年三伏天不热，阴雨连绵少晴日。低田粳稻熟已迟，那更飘飘半无实。犹恃山田庆有秋，黄籼定卜仓箱收。岂知秋分前十日，严霜一夜飞山头。老农朝来泪不止，忍见嘉禾冻将死。半年辛苦竟徒劳，功败垂成有如此。呜呼上天视听在吾民，苍生疾困谁当伸。侧闻召杜膺荐擢，彼哉长吏何其仁。

道光十四年正月初二日大雪。秋雨，伤稼。冬，复霖雨。

董蠡舟《秋雨叹》：阏逢敦牂建申月，丁亥二十有四日。一月不雨雨两夕，晓起惊看百川溢。低田水冒岸莫由，高田水深没禾头。饥馑相承农乏食，踏车其奈饥无力。呜呼皇天匪不仁，致灾无乃由斯民。何当反朴息机械，世有淳风无恶岁。

道光十五年夏，旱。十六年正月初五日，大雷电。二月十二日，大风雨，雷电雹。十七年正月初二日，风雪雷电雹。夏旱，秋久雨。

孙燮《秋雨绝句》：桔槔长夏老农嗟，恨不移田近水涯。天意亦如人反覆，秋来又踏大翻车。

道光十八年除夕，大雷电。十九年正月，雷大雨雪。九月二十三日，地震，大风淫雨，禾头生耳。十一月，雷。

孙燮《戊戌除夕》：雷声除夕壮，父老骇希闻。匝地阴霾合，催□暖气薰。天教阳泄早，岁到夜深分。不尽忧时意，灯前酒半醺。

董蠡舟《一雨》：三旬久不雨，一雨一月逾。潺潺彻昏晓，潢污盈街衢。今夏有小潦，插秧向沮洳。植根不牢固，离披若葭芦。土化粪力厚，累累实尤腴。禾头日加重，攲侧不可扶。遭风皆偃仆，一望千亩俱。及兹尽淹渍，何啻沉江湖。岂仅患生耳，得无溃烂虞。吴中近生螟，立见稿秸枯。丰岁忽成灾，民气何由苏。我虽乏负郭，三叹为踟蹰。

道光二十年夏，久雨。二十一年春，大水。秋，霖雨。大星霣于西南，有声如雷。十一月，大雪为灾，平地积数尺。

孙燮《雨中作》：自从哉生明，至于月下弦。中间二十日，檐溜何曾干。百草多烂死，岂惟惜花残。湖乡生计薄，所恃蚕与田。平田在水底，菜麦已荡然。矧兹蚕月冷，窃恐妨三眠。衣食源并塞，廉耻道欲捐。侧闻征税早，乡氓咸詈官。岂知急军饷，为官良独难。腐儒志四海，活民手无权。殷忧在局外，作诗但吁天。诗成天又雨，霤急如迸泉。

董蠡舟《仲冬二日雪至五日未止作大雪叹》：百岁老人未见此，大雪四昼夜不止。深埋马耳没牛目，飘瞥朝来还未已。同云一罅开朝阳，瘦日如月寒无光。层冰峨峨泥滑滑，出门咫尺皆太行。今岁获迟缘雨久，收余什一犹栖亩。及兹压损委泥沙，待得雪消复何有。君不见墙颓井塌屋半倾，路有冻死尸纵横。元戎帐下方歌舞，谁念铁衣屯戍兵。

道光二十二年六月戊寅朔，日食，既阴云，不见昼。晦，久雨。二十三年七月，旱，螟食禾，饥。

孙燮《秋怀》：频年淫潦灾，水渍禾根烂。今兹逢岁稔，农人待饱饭。秋后螟忽生，食心人不见。渐渐苗叶黄，偃仆过一半。眼看又灾荒，官粮何由办。繄予守砚田，感此辄三叹。养性如养禾，诗书为溉灌。邪说一以蛊，志识为之变。岂独苗有螟，人心螟食遍。一日复一日，凉飚忽然至。一年复一年，故家有时替。我生乾隆中，民物极昌炽。此如盛夏暑，中已含秋意。祸始甲子灾，先秋梧叶坠。从此灾相仍，淫雨连岁岁。其间最甚者，辛卯与癸未。近复苦用兵，征输民愈匮。闾里旧富家，十不存一二。造物忌满盈，繁华有憔悴。百年大春秋，俯仰盛衰异。谁能戒履霜，预为卒岁计。

道光二十四年冬，久雨。二十六年六月十二夜，地震。二十九年，淫雨大水，田禾尽没，米石钱五千六百。民屑榆皮为食，有杂以沙糖者，食之辄毙。施赈大口每日给钱十二文，小口六文。自七月至次年三月，凡二百六十余日。七月系散赈，八月设局，殷富典车及铺户捐赈。九月至十一月系大赈，十二月至三月仍系捐资助赈，共捐钱五万余千，散赈者不在此数。七月二十四日，张王庙发赈，人多填咽，忽金光眩目，声若震霆，自相践踏，死伤者八十余人。三十年春，饥，米石钱六千。

许旦复《十哀诗并序》：道光己酉之灾较甚三年，凡沿路捐瘠、穷乡坐槁者，盖十二三矣。见闻所及，杂次成咏，聊以抒其哀情，非敢拟白傅《秦中吟》也。中有因事指斥，亦是非直道之公尔。

《折股怨》：我乡钱氏子，一钱悭如命。众怒积何深，一朝折其胫。平时二螯八跪，乡里恣横行。今日伶伶俜俜，安能鼷而乘。昔闻汝厥考，贻谋本不良。延师必讼师，读律好恃强。髫年便已习刀笔，家居纤儿庶克当。以钱贷人息赢二，息还生息谁能偿。须臾田亩尽折入，东屯西陌遥相望。催租急于石壕吏，倾瓶倒篋何由藏。坐使农家泣空釜，累累看汝堆仓箱。夙昔怨愤无由泄，岁凶群起逞其狂。呜呼！有财以卫身，何乃葵不如。可怜兀兀泉台去，空空两手何所拿。一生心计务刻削，财多但为豚犬余。粟倾囷，钱压阁。老妻泣空帏，诸郎高歌乐，明日整备开场轰赌博。

《仓谷火》：自昔常平仓，其谷积之上。于今州县存其名，正供所余兼民饷。由亩计合以及升，由升计斗登之量。主撮积之未加多，岁月迟之获如创。凶荒本为救民饥，按户编排为施放。以民还民力自食，令君安得居功状。浸巡至近时，半已入官橐。胥吏缘为奸，久歌空仓雀。一朝大祲可奈何，官为攒眉吏则那。亟须商一自全法，曲逆秘计谁能过。举而付之赤熛怒，千钟万斛都由他。大府闻之无复诘，小民过之徒滂沱。嗷嗷日向焦土哭，有人从旁笑且歌。呜呼！时事有如此，谁排阊阖为我献此仓谷哦。

《生传夸》：胥母乡，庞公里，荥阳姓氏高莫比。厥祖席丰无吝情，惠流桑梓标门棨。末世子孙荣枯分，其中尚有踵前轨。咄彼七十翁，词锋锐莫抵。奇荒谓是天所成，于我何哉助钱米。长吏数登门，强项悭莫启。翻笑他家财浪抛，我只坐听奈何矣。一朝饥民千百来，隳突叫嚣如惊雷。阖门支户心胆摧，急哀当事捐簿开。数倍于前遑敢推，以捐为罚贻嘲咍。痛定忽然虑转换，我今何用空悲叹。七百千文买令名，抽毫手自挥《生传》。呜呼《生传》辉千秋，金缯谀墓将毋求，我今翻为昌黎愁。

《沿街哀》：水长庐为漂，水退食已绝。儿女啼号可奈何，含悲且共街头乞。豪家健仆气如吞，廛舍小夫眼欲裂。低徊且复走他家，他家门掩十七八。侵晨赴市道里遥，忍饥直至日高揭。腹如雷鸣，颊如火热。大人犹可挨，呱呱奈此怀中物。呜呼！朱门鼎鼎餍膏粱，何不薄少聊分将。俾延蝼蚁旦夕之微命，而令声嘶气郁奄毙在门墙。

《琳宫厄》：七月水退繁饥禽，十十五五翔南林。始犹数百继数千，逡巡万数来骎骎。浔中当事议分给，先时来编户口折。纷然汇之琳宫中，六文小口大逾十。此外行铺各随缘，一合半合抛米粒。贪此合米与钱文，远近蚁慕心为熏。如江如潮如浪涌，虽欲禁之声不闻。岂知暗中祸机来莫测，人人死气面深墨。七月日之二十五，烈日皓皓当午刻。二万余人互挤排，砉然有声如裂帛。一时惊窜相践逾，满庭血肉尸横藉。数之四十有七人，彼乎何辜遭此厄。其余气息仅奄奄，先后都应随鬼伯。母哭子兮夫唤妻，睊睊直视疑含啼。烦冤惨痛谁可诉，诸天老祖头为低。呜呼！彼为求生反得死，人鬼之关在尺咫。片时残喘不得延，命比鸿毛轻如此。天耶人耶奈何尔？

《挖棺窃》：挖棺窃，四乡沸，彼何忍哉为此厉。嘻！彼非曹家发丘中郎将，亦谁署作摸金尉。饥穷所迫无复之，意外出奇聊一试。乡村水后荡然空，探囊胠箧均无庸，只余漂流未尽此幽宫。为语长眠人，畀我区区将无恫。玉碗金鱼非所望，银皮铜屑聊佐我尸饔。易得升斗归，妇孺多欢容，不然旦夕殉汝蓬蒿中。呜呼！此罪可诛，此情宜可悲，长官严刑安得施？不名曰盗名曰窃，聊示薄惩旋出之。阳侯祸且及骸骨，天之所罚复奚辞。呜呼！天之所罚诚无辞。

《灾食叹》：昔闻故老云，荒年食榆树。屑皮为牢丸，薄糜煎汤注。岂有菁英营卫滋，一瓯聊足枯肠饫。其次芹芽与草根，杂糅煮之同供具。外有观音粉，终虞石性易沉锢。亦或磨稻藁，撑肠拄腹艰流布。谷食之外最耐饥，惟山蓣魁及蹲鸱。四野荒芜那可得，馈贫谁复盈筐贻。嗟彼贸贸子，日惟腐渣哺。三钱市两枚，輖饥朝可度。安得盐豉加，生吞我其庶。呜呼！同为斯人遇此荒，甘苦之味宜共尝。亟买少许袖之归，入门童稚欢迎将。谓是美臭饵，精饦馑。熟后群起攫而食，呕吐不迭形徬徨。汝曹但知日日餐粳粱，那识邻家恃此为糇粮。不然早已委路饥且僵。

《鬻儿痛》：他家儿女珍如玉，保抱乳哺日不足。瑶环绣服被其身，果饵珍馐充其腹。我家蓬头垢面儿，岁凶不能具饘粥。啼饥绕膝情皇皇，顾之隐痛缠心曲。蚤晚多分不得全，一家并命嗟何酷。为汝一线觅生机，高门卖却为人仆。得钱聊足资所生，算汝恩酬育且鞠。鸣呼！乌亦知哺瞉，牛亦知舐犊。亲生休道我寡恩，欲留不得筹之熟。送女出门行，忍泪不敢哭。从今不是耶娘边，好慎饥饱与寒燠。他年倘得不饿死，见面有时仍天属。不然槁毙原野中，还当待汝收骨肉。

《露处悲》：小鸟鸣啁啾，日暮深林投。鹿群走旷野，穴处呼其俦。人非毛羽族，宁无风雨谋？构巢架木屋之始，幕天席地非长筹。酉年之夏水大至，室庐漂荡随波流。水退四望空濯濯，何来蜃化空中楼。其有仅存者，持为口实求。一椽一瓦易米尽，剜肉顾得心头不。秋高八九月，凉风来飕飕，全家僵卧颓墙陬。目前寒露犹可耐，三冬冰雪终难留，不如逝者行归休。鸣呼！道旁郁郁谁家宅，重楼复阁连阡陌。帘幕深沉犹道寒，何堪露处赤肩脊。谁具仁人广厦心，令兹号寒之虫感无极。

《优赏叨》：未捐锱铢吝，既捐愿望奢。优奖从重自天锡，砗磲水晶纷喧哗。或云京职贵，累累数珠当胸挂。或云外职好，品级从同数较少。其有数歉与数赢，彼此买卖挹之平。亦有先时捐实职，双单选补酬其情。门条烂烂看高帖，光华艳比泥金帖。寒士蓬庐气不扬，世家门第翻莫及。鸣呼！涸鲋需勺水，监河饶澄波。果能分润及乡里，朝家岂惜名衔赊。何不广开宏量体上之德意，而徒冀幸非望以为庸愚夸。

咸丰三年三月初七夜，地大震。冬，雨木冰。四年夏，霖雨。十一月初五日申时，河水忽涨起尺余，沟渠池沼皆然，北栅尤甚，少顷即平。东至吴江，西至长兴，并同此异。十二月初三夜半，大火，自清风桥起，西至寿星街，东至通判署头门，北至天带桥，平明始息，延烧数百家。五年，火灾频起，东栅尤甚。六年，大旱，螽，北栅河道涸。五月十一日午刻，大火自大桥湾起，延烧西北栅，凡数百家。十二日，南栅又火。李廷赓诗作“戊午”，系咸丰八年；“十二日”作“十三日”。十六日，东栅又火。是年，水皆西流，大饥，米石钱五千。七年春，米石钱五千八百。夏，螽复生，悉入水自毙，或化为虾。秋，风雨损稼，米价复昂如春。八年三月，彗星见，自南至北，长三四丈。六七月，旱。六月十二日，“粤贼”至，大肆杀掠，未刻始退。土匪乘机纵火，延烧三昼夜，十五日始熄。秋，久雨。八月，彗星又见，长数十丈。十六日，贼复至，焚劫伤人最多，十七日始退。十九日申刻，红光烛天。十月初二日酉刻，天半隐隐有兵马声，从东北至西南。十二月十七日，贼又至，焚劫如前，未刻方退。十一年二月二十九日，贼又至，纵火焚掠，次日始去。是冬，贼踞镇，焚杀三日，后出伪示安民。十二月十七日，大雪，至除夕始止，深可一丈，河道皆冻，冰厚尺余，至次年元宵始释。

李廷赓《榴夏十一午浔镇大火戊午》：何处人喧嚷，锣声历乱催。火因风势大，风助火威来。龙打全无济，鸦飞总不开。火盛时，有鸦数十，环绕而飞。冲天遮白日，着地卷红埃。坚壁随时倒，雕梁顷刻摧。邑尊难措置，时适乌程县在镇。户保瞎量裁。樵斧薪休负，禅林芋漫煨。丹霞烘画舫，绿雾压妆台。颠蹶人怜老，惊啼子尚孩。一朝惊起祸，四壁共罹灾。焰过都成炭，烟销尽化灰。登桥试一望，触景不胜哀。

又《十三日午又火》：火余烟气尚难清，忽听锣声又急鸣。方讶一朝千户害，顿教三日两头惊。敢行远道离家室，怕寐深宵待旦明。只恐灾行犹未了，决疑都欲问君平。

又《六七月之交浔溪旱甚》：亢旱属天灾，三霄绝雨露。河底尽生尘，堪作人行路。水道不疏通，有舟何处渡？流火困游龙，煎沙怜涸鲋。万里片云无，难祷甘霖注。石烁山亦焦，黄遍林间树。独惜苗已枯，农人勤旦暮。夜夜祝穹苍，肤寸何时布。

同治二年，海水溢，河水皆咸。十年三月十四日，大雨雹。二十二日下午，狂风骤雨，拔木毁屋，覆舟伤人。十二年夏，旱，河水几涸；冬，始雨，多雪，大寒。

薛福成《庸盦笔记》：同治十年三月二十二日，湖州有龙阵风，自西方起，至于南浔，约及百里，同时折木发屋，扬沙石，死者甚众。有数村被风卷去，变为平地，数百年大树有拔者。

桂荣《三月十四日纪异》：热云蓊然兴，天低黑如墨。雷电雹雨风，变端来顷刻。屋瓦亦纷飞，通衢水壅塞。天灾不虚生，感时空叹息。厥占阴胁阳，江都语堪忆。所望弥天灾，遇变应以德。

光绪元年，五月水，六月、七月旱，八月复水，田禾减收。二年三月，有妖人剪辫发。七月，又有纸人夜出，作怪兽状魇人。居民鸣钲驱之，寝不安席，至八月始止。夏蝗，冬久雨。十二月，大雪连旬，祁寒冰坚，经月不解，鸟兽冻毙。

李光霁《纪异》节录：今年三月，浔上哄传妖人剪辫。北栅卖饼某甲夜起如厕，忽冷风刺骨，辫已失去。由是镇人相戒，夜间不敢出门，并讹传被剪之人，百日必死。然某甲后亦无他异。至七月初，又纷传有纸妖夜间摄人神魂。至则怪风隆隆，作腥膻气，屋瓦皆鸣，薄云如盖，下垂檐际。遇人睡，压人身，其人遂噤不能言，目上视，手足蹶张，急救则如梦魇醒，而不知所以。其现形如鼠如鸟，或如犬而钩爪锯牙，或如狐而双睛闪铄；或黑气成团，或白光如练。刀槊不能伤，惟震以金鼓声，始逸。又或入夜偶为妖物所触，则触处立坟起，色青黑，谓之“打印”。消息由北路递传，至十七日而浔镇大哄。鸣金伐鼓，人声鼎沸，彻夜不绝。胆怯者家人妇子群聚一室，竟夜不敢合眼。各乡村亦五家十家同居。十九日夜半，予已就枕，为四壁锣声惊起，推窗四望，星月皎然，惟闻空中有声如大风激荡，向曙始息。次夜复然。人心皇皇，街市寂寥。天将晚，闭户入室，道无行人。地方无赖，乘间滋事，什百成群。遇外来面生无相识之人，即指为妖人，搜掠财物。偶值形迹可疑，或缚而投诸河，或举而畀诸火。枉死者众，官长不敢问讯。由是商旅相戒，不敢远行。八月初，复讹传克日破湖城。郡城居人迁而东者，舟首尾相接，盗贼蜂起，几成大变。幸黄提军在杭闻信，躬率营勇，星驰至湖，捕乱民裘姓叔侄，立时正法，谣言始息。

光绪四年，春寒，多雪，久雨。九月至十月，恒阴久雨，晚稻浥烂。七年春，大火自清风桥起，至大桥以东，延烧百余间。十三年正月二十五日，南栅水师统带营内火药失慎，轰去营房，兵勇死数人，皆尸骨无存。南栅房屋有震毁者。十二年冬，大火自宝善街起，至清风桥西，延及大桥之南，东至分府署止，延烧二百数十间。十三年十二月，雷。十四年七八月间，地生毛，黑白参半，形似羊毛，长二三寸。十五年夏五月，地生毛。八月二十四日晨，大雨，连阴数旬，至十月初十日，始放晴。田禾尽没，早稻生芽，能刈者仅十之一二。绅富先集资购米万石平粜。十月间，乃就十二庄查核饥户，分极贫、次贫，计口造册给票，至期赴广惠宫，凭票给米，五日一给。至次年二月止，计用钱三万余串。十八年十二月，大雪，寒甚，河水尽冰，十余日不解。二十一年七月初十日申刻，方丈港东河埠砑石忽涌鲜血，高尺许。不数刻，岸上石缝亦涌出，共七八处，袜上染之，其色鲜，其气甚腥。二十四年六月，大旱，米价昂至每石六千。镇绅出资购米平粜，至八月市价平始止。款由镇上殷富分任，而张君宝善独捐万元。二十五年三月，于巡司旧址前及船长浜等处发见黑米，水渍不化，煮之不熟。

李光霁《纪异》：今年二月，予侨寓无锡。地下忽见黑米，坚如石，表里纯黑，两面起楞形，与米无异，水渍不化，煮之不熟。乡人拾取以售人，斗钱三百。好奇者间购一二，藏以示人。三月中，由锡返浔，而浔地亦见。予就锡带回少许，出而比较，无异。谓为天雨，则应随地皆有，何以或有或无？谓为地产，则应在泥途之下，何以浮面可拾？又予所见皆兵火后之瓦砾场上浮面所得，更不可解。《元史》载顺帝至正二年，饶州、建宁等处，天雨黑子，大如黍粟，民有取而食之者。而此则水渍不化，煮之不熟，不知是何异也。

光绪二十六年三月初十日辰刻，天色忽晦暝异常，非然烛不能见物，约一刻之久。三十一年三月十五日，大雷雨，电火焚毁极乐庵佛像数尊，遍体焦黑。居民房屋亦有毁坏者。三十二年六月十四日，午后，雷雨大风，自西至东，民房坍塌甚多。七月，大雨连旬，镇绅出仓粟平粜，不足，又筹借截留南漕数千石。三十四年三月初二日，夜半，大雷雨，电火焚烧西栅垂虹桥南堍民房三楹。六月霖雨，镇绅出仓粟平粜。

宣统元年七月，大疫。十一月二十七日夜十时，地震。二年五月，久雨。镇绅出仓粟平粜，自六月朔起，至七月望止。除夕，雷。三年五月、六月，久雨。闰六月十六夜九时，大风，至十七日晚止。太湖水高倒灌，河水陡涨尺余。七月初，阴雨积日，河水又涨尺许，田禾被淹者十三四。镇绅出仓粟平粜，自八月朔起，至八月底止。

南浔志卷三十

里人周庆云纂

农桑一

农事总论

张炎贞《乌青文献》：稻性宜水，不黏者谓之粳，粳之小者为籼。农人于正月毕岁事，二月治圩岸，三月选种浸谷，立夏莳秧，四月刈麦讫，遂垦田。已而插青，用桔槔灌田，旱入潦出。四月望至七月，谓之忙月。富农倩佣工，或长工，或短工。佃农通力耦耕，曰伴工。是后耘耔、粪溉各以时，无敢离畔。处暑行，根绽穗，苦旱；白露花，苦风；秋分稻秀，苦雨。九月刈禾，是月筑场艺麦豆，子妇竭作，亦谓之忙月。十月治谷米。往时谷既登，富农供惟正外，得高廪盖藏，以备凶荒。佃农输租，大家稍贮，以给春作。近来佃农奸顽，将田中稻谷先时砻舂，或趁新贵粜，或投典贱质，妄希贸易以博利，甚且不安分以图事。又或于春夏时告贷富室，独租米，迁延日月，借口岁歉收薄，冬尽以砻头粞谷，约略半偿。官司催科甚急，告追每置不问。于是田主称贷，籴米上廒，而田主病佃户贷米以延须臾之死，质粜以作不急之务。其后贸易折阅，息利倍加，自此逋负益积，而佃丁又病。两者交病，在当事者立法以导之也。

董世宁《乌青镇志》：稻之名类不一，籼之早熟者，曰早稻。其遍种者，曰粳稻，又曰晚稻。糯种亦有早晚，间有种者，仅堪酿酒，屑以食，而非小民终岁之需。场功既竣，遂于田中起棱艺麦。小麦磨为面，穬麦无芒，色黄，可作饭及饼饵，蒸之成烧酒。率杂种之，明年并菜、豆俱收，总呼为春花。播菜、豆、麦讫，勤者治田塍，不惟便于担泥壅稻，亦以一切损苗之虫，生子每窟于其内，故岁于农隙刬削草根，另添新土，诚杀虫护苗之良法也。老农云："禾历三时，故杆三节。三时气足，则获自厚。"吾乡种田，例在夏至前后，所历二时而已。计惟下秧极早，可补事力之不逮。谷雨浸种，立夏前下谷，稍备春气，至插青之日，秧老而苗易长，且耐风日。古云："秧好半年田。"非谓是欤？嗣是而插青，而耘荡，讫于获稻，其间人事节次，岁以为常。

张履祥《补农书》：凡农器不可不完好，不可不多备，以防忙时意外之需，粪桶尤甚。诸项绳索及蓑箬、斧锯、竹木之类，田家一阙，废工失时，往往因小害大。

沈彤《震泽县志》：无产者赴逐雇倩，计岁而受直者，曰长工；计时而受直者，曰短工；又有佃人之田以耕，而还其租者，曰租户；少隙则又计日而受直，为人佣作，曰忙工。

朱国祯《涌幢小品》：近年农夫日贵，其直增四之一，当由务农者少。可虑，可虑！

董恂《南浔志稿》：迩来农人多舍本业而营分外，以持强挟诈为能。春花懒于戽水，久不复种，田功亦卤莽灭裂。每入市，则茶寮酒肆，杂坐喧阗。此习于游惰之明验，要亦人心风俗之忧也。

温鼎《见闻偶录》："粤逆"平后，户口凋残，镇之四乡，荒田计十之三，乏人开垦，污莱满目。郡西山田，荒旷尤多，温、台人及湖北人咸来占耕。自同治至光绪初年，湖北人蔓延郡东，凡一圩中，无主荒田，无不占踞耕种，搭盖草棚，每圩被占者不下数十百亩，秋收仅钱粮数百文，向之业主不敢顾问。且性情狠戾，欺压土著，强取芸蔬，借用农器，时多口角。地保、圩甲亦畏之如虎。浔之四栅，沿乡均有棚民，即本地户口繁盛，亦恐未能使客还主。近虽设有客民委员，编立户册门牌，稍示约束，然主客之间，终未能相安无事也。又农人日即偷惰，新谷登场，不闻从事于春花。前《志》所载，田中起棱，播种菜麦，今皆无有，惟陇畔桑下莳种蚕豆，吾镇所辖十二庄，大率如此。春郊闲眺，绝无麦秀花黄之象。近市之黠农，专务时鲜蔬瓜，逢时售食，利市三倍。近来佃农输田主租额不过六七斗，顽田或仅输三四斗，不敷纳粮。同、光以来，有力之家，以田为累，不敢置买。惟居乡之富户，放加一钱，放转斗米，则佃农不敢顽疲耳。

施国祁《居之东乡有老人，年七十余，尝过予闲谈，盖隐于农者也。然少不泽于诗书，得自天性，其论说颇中肯綮，亦奇矣，因为五诗以述其意》：农子恒为农，才名天所忌。生儿拄门户，姓字粗当记。儿年已胜衣，会就村师肄。三载省仿帖，约略得笔意。急呼儿勿往，改装穿犊鼻。阿父今老大，蘼蓑正不易。荷锄替耶耕，田园将汝寄。村师讶见劝，小子实伟器。何不与卒业，青紫非难事。俯首谢先生，敦劝诚古谊。不见东家子，少慧颇聪异。晚为儒冠误，素业竟沦弃。西邻卖菜翁，畎畔尽劳勚。蚕桑利三倍，多金买田地。力田久无科，司命岂余畀？或闻秀才家，未必知书义。敢教儿负心，贪天幸非冀。　富贵不长保，所愿子孙贤。力耕生计拙，饱暖得天怜。东头膏腴产，祖父假种田。帑金论估值，豪夺占利权。当其全盛日，北陌连南阡。禾畴塞关右，竹亩封渭川。税率巨量收，坐入累万千。催租来悍仆，中人见箠鞭。贵家不旋踵，籍没为赃圜。富家不转瞬，挥手当博钱。华侈今安在，飘忽如云烟。而我佃田者，曝背日高眠。瓦盆可酌酒，败絮聊遮肩。祖父不长世，及身方盛年。颠倒十易主，贸鬻多变迁。桑海成小劫，咄咄岂关天。多藏而速亡，倚伏理自然。　闻昔渠田废，越人供稍入。矧兹泥涂乡，水芸利卑湿。嗟嗟水芸苦，夏畦病堪泣。秧抽草复长，荼蓼遍原隰。非无追地镈，延蔓破艰涩。非无烧薙汤，深根锢潜蛰。摧拉尽陈荄，惟赖厥指十。抉剔粪壤中，膝屈不得立。炎日赫如火，遮头一小笠。新苗利若刀，掩胫一破褶。淤暑塞沟塍，断续气吁吸。有时中毒虺，血流和汗汁。归来头抢地，面槁色于邑。庶幸稻有秋，输租食余粒。我农二生计，命薄太危急。汉廷水火诏，此语未传习。陆氏耒耜经，此事或搜辑。　冯煖能市义，高风卓已迈。居贫到立锥，大苦是逋债。慨我农家流，往往中机械。剂券论手实，取携意颇快。钱多市鱼肉，侈味捐葱薤。床头一挥尽，始觉天地隘。生涯太局促，计穷乌翮铩。畏见催租客，低眉受睚眦。富人心计精，科掠算纤芥。薄储倍称息，那足供脔嘬。前年杼轴空，今年儿女卖。剜肉为医疮，吁嗟甚矣惫。终老效梁佣，无家可救败。莫谓寻常有，小毒等蜂虿。三村出大户，十室久遭坏。愿言称贷者，休忘前车戒。　木棉古贝草，茧实抽细纻。乌泾始移植，海壖称奥区。讵意崖州种，流传遍三吴。鸣虫乍惊懒，责功问妻孥。大妇颇能力，擀弹操弦弧。小妇复习勤，纺车转辘轳。机杼谁者工，堂上烦阿姑。晨妆不暇理，发乱如蓬枯。冻手不暇洗，或生皲裂肤。三冬勤夜作，同巷戒偷懦。计日成丈匹，抱贸权青蚨。去岁实窘迫，剪落偿官租。今年差可保，盐豉或可需。余布尚寻丈，为夫作新襦。农家重蚕绩，业此从古无。畴将南村考，补题《松雪图》。

金桂《演青苗剧有感》：良苗青青不盈尺，乡氓掠钱大作剧。崇台可建五丈旗，恰对神祠树栏栅。提携妇孺召戚友，笑语喧阗走昕夕。瓶粮不足供粥饘，称贷归来强宴客。前年霖雨浸阡陌，一村十室无九宅。去年鸠鹄纷中途，饿死人犹满沟壑。今年民气稍苏息，乍敛游魂复其魄。三春户户有新丝，四月家家吃新麦。蝗蝻屏迹旱潦匀，眼见黍稌唾手获。民贫易扰富易奢，雀鼠翻输御寒积。呜呼，承平日久法变新，司农方算折税缗，尔曹乃赛青苗神。

拣种谷

许旦复《农事幼闻》：嘉禾登场之后，取谷之圆绽饱满者，留为来岁之种。谷有粳，有糯，有籼。粳之中，又有赤稻、白稻之分。赤先熟，白较后。籼稻，我湖山乡为多，下乡甚少，其熟较早一月，俗所称黄籼也。糯稻，我乡种不甚佳，未能粒粒通变，惟金坛、溧阳所出为最。谷既拣净，编稻草为畚，悬之梁间，取其风燥不霉坏也。大抵田一亩需谷种四升。

垦冬田

《农事幼闻》：耕田之具曰铁搭，有四齿，长尺齿末阔者以垦田，齿末尖者以莳地，有作偃月形者以锄草。冬月刈稻后，即将田垦转，以深为贵。至来春二三月，重加翻劚，谓之钞田，总欲其土块细碎，得水融和也。有冬不及垦，直至插秧时爬转者曰筅帚田，以稻本尚留也；虽已垦而未加钞者曰镬盖田，以土片大如锅盖也。此惰农所为，良农断不出此。

《双林镇志》：至若得种春花之田，菜麦既收，翻平沟棱而细削之，谓之折麦棱。此固人工之周到，亦雨水之顺调也。

种春花

《农事幼闻》：油菜、小麦谓之春花。自吴郡以东，地高，种麦为多。我乡洼下，种菜为宜。刈稻之后，垦田为高棱，旁界小沟，或撒麦令自出，或栽麦苗。若菜则必取秧培种，种后俟其生发，用包铁木铲再浚其沟，即以土壅菜、麦旁。一取沟深，虽干不致大伤，一取沟底泥肥也。然必春雨不多，得以频加厚粪，结实始繁。

《乌青镇志》：岁既获，即播菜、麦。春中则摘菜苔以为蔬，仲夏舂菜子以为油，刈菜萁以为薪，磨麦穗以为面，杂以蚕豆，并名曰春熟。

邢典《书城杂著》：麦种须拣成实者，棉子油拌过，则无虫而耐旱。宜肥地，土欲细，沟欲深，种欲匀，喜粪。春间锄一遍，收子多。若三春有雨，入夏时有微风，此大有之年也。初种忌戌日，以灰粪拌种，妙。

《补农书》：农叟有言："麦历四时，故秆四节。"种麦必使四时气足，则收成厚。吾乡种麦，多在立冬后，至夏至而收，所历三时而已。中秋前，下麦子于高地，获稻毕，移秧于田，使备秋气。虽遇霖雨，妨场功，过小雪，以种无伤也。

收春花

《农事幼闻》：菜麦之熟，在四月底，正蚕忙时，每未暇及此。然梅雨将来，稍迟恐不及刈矣。谚云"打稻夺麦"，甚言以速为贵也。收菜，即就田中拔起，以大桶挪取其子。若携归至家，则壳燥子裂，遗弃满路矣。麦则刈取后，就家中晒干，筑取其粒。或阴雨连旬，麦未干透，则生小黄蝶，颗粒每至霉变。

《书城杂著》：麦熟时带青割一半，合熟割一半。盖麦熟同时，不比别田，熟有先后。若候齐熟，一遇风雨，必致抛撒。即载归晒干，恐生蛾。密密苫盖，以防雨。不及载，则坡下苫之。乘晴明，旋刈旋打，扬籽粒收起。即未净，俟所收打过，将秸再打。

《补农书》：油菜防盗取，以牛粪入潭，作烂浇之，则菜臭而人不偷矣。

浸种

《书城杂著》：早稻，清明节前浸。晚稻，谷雨前后浸。用稻草包裹一斗，或二三斗，投于池塘水内，缸内亦可。昼浸夜收，不用长流水，难得生芽。若未出，用草罨之，浸三四日，微见白芽如针尖大，取出阴干，密撒田内。糯稻出秧较迟，浸八九日，如前微见白芽，方可种。撒时必晴明，则苗易竖。田须犁耙三四遍，青草或粪穰、灰土厚铺于内罨烂，打平撒种，肥而易旺。

撒秧谷

《农事幼闻》：秧田必自为一区，四围护以高塍或桑地，梅雨骤溢，可以戽干无损。若一浸入水中，则田圩纵能车救，而秧种已无有矣。始撒须微水，将田犁平如镜，谷种匀糁其上，随加稻灰，频频洒以薄粪。其初出，细如针，所谓秧针也。长及尺，便可取种矣。

董恂《播谷》：树头催耕鸣，东作又相促。《豳风》详农事，其始重播谷。譬如吾儒行，端在慎初服。力不坠始基，逮秋乃成熟。无使杂稊稗，良莠恐同蹙。不辞选择劳，佳种辨穜稑。散置方罫闲，四布如星簇。雨露十月滋，短针排一绿。插需秧扇开，沾体更涂足。何待病夏畦，即此已颠匐。吾侪食于人，饱食未知福。请共操豚蹄，满篝替渠祝。

贷米

纪磊、沈眉寿《震泽镇志》：耕时贷米于富户，至冬偿以米，其息甚昂。有一石偿二石者，谓之转斗米。

董蠡舟《浔溪棹歌》：贩米商船邪许呼，年丰价尚贵如珠。火舱储粟嗟瓶罄，贷得豪家转斗无。船尾炊爨处，俗谓之火舱。

董恂《浔溪棹歌》：米凭转斗接青黄，加一钱多幸已偿。二月新丝五月谷，为谁辛苦为谁忙。

插秧

《农事幼闻》：芒种为插秧之候，其率先者谓之开圩。旱则上水，涝则出水，水以尺为度，不令过满。将前时已垦且钞之田，又用铁锹细细斫碎，令全无块壤，然后下秧，必界以绳，谓之秧界绳。每一界为一埭，埭约广三尺，种秧六窠，层层相次，每层前后约空八寸，谓之段。下秧之人，须步步倒退，脚踏段中空处，不令插秧处有高低浅深，庶秧得平匀分布。埭之多寡，视田之广狭。分段布秧，太密不得，亦太疏不得，密则虑秋后热伤，疏则地有遗利也。

《乌青文献》：拔秧，洗根去泥，拣出稗草，趁天阴晴，急忙莳插。稞行宜直，以便耘揚，浅插则易发。稗与秧宜辨，叶上光滑，色微黑者为稗，叶有锋芒，色微黄者为秧。

《涟川沈氏农书》：种田不在乎早，本处土薄，早种恐生虫。其时有水，则芒种前后插莳为上。若旱年车水，便到夏至也不妨，只要倒平田底，停当生活，以候雨到。雨不到则车，种须一日车水，次日削平田底，第三日插秧，使土中热气散尽，后无出蛀之患，而垫底尤为紧要。垫底多，则虽遇水大，而苗肯参长，浮而不至淹没。遇旱年，虽种迟，易于发作。平底之时，有草须净尽如削。倘种时先有宿草，得肥骤兴，秧未活而草已满，拔甚费力。若插时拔草先净，则草少工省。又：湖州水乡，每多水患，尝见没后复种，秧俱大，收获比前倍好。万一遭此，须设法早车，买苗速种，立秋前可种。若遇天气老晴，热气尚盛，便过立秋几日，尚可种。种下，只要无草，不可多做生活，尤不可下壅。下壅工多，则苗贪肥长枝，枝多穗晚，有稻无谷，戒之。

方焘《插秧》：霉风吹平畴，霉雨时飘忽。蚕桑幸已了，插种因时急。努力早开畦，丁男趋远陌。缚秧如束薪，插秧如拱揖。俯首躬复伛，退缩踵相接。布置龟手披，芊绵雁行列。疏密纵横间，一一从绳直。岂不惜辛勤，时哉不可失。伊始不竭蹶，那望秋秀实。有年良在兹，黾勉勤栽植。

擦草、揚田

《农事幼闻》：插秧后月余，草生苗旁，以手捞取其草，即搓成团，踏田间，取其烂而滋益苗根也。擦草之度，或一次，或二三次，总视草之多少为断，此后则揚田矣。揚，吐浪切，或用荡字，俗作挡，非。揚杷之制，板长尺半，首广二寸，末广三寸。板下匀排铁钉五层，作微弯，似钩势，上装竹竿，抽曳往来于苗之空段间，令草根尽起，不致复生。

耘田

《农事幼闻》：摥田，就空段间抽曳之，而每层六窠之中，间或生细草，则扬所不及也，故又加以耘之功。耘者膝跪行于苗间，两手匍匐而前，细剔苗根之草，虑苗叶伤其胯，编竹片为帘，缚两股间，谓之耘田马。盖摥则横推，耘则直攂，一纵一横，事交济而功递密也。然摥立而耘跪，又当三伏烈日中，农夫劳悴，无过斯时。

《沈氏农书》：今日拔草，明日即要横锄，当使草常无处著脚。计小暑后至立秋，不过三十余日，锄、荡、耘四番生活，锄一、荡二，耘一。均匀排定。立秋边，或荡干，或耘干，必要田干缝裂，则根脉深远，苗干苍老，结秀成实，水旱不能为患矣。干在立秋前，便多干几日不妨。干在立秋后，才裂缝，便要车水，盖处暑正做胎，断断不可缺水。水少即车，直至斫稻方止。若值天气骤寒霜早，凡田中有水，霜不损稻，无水之田，稻即秕矣。

《书城杂著》：摥稻后，将灰粪或麻豆饼屑撒田内，用水耘，去草尽净。近秋放水，将田泥涂光，谓之熇稻。待土裂，车水浸灌之，谓之还水。谷成熟方可去水。或遇天少雨，急锄一遍，勿令开裂，俟天兴云，则浇肥粪待雨。勿致缺水，则稻发不遏。

纪端《耘田叹》：所居在村南，田间去数武。闲从读书暇，温词叩田父。田父前来言，耕田耘最苦。日晒背欲皴，虫啮血成乳。蹲身苗叶中，气咽不得吐。微风摇绿凉，其铦能割股。苗草不两立，草势强如弩。一耘还再耘，尚嫌功莽卤。竹马将壁悬，培壅自此甫。去年水旱时，六月无滴雨。今年雨如浇，水深鱼可罟。昨夜湘江船，饼价等于土。余家亦世农，旧有《农桑谱》。不闻田父言，那悉苦难数。胡为今之人，还贱谷之五。

下壅

《农事幼闻》：草既净后，加以肥泽之功，谓之下壅。富家多用豆饼，椎碎成屑，匀撒苗间。贫家力不能致饼，则用猪羊栏中腐草。当暑天，臭秽不可近，将桶贮之，挂于项下、胸前，两手捞取分掷，周行田间，必匀必遍。或有卷取水草，作烂成泥，更有用蚕𧍱灰粪者。他处山田水冷，则用石灰，亦有用马牛犬豕骨、猪毛、鸡毛及头发者，土性不同，不必以之绳吾乡也。

徐献忠《吴兴掌故集》：下粪不可太早，太早而后力不接，交秋多缩而不秀。初种时，必以河泥作底，其力虽慢而长。伏暑时，稍下灰或菜饼，其力亦慢而不迅疾。立秋后，交处暑，始下大肥壅，则其力倍而穗长矣。

《乌青镇志》：下接力都在处暑后做胎及色正黄之时。倘苗茂密，度其力短，俟抽穗之后，每亩下饼三斗，以接其力。亦有未黄先下者，每致有好苗而无好稻。

《震泽县志》：在昔饼之直贱，计其费，率与稿相当。今饼直视前日增，稿之直不能与之相当，故农人益苦。按，今稻草价亦日昂，盖由于此。

张海珊《说粪》：温也痴，以《担粪图》属题，因作此。凡田有厚薄，土有肥硗，皆缘粪气为美恶。粪以柔之，无强檻；粪以壅之，无轻爂。薄使厚，过使和，粪之利益宏哉！凡粪载于《周礼》，杂见于诸家种植之书。粪之类，或以马骨，牛羊猪麋鹿；或以禽兽毛羽；或以腐稿，以败叶，以枯朽根荄；或以缫蛹汁，以沟渎泥；或以人溲及牛豕溲。其类猥以赜。凡人溲为大粪，余为杂粪。苗粪为蚕豆，为大麦；草粪为翘荛、陵苕，为苜蓿，为苔华。江南水田冷，宜火粪；江淮迤北，宜苗粪。凡制粪多术，有蹋粪法，有窖粪法，有蒸法，有醵法，有煨，有煮，而煮尚矣。凡置粪处，或为池，或为厕。惧其露也，为之屋；惧其渗也，为之砖檻。凡用粪，有时与法。用之未种先，曰垫底；用之既种后，曰接力。不得其时与其法，则枝叶茂而实不繁；粪过多，则峻热而杀物。凡粪具，有畚有帚，有杴有机，有飘杌；载粪有划船，有下泽车。凡粪虫，有蛆，有蛣蜣。

车水

《农事幼闻》：水车之制，绝大者用牛牵盘以运轴，或三四人立而踏转之，更有用风帆以转轴者；其小者则一人坐而手摇之，吾乡并不经见。吾乡之车，两人坐而踏转之，最为适中。车用方木，长二丈余，下排短档二十四，以连属车墙。亦曰车箱。两墙相去约广尺，深八寸，中用鹤膝衔接为转捩，间以木片，谓之车柿。音肺。柿之广与长视车墙。车尾有小轴，车前横大轴，轴有齿十二，鹤膝贯于轴上，随轴转动，挈水若建瓴，诚旱涝之利赖也。旱年上水，人各自为主；涝年出水，则合圩共举，谓之大翻车。车之多少，视圩之大小。备车之人，办粮占地，曰车埠头，分众户田亩以属之。每举工六日为一程，唤所属者，到工迟误，则有罚。当紧急之时，轴头置纺线，以记转数、番数，小轴上联以绳，以较彼此迟速。彼绳屡为此绞断，则彼宜有罚，罚以酒。其有外圩人来者，放重其车，每以此侮之，亦一敝俗也。

孙燮《桔槔行》：工人制器何奇绝，轮转水中使水逆。软浪千层欲上梯，白光一道如翻雪。中田土燥苗半槁，赤日行天午更热。农人双脚踏辘轳，绝胜溪滨一瓶挈。有机事者有机心，汉阴丈人诮其谲。岂知利用本前民，不尔禾苗那可活。俯仰全凭人力引，劳苦何如牛服轭。只愁百亩地皮焦，难顾千夫胫骨折。收得盘中米一粒，农夫汗费几升滴。举头望雨雨不来，夜半犹闻声轧轧。

除虫

《农事幼闻》：三伏苗长之时，有青翼虫生其间，形细如粟而头尖，谓之蠓虫，多则令苗悴。除之之法，菜油熬过，用小竹管吸油滴田间，一人从后用竹板打油水上，苗虫闻油气则死。秋热过甚，或兼毒雾连朝，则生黄翼小蝶，遗子苗本上，即生蛀秆虫，能食苗，使痿。除之之法，用缸贮水，置田塍，夜炷火其中。蝶望火光，扑入即淹死，庶杜其生子之患。总之，苗喜透风，有风处，虫口较少。道光二十三年，我乡曾遭此患，竟有通亩枯秆，无升斗收成者，惟沿塘透风处得无恙。若蝗蝻，为虾子所化，漫空蔽野，绝无备御之策。惟祝天连日霖雨，则此虫壳不得脱，湿涨而死矣。

陈芳生《捕蝗考》：飞蝗见树木成行，或旌旗森列，每翔而不下。农家多用长竿，挂红衣白裾，群逐之。又畏金声炮声，闻之远举。用秆草灰、石灰等分细末筛罗禾上，蝗即不食。蝗最难死，初生如蚁之时，用旧皮鞋底蹲地掴搭，应手而毙，且狭小，不损伤苗种。蝗在麦田禾稼深草中者，每日侵晨，尽聚草梢食露，体重不能飞跃。宜用筲箕、栲栳之属，左右抄掠，倾入布袋，蒸焙炮煮随便。或掘坑焚火，倾入其中。若只瘗埋，隔宿多能穴地而出。蝗有在光地者，宜掘坑于前，长阔为佳。两傍用板及门扇接连，八字排列，集众发喊，推门赶逐入坑。又于对坑用扫帚十数把，见其跳跃而上者，尽行扫入，覆以干草，发火焚之。然其下终是不死，须以土压之，过宿方死。陈龙正曰："蝗可和野菜煮食，见于范仲淹疏。又曝干可代虾米。然西北人肯食，东南人不肯食，亦以水区被蝗时少，不习见闻故耳。"崇祯辛巳，嘉、湖旱蝗，乡民捕蝗饲鸭，极易肥大。又山中人畜猪，不能买食，试以蝗饲之。其猪初重二十斤，旬日肥大至五十余斤。

《志稿》：涝年获稻过迟，每为野鸭所食，千百成群，所下之处，稻头一霎而尽，亦以金声、炮声驱之。

刈稻

《农事幼闻》：刈稻，早或九月底，迟亦不出十月。盖禾稼之成，资乎霜露。霜太早则粒不能实，霜未至则秆不得枯，故必俟霜降之后。其所持以刈者，曰稻锲。刈稻，干田为易，湿田为难。既刈后，将稻横卧于四柱木棱上，以便扎缚成个，名曰汰车。既成个，分张于三肘竹架上，名曰翘籧。亦作乔扦。风戾日炙，干后乃任负以归。东乡田高，无须竹架，竟置禾田中，亦能趋燥，我乡则非此不可。

孙燮《刈稻行》：金风一夜吹郊墟，旦日刈稻人争趋。祝融肆威夺民食，努力敛此枯槁余。去年刈稻稻满屋，今年刈稻仅数斛。却喜官粮尚可供，余粒那能饱饘粥。簸之扬之如汰沙，谷中莠稗何其多。劣米上仓不中式，卒逢吏怒当奈何。朝廷恤灾吏橐满，富民出钱征可缓。拣选好米输官仓，偏是贫家田耐旱。

牵砻

《农事幼闻》：打稻用木床竹棱，两手举而掷之，谷自累累而下，旋用风车扇去其芒。芒谓之稳，亦有用圬者，取和灰泥以涂墙，则经久不裂。谷既扇净，乃就砻。砻以坚木为之，上圈凿直齿，下畔凿横斜之齿，令上下齿相龃龉。砻上搭直档曰大桁，旁加横档曰小桁，四五人扶其档而牵曳之，谷自脱而米不伤其壳，谓之砻糠。再用风车扇去砻糠，间有碎粒曰糙粞，亦扇去之，然后入大筛以筛之。初上直落筛，后上抙筛，总以米净谷除为高手。第一番所出之米，谓之头铺米；筛后重上砻者，谓之二铺米，并以自食及粜钱，并以偿转斗米。最后所出，多零星碎杂、青腰白脐之属，谓之结砻末铺。佃户完租，大率皆是物也。

上囤

《农事幼闻》：舂米之器，或用木臼，或用窑臼，而窑臼为胜。其用石臼，两人举石杵双碓者，西乡间有之，我乡无有也。木为臼床，床上有杵曰臼棰，亦曰臼跳。足踏以舂米，白则以小筛去其糠粞，或一舂即止，谓之大一繫。或筛后再舂，则米愈白净，谓之双糙。他处有三糙、四糙者，亦吾乡所无也。继乃扎稻草为圈，每圈高约二尺，层叠增高，名曰囤。先用菜叶、麸皮裹以稻草，扎缚成团，高数尺，植立囤心，曰发头，然后将米入囤。旬日后发头蒸热，湿气上冲，急用砻糠隔麻布脚袱以收之。随湿随换，务收尽其湿而后止，则米黄白停匀，不霉不蠹，所谓冬舂米也。至山乡籼米，则蒸谷而砻之。苏、松等处，则径食白米，并不用上囤，与吾乡不同。

《志稿》：有用石灰、烧酒、滚水入发头内，则一二日即蒸热，数日即开囤，名曰发极冬舂。倘开囤稍迟，米即黑烂，市肆每用以搀入冬舂鬻之。

郑元庆《湖录》：蒸炒米与冬舂黄米，皆取其胀耳。呜呼！吾乡人岂乐为此哉？农夫终日勤勤，朝饔夕飧，若用白粲，须得二升，犹不足以果其腹，故不得已而为之计。冬舂蒸炒，日食升许足矣，明知自欺以俭其口腹。土瘠民贫，吾乡为甚。上而杭、绍，下而苏、松，皆不然也。

纪端《舂米谣》：茅舍鸡鸣声未绝，踏冻呵冰行似鳖。三竿日出主人眠，铁锁重开寒气冽。朋侪络绎步碓连，雷电訇然半空彻。汗雨翻成六月天，毛孔湿尽淋漓血。竹篮冷放午间粮，黄茎盐齑焦饭咽。长枪箭子不记名，九转簁匀浮白雪。杵成凭取小红筹，南陌西阡各异辙。晴月吴歌犬吠归，黄昏风雨煤灯灭。入仓收盖价当酬，主人啬吝青蚨折。寄语东家纨绔郎，食时五观涪翁揭。

董恂《舂米谣》：钩镰已歇枷板鸣，吹来耳畔多舂声。谷皮簸蹂飞作蛊，谷实洁白精华呈。瓮储计够一年食，余以酿酒来称觥。我虽无田不耕作，一餐也费千香粳。去年岁歉不得米，今年盼得糠星明。舂歌自朝达夜半，仓箱料得多粢盛。记曾读《易》考厥制，斫木掘地劳苍氓。今易以瓦较便利，沈郎《捉搦歌》堪赓。有言赤冀始作此，或毇或糲当持平。舂揄之说出《大雅》，舂人亦列周官名。舂成曰烜否曰糳，一般免我饥肠撑。弟兄能容亦斗粟，那须稗糳求其精。我歌未终曲，人有嘲儒生。道侬饱食太平饭，只解软语歌嘤嘤。君知舂者乐，不识舂者情。一田所出米有几，其半输却官家征。外此私债偿，敢冀留余赢。嗷嗷俯仰间，日暮无朝烹。古人之乐以岁卒，今人摒挡多拘伫。倘得岁云熟，民物犹咸亨。自逢洪水灾，呼癸还呼庚。棉衣脱却质库去，一身博得饥寒并。宿逋未了又新券，补疮剜肉难兼营。今年纵得舂，舂罢还怦怦。一朝催租来，盆盎俱为倾。那有升斗储，可以言丰盈。不然捉却官里去，蒲鞭一一飞黄荆。我闻斯语悲，不觉心为惊。无米不饱有亦同，啼饥却不关西成。女贫苦为他人嫁，男贫亦为他人耕。可怜童子鸿，赁庑愁回萦。娱亲已乏伯夷粟，遗母复少君子羹。砚田食破不得饱，秕糠意气空纵横。请停舂者相，听我歌凄清。不必垂绅侍享佩白珩，亦不必鸣钟列鼎开千甍。但愿家家十斛收自多，喧舂不断声铿铿。稻堆已比屋更上，糠积亦将山与争。君不见昔日越王舂米处，糠头留得势崚嶒。

完租

《志稿》：江南完租，并佃户送至业主之家。吾乡无此例，必业主乘舟至乡量取。至丰之年，每亩不过一石左右，稍歉即减，有仅三四斗者。又或歉岁缓征，官不开仓，则租无颗粒。然漕粮分三年带征，而租米不收，永无带征之事也。

《乌青镇志》：赁田以耕之佃户，向时人尚谨愿，除实租外，照田根立券者曰虚租，有预议折实米数，不论水旱者为实租。视丰歉为盈缩。年来奸滑成风，顺成之岁，且图短少，小涉旱涝，动辄连圩结甲，私议纳数，或演剧以齐众心，或立券以为信约。侦有溢额者，黠者遂群噪其家，责以抗众，不则阴中以祸。是国家以旱涝为忧，而奸佃反因以为利也。惩薙此风，则公私并受其福矣。

《吴兴掌故集》：湖中收租斛视常有加至三升者，其俗大率收租极大，纳税名官斛粜冬米极小，习俗已成，不以为异。见《夷坚志》载湖州沈二八用大斗量租，为阴司所录。其理或有之，然则亦可警矣。其间岂无公平识达之士，变易其风者乎？

赵棻《温氏母训跋》节录：陆太夫人言："买田收租，是儒家捷径良方，不废清修，不染市道。"以今日论之，则业主佃户，莫不以狙诈相尚，实与市道无异，而清修亦断不能无损。此诚陆太夫人所不及料，而余则深有感于人心风俗之迁流矣。

施国祁《收租即事》：日斜阻村西，劈面严风酷。投止南荣下，寒气谁嘱啰。田父有好怀，泥饮招近局。瓮头杜茅柴，味涩胜醽醁。何以侑吾觞，姜红间虀绿。充腹得芋魁，满盘堆紫玉。情亲失行次，被肘膝屡促。更呼舟子来，分炙色亦欲。饥走体不温，顿令嘘春旭。人生奚必尔，一饱万事足。　破屋稀烟爨，寒邻少鸡狗。所遇非丁男，茕茕倚孀妇。缊黂行百结，悬鹑不觉丑。见我入门来，苦语何嗹喽。耳熟故夫言，君家多积负。瓮米琼之粒，量入聚于斗。恻然顾荒厨，甑乏数升糗。薄藏其余儿，拾橡不救口。折券古非难，虐取天所掊。错莫一长吁，挥袖出门走。那得糜暖场，为渠租数亩。

董恂《村田词》：又为登高把一樽，追呼闻已急前村。侬家只有租田在，不怕如狼吏打门。

蚕事总论

胡承谋《湖州府志》：治蚕始于护种，终于收茧缫丝，而中间时寒暖，慎燥湿，节饥饱，视慈母之护婴儿，殆有甚焉。而其所赖者，专在于桑。其树桑也，自墙下檐隙以暨田之畔，池之上，虽惰农无弃地者。其名桑也，不曰桑而直曰叶，其有余则卖，不足则买，胥谓之稍叶，稍有现有赊。其不能者，或典衣鬻钗钏以偿之，或称贷而益之。或其时蚕多叶少而无可稍者，则不得已，屑米粉糁叶以饲之，采柘叶以充之。然且饥饱之不节，燥湿之不均，寒暖之不时，则蚕往往至于病而死；而蛇鼠之耗，蝇蚊之毒，乘间抵隙，每为人力所不及防，盖有功败于垂成，祸生于非望者，又不可胜数矣。

《涌幢小品》：凡蚕之性喜温和与恶寒热，大寒则闷而加火，太热疏而受风。蚕房宜卑，卑则温；蚕簇宜高，高则爽。又其收种时须在清明后，谷雨前，大起须在立夏前，过此不宜也。至于桑叶，尤宜干而忌湿，少则布浥之，多则箔晞之。能节其寒暖，时其饥饱，调其气息，常使先不逾时，后不失期，而举得其宜，故所收率倍常数。又：湖之畜蚕者，多自栽桑，不则豫租别姓之桑，俗曰秒叶。凡蚕一斤，用叶百六十斤。秒者，先期约用银四钱，既收而偿者，约用五钱，再加杂费五分。蚕佳者，用二十日辛苦收丝，可售银一两。余为绵，为线，矢可粪田，皆资民家切用。此农桑为国根本，民之命脉也。本地叶不足，又贩于桐乡、洞庭，价随时高下，倏忽悬绝。谚云："仙人难断叶价。"故栽与秒最为稳当，不者谓之看空头蚕，有天幸者，往往趣之。

《沈氏农书》：蚕房固宜邃密，尤宜疏爽。晴天北风，切宜开窗牖，以通风日，以舒郁气。下用地板者最佳，否则用芦席垫铺，使湿不上行。四壁用草箦围衬，收潮湿，大寒则重帏障之，别用火缸取火气以解寒。唯暴热则外逼内蒸，暑热无所归，则蚕身受之，或体换不时，喂饲略后，受病之源，皆在于此。

沈炼《广蚕桑说》：蚕最为鼠所喜食，育蚕者不可无猫。

《补农书》：蚕之生疾，半在人，半在天。人之失恒于惰，惰则失饲而蚕饥，饥则首亮失替而蚕热，热则体焦，皆不稔之征也。天之患恒于风雨雾露，即烈日亦有不宜，以干鲜之叶，难得也。蚕食热叶则茧浮松不可丝，其害浅；食湿叶则溃死，食湿热叶则僵死，食雾露叶则痿死，叶染风沙则不食，叶宿则不食而仍饥，其害深。知戒人之失，而不知备天之患，未为全策也。

谈钥《吴兴志》：湖丝虽遍天下，而湖民身无一缕，可慨。

董蠡舟《南浔蚕桑乐府·自序》：蚕事吾湖独盛，一郡之中，尤以南浔为甲。然护养之方，早晚之候，与夫器具名物、禁忌称谓，有与郡中不同者，不特如秦少游所云"究地异于吴中"而已也。

陈根培《湖阴清话》：古书称蚕三眠三起，《农桑直说》谓四眠蚕别是一种。今湖俗多养四眠者，转谓三眠为别种矣。

温鼎《见闻偶录》：乱后，乡人惰于稼而勤于蚕，无不桑之地，无不蚕之家。然桑叶虽较前有加，而饲蚕仍虞不足，遇叶贵，有弃蚕于水者。原其畜蚕之多以售丝易而丝价昂也。迩来洋商购经居其半，浔地业丝兼经行者为多。经之名，有大经，有绞经，有花车经等名。凡做经之丝，必条纹光洁，价亦胜常，故乡人缫丝之法日渐讲究。此外又有缫丝厂，收茧作丝，不缫丝可售茧，无锡、绍兴率皆售茧。我浔则无不售丝者，而茧绵、吐丝头、澼花、茧黄、滞头等，均可售与洋商。乡人费一月之功，苟得丰收，一年取给于此。然而捷获则日事奢靡，故蚕丝之利虽丰，而仍无补于民也。

丁蟾《哀蚕行》：白蒿繁时桑叶青，吴下蠕蠕蚕子生。独居少妇抱儿睡，遥天不曙心魂惊。采桑采桑几劳顿，三浴三眠长积寸。阿侬哺蚕如哺儿，以蚕为命岂辞困。黄土墙边几本桑，蚕桑立命给租粮。阿夫栽时勤灌溉，阿侬采时不盈筐。采桑一筐良不易，哺蚕数抠宁有济。蚕饥渐渐黑瘦多，绕筐踯躅空泣涕。邻家摘茧缫新丝，阿侬蚕务竟如斯。哺儿无心活无计，怀中之雏饥而啼。儿幼长与侬相近，侬贫长以蚕为命。

今年蚕荒难存活，宛转携儿水中殉。尘堆旧时红锦机，夫归呜咽无故妻。幼稚娇儿复何处，生难聚首死同归。吁嗟胥吏猛于虎，穷庐追呼逼门户。吴丝借以充官税，吴民蚕务多辛苦。育蚕身殉悲难胜，我闻为作《哀蚕行》。长叹一声出陇望，桑叶黄落鸠哀鸣。

纪松《蚕妇怨》：出门采柔桑，入门饲蚕忙。桃花已落尽，夏景日渐长。家家试新火，户户早凝妆。有郎不同宿，有酒不能尝。中宵频起看，揽衣独徬皇。吁嗟乎，辛苦倍更长。初眠蚕在房，再眠蚕在堂。三眠蚕欲老，累累茧盈筐。虽则茧盈筐，焉得遂成章。五日缫为丝，十日织为锦。杼机夜雨寒，刀尺秋风紧。双眼花，双手胝，千辛万苦一丝丝。来朝剪取拦街卖，卖向花街游冶儿。游冶儿，娇且痴。子无裤，妻无衣。杨柳堤边枫桥月，换得红颜一解颐。

金锡桂《养蚕词》：棠梨花白斑鸠鸣，黄尘踸踔提笼行。晴窗急作风雨响，红蚕食叶沙沙声。江南四月蚕正熟，东家西家闭茅屋。车盖童童横短幅，沙暖溪头卧黄犊。小艇激流闻打桨，仿佛今朝叶价长。银钗女儿头不梳，历乱飞蓬垂两颡。女儿不愁一月忙，只愁无叶饥蚕僵。芦帘垂垂春昼长，谁家煮茧门前香。

温文禾《蚕词》：卸了山棚待做丝，黄昏剥茧共相期。隔墙笑语声多少，知是邻家好女儿。　几日缫丝茧已完，犹余种茧满筐摊。今宵定有蛾儿出，笑唤檀郎把烛看。

曹仁虎《浔溪竹枝词》：红蚕上簇四眠过，金茧成来欲化蛾。听道今年丝价好，通津桥外贩船多。

董兆骧《蚕月即事》：清明才过听提壶，浴种家家计有无。将取柔桑心自忖，今年把火是三姑。　微行诘曲约朋侪，笑倚桑枝纳绣鞋。采得满笼犹独立，忽因公子动春怀。　青桑买罢急忙归，饲得蚕饥自忍饥。几两新丝犹未卜，先教典却旧棉衣。　新丝缫罢合家欢，谁料心头肉已剜。富户莫来催米债，朱签卯上欲完官。

施国祁《杂兴》：佛祠可有社钱供，香火顽僧性最慵。蚕事莫嫌无用处，三更来打及时钟。僧于蚕月入夜打钟三次，以警蚕妇饷叶之候。蚕毕，率酬以绵。

张鑑《蚕词》：种来女树亚红墙，露叶烟条未满筐。知是马头娘祭否，应无打鼓洒桃浆。　火速门摊征大官，浴川风戾敢偷安。只将破裤怜夫婿，难掩催租儿处瘢。　父蛾母蛹暖房余，雪色吴王茧不如。谁信轮蹄日蕉萃，郎骑秧马妾缫车。

李廷赓《春蚕竹枝词》：竟日东风陌上催，催将桑眼一齐开。乡人预备收蚕事，先买鹅毛几对来。　蚕子初生遍四邻，旧筐纸尽裱鲜明。偶来亲友犹相告，未到三眠不忌人。　偷闲小立粉墙东，十亩阴凝夕照空。何处剪刀声不断，一梯斜倚绿云中。　东邻姊妹西邻邀，今日蚕眠第二朝。待到晚来须送叶，帮侬采叶过浮桥。　夜半停灯梦未成，翛翛响送耳边清。错疑细雨筛窗纸，恰是春蚕食叶声。　渐见飞扬欲起簃，照来头脚已精通。一时送考真忙煞，几个蚕娘髻尚蓬。头脚通亮，叶已不食，即所谓“考娘”也。　棚底烧残兽炭红，山头偏欲透凉风。吐丝未尽声犹响，着火须凭两夜功。　算到收成细雨纷，几篮茧子几多斤。一家妇女齐欢笑，难得今年有十分。　缫盆水沸气糊涂，翠袖飘扬半小姑。一路闲行看煮茧，车声轧轧遍茅厨。　皎洁疑铺雪上花，换汤叮嘱袂频遮。丝头偶尔沾红色，利市传言到我家。　尽欲收藏待价沽，白丝抱去换青蚨。乡村四月穷人少，真个黄金满地铺。　一番辛苦尽堪当，彼此相逢问讯忙。蚕事既登人渐暇，家家神赛马头娘。

庞正达《蚕月三禽言》：叶贵了，心悄悄，独向侬家叫不了。蚕饥不能啼，人饥昏复晓。典衣买叶衣无多，箱空箧尽蚕仍殍。蚕房独坐泪如珠，泪珠渐多蚕渐少。心悄悄，叶贵了。　灼山看火，蚕娘莫惰。天气阴寒蚕易僵，那能作茧如累卵。帚头柴把高峨峨，更有芦帘遮贴妥。瓦盆热炭焰欲飞，日夜山棚相对坐。蚕娘莫惰，灼山看火。　家家好过，蚕娘相贺。东邻回山笑语喧，西邻剥茧人满座。今年收成十倍多，添买丝车连夜作。新绵剥取白如霜，尚有同功如瓮大。蚕娘相贺，家家好过。

屠滢《初夏杂兴》：绿榆低映水边门，菱叶萍花数涨痕。苕霅风光夸四月，缫丝声递一村村。做丝花落做丝忙，尽日南风麦弄黄。村里剪刀声乍断，又看二叶绿墙桑。

栽桑

《乌青文献》：畜蚕之家，先在栽桑。其鬻之也，于冬之杪，春之初，远近负而至。大者，株以二厘，长八尺，所谓大种桑也。密眼青亚之。其栽也，耨地而粪之，截其枚，谓之嫁。留近本之条尺余许，深埋之，出土也寸焉，培而高之，以泄水。墨其瘢，或覆以螺壳，或涂以蜡而封之，是防梅雨之所浸。粪其周围，使其根四达。若直灌其本，则聋而死矣。不可灌水，灌以和水之粪。二年而盛，又必月一锄焉。其起翻也，须尺许，灌以纯粪，遍沃于桑之地，使及于根之引者，禁损其枝之奋者。桑之下，厥草不留。遇午日，不可以锄。其摘也，必洁净，遂剪焉，必于交凑处空其干焉，则来年条滋而叶厚。其壅也，以粪，以蚕沙，以稻草之灰，以沟池之泥，以肥土。初春修去其枝之枯者，树之低小者。其压也，春初以长枝攀下湿土则条烂，燥土压之则根生。其接也，仲春择桑大如臂者，约去地二三尺，以刀剔起树皮，取柔枝大如箸长一尺者，削如马耳，插入皮中，即以桑皮缠定，粪土包缚，令不泄气即活。为桑之害也，有桑牛，寻其穴，桐油抹之，即死。

汪曰桢《湖蚕述》：接桑，本粗者可接，细弱者不可接，接后能得天晴二日，第三日虽有细雨，无害。倘久晴，缚处燥裂，须用水润其缚，俟新条发芽，将故条剪去，便成家桑。接而不活者，可俟明春再接。

《乌青镇志》：稚桑初种，胥名桑秧。其种也，不外冬杪、春中，法贵稀，纵横各七尺。冬种者，秧宜大；清明前后种者，宜细。桑必接而后大，每以家桑枝接之，不则为野桑。条桑贵剪，初种剪其干，独剩根而粪之，令其发生，如是三年而后，留其干，采叶后又剪其长条，否则叶不畅茂。其不剪者曰高桑，剪而秃者曰鼓椎桑。其修也，择根下细条，或丫裆阴枝，以及渺小不堪、荫下繁密者，悉去之。剪桑又或有前因碍锯而未及尽截，及老枝不成器者，再芟之。设遇瘥桑，即垦去，勿令传染。盖桑瘥无治法也。岁于清明时，粪其四围，谓之撮桑。剪毕即灌之，谓之谢桑。其刮蟥也，自冬讫春，检瞭凡三，犹不能净尽。须六月捏头蟥，七月捏二蟥。而头蟥又宜细察，留头蟥一，则二蟥百。捉蛀亦须三次。春分捉出屑蛀，秋分捉条丫蛀，剪桑后或九月又细捉之。恐因捉损桑，则用爆仗药线入蛀穴烧之，虫即死。立夏后，采桑贸叶，名叶市。蚕有头蚕、二蚕，故目叶曰头叶、二叶云。二叶须老农善采者，留其条为来岁生叶之地，若头叶则尽采，大约良地一亩可得叶千三四百斤。

《广蚕桑说》：桑地宜高平，不宜低湿，高平处亦宜培土深厚。

《西吴蚕略》：以桑之喜疏也，垦必数四，深必尺余；以桑之喜肥也，壅以蚕沙暨豆屑、粪草；以桑之恶沙砾、草莱也，植必平原，芟必净尽。治地之道，能顺桑性，故生叶蕃大而厚。

《书城杂著》：压桑：初芽时，择指大枝条旺相肥泽者，就马蹄处劈下，润土内开沟尺许，埋实，自然生根布叶。压后遇旱，于旁开沟灌之，但取水气到，忌多著水。修桑：削其小枝则叶茂，去其枯枝则不荒。蚕事毕，将枝髡去，但髡时不可留觜角。及夏至，开掘根下，用粪或蚕沙培壅，则生意郁积，来年嫩枝之叶更觉茂盛，且皮可制纸，枝可当柴，兼有余利。

《桑谱》：凡家桑栽种有年，根深且多，设欲移此置彼，其起之、种之之法，不可不备。起时，依桑枝四面盖覆处，垦开其土，轻轻翻杷，将树缓缓取起，勿令根断。种法如种野桑式，用木梢作桩，捆缚其本，以防风动。移种时，春则二月中，冬则十月中，宜天晴，以清水粪浇两三遍。其处一年不可垦动，又不可剪动其枝叶。

浴种、瀹种

《西吴蚕略》：俗以腊月十二日为蚕生日，取清水一盂，向蚕室方采枯桑叶数斤，浸以浴种，去其蛾溺毒气也。浴后于无烟通风房内凉干，忌挂于苎麻索上，孕妇、产妇皆不得浴。

董开荣《育蚕要旨》：种有二：一曰盐种，茧细而坚。中有细颈，名曰腰箍。一曰灰种，茧大而松。腊月十二日浴之。盐用食盐，将种布置匾内，盐渗布上，没子为度。用浓茶一碗，候冷喷之，令湿透，放屋上及庭中，经霜露七宿，始收下。如遇雨雪，当早收。刷去其盐灰，用石灰。每方尺许，用团子大一块，盛于瓷盆，滚水泡化，待温浸入，曰杀种。点线香一枝，香尽沥干，放匾内，令经严寒凝冻至醉。司命日用蒸团子汤，待温将种浸入，亦以线香为度，轻轻沥干，晒燥收藏，盐、灰二种并同。按，是名滃种，亦有用寒食日者。

《广蚕桑说》：种所以必须腌者，借咸气以杀其子之无力者耳。不腌者，谓之淡种，易病，且不若盐种之茧坚厚。

董蠡舟《浴蚕》：腊月取布种露置庭中一宿，煎茶，候冷浸之，糁盐或石灰于其上，曰杀种。至寒食，蒸粉粢祀灶，取蒸余暖水，采芸苔、蛾豆等花，共投其中浴之，浴后晾干，曰滃种。是日，市门神贴之，又以石灰画地为弓弩形，以祛祟。郑元庆《湖录》谓：清明食螺，谓之挑青。以壳撒屋上，谓之赶白虎。亦以禳蚕祟，吾镇则无之。隔岁招摇指星纪，农事告登蚕事始。尽携布种置中庭，一宵露置冰霜里。取润还须茗汁腌，洒以蜃灰糁以盐。田家一例锄非种，先事全将丑类歼。转眼已过百五日，老妇瓶盆罗满室。粉糍祀灶为祈蚕，蒸来翠釜汤余热。油苔豆荚花丛丛，摘取一握投汤中。挹汤滃种令沾浥，更借茅檐薄日烘。摒挡匆匆日过午，何暇挑青禳白虎。呼儿换却旧门神，还待布灰画作弩。

董恂《滃种》：嘉平二七良日逢，以水浴种当去冬。今年又到清明夜，俗呼寒食为清明夜。浴蚕例与残年同。门神竞向白板贴，以灰画地如弯弓。祈禳白虎辟蚕祟，欲趋其吉先祛凶。妇姑忙忙不得暇，磨米作团虔且恭。蒸团水香滃布上，采摘花片搀其中。一年蚕计此初事，能慎厥始斯有终。深闺努力促针黹，拮据忙月无余功。

护种

《育蚕要旨》：清明后，谷雨前，用旧絮包种六七日，再将种放热被内，令得人气，渐渐温暖，其子变绿，谓之战色。俟全绿，即可收蚕。倘桑叶萌芽，未曾畅茂，天忽骤热，宜将种放凉处，使不战色。

《广蚕桑说》：蚕子先出者，谓之破蚖。有破蚖，须以灯草心数十茎，匀铺布上而折之，以防压损。

沈炳震《蚕桑乐府·护种》：林间春鸟啼布谷，谷雨才过蚕事促。蚕房纸窗照眼明，当户春光快晴燠。堂前老翁负朝阳，室中新妇罢晓妆。旋向床头理蚕种，拂拭尘埃手自奉。东家昨夜已打包，西邻择吉闻今朝。香罗包裹更重重，束成置之薰笼中。晏温暖气长融融，阿翁晚睡抱当胸。非关新妇好安眠，哺儿时复开胸前。阿翁慎莫辞辛苦，缫丝织绢先奉父。

董蠡舟《护种》：浴后包种，纸贴胸前，得暖即活。郡人以巾裹置熏笼上，谓之打包，亦吾乡所无。深林晓闻布谷语，屋角鸣鸠拂其羽。微禽解报蚕候临，刚是今朝逢谷雨。谷雨已过虫难藏，城中户户打包忙。床头布种亟检理，护来趁此春宵长。一层只隔香罗帕莫白切，胜傍熏笼取余热。明晨生意定全苏，温馨气借酥胸熨。袒服频番掩复开，娇儿索乳数投怀。枕边低唤教郎醒，今夜凭君抱护来。

董恂《护种》：东风吹破桑眼青，谷雨已近天气晴。嘱郎早诣日者室，遴选吉日宜收成。侬家蚕种已浴过，须令温暖滋初生。只愁夫婿正年少，心热无乃多薰蒸。不如阿翁齿衰迈，微和微暖才相应。老人深夜醒尤易，那须少睡频叮咛。况是阿翁护种后，年年花税多丰盈。他时酬神酒先贯，任翁一醉翁无憎。

贷钱

《震泽镇志》：蚕时，贫者贷钱于富户，至蚕毕，每千钱偿息百钱，谓之加一钱。

董蠡舟《贷钱》：农民养蚕乏资，贷于富家。蚕毕，贸丝以偿，而息其什一。富家实渔利，而农民亦赖以济蚕事，故以为便焉。盎中余粟食已罄，笥里寒衣典无剩。买叶无钱糊口难，何人肯乞去声监河润。里中豪右富熏天，千镪万贯流如泉。钻核障簏鄙且悭，今年广放加一钱。贷钱一千息一百，侭许阿侬徒手得。傅别何须合两书，责偿毋许逾三月。负归儿女亦熙熙，养蚕岂复愁无资。只期今岁还宜早，料得明年借不辞。子母偿清丝卖矣，归来依旧囊如洗。青黄不接可奈何，待吃豪家转斗米。四五月后，春收已毕，秋获未至，里语谓之青黄不接。

董恂《贷钱》：加一钱，率以夏至为期，过此必另起息，名曰小利。清明已过将梅夏，村农摒挡无休暇。储无儋石悬罄如，安得余钱计桑柘。趁墟走访足谷翁，人未登门气先下。已惯寅年用卯年，何妨润向监河借。他日甘心重利偿，薪炭今时免赊贳。岂料年来足谷翁，悭贪心计尤狙诈。较量加一息尚轻，竟使锱铢到叶价。先期买取奇货居，干没还将厚利射。

糊簇

《遣闲琐记》：乡间妇女糊蚕簇，音大，或借用“箥”字，亦作簩字。率用旧书败卷，云可辟邪。字纸多遭污损毁弃，宜切戒。

《乌青镇志》：蚕之初生，用筛置之，乌满则用箔。箔必以纸糊其缝。两眠出薙，盛之用筐，或用匾器之大者，可以容蚕之多也。

纪官《蚕纸叹》：文字历灾厄，秦火未为深。六经已残缺，复此污秽侵。吴兴四月间，蚕箔纸应禁。嗟哉邹鲁书，竟为蚕矢湫。顾此心戚然，习俗痛日沉。何以挽斯风，放笔徒长吟。

董蠡舟《糊箔》：贮蚕之器，见于《湖录》者，有筐、匾、筛、箔，皆以竹为之。箔以纸糊其孔，村妇又剪红纸为方胜黏其中，且惑于二氏之说，至乞其符箓贴之，谓足以祛祟。曲植籧筐必先具，备豫由来是要务。野人未熟《考工记》，善事讵知须利器。传来矩矱自先民，农家者流夙所遵。芦帘织就更糊箔，买来侧理银光匀。暖水手斞和麦面，周围方空黏须遍。糊成倚向夕阳烘，一色光明如月容。更凭掺手剪方胜，镂尽一翻新喜红纸名。先贴中央后四角，胜里香奁招百福。要祈园客锡休祥，免向羽流乞符箓。

董恂《糊箔》：乌儿初收门未闭，蚕具安排事非细。先期一一要检点，善事从来在利器。已买桑笼更结芦，还教糊箔逢晴霁。儿夫昨日趁墟回，买得光明纸如纐。更喜聪明小女娃，剪纸成花作如意。调就银浆细意糊，但祝今年倍吉利。去岁东邻作道场，僧家符箓多真谛。阿侬幸喜收藏来，廿四分收定有冀。

南浔志卷三十一

里人周庆云纂

农桑二

收蚕

《县志》：清明后，谷雨前，用旧絮包种六七日，或以帕裹之，置熏笼一宿，谓之“打包”。天暖则置之床上，天寒则抱于胸前，宜老翁老妇任之，取其温和适中也。

《育蚕要旨》：看布种，其子变绿，谓之战色；俟全绿，即可收。三朝后，当将种铺开在向阳处，如阴雨，或在床上，或在灶上，以暖处为佳。待其脱壳，采花叶少许，即野蔷薇叶，俗名做丝花。去梗刺，爆燥研末，其香无比。用麻布筛筛在种上，蚕得此则脚松易刷。候一个时辰，用食锅抹干，金漆大盘亦可用。将鹅毛轻轻刷拢，收于锅内。更用小圆竹器，铺砻糠灰一层，杂以石灰亦可。上衬以纸，即放蚕于器中，上用切细嫩叶薄糁，收下后，叶宜切细，初眠后可粗，二眠后用叶片，出火后用丫头叶。蚕即能食。凡收下未曾食叶，即一二日不饲，不致饿坏。倘吃叶些些，以后稍饥，即断丝肠矣。放在暖处，谓之冷看，须六七周。初眠倘用火，较速。用火者，蚕器搁架上，藏床中。火炉烧炭，墼一个，俗称炭基。用灰盖好，置架下，不得过热。蚕器亦须时时移转，叶亦频频糁上，谓之三日三夜赶头眠，然不若冷看之妥。惟遇春寒，用火可免畔䴵。亦作“䴵”，通作“㯲”，俗用“薙”替“屜”字，并非。蚕畏冷，藏叶底，不肯向上食叶，谓之畔䴵。

《涌幢小品》：其既食也，乃炽炭于筐之下，并其四周挫桑叶如缕者而谨食之。又上下抽番，昼夜巡视，火不可烈，叶不可缺，然又不可太缓，缓则有漫漶不齐之患矣。编绖曰蚕荐，用以围火，恐其气之散也。束秸曰叶墩，用以承刀，恶其声之著也，是为“看火”。

《遣闲琐记》：初生之蚕，俗名乌儿，每重一钱，十六两戥子。可得出火一斤，大眠四斤。并廿四两秤。为中平之率。

《乌青镇志》：叶稀即补之，乌密处以细竹箸拨匀。

董蠡舟《收蚕》：谚云“谷雨不藏虫”，收蚕以此为候焉。择吉日以桃叶火微炙之，俟其蠕动，以鹅羽刷于釜中，或以筛，或以盒，视所便。又取刺梅花之叶，缕切，布其上，蚕得叶香，蛰者尽出，乃以戥子权其轻重，始饲以叶。目刺梅叶为花叶者，别于桑也。郡人谓收蚕为摊乌，其候较吾乡为早云。蚕房扫毕窗已糊，吴盐裹去迎狸奴。良辰急向历头检，城中前日齐摊乌。炙残桃叶蠕蠕动，毫芒细更输针孔。纷纭纸上密成团，四寸鹅翎慢撚拢。刷下先将小榼承，细敷花叶一层层。蚕娘早欲知多少，敷罢还从戥上称。从此育蚕多禁忌，扎闼豫防生客至。三寸红笺淡墨书，家家遍贴蚕天字。

董恂《收蚕》：下蚕最早惟我湖，昨日前日齐摊乌。历头日脚今又好，收蚕莫把良辰孤。鹅翎一双早购置，细意更有垂髫姑。嘱姑开包出布种，蠕蠕戢戢生意苏。纸上拂拭置筐内，攒如丝发无细粗。更教持戥较轻重，胥言种最今年敷。小筐纸糊洁且净，一层细叶青平铺。挥刀束砧忙复忙，何殊慈母将婴雏。

忌蚕

《育蚕要旨》：忌蚕之说，乡人最信。往往用芦帘围住，不使人出入，稍有变端，即占卜祷祝，或谓生客所冲，或谓阴气所犯。虽属附会，然在旁人，知其忌蚕，必须谨避，庶不致归咎也。有实系当忌者，曰雨，曰雾，曰黄沙，曰气水叶，叶久贮气热蒸湿者，曰烟气，曰油气，熬热油尤忌。曰酒气，曰秽浊气。

采桑

《育蚕要旨》：桑叶称为鲜货，不可多采，恐其干而蚕不欲食，则暴殄矣。又不可少采，或遇雾雨黄沙也。有雾甚毒，雨亦不宜，黄沙必洗。倘逢大雨，则绳经于檐前，将桑叶挂上，风干水渍，或用扇挥之。小蚕时，只采叶片；出火，然后开剪。如蚕多，则二眠即开剪。

董斯张《桃源忆故人·采桑》：一庭麦雨蔷薇亚，秾绿描成□夏。蚕市今番来也，刚直开园罢。　　碧云丛里红衫卸，错认海棠花谢。剪得半筐归舍，钗挂桑枝下。

董熜《采桑曲》：吴下重蚕桑，采采朝复暮。苇帘爱晴和，湿食忌雨雾。妇姑辛勤不得眠，筠笼压背坠曼鬌。地狭人稠叶垂尽，腾价撑过卖叶船。借得几贯青铜钱，购置饲养俱蜿蜒。上山作茧厚复圆，缫车伊轧火昼然。裙布不用一缣被，一月楼罗半憔悴。丝多价贱何处卖，催租人去债主至。

董正《采桑行》：朝采桑，采柔枝。暮采桑，采枯枝。朝采暮采不自饱，废置栉盥愁蚕饥。辛勤图上簇，络绎看缫丝。去年东郡虫食稻，流民牵帅逃鞭笞。村村乞食饿且死，桑笼虽在谁提携。今年西村苦冰雹，陇麦颠倒桑离披。幸兹获生聚，比户天所私。微阴障晴日，小雨湿茅茨。苇帘土铿半凉燠，敢惮操作谋荒嬉。但愿茧雪白，丝价良不訾。上输赋税下艰食，荷锄共事东皋菑。

董蠡舟《采桑》：一片碧云笼四野，戴鵀声中见桑者。侬家有地十亩宽，半在陌头半墙下。郎怜侬是新嫁娘，娇羞尚怯遵微行。顾语小姑汝予助，同向南塍采叶去。宿叶未尽蚕未饥，偷闲偶启白板扉。家家闭户寂如水，拾葚畦边哗稚子。绿阴阴地闻剪声，林中到处桑梯倚。须臾夫婿负箈归，堆来满地青玉肥。只愿吾蚕食叶速，速采不辞劳仆仆。默思地窄叶无多，饲到上山恐不足。保得安全过大眠，典却金钗开叶船。

董恂《采桑》：种桑须种侬屋边，侬行采桑近更便。提笼朝朝又暮暮，不须南陌还东阡。日间饲蚕采犹易，夜行畏露零涓涓。良人为我购竹箈，薄暮挑取盈窗前。何待更深复外出，爱侬情重侬亦怜。所愁蚕多叶复少，不堪无叶偏无钱。却喜今朝蚕不食，满筐满箔齐三眠。拔钗付郎去稍叶，天明饷食难稽延。

张树培《采桑曲》：房头防夜有狸奴，眠对灯檠照影孤。忽被子规惊梦醒，起看稀处叶重铺。桑阴如幄柳垂街，匝月辛勤系妾怀。侵早最愁春草滑，倩郎先买小蒲鞋。斜风细雨最魂销，陌上归来路尚遥。几树低枝侬尽折，待郎来取最高条。

稍叶

《育蚕要旨》：如桑地少，必须买叶，大眠后开叶船。买叶当用十担，先买五担，恐蚕或不佳，不至余叶，且恐价有低昂也。如太昂，则屑米粉糁叶以饲之。道光二十二年，曾有用及此者。又，停叶之法亦称住叶。叶来之时，先向阴地上铺芦蔎或竹帘，叶放其上，不可松，亦不可过紧，须将每帖竖起，整齐平直，清水洒之，谓之封好，一周宜洒三四次。可停三日或两日。临饲蚕时，将叶放松凉透，停处必热。否则有气水叶，蚕食即坏。

胡承谋《府志》：稍叶，《涌幢小品》作“秒”。其预立约以定价，而俟蚕毕贸丝以偿者，曰赊稍。有先时予直，俟叶大而采之，或临期以有易无，胥谓之现稍。

《遣闲琐记》：蚕时往乌镇做叶，是南浔一敝俗，名为贸易，实同赌博。究之得利者少，失利者多。有叶贱而亏本者；有刻意居奇，以致过时不及售者；有受市侩之欺，并本钱无从追问者。后人曾不知鉴，为之不已。盖市易丛集之地，便于游荡，故乐之而不悔也。

董蠡舟《稍叶》：桑为湖属恒产，直名曰叶，以人人所知也。而吾乡则栽桑地狭，所产仅足饲小蚕，曰小叶。叶莫多于石门桐乡，其牙侩则集于乌镇。三眠后，买叶者以舟往，谓之开叶船，买卖皆曰稍。吾镇之饶裕者亦稍以射利，谓之作叶，又曰顿叶。凡叶百斤为一担，郡中则以二十斤为一个。家家门外桑阴绕，不患叶稀患地少。及时惟恐值尤昂，苦语劝郎稍欲早。我家稍时在冬月，一担不过钱五百。迨至新年数已悬，蚕月顿增至一千。未到三眠忽复变，一钱一斤价骤贱。夫婿闻之咎阿侬，而今欲悔已无从。侬笑谓郎莫尔尔，吾家所失殊无几。不见街头作子贺切叶人，折阅已过大半矣。此曹平日子母权，计利析到秋毫颠。居来奇货不肯鬻，黄金不饱贪夫腹。去有腰缠返垂橐，乌戍归来唯一哭。

董恂《秒叶》：树桑墙下地不多，蚕食不足如叶何？邻翁明日向乌戍，顾语夫婿无蹉跎。叶行早晚价不一，秒迟秒早宜猜摩。清明插柳妾曾卜，今年平稳靡有他。但愿初贵后时贱，彼做叶者空婆娑。当其贵时侬有叶，墙阴屋角枝猗傩。待至蚕长叶已贱，叶船两两门前过。百斤亦只值钱百，剪刀声里多欢歌。

金钟秀《蚕家新乐府·做桑叶》：昂然高坐踞牙侩，卖买人多阛户外。忽赢忽绌权独操，伎俩畸邪此其最。买者未必皆养蚕，贩夫渔利殊眈眈。可怜穷氓日劳苦，蚕多叶贵情何堪。吁嗟乎！局外闲观徒扼腕，恶习何时除垄断。

饲蚕

《育蚕要旨》：大约每蚕一斤，廿四两秤。自收下至上山，吃叶一百八十斤，十五两三钱秤。此上上蚕也。稍平者不到此数。小蚕时只采叶片，出火然后开剪。

温曰鑑《饲蚕行》：桑扈初鸣麦花落，家家闭户事蚕箔。乡村四月断往还，陌上绿云亚髻鬟。日斜不见青丝控，紫葚绿枝醉禽弄。蚕饥叶贵空执筐，呼妇须鬻嫁时珰。

董蠡舟《饲蚕》：束秸为墩，曰叶墩，又曰草墩，用以承刀，挫叶如丝以饲之。二眠后与完叶，三眠则连枝与之，日夜谨饲，不令稍饥，饥则有断丝肠之患。出火前，忌湿叶，大眠饷后又恶太燥，以洁水洒叶而饲。若伤于寒则僵死，郁于热则破囊，俗所谓烂肚也。风雨雾露，皆足致损，在饲之得宜耳。终朝挫斫费摒挡，藁砧束作明月样。丝丝青叶如牛毛，细意聂切何辞劳。浃辰之间眠过二，眠起便将完叶饲。盼到几时才出火，连枝喂食无不可。只愁雾雨气郁蒸，檐前风戾悬长绳。小蚕恶湿大宜润，手瀹寒泉细喷潠。调饥未怨朝食迟，生怕蚕饥宁我饥。蚕饥便恐丝肠断，未敢片时少稽缓。一宵四起黎明兴，阿母年迈犹能胜。回眸一笑呼小妹，铺筐未了垂头睡。

董恂《饲蚕》：蚕饥蚕饱不可过，早起饲蚕何敢惰。只愁饥后断丝肠，那顾女啼与儿饿。辛勤更是小时难，叶湿宜揩大宜挫。盼到今朝捉大眠，带叶连枝满筐簸。所恨连朝风雾深，照料稍疏又囊破。竟昼绵宵那得闲，幸是儿夫肯依佐。叶干叶湿要关心，与少与多莫相左。夜间饲罢且偷闲，和衣暂向床头卧。

金钟秀《蚕家新乐府·关蚕门》：吴盐聘取狸奴归，家家红帖糊柴扉。此时最忌是生客，愔愔村落行人稀。行人稀，无剥啄，门内蚕娘忙碌碌。朝朝暮暮不出门，容易缫车动茅屋。噫嘻吁！新丝做得百两无，又听打门追宿逋。

头眠

《育蚕要旨》：蜕壳时不食不动，名曰眠。初眠，虽系学眠，究欲其齐，朝见眠头而夕定簇，夕见眠头而朝定簇，其蚕必佳。眠头，欲眠者数十个也。定簇，无不眠也。虽属好蚕，终不免有青条。俗谓："头眠头顶沙，头戴蚕沙矢。二眠蚕拖蚕。"然犹不足凭，唯看其蚕色放白，蚕身长大，旺叶以后，渐渐色黄，收身褪叶，嘴尖有黑二壳，此将眠之候也。叶不可多采，每眠并同。不眠者谓之青条。定簇后用砻糠灰糁于面上，再用叶片剪开，贴在簇上，其青自来，谓之"引青"，捉之自尽。不可过迟，迟则有起娘。二眠、出火多不齐矣。又将蚕簇细细拆开，再用散石灰同砻糠灰拌匀，糁于面上，或日光中，或火炉上，稍稍温暖，令蚕簇干燥，眠亦易起，否则起娘，食叶不齐也。

胡《府志》：蚕将眠，不勤食，曰红懒思。

《吴兴蚕书》：结嘴停食曰眠，蜕肤向食曰起。时寒则迟，时温则早，此天为之也。冷看则迟，热看则早，此人为之也。

《乌青镇志》：初眠仍以竹箸细细分开，去其残叶，不致伤于湿热。

董蠡舟《捉眠》：蚕食三四日而眠，眠一二日而起，是为初眠，俗曰头眠；自初眠、二眠至三眠，约半月；三眠曰出火，出火后再眠，曰大眠；将眠则食不勤，曰红揽丝；又有青揽丝，言吐丝也。亦作懒思，言懒而思眠也。他眠而此犹食，曰食娘，亦称青条；眠起曰起娘，眠则擿置他器，曰捉眠头。懒思欲眠犹未眠，青红揽出丝缠绵。贮余筐匾勤拂拭，一一移置当窗前。或食或眠难画一，先后相差无半日。擿此未遍彼已眠，两手拮据不遑息。倾耳沙沙声渐小，知是筐中食娘少。眠头欲尽又怯寒，捉罢更将帷帟绕。深夜捉眠多苦辛，妾容无复桃李春。三眠四眠蚕易老，镜里红颜岂常好。

董恂《捉眠》：二眠四眠种各异，欲眠不眠揽丝未。小姑才向筐箔看，道是今番不须饲。纷纷多见红懒思，只在黄昏眠可迟。纵有食娘也不多，缘枝求叶无三四。嘱姑慎勿贪戏顽，晚餐端整炊疏食。大家饱饭腹不饥，捉眠好尽今宵事。已眠未眠一一分，曲植籧筐忙位置。手中碌碌犹不闲，早见朝曦小窗至。

饷食

《育蚕要旨》：初眠以后，约一周或半周，量天时之寒热。看簇上有白丝如绵，谓之

"杨花簇"，然后可以饷食。或看其嘴上，始白渐黄，终至稍黑，亦可饷食。总以眠头尽起为度，恐其早晚不齐也。

《遣闲琐记》：凡眠起饷食，如起娘，不甚齐，不妨稍迟，以俟其齐，俗谓之熬。按，饷，式亮切，俗误读"饷"如"向"，乃以饷食为送食，非也。

《广蚕桑说》：眠一次，则嘴阔一次，衣宽一次。布叶太早，恐嘴已阔而衣未尽脱者亦食之，则腹大而未脱之衣脱不下矣。

董蠡舟《饷蚕》：眠起始食曰饷。食倍于前，衡之重亦逾倍者，里语谓之饷得起；反是曰饷不起。食尽曰叶过，因语忌而更也。眠头捉罢夜未央，蘧蘧一觉投匡床。筐中枕畔两同梦，良人呼起将三商。飞蓬双鬓久罢栉，今朝偶到妆台傍。梳头未半娣姒唤，可是筐中有起娘。女儿女儿新睡起，雪色肌肤倍肥美。此时饲之勿太亟，少缓须臾乃饷食。俄顷叶过惟留茎，到耳一片风雨声。蚕身日长上声箔日分，昔时一斤今五斤。

董恂《饷蚕》：吾乡育蚕以斤捃，不以城中筐数论。一斤出火至大眠，称得五斤已无恨。今岁侬家喜气多，却于此数更有进。蚕眠已过一昼夜，饷食须教者时趁。大妇提筐采叶归，小姑提瓮汲水润。密堆层叠筐箧中，一色绿云最娇嫩。到耳欣闻切切声，才得须臾食已罄。倾篮倒笼从头添，敢令迟延致饥困。

二眠

《育蚕要旨》：看眠头，如头眠法，惟饷食不比头眠，及出火不可过熬。大眠，饷食稍嫩亦不妨。大凡天气寒暖调匀，收蚕至上山，一月为期。初眠七周，二眠四周，出火四周，大眠四周，上山七周，其中有饷食数周，故时候如此，但随天时为转移。当七周、五周亦可，当四周、三周亦可。过月者，无是蚕也。外三眠子无出火，只有大眠，其时较速。更有头、二蚕，虽是四眠，比寻常四眠稍早，其子即可育二蚕。杭州山中并有三蚕、四蚕、五蚕，然不似吾湖育蚕沿门阖境也。

《西吴蚕略》：二眠退皮，长二分许，黑色退而渐白，食叶声亦稍大。

出火

《育蚕要旨》：看眠头如上法，见眠半周后，必即用叶片引青，倘天热，尤不可迟。恐其有起娘也。初二眠拆簇，即当燥簇出火，则眠齐后，径将眠头捉出，其簇弃之，乃用秤权之，近时廿四两秤。共捉若干，将匾用砻糠灰铺底，置蚕于中，每匾或三斤四斤皆可。上用散石灰稍稍糁之，乡人谓之供。俟有起娘，即用簇子预先晒干，拆开放在面上，起娘不至沸腾。如天阴，用稻柴剪断亦可，起齐后方可饷食。如蚕少，买出火，须择其丝绪缠绵者为上。

《西吴蚕略》：长约三分，映光照之，头作碧色，乃出火之候，起齐后方可布叶，声如小雨。

《乌青镇志》：出火后不事竹箸，用手一一取下，秤定分摊筐中。又有复生小蚕者，为长上声娘。

《遣闲琐记》：旧法，小蚕用火，至三眠去之，故名出火。近多不用火，而出火之名仍相沿不改。蚕多则论斤鬻之，少则买之，俗曰掇出火。蚕出火后，始有长娘，至上山时，亦随母作小茧。

虞兆漋《天香楼偶得》：俗以第三眠为出火，不列诸眠之中，因以末眠并头二眠，为三眠三起，实则四眠四起也。

金钟秀《蚕事新乐府·卖出火》：一眠再眠蚕渐粗，十株五株叶渐疏。时当出火叶已尽，眼看蚕饥心不忍。买叶既无钱，蚕死尤可怜。卖蚕一半来街前，以之买叶蚕两全。呜呼！养得蚕多收岂寡，君不见今年芒神图上三姑把。

大眠

《育蚕要旨》：蚕至大眠，好歹已定一半。好者眠中齐集，稍有青条，蚕身均匀，并无大小，其色青白。若一周外尚不眠，青条无数，布漆甚多，其面必当弃之。凡出火一斤，得大眠四斤，为四斤捉，得五斤则为五斤捉。看眠头如前法，惟饷食时，候比出火，可早食，叶可洒水。气水叶终不可吃。

《遣闲琐记》：末眠为大眠，即大起也，此时尤须勤䔍。

《广蚕桑说》：大眠起后，食叶愈速，能一昼夜食叶十余次，则五昼夜即老矣。能多食数次更好。盖此时多食一口叶，则上山多吐一口丝，故唯恐其食之少。

䔍括

《育蚕要旨》：蚕性喜温，而又恶湿热，故必䔍括。䔍必剥去底下一层，不使湿热薰蒸。括则取其面上一层，而䔍中犹有蚕在内，必当搜剔净尽。倘有僵烂、白肚、空头等蚕，弃之无遗。故无论寒暖，每日宜䔍括一回，而出火及大眠时为尤要。更有救逆之法，如烂肚、伤热之故。吐水、白肚、二种气水叶。空头、小蚕时失叶饥伤。布漆、身有黑斑点，生种之故。必须勤䔍，方不传染。如僵蚕、伤冷之故。瘪娘、不上叶，生种时对得不深。可喷烧酒或甘草水。又法，以马毛铺在蚕器内，可免诸病。倘大眠后放地，蚕不必䔍括。

《涌幢小品》：大起则薙，薙则分箔，薙早则足伤而丝不光莹，薙迟则气蒸而蚕多湿疾。

董蠡舟《出薙》：叶过后，枝茎杂蚕矢，充积筐中，蚕栖其上，久则气蒸，于是置网于筐，铺桑于网，蚕就食集于叶上，乃举网而出之，移置他器，曰出薙。筐中之枝茎及蚕矢，谓之薙子，俗呼蚕沙，垃圾以壅地则桑倍肥。大起已后食倍加，须臾止剩枝槎丫。枝间遗矢更狼藉，积来箔底何纷拿。滓秽丛残待捐弃，始可再将新叶饲。更欲移蚕置别筐，一一捃拾谈何易。惟将罜罭筐上张，网中层叠敷柔桑。蚕从网下来就食，一网举之诚善策。枯茎薙出刍狗陈，明日晨炊可代薪。岂徒爨下供所乏，更得草人土化法。亭亭如盖桑阴遮，得气全赖壅蚕沙。

董恂《出薙》：叶裁如缕蚕犹小，叶细无余薙亦少。自从出火过三眠，大叶粗枝似刍稿。须臾叶过只留枝，倘教检取亦难了。欲将丝网置筐中，一网出之计诚好。枝空留作爨材供，细沙肥沃宜桑稻。乡人勤苦弃物无，能供所需便堪宝。最怜竭蹶一月余，徒说山头如雪皎。待到丝成绵白时，唯此区区可相保。

铺地

《育蚕要旨》：大眠饷食一周，可放地，蚕但着地，必铺石灰及草柴，柴不可多。方免寒湿及蛇虫。

胡《府志》：借芦蕟而散蚕其上。

《吴兴蚕书》：遇天时潮闷，宜取干茅草，切细匀撒蚕面上，饲以叶，可以隔其熏蒸也。

董蠡舟《铺地》：育蚕多而盛蚕器具少者，大眠后铺芦蕟于地，置蚕其上，谓之下地蚕，郡中及他方尽然，吾乡则十家中无二三也，唯滨太湖诸村与郡中同。出火五日大眠过，吾家蚕具备未多。区区筐曲盛不足，筹量无计将如何？打头赖有三间屋，几榻不妨尽庋阁。扫地平将芦蕟铺，暂借坤灵作蚕簇。仅余卧室在东箱，上罗箱箧下支床。此际已难居八口，来岁小儿又娶妇。只愿蚕花收倍丰，不愁明年无处容。别筑新居高百堵，华堂即是铺蚕所。

董恂《铺地》：今年大眠十倍捉，蚕具翻嫌置未足。具少蚕多可奈何，幸得依家富于屋。房轩用当箔与筐，扫除苦乏僮和仆。深赖青红儿女多，一握稻柴如帚缚。各自东西洒扫忙，芦蕟平铺即蚕箔。只教有地可著蚕，遑计此身偏跼促。况是蚕多食亦多，堆叶还须让屋角。卧床亦撤挂梁间，倘要安眠待蚕熟。

搭山棚

《育蚕要旨》：空屋一间，要干燥通风，离地约四尺高，中用数根木横住，上铺芦帘，帘上有帚头立起，蚕安其上，即为上山。

《遣闲琐记》：山棚宜宽，蚕多棚小，则同功茧必多。

《吴兴蚕书》：又宜暗，老蚕见亮光辄游走无定，不即裹身。蚕上齐后，所有窗户悉宜遮掩，蚕之成茧，不能无所依傍，故棚上须立草帚。

董蠡舟《搭山棚》：室中架竹木，高五六尺，布芦帘，围草荐，列草帚于帘上，置火其下。有力之家，度室之广狭，削木如其长，广一尺余，厚五之一，四足如杌子状，谓之山棚凳，用省架木之劳。《府志》云：去芦帘尺许，以细竹结为方孔，用以架草，谓之花格竹。吾乡所无。大眠饷食蚕多老，料理山棚须及早。尽将家具庋梁间，惭愧侬家屋较小。架木倚竹结构牢，去地未及一仞高。布以芦帘平似砥，草荐三面围周遭。上矗帚头下擦火，棚底痀偻往来可。何须更列花格竹，不致欹倾亦已足。经营拚费一宵功，切诫儿曹毋欲速。邻家家富贪安闲，新制双凳厚且坚。因斯结缚遂草草，棚倒覆火蚕被然。我家力不能办此，无恃乃得常无患，平声。山棚岁岁安如山。

董恂《搭山棚》：蚕老须置山上头，搭山缚棚屋四周。中央巨竹横又纵，上铺芦席如平畴。高低结束事粗了，忽听笑语谈湖州。不知花格竹何取，工夫破费真无谋。岂如侬家最省便，一般作茧无他愁。上安蚕帚下灼火，也如户牖同绸缪。只怜屋低立难直，终朝棚底行伛偻。但愿今番得大熟，明年起屋高于楼。

架草

《育蚕要旨》：帚头之形，与笼帚倒转相似，要洒得开，立得稳，不至眠山。

《涌幢小品》：作茧用柴帚，以禾草为之，长尺有咫，大可一握，散布登蚕其上，有至二三重者。

董蠡《舟架草》：截禾秆长二尺许，大可一握，散其两头，挫切平之，绳束其中，列置山棚上，使蚕凭以作茧，名曰帚头。冬春间东作未兴，或风雨长夜，预取秸稿，缚束挫斫，谓之斫蚕忙柴。有惰者至以高价购诸邻人云。禾秆一握二尺高，缚作帚状绳束腰。两头挫切平若砥，矗立岂复愁倾摇。架构山棚已就绪，左右前后排以序。斜斜整整密于林，犬牙出入相撑拄。去岁丰收饶稻秸，结来草堵如高崖。冬春臼米已上囤，乘闲先斫蚕忙柴。不惮劳劳到深夜，闲时肯忙忙得暇。今朝用去尚有余，卖向邻村博高价。

董恂《架草》：去年田熟多收稻，清白枝枝不枯槁。先留今岁蚕忙柴，幸是藏多不嫌少。须教平截一样齐，二尺许长乃正好。每草一握中束之，散其两头计亦巧。不疏不密置山头，不高不低互相绕。帘上先教次第排，那容攲侧愁倾倒。日来寝食竟无闲，架草搭棚事难了。闻说邻家茧已成，来岁收蚕也宜早。

上山

《育蚕要旨》：将上山，则有考娘，考或作巧。色黄收身，不欲食叶，与欲眠同，而沸腾不已，周身通明，与欲眠异。倘通明而无丝肠，又是空头，由于小蚕时饿也。小蚕不可失叶，直至上山始见，悔之已晚。或云：蚕沙入水浮，亦欲上山也。上号好蚕，上山后即做半周，即如白雪，谓之裹身。一周有声，两周无声，在内细作，人不可动。四周做好，方可采取。如上山不做茧，必是烂死、僵蚕及白肚。见有两周后尚不做者，即当轻轻拾去，不可使其坏在帚上，有碍好茧也。

《涌幢小品》：大起六七日为熟巧，为登簇。巧以叶盖，曰贴巧，验其犹食者也。簇以稿覆，曰冒山，济其不及者也。

董蠡舟《上山》：蚕将熟，脰节莹彻，吐丝缭绕，谓之缭娘。于是撒置山棚上，曰上山，一二日间皆作茧矣。郡中上山后，往往有白蛍之灾，所见之地，蚕茧一空，故击钲鼓以驱之，吾乡则无是也。缭娘不娘亦不食，脰节通明无叶色。撒向帚头俾作茧，早晚不过一二日。盘盂一一各分盛，尽唤家人来并力。俨似回风舞六花，飞空齐向山头掷。日未过晡事已竣，久劳得逸翻欠伸。棚边席地聊假寐，瞢腾睡思浓于云。何事邻人竞奔走，伐鼓拟金疑逐寇。妇女骇诧儿童藏，共说弁山来白蛍。闻言瞿然遽惊起，浸阶明月凉如水。梦想颠倒乃若是，一笑吾乡本无此。

董恂《上山》：缚棚初就蚕都熟，已见缭娘满蚕箔。合家饱食趁朝闲，摒挡今朝蚕上簇。小儿捉蚕盛向盘，大儿上蚕据山角。取蚕散布蚕草间，疏疏密密山头矗。今年蚕好胜往年，却苦山棚限于屋。上山已罢暂休息，棚底相偕坐瑟缩。小姑作劳倦不支，看山即向山旁宿。关心忽忆嫁衣裳，轧轧声惊眠不足。

金钟秀《蚕事新乐府·望山头》：手携一榼来殷勤，小姑大妇欢迎门。牵衣共至簇山下，大家吉语相温存。为言瓦卦今年卜，廿四分收意良足。明朝当赛马头神，款留一醉老瓦盆。

擦火

《育蚕要旨》：山下着火一周，用炭火甚旺。

《遣闲琐记》：南浔去城七十里耳，城中曰养蚕，南浔曰看蚕，其名已异。又城中蚕以筐计，叶以个计，南浔则并以斤计。而育蚕风气不同之处甚多。即如山头草帚，城中以稻草屈而扭之，两头向下，其形下大上小；南浔稻草不屈，束腰偏下，其形上大下小。又棚下擦火，城中必盖以灰，不欲其过热，南浔则必吹，使极炽。盖城中作肥丝，南浔作细丝，各有所宜也。又有冷种，不必用火。

《涌幢小品》：湖郡每蚕忙时，必有小鸟连叫，曰灼山看火。其声清澈可听，蚕毕则止。蚕室暖育者倦极，常有火患。

《乌青镇志》：爇炭山棚下曰擦火。《广韵》："擦，桑割、七曷二切。"使热上升，则乘此萦丝作茧不停口，而尽出腹中所有矣。

董蠡舟《擦火》：上山后，遇轻阴薄寒，即爇炭于山棚下，蚕喜温和故也。《县志》谓之炙山，吾乡谓之擦火，亦曰灼山。《府志》云：先是有鸟鸣，如曰叶贵了，至是又鸣，曰灼山看火，意似相警者。吾乡亦有之。棚底辉辉熸火烂，老瓦盆中炽薪炭。更番守视不遑安，自明至昏又达旦。性爱温和怯寒沍，要得微阳相妪煦。暖气掀腾举体热，乙乙抽毫丝不绝。静中似听唧唧声，山头作茧半已成。去岁连旬不开霁，市中炭值顿翔贵。今年天气犹暄和，差喜所用犹无多。只恐周防稍怠慢，祝融回禄能为患。东家峨峨好堂宇，可怜一炬成焦土。树杪禽言如警我，请君灼山须看火。

董恂《擦火》：山前山后闻鸟声，灼山看火作意鸣。蚕性爱暖要火力，纷纷薪炭盆中盛。山头茧密白似雪，山下火烈同光明。茧声唧唧响不绝，只觉暖气周掀腾。全家聚坐共闲话，门外忽尔喧嚣生。东家擦火失防检，不幸飞焰延柴荆。四邻奔救咸叹息，可怜一炬无余赢。归来举室共相戒，慎勿贪睡当兢兢。

回山

《育蚕要旨》：如用火，三周回山；不用火，四周回山。不动，不易出蛾，如少人做丝，可迟一周回也。每出火一斤，收茧五斤为五分，十斤为十分，称茧廿四两秤或八斤或七斤为一吊。不可再少，恐做丝单薄，无神气也。两吊可做丝一车。必须安放匾内，令其凉爽。毛茧易蒸，恐其出蛾也。

《吴兴蚕书》：尝取四眠蚕之眠头与茧细较之，出火蚕一两约计二百五十六七个，大眠蚕一两约计六十三四个。是出火，长至大眠，实增四之三。好蚕每两计二十二三个，次者计二十六七个是一两。大眠个个成蚕，好者应得三两，次者应得二两六七钱。俗以蚕一斤得茧二斤为对花，犹属八折算也。采齐秤准，庶知一岁蚕事之丰歉。

《涌幢小品》：三日而辟户曰亮山，五日而去藉曰除托，七日而采茧为落山。

《乌青镇志》：过三日撤火，开户去蔽，令风燥透茧，易于缫丝，否则纇多难缫而亏折，寡斤两矣。

董蠡舟《回山》：上山七日后采茧曰回山。《县志》云：大起时称得六斤为一筐，每筐收茧一斤为一分，以十二分为中平，过则得利，不及则失利。吾里则以出火一斤得茧一斤为一分，递增至六七分为中平，十二分为上上矣。谚云“蚕花廿四分”，乃颂祷之夸词也。西邻伤冷蚕则僵，东邻过热蚕破囊。功败垂成自古有，奇变难防上山后。山前百遍行徘徊，七宵魂梦常惊猜。凌晨一眺喜过望，满山雪压光皑皑。踢壁大声呼起起，吾家今日回山矣。茧多还恐器难盛，检点瓶罍及筐篚。匀圆万颗明珠垂，间以黄碧光陆离。堆来高与山棚齐，不须如瓮夸神奇。持衡细把分数计，何敢痴心望廿四。却嗤老媪太贪愚，还祝明年胜今岁。

董恂《回山》：屈指上山已七日，山头璀璨堆如雪。层层密压满四围，蚕簇不分只一白。明珠累累相贯联，不须如瓮夸园客。今朝已届回山期，相呼并力全家集。男儿取高还取低，妇女采疏复采密。只愁茧多无处盛，草篰桑篮尽堆积。去年记得十分收，何幸今年□倍得。争把权衡度重轻，妇姑儿女齐欢悦。

董正《采茧》：圆匀白雪播山巅，采采如云满眼前。匝一月中眠食废，鸠鸣又是鵙鸣天。

选茧

《育蚕要旨》：剥去茧衣，择其圆白者，其中有同功茧、一茧两蚕。黄茧、绿松茧、棱角茧、限于地而不能舒展，故不圆。尿晕茧、为他蚕所污。烂死茧、作茧后即死。薄茧、力不足。香眼茧，大眠后为麻苍蝇所咬，作茧后，其蝇子自出，而有此眼也。蚕时，苍蝇必须常拂，点线香亦避。当一一选出，然后其丝光而且白。乡人往往贪重，选之不净，以至其丝黑色。其实多而不精，无益也。况所选出各茧，亦非无用。同功茧上者可做丝，次可剥绵；黄茧、绿松茧可做经丝，亦可做纬丝；黄丝染红色最鲜。棱角茧亦可剥绵；尿晕茧可做粗丝；烂死茧、薄茧可做澼花；香眼茧亦只可剥绵，外此者做丝。所剩滞头及茧衣，此二者当煮熟，河中敲软，可打绵线，沙䅟可作壅。蛹可炒食，亦可作壅。盖蚕之一身，无一物无用也。

董蠡舟《择茧》：按《府志》，茧之类不一，有被污而绪裹者，曰推出；垂成而蚕死者，曰乌头；蚕口伤不能为丝者，曰绵茧；两蚕共成一茧而绪乱者，曰同功。又有黄茧、碧茧。黄者绪粗，碧者质厚。此类皆别择之，以不中缫也。茧外散绪曰茧衣，俗谓之茧黄。助择者剥剔去之，即为所得，以代雇值云。呼儿堂前撤山棚，命匠新造丝车成。速招邻媪助择茧，选来晾趁天晴明。绵茧黄茧区以别，良苦醇疵细抉择。今年差幸少乌头，不乏同功与推出。此类惟供煮作绵，其余一色光莹然。茧衣蒙戎搓作团，持赠邻媪为佣钱。留取几枚白胜雪，去蛹藏侬针线帖。他时携往阿母家，倩人剪作鞋头花。妇女剪茧作花，置鞋头上，绣以彩绒，曰鞋头花，里俗所尚。

董恂《选茧》：乌头推出茧不一，更有同功缫不得。侬家幸是好蚕花，洁净光明同一色。东邻西邻茧更多，碧茧黄茧不胜择。倩侬相助遴选之，却缘晾茧无暇日。偶遣娇女暂分忙，可笑童心犹似昔。翻将白茧几许藏，道是明朝逢午节。镂出新花待绣鞋，剪成飞鹤堪簪髻。排车作灶事纷纭，坐向深闺不肯出。

缫丝

《育蚕要旨》：丝欲其细而白，欲白必多换汤水，欲细不可惜工夫。又丝灶必须用烟囱，使烟直透，丝上无煤气。烧柴亦须拣择，最好是栗柴，桑柴次之，杂柴又次之，切不可烧香樟，其气能使丝红色。丝必欲其好做，好做则蚕蛹身上无衣，丝多而工夫不费。若好做而茧选得白，是为上号；倘茧白不好做，终是次号，因茧在汤中多滚去，其颜光矣。其故由于上山时潮湿闷热，则丝必不好做。上山之不可不讲究如此。

《吴兴蚕书》：丝之高下，出于人手之优劣。同此茧，同此斤两，一入良工之手，增多丝至数两，而匀细光洁，价高而售速，故不可不慎择其人也。

《志稿》：近时多有往嘉兴一带买茧归缫丝售之者，亦有载茧来鬻者。缫时炽炭于丝轮之下，则丝速干而有光，谓之擦车头火。

徐有珂《缫车图说》：缫车之制，其床方，有四柱，下近足处四面皆有横档，上则两旁及后有之，而虚其前。前两柱名钳口脚，钳其首以受轴，轴辖四出，其一可脱，以轸抵之则牢。轴左端架于钳口，右长出钳口外，有颈，其端有鹤嘴，一纵一横。嘴即摇手，摇手之转，脚踏以运之也。脚踏板之根钉于地，耳上出贯脚板，板形似鞋底，上植一柱如股，又作活脱笋，而出一臂磬折而前，凿其端以纳摇手，故脚踏其板，则臂一前一却，轴向前自下而转矣。车之后二柱，左为太平脚，右有仙人桩，上穿母样凳，如磨耳上出。又旁上出摇钉头带一横挑，其末虚穿左柱之首，故左柱之首，或夹两钉，或有三棱穿焉。横挑上列送丝钩三，俯其钩，以钩丝绪。母样凳细腰，腰带长绳，套于轴颈，轴直转而母样凳平转，则横挑东西往来，而丝之上轴也，其绪不直矣。后柱左右横档穿入出柱之外，谓之龙头。安车时常出，镬上端立牌楼，牌楼如匚形，虚其右上三垂，以竹篆横贯竹牵子三，下傍横挑钉丝眼三，皆前出。缫丝者从沸汤中以竹筷扬绪，去其绪端，而以针钱纳绪于眼，自内上缠牵子下出，而遥绾于送丝钩，以抛于轴，轴围以布，谓之车衣布。绪缠于布，轴动于踏，则轧轧而抽矣。床广一尺八寸有半，纵赢四寸有半。钳口脚长二尺五寸五分，阔五寸，厚二寸。太平脚长厚亦如之，阔四寸六分，其有三棱穿者，长不在此数。仙人桩高一寸八分，围径一寸二分。母样凳身径三寸八分，腰径三寸，耳高一寸。摇钉头长四寸，送丝挑长三尺，龙头长三尺，轴梗长三尺。左头径二寸六分，中径三寸，右头径二寸八分。鹤嘴长一尺，摇手长六寸，受活脱辖之眼面阔五寸，底阔四寸，轸长六寸，长辖长二尺一寸，呆短辖半之。蒲柱长一尺七寸二分，厚一寸八分，阔二寸八分。脚踏板股长二尺四寸，臂亦如之。牌楼内腔高一尺六寸，广二尺五分。凡安丝车必响内而背明，缫丝者倚汤镬，设春凳，时坐时立，一足踏板，一足着地，立以送绪也。龙头出镬上，故牌楼亦出镬上。灶门烟囱必在左，烧火者常向右，烟囱下以土墼，近一丈，则以竹筒接出屋上，近有用洋铁者。凡安丝车，必后高而前低，后足垫以石，四足绊以绳，置盘石于中以镇之，恐其走也。轴前设火盆，炽火以烘丝，使出汤而即干也，否则并其绪而不可分。

董蠡舟《缫丝》：曝茧于烈日，曰晾茧，阴雨则火烘之，使蛹不化，得以徐缫之。丝之粗细，视茧多寡，三四枚合成一绪者细，至七八枚则粗。又有三眼两眼之别，其轻重以车计，每十两为一车。宋雷《西吴里语》云："细而白者曰合罗，稍粗者曰串五，又粗者曰肥光。"吾镇唯有细丝、肥丝，肥丝多同功茧之不乱者所缫。俚语谓之"唐公丝"，声之讹也。谚曰"小满动三车"，谓油车、水车、丝车也。舍南舍北绿树浓，轧轧声彻村西东。灶燎薪蒸傍炽炭，毂回轴转如旋风。蟹眼已过汤正沸，赤手招来绪无既。如衣挈领网在纲，众缕皆从一头曳。一蚕为忽十忽丝，茧数由来多寡异。三眼两眼复不同，缫成以此分粗细。手搴足踏珠汗淋，阿姑悯侬劳不任。令侬少息起相代，追凉闲步来深林。林边偶值邻村媪，为语今年丝好作去声。立谈半晌急趋还，如雪刺梅满归路。入门相视一笑哗，满头插遍缫丝花。

董恂《缫丝》：丝车有三眼、两眼之别，三眼为细，两眼为粗。细丝每车三板，粗丝每车两板。凡丝之轻重以两计，或十两为一车，或十余两或二十余两至不等也。乡人故有大车头、小车头之名。丝成论车轻两计，两眼三眼别粗细。手撩足踏尔许忙，爇炭焚薪水百沸。邻家老翁身手好，一样作丝更光腻。他家蚕早丝已成，闻说歇车已无继。当时侬早下聘钱，一车两车肯侬替。阿姑助理不胜劳，换水添薪最留意。白茧通教缫合罗，其余只好肥光曳。更抽黄茧作丝团，奉与阿姑姑所喜。

董正《缫丝》：嘈嘈风雨小车声，白雪纷纶耀目明。东市卖丝春税足，茅檐犹幸责逋轻。

剥蛹

胡承谋《府志》：缫丝未尽之茧曰软茧，剥以作绵，绵之下者茧中蛹，俗谓之蚕女。

董蠡舟《剥茧》：茧质过厚且粗缫时浮沉水面，不得尽其绪，曰软茧，留以作绵。取蛹弃之，或以油煎食之，曰熓蚕女。串五合罗缫罢早，蚕事今年已粗了。农家那得常优游，薄筐涤净俱藏收。煮余软茧犹堆积，绪乱质粗缫不得。少迟便恐蛹蒸腐，弃置未免同鸡肋。绽衣纵未纯绵如，撚纴作线原无殊。剥来蚕女煎作鲊，堆盘还足充庖厨。投箸令予三叹息，借尔谋生翻尔食。漠然未是负心人，世上纷纷怨报德。

董恂《剥蛹》：缫丝煮茧事已竣，良人戽水忙插田。呼儿洗刷洁茧具，阿侬今日多空闲。锅中剩茧软且薄，丝头已断难相联。其中蚕女犹待剥，莫教臭腐徒弃捐。趁此长日一事无，相偕去蛹临窗前。沸汤浮沉煮已熟，薄者澼絮厚者绵。地藏王诞日已近，烧香茹素年复年。他时抱向街头卖，施与和尚为香钱。

作绵

《育蚕要旨》：剥绵有环绵、手绵之分，手绵剥在手上，环绵则有竹环。

董蠡舟《作绵》：丝有头蚕、二蚕之别，以头蚕为善，绵亦如之。绵之上者，同功茧所作，谓之纯绵，推出次之，蛾口又次之。乌头、软茧为下茧。已出蛾者为绵，曰蛾口绵。软茧为绵，曰软茧绵，用织绵绸，其余概曰绵而已。作绵须晴日，阴雨则绵不速干而缕脆，俗谓作"绵日剥绵兜"。清风泠然日卓午，煮茧香中闻铄釜。老晴难遇熟梅天，妯娌相将同剥绵，蛾口居后同功先。竹架弯弯白月圆，土铚烈烈朱火然。瓦缶渍以泉涓涓，水中擘出架上悬。当风高挂蓬门前，洁如素纸薄且坚。笑谓小姑速相助，先著裤襦奉翁妪。仲冬二七是良期，双星已近银河渡。好染新红装嫁衣，与姑将向郎家去。

董恂《作绵》：同功推出不中缫，用以作绵白且娇。更有蛾口好种茧，汲水同向锅中烧。阴雨怕近入梅候，朝来喜见晴光摇。相偕妯娌趁早起，劬勤那惜身手劳。瓦盆渍水洁且净，轻剖重掣十指操。叠成一绵茧八九，竹竿挂向风中飘。却怜尽供偿逋用，温暖只让财奴骄。何曾作絮身上着，严冬不免寒仍号。

澼絮

《遣闲琐记》：水絮，一曰茧黄，一曰澼花，一曰滞头，并须煮熟，水中澼之。又有丝拖头，不必煮澼，皆以撚线，但视纯绵为费功耳。其中以茧黄为上。

董蠡舟《澼絮》：软茧之厚者以作绵，其次则煮之，承以筳，浮水而漂击数过，即成絮，名曰澼花。新丝卖出偿加一，新绵准折还租毕。仅余软茧是粗材，区区犹是侬家物。春花豆麦方登场，夏至已过齐插秧。阿侬此际独无事，剥煮功多趁日长。煮成要借清流激，小竿持至溪头击。拣取一方凉最多，柳阴浓处来洴澼。晚来邂逅东家妹，为言夫婿耽摴蒱。漂成携向博场去，不足供渠一夕输。

董恂《澼絮》：择茧缫丝事已毕，软茧剥绵薄难叠。乱头坠绪更纷纷，倘教弃置宁无惜。幸喜今朝事不忙，茧衣同向湖边澼。筳底平铺水面浮，绿杨阴里无炎日。一手持竿击不停，跳珠那顾沾衣湿。却有邻娘作伴来，渡头闲话消岑寂。道是新丝卖不留，好绵又为私逋质。赖此粗庸不值钱，至今尚是侬家物。

生种藏种

《吴兴蚕书》：留种之要，在先择蚕。大眠后，当拣取整齐强健之蚕，日以蘖头叶饲之。蘖，胡贡切，枝顶最茂盛也。一切㬈换诸务，更宜勤慎，老则另棚上之。

《育蚕要旨》：种为来岁之计，最宜讲究。种蚕当另行看开，必频频饲之，不令稍饿。上山时不可用火，采茧后安放静处，十八周后，如天热，不到此候。有蛾餂出其茧口，金门为上，黄色。银门次之，白色。出蛾后，总在五鼓，饭后即有之，亦稀少。即对。对，交媾也。浅交不可，过交亦不可。如未对，即将雌雄捉成对。如雌多雄少，雄蛾可复对，解开时须深黄昏方可。约申刻解开，将布一方，挂在空中，捉蛾放上，亦有用厚纸者。自能抱布，须臾即生子矣。出蛾当分三朝，初朝不过数十，只第二朝极盛，三朝又少，以后不可用矣。

《吴兴蚕书》：原蚕生子，皆圜转如钱，不与诸蚕同。至夏蚕之子，则又散布而不成圈矣。

《育蚕要旨》：收藏布种之法：生种后，其色必战紫。战色后，可用石灰筛在上面。交夏时，必须用绵薄包，外面用纸裹好，恐有蠹鱼伤子，待浴种时再打开，浴后仍必包裹，来岁方得无碍。

《乌青文献》：沃以缫丝之汤，则子不落。贯以桑皮，忌麻苎之线，悬于凉处，忌烟熏日炙。大约留种茧十斤，可得三眠之蚕四十斤。择茧之尖细坚厚者，腰小者，雄也；腰大者，雌也，相兼而收。

董蠡舟《生种》：大眠起，择蚕之健食者别置之，倍与之食，作茧与他茧异。俟蛾破茧出，取纸一方，引蛾布子其上，谓之蚕布种。蛾生子后，弃水中。《府志》曰：小儿引蛾，置水盆，旋转而游，祝曰："阿蛾转团团，今年去了来明年。"种蚕食叶一倍多，作茧别贮留生蛾。轮囷密致厚且白，持比他茧难同科。闭置笥中过旬日，栩栩齐看破口出。庞躯粉翅两眉弯，雌雄相对排成列。赫蹄裁来一尺长，将蛾引著纸上方。少焉生子已布满，如芥如粟纷难量。乌尽良弓藏不用，一时齐向东流送。赢得儿童喜欲颠，祝伊去了来明年。

董恂《生种》：蚕蛹之化，天暖旬余即出，然极迟亦无过十八日者，故俗有“蛾头长，蛾头短”之语。种蚕食叶倍于众，种蚕作茧大如瓮。莫辨蛾头短与长，已见蠕蠕茧破缝。须臾蛾口出纷然，粉翅修眉堪郑重。雌雄相配各成双，躯腹降肛子已种。引蛾纸上密密生，纷纭散布无缺空。似此么麽细已甚，衣被翻为世所用。一年一度转团团，功业何人能与共。却恨蚕家太负心，佳种生成水滨送。

温丰《咏蚕蛾》：倏忽三生幻，瞢腾一梦长。眉弯夸虢国，粉白肖何郎。对对交还固，营营态更狂。小姑年十五，睹尔费猜详。

望蚕信

《遣闲琐记》：乡人极重望蚕信，有不至者，以为失礼。盖非特蚕时禁忌，久绝往来，亦以蚕事为生计所关，故重之也。

董蠡舟《望蚕信》：谢肇淛《西吴枝乘》曰：吴兴以四月为蚕月，家家闭户，里闬往来庆吊，俱罢不行，谓之蚕禁，吾乡里语谓之关蚕房门。至缫丝时，戚党咸以豚蹄、鱼鳙、果实、饼饵相馈遗，谓之望蚕信。亲串过从情密迩，昏姻不出一乡里。课晴问雨每相偕，只隔盈盈衣带水。一自蚕房深闭门，从教彼此绝音尘。不知蚕信今何似，消息传来苦未真。算来前日回山始，料因今日缫丝起。江鱼白白枇杷黄，去问诸姑及伯姊。沸耳伊轧摇车声，丝灶满室纵复横。入门一笑不须问，黄上眉间喜气盈。

董恂《望蚕信》：育蚕无奈忙蚕节，亲朋遂使音尘绝。道是蚕家禁忌多，不教来往成疏阔。迩来邻右竞回山，闻说收蚕同一日。未识收花得几分，摇船亲自探消息。门外相逢一笑迎，红灯昨夜花曾结。入门无暇道寒暄，致语先教诘得失。欢呼只有稚儿慧，翻道客休问盈歉。试听侬家轧轧声，丝车十部缫还急。

卖丝

《湖录》：小满之日，必有新丝出市。谚云“小满见新丝”。

沈树本《城南棹歌》：白丝缫就色鲜妍，卖与南浔贾客船。载去姑苏染朱碧，阿谁织作嫁衣穿。

董蠡舟《卖丝》：镇南栅有地名丝行埭，列肆购丝，谓之丝行；商贾骈坒，贸丝者群趋焉，谓之新丝市行，有京庄、广庄、经庄、划庄、乡庄之分。闾阎填咽驵侩忙，一榜大书丝经去声行。就中分列京广庄，毕集南粤金陵商。商多窃揣丝当贵，亟向丝行埭上卖。一车值不盈三千，牙郎吹毛恣狡猾。相逢南舍足谷翁，亦为贸丝来市中。向予摇手呼莫莫，留待明年高价鬻。深感翁言良不诬，其奈霹雳飞县符。打门胥吏豺狼如，不尔何以输官租。况复私逋递相促，二者兼偿犹不足。典去布襦几时赎，裤露两尻跣双足。三旬劳劳睡不熟，那得一丝身上着。

董恂《卖丝》：吾镇丝市最盛，向之顿叶者，至此则转而顿丝焉。初过小满梅正黄，市头丝肆咸开张。临衢高揭纸一幅，大书京广丝经行。区区浔地虽褊小，客船大贾来行商。乡人卖丝别粗细，广庄不合还京庄。行家得丝转售客，蚕家得钱不入囊。急寻过付算私债，所负加一钱须偿。偿时不难借亦易，小民意计工周防。那知赢余却有限，年年空为他人忙。

董攀龙《浔溪竹枝词》：街头五月卖新丝，奠价无烦设市师。今日广南来大估，月明侑酒唱歌儿。

温丰《南浔丝市行》：蚕事乍毕丝事起，乡农卖丝争赴市。市中人塞不得行，千声万语聋人耳。纸牌高揭丝市廛，沿门挨户相接连。喧哗鼎沸辰至午，骈肩累迹不得前。共道今年丝价长，番蚨三枚丝十两。市侩贩夫争奔走，熙熙而来攘攘往。一日贸易数万金，市人谁不利熏心。但教炙手即可热，街头巷口共追寻。茶棚酒肆纷纷话，纷纷尽是买与卖。小贾收买交大贾，大贾载入申江界。申江鬼国正通商，繁华富丽压苏杭。番舶来银百万计，中国商人皆若狂。今年买经更陆续，农人纺经十之六。遂使家家置纺车，无复有心种菽粟。吾闻荒本逐末圣人忧，蚕桑太盛妨田畴。纵然眼前暂获利，但恐吾乡田禾从此多歉收。

酬神

《遣闲琐记》：里俗所祀蚕神，曰蚕王天子，曰马鸣王菩萨，又有蚕花五圣。

《育蚕要旨》：凡寅申己亥年，大姑把蚕；子午卯酉年，二姑把蚕；辰戌丑未年，三姑把蚕。按，冯应京《月令广义》作“四孟年大姑，四仲年二姑，四季年三姑”，与今俗所传者异。

董蠡舟《赛神》：《府志》曰：俗呼蚕神曰蚕姑，其占为：一姑把蚕则叶贱，二姑则叶贵，三姑则倏贵倏贱。吾乡俚俗亦有是说。又丛祠间有塑妇人像而乘马者，俗称马鸣王，即《搜神记》所载马头娘也，近日始有立庙祠菀窳者。育蚕之家出火、大眠时皆祀神，谓之拜蚕花利市。其礼视蚕毕之祭为杀云。冱寒骤暖蚕无疴，燥湿有患烦护呵。蛇鼠不耗叶不贵，蚕姑降福亦已多。贫家何以酬神惠，牲醴洁蠲恭报赛。挈篮市物向街头，拚把新丝一车卖。花冠雄鸡大彘首，佳果肥鱼旧醪酒。两行红烛三炷香，阿翁前拜童孙后。孙言昨返自前村，闻村夫子谈蚕神。神为天驷配嫘祖，或祀菀窳寓氏主。九宫仙嫔马鸣王，众说纷纶难悉数。翁云何用知许事，但愿神欢乞神庇。年年收取十二分，神福散来谋一醉。开圩明日到处同，插秧农父多匆匆，又将叠鼓祈先农。

董恂《酬神》：育蚕有秋生计足，蚕家有愿向神祝。今年大好称意收，酬神拚费丝一握。九宫仙嫔马头娘，稽首焚香更烧烛。瓮中有酒新酿成，割得雄鸡配猪肉。愿神覆庇自年年，丝满筐笼茧满箔。大儿祈祷拜不休，小儿索果争啼哭。迎神已罢还送神，酹酒撤肴事忙碌。晚来团坐聚堂前，得意高谈散神福。

田家占验

《志稿》：正月元旦侵晨占风，东南来则稔，东及东北次之，西则歉。一日为鸡，二日为狗，三日为猪，四日为羊，五日为牛，六日为马，七日为人，八日为谷，九日为蚕，十日为麦。晴则吉。一日得辰，为一龙治水；至十二日得辰，为十二龙治水；少为雨多，多为雨少。一日得丑，为一牛耕地；至十二日得丑，为十二牛耕地；少为劳，多为逸。一日纳音属木，为蚕食一叶；至九日纳音属木，为蚕食九叶；少主贵，多主贱。入春，暖则晴，寒则雨，谚云："春寒多雨水。"雷则久雨。谚云："春雷十日阴，若要晴，水生冰。"元宵大风，主油贵，忌雨。谚云："雨打正月半，一场弗好看。"二十日雨，为天穿，主雨多。二月八日为祠山神生日。西南风，主有秋前后必有风雨酿寒，谓之请客风、送客雨。谚云："祠山大帝，吃冻狗肉。"十二日花朝，宜晴。十五日雨，主歉。惊蛰之前，不宜有雷。谚云："未蛰先蛰，人吃狗食。"三月三日，晴、雨俱主叶贵。阴云不雨，则蚕大熟。谚云："三月三日晴，桑上挂银瓶。"又云："三月三落雨，落到茧头白。"寒食宜雨，清明宜晴，清明断雪，谷雨断霜。亦谚语。春甲子宜晴。谚云："春甲子雨，乘船入市。"四月十四日，晴主岁稔。谚云："四月十四神仙雨，早卖新丝籴贱米。"二十日忌雨霓。立夏小满日宜雨。五月有壬子破日，主水。谚云："五月壬子破，雨打屋头过。"七日、八日、十一日并宜晴。谚云："不怕端五端六，只怕端七端八。"又云："大旱只怕端十一。"十三日为关帝生日，有雨主无疫疠。俗称磨刀水。芒种后逢丙入梅，小暑后逢未出梅。或以芒种后逢壬入梅，夏至后逢庚出梅。入梅日雨主旱。谚云："高田只怕迎梅雨，低田只怕送时雷。"夏至宜雨，忌西南风。谚云："夏至西南没小桥。"夏至后半月为三时，头时三日、中时五日、末时七日，忌雷忌寒。三时以后，东南风连昼夜曰"舶趠风"，主久晴。二十日为分龙日，忌雷雨，主旱。前此雨行必遍，此后雨则或及或不及。谚云："夏雨隔牛背。"廿一日雨主稔。谚云："二十分龙廿一雨，石头罅里都是米。"六月三日有雨，则日日有之。谚云："六月初三一个阵，上昼耘田下昼困。"六日宜晴，雨主水。小暑日，雷主水。谚云："小暑一声雷，丁倒做黄霉。"三伏中日出时卯上有云，则有雨；庚日有阵雨，则连十日皆有阵。盛夏宜热。谚云："六月不热，五谷不结。"夏甲子宜晴。谚云："夏甲子雨，赤地千里。"七月七夕雨主谷少。立秋日忌雷。谚云："秋孛鹿，损万斛。"丁卯日忌雨。谚云："雨打秋丁卯，田中获烂稻。"八月一日雨主旱。白露后忌风雨。谚云："处暑雨，田里米；白露雨，偷稻鬼。"又云："白露白迷迷，秋分稻秀齐。"廿四日为稻草生日，雨则藁腐。谚云："忧忧忧，忧到八月廿四五更头。"九月九日宜雨，主来年熟。十三日晴，则一冬少雨。谚云："九月十三晴，钉靴挂断绳。"秋甲子宜晴。谚云："秋甲子雨，禾头生耳。"十月内风频作，谓之五风信。十一月十七日为弥勒佛生日，东南风则米贵，西北风则米贱。冬至后九日有雨雪，则每九皆然。谚云："除夏起时，连冬起九。"十二月上、中二旬有雪，来年梅水盛。三日宜阴雨。谚云："腊月初三晴，阴湿到清明。"十二日为蚕生日，宜晴。冬甲子宜晴。谚云："冬甲子雨，飞雪千里。"大寒后戊日为腊，腊雪主年丰。又谚语占丰歉，有云："有春好看蚕，无春好种田。谓立春节。柴贵荒年到，米贵熟年来。苍蝇不吃贵米饭，苍荒蚊熟，虾荒蟹乱。"占晴雨，有云："久旱逢庚落，久雨逢庚晴。丙不藏日，六月无夜阵。东鲎日头西鲎雨。俗呼虹曰鲎。朝霞不出门，夜霞行千里。拦朝雨，好晒被。明星照烂地，有雨落弗洎。早晴不是晴，晚晴晒杀人。雨前蓬花不肯落，雨后蓬花不肯晴。细雨不湿尘者，俗称蓬花雨。猫干狗湿。猫饮水，晴；狗饮水，雨。占风，有云："春东风，雨祖宗。北风两头凶，南风腰里硬，西风不过酉，东风无休歇。单日双风，双日单风。"占雾，有云："春雾雨，夏雾热，秋雾凉风冬雾雪。雾露醒，跳下井。言天热也。三朝雾露，发西风。黄霉雾露，雨到半路。"占寒暖，有云："老健春寒秋后热。言不久也。未吃端午粽，寒衣不可送；吃了端午粽，还要冻三冻。"

《涌幢小品》：春雪不宜过多，若多则百廿日必有大风雨，俗谓之雪报，最伤农。谚云："一百廿日雪水转。"又俗云："夏至有风三伏热，重阳无雨一冬晴。"验之，殊不然。及阅《感精符》，云："夏至酉逢三伏热，重阳戊遇一冬晴。"乃知俗说之讹也。又，吴中五六月间，梅雨既过，必有大风连数日，土人谓之舶趠风，云是舶商请于海神得之。凡舶遇此风，日行数千里，虽猛而不为害。

《乌青文献》：夏至后九九气候云：一九二九，扇子不离手；三九二十七，冰水甜如蜜；四九三十六，拭汗如出浴；一作"汗出如洗浴"。五九四十五，头戴秋叶舞；六九五十四，乘凉不入寺；七九六十三，上床寻被单；八九七十二，思量盖夹被；九九八十一，家家打炭墼。冬至后九九气候云：一九二九，相叫不出手；三九二十七，篱一作"树"头吹筚篥；四九三十六，夜眠如露宿；一作"鹭缩"，一作"方才冻得熟"。五九四十五，太阳开门户；一作"穷汉街头舞"，一作"家家堆盐虎"。六九五十四，贫儿争意气；一作“和尚不出寺”，一作“树头青渍渍”，一作“泥腿田里注”。七九六十三，布衲两头摊；一作“布衲檐头担”，一作“布袜两头单”，一作“破衲足头担”，一作“冻落耳朵弦”。八九七十二，猫狗寻阴地；一作“口中呬暖气”。九九八十一，犁耙一齐出。一作三句云“穷汉受罪毕，才要伸脚睡，蚊虫獦蚤出”。

《书城杂著》：占水旱：蒹葭初生，剥其小白花尝之，味甘主水，馊主旱。梧桐花初生，色赤主旱，色白主水。冬青花关系水旱，其花不落湿地，谚云：“黄梅雨未过，冬青花未破；冬青花已开，黄梅雨不来。”凤仙花五月开主水，芒种前扁豆花开主水。占丰歉：桃李实多者，来岁必稔。占雨水：鹊巢近地，其年大雨。占晴雨：鸠呼妇晴逐妇雨。鸦浴风，鹊浴雨，八哥浴断风雨。蜘蛛添丝，晴吊水雨。蜻蜓乱飞主雨，鱼浮水面主雨。水气腥，立时雨。水面生青靛，天公又作变。

庞正达《田家吟并序》：曩者避乱村居，时与二三野老探节数时，课晴问雨，其言多《田家志》诸书所不载，间或小有异同，总之不离乎测旱潦、卜阴晴者，近是农职也。甲子秋，卧病无聊，追忆旧闻，十得三四，戏缀七言，以广其意。惟其拙而不工，俗而不雅，因命之曰“田家吟”。固知壮夫不为，聊为病魔解嘲云尔。　下看十六上初三，半月阴晴仔细参。日没胭脂红一色，夜深风雨到窗南。日没后，赤色如霞，历久不灭，主风雨。谚云：“日没胭脂红，无雨也有风。”　一窗晓日影曈昽，转眼浓云撩碧空。开口东方红似火，须知闭口雨蒙蒙。日出早色赤，少顷云起，则雨立至，谚云：“开口东方闭口雨。”　东北风来雨便倾，至今赢得太公名。上火下火更相接，雨雨风风卒未晴。东北风多雨，谚云：“东北风，雨太公。”纳音遇火日多雨，谚云：“上火弗落，下火滴浙。”　鸡鸭今朝上宿迟，明朝阴雨已先知。老渔更说鱼秤水，新买蓑衣正及时。鸡鸭上宿迟，则天将阴雨；鱼跃离水面，谓之鱼秤水，主雨。　壬子哥哥任自过，后来争奈甲寅何！只愁三日连绵雨，五十光阴烂地多。壬子、癸丑、甲寅，雨主久雨，晴主久晴，甲寅尤验。谚云：“壬子是哥哥，争奈甲寅何！”又云：“壬子癸丑甲寅晴，四十九日满天星；壬子癸丑甲寅雨，四十九日踏烂泥。”　拦朝雨过青天出，絮被家家晒夕晖。明日阴晴还未保，夜来月亮着蓑衣。晓雨夕晴。谚云：“拦朝雨，好晒被。”俗呼月为月亮。月下有云，谓之“月亮着蓑衣”，主风雨。　料峭春寒润不收，占晴空自听鸣鸠。若非烂地照星月，便是乌云接日头。鸠鸣有回声者，曰呼妇，主晴，俗谓之“开开窠晒”。无回声者曰逐妇，主雨，俗谓之“盖盖窠”。久雨时，向晚骤晴，忽见星月，必再有雨。谚云：“星月照烂地，有雨落弗泊。”日没时下多黑云，主雨，谚云：“乌云接日头，半夜雨啾啾。”　露白春霜赤脚多，春风隔宿雨滂沱。更愁未蛰先惊蛰，日日轻雷可奈何。春霜多雨，谚云：“春霜弗露白，露白便赤脚。”春风每日转方则晴，谚云：“春风弗隔宿，隔宿就要落。”惊蛰前雷主岁歉，谚云：“未蛰先蛰，人食狗肉。”春雷，多阴，谚云：“春雷日日阴。” 桑叶清明雀口齐，蚕娘拍手笑相携。不须更借钱加一，中市今年贱似泥。清明时，桑叶如雀口形者，主叶贱。谚云：“清明雀口，蚕娘拍手。”蚕时贷钱富室，蚕毕而偿，母十则子一，谓之加一钱。叶价早晚不同，有早市、中市、晚市。 三月三日春光好，野菜花开赛牡丹。盘馔朝来荐新味，鲈鱼齐上水边滩。俗呼荠曰野菜。春暮，老不堪食，遍地开白花。谚云：“三月三，野菜花开赛牡丹。”是时鲈鱼极多，捕亦甚易。谚云：“三月三，鲈鱼上岸滩。” 二月清明蚕等叶，三月清明叶等蚕。三车小满一齐动，妇女缫丝男灌田。清明在二月，则叶迟蚕早；在三月，则叶早蚕迟。谚云：“二月清明蚕等叶，三月清明叶等蚕。”谚云“小满动三车”，丝车，水车，经车也。 年年谷雨两边蚕，似雪鹅翎扫最便。才出乌儿细如发，最迟立夏赶头眠。谚云“谷雨两边蚕”，谷雨前三五日至谷雨后一二日，皆收蚕候也。蚕始生曰乌儿，细如发，惟以鹅翎扫取，则不伤蚕。早者，立夏时已三眠，俗曰出火。次者二眠，最迟者始头眠。谚云“立夏赶头眠”，指迟蚕也。 絮袄还宜御早凉，蚕桑才了正分秧。劝君未吃端阳粽，莫送寒衣压故箱。小满后时有薄寒，故曰：“种田着絮袄。”又云：“未吃端阳粽，寒衣弗可送。吃了端阳粽，还要冻三冻。” 夏至有风三伏热，重阳无雨一冬晴。酉逢戊遇凭修饰，天籁还推第一声。夏至日风主三伏苦热，重阳日晴主一冬少雨。谚云：“夏至有风三伏热，重阳无雨一冬晴。”此语颇古，昔人有改“有风”作“酉逢”、“无雨”作“戊遇”者，然不似田家本色矣。 二十分龙廿一雨，一年米抵两年收。醵钱便作青苗会，私债官粮不用愁。五月二十日为分龙日，次日有雨，主岁丰。谚云：“二十分龙廿一雨，一年收得两年米。”驱蝗之神曰猛将，村社塑像甚小，乡民于六七月间，旗伞鼓乐迎行阡陌，谓之青苗会。 时里西南暮复朝，栖潭老鲤亦心焦。那知一日偏相拗，夏至西南没小桥。夏至日起时，头时三日，二时五日，三时七日。是时西南风多主旱，东北风多主潦。谚云：“时里西南，老鲤栖潭；时里西北，老鲤上屋。”惟夏至日西南风则又主潦，谚云：“夏至西南没小桥。” 忽然小暑一声雷，依旧浓阴昼不开。却笑天公十八变，不辞两度作黄梅。芒种后逢壬日入霉，天气晴雨不常。谚云：“黄梅天十八变。”小暑日雷主久阴，谚云：“小暑一声雷，倒转做黄梅。” 六月初三逢阵雨，恰如膏泽洒芳田。农夫不用愁辛苦，上昼耘田下昼眠。六月初三有阵，主雨水调匀。谚云：“六月初三一个阵，上昼耘田下昼困。”俗呼睡曰困，午前曰上昼，午后曰下昼。 雨丝多自北风生，扫尽炎氛枕簟清。一事问人殊未解，隔田塍处换阴晴。夏日北风多雨，谚云：“夏雨北风生。”夏日阵雨，有相隔不半里即无雨者，谚云：“夏雨隔田塍。” 雨余若见横云起，明日扶桑旭影红。东鲎日头西鲎雨，一弯细认美人虹。虹朝见主雨，暮见主晴，俗呼曰鲎。谚云：“东鲎日头西鲎雨。”更有形如断虹，直起寻丈，不亘天作桥形者，俗谓之横云，久雨后见之必晴。 彭祖空延八百龄，东南阵发不曾经。谁知带过西南阵，积水如池兀未停。阵云自东南起者无雨，谚云："彭祖活八百，弗见东南阵发。"云自西南来者雨必多，谚云："西南阵带过落三寸。" 渐觉凉生暑气蠲，秋前十日作秋天。从今白露身休露，料理寒衣放薄绵。立秋前，有时天气骤凉，谚云："秋前十日作秋天。"入白露后，天渐寒。谚云："白露身弗露。" 好是今年朝立秋，秋来凉气已飕飕。墙头渐见银河转，菱角家家咬不休。立秋在午前者主秋凉，午后主热。谚云："朝立秋，凉飕飕；暮立秋，热啾啾。"近乡处处产菱，亦人人嗜之。谚云："天河入屋角，家家咬菱角。" 才过白露白迷迷，几日秋分稻秀齐。日色半遮风不动，试花天气薄云低。白露时稻始华，曰试花。天宜无风无雨，时有微云遮日，则稻易实。谚云："白露白迷迷，秋分稻秀齐。" 天河入角过中秋，夜作三更未肯休。十月无工还更甚，只堪吃饭与梳头。八月后，日短夜长，始勤夜作。谚云："河射角，赶夜作。"或曰："天河入屋角，家家赶夜作。"十月日最短。谚云："十月无工，只有梳头吃饭工。" 稻花香里燕争归，水米何曾一啄微。为借门前出窠子，春来还傍主人飞。燕以春社来，秋社去。谚云："燕子来，未下秧；燕子去，稻花香。"又，儿童学燕语曰："不吃你的米，不吃你的水，借你门前出窠子。" 重阳风信渐飕飕，菱母消烊逐水流。记取十三晴一日，钉鞋挂到断绳休。重阳风起，则菱窠渐散，谚云："九月重阳，菱母消烊。"九月十三晴，主久晴，谚云："九月十三晴，钉鞋挂断绳。" 麦怕清明连夜雨，稻怕寒露一朝霜。今年两日俱晴暖，便种租田亦小康。清明日有夜雨则伤麦，寒露有霜则伤禾。谚云："麦怕清明连夜雨，稻怕寒露一朝霜。"乡民有贫无恒产，或人多田少，佃种他人之田，秋成后视土之高下、岁之丰歉，纳租于田主。 陨霜早稻便登场，妇子欢呼乐未央。最是冬来好光景，干柴白米燥砻糠。近乡稻种多晚熟，早者亦霜降前后始获，谚云："霜降捉早稻。"霜稻登场，最是农家佳处，市人目之曰："干柴白米燥砻糠。" 三朝雾露西风发，觱栗疑从篱上吹。冬至晴干年邋遢，近来占验未差池。冬天连日大雾，主风，谚云："三朝雾露发西风。"《冬至九九歌》："三九二十七，篱头吹觱栗。"冬至前后晴，主年终多雨，谚云："干晴冬至邋遢年。" 几日夜眠如鹭缩，朝来负暴趁阳和。南风九里偏如毒，又听鸣鸠盖盖窠。《冬至九九歌》："四九三十六，夜眠如鹭缩。"冬至后南风，多阴雨，谚云："九里南风如毒药。" 雪花飞杂雨如丝，无歇无休恼客思。底事天晴消不得，却因等伴故迟迟。雨雪杂下不易晴，谚云："夹雨夹雪，无休无歇。"积雪不消曰雪等伴，必更有雪。

南浔志

点校本

（下册）

周庆云　纂
赵红娟　杨柳　点校
中共南浔区委宣传部　南浔区文联　整理

方志出版社
Publishing House of Local Records

南浔志卷三十二

里人周庆云纂

物产

谷之属

粳稻　糯稻　籼稻地宜水稻，早熟曰早稻，晚熟曰晚稻，名目甚多，大约糯少于粳，籼又少于糯。又有香粳、香糯，则种者愈少，即《云仙杂记》所谓“吴兴米炊之甑香”者也。地狭人稠，本地所出之米，纳粮外，不足供本地之食，必赖客米接济。《涌幢小品》云：“俗有占米之称，不晓所本，问之亦无能言者。”盖宋大中祥符间，遣使至占城国，取种三万斛并树艺法，传入中国。自是始有占稻，其名曰冬占、五十日占、三十日占等数十种云。按，占米即早稻也，今其名无复知者。冬间乡民出粜新米，谓之米市，喧阗亚于丝市。《浔录》云：“本镇所产糯稻，有香粳糯、杭州糯等名，而造酒则以茄糯、芝麻糯、观音糯为最。”　**小麦　䅘麦**即穬麦。按，牟为大麦，来为小麦。浔地无牟，即呼　麦为大麦。二麦与菜子俱收，所谓春花也。每当春晚，麦陇菜畦，青黄相间，最为一年佳景。年来，冬春每苦水潦，艰于车戽，植春花者渐小矣。　**观音粟**亦呼芦粟，即玉蜀黍。　**豇豆**青、紫二种，长者曰裙带豆。《湖雅》云：亦可澄沙作馅，又呼长豆。　**豌豆**俗名寒豆。　**藊豆　羊眼豆**有紫花、白花两种，与藊豆似同而实异。　**赤豆**大、小二种。　**黑豆**小者曰橹豆。　**刀豆　绿豆　黄豆**青者曰毛豆。　**蚕豆**蚕时熟，故名。按，诸豆唯毛豆、蚕豆为多，其余种者较少。

许旦复《农事幼闻》：油菜、小麦谓之春花。刈稻之后，垦田为高棱，旁界小沟，或撒麦令自出，或栽麦苗。若菜则必取秧培种，种后俟其生发，用包铁木铲再浚其沟，即以土壅菜麦旁，一取沟深，虽干不致大伤；一取沟底泥肥也。然必春雨不多，得以频加厚粪，结实始繁。

邢典《书城杂著》：麦种须拣成实者，棉子油拌过，则无虫而耐旱，宜肥地。土欲细，沟欲深，种欲匀，喜粪。春间锄一遍，收子多。初种忌戌日，以灰拌种，妙。

《双林志》：冬季，糙米市；五六月，冬春米市。

董说《蚕豆》：谁赋田园杂兴题，琅玕记取夏初垂。喜看桑底新悬荚，恰值蚕眠未吐丝。细雨卖茶声过后，竹炉烧笋火停时。沙瓶漆榼分前咏，豌豆今逢第二诗。

孙燮《蚕豆》：百谷种难分，唯豆尤多族。兹豆以蚕名，熟时蚕在箔。短干无蔓生，矮棚不须缚。花披锦葳蕤，荚孕珠错落。微雨夜来过，平畴湿如沐。小摘满筐筥，荷担入市鬻。豪门娄尾宴，酒食互征逐。尝新配樱桃，色取间朱绿。或将和饭煮，开甑香馥郁。一餐聊可加，经月不思肉。或揉入粉粢，青瑶嵌白玉。持以作糇粮，绝胜饭裹箬。侧闻野人语，今年蚕倍熟。家家看上山，坐待雪茧作。想见茅檐底，笑声乐复乐。煮豆当夜餐，妇子各鼓腹。几日南风吹，槐花黄屋角。豆老余枯萁，新丝已脱轴。感物时易过，记候名非错。谁补《豳风》图，写景上横幅。

蔬蓏之属

韭春初韭芽尤美。 葱有胡葱、龙爪葱。 蒜大、小二种。 胡荽亦作芫荽，一名香荽，即芫丝。 萝卜一作莱菔，有红、白两种。其白者风干切片，以盐腌之，曰萝卜干。又有别种圆而白者，以盐制成，名曰大头菜，出汪家兜。 丁香萝卜皮肉俱红，长二三寸，纯甘有药气，南乡所出。 芸苔即油菜子，可榨油，为春花之一，俗名苔心菜。 白菜亦名晚菜，即菘也，俗称咸虀菜，宜腌藏御冬。 小白菜四五月间撒白菜子后，阅十余日即有细菜可食，故名。 黄芽菜亦菘类。 芥菜有紫芥、白芥。 雪里蕻亦芥类，可腌藏。 菠棱 香青菜亦名香珠菜。又有猪摇头，同类，以猪所不食，故名。 苋菜有白苋、紫苋，又有马齿苋，人多不食。 荠菜俗名野菜。 蒿菜 花菜其种来自欧州，色白，形似鸡冠。 金花菜 空心菜近乡客民多种之。 马兰 菾葵俗名胭脂。 葵今名锦葵，又有蜀葵、秋葵、向日葵。唯向日葵子，或炒食之，无食葵叶者。 菲俗名诸葛菜。按，诸葛菜即蔓青，本名葑。浔地无葑，乃呼菲为诸葛菜，以其同类也。野生虽多，人亦不食。 豆芽绿豆、黄豆均用水浸出芽充蔬。 菰笋一名茭白。中有黑点者名灰茭白，出太湖旁近，镇漾滩亦间有之。 芋紫梗、白梗二种。 薯蓣即山药。其子名零余子。 茄 瓠俗名活卢。 匏俗名葫芦。 辣茄亦呼番椒。 冬瓜 南瓜即番瓜，一名饭瓜。又有皮多痱瘰者，俗名癞鼋番瓜。 菜瓜即生瓜，亦名尝瓜。 黄瓜 丝瓜 香瓜亦称熟瓜。 苦瓜即锦荔支。 姜 蘹香 莴苣 百合 蕈人畏其毒，无采食者。

董说《萝菔》：淡薄天资喜未凋，书堂衣钵素心饶。俄惊切玉刀非异，却恐峨眉雪不消。结角罗成文烂烂，清风吹老骨萧萧。相期判断经霜味，未许歌筵取次撩。

温睿临《菜花》：杨家不用移春槛，春在平原绿霭中。试看绕庐千百亩，疏黄处处漾东风。

温丰《菜花》：风和日暖子规鸣，绿壤青畴百卉荣。亭午四邻人语寂，菜花香里蜜蜂声。

果之属

梅盐渍晒干，捶碎其核，曰霜梅。或以沙糖渍之，和以桂花，曰桂花梅。夹以玫瑰花，曰合梅。　桃　李　枇杷　林檎俗名花红。　橘　橙　金橘　香橼　樱桃　麦柳其叶似柳，麦熟时成实，故名。　木瓜　银杏一名白果。　石榴　枣　柿有钊皮柿。钊，音干。又有铜盆柿、火珠柿、金钵盂柿，别有牛妳柿，即君迁子。　松子　梧桐子子生叶上。　桑葚俗名桑果　无花果　葡萄有紫、白两种。　慈姑　葧齐即地栗。　莲藕　莲蓬秋晚实黑，取干，谓之石莲子。　菱有水红菱、沙角菱、硗角菱、馄饨菱。煮熟鬻于市，曰熟老菱。　芡虽有而甚少。汪《志》按，近地栽桑之外，苦无隙处，植果甚少。市井所鬻，大抵贩自他处。

桂荣《咏白石榴》：花发溪津火焰争，无端变耀水晶明。囊垂不妒红裙色，簪盍宜联皓首盟。岂是房房皆葆素，故教醋醋亦含贞。愿留多子传清白，安石家风莫笑更。

董载昌《浔溪竹枝词》：采莲歌罢采菱歌，两桨缘流几度过。夜半舟迷何处问，一声欸乃入斜河。

金锡桂《白莲》：微风动遥夜，倚槛若为亲。残月忽在水，藕花香近人。自然谢雕饰，何处着纤尘。相对渺无极，余凉透葛巾。

温曰鑑《种菱词》：采菱渡石埋平芜，苕霅遗俗输菱租。画波碧篠牵茅索，仿佛沟塍纷绣错。浮根著泥如种莲，翠婉红娇一色鲜。秋来渐见冰花吐，越女歌声起前浦。

纪磊《观采菱》：白蘋花外水云凉，移艇闲来趁夕阳。寄语隔溪诸女伴，莫教惊散野鸳鸯。

花之属

梅　桃　碧桃　李　木瓜俗称木瓜海棠。　石榴　桂有金桂、银桂、四季桂，一名木樨，或以桂蕊盐渍，杂以橙皮、苏子，点茶甚香。　玉兰紫者曰辛夷，又有金山玉兰，其种从欧洲来。　紫荆　紫薇　海棠有西府、垂丝、贴梗等名。　山茶　蜡梅　荷　郁李　栀子　瑞香　丁香　木芙蓉　木槿　杜鹃　朱藤　蔷薇　木香　月季又有十姊妹花。　绣球又有八仙花。　棣棠　牡丹名目甚繁，本地所有，唯小桃红、玉楼春二种为多。　金丝桃　夹竹桃　秋海棠红、白二种。　荷包牡丹或云即土当归。　芍药　兰朱氏述园得春兰佳种，瓣似梅花，人以“述园梅”称之。又，庞氏亦得春兰，瓣似水仙而赤梗，亦佳种也。　蕙　菊有洋种，有细种，名目甚多，五色皆备。　蓝菊又有五月菊、六月菊。　万寿菊　苦薏俗名满天星，即野菊。　滴滴金即旋覆花。　西番莲范锴《汉口丛谈》云：花心圆圈，弄之回环不穷，取之不脱，有须一百八数。　僧鞋菊　夜落金钱　夜来香　珠兰　茉莉　紫茉莉即野茉莉子，可炒食。　野蔷薇一名刺梅花，俗名做丝花。　罂粟一名米囊花。道光中禁吸鸦片，并禁植此花。同光中又蕃植，至宣统季年复禁种。　虞美人与罂粟同类。　荼蘼　迎春　金雀　长春即金盏花。　石竹即瞿麦，一名洛阳花。　剪春罗又有剪秋纱。　萱　牵牛　忍冬即金银花。　射干即胡蝶花。　山丹即红百合。　玉簪即白鹤花，亦有紫色者。　凤仙　鸡冠　女萝　水仙　千日红亦有白者。　水木樨又有凤头木樨。　雄黄杯　红蕉即美人蕉。　雪蕉　白蘋　蓼　芦荻

杨凤苞《蜡梅》：一丸先破腊前春，绀发苔枝冷缀匀。重碧瓮头空俊味，窃黄声里自横陈。板痕烛影催歌阕，莺羽蜂须入梦频。绮互荒亭何处问，咏花不见试香人。

纪端《谈昔斋看紫薇花》：共道君从禁苑来，班扬词赋一时裁。前身应是黄昏伴，谁是丝纶阁下才？

汪懋芳《蜡梅》：磬口初开一树金，隔帘时有暗香侵。也思索笑巡檐去，栀貌偏能称素心。

又《栀子花》：薝卜浓熏一院香，爱他映月白如霜。世间有几同心侣，欲赠何人助晓妆？

又《芙蓉花》：丛丛冷艳小庭中，可爱深红间浅红。莫道此花开较晚，好同黄菊媚秋风。

纪官《立夏日白蔷薇盛开》：百般花木争妍后，春气犹留一架香。莫讶主人枯槁在，素心相赏共清凉。

汪懋芳《月季花》：敷荣常见四时同，逐月花开浅淡红。何惧严冬霜雪里，高人原不借春风。

又《十姊妹花》：十萼蝉联次第开，连枝同气本无猜。从今多把胭脂买，绘出闺人式好来。

纪官《癸酉冬至前，子深叔馆中牡丹放三四朵，余蕊湛然风雪中，命作诗纪之》：雪珠踍跳雪花撇，春光谁许毫芒泄？牡丹自负百花王，抽取九地一线阳。蔷薇海棠何足数，枝头秋尽还自吐。黄叶纷披夹路飞，鶗鴂长鸣霜月辉。不须瞬目惊奇异，造物自来出游戏。从今须谱洛阳编，二十四番风信前。

汪曰桢《夹竹桃》：如笑如愁认未真，渭川千亩也争春。王猷命驾怜之子，崔护题诗问主人。有客乞浆来翠陌，此君拂面只红尘。碧云遮却仙源路，莫怪全迷旧日津。

倚来翠袖总含颦，醉日涂脂色转匀。潇洒更思前度客，平安为报去年人。云冈早见红情换，露井方添绿意新。叶已成阴芳未歇，牧之莫怅误寻春。

徐德元《咏秋海棠四首》：妖娆无复泥春光，薄媚空庭亦自伤。睡意似贪深夜月，

憨情欲斗九秋霜。红蘅碧芷皆愁侣，微雨新晴总断肠。最是无人蛩诉语，夕阳偏恋莫愁堂。　翠袖轻罗别样装，书帷桐影拂藤床。一庭露泫清姿洗，四壁阴生花气凉。那不施朱开小靥，也曾散麝起微黄。只今郁郁西陵下，犹自销魂秋夜长。　银缸微背月初当，映月遮花向浅廊。镜里犹怜桓郡主，宫中新放杜秋娘。难销望远愁千斛，尽付临阶泪几行。粉晕西风吹不褪，年年留与写幽芳。　殷勤遣聘待东皇，三载羞窥宋玉墙。何必露滋花自冷，莫忧风定体无香。蝶魂如与留残梦，萤影犹为照半妆。欲凭阑干思往事，风流颜色费评量。

又《续秋海棠四首》：何年拥髻对清光，偶现前身未足伤。晓镜忽然施笑靥，鬟云深怕染秋霜。由来耐冷偏成性，自小工愁别有肠。漠漠轻阴人不见，桂花岩畔是虚堂。淡晕轻脂懒试装，半帘湘水卷空床。年华似惜新婚别，岁晚谁怜翠袖凉。月写花容犹太白，风欺草色已先黄。玉关几许悲歌客，未抵蛾眉此恨长。　百卉凄凄秋正当，轻烟淡月照斜廊。新诗锦濯刘三妹，旧院花残黄四娘。幽梦回时惊蟋蟀，疏篱织处点宵行。畹兰泣露江枫冷，彼美何迟却信芳。　临砌空传爱上皇，数丛闲淡女萝墙。华清妃子平分色，幽谷佳人与共香。谱入小山添韵事，浣来仙露出新妆。日边已是吟红遍，更遣遗珠蜀国量。

杨凤苞《同陈生经过温氏拾香草堂看荷包牡丹》：昨夜东风昨夜寒，渐舒宫缬小红攒。一帘晓雨如尘细，也报春光到牡丹。　三寸青罗一捻红，花瓷窠石映玲珑。从教洛下添名种，定入欧家小谱中。　弗弗轻绡蹙细纹，东君未倩麝兰熏。玉人插伴钗头燕，不共罗囊系绣裙。　半春幽恨为谁缄，细朵如亲女手掺。名借香缨宜杂佩，芳时空负鼠姑衔。

秀水许鼐龢《述园梅》：南浔朱兰第先生得自申浦尹氏。花之瓣片，其厚较他花倍之。绿梗，翠花，实为新花第一名种。今春放四朵，迥超凡品，令人色舞眉飞。　述园主人酒中仙，慷慨好义仁如天。倾心杰士坐常满，开筵坐花年复年。主人诞生届上巳，兰亭修禊觞流水，即以芳辰溯其源。名君曰兰良有以，从此号兰更艺兰，海上携兰成大观。酣读骚经心自赏，名花美人一例看。而我与君夙有金兰契，兰兮兰兮两相系。赠我名种品更奇，绿萼仙人神流丽。至今花存人不存，人琴之感暗销魂。岭南一去不复返，别墅凄凉昼掩门。吁嗟乎！老天自有公道在，留得余荫到子孙。《兰蕙同心录》。

周庆森《咏述园梅》：述园得梅瓣兰，花极贵重，分种艺兰之家，名之曰述园梅，见《兰蕙同心录》。空谷何来绿萼仙，奇花幻出十分妍。秋心翻觉春心艳，寒骨偏于媚骨缘。纸帐梦酣燕姞枕，铜瓶诗入楚骚笺。南天此种从难见，肇锡嘉名万口传。

许乃穌《赤梗大紧边水仙产安吉山中，苏人冬杪往往放船入山，寻取春花，此为浔溪庞莱臣先生所得，长兴冯虞臣老友带来，花样据云色欠绿些，乃庚寅新花也》：空谷移春出草莱，曾藏顾况读书台。丰神绝处邀青眼，自有机缘结主来。此花庞氏花侬顾兴所得，转呈主人。小蓬莱吟花逸史题句。

纪官《菊》：白白黄黄亦任伊，小园收拾瓦盆移。百般名字从人假，一种风情晚自怡。篱下有谁相晤对，香中无节岂称奇。残编断简无颜色，缓步微吟赖几枝。

又《和茅渠眉菊花》：点点黄花足破颜，秋怀萧瑟颇相关。寒潭皎月谁为伍，细蕊繁枝我自删。老境文章真烂熳，春江锦绣欠幽闲。渊明未必称知己，手采东篱意在山。

又《野蔷薇》：园亭春事已随风，细蕊都卢缀绿丛。也映水边清浅处，梅花骨干果难同。

汪懋芳《米囊花》：碎锦纷披胜彩霞，庭前初放米囊花。柔枝袅袅娇无那，绝似吴宫最小娃。

温睿《临莺粟》：百花零落叹春违，留得奇葩别样緋。麦秀未登寝庙荐，米囊堪疗草堂饥。莺粟一名米囊。黄莺频下为窥粟，绀蝶初来欲斗衣。一种芳菲千种态，徘徊月露莫言归。　林立风前不自持，高高下下绕芳墀。晚香宁作牡丹婢，竞艳知为芍药姨。五色齐鲜添烂漫，千株各秀影参差。最怜娇面将呈日，故着低头掩袂思。

杨凤苞《荼蘼》：花事关心苦断魂，绿阴如水浸重门。余春却在无人处，那要东风粉笔痕。　未得芳名入《楚辞》，借他壶酒寄年时。只应画戟清香地，消受韦郎五字诗。绿华分乞忆前宵，小酌青棠事已遥。二十四帘幽梦断，泥人花气莫相撩。　霓裳舞倦倚雕阑，输与能诗主簿官。别有风情忘不得，小楼梅雨枕函寒。

董斯张《凤仙曲》：天孙祠罢敲花急，小娥惜花秋泪滴。红楼声乱捣衣砧，守宫夜减珊瑚色。狡狯麻姑鸟爪红，幻出丹砂指掌中。

温丰《青莲色凤仙花》：当年学士号青莲，小草偷名色相妍。想是瑶台同被谪，花中仙与酒中仙。　青色莲花种最希，此花颜色亦依稀。雅宜茂叔窗前种，凤德还含君子晖。

郁运申《凤仙花回文体》：芳余数畛菊斜敧，别有名称好女儿。旁砌露红花顶鹤，上阶披绿叶头螭。妆添晓径三分艳，指染纤痕一点脂。凉雨宿沾微卉妙，墙东款蝶粉迷离。

陈可升《雪蕉》：卧山案头盆有此种，高仅三四寸，春末开花成穗，洁白而香。摩诘芭蕉图积雪，时人笑不合时宜。蕉花看到香如雪，砚北相依物更奇。

纪官《庭中有蕉三本，初秋闲坐赖之》：宜风宜雨共书窗，悉索秋林泻石淙。莫讶王维惊画苑，绿天兴味敌寒江。

又《庭蕉新放》：不比陶家自在眠，北窗凉绿整诗编。夜深雨点瞒不得，疏密随他冷韵传。

草之属

苎邢典《书城杂著》云：稚头中有绵，可和粉食。　蓝　稗　莠即狗尾草。　兰草俗名省头草。　茵陈　蒲　艾　茺蔚即益母草。　蛇床　藿香　香薷　薄荷一名菝蔺。　紫苏其子俗呼北子。　夏枯草　大青　小青一名淡竹叶。　豨莶　甘蕉即芭蕉。　土三七　地黄　土牛膝　麦门冬　苍耳　酸浆一名灯笼草。　车前即芣苢，俗名观世音草，亦称打官司草。　鳢肠即旱莲草。　扁蓄　地蜈蚣　蒲公英即黄花地丁，又有紫花地丁。　土大黄或云即酸模，或云即商陆。　栝楼一作瓜蒌根，即天花粉。　何首乌即夜交藤。　木莲子名鬼莲蓬，又名鬼馒头，夏日采，揉以井水，茄汁点之，如腐可食，曰凉粉，俗呼风溯。　菖蒲细叶者曰石菖蒲，形圆似钱者曰金钱菖蒲。　石斛　虎耳草俗名金丝荷叶。　鹅不食草即石胡荽。　酢浆俗名酸梅子草。　地锦即酱瓣草。　雁来红黄者曰雁来黄，又有一种，每叶红黄相杂，曰老少年。　白草状如韭，色纯白。　翠云草　万年青　吉祥草即解瘨草。　如意草　萍　荇　藻　苕即芦。《方舆胜览》：苕溪两岸多生芦苇，取其茎为帚，曰苕帚。芦苇，异名同物，后人皆以芦苇为荻矣。　蒋一名芋茭。　苔　瓦松一名昨叶何草，俗名瓦花。　薜荔　促织草俗呼蟋蟀草。　青蒿　芄兰俗称其实曰闭口封。

按，汪《志》所载草属，类多药物，有几种为目今所未见，或昔有今无，姑仍其旧，不敢臆为删去。

明董说《兰草古兰也，世称醒头草》：兰花与兰草，种别不相如。所以端古学，亦先分伪书。话行采药地，香缓读骚余。带屋水如镜，安名好借渠。

又《促织草有序》：有草焉，青而歧其首，斗促织者撚草拂其鼻间，踊跃鸣斗，江南名促织草。　促织鼓秋翅，感愤秋风前。同声亦何怨，啮首誓躯捐。高鸣威劲敌，露锐捣余坚。胜负裂须臾，凉云流远天。江南有秋草，绿质歧其颠。采入少年场，毪剥丝少蠲。茸茸散旌旄，飘若竿首悬。譬一鼓作气，拂齿声填然。相当决前阵，战罢委青毡。秋虫枉死勇，秋草用能偏。相看虫战场，悲欣浪缠绵。动植各矜长，适性贵相全。挑怒效微能，胜残思古贤。

竹木之属

竹汪《志》云：茳竹即光竹。按，竹园所长者曰毛竹。　护基竹一名哺鸡竹，笋可食。

斑竹即湘妃竹，有细点者曰梅罗竹。 **方竹** **紫竹** **寿星竹** **凤尾竹** **文竹**叶细如丝，高不逾尺，种于盆中，极雅观。 **玉竹**较文竹尤细矮。 **天竹枝**有红、蓝、黄三种。 **笋**有春笋、冬笋。春笋切片，以酱油煮熟晒干，曰酱笋。 **桑**压条分种，谓之桑秧。有地即栽，无一旷土。《苕纪》云：土人呼桑为叶，有头叶、二叶之称。《湖录》云：按《种树书》，桑以构接则桑大。故吾乡所植之桑多接过，谓之家桑，未接者谓之野桑。家桑子少而大，野桑子多而小。子名葚，俗名桑果，可啖。饲蚕之家甚不乐乎其有子也。 **柘** **松**又有罗汉松、白皮松。 **柏**又有扁柏。 **子孙柏**枝丫旁生，高不盈丈。 **梓** **梧桐**子生叶上，可食，又有海梧桐，其种来自欧洲。 **槐** **榆** **楝** **椿**嫩叶可茹。 **樗**俗名臭椿。 **柳杉** **枫** **乌柏**子可榨油为烛。 **冬青**子即女贞子。 **石楠** **榖**一名楮。《湖录》云：榖从木；若从禾，则为五谷之谷。 **樟** **朴** **皂荚**生子有圆、扁二种。 **柳** **水杨** **白杨** **黄杨** **柽**俗呼观音柳。 **棕榈** **槵**一名无患子，又名菩提子，可为念佛珠。东藏寺中有一本。 **铁树** **南烛**一名阑天竹。 **椒** **枸杞**俗名眼灵头，嫩苗可茹，根即地骨皮。 **五加皮** **桑寄生**

汪《志》按，乡间隙地，无不栽桑，惟墟墓、庙宇、园亭始植木，故诸木虽有而皆不多也。

汪懋芳《谢城侄送南天竹》：经霜叶尚翠云妍，红琢珊瑚颗颗圆。令我胆瓶作清供，一枝相对过残年。

金锡桂《看新笋》：惊雷迫首夏，戢戢竹萌长。初犹杂荒岁，石罅迸三两。经旬远道归，什伯列森爽。渐侵花坞地，苔径失其广。日夕绕墙阴，细数惬心赏。汝味不中餐，庖人弃如莽。祝汝速解苞，添影上书幌。微吟坐晚凉，清露滴成响。竹性固劲直，遇石乃委蛇。出土势犹杀，累寸渐不攲。尝观画竹家，类取偃仰姿。非竹工侧媚，末重本或移。尔非篔筜材，细瘦如卓锥。引梢不过墙，亦不护以篱。长成商所用，无一宜尔施。名之曰凤尾，几见来仪时？

禽之属

鹤庞氏宜园豢养雌雄白鹤数对，生卵能哺小鹤。小鹤羽毛丰满后，亦能生鹤，其种遂蕃。 **鸡** **鸭** **鹅** **鸽** **雀** **燕** **雁** **野凫**亦称野鸭，出太湖，近镇漾滩亦间有之，冬日群飞食稻，颇为农害。 **鹈鹕** **鸳鸯** **鸂鶒** **鹭鸶** **鸥** **鸬鹚**俗名木鸭。 **雉**俗名野鸡，亦称山鸡，冬间田野有之。良民无鸟铳，捕之不易。有私蓄火器者，又不屑捕。故鬻者颇少。 **鹧鸪** **白鹇**一名寿带。 **斑鸠** **鸤鸠**即布谷。 **桑扈**即蜡嘴。 **鹳鹆**即八哥。 **画眉** **鶗鴂**即百舌。 **黄头子**又有绿头子、十姊妹。 **啄木鸟** **乌** **鸦** **鹊** **白头公** **姑恶** **叶贵了** **灼山看火**此上二种，至蚕时则鸣。 **翠鸟** **鹰** **鹗**即鱼鹰。 **鸺鹠**俗名猫头鹰。 **蝙**

蝠　鹈鹕

周庆森《咏宜园鹤》：庞氏宜园豢白鹤数对，孳生渐蕃。主人云：为数已达十有八矣。名园飞不到纤埃，时有蹁跹逐队来。喜见再传皆健羽，岂须千岁始仙胎。渊材伏卵从头数，《墨客挥犀》：彭渊材夸其鹤为胎生。顷之，童报鹤生卵，渊材曰："鹤乃败道"。和靖含饴笑口开。径欲题名唐学士，翀天一一傍瀛台。

汪懋芳《见燕》：彩燕分巢爱我庐，衔泥啄草借梁居。乌衣旧主休重问，且向芸窗伴读书。

温丰《观鸬鹚》：数十小舟破浪摇，数百鸬鹚浪中淘。渔人踊跃张声势，鸣榔鼓榧口呼号。竹竿击水浪花溅，水沸人哗鱼龙跳。大网小网四面合，纷纭杂沓相混淆。恍如焚山大合猎，烟云四起虎豹嗥。又如大兵破贼巢，军士鼓噪狐鼠逃。忽见大鱼跋浪起，惊呼疾指如嗾獒。众鸟奋勇各犄角，鹬蚌相持斗甚鏖。渔人欲助助不得，顿足狂叫乱击篙。须臾大鱼忽出水，观者拍手纷叫嚣。或用叉刺或张网，舟中搠指如扛鳌。小鱼惊慌乱跳跃，鲸吞虎噬恣并包。一鸟得鱼众鸟夺，追逐扑啄声呶呶。笑尔相争何太急，宛如汉家功狗夺帜标。欲咽不得颈束线，颐中胀满大如匏。傍舟昂首如献馘，渔人急把长竿挑。挑鸟上船桩其喉，纷纷呕出如银刀。饲以来其抛入水，仍复贾勇涸波涛。因思州县多贪饕，毒刑苛敛恣咆哮。渔夺百姓无厌足，积金巨万夸富饶。上官故意寻瑕疵，收尔宦囊欣滥叨。宦囊既叨仍放汝，使汝再朘民脂膏。再收再放总如此，此等颔魂化作羽族是尔曹。吁嗟乎！从来受人豢养被纵操，为人牛马受鞭敲。奈何为人作鹰犬，弱肉强食摧羽毛。一日杀生数百计，得到尔腹仅分毫。天生此鸟为人用，不能奋飞受笼牢。终日驱逐少休息，赢得口瘏尾秃凋。君不见长颈白鹭声咬咬，湖田水满任翱翔。但取数鱼聊充腹，不受羁绊殊逍遥。逍遥且向溪边立，睹尔衔鱼哀尔劳。

温丰《姑恶》：啼苦无休歇，闻声不见形。如含姜妇怨，疑托紫姑灵。淡月菰蒲岸，凄风杨柳汀。前村勃溪者，夜静不堪听。

又《布谷》：仿佛随心听，禽言辨未清。性慈鹰已化，容猛雀犹惊。过野寂无语，逢村便有声。催耕何迫切，月下亦飞鸣。

方熊《叶贵了记异》：叶贵了，叫到黄昏叫到晓。五百青钱二十斤，朝买黄金夜买宝。沿村奔走蚕正饥，典尽衣裳不一饱。叶贵了，从多少。谱作禽言乐府诗，灾异流传警遗老。

兽之属

猪　羊胡羊、山羊二种，胡羊为多。乡人畜猪、羊，并取其粪秽壅田。　牛黄牛、水牛二种。浔地不用牛耕，唯用以转磨油车用水牛，面坊或用黄牛。私宰鬻食者，假名鹿肉，虽屡禁不能止也。冬、春有育子母牛而卖其乳者。 **狗**本地产者曰草狗，西洋种曰金狗、曰巴儿狗、曰猎狗，总名曰洋狗。 **猫**即狸奴。 **鼠**又有田鼠害禾。 **鼬鼠**即鼠狼。 **白兔**有畜以为玩者。或云即硕鼠，非真兔也。 **松鼠**大者曰松狗。 **白鼠**此上二种并畜为玩物。 **猬**俗名刺栗部 **獾**猪獾、狗獾二种。 **水獭**

唐陆龟蒙《记稻鼠》：乾符己亥岁，震泽之东曰吴兴，自三月不雨，至于七月。当时，污坳沮洳者，埃壒尘勃；濯楫支泒者，入扉屦无所污。农民转远流，渐平声稻本，昼夜如乳赤子，欠欠然救渴不暇，仅得葩拆穗结，十无一二焉。无何，群鼠夜出，啮而僵之，信宿食殆尽，虽庐守版击，驱而骇之，不得胜。若官督户责，不食者有刑，当是而赋索愈急，棘械束榜棰木肌体者无壮老。吾闻之于《礼》曰："迎猫，为食田鼠也。"是礼缺而不行久矣。田鼠知之后欤？物有时而暴欤？政有贪而废欤？《国语》曰："吴稻，蟹不遗种。"岂吴之土鼠与蟹，更伺其事而效其力，歼其民欤？且《魏风》以《硕鼠》刺重敛，硕鼠刺其君也。有鼠之名，无鼠之实，诗人犹曰："逝将去汝，适彼乐土。"况乎上捃其财，而下啖其食，率一民当二鼠，不流浪转徙、聚而为盗何哉？《春秋》"螽蝝生""大有年"皆书，是圣人于丰凶不隐之验也。余学《春秋》，又亲蒙其灾，于是乎记。

周庆森《鼠》：愁听终宵窸窣声，青灯似豆暗还明。无端忽作奔驰势，安得狸奴时一鸣。

鳞介之属

龙相传垂虹桥下有孽龙，故以晏公庙镇之。 **蛇**时蛮蛇最多，驯良无毒，唯夏至后半月三时有毒，故名。又有赤练、竹节、青梢等名。蛇蜕，入药品。又有金丝蛇，一名如意蛇，即《梦溪笔谈》所谓天蛇也。又有水蛇，明时通津桥有巨蛇，横亘如木，眼如灯火，不伤人。 **鲤鱼** **鲔鱼**即白鲢。 **鳙鱼**即花鲢，亦呼胖头鱼。 **鲩鱼**即草鱼。 **青鱼** **鮆鱼**有刀鲚、梅鲚。 **鲋鱼**即鲫鱼。 **鲂鱼**即鳊鱼。 **鳜鱼** **鲦鱼**一名鮤，俗名白丝。 **黄鳣**即鳝鱼。 **鳢鱼**俗称黑鳢头。 **鯐鱼**即鲇鱼。 **鲿鱼**一名黄颡鱼，即鉠䱀。俗呼汪牙。 **杜父鱼**一名土部，亦称荡部，俗名鲈鲤。三月入市者佳，谓之菜花鲈，然无四腮，非真鲈也。 **鲻鱼** **鳟鱼**即赤眼鱼。 **红白鱼**出太湖，近镇亦间有之。 **银鱼**又有鱵鱼，一名针口鱼，相似。大者名鲙残鱼，出太湖及莺脰湖为多，浔溪亦有之。 **斑鱼**俗名吹肚公，似河豚而小，无毒，或谓即河豚者，讹。 **逆鱼**俗名土鱼，出西栅市河，唯黄梅时有之，水涨则逆流而上，故名。形小而味甚美。 **鳑魮**似鲂而小，亦呼鳑姑。 **鮤条**似鲦而小。 **鳗** **鲡** **鳝** **鳅** **虾**《湖录》

云：凡有数种，米虾、糠虾，以精粗名也；青虾、白虾，以色名也。今乡土蚕天出小白虾，俗名蚕白虾。《志稿》云：按，今呼蚕虾。湖人多禁忌，以俗语谓荒为白，故讳言之。 龟或云畜之可辟火。又有绿毛龟、呷蛇龟。 鳖俗呼甲鱼，亦曰水鸡。 蟹 蟛蜎蝟，俗读如妍。 蚌俗名水菜。 蚬 蛏 蠃蛳大者曰田蠃，小者曰湖蛳，亦称海蛳。 金鱼亦称火鱼。

纪官《银鱼志异》节录：自苕城至浔约七十余里，自浔至平望五十余里，皆苕水所经也。虽其间少曲，而南北阔狭如带焉。其产鱼虾菱芡无异，独银鱼净滑如莼丝，长二寸许，尾尾相似，束之可齐也。春夏之交，浮水而来，村人往往于桥梁田岸取幅布捞之，殆无虚举。唯浔以西至东阡十余里间绝无，岂土之有异耶？抑鱼之不来也？然浔以东何又数见也？

曹仁虎《浔溪竹枝词》：吠蛤连村夏涨初，平田如罫绿秧疏。银刀出网刚三寸，梅雨声中卖土鱼。

杨凤苞《咏蟹》：秋稻登场圃，霜螯上具区。碧波潜噀沫，红蓼戏摇须。郭索行沙响，招潮叠浪趋。含芒参食疗，执穗向魁输。织竹重重障，篝灯点点孤。徐听疑拨棹，急捕辄惊凫。压担争归市，携筐出钓舻。竟思调鼎好，不惜典衣沽。节近题糕候，人来捉瓮徒。开筵邀上客，负俎敕中厨。糠火蒸脂软，齑盐斫雪腴。尖团分牝牡，肥瘦判江湖。擘爱金膏溢，持需玉液酺。品流逾月蛤，风味等淞鲈。蚶蛎馋何允，蟛蜞误蔡谟。补题留乐府，别类示瑶图。香借搓橙否，腥蠲采菊无。预愁朝雾莽，漫想□星符。玉局诗曾换，天随志可摹。吴侬当大嚼，酒思付菰芦。

刘安澜《食蟹二十四韵》：微霜陨钓滩，幽火照渔屋。爬沙响郭索，上簖行瑟缩。输芒朝其魁，拥剑聚以族。来同早稻登，捕用寒蒲束。入市带鱼腥，充厨胜猪肉。戟张怒未平，诗换吟苦促。得糖乃益躁，处瓮亦善伏。盈胸块垒填，遍体戈矛簇。肥怜八跪伸，铦恐双钳触。茶煎眼共圆，琴谱声如续。刀砧幸可免，鼎镬何太酷。悯兹觳觫形，嗤尔彭亨腹。桃花醋甚鲜，竹叶酒新漉。配以姜芽红，伴取橙香绿。脐凸膏流金，壳满螯擘玉。支解外骨披，脂厚内美毓。老饕过于贪，大嚼恣所欲。摧剥竞争先，刳剔不嫌复。口笑馋涎垂，指爱余腥馥。漱齿或饮茶，洗手更用菊。食单议可增，《尔雅》读已熟。私好别尖团，余味醉醽醁。稻粱湖海谋，踪迹泥涂辱。得君几辈来，了此一生足。

虫之属

蚕蚕必四眠四起，亦有三眠者，即柘蚕也。食头叶者曰头蚕，食二叶者曰二蚕，俗呼蚕宝宝。又有野蚕，桑上自生。 蛾 蛙俗名田鸡。《吴兴备志》引车若水《脚气集》云：朝廷之禁捕蛙，以其能食蝗故也。　**蝼蝈**即吠蛤。　**虾蟆**俗呼癞蠅，亦云癞团。　**蝌斗**俗名田鸡乌儿，亦云田鸡蛇朵。　**蝉**　**蜜蜂**里无畜蜂之家，而春日花开时群飞甚多。　**黄蜂**即胡蜂，露、蜂房入药品。又有铁胡蜂、独脚胡蜂等名。　**蠮螉**即细腰蜂。　**蚁**又有飞蚁、白蚁。　**螳螂子**即桑螵蛸。　**蚝**俗名刺毛，其窠名雀瓮。　**毛虫**　**蓑衣虫**　**蛱蝶**　**蜻蜓**　**壁钱**一名壁镜，俗名壁蟢。《本草纲目》谓其有毒，咬人至死者，乃壁镜蛇，非此虫也。　**蜘蛛**　**蝇虎**　**颠当**即《尔雅》王蛈蜴，俗名骆驼。　**蛴螬**即桑虫。　**蚱蝉**俗名蛀蟟。　**杨甲**　**蝼蛄**　**萤火**　**蠲**俗名火百脚。　**衣鱼**即蠹鱼。　**䗪虫**一名土鳖，一名地鳖，一名灰鳖，能制白蚁。　**灶马**一名灶鸡。　**蜣螂**　**蜮螂**　**蚱蜢**即阜螽。又有蝗虫、芦虫等，并同类，唯阜螽不害稻。　**蜈蚣**俗名百脚。　**守宫**俗名潜龙。　**蠼螋**　**蜒蚰**　**蛞蝓**即蜗牛。　**蚯蚓**俗名曲蟮。　**水黾**俗名水鳖虫。　**水蛭**即马蟥。又水中小虫，俗名筋斗虫，能化为蚊。又有形如虱者，名虮花，或取以饲金鱼。　**青虫**能化为蝶。　**蠛蠓**俗名蠓蠛子。　**灯蛾**　**叩头虫**　**蜰**一名壁虱，即臭虫。　**蚊**有花蚊，即豹脚也。又有高脚蚊，出湖滨麻地，秋初或遇北风则群至，尤毒。**蝇**　**蚤**　**虱**　**洋虫**形如萤火而无光，以竹筒蓄之，可作药饵。有无名氏《洋虫秘旨》一卷，述其功用甚备，盖温中活血之品。　**络纬**俗名纺绩娘，亦名络丝娘，亦名织绢娘，小而头尖者曰剪刀娘。又有叫哥哥，小者曰蛰儿。　**蟋蟀**即促织。俗名蛱蝍。秋时有斗蟋蟀之戏，争赌财物，谓之开栅场。　**鼠负**俗名蒲鞋虫。

温丰《闻蛙》：月暗还如镜未磨，清明都在雨中过。繁音一夜聒人耳，料得池塘春水多。

又《闻蛙》：群蛙何事散繁音，气到斯鸣不自禁。俗客乍闻嫌聒耳，诗人卧听最关心。欢声动地雨初足，梵语喧天月渐沉。却爱寒消犹未暑，薄衾清簟话更深。

又《秧鸡》：格格秧鸡叫，田间趣夏耘。声还疑带水，志不在凌云。陌上人时见，城中客未闻。惰农莫相笑，稼穑总宜勤。

周庆森《蝉噪》：莺声已老接蝉声，夏木森森叶底鸣。暑酷昼长人懊恼，那堪聒耳到愁城。

汪延泽《洋虫》：难从本草证图经，厥状如蠲复似萤。和扁真传嗟久绝，微虫群诩秘方灵。

温丰《络纬》：斗杓西指候，夜听络丝娘。爽绝鸣由羽，凄凉气属商。先声开蟋蟀，清响靖蜩螗。灯火谁宵织，门前月似霜。

徐延祺《蟋蟀》：豆花琐碎点秋篱，蟋蟀吟秋似有期。清韵不知何处所，引人阶下立多时。

汪曰桢《斗蟋蟀十六韵》：屈指西风到，鏖秋兴又深。尔方乘客气，我未改童心。

好待金笼蓄，何忧玉露淋。瓦盆三浴待，篱落一灯寻。分局嫠争睐，登场马载骎。怒原凭寸草，注欲掷千金。旗鼓军威奋，牙须武卫森。锦囊披铠甲，铁股仗霜镡。蛮触争来旧，雌雄决自今。阵非同蚁列，声本胜蛙淫。尚口肤功奏，回头敌阵临。两阵将斗，其一却回，谓之临阵回头。技还嗤社鼠，怯更笑书蟫。宰相经曾读，将军力可任。酬勋叨粒米，得意送余音。东壁兵初罢，西堂冷不禁。幽微传细语，静夜思愔愔。

布帛之属

丝《浔溪文献》云："湖丝甲天下，著在维正。"而陶朱公《致富奇书》云："缫丝莫精于南浔人。"盖由来久矣。每当新丝告成，商贾辐辏，而苏、杭两织造皆至此收焉。按，旧以七里丝为最佳，今则处处皆佳，而以北乡丝为上。又旧有合罗、串五、肥光、荒丝等名，今唯细者曰细丝，粗者曰肥丝。细丝亦称经丝，可为鞋经，肥丝可织绸绫。浔地以细丝为主，肥丝绝少。小满后，新丝市最盛，列肆喧阗，衢路拥塞。其丝行有招接广东商人及载往上海与夷商交易者曰广行，亦曰客行。专买乡丝者曰乡丝行，买经造经者曰经行。别有小行买之以饷大行，曰划庄。更有招乡丝代为之售，稍抽微利，曰小领头，俗呼白拉主人。镇人大半衣食于此。近年士人艰于谋生，亦多习丝业矣。每年杭州委员来镇采办北帛丝，官发价银，计西北二栅，广篷二百零五斤，乡篷九十五斤，经篷一百二十斤，共八百斤。高士奇《金鳌退食笔记》云：西十库在西安门内向南丙字库，每岁浙江办纳本色丝绵合罗丝、串五丝、荒丝，以备各项奏付。　经经，读去声，合二丝为一，以经车纺之。成经必涂以饧，取其黏润也。自纺其丝，售于经行，曰乡经。取丝于行，代纺而受其直，曰料经。按，以上汪《志》所述。名曰苏经，经行转售于苏州机户，为织鞋所用也。又有广经，名曰二八经，盖每经一条，数之有二千八百根，此则销于广商。同治季年，始仿日本国制法，纺成东洋经，与苏经、广经不同之点，在两丝合拢时，顺摇与逆摇耳。苏经顺摇，由左旋右；东洋经则逆摇，由右旋左。各丝行贩运至上海，销与洋商，名曰摇过，其中有东洋经、方经、大经、花车经之名色。五十年来，洋经销场大畅，而丝之销路则渐行减色矣。洋经极廉时，每一担规银三百数十两，至高时七八百两。

绵头蚕同功茧绵为上，蛾口茧绵次之，俗名绵兜。《文献》云：四五月间，居民竞相营治，或从外方买茧为之，或有将茧鬻于镇者。奸伪者盛用豆粉揉之，又碎碗屑、石膏末扑入，希重牟利，谓之药绵。　茧黄茧外毛衣，可絮被。　澼花以薄茧及尿晕、烂死等茧为之。　滞头一名箕头，以软茧为之。即缫丝之后，蚕蛹身上所留薄衣也。此上三种，皆煮熟，承之以箕，浮水上，棓击之，并可撚绵线，总名水絮。　丝拖头缫丝时所弃，散乱无绪者，亦可撚绵线。按，自同治季年亦销洋庄，每一担值四五十元至八九十元。　苎线为制鞋底之用，无织苎布者。　棉纱褚华《木棉谱》云：棉花不晒不可碾，若遇阴雨，烘之。又云：轧车，以木为之，形如三足几。坐则高与胸齐，上有两耳卓立，空耳之中置木轴一，径三寸，有柄，在车之左，以右手运其机向外。复置铁轴一，径半寸，有轮，在车之右，以左足运其机向内。皆用木楔笼紧，中留尺许地，取花塞两轴之隙，而手足胥运，则子自内落，无子之花自外出，若云叆然，名花衣。又云：弹花弓，剡木所为，长五尺许，上圆而锐，下方而阔，弦粗如五股线，置弓花衣中，以槌击弦作响，则惊而腾起，散若雪，轻如烟，名熟花衣。于是约熟花衣作带形，削细竹一茎为心，一手执其末，一手执木板覆之，一推一却，花衣乃卷竹上，即抽出此竹。其状外圆而中空，名条子，又云手车。有两耳，叠立矮木床上，夹一大竹轮于中，其铤有木承之，然后以粗线环铤末及轮，轮心有轴，穿耳端出，人以一手摇轮，一手曳棉条而成一缕，如缫茧丝，绕铤而积，是名棉纱。按，自光绪十余年，东洋日本国棉纱进口，纱细而匀，价亦较廉，因此乡人纺纱者渐少，今则已无人纺矣。 **绵线**铜叉木柄，左手擎之，置绵于叉上。又有木铤，贯铜钱十数文，上贯芦管，其形如锤，以右手旋转，撚绵成线，绕管而积，曰打绵线。刘沂春《县志》引《湖妇吟》云“蛾口不作丝，作绵还打线。左手擎绵叉，右手芦锤旋。缕转如妾心，一日几千遍”是也。 **布**棉纱以经床经之，乃穿筘上机织成。阔者曰大布，狭者曰小布，大抵以筘密、缕匀、色白为佳。诸乡所出，南路为上，俗称南庄布，西路次之。经布时染草汁以记丈尺，名曰帑，俗作摸者，讹。又有棋花布，以青白缕相间织之。更有用五色缕者，名锦布。按，向用杜纱织成布，粗而不匀，自洋纱进口后，已无杜纱织布矣。 **绵䌷**以绵线织之，纯绵者为佳。镇人以织布为主，织绵䌷者较少。《湖录》云：绵䌷高低不啻倍蓰，佳者谓之杜机，恶者谓之客䌷。客䌷惟以浆胜，虽松薄，易于动目。杜机有水绉，不甚装饰，而价比客䌷为昂，称为勚著云。 **野蚕茧**野蚕成茧，前史书以为瑞，而吾乡年年有之。虽每年或多或少，然未尝绝也。五六月采一次，八月又采一次，鬻诸双林镇，为织包头纱之用。此农家自然之利也。

周庆云《家庭琐语》：自海禁大开，夷商咸集。上海湖丝出口，以南浔七里丝为尤著。其初出洋，有丝而无经，经以丝纺成，取双根合而为一，摇成小条，以若干条为一庄，苏州织缎用之，名曰苏经。吾浔早有之，独无出洋者。余家先世业丝，同治季年，向乌镇购丝十余件，每件一千二百两，重八十斤，装运来浔，因风覆舟，航主不能偿所失，而浸湿之丝无可为计。先嗣父味六公向夷商取日本国经条，令震泽之双杨镇人向做苏经者为之。仿摇苏经则顺摇，由左旋右，惟日本经则逆摇，由右旋左，且条分粗细不同。改制大车，即将失水之丝纺成东洋经，每条约重四两，共二十五条成经。百两为一把，以一千二百两为一包，销与夷商。次年番信转华，大为称许。盖丝佳而工廉，洋经于是盛行。法兰西、米利坚各洋行咸来购求，嗣又增出方经、大经、花车经等名称，至今风行。巨商业此者，固皆获利，而双杨一带之工作人，均感嗣父特开风气，衣食所资，子孙攸赖。故嗣父殁后，彼乡之人，在社庙中别营一龛，奉先朝议公栗主而祀焉，时在光绪十一年冬令也。

施国祁《吉贝居暇唱自序》节录：去南浔之东百里而遥，地沿海，田之高仰者宜木棉，其乡民大半植此。夏种秋收，采积既多，即稛载而易钱于西贾。浔之西百里而近，地多冈阜，为茶栗竹木山场，俗少女工，时因其地之所出，亦稛载而易布于东贾。浔市居其中，四乡之人，自农桑外，女工尚焉。推车、蹋弓、纺线、织机，率家有之。村民入市买棉归诸妇。妇女日业于此，且篝灯相从夜作，亦一月得四十五日工，计日成匹，旋以易棉，蚩蚩续来不已。市之贾，俟新棉出，以钱贸于东之人，委积肆中，高下若霜雪。即有抱布者踵门，较其中幅，以时估之棉，与布交易而退。随有西之人赍钱来，计布值合，则书剂与之，去而钱存焉。姻家盛氏，业此者久，有别肆在北市，收濒湖溇港之饶，事颇繁夥，属余综理之。肆后有小室，题曰“吉贝居”，志本业也。

孙爕《木棉四咏·碾花》：碾谷去其皮，碾花去其核。碾床三尺高，旁有一槌设。手足蹋且摇，终日劳搰搰。茹柔吐其刚，如食肉舍骨。又如渣滓尽，弥使文章洁。其核亦不弃，换油灯可毡爇。娇儿放学归，游戏弄白雪。呼儿戒勿近，须防槌转瞥。

《木棉四咏·弹花》：杨花隔墙飞，疑是三月天。深闺扫地净，有女弹木棉。弓长木杵短，弹之声铿然。一弹花始活，再弹花愈鲜。百匝弹不止，花满头上钿。摊地白如雪，铺床软胜毡。青楼如花女，生小弄管弦。却笑寒女拙，弹花过年年。

《木棉四咏·纺纱》：挂壁一灯明，车声伴鸣蛰。寒女喜夜永，纺纱作生活。纺车竹作圈，旋如斗柄斡。下承以铁铤，棉纱抽乙乙。细过东门麻，白比越女葛。昼夜竭经营，两不到七八。寒机尚少纬，布织何由脱。努力到宵分，无使阿婆聒。

《木棉四咏·织布》：数月理棉纱，才得上机织。篾比发梳细，梭如飞鸟亟。天寒苦晷短，日织能几尺。成匹待何时，篝灯勤永夕。今年花价昂，贸布反减直。辛苦为谁忙，无乃空费力。富家儿女娇，纨绮恣狼藉。岂知寒女心，日夜忧布匹。

董蠡舟《浔溪棹歌》：缅额吴绡折几重，脚钉炭墼拨灰壅。棉纱纺到荒鸡唱，已听禅堂动晓钟。范铜为炉，贮火以暖足，俗谓脚钉。绵号同功白似肪，持叉撚向柳阴凉。妾心转若芦锤旋，只愿郎情线样长。

董恂《浔溪棹歌》：一丝丝向手中抽，叉上芦锤旋不休。裁作衷衣称郎体，竞夸勚著杜机细。

饮食之属

酒《文献》云：“三白为上。梅花、福橘、甘菊、五加皮之类，随意和酿。或取其香韵，或取其裨益优劣，以曲之粗细，米之精糙为差。而浔之独胜者，以水耳。水出自北栅万寿庵前，为真浔水，司酝者称酒大工。”按，酿酒每用花椒、陈皮，取其香味。近复益以熟地，以制椒皮之燥，味厚而色深，谓之熟地酒。《湖录》云：“乌程之浔溪，其酒声闻辇下，曰浔酒。其白酒有八月白、秋露白、十月白、过冬清数名。烧酒以好酒糟烧之，取其上蒸之气。”董《志》云：“酒有三白，谓白米、白曲、白水也。俗称之曰好酒。酿自腊月者，名冬酒，较春酒尤能久贮。取浔溪河水酿之，因得浔酒之名。又有状元红、香雪、东阳小春、绿豆诸种。其法俱于六七月以麦面之精良者，杂白水作曲，置阴处风中令燥。蒸白糯米成饭，以曲和饭入酒酵内瓮中。候嘈嘈有声，以木把撩通其气，声息而止。月余，漉以密缯，莹然。分贮瓶罂而酿成矣。”袁枚《随园食单》云：“湖州浔酒，味似绍兴，而清辣过之，亦以过三年者为佳。”按，东阳酒亦曰冬酿酒，以白酒代水，再如造白酒法作之，盎然色碧，味甘，为他处所无。白酒初成未搀水者曰酒娘，亦曰浆头酒，味尤甘。好酒亦曰黄酒，必煎熟，然后盛瓮封泥，故冬曰冬煎，春曰春煎。未煎者曰生泔酒，味鲜而不能久贮。烧酒以糟烧为上，粞烧次之，麦烧最下。　**糟**酒糟曰香糟，又有酒娘糟。　**糟油**白酒脚、黑脂麻及香料造成。　**酱**　**酱油**有面酱，有豆酱，有麸酱。清酱曰酱油。　**辣酱**油熬辣芥为辣油。和入面酱，或加脂麻油，曰脂麻酱。　**冬舂米**刘沂春《县志》云：“湖米多用。冬舂贮草囤中，至春夏热透，色黄，方开用。吴兴泽国，米之用囤，以水气故也。”　**冻米**　**泼麰**　**风枵**三种同类。冻米，炒糯米为之；泼麰，即放花糯谷或野茉莉子为之；风枵，煎糯饭为之。　**小粉**小麦成粉，以之浆衣。　**面筋**中麦麸皮，水中揉洗为之。　**油**《志稿》云：“乌程刘《志》：湖人常食，多用猪油。惟斋素用豆油、菜油，间用芝麻油，而灯火止用豆油。妇女抹发则用菜油。”按，菜油，用油菜子所榨，豆油则用黄豆，二油价每相似。虽菜子为本地土产，而价与米等，原非贱物，不特斋素用之，即平时常得食油者，已为温饱之家。刘《志》云云，可想见当时民殷物阜也。又棉花子所榨曰青油，市肆每以搀入菜油。　**油饼**有豆饼、菜饼、花饼，并榨油后所存之渣滓也。《湖录》云：“豆饼、菜饼，乃农家壅田喂猪之用。花饼者，收棉花子打油，其饼可作牛食，出南浔。”按，向在淮北，见舟人以豆饼和赤籼炊饭饱餐，且盛称其滑美。南人则唯凶年，偶取以济饥，平时无食之者。　**糖**胡承谋《府志》云：“有葱管糖、寸金糖、芝麻糖、线版糖，又有浇成糖人及寿桃、鹤、鹿之类，通名糖味。”按，今有梨膏糖、十景糖、牛皮糖等名。又有薄荷糖、桂花糖、玫瑰糖、乌梅糖、松子糖，并槌碎，用刻花小范印之成饼，五种分五色。按，尚有糖菩萨，亦用范印成。有人物，有鸟兽，极高者亦七八寸，颇美观。　**经糖**即饧糠。以糯米、麦芽为之。纺经必抹此糖，故名。浔镇所出，洁白如雪，胜于他处。药肆每取以搀入蜂蜜中售之。又有青糖，亦饧类，而色黑味劣。　**薰豆**一名烘豆，亦称青豆。盐煮毛豆，炭火烘干，又有带壳盐煮晒干者。　**豆腐**有水豆腐、干豆腐，又有臭豆腐。取干豆腐，浸臭卤甏一宿，蒸熟，味臭而鲜。其臭卤甏，用老笋头与芥菜同煮汤，澄清久之，味益佳，浔人家家有之。或浸以毛豆菜梗及豆腐干，亦佳。 **豆腐干**出务前。按，今随处而有，有黄豆腐干、黑豆腐干及嵌火肉豆腐干。 **腐乳**豆腐罨霉为腐乳。有白腐乳、红枣腐乳及糟腐乳。 **杨糕**《文献》云："东栅杨宅，糖鲜料重。"按，今糕肆甚多，形色名目不一，而杨糕之名，久无知者。 **徐馒头**紧酵肉馅，向有徐姓，以此得名。今业此者甚多，美恶不一。 **黄馄饨**以面粉为衣，中嵌猪肉及鸡肉，以鲜汤下之，极可口。业此者，肩一竹制担，前半置锅灶，后半置瓢碗与馄饨材料，沿街挑卖。有黄姓，以此得名。店肆亦有馄饨，总不及挑担专家之美也。 **苎头饼**以苎头和麦芽、糯粉为之，豆沙和糖为馅。一名芽谷饼，亦名立夏饼，以其为立夏节物也。 **鸟腊**《湖录》云："南浔、菱湖俱有之，而南浔为佳。"《浔溪文献》云："刺毛鹰，味甚美，取肥肉豢者为佳。" **薰蹄**董《志》引《县志》云："薰蹄出南浔者佳。色如金漆，百里外皆慕之，称之曰浔蹄。"《文献》云：前蹄为上。按，或微腌煮熟薰之，或用清酱、料酒煨透薰之。旧用木屑薰，近用沙糖薰尤佳。或薰后复煨烂，谓之"放酥薰蹄"。 **酱蹄**以豚蹄用盐腌之，再用酱油浸之，风干煮食，他处所无。 **巧肉**巧，俗读如"考"。旧有李阿巧者，善烹调，得名。 **酱羊肉**市肆以清酱烹羊，红若琥珀，惟冬月有之，远近争购焉。按，俗以春、夏、秋羊食青草，有毒。惟冬为枯草，羊始食之。 **糟鱼**以酒糟腌之，青鱼为佳、鲤鱼次之。鲤鱼片，馈礼均用之。 **醉蟹**生蟹以盐、糖、酒渍，封瓮中数月，乃开食。 **喜蛋**即鸭馄饨。《文献》云："喜蛋与嘉禾争胜。" **咸蛋**亦名灰鸭蛋。以食盐和稻草灰加烧酒拌鸭蛋，约一月余可食。 **醋蒜**以陈年醋浸蒜头。久之，极松脆。惟昏目。 **腌芥菜**以生白菜用盐腌之，又谓之冬腌菜。又芥菜、雪里红菜，均以盐腌之。

李良年《吴兴竹枝词》：日出浔南烟水黄，小楼如画酒旗长。玉瓶细汲春风起，吹入糟床满店香。

曹仁虎《浔溪竹枝词》：圆蹄珍味数花豚，随处芳筵佐一樽。别有饤盘供软嚼，晶盐初漉鸭馄饨。 糟床滴罢各分坛，浔水清泠味久含。酒旗家家夸酿法，梅花香冽菊花甘。

汪延泽《偶书》：俊味登盘琥珀凝，百年琐事旧堪征。淳于莫哂豚蹄祝，市价于今倍蓰增。偶阅余家旧时簿籍，康熙中，先曾祖道经浔溪，买浔蹄两只，钱八十八文，仅当今日市价什之二三。

赵棻《兰陵王·浔酒》：一溪碧，环抱西吴酿国。春波滑，新泛绿醅，化作真珠小漕滴。鹅黄好颜色。招得高阳醉客。茅檐外、青飐杏帘，明月清风两桥侧。 壶觞感今昔。记少小评量，秦黍燕秫。醉乡日月头将白。恁满引村酌，曲生清味，凫花蚁蕊总不敌。有名士标格。 岑寂。翠樽泣。只日饮袁丝，曾诩欢伯。诗仙俊赏难重觅。奈土锉愁煮，瓦盆狂吸。风流公瑾，酝藉处，更孰识。《随园食单》以绍兴酒为名士，又谓浔酒似绍兴，而清辣过之。

董攀龙《浔溪竹枝词》：豫北荆南未足夸，杏花深处酒帘斜。曾谈声价乌巾旧，三白依今第一家。

李重华《浔酒》：浔溪无谢菊潭清，撇取新笃和落英。多事昔贤惭谬误，到头沉饮是嘉名。按，李重华，字玉洲，吴江人。有《贞一斋诗集》。

纪复亨《豆腐四首》：贫家风味技偏工，六十街西卖腐翁。汁漉榨床春酒滴，浆催土灶玉膏融。淮南仙术余鸿宝，蓟北生涯仗马通。每忆早行山店路，霜檐寒透一灯红。素质轻肌亦可怜，好同玉版共参禅。三间屋里文休磨，一顷山南子幼田。藜藿场宽成故物，齑盐署冷足清缘。数家村外垂杨岸，沽酒同时泊客船。　不爱红蛏与紫鲈，此君时许到冰厨。堪同轩冕称三德，谁念乾坤有一儒。匕箸咄嗟赊甚便，膏粱厌饫味偏腴。菜根粝食陪晨夕，莫怪先生骨相癯。“三德”见《虞道园颂》。　食单亦复讲烹调，玉手掺掺糁桂椒。翠釜乍翻柔欲颤，金刀细剖嫩将消。久知菽水承欢在，孰与黎祁雅号标。食罢鸡豚同一饱，起看山色碧迢迢。

董蠡舟《浔溪棹歌》：八月尝新秋露清，登盘鸟腊味尤精。风流肯便输黄雀，脆脔披绵太俊生。　豚蹄金漆色如新，酱和肥羊红玉春。荻港风菱洞庭橘，筠篮馈岁遍交亲。

汪曰桢《炰羊》：残年风味说烹炮，岂似销金帐里嘲。漫笑蹴蔬贫士梦，空思烧尾大官庖。回肠世路原难问，熟胛光阴总易抛。佐我茅柴新酿酒，山厨今日足丰肴。

董攀龙《浔溪竹枝词》：曾因大嚼过屠门，风味家乡绝妙存。寄语桐江方万里，此间亦有鸭馄饨。吾乡鸭馄饨，味甚美。方回诗：“跳上岸头须记取，秀州城外鸭馄饨。”

纪复亨《咸蛋》：何烦传画彩，煮后得和咸。积日神休凿，论诗味出咸。每怜春水坠，绝胜紫泥缄。要术曾收录，登盘也不凡。

又《醋蒜》：老去知犹辣，生来最畏甘。歌传三斗醋，酿就十分甜。酝瓮青春美，升筵白薤参。炎风催节候，辟恶醉余耽。

器用之属

针《文献》云：“出南栅，琢工不减江右。”按，自洋针进口，吾镇遂无人制矣。　钓钩出南栅，一吴姓者所制，极精美。　翠花董《志》云：“出南栅，取翠鸟羽毛为之。翠毛来自广东，而镂刻花鸟工巧，以佐闺中首饰。”　引线灯董《志》云：“灯用五色纸糊成，内无骨子，其式不一，以细针刺孔，刺成山水、人物、花鸟、台殿，备极玲珑。每出夜会，必有数十对点缀其间，望之绝不觉其为纸也，为他处所无。” **蒲鞋**《湖录》云：“吾乡蒲鞋，不以蒲为之，有用莞草者，有用稻草者。”《志稿》云：“今人用芦花者，名曰芦花蒲鞋；有用布条者，曰棉鞋；又有箬壳蒲鞋；更有用棕为鞋底者，曰棕底鞋，靴曰棕底靴。他如钉靴、钉鞋，与他方所制相同，不悉载。” **栲栳** **笆斗**均用白杨条为之，出栲栳湾。 **竹器**丝篗子，出南栅，络丝所用。按，范《志》作缫丝用，讹。做丝箸，以竹片削作十余齿，缫丝捞茧用之。方圆竹箸，出马家港。剔帚，梳头具也，缕竹为之，纤如丝发，而圆润荏苒，光致可玩，出皇御河，海内无二。洗帚亦缕竹为之，较剔帚稍粗，长约三四寸，以之洗釜底之余粒。豁帚亦竹丝为之，长二尺许，以之洗粪秽之桶。硬苕帚则不用苕而用竹丝，中有柄，约高二尺许，可持以扫尘。又有畚箕、淘罗篮、箕筛匾及遮风之梅花帘，均以竹丝、竹片为之，四栅竹器店均有之。 **木器**木梳，出南栅，以黄杨木者佳，枣树次之。算盘、钱板、升斗、烛台、杯盒之类，大小名目以数百计，出簖里。 **舟**大者曰沙飞船，船顶可架戏楼演剧，谓之楼船，亦谓之大船，他处所无。镇人婚礼迎娶必用之，曰迎船。 以油漆、头有栏楯者曰圈棚船，最小者曰满江飞，用桨者曰桨船。市户收租之船曰租船，亦曰账船。女姬售珠宝者，携一竹笼，所乘之船谓之笼子船。载货物之船，大者曰装船，小而无棚者曰驳船。又有陶墩船，亦装船也。农家有田装船，渔家有渔船，有载客及寄书带货往来近处各城市乡村者，曰航船。吴江芦墟一带，舟人泊舟船行之前以待雇唤者曰芦墟船。江北流民以船为家，曰箬包船，俗名倒撑船。近则有小轮船、汽油船。 **农具**垦田、鋻地、浚沟有铁搭，亦称铁杷。有锄头，有山鎡，有锹，有铲。戽水有水车。车上有墙，有轴，有鹤膝，有短档，有车柹。柹，音肺。取泥有泥罱，有铧锹。载壅有粪桶，有料杓。芟草有搨杷，搨或作荡；有耘田马。筑场有轴。刈稻有锲。束稻有挞车。曝稻有翘籧，亦作乔扦。击稻有稻床。晒谷有匾，有芦簏。翻谷有米爬。脱谷有拗杓，有砻。砻下有床，上有大小二桁。去粞谷，有直落筛，有扜筛。扜，音乌。扇粟有风车，车上有风轮，有方斗，左右有舌。击屑有连枷，削藁有豁。舂米有床，有臼，有杵，俗名臼锤，有关撩。去糠秕有落白筛，有重糠筛。藏谷种有草畚。盛米有叉袋，有栲栳。小者有三笆，有四升斗。有畚，俗名搀箕。积米有栈板，有栈条，有草囤，有桶，有柜。量米有斛，有斗，有升。斗、升各有方圆二种。有合筒，又有筊容，二斗、三斗、四斗不等，并有容六七斗者。承斛及盖囤有脚袱。杚斛有斛荡。负物有扁担，有搴籍，有背籍，有羊草籍。籍，俗作篰。小者有丝篮，有梗篮。首有蒲帽，亦称凉帽，以遮日。又有箬帽，体有蓑衣，并以御雨。足有蒲鞋，有草鞋。 **渔具**网鱼有撒网，有小网，有丝网，有布网，有扳罾，有海兜。叉鱼有鱼叉，有丝筒。钓鱼有钓竿、钓丝、钓钩。不用饵者曰神仙钓。击木骇鱼曰根，错薪水中曰丛。编竹截流曰鱼簖，亦曰蟹簖。贮鱼有篓，有篮，有桶。贮蟹有蟹籍，捕虾有虾笼，取蚌蚬则用泥罱，所乘之舟曰舴艋，俗称只曰渔船。又有畜鸬鹚以取鱼者，曰木鸭船。或取畚箕就浅水岸旁以承小鱼，曰切鱼。或袒臂入水，以手取鱼；或寒月投身入水，寻鱼穴以取鱼，并曰摸鱼。　**蚕具**修桑有锯、有斧。采桑有桑剪，有桑梯。贮桑叶有籂。停叶用竹帘、芦帘、芦簚。切叶有刀，有草墩。刷蚕乌用鹅翎。分蘱小蚕用尖竹箸，俗名蚕筷，大蚕用网。小蚕贮以蒲篓，以竹筛。大蚕贮以箕，箕音大。或以筐，以匾，所以架匾曰蚕枲，枲音代。御风以芦帘，以草荐。架山棚有凳，有草帚。御寒用火盆，撩山棚火及撩车头火亦用火盆。缫丝用丝车及水缸、锅灶。灶有烟囱。车上有方轮，有轴头，有竹豁，有旋钩，有踏板。肥丝之车有丝眼二，丝以二板为一车；细丝之车有丝眼三，丝以三板为一车。剥绵有竹环。或范泥为猫形，置筐中以辟鼠，曰蚕猫。**纺织具**络丝有籰子，有豁车，有碌礴。戽丝有戽车，有纬管。合丝作经有经车。澼絮有箕，有籂。撚绵线有叉，有木铤，有芦管。晒棉花有芦簚、晾匾，烘棉花有火炉、筛、箕。去棉花子有轧车，车上有木轮，有铁梗，有木椳头，亦谓之轮，有踏板。弹棉花有弓，有弦，有槌。擀棉条有擀板，有擀条，一名榧子。纺棉纱有摇车，车上有轮，有轴，有弦线，有铁铤，有箬管。戽棉纱有筒管，亦用戽车，或即借摇车戽之。经布有经床、经车，刷浆有筅帚。织布有机，有筘，有梭。机上有上、下二轴头，有综线，有提综竹，有竹撑，有坐板，有踏板。　**货担**𬸪里所出算盘等木器，负往他处贩鬻，谓之算盘担，挑行极远。又有环（读如去声）箱担，罗列杂货，皆女子装饰品。又有铜匠担，箍桶担，削刀、磨剪刀担，馄饨担，汤团担，豆腐干担，豆腐花担，糖担，担各不同。或敲小铜钲，或击小木梆，或口中叫卖，又各不同。

董蠡舟《浔溪棹歌》：良工缀出翠纤纤，失喜香奁首饰添。左右鬓唇垂翦叶，一翘低压黛双尖。

戴宸《题南浔引线灯》：吴人呼针为引线，其制用没骨纸，以绣针刺孔，极细，留其实地作山水、花鸟、竹木、人物之形，间以题咏诗句，草书小楷皆仿名人画本碑帖。烛光内映，宛如轻纱，不让白描圣手也。一幅鹅溪点缀新，碧纱笼处细如尘。谁知暗度金针巧，不借吴娘刺绣匀。　螺纹纤绝认难真，清昼相于玩几巡。借得烛光群妙现，此中端合有针神。

董恂《浔溪棹歌》：也如刺绣倩针神，引线灯明巧样新。趁得落灯风未起，元宵鼓闹六街尘。

董载昌《浔溪竹枝词》：剪裁素纸两三层，幻出江南第一灯。应是针神传绝技，薛灵芸外更谁能？引线灯巧独绝。

丁源《剔帚》：镜台春日试妆新，万缕柔筠色似银。斜插玉钗撩鬓影，隔帘香落麝脐尘。

曹仁虎《竹枝词》：千丝巧划碧筒疏，皇御河边列市居。惯助香闺奁具好，玉纤亲剔镂牙梳。

汪延泽《偶书》：梳奁琐品剧玲珑，�剪藤缠饰彩绒。一曲《广陵》今已绝，难凭方志考专工。皇御河𠜾帚载于府志。余自嘉庆己卯春始居此地，时业此者仅存两家。未几，一家他徙；阅数年，一家又迁往交界坝桥。

董蠡舟《浔溪棹歌》：玲珑𠜾帚费雕锼，鬟发生香蘸菜油。如镜墨溪光照户，枣花帘底坐梳头。

又《洗帚歌有序》：剖竹成缕，束如帚形，长三寸余，炊后以扫釜中残余之饭，俗谓之洗帚。按，《广韵》二十七"铣"有"筅""箲"二字，苏典切。洗帚，饭具，即《说文》"筲"字下所云"饭帚"也。同里纪半虔庆曾学邃家贫，客游齐鲁归而遽卒，妻孥无以为生，曙卿教其子为此，鬻以养母。吕扬闻之，为赋以劝。予见而作歌。

杜康作帚祭酒云，扫乃右手如持巾。帚以苇苕彗以竹，用虽不异刚柔分。见段君若膺《说文注》。 陈留谓筲曰饭帚，是物流传汉已有。𠜾除残粒𩋆釜余，不殊洒瀵祛尘垢。于今里俗以洗名，裁筠断竹宁难成。论兵尽许夸迎刃，作史无烦虑汗青。适市从无高价值，三钱得一售应易。朝夕饔飧不可无，亦类淅签与甑箅。纪君绩学贯九流，富等渭川千户侯。填胸竹素饥难疗，一斛蒲萄莫扫愁。纥干山头冻杀雀，依人远入莲花幕。暂归旋赋《小游仙》，张堪妻子将安托。孤儿壮健黄犊如，足记姓名羞学书。欲投定远为佣笔，将母其如菽水何。高阳许君不忘故，赒恤有怀力莫助。劝为洗帚鬻街头，日得百钱供反哺。旧交不乏金穴家，百万一掷如泥沙。生靳绨袍怜范叔，死谁葛帔念西华。不如一技自食力，殊胜于人伺颜色。自古英雄贤达人，履曾手制帘曾织。吁嗟乎！扫除天下志未酬，谋生借免饥寒忧。名高几见王侯拥，作苦宁如弟子拘。古有扫门求一见，箕帚甘同妾妇贱。太息生男女不如，可能奉帚趋金殿。纪君说经如大春，力扫臭腐陈相因。入微剖析如丝缕，家法今传与后人。我亦颠连惟欠死，酷贫况与君相似。有儿弱冠略知书，忧患端从识字始。体素清羸力作难，念予身后愈茫然。遗文枉自千金享，弱息知谁一饭怜？兴公作赋寄深慨，读罢令人发三喟。好持此帚遍驱除，几许南朝到公辈。

又《浔溪棹歌》：圈棚栏槛照波鲜，水国家家具画船。只少吴娘好身手，两枝柔橹荡凉烟。

董恂《浔溪棹歌》：沙飞船住水中央，船背高台篾簝张。今日里中太平会，耳边乌爨正登场。市中以沙飞船演剧酬神，谓之太平会。

方熊《浔溪竹枝词》：马家港近御河西，桥畔巴竿飐小旗。畴昔画船名载酒，而今都换作沙飞。

沈谦《浔溪杂忆》诗：舵楼灯火市梢悬，个个来论赁铺去声钱。此去苏杭程二百，不须望断夜航船。

董载昌《浔溪竹枝词》：楼船开敞作歌台，画舫争先占水隈。玉面怕同春漏泄，珠帘深处小徘徊。

曹仁虎《浔溪竹枝词》：歌场开处在兰艭，小部丝簧竞按腔。一种眼波看不厌，枣花帘子隔船窗。

纪官《村中老渔》：溪涨桥成窟，老渔俯身出。船尾神仙桨，渔船船尾系木着水，能当一人，船任棹不横，俗呼为神仙桨。船尖短棹疾。雨作烟茫茫，网似柳丝密。鱼乐汝可知，汝乐何可觅！晴明树底眠，坐雨同白日。

金锡桂《蟹簖》：谁将瘦竹借绳编，界破秋江渡口烟。夜静一灯光照水，船来百道响疑泉。横行未许龙门上，失足真如虎口填。谱入江乡好风景，数枝红蓼写黄筌。

纪官《借庵中稻床》：木架弯环竹作棱，香粳收获赖供应。欲描打稻声中景，一纸先闻觅句僧。

又《货担》：如盆摇鼓寸余箫，促节繁音满耳飘。世事熏人只如许，门前槐柳立儿曹。

薪蒸之属

草柴浔人多以稻秆为薪，亦曰稻柴。又或用麦秆，曰麦柴，所出甚少。　桑柴用树本曰硬柴，树枝曰枪柴。有栗柴、松柴、杂柴，又有茅柴、松毛柴，皆来自西乡山中，惟桑梗柴为本地所出。　菜梗柴油菜收子后，梗可为薪。　砻糠以风箱扇之，火始炽。　煤饼煤出西乡山中，此以煤屑为之。　炭墼俗称炭基，炭亦出西乡山中。此以炭屑为之。

按，物产以丝为大宗，丝以七里而得名，欧美各国机户争相购求。其制造品以䑸里所出木器挑行安徽、江苏邻境为最远。此外如铜、铁、锡所制之物，亦颇不少，然与他处所出者相同，不复备载。

南浔志卷三十三

里人周庆云纂

风俗

俗好儒术，罕尚武艺。胡承谋《府志》引《吴兴统记》。

《志》称：乌程为东南淳邑，俗朴民恬。今观浔镇，良然。旧有“铁练市、铜乌镇、豆腐南浔”之谚，此先圣所谓南方之强者耶。今虽稍不逮古，然视他镇为霄壤矣。齿亡舌存，庸讵非福哉！士人多修雅，自好文学，烝烝甲于一邑云。《浔溪文献》。

《县志》称：民务本图，不事藻饰，读书类见东境。此不独为浔言，而于浔洵不诬也。迩来风会日趋，稍不如昔，奢靡渐启，冠婚丧祭，并尚繁文，颇有僭逾之风。男女信卜筮，崇淫祀，疾则先祷禳而后医药，且喜演剧社赛，其狃于习尚如此。董《志》。

湖俗重释，而浔尤甚。每遇丧祭，例作佛事。僧家类用箫管、笙笛，高声梵诵，俗谓细乐，此为善俗之累，在所宜禁。同上。

浔人每至新正，妇女不分老幼，俱艳妆入庙，烧香念佛酬愿，皆由僧尼以轮回因果之说蛊惑如是。其东禅堂、嘉应庙二处，香火尤盛，每至七月九日，士女杂遝，喧阗旬余。同上。

浔人重释，妇女烧香入庙，自昔已然，近时更甚。从前老妇及中年妇人居多，今则少年妇女不满三旬，均艳妆拜佛诵经，甚有皈依僧侣为师而自居弟子之列者。又有带发修行，集资建造庵堂居住者，佛友往来甚夥。有闺女不愿受聘，愿居庵堂，父母不能禁。是僧尼而外，又开一法门也。且西洋天主、耶稣两教，近颇盛行，到处开堂，招人入教。吾镇教堂已设数年，无知男女之入教者亦复不少，是尤人心风俗之忧也。温鼎《见闻偶记》。

衣服向多野朴，布衣之外，绸绢本自土产，民间寻常穿着，亦不为异。今则佻达少年喜为妇女红紫之服，新巧屡更，甚可怪焉。董《志》。

衣服日事新奇，不特富厚者遍身罗绮，即中人之家，亦皆鲜衣盛服，且短衣窄袖，争效洋式。妇女衣服尤丽，都其首饰，有值至千万金者。佻达子弟，粉其颊，膏其发，锦裆绣裾，几于易弁而钗。服之不衷适，为有识者所齿冷耳。温鼎《见闻偶记》。

饮食浔素俭约，无奢靡暴殄之习。今则筵宴肴馔，必极丰腆，谓非是则陋。即贫窭之家，或不惜典贷为之。甚至凶丧之中，亦用荤馔，珍错争奇，鼓乐歌唱，竟同宴饮者。董《志》。

饮食近亦变俭为奢，兼尚西洋大菜。婚嫁筵宴，必用鱼翅、海菜，兼有用燕菜者。寒素之家尤而效之，典贷以为婚嫁之资，债累缠身。回忆幼时，遇婚嫁事，只陈八簋，不用海菜、鱼翅，犹有古风。温鼎《见闻偶记》。

市镇乡村，每多魁猾奸黠，武断乡曲。春间奋身醵金，搭台演戏，勾引博徒游兵赌博之外，近有旋骰、磨钱、斗牌、棋势之类，迷诱良民，为恶不一，相习成风。穷民堕其术中，卖妻鬻子，或流为盗贼。高必腾《县志》。汪《志》按，近年更有花鼓戏及字宝，尤为风俗之害。

前《志》称：咸丰间，枪匪聚赌，并演花鼓戏，男女混杂。乱后此风始歇。乃有盐枭巢湖帮出没浔、震两地，设赌场于陶墩、南喜兜等处。蚕后、秋收后尤甚，以网农人之利，因此破家失业者不少。衙门中人亦有设赌桌抽头，本官绝不究问。士农工商坠其术中，不减枪匪之害。斗牌叉麻雀到处有之，甚至绅士豪商，亦与地方官共博无忌，诚风俗之一大变也。温鼎《见闻偶记》。

儒家以礼义纲维，弦诵之声，所在都有。今则贫士多奔走衣食，有恒产者复受制佃户，日苦税粮，饘粥不给，鸣琴在室者几人哉。高《县志》。

南浔士风驯谨，往往闭户自精，故乾、嘉以还，皓首穷经者，前后相望。自学堂兴，而莘莘学子出洋留学者，如东亚，如欧美，实繁有徒。归国后，凡语言文字、衣履起居，皆效他国，其圣经贤传、唐诗晋字，皆束之高阁，士风为之一变。《采访册》。

乌程上十区之民多贫，下十三区之民稍富。若十六至二十三区，处邑之最东，与平江、嘉禾接壤，中有南浔、乌镇、马要、淤溪诸大镇。其俗男耕女织，民颇称殷。自二十年来，下区之富亦萧然矣。高《县志》。

商贾惟湖滨及南浔、乌镇之人往楚、豫间贸易。同上。

乌程之南林，耕桑之富，甲于浙右。土润而物丰，民信而俗阜，行商坐贾之所萃。周《县志》。

道光以后，湖丝出洋，其始运至广东，其继运至上海销售，南浔七里所产之丝尤著名。出产既富，经商上海者乃日众。与洋商交易通语言者，谓之通事，在洋行服务者，谓之买办，镇之人业此因而起家者，亦正不少。然洋商奢侈之风，浸淫乡里，其敦朴景象，则不可复见矣。《采访册》。

地产木棉甚少，而纺之为纱，织之为布者，家户习为恒业。商贾贩花列肆，小民以纺织所成，或纱或布，侵晨入市，易棉花以归，仍治而纺织之，明旦复持以易花。纺者日可得纱四五两，织者日成布一匹，燃脂夜作，衣食赖此。节《涌幢小品》。按，近时日本国以机器所纺棉纱进口，城镇都有贩运者，纱细而匀，乡人购以织布，不复有人纺纱矣。又四乡育蚕之家，以绵兜或搬花打成绵线，以机织之，名曰绵绸，极优美，极经久，因出数少而风行不广。

风俗往最近古而朴，其士人雅称率素，阔达而峭直，犹有先民典型。其里闬力本重穑，终岁勤动，唯斤斤以俭勤长，子孙无敢傲康以堕先业。自朴一散，而习于烦，貌润言甘，软美少骨，因是繁缛其节文，绸缪其款接，命曰周委，而俗始趋佻矣。迨朴又散而习于夸，鼎食绮衣，竞相膻效，空齐民之盖藏以矜追逐，自谓未能免俗，而俗始趋汰矣。迨朴又散而习于偷，旷业惰农，游闲陆博，几市与野争，民征贵者走死地如骛，转嗤昔人无知，而俗始趋荡矣。迨朴又散而习于浇，目诩眉语，狙巧斗捷，正直为戆，清修为拙，谑浪概于尊亲，机关骋于骨肉。而世俗流失，败坏滥觞，将何所底止？语云："已雕已琢，还返于朴。"善返朴者，当塞其翘然自张之溢情，而独寻穆然浑噩之初意。端在坦夷，用在俭啬，本在力农，道在敦厚，其转移系莅斯土者，而共砥风靡，士大夫与有责焉。胡承谋《府志》引茅瑞徵《澹朴斋集》。

浔上古风最朴，多有至老不见官长者。遇儒士辄生敬畏，即富有，益慎持。近则成童皆能肆口于公庭，毫无惧色，度恐健讼将成俗习也。更或无因启衅，编捏谣言，污蔑良善，此虽一二惯笔，易致染惹成风。且读书不见贵于人，并宜酌之。凡为士者，不犯口过，阴功最大，俾邦人子弟有所惩励焉。范《志》。

李乐《见闻杂记》云：官无大小，皆称曰老；人无老幼，皆称曰翁。曾于题疏中见此四语，今以"老"字复加于无官年少之夫，谬舛甚矣。赵吉士《寄园寄所寄》云：《礼》：冠而字之，敬其名也。同辈相称以字，近世谀佞成俗，直称表号，以为简慢，遂仅呼一字，而以翁、老承之。虽少年稚子，无不蒙此称者。余读《莫氏八林》，有未四十称翁者，作诗讥之。今更不尔，可讪也。按，浔人颇有此风，故特著其说。汪《志》按，浔人多以字行，非具柬不称名。向时有别号者甚少，虽有，亦无称者。今则童子亦称别号矣。

俗好淫祀，最信五圣。又有金、元六总管、七总管，市井中目为财神，建庙尸祝，每月初二、十六日，用牲醴与五圣同飨，名曰拜利市。《湖录》。汪《志》按，并有托为鬼神，凭附人身，言人祸福者，愚夫妇翕然信之，近年尤甚。

乌程素称淳邑，俗朴民良，咸丰间已不如昔。自庚申之难，流离困苦，十室九空，幸大难削平，从此当返朴还醇，共敦古处。而吾浔则大不然。同治初年，老成未尽凋谢，身经兵乱，安不忘危。如天宝宫人重谈遗事，故士气民风尚少浮薄嚣张之气。今二十余年间，奢靡暴殄，日甚一日，物价之腾贵已数倍于往时，尚复骄奢淫佚，正不知伊于何底。富名虽甲于一邑，而风化之潜移，已不啻如江河之日下矣。温鼎《见闻偶记》。

自“粤逆”一炬，浔镇半成瓦砾，旧地都易新主，经营缔造，气象一新。高门大厦，画栋雕梁，比比而是，且颇有仿洋式者。内中器具，即一灯一镜，悉用舶来品，各出新奇，借以争胜。故市中各店，入夜光明如昼，商贾获利甚微，未始非侈靡之故也。同上。

往时诗礼之家，子弟驯谨，闺门整肃，迄今四十余年，此风荡然无存，后辈见尊长，倨傲妄论，毫无顾忌。自兵燹时，富商大贾避地上海，习染繁华，尚利忘义，而于平等自由之新学理，又复窃其似而昧其真，固无惑乎？礼教之防，一转瞬而溃败至此也。同上。

治丧喜作佛事，近有拜忏至数十日者，开丧尤以题主为荣，鼓吹筵宴，灯彩炫煌，有余之家，无不皆然。惟葬事则昔难而今易，阻葬恶习，经江浙大宪严禁，又有师善堂经理护葬，故乡间之抢石灰索零费者不敢横行，贫家亦能量力而妥先灵，停棺不葬之风渐革。近事之差强人意者，只此而已。同上。

自婚嫁竞尚华侈，而溺女之风遂盛，乡间尤多。近年颇有善士逢人劝喻者，然不能止也。又嫁殇冥婚，相沿成习，而劫婚之事，乡民亦时有之。《湖录》。

婚嫁奢侈，大异往时。男家送大盘，中人之产，费已不赀，而寒素之家亦复竞尚新式。一衣有费至三四十金者，并须金器数件，珠饰数件，财礼丰厚，较前倍蓰。若嫁女妆奁，富家丰厚无论已，即贫家亦竭力趋时，踵事增华，糜费不少，深可慨也。温鼎《见闻偶记》。

自中外互市以来，遂有印度之鸦片烟土流毒中原，吾镇营业海上之人与洋商接近，沾染尤早。嗜此者形容枯槁，易入难出。光绪季年，国家悬为厉禁，又重征其税，此风稍杀。然纸卷烟又滋蔓矣，因便于怀挟，妇孺皆嗜，其销耗何可胜数。《采访册》。

浔镇尼庵，殿供佛像，其卧房则装饰华美，恣人冶游。虽无弹唱之声，而一班雏尼，工于狐媚，几同勾栏，实为风俗人心之害。咸丰间，大先伯曾与先君拟公禀府邑尊，留其老者，嫁其少者，而以其地充公，留一二处为老尼清修之地，不准再招幼尼。会逢“粤匪”之难，事遂中止。今后如有人能行之者，造福乡里非浅。蒋锡礽《杂著》。

董汉策《普劝同里修德禳灾说》：吾闻修德以禳灾，未闻佞神以求福也。异哉！吾浔既佞神，且玩侮焉。是请祸也，岂召福耶？自兵燹焚掠以来，甲第为丘墟，白骨遍原野，所在皆是，浔独晏然，岂天独爱浔民而燠煦之？夫亦惟是浔多善人，食余福焉。何为今之人乃有食福不知反请祸者？地只号总管，大率历朝大帅莅兹土，死于王事，遂血食于兹，所谓有功于民则祀之者，累有肸蠁。里中父老果欲奉祀请福，则崇其庙貌、修其香火可也。父老不察，竞侈靡为赛会之举，斯亦过矣。夫赛会之举，其害于民者四，有可隐忧者三，请得而详言之。浔里凋敝极矣，历年晏安，竞为华侈。或家无担石，而美味鲜衣，虚自文饰。且钱贵谷贱，农不交易，货权日轻，富贾坐困，风之以节俭，犹恐未足。今赛会费以三万计，比户输纳，如偿官逋，杂用缯彩鼓乐，縻耗百出。镇民之姻好故旧，闻声相约，竞出游观，聚族奔驶，来就所亲。三日蚕食，瓶空囊洗，其费更不可计。此其害于民者一也。未会前三日，会首援旗数十杆，鸣钲叫号，昼夜不绝，巷不宁居。册籍所到，稍反唇，则群诟谇之，甚则捽击，莫敢谁何。贫民懦士，含怒不敢言。其害于民者二也。将会，则昏愚无知之徒舍身听役。如吏书、皂快等，皆居民充之。中军旗鼓、哨长、家丁，皆好事者扮就，无不宛肖。黠者执册点传，后至则加以鞭挞。按地重责，无异宪司，含痛不敢言者无数。既受责已，复索杖钱。此真咄咄怪事，每下纳费一二星。革役归来，羞见妻子，或复营充，旋相炫耀。更可异者，平民纵观赛会，或突起攫去。或指称冲节，或指称锁拿闲人也。词讼纷纷。有告状具呈者，不一而足。黠者佯为嘱托，息讼取资。既具呈状，遂央情说合归息，可怪之至。愚民所费无算，其害于民者三也。于是射利之徒巧作兴贩，奇技淫巧竞为炫惑，物价踊贵，而宴会所需不得不买，民贫益甚，实饱奸壑。其害于民者四也。夫若辈所以辄为此者，止以贫窘无聊，性好兴事，思欲假借鬼神，分其余润，曾不知阴阳之权操自上帝，赫濯神祇，昭布森列，倚托弄威，是谓无天。生杀狱讼，则有司存。彼小人者，何得鞭挞决断，行贿招权，是谓无法。嗟乎！贪心实甚，遂至流害于民，如此极哉！所谓可隐忧者：吾浔之人，幸得偷安，本无谬巧，大率愿谨奉法，仅免祸患。今之悬旗纠族，每保黄帅旗一面，一镇约四十面。狐鼠衣冠，榜谕四出。朱票、朱示各栅遍贴，不知何人所为。愿谨之风既隳，弄兵之志斯作。且同类相聚，结党纵横，脱有事变，此必倡首。可隐忧者一也。方其群聚之时，动以千数，类皆结束执兵，编立行伍，稍不如意，则声言神怒，率众环攻其家，任其戕贼，则心所难堪。稍与格斗，则众寡不敌，纵能胜之，倡烧倡抢之言，嚣然繁起，如此则一二年间，必成乱阶。可隐忧者二也。众既云集，游观者多赌博酗饮，星列棋布，重关洞开，不复备御，脱有贼来，如入空谷。更有隐伏之奸，谓窝线之类。困穷之子，谓赌败者。外召贼徒，内讧衅乱，则破亡立至。可隐忧者三也。可隐忧者既如此，有害于民又如彼，留心当世者得不为深虑哉？且众父老亦知神果有灵否耶？使神而无灵也，则向之所谓肸蠁赫奕，群趋如骛者，皆出伪为，不足信也。使果有灵，而假其名号，网收众资，侵入己橐，则神必赫然震怒，加祸于尔众，败尔身家，以彰天罚。吾甚为众父老惧矣。夫福善祸淫者，天地之大经也，何不罢无益有害之事。修召福消祸之法，各安其业，各守乃分，行孝悌之道，敦廉让之风，反侈靡为节俭，易矫诬为恭谨，则天必佑之，神必助之，人必敬且爱之。以是保宁身家，歌咏太平，岂不快哉！否则乱心内潜，乱端必伏，召兵召盗，召刑召灾，召夭折，皆在此矣。吾甚为众父老不取也。比闾同方，休戚相共，故敢尽言，惟望矜亮。汪《志》按，近时已无此风，然存此文，足为后鉴也。

施国祁《志感》：仍岁丰收佳景象，市流薄俗也成风。管弦酒肆抛钱惯，灯火茶坊彻夜丛。放局人争偿博进，渡航客喜斗红冲。叶子面画《水浒》人，并购赏钱数戏较胜负，名曰红冲。闲民怕作游民去，都付凭栏一慨中。

冠笄

童子三四岁即戴帽，至将婚前一日，乃复行冠礼。女子则将嫁加笄。俱延亲族之尊者，夫妇咸集。按，必取元配有子之人。命赞礼祝之，谓之上头。是日蒸糕以馈亲邻，谓之上头糕。《震泽镇志》。

婚嫁

男女议婚，大率以门楣为重，亦互择人而兼决于命卜。初聘用礼数事，钗、镯、绫、绸等物。按，或用茶枣，则女家答以糕。曰求吉。俗谓之致意，亦谓之缠红，《震泽镇志》。亦谓之小定，亦谓之担小盘，汪《志》。各视其礼之轻重以为名。《震泽镇志》。女家曰允吉。董《志》。将婚，先纳币请期，谓之行聘，亦谓之道日，《震泽镇志》。亦谓之担大盘。汪《志》。女家答以礼物，谓之回盘，《震泽镇志》。亦谓之准日。汪《志》。前期数日，送珠冠袍带以肃嫁，谓之催妆，《震泽镇志》。亦谓之担上头盘。仍用礼币，俗谓之七事衣。《志稿》。女家送衾具至婿家，谓之铺房。及期，女家笄女而醴之，谓之待嫁。婿于昏时亲迎，谓之发迎。亲朋从之，谓之陪娶，《震泽镇志》。亦谓之陪迎。汪《志》。亲迎以舟往，曰迎船。先论财，然后成礼，贫富皆然。范《志》。婿至，主人使亲族子弟迎入，升堂并拜，谓之拜厅。主人以茶果款婿，谓之坐茶。既毕，婿于彩舆前奠雁而拜，谓之拜花轿。还舆北向，女父若兄弟亲掖女入舆，谓之抱嫁女。舆出门，婿于堂前请参谒外舅姑，谓之请见。按，外舅姑必辞，无相见者。迎妇至门，饰童男女二人，然灯向舆，谓之迎花辂。《震泽镇志》。妇出舆，婿与妇堂前参拜，谓之拜天地，亦曰拜堂。汪《志》。然后牵彩，《震泽镇志》。用红绿绸作结，婿与妇各执一头《新纂》

交拜，谓之结亲。《震泽镇志》。择少年二人擎花烛。《新纂》。又以红毡递换，贴地接入洞房，今率易以米囊，取传代之义，亦有用帐者。《县志》。佐以鼓乐。《新纂》。引妇入室并坐床，进两卺杯酒，各举饮之，谓之合卺。《震泽镇志》。喜嫔致语，以果四投，曰撒帐。董《志》。继设馔于堂前，列绛炬，婿与妇并南向坐，谓之结花烛。明日，婿以妇拜见舅姑。《震泽镇志》。或即日参见舅姑，则南向分东西坐，各设肴核，婿与妇跪拜，《新纂》。献酒双爵，曰劬劳寿酒。汪《志》。有贽，曰上见音“现”礼。董《志》。并见旁尊戚属，谓之见礼。舅姑以妇谒于先祖，谓之参祠堂。《震泽镇志》。总谓之做三朝。汪《志》。闹房之俗，江浙皆盛，唯吾乡犹不伤雅。《县志》引费南辉《野语》。越数日，妇家备礼来婿家，谓之望朝。逾月，妇告归，谓之回门。返夫家，谓之大归家。各以盘合糕果相遗。董《志》。间有婿就婚于女家者，谓之入赘。赘后归婿家，谓之卷帐回门。凡婚姻必有媒妁，以四人为常，少则二人，多或六人。《浔辑》。按，光绪、宣统之间，婚嫁仪节不遵旧制，往往任意变更。凡婚嫁之家，或借公共之所，或在男家厅事为礼堂，由两家公请素有闻望者为证婚人。届日，男家以彩舆迎新妇至礼堂。礼堂中设一案，赞者先请证婚人入席。介绍人、主婚人以次入席。两家男女宾客分左右坐。由宾相引新郎、新妇朝上立，证婚人宣读《婚书》。读毕，证婚人、介绍人、新郎、新妇各盖小印。新郎、新妇交换饰物，然后行结婚礼，三鞠躬。来宾致颂词，尊长致训词，主人答词后，新郎、新妇谢，证婚人谢，介绍人谢，男女宾均一鞠躬。礼毕，新郎、新妇送入洞房，并无参拜天地祖宗及父母之礼。其行礼时，均用西乐及风琴之类。新郎服装，或中或西，无定制。新妇则衣红紫之服，而面蒙白纱，有长至一丈余者，谓之文明结婚，虽士族亦竞效之，不数年已寝成风会矣。

董蠡舟《浔溪棹歌》：爆竹雷鸣开迎船，沿流鼓吹夜喧阗。青蚨二万前期约，免向牵牛索聘钱。

丧葬

人始死，令道士以《六轮经》辨生肖所忌，谓之批书。董《志》。裂白布遗吊客裹首，谓之孝帛；至戚往哭，亦襚以布帛，若纩，谓之遣襄。一作缫，一作缃。亦有兼行奠礼者，其他亲族，或吊或奠。吊用香烛楮锭，奠用牲醴庶羞。其居相近者，先以吉服临尸，谓之探丧。《震泽镇志》。未殓之前，其至戚则延僧十余众，在灵前念普佛。至夜分，则延女尼礼忏，谓之祭念。亲戚多者，十余起不等，每起五人。如无亲戚送者，则自己延之。有余之家，尸后燃点树灯。《新纂》。三日大敛成服，凡来吊者，谓之送殓。汪《志》按，俗以棺中上子盖为小敛，上大盖为大敛。又棺尾有子孙钉，为他处所无。据批书所定，日用道士招魂，主人奉主以接。主或以帛，或以纸，至五七则易木。兼焚死者遗衣，谓之神回；以有杀神，亦谓之接杀，《震泽镇志》。亦谓之接眚。汪《志》。至五七之期，至戚具小神室以妥木主，并设奠，谓之上座亭。汪《志》按，上座亭，必以女婿，无女婿，始以他戚，亦有即用神回日者。后凡时节往奠，谓之上座。《震泽镇志》。初丧，择定小殓、大殓之时刻。《新纂》。以单遍传代讣，董《志》。谓之报条。《新纂》。择日开丧，甚有鼓乐歌唱，客或酣啜醉饱而散。董《志》。终七七期止吊，谓之阕灵；主人墨衰拜于吊者之门，谓之谢孝；二十七月撤几筵，谓之除灵；亲族来吊，谓之送座。《震泽镇志》。奉主于祠堂，曰升祠。汪《志》。将葬，亲族集送抵墓，拜别而散，谓之送葬。葬无定期。《震泽镇志》。必用堪舆家起棺，多用偷柩法，子夜蓦然而起，以故亲友会葬者甚少。《浔溪文献》。或有将柩火焚，拾骸骨贮瓮埋之者；或俟尸腐烂后，检其骨置瓮中，谓之揭生骨。《乌青镇志》云：按律，从祖父遗言而烧化者，杖一百；若非祖父遗言而烧化者，当引《刑律·发冢》条内；子孙于祖父母、父母坟墓熏狐狸，烧及其尸者，绞之律。汪《志》。有贪图风水历久不葬者。董《志》。更有阻葬恶习，纠集奸匪，横索酒食银钱，厥费倍蓰于营葬，此最为人心风俗之害。恶少千百为群，溪壑不饱，或颠倒其棺，或舁以投诸河，或持耒耜斫斫之，并有事后百计侵损，使人不敢望墓而祭，不第塞流断港、伐树纵火之为也。营葬家每以兆域所在，隐忍以餍其欲，而养奸既深，刁风遂滋蔓而不可遏。今者宪示严禁，第一时不能尽蔽其辜，再俟详禁立石，以垂永久，则于生者、死者均有裨云。《乌青镇志》。按，同治以来，由师善堂董事禀请官厅，禁止阻葬。凡营葬者，商请师善堂雇船，派司事护葬，于是抢灰索费之风遂绝。

祭祀

士大夫家祭高曾祖祢为四亲，间有建祠合祭者。自忌辰外，岁时之祭，元旦悬先人遗像，或三日或五日，设糕果拜献，撤像日设馔享之。清明、夏至、七月望、十月朔、冬至、除夕等节日，祭品丰俭不同，无有废祀者。明谈修《呵冻漫笔》云：今人于宾朋燕会，必务丰洁，乃祖宗祭享多从苟简，是薄其所厚，而厚其所薄也。僧家有节关，录亡者姓氏，董《志》。遇清明、七月半、十月朝、冬至，《采访册》。遍送施主，士大夫家亦用之，董《志》。祭必焚冥镪。《浔辑》。祭墓则于清明、十月朔举行，祭毕添土，悬纸幡树上，谓之飘白，或曰借以招魂云。董《志》。按，纸幡近已无有矣。又有灶及土地神，亦四时祭之。《震泽镇志》。按，逢时节祭先之日，必先祀土地灶神，案供神马，祀毕则焚以黄纸。

明董说《剪纸钱》：当《薤露歌》，哀世死生钱癖也。剪纸钱，蹙纸山，金作岣嵝银华山。愿君金魂玉魄，相随世世万年。

杂仪

生日开宴受贺，曰做寿。生子三日，邀新友吃三朝面。逾月，剃胎发，亲友致馈遗，曰做满月。周岁制饼作试儿会，曰拿周。朋友订盟，称昆弟，曰换帖。以儿女过房与人，俗云：出姓好养。然过房后仍返父母家。自后两家往来，与婚姻无异。至乡民并有过房与神庙中者，如关帝姓关、总管姓金、观音姓妙之类，则士大夫家所无。汪《志》。

正月

初一日为元旦，家设糕果，接天接灶。悬先像，亦设糕果。家长率子侄辈礼毕，男女各拜家长，余各以次递拜，然后出拜亲友。董《志》。名曰拜年，亦曰拜节。门前多设红纸门簿，客自列其名，或投刺焉，往往交错，各不相见。汪《志》。数日内，互相邀饮，曰年节酒。是日不炊，除夕预为饭食之，谓之年饭。禁扫除汲水。董《志》。汪《志》按，元旦接天，即望朝贺之意。《乌青镇志》斥为僭妄，非也。爆竹自子夜达曙，相传以祛疫疠。《乌青镇志》。

初三日为小年，朝接天祀先，糕果皆撤。汪《志》。立春延客用春饼，儿童竞放纸鸢。谚云："杨柳青，放风筝。"《乌青镇志》。又有抛球踢毽诸戏。汪《志》。

初五日，五路财神生日，五更时，祀以牲醴，曰接五路。同上。

初九日，玉皇生日，士女集广惠宫烧香。同上。

十五日为上元，天官赐福之辰，人多持斋举会。是夕，有扎造龙马诸灯游行街市者。元宵前后，钲鼓声不绝，谓之元宵鼓。杀粉筛细丸如芡实大，食之，曰灯圆。董《志》。汪《志》按，旧志并云：十三日上灯，十八日落灯。然镇上久无元夕张灯之事，徒虚名耳。二十日为天穿日，多为幼女穿耳。《浔辑》。

纪官《正月五日》：腊月清和似暮春，盘空小鸟出风尘。家家祀路浇新酒，俗以五日祀路神。偏向风尘苦问津。

又《蔡北港量水可验一岁水旱》：元宵午刻村农集，桥背持竿测短长。人事若能凭尺寸，任他风雨自飞扬。

纪远《正月十五夜》：月明如昼可怜宵，箫鼓儿童破寂寥。犹记金陵旧游地，万灯迷眼欲魂销。

张镇《浔溪渔唱》：元宵风景尽堪夸，画鼓冬冬灯市哗。卍字栏干珠箔卷，争看水面放莲花。俗于元宵有放莲花水灯之戏。

孙燮《龙灯行》：人声直作波声沸，天上游龙地上戏。健儿矫捷好身手，莫是豢龙有苗裔。龙头昂藏舞向天，龙尾蜿蜒拖著地。有时首尾相冲击，一跃人从龙背坠。电光四射列炬明，水底红霞风荡碎。真龙畏缩不敢下，天上无此光景丽。是时日落春空晴，云裹冰轮吐复翳。千家晚饭坐对月，但说灯来未肯睡。欲来不来闻钲声，儿童跳荡犬争吠。侧闻灯盛兆年丰，民气和乐天赐瑞。吾乡泽国田土薄，足食人民仰水利。八蜡猫虎皆象形，灯作龙形其遗意。愿龙宛转随人心，雨旸时若溥美利。百物丰盈人力暇，更剪龙鳞翻巧制。轰雷掣电须臾间，喧声渐远市门闭。腐儒摇笔坐夜阑，得句聊补岁时记。

金锡桂《龙灯行》：元宵已过天气晴，填街溢巷鸣铜钲。偃师曼衍呈游戏，真龙宛宛空中行。之而鳞爪试攫搏，欻若头角来峥嵘。破壁欲飞才一瞥，探珠偶触人皆惊。临水故作行雨势，歕薄疑有波涛声。蛮童趫捷善控纵，腾踔恍与龙合并。得非君乃豢龙氏，不尔变化何神明。乍见几夺叶公目，惜哉未点僧繇睛。是时漏转刚初更，暗尘细细随风生。金迷纸醉信不数，南油西漆谁争评。天街竟夕作软绣，金吾有禁非人情。衣香缭乱燕钗坠，朱楼十二湘帘平。肩摩趾错乐复乐，时和想见皇风清。龙之来兮势矫矫，龙之去兮光荧荧。掉头倏忽不知处，耳中犹似闻铿鍧。书窗寂寂夜将半，明星三五天东横。

二月

初二日，女士皆摘蓬叶簪于首，云辟头风。《浔溪文献》。又留年糕食之，名撑腰糕，令人不腰痛。董《志》。

初三日，文昌帝君生日，士民焚香拜祝。汪《志》。

十二日，花朝，以红绸及红纸系花树上。同上。

十九日，观音大士生日，烧香者不绝于道。同上。

张丹山《浔溪棹歌》：几日浓阴二月天，竹林惊破冻雷先。明朝已是春分节，双桨飞来笋档船。

董蠡舟《浔溪棹歌》：抽芽早听冻雷催，准拟花猪顿顿煨。两片帆轻双桨疾，今朝晚档笋船来。笋出郡南诸山，春分后以舟载而来鬻，曰笋档船。晓至者谓之早档，夕至者谓之晚档。晚档为胜，以其早斸而暮至，则味尤鲜也。

三月

初三日为上巳，男女皆戴荠菜花。谚云："三春戴荠花，桃李羞繁华。"是日真武生日，烧香。董《志》。

清明祀先，扫墓插柳。《浔溪文献》。食粽子，名曰角黍，取寒食之义。董《志》。士女野步，谓之踏青。极乐庵焚香最盛。范《志》。姚田快船成队到震泽岳庙前取道，市中皆舞兵器及篙，《文献》。名曰哨船。又结队往天竺进香。汪《志》。

廿八日，东岳生日，士女集广惠宫及极乐庵烧香作会。同上。遇丰年，则出灯会。每在二、三月间，引线灯作绣球、凉伞等形，争新斗艳，为他处所无。击钲鼓随之，游行市上，迎神出观，或为藏头诗句，任人商揣，曰灯谜。旬余始罢。远近来观者甚众。同上。

纪官《清明》：桑芽雀口草芊芊，久惯篙工岳庙前。左右插花龙样舞，春衫抛去罱泥船。队队村船天竺行，夜深飞橹喜兼程。十年起早西湖过，未认苏堤柳色荣。

谢洲《清明竹枝词》：分水墩边人挤肩，风光画出清明天。钲声不住鼓声闹，岳庙烧香双橹船。

曹仁虎《浔溪竹枝词》：清明时节快船飞，绣戟雕戈次第围。斗罢风前身手健，绿杨阴里彩旗归。

金钟秀《冶春同人集茜红院分赋古方俗限短七古·挑菜》：禁烟时节东风软，士女嬉春游缓缓。采兰斗草兴余浓，又为挑青约邻伴。连朝微雨酥春泥，绣野离离翠甲齐。白夹青裙晓妆束，携篮先听晓莺啼。须臾小摘香盈匊，嫩叶柔根青一簇。风味相怜正及时，山厨好配桃花粥。流传佳谶号迎新，堪羡田家趣最真。金鞍玉勒夸游冶，齿冷朱门食肉人。

《踏青》：雨丝无力晴丝袅，绮陌迷离长芳草。深闺日夜剪刀忙，红罗绣得弓鞋小。芳裙联袂同出门，花红锦簇一村村。香泥亦是多情物，印出莲趺深浅痕。画楼别有伤心侣，静掩帘栊愁不语。眼对韶华忍弃捐，停针脉脉萦离绪。花落花开年复年，等闲飘瞥亦堪怜。输他野饮疏狂客，醉倒芳茵紫草田。

夏荫棠《踏青曲》：去岁踏青花已落，鬓丝人影空萧索。今年踏青花正开，人爱春光去复回。春塘柳白芳草绿，岚光烟痕看不足。一带红楼隐约间，珠帘不卷春寒促。春寒绣幕不分明，黄鹂一啼香梦惊。起来小立绿窗下，偷听墙外踏歌声。踏歌声急来南浦，南浦离情空自苦。郎去天涯不复还，花开花落浑无主。无主春归不当春，品花斗草更伤神。眼前多少踏青客，不知谁是未归人。

徐莔《戊子春日同诸姊妹踏青偶作长句》：踏青连袂趁新晴，草草花花照眼明。水涨溪边容睡鸭，柳飘陌上听啼莺。零丁怕向危桥立，迤逦还从仄径行。菜麦青黄看不了，西山万丈彩霞生。

徐延祺《浔溪踏青词同管花弟》：横塘春水碧无涯，况值新晴夕照斜。儿女解怜春欲去，出郊三里折桃花。　池塘处处踏莓苔，入寺空明眼界开。最是春风管闲事，布帆如织过墙来。　分水墩前夕涨平，文昌阁下渡船横。凌波小队湔裙去，照见惊鸿影逼清。

金锡桂《看灯词》：蛮衿秃袖饰娇童，一骑遄飞踏软红。笺奏天公须做美，今宵乞与试灯风。市语喧喧水栅头，红妆多在靠街楼。　关心蝉鬓珠帘内，不到黄昏不上钩。彩幡绣伞耀通明，想见针神手爪精。十户中人共一炬，底须幻戏偃师呈。　钲声鞺鞳沸如雷，铁锁银花次第开。看到烛龙尤健举，延清句里夜珠来。　兜娘携手婢扶肩，月下端相分外妍。一树玉兰花百朵，丽人行处越喧阗。　胜替司勋作水嬉，神风飒飒导灵旗。暗中祝向光明佛，愿照穷檐漆室时。

孙爕《三月下旬灯事甚盛感而有作》：宝马香车络绎迎，笙歌如沸火如城。人情欲补元宵缺，天气难逢谷雨晴。举国若狂豪兴在，非时为乐后忧生。依稀记得当年警，早闭闾门禁夜行。

董蠡舟《浔溪棹歌》：落梅风后浴兰前，引线春灯百态妍。花月良宵即元夕，笑他买夜费金钱。

陆长春《浔溪观灯曲》：奇花万树灯光红，裁缯剪彩争天工。赫蹄乱搠细针眼，青凉伞底流苏绾。双龙戏海鳌驾山，狻猊睛活狮毛斑。珍禽怪兽无不有，鸡亦能鸣兔能走。凭空现出黄金桥，红阑错落珍珠飘。蛮奴玉面盛妆饰，七尺珊瑚手擎出。忽看一骑飞尘埃，宫袍簇拥状元来。状元不是官家子，唾手偏能博金紫。传出楼头笑语声，双鬟绰约人娉婷。当窗照见芙蓉面，几夜看灯犹未倦。纷纷箫鼓鸣长街，南油西漆争安排。心工各自斗奇巧，只要旁人说声好。呜呼！一宵动费万金钱，奢华过眼皆云烟。不见乡间夫妇吞声哭，瓦盆油尽无灯宿。

汪懋芳《三月廿一日扫墓》：莫道今年节候迟，春来日日雨如丝。长眠地下人知否，麦饭儿孙春祭时。

温丰《村社》：枌榆影里彩旗翻，桑柘阴中钲鼓喧。里正醵钱朝叩户，邻翁扶醉晚归村。杀人董卓犹遗恨，分肉陈平岂妄言。最爱农家多野趣，春祈秋报古风存。

四月

立夏，饮火酒，啖樱桃、新梅、蚕豆芽、谷饼，谓可解疰夏之疾。董《志》。男女皆以秤较轻重，谓之称人。范《志》。

初八日，释迦佛生日，僧作浴佛会。董《志》。

十四日，吕祖师生日，剪万年青叶置通衢，令人践之。汪《志》。

董蠡舟《浔溪棹歌》：芽谷蒸成饼样新，饯春筵上看称人。如侬何待持衡较，戍削香桃掌上身。

温丰《初夏村居》：农务蚕田际，风光春夏时。贴符惊燕子，汲水带鱼儿。笋老菰初嫩，桑稀秧正滋。今年梅雨足，插种不忧迟。

五月

初五日为天中节，亦称端午。先期，道家以天师符、僧家以黄纸符馈檀越，谓之送符，女僧则以彩绒作花，谓之送老虎花。亲戚以绿豆糕、银鱼、灰蛋、黄鱼、角黍相遗，家家以雄黄、菖蒲泛酒。汪《志》。小儿女以彩线穿赤小豆，缀辫髻。裂缯为囊，贮雄黄佩之，曰雄黄袋。董《志》。剪茧作虎形，以艾为人形，跨之，谓之健人老虎。汪《志》。悬天师及钟馗像，系蒲艾于床，或采百草杂苍术、白芷、芸香等物焚之。《震泽镇志》。近午时，以雄黄火酒洒四壁，官府行庆贺礼，民间则否。汪《志》。

黄梅时，储梅水。《涌幢小品》云："霉后积水烹茶，甚香冽，可久藏。一交夏至，便迥别矣。"《浔辑》。

十三日关帝生日，士民焚香拜祝。董《志》。

夏至后半月为三时，禁淋灰浣衣。同上。

二十日为分龙日，四栅俱择空地演水龙。《浔辑》。

董蠡舟《浔溪棹歌》：辟兵户户彩符新，越国亡来竞渡湮。石首鱼黄蒲酒绿，马家港上吊灵均。午日无竞渡，黄九烟以五日自沉。 回帆伫听鼓冬冬，深恐愁霖滞客纵。检历已欣过小暑，朝来雷雨正分龙。

董洵《浔溪棹歌》：节过天中未浃旬，闻涛阁里又酬神。愿求几点磨刀雨，洗净人间十丈尘。关壮缪生日得雨，俗谓之磨刀雨。 黄鱼时到正黄梅，无数冰鲜入市来。刚喜好风吹舶趠，莫教小暑一声雷。

温丰《梅雨》：日夜阴霖已浃辰，小斋润滑喜无尘。春花已尽叶犹发，秋卉初芽色一新。屋外有田蛙鼎沸，门前流水燕梭巡。鱼虾烂贱贫能买，天使南人傲北人。 黄梅时节气犹清，盎盎生机万物盈。人道插田须要雨，我因偷懒不求晴。白鱼跋扈冲层出，绿蛤跳梁入户鸣。省识农家多乐事，偶闻田水忆渊明。

六月

初四日，祀灶，十四日、廿四日亦如之。谚云："六月三通灶，胜如打火醮。"汪《志》。

初六日，食馄饨，涤器具，浴猫狗于河。董《志》。日未出时，汲井水，用磁罂盛之，入黄瓜一条于中，黄蜡封口。四十九日，瓜已化尽，水清如故，可解热毒。《涌幢小品》。

三伏，造酱酿者罨曲。《浔录》。

十九日，大士成道，日人持斋礼诵。董《志》。

廿四日，雷祖生日，广惠宫烧香。《浔辑》。

七月

立秋日，吞赤小豆七粒，井水下，云免疟痢。《浔录》。

初七日，金元七总管生日，演剧祭赛。是夕，食茄饼，或揉面为花果、鸟兽形，油炸食之，曰巧果。闺中捣凤仙花染指甲。汪《志》。

十五日为中元，地官赦罪之辰，人多持斋。举会祀先，俱用素馔。僧家启盂兰盆会，夜则沿河放灯，谓之照冥。有丧之家，延僧咒诵，名曰施饭。是月，市井醵资，各延僧设瑜珈焰口，街衢间每夜有之。同上。

三十日，地藏王生日，士女往东藏寺烧香，礼佛达旦，曰坐夜佛。人家门前设香烛，或以木屑和油沿路焚之，曰点地灯。同上。

明董说《染爪》：秋风来几日，安得捣衣砧？为敲金凤花，共立梧桐阴。色憎唇朱淡，影射晴霞深。明朝洗眉角，红日透青岑。

又《招魂曲中元日作》：梦魂夜逐青桐叶，飞落秋园作蝴蝶。一星鬼火入江青，法王院榜招魂帖。灵幡剪纱钱剪纸，月黑松摇古须鬣。高僧入座咒音寒，精灵百万啼秋怯。啸声认得故人魂，犹带生前旧豪侠。

又《盂兰招魂词》：灵风飘幢塔铃语，小玉魂归立秋渚。只言夜踏阳台云，苍茫乍隔青枫雨。拥髻来看水灯绿，法王正奏无生曲。

纪瑞《巷烛行》：七月日已晦，民俗异他乡。传言有神降，列地炬成行。类蛇搅断岸，复若千星乱。儿童始甚谨，顷刻同戏玩。君见切莫瞋，青苗会欲陈。巾紫长衫白，田祖陌头巡。

董蠡舟《浔溪棹歌》：但酬总管竞笙歌，孰问天孙夜渡河？郎莫穿针来乞巧，世间正患巧人多。七夕无乞巧者。　一昨僧来送节关，明朝施饭棹船还。船船篷底新妆面，抹丽花秾压两鬟。中元节，僧家送节关。女子适人而有父母之丧者，于是日具酒馔往哭，并延僧施饭。他姻戚亦间有行是礼者。　地藏生朝值孟秋，遍然地烛百间楼。踏灯看杀冶游子，两岸珠帘尽上钩。

董恂《地灯曲》：年年七月三十日，已堕斜阳无瞑色。遍地辉煌桦烛红，不断明灯替明月。薰天火树焰银花，胜过元宵闹蛾节。燃来木屑和膏油，爇罢都梁搀艾纳。旁人为我说今宵，大放光明地藏佛。蜡炬高烧十万枝，灯益光明佛尤悦。肩摩毂击佛殿挤，膜拜虔诚更难及。家家月朔不茹荤，欲仗清斋脱罪业。佛号喃喃老媪宣，数珠一一村翁捏。艳妆更有女如云，避人坐爱僧房密。施财不惜破悭心，拚拔金钗库中质。清晓来游暮不归，道吃香厨饭难得。白昼烧香夜点灯，要把来生善缘结。愿得天上大喜欢，生事何遑计逼仄。减尔今朝糊口资，供他昨夜缠头物。欲祈佛佑在皈僧，何必浮图四千级。我闻此语信且疑，菩萨低眉恐未必。禅门便说赖十方，佛法曾云空一切。释迦何肯作厉阶，尽使乡愚蛊邪说。布施果足广福田，地狱翻为廉士设。何苦忙忙触热来，男子抛耕女抛织。尔辈方期佛有灵，我侪还恐天将扤。即看今年夏不雨，米价高翔已难活。手皲足跰得几何，有用翻教耗无益。倘令我佛果有知，也欲当头加棒喝。至道本无人我相，佞之未必为功德。试看何充孟颢徒，成佛生天目未击。糜费先增彼罪愆，更谁替尔重消释。我今愿作忏悔文，仗此良因各努力。聪听彝训厥心臧，胜向莲台勤合十。此歌未阕夜已深，四顾灯光犹未灭。愿敛南油北烛资，散作贫儿一年食。

又《浔溪棹歌》：凉月将弦照一庭，双莲佳节意惺惺。郎醵总管钱神会，妾爱牵牛织女星。　喧传佛诞是今朝，礼佛禅堂伴已邀。忙杀人家小儿女，戒香华烛满庭烧。

纪庆曾《乞巧》：莲步轻移印绿苔，彩针穿罢几徘徊。庭前处处陈瓜果，毕竟何人得巧来。

八月

初一日，婴童稚女以笔管蘸晓露润朱墨，印圈于额及肩背、手掌、足踝，曰天灸，可治百病。《浔溪文献》。

初三日，灶神生日，祀灶。汪《志》。

十五日为中秋节，以月饼相馈遗，宴集赏月，或竟夕不眠以待月华。《文献》。糊纸为斗，实香屑于其中，名曰香斗。至夜，架桌庭中爇之，曰烧斗香，亦曰烧天香。尼庵尤盛，道家则礼斗忏，设祭炼彻晓，官府行庆贺礼，民间则否。汪《志》。

曹仁虎《浔溪竹枝词》：秋露如珠蘸翠筒，笑携绣褓祝儿童。不须更学桃花靧，娇额新添一点红。

董恂《天香·斗香》：小院凉生，闲庭秋好，又逢斗柄西指。剪纸为炉，碾檀作屑，爇向木樨花底。摇光掩映，愿瓣瓣都成心字。怕被清辉照见，低揎袖罗斜倚。　夜凉真个如水，检薰笼，苎衣初试。竟体芳兰，融和满庭香气。更向星前细步看，敛衽深深拜初起。要趁团圆，教郎睡未。

纪磊《礼斗》：七星北斗望中遥，香篆家家彻九霄。我更闲情无处着，借他团坐话中宵。

九月

初一日，报国寺香火最盛。范《志》。初五日，崔、李二大明王生日，家家煮糯米饭，具酒果设祀，谓之拜双土地。嘉应庙烧香游览，士女阗溢，百戏杂陈，前后二旬始罢。汪《志》。

初九日为重阳，食放糕，《浔溪文献》。或食栗糕，或有携壶登高者。汪《志》。斗姥生日烧香。《浔辑》。

张鑑《浔溪棹歌》：蛮管巫箫赛谷神，芙蓉渍粉镜中匀。山门摩睺罗成肆，多少人看看画人。

汪懋芳《九日》：花糕五色斗新奇，妇子团栾足自怡。尊有绿醽篱有菊，今朝何可竟无诗。

十月

初一日为十月朝，祀先扫墓。汪《志》。

十五日为下元，水官解厄之辰，人多持斋举会。《浔溪文献》。

十一月

冬至祀先。汪《志》按，俗以清明前一日为清明夜、冬至前一日为冬至夜。凡祀先必在节前一二日，每节皆然。汪《志》。蒸粉团，曰冬节圆子。《浔辑》。是日谓之亚岁，官府行庆贺礼，民间则否。董《志》。

十二月

初八日，僧尼以白米和诸果作粥，名曰腊八粥，以饷檀越。董《志》。腊中多丧葬修筑之事。以岁官交承凶神方位未定，故有可不忌者。酿秫作酒，煮而藏之，曰腊酒。同上。储腊雪水。《浔辑》。

廿四日，谓之交年。是日，扫屋尘，送灶。用饧糖祀之，曰灶糖。蒸粉圆，曰送灶圆子。焚纸轿，曰灶轿。丐者傩于市，曰跳灶王。汪《志》。迩来送灶，皆先一日，沿旧者鲜矣。范《志》。

二十五日，玉帝及诸神下降之辰，人皆持斋。汪《志》。食物不用油炙。《浔溪文献》。有食豆腐渣者。汪《志》。

三十日为除夕。前数日，亲戚互相馈遗，曰年节礼；磨粉和饧馒为糕，曰年糕。董《志》。以牲醴祀众神，曰拜年夜利市。俗以廿九日为小年夜，三十日为大年夜。汪《志》。

是夕，家各祀先，爆竹之声聒耳。换桃符门神。家庭举宴，长幼咸集，曰年夜饭；彻夜不眠，曰守岁。或有灶前致祷，请方向出门，听市人无意之言，以卜来年休咎，谓之听响卜。董《志》。汪《志》按，浔镇质库，向例每日辰开酉闭，唯除夕通宵彻晓。近年以多警防盗，请官给示，虽除夕亦不复夜开矣。

明董说《扫尘词》：吴俗，十二月扫尘，为岁除风景，作《扫尘词》。冬冬腊鼓扫尘时，丰草庵空竹拂垂。自信世间尘不到，平生长隔庚元规。

又《祭灶词》：祭灶灯寒祝语疏，自将功过默乘除。风流罪业应难免，偷写人间几叶书。　灶王归去海云稠，应记南村人正愁。为上绿章封事奏，青山乞与半生游。

汪懋芳《冬日扫墓》：岁月惊心春复秋，荒村重到感松楸。依依衰柳疏无影，浅浅寒波澹不流。宿草未青空洒泪，鬓丝易白暗添愁。一抔黄土人何在，剩有儿孙拜墓头。

董蠡舟《岁阑杂咏八首有序》：吾乡之俗，腊月二十四日，为糍以祀灶。范石湖《村田乐府》云：豆沙甘松粉饼圆。即是物也。市有鬻饧者曰灶糖。糊纸为舆，曰灶轿。祀者皆用之，谓之送灶。送灶后粪除屋宇，谓之扫尘。屑米合蒸，谓之年糕。择吉日以牲醴祀百神，谓之拜利市。除夕，家家治具，群聚欢饮，谓之年夜饭。饭罢，子妇于尊长、仆婢于家主前称某如意，谓之呼如意。仆，窭人子也。衣尽付之质库，券争合夫邻逋，贫家风味，尤不可无篇什以纪之。爰赋五字，共得八章，名曰《岁阑杂咏》云。《送灶》：交年髻去官，从此六参佐。舆后众察治，红妆细马驮。纷纷荐花饧。聊当一钱大。灶养原热官，不似杨临贺。《扫尘》：吾庐本离垢，聊复旧例沿。不辞事一室，天下方晏安。皎皎不缁操，珍重保岁寒。寄语润屋者，先扫胸怀间。《典衣》：续食与取酒，此例古有据。较胜称贷难，赖有流泉务。莨篋犹可搜，卒岁岂无具。一篇《七月》诗，怕诵《无衣》句。《索债》：泥涂喧屐齿，夜巷明灯光。叩门色然讶，抚已唯空囊。不甘呼负负，谰语聊自强。李沆行入相，留待君王偿。《蒸年糕》：合蒸复饼之，义协周官注。名年恰有合，谷熟岁一度。见《说文》。惊心节物更，弹指华年暮。暮境甘如渠，一饱外何慕。《拜利市》：岁终合万物，大索鬼神祭。事无乖《礼》经，名偶应《易》义。福汝神应难，奢望冀三倍。柱史言足征，熙攘尽为利。《年夜饭》：一年余一宵，眷眷有余恋。别岁笑蜀人，敦迫早相饯。何如勉加餐，团栾启家宴。屠苏让少年，一饭吾叨先。《呼如意》：吉语胜镜听，弥令我颜厚。动辄与心违，十事恒八九。平生所大欲，有书兼有酒。此愿亦易偿，能如吾意否。

又《浔溪棹歌》：胶齿饴香糁食甘，醉司命事妾深谙。怪他忽改东京旧，送灶家家二十三。残年雪虐更风饕，龟手何辞井臼操。屑米合蒸陈例在，隔篱灯影夜炊糕。磨粉和糖为年糕，俗谓之装糕，亦曰炊糕。

许旦复《小除夕杂咏四首》：《酬神》：平安两字历年时，上下神祇合酬之。鱼肉堆盘嗤简陋，香花供案俨威仪。喃喃妇女迎禧祝，跃跃儿童掷果嬉。老子于斯情匪浅，愿邀神贶醉残卮。《祀先》：此日家家合祀先，贫来蔬馔亦登筵。但期肸蠁绵千祀，敢谓精诚达九渊。我祖定知今日腊，此生剩有几多年。抠衣躬率儿孙拜，回想童时一慨然。《饯岁》：度日艰难望岁终，朝朝累我泣途穷。质衣炊未范丹济，乞米人谁仁祖同。华烛他家饶乐事，寒毡有客郁愁衷。何如速去无相溷，化籥从头换一通。《送穷》：与我追随七十年，每令所往辄迍邅。一簪馈遗身难着，半菽营求望屡悬。呵护此生知莫得，揶揄垂老或相怜。无端一笑遥挥手，送汝灵旗双桨船。

汪曰桢《岁暮同人分咏范石湖腊月村田乐府祭灶》：司命朝天去，云旗荡漾迎。饯君婪尾酒，费我胶牙饧。门仿涂糟例，庭喧爆竹声。瞢腾神醉止，利市祝丰赢。

《卖痴呆》：谁把痴呆买，沿街叫唤频。流光残岁逼，旧例小儿循。滞钝真惭我，聪明易误人。愿留愚蠢在，常作葛天民。

纪复亨《小除祭灶》：香尽烟升首戒涂，缚车结马饯清壶。来朝宣问通明殿，先奏今年米是珠。 欢抚卿忌绕张孙，远上苍苍暮色昏。臣腹琅玕青欲剖，不知何路向天门。

施国祁《除日》：未曾祭灶请比邻，又见痴呆卖及辰。北地梅花寒送腊，东风菜见《本草》甲暖宜春。餐余苜蓿盘仍旧，画尽牛羊历又新。三命只安贫贱老，问天无益敢求人。

李廷赓《丙寅除夜喜吟》：爆竹声传西又东，迎新送故此宵中。笑他吴俗依然在，叫卖痴呆半小童。高烧红烛卷花时，守岁无人觉漏迟。乡间无事，人皆早睡，不守岁者居多。似我迩来情薄甚，不将诗祭反吟诗。

南浔志卷三十四

里人周庆云纂

义举一

义仓

明董份置义仓，久废。本朝乾隆十三年，里人公建社仓，今亦无考。咸丰五年，复设义仓，采买米石，分存于各米行，俟经费充备，建造仓廒。嗣遭兵燹，粒米无存。光绪四年，里人蒋堂等募集积谷钱若干，分存本镇各典当生息。岁歉，出以赈济。至二十八年，灾重用巨，积钱罄尽。二十九年，里人刘锦藻等复捐巨资，建仓于南栅笺一圩北庄。

《浔溪建立社仓启》：盖闻虞廷咨牧，食惟其时；周礼建邦，荒亦有政。故足国必先足民，重农因之重谷。虽天时之登耗有数，盛世不必常丰；惟人事之补救有权，至诚乃能豫立。浔镇古号南林，素称仁里。迩者邻省饥馑荐臻，随至粟米腾贵。皇仁浩荡，就本省而留漕；宪德汪洋，饬地方以平粜。吴公署篆，倡减粜而劝乐输；陈宪下车，继捐资而亲督率。遍蔀屋之民，所在安居；逢荒歉之年，有如乐岁。但事由猝办，本非预图，所贵未雨绸缪，先时预备。惟得耕九以余三，始能仓千而箱万。观《隋史》而知义仓之说，创自长孙；读《宋纪》而见社仓之名，端由朱子。不以发之官府者操诸上，而以出之闾阎者贮于下。既无难遍之殷忧，又省长官之廑念。略有成规，请申其说：募缘资于众姓，视田之多寡以自输。按，亩或输一升，或输二升，以三年为则。推社长于稠人，量才之短长而分任。在仓民以守之而不得那移，发粟官以监之而不敢攘夺。夏则授粟于民，冬则加息以偿。朱子设法，每石量收息米二斗，或遇小歉，即蠲其息之半，大饥则尽蠲之，行之久，只收耗米三升。庶都鄙委积之谋，惟古是师；而闾党流注之法，于今为烈矣。某等金难术点，米谢巧炊，雅慕贾谊《积贮》之书，常怀汲黯赈饥之志。睹此法良意美，敢不思患预防？订于十月某日，集诸广惠宫中，呈请当途公举社长。孰勤奔走，孰掌簿书，各随其分；或赁仓廒，或司管钥，务得其人。真兆姓之义安，实一方之利益。即或旱干水溢之不时，亦无饿莩嗟来之在道。休哉裁成辅相之为，允矣长治久安之策。敢告同志，各署台衔。仰祈踊跃以争先，幸勿徘徊而观望。

乾隆十三年九月。

《设立义仓公呈》：南浔丝捐局董事金载锡、朱养诚、邵藩、蒋堂、张亦贤、钱炳熙呈为仿设义仓力筹通变事：南浔镇仿照郡城筹办义仓，大旨悉如城式，唯城镇情形有不同者，尚须因地制宜，以期有裨实济。公同酌议，以积米四千石为断，计每年应提丝厘一成，除三分留作恤嫠、义塾、善堂等用，以七分买米。若照上届丝厘捐数，以每年所提七分核计，须举办三年，方可足数。所有一切章程开后呈请俯赐察核，批准立案，以便遵行。

一、郡城义仓仿照社仓积谷，唯浔镇各米行向无碾场，只宜积米。

一、囤积宜建仓廒，目前经费不敷，郡城创议暂存各栈，浔镇无栈可存，择殷实可靠之米行，先行经办分存。

一、义仓遵照郡城之例，非遇水旱偏灾，一切公私不得挪借动用。

一、浔镇积米，专备本镇之需，以外乡村，各自经理，不在此数。虽未经举行义仓之处，遇有偏灾，亦不得移拨。

一、现当立法之初，每岁买米一次。凡届出新之时，米价平减，即由绅董赴局领钱，就本镇买进。应得碓臼、脚力、驳船租金，一切在内开销，共得米若干石，每石若干钱，现存某行，一一登簿，逐年呈明。

一、米数进出，设立印簿两本，逐细登载，一存宪案，一存经管绅董处。米行收票粘连绅董簿内。

一、存米各行，现择方恒兴、钱恒泰、吴隆兴、李恒兴等行分存立，有收存票据为凭。以后积米既多，尚应增添，务择殷实可靠之行，不致滋弊。如有弊端，公同呈请究办。

一、此系地方要举，各米行不得亏短。每遇董事轮管之时，必须点交实数，与印簿所载相符，毋许含混。

一、积米至下年值市价稍长之时，相应呈请粜出一半，其半存留不动，下年再粜。粜毕，实得钱数若干、比进本赢余若干、公议应存某董处，一一呈明，留俟秋成买补。

一、如有需用积米之时，必须绅董具呈，奉官批准，方许动用。其或私行出纳，即许地方告发。

一、遵照郡城办法，平岁推陈补新，歉岁平粜，大荒出赈，仍以地方捐赈补额，以资久远。

一、凡遇歉岁，市价过于昂贵之时，即照本价平粜。但平粜原系加惠单寒失业、朝升暮合之人，恐有市井牟利者趁此便宜，竞相争买，则利源易竭，实惠不及贫民。

应请籴平粜米者，人不得过三升，官为晓示，违者究治。

一、应设专管董事若干人，每年二人，轮流经理，至出纳时，仍旧通办。

一、绅董平时经管，均自备资斧，不准开销辛工、饭食等项。至动用积米之时，需添帮伙工人，其辛工、饭食临时酌议。

一、俟经费充裕，即行建立仓廒，以垂永久。

一、义仓司事，非醇谨老成之人经管，不足以资久远，未敢擅举，伏候宪定。咸丰五年十月，奉府宪胡批：所议各款，均属妥协，具见各绅董情关桑梓、大费苦心。至司事之人，仍著各绅董公同选举，禀候酌定。仍将进出钱米各数，随时登簿送查。

周延年《南浔积谷始末记》：光绪四年，浙抚梅通令各县劝办积谷，于是邑令某照会浔绅，请为劝办。明年二月，邵棠、陆墉、姚士璠、周昌富、金以铭、蒋堂公禀县宪，已经募集绅富，捐输钱五千串，由婴堂经收存典，九厘生息。俟新谷登场，购地建仓，买谷存储。后未举行。壬午、癸未连遭歉岁。八年冬，设厂施粥，历时四月，支钱一千六百余千。加以劝募，共费钱三千六百七十余千。甲申、乙酉、丙戌、丁亥四岁，又荒四年，连设粥厂，共计费钱六千串有奇。除将典息开支外，加以绅富所捐，以资津贴。原有存本，仍前不缺。其始由蒋堂一人经理，蒋卒，改归婴堂暂管。十五年秋，霖雨不止，田圩淹没，灾情奇重，由陆墉、邵棠及先叔祖昌富三人时余人均早故禀请，将所存本利钱六十千六千八百文悉数交付筹赈局，以济急需。十六年，赈务竣后，余存钱二千八百八十六千文，由县照会刘镛、张桢、朱宝书、梅福墉经管，即仍以之存典，专备地方旱涝之用。邻境偏灾、他项要公，照旧章，均不得挪用。至光绪二十七年九月，共存本息钱五千八百五十四千九百十九文。二十八年六月，米价飞涨，人情汹汹，于是又开办平粜，共购米四千七百七十一石四斗四升，共费洋二万九千二百四十九元九角九厘。积谷所存钱，计本息凡六千一百二十千八百三十文，悉数开支，犹不敷用。乃由诸绅共垫钱一千五百六十一千八十八文，始得蒇事，而积谷之钱尽矣。

刘锦藻《南浔义仓记》：《周礼》："遗人掌邦国、乡里、县都之委积，以待凶荒施惠艰厄之用。"魏李悝祖其意，为平粜，嗣是汉耿寿昌之常平、隋长孙平之义仓、宋朱子之社仓，其始纲举目张，法非不善，行之亦未尝无利。及其弊也，犹是常平、义仓敛散不以时，虽平价蠲息，而贫民不能沾龠合。即如社仓之法，朱子行之而效，推之诸路而未必尽然。呜呼！自古有治人，无治法。不得其人，便民之政往往转而厉民，大抵然矣。曩者安化陶文毅公知常平、社仓无以善其后，特变其章为丰备，不减粜，不出易，不借贷，一切任绅民之自为理，而不经官吏之手，其法较为简易。后人又改积谷为积钱，无霉变漂没之患、气头廒底之耗、建仓管守收放买补之需费，而且岁权子母息以大赢。然而经理之侵蚀、存放之亏倒，较积谷为尤甚。《管子》论敛谷藏币之利害，谓歉岁无以应粜与虚耗等。是累累者，诚荑稗之不若也。吾乡义仓创自前明董浔阳宗伯，年运而往，遗址就湮。咸丰间议规复，以匪乱中止。迄乎承平，人民乐康，于是书院、义塾、育婴、医药、掩埋诸善事，次第举行，而积储独付阙如。光绪己丑，湖属大水，先大夫捐资办振。逮讫事，余钱二千缗，以义仓未成，分存生息。迄壬寅，得钱六千缗。是岁米值大昂，以存钱购米，平粜不给，又募于里之富而好善者。集款既饶，值旋衰息，总计余银万四千元而赢。因念丰稔之靡常、事机之不可坐失，且比岁以来，生寡食众，欲求市价之平减必不可得。一旦水旱洊至、户鲜盖藏，邻境之遏粜，饥民之劫掠，临事仓皇，动作乖午，在在多事，兹足忧也。乃承先志，以仓储为主，而以存银辅之。自捐银万元，同人慷慨佽助，都银四万元，购地建仓于毓秀桥内之北庄。经始癸卯之春，毕工甲辰之冬。又筑桥以通往来，共用银二万三千元有奇，名曰南浔义仓。以大宗之款购米存储，而以其羡存典生息，积谷积钱，两利并用。庶几循环相生，流转不竭，师前人之法而行其意，道在于是。爰为订立章程，借资遵守。所愿继是以往，年谷顺成，斯仓之储，日积月累，推陈而出新，慎藏而谨用。是则余与同人所祷祀以求之者欤！宣统辛亥春日。

《义仓章程》：一、本仓不抽亩捐，不由劝募，系创办人各以私财自由集合，完全私立性质，名曰南浔义仓。一、本仓于北庄购地四亩三分，田三亩二分，基地培高五尺，东、西、北筑石岸六十余丈，建造西向大门三间，左右夹间两间，庭南北对厢六间设柜。中为厅事，厅左事务所两间，厅右临河北向三间为休息所，迤南为砻碓所、庖湢所、守廒栖息所八间。厅后四十廒，编排食足斯民信，时和祝岁丰。仓千盈栉比，箱万屹墉崇。义粟仁浆溥，铭恩鼓腹同。道南欣近在，囷指续高风字号。中辟晒场，四周绕以重垣，围以复道。仓之对岸，购地五分二厘，建造石磴木桥。南岸沿河至花园桥，铺设石路，以利交通。综计用银二万三千元有奇。仓南尚有余地，拟陆续培土，为将来扩充廒所之预备。一、本仓基本金分半存典，生息分半购米。储仓常年推陈出新，悉本陶文毅公成法，由创办人监督、董理人经营，他人不得越俎。一、本仓凶岁放赈、歉岁平粜、编查户口，守浔镇旧有区域，起一百六十庄，讫一百七十一庄。嗣后区域或有变更，施济要难遍及，仍以十二庄为限。一、凡遇赈粜之年，先由十二庄地保圩甲编造贫户报册，再由本仓助理人分赴各庄，按户覆查，分别极贫、次贫，计口授米，每日大口五合、小口三合，填列号簿，给予凭折。至开仓日，赴左柜验折领票，右柜缴票领米。一、各庄人口多寡不一，匀分三期，每期给以五日之米，周而复始。逢一、六发一百六十庄、六十一庄、六十三庄、六十五庄、七十上下庄；逢二、七发一百六十四庄、六十六上下庄、六十七庄；逢三、八发一百六十二庄、六十八庄、六十九庄、七十一上下庄。其余暇日，为本仓清理事务及助理人休息之期。一、平粜牌价临时由本仓核定，并将各庄分期揭示通衢，以便周知。一、开办平粜，延请商界热心公益诸君相助为理。本仓只供午膳，不送酬金，惟栈司杂役临时酌量雇用。一、输捐社谷，原以本地之有余备本地之不足。本仓出自义助，尤与他处之征及漕粮者不同。地方无论何项要公，不得挪移；邻境偏灾，不得借拨；流亡入境，亦须别筹抚恤，不得移赈。如遇大祲，给帑截漕，仍当具领应得之仁，以昭率土均沾之义。一、本仓为补助机关，有义务而无责任。如有局外人强权干涉，或无赖游民聚众要挟，妨害本仓秩序者，地方官应负保护之责。已上节录。按，该仓于光绪丁未年粜米一万零二百二十石余，宣统庚戌年粜米四千六百九十石余，辛亥年粜米三千四百九十七石余。

善举公所

附设丝业公所内。同治四年，镇绅公议筹办义举款。由丝业所捐为大宗，各殷户、各业户次之。又伪乡官张竹香没收之产，亦归公所。如拆贼垒、修桥路、浚河道、建社庙以及掩埋、育婴、书院、义塾、宾兴、舍施粥米衣药等费，无不仰给于此。十年之中，百废俱举。至各善堂成立，公所之名遂废。

《筹办义举公呈》：南浔镇绅董庞公照、邵棠等为筹办义举，叩请恩准备案事。窃职等世居治下乌程县之南浔镇。咸丰十年六月，逆匪至浔，大肆焚掠，时苏属尽为贼据。南浔与震泽毗连，寇踪来去无常，蹂躏尤惨。十一年八月，贼踞南浔，沿镇各乡村无不受其荼毒。同治元年五月，湖城失守，所属皆为贼辖。职等避居上海，苦念被害各乡瓶罍俱罄，丝缕无存，孑遗之民，仅留残喘，谊关桑梓，寝馈难安。因在沪劝募同乡之有力者分别出资，敦请公明廉干之人，回浔设法赈济，并掩埋骨殖，施送棉衣。二年分照旧举办，贫羸愈众，赒恤尤繁。两年间办理善举，出没于刀光炮火之中，履险蹈危，不敢因难而退。上年湖城未复之前，各乡又遭惨掠，职等在申购米运浔抚恤。荒村老弱，接踵而来，鹄面鸠形，嗷嗷待哺。四月间，设立粥厂，每日就食者四五千人，共施粥米四百七十五石。七月中，克复郡城。先后收敛尸骸及染疫病亡者，共施棺四百六十七具，于刘家山买地四十六亩，埋葬大小棺木一千三百五十七具。秋、冬两季又给抚恤米，五个月先后共发米七百六十石。寒冬又施送新旧棉衣裤一千四百三十套。以上经费，俱苦口劝捐，多方筹措。除去捐款，实少洋钱一千四百四十元有零，设法借垫。此三年中筹办浔镇善举，实已心力交瘁之情形也。本年民困未苏，须资接济；而兵燹之余，一切善后事宜，亦尚未举办。本镇殷富无多，资助已至再至三。若更令解囊，必多推诿。因于万难设措之中，竭力设法。查本镇殷富，业丝者居多，与其按户劝捐，多寡不定，不若计包出费，轩轾无分。爰集本镇丝商，公同酌议，每包出洋钱两元，为抚恤义举之用。各丝商急公好义，踊跃乐从。自新丝以来，至六月底止，共捆丝五千三百八包，计收洋钱一万六百十六元。此项系各丝商情愿捐输，以私囊而充公费，与乡人正项厘捐毫无干涉。先于二月间给过抚恤米两个月，六月初旬又给米三个月，共发米四百九十二石五斗二升，计用洋钱二千五百二十四元有零，又补还上年借垫洋钱一千四百四十元有零。现今修整桥梁，平治街道，择尤为紧要者，估工约需费二千余元。其重大工程，俟后再办。余如施棺掩埋，照旧经理；书院义学、恤嫠保赤，次第举行。秋闱伊迩，士子无力应试，资助宾兴，万不可免。九月初，拟再发抚恤米三个月，除去各款，如有余银，留为创造书院、开浚河渠及冬间补送棉衣之用。总之，此项银钱胥归善举，不敢丝毫妄费，以仰副圣天子实惠及民，宪公祖大人爱养生全之意，勉图补救，上答高深。为此叩请恩准备案，候冬间诸款用齐，再行造册报销。一面刊刻《征信录》，以凭众核。至嗣后续办情形，容与各丝商公议斟酌尽善，再具禀陈。务使劫余焦土，重复旧观；孱弱遗黎，再谋生聚。久安长治，仰戴鸿帡云云。同治四年七月，奉府宪杨批准。

育婴堂

康熙中设，在东栅极乐庵西偏，名留婴堂，旋废。雍正十一年，知县罗愫捐俸劝设，在东栅船场浜内，历久又废。同治七年，里人庞公照等在南栅巡检署后，即义塾故址，集资建置堂屋，更定今名。按，马要有接婴公所，同治九年设。凡乡人之力难留养者，先送至公所，接乳数月，送至南浔育婴堂。名曰“接婴”，示接而非留之意也。

董汉策《极乐庵西偏留婴堂碑记》文见《碑刻》。

曹大斌《留婴所补救说》：天下无不可补之功，而亦无不待补之阙。天地生成矣，而圣人以裁成辅相补之。唐、虞、夏、商、周之盛烈，补于当时；孔、颜、曾、孟之微言，补于奕世，莫非补也。我朝抚御万方，休养垂百祀，庞眉之叟，黄口之儿，咸受怙冒。而圣祖仁皇帝以尧、舜犹病之心，廑一夫不获之虑，恐户口滋丰，婴孩繁衍，厥父母艰于衣食，而弃其天属。闻郡邑有设育婴堂者，深加奖励。苏郡之堂赐额“广慈保赤”。世宗述之，今上绳之，保抱携持，悉生悉长。南浔虽仅聚落，而烟火数万家。里中善士仿苏郡创名留婴所，大惧力弱，示暂留以送苏。而纪君月峰更忧留婴之法或有未备，复佐以补救，岂与留婴诸同人异辙哉！凡皆委曲以全慈幼之道，所谓仁术者，非耶？纪君属予序其缘起，谨书之。其补救条例，详具纪君所自述，故不赘。时乾隆丁巳某月。按，纪氏自述，惜未见，无从采录。

汪曰桢《育婴堂序》见《集文》。

镇绅庞公照、顾福昌、朱兆传、朱养诚、蒋堂、邵堂、邵藩、刘镛、庄祖绶、邱其梁、陆长春、陈冠英、闵观澜、张陛升、张鸿顺、邢烺等公禀为重兴婴堂环叩转详树案事。窃南浔镇向有留婴堂，历久废弛。自克复以来，十室九空，溺女之风更惨于前。职等触目惊心，不得不勉力集资，复兴是堂，以仰副仁宪保赤之至意。兹择适中之所笺字一圩巡检司署后场基，东首旧设义塾，被贼毁成焦土，西首及后面系朱氏、谢氏、张氏基地，各愿慨助，共计税地二亩三分四厘。议造坐北朝南平屋九间两进，南至司署后，北至行路，东至王姓、杨姓屋，西至行路。四至之中，惟南至逼仄，幸司署后有余地，公拟量用八尺，以为筑墙基地。伏查巡司衙署，向建三进，又照墙一座，载明《镇志》。日后司署起建，仍可照旧，并无窒碍。为此环叩宪公祖，俯念地方善后亟务，迅赐转详树案，万民感戴。同治七年九月十六日禀。

又禀：为婴堂工竣缮呈条规环叩转详树案事。窃职等于上年间，勉力集资，在南浔笺字一圩重建育婴堂，计房屋九间两进，曾具禀宪辕，蒙批“即速妥为办理”，当即兴工。嗣奉各大宪示谕，赶催举行。职等黾勉从事，鸠工罔懈。于本年正月杪，业已竣工，计造作工料钱五千千有零。现准于二月初九日开堂，总理堂务一人，另延司帐、察婴等各司事五人。一切支用，务在撙节。堂中酌议条规，缮册呈送。总期稽察惟勤，俾无失误，以仰副各仁宪保赤之诚。惟经费浩繁，造作工资，除劝募四千千外，已借垫一千千零。嗣后育养用繁，拟就各铺户劝捐。惟力有所限，接济维艰。职等支绌之下，既虑目前不敷，又冀久远得继，应如何设法，再禀各大宪拨款，不致中辍。为此环叩宪公祖恩，准转详树案，以保婴孩，以全善举。戴德上禀。附呈《条规》一册，又附董事、襄事名单一扣。同治八年二月禀。

《育婴堂条规》：一、是堂建在南栅笺字一圩，坐北朝南，平屋九间两进，均系同人助地捐资以成，其姓氏，备载于后。一、堂中议定董事皆由本地公举诚恪干练之人，每月两人轮值经管，不支薪水。务以堂事当自己事经理，婴孩当自己子女，和衷共济，勿存畛域，勿恃己见，勿遇事推诿，退有后言。至进出账目，月终公同核算，年终统开细账，粘贴堂前，以绝弊端，而昭慎重。一、董事不能常川在堂，公请司总正副两人主管钱洋赈目，司事勤惰内外大小诸务。又正副三人，专司察婴，并收疏发钱，登记号簿、联票等事；司医一人，诊治堂内外妇婴。既任厥事，共矢恪勤，互相照应，便是积德。至于辛资，不宜过菲，使免内顾之忧，方有急公之志。又用值堂工人两名，一供差遣，一管门户暨收婴进堂，毋得擅离职役。又管理厨房司爨一名，暇则帮守门户。公议辛资及工钱若干文，按月支取，一概不得透宕。一、司事以事告假，十日为限，正副不得同时告假。司总经管钱洋，每月将清账开明，交司月董事核算。如有亏短，责令赔偿，查出弊端，公同议罚。一、堂中捐款积有成数，公议置买田产市房，庶几历久不废。官绅董事不得以他项善举挪用，并不准分文借拨。如有徇情，公同议罚。一、经理堂务，固在董事之总挈大纲，而日常办事，亲身料理，则尤在司事之实心实力。一有不善，则诸务废弛矣。遇有办理不善者，公议更易，不得徇情容隐，亦不许专主荐用。设有银钱不清，惟保荐赔偿，不得诿卸。一、向设留婴堂，因不能自育，转送苏堂，兹改“留”为“育”而不转送。惟目前经费未充，屋宇亦窄，且初次经理照察，诚恐难周。公议总以保婴为主，有人抱送婴孩到堂者，堂中雇乳妇六七人，预备接乳，多则照郡堂成例，发外寄养。至于乳妇之能否尽心，婴孩之有无掉换，详审精密，不辞劳瘁，功在察婴者。以下保婴。一、保婴之举，原为极贫之家不能留养而设。初生之月，凭公正保人，协同邻右或亲族，到堂报明。司察亲往查验属实，先给钱一千文，春冬给棉布衣裙一副，夏秋给单布衣裙一副，另给毛衫一件，大小尿布各一块。此后凭票每月初九日给钱六百文，令其暂养五月。此中长短多寡，察看情形，随时变通。五月之后，如果万不能养，方准送堂。如可勉力自养，须力劝之。或再给二三月，便可保全。一、堂中设立底簿。初生时，到堂报明，查验的实后，即将婴孩之父母姓名、住址及生月日时，顶发螺纹双单、偏正，手足螺、箕若干，并该保住址、姓名，逐一填明，联票给发该户收执。以后按月凭票支领例给钱文，五月期满，即行缴堂销号。或未满期而婴孩病故，亦即同保缴销。其隐匿不报者，惟保人是问。一、产母身故，婴孩无人乳哺，势必难保生全。该户协同原保到堂缴送原票，堂中查实，每月加给钱六百文，听其觅乳寄养，定以两年为期。所寄之家，换人作保，其住址、姓名填明于后，给该寄户收执。以后例给钱文，凭票支领，不与本家干涉。一、寄养之家，既为推情，照自养加给钱文，即不许半途而废。如有事故，万不能满期，准报堂查明后，再为设法转寄他家。其本家愿领回者听，仍每月给钱六百文。一、婴孩之家是否极贫，以保人为凭。倘查出滥保混冒等弊，即责令原保赔还原领钱文，并照数加倍罚充公费。但有罚必须有赏。保人奔走往来，不辞辛苦，无非为救婴孩性命起见，每保人给钱二百四十文，以示鼓励。一、各婴满月后，令该户于每月领钱之期，抱送到堂验看。如遇大风雨及严寒酷暑，或该婴患病，准于下期补验，以杜混冒之弊。一、婴孩有病，轻者抱送到堂医治，重者报明请医赴诊，方药由堂给发。至惊风、赤游丹，螳螂子等药，预备施送，逢给乳工之期，邀医生坐堂送诊。一、各婴未满期而殇，准即同保到堂领给木匣一具，缴销原票。在堂中所费无多，而乡民得以济急，鲜不乐从，便可免隐匿不报、冒领等弊，且使以留养赔费为难者更无所借口也。一、遗腹孤孩，男固有关嗣续，女亦无父可怜，而其家极贫毫无依靠者，准同保到堂查明后，男每月给钱五百文，女每月给钱四百文，按月支给。倘母故，或患病无乳，寄养他家，男每月给钱八百文，女每月给钱六百文。周岁后，再行酌增，至婴四周岁而止。两周岁后，母在，领回自管，仍照自养例支给，全节恤孤，一举两得也。一、是举名为保婴，并可兼资产母。盖极贫之家，以纺织为活计，一日不做，一日不活，一遇生产，即不能操作，百虑攒心，愁苦万状。产后羸弱，已觉不可支持，倘急于糊口，二三朝即强起操劳，多致感冒风寒，酿成危疾。有此些小资助，便可安养数日，既保婴孩，又恤产母，实两全其美也。一、独养男女，未满周岁而父死不能存活者，或已逾周岁，及先经给钱留养期满而父死无依者，均准同保报堂查明后，照上项格外酌增例一体支给。此于救溺保婴本旨未免太宽，然母去则子不能活，而其嗣遂绝；子活则母亦有望，而其节可全。保性命兼保名节，扩而充之，功德无量。一、男女虽非独养，而夫死无依，儿女皆稚，非母不活，欲改嫁而不能携去，欲抚孤而无以自存。种种情形，尤为可悯。宜于救婴之中，兼寓恤嫠之意，准照上项格外酌增例，按口支给一分，仍以四周岁为断。但须令公正保人具结，方准支给。一、孤儿、寡妇既经格外优给钱文，自可勉强存活，但愚民无识，每有贫婺难支中途改嫁者，所有应得钱文，即时停止，不再给予。或弃儿而去，准原保报堂，代觅寄养之家，照寄养例支给，以示体恤。一、婴孩系是头生者，其家断不至忍心淹溺，不得给费，以示限制。一、所定规例专为极贫之家起见，其力能抚育者，断不敢淹溺，亦断不屑此区区资助，而又断不肯抱送到堂。其或间有生育繁多，以领费为羞者，又有不便声张，势不能留者，似难一概保全。然有此一举，稍有人心，自不忍再下毒手，各婴孩其免横夭之惨欤！一、堂外乳妇不论有无子女，只许领哺一婴，不准多领。以下寄婴。一、寄养乳工每乳一婴，按月给发工钱八百文，日后情形不同，随时增减。一、给发乳工初次赴堂领钱者，先将婴孩带去竹签，换给执照，以后各持执照抱婴送验，支取乳工。其倩人代领及不抱婴送验者，概不给发。一、乳工一月一发，每逢初九日，邀齐董事至堂，逐婴验看肥瘠，照数给钱。先期造具清册，预备足白钱文，不得有误。一、遇发乳工之期，倘因风雨不能抱验，限三日补验给钱。三日不到，司事即赴乡查察。如系患病，照给乳工。如婴已病夭，隐匿不报，希图冒领者，概不给付。一、到堂领乳婴孩，务须挨次，不得任乳妇直入乳房认领某婴，以防先将子女送堂随即赴领之弊。司事总媪徇情舞弊，查知议罚。一、制备婴衣裙帽，用新布棉絮，按名给发。堂中留备数十副，以备随时增补。一、婴孩送堂，瘦瘠过甚，患病濒危者，速即医治，病愈再发。一、验婴得面色丰腴者，执照注上等，瘦瘠过甚者注下等，平者注中等，连给二次上等者酌赏，连给二次下等者停给工资，三次下等者另换乳妇。一、外发之婴病故，即行报堂，备有木匣，饬令原领夫妇妥为掩埋，不得抛弃。将该妇工资计日找给，并将原领签照吊回，以杜淆混。倘仍愿领他婴，亦准领乳。如有匿报，将自己子女易换，一经察出，将该夫送究。一、男婴不必满年，有愿过继为嗣者听。女婴两年期满，愿继为女媳者，均须邀同的保详询来历，开具合同联单，将婴姓及年庚、面貌，照册填明，并将过继之家住址、姓名、左右邻居及中保姓名，一一详注，亲笔画押，存根备查。女婴尤须说明何姓，以免同姓为婚之误，堂役毋得需索钱文。一、婴满二年不须乳哺者，大率乳满过继者居多；如不愿过继，亦难强之不退。现议暂归堂妇领养，酌给工资；若有到堂时年已两周者，亦照此办理。至残废有疾之婴，乳工固须加增，尤须妥为安顿，毋致失所。一、发出之时，详细照册载明乳妇执照，倘有本婴之父母物色婴孩者，查明属实，方准领回。一、注册编号之后，再令总媪将丝线带绕项一周，用白洋布缝口，一面填写号数，一面盖用图记，以免掉换、冒充之弊。一、堂中公举诚实内总媪一人，曾经生过子女者，专司稽查乳妇乳水多少、饲婴勤惰等情，每月给辛资若干文。倘与乳妇通同作弊，有碍婴孩，一经察出，定行革退。以下育婴。一、雇用乳妇，为婴孩性命所关，选择不可不慎。凡有投充者，由乳妇之夫男报明姓名、住址、本人年岁若干，详细查明，并察其有无疾病。乳浆浓足，方许投充。一妇只哺一婴，多则暂令兼乳。其工价，衣裙包在价内，及中资船钱，随时酌定。取其乳夫工票，先给工价半年。以两年为期，乳多再留；乳少则期内悉听更换，并须追还透支工钱。其堂中置备被褥、帐席不准带去。一、防闲乳妇，尤须严密。平时扃锁内堂门，其钥匙交司事收藏。凡查号验乳，并收送婴孩、更换乳妇等事，司事照会总媪，开锁进内。事毕仍行对锁，不得擅开。门旁设立转桶，内梆外点。凡乳妇所需物件，俱击梆点，由转桶传递，不得有误。一、乳妇之父母、翁姑、夫男、子女并一切亲戚探望者，门役当即禀明，司事即传点，令总媪带领来人在内堂隔栅会话，话毕仍由总媪领出。无论男女，一概不准进内堂门。一、乳妇不能片刻相离，凡董事、司事家不准借乳，致滋物议。一、乳妇性情贪懒，不顾婴孩，或无故打骂以及跌碰等情，立即革退。再或推跌受伤，致婴成废疾，送官究治。一、婴孩夭殇，查得别无疑窦，与乳妇无干，该妇向能善视婴儿而又自愿在堂受雇者，禀明董事记名，俟有新收之婴，再行补额。一、乳妇有病，轻者准其在堂就医，方药由堂助给，重者即令其亲人领回，将所哺之婴另雇乳妇接管。一、雇募乳妇，若任其携带子女兼哺堂婴，必致厚薄分心，碍难兼收。如果该妇夫故无依，或夫有残疾无力赡养者，是该儿已同无父之孤，不能不收。但须易子而乳，本妇删减工钱，以示区别。倘先弃所生，在堂潜来应募者，察出送官究治。一、婴孩偶有疾病，总媪通知司事，即延医调治，小心服药。但服药最是难事，恐乳妇厌其哭闹，不肯忍耐灌服，须司事眼同总媪亲看服完，视如己出，毋稍忽略。如有实在难治，竟至夭殇，司事邀同司月、董事验明。倘有疑窦及贪睡覆压致死，必提该乳妇送官惩办，然后给予殓具收敛，概用木匣送埋义冢，册内注销。一、婴孩贴补糕粉，每日每人定钱十文，须按定时刻贴喂，方能会聚一处，亲自看吃，免致乳妇不喂，乱搀别物。一、婴孩抱送到堂，详记其来历。若系暗送者，先记其到堂之日，次检其怀内有无姓氏、年庚，察其顶发偏正，有无疤痣、疾病。稍长者，认其手指螺箕，衣襁何色何帛，逐一登记婴册，编列字号，用竹签载明某号，挂在婴身，俾免混淆。一、婴孩有路旁捡送，或夜间掷弃门外者，无从稽查。先于圣母前设一竹筒，内签百枝，分书百家姓氏，抽得某签，即为某姓。其年庚，即于进堂之时，作为生年月日。一、保全育婴之法，殊难尽善。虽溺婴例干明禁，尚虑阳奉阴违。惟有厚给抱送之人，以利饵之。利心生则善心亦生。设遇淹溺婴孩，必有竭力拦阻者，此亦曲全婴孩之一术也。一、堂中备用小船一只，水手二名，为察婴、发婴之用。一日常一粥两饭，常馔一荤两素。司事每人每日支钱八十文，乳妇、工人每人每日支钱六十文。均司炊承办，不准内自起炊，柴米油盐在内。每董事到堂，只备客菜两色。至灯烛、粗纸、客来烟茶等项，每日支钱一百文。端午、中秋两节，上下各给酒菜钱一百文。年节祀神外，每人各给酒菜钱二百文。一、堂中桌凳及一切应用家伙，均须置备，逐件登簿，以便检查，惟堂外一概不准借用。一、逢三月二十日圣母诞辰，应备福物务从洁净，各董事司事齐集，恭祝拈香，以彰诚敬。一、堂内不演戏清唱，不赌博弈棋，不留外客借寓。一、堂中为办婴孩善举，不得聚议外事，致干非分，并免嘈杂。一、是堂禀请各大宪暨府尊、县尊出示立案遵行，一面地方公议禁约。倘有悍然不顾，仍将儿女淹溺者，且有本不溺女，希图钱文，诈称欲溺者，一经乡邻及地保举发，堂中派人访得确实，公同议罚，充作经费。强不服罚者，即行禀官，遵律载“故杀子孙，徒二年”惩办。恩威并济，恶俗可除。惩一警百，善在其中矣。一、年终汇刻《征信录》，每年正、二月付刻印订，不过三月，过者司总议罚。至钱洋出入，固宜择诚实可靠之人，犹恐疑忌丛生，无以自明，应照章于每年交盘时，将各赈目具陈神前，以表心迹，并于神前悬挂“经手侵吞、火焚雷殛”牌，以示儆。

按，堂中经费，同治七年由丝商公议，每丝一包计八十斤，捐助洋一元；每经一包，捐助洋半元。至十二年，助款减半。十三年，停止捐助。复经驻堂董事蒋堂等以堂中经费只典息四百余千，产租一千四百余千，加以绅商劝募，所得不过四千数百千文。婴则既有一千一百余口之多，入不敷出，万难中辍。公请上宪，于光绪元年为始，仍继续每丝一包，捐助洋半元。四年，复以费巨款绌，请增每包为一元。奉准仍在南浔善后丝捐项下，每包提出半元，以三年为限。后屡请展限，至二十一年始作为永远捐助，不再定年限。然十余年中，收婴日多，用费浩繁，复经里人庞云鏳毅力支持，岁必有垫助之款。至十四年止，共垫一万五千余千。十五年，云鏳殁后，其子元济能承父志，呈请长官以前所垫之款悉数作为捐助，毋庸归还，且于二十三年禀请藩司恽公，以通益公纱厂曾经拨借公款，应缴息金内每年准拨银七百二十两以资补助。其余不敷之款，仍由庞氏应付，始终不懈，有足多者。

保婴会

宣统元年十月，里人刘承幹集同志邢墭、邢奎及其伯叔安涛、安沚、安溥等设。

《南浔保婴会启》节录：浔镇向有育婴堂，历年已久，经费浩繁。近则婴口日多，雇乳匪易。虽有贴费寄乳之例，终觉照察难周。且婴体柔脆，触暑冒寒，每易受病，以致死殇日多，深为悯恻。爰拟仿照震泽保婴之法，量为损益。如贫苦之家，生而无力抚育者，先期由本人会同圩甲来会报名，即填给保单一纸。俟生产后，持单来会，领费一月，衫裙一副。随即派人前往，详细查察，如系实在贫苦，再行给予凭折，按月照章贴费，以辅婴堂之不逮。因念婴儿之饥寒疾苦，全赖乳母之诚求，若以不关痛痒之人抚育，谁肯实心体贴乎？堂婴之所以多殇者，半由于此。今则以亲母而抚所生之子女，其关心固不待言。爰拟章程，集资试办。

《保婴会章程》：一、创办之始，经费无多，不得不予限制。婴口以百名为额，并限于浔乡十二庄之内，不论男女，每日每月给钱一千文，十二个月为满，额满及十二庄之外不给。一、怀孕之妇，实在贫苦，自量生孩无力抚育者，先期会同圩甲来会报明，给予报单。生产后，即持报单来会，领钱一千文，儿衫一件，抱裙一条。随派司事前往查察，属实即填给凭折一扣，交与该妇，以便按月支领。如有虚冒，或非真苦，察出向圩甲保人罚赔。一、凡圩甲同乡妇来会报名时，由会给予该妇报单外，当给圩甲钱二百文，以偿其劳。不准再向该妇需索分文。一、遗腹双生，照章加半给发，以示体恤。一、该妇所报之婴必须亲自抚养，否则究罚。一、婴儿或有疾病，则令来会医治，不取分文。一、凡已经由会给予凭折者，按月由会派司事赴乡，于上旬验婴盖戳，下旬凭折给费。一、如遇产妇病故，所生之婴托何人抚育，必须来会声明。倘所生之子攸关宗祀者，宜加意体恤，多给一年或半年，临时酌定。一、婴堂贴费寄乳，不及本会之丰，且不准自抚所生，一经开办，势必移彼就此。而经费有限，经费无多，如再加以冒滥，更觉有名无实，故查察一层最关紧要。凡生产后，持单领钱者，三日内必由司事亲查此婴是否新生，是否真苦，以杜隐戤。一、凡婴孩或有病故，应将凭折缴销。如匿而不报，一经查出，追究保人，将冒领钱加倍议罚。一、司事赴乡查察，不论何时，务须亲到，详细访察，不可委托，亦不可徇情。要知多一虚冒，即少救一婴，此中功过皆司查察之人担当，可不慎哉！一、本会于同人中公举一人，总理本会一切事务、稽查钱洋款项及择用司事等权。一、本会司事初办或可一人。若婴多路远，轮流查察，额定两人。一、实事求是，重在查察。故司事者担此责任，务必实心实力，认真查察，否则徒属虚文。故必得诚实可靠、热心公益者当之。一、同人所认经费，按季由本会发条收取，次年刊刻《征信录》，分送同人，以资核实。一、总理系尽义务，并不开支分文。一、司事必觅妥实保人，如有亏空，向保追赔。一、司事赴乡以及乡人来报，均不得需索分文。一、司事除赴乡外，每日必在本会，不得稍有规避。一、司事薪俸，议定每月钱十千文，另贴伙食钱三千文、月费钱一千文，并无别项开支。一、雇工一名，须择谨慎妥实、善于摇舟、熟悉路径者，随同司事赴乡，不准稍有需索。一、工人工食，议定每月钱六千文、月费钱三百文，并无别项给费。一、凡司事、工人赴乡查察，每日贴司事点心钱一百文、工人点心钱五十文。一、婴孩分四季由养母抱至本会，请经理验看一周，庶冀抚育留心，而昭实在。或有抚育不善者，初次自当理劝，再次停给月费，以示儆戒。其四季验看日期，由本会传知圩甲，转述婴孩家属。一、司事赴乡查察，或有本会捐款，诸君派亲信之人同往者，自备火食，会中不给。

师善堂

在南栅青华观内。康熙六十年建，为董理施榇掩埋公所，后渐废弛。嘉庆七年，复行建设。道光二十四年，又重增规约。咸丰四年，仿照府城广仁堂例，遇无主路毙、浮尸及斗殴命案，尸场验费由堂捐给。复遭兵燹停罢。同治四年，拨丝捐款为经费。六年，重建堂屋，凡清明、十月朝前后十日，司事下乡，见有败棺，督体朽骨贮于瓦坛，埋葬原处。复广建殡房，寄停新丧之柩。又续置义地，掩埋无主之棺。义地在杼山一带，见“祠墓”门。近因阻葬风炽，禀请江浙会办督葬事，由堂中派人护葬，于是抢灰索费之俗遂绝。又筹设葬会，凡有心无力者，或捐资代葬，或佽助半费，停葬之风亦戢。按，同治六年，浙江巡抚马新贻闻而善之，檄饬通省各府县，均以南浔师善为法。

阮元《南浔师善堂铭》：王政之成，存顺殁宁。昔程纯公，惠浸萌生。火化有严，阻葬必饬。埋骼掩胔，漏泉之泽。苕水之东，杼山之阳。众善克举，何用不臧。情悫德满，竹慈木义。引而弗失，光于来裔。

陆鸿逵《记师善堂体骨用筛》：南浔师善堂之设，捐疏倡首为邵公朴存如璋，而经理诸君则唯纪铁山先生峻为尤力。嘉庆壬戌，堂事初成，收体败棺，尚无用筛之法。次年，值清明节，先生手携铁铲，独步乡村，凡经堂中体过之处，必子细检掘，恐骨有遗漏也。忽于南栅外掘得膝盖骨两件，袖之而归。至晚，体骨工张启凤、弟启麟来领工钱。先生问之曰："收体之举，原虑骸骨散失，设不细心搜检，致骨瓮中骨骼不完，冥冥中能无遗憾乎？汝等果能免此弊否？"张曰："无之。"曰："设有之，若何？"张曰："有堂规在。"先生乃出二骨诘之。张诡曰："是败板节。"先生曰："汝无庸诳我，我熟铜人图，凡人身骨节，无不识者，此膝盖骨也。"张无可置辨，愿受责。先生曰："我若循堂规，不过送官，一责以了事耳。他日收体之事，仍须经汝手。苟蹈前辙，可奈何？汝试思之，假有良法，可以久远无弊者，非唯不罚，兼有赏。"张请限三日。先生曰："果能之，十日奚害？"越五日，张兄弟赍一筛来，告曰："得之矣。凡收体时所以有遗漏者，并非某之粗心，因棺已久败，骨杂土中，陷入既深，致难辨认。今后俟收体毕，于败棺处方丈许，掘泥深一尺，以实筛中，泥去则骨自露。虽爪甲之微，指节之细，必无遗漏矣。"先生大喜，赏以钱二千。迄今他处堂中俱无筛，唯南浔用之，自此始也。

谈熊江《掩埋备览集证自序》：余于弱冠时，见善堂掩骼埋胔，而叹其子孙之不能安葬祖父，反假手于他人，鬼而有知，当必有惄焉不安者矣。不知世间容有负心之活口，而地下决无背德之枯骸。从来掩骼埋胔，食报不浅，而埋骨不慎者，辄遭其殃。癸酉岁，余辑其书曰《备览》，以俾掩埋者备而览之，不致卤莽从事也。越今十数岁，每岁举办，遇有鬼吁人迷诸显应之事，目睹耳闻，随笔记之，为下卷，名曰《集证》，集其事以证其应也。自丁丑至今，赖善士之解囊，已埋暴骨三万六千有奇，其志未替。光绪甲申四月。

又《掩埋备览》：掩骼埋胔，为悯暴露，善堂遵宪举办，以广仁政，诚善举也。经理者必得精心细配。凡人一身之骨，手足之指骨极细，宜先逐节拾于匾内，后将大骨次第检之。细骨或有不全，再将棺底之朽木浮泥筛去细屑，其骨必透在筛面，一一检看，配成全体。设或大、细骨殖犹有不全者，将棺底及四旁之泥垦而筛之，至求之不得为度。夫骨属于肾，肾属水，水性就下，故朽棺之下咫尺尚有散骨，其旁亦如之。倘检之不精不慎，遗骸委壑，一体分为两地，任此使者，功不补过。当思明明在上，祸福攸关，可不慎哉！掩埋作法八则：

一、开办之初，数日前周行四野，将一切暴露应埋之棺，先打白圈，内有愿自葬者，限以日期，逾期不葬即收之。初举掩埋，未能周知，必将先圈而后收。继而四乡咸知，随地收入，毋庸先圈。

一、堂工须选用精明，配骨者分别男女，断不可滥用生手。男女混杂，不辨人兽，颠倒错乱，遗失在外，欲掩之而反分散其骨，大是罪过。司其事者当慎之。

一、新来帮工未知检配之法，随帮随学，先令其将破棺四面蔓草细心斫去，以便配工作事。亦要防小骨漏出在外，倘有树根从棺中出，不可遽行拔去，恐有小骨嵌入根中，容易抛去，以致不全。

一、堂工二人收一具，起板时，两旁底缝切要留心，恐有小骨嵌牢腐板中，必令一人先取两足小骨，一人先取腰间两手小骨，然后取首及脊肋，随取随配。如少某件，再起底，用筛四旁寻觅，以尽心力，然后装坛。如先抽大骨，将小骨扰乱，反费手矣。

一、掩之必埋，埋要相地之宜。如在东乡不种桑麻者，可以全埋土内。如在西乡桑麻之地，埋下半坛，再挑土覆之，作墩样为宜。

一、每日所作，不能概计其所作之多少以定勤惰，要看其所作之难易。如在荆棘丛中，自应费工费手。又禁止铁扒、铁手损伤骨殖。总之以精细为善。如能检得完全者，虽少亦善。如什不获一，虽多不得为善也。

一、破棺上所剩砖瓦，不可乱扒，任意打碎，令帮工理齐，搬放一边，或给地主，或令其子孙移盖他棺，亦是方便人处。

一、掩埋当作则作，不当作不可听旁人指使。或有不肖子孙欲利其棺木者，或有地主欲出空地位者，若非骨殖暴露，皆不可信从。

又器具：竹筛一只，其眼与米行之落白筛较大过半，方径一寸，约眼三十六孔。若放大，则足趾尖、足心等骨，偕泥筛出，须要黄豆筛不出为度。配骨长匾二只，高二寸，长二尺四寸，阔一尺二寸。以一匾配上身，以一匾配下体。铁手两只，长一尺一寸，每只重十两。铁签一根，长二尺五寸，重二十两。其余铁扒、山杵、铁铲、桑剪、草锲、洗帚，皆要备用。新式骨坛：尝见郊野骨坛失盖甚多，皆因鼠窃作器，人之丧心，甚于狐兔也。因思万全之法，莫甚于更用旋盖坛，其坛高一尺六寸，周二尺九寸，坛之口两旁有凹处，盖之下两边有定胜榫，以石灰涂坛口则粘，以盖对榫，旋绕坛口则固。即或日久偏侧，坛与盖粘而为一，欲求久远不失盖者，莫善于此。愿各善堂皆用此式，则尽善尽美矣。装坛：骨殖配成全体，先将尾骶骨及胯骨围装坛底，其中空处藏脊骨二十四节，上置肋骨二十四条，分左右两排，中藏胸骨，又上置头颅，头之左右贴琵琶骨，两旁竖上下臂骨、大小腿骨，锁子骱骨分左右而立，将转臂骨横架前面，其余手足诸骨及膝盖，分左右装在坛底。其坛仍置原地，掘深一尺，原向深埋，周围培土成垒，高三尺，如此则掩埋相称矣。沙灰：涂坛口之石灰，用纸片和入，宜燥不宜湿；用河沙和匀，宜湿不宜燥。欲求燥湿两宜，则石灰中纸片、河沙皆不可少。若用石灰百斤，加纸片十斤，河沙三斗。补盖：如遇有坛无盖，坛中积水过半，须用铁签打通坛底，任其自行流出积水，然后以盖补之。

《师善堂公呈》：南浔师善堂董事俞燮、王懋昭、张淳、张孝曾、邵枏、钱庆琳、陆寿五、金载锡、蒋堂呈为遵谕推广善举事。南浔师善堂收埋暴露，施送棺木，已届五十余年。惟是街市稠密，港汊纷歧，每有路毙浮尸，无人收殓，以致腐烂漂流，而差保借端需索，时多扰累地方。斗殴命案，一经报官，该处地主、邻右、被告人等，每因尸场验费，株连受害。查郡城广仁堂，曾于道光二十年间，援照崇善堂成案，遇无主水陆毙尸，地保到堂报知，堂董督保查看。有伤者填单报验，棺交地保收管，听官详缉，与堂董无涉。不传地主、地邻讯供，取给滋累。无伤者捐棺殓埋，报县出示召认。尸场应用什物、差仵、饭食、船只等费，由堂捐给，呈奉通详，给示遵行。又于本年二月中，遵谕捐给命案验费，酌定数目，详议规条，添报有属水陆毙尸，呈奉批示转详，并蒙分饬南浔等处善堂一体兴办。董等愿将广仁堂前后所办水陆毙尸各善事，斗殴命案验费，一体仿照办理。又郡堂遇有毙尸，拨用仵作往验。浔镇距城甚远，只照成案，堂董督保查看，毋庸遽请仵作。为此抄录《广仁堂成案规条》，并拟示式二道，联单式一道，呈请鉴核批示祇遵。俟申详广仁堂捐给验费时，一并附详。再此事属创行，恐有地保棍徒阻挠，并求札饬巡司，遇查验路毙浮尸之时，就近拨令弓兵二名弹压，由堂捐给饭食。合并声明。咸丰四年四月，署乌程县林据呈详府，由府转详各大宪，奉批准行。

《呈验旧章请予树案公禀》：南浔师善堂董事周桂、朱兆传、蒋堂、朱养诚、邵枏、张孝曾、陆长春、闵潮、庄祖绶、邵棠、闵观澜、吴炳、归秉衡、陈冠英、刘镛、邱其梁、徐锡恩等具禀，为呈验旧章叩赐树案事。窃董等世居湖州府乌程县南浔镇，于嘉庆七年分众姓捐置田产，作为经费，奉宪设立师善堂公所，专办掩埋等事。咸丰四年间，援仿湖郡《广仁堂章程》，遇有水陆尸身，查系无伤病故，由堂捐棺殓埋。倘有伤痕显著及形迹可疑者，将联票注明，赴县呈报请验。一切尸场费用，由堂照章给发，历奉各大宪批示准行，并由县颁发盖印空白联单，执以为凭，办理在案。遵行以来，尸骸无暴露之虞，闾阎免牵累之苦。现经停歇数年，理宜重为整顿，业经粘呈旧存盖印空白联单、抄呈谕单、条规等件，除呈请臬宪、府县宪出示给识，并发联单，蒙批准行，理合环叩大宪，俯准树案，俾得循旧办理，实为公便。同治七年五月，乌程县曾据呈详府，由府转详各大宪，奉批准行。

《师善堂条约》：南浔向有长生、广福两会，一施棺木，一停旅榇。而掩骼埋胔，虽设有漏泽园，地苦狭小，不能多容。即近岁省会节次运埋，路途遥隔，日后子孙力能迁葬者，无从识别，未免隐痛。爰集同人，于壬戌年捐资置买杼山地八十亩，建立义冢，收埋暴露棺骼，及久滞无归旅榇，查明记簿，编号刊石，挨次掩埋。其有无地无力者，兼出人工代为营葬，并有棺系有主，久任暴露，一经目击，即为原地体埋，以仰副圣天子物与民胞、泽及枯骨之至意。其《条约》开列于左：

一、所设杼山义冢，在乌程县西南三十里。山之西北两隅，石少土深，掩埋甚宜。公拟山麓建屋数楹，召人守冢，遇有坍露，随时培土。如有余力，买山添设，以备永远。

一、杼山义冢，编行划界，夫妇合埋，男女棺骼，分别地界，掩埋具式而外，立石刊号。既埋，即登号簿对核。每一行前各留余地，以便有子孙者祭扫。小棺与骨殖同埋。开土深三尺，阔三尺，培土高三尺，四围皆留余地，须如尺寸开埋，不得草率。

一、无力埋葬之棺，愿归义冢者，其的属赴堂报知，问明报者姓名，是何戚属，并注号簿，以便日后有力迁葬者，易于查吊。其有自雇船只载埋义冢者，亦必先行来堂报明，入册归号掩埋。

一、有地无力不能安葬者，其子孙亲自到堂，开明住居以及棺数，现停何地，坟在何处，完粮何据，并山向化，命祭主干支询明登记，以便请地师择日代葬。若居孀子幼，不能到堂，转央戚属代报，亦必详细开载，不得疏忽。或葬亲有地，因地匪阻挠以致蹉跎日久者，亦准报知堂中，代为完葬。

一、凡暴露无主棺骨，经人赴堂报明，挨登号簿，有姓名者开载姓名，并注报者姓名，抄悬水牌，至期吊埋。倘棺木朽腐，骨坛破损，不能移动者，堂中备坛体换。督令土工逐一检点，毋使遗骸剩留土内。如体后欲留原地者，听之可也。更有有主暴露棺骨，或亲属远出，贻误因循；或村里路遥，无可询问。日炙雨淋，历时阅岁，更难漠视。公议于春秋两期前十日，雇舟沿乡询视，遇有朽露棺骨，备坛体留原地，不得务近忽远，致令幽魂有憾。

一、土工向有恶习，煽人火化，以图射利。现请宪示，勒石永禁，并宜广为劝谕。其无力营葬者，令其来堂报明，附埋杼山，以免火化之惨。

一、本堂埋葬之棺骼，无祀者居多。发榇之前，羽士礼忏一坛，即晚设放祭炼，广焚楮帛，以安幽魂。

一、长生、广福两会，本有旧章，而所停之榇，期定一载扶回。如逾期淹留堂中，即行编号运埋。日后子孙有力迁回者，到堂查号领移，至青华观道士处，给予薪水之资，以司榇之出入。必须随时登记，以便按数核对。

一、堂中公举司年一人，三年再举轮替。其银钱出入、账目支销，俱交司年掌管，以外督体之事，临期分派。事贵众擎，人须共济，毋庸预定人数，转致推诿。

一、收下疏愿用余存放生息之项，专为掩骼埋胔之用。倘有赢余，交存妥处生息。遇有合宜地产，随时置买，扩充善举，不得妄动公项，致启浮冒。

《道光二十四年重增规约》：创堂以来，迄今四十三年。迩因事日繁琐，每多掣肘。若不约法三章，势必功亏一篑。是以会集同人，敬在城隍神前，誓发天良，共襄善举。咸宜实心实力，矢慎矢公，俾得继美前贤，滋培后福。若果视为具文，潦草了事，幽魂含恨，罪有攸归。司事倘敢舞弊，经手再有侵蚀，必遭绝嗣短命，雷殛天灾。除率由旧章外，续增规约于后。

一、杍山续增几二百亩，均已埋遍，零星余地，以为另埋。现葬男棺于丽山，女棺于圣堂山，无名之棺于刘山。向定春秋两期，每期开堂十日，同人集堂办事，闭堂之后，概置冰搁，是以公请坐堂一人，专司其事。

一、值年每年两家合司，拈定挨轮，接手之后，即将《征信录》发刻分送。倘有挂宕等账，须赔补足数交卸。

一、永愿收串照条银票式，司年各印私记发给。向取倘不收来，即将原串吊回。寓园停棺心愿，每日一文，先收三年，方准给串停进。串定每本五十张。向因守榇搬移，致安停之柩反抱向隅。今按间标挂号牌，查须牌棺两合，如有参差，即行送究。

一、编埋之柩，分别男女，排列外场屋内，运山须停入杍山厂亭。应埋何山，临时驳往，切勿露堆，致被雨淋。至蓄水平地，虽浚深沟，总嫌潮湿。善孽攸分，全赖督葬司事实力奉行。所有埋山事宜，前列规约，标记庄内。

一、督察坛底须凿小孔，眼同细检，毋许遗剩，致使骸骨不全。坛盖灰封，深埋过半，照原向仍埋原地，周围高筑泥堆，务期一劳永逸。倘棺仅朽坏，骨未暴露，不可惊动幽魂。督体何处，司事何人，土工何名，按日注簿。

一、迩来报埋甚少，棺停日多，年满者不得不按期酌埋。如欲留住，须自到堂注簿。至柩已掩埋，若非营坟合葬，须念土生土灭，入土为安，幸勿吊回。

南浔志卷三十五

里人周庆云纂

义举二

承济善堂

在东栅下塘惶字五圩仓潭内，亦称清节堂。光绪二十二年，里人庞元济、元澂建。《设立承济善堂呈》：三品衔四品卿衔刑部江西司郎中庞元济、四品衔候选郎中庞元澂呈为仰承先志，捐资恤嫠，恳请转详立案事。窃维劲竹贞松，操严晚节；遗秉滞穗，利咏风诗。人最苦于未亡，处厄穷而无告。浙省嘉湖地方，更有孀妇自愿守节，而就地豪恶及不肖亲族，图财逼嫁，纠众抢孀，力弱不支，每多失节，实为风俗人心之大害。职父一品封典四品衔候选员外郎庞云鏳，生前拟仿苏章，自行捐立南浔清节堂，留养本镇及地方守节孀妇，业经购有基地，起造房屋，旋因病止。职母一品命妇刘氏命承先志，以竟其绪。而清节堂规橅繁重，不易举行，即所造之屋亦不敷用。今拟先行举办恤嫠，凡有青年嫠妇，由里邻具报，查明属实，即行登册，给以堂单，每月给发代米钱八百文。冬令加给棉衣一副。病殁，给以棺木。如上有衰迈翁姑，下有幼小子女，亦减半给发每月米钱四百文。惟绵力未充，不能不限以额数。拟以孀妇百口为率，俟续措有资，再行扩充。现在所需经费，由职每年捐钱五千串，除以之恤嫠外，余为施医、施棺等用，仍随时置买产业，总以每年可得息钱五千串为定。届时再将田产造册呈案，以垂久远。兹拟本年为始，设立承济善堂，开具条款呈送。如有未尽事宜，随时再行陈请。为此呈乞察核批示，转详各宪，先行立案，一面给示晓谕，实为德便。再现办恤嫠保节，原为附近南浔而设，以全任恤之谊。惟浔镇与苏省毗连，东北两隅紧接吴江、震泽两县地界，未便分划，致令向隅。今拟附近地方，如有来堂报请恤嫠保节者，亦准由堂确查，一体办理。应请移知吴江、震泽两县查照。合并声明。九月初三日，奉乌程县徐照会，已详各上宪，批准立案。按，该堂经费，庞氏独任。凡孀妇赤贫无依者，按月给发赡养之费。三十岁以内夫故而年在四十岁以内者，得给恤，其子若女并给，无子而立嗣子者亦给。子则给至十六岁，女则给至二十岁为止。每月派人查察，有物议者开除。冬令给绵衣，病殁给棺殓费五千文，翁姑殁给三千文。子女殁，年十岁以上二千文，十岁以下一千文。养媳同工妇、丐妇，无夫名，无妥保，均不与。地址以离镇十里为限。

施药局

光绪八年，郡城仁济善堂董事姚鑑等来浔，劝办施医送药。其局初设于南栅广惠宫，至二十四年，始并入承济善堂。择定药铺若干家，凭局单照方给药。经费初由绅富乐助，继抽丝捐，并入官公产租息等款。

《施药局府示》：据职员姚鑑、丁绍芬禀称：南浔镇自光绪八年，职等前往倡捐，劝办施医送药局。仿照郡城仁济善堂药局章程，给发联单，请医施药，长年施送。办有多年，经费由各殷富心愿乐助。因去冬该镇恤嫠经费告匮，孤寡待哺嗷嗷。是以公议，移缓就急，将施药局之殷户捐移归恤嫠作用，药局另行筹款。职等再四思维，无款可筹。查郡城善堂有乡客售丝，每洋扣收两文，归入仁济堂。施药等一切经费，旧章行之悠久，轻而不费商之。南浔各丝行，据云初办请照郡堂章程，略为变通，无碍商情。拟请减半，每洋扣收一文，由各丝行扣收，汇解丝业公所，转给施药局常年经费，俾可垂久，免得施药局停止，而穷民急病无依。生命攸关，应恳俯如所请，颁给告示，并照会南浔丝业公所。谆谆晓谕等情到府。查该镇施药局经费短绌，拟由各丝行照郡堂章程，每洋一元扣收一文，以作施医经费。与商情有无格碍，当经照会丝业公所议复。去后，兹据该公所董事邵棠等禀称：职等奉谕，克日邀同各丝行公同集议。南浔自兵燹以来，贫困颇多，遇有急症，全赖施药，救苏一命，保全一家。施药善举，众情喜洽，不愿废弛。第湖属筹款，非丝捐不济，仿照城章，尤为妥宜。惟乡丝每洋扣钱一文，每丝一包，约计不下三百余文之多。不如照章酌量，再为变通，减去三分之二，约每包可得捐钱百余文，众情易从，而商市无碍。适值本镇有旧行乡丝建庙，今际工竣，捐疏一项，每丝一车捐钱三文。现既工竣，可请扣归，永作本镇施药善举。核计每包亦约可得捐疏钱一百余文，恰合照章减去三分之二，变通周圆善举之议。请将乡民愿出每丝一车捐钱三文，旧章一项先行扣收，以济刻下施药急需。众论佥同，农商两洽。其时姚绅鑑由浔赴申，亦同在场从妥酌议。是否有当，上乞俯允，应请颁发告示，以垂久远。禀复前来，既据会同妥议，与商情无所格碍，自应照办，以垂久远。除批示外，合行出示晓谕，为此示仰各丝商知悉。嗣后即照现拟定章，扣收汇解公所，转给药局经费，毋得多收少解。切切特示。光绪十四年四月十六日给。按，车捐停收，改由丝捐项下拨助若干元。

火赈会

附设东栅承济善堂内。光绪二十三年，里人刘镛等集款银四千余元，存典生息。贫家遇灾，酌量赈给，又名既济会。

《火赈会章程》：天灾流行，何地蔑有？火之迅烈，猝不及防，瞬息之间，立为灰烬。人生惨酷，孰甚于斯？《左传》许不吊灾，君子非之。居同乡里，而不一援手，非人情也。爰约同志，仿行火赈会，筹集银洋四千三百元存典，以常年八厘生息，公举承济善堂董事综理其事。今将所拟章程开具于后：

一、沿乡地方设有赤贫之家，猝遭回禄，准该处地保邻里报明，由会中派人前往查察。果属灾毁净尽、难以存活者，临时酌给恤资。

一、被灾之家设有毁伤肢体者，酌给医药之费，致毙者给予棺木。

一、客民不给，流丐不给，毁及父母停柩者不给，失火有形迹可疑者不给。

一、本会所及，照前年水赈旧章，自一百六十庄至一百七十一庄止，他处不概及。

宾兴

咸丰九年，徐霖钧等创设宾兴，以惠士林。经丝捐局董事金载锡等，于丝捐义举项下，酌提制钱一千五百千文生息，作为经费，呈请湖州府批准备案。兵燹后，仍由丝业公所提善举款拨助乡、会试宾兴。诸生赴省试每人六千文，公车北上者每人三十千文。里人金桐独力加助宾兴每人银洋五元，公车费每人三十元。至科举停罢而止。

《创设宾兴公呈》：南浔丝捐局董事金载锡、朱养诚、蒋堂、邵湘、邵藩、张亦贤呈为创设宾兴事。南浔镇自咸丰四年设局抽捐，蒙前府宪王于抽捐项内以一分派作本镇义举，四厘作局费。七年五月，又奉前府宪梁减改五厘义举、二厘局费。董等曾将历年遵提义举，采办积米，设立善堂、恤嫠、义塾及募勇保卫，每年四月终汇销备核在案。兹据举人徐霖钧等到局，议及每届乡试之期，因近年米珠薪桂，士窘资斧，就试未能。窃谓众善奉行，而先务为急，何不推广宪恩，于义举项下酌提数千串，创设宾兴，俾寒士欢颜，咸遂观光之志等情。董等公同酌议，将上年义举项下提出制钱一千五百千文分存生息，以每年八厘起息核算，三年可得三百六十千文。仿照各郡宾兴章程，只遇正科给发，计向来镇内应试人数，约有六七十人，议定每人各给钱五千文。上届戊午科不及提息，已先于一千五百千外另提分给。嗣后自辛酉科起，凡遇正科，提息按给，永照此式。咸丰九年二月奉府宪马批：查丝捐扣提义举，本为地方善事而设，而善事之大，诚莫过于嘉惠士林。据禀提钱一千五百串以生息作宾兴之用，甚为妥洽，准予备案，以垂久远可也。

儒嫠会

光绪二十五年，里人刘锦藻等集款银九千余元，存典生息，为经常之费。

刘锦藻《儒嫠会记》：三代之善政，肇基于闾里族党之间。《周礼·地官》一篇，大司徒所安扰，闾胥、比长所戒令，不啻合甸稍、都鄙之夫家代谋厥绪，甚至喑者、聋者、跛躄、蒙瞽者，皆为官师之所材，而廪以常饩。其耆老孤子之属，司门遗人，亦得以委积财物，赡其生计。惟恤嫠不数见，仅见于《诗·大田》《礼·王制》之篇。《孟子》曰：鳏寡孤独，天下之穷民，文王发政施仁所必先。窃怪地官一职，赒恤教养之经，犁然件系，何竟无齗及之条！洎读“保息六养万民”之郑注，而知“振穷”一条，实为此四者而设，所谓拯救天民之穷者是也。犹恐下有所不勉也，谊有所未浃也。睦姻任恤，特著于乡，三物宾兴之中，而族师一官，又有相爱相共之条教，所以弥缝补救，鼓舞激劝者，旨甚盛焉。夫四民均无告矣，而哀苦蕉萃，尤以嫠为称首。况乃冠巾儒舄，门第犹存，凿楹有书，炊剑无米。抚孤承祧之重、仰事俯畜之资，备责于嬛嬛荏弱之一身。斯其凄凉恤纬、皲瘃洴绕、茹蘖饮冰、柏舟抗志，有极人世之至穷，而什伯乎恒情之惨戚者。我朝凡系寒苦守节，但存殁符年限，内而察院，外而督抚学臣，皆得上其事于礼部，旌门如例。故彤管之芬，闻风兴起。虽在蓬户缟綦之流，无不知失节事大，饿死事小。会各省郡邑志乘而计之，贞节一门，二百数十年中，几于书不胜书。斯岂非上以名求，下以实应，何其伟也！顾国家有以褒扬之，而振恤之文未颁令甲。《诗》有云：“哿矣富人，哀此茕独。”夫亦有待于在下之富人能体令甲不言之意，而为之欤？吾里号称殷实，救灾恤邻之举，赓续闻于时，独于儒嫠之土断者阙焉，无以仁之。先大夫尝有志于是。今年春，乃疏捐二千缗为倡，以吁募于吾党。未及观成，猝捐馆舍。锦藻鉴筑室弗肯之愆，思令名必果之义，黾没从事，仰慰先志。幸诸君子乐取于人，众擎佽助，数月之间，集资万金，因粗订规画章程，条列于后。从此若敖无就馁之魂，巴妇有怀清之筑，庶几《大田》秉穗、《地官》振穷之遗意也夫。

《儒嫠会章程》：

一、集款存典，周年八厘生息，典折交付刘贻德堂收付，出入悉归经理，并不开支分文。年终钞录清单，榜示书院，以昭信实。

一、恤资按季凭折照领。大口每日钱四十文，小口减半，子女年至二十停止。如孤子力能养母及女已嫁者，即未满年限，亦即扣给。

一、界限以《镇志图》为准。东至盛家坝，南至康王寺桥，西至六里桥，北至北回桥，土著二十六户，侨寓四户。如报在额满之后，须俟缺出添补。凡土著迁居二十里外者，稽察难周，概不给发。

一、会名儒嫠，自以故生之妻若妾为断。或上有姑及祖姑，下有寡媳孤孙，一体给发，惟不旁推，以示区别。其已经出学而身后无资者，亦循此例。

一、故生丧不能举者，助洋银二十元。力不能葬者，每棺助洋银五元。孤子无力读书者，岁助束脩洋银六元，以十四岁为止。其有聪颖过人、有志向学，经董事面试，实堪造就，公议破格资助，以示鼓励。

一、诸生年老废疾，并无子嗣，或有子不肖，不能顾养者，由董事察议给发。惟此不肖子不得均沾。孤子年满二十，残废不能养母，并无次丁者，亦准领给，以示推广。

一、故生之妻若妾，守节抚孤，年例合符者，由会中呈请旌表，并祀节孝祠，以彰苦节。

一、诸生殁后无依，愿取恤款者，须凭可靠之戚友，报由董事查明合例，给与保单，填明故生姓名、入泮年岁、住址及眷口年岁，到经发处换取恤折给领，其保单即附册查存。

一、会中公举四人董其事，应给、应裁，悉听董事为政，他人不得干预。如瞻徇情面，或稽察不周，致滋冒滥者，所有支去钱文，罚令行查及经保之人赔偿，以专责成。

一、会中公款系孤寡养命之源，创募实具苦心。嗣后不论地方何项善举，概不移用，以期持久。倘蒙同志嘉许，续行佽助，俾得推广办理，尤厚望焉。

丝业恤嫠会

附设南栅丝业公所内。同治十年，丝商顾寿臧等劝募经常恤款约银千八百余元，均由各丝经行乐助，专为丝业孤寡而设。

栖流所

在南栅嘉应庙西。光绪三十二年，通判孙钱募建，里人庞元济助地。按，是所专为收集流丐而设，经费年定四百元。初由厘捐局拨款补助，今已废止。

圩工局

附设义仓内。宣统二年，里人刘安涛、刘锦藻等筹设经费，临时募集。按，是年用费二万六千余元。

刘锦藻《南浔修圩记》：昔欧阳子《本论》言："救天下之患者，必推其患所自来，而治其受患之处。"诚哉是言也！不治其本，而徒规规于目前之补救，即利人之事，亦有时而穷。余少随先大夫后，筹备荒政，十余年中，普振者一，平粜者再，始凛凛于购米之不易。且假庙宇以发粟，湫隘拥塞，喧攘舛午，往往利未见而患已生。思救其患，慨然于义仓之不可不建，虽阻挠有人，而毅然不惑，幸底于成，亦曰庶几有备无患矣。然尚未治其本也。且夫灾祲至暂也，积储至常也，以常应暂，罔不济；而或暂者常焉，则再衰三竭，亦必然之势也。浔自比岁不登，米价翔贵，五载之中，平粜三次。综计应给之户，不下三万口。三千石之粮，只供一月，始赖同志输将，赓续不已，则施者厌矣。义仓之储，涸可立待。推其患所自来，愈慨然于修圩之不可缓。夫平粜者平一时之价，乡民亦仅受一时之惠耳。而极贫者不名一钱，且不得分余粒，以是救患，所救几何？吾乡地势低洼，患水甚于患旱。《考工记》为防傅众力以地势，所谓治其受患之处也。周孔教修圩之檄，吕光洵田塍御水之法，平居习诵，未尝不掩卷太息，思起而效之，以筹款之难，集事之不易，迟回者久矣。庚戌夏，自京假旋，与群从聚议修圩，乃先捐银五千圆，集于家者万一千圆，募于外者七千圆，未及举行，敦促北上。爰托张君晋华暨兄雨薞、弟颂驺董理其事。自冬迄春告竣。工坚料实，足以护田而防水。是年秋潦，他处歉收，吾乡独保无恙。以十二庄田十四万亩计之，每亩多收一石，不啻以二万三千圆易米十四万石。呜呼！此仅就一隅一时言之也。推而及于一县一邑，积而至于十年百年，其利不更溥耶？无形之利，人或习焉不察。天下事冥堕于无形者多矣，而独修圩也耶？谨志颠末，附载章程，俾后之君子有志治本者参考焉。

《修圩章程》：

一、此次修圩，以浔乡十二庄为界，令各庄地保圩甲先行察看应筑处所，约计丈尺，绘图呈报。

一、借义仓为办事处，应用步弓、丈竿、桩木、石灰等料，随时置备，以便应用。

一、每田一亩，议取土一方，但旧岸高低不同，设土方不敷，各就本圩按田照派，不得抗阻。

一、新筑圩岸，照己丑年极大水势加高一尺五寸，外滩脚照高低折方，如岸高五尺，滩脚亦五尺。内滩脚六折。内滩在田中不妨略小，如高五尺，下脚三尺。先饬各圩筑一样墩，俾可仿照。

一、河水涨落无定，宜视各桥洞大水痕迹，加高一尺五寸，于义仓驳岸用黑煤画一界线，使人一望而知。将来赴乡收工，先至仓中量准尺寸，比较新修之圩是否合符，庶几各庄一律。

一、旧岸厚不及五尺，即在田内筑圩加宽如式，并将外滩脚修齐，毋令缺陷。如旧圩本宽而高不如式，应令一律培高修齐。外口每丈植杨柳一株，尤臻坚固。

一、新培之土浮而不实，且冬令水冻泥松，每加一尺必须用木槌敲结，然后续加，不得贪图省工，致易坍塌。

一、各圩皆有车缺，平时启闭以泥为之，一遇大水，辄用门窗堵塞，非善策也。今宜别筹良法。第各处情形不同，应分别办理。如近千亩之圩，口大而岸薄者，宜筑石驳，大约五尺深，两口各宽三尺，高与岸平，中间左右开三寸见方缺口。遇涝用板闸住，里面加泥填塞，可保无虞。岸厚者毋庸石驳，只就中间用长石三条或四条打入泥中，视地势之高低，定石条之长短，临时亦可架木筑。若田少之圩，车缺亦必不大，均可以石条应之，查勘时酌量定夺。

一、十二庄沿样滩塘岸者，约居三成，风浪既大，冲刷亦重，不可不加意防维。然须察其水势，审量轻重，因地制宜。如岸低而厚，则照章加高；岸薄而非当冲要，则就田中培宽。或虽受冲而不甚湍急，宜于外面加木桩，每尺一根，高出水面三四尺，用旧船板或竹篚障之，将泥填实，随斜披至岸，较寻常加厚，当以七八尺为度。不足，则就田中培补，数年后桩即朽烂，而土已坚结。其在塘岸湾曲处，水势较猛，以及漾滩转角之区，两岸受冲，原岸本薄，已经冲陷，即使里面加宽，而新泥断难抵御，此非筑石驳不可。先择紧要者，酌做一段，两头钉桩记识，再行复勘，审定施行。

一、各圩如有漏水洞，应用灰泥填塞。俟开沟后，酌洞之大小，约给石灰每丈五十斤，随填随打，以坚实为主。

一、工作之人，照各乡车水旧例，按田派工，不得推诿。此举专为乡民保护田产，各人均为自己做工，偷巧搪塞，后悔莫追。尤期逐岁培修，百年利赖，随时开导，俾各尽力。

一、目前集款未充，可省者应省。除数百亩之圩照章用泥培修外，千亩之圩虽关系较巨，然用石驳与否，须计其工程与田数合算，每亩所费在一元以内方可修筑。

一、筑圩所以御水，非高广坚实不足保卫。若稍涉敷衍，百密一疏，小处缺口，全圩尽淹，不但空费财力，亦且贻人口实。千亩之圩，户口众多，勤惰不齐，遇灾而冲陷，十常八九。前人曾议分大圩为小圩，弃其十之一，开沟洫以便戽救，而终莫为者，以乡民难与虑始也。今姑存其说，以待后之治田者。

一、冬令为日无多，趁此天气晴朗，务令各庄一律开工。年内不克竣者，开正必须赶修。春间雨水较多，若稍蹉跎，即难从事。一劳永逸，时哉不可失也。

一、同人赴乡查勘，既经认定，自应注明簿册。某庄由某人经理，乡间督工之人，亦应注明，庶有责成而可比较。明年收工时，当另请数人分赴各庄查察。如有与定章不符、工程不实之处，再饬乡民重修，以期永久。

一、修圩为吾乡独一无二之公益，创议数年，迄未实行，不仅为经费也，不得天时人力，无从着手。今幸诸君子热心任事，号召乡民，又值冬和日暖，实为难得之遭。经费虽云不足，就现在二万三千元果能实心办理，纵未必普及，而亦有效可收。守得寸得尺之法，勿安简陋而致虚糜，勿惮烦琐而疏督察。乡民受福无穷，即诸君子造福无量，曷禁馨香祝之。

水龙公所

里人捐置水龙，分储四栅，以备不虞。东栅在闻涛阁内；西栅在丰年桥上；南栅一在保卫团，一在广惠桥西堍，一在通利桥西堍，一在南安桥旁，一在南新桥西堍；北栅在唐家兜。

张氏义庄

里人张颂贤在江苏常熟县置田一千七十余亩，以赡族人。殁后，其子宝善、孙钧衡仰承先志，将所置田产捐建义庄，于光绪二十一年呈由乌程县转呈浙江巡抚廖，会同江苏巡抚奎咨部具奏，奉旨钦准，给予“乐善好施”匾额。

刘氏义庄

里人刘镛在江浙两省购置田产，拟建义庄未果。其子锦藻、安泩、安溥、孙承幹仰承遗命，将所置马要庠上田以及秀水县房产，合计价银一万二千二百四十七两五钱，专供父祀，不列公产。又将所置青浦等县田、房，准银二万五千六百八十五两三钱五分，捐入义庄。于宣统元年八月，呈由乌程县王家骧转详巡抚增韫，会同闽浙总督松寿恭折具奏，恩准赏给御书“承先睦族”匾额，以示嘉奖。

《刘氏义庄规条》：

一、公产：本庄现置南浔笺字四圩田地四十二亩五分二厘，计银五百七十三两一钱二分。建筑小莲庄，创造祠宇二十六间，计银一万两。学舍十五间，计银一千五百两。江苏青浦县各保区不等则田一千四百三十四亩七分二厘七毫四丝，计银六千二百七十二两四钱三分。名曰小莲庄义田，专赡迁浔二十四世祖尚贤公支派子孙。又青浦县城内当房、市房下连基地十二亩四厘九毫，计银四千九百三十九两八钱。本省兰溪县市房下连基地九分，建德县洋溪镇市房下连基地念四亩五分九厘九毫四丝三忽六微，田十一亩六分七厘九毫，共计银二千四百两，统归庄产，专备祭享修葺等需。

每年租息所入，先输正赋，地漕银两，扫数清完，随将经理田房司事薪水及一切正用开除，净余若干分，缮清册，连银寄浔，由庄正副复核无讹，存庄备查。

二、祭费：每年家庙二祭，共支钱六十千。荐新四次，共支钱二十千。元旦供果，支钱十千。义庄祠、忠孝祠岁各一祭，共支钱四十千。墓祭春冬两举，共支钱二十千。与祭子孙到者，每人一百文；执事每人二百文；主鬯四百文。墓祭到者，每人一百文。不愿领者，作为捐助。妇女不给。青池头、潘家兜祖茔所需办赋、修培坟丁诸费，俱归正庄开支。经费有余，即拟开设小学及建造丙舍，族葬茔地，随时举办。马要庠上赠荣禄公封茔，别置江苏青浦县不等则田一千五十五亩五分三厘五毫八丝，计银四千二百七十二两五钱，名曰小莲庄祭田。除正供杂费外，专备分贴本支子孙之用。又本省秀水县市房下连基地十四亩五分一厘，计银七千九百七十五两。所有庠上祭扫、修培茔庐及小莲庄岁修工役之需，归房租内开除。此项田房作为附设，别录清册，虽统归义庄经理，而支销各别，当画分界限，不得混淆。

三、报享：庄祠现奉曾祖元吉府君、祖郁林府君、考贯经府君暨先兄紫回公神主，以后裔孙，如有捐产入庄，满田百亩、银千两者，准祔祀庄祠。若子为父、孙为祖捐符此数者，亦准将其祖或父祔祀。满田千亩、银万两者，准祔祖庙中龛。若子为父、孙为祖捐符此数者，其祖或父亦准祔祀。所捐之产，统归庄正副经理，捐产之人不得干预。若捐产满田二千亩、银二万两者，除赋税开支外，一半入庄，一半归捐助人子孙公产，亦应祔祀祖庙中龛，以昭激劝。另立同籍并支用章程，俾其子孙世守，名曰辅庄义产。每年有余，悉存庄内，别缮清册，交由捐产人之房长，随时商明庄正副添置田房产业，生息不准营运，不准收回自管。即积至产值数万金，田及数千亩，仍须分半入庄。若产不足二万、田不足二千者，不得援例。凡所捐产，均须试办一年，方可作准。以中下之产名为捐庄，反为庄累者，概不滥收。凡捐产不满田百亩、银千两不合报享之例者，无论多少，悉登于册，俟修谱时刊入。

四、谱册：本庄设立丁口册。族人凡遇添丁、殇故以及嫁娶、安葬等事，无论贫富，随时详录报庄，不得忽略不报，致有遗漏。司事即将生故日月、嫁娶氏族，按支登册，以备异时修谱，并为发米稽考。至报葬，则茔地契单均须验明，录底备查。每阅十年，修谱一次，三十年会议刊刻。所有经费，由庄开支。

右大纲四条。

五、慈幼：族中生有男女，不论贫富，于一月内一律报知本庄，载明所生年月日时及父母名氏，以备登入丁口册。其贫乏者，经庄正副确查，支生产钱二千。男自一岁至四岁，月给糕饼钱三百文；五岁至十岁，月支米一斗；十一岁至十六岁，月支米二斗。女照给，至出嫁之月为止。

六、养老：贫老无依，年五十以上，精力就衰，不能自给者，月支米三斗。六十以上，除照第七条支发钱米外，每月加支钱四百文。七十以上，加支钱六百文。八十、九十者，加支钱八百文。男女一律寿届期颐，由本庄代请建坊，另赠贺钱一百千，以彰人瑞。

七、振穷：凡贫苦寡妇，每月支米三斗，加给钱一千。有子者给至其子及冠为止，不能养母者，仍准支给；无子者赡终身。每届夏至，支钱二千，备夏布帐之需；重阳，支钱二千，备寒衣裤之需。年终十二月廿一日，支钱二千，备卒岁之需。孤子女支给钱米，照第五条例，男至成丁为止，十六岁为成丁。女至出嫁为止。其有幼孤无依，族中代为抚养者，月贴钱一千，以酬其劳，至成丁、出嫁为止。抚养不善，停其月贴之钱，由庄正副择妥善之人，另托抚养。

八、宽疾：男女癃病残废，不能自给，无人养恤者，照第七条支发钱米，赡其终身。

九、丧葬：丧不能举者，到庄报明卒年月日时，支棺敛费二十千。力不能葬者，报明葬地山向，窆期三年内支钱十六千，浮厝六千。先厝后葬者，葬时除厝费，六年内支钱八千，逾六年者不给，并即归入族葬，不听久停。十九岁以下丧葬费均减半，既娶成名及其人有益风教者不减。八岁以下不给。既葬无后，茔地无人办粮者，归庄完纳，并择其近房承祀。每届清明，支祭扫费钱二千。庄中当另建丙舍，为合族殡所。更备族葬一区，俾身后乏嗣及无力购地者祔焉。刊立墓石，序以世次，凡纳赋、祭扫等费，均由本庄开支。

十、婚嫁：无力婚嫁者，报明新姻住籍、姓名，娶妇支钱四十千，续娶支钱三十千。领养媳者，支钱十五千，婚时再支十五千。嫁女支钱三十千。与人为养媳者，支钱十千。由庄正副查明吉期，先期半月支领。凡幼无父母或守节抚孤之子女，无力婚嫁者，照前数加半给之，以示矜孤恤寡、有加无已之意。

十一、定限：吾宗原籍上虞，族繁路远，势难遍及。今立义庄，只赡尚贤公以下孙支。男至成丁，应思自立，不予限制，曷知振作？不区贤否，安适劝惩？自十七至五十岁，无论所执何业，除病废外，概行停给。凡家规所不容者，详见《祠规》及《谱例》中。虽合例，不给。至于恣意浪费、荡产赤贫者，其本身虽及年，不给。前曾支米后可自养者，不给。女以出嫁之月为止，年至二十五不嫁，除身撄残疾者，亲老无依、矢志终养者，未嫁夫死、在室守贞者，月支米三斗、钱一千，赡终身外，余则其父母贪义米，吝嫁资，有意禁锢也。应将其父母领米停给，俟遣嫁后，再准照章领取。

其有一身符两例者，只给一例。数有多寡，从多数给。出外者停给，归家再支，不准补前。

十二、推恩：子弟年十七至五十，正宜各图上进，劝奋有为，本不在应给之列。间有境处极贫，人素安分，或运蹇失业，无计谋生，或食指浩繁，难资赡养，不得不格外体恤，暂行酌给。因仿范氏庄规，于每年冬至报庄给据，定期十二月廿一日凭据给米，大口四斗，小口减半。至五十一岁，照例按月给发。向不支米，仅能自食者，倘遇丧葬、婚嫁，亦准请给。惟均须候庄正副确查方可。尚有出嫁之女，或夫家困穷，或孤寒守节，应推一本之谊，准给领据，照本族例支给。至其子成丁为止，无嗣者赡终身。身后丧葬之费，照本族减半。其夫及子女不在此例。

十三、核实：族人稍有产业，不在应给之列。应给者，先自报明，由庄正副确查，盖用图记，先发领据一纸，填注男女大小丁口、米数、钱数，两月一给。每年六次，即以上元、清明、夏至、中元、重阳、冬至为期，风雨不更。午前本人持据到庄验明，挨次行辈给发，加盖付讫图记，不得预支并取。除衰老、幼弱、疾病、新丧外，不得倩人代领。领据如或遗失，速行报庄，取族保补给。遇有殇故，即须缴销，凭支丧费。庄中随注卒年月日于册，以便报葬时稽查年限。领据一年一换，至十二月廿一日收旧易新。发米用部颁斗斛，时或折钱，照市核价，钱洋亦然。大书悬牌，以明核实。

十四、杜弊：以上各项钱米，倘有托故支取而事不实行，例非应给而捏造冒领，或将领据转抵于人，或领后不运回家。经本庄查出，除追缴外，于应给钱米内加倍扣罚，以惩取巧。惟丧葬费准予免扣。

右任恤十条。

十五、励学：本庄拟设两等小学堂。凡族中子弟就学，所有学费、膳费，应分别有力、无力办理，其章程俟开办时再定。今先将津贴学费、升送川资、奖赠毕业三项附则列后：甲、津贴学费。未设两等小学以前，有愿入别学堂而苦于无力者，准予津贴。凡入初等小学者，每年支钱十二千，高等小学十六千，中学堂四十千，以备购置书籍、文具、体操、衣帽之用。均于上元、中元领米日，分两期支领。每学期须将该学堂成绩报告书呈览。支费以中学堂普通毕业为限。如有质性非常，材具可造，考绩最优者，由校长告知庄正副，面试确实，临时特别筹议，津贴不预限数，以示鼓励。乙、升送川资。高等小学毕业送考中学堂者，支钱二千。中学毕业送考高等省学堂者，支钱十千。省学毕业送考京师大学堂者，支钱三十千。官费咨送出洋游学入高等专科者，东洋支钱四十千，西洋倍之。毕业回华晋京应试者，支钱四十千。各项不论贫富，均须验有毕业文凭，咨送文书，然后给发。不愿领者，呈验后作为本人捐款收册。临时患病未考者缴半，临试丁忧者不缴。送考海陆军及师范实业学堂等准此例。丙、奖赠毕业高等。小学堂毕业列最优等者，赠钱十二千，优等、中等十千。初等实业同。中学堂毕业列最优等、优等者二十千，中等十五千。初级师范中等实业同。高等学堂毕业列最优等、优等、中等者，三十千。大学堂豫科、实科优级、师范高等实业同。大学堂毕业分科列最优等者，八十千；优等，六十千；中等，五十千。选科最优等，六十千；优等、中等，五十千。不论贫富，支赠须将文凭呈验领钱，不愿领者作为捐助，仍验文凭。海陆军及游学毕业赴京考取者，仿上例议赠。

十六、习业：本族子弟应行强迫教育，限令初等小学毕业。届时察看材质，或贫苦必须谋生，或资性难望成学，宜急改业，服贾、习工，均听其便。就业既定，由庄支衣装铺程钱六千，交其父兄领办。应领月米，即行停支。其有贴饭金者，展至三年为止。另入商业艺徒学堂者，其学费照两等小学酌给。

十七、褒德：庄祠左楹之左，奉忠义孝弟神位。右楹之右，奉贞孝节烈神位。本族如有行谊志节足资坊表者，无论贫富，由庄胪列事实，查明例案，代请旌典，并赠钱三十千。设已身故，给其子孙，备入祀时特祭一次。

十八、酬劳：以子孙而理祖业，无所谓劳，又何用酬？惟既有罚追赔缴等事，则亦应给薪水，以资办公。每年庄正支钱六十千，庄副支钱四十千。司事雇工，视事之繁简，定薪之多寡。庄正副如不愿领，作为捐款登册。另设庄正副办事录，记明某年某人经理所办庄务，以备查考。倘有实心经营，兴利除弊，卓著劳勩，合族公推者，即不捐产，身后亦得祔祀庄祠，以资观感。

右奖励四条。

十九、戒约：置田赡族，专济贫穷，只期糊口有资，岂容贪心不足？现既酌中定制，无漏无遗，凡我宗人，理宜遵守。倘有昧礼蔑义，妄恃尊行，结群索扰，紊乱成规，准族人不论服制，引期亲以下尊长争夺财产例，鸣官惩治，即将本人摈祭，其子孙亦罚停月米，以昭炯戒。

二十、示禁：庄内不得典买族人田房，族人不得租种庄田。除祭祀饮福外，不得在庄宴会。公事与庄无涉者，不得在庄集议。庄内什物，不得外假，亦不得外人寄存物件。庄用虽极支绌，只可随处节省，不得外借。利债有余，只许置产，不准营运盘剥。族中无论何人何事，一概不准通挪。

右制防二条。

二十一、任人：庄务设立庄正一人，以建庄之子孙不论辈行，择贤明者任之。另由庄正于本房慎选一人，预使谙习，以备后来交替。如遇事故或他出，即令代理，不支薪水。果能勤奋，应归庄正酌酬。再设庄副一人，公举本族廉干者任之。外延司事二人，不拘本族他姓。另雇工役二人，常川住宿，悉归庄正、副任用。非庄事，不得擅自差遣。庄正、副如有侵蚀徇弊情事，确凿可据，准族中到庄理论，罚追另易。司事有弊，由庄正、副照数赔缴。庄正六成、庄副四成。族人预有风闻及雇工不妥，尽可告明，候庄正、副查察公断。平时一切事宜，胥听庄正依规处置。庄副和衷辅助，族人虽尊长不得干预，以专责成。

二十二、分职：庄正总揽大纲，庄副襄理庶务。司事勤钩稽，慎出入。每届两月，清结月总，庄正、副查核无误，盖印图记，分抄两册，一送庄正，一存义庄。至年终汇集通年进出，分列各项清结。年结一册存庄，俟庄正、副复核，盖印。再录两册，分存庄正、庄副处。须赶上元前誊竣，以便祭时族人公阅。凡领据，于名氏、丁口盖庄正图记，钱数、米数盖庄副图记，编号及骑缝盖义庄图记，一有不备，即不作凭；设或失察，归经付司事赔缴。

二十三、慎守：田地亩数、庄祠间数、坐落县分都图字圩，业经详开清册，呈请地方官钤印，发还执守，连同单契，统归庄正收藏。日后如有捐置田房或办辅庄，续行报县存案，仍归庄正收执。所有祠宇一切器用，悉登簿籍，盖用庄正图记存庄，以便值祭者轮流移交。设有增损，随时详注。务谨庋藏，毋或阙失。

二十四、备豫：岁入租息，除纳赋致祭一切开销外，豫储十分之二以备不虞。如遇歉岁不敷，则权事之缓急，酌量裁减，丰岁后照常积储钱米各半，足敷三年之用，即议置产。倘一时无产可置，暂存殷实铺户生息，只期稳妥，勿图厚利。毋营私而害公，毋贪小而失大。经理者务宜通盘筹算，审慎周详，庶几有盈无亏，不致临时为难。

右办事四条。

以上二十四条，初定容有未周。此时丁口不多，诸从丰厚。设将来子孙蕃衍，时世递迁，风气既不相侔，物值亦复悬绝。斟酌损益，量为变通。是在后裔之贤者，惟必旧章确有窒碍，新规足以制宜，方许会商酌改。否则，宁守成法，毋轻更张，致滋流弊。凡我宗人，谊属一本，休戚相关。勿以佽助有赖，而甘即怠荒；勿以本支无干，而视同秦越。祖宗灵爽，实式凭焉。

庞氏义庄

里人庞元济、元澂承故父云鏳遗志，购买本省山阴等县、江苏长洲等县熟田一千八十三亩有奇，并就东栅恒字一圩宗祠屋后购地七亩，建造庄屋三十七楹，益以发典生息现洋一万四千元，共合库平银四万三百两，岁收花息，以赡宗族。于宣统三年呈由乌程县王家骥转详各宪，由抚宪增韫咨部核奏。嗣在崇陵种树报效案内，赏给“讲信修睦”匾额。

《庞氏义庄规条》：

建设规第一：

一、庞氏自宋迁浔，始祖夷简公发族，继由叔高高祖东野公建宗祠于悚五圩，乃毁于兵燹。职父芸皋公于光绪三年在东栅怚一圩购地重建，祠宇一新，规制秩然，颜曰庞氏宗祠。今义庄之设，所以遵遗命而恤宗支，并参合各大族祠规办理，以便遵守。

一、宗祠后面新建楼屋十二楹，又平屋二十五楹，并连基地七亩，一概拨归义庄作为庄屋，颜曰“庞氏义庄”。

一、原置绍兴府属萧山、山阴熟田四百二十九亩四分一厘一毫五丝，复置苏州府属长洲、元和、吴县、吴江熟田六百五十四亩二分二厘六毫，共计熟田一千八十三亩六分三厘七毫五丝，悉数照契过户，永为义庄公产。

一、田产庄屋之外，另捐助现洋一万四千元，存典生息。俟陆续添购田亩，再行呈请立案。

一、庄内设庄正一人、庄副一人，以建庄之子孙择其贤者充任。另设族董一人，由庄正选择族中公正诚实者为之，所有庄务责成悉心筹办，随时会商庄正裁夺。

一、庄正、副二人系属敦本义务，不得开支薪水。惟族董既有专责，自应酌给薪水，定以每年酬劳一百元。

一、庄内延用书记一人、司事一人，执役人等多寡随时酌用。书记掌文件、谱牒、帐目，并督率司事征收租息、给发户口、修理房屋事宜。其薪水由族董按照任事劳逸秉公酌定。如有营私舞弊及不堪胜任者，族董得随时辞退。

一、每届年底由书记汇核全年出入帐目，缮具清册三套，一存庄，一送庄正，一送族董，借备稽查。

一、庄内入款除照章开支外，尚余若干分交庄正、副妥慎储蓄，按年生息。俟有相当产业，酌量添置。

一、义庄设定应于庄内正屋安设建庄神主，每年春、秋二季于祭宗祠外，由庄正、副督率本支人等洒扫供设，以昭诚敬。

守成规第二：

一、庄内田亩房屋概归族董经理，族人无论长幼，不得干预；即建庄之子孙非有族董专责者，亦不得干预。设闻见所及有益宗族，准向族董妥商，听候办理。

一、庄内义田单契、司帖等件，均由庄正执管。如庄正因事远出，移交庄副管理，以昭慎重。

一、庄内粮漕印串、锁钥及现存银钱，均归族董谨慎执管。族董如有更换，应将以上各要件并帐簿逐件点交接管，以清界限。

一、义田、义产与寻常私产不同，凡庄内租息应年清，年款不得拖欠。如有抗玩，禀官追缴。

一、义庄不准典买族人田房，年入之款除开支外，如有盈余，由族董会商庄正、副陆续添置产业，不得零星放债，以及移作他用，俾杜侵蚀。族中无论尊卑远近并建庄之子孙不准通挪。

一、绍属、苏属两处田租，秋收后由族董择本族诚实可靠者二人分往征收，所有川资酬劳等项，酌量给发，并将征收数目开具清折，呈送族董查核。如本族乏人可派，方准另延他人前往办理。

一、庄内每年进出如有盈余，固可陆续添置产业，否则必须量入为出，以垂久远。倘有应增应减等事，由族董会商庄正、副随时妥酌办理。

赡给规第三：

一、维正之供，首宜慎重。自建设义庄后，田租所入，先将国课完纳，然后以余款作为赡族，并充附设小学堂经费。

一、本族嫠妇贫难事蓄者，每口每月给代米钱三千文。如有子女年在六岁以上者，每口减半给发。

一、嫠妇有子成丁而能赡养者，停给。无子者赡给终身。有子而残废不能赡养者，照给。

一、孤儿幼女如无母可依，须托族人领养，照大口给膳。男成丁，女出嫁，即停给。

一、年老茕独及废疾贫病者，每月每口给代米钱三千文。

一、男成丁无力婚娶者，来庄报明，给予娶费钱五十千文。无子而续娶以及嫁女者给钱四十千文。以女与人为养媳不给，赘婿者亦不给。

一、族人身故，贫不能殓者，除由义庄给棺一具外，另给殓费钱十千文。贫不能葬者，助葬费钱十六千文。无地可葬者，由庄购备义地捍葬。

一、凡领赡给，须先挽同本支房长，报明族董，复查无异，方准给予凭折，按月照规来庄领取，不准预支。至妇女老幼衰弱，可以托人持折代领，惟须预向族董声明，以杜混冒。如有身故，即由本支房长将凭折到庄注销。

一、义庄之设，虽以纾困穷，亦以维风俗。倘有不安本分、作奸犯科者不给。

兴学规第四：

一、青年子弟，教育为先。自从前建设宗祠后，即于祠内设有学塾，专课本族子弟，不取学费。现在设立义庄，应于庄内旁屋改设两等小学堂，酌定学额二十名，以族董为堂长，延请教习两人。除课本族子弟外，如有余额，姻亲邻里之青年子弟无力读书者，亦可附入。一切按照《钦定小学堂章程》办理，务以礼教为本，不得徒尚时习。

一、本族子姓不繁且多散处，势难一律到庄就学。倘有本族聪颖子弟，贫乏无力，而愿游他学校者，准由族董查明，按照各生学业程度酌贴学费，听其送入他处合格学校肄业，以宏造就。

一、族中子弟如在他处各学校毕业，得有优等文凭者，由族董按照学堂等级，酌量给予花红，以资鼓励。

一、学堂经费应由堂长按季报明庄正，以便稽核。

周氏义田

里人周昌炽在江苏金山县置田五百二十亩二分八厘九毫，准银一万一千五百四十六两八钱，捐入宗祠，意欲推广义庄，而赍志以殁。经族议，岁收田租六成归宗祠，四成归昌炽名下祭祀及一切公费。光绪十五年四月，由族长昌福呈请乌程、金山县备案。

《周氏义田赡族规条》：

一、吾族原籍余姚，自乾隆二十六年圣能公迁居南浔后，改籍乌程，已逮七世。南浔已别立宗祠，奉圣能公为始迁祖。其赡族之款，应以圣能公所出各支为限。

一、味六公所助金山田产五百二十亩二分八厘九毫，又租余续置田五十四亩一分一厘五毫，至光绪二十九年为止，大共田五百七十四亩四分四厘二丝。所收租息，前经族议禀县立案，以六成归崇本公堂一切公用，今赡族之款悉取于是。凡赒恤、津贴各有专条，分列于后。

一、孤儿虽有母、确不能自给者，由公堂支恤钱，每人每月三千文，男女一律。六岁以内，减半支给。男则以十六岁为止，女则以出嫁为止。

一、孤儿无母无人抚养，他房代为抚养，每月加支抚养钱一千文，以偿辛苦，至六岁停给。

一、孤儿无力读书，由公堂补贴学费，视程途之高下为等差。大旨定为三等：凡入初等小学，每年贴钱八千至十二千文；高等小学十八千文；中等二十四千文。中学以上不另加贴，得官费者停止。其非孤儿而无力者，察系真情，亦得酌量津贴，但不得过孤儿所贴之半，并不得逾十六岁以上。

一、孤儿初等卒业，其文凭呈送公堂，由族众验明，给奖励钱四千文；高等小学卒业，给六千文；中学卒业，给十千文；高等或大学卒业，给二十千文。

一、孤儿既长，第一次出门习业，公堂津贴铺程钱十千文。

一、孤儿有残废之疾，不能执业营生者，虽过十六岁，其恤仍照常支给，并另给养病费每年六千文。其未出嫁女得残废之疾者同。

一、孤儿无力成婚而年已逾冠，势不能再缓者，由公堂津贴婚费钱五十千文。其无子而续娶者贴婚费钱三十千文，至三娶则不复贴。

一、孀妇不论有子、无子，确不能自给者，由公堂支恤钱每人每月三千文。其无子孀妇，则终身支给。有子者，俟其子长至二十岁，即行停止。若其子二十后尚不能事母，察系真情，减原恤之半，再贴三年，过此不复再帖。若嗣子及兼祧年逾二十，确不能兼顾其母者，仍照常支给，俟其力能兼顾，即行停止。

一、孀妇年逾六十，于常恤外每年加给棉衣钱六千文。

一、孀妇有残废之疾，不能佐以针黹者，于常恤外每年加给养病费六千文。

一、子姓年逾六十，既无子女可靠，又不能自立谋生，照孤孀例减半津贴，有妻则同。若能佣贩，有一线生机，即行停止。

一、子姓猝遇丧事，无力收殓，必经族议，津贴丧费钱二十千文。其十六岁以下，贴钱十千文；十岁以下，贴钱六千文；在三岁以内不贴。

一、子姓无力营葬其亲，必经族议，由公堂津贴葬费，每棺二十千文，其浮厝者不贴。

一、子姓极为困乏，初生男女报明公堂，察系实情，津贴保婴费每月一千文，以两年为度。其母既受保婴费，不得将婴孩寄养他处，已则为人佣工，违者追缴保婴费，以示惩儆。

一、各项佽助无非赒恤穷乏，望日后子弟各自爱惜，勉务成材。倘在支恤之期，游荡不检，习为下流，得由族众公议，停止本人之恤。情重者兼夺其所亲之恤，以为炯戒。

一、以上各条照现时情势酌定，日后倘有变迁，原可酌量增减。惟不经族众公议者，不得擅改。如有意外扶助，为各条所不载者，亦须公议决定。

一、目前公款所入，核计所出，尚不至竭蹶，日后生聚日多，开支自夥，必至入不敷出。不妨由族众公议，通盘筹算，可停者暂停，可减者核减，随时变通，总以量入为出为主义。

南浔志卷三十六

里人周庆云纂

碑刻一

晋

张□志 咸宁五年，正书。石藏张钧衡家。纵九寸九分，横一尺零二分。凡四行，首尾三十字。文不录。

东魏

元䫄墓志铭 武定三年，正书。石藏张钧衡家。纵二尺四寸三分，横二尺五寸。凡二十六行，行二十六字，首尾六百零二字。文不录。

北齐

元贤墓志铭 天保二年，正书。石藏张钧衡家。纵二尺四寸六分，横二尺四寸六分。凡三十四行，行三十四字，首尾一千零六十七字。文不录。

赵道德墓志铭 天统元年，正书。石藏张钧衡家。纵二尺零五分，横二尺零五分。凡二十九行，行三十三字，首尾八百十三字。文不录。

宇文诚墓志铭 武平元年，正书。石藏张钧衡家。纵一尺二寸八分，横一尺二寸八分。凡十五行，行十五字，首尾二百十六字。文不录。

北周

石辅益墓志铭 保定五年葬，正书。石藏张钧衡家。纵一尺零六分，横一尺零四分。凡十二行，行十四字，首尾一百五十九字。文不录。

隋

尉富娘墓志残石 大业十一年五月，正书。藏周庆云家。石横一尺五寸半，纵左一尺一寸六分，右八寸二分，下半已断。原刻二十四行，行二十四字，文五百十一字，缺一百八十四字，今存三百二十七字。文不录。

庞泽銮跋：此志余斋旧藏有原石未断拓本，与坊间所见者各别。坊本类皆字口刻露，乏苍劲圆浑之气。今春复得此残石，取予旧藏本相较，毫发不爽，惜残缺及半，然审为原石无疑也。因拓示同好以志墨缘。宣统纪元夏日，河间庞泽銮芝阁氏识于海上之薛斋。

周庆云跋：尉富娘志石，阳湖陶悔庵考为西安出土，不久为济南李氏所得。而定海方药雨则云：志石昔藏南海李氏，宣统元年始归天津王氏。然河间得此石，乃在是年春。则天津王氏之说，似不确矣。且庞氏得时，石已断去下截。芝阁归道山，此石遂入余斋。予精拓数纸，觉朴茂之中，而有奇逸之气，与瘦弱之摹本相较，则失之远矣。惜为残石，下半第二、第三、第四、第五各阙七字，五行、六行、七行各阙八字，八、九、十行各阙九字，十一、十二、十三、十四、十五行各阙十一字，十六、十七两行各阙十二字，十九、二十、二十一三行各阙十二字，末二行则各阙十三字。原文五百十一字，已阙一百八十三字，尚存三百二十七字，虽曰残志，亦可珍也。又按，富娘乃已字未嫁卒为合葬者，亦志例之仅见也。因并记之。

唐

王守廉墓志铭　元和六年，行书。石藏张钧衡家。纵一尺二寸四分，横一尺二寸四分，凡十九行，行二十余字不等。文不录。

宋

表忠观碑　熙宁二年苏轼撰，草书。石藏庞氏宜园，凡四块，纵一尺一寸，横二尺六寸五分。文不全，不录。

赤壁赋碑　无年月，真书，苏轼书。石藏庞氏宜园，凡四块，纵一尺一寸，横二尺七寸。文不录。

米芾书残石　无年月，行草书。石藏南栅孙履元家，上半断去，唯存下半。准今户部尺，广一尺七寸五分，高七寸六分。十五行，行五字至七字不等，字径一寸左右。文不录。

孙履元跋：咸丰壬子，得此石于墨溪浅水中，漫漶已甚，唯首行得“清歌发皓齿”一句，余皆不成句读。后二行题款曰“中岳外史米元章致爽轩书”，字独完好。按，元章居润州，自称海岳外史，尝乞监中岳庙，又号中岳外史。此盖乞祠后书也。

朱仁福墓碣　宣和二年，石旧在西栅尝四圩，今佚。据浔溪纪事诗注载文。

大宋宣和二年三月一日，遣中书侍郎许将、舍人刘珏赐葬从事官朱公仁福之墓。长男柟，号友山，举进士，任四川茶马都大提举司。次男林，号□□，系贡士，任建康府通判。时逆权贵，退居浔西。尝字四围图墓石街巷明月桥，建祠傍墓。□□□□佛号法通，送司印押使。朱氏子孙世世荐福奉祀。太学生孙男□同百拜谨立石。

按，此碣后人伪撰，其谬不可胜言。仁福葬尝三圩石街巷，仁福之孙俊、曾孙庇理，则葬尝四圩妙境庵后，碣乃在俊墓前，不在石街巷，谬一。仁福从征方腊，殁于军中，腊反在宣和二年十月，而赐葬乃在三月，谬二。碣称中书侍郎许将、舍人刘珏荐福祠，《敕牒》则云侍郎刘珏、中书许将，同出伪撰，复相歧互，谬三。从事郎者，阶也，乃称从事官，与伪《敕牒》同，谬四。《朱氏谱》：仁福子宣，宣子俊，俊子庇理。庇理子四，曰松、椿、柟、材。是柟、材并仁福元孙，且上有两兄，今“材”误为“林”，称长男、次男，《敕牒》又称长孙男、次孙男，谬五。逆权贵云云，出于他人叙述则可，乃自述其事，大书深刻，谬六。据朱柟厚德遗言，为庇理立田，营坟建庵，送司印押，在咸淳五年，初与仁福无涉，乃于一百五十年前，先已勒文于碣，谬七。末称百拜，明人始有之，宋时所无，谬八。《浔溪纪事诗注》及范《志》已尝致疑，而说未详尽，故复综括而辩之。余详《祠墓》。

祇园寺碑 绍兴二十一年。石旧在寺中，今佚。据《吴兴艺文补》载文。

《浔溪祇园寺庄田记》：左朝奉郎、签书江阴军判官厅公事、赐绯鱼袋丁昌朝撰，右通直郎、前福州怀安县主管学事兼劝农公事练汝舟题额。此上二行，《艺文补》不载，今据《吴兴备志》。

释氏之教，本于清净寂灭，平居恬养，得遂其性者，以香积沾足故也。苟无常产，则香积不足以充晨昏，而欲使之安于清净寂灭，难矣。是宜奉释者褒然为首，以兴庄田之利也。去《浔溪纪事诗注》作“霅”城之东，有塘曰荻，不及三舍，有溪曰浔，在浔之北有寺曰祇园，杨公保义之所椎轮。是时，百废未举，及法照禅师悟老勉从其请，来自车溪，经之营之，不及五载而落成。独常住匮乏若悬罄然，未足以容众，丛林《纪事诗注》此下有“之士”二字杯渡而至，有及门而不能留者，有留而不能久者，往往飞锡而之他。住持悟老长虑却《纪事诗注》作“之”顾，思买田以资岁计，志未得也。有信士朱公道宁者，留心内典，乐施利益。一日，悟老以其诚告，公曰：“无难，吾当办之。”居无何，乃命二子仁佑、《纪事诗注》作“祐”。仁宠舍田二十亩为之倡。其仁宠将仕，又能从父之命，广募士庶，量力而施，以所得之资增益其数。不逾岁月，遂成一夫之田。田《纪事诗注》下“田”字作“居”皆膏腴，无旱潦之患。自兹以还，岁储赢余，晨夕所不给者，今无有也。四方清众，云集而憩息焉。朝于斯，夕于斯，精修禅定，恬养天性，一境之内，薰炙而善良者，不可胜计。盖公之惠，有资于释《纪事诗注》此下有“氏”字故也。乃若佛殿之建，适会《纪事诗注》作“今”岁歉，公又出粟以助其役。浴堂湫隘，《纪事诗注》作“溢”。卜其爽垲，公又乐施，更以石为。轮《纪事诗注》此下有“贮”字藏凋弊，阅时浸久，公又命工以绘《纪事诗注》作“继”以续。凡此皆利益之广者，则公之所惠岂止一时，将施后世无穷也；而蒙福岂止一身，将贻子孙不泯也。其与童子聚沙为佛，以成胜因；贫女奉钱入缘，以为善果相属矣。悟老与其徒感公之德，无以报，相与立祠，绘公夫妇像，朝夕瞻仰。又属昌朝为之记，昌朝应之曰：“公之仁贤乐施，人所讲闻，其来尚矣，何事于此？”悟老曰：“口耳之传，岂能久乎。绵历岁时，将遂湮没。孰若形容盛美，以刊诸石，庶几有永。”昌朝应之曰：“悟老之言是也，安敢爱斐陋之文。”《纪事诗注》此下有“绍兴二十有一年五月望日谨记祇园教寺法照禅师立石”二十三字。《吴兴备志》但云绍兴二十一年立。

沈登瀛《南浔备志》：碑言寺在浔北，可为浔溪即今运河之证。保义郎，武阶，秩正九品，见《宋史·职官志》，则杨公，宋人也。据此文，寺实创始宋代，旧志谓建于唐贞观初，未知孰是。范白舫丈所刻《浔溪纪事诗》附载是碑，末多二十三字，不知本何书。又字句多误，如“轮藏凋弊”，“轮”下多“贮”字。“以绘以续”，“绘”作“继”。夫轮藏，转轮藏也。以木为之，外加丹漆，故曰“凋弊”，曰“以绘”。今加“贮”字，则以为贮藏矣，贮藏之所，无庸绘画，不得不改为“继”字。且既加“贮”字，则句首“轮”字为赘，应属上句。然浴堂更以石为之，夫人而知之石轮何为哉？

接待忏院公据碑 嘉定十一年给据，十三年立石。正书。在南栅报国寺山门西侧，高三尺六寸四分，广二尺。文十行。据拓本载文。

□乌程《两浙金石志》此二字泐□□泽乡南林□□□□僧宗伟状：窃见南林《金石志》此二字泐一境，系平江、嘉兴诸州商旅所聚，水陆冲要之《金石志》此字泐地，乃衲《金石志》脱此三字。此上第一行，字径四五分。下同子云游去□□□。诸檀越募缘创立屋宇数十《金石志》此字泐□，建置佛像。今粗圆备，专一行道，为下空九格，此上第二行。国焚修《金石志》此三字泐延□□□。今欲照《金石志》此三字泐本州东门接待院及迎《金石志》此字泐□门外半塘接待院等处体例，乞出给公据，并版榜印记付《金石志》脱此三字。此上第三行。本院收《金石志》此字泐□□□接待云游去《金石志》此五字泐□，乞《金石志》此字泐送案，照例出给《金石志》此字泐□据《金石志》此字泐印记版榜□《金石志》作“张”挂施行。庶得僧行安业熏修，永报下空三格，此上第四行恩德。奉□郡提《金石志》此字泐举台《金石志》此字泐判行，须至给据者此上第五行右。今出给公据，付乌程县震泽乡南林接待忏院，仰《金石志》脱此字，此上第六行字径寸余。下同收执照证。嘉定十一年四月湖州之印日给此上第七行，印方一寸五分。儒林郎、观察支使李。有押。此第八行上截，字径七八分。承事郎、签书节度判官《金石志》此六字泐厅公《金石志》脱此字事赵。押泐。此第八行下截前十二字，共径五寸，广一寸六分。“赵”字方一寸六分。朝请郎、通判军州兼管内劝农事单。押泐。此第九行上截前十三字，共径五寸五分，广二寸四分，单字方二寸四分。朝请郎、权知军州兼管内劝农事赵。有押。此第九行下截前十三字径六寸，广三寸。“赵”字径二寸五分。嘉定十三年，岁次庚辰，九月十□□□持僧宗伟立石。《金石志》脱此十二格。本院□《金石志》作“徒”弟□《金石志》作“僧”妙通、妙达，乌镇吴洪刊。此上第十行字，径四五分。

阮元《两浙金石志》：接待院，大约如今时丛林之例，故不一其处。据宗伟状，当时必有嚣喧之扰，故请照例出给，庶得僧行安业熏修也。

孙履元跋：接待院，不知其所自。按，《癸辛杂识续集》：杭之北门接待寺，寺额乃吴傅朋书“敕赐妙行之院”。《府志》：乌镇天台广福院，宋庆历二年建。致和中改为接待院。元至正中改今额。又，接待寺在府城东迎春门外，每岁郡守迎春，率僚属宴集接待院。大率为接待云游衲子之所。既得赐额，然后以所赐额名其寺。此碑所谓接待忏院，即报国寺是也。报国寺为宋僧宗伟开山。宗伟于开禧间来南林，始结草庵居焉，继得眉山杨公之助，创立屋宇，建置佛像，已粗圆备。然斯时犹未得报国寺额，故第称为接待忏院也。东门、半塘两接待院公据已无可考，赖此碑岿然独存，犹可见当时公据体式。碑后题衔“儒林郎、观察支使李”与“承事郎、签书节度判官厅公事赵”，其名字皆莫考。签书节度判官厅公事者，《云麓漫钞》云：诸道判官资历未至，第曰“签书某军节度判官厅公事”是也。朝请郎、通判军州兼管内劝农事单者，《府志·州县表》有德清县单端士，庆元七年任，与此相距十七年。疑端士始知德清县，后复通判湖州，如朱希颜亦于宁宗时知归安县，寻又通判湖州也。朝请郎、权知军州兼管内劝农事赵者，《郡守表》有赵善湘，字清臣，濮安懿王五世孙，嘉定十年十月，以朝请郎到任，当即其人。至十一年四月丁忧去，代之者为陈汶，于五月到任，公据给于四月，故犹题赵善湘衔。

蒋叡跋：右碑云：欲照本州东门接待院及迎□门外半塘接待院等处体例，乞出给公据。谈钥《吴兴志》：城门旧有九所，今门为六，东曰迎春，西北曰迎禧。俗呼清塘门。据此，“迎”下当是“禧”字。碑后署押者四人，惟权知军州赵善湘，《宋史》有传。其书通判军州单姓，从尖口，字书所无。高彦休《唐阙史》载进士单长鸣，《辨字》谓单从尖口，音丹；单以方口，音善。此碑“单”字，岂亦当读丹音欤？

接待忏院公据碑阴 端平元年，正书。分三层，据拓本载文。

《密公山主舍田园记》：额四行，行二字，字径一寸七八分。

南林报国寺，本寺伏承乌程缺湾余庆庵缺震缺置到缺承缺无□之利，遇缺祖考缺追严及缺界缺忌辰□刻缺成规，严与修□，毋致更易缺关请时思庵法眷僧众，拈香□明□几圆满愿心，不昧因果者。端平改元二月，日监寺僧广宣立石。勤旧：净月、净明。头首：广□、□达。知事：行清、德晖。□山住持宗伟。此上第一层，十八行，行十六字。字径五六分。唯首行“南林报国寺”五字，末行“□山住持”四字，径一寸左右。一缺太安缺一会缺檀缺檀缺食缺文缺者缺一三月缺考社□念一承事忌缺一缺设位供养缺陈氏六□娘子缺设位供养□□堂供饮食缺羹饭缺每僧缺行缺。右具如前。缺日监寺僧广宣缺。此上第二层，行字不可计，字径五六分，下同缺。伍缺宅缺报国寺收缺□定五年七月缺贯贰伯缺拾肆步潭壹伯贰拾缺具分缺。缺日监寺僧缺具。此上第三层。

孙履元跋：密公山主，疑本镇人而出家于余庆庵者，因以田园舍本镇报国寺，而报国寺僧为其俗家修斋供，以资其祖考冥福也。劳钺《府志》：余庆庵在乌程县东北四十里，时思庵则在县东瓜溪。

端石棋枰刻字　绍定四年。石藏西栅纪南枝家，高一尺九寸七分，广二尺二寸。据拓本载文。

有宋绍定辛卯六月既望刻石。此行正书。在背面，字径七八分。云溪隐□氏小蓬莱棋局。二行，行五字，正书。字径八九分，泐文似是“杨”字。明嘉靖癸亥纪泉石改制。二行，行五字，篆书，字径寸许。已上四行在正面四围花边外。

纪官《重得石枰记》：稼庵董子之庭有石承檐溜久矣，傍忽露文曰“纪泉石”。董子偶诣余，语及，余惊喜曰：“此余五世祖也。余祖泉石公生成、弘以后，海内晏安，士大夫敦尚恬退，或讲学名山，或园亭棋酒，而我公得交一时之望。至今出所藏笔墨，想见古人。”董子曰：“必先世所假也。异哉！当归子矣。”既以事未果。辛未春，余晚自苕来，此石已置斋中，烛而视其文，石背为宋绍定四年，而改制为嘉靖癸亥也，名曰小蓬莱棋局。石质细润，刻画亦工。追忆我公训子余闲构楼三楹，蓄琴书，北窥洞庭，西见溪塘帆叶，庭下富卉木奇石，诸名士觞咏自适，铮然落子处也。余童子时尚睹遗址，未几而沧桑不可复问。当时同游诸公，云舒霞散，而片石岿然独存。感而为之记。

又《江兄处小蓬莱棋局，宋石刻改制，余五世祖旧物也，慨然见赠，诗以志之》：名士当年喜共游，胥台遗翰壁间留。堂东壁有袁胥台《饮紫薇花下》诗，笔墨秀逸，题嘉靖癸巳秋。酒樽空后诗还在，棋局存来阵已收。石背残文书绍定，松阴落子到瀛洲。后人莫作偷闲会，相对须教第一筹。

施国祁《小蓬莱石棋局说》：乙丑之秋，过石溪纪君斋中，君云：“某去岁自他所得石棋局一，刮垢磨光，喜为远祖泉石公物。嗣于架上又检得从祖余素公诗记，与此石合。因缀小记，以述两世蓄石之由，且制高几庋而陈诸座间。”遂并出以示，属余记之。余观石，色黝紫，理坚滑，叩之，其声琅然清越。以长石体平方带纵，面线纵横，刻皆二十，得小方三六一，其修广阑刻制度，并详《自记》中。惟君上世富二秀公，于元大德间始自句容来居浔上，在无锡华氏后，高邮张氏前，久为吾里望族，厥后子姓益显且繁。其嘉靖癸亥改制此局，构斋以藏者，为泉石翁君九世叔祖也。越百余年，康熙辛未，重得此局，作诗以记者，为余素翁，君曾伯祖也。又百余年，君复于今嘉庆甲子三得此局，殆古人所谓缘熟者。摩挲拂拭，顾而乐之。有时清簟疏帘，与客对手，子声铮铮，觉松风嘐然，夐绝尘世。司空表圣“花院”“石幢”二语，可为移赠。若“小蓬莱”之名，见陶穀《清异录》，为违命侯园池。又见杨诚斋《江湖集》，为伊族彦通所居。吴文英有《赋杨公小蓬莱尉迟杯》词，又见《武林梵志》，周草窗过南屏有诗，皆非也。又铁厓《记》云：霅水之上，子城之中，有道士宫曰元妙，闻人师居，一轩具在，而以小蓬莱自命。又有《寄小蓬莱主者闻梅硐》诗，见于《东维子集》。又双林镇南约十里地名盛林山，有土阜高三丈许，为盛溪莫公墓，不知何人也。墓东高处有阁三间，题曰小蓬莱，皆近是。特是绍定片石，云溪裁为棋局，刻氏制名，似无可疑，无如“隐”下一字，磨泐不可考。且铁厓《记》文，莫君墓舍，与君先世皆不甚关涉，究不知云溪为何人，小蓬莱为何地，则梅硐轩与盛林山又未敢执议。然此局之转徙沦落，完璧无瑕，每逾两甲子终出，而为君家三世宝藏。试思坡翁之雪浪，米老之研山，尤海内所震耀暴著者，果能传世如是否？岂不大奇且贵乎哉？君尝屈指言：南宋辛卯至今垂五百余载，更阅十数年得庚寅，六月之望，算周六百，当为大设汤饼筵，遍致名士如白阳、胥台辈，并效衡山赏菊故事，订文角局，把酒征歌，为此石寿，以无忘两祖之手泽。计余是时虽癃老，庶幸觏此豪举，或能为君家三世作颂云。惟是人地名考，无可臆证，他日当有博雅君子出，必能辨泐石而详书之，敢不推枰袖手以俟。按，纪峻《自记》今未见，谛审蚀文确是杨氏，似杨彦通近之。

报国寺告示碑 绍定六年给示，端平元年立石。正书。在报国寺山门东侧。高三尺二寸，广一尺七寸。文二十四行，据拓本载文。

行在尚书礼部此第一行，字径一寸。

据两浙转运司申，契勘本司近据安吉州乌程县乌镇普静寺管事人陈椿状：本寺昨因徒众避免常住，执□□□□□□此上第二行，字径五六分，下同庵。本寺无僧焚修香火，□经使司陈请，得蒙给版榜坐簿付寺，□定知库次第□应。因僧怀信住南林私庵，不□□□□□此上第三行。本司□□僧人事频数紊扰□府，牒□□官详状。本司备牒安吉州主管官详状，具状供申。未到间，□□尚书□□□□□此上第四行安吉州乌程县南林报国寺知事僧德晖状诉乌镇普静寺仇，僧静觉等为见本□僧妙达等□披剃寄帐其寺，□□□司此上第五行平□□□。德晖本寺老疾，□妙达系指定轮当知库，买倩顽徒陈椿，经运司妄作私庵，□许□判□下奔□□□嘱□□□，此上第六行。牒本县□□□□奉□判证□陈符本州主管司，如果隔越虚词，即与从公究治施行。□□□□□□□运司证□□□□，本此上第七行部除已即次□□□□□承直点计，出家子□□四方，大略如行云流水，□何定籍□可拘，今报国寺僧□□□□□□□，□此上第八行云游之比，然向之庵舍□□请下空三十五格，此上第九行敕额为“报国寺”矣，寺必□□□□□，亦轮流充知□□□，岂能又充普静之役？兼两寺相去隔远四十余□，普静□□□□□□此上第十行少，何苦必欲妙达一人归□□□□□□□□寺僧净□□□□纠举其它庵舍，已为□□之资。妙达之徒适有□□□□□此上第十一行者，出而拒之，不肯少从其所。□□□□□□□已，文郁老□，自合归休林下，□□净觉□□□□谓□□□□□□□系□□□此上第十二行乞严判，令普静每岁□□寺□中轮差知库，不得生事紊扰官府。违，追管事人断□□□□□□□□□□□□□□□□□□□□。此上第十三行。知郡宝章、书判、甲乙寺院□□□□□□僧流承管干，俱为把持计。妙达虽系籍于普静，□□已隶于□国，普静□有簿□□此上第十四行□，亦各得其志可也。文郁年老不知死，恃充住持，妄有词诉直经省部，必欲强妙达乞为知库，遂□□漕台□□□□□此上第十五行州追究其实，不在纠之使□□，实在于骗乞之不从也。况报国非私庵，纵是庵舍，亦合听其自便。□□擅行不□，伍□□□，此上第十六行。正不必拘泥于此。若文郁犹有后词，则是此寺不可主持，却与□作十方。本州自□主盟，一方香火□□振起，妙达以□□此上第十七行不出官，德晖以报国知事而来，初亦无可究实者，两名并放，并案官牒□申漕台取指挥。州司□□将僧德晖□□□□此上第十八行疏放外，申乞照会本司判送签厅。据本司签厅欲备申部取指挥，所□具申。下空十八格，此上第十九行。省部取目指挥施行。申部乞指挥施行。寻呈奉。判呈除已具呈，再奉。下空二十格，此上第二十行。

台判符从行，须至符下：安吉州□□外，须至指挥。此上第二十一行。

右告示僧德晖等，详此知委。此上第二十二行，字径八九分。绍定六年十一月尚书礼部之印日。此上第二十三行，字径寸左右，印方一寸六分。端平元年九月日，监寺僧德晖、住持僧宗伟立石。此上第二十四行，字径七八分。

沈登瀛《南浔备志》：南宋虽都杭州，止称临安，尚书省亦称行在，示不忘中原之意。不称省者，省文也。

孙履元跋：两浙转运司，据咸淳《临安志》云：太平兴国三年，钱氏纳土，始置转运使。熙宁七年，分浙东西为两浙路转运使，于杭州置司，旧治在双门之北，为南北两衙，今徙于涌金门。南为转运司，其转运司签厅在本司内，即此碑所云本司判送签厅，本司签厅欲备申部取指挥者也。

报国寺碑 端平元年撰记，嘉熙元年立石。正书。在报国寺山门东侧，高连额四尺一寸，广二尺一寸。文二十三行，据拓本载文。

安吉州乌程县南林报国寺记额六行，行二字，字径三寸奇。

安吉州乌程县南林报国寺□此上第一行，字径六七分，下同。

奉议郎、□《吴兴备志》作"秘"书省著作佐郎兼四川制置副使司参议官李心传撰此上第二行。

朝散大夫、起居郎兼侍讲李性传书此上第三行。

朝奉郎、试中书舍人兼权吏部侍郎兼同修国史《吴兴备志》"史"下衍"院"字实录院同修撰洪咨夔题盖《吴兴备志》"盖"误"额"。此上第四行。

自张《志》、董《志》、《浔录》、《浔溪纪事诗注》"自"上衍"盖"字佛法入中国，而海内《湖录》误"南"山水董《志》、《纪事诗注》误"川"名《吴兴艺文补》《两浙金石志》《南浔备志》误"之"胜，率为浮屠氏有之。逮隋唐而尤盛，《湖录》误"甚"。今六张《志》误"凡"，董《志》、《纪事诗注》误"九"百年矣。浙俗好佛，故阿兰若之在浙者滋益《艺文补》、《湖录》、董《志》、《纪事诗注》脱此字多。余为史官此上第五行时，有介《金石志》误"入"僧宗伟来见者，曰："吾《湖录》、董《志》脱'曰'字，《纪事诗注》'曰'误'云'，脱'吾'字永嘉人，开禧间，寻师学道，至湖乌程之南林，爱其风土，结草庵居焉，时未祝发也。南林一聚落耳，而耕此上第六行桑之富甲于浙右，土润而物丰，民信而俗阜，行商坐贾之所萃，而官未尝讥征焉。此宜为帝释《湖录》误'室'梵王之宫，而未《金石志》误'木'多有也。吾尝血指书此上七行《报身佛所说经》一七张《志》、董《志》、《浔录》、《纪事诗注》误'一十'卷，口不绝诵。张《志》脱'口'字、'绝'误'记'，《金石志》'绝'误'讫'，《湖录》'诵'误'颂'，董《志》、《浔录》、《纪事诗注》脱此四字。乡人胥信，乃相与筑祈年之地。今敷文阁学士眉山杨公时领《金石志》此字泐祠部，益捐张《志》误'盖损'，董《志》误'盖捐'金钱以为吾助。由是佛此上第八行法僧之所寓，经钟财之所舍，与其他所以董《志》、《纪事诗注》脱此字为丛林之制者，次第《艺文补》误'筑'而举。又度吾之徒积十有六人，俾传香火之奉。顾独未有以名之也，此上第九行。乃请于礼部，《湖录》脱此字。得'报国'旧额而扁《艺文补》、《湖录》、张《志》、董《志》、《浔录》、《纪事诗注》、《南浔备志》误'名'，《金石志》此字泐焉。"因求余文以措《艺文补》误"指"诸《湖录》、张《志》、董《志》、《纪事诗注》误"之"壁。

而余为儒者也，自计不当放浮屠氏《湖录》脱此字之言，久未之许。已而余西归，得请《艺文补》脱此字治舰此上第十行于湖，伟求不已。余揽其书而董《志》脱此四字，《湖录》脱“而”字，《艺文补》《湖录》《浔录》《纪事诗注》《南浔备志》“揽”误“览”叹《艺文补》《浔录》误“难”曰：“国家立郡县之学，以明人伦，此儒者所当务也。而庠序之设《湖录》误‘说’返《艺文补》、《湖录》、张《志》、董《志》、《浔录》、《纪事诗注》、《南浔备志》误‘反’弗《湖录》、张《志》、董《志》、《纪事诗注》误‘勿’若僧庐之盛，张《志》、董《志》、《纪事诗注》脱此二字。何哉？为浮屠氏者此上第十一行心志专勤，愿力坚固，故以诛茅刈卉、衣荷食桧之余，而金碧《纪事诗注》误‘晕’翚飞，土木胜丽，成于年岁之顷，董《志》、《纪事诗注》脱此六字。通都大邑或以百数而未已也。若郡县此上第十二行之学一耳，而为政《金石志》误‘牧’者往往视为弃物，曾不訾省，董《志》、《纪事诗注》脱此四字。惟园亭馆宇之为董《志》、《纪事诗注》误‘是’尚，甚弗《湖录》误‘勿’，张《志》、董《志》、《浔录》、《纪事诗注》误‘不’获已，始董《志》、《纪事诗注》误‘稍’捐其《艺文补》《湖录》《南浔备志》误‘弃’，张《志》、董《志》、《浔录》、《纪事诗注》脱此字豪《艺文补》、《湖录》、张《志》、董《志》、《金石志》、《浔录》、《纪事诗注》、《南浔备志》作‘毫’末以为支倾补坏之计，其弗张《志》、董《志》、《浔录》、《纪事诗注》误‘勿’若一也。浮屠此上第十三行氏之徒，其用财也，一发不欺，以为欺则有报也，故人亦信之，而予之也易，甚或空囊钵之储而无所靳。今之教者，莫大于天《金石志》误‘夫’子之学此上第十四行矣，而养弟子之资，或乃移之张《志》、董《志》、《纪事诗注》脱此四字以供校官之杂费。至于郡县之间，则周亲故、资游谒、入私用者，无不有矣。其弗《湖录》、张《志》、董《志》、《纪事诗注》误‘勿’若二也。昙瞿《艺文补》《湖录》《浔录》《纪事诗注》二字误倒之道，非可此上第十五行用张《志》脱此字以理天下国家《金石志》脱此字者也，《金石志》此字泐。然其徒之教人，乃颛张《志》误‘不颛’，董《志》、《纪事诗注》误‘不专’以识心见性为事。而学校之所谓张《志》、董《志》、《浔录》、《纪事诗注》脱此二字课试者，特不过为声病《湖录》脱此字剽窃之文，以偿利禄温饱之此上第十六行愿《湖录》、张《志》、董《志》、《浔录》、《纪事诗注》误‘念’而已。盖皆浮屠氏之唾《湖录》‘唾’上衍‘所’字，董《志》、《纪事诗注》‘唾’误‘吐’弃而不顾者，故□《艺文补》《湖录》《南浔备志》脱此格，张《志》、董《志》、《纪事诗注》作‘真’为士者亦耻居之，其弗《湖录》、张《志》、董《志》、《浔录》、《纪事诗注》误‘勿’若三也。今伟之营是刹也，《纪事诗注》衍‘虽’字。一钱之施，弗《湖录》、张《志》、董《志》、《浔录》、《纪事诗注》误‘勿’敢私有，铢积寸累，汔《艺文补》、《湖录》、张《志》、董《志》、《浔录》、《纪事诗注》、《南浔备志》作‘迄’于此上第十七行成就。世俗之士，当知所愧，而又奚议哉？董《志》、《纪事诗注》误‘焉’。昔国□师《湖录》、张《志》、董《志》缺此四格；《艺文补》《浔录》《南浔备志》作‘昔国一师’；《金石志》作‘昔国师’，脱一格；《纪事诗注》‘昔’作‘日’，下空二字，亦误为崔赵公言：出家是大丈夫事，非将相之所能董《志》、《纪事诗注》脱‘能’字为。李文公问药董《志》、《纪事诗注》误‘筑’山戒定慧之说，药董《志》、《纪事诗注》误‘筑’。此上第十八行山云：欲《湖录》脱‘欲’字保任此事，须《金石志》此字泐高高山顶立，深深海张《志》、董《志》、《纪事诗注》误‘水’底行，闺閤《艺文补》、《湖录》、张《志》、董《志》、《金石志》、《浔录》、《纪事诗注》、《南浔备志》误‘阁’中物舍不得，便为渗漏。今之士大夫，考其所为，渗漏《湖录》衍‘者’字多矣。故名虽《湖录》衍‘为’字将相，而实不此上第十九行能为董《志》、《纪事诗注》脱此字大丈夫，此浮屠氏《湖录》衍‘之’字所以下视而高胜之也。”余归伏董《志》、《纪事诗注》脱此字田里，方张《志》、董《志》、《浔录》、《纪事诗注》脱此字将营葺乡校，与门人朋友讲习其间，《金石志》误“理”。以淑一乡之士。盖尝感于钦张《志》误“余”、董《志》误“欲”俨此上第二十行之言，而犹惧其弗张《志》、董《志》、《浔录》、《纪事诗注》误“勿”逮也。故因伟之请，悉《纪事诗注》误“即”书张《志》、董《志》、《纪事诗注》脱此字余所感者遗之，俾归刻之，传示《金石志》误“于”四方，庶有儆也。张《志》、董《志》、《纪事诗注》衍“宋”字。端平元年秋八月吉日董《志》、《纪事诗注》脱此二字记。此上第二十一行。

□似是“大”字，《金石志》脱宋嘉熙元年岁次丁酉三月清明日，开山住持僧宗伟立石。此上第二十二行。

勤旧德政、德晖、守中，头首广宣、广闻，知事净明、净月，浮玉王震摹刊。《南浔备志》误刻“此上第二十三行”，德政等人名字略小。《金石志》脱此行。

董斯张《吴兴备志》：李心传，字微之，隆州人。道传、性传兄也。魏了翁等二十三人交荐，宝庆二年以布衣诏为史馆校勘，历工部侍郎，奉祠居湖州。按《宋史》，心传居潮州，张考道传、性传俱寓吴兴，心传宦迹仅判成都府、四川制置司参议，初未尝莅潮阳也。何故违其二弟，独万里乘桴，冒蛟鳄之险耶？今南林《报国寺碑》亦心传撰，性传书，《宋史》以“湖”为“潮”，误矣。闵元衢曰：李舜臣子心传、道传、性传，心传官太史，游吴兴，悦山水之秀，寓于郡城，即今安定书院。又相度弁峰，建宅营墓，名其湾曰太史湾。殁后，以道传子献可为嗣，遂为吴兴人，后徙长兴之东山。张尝据《癸辛杂识》及《报国寺碑》，正《宋史》之误。近得康侯所示《长兴李氏谱》，自谓差有读书眼耳。

阮元《两浙金石志》：南浔，古名南林，惟见此碑。旧志云：端平中，学士陈益建。此云：眉山杨公捐金钱以为助。当从碑为正。李心传，字微之，号秀岩，井研人。弟道传，号东窗；性传，号凤山。洪咨夔，字舜俞，於潜人。嘉泰进士，知龙州，除秘书郎，迁金部。绍定六年为礼部郎官，除监察御史，进吏部侍郎，同修国史，又兼给事中，升侍读。以病丐闲，拜端明殿学士，领内祠。卒谥忠文。

沈登瀛《南浔备志》：李心传，见《宋史·儒林传》。性传，字成之，号凤山。嘉定四年进士，历干办行在诸军审计司，迁武学博士，累迁起居舍人兼侍讲。理宗朝迁起居郎，兼国史编修、实录检讨。淳熙五年，拜端明殿学士，签书枢密院事，兼权参知政事，寻同知枢密院事。未几，落职与郡。宝祐二年，以观文殿学士致仕。卒，特赠少保。周密《癸辛杂识》云：穆陵李凤山参政，本蜀人，后居霅，因创南园，以为游遨之地，中有杰阁曰怀岷，穆陵御书。《浔溪纪事诗注》载此文本《湖录》，间有改窜，“今六百年矣”句，“六”改作“九”。案，自唐初至宋理宗时，正合六百之数。若上溯九百年，则在东、西晋之间，与上文无著。倘以佛法入中国计之，则千二百年矣，亦不合。

孙履元跋：碑已中断。董若雨先生《报国寺秋霁》诗云：“孤村危阁立，漏日断碑明。”则碑在当时已断矣。阮文达公抚吾浙时，撰《两浙金石志》，时范白舫先生适拓碑报国寺，而钱竹汀少詹舟过南浔，因以拓本付竹汀，竹汀携寄文达。于是《报国寺记》《华七府干布施记》《接待忏院公据》及《长生讲院碑》四种，遂著于录。然仍有讹阙，碑阴亦失载。即此碑二十三行，阮以为二十二行，盖末行失拓也。碑记宗伟于开禧间至南林，爱其风土，始结草庵居之。又云：眉山杨公，益捐金钱，以为吾助，所以为丛林之制者，次第而举，乃请于礼部，得报国旧额而匾焉。按，嘉定十一年《接待忏院公据》已称创立屋宇数十□，建置佛像。是嘉定创院之时，端借杨公之助，惜其人无考。接待院之改为报国寺，始见于绍定六年《礼部告示碑》。其得报国寺额，当在嘉定十一年以后。旧志既误杨公为陈益，又以寺为端平中建，盖未尝细读碑文也。

蒋叡跋：碑云：“今敷文阁学士眉山杨公时领祠部，益捐金钱以为吾助。”此追述宗伟创设丛林时语也。考《宋史》，端平以前无眉山杨氏为学士者。惟《杨简传》，嘉定元年兼礼部郎官，宝庆元年授敷文阁直学士。其前后历官与此碑合，但系慈溪人。碑云眉山，岂其旧望欤？《杨诚斋集·附录》：“子长孺，敷文阁学士。”按，诚斋吉水人，系出汉太尉杨震后，与眉山无涉。又苏文忠《赠文长老》诗刻有眉山杨汝明题识。《中兴馆阁续录》：“汝明，嘉定十二年权礼部侍郎。”检《四川总志》《通志》，并未尝除学士，虽贯眉山，恐非其人。

按，碑题“三月清明日”，考是时用鲍澣之《开禧术》附杨忠辅《统天术》以行。

今以二术推，是年三月并壬子朔三日甲寅清明。

报国寺碑阴 嘉熙元年，正书。分二层，上层三十一行，下层七行。据拓本载文。

檀越施田地名衔额平列七字，字径一寸六七分。

南林报国寺此上层第一行，字径七八分。

山门伏承此上层第二行，字径五分。下同。

檀越张宅东位太安人吴氏，生前置田壹拾亩入常住，收租供众，立位牌，入祠堂，供养往生此上层第三行佛界者。此上层第四行。

檀越清河三四运属生前舍地壹佰肆拾步，圆就三门基址，立位牌，入祠堂，永远供养。此上层第五行。

运属张公、孺人卜氏，僧行朝夕熏修，追悼二位神仪，往生净土者。此上层第六行。

檀越作院昨用钱置到陆大名忠翼惶字叁围产地壹佰步，舍入本寺圆就。此上层第七行。

千佛宝阁基址所集，功德追崇。此上层第八行。

亡者生天保佑，见存获福，切虑舍地之后，知事更易不常。此上层第九行。

官员入寺修崇之时，间有无知行仆以舍无息为辞，公然灭裂，有失追严之礼。今又承添此上层第十行施净财官会贰佰贯文，入本寺长生库营运，依寺门体例贰分伍厘抽息，岁计息钱陆拾此上层第十一行贯文。其息钱作伍次关归常住，贴助修建功德，贵得绵远，不致误事。此上层第十二行。

今立定规式、划一事例，如后。此上层第十三行：

一、七月二十四日，先考辂院张公愍忌，常住斋僧一堂，僧众讽诵《佛说阿弥陀经》各一卷，此上层第十四行。咒食一中。此上层第十五行。

一、三月初六日，先妣孺人盛氏远忌之辰，常住斋僧一堂，僧众讽诵《佛说阿弥陀经》各一此上层第十六行卷，咒食一中。此上层第十七行。

一、七月十八日，继妣恭人耶律氏远忌之辰，常住斋僧一堂，僧□□诵《阿弥陀经》各一卷，此上层第十八行。咒食一中。此上层第十九行。

一、三月二十二日，亡生母太君周氏远忌，常住斋僧一堂。僧众□□《佛说阿弥陀经》各一此上层第二十行卷，咒食一中。此上层第二十一行。

一、二月初七日，婆婆周氏庆生之辰，常住斋僧一堂，僧众持诵《□□□吉祥陀罗尼神咒此上层第二十二行经》各一卷，寿香寿烛回献本命星君。百年报满之后，改日修崇。此上层第二十三行。

一、每遇忌辰，就法堂设位，供养果实饮馔、香烛纸马，务要如仪。此上层第二十四行。

一、每遇忌辰，先期一日关报，请官员入寺拈香证明。此上层第二十五行。

右立合同文字二本，内一本纳本宅照应，内一本付寺内交割，仍刻石存照，烦当代主首知事此上层第二十六行主盟，毋致更易者。此上层第二十七行。

嘉熙元年七月初七此二字上钤“报国寺记”，方一寸五分日，合同存照。此上层第二十八行。

勤旧守中下有押，凡人名，字较小，下同广闻，有押。头首德晖、有押。广宣，有押。知事净月、押沏。净明。有押。此上层第二十九行。

住持宗伟有押立石。此上层第三十行。

舍地檀越成忠郎、新监镇江府都作院张。下有两押。王震刊。此上层第三十一行。

於塔檀越蒋十四将仕，名思聪，同妻顾氏一娘备钱置田壹拾亩入常住，递年收租，修设供此下层第一行佛斋僧，功德保扶各人身宫康泰，福寿增崇。凡在时中，吉祥如意者。此下层第二行。

张十六公，名寻，舍田叁亩收租并新会贰拾阡入库出息。遇七月十九日生辰斋僧保安平善者。此下层第三行。

浔溪张乙郎，名世富，舍田叁亩收租置油，供养大佛殿三宝圣贤，祈求平安者。此下层第四行。

当镇檀越华百乙太君，名沈氏一娘，舍到堀墟村祀字一围田柒亩叁角并嗣字三围田三亩壹此下层第五行角共壹拾壹亩，本寺收租供众。每遇十一月初五日生辰看经填僧上寿，所华氏《传芳录》误“并”冀此下层第六行见生福寿康宁，他报二严克备。此下层第七行。

孙履元跋：右碑阴所称长生库，本始于寺院，司其事者谓之库子，亦曰主库，逐年转利以供所需。故有库子逐月将簿书诣方丈知事签押者，见于临海县《宝藏岩长明灯碑》。盖长生库盛行于斯时也。陆游《老学庵笔记》云：今僧寺辄作库，质钱取利，谓之长生库，至为鄙恶。予按梁甄彬尝以束苎就长沙寺库质钱，后复赎苎还，于苎中得金五两，送还之。则此事亦已久矣。庸僧所为，古今一揆，可设法严绝之也。

报国寺布施记碑 嘉熙元年，正书。在报国寺山门西侧，高连额三尺七寸五分，广二尺零五分。分两层，上层文二十二行，下层无字，据拓本载文。

《檀越华七府干布施之记》：额五行，行二字，字径二寸左右。

南林报国寺此第一行，字径七八分。

本寺伏承大檀越华李，《华氏传芳录》脱此字。七府干名文胜，自创业以来，凡遇山门大小缘事，无不施财，此第二行，字径五六分。下同。发扬成就。今划一开具事目《传芳录》脱此字于后。此第三行。一、施财二百贯文，置造大锡花瓶并架子一对、雕装莲花二瓶，充大佛殿供养。此第四行。一、施财二百贯文，铸造大铁香炉二座，充大佛殿观音殿供养。此第五行。一、施财五百贯文，一力甃砌法堂三门两庑地面。此第六行。一、施财三百贯文，印置《大般若经》六百卷入宝藏。此第七行。一、施财三百贯文，布漆银珠《传芳录》误“朱”大佛殿桐《传芳录》误“相”身柱肆口。此第八行。一、施财八十《金石志》误“百”贯文，置普贤黑光厨一口。一、施财一百贯文，鞔造大法鼓一面。《传芳录》脱此十四字。此第九行。一、施财一百贯文，建造钟楼及普贤殿。一、施财一百贯文，建造三门。此第十行。《金石志》误移为第十二行。一、施财三百贯文，建造释迦宝殿。一、施财一百五十《传芳录》脱此字贯文，甃砌大佛殿地面。此第十一行，《金石志》误为第十行。一、施财一百贯文，建造库堂。一、施财一百《传芳录》脱此二字七十贯文。铸造大镬一口。此第十二行，《金石志》误为第十一行。一、施财一千贯文，建造千佛宝阁大柱八口。一、施财一百贯文，装塑佛殿涌壁罗汉一龛。此第十三行。一、施财八百五十贯文，置到吴江县界田二十亩，递年收租。十月十七日，伏值先妻此第十四行太君潘氏一娘子愍忌之辰，启建西资莲社念佛胜会一，永日设位供养，资悼下空一格，此第十五行尊魂，往生净土者。一、施财一百《传芳录》衍“五十”两字贯文，铸造宝藏内寿山福海。此第十六行。右具如前，谨刻坚珉，请轮年知事僧，循守成规，严与修崇，毋致更易。庶几圆满愿心，因果此第十七行不昧。祈求现生之内，福乐百年，他报之中，二《金石志》误“三”严克备者。此第十八行。嘉熙元年二月日，监寺僧净月凡人名字略小，下同。《金石志》脱此二字立石。此第十九行。勤旧德政、守中、德晖，头首广闻、广宣。此第二十行，《金石志》唯存“头首”二字，余皆脱。知事净明。此第二十一行，《金石志》脱。开山住持此四字径七八分宗伟。此第二十二行，《金石志》脱。雪川王震刊。五字在边阑外。

阮元《两浙金石志》：碑记当时建寺因缘及施财琐细之事，皆府干李文胜所施。按，额题“华七府干”，则“李”字非姓也，阮氏讹。

孙履元跋：右碑文二十二行，《两浙金石志》以为十九行，盖后三行失拓也。所载文亦有讹阙错乱处。《华氏传芳录》：“文胜字彬野，以人才举为江州参军，以疾致仕。”华氏在当时为南林望族，今华家桥本名通利桥，亦文胜创建华家巷即其居宅。报国寺创始于嘉定中，僧宗伟得眉山杨公之助，而大佛殿遂得落成，其钟楼、佛阁及诸佛殿，则皆彬野续建。今数其施财，至四千余贯之多，可谓大有功于兹寺者矣。“耆旧”“头首”诸名目，始见鄞县宋嘉定戊寅《资福寺铜钟铭》。此碑“耆旧”作“勤旧”。按，徽宗政和三年六月御笔：“天下道士不得称宫主、观主，并改作知宫观事，女冠准此。僧尼不得称寺主、院主、庵主、供养主之类，并改院主作管干院事，副作同，供养主作知事，庵主作住持，余皆依此改定。”则所谓“勤旧”“头首”者，疑即他碑所称主殿、主藏、主库之类，亦必因政和禁令，始别创此名目也。

报国寺布施记碑阴 嘉熙元年，正书。分两层，上层三十二行，下层二十八行。据拓本载文。

檀越施财置田名衔上层额八字平列，字径一寸三四分。

南林报国寺此上层第一行，字径七八分。

本寺伏承当邑□檀越蒋八宣义生前置田一十亩二角，入常住，递年此上层第二行，字径五六分，下同收租。七月二十日，值先考八承事讳辰，斋僧一堂，附荐此上层第三行先妣太君沈氏六娘子双魂往生净土。此上层第四行。

浔溪檀越朱三五承事，生前置田一十四亩，入常住，递年收租。三月十八日值此上层第五行承事讳辰，启建西资念佛胜会一永日，又于九月十二日值此上层第六行朱二承事讳辰，斋僧一堂，设位供养，追悼神仪，往生净土。此上层第七行。

后庐檀越施三承事，生前置田一十二亩，入常住，每岁收租。三月二十五此上层第八行日值承事讳辰，差设斋僧一堂，晨粥一堂，沐浴一堂设位供养，上荐此上层第九行神仪，往生净土。此上层第十行。

掘墟檀越许廿三迪功，生前置田五亩，入常住，每岁收租。七月十五日，值此上层第十一行先妻孺人徐氏二十娘子忌辰，于盂兰盆会修设六道斛食一器，燃灯此上层第十二行一座，仍供养致政、迪功二位神仪，同生净土。此上层第十三行。

浔溪檀越陈三五太君沈氏八娘子，生前置平江府常熟县界田七亩二此上层第十四行十二步，入常住，递年收租。五月二十二日值此上层第五行太君忌辰，斋僧一堂，资悼懿魂，往生净土。此上层第十六行。

当邑檀越陈十七太君闵氏六娘，置田三亩三角一十五步，入常住，递年此上层第十七行收租。九月九日遇太君生日，斋僧一堂，祝扶寿算延长。此上层第十八行。

船居檀越贺四五承事，生前置平江府吴江县界田七亩二角，入常住，递此上层第十九行年收租供众，仍立祖先位牌，入祠堂供养，用悼往生者。此上层第二十行。

当寺《华氏传芳录》误“事”华沈《传芳录》脱此字三四《传芳录》脱此字道公施己财，置田一十亩三角令一《传芳录》“令”误“合”，脱“一”字十三步，入常住收租。每岁《传芳录》误“年”。此上层第二十一行三月初五日，遇华道公生辰，斋僧一堂，百年报终之后，移作忌日。修崇植福无尽。《传芳录》误“量”。此上层第二十二行。

船居檀越徐四将仕名可用，置田五亩，入常住，递年收租。六月二十三日值此上层第二十三行先考三九承事忌辰，斋僧一堂，所集功德，上荐神仪，往生净土者。此上层第二十四行。

於塔檀越蒋十四将仕名文慨，置田五亩，入常住收租。每年十一月初一此上层第二十五行日，遇妻吴氏十娘生辰，就月会诵《莲经》，保扶各人身位安康，吉祥如意。此上层第二十六行。

右具如前，谨刊坚珉，请轮年知事僧参照。此上层第二十七行。

檀越生日忌辰，严与修崇，毋致更易。庶几圆满愿心，因果不昧者。此上层第二十八行。嘉熙元年二月《传芳录》“月”下衍“吉”字日，监寺僧净月凡人名字略小，下同立石。此上层第二十九行。勤旧守中、德晖，头首广闻、广宣、德政。此上层第三十行。知事净明。此上层第三十一行。开山住持此四字径七八分宗伟。此上层第三十二行。

檀越施财修崇名衔下层额八字平列，字径一寸三四分。

南林报国寺此下层第一行字，径七八分。

山门伏承平江府吴江县倚投。此下层第二行，字径五六分，下同。檀越沈十五承事讳琇，生前舍官会五百贯文，入本寺长生库营运此下层第三行，证例二分育息。每岁六月十四日，值承事讳辰，仰库司就长生库此下层第四行关给息钱一百二十贯文官会，修设此下层第五行天地冥阳水陆一会，用资冥福，追悼神仪，往生净土。此下层第六行。

船居檀越东阳二十承事沈公，生前舍钱一百贯文官会，入常住。每年此下层第七行十二月初七日，值承事慇忌，请僧道共二十员看诵此下层第八行《妙法莲华经》一会，又承太君李氏三娘子，生前舍钱一百四十贯此下层第九行文官会入常住。每年三月初四日，值太君慇忌之辰，斋僧一堂，设此下层第十行位供养，上荐二位尊魂，同生佛界。此下层第十一行。

当邑檀越张四十太君曹氏三九娘，舍钱一百贯文官会入常住。每年此下层第十二行五月初十日，伏值亡公张四六承事讳辰，启建西资念佛胜会一此下层第十三行永日，附荐亡婆太君朱氏十七娘子、亡夫张四十将仕超升者。此下层第十四行。

船居檀越徐三九太君张氏六娘，舍钱一百四十贯文官会，入本寺长此下层第十五行生库营运证例二分育息。每年二月十一日，遇太君生辰，仰库司此下层第十六行就长生库关给息钱三十三贯六十文官会，请僧道二十员看诵此下层第十七行《妙法莲华经》一会。百年报满之后，移作□辰，羞崇功德，利益无穷者。此下层第十八行。

当邑檀越张三乙将仕名显祖，舍钱一百五十贯文官会，入本寺长生此下层第十九行库营运证例二分育息。每岁正月十□日，值此下层第十九行先考三承事讳辰，仰库司就长生库关给息钱三十六贯文官会，启建此下层第二十一行西资莲社念佛胜会一永日，所鸠功德，追荐尊魂往生净土者。此下层第二十二行。

右谨具如前，请递年知事僧严与修崇，□无更易。预请此下层第二十三行檀越拈香证明，庶几因果绵绵无穷之利，已镌诸石不朽者。此下层第二十四行。嘉熙元年二月日，监寺僧净月凡人名字略小，下同立石。此下层第二十五行。勤旧守中、德晖，头首广闻、广宣。此下层第二十六行。知事净明。此下层第二十七行。开山住持此四字径七八分宗伟。此下层第二十八行。苕溪王震刊。五字在边阑外。

孙履元跋：右碑阴下半截埋土中。咸丰丁巳，南浔方修镇志，遍拓镇碑，而元任监拓，因募工掘去地面，甃砖锹土，深几二尺，乃得施椎拓，文颇完善，惟下截缺数字耳。上截所记各檀越施财置田，约计八十余亩。当嘉熙时，浙右未遭派买公田之祸，依然稼穑维宝，故檀越以施田为重，寺僧亦不以施田为轻，严修斋供，良有以也。谈钥《吴兴志》："乌程县乌墩税务所属十五坊，有前庐、於塔等名。"后庐当附近前庐，今皆莫知其处矣。

嘉应庙敕牒碑 咸淳六年，正书。在南栅嘉应庙山门内西壁，高连额四尺八寸八分，广二尺二寸二分。文十四行。据拓本载文。

敕赐嘉应之庙额二行，行三字，字径一寸八九分。

尚书省牒此第一行，字径三寸，"书"字下半及"牒"字形俱如押。《华氏传芳录》《浔录》《浔溪纪事诗注》脱"尚书省"三字，《吴兴备志》、董《志》脱"牒"字七巷社首□□六字在首行下，字径三分至五分不等。礼部状。《吴兴备志》、董《志》脱"状"字。准咸淳六年正月二十七日此上第二行，字径三分至五分不等，下同敕节文，中书门下省此五字，《吴兴备志》误"中书省门下侍郎"七字尚送礼部申，两浙运司《吴兴备志》、董《志》误"使"奏，本司据安吉州申，据承节郎、监安吉州南浔镇事陈荣状申，据御前提举所使臣张良嗣并七巷父老华元实《纪事诗注》误"吉"等列状，世居乌程县《吴兴备志》、董《志》脱此字震泽乡董《志》误"震下乡"，《纪事诗注》误"震泽下乡"之南林，故老《吴兴备志》、董《志》脱此字相传此地有《吴兴备志》、董《志》脱此字崔承事、李承事二公居焉。其存心也根于仁，其处事也勇于义。宣和间，"方寇"扰攘，声摇乡郡，二公率乡丁捍御，果获全安。董《志》误"安全"。或值凶年饥岁，争出廪粟以赈给，《纪事诗》注脱此三字。此上第三行。人皆德之。二字《纪事诗注》误"得生"。暨二公卒，莫不衔恩思慕，自以为报之罔极。乃卜地于市中，设祠宇而并祭之。衣冠服饰，效乡党护境二神貌像，七社人烟，《传芳录》《浔录》误"禋"。岁时节朔，以飨以祀，雨旸必祈，疾疫必祷，所求辄应。《传芳录》《浔录》此下有“嘉定宝祐年间，神之驱蝗逐寇，荫殍息端”十六字，盖因下文删去“嘉定乙亥”云云四百余字，故檃括数语，妄加于此，谬。显异莫能具述。《传芳录》《浔录》“异”误“应”，“具”误“殚”。嘉定乙亥，飞蝗蔽天，乡民罗拜于庙，或泣《吴兴备志》、董《志》脱此二字或诉。越翌日，忽疾风起于庭下，蝗之避《吴兴备志》《传芳录》《浔录》误“飞”去者几《纪事诗注》误“居”半，余悉《纪事诗注》脱此字自毙。是岁乃亦有秋，或《纪事诗注》脱此字竭力奉事，庙貌一《纪事诗注》误“聿”新，酬答神贶。嘉熙庚子旱此上第四行荒，饥莩枕藉于两庑，颇觉秽亵，香火僧厌而祷之。是夜，神告之曰：“穷民无归，居我廊宇，以避《纪事诗注》误‘庇’风雨。我若谴怒，彼将畴依？”于此尤《纪事诗注》误“又”见其根心之仁，愈无穷已也。淳祐壬寅，待制赵伉夫道经南浔，偶值雷《吴兴备志》、董《志》、《浔录》误“风”雨暴作，湍流奔涌，舟不能前。赵公惊怖，左右谓此地《吴兴备志》《浔录》脱“地”字有神曰崔、李二王，祈之无不验，遂默祷之。俄顷帖《纪事诗注》误“恬”然，舟获到岸，而谒于祠下。致谢毕，见其庙未有额，慨然书之，今犹存也。宝祐甲此上第五行寅，《南浔备志》衍“秋”字。狄浦盐寇《纪事诗注》误“盗”啸聚，村落多《纪事诗注》作“都”被其害，且垂涎南浔，以为市井繁阜、商贾辐辏之所，意在剽掠，妄求恳祷。所抽十余签，所掷十余珓，《吴兴备志》、董《志》误“蛟”。皆不协吉。群盗相顾愕然，辄逞凶暴，欲举二像畀《吴兴备志》、董《志》误“舁”之于水，似《纪事诗注》误“殊”觉拘挛而掣其肘，乃畏惧潜遁。景定辛酉，《纪事诗注》衍“两”字。水灾比近，顽徒有鼓众借粮者，市户焚香祷告。忽一日，群凶驾舟围绕，未几随《纪事诗注》误“遂”散。或问之曰：“倏来而倏去，《吴兴备志》、董《志》脱此三字，《纪事诗注》“去”下衍“者”字。何也？”贼应《纪事诗注》误“告”之曰：“昨夜南二字，《纪事诗注》误“者来”浔之南，有二人若神人，《纪事诗注》《南浔备志》脱此字。此上第六行。身《吴兴备志》、董《志》、《传芳录》、《浔录》脱此字长丈余，立于人间《浔录》脱此二字，《吴兴备志》、董《志》脱“间”字屋上，谕我《纪事诗注》误“吾”等：逾月，方许汝来此也。今且退去，一月后复来。”闻者喜惧相半，不十日即就擒戮。此二项益见神之显异垂庇，每惓惓二字《纪事诗注》误“捍患”于艰难危急之时，殆二天也。人之还以答神休，岂不能伸《浔录》误“置”一喙耶？自“嘉定乙亥”至此四百三十四字，《传芳录》删去。《浔录》曰：石刻与《传芳录》正同。别本多四百余字，想是申状原文。今按，石刻明有此段全文，《浔录》大误。恭惟国朝董《志》、《纪事诗注》误“家”爱民如子，凡神之有惠于民者，必载于《传芳录》《浔录》《纪事诗注》误“之”祀典，盖敬神《吴兴备志》、董《志》衍“之”字所以爱民□。《吴兴备志》、董《志》、《传芳录》、《浔录》、《纪事诗注》、《南浔备志》并作“也”，今泐。如德清之新市，亦隶本州管下，其镇《传芳录》《浔录》误“地”土神，尝有恩封庙额，独南浔未尝举行，此四字，《吴兴备志》、董《志》、《纪事诗注》并误“之南有二人若神人”八字，《传芳录》《浔录》“尝”误“蒙”。此上第七行。允为缺典。未创镇以前，特乡村尔，无阶可陈。今创镇几二十载，董《志》“几二十”误“二十余”，《纪事诗注》“载”误“年”。前后镇官，董《志》、《纪事诗注》误“守”。岁时祈祷屡验，僧徒晨夕焚修愈勤，此庙正系祝圣祈祷去《纪事诗注》误“之”处。兹遇圣天子初登大宝，增崇祀典，恩霈方新。良嗣等谨述家传人诵之实迹，列状乞备申施行。本镇保明诣实，申州乞施行。州司所据承节郎、监安吉州南浔镇事陈□《吴兴备志》、董《志》、《传芳录》、《浔录》、《纪事诗注》、《南浔备志》并作“荣”，今泐申到土神灵迹因依，本州保明是实，申本司乞施行。此上第八行。本司已《吴兴备志》、董《志》误“以”照例差官询《纪事诗注》误“讯”究核实，委有灵迹，保明是实，伏候敕旨。本部照条勘当，具申朝廷，准批《纪事诗注》误“批准”送下寺拟封申。除已连送太常寺拟封去后，据本寺《纪事诗注》误“旬”回申，安吉州南浔镇土神崔、李二承事拟封二字庙额，今欲拟“嘉应庙”为额，合行降敕，申乞施行。本部备申朝廷，伏候旨挥《浔录》脱此字。□□《吴兴备志》、董《志》、《纪事诗注》、《南浔备志》并作“正月”，《浔录》作“二月”，今泐二十五日奉自“本司已照例”至此一百九字，《传芳录》脱。此上第九行圣旨，依奉敕如右。《吴兴备志》、董《志》误“有”。牒《吴兴备志》、董《志》衍“文”字到奉行。前批三月空日空时付礼部施行，仍关合属去处。本部开具前衔后拟下项，伏乞朝廷给降敕牒施行，伏候旨《传芳录》误“指”挥。此上第十行。牒奉《吴兴备志》、董《志》脱“牒”字。此上第十一行。“牒”字径五寸，“奉”字径七寸，形具如押敕此字径五寸六分，形如押宜赐“嘉应庙”为额，牒至准《吴兴备志》《董志》脱“牒至”二字。《传芳录》《浔录》脱“至”字，《浔录》“准”误“奉”。此上第十二行字径二寸至二寸九分，“牒至”二字形俱如押敕，故牒。“敕”字径五寸七分，“故牒”二字各径二寸五分，形俱如押。《吴兴备志》、董《志》脱此三字。咸淳六年十二月尚书省印日牒。《吴兴备志》、董《志》、《纪事诗注》、《南浔备志》脱“日牒”二字。《传芳录》《浔录》脱“日”字。此上第十三行，“咸淳”等七字，字径一寸左右，“日”字径六分，印钤“日”字上方一寸八分，“牒”字径一寸六分，形如押。同签书枢密院事兼权参知政事赵。下有押。上十三字，共径九寸三分，广二寸五分至三寸不等，“赵”字径二寸三分。右丞相。下有押。“右”字，径二寸五分，下二字并二寸奇。太傅、平章军国重事、魏国公免押。上十一字共径一尺一寸，广二寸八九分，“免押”二字并径六分。此上第十四行。

南浔徐□□。五字在末行下，字径三分，泐文二字，《南浔备志》作“我斋”，今审之未确。

沈登瀛《南浔备志》：宋牒释证两浙运司按，《宋史·职官志》有发运司、转运使。发运使自乾道六年冬废后，不复置，此应为转运司也。浙东西止设使一员，故称两浙安吉州《地理志》：湖州，宝庆元年改安吉州承节郎《职官志》：武阶为小使臣，秩从九品监镇事按，《志》作监当官，掌茶盐酒税场务征输及冶铸之事，随事置官，文武皆可充差，即其类也御前提举所使臣张良嗣宋制，提举官随事即置，大小不一，文武通差。此仅云提举，不著职事，疑系富民进纳官。盖宋自神宗始有入粟补官之法，此有官而未补实者，又属本镇人，故列于父老之前。此余友董君铸、范说，极允承事。《志》：承事郎文阶系京官，秩正九品，理亲民资序者正八品。宣和间，“方寇”扰攘，声摇乡郡。《徽宗纪》：“宣和二年冬十月，建德军清溪妖贼方腊反，命谭稹讨之。十二月，方腊陷杭州，知州赵震遁，廉访使者赵约诟贼死。”又《忠义陈遘传》：“宣和二年冬，方腊乱，诏以属遘。遘言腊胁从已过万，又有苏州石生、归安陆行儿皆聚党应之。”《续纲目》：“宣和三年二月，方腊寇秀州，官军败之。方是时，吾乡亦闻警日急，二神保障之功伟矣。”嘉定乙亥，飞蝗蔽天。《宁宗纪》：“嘉定八年，两浙、江东西路旱蝗。”《五行志》：“嘉定八年四月，飞蝗越淮而南。乙卯，飞蝗入畿县。”嘉熙庚子，旱荒。《理宗纪》：“嘉熙四年六月，江、浙、福建大旱蝗。”此二条可补入《府志·祥异》。待制赵伉夫。《职官志》：“龙图、天章、宝文、显谟、徽猷、敷文、焕章、华文、宝谟、宝章、显文诸阁皆有待制，秩从四品。”《宗室世系表》：“伉夫，高密郡王房，魏王廷美八世孙也。”《江西通志·名宦》：“赵伉夫，字尊道，霅川人。开禧乙丑，知上高，内腴而外癯，政尚慈恕，不忍以横敛伤民，民怀爱之，目为赵佛子。逾年，政成事简，入为枢密院都承旨。”《吴兴备志》引此同。又引《上高志》云：官至浙东提刑。再考《职官志》，都承旨秩从五品。元祐初，制以待制充。绍兴时或以加学士、待制、修撰贴职。然则伉夫是时当在为都承旨之际、提刑之前矣。惜未载所书何额。宝祐甲寅，狄浦盐寇啸聚。《理宗纪》：“宝祐二年闰六月，以包恢提点浙西刑狱，招捕荻浦盐寇。七月己巳，荻浦海寇平，包恢进直龙图阁。”《包恢传》：“除直显文阁、浙西提点刑狱。是时，海寇为乱，恢单车就道，调许澉浦，分屯建寨，一旦集诸军讨平之。”考《地理志》，平江府节制许浦军。《九域志》：“澉浦镇属海盐，则狄浦亦必沿海，去浔不远。”景定辛酉，水灾。《理宗纪》：“景定二年六月乙巳，诏近畿水灾，安吉为甚，亟讲行荒政。九月，诏湖秀二郡水灾，守令其亟劝分监司，申严荒政。”《府志》赈恤祥异皆失载，此可补其缺。德清之新市亦隶本州管下，其镇土神尝有恩封庙额。《吴兴备志》引劳《志》云：“永灵庙在新市镇，绍兴五年赐庙额。”李堂《府志》载宋陈钱《永灵神号加封记》云：“绍兴九年，改封显佑侯。庆元二年，增封显佑通应侯。元配邵氏，封协惠夫人。神为西晋本郡人朱泗，怀帝时殉忠死敌。”今创镇几二十载。自咸淳六年上溯之，景定五、开庆一、宝祐六、淳祐十二，南浔立镇，应在淳、祐之末。故端平初《报国寺碑》止称南林，且云：行商坐贾之所萃，而官未尝讯征焉。盖未为镇则不设官，虽端平与淳、祐相距不过十余年，然地理之沿革，制度之增减，于斯可见矣。拟封二字庙额。《礼志·熙宁诏》：一应祠庙祈祷灵验而未有爵号，并以名闻。于是太常博士王右请自今诸神无爵号者赐庙额，已赐额者加封爵，初二字，再加四字。同签书枢密院事兼权参知政事赵。按，是为赵顺孙也。《宰辅表》云：咸淳六年正月丙寅，赵顺孙自吏部侍郎除端明殿学士、同签书枢密院事。《度宗纪》失书。毕沅《续通鉴侍郎作尚书表》又云："十月甲申，陈宗礼、赵顺孙并兼权参知政事。十一月，陈致仕。"此敕于十二月下行，故独题赵。右丞相。按，《度宗纪》："咸淳五年三月戊辰，以江万里、马廷鸾为左右丞相，并兼枢密使。六年正月丙寅，江罢左相，知福州。"是年左丞相缺，故独题右丞相，应为马廷鸾也。太傅、平章军国重事、魏国公。按，此为贾似道也。《宋史》纪表及《奸臣传》，似道于元年四月已加太师，而此牒尚称太傅，似有不合。及考十年之《表》有云"十二月癸亥，贾似道依旧起复太傅、平章军国重事、魏国公、都督诸路军马"，然后可解其故。盖宋承唐制，以三太为三师，位极隆重，而太师尤为异数，惟赵普以开国元勋，文彦博以累朝耆德，方特拜焉。其他如史弥远三具奏辞，郑清之五辞免，朝廷或许或不许，亦成故事。窃意贾固贪位，又冒美名，当时或伪辞不受，故结衔仍称太傅，史恶其伪，削而不书耳。不然，师相之衔，吏敢致误，必无是理也。又据此悉宋故事，虽小事，两省长官必押枢密院官书姓，中书省官不书姓，至平章军国重事，位在丞相之上，不常置，故免押，但具衔而已。虽案牍之文，事皆有合于史，金石家所当宝贵之也。

案，此文《吴兴备志》《镇志》皆全载入。近又得《浔溪纪事诗》刻本，然辗转传钞，各有误字，恐碑石日泐，字益就灭，因疏其异字而辨之，庶后人有所折衷焉。"乌程县震泽乡"，《备志》《镇志》脱"县"字，又《镇志》作"震下乡"，《纪事》作"震泽下乡"，皆误。考高必腾《县志》云："宋初为乡三十一，震泽在焉。太平兴国中割十五乡置归安县，景德中并其三，熙宁中又并其二，实管十一乡。"又云："后分震泽乡为上下扇，不详何代。"夫宋时凡两朝并乡，则分乡必非宋明矣。《报国寺礼部牒》及公据两碑并称震泽乡，与此碑合，可知南宋之未分。此等有关掌故，不可妄易也。按，谈钥《吴兴志》已载分上下乡事，碑不称下乡，乃省文耳，沈说微误。"狄浦盐寇"，《纪事》"寇"误作"盗"，据《本纪》当作"寇"。"欲举二像畀之"，于《水备志》《镇志》"畀"误作"舁"，舁即举也，不几犯复耶？"独南浔未尝举行"，误作"独南浔之南有二人若神人"，三书皆同。盖牒文字画甚细，凡百四十余字一行，是句适在行末，上行即"昨夜南浔之南"句，"南浔"二字相并，因以致讹，非伏地细摹不能审也。"兼权参知政事赵"下有押，"右丞相"下亦有押，"魏国公"下有"免押"二字，三书皆脱。但既不载其有押、免押，则当各间一字，使阅者晓然，知为三人。今浑然直下，上衔有赵姓，尚属易晓，下衔惟明于前代官制者知公孤不当在丞相下，应为二人，余则未有不以为一人者。余故详识之。

孙履元跋：《碑》云：或值凶年饥岁，争出廪粟以赈给，人皆德之。考《府志》，建炎四年及绍兴四年，淫雨害稼，苏、湖二州尤甚。二承事之赈恤乡里，当即其时。碑中两"敕"字结体险劲，殆即《老学庵笔记》所谓"蔡家敕"欤？

蒋叡跋：右牒称监安吉州南浔镇事陈荣，其人无考。赵升《朝野类要》：亲民理治百姓，监镇、知寨亦然。监镇亦得亲民，史所略也。牒尾列衔者三人，曰"同签书枢密院事兼权参知政事赵"者，赵顺孙也，曰"右丞相"，曰"太傅、平章军国重事、魏国公"，皆不著姓，盖马廷鸾、贾似道也。徐度《却扫编》：旧制，宰相官仆射以上，敕尾不书姓，盖用唐故事也。《咸淳遗事》：景定五年冬，贾似道为山陵使，累辞相印，丐祠。降内批曰："可依前太师、镇东节度使、魏国公、醴泉观使兼侍读，仍奉朝请。"似道又奉表辞太师，上复不允，似道奉诏再辞，乃从之。入朝，再拜右丞相，降内批曰："可依前太师、右丞相兼枢密使、魏国公。"咸淳三年特授太师、平章军国重事。按《宰辅表》，似道于景定二年自太保加太傅，咸淳元年四月除太师，三年正月仍称太傅，二月复除太师、平章军国重事，可证三年以前亦未尝受太师。似道上表力辞太师，遂改太傅供职，与此牒署衔合。缙云县显应庙咸淳九年《尚书省敕碑》似道署衔同。似道位至太傅，纪传不载，而其辞太师并表亦不详，不可谓非史之疏漏也。赵顺孙，字和仲，浙东缙云人。《宋史》无传，事迹详《黄文献集·格庵先生阡表》及明缙云郑禧刻《格庵奏稿·宋丞相赵顺孙傅论》。格庵卒于德祐二年四月，未尝入元，而倪灿《补艺文志》误置元人之列，钱辛楣少詹《四书纂疏跋》已力辨其诬矣。余所见《宋三省敕牒》，宰臣皆署押，此刻贾相列衔下特著"免押"，以非军国重事故也。

荐福祠敕牒碑 德祐元年，石旧在西栅荐福祠，今佚。据《浔溪纪事诗》注引《朱氏家录》载文。

礼部状：准德祐元年四月十六日敕命，交中书门下省臣，送礼部申两浙运司安吉州。据承节郎监安吉州南浔镇事陈荣状申，御前提举所使臣等张良嗣并乌程县震泽乡南林七巷社民华元升等称，枢密使童贯同从事朱仁福，征收方腊有功，捐躯殉难，蒙圣恩遣侍郎刘珏追封南林侯。中书许将卜地造茔于南浔镇西尝字四围石街大巷明月桥北，在于宣和二年三月一日。据长孙男朱柟，系淳祐进士；次孙男朱林，系乡进士，共同建祠于淳祐癸卯五年二月，增修于咸淳己巳，以傍二亲之墓送司印押，使子孙世守，不啻朱氏永祀。即江南七社人烟，无不仰赖拯救之恩。迄兹男妇到祠，依时祭享。今祠虽建，尚未请额，幸遇圣天子初登大宝，追崇祀典，恩沛方新。今南浔镇系本州管下，良嗣等谨述朱从事官仁福出粟救民，获寇有功，显灵实迹列状，乞备申施行。本镇保明是实，申本司照例差官从公蹋勘，询究覆实。委有朱从事官仁福救民获寇功迹，保明是实，伏候敕旨。奉部照例条勘，当具申朝廷准批，送下等拟封。申除已连送太常寺拟封后据安吉州南浔镇土神朱仁福拟封“荐福祠”三字，给扁为额，合行降敕申施行。本部备申朝廷，伏候旨拟。六月二十六日奉圣旨，依奉敕如牒到奉行前批三月空日空时，付礼部施行，仍关合属去处。本部开具前衔，后拟下项：伏乞朝廷给降敕牒施行，伏候旨挥。大宋德祐元年十二月望日，七巷社民华元升等同太学生朱芾、守祠生朱藻钞录勒石于荐福祠前门左壁。

按，此牒亦出伪撰，全依仿《嘉应庙牒》为之，复加舛误。今条辨于后。敕命交。节文误“命交”。臣送礼部。“尚”误“臣”。安吉州据。“安”上脱“奏本司据”四字，“州”下脱“申”字。臣等张良嗣。“臣”字连上，不应偏注，“等”字衍。华元升等。下脱“列状”二字。捐躯殉难。卒于军中，非殉难也。侍郎刘珏。《墓碣》作中书舍人刘珏。追封南林侯。宋无乡侯之制，且从事阶甚卑，何以便得封侯？中书许将。《墓碣》作中书侍郎许将，中书非官名也。尝字四围。石街巷在尝三圩，非四圩。明月桥北。当作清风桥西。宣和二年三月一日。时方腊未反，说详《墓碣》下。长孙男。乃是第三元孙。次孙男。乃是第四元孙。朱林。当作“材”。淳祐癸卯五年。兼称干支，公牒无此例。咸淳己巳。不称五年而称干支，公牒无此例。以傍二亲之墓。此袭厚德遗言，本指朱庇理墓，与仁福无干。朱从事官。与《墓碣》同谬。显灵实迹。上文出粟获寇，皆仁福生前事，安得云“显灵”？奉部照例。“本”误“奉”，“例”字衍。送下等。“寺”误“等”。拟封后。“后”上脱“去”字。据安吉州。据下，脱“本寺回申”四字。申施行。“申”下脱“乞”字。旨拟。“挥”误“拟”。奉敕如。下脱“右”字。三月空日。《嘉应庙牒》，正月奉圣旨，故三月付礼部。此六月奉旨，何以亦云三月付部？伏候旨挥。其文未毕，《嘉应庙牒》尚有“奉敕”云云一段，作伪者不知德祐时枢密为何人，不能臆撰，亦自露败缺也。余辨详《寺庙》。

南浔志卷三十七

里人周庆云纂

碑刻二

元

长生讲院碑 延祐二年，正书。在南栅长生寺殿庭东侧，高连额三尺四寸，广一尺九寸。分二层。上层分三列，上列二十行，中列二十二行，下列十七行，末有年月一行，下层十五行。据拓本载文。

建置檀越名衔。额六字，平列，字径二寸六分至三寸。

振太师、三字华氏《传芳录》脱。顾万二节《金石志》误“郎”干、莫千一省元、施千三提干、照山主、三字《传芳录》脱。沈千一省元、王《金石志》误“莫”九三将仕、陆百一监局、任千三太君、五字《传芳录》脱。任八一供检、《金石志》误“捡”。蒋百五省元、钱百二宣义、华百十五宣义、许千十副干、果山主、三字《传芳录》脱。吴氏三娘、四字《传芳录》脱。屠千四居士、文师干、三字《传芳录》脱。陆百二府干、顾万一节干。此上上层上列，字径五六分。下同。

施七《传芳录》误“千”三将仕、施千二提辖、李三《传芳录》误“二”承事、顾九将仕、姚百三将仕、姚四十将仕、张十三承事、《传芳录》《金石志》误“事”。钱百三将仕、沈百十《金石志》误“千”将仕、冯宣二道、沈氏一娘、四字《传芳录》脱。周千二道、方二承事、徐百七将仕、陆四六将仕、张廿八将仕、杭《传芳录》误“施”百一节干、万山一将仕、张千五判司、许百十一将仕、许六将仕、董千一省元。此上上层中列。

费八二承事、茅八七省元、沈百二将仕、费百二省元、钱五省元、方百七将仕、钱百一节干、华十九承事、顾百十三将□、《传芳录》作“仕”。顾百七节干、五字《传芳录》脱。陈四朝奉、钱十二承事、吴四一将仕、五字《传芳录》脱。钱百二承事、五字《传芳录》脱。钱十三将仕、沈十八居士、《金石志》误“仕”。朱三承事。此上上层下列。

延祐二年八月吉旦立石。此上层末行，字径一寸左右。

长生讲院肇于胜国，建炎间，殿宇宏敞，“宏”字添注于侧，此下层第一行，字径一寸左右。下同。金碧荧煌，鼓钟振扬，为一方之胜。此下层第二行。寻值兵燹，靡有孑遗。住持静觉此下层第三行禅师，戒律专确，有闻于时。尝悼此下层第四行象《浔溪纪事诗注》误“众”教之陵迟，惧缁流之失所，爰此下层第五行募善缘，丕复旧观，用将二字《吴兴艺文补》、《府志》、《县志》、张《志》、董《志》、《纪事诗注》误“以其”名《华氏传芳录》衍“衔”字勒石道此下层第六行侧。噫！见干羽者想张《志》、董《志》、《纪事诗注》误“思”舜德，睹《纪事诗注》误“观”河洛者此下层第七行思禹功。微师之精勤，不足以动人此下层第八行之乐施；微人之乐施，《艺文补》、《府志》、《县志》、张《志》、董《志》、《纪事诗注》脱此五字。又奚《县志》、张《志》脱“奚”字，董《志》、《纪事诗注》误“岂”足以成此下层第九行师之巨费者《传芳录》脱此字哉？斯亦可尚《县志》、张《志》误“尚可”也已。此下层第十行。师殁后数稔，其徒普仁谓余与此下层第十一行师有支许之好，因乞一言以传此下层第十二行永久。余故为识其后，使后之此下层第十三行嗣师者，慎无《县志》、《传芳录》、张《志》、董《志》、《纪事诗注》误“毋”替师之志云。此下层第十四行。郡人宇文公谅题跋。此下层第十五行。

阮元《两浙金石志》：题名有“提干”“制干”“郎干”按，“郎”当作“节”，阮氏误。“师干”“府干”“节干”“供检”“判司”“监局”“提辖”“宣义”“将仕”“承事”“朝奉”，皆有职或幕掾之属。“居士”“山主”当为邑子，“太君”之称始见此，惟“冯宣二道”“周千二道”，为不可解。

沈登瀛《南浔备志》：宇文公谅，字子贞，归安县人。至顺间，登季齐榜进士。历同知婺源州事，迁高邮府推官，除国子监丞，调应奉文字，同知制诰，兼国史院编修，官终广西廉访佥事。卒，门人私谥曰纯节先生。

孙履元跋：碑已中断。寺僧云：道光己酉，大水，浸及殿内数尺，壁倒碑断，横卧水中者数月。水退筑壁，乃扶起而复树之。予审碑石上截色白，下截色黝。窃疑上截本是碑之正面，而下截乃是碑阴。阮文达公《两浙金石志》亦曰：碑凡三列，阴刻宇文公谅题跋。岂水退复树时，寺僧不暇细审，遂上下互易其前后欤？上截题名有“提干”“制干”“节干”“府干”，当是提刑制置节度总管府之掾属。唯“师干”未详。“果山主”“照山主”及“振太师”俱为释子之称，文达以为邑子，非也。

赵孟頫临颜真卿书《常清静经》 无年月，正书。石藏东栅温文铨家，长一尺四寸，高六寸二分。文不录。

孙履元跋：前刻太上老君画像，上端元宗皇帝御赞八十四言。旁有“赵”字小圆印，下端题“子昂”款，有“大雅”小长印，后刻《太上老君说常清静经》三十二行，行二十字。末题“颜真卿书”，又题“集贤直学士朝列大夫吴兴赵孟頫临”，钤以“赵氏子昂”方印。此书笔法颇类颜书小字《麻姑仙坛记》。闻洞庭山亦有松雪所书《常清静经碑》，乃是大字，不若此小楷之为罕物也。其后别有“当湖德藏方丈藏石”八字，八分书。

赵孟𫖯临颜真卿书《金丹四百字》 即《常清静经》，碑阴无年月，正书。文不录。

孙履元跋：前有紫阳真人画像，上端为《许墅紫阳真人张平叔赞》七行，六十八言。旁有“松雪斋”长印，下端有“赵氏子昂”方印，后刻《金丹四百字》，凡二十七行。此亦松雪所临颜书，而但有真卿款，不题己款者，以款已见于《常清静经》后也。后有明武功伯徐有贞题跋四行，行书，钤以“武功”及“天全翁”印。此当为武功归吴家居后所跋，跋中称松雪此书为书法之金丹，洵不诬也。

赵孟𫖯书《湖州妙严寺记》 不署年月，正书。旧刻未见，武进费氏得墨本勒石，今藏东栅庞氏宜园壁间。凡五石，石纵一尺三寸，横三尺一寸，每石二十行，行九字，额篆书。又有石刻，从费刻重摹，藏南栅张氏适园，其墨迹今藏里人蒋汝藻家。

姚公绶跋：右《湖州妙严寺记》一通，盖赵文敏公墨迹，端雅而有雄逸之气在，其意欲托之金石，故不草草。湖州公桑梓之乡，岂昔寺僧与公善而得之？能得此，自不凡矣。灵芝主僧雨庵得而宝焉，又乞予书数语，亦岂凡僧也耶？惜予语不能超凡，有愧于公之书耳。成化戊子十月七日。

又，赵公书《寺记》，予昔跋之，兹来雨庵又有请焉。请之意盖欲予志今昔岁月。昔为成化戊子十月七日，予归自永宁，今为辛卯十月八日，来自丹丘。一俯仰间，四见寒暑，人生会聚几何，良可太息。公书已不待赞，予又末识，幸一再阅。是月十有二日灯下，绶书于芝园深处。

又，芝园深处，予宿之屡矣。兹来为成化甲午中秋，雨庵将移住上天竺，竺国山前复肯着予行迹也耶？雨庵索予送住上竺诗，予归速，弗先就，因出是卧轴，请再志月日，诗则俟予补书别纸也。公绶。

又，赵公书法晋人，所以妙绝今古。余缪赞公书屡矣，前此笔路犹未入公格范，不意老年又复私淑。公之书法固不待赞，赞之者无间于往古来今，无间于簪绂韦布，则公之书，得之于心，应之于手，通之天下，使右军复生，亦必叹赏。《兰亭》《里鲊》《墓田》等帖，料容其一着脚也。雨庵以余言为何如？壬寅孟夏五日，逸史姚绶记。

张震跋：松雪记妙严寺中有云：妙严，乃佛心所见之事相也。观此书端妙严重，知为松雪心中所见之事相焉。又云：幻十八开士于殿中，金碧眩耀。以此文此字勒坚珉，树诸殿中，其光彩与开士争先，不宜眩耀一时而已。灵芝瞻上人得其真迹，可不宝藏之乎？

周庆云跋：妙严寺在埭头。《府志》载宋治平元年僧雨庵建，恐讹。按，牟陵阳撰记，赵松雪书之，不署年号，当在元初，距治平二百余年，必无补撰记者。又阅姚云东是记之跋，称灵芝主僧雨庵得而宝之，则雨庵非宋僧明矣。松雪墨宝竟能历劫不磨，可云神物。光绪间为吾邑庞氏莱臣所得，武进费屺怀太史借钩上石，未几石归庞氏，而墨本则为湮阳端氏携去。迨端氏殉节，是记又散落人间，不数年流转海上，里人蒋孟蘋以重值购归，楚弓仍为楚得，亦翰墨奇缘也。

赵孟頫书《金刚般若波罗蜜经》刻石 至大四年，正书。道光五年绿满庐刻石，藏张氏适园。凡十四石，每石三十行，行十四五字不等。文不录。

赵孟頫书《胡笳十八拍》刻石 不署年月，行书。光绪七年吴云刻石，藏张氏适园。凡十一石，有贾淳、高垲勒，方锜、汪鸣銮、俞樾、沈秉成诸跋。文不录。

褚天祐祠碣 元统元年，正书。在西栅外闵家兜褚家坟。高连额四尺四寸五分，广二尺二寸四分。文二十五行，行四十六字。据拓本载文。

《褚公祠碣》：额二行，行二字，篆书，字径三寸左右。

先考左二教谕褚公，讳天祐，字善甫，号友竹，叔祖五二宣教子也，世居吴兴之朱坞。宋淳祐丙午年，甫四岁，奉□□□□此上第一行，字径七分左右，下同命立为先祖五一宣教后。命立之岁，叔祖云亡。次年丁未，曾祖知丞继以倾逝。景定辛酉，洪水泛滥，田租无收，是□□□此上第二行忧劳染疾而卒。所遗田业，派买公田后所存不多，乃与先伯左一宣教均分之。时先考方当弱冠，家务之重，独力支□。□此上第三行奉曾祖母徐氏、先祖宣教、先祖妣沈氏、先叔祖妣杨氏丧事尤谨。宋有隅官之役，因捕贼不获，被官军焚毁室庐，仅□□此上第四行免。宋淳祐年，曾祖知丞置买张宝山九十六亩，起筑坟茔，聚养林木，安厝曾祖知丞及叔祖五二宣教灵榇于上。厥□□此上第五行族挟阎府势，诉之有司，归于阎府。不久而阎府衰废，赍文约以出售，先考获复旧业，增置四十余亩，不平之气，得以□□。此上第六行。丙午之岁，盗贼蜂起，家资荡尽。及大军临境，领众投拜，就管地面。继而差役繁重，遍历艰辛，迁居桃溪，又为盗所劫。□□此上第七行昭然，遂卜居城府，以图久远安佚之计。岂期城居差科尤多，不惟应当坊里正之重，而又包办酒课、和雇、和买、夫役之□。此上第八行。虽不能一日安居，处之泰然，未尝形于辞色。况能勤俭起家，日增田业，坟茔庵宇，无不葺治。且招缁流，晨夕焚修，祭□□此上第九行物靡不备具。复于俞步创建真庆施水庵一所，仍拨田山一顷五十亩，赡养僧众，接待往来，饥者食，劳者息。又舍田一□，此上第十行。俾月轮□，每岁中元，修设普度水陆，追荐宗族师友，下及仆佃贫人。又舍田入出尘寺、莲社院、郡安寺，各建祠堂。每遇先此上第十一行祖、先叔祖、先兄忌辰，修崇追荐。病而无医者，施药以济之；死而无归者，给棺以殡之。初度之辰，必设斋醮，以报劬劳，□□此上第十二行不怠。捐资买山，以为义冢。绘画弥陀大士元帝真像，普施信士崇奉。力行好事，岁以为常。积善之誉，流传口碑。节省□□，此上第十三行。宴延待亲旧，以尽欢情。处世之熟，待人之厚，可谓至矣。继买东溪姜氏故庐，经营一新，居止得所。不幸于延祐己未□逝，此上第十四行。春秋七十有七。先妣孺人沈氏，躬俭节用，薄于自奉，协力成家，亲族睦义，无有怨恶。谦和以处里闾，宽恕以御奴仆。内助此上第十五行之功，岂曰小补。泰定甲子即世，享年八十。呜呼痛哉！为人子者不得奉甘旨以养亲，罪莫大焉！终天之痛，无有穷极。奈以此上第十六行城中差役，日益繁并，酬应弗遑，复归故里，以治田园。痛念考妣一生，涉历艰辛，广充基业，贻我子孙，其于报本，追远之□，此上第十七行。敢不尽心焉。虽有奉先庵于坟所，命僧道以焚修，然在百里之外，不能亲致晨香夕灯之敬，于私为慊。今创祠堂在所□此上第十八行之北，扁曰“孝思”。庵宇整严，香灯接续，以奉祠像，朝暮得以瞻仰神仪。裁膏腴之田三十亩，命僧道主持，日诵经文，用资冥此上第十九行福。盖以报劬劳之恩，伸思慕之志，非直为观美设也。吾子若孙，当体此意，追念祖宗创业之艰，常以今日建祠之心为心，此上第二十行。毋废香火，毋坠家声，勤俭克家，保守扩充，使祖宗余庆之泽垂于无穷，我所愿也，祖宗之幸也。《诗》曰：“永言孝思，孝思维则”。此上第二十一行。可不谨欤！元统元年癸酉十月十五日，孤哀子褚锡瑜谨识。忝眷承务郎松江府判官致仕赵由辰书，且系之以□曰：此上第二十二行。

派出河南，世居朱坞。克俭克勤，起家儒素。惟友竹翁，绳其祖武。充衍田园，广构堂宇。贻厥孙谋，备尝艰苦。此上第二十三行。余庆之泽，俾尔昌裕。璧也克承，不坠先绪。罔极之恩，报本是务。念及先茔，道修且阻。乃建新祠，密迩居处。此上第二十四行。昕夕仰瞻，庶慰怀慕。至孝感神，薄俗警悟。示训后昆，谆谆斯语。敬之守之，毋忝尔祖。此上第二十五行。

孙履元跋：褚氏世居朱坞，今闵家兜东尚有朱坞村，属十五区，非《县志》四区之朱坞也。公田之扰，作俑于贾似道，褚氏盖亦受其祸者。所称阎府，应是阎贵妃家。妃父良臣，尝起香火功德院，侵伐邻寺之松。又淳祐中，理宗尝造新寺，寺成以赐妃为功德院，且赐山园田亩，为数颇多。建造之初，分遣吏卒市木于郡县，傍缘为奸，望青采斫，虽勋臣旧辅之墓，皆不得保。或以诗讽之曰：“合抱长材卧壑深，于今惟恨不空林。谁知广厦千斤斧，斫尽人间孝子心。”当时阎氏之横可知。吴兴去临安不远，墓木坟地，为所侵夺，应所不免。天祐乃卒复旧业，亦褚氏克家之令子也。赵由辰乃赵孟頫长子，松雪之犹子也。

南浔城碑 至正二十二年，石旧在垂虹桥，今佚。据《吴兴备志》载文。

《南浔重修城记》：前徽州路儒学缺撰，前南浔镇儒学教谕杨天显书，湖州路安定书院奉祀胡理篆额。

江浙等处行中书省分省《浔溪纪事诗注》脱此二字右丞潘公以至正丙申张《志》误“午”夏四月，镇吴兴郡。仁流张《志》误“风”威畅，保厘方面，屹若《府志》、《县志》、张《志》、董《志》、《浔录》作“居”磐石。时则有缺都事张缺谋议，而又有缺掾史袁君佐幕府，相与诞修，《湖录》、《府志》、《县志》、张《志》、董《志》、《浔录》、《纪事诗注》作“敷”。文德丕阐，武功至于今赖之。政治闲暇，防御慎张《志》作“甚”密，乃作张《志》、《浔录》作“筑”南浔张《志》作“林”城以修湖缺之缺，为虑亦远矣。城无故基，皆塞沮洳益污邪，不皆固密。荐经春夏，潦溃旱裂，守吏虽尝修治，杵声未绝，而继之以圮，甚无以缺初虑患之意。自“城无故基”至此，《湖录》、《府志》、《县志》、张《志》、董《志》、《浔录》、《纪事诗注》并脱。庚子八月，行中书省选万户徐侯俾守兹土。侯见士民缺道缺，相君忧爰黎庶甚苦，故遣吏保护。闻者以手加额曰：“贤哉相君，乃能仁吾缺侯缺！”自“士民”至此，《湖录》、《府志》、《县志》、张《志》、董《志》、《浔录》、《纪事诗注》并脱。城圮，状其事以闻，相君曰：“吾固知之，但兴师一万，日费千金，此皆敛于民者，而况征求未息，其可重烦乎？若官给缺则庶几耳。”缺都事公与缺文君皆赞其说。自“但兴师”至此，《湖录》、《府志》、《县志》、张《志》、董《志》、《浔录》、《纪事诗注》并脱。乃言于太尉。及得请，遂命侯董其役。凡木石工食之费，一取于官。而任其责者，则附近六乡之里正，蠲其杂役，使专《湖录》、《府志》、《县志》、张《志》、董《志》、《浔录》、《纪事诗注》作“专”致其力。侯承缺谨身为之劝，心匠经营，损益规制，颐授指使，人服其精。时方盛夏，遇赤日流汗，暑雨被体，曾不惮劳。或言：“胡不自安，以缺专严。”卒自“心匠”至此，《湖录》、《府志》、《县志》、张《志》、董《志》、《浔录》、《纪事诗注》并脱不敢懈怠，民亦更相告戒，趋事赴功，罔缺，《湖录》、《府志》、《县志》、张《志》、董《志》、《浔录》、《纪事诗注》缺文作“敢”违令。始于至正辛丑三月丙寅，迄于七月丙辰讫功。《湖录》、《府志》、《县志》、张《志》、董《志》、《浔录》、《纪事诗注》作“完工”。按，城周一本作“围”一千六十六丈有五尺，崇三丈，广如崇得三之一。金城粉雉，《湖录》、《府志》、《县志》、张《志》、董《志》、《浔录》、《纪事诗注》作“堞”。铁缺《县志》脱“铁”字石枢，危巅倚天，深根入泉。《湖录》、《府志》、《县志》、张《志》、董《志》、《浔录》、《纪事诗注》作“地”。虽曰修治若经始，然观者以为微中书省之选，不能尽侯之才；微侯，岂能承中书省命之重？张《志》“命”字在“之重”二字下。此名此城，相与传诸张《志》、董《志》、《浔录》、《纪事诗注》作“之”不朽矣。《湖录》、《府志》、《县志》、张《志》、董《志》、《浔录》、《纪事诗注》碑文并止于此，已下脱。乡人谱缺其事于石缺，昔城披披，今城巍巍，有不待记而人所共知者。愚缺高城深池，坚甲利兵，战守之具也。当四方未宁之日，诚不可一日废。以相君之刚明，佐之以张公之善谋，袁君之缺，于建功立业，不翅风飞缺。山鸣水涌，沛然莫之能御。而于是役也，若不敢轻举焉者，盖居公相之位，负大名，握重权，一言出而天下为之轻重，一令约而天下为之向背。故其鉴清衡平之体，必审其缓急而后发焉。及其以为不可已也，则又缺酌平缺有缺诸时，不失乎官民相与之道。古之权大事者往往若是，此所以为名世缺之俊杰也欤！凡为政者皆所缺当知也，故不辞而为之记。至正二十一年岁在辛丑七月既望。

郑元庆《湖录》：《乌程县尹冯侯均赋役碑记》，至正二十三年张世昌撰。《重修南浔城碑记》，至正二十一年，撰人阙。冯侯均赋役，万户徐侯修南浔城，亦右丞潘公镇湖之善政也。南浔城相传洪武初修建姑苏城，移其土石而去。

沈登瀛《南浔备志》：凡空缺处，或数句，或数字，因不知字数，故止空一格，非仅缺一字也。旧志引劳《志》云：南浔城在县东七十二里，周三里。元至正十三年张士诚筑。洪武二年十月，拆其石，修筑苏州城。考《明史・士诚传》，士诚于十四年方起事于泰州，至十六年始得苏、湖，安得有十三年筑城事。此《记》云分省右丞潘公，以至正丙申四月镇吴兴，与《明史》合。其作南浔城，虽不著岁月，度不甚远。又考宇文公谅《吴兴郡修城记》，至正十六年，吴陵潘公自平江督师，于是年夏四月十有九日入城，清荡苗顽，宣布德泽。既抚按其民人，即经构其城郭，乃以是年冬十有一月有事版筑云云。夫郡城之修在是年冬，则镇城之筑，应在次年。筑之不固，越三年而遂圮，故二十一年重修之。又考潘名原明，见《明史》；都事张名瑛，掾史袁名孟熙，见宇文公谅《修郡城记》。惜万户徐侯为吾浔镇将，竟失其名焉。按《震泽县志》有“废学”云：震泽镇学在本镇，宋宝祐中邑士沈义甫建明教堂，堂东有三贤祠。元初升为儒学，设教谕一员以主学事，生徒二十五名，明初革。初疑为三贤祠而设，震泽镇所独有。及阅此碑建衔，乃各镇皆设镇学，惜未知废学在何处。旧志亦无有及此者。附识于此。

明

金恭墓碣 正统十四年，正书。在南栅嘉应庙后。额篆书“明故处士金君墓碣”。四行，行二字。文二十四行，行三十二字。据拓本载文。按，石已佚。

《故处士金君墓碣》：奉议大夫、南京吏部考功清吏司郎中、临川谢翰□□，文林郎、提调学院、江西道监察御史金困王琳□□，应天府溧阳县儒学训导四明郁复书丹。

乌程处士金君士恭甫既卒，将葬，溧阳儒学教谕龚先生宽述其行实，□书□□

予以表其墓。予与宽固同郡，且自叙曰：吾与处士之子金富有同寅之好，□□□□□之焉。按状，处士讳恭，字士恭，姓金氏，清浔其别号也。其先本河南人，自五□□□□者，宋末任湖州路长兴县典史，遂家焉。厥后子孙蕃衍，为邑之著姓。至曾祖□□□析居乌程之南浔镇泰安桥西，祖彦祥又析居桥之东。父祖相承，皆□□□□乡□善人。处士自幼笃实，素性澹然，不事□靡，以孝友处于家，以和好接姻□，□□□□，循循乐易，故人皆爱之。克勤克俭，以继先业，而家益饶裕，尤好施予，□□□□□□周之。晚年喜《老》《庄》，诵其书，尚清净，怡然自适，乐善不倦。尝训其子富曰："四□□□□为贵，士之贵者，读书明理，通古今，达时务，出则推其所学□济人，居则□□□□□□□为士。今汝居庠序，当进德修业，矫轻警惰，□底夫成人。"既而富□□□□□□太学，以麟经分教溧庠，□□生仪范，岂非处士庭训之所及欤？配□□□□□□□□□溪胡氏，俱有妇德。子男□□，长即富，吴氏所生也；次曰贵、曰□□□□□□□□□同里张文；次适朱家坞朱圭；幼在室。孙男三人：曰銮，曰寿，曰真。孙女三人：□□□□安，曰桂，俱幼。处士享年七十有三，以疾终于家，时正统己巳六月□□□□□□□九月初七日，瘗于南浔之原，先茔之侧，从吉兆也。呜呼！世之人循理□□□□□□其报者，其浅深厚薄，亦视其所为何如耳。观处士之所为所言，岂□□□□□□□今天之锡报，不于其躬而于其后人。盖于其躬者□其身，于其后□□□□□□□士之子富以明经而居师儒之任，他日□□□□艾也。然处士之□□□□□□□详，教谕龚先生已具志幽室，予故□其大端，以表诸墓云。大明正统十四年辰集己巳秋九月初七日□。

施国祁、范白舫《浔溪渔唱题词》自注：明金处士恭墓在嘉应祠后，石碣于乙卯二月出自土中，临川谢翰撰文，金渊王琳篆额，四明郁复书丹。志文、字画俱不甚佳。

蒋叡跋：右"碣"书作"竭"，惟见隋《澧水石桥》碑文"却瞻瀛竭"。钱辛楣少詹云：以"竭"为"碣"。碑云分教溧庠，"溧"字稍有剥蚀，而右半"栗"字可辨。按乾隆《溧阳县志》，金富、郁复俱正统间训导，与碑合，府、县志及南浔旧志并误作"涪州训导"，盖"溧""涪"形近，不及见碑审正耳。

通利桥碑 成化□年，石旧在南栅华家桥，今佚，文无考。

嘉应庙置地碑 嘉靖十一年，正书。在嘉应庙牛王殿。额篆书"浔南嘉应之庙置地碑记"，两行，行五字，文二十四行，行五十七字。据拓本载文。

《浔南嘉应之庙置地碑记》：乌程县庠后学里人五槐钱钋撰，湖州府庠后学里人云亭慎言篆额并书。

周恤保护者，仁之施；艰难捍卫者，义之奋。礼重酬报之典，诗严奉祭之诚。惟生无愧于秉彝，则殁必著灵于斯土，而招徕人心之有孚也。此浔南崔承事、李承事之神所以肇有宋，迄皇明，永永而弗替者也。维神在宋，世居安吉州之南林市，专务德施，不殖厚利，其宅心处事，并可想而考也。岁歉则赈施无靳，寇扰则躬率以先，市赖不易，户借以全。卓哉，陈江州之伏众；伟矣，田北平之高风！饮德之下，图报罔忽。故于二公既殁之后，而葺宇肖像以祀之。嗟鼎湖之龙，去矣方返；念雷阳之竹，枯者复荣。夫神既奠位，灵亦攸彰；旱涝疾疫，祈祷辄应。乡人益虔而谨也。肆精诚之有感，宜肸蠁之如存。嗣后驱蝗制暴，庇疫却寇，一境以宁，皆神保卫之功也。毋庸焚瘗，绝胜捕使之烦；长活尫羸，不假惠民之局。谅非睢阳之厉鬼杀贼，要亦杜回之结草效灵。且已被者德泽，难泯者人心。此七巷父老于咸淳六年正月，摭其传见，类其事迹，上之州镇，具实以闻。制曰："可。"赐颜"嘉应"以宠异之。丕阐神体，陋郑侨之立后；维新天宠，非陈□之要君。阅历元季，迨入我朝，兵燹虽经，庙貌如故。数逃劫火之炖，灵光独羡；地历三朝之久，金碗无亏。又以见神泽深逾远，仁高益增，三百余年之间，人心无一日不在于神者，岂非以秉彝之德有所感耶？望河思禹，拯溺之功攸存；濒海仰韩，制暴之恩尚在。迩当嘉靖壬辰，浔之宿德乡耆有事于庙者，佥谓视此若等传舍，岁久世易，焉保神栖之如故哉！触目兴嗟，乏丞相绯衣之兆；深思长虑，解翰林犀带之珍。于是群而谋曰："非食无以养生，非土无以充养，若资托钵，恐非常住。"乃各损已有，增置庙西百步许税地一丘，计若干亩，以畀司庙者。喜抽囊橐之储，给孤媲美；缘结津梁之具，众善同盟。夫养有所需，情无异适。庙免倾圮之虞，神享栖迟之境矣。维经营者罔弗罄其心，则典守者不得辞其责，斯举也，义举也。盖神之德音，久□于人而未泯，而人之□德，又合于神而无遗，所谓旷百世而相感者，良足征矣。由是香火不断于焚修，钟鼓蜚声于旦暮。洋洋俨若，甘棠动后日之思；奕奕具瞻，禾黍息故宫之叹。岂曰小补之哉！若创义诸君姓氏庙貌，并地四至，岁办赋税等项，具列碑阴，永为定式。后之好义者扩而充之，庶有考也。於戏！凿井浚来源之脉，造车溯往迹之机。义问宣昭，熙耿光于不昧；高明阴骘，介繁祉于无穷。铭曰：

於穆嘉应，崔李之祠。肇宋历元，入我明时。阅岁三百，兵燹靡隳。维神之存，好予乐施。倡率御寇，安堵樵炊。维神之殁，殴蝗保厘。丕显神武，狄寇潜驰。仁声义闻，日星炳丽。民饮厥德，立庙欢趋。旱涝疾疫，叩若蓍龟。飨祀妥侑，罔敢后期。州辖上请，赐额盘螭。南林之阳，草木生□。爰及嘉靖，世远风移。余韵未艾，感集乡耆。乃置斯土，恢广前规。衣廪典守，庙貌何虞。神既宅□，俗恬□熙。□□庙□，载树穹碑。千秋万祀，视此刻辞。

大明嘉靖壬辰仲秋中浣之吉立石，姑苏□思敬□。

嘉应庙置地碑阴 嘉靖十一年，正书。文不录。

刘麟辞金记 嘉靖十九年，杨上林撰，文徵明正书并篆额。石旧藏东栅温文铨家，今在刘氏小莲庄。额篆书“辞金记”三字。文二十行，行三十四字。文不录。

孙履元跋：记所称大司空坦翁先生者，刘麟也。麟字元瑞，本安仁人，家于金陵。弘治九年进士，知绍兴府。罢归，寓湖州，与龙霓、陆昆、孙一元、吴琉称“苕溪五隐”。官至工部尚书，卒赠太子少保，谥清惠。方麟之出知绍兴也，刘瑾衔麟不谒谢，旋摭其细故，罢斥为民。士民冤之，相与醵金以赆其行。麟不受，因为建小刘祠以配汉刘宠，见《明史》本传。今观此记，始知麟归隐后，复有辞金事。信乎清介之节，老而益坚也。撰《记》者杨上林，字子渐，南直山阳人，嘉靖十四年进士，知长兴县，任满升给事中，去。书者文徵明，书此记时年盖七十余矣。麟亦尝至南浔，访袁永之于法华庵，不值，留诗二首。事在嘉靖癸巳。

长兴县龙津前溪两桥记 无年月，杨上林撰，文徵明行书。石藏温文铨家，今在刘氏小莲庄。额篆书“两桥记”三字。文十七行，行二十九字。文不录。

孙履元跋：《明史》刘麟本传：“麟罢居郊外南坦，赋诗自娱。守为筑一台，令为构堂，始有游息之所。”及观此《记》，始知台名南坦读书台，堂名赐隐堂也。《府志·名宦传》：“杨上林，嘉靖十五年知长兴县，迁吏科给事中。”而此碑题衔云：“赐进士第、户科给事中、前长兴县知县”。然则上林由知县升户给，非吏给也。此碑与前《辞金记》俱在黄龙洞吴维山庄，今在吾浔马家港温氏。

吴一鹏传刻石 嘉靖二十年，方鹏撰，文徵明正书。石旧藏西栅温曰鑑家，后藏北栅徐霖钧家。首题“宫保白楼先生吴公传”九字，八十八行，行二十三字。文不录。按，石今不知流转何所矣。

嘉应庙义井题字 隆庆三年，正书。在嘉应庙大殿外。未拓，据钞本载文。

义井，隆庆三年腊月重□。

朱氏南阡表 无年月。石旧在南栅外朱经墓上，后迁葬石，佚。据《朱氏家录》载文。

太史朱文宁氏状其大父月溪公之为人，亹亹二千言。文宁善叙事，又自纪其家世，不啻八十一老人力起称说畴昔微贱贫富更患难诸艰状，皆常人所未历，又讳不肯道者。唯其辛酸咸苦，积汇于胸臆，恨不一吐以尽，而口财若甑，不能即快意出去，因滥颔怀齿，逆瀼舌本，津津然甘焉。抵掌向人，欲贾余味。嗟乎！不有是孙，谁知是祖者？颇怪其舍腐儒章句，去从攻革，人游洊至，娄千金，独云有天幸息过当，何哉？盖其具宜可十人。又有能配曰叶孺人。孺人与公偕避倭，寄私藏于戚，妇匿之尽，遂发恚死。公又困于役，诖于奴，空于毁善，田产日益扬去。两子儒不售，逃责无所。人谓朱老且死矣，是何能啖漏米粥？公临烬笑曰：“佳佳一片干净地。”当是时，公之自视也，若善泅者之脱于舟也，曰：“是安能死我？”其视回禄之洗故蓄也，若画师之遭不韵人墁绘壁尽也，振袂而矧曰：“吾固在。”自是为生益壮，貌加腴，日延宾师以儒。其诸孙或令与长者策古事文宁辄多，则大喜，酌客为兼日饮。盖公自食俭甚，家人尝私作粉丸，见之大怒，以饲豕，唯恐以一脔减宾师奉也。南阡者，公所密营以葬其父。民畏公震母钱没则身袝于侧，地不三亩，十余家共之。直踊甚，图之，三十年乃得其四围，唯正中可三丈未售，而为人所觉。父时故佣奴某倚某氏垂涎焉。公以计券地主而倍之直，其夜掩以空椋，明日独身来，大呼：“奴父子若来，我与若赴水。”奴大惊悔已，后之不敢复争。假令淹一夕，阡不朱矣。文宁既显，人皆曰：“南阡良！南阡良！”其父老曰：“是有天焉！是能周急焚券，忍横逆不报者。事亲孝，生养死葬不忍勤三弟，弟贾而室皆出于是，是有天焉！”史辉氏曰：“近时言人家世，即不儒，必涂傅仁义，使若儒者乃已。”嗟乎！仁义者，生民之家有也，而岂其儒者物哉？在儒则贤，在贾则贤，天视仁义之所在而已，安见其儒乎贾也？公故邻有鬻革者，诸孙或掩鼻，公大骂曰：“乃祖初业，此馨闻于天，以有今日，孺子何有哉！”吾以是知公之为人。文宁言公严冷，每当户坐，则子姓辈足影俱绝，殆松柏乎其刚朴者也。少时与董宗伯份同学，每以对偶诎董。董既贵，犹兄之，公亦竟老不少为屈云。吾故表厥南阡，以待世之能取于公者。公名经，字朝纲，月溪其别号，余则有文宁状在。赐进士出身、右春坊右中允兼翰林院编修巴西黄辉撰。

董嗣成临《乐毅论》刻石 万历二十年，正书。石无考，拓本三十六行，每行字数不等，末题“壬辰三月临于济南道中”。文不录。

董嗣成临《东方朔画赞》刻石 万历二十年，正书。石无考，拓本，并自跋，共四十一行，每行字数不等，末题“壬辰三月廿日在淮南道中写”。文不录。

节孝纪贞女碑记 万历二十七年，石佚。据《纪贞女事实》载文。

万历己亥，湖郡列中闺贞节若而人，请之当路，拜表以示风。其一，范秀才之妻朱氏，于不佞为姑，刘宫允曰宁碑记。纪贞女，里中人也，非不佞莫可任者。贞女于隆庆辛未生，父有经，府学生。三岁父死，母徐氏，年二十七，无子而贫。伯贡生有章哀而抚育，为择婿，得乌程监生金栻仲子来聘。栻有家教，其子督之甚严。来聘年十七，应试不得志，愤死。贞女闻报，即欲赴，母曰：“徐之，俟媪下见汝父，告之故，必天以汝赐金氏为鬼妻者。”乃可。贞女业顿毁，于是抑忍，强奉母汤药而泣下时时。春雨暗坐，或剨然一声，闻者欲裂。久之，母闻且叹曰：“媪病日益，无复倚赖。闻有寡妇，不闻有寡女。金氏子眉目，汝定识，何如而强作耦情？汝伯待我厚，又读书知大义，亦以为不可。若诚有意，为生者计乎？儒者之吉，填于户外，病母观其盛，体且霍然。不然，是汝实死我，而金氏又不汝德也。”贞女益顿地不能起，曰：“人谁无死？必母以儿故死，儿请先之。”于是母亦病死。而贞女两悲，度无可奈何，则一意尽命。于金氏卒哭，不择日，遂行。是为戊子十二月八日。凭棺踊绝，舅姑亦掩耳不忍闻。得密室以居，见舅姑，拜且泣曰：“儿不能代亡者定省，使他人见其面，亦不敢付身刀圭尺组，以重贻大人忧，有抚枕待尽而已。”嗣侄基之子绍录，缟服茹蔬，凡十年，丁酉七月六日死。朱史氏亦流涕曰：天乎！何贞女之酷，而使吾辈执管以从也！纲常伦纪，人于天性然矣。气不足帅志，于是臣背君、子畔父、妇弃夫。女也列于妇，以徇为娇，则夫草莽之士，遗腹之孤，未食禄，未入怀，而曰非臣子，可乎哉？贞女一身，亦作者不忍遽下之笔矣。即天子以允纶相恤，而神有知乎？无知乎？抑在帝所得请而然乎？今夫载锡之恩，牵于文法，动经岁年，而学人上下千古，叱嗟可办。故华衮之辞，与王者敌，亦恶知不朽？大计在彼不在此。宫允，气烈人也，操觚忼慨，吾姑赖之以传。不佞文章逊刘远甚，而气次之，宁有所自负且不足，而取若人妄加描写为？嗟乎！贞女病不进药，其殁也，画工欲图其貌，竟不可得。夫身与遗像，且不欲留，而况遗行表表，使知世间有不可夺之女子哉？名蔽穹苍，世世血食，金氏来聘，借之以永天乎？诎其生，饶其死，所为报贞女者，厚矣！足矣！赐进士第、翰林院检讨、征仕郎同里朱国祯顿首拜撰。按，《记》中言《范节妇碑记》，刘宫允撰，石既久佚，文亦无考，故不复列目。

广惠宫铁炉铭 万历四十二年，阳文，正书。在南栅广惠宫，平列“□历岁次甲寅□□□□立”十一字。文十一行，行五字，惟第五行六字据拓本载文。

惟甲寅丙子，甲戌戊辰。日迎斗杓，月集龙宫。岁德月恩，左右乎四相。鼎建明器，载燔宝镏。以荐春秋，祀事孔明。世世万子孙肇禋用有成。潅铭。

张丹山《浔溪棹歌注》：广惠宫铁炉，系沈文定所铭，太监某监造。后人砻去珰名，移置弥罗宝阁阶下。

祇园寺铁罗汉题字 无年月，正书。在寺中，为金装所掩。不能拓，文不录。

东藏寺碑 万历四十三年，草书。在东栅东藏寺地藏殿，额篆书“东藏禅寺碑记”六字。文十一行，每行字数不等。据拓本载文。

《东藏禅寺碑记》：余为郡无暇日，而南浔僧净《浔录》误“静”修，以为有暇日也。无因至前，一再乞《东藏寺碑》，彼直以方便为因缘耳。尔时与僧约，此种文字公案，安得公事中了之，解郡为期，可乎？僧诺而起，意非谑即诳耶。岁乙卯八月，太守秩满迁江右去，扁舟野水，《浔录》误“外”。真成退院闲僧。僧言在耳，拈笔作记，示无诳焉。按寺在乌程之南浔镇，布金为堂，经始于董浔阳先生，塔愿《浔录》误“顾”未就，先生云亡，其子若孙辈，捐腴产，饭众僧，以成先志。予惟我世尊法中无诳语，口业四，诳居其一；礼示童子无诳，况于僧乎？僧剃除须发，令同婴儿，舜五十犹《浔录》误“而”慕，无异稚子。子忆念所生养育恩，僧忆念本师法乳恩。非其言毋言，非其事毋事，破悭去执，灭或《浔录》误“惑”净照，无诳之大者也。无诳者，诚也。诚则形，形则著，著则明，明则动，动则变，变则化，在我孔子法中，宁非义殊旨类者哉？故曰：“大人者，不失其赤子之心者也。”予二《浔录》误“三”年之间，作过万千负民负主，《浔录》误“国”。其为诳不可胜言，而且口实于无诳增之业耳，故借《东藏寺碑》作忏口业文。万历乙卯后八月十有六日，厔庵居士吴文企识。本寺沙门智谦《浔录》误“渔”集晋《浔录》脱此字右将军王羲之书。吴门杜国祯刻。

沈登瀛《南浔备志》：吴文企，字幼如，号白雪，湖广景陵人，万历二十六年进士。四十一年任湖州知府，四十三年升江西副使，即乙卯岁也，是岁闰八月。《府志·名宦》有传。

妙法莲华经塔碑 天启二年，李贞正书。在报国寺殿庭东壁。文不录。

张丹山《浔溪棹歌注》：碑小楷，精卓不减《麻姑仙坛记》。旧已埋土中，后人复植之墙阴，惜已残缺。

沈登瀛《南浔备志》：末云“明天启壬戌岁次季夏吉旦，佛弟子吴兴董广曙捐资施刻《法华经》塔，供养于南浔报国寺中。佛弟子古歙李贞薰沐拜书，吴门杜国祯盥手敬镌”。蝇头小楷，旁行斜上，精妙绝伦，非特书法之工，刻者亦名手也。惜中断不能全拓矣。按，广曙即董斯张。

药师琉璃光如来本愿功德经塔碑 天启七年，智谦正书。在东藏寺大殿后。文不录。

沈登瀛《南浔备志》：碑题明天启七年，岁在丁卯，嘉平月癸丑朔甲午，吴兴董嗣茂建。前有弟子董广曙跋，后有厂屋道人智谦槃谈跋，吴门杜国祯敬镌，亦法华经塔之亚也。

褒能寺佛座题名 崇祯九年，在南栅外康王寺中。文已载《寺庙》。

极乐庵长生田碑 无年月，正书。在东栅极乐庵，额篆书“喜舍极乐庵长生田碑记”，五行，行二字。碑分十列，首题“舍田檀越芳名”六字。列姓名一百十五人。文不录。

董份妻顾淑人墓志铭残石 无年月，正书。石在酱园街沈镜涟家，首尾俱缺。存二十五行，行二十字。文不录。

按，此志《董氏谱》载其全文，千余字，王锡爵撰，沈桐篆额，茅国缙书丹。文云淑人卒于嘉靖甲寅，卒二十年而始获安其室，当在万历初年矣。淑人墓在吴县光福青芝山，此石盖未纳圹中而藏于家者。今沈氏所居，即董南谷浩故宅也。

祝允明草书五绝二首刻石 无年月，石藏张氏适园。

南浔志卷三十八

里人周庆云纂

碑刻三

清

长生塔院记 顺治五年董汉策撰。石旧在南栅塔院，今佚。据张《志》载文。

余自丁亥岁始好为瞿昙家学，夏五，与同人习梵呗于乌戍之古山寺。有曳杖而过余者，为渔庵禅师，芒鞋雪发，形似寿藤。即席无逊让，辄论止观，兼谈参学。不半晌，曳杖去。临别顾谓董君云："浔南有片席地，在古长生寺傍，为君家故物，盍授老衲终老焉？"余唯唯，师遂去不顾。越两载，又有挟刺来晤者，为此山禅师。此山禅师者，即吴门孝子周澹成，实渔庵之法嗣也。时渔庵已殁，为伸请寺傍地，将瘗灵骨，成先师之志。余遂举券授之。此翁既为其师建塔，遂诛茅左侧，朝夕礼诵，用酬法乳，亦如向年庐墓时，呼天而醴泉发，攀条而群鸟哀也。居有间，余方键关浔湄，夜梦群鬼千亿计，环余书屋，叫号悲啸不少休，或断骸折肱，或挈童戴白。其强壮，辄操戈铤以来渐相逼。余以所执玉如意击之，鬼即败退，伏地搏颡云："我等所以来，皆兵火之后，绝命丧躯者，遗骸沉草莽，无藏埋地，愿先生为熟计之。"余试举近壤某某所，群鬼辄不喜，为举长生塔院，则粲然愿往。余即呼令前去，去至院中，方与此翁坐话缘起，庑以外嘈嘈如沸，禁之不可。有侍余侧者，缁袍角巾，若世间典吏状，操簿书白事云："若类众多，法令难遏。必分其州闾，庶免蜩螗矣。"余颔之。吏即草《禁约》，悬庑下，沸声乃息。觉而异之。平明，余即走柬此翁，备言前梦，遂捐资倡始，劝募鸠工焉。凡建塔二区，直渔庵师塔之左右，绕以长垣，荫以封树，广收远近遗骸之无主者，及居民之丧无葬地者，分别藏两塔中。工财无侵，幽明以和。嗟乎！叔季以后，掩骼埋胔之风，不可复见矣。吴越固多火葬，危桥废址，散漫骷髅。抑且干戈相寻，枉亡载道。青磷夜起，衰草悲风。何族何名，莫穷端绪。黎丘之飞魄空啼，凶厉之祟坛不祀。于斯时也，有一开士，为择吉壤，覆藏而祝嘏之，九原有知，必共欢庆，此畴昔之夜，所以见梦于余也耶！则是役也，以宏师仁，以广锡类，皆此翁之志，不可以不记。余故备书本末，刻石塔傍，使后来者观览焉。

塔院舍券 顺治五年立石，九年续刻，正书。旧在塔院中，今佚。据《浔录》载文。

立舍券。董帷儒向有本宅老二房家人张安，结欠本宅借本，将镇南长生寺旁笺四圩地二亩七分五厘，平屋四间，抵银四十三两。至顺治戊子仲春，临济天倪老和尚法嗣此山禅师，恳施此地为天老和尚塔基，并建普同塔。本宅今将钱项地屋俱舍讫，自他均利，缁素咸安，亦代为故仆作福也。况此地故仆得之长生寺僧，复归空门，元称至便。立此舍券存照。

东至长生大树，西至张家田地，南至张田董田，北至河。

顺治五年二月日立董帷儒。押名上有印章“帷儒”二字。

信士董云襄，今有笺四圩田七分，坐落长生塔院前，愿舍为放生池，自后任凭开垦，此照。

东至长生树，西至董田，南至张田，北至塔院。

顺治九年十一月日舍董云襄印章见舍丁文在印章施虎臣押。

三禅师骨塔题字 无年月，正书。在塔院中。文已载《祠墓》。

普同塔碣 无年月，正书。在塔院中。文已载《祠墓》。

张丹山《浔录》：塔院舍券碑在山门左旁天井墙内，塔在韦驮法像东偏墙内地藏殿，天井两旁有塔亭两座。

重修云兴寺碑记 顺治八年董汉策撰，在北栅外云兴寺。文已全泐。据《笠翁内篇》载文。

浔水北奔入具区，犹建瓴也。其北者触岸东折，俯行数十里，而后循轨顺流，以达五湖。尝试凭高睇之，见其奔也如怒，其伏也如阻，其流也如兔脱槛而铤走焉。当其阻有古刹汇之寺，影蔽溪流，数里复见。又试访诸父兄，曰：“此古云兴寺也。宋元祐间创建，至元末燔矣。万历甲申，宗伯公复捐资募众信整饬旧规，盖六十余年而后颓废也。”夫寺自宋至今，方五百余年耳。几经兴废，其间风雨之所剥蚀，兵火之所焚烁，寒烟秋虫之所栖宿，不知凡几，而浔水北奔如昨昔。故曰：“物之丽者，辄有迁流。”大抵然也。辛卯秋，印翁叔复起而更新之。不一月，轩甍如刷，倏已改观，往来称叹，谓此不止为宗伯公志不朽，且为元祐诸公志不朽也。于是寺僧明心者昌言曰：“寺有兴废，率苦无恒产。使有田足以给行脚，则众信所捐舍以葺堂院不难。”遂发愿结千人缘，立产为赡僧计，请记于予。予嘉其志，谓元祐诸贤倘计及此，则寺当至今存。夫物之蛊者，坏极有事，则趣于太平，又大抵然也。自今日以往，倘有乐山水而游如张志和，弃仕宦而游如范少伯，借吏隐而游如杜樊川者，放舟具区，渺然无际。而凭眺之暇，借寺憩息，南望浔水，忆我浔中人，有能重新此寺如今日，则且与吴山越水同其春秋，岂兴废所得限哉？是为记。

重建张王庙碑记 顺治十五年，正书。凡二石，在南栅广惠宫三清殿右壁。据拓本载文。

广惠宫者，起自北宋治平年，在镇则为乡约所奉，道则为张王庙，或曰三清殿。阅南渡至有明数百余载，其间葺缉，概不胜记。惟万历四十八年，倾圮垂弊，道士朱太和虔修告饰中堂，平涵朱公感之乐输，与董氏醵钱，遂尔复兴。嗣后思宗十年，迅雷暴雨，烈火风卷，一时殆尽，诚异事也。而说者以为外立王天君，火官位尊，内设张大帝，水神体卑，故各施明通，雨火陡发。然终属无稽，姑不具论。特原思宗暨今二十余载，莫能复兴。住持沈允修，肠日九回，与其徒隐瑜，击梆掩炼，誓必重建。癸巳肇业，丙申竖柱，较之太和，殆无以过。于是士大夫及商贾，咸悯其诚而乐为助。究以兵荒财尽，戊戌尚未获隽。乃铨部蕴公、沈公者，以宏慈普济之德，蠲苍生于丁选，一时权略之惠佐，万年之香火，墙垣殿宇，率尔告就。蒙其庇者，宁止家祀户颂已耶，即三清若有借云。《诗》曰："靡不有初，鲜克有终。"谚云："行百里者，半于九十。"皆言末路之难也。然则允修不遇铨部缮其后，虽如太和之值中堂，创其始亦无益耳，故广惠之成，当以铨部为第一云。

武林流寓道人张初龙潜暗氏撰。此上第一石。

护法：金之俊、董印科、沈焯、朱峋、唐颀、唐彦晖、庄允城、朱锡如、张中虑、张初龙、董灵预、董麟科、董衡、钱威、董渠成、董峥、董嵘、庄允堡。本镇油坊、典铺、盐木各行，与诸善信名留梁木，不及细载。

领愿：纪振源、杨心海、庞仲卿、姚怀宇、纪仁甫、于培之、陆允源、金湛文、张德甫、王楚三、蒋白云、李建宇、沈成章、钮孟爽、徐念卿、丁季源、钱云岐、闻楚云、滕忆梅、顾孟甫、李慕桥、袁振寰、蒋文生、陆澄源、金仰山、潘仁楼、金谏卿、毛瑞甫、沈驾甫、曹思竹、崔顺甫。

劝缘：朱文明、陆君祝、蒋冲宇、沈友梅、吕秀竹、盛敬桥、毛悦楼、陆瀛洲、方振宇、朱舜章、陆含章、钮又文、袁耀甫、沈稚卿、姚锡卿、沈清宇、计友溪、倪爱溪、陆君宇、张兰石、潘敬湖、张顺溪、王奉吾、陆心宇、韩君茂。

保副：贝仁宇、钱蕴先、金西浔、沈冲源、王周生、沈敬河、严体田、沈师启、胡奉溪、张敬溪、张奉台、钮振山、李尔朴、李元贞、毛钦甫、朱思源、钱思山、凌采臣、沈仁甫。

顺治戊戌岁元月吉旦，本宫首道纪锡元、住持沈允修等立。若隐道人屠士杰书。旌邑梓人汤元甫、达甫镌。此上第二石。

按，题名中朱峋即朱佑明，董麟科即董汉策。

重修通利桥碑记 年月未详，董汉策撰，正书。在南栅通利桥东堍华家衖。□额“通利桥碑记”五字平列，文已全泐。据《笠翁内篇》载文。

浔之南宋、元时为安吉州路，设县曰郛。至今衢砌井甃，往往见于嘉应。庙侧有桥当其冲，曰通利，乡人指为华家桥云。自宋元迄今，千有余岁，中更兴废，而里中长老乃重葺之。或请记于予，予曰：嗟乎！立乎今世，以指宋元，浔水汤汤，固如昨昔矣。其间城郭楼橹，云甍鹊桷，盛如连霞，散如晨雾，不知几何也。抑毋论是即斯桥之左右古刹如南林长生者。绀殿亘十余里，纵广约百亩，浍梵相贝书，宏钟宝铎，丽若绘缋。今且声兆杳郁，沉为荒原；行行周道，顾瞻太息。赖二三耆宿拮据之余，仅存遗址。而虫蚀秦经，苔侵萧榻，一俯一仰，感怀继之。则斯桥尚存，幸也！虽然，凡利物者寿，自利者夭。当日浔以内外金马画舸传呼火城中。得势则骄，失势则妒，惟私利是图，故兵燹威棱，为之浣浊。独斯桥也，于朝涉则郑车，于焚修则苇渡，于避地则桃叶，于行游则烟艇，不自言利，人咸利之。故历数代而至今犹存，且更新如昨昔矣。今浔中万家烟火，往来目为小都会。乃至自燕、秦而南者，谓千里无与匹偶。余愿里中诸父兄，学桥之郑车为恤寒，学桥之苇渡为指迷，学其桃叶也，烟艇也，为知几与高蹈，则将以桥之寿寿诸父兄。又尝考之载记，当时有华府君者，能行仁义，凡里中利物之为莫不为，则斯桥名属华氏，殆其人欤？又不知府君曾仕欤否欤？仕则介宋元之间，干戈方炽，利物最难，而不仕更难。今去府君世远矣，其指画干办，焦心劳思，不可得见，而桥至今存。暨佐助府君者，赞叹肩劳，潴涂袯刷，不可得见，而桥至今存。其怨詈府君者，揶揄掴唾，瞠睚笑骂，不可得见，而桥至今存。嗟乎，斯桥尚存，幸也！予小子敢不以贞珉寿之，使千百年后，颂诸父兄功，与通利桥俱不朽。

沈登瀛《南浔备志》：据史志，湖州，南宋改安吉州，元为湖州路，今曰宋元时为安吉州路，甚不分晰。又自秦设县以来，吾浔惟晋、宋、齐、梁、陈属，东迁前后皆属乌程，今曰设县，曰郛，此野老之荒谈也。至云宋元迄今千有余岁，则几为桃花源人矣。华府君名文胜，为江州参军，故《报国寺布施记》称“华七府干”，则固尝出仕矣。咸淳六年，《嘉应庙牒》有“父老华元实”，即文胜之子。是时文胜已卒，宋犹未亡，亦非介宋、元间人也。

禁革举报堡长告示 康熙九年，正书。在西栅祇园寺。文不录。

万善庵碑记 康熙二十八年董汉策撰。石旧在北栅万善庵，今佚。据张《志》载文。

浔北万善庵，始于明季启、祯年间。有东明、永远两比丘尼，皈依弁峰瑞白禅师已久，笃信向上，募浔北隙地于旌节先慈顾孺人，遂建绀殿，稍葺厨湢。辛卯、壬辰之交，延阳山松济师住持二载，未底厥绩。岁在癸巳，浔镇善信咸称嘉禾保寿院常一大师道行高妙，于是金表婶严太夫人同先慈暨皇甫母周孺人具质信，请师住万善。方丈师系普明二岩和尚法嗣，实临济宗二十九世幻也和尚之法孙也。当是时，先慈与严太夫人系中表妯娌，皆信乾竺，称同志，恒有事于静修，朝夕清斋，若雁行焉。以故善功无不举，举必有成。如万善延请高禅，其一端也。人谓大师禅宗杰出，必以拈颂棒喝为事，而师殊不然，专修净土。其仪轨略似云栖，而仍重参学，以故远近翕然归之。不数年，堂宇宏敞，金像焕赫，复辟庵右苐圃，于是香积寮廓咸备，经今三十七年矣。浔之人若不知有大师住万善方丈者，亦无募册乞请在邻近者。师殆所谓禅净双修，坚持密行者欤？夫禅与净，固两无碍，且两相益也。今试拈一句称名而直穷落处，则知识绝，思维断，忽尔漆桶底脱，得大休歇，然后水尽山穷，坐看云起。彼落日金绳，宝林珠阁，风声鸟语，如影响现，则成就慧身，不由他悟，是为万善具足。较诸莽荡拨无者，相去不霄渊哉！以故出大师门下者，遵守斯旨，如首座持真、永宁等十余人，皆成令器。今师年七十余，以书抵余，请为记。余追维先慈舍地敦请之遗志，今幸有成，不可不传述也，于是乎书。

重修东藏禅寺碑记 康熙三十年，正书。在东藏寺毗罗殿庭左侧。据拓本载文。

粤自碧瞳飞锡江东，肇起于赤乌；珠字传经雒下，宏基于白马。辟支佛现，绿玉成台；舍利城标，绛云覆院。当永明宣化之日，正武肃射潮之秋。由是於越仁祠，鹫在山而若舞；勾吴精舍，猿就洞以如归。寺所由来，爰云旧矣。浔水东偏有东藏禅寺者，地当江浙之交，山集鱼龙之座，固苕水南来第一名蓝也。有明神宗时，先大宗伯，金门纳履，为投老之皋夔；莲社挥犀，乃闲情之苏白。适遇云栖大师，灵雨沾花，比雁宕之智者；慧云烛日，继炉峰之远公。始乍识夫铃音，便声闻之契合；既一通乎玉札，遂心地之皈依。水乳交融，针磁互入。侍中别院，尽付光明；都讲家珍，悉归崇化。更有华亭秩宗，儒林祭酒，方读书于中秘，已证真诠；虽翔步于木天，心参密谛。林间支许，咸聆屑玉之清言；方外雷陈，洵号断金之元契。大檀越现宰官身而护筏，岂见僧疵；善知识依菩萨戒以建幢，能调物性。金阙独扬宗教，赐紫伽黎；璇宫请设师容，演青莲果。红楼郁起，俱尽地以布金；绀塔高凌，复从空而砌玉。手植庭前棲树，枝似青铜；风来阁上鲸钟，声侔元铁。洎乎尚书折简，特叩微言；大士飞笺，亲宣奥旨。现三身而阅世，似乎世有去来；设七处以征心，实则心无生死。遂使无知木石，亦证虚灵；甚而障法波旬，皆为外护。杳霭鸽王之舍，功虽欠于合尖；玲珑鹫子之轩，德已几乎配昊。览千年之海水，方觏一清；延百祀之真风，已更三叶。心尝薄乎吐凤，梦每惬乎怀蛟。何人敢檄北山，有愿栖真西土。于戊辰清和之月，际康熙廿七之年，策敬踵前徽，聿开新范。因考莲祖于五世，特延具空之法师；爰讽贝叶于三年，实建大悲之忏法。矢志霞衣塔护，智慧重辉；斋心宝树灯然，沉迷立救。主东林之继席，又睹花开必钵之枝；新远祖之华幢，重闻鸟转庵罗之树。将见三千蚁子，悉晓听经；五百鱼儿，咸能悦性。则百旬止观，宁为有漏之因；千夜槌空，便结无生之果。于是锓诸紫篆，勒彼青珉。狻猊蹲无量之碑，使绣蟠于蓟虿；赑屃架头陀之碣，看织绚于吴蚕。里人董汉策撰文。董縠士书丹。同里殷阜题额。康熙三十年岁次辛未四月八日建。此下有里人及沙门题名。本寺田地亩数，檀越助资众姓，并不录。

放生河题字 无年月，正书。在东藏寺山门旁。

极乐庵西偏留婴堂碑记 年月未详。董汉策撰，石在极乐庵。文已全泐，据董《志》载文。

王道无私，靡不覆载，夭乔蜎蠉，尚涵煦之，何况婴孩之甫离母怀、亟须保抱哉？昔世祖章皇帝诞敷亲仁，既已恩浃四海，尝谕侍臣申禁溺女，于是京畿之乐善者，建育婴堂，分命阿保，专以收养弃孩为务。于中每月放生，兼惜字纸。月之八日，士大夫毕集。睹斯胜举者，辄随量喜舍，福利日崇。愚曾躬与良会，慨然思古之仁覆天下者，幼孤长扶，禁槎蘖，畜鲲鲕。太和在宇宙间，上动飞鸟，下乱沈登瀛按，疑“跃”字渊鱼，如是其广大也。诸省直皆遵行已久，吾浔弹丸地耳，既不能附省郡行大利益，又不能独创宽广屋舍，以容乳妪，良足太息。幸里中善信十余友，与沈子匡夏捐资建三楹于极乐庵之西偏，以集同志，仿吴门现行条例，广收弃孩，载送吴门之育婴堂，费省而功宏，其利溥矣。愚于是愿请益焉。一曰广募助，凡建善功，必集群力。若使先期募资，储以有待，则任事者无匮乏之虞，为善必力矣。一曰广劝，修善政岂止育婴，凡民之疾痛无告者、婚丧莫办者、患难莫救者，二三同志，月中会集，茗接清谈，挑剔善事，设胜沈登瀛按，疑“法”字方便，次第行之。则仁施洋溢，庸讵知非王道之一助哉？孔子曰：“吾观于乡而知王道之易易也。”愿与同人共勉焉。是为记。按，文中“乱”字“胜”字并不误，沈氏《备志》所校非也。

积善庵刻石 康熙四十一年，正书。旧在积善庵，今在碛沙寺殿后庭左壁。据拓本载文。

江南徽州府休宁县信士弟子黄祥喜助街沿一带，专祈早生长命之子，诸谋遂意，阖家迪吉，福有攸归。康熙四十一年孟冬月立。

重修祇园寺碑 康熙五十三年，正书。在祇园寺。据拓本载文。

浔溪之祇园寺，敕建于萧梁，关乎一镇风水，而浔亦渐成一大聚会，历唐、宋、元、明，圮而复兴。凡当道入境莅任者，例于斯接搢绅耆老，访土俗民风，寺固必不可倾圮者也。顺治初，分兵于浔，越五年而移寓祇园。戎马蹂躏，僧众散尽，荒秽不堪，历有岁年。有东隐和尚过此，矢愿修葺，赖寺邻隋云卿劝分，三载而不得兴工。屡呼将伯于□□□□□守，又适地方有修塘建桥之役，徘徊之久。然东隐之诚不可□□□一。旃檀会得友二十人，各先输三金为首，随众劝募，不逾年而堂殿告成，榱桷改观。予固与会友悉心经理，是借诸善信乐输之力也。工既竣，恐善信姓氏湮没，爰命工勒石，以垂不朽，并工料附焉。夫东隐之始而不得兴工也，众咸以缁流与僧徒杂处无别，或指旧务可安伍，或置附近□迁营□□□□□□□舍，而卒无成功。岂其间亦有或使之，或尼之者耶？则夫迁徙营房，为□园第一善事，予固以暮年重听，有志未逮，端有望于将来之大护法者。共收银三百三十二两三钱一分零，共用过银三百四十二两四钱七分零，开列如左。此后有捐施善信题名银数及工料价目，并不录。大清康熙五十三年岁次甲午八月日，里人丁有源捐资刻识。

按，碑以寺为萧梁敕建，较贞观敕建之说尤妄。

广惠宫碑记 康熙六十年，行书。在广惠宫，未拓。据《浔录》载文。

静涵道师持法于浔南广惠宫，一日者，录其历来碑志，裒次成帙，属予曰：“此先坠言，愿有记也。”按，宋治平间，建灵济张王庙，即祠山大帝行宫，中为三清殿，后为东岳殿，此广惠宫之缘起也。由南渡以迄元明，坏成不一。万历四十八年起，其废于灌莽中，蔚为宝坊者，住持朱太和缔构之，朱、董两巨家佽助之，此广惠宫之中兴也。崇祯十年，暴风迅雷，一毁而尽。附会其说者，谓雷部与水部雨火激射，亦荒诞而不经。迁延至本朝顺治十五年，方得重建，顿复旧观。谋始则住持之沈允修，落成则里绅沈铨部，此广惠宫之再兴也。殿东北隅创为弥罗宝阁，广袤五丈有奇，高三丈有四尺。上奉昊天至尊，中供圆明斗姥，棼缭回带，宝相庄严，缥缈飞霞，彤髹眩朗。则住持沈允修与静涵师募不辞劳，征君董帷儒暨诸善信，乐输广劝，厥功伟焉，此广惠宫之大成也。予不禁喟然叹曰：“凡事之兴废，岂不以人哉？彼王侯第宅，千门万户，无几何时而高台倾，曲池平矣。方外羽流，守此十笏地，卒能故者复新，隘者渐廓，发宏誓愿，积黍成丘。人之所关，良非浅鲜。昌黎有云：‘莫为之前，虽美勿彰；莫为之后，虽盛勿传。’其静涵师徒之谓欤？”虽然，有天意存焉，不可谓非神之灵也。尝考稗史载《祠山遗事》云：“帝姓张名棣，生而神奇，将引苕、霅二溪之水，通至广德，身变猪龙，掀泥掉石，被家人窥见，遂不果，后成祠山之神。”夫六十里之水路未通，帝之所遗憾也。江乡山谷，香火繁盛，浔溪一镇，祀事绵长，何莫非帝之所式凭也。又况亦临亦保，斗阁崇隆，天人感召之征，在呼吸间乎？予故为述其源流而系以铭。铭曰：

碧浔湙洄毓地灵，街市合沓阛阓盈。祠山庙貌垂千龄，弥罗宝阁新峥嵘。琅函紫笈金光腾，凤幡月驾凌苍溟。赤玉龙书呵百神，周元初后传云礽。天枢掌奏广惠尊，宫名恰合如师承。元宗法派由青城，绀琳永护人天惊。翠巘有石润且贞，磨砻钩画镌斯铭。

康熙六十年岁次辛丑，文选司郎中清溪谈九乾撰，知德清县事锡山徐珽书，广惠宫住持周道昱勒石。

按，石嵌府城隍殿左壁，为侍从塑像所隔，未能椎拓。

禁除锢弊告示 康熙六十年，正书。在祇园寺，额题“奉宪饬禁脚夫分坊勒索碑”十一字。文不录。

沈节妇墓志铭 康熙某年，据钞本载文。

潘耒撰文。

呜呼！食人之禄，有死无二者，谓之忠臣；处人之室，有死无二者，谓之节妇。若人者，未尝知其主之必危，夫之必殆也，与同安乐中更变故，不渝其守，人犹难之。若夫见其已危已殆，而捐躯事之，履险蹈艰，鞠躬尽瘁，岂不尤难而尤艰哉？节妇乌程温氏，贡士槙之女，归同邑沈文然。温、沈皆苕中望族。文然祖演为大司寇，父及两兄皆举于乡，许婚时方鼎盛。已而金陵有大狱，词连伯兄，论死，籍其家。文然以出嗣免，犹坐仲兄科场事，与叔兄偕徙塞外。方狱急时，有言婚可解者，温女闻之，恸哭求死。父母乃曰：“世固有甫婚而夫遽亡者，婿长流，与死等，此女命也，复何怨？但沈氏不可无后，当及其未行而嫁之。”遂请于官，出狱就婚，仍时时就系，如是三年乃行。于是举一女一子，临行时，子犹未出腹也。二亲尚未葬，节妇曰：“此大事，夫去，孰为主者？”不谋族党，克日襄事，令文然视复土而行。既行，家难尚未息。有奸民王式者，以沈氏籍产不尽诉于官，遍历监司、督抚，以至部寺，所株连百余人，涉讼八九年。迨亲王廷鞫始抵式罪，而沈氏田宅尺寸无留者，温之资装亦尽。中间文移驳诘，吏胥诛求，千名万状，亲属或坐视，或阴下石。节妇既备尝惨苦，而能审机应变，不挫不扰，故家破而犹能立孤，其明哲有丈夫所不逮者。文然至徙所，仅二年而殁，万里负骨归，节妇沥血验之，乃葬文然。生母与嗣母并在堂，节妇事之，曲尽孝谨。生母病痿，节妇扶持卧起，三十年如一日。文然之叔兄先聘于徐，难作请婚，不即行，濒行乃成婚，竟无子。节妇与徐同室而居，如亲姊妹。叔兄遗言，以家产尽与弟之子，节妇不听，卒为立嗣，其临财能让如此。治家一用勤俭，年荒，屑豆为糜自食，而奉舅姑及膳塾师如平时。教子女有法度，慈而能严。婚嫁既毕，节妇力竭心枯，发病以卒。卒于康熙丙子七月望，距其生顺治乙酉十二月九日，年仅五十有二。子琬，娶吴氏，继娶凌氏，女嫁温祇愿。嗟乎！当沈氏祸烈时，使温氏稍稍观望，则文然不得婚，若敖之鬼且馁，何有门户？节妇矢死靡他，延宗祀于一线，茹荼啮蘖，备历人世之艰辛，卒使沈氏亡而复存，碎而复完，与寻常秉义守贞者，难易何啻倍蓰。而其父母兄弟，咸共成就之，牵连破家，终已不悔，岂不亦贤哉！温之先有陆太孺人，以节孝闻，有《家训》行世。其子宝忠先生，官新安，明亡，阖门殉难。今节妇殆闻陆母之风而兴起者欤？而世之为宝忠者，何寥寥也！琬将以某年月日，合葬节妇于其考之兆，以状来请铭。铭曰：

夫亡守贞，妇道之常。遭罹奇厄，不亡而亡。子犹在腹，夫乃投荒。生分死别，地远天长。况家多难，如沸如羹。荓蜂辛螫，矢集于墙。藐兹弱质，怀冰履霜。不竞不絿，维义之将。如操尺柂，涉海汪洋。如持寸针，纫百裂裳。精诚所感，天日回光。渐出坎窞，以登康庄。备举丧葬，孝养高堂。抚孤有立，贻谋允臧。功存宗祀，德衍蒸尝。展矣礼宗，俾也可忘。宜旌于国，宜表于乡。刻铭幽宫，万世之藏。

义冢碑 年月无考，在𦩍里义冢地，文已全泐。

一线泉题字 无年月，正书。在西栅祇园寺后。

姚允修生圹志 无年月。在南栅万古桥西，额正书“太学姚允修先生生圹志”。五行，行二字。志文未刻。

重修嘉应庙碑记 雍正三年夏光远撰，石旧在嘉应庙，今佚。据董《志》载文。

考之祀典，凡有功于民社者则祀之。故村镇之有土地，犹郡邑之有城隍也。虽在穷乡僻壤，一隅之地，方井之中必奉一神焉，以为福国佑民之主。况于日中为市，烟火万家，较于郡则不足，较于邑则有余者乎！崔、李二神尝捍御巨寇，出金钱、粟米以活浔人，一时之饥馑者得以苏困。故其殁也，建祠以祀之，锡其庙曰“嘉应”，尊其号曰“明王”，吾浔之民社于是乎寄所谓“土地”者，实昉于此。自宋以后，其庙之圮而复葺者，碑碣无存，莫可深考。前嘉靖壬辰，予六世祖朝端公捐资辟地，合乡之绅士而力新之。读其所刻石，犹可想见其规模焉。数百年来，风雨剥落，金粉零星，虽香火依然、祷祀如故，而庙貌之不堪已甚。夫民社之所存而神不得妥，闾阎之责也；祖宗之所举而后不加修，子孙之过也。余尝履其地而欷歔者久之，谓得有人焉，起而任募建之劳，以冀重新之日，斯亦幸矣！岁癸丑，僧人三默来主是祠，慨然以修祠为请。予因手册而兴叹曰：“呜呼，其崔、李二神之灵之默有以相之也，乃如是乎！”浔之人无不以二神为庇，当无不以二神为心者，予因知斯役之有成也。经营伊始，吾乡之相劝乐输者，莫不欢欣鼓舞，如给惟正之供。不二年间，向之所谓风雨剥落者，今则坚牢而固致矣；向之所谓金粉零星者，今则轩翔而华彩矣。其峙于左者，则有药王殿；其辅于右者，则有五路祠。洵哉为一方之保障乎！落成之日，将以绅士商民所捐助者，勒其名于石，垂诸不朽，因请予为记。予不获辞，为叙其略如是。后有来者，庶知民社之功不可没，而予所志焉未逮者，实借诸君子之有以助我云。

雍正三年夏四月记。

饬定牙税统征分解告示 雍正十年，正书。在广惠宫戏台下。文不录。

周道昱赠言刻石 雍正十一年，旧在广惠宫，今佚。据张丹山《浔溪棹歌注》载文。

《祷雨赠言》：江都唐绍祖

周子静涵生本儒流，去为羽客。形骸戍削，寒流石上之松；状貌清奇，秋月池边之鹤。阐扬众妙，宗五千道德之言；驱策群神，服十二灵飞之事。惟是誓心以济世，故不晦迹以沽名。凡遇疠疫灾荒，厌禳祈祷。如明镜出匣，展即形呈；似洪钟在悬，叩而响答。而且出其余绪，著为篇章。丽句清辞，坐曹唐于北面；偷声减字，立张羽于下风。此则翰苑争推，文场交誉者矣。兹者吴兴之地，亢旱为灾。职忝承流，心怀忧惕。爰延绛节，用告苍穹。登坛而玉女披衣，奏箓而金乌掩彩。风声入树，预闻管辂之占；雨点随车，立应栾巴之噀。可不谓尽修真之能事，得持斗之秘术也哉！于其归也，句以赠之：

仙根不信自蓬瀛，请看形神比鹤清。曾向崆峒传道诀，共知句曲有词名。鱼龙白昼闻琴舞，雷雨青天听令行。会见方瞳征寿相，何须人报束长生。

昱本山人，团瓢守拙。岁癸丑六月，湖属苦旱，郡侯唐公暨各当事为民祷雨，召昱登坛。实惟众吁之诚，致沐甘霖之沛。谬蒙奖赉，愈切惭惶。谨勒感思，以志不朽。时雍正癸丑九月，广惠宫道人周衢昱恭纪。

《赠静涵周炼师》：槜李王泓

汝南周子神仙客，九天谪下灵秀窟。家住浔川广惠宫，身通太乙阴符术。状貌清奇迥不凡，秋水精神野鹤骨。羽褥星冠严束装，琅函玉笈勤披阅。有时驱神遣六丁，妖魔魑魅潜逃匿。从教口内噀成蜂，还向云端梯取月。家法立初一脉传，况复颠仙狡狯极。生平习静大名垂，镇日补闲新句得。俪青斗白更填词，不数柳欧香艳墨。往返清溪酬唱多，流响遥分苕霅侧。苕霅今年患旱魃，三伏炎蒸火旗赤。山原高垅苗欲枯，车戽良农力既竭。赖有同城贤使君，蒿目焦思倍切切。凭空高筑斗罡坛，延请仙真祈雨泽。升坛旋施灵箓秘，风印羽符持斗诀。羽步蹁跹用告虔，天曹次第勤供职。须臾肤寸起层云，黯黯浓阴幕六合。惊人阿香鼓数声，过眼金蛇光一抹。便觉甘澍旱沛然，点滴飞扬到车辙。感君绿章得奏功，令我羽扇多生色。今君辞归洞府去，长伴烟霞并泉石。应知真素善韬藏，更羡诗文足怡悦。古人赠处恒以言，我诗赠君兼惜别。他时挂冠容访君，长生愿乞丹砂粒。

重建通利桥碑 乾隆四年，正书。在华家桥东堍，未拓。据钞本载文。

窃闻善事必勒碑以志者，示不忘也。曷示乎不忘？一以著前贤之能创，一以鼓后哲之能兴。凡事且然，而桥梁尤甚。如吾里之通利桥，考厥遗碑，元副帅许公明成化间重修，名曰通利，盖取大《易》“利有攸往”之义。迄于今已二百七十余年，岁久倾圮，行者趑趄。己未秋吉日起工，八月吉日告竣。皆同里中诸君好善捐资，同心协力，以故易而成、成而速也。非敢夸张，窃效前人镌名于石，以示不忘云尔。此下善姓题名不录。乾隆四年岁次己未九月穀旦立。

北回桥碑记 乾隆九年，石在云兴寺，文已全泐。据《浔录》载文。

距南浔镇之北三里，有桥曰北回。盖以河流太激，筑此以束其势，使之迂回而不迫，故名。其创自何人与始建岁月俱无考，或云盖明嘉靖间董宗伯份实创建之。乾隆二年冬，桥圮，圮五六年未克修，步者不便，而水奔冲直下，舟行者怯焉。盖南浔之镇，市井阛闬，人民之富蕃，百货旁午，号称都会，而北栅为最。于是其绅士吴君继成、张君文光元粲、董君某等辄慨然各捐己资，以为士民先。又承士民之好义者，俾各视力厚薄以为之助。桥成，高二丈八尺，长九丈六尺，用银七百两有奇。以乾隆八年之二月始作，而以明年之八月告成。由是人不病涉、水不病冲，凡南北往来之人，无远近胥蒙其利焉。盖古者道路桥梁，皆各置官以专司其事，故九月除道，十月成梁，如春耕秋敛，岁有定规，至期则趋事赴功，天下尽然。是以道无不可行，而川无不梁也。其后先王之教既废，一切皆浸弛不治，世之人安常习故，取便目前。又或以为众人公共之事，而焉用一己之汲汲为也？噫，彼浮屠庙院之兴废，更复何与人事！而崇奉其教者，辄为之经营措置，虽重劳且费不惜焉。如移彼之所以劳且费者而用之于此，则人无不可济，物无不可利矣。彼之空，孰若此之实？舍其实而求之空，其亦不思也欤？然则如数君者，其识为不可及矣。先是，徐君行达方谋修复，未及兴工以卒，其子祖彬欲有以继父志而未果，属张、吴诸君捐资率先并悉力以为之赞襄，而其桥以成。嗟乎！人患不为耳，为之岂有不可成者。彼挟其雄资厚力，坐观成败，而漠然不一动于其中者，是诚何心哉！是诚何心哉！于其成也，书其为之年月与其名氏，以示后之人，使得有考焉。乾隆甲子荼月，归安具茨山人茅星来谨撰。

按，今云兴寺庭中横卧二碑，皆漫漶无一字，其一当为《云兴寺碑》，其一当即此记。寺僧云尚有一碑，已砌入佛座下，不知何碑也。

重建沐凰桥碑记 乾隆十一年，正书。在西栅沐凰桥，未拓。据钞本载文。

浔西沐凰桥在垂虹桥之西南，距凤凰池不数武，昔人以池名桥，志古迹也。与垂虹均创自汉代，历唐、宋而至本朝，建修不一，载在邑乘，由来旧矣。垂虹跨荻塘之正流，沐凰疏苕溪之支派。人民络绎，负贩驱驰。实百物之通衢，为四民之要道也。桥内向因淤塞，去春里中好义者捐资开浚，舟楫称便焉。顾桥圜石欹仄，往来者咸有戒心，佥议重建。因鸠工伐石，撤而新之，址仍其旧，工坚于初，其规制亦较旧加宏壮。工既竣，复以余资补葺垂虹、尾塊，两桥圪然，行旅相庆。经始于乙丑年季冬，落成于丙寅年仲夏。凡兹工费，均出善信乐施，爰勒石以志其姓氏；而捐资浚河者，亦得附载于后，以并垂不朽云尔。此下捐资姓名不录。此碑寄砌于周宅墙垣西面，立碑工料并吃用一两四钱。碑已刻就，外加碑银一两、酒资一钱，镌碑供缮五钱。所余旧石数段，补修鸣凤桥东首官路讫。造桥工料出入，里人纪宿华、屠声闻互相经手，并同里众公屈大士庵省幻师叩梆。月余，鹿门纪再思、宿华甫书。乾隆十一年岁次丙寅五月。

按，碑谓垂虹、沐凰二桥创于汉代，荒渺无据。

重建随粮王庙碑 乾隆十一年，正书。在东栅总管堂。据拓本载文。

《书》云丹艧，意取维新；《雅》咏竹苞，志存绵远。浔东敕封随粮王庙，上既护国，下复庇民。辛酉岁，众虑年远就倾，遂因募资重建。未能壮丽，聊异茅茨。顾目前虽免飘摇，而他日当为久计。殿后仅有薄田二亩，门旁只余店屋两间，租息无几，正供难继。于焉共襄小会，相与各捐一金。生息则慎择轮流，神诞必应期恭祝。凡我同志，务期矢慎矢公；愿彼后贤，尤当有终有始。计除实用，谨录存余。间有工修，稍资补凑。并非利其利，不过公济公。庶神光永照，庆圣寿于无疆；俊气长莹，幸宫墙之巩固。同人姓字，序勒于兹。此下题名不录。龙飞乾隆十一年岁次丙寅桂月榖旦立。立愿、经始董启伟，劝成沈启麟。华万九撰，金载阳书，王西溱刊。

署通判吴继元去思碑 乾隆十三年，正书。在通判署大堂庭侧，未拓。据钞本载文。

《署浙湖盐漕水利南浔督捕总巡分府吴大老爷去思碑》：公讳继元，字季亭。江南通州如皋县籍，乾隆辛酉科举人。于乾隆十二年十月到任，于十三年七月初一日卸事。在任教民爱人，治行卓然。卸事之日，衿民攀援莫逮。追思公德，敬立此碑。大清乾隆十三年七月日榖旦，浔镇绅衿士民陆可成、温文煜、陈成、吴继成、陆绍儒、张世杰、陈昭、金渭、张元灿、纪复亨、徐祖彬、冯学深、邢廷金、纪廷辉、倪廷林、计士枚、庄学川、董小坡、张维垣、董□、金朴、陆濂、吴岩、凌锦、丁麟、蒋大潮、徐德元敬立。

沈宗骞书《洛神赋》刻石 乾隆三十二年，正书。石藏东栅朱应垣家。文不录。

澹虑堂墨刻 乾隆三十六年汪鸣珂摹刻。凡九十余石，藏东栅庞元济家。

吕新吾先生身家盛衰循环图 乾隆三十九年葑溪吟香堂沈嗣昌刻。凡二十行，行二十一字。藏张氏适园。文不录。

吕新吾先生理欲生长极至图 刊人、年月同上，石藏张氏适园。文不录。

东藏寺造像砖刻 乾隆四十七年，正书。在东藏寺大悲殿右壁。据拓本载文。

本镇护法张润之敬装大士金相一尊，并助龙庭万年宝座方砖一堂。乾隆四十七年六月敬立。

真武井题字 乾隆五十八年，正书。在善寂庵。文已见《河渠》。

《墨妙楼法帖》四卷 嘉庆初年辑，里温纯刻。

重建通津桥记 嘉庆三年，正书。在通判署头门外左壁。据拓本载文。

中南浔而跨运河者，有通津桥焉。癸丑年，余莅任兹土，桥渐圮，行者苦之。且运河转漕者也，余职司水利，攒粮艘、通津梁，与有责焉。初下车，顾斯桥而有志新之，惮轻举。今年春，公庭事简，属绅士耆民而询之，皆曰可，愿为劝捐。一时捐者恐后，多寡有差，不逾旬而数具。乃召工而度之，高二丈七尺六寸，视旧增三尺；广四丈八尺，环延八丈，俱如故。趾故有四硚，复厘而正之。估料二千两，估工六千工，权造浮桥木价五十两，叠运山石舟价七十两，巡视工作食费一百六十两，限以程期三月而竣。余始恐桥之艰于重建也，赖绅士耆民踊跃捐，而好善乐施者又争先恐后，遂使艰者亦易。凡桥之宜重建者，视此焉可矣。余何幸而得遂此志于浔之士民耶？秋九月，会余将入觐，爰举绅耆姓氏暨好善乐施之人，略勒之于石，余不敢攘善也。余惟计工料程度而一一志之，俾后此兴工作者有所考核云。湖州府通判升任台州府同知时敏撰并书。董事：邢鸿、吴作谋、丁鸣钧、金大鲲、毛壎、倪鹤鸣、郭楠、庞灏、华行时、韩峻、孙秉宗、邱文岳、陆大椿、诸鲁全、吴若昂、温国标、归鸾、桂士临、吴耀德、蒋大治、盛士松、张应元、温宸。嘉庆三年九月。

按，碑题“时敏撰并书”，实则里人邢典撰，邢鸿书。

再申例禁告示 嘉庆五年，正书。在通判署头门外右壁，额篆书“奉各宪严禁轻课酱货不得越卖重地碑记”十七字。文不录。

严禁阻葬告示 嘉庆七年，正书。在师善堂内，额题“奉宪严禁阻葬索扰碑记”十字。文不录。

禁阻葬火化告示 嘉庆九年，正书。在师善堂内，额题“奉宪永禁”四字。文不录。

《紫藤花馆帖》四卷 嘉庆十六年秋吴江徐氏刻。凡三十一石，曾藏周昌富家，今归刘氏小莲庄。

周昌富跋：壬申春，余游吴门，道经黎里，偶于骨董家得观《紫藤花馆石刻》，为山民徐先生旧藏，皆一时名公巨卿与夫翰墨名家者。余展玩数四，不忍释，因出重价购之。时余以梅华仙馆之侧构一亭，亭旁先有古藤数本，即颜其亭曰“友石”，并为之记。人知物必聚于所好，而不知未聚之先，造物已不啻早为位置。后之览者，亦当为斯石庆得所焉。同治十一年夏六月南林芸斋周昌富跋。凡八行，字数不等。

刘锦藻跋：右徐山民待诏《紫藤花馆帖》四卷。乾、嘉之际，大儒辈起，撰述之盛，卓越古今。其以词章名者，亦无虑数十百家，文采风流，倾动一世，下至贩夫走卒，妇人女子，咸以附名风雅为荣，何其盛欤！待诏天才亮特，又生际其时，所与交游，类皆文章巨公，主持风气。观所甄录，犹可想见东南坛坫之盛焉。锦藻所居，去黎里六十里，其距待诏之殁，不及百年，而流风遗韵，人罕能道之者。至于绍述朴学，祖尚风雅，气求声应，寂无闻焉。反复兹刻，不能无盛衰之感也。昔仁和龚定盦礼部叙《江左小辨》，谓有明嘉靖、万历之世，江左承平，风气渊雅，其故家巨族，谱系多闻，人或剞一书，或刻一帖，其小小异同，小小源流，动成掌故，使拮据倥偬、朝野骚然之世，闻其逸事而慕之，揽其片楮而芳香悱恻，以为非俗士耳食者所知。於戏，观于此帖，其言岂不信哉！石为周丈芸斋所藏，既乃举以畀余，因嵌置家祠傍舍壁间而题其后。光绪二十一年乙未夏六月下浣，乌程刘锦藻。凡二十四行，行字数不等。

陈母林孺人家传 嘉庆十七年武进赵怀玉撰，同邑汪恭书。文三十行，行十六字。石藏张氏适园。文不录。

继述堂记 嘉庆二十年武进赵怀玉撰。文二十六行，行十六字。石藏张氏适园。文不录。

恽南田、王石谷墨迹刻石 嘉庆二十三年汪恭刻。凡二石，藏张氏适园。文不录。

永禁私宰耕牛告示 嘉庆二十三年，正书。在祇园寺。文不录。

南田墨迹五种刻石 嘉庆二十四年汪恭刻。凡二石，石藏张氏适园。文不录。

东坡居士墨竹刻石 凡二石，宋苏轼作。元赵孟坚、虞集、鲜于枢，清恽寿平等跋，道光元年武进汪恭跋并刻石。石藏张氏适园。文不录。

钱濬寿诗刻石 无年月。石藏南栅钱树森家。文不录。

按，首题“延年益寿”四篆字，潘奕隽书。高尌诗，八分书。吴之剑词，王以衔、闵伟诗，并正书。钱臻诗，行书。濬字升九，号怡斋，监生，五品职衔。时在道光壬午，年七十。

汪尚仁墓志铭 道光六年蔡之定撰，赵柄正书并篆盖。凡四石，在拜三圩汪氏祠堂。文不录。

汪曰桢按，先大父字惇夫，号静圃，贡生，候选主事。居府城，卒于嘉庆庚申，葬城西郎村蒲衣山。至道光丙戌先大母合葬，始撰志铭。为刻工迟误，未及纳入圹中。

石置坟庄，后移置祠堂。范《志·碑碣》附列墓志，大半墓不在浔。其在浔者，仅据谱牒及文集所载，而石多无考。今凡墓志未出土者，并不载。惟此志未入圹而石在浔，仍载之。又旧志有朱国祯《修东塘记碑》，不在浔，曹大斌《漏泽园记》误以版为石刻。今皆别载，附辨于此。庆云为广其例，凡墓志虽未出土，而纳入圹时先有拓本流传，亦可据以载入。

重修南浔镇东藏禅寺记 道光十年，正书。凡二石，在东藏寺。据拓本载文。

环镇五六里，灶烟数万家。其中香林梵刹，不下四五十区。求其规模宏远，赞呗精严，率以东藏禅寺为称首。寺不知所昉，在乌程县东七十二里。相传明嘉靖间，里大家董氏为之综核，赖以不替。殿前槵珠一本，犹莲池手植。自文字散亡，碑碣澌灭，莫能是正也。国朝康熙中，众绅士敦善乐诚，兴作之余，兼行施槥，则吾先伯祖悔修先生实司厥举，至今佛座勒名可考。余年十五六时，值薪公自远卓锡，暨徒禹公戮力支梧，俾毗卢阁暨大殿、观音殿毁而更新。尚忆岁首瞻礼薪公，必设果饵，雪顶庞麋，俨然尊宿。其后递相遵守，不增不减，仅遗香镫田五亩二分。达公之师东公续置田四亩六分，充净供而已。洎乎嘉庆改元，今竹峰达公拂衣双树，仔肩大法，禹公僧腊既高，西首之际，尝诏之石藏。薪禅师一生功德，而贞珉不曜，此未了之业，尔其志之，则应石藏唯。既而达公此上第一石戒行苦严，日益精进。远近向风慕道，云行水至，舍粟布金，委输恐后。由是改山门于旧址南数十步，庑东新屋十余楹。径术矩立，缭墙完固。肇作于嘉庆某年月日，落成于道光某年月日。崇像设，敞法筵，洁斋湢，通井匽。斫木涂金，百废具举。计用人若干工，用资若干两。尔乃龙象琳宫，化现涌出，缁素之侣，鉴其精诚，既立方丈，遂兴道场，每岁栖流挂单礼足者以万计。达公心愬往阙，追念前尘，介温君稼生踵门乞言以书诸碣，余以不文辞。两年于兹，复申前请。夫《周礼·遗人》庐有饮食，路室候馆。准是以求，则吾儒经济，沦在丛林，岂可数典而忘其祖？譬诸泰西天算，华严字母，圣门六艺，散于四裔，苟缘达公之用心，推而放诸黉序，将乌程义学有五，其一在浔者，虽至今存可也。然则昭往迹以厉方来，殊途同归，不为无补。允宜濡豪，牵连旧事，以传久远。道光十年正月，里人张鑑记。吴江吴鸣锵书。此上第二石。

东藏寺重修山门记 道光十一年，正书。在东藏寺天王殿壁。据拓本载文。

本寺住持于戊子秋捐钵资，改建山门，募诸大护法敬塑弥勒尊佛、护世四王、菩萨金相，并万年石座，所有乐输银数，肃泐芳衔，以垂不朽。此下捐资姓名不录。道光十一年四月东藏寺监院悟铨敬识。按，“诠”字误刻“铨”字。

南浔重修东塘碑记 道光十二年，正书。在巡检司署头门外右壁，额篆书“南浔重修东塘碑记”八字。据拓本载文。

里人张鑑撰文，仁和宋烜书丹，钱塘赵之琛篆额。

南浔，接郡之东关，为运河七十里，名曰东塘。斯堤之创于前明万历三十六年，郡守陈公名幼学之始筑也。历有年所，岁久遂渐侵剥，案志乘并旧碑纪其如是。岂古人善政之所施，精诚之所寄，各有不同，故其传于后，有显晦久暂之分哉？壬辰春，邑侯杨公名绍霆，奉檄劝修圩岸，爰及东塘迤西三十里，郡城绅士任之；迤东四十里，工归之浔镇内潘杨桥一带夹塘。料实工坚，估计筹画，侯皆尽力条理焉。先是，辛卯夏恒雨为灾，当事具奏。蒙圣恩蠲赈并行，稍舒佃民积困。维时天严寒，我侯独任其事。稍暇，时与镇士夫饮酒赋诗，得《浔水联吟》若干篇，所言皆劝分，谋诸绅士耆老，以工作赈，侯力主其议。凡三日，捐集八千余缗。复委任参军胡公培荃、巡司胡公次畊、汛守陈公遇春再劝而推广之。议修东塘，镇人疑之，以为东塘之工应属沿塘乡庄，非镇人事。侯谓："劝分以救灾也，被灾以圩岸之不修也。镇既慕义，捐有成数矣，乃视被灾区以为非吾圩岸也，而听之不修，浸假而灾又至，而劝吾捐者又来，而负吾租者且益以肆，士民受累，伊于胡底？是以救灾不如御灾之为愈也。"于是众议息而程工定，职事者咸勉力焉。自镇之西栅起，至十里桥，旧系土堤，改筑块石塘计一千三百丈，潘杨桥条石夹塘计一百七十五丈，桥西添筑六丈，皆完固。中间坍没，范村、集木、月影、黄明等桥皆建复。经始于三月甲子，工成五月乙亥，资费万金，附镇另工不与焉。是役也，郡绅士鸠工在先，暨而镇人继之。通堤之工始竟，陈公之故迹始新。从此通驿递、利漕运，卫农田、获水利，而皆得之荒政。此我侯之德溥生民，古之循吏，何多让哉！勒于贞石，以传不朽。辞曰：

陈公出守，著迹吴兴。堤经水患，浸没田塍。

计年二百，计里七十。碑则未泯，堤且增置。

是岁有俭，而民无饥。以工作赈，乃新斯堤。

斯堤永固，此水常清。前陈后杨，周道砥平。

大清道光十二年太岁在壬辰夏六月朔日。职事沈鸣珂、俞亦彬、温思恩、吴谦、郁荣之、张衡舟、张丙奎、朱立楷、陆树玉、张永海、钱维镛、梁铉、张墀、姚锡章、邱学海、孙钰、沈登瀛勒石。武林陈缵思刻。

重建南浔巡政厅治记 道光十三年，正书。在巡检司署大堂左壁。据拓本载文。

巡司之有署也，昉于前明洪武年间，在后潘村建设。迨国朝乾隆四年，移驻南浔镇，析津何公廷举详请创建衙署，即改为南浔司。百有余年，未经葺理，日就倾颓。前仪征朱公应豹曾借廉缮修。至嘉庆己卯，富平张公凤来，修建三堂、花厅、神祠、头门，嗣以被水摧圮。余于道光辛卯岁来莅兹土，续增整葺，并添建三堂二间，需资一百余金。惟大堂久阅星霜，未加修治，不足以蔽风雨而壮观瞻。用是详请捐廉，鸠工庀材，亟为兴筑。复增设川堂，并二门左右两廊。于今癸巳年八月初七日经始，至十月初六日落成，计用银肆百两有奇。虽规制如故，而崇饰增新。余于此亦殚志经营焉耳。是为记。道光十有三年岁次癸巳一阳月吉旦。西蜀宜宾胡次畊谨立，平望周龙纪锓。

烝字五圩社庙记 道光十三年，正书。在西庄村小圩五圣堂。据拓本载文。

世传莽将能驱蝗，而《居易录》直以为宋金坛刘宰漫堂者，岂不以神之所格，不可度、不可射乎？不知人之是不必较，苟有所以御灾捍患，则无不同也。烝字五圩，为乌程四十三都震泽下乡。圩有丛祠，颇著灵爽，祷无不应，春秋报赛，靡有虚日。相传神有封号，非汝南鲍鱼、李核可比。道光癸巳冬，绅士周士坚等，因耆老之请，谒文于邑人张鑑，将志岁月于石，乃为《神弦》之曲，著其土风焉。词曰：

传芭代舞兮神林幽篁，灾祲无害兮稼穑不痒。神之来兮黍洁泉香，神之归兮涂车刍航。神听和平兮民用乐康。

是年十一月，里人金大鲲、孙钰、谈治邦、周士坚立石。始缘信士龚天福。

按，《秋水文丛》载此文“因耆老之请”句下有“以布施金钱拓祠宇而新之”十一字，乃篇中要语，书丹者妄删之，则下文“志岁月”句上无所承矣。此本五圣庙文，乃托言莽将。今考惠栋《九曜斋笔记》云罗鹤《应庵任随意录》曰：五显事迹，无从核实，独胡定庵谓五行主宰之神，而尽废习传诸说，天下记之者甚多。我太祖建庙鸡鸣山，隶于太常，故纪定庵之论以俟考。其说曰：“本朝神祠见《会要》，姓氏皆可考，惟此独无姓氏，何耶？”升曰：“莫之为而为者，鬼神也。”《周礼·小宗伯》：“兆五帝于四郊。”汉仪，祠五祀，朝明堂，图五方帝位于昊天之侧，从之。以五人帝、五官神，皆五行真气也。盖五行为天地间至大之物，必有主宰者，故曰元嚣，曰祝融，曰句芒，曰蓐收，曰后土，皆指水火金木土而言。若五神，岂非默助五行之造化，以福生民乎？或者以五圣为五通，非也。盖本朝政和元年正月，诏毁五通，及石将军妲妃淫祠，至宣和五年，适有通贶等侯之封。前后十余年，黜彼之邪，崇此之正，昭然甚明，尚可得而并论之乎？亦缘乡曲前辈，偶傅会佛有六通弟子五通之说，以启后人之疑耳。迪功郎、国史实录院编校文字胡升书。按，笔记钞本多脱误，无从校正，姑依原文。又祝穆《方舆胜览》曰：五通庙在徽州婺源县，乃祖庙，兄弟凡五人，本姓萧，每岁四月八日来朝礼者四方云集。然则五圣尚在莽将之前，亦非无可考也。

重修城隍庙后轩记 道光十六年，正书。在南栅城隍庙。未拓，据钞本载文。

吾浔之祠祀城隍神也，自国初时始，门殿寝庑，规制略备。其后有轩三楹，临水北向，颜曰“岸舫”。实为朱翁典夔、袁翁赓扬诸公所建，事在乾隆戊申，迄今已五十年矣。岸石榱题，渐就倾圮，风雨不蔽，势及寝殿。于是前此与事之家，约其同志，以期鼎新。率由旧例，各捐己资，裒木石，鸠徒众，阙则补之，泐则易之，漫漶黧昧则丹雘之。凡阅若干月，縻白金若干两，而轩之旧观以复。工既讫，朱翁之孙瑞文承司事者之意，属予为之记。予惟是轩虽若无□于神明，而兆春秋之祀事，士女之瞻仰，与夫答神贶者之奔走赛会，佥以是为休憩之所。于以尊庙庭而肃观瞻，则今之所以踵前功而增修之者，其事不偶然也，而岂惟是备游观已哉！旧无碑记，故司事捐资之人俱不详姓氏。今并与重修者列之于左，俾后之人有所考焉。谨记。此下有故友众姓士及同业众姓士立碑题名，不录。大清道光十六年，岁次丙申冬小春月，里人众姓敬立。丁桂撰，冯尚达书。

重修罗祖祠碑记 道光十八年，正书。在报国寺西罗祖殿。文不录。

重修聚星塔记 道光十九年，正书。在东藏寺塔壁。据拓本载文。

南浔之为镇，始南宋理宗淳祐之末，前此犹未著焉。古乌程边境，东至平望，自太平兴国三年，割浔溪以东五十里之地，隶平江军吴江县，于是浔始为湖州东出之门户。既为要地，商贾于此辐辏，人物亦于此殷繁，渐设税务、置官守，而南浔片土遂屹然成巨镇。顾地势稍平衍，既无丘陵以为镇压，又乏湖汇以为潴蓄，运河贯其中，一泻无余。论者以为泄气太重，此前明嘉靖时董太宗伯所以建浮图于东藏寺前，非特为一镇壮观，实为一俯水口计也。第基址建而工中辍，故俗以“半塔”目之。迨国朝康熙中，其元孙芝筠征君重修寺宇，并为塔合尖。以其规制未备，故名曰聚星阁。迄今百五十余年矣，风雨之所剥蚀，霜雪之所侵凌，日损月坏，直有倾圮之虞。巡检宜宾胡公次耕见之，曰：“是入境者观瞻所系，此而不修，焉用守土者为？”是时虞部温君文禾适以假归里，爰与寺僧达曾商之，分请董事，各展其力。又得通判汉军陈公天瑞、把总钱塘陈公遇春先后劝捐，相助为理，其事始集。于是鸠工庀材，经始于丁酉季春，竣功于己亥孟夏。费白金千五百有奇。凡土木之工三分居其二，丹漆塑像镌字及架木石工十五分之二，铁冶之工十之一。杂费亦如之。其下层三丈，则仍其旧。其上层五十五尺，皆易以新材。虽未能上出层霄，为四方表识，而亭亭卓立于塔之规制略具，遂称之为聚星塔。今而后，东境偏隅得有关锁，为吾镇奠湍流，即为合郡固门户，其有关风水，岂浅鲜哉！塔既成，寺僧请书其事于石，以垂永久。余谓是役也，诸君之协力与寺僧之宣劳，皆不可以不书。应与捐资者姓名，并刊诸石。故不辞而为之记。道光十有九年岁次己亥四月，里人沈登瀛撰，温文铨书，吴门陈锡祉镌。司事姓名附书于后：生员纪荣炳，例赠奉直大夫、工部虞衡司主事、生员温梅，辛酉拔贡、甲子副榜、候选复设教谕张鑑，监生俞彬，候选县丞张永海，监生盛士松，职员蒋坦，戊寅举人、授职翰林院典簿冯鸣盛，恩贡生、候选复设教谕董桐仪，监生朱型，监生吴兆澂，监生张墀，文学朱潆，候选州同知张大年，辛卯举人、拣选知县董荣椿，生员沈登瀛。住持达曾、悟诠、本善仝立石，塔工姚玉辉。

五圣堂善信助钱题名刻石 道光二十二年，正书。在小圩五圣堂神座右侧。文不录。

翁方纲书鲍明远《登大雷岸与妹书》勒石 道光二十三年，倪良燿刻。凡三十六行，行二十字。文不录，石藏张氏适园。

禁油车雇工把持索诈告示 咸丰七年，正书。在嘉应庙牛王殿。文不录。

南浔志卷三十九

里人周庆云纂

碑刻四

永禁外来寄寓告示 同治九年。在西栅武圣宫左壁，凡府、县两石。文不录。

创建浔溪书院记 同治十一年，正书。在墨溪。今书院改为学校，碑嵌端本堂壁间。文十五行，行三十四字。据拓本载文。

浔溪在乌程县东七十二里，其源委见宋谈钥《吴兴志》，相传旧有图，明季寥寥数十家耳。理宗朝始立为镇，有南浔之名，则市廛渐密可知。元时镇有学，设教谕一员以主学事，于此见文物声名蒸蒸日盛焉。明制，非郡县不立学，其外讲学之处则曰书院，然正学废而书院未兴也。我朝沿明制，书院与学校并重，浔溪毓秀钟英，尤不可无讲舍以聚之。咸丰末，镇遭兵火，操觚者散之四方。同治乙丑，始以试事并归故土，讲学如恒。然廛舍未立，何有于书院。越五年，邑侯萧公书观风莅止，慨然者久之，始出廉俸二百缗，倡建浔溪书院。郡侯杨公荣绪、宗公源瀚复鼓舞而振兴之，浔人皆踊跃从事，乐观厥成。于是朱文肃公裔孙养恬等助地广袤三百三十余步，在东栅运河南马家港东岸，一名墨溪。又续置潘氏地，广袤九十六步。镇之丝商拨义举项下钱三千余缗，于庚午年冬十二月鸠工庀材，建讲堂三楹，颜之曰“端本”，示崇朴学。君子务本，本立而道生。自天子以至于庶人，一是皆以修身为本。其端本之意乎？前辟仪门，门有塾，西辟大门，临溪水，后峙层楼，为退息登眺之所。堂之旁又建精舍三楹，可以延宾；阶戺秩然有序，庖湢完整。至辛未年冬告成。于是考校有期，讲肄有地，分给膏火有定程，士气文风，于兹复振。此当道作养人才之力，亦镇人扶翼名教之功也。是为记。同治十一年壬申仲春月，邑人徐有珂撰，里人张桢书，蒋维基篆额。按，记共四百五十三字。《小不其山房集》“明季”作“溪上居民”，“廛”作“阛”，“镇有学”作“建镇学”，“正学”作“镇学”，“示崇朴学”下有“也”字，“西辟大门”上有“又”字，“分给”作“分结”，较石刻共多四字。《南浔备志》“源”作“原”，“明季”作“民居”，“于此”下有“以”字，“声名”作“声明”，“正学”作“镇学”，“示崇朴学”下有“也”字，“西辟大门”上有“又”字，较石刻多三字。

友石亭记 同治十一年，行书。石在南栅华家桥西岸桂氏，纵一尺，横二尺三寸三分。行书。字径四五分、二三分不等，共二十三行，三百十七字。

古来翰墨之缘，惟寿诸石者为可永已上第一行久。珍藏之家，代不乏人，然往往视为秘本，已上第二行。不肯出而问世。盖古人精意所存，天地亦已上第三行甚爱惜之。非其人、非其地、非其时，则不屑已上第四行轻于自炫耳。余素性耆癖，频年购已上第五行求，而卒鲜善本。今春自吴门返棹，道已上第六行经黎里，偶于骨董家得观山民徐先生所已上第七行藏《紫藤花馆石刻》。把玩之余，觉当时已上第八行名公巨卿与夫文人学士之手泽，无不荟已上第九行萃于斯。余摩挲再四，爱不忍释。因出重直已上第十行购之，归而什袭藏之。时余新葺梅华已上第十一行仙馆，即于东南隅构一亭。亭旁先有古藤已上第十二行数本，与竹石相辉映。嗟乎！兵燹而后，瓦已上第十三行砾载涂矣。残碑断碣，其埋没于荒烟已上第十四行蔓草中者，不可胜纪。徐氏家藏，幸而独已上第十五行完，并得位置于斯亭之侧，则不特余之已上第十六行夙愿能偿，即其地与时，亦叹遭逢之不偶，已上第十七行。此固余之幸，亦石之幸也。夫造物无尽藏，已上第十八行。人生钟爱之瑞，天亦若留余有待。故相遇在已上第十九行无意之中，相赏在无言之际，则其中真趣，已上第二十行。曷有穷极乎？因颜其亭曰“友石”。已上第二十一行。同治十一年六月，吴兴周昌富记并书。

友石亭记 同治壬申夏六月，少卿时客浔溪。此题签系隶书，附刻记后四周作长方之界线。庆云按，此签字系湘乡傅泽鸿所书。泽鸿字少卿，浙江候补知府，曾署湖州府事。

摹秦琅邪台刻石 严可均篆书，同治十二年周昌富刻石。凡八方，四百五十四字。今在南栅刘氏家庙壁间。文不录。

周昌富跋：秦琅邪台刻石，在诸城县治东南一百六十里。琅邪台海神祠始皇颂诗及从臣姓名，剥蚀几尽，存者十三行，首行“五夫 =”，次行“五夫 = 杨樛”，三行至末为二世诏书，尚可指而识也。吾邑严铁桥先生，淹贯宏通，尤精篆隶之学，于嘉庆戊辰八月据《史记》所载，仿家藏旧拓本式重写全文，字形大小，悉依真迹。道光乙未，解校官组归，延同族秋樵、章福课其子。秋翁亦精小学，与铁翁颇相契合，因出旧写琅邪台本授之，秋翁由是篆法益精，著有《说文校议议》卅篇。迨辛酉寇至，秋翁仓皇避难，载与俱出，迄今无恙。今秋严君蟾香惠顾友石亭，罄谈数日，道及此碑，因得索观。余展阅良久，爱不忍释，因钩勒上石，以公同好，庶旧拓虽蚀，不啻重睹全碑焉。同治壬申冬十二月。下有沈善登、吴云二跋，不录。

张謇跋：右乌程周氏刻。严铁桥依《史记》补书琅邪台秦始皇颂诗及二世诏书、大臣从者名四百五十四字。考琅邪刻石，旧称十行。乾隆间益都段松苓精拓，前后皆有多出之字，凡十三行。王兰泉《金石萃编》所据必亦段拓。故录称十三行，而二行“五大夫杨樛”不至如钱辛楣误“樛”为“洁”也。今段拓至不易得矣。求先秦书法，泰山二十九残字，裁存其十。峄山久毁，陈思孝所谓长安、绍兴、浦江、应天、府学、青社、蜀中、邹县诸翻本，亦大半不传。然则仿徐鼎臣摹《峄山碑》例，以餍后生嗜古之愿，岂非甚盛事乎？惟翁覃谿谓以今衣工尺度，琅邪画宽一分二三厘，今以尺度严书，裁得一分。是周氏及桐乡沈氏原跋称字画形体、大小肥瘦，一依旧拓，殊不然也。顾既出补书，不妨稍异。或者铁桥当日亦主王籀“木篆贵瘦”之说耳。石今归南浔刘氏。澂如户部以拓本见贻，为书而质之。光绪二十年正月。

刘锦藻跋：邑先正严铁桥先生，以通经学古、精小学名嘉庆朝，尤工篆法，下笔一本秦石，不失尺寸。曾为阳湖孙渊如观察摹勒泰山残石二十九字于德州学宫高贞碑之阴，识者叹其夺真。此补书琅邪台全文四百五十四字，为同里周丈芸斋钩摹上石，用笔腴润而乏雄直之气，与余向所见先生墨迹瘦硬通神者殊不类，疑非先生得意书，或工匠钩填不慎，致失真面，未可知也。国朝以篆名者，首推完白山人，融会古人之长，自出机杼，遂觉生面独开。不善学之，易涉佻巧。自余诸家，类皆导源少温，以窥上蔡门户，虽所得各有浅深，要之圆美有余，雄骏不足。钱州判工力最深，究其所诣，终不出少温范围，他可知也。先生著作等身，固不必以书名，然其墨守秦石，终身不懈。一点一画，步趋恐后，故虽乏流利生动之致，而汉唐诸石刻，未尝一笔阑入，斯亦见专门名家之可贵矣。周丈既辇石刻，余因书其后。光绪二十一年乙未。

九友堂记 同治十一年，行书。在南栅育婴堂傍九友堂左壁。凡二十三行，每行十五六字不等。据拓本载文。

昔在明中叶，乌青有九老会，或贻以诗云：“寻常樽酒频酬劝，适意林泉任往还。”可想见其高致。余常与朋辈语及之，谓古今人岂不相及也？久之，未有所合，则姑置之。壬申冬，自会稽假归浔上，旧雨沓来，复理前说。适仁怀堂东偏有隙地数十弓，同人遂醵金购得之，将筑室以为社会地。前临方池，饶菱藕，幽芳雅洁可爱。两岸植柳，则多绿荫。花晨月夕，呼朋觞咏其间，不足寄清兴乎。时亦得九人，因颜之曰“九友堂”。夫同门为朋，同志则曰友。九者，阳数也。《易》以阳为君子，故有取乎九。且于祝嘏，宜不必远援香山也，援乌青焉可已。抑昔浔之人尝祀乡先辈于妙境庵，遭乱以来，此典阙而未举。斯堂也成，曷即于斯荐蘋藻乎？佥曰：“可。”则请将来，以所筑归之公，明我九人无私，可乎？佥曰：“可。”约既成，众鉴之，乃援笔而为之记。九友者，为刘贯经镛、张竹斋颂贤、金竹庭桐、庞芸皋云鐕、邱楳亭炳咸、周芸斋昌富、顾容斋寿松、蒋密楼维城，与余而九。是岁仲冬，谢城汪曰桢记。同治十一年癸酉三月既望，退楼吴云书，吴门王凤章摹。

放生会记 同治十二年十二月，正书。在东栅马家港周氏祠壁。凡六石，每石二十行，行八字。据拓本载文。

古者有大事，牲必特杀。后世佛氏之教入中国，于是有戒杀之条，而济之以放生之说，守礼之儒生莫能难也。原其用意，盖亦先圣王之所深嘉而乐与，而仁人君子维世导俗之最切者欤？生之日，称觞设宴，非古也。积习相踵，视之几与大宾大祭等。其甚者，穷水陆之馔，列筵数十百，殚财殄物，罔有既极。较诸古人刲羊击豕，胹鱼炰鳖云云者，盖倍蓰而无算焉。夫以一生戕众生，心则不安；以杀气干生气，理则不顺。而世俗之贵贱男女，相率竞效之。呜呼，弗思耳矣！或曰："有其举之，莫敢废也。今世既有生日之礼，则人子之求有以庆其亲，而资力稍裕者，宜必有异于平日而后可。"曰："是固然矣。吾闻之，礼以义起。生日所以乐生也，亦善推其所为而已。由我而推之，人谁不欲厚其生者？又由人而推之，物亦谁不欲遂其生者？君子之于人，苟分之所可为，势之所能为，则必为之。其于物之生也亦然。循是道以庆吾亲，夫谁曰不宜？昔唐颜鲁公之为《放生池碑》也，曰：'妪煦万类，勤劳四生。'曰：'德力无竞，慈悲孔硕。'维时天下放生之池八十一所，中孚亭育，骎骎乎有鸟兽鱼鳖咸若之美。后之君子，允宜师其意，多其方，播告同人，宏敷闿泽，即以代生日之祝筵也，亦庶几乎亡于礼者之礼。"乌程周太恭人，今年七十有九矣。每岁生日，辄诫其子毋蹈世俗华靡习，且曰："必毋杀。"于是或为积谷仓，或为敬节堂，或施棉衣，或施汤药，或创焉，或助焉，垂十年不倦。每事各费钱数百缗，太恭人闻之辄色喜。今岁又以钱五百缗为放生会，由济人而及于利物，称名小而取类大，是固中国先圣王法外之意，而大雄氏所以蠲敝崇善者也。天地之大德，太恭人之长生未央，盖皆于此可见也已。太恭人姓许氏，力贫抚孤，教四子皆成立，率以勤俭起其家。四子长曰昌寿，出嗣伯兄，后早卒。次曰昌大，次曰昌炽，次曰昌富。太恭人既以身率其子，虽老，节约如贫时。而昌大等亦各有以得亲欢，可型于乡，可诏于后。荀子曰："美意延年。"盖世俗之能寿其亲者，未能或之先也。昌炽者，字味六，与桐乡沈穀成庶常为姻旧。介之授简于余曰："请记之。"余曰："是举也，一事而四善备矣。于太恭人之务全物命也，可以观仁焉；于其戒子以行善为福不事颂祷也，可以观智焉；于昌大昆弟之能承亲意以养志也，可以观孝焉；于昆弟三人之无间言、无吝色也，可以观悌焉。仁智孝悌，德之大者也，而穀成乐道人之善义，亦得并书。"乃援笔粗论其旨，而述其事之略。同治十有二年冬十二月，嘉善钟文烝谨记于上海敬业书院。桐乡沈善登谨书。

沈秉成跋：《列子》：邯郸之民，以正月之旦献鸠于赵简子，简子厚赏之。客问其故，曰："正旦放生，示有恩也。"放生字义，似权舆于此。苏文忠《放鱼诗》曰："不怕校人欺子美。"王注：子美即子产。子产养民以惠，有众母称。仁民者，必爱物放鱼，其仁心发见处也。秦汉以降，如杨宝之放雀，孔瑜之放龟，虞愿之放蚺蛇，皆炳著史籍，侈为美谈。徽国紫阳文公，理学大儒，录宋代名臣言行，于曹武惠葺屋不伤冬蛰事，称其仁心爱物。然则放生之举，仁爱之征，古今名公卿大夫尝留意于是矣。吾乡周太恭人，善人也。庆七十生日后，岁辍生日宴赏之费，以赈贫恤嫠，施汤药。今年年七十九，又率钱五百缗，立放生会。令子昌大昆仲，能将顺母意，无懈念，无吝容。迹太恭人所为，有合于《毛诗》"善心为窈"之义；迹昌大昆仲所为，有合于《戴记》"令名思贻"之义。是母是子，以缀附古今名公卿大夫后，良可无愧，岂觊计区区福田利益者比哉？杨子曰："物可寿以其性，人可寿以其仁。"请为太恭人诵焉。同治癸酉季冬之月。按，跋行书凡十有六行，刊附《记》后。

淤溪戒杀会公言 同治十三年三月，正书。凡十石，一百二十三行，行十二字。在东栅马家港周氏祠壁。据拓本载文。

持戒同人，竭诚尽敬，告诸仁者，愿垂听许。我闻古训，天覆地载，大德曰生，人与万物，并育不害。凡有血气，皆有知觉，皆能运动，即皆有命，深自护惜。故人与物，虽分灵蠢，乐生恶死，其心则同。如何世人，漫不加察，知顾己身，不顾物命，恣杀无厌，于心何安？我今演说，戒杀道理，只将此心，推及物类。往年兵乱，我等逃避，徼天之幸，竟得生全。假若尔时，为贼追迫，步步逼近，知必不免，此心如何？不慌慞否？又若尔时，竟被掳去，如牵羊豕，知必见杀，此心如何？不恼乱否？又若尔时，见我伴侣，已被屠割，血肉狼籍，此心如何？不惊怖否？又若尔时，见我眷属，绑缚就刃，号救无路，此心如何？不惨痛否？又若尔时，杀及我身，肢节残坠，痛急声嘶，命尚未绝，不得速死，此心如何？不冤苦否？又若尔时，本当即杀，忽遇一贼，放我令去，此心如何？不喜幸否？又有一贼，无冤无仇，劝阻勿放，必欲杀我，此心如何？不仇恨否？又若尔时，贼忽大赦，凡我被虏，皆可望生。忽又一贼，言我诸人，生当劫数，理合尽杀，此心如何？不瞋愤否？又若尔时，我伴侣中，多半病废，本拟放去。乃有一贼，大不谓然，云此废物，本无生理，不如杀之，了却残命，此心如何？不忿怒否？又若尔时，我眷属中，多半婴孩，本拟放去。乃有一贼，更大不然，云此小命，不杀亦死，不如蒸食，尤嫩可口，此心如何？不怨毒否？如是种种，扪心自思。我为口腹，烹宰禽畜，乃至鱼虾，蛤蚌之类。彼诸物等，当捕得后，刀俎之侧，镬汤之前，自念此身，及其眷属，并诸伴侣，顷刻毕命，受痛无量，口不能言，宛转就死，与我遇贼，种种景象，种种心念，是同是异？若复有人，闻我所说，犹执偏见，横生疑难。或云诸物，本以养人，天生如是，应在杀数。或云诸物，生来命贱，无知无能，不杀何用？或云诸物，至微极细，不算性命，杀亦无害。如是邪说，强词夺理，我亦不辩。但请此人，将心比心，与我所说。忽然遇贼，九死一生，幸蒙怜赦，而被他贼，无端劝阻，终归惨戮。种种景象，种种心念，是同是异？故我同人，誓愿戒杀，非为求福，非为免祸。但为己身，知痛畏死，此心难昧。因代彼物，设身处地，反覆思量，实大不忍。愿诸仁者，听我所说。各发慈心，同集斯会。凡诸当戒，先其易者，由浅入深，各随心量。有如我等，肉食既惯，势难长斋，可食五净。五净者何？不见不闻，不为己杀，及物自死，或鸟兽残。但既自戒，当念一家，现身说法，开导善机，咸令信从，一概勿杀。生人既戒，当念祖先，至诚孝养，必能感格，喜我持戒，祭祀勿杀。祀先既戒，当念敬神，正直慈祥，必能降鉴，福我持戒，祈禳勿杀。合家既戒，当念亲朋，情义往来，必能原谅，知我持戒，宴会勿杀。平日既戒，当念有事，一切喜庆，置酒称贺，我求快乐，令物惨死，不平太甚，是所当戒。嘉庆既戒，当念凶丧，我方哀死，冀其复生，物本生存，乃令速死，恕道安在，尤所当戒。更细推之，蚤虱蝇蚊，虽甚可厌，但此些小，损我几何，遽动杀机，殊觉不值，亦所当戒。更细推之，毒物咬人，痛固可恨，但虽杀彼，痛亦仍然，徒累此心，变慈为很，亦所当戒。更细推之，有气味物，易引虫蚁，勿弃当路，致人践蹈，倘不留心，近乎诱杀，亦所当戒。更细推之，举足动步，安置器物，一切修造，易伤物命，倘不留心，即是误杀，亦所当戒。更细推之，渔猎诸具，一切机械，虽非自作，或传于人，是名教杀，亦所当戒。更细推之，畜猫养鸟，多伤活物，虽非教他，实我流毒，是名纵杀，亦所当戒。更细推之，扑蝶捕蝉，斗蟋蟀等，纵不伤命，已促生机，名戏弄杀，亦所当戒。更细推之，见他杀生，或物相杀，不生怜悯，可救弗救，名轻漫杀，亦所当戒。更细推之，见他杀生，势不能救，随口应酬，谓尚无妨，名赞叹杀，亦所当戒。更细推之，见人或物，犯罪当杀，虽其自取，应生哀矜，而反快意，名欢喜杀，亦所当戒。如是诸戒，悉数不尽，总归自心，随处省察，初若烦难，久则纯熟，渐推渐广，自然而然，更发慈心。买物放生，但关性命，不拘大小，不问多少，不限时日。极贫之人，日省数文，或一二文；富贵之家，数百数千，多多益善。各随己力，尽己之心，功德一般，同获善报，或延寿算，或多子孙，或解疾厄，或度灾难。穷者得通，苦者得乐。一切谋为，莫不遂意。我如是说，真实无妄，不论儒教，不论佛教，不论道教，皆同一理。要而言之，吉凶感召，惟在自心。自心恶杀，犯杀即凶，自心好生，全生即吉。不待报应，当下了然。天地无私，如镜照影，面目好丑，毫厘弗差。愿诸仁者，鉴我苦口，逢人转劝，听信斯言。同治甲戌春三月中浣，秀水沈景修书于当湖署斋。

沈秉成跋：释氏合杀、盗、淫为三恶业，而杀字义谛，包蕴甚广。一举念间，偶萌杀机，即坠苦趣，不必刀斫鼎俎也。吾乡周君昌富纠同志立戒杀会，草公言一通，持以谂余。余受而读之，其言于杀字义谛，及戒杀缘起，罕譬而喻，四通八达，令人回心响道，不敢纵恣口腹。揆诸吾儒远庖厨、禁麛卵两义，亦无所障碍，是诚不可思议功德，以善知识而具广长舌者矣。夫戒定慧三言，释氏入手工夫，而戒为首务，戒杀又诸戒中之首务也。同志者盍共勉旃！同治癸酉季冬之月。按，跋行书凡十行，附刊《公言》后。

欢喜功德歌 同治十三年，正书。凡三十一行，行十六字。

今日人生日，愿说人生理。有一胜功德，普令众欢喜。欢喜从何生，功德从何起。只从我愿心，推到家庭里。我愿我自身，精力多健强。百岁长不老，无病无灾殃。我既如此愿，还愿我爷娘。大恩难报答，愿同寿而康。兄弟我手足，妻妾我衣裳。亦愿同白首，团栾聚一堂。子女并媳妇，下及孙曾行。皆我所怜惜，皆愿寿命长。凡我如此愿，只为骨肉好。痛痒常相关，性命常相保。所以逢生日，焚香默祝祷。彼此相庆贺，不问老与小。老小既同愿，不劝自然行。此愿岂不好，但恐虚难凭。何不作功德，欢喜发至诚。功德有多端，第一是放生。放生感生气，此理非难明。试看众生类，一一皆含灵。岂不有性命，我重彼岂轻。岂不有骨肉，同此怜惜情。生人亦生物，天心本两平。我能体天心，所愿方能成。愿成亦非难，各量力能济。但于本命日，合家相集费。人人有本命，此日最吉利。一年各六期，零凑亦容易。尽费买放生，多少原不计。以此祝长生，以此表爱意。庶几感天心，且亦生和气。和气满一家，到处皆生机。我为尔祝颂，尔为我求祈。子孙为尊长，于此尽孝思。尊长为子孙，于此广恩慈。兄弟相为好，其乐真怡怡。夫妻相爱敬，亦莫过于斯。人人借众力，积少成名资。久久行不倦，天心长鉴知。知我愿不虚，日积功德茂。知我合家人，欢喜善缘凑。利物还利人，寿他即自寿。譬如一亩田，垦到熟时候。种瓜自得瓜，种豆自得豆。但能善心坚，定有神明祐。普望听我歌，所愿必成就。

沈善登跋：冰谷生既刻《淤溪戒杀会文》以劝世，因说是本命放生会法，名之曰《欢喜功德》，而属余弟榆村演为长歌，俾妇孺讽之，皆易晓了，甚盛举也。其意以为人生莫不愿康健，愿长寿，一家之中，父祖子孙，兄弟夫妇，彼此相爱，亦无不愿其如此者。须知此愿心不待勉强，自然生发，正是天地间生生之气流行不息，虽蜎飞蠕动之类，但有知觉运动者，莫不皆然。人能扩而充之，视物之生犹己之生，则我胸中生气，与天地间生气，常常接续，普遍无间，其为长生也决矣。必用本命日放生者，欲人临期猛省，发愿真切也。人生本命，每年六期，一家骨肉，彼此相助，集为一会，届期各出钱若干，少则十文数文，亦无不可，是固轻而易举。而所作功德，虽为众生赎命，实无非为自己骨肉，即无非为自己身命也。名之曰《欢喜功德》，不信然欤？或问以放生求长生，果能如愿乎？曰："是不必疑也。"古有疾病，行祷五祀之礼，说者谓悔过迁善，以祈神佑。近世亦盛行，一人患病，则一家为之祈神许愿，或称保寿，往往而验。夫因病而始思迁善，是但有其心，尚无其事，将来之善不善，未可知也。然而或验者，则以临病发愿，心必恳切，合家同愿，力亦倍大。天心仁爱，固不追咎其既往，不逆料其将来。所谓"民之所欲，天必从之"，理实如是。然则放生求生之愿，果能恳切，果能同心，则每年六期之愿，岂不多于临病一时之愿？久愿已行之善，岂不胜于甫愿将行之善，以此祈天永命，又何疑乎？因欢喜赞叹而题其后。同治十有三年春正月。已上跋语钱塘吴淦书。凡三十行，行十八字，比"功德歌"低二字。

又跋：淤溪距南浔七里，俗名藏谷桥。余姻家王氏，世居是地，去岁纠其族众戚友为戒杀会，作此文以劝世。周君芸斋读而善之，将寿之石，先草数本，征题于同好诸君子家，仲复观察遂误以为周氏作，盖因原草一仍王氏之旧，不著撰人故也。此文初出，传钞者颇众，慈溪冯君冰谷尤亟叹赏，谓可以为童蒙读本。有七善焉。每句四字，字皆常用，易识易记，一也；首尾止三百六十句，句多排比，易读易熟，二也；平铺直叙，明白如话，易于讲解，三也；文虽浅俗，而法无弗备，逐节逐段意义，一线穿成，易于理会，四也；现前指点，使人反求诸心，尤易感动，五也；诸戒由粗入细，无非检点此心，苟能童时习惯，则将来于为学大段工夫亦易入门，六也；《孟子》曰："君子之于禽兽也，见其生不忍见其死，闻其声不忍食其肉。"今劝人食五净肉，则与《孟子》正合，而人亦易从，七也。冯君又谓世俗多用本命日放生法，最简便易行而可久，因属余弟榆村以俗语演成长歌，目之为《欢喜功德》。似谣似谚，似箴似颂，词意弥浅而入人弥深，尤便讽诵。余皆为之序跋而梓行之。今芸斋既倩家蒙叔书此文，复以《欢喜功德歌》及余原跋属诸吴君鞠潭，并勒贞珉。将使览者或更爱其书法之工，赏玩临摹，因以习熟其文义，而好生恶杀，推己及物之心，不自觉其一动焉。是则芸斋之权巧方便，而亦吾人性地中生生不已之理，其本无间于物我者，有终不可得而过缄者也。世有疑是为佛氏之教者，请于读之而不觉动念处，着眼返勘，勿徒口辩。同治十三年夏四月。凡二十一行，每行字数不等，沈善登自书。

重建南浔通判署记 光绪二年，正书。在东栅通判署头门右壁。凡十五行，行三十七字。据拓本载文。

南浔镇之设立盐漕水利湖捕通判署也，肇于乾隆八年，自郡城移驻南浔，以便控制巡哨，亦以浔当江浙之冲，地近太湖，烟火万家，俨然一重镇也。咸丰十年六月，

“粤贼”由震泽犯南浔，纵火剽掠，焚烧一昼夜，尽成焦土，而衙署亦煨烬矣。同治三年四月大兵克复后，官南浔通判者，始则宁夏驻防正蓝旗佛公龄阿，继则江苏葛公康锡、湖南黎公锦瀚、江西涂公冠，皆赁民屋以理公事。十一年，江苏刘公克成来莅任，亦僦民屋以为署。是时南浔经休养数载，广收蚕桑之利，民困稍苏，百废渐举。向之遭兵燹而鞠为荆榛瓦砾场者，今已市廛相接。又复造育婴堂，创书院，立义塾，衙署独缺而不备，非所以急公而尊上也，浔人恧焉。董事者议俟乡人贸丝时抽捐以为营建费，公则以为取民财以充公用，非为政之体，亦非予恤民之心也，事遂寝。十三年冬，公适有漕运之役，署事者为江西揭公裕镕，仍假馆于民间，衙署之兴作未暇计及焉。光绪纪元六月，公运漕事毕回任，力请于上宪，拨善后公款钱四千六百缗，鸠工庀材，公亲督视之。经始于元年十月十六日，落成于二年正月三十日。基址仍旧，规模聿新。自辕门、正堂暨燕堂、内宅共计屋四十八间，缭以墙垣，饰以丹雘。费有所不足，则捐养廉以助之，而于民无所取也。公之勤政爱民，于此可见一端矣。辱承公之命，不敢以不文辞，爰直叙其事以为记。光绪二年岁次丙子夏五月穀旦，乌程桂荣撰。同邑周昌富书。

严禁阻葬告示 光绪四年。在南栅师善堂门首左壁。文不录。

石土地颂 光绪十五年，正书。八行，行二十字。在广惠桥西堍土地祠墙间。

庙不在大，神降则灵。浔南广惠桥西偏有神祠一所，灵爽昭著，香烟颇盛。昌富自冬及春病剧甚，妻氏往求神方，病若失，且精神健逾平时，谓非神之默佑，能若是乎？遍查南浔镇南，缺焉无考。或曰此即土地神也。然紧在桥侧，或即桥神亦未可知。但有功德于民，则祀之宜。《诗》曰：“神之格思，不可度思。”因蒙神之庥，爰颂神之德。若于神之出处，妄加臆述，则亵矣。光绪十五年四月，里人周昌富敬颂并书。

乌程张封公墓碣 光绪二十一年，正书。凡二十五行，行五十四字。据拓本载文，在东栅马家港张氏祠壁。

赐进士及第、前翰林院修撰、武英殿协修、通州张謇撰书。

光绪二十年，户部贵州司郎中张宝善逢国景庆，援例加五级，请晋赠其父颂贤为通奉大夫，盖其父已前卒。明年，具事略，属内阁中书舍人蒋锡绅请表隧于通州张謇。按公家世，其先本贯徽州休宁，康熙间始迁乌程，居南浔镇。曾祖振先，祖秀升，父维岳，继勤于商。维岳生二子，公其次也，字竹斋。生以嘉庆二十二年三月二十五日，卒以光绪十八年正月二十八日，春秋七十有六。娶同里吴处士鲲长女，生子男二：宝庆，国子监生，花翎候选郎中；次宝善，由附贡生官户部。孙男六：钧衡，举人；增熙、增澄、增鑑、增翰、增谦。曾孙三：乃熊、乃夔、乃燕。女六。女孙二。秀升以公候选布政司理问请赠，维岳并以宝善户部郎中请赠，均如例。吴淑人先二年卒，合葬江苏震泽县十九都正字一图先茔之侧。

公仪度广颡丰颐，声若洪钟。饮食兴止有常节，独居危坐，竟日无怠容。言行守慈俭，践然诺，应事敏而无机心，亦诙啁而不触人之隐。凡略所称举廪孤饩雏，药病槥殣，食衣寒饿，道路便利人，赡族田千七十余亩，敦行不券，皆他富人之所难。而浙之人尤喜道公纲纪斡盐之善。濒海之田，斥卤而不可稻也，而故可盐。其民席葭饭蕨而餔虾鱼，而欲甘食好衣饶室家之心犹是也，则私鬻不可得而禁。强此省之人，食彼省之盐，势力劫断，诡戾众渚。官曰吾如是则利也，民曰吾不如是则利也。官一而民不止万人，人有恶官之心，虽日抵人于罪而其势不止，则私贩不可得而禁。私鬻与私贩相需相周，而商病，而官病焉。浙盐自雍正朝兼总督李卫以松、台、温十三场地博产王，配引之余，辄有盈羡，溢漏为私，疏请发帑责场收买，所谓帑盐也。于是责玉环同知收洋塘后坟盐盘之盐，责定海知县收内港十五澳之盐，责定标中营游击收内洋二十二澳之盐，责提标中营守备、定海县丞收岱山、秀山、长涂之盐，责蒲门巡检收舥艚，责崇明知县收县境场灶之盐。令引商帑商依则纳课，分运售卖，输经费银以偿帑本，而储其盈余。又以舟山收盐最多，提四千余引，令松江提标五营列肆城四门，谓之营盐。又裁定盐政、将军、织造以下官衙滥耗，自是私净官畅，至加余引十五万道。余引之课与帑余之银，岁报十余万两。后虽日渐罢败，所报仅及十一，而正课帑息，汔无亏损。延至咸丰之朝，论者遂谓维持浙课，李卫收余盐减杂课之效多也。

同治初元，寇乱初平，改引额为票运。继又规复旧章，而私贩充斥，引滞课绌，商用俞病，浙西盐法大坏矣。巡抚召商集议，令愿弃引者听，弃则悉畀公。公延前安徽按察使张学醇、知府沈平章先后总其事，连约诸商，变通成法，并江、海、浦、靖之巡为二，以分缉内地外洋之私；并常、镇、苏、松之廒为一，以大收余姚、岱山之私。设帑引三万四千道，均于诸商，轻课减价，以阴敌缘江并海之私。于是商利益滋，官课以充，而公之家亦日丰大。要其张弛，大抵本于李卫。夫盐法始于齐，盛言于汉，而其事非圣王之大公，人情所不顺。后世贤人君子，亦尝思有以决而通之，而事固不便于计臣。今天下就场征税独行于滇中，或以为是不可试于额大课重之地，则以是为国家大业，制四夷养兵足用之本，不可易也。顾行之或亦衰茶。论者又不咎法而咎无人，不咎法而咎无人，信矣。虽然，李卫非儒者，公亦非有大官要人之权也，遭际盛明，则足以奋其志，而席陶朱、猗顿之富，亦足以自尽其才。士庸有贤不肖遇不遇耶？世之进退人者，乃赍咨累欷徒无人之忧。白圭曰："吾治生产，犹伊尹、吕尚之谋，孙吴用兵，商鞅行法是也。是故其智不足与权变，勇不足以决断，仁不能以取予，强不能有所守，虽欲学吾术，终不告之。”由是以观，业无本末，凡能争时斗智，息其资比一都之君者，皆过人之才，非苟而已。如公者，虽曰得势益彰，要可谓当世千里之中，素封之雄矣。今天下又多言西法。西人之于盐也征税，产所均远近无二价，此岂非贤人君子之所乐闻？而彼顾能行，何故？因表公墓，并缀而纪之，以告中国谈盐法者。

南浔周氏祠堂碑记 光绪二十五年，正书。凡十五行，行三十二字。在东栅马家港周氏祠壁。据拓本载文。

伊古逮今，世家名族以尊祖敬宗之诚，广裕后合类之礼，则有家祠。久而子姓蕃，四民之业经营四出，于是宦游服贾，流寓亦长，子孙遂着籍焉。追思先绪，无枝非本，乃奉始迁祖，缔造支祠，四方之震，见闻寿纪载，所在皆有，家礼之大者也。南浔周氏，先世家余姚，有宗祠，建水阁村，以合厥族姓，康又久矣。枝族有圣能府君绩学未仕，治商出游，则家于湖州之南浔。克昌厥后，子孙日繁，三世而后益兴。曾孙昌炽，家守儒风，服贾蔚然。所谓学有本，乃有末。爰以至性，倡率诸昆，经营家祠，必俭必固，文质相宜，崇祀始迁祖，礼制必谨。夫商必有学，不待取质于外人。观寒燠以顺时变，则有天学；审风土以识去就，则有地学；访好乐以通舆情，则有人学。三才之大，六经之菁英寓之。周氏商业既世，一一本于儒术，非逐末嵬琐者流。夫是以家祠肇兴，已有儒生起家科举，源远斯流长。行见周氏贤孙子，春秋瞻拜，念念本根，父兄子弟相劝勉以孝友睦姻，外内交柬，以礼献属耳。家风已撰，再世家传，并及闺贤以张之。今将勒石祠宇，乞为纪实之文。不佞既望周族之昌，日进而未艾，亦愿本末之地，观感者有所兴起焉尔。光绪二十五年龙集已亥秋七月，仁和谭献撰，会稽陶濬宣书并篆额。

重建慈荫寺碑记 光绪二十七年，正书。上有“名垂不朽”篆额四字，凡十二行，行四十字。在东栅慈荫庵内。据拓本载文。

粤稽盛唐贞观初年，有玄奘法师者，佛门之领袖也。周游西宇，十有七年，穷历道邦，询求正学，凡得圣教要文六百五十七部，译布中夏，宣扬宝笈，于是释教盛行。奉是教者，古称开士，又曰德士，今之人通谓之和尚。我中国二十三行省，其间庙宇多矣，丛林盛矣。所谓和尚者，若不长斋礼佛，苦志修行，未免有负开士德士之称耶。衲俗籍乌程，世居浔水。夙慕普陀名山，僻在海隅，中多高僧，不避危险，立志朝山，诚求披剃，愿受法戒。因念故乡慈荫寺，咸丰间毁于“粤逆”。先有天台僧了尘与虞公紫珊、徐公玉麟、陈唐氏募创观音殿，并建后楼，继有张绅宝善之、庞淑人法名本静，重造财神殿，洵檀越中无量功德。然余地尚多，旧规未复。衲因之沿门托钵，踏遍吴楚，得遇盛大善士慨襄善举，乐建寺西殿宇四进，蒙善女洪戈氏法名妙芳、薛君芝卿、张李氏赞襄落成，以作普陀下院。复荷王洪氏兴筑驳岸硚埠、河干石路，从此永瞻庙貌，借继香烟。恪守清规，奉传师派。谨志缘起，以垂不朽。光绪二十七年岁次辛丑春三月，上虞谢品撰并书。住持衲长庆敬立。

闻涛桥土地祠碑记 光绪二十九年，正书。在祠侧，未拓。据钞本载文。

闻涛桥旧供土地石像，祠毁于兵，像亦失所。乱平，里人另塑二像祀之，由一而两，殆仿嘉应庙遗意。今春浚河，旧像忽得于水中，色相依然。众咸惊诧，急迎归，虔奉于祠，与后塑之像而成三。顾不独香火因缘显晦有定，而三为众象，众庶之兆，由是卜焉。光绪二十九年癸卯四月縠旦，里人敬勒。温鼎撰文。

南浔通府孙公浚河记 光绪二十九年，正书。在东栅通判署前。凡十五行，行三十字。据钞本载文。

甲午之役，中东款议既成，增开七口，苏、杭属焉。自日商创大东公司于海上，内河轮局星罗棋布。日使者牒于大府，分饬郡县，就地筹款，疏浚运河，以利航轮。邑侯李公两至南浔，宣大府意。通府孙公矍然曰："曩者江南黄浦淤浅，西人以不利轮行也，环请浚之。当事坐以因循，卒致大权旁落。今日人此举，夫亦借以恬取乎？水利是余之职，地方自治，何敢以不敏辞。"遂与在镇诸巨绅谋，始谆谆劝通力合作。诸绅感焉，议遂定。于正月四日兴工，阅四十日工竣。计长三百七十六丈三尺，阔三丈至五丈，中深三尺五寸有奇，统计挑土四千九十九方零，费制钱四千余缗。工既成，镇人谋所以德公，思纪其事，以勒于石。论者曰："方今国势积弱，内地华夷杂处。交涉之案，大都太阿倒持，得寸则寸，得尺则尺。求其不激不随，握自主之权，无俾外人干预，即在方面巨公且难其选，况以府佐闲曹，几何能具此识力哉！"爰述大概，以缀于编。后之官斯土者，庶得所寓目焉。至于公平日善政，如火政、团防、平粜、积谷诸大端暨监督河工，必躬必亲，尤为勋劳懋著。镇之人耳濡目染，早已载道口碑，兹不具赘。

光绪癸卯秋月，阖镇绅耆敬纪。吴郡唐仁斋镌。

庞云鐕墓表 宣统元年，正书。凡十九行，行四十三字。据拓本载。文额篆书，碑在镇南楝树桥墓上。

《清赠光禄大夫庞公墓表》：前督办广西边防候补四品京堂，闽县郑孝胥撰并书。

公讳云鐕，字芸皋，世居乌程县之南浔镇。幼读书，警悟异常。童年十五，习丝业，精究利病。父听泉公游幕湘中，公奉母黄太夫人以居。母卒，哀毁骨立。服除，听泉公为公授室，出箧中金二百使营生计。咸丰十一年，"粤寇"自苏州犯湖州，陷南浔，公从听泉公避之上海。数月，听泉公殁，公持丧不出。镇中张氏、蒋氏，初与公合资，设丝肆，丝大售。众忌其能，析资以困之。公遂独操旧业，视市盈虚，与为进退，获利倍蓰。数年舍去，挟资归里，买田宅，设典肆。乱后族人所居尽毁，公葺而完之。更辟宗祠、置祀产、具祭器，复建义庄，蔚然为望族。南浔俗好溺女，公倡立育婴堂，输巨资，躬为董事，全活无算。又立湖郡栖流所，修南浔镇市桥梁及杭州下河塘堤、拱宸桥工。直隶河南灾，公筹振款，数累巨万。大府奏闻，传旨嘉奖，并准建坊，给予“乐善好施”字样。晚游苏州，见清节堂规制而善之，立仿行于湖州。未竟而疾革，以命诸子，乃卒，年五十七岁。夫人刘氏，江苏震泽处士方舟公之次女。归公时，年甫二十。姑已前殁，祖翁在堂，夫人以新妇主家事，上下无间言。公行善事，常如不及，夫人尤力赞之。公殁，长斋诵佛经，率子妇课蚕织，以俭素自约，老而弥笃。卒年六十九。子三人：长景麟，幼殇；次元济，廪贡生，恩赏举人，特赏正一品封典，候补四品京堂；三元瀓，附贡生，分部郎中。女七人。孙五人：庆寿、辛桂、荫棠，俱殇，秉权、惟锡方幼读。光绪三十一年三月十二日，合葬于南浔镇南移风乡楝树桥。公广颡重颔，雄杰有智略，每沉思辄以手捺其鬓。任侠好义，出于天性。虽居乡里，而所营既广，用人甚众，率令日发一书，因以钩稽勤惰，情伪悉得，无敢欺者。庚申以来，洋商丝市甚盛，众商贪利争趋之。公谓国货不能自售，而权操于外人，此危道也，逐利不止，一败将不可振，即弃去。未几，丝货壅滞，洋商抑之，皆大折阅，破产倾家者相望，而公独以见几不败。元济收藏唐、宋以来及国朝名人书画甚富，士大夫皆乐与游。予既习闻公之行事，乃序次之，以讯来者。宣统元年冬十二月，梁溪吴荣刻。

适园记 宣统元年，正书。凡三石，共四十六行，行八字。

南林张氏园，临鹧鸪之溪，周二十余亩。其胜处为二池，馆宇高下，与池向背。有堂曰“净碧”，有榭曰“曜霞”，有馆曰“酣春”，有亭曰“宿影”，有轩曰“观稼”。杂植梅棠篁桂之属，蔽亏其间，惟荷与菊尤盛，为夏秋花事之最。而“六宜阁”者，则张子石铭藏书之所也。园成于光绪三十三年，岁在丁未，张子取季鹰“适志”之语，名之曰适园。史称季鹰谓顾荣曰：“天下纷纷，祸难未已，子善以明防前，以智虑后。”遂辞齐王冏之辟，人皆谓之见机。吾以为哲人之处世，恒托于纵适一时之举，以避当世之污。盖自度其志不适于世，则毋宁取适于己，犹为皎然而不诬也。往者余在汉口，尝赋《盟鸥榭诗》，反宋儒“玩物丧志”之语，谓丧志者更是一适。张文襄公叹赏其语，因戒之曰：“兴到之作，未可为训。”然则丧志之适与适志之适，其为同为异，殆不足为流俗道矣。余闻石铭多蓄名贤书画、秘籍善本，且喜校勘精刊，以行于世。昔邢子才见人校书，乃以思误书为一适，则适园之所谓适者，安知不又同于邢氏耶？宣统元年十月，闽县郑孝胥记。

禁勒索尸场开销告示 宣统二年。在南栅师善堂门首右壁。文不录。

平阳县教谕周庆森墓志铭 宣统三年，正书。文二十一行，行二十二字。据拓本载文。额篆书，碑在马家港周氏祠堂。

《清故温州平阳县教谕吴兴周公墓志铭》：年寅弟余姚朱中树撰文，年世侄钱塘张荫椿书丹。

公姓周氏，讳庆森，字蓉史，湖州乌程人。曾祖讳恒，隐德不仕。祖讳良苗，好施与，称于乡里。考讳昌大，母董氏，以勤俭兴家，有子三，公其次也。幼而聪颖，嶷然如成人，为文辞操笔立就，辄不起草。年十七，名于庠，累试不得第，家又中落，乃弃举业而贸迁。躬为簿录，综核虽精，而业仍不振。郁居无聊，遂援例以校官用。年四十余，始授温州平阳县学篆。激拔英秀，多所造就。暇则以山水自娱，澹如也。居官四年，乞假归里。有公益事，度力所及，无不与时望归之。著有《敝帚集》，诗文如干卷，未及梓行，而公遽殁矣。时宣统辛亥二月朔日也，春秋五十有一。初以平阳教谕加中书衔，后以侄延礽官赠奉直大夫。配邱氏，称贤能，早卒；继室邢氏，有懿行。子二：长延年，开敏博学，早擅文誉；次延弼，公卒后九日乃生。女四：长殇，次适邱，三适梅，四字桂。延年等将以某月日葬公于某原，奉状请为志墓之文。余辞不获，次其状系之铭。铭曰：

独善君子，惟德是崇。慥慥其貌，鞠鞠其躬。多士式范，怡如春融。积善有征，用基而鸿。苕水之东，佳城所宫。丰碑兀岸，长松青葱。千秋此藏，永怀高风。

阳湖薛念椿刻石。

咸安桥记 里人张钧衡记，南丰赵世骏书，宣统二年八月刻石。石长四尺，阔二尺，共十七行，行三十三字。碑在桥侧。

距南浔镇西北十里许，近荻塘、北塘间有河焉。南北横贯，沿河而居者村落以十数。河之北口有桥曰河泥，载在邑乘，由来旧矣。宣统初桥圮，村父老谋新之，奔走劝募，款终弗集。会村人有佣于余家者，间为先室徐夫人道其事，夫人慨然曰："甚矣，人之不知务也！夫桥所以便交通，非若塔寺庵观之建置，其兴废无与于人事者比也。今僧尼募化，人辄百方以应其求，而于关系重要之桥梁则任其倾圮，莫之或顾，崇虚而昧实，甚矣，其不知务也。"爰请于予，将罄储畜、斥簪珥以营之。予韪其言，亟赞成焉。翌日，召村之首事者至，询所需，则以千二百金对。夫人告之曰："若嗣今无屑屑佗募，桥工虽巨，予独任之可也。"皆大喜而去。于是鸠工伐石，经之营之，址仍其旧，而工坚于初，平石三拱，高亦视昔有加。经始于宣统二年八月，翌年十月工竣，乃桥成，而夫人已前卒。村人感叹，谓斯桥微夫人之力无繇成。拟易以夫人之名，以示弗谖。余固辞，遂定今名，即所称咸安桥也。夫先王之政，徒杠舆梁，岁有常经。为上者既设官以专理之，故其民亦皆能急公好义，趋事赴功，不劳督劝。自王迹息而人心日即于苟且，以为事关公众，无庸一人为之汲汲焉，遂相率观望，而不知人与己卒交蒙其害。人诚公其心以处世，岁节其无谓之费而费之于此，将见靡川不梁，尚何徒涉之为病哉？予既幸斯桥之成，又伤夫世之废而不举，有类斯桥之初无人焉肯力任其难者，盖不知凡几也。然则余于夫人之逝，能弗弥致其悲悼也乎！爰记之，以谂世之谈公益者。

南浔志卷四十

里人周庆云纂

著述一

宋

朱柟：见《进士表》。《厚德遗言》一卷。柟及弟材同编，裔孙国祯重录，有跋。又有福唐叶向高跋，吴道南、庄天合、周如砥题辞。

元

庞朴：见《人物》传。《五湖狂叟集》。

张士谅：见《人物》传。《思贤斋词》。

董仁寿：见《人物》传。《梅花诗》一卷。《吹景集》云：始祖仁寿公自梅林迁浔上，惟喜吟咏，曾和中峰《梅花诗》百首，嘉靖中毁于火。

明

张翼：见《人物》附传。《农田余话》。

赵金：见《人物》传。《医学经略》十卷。《广嗣全书》。《浮休集》一卷。《南浔著述总录》云：杜伟、徐师曾序。《淮献集》三卷。

朱震：见《封赠表》。《飞鸿集》。

董环：见《人物》传。《翠榆集》。

纪顺卿：初名滔，见《历仕表》。《荻塘遗集》。

董份：见《人物》传。《史记评钞》四十卷。《汉书评钞》四十卷。《后汉书评钞》二十卷。《泌园集》三十七卷。凡《诗》七卷，附《诗余》，又文三十卷，申时行序。《四库全书·集部·别集类》附《存目》。

华扬：见《人物》附传。《晓山园集》。

纪濂：见《人物》传。《戒子帖》一篇。

陆充龄：见《人物》传。《逸溪山房集》《公车杂著》《归田遗稿》。

张金：字炼之，号北堂，县学生。《养羽巢诗文集》。

陆以载：见《人物》附传。《万绿堂集》。

张斗：见《人物》传。《致觉堂集》。

董道醇：见《人物》附传。《董黄门稿》一卷。有朱国祯《董黄门遗草序》，末有男嗣茂斯张《跋》。《韩文评钞》二十卷。《龙山集》一卷。

张光治：见《贡生表》。《礼经注疏》四卷。《善田诗集》二卷。

朱守愚：见《人物》传。《周易笺释》《道德经笺释》《南华经笺释》《楞严经笺释》。

董嗣成：见《人物》传。《星槎纪事》一卷。道光丙申张鑑跋。《青棠集》八卷。《四库全书·集部·别集类》附《存目》云：是编乃嗣成没后其友茅维所编。前有谢肇淛序，称"嗣成古选，宪章陶、谢，近体沐浴岑、王，如姑射仙人飧风饮瀣"，盖略举其近似。至云"使天假以年，骎骎乎将立坛坫，与海内争雄"，则已显言其学力尚浅矣。郑元庆《湖录经籍考》引章嘉祯《序略》云："青棠者何？合欢也。古称酒以为人合欢，而伯念雅不喜酒，故取诸青棠，而不取之酒也。然伯念不喜酒而饶酒德，其所吟咏，往往得之宾朋宴语、舞扇歌袖之间。所善海内屠纬真、姜仲文、陆伯生，吾湖臧晋叔、吴允兆及予又以同学少年弟畜之，而才不啻三舍避之矣。"《光禄遗编》四卷。汪《志》云：今所见仅刊本《尺牍》一卷，后附《请建元储》两疏，首题"孙汉策敬辑，康熙己巳曾孙奕相跋"。《二游稿》一卷。《仪部札稿》。周庆云序。

张光朝：字青霞，县学生。《青霞楼诗文集》十二卷。《张氏谱》云：庄日煊序。

许兆祯：见《人物》传。《医家四书》。朱彝尊《跋》云：《诊翼》《药准》《方纪》《医镜》四部，世父贵阳太守锓板行之。《浔录》曰：后题浔溪培元许兆祯著于御书阁。《县志》云：申时行、李廷机、朱国祯、朱儒作序，朱儒曾孙茂时刊行。

董嗣昂：见《人物》附传。《狎鸥吟》一卷。《西雨斋诗稿》一卷。《云柯集》一卷。

陈王猷：见《贡生表》。《诗经说汇》。

庄日益：见《贡生表》。《东山草》二卷。须之彦序。

张明起：见《贡生表》。《春秋质疑》四卷。

朱国祯：见《人物》传。《明史概》一百四十二卷。自序云：《明史》有刊行者，有密纂未行者，予妄有所辑，以未尝奉旨，不敢进呈，题曰"史概"，以别于全。《湖录》曰：闵雪蓑云：朱文肃《史概》一书，自入史馆，费一生心血，采拾成书，后人仅刻其半，其半复为匪人盗取数十篇，此书竟勿克全。至其文集数十万言，仅饱蠹鱼之腹，文章盖有幸不幸焉。按，《史概》目纪凡五，曰《大政》，曰《大训》，曰《大因》，曰《大志》，曰《大事》。列传凡五，曰《开国》，曰《逊国》，曰《历朝》，曰《类》，曰《外》。今其书行世者缺《大因》《大志》二纪，《历朝》《类》《外》三传。有叶向高序。今考朱氏谱云：《史概》已刊者五种，曰《大政记》《大事记》《大训记》《开国臣传》《逊国臣传》。已刊未全者二种，曰《大志记》四册，《历朝臣传》二册。已写样本未刊者六种，曰《元遗臣传》一卷，《天勋记》一卷，《天潢记》二册，《天姻记》一卷，《天配记》一卷，《天源记》一卷。《湖录》所云《大因纪》，疑即《天姻记》之误，其《类》《外》二传，谱所不载。《皇明纪传》三十卷。《著述总录》云：当即《史概》之初稿。《大政记》三十六卷。《著述总录》云：此《大政记》之底稿，故卷数多而名亦殊。《四库全书·史部·编年类》附《存目》云：是书始洪武元年戊申，终隆庆六年壬申。编年记载繁简多有未当，殊乏史裁。《涌幢小品》三十二卷。虬庵居士自序。又有己未自撰《涌幢说》，后有壬戌自跋云：是编起己酉春，至辛酉冬，积可三十余册。凡经《稗海》诸书所载行世者，多不敢录。然耄而忘，随汰随忘，稿亦时有散佚，而存者尚多。会赴召，检出，节为三十二卷，付之梓。《四库全书·子部·杂家类》附《存目》云：是书杂记见闻，亦间有考证，其是非不甚失真，在明季说部之中犹为质实。而贪多务得，使芜秽汩没其菁英，转有沙中金屑之憾。初名曰希洪，盖欲仿《容斋随笔》也。既而自知其不类，乃改今名。其曰涌幢者，国祯尝构木为亭，六角如石幢，其制略如穹庐，可以择地而移，随意而张，忽如涌出，故以为名。叶封跋《筠廊偶笔》云：以余所见，记近事者，有朱氏《涌幢小品》，颇足佐正史所未及。钱大昕《十驾斋养新录》云：朱国祯《涌幢小品》，好谈掌故，品题人物，不为刻深之论，盖明季说部之佳者。至于援引古书，多有差误。《朱文肃遗集》八册。本名《清美堂集》，后改题今名。秀水沈叔埏《跋》云：小字钞本《文集》八册，《二集》一册。凡九册，曾藏曹倦翁处，流传入吾家而缺其第三册。《平涵诗文钞》二册。汪《志》云：诗文杂钞皆酬应之作，《著述总录》作诗一册、文一册者，误。汪《志》云：国祯所撰《大事记》《明鉴易知录》，并见《禁书总目》，故不载。至《大政记》亦见《禁书总目》，然已入《四库全书》附《存目》，并无违碍。

华士嶟：见《人物》传。《澹月斋稿》。有《因非集》《燕游集》《燕游续集》《南征集》《政余集》《客游集》《白下集》《兰居集》共八编，朱国祯、董斯张序。《澹月斋续稿》。《府志》云：《澹月斋稿》《续稿》《传是楼书目》共三本。《著述总录》云：家藏，《传是楼书目》不载此书。

董斯张：见《人物》传。《吴兴备志》三十二卷。有《自序》，末题："康熙己丑岁孟冬旬有三日，侄曾孙朝柱谨录。"又有董熠《跋》二篇。分《帝胄征》《宫闱征》《封爵征》《官师征》《人物征》《笄袆征》《寓公征》《艺术征》《象纬征》《建置征》《岩泽征》《田赋征》《水利征》《选举征》《战守征》《赈恤征》《祥孽征》《经籍征》《遗书征》《金石征》《书画征》《清闷征》《方物征》《琐征》《诡征》《匡籍讹》，凡二十六类。《湖录》曰：《备志》止于元末明初，考订固核，取材亦多，然于唐之《元和郡县志》、宋之《太平寰宇记》、唐之《吴地记》、宋之《舆地纪胜》，邻郡如咸淳《临安志》、范氏《吴郡志》等书，都未寓目，以云《备志》，恐未必然。《行笈日涉录》曰：叔高祖遐周先生晚与同郡闵康侯子京兄弟共纂《吴兴备志》，成于天启中，而先生即世，草稿粗具，几于失次。族叔迎年先生为整齐而手录之，可谓贤矣。覆校原序，知此书因徐献忠《掌故集》多缺遗，而遍搜史书及《统记》、谈《志》、劳《志》，以成是书。凡徐氏已载入、唐《志》所有者不复再见，亦互备也。后人谓其书有未备，殊失考矣。《著述总录》曰：据《自序》，"备志"之名，乃防备之备，非完备之备。《湖录》似误解也。《四库全书·史部·地理类》著录云：是编辑录湖州故事，分二十六征，采摭极富。于吴兴一郡遗闻琐事，征引略备。每门皆全录古书，载其原文，有所考证，则附著于下。盖张鸣凤《桂故》《桂胜》体例如是，而斯张因之。虽意主博奥，不无以泛滥为嫌，然当时著书家影响附会之谈，剽窃挦扯之习，实能一举而空之，故所摘录，类皆典雅确核，足资考据。明季诸书，此犹差有实际，黄茅白苇之中，可以谓之翘楚矣。**《弁山志辑》一卷**。汪《志》按，明长兴高涟撰《弁山志》未成，斯张从诸书汇辑四十六则。**《广博物志》五十卷**。万历丁未《自序》，又有钝庵韩敬《序》，分天道、时序、地形、斧扆、灵异、职官、人伦、高逸、方技、闺壶、形体、艺苑、武功、声乐、居处、珍宝、服饰、器用、食饮、草木、鸟兽、虫鱼，凡二十二门。董《志》作"四十卷"，讹。《四库全书·子部·类书类》著录云：晋张华《博物志》，世所传本，真讹相淆，简略亦甚。南宋李石尝续其书，虽旁摭新文，尚因仍旧目。斯张从而广之，遂全改华之体例，变为分门隶事之书。凡分大目二十有二，子目一百六十有七。所载始自《三坟》，迄于隋代，详略互见，未能首尾赅贯。其征引诸书，皆标列原名，缀于每条之末，体例较善，而中间亦有舛驳者。如《太平御览》《太平广记》皆采摭古书，原名具在。乃斯张所引，凡出自二书者，往往但题《御览》《广记》之名，而没所由来，殊为不明根据。又《图经》不言某州，《地志》不言某代，随意剽掇，亦颇近于裨贩。《三坟》为毛渐讹撰，《汉杂事秘辛》为杨慎赝作，世所共知。乃好异喜新，杂然并载，更不免疏于持择。至若孔《疏》、郑《笺》，牵连满幅；道经、释典，采录盈篇。爱博贪多，尤伤枝蔓。然其搜罗既富，唐以前遗文坠简，裒聚良多，在明代诸类书中，犹为近古矣。**《吹景集》十四卷**。己巳菰中王德元复之父叙，西吴韩昌箕仲弓甫序。卷一《朝元阁杂语》四十则，《静啸斋呓》三十二则，卷七《克殷》《度邑》二解，补伏生《书》，有自序云：世儒谓《周书》出汲冢，乃《克殷》《度邑》二解载《史记》，确为逸书，非后儒窜入者。太史公去伏生不远，其辞亦近之。余意以史载《汤诰》及二解，补伏生今文《书》，而以古文别为一录，卷十三《合疏董彦远除正字谢启》与闵元衢同撰，有《自序》，余十一卷，杂考证一百七十余条。**《白法志》一卷**。《著述总录》曰：遐周先生虽旁通释老，然《吴兴备志》不列方外之乘，别为是书，所以外二氏也。**《梦历》**。**《静啸斋存草》十二卷**。崇祯己巳韩曾驹序，并《凡例》四条。凡《童牙稿》《客闽稿》《未焚稿》各一卷，皆有自序。《留箧稿》二卷，《寒竽草》五卷，有《自序》《诗余》一卷，《偈颂》一卷。王昶《明词综》引《柳塘词话》云：浔上董遐周，与周永年、茅维为词友。周有《怀响斋词》，茅有《十赉堂词》，而遐周词并不随人口吻，陈黄门大樽谓其风流调笑情事，如见者也。朱祖谋《湖州词征》引韩曾驹《序》云：先生诗与年力相长，其要归乎性情，澹乎空灵，和以禅悦，绘以氤费，而丰神标致，则苏门岭畔犹然长啸，岂与夫今日性情之蠹，吴喉楚舌同年而语哉！《静啸斋遗文》四卷。《灵荟》一卷。《古赋》一卷。《文苑英华钞》四十卷。《增定唐诗品汇》三十卷。《选采真社集》。《吴兴艺文补》七十卷。首题“乌程董斯张遐周汇编，闵元衢康侯参辑，韩千秋圣开增定”。有崇祯六年吴兴郡守陈以诚《序》，崇祯壬申朱国祯、韩敬二《序》。又有西吴韩昌箕仲弓甫《纪事》一篇，《不肖孤董说刻吴兴艺文补感言》一篇，凡《文》四十卷、《赋》一卷、《诗》二十卷、《诗余》二卷，附录《朱平涵文》《董遐周诗》各一卷，《补遗》四卷。《行笈日涉录》曰：《吴兴艺文补》六十三卷，遐周先生汇编。自六十四卷以下，韩圣开续成六十五、六卷，即录遐周先生文与诗之关涉吴兴者六十七卷至七十卷。闵康侯又为之补遗，始自汉献帝诏，至遐周先生《诗余》终焉。以诚《序》谓：唐季以前，遐周为政，宋元以下，闵与韩共之。区别尤明。《四库全书·集部·总集类》附《存目》云：是书采录自汉至明艺文之有关湖州者汇为一编，以补旧志所未备，其自唐以前为斯张手辑，宋元以后则元衢、千秋诸人共成之。所采录前代颇详而明代则渐滥，亦志乘之通病也。

赵隽：见《人物》附传。《乍醒草》。董说序。

华仁源：见《人物》附传。《燕游草》《闽游草》《起霞阁诗集》。

吴中颖：见《人物》附传。《嗟拙吟》《奚适吟》。

纪懋勋：字奉山。《家训》一卷。凡三十四条，子镐又补二条，从曾孙复亨跋。

纪度：字达阶，号汉翀，县学增生。《格言随笔》一卷。凡一百五条，一名《纂集格言》，雪蓑渔人闵声跋，又有元孙豹文跋。《家训》一卷。

张廷荐：见《贡生表》。《天台十景图》。《善田诗钞》。《古今名贤诗集》十二卷。

温志宏：字毅先，庠生。《温氏家训》。

温应聘：见《人物》传。《蜀游小草》。

温良学：见《人物》附传。《大愚诗稿》十二卷。王士祯序。

温佶：见《荫袭》。《诗稿》《词稿》。

董廷勋：见《贡生表》。《元览斋诗集》《元览斋文集》。

董说：见《人物》传。《易发》八卷。《四库全书·经部·易类》附《存目》云：其论《易》专主数学，兼取焦京、陈邵之法，参互为一，而推阐以己意。其根柢则黄氏《三易洞玑》也。其研索具有苦心，而究不免失之杂。如《飞龙训》一篇，历引尧、禹、周、孔，谓皆以飞龙治万世，而复举《圆觉》《道德》二经以为释迦，老子亦然，未免援儒入墨。又《黄鹂河洛征》，谓黄鹂一声，即《河》《洛》之全机；《大用杏叶飞龙表》，谓黄钟之律，为杏叶之正位。其说皆近于怪诞。极其博辨之才，洸漾自喜则可矣，谓《易》之精奥在是，则殊不然也。汪《志》按，《县志》作《易法》，讹。《湖录》曰：子樵述云：以先天图之未全而明出震，以纳甲图之非古而表卦律。先天法日月之回环，出震象南北之对峙，此天地之大义也。阳律始黄钟，率六律而顺行于阳爻；阴吕始林钟，率六吕而逆布于阴位。以出震卦律，为学《易》之枢机。又进而考征曜于三百六十，抉贞悔于七十二卦，作《易发》。董《志》曰：朱竹垞曰：董氏《易发》，发前人所未发，非数与理契，未能默会。**《易运》。《〈周易〉十八爻未济通轮表》。《〈周易〉三十爻参天两地表》。《出震三易合表》。《洪范变》。《古诗纬》。《诗发》。《周礼纬》一卷。**《湖录》曰：子樵述云：以《周礼·司空》原非散阙，考工妄补，何异续凫。六官分职，原法周天，始于云汉，循序顺行，悬象著明，非可饰说也。**《左传提》一卷，《律吕发》一卷。**一名《律吕考》。《湖录》曰：子樵述云：律记有二，有候气之管，有和声之管。候气有十二月之消长，和声有三分损益。黄钟司天而主升，管长渐短；蕤宾司地而主降，管短渐长。又辨三钟四清，作《律吕考》。**《六书发》。**《湖录》曰：子樵述云：先君以天下文字皆归《六书》，世以六者各分，有体无用。不知古之制字，或一字兼数义，或一音转数音，循义而求，旁通无尽。形可该声，事可括意，假借无常，转注易变，作《六书发》。**《史记脉》。**《楝花矶随笔》云：《史记》评本有三，一丙子本已焚，一癸未本，此则丙申本也。**《二代文献》。**一名《夏殷文献》。**《七国考》十四卷。**分《职官》《食货》《都邑》《宫室》《国名》《群礼》《音乐》《器服》《杂记》《丧制》《兵制》《刑法》《灾异》《琐征》，凡十四类，每类各分秦、齐、楚、赵、韩、魏、燕七国。《行笈日涉录》曰：曾从祖若雨先生著《七国考》，采撷该博，兼有考核，卷帙未分，盖书垂成而未编定也。《四库全书·史部·政书类》著录云：是编载秦、齐、楚、赵、韩、魏、燕七国制度，分十四门，皆采掇诸书以相佐证，如《会典》之体。大致以《战国策》《史记》为本，而以诸子杂史补其遗阙。其所援引，如刘向《列仙传》、张华《感应类从志》、《子华子》、《符子》、王嘉《拾遗记》之类，或文士之寓言，或小说之杂记，皆据为典要。而《月令》所载太尉大酋之属，注者明曰“秦官”，乃反遗漏，未免去取不伦。又既以七国为名，自应始自分晋以后，而秦之寺人，上引《车邻》，楚之两广，远征《左传》，则于断限有乖。《新序》载魏王欲为中天之台，许琯谏止，未必实有其事，即有之，亦议而未行，而魏宫室门中，乃出一中天台。《庄子》载“无盛鹤列于丽谯”，盖城阙之通名，非魏所独有，乃于魏宫室中标一目曰“丽谯”。《琴操》载韩杀聂政之父，乃古来之常制，非韩所创，乃于韩刑法中标一目曰“杀”，亦嫌苟盈卷帙。至于秦水心剑事，本见《续齐谐记》，乃云《白帖》，秦舍晋侯于灵台，本见《左传》，乃云《列女传》，亦往往不得其出典。观其前后无序跋，而《齐职官门》注“封君后妃附”，乃只有封君而无后妃，殆说未成之稿，偶为后人传录欤？然春秋以前之制度，有经传可稽；秦汉以下之故事，有史志可考。惟七雄云扰，策士纵横，中间一二百年，典章制作，实荡然不可复征。说参考诸书，排比钩贯，尚一一各得其崖略，俾考古者有征焉。虽闲伤芜漫，固不妨过而存之矣。道光中，金山钱氏刊入《守山阁丛书》，有《自序》，见《丰草庵前集》，新刊本失载。**《浔书》**。《自序》云：凡生于斯、长于斯、读书于斯，得四十四人而集其文。**《丰草庵书谱》**。汪《志》云：即书目。**《运气定论》一卷**。《四库全书·子部·医家类》附《存目》云：是编凡四论八图，辨《素问》所论运气当在《六元正纪大论》，原文久佚，故晋皇甫谧作《甲乙经》，隋全元起注《素问》，皆云亡失。唐王冰始私采《阴阳大论》七篇补之，诡云秘藏旧本，刘守真、杨子建递变其说，亦皆乖谬，因著此书以辟之。定以六气为经，五运为纬，气静运动，上下周流。天始于甲，地始于子，数穷六十，循环无端。其说甚辩。然运气之主病，犹之分野之占天，以为不验，亦有时而中；以为必验，又有时不然。天道远，人道迩，治病者求之，望闻问切，参以天时地气，亦足得其概矣。正不必辩无证无形之事也。汪《志》按，《湖录》曰：子樵述云：以《素问》运气，王砯诸人有讹谬，即以五运六气相加，其气自应作运气定论。**《天官翼》**。《四库全书·子部·天文算法类》附《存目》云：是编以章蔀纪元元会运世立论，谓历数出于卦爻，颇讥汉太初三统之失。所列《恒星过宫》《年干八卦》二表，以星次递相排比。至帝尧甲子，适值张心昴虚居四仲之中，与《尧典》中星相合，遂据以为上溯下推之证。然天形转运，积岁恒差，始自秒分，渐移度数，其迁流之故甚微。算家测验星躔，随时修改，尚往往有过疏过密之虞，不能与天行相应。说作是书，不著步算赢缩之法，但以长历递推，恐未免刻舟求剑也。**《天象编年》**。**《岁差考》**。**《文音发》一卷**。一名《文音九辩》，有《自序》。**《丰草庵杂著》十二卷**。首《昭阳梦史》一卷，一名《梦乡志》，有《自序》。次《非烟香法》一卷，有《鹧鸪生自序》。次《柳谷编》一卷。次《河图卦版》一卷，有《自序》云：以钱代蓍，筮法荒矣。京房纳甲，子午戾矣。三成长夜，卦策阙矣。作《河图版》明体用。次《文字障》一卷。次《分野发》一卷。次《诗律表》一卷。《湖录》曰：子樵述云：先君以《易》失于图亡，《诗》失于序废。小序者，乃卜商氏受之于圣门三百篇之标准也。小序废而《诗》亡矣。又以三百五篇歌皆有谱，唐时犹存《关雎》一调，后并失之。《关雎》失谱，古乐无传。今以音律考之，一篇之中，起调、毕曲，各有定位。中间则有转声，如《关雎》，如《葛覃》，上以准起调，下以准毕曲也。商角徵羽，清浊递更，准字发声，无不谐节，作诗律表。次《汉饶歌发》三卷，分测义、测韵、测音三门。《四库全书·集部·总集类》附《存目》云：是书取汉铙歌十八章，反复解说，首论大意，次论韵，次论音。其论韵则有伏有击，有进退，有同摄，有同母同入。论音本《周礼》三宫之说。按宫、商、角、徵、羽篇分章位，章分句位，立说殊为创辟。然沈约尝言：汉铙歌大字为词，细字为声。后来声词合写，不复可辨，遂无文义可寻，但存其声而已。自唐后乐府失传，新题迭作，于是并声而亦亡之说，不知声词合写之源，而强为索解，已迷宗旨。至铙歌乃鼓吹之曲，但奏其音而不歌其词，故十八章或韵或不韵。亦犹《风》《雅》皆有韵，而《颂》不尽韵也。说一概强为叶读，非惟不知古音，亦并不知乐府体裁矣。《湖录》云：子樵述云：乐府铙歌之法，可例以诗，部位既分，律吕可定。按其高下以辨元声，如妃呼豨、收中吾、尧羊飞，凡有声无义之字，即篇中三转声之准也。以喉舌自然之音，应乐府铿锵之节，作《汉铙歌发》。次《乐纬》一卷。次《扫叶录》一卷。《林胡子野语》四卷。首《尧天表》，有《小序》，次《离中纬》，次《宝镜拈》，有《小序》，次《残雪录》，有《小序》，并题“南村林蹇远游氏著”，前有虎邱退翁《序》。《甲申野语》。《晓寒长语》。《相字略》。《梦乡语》。汪《志》云：或疑即《梦乡志》，考《雨道人家语》，《梦乡语》与《昭阳梦史》并列，明各为一书。《闻书》。《桐叶十书》。《草庵群碎录》。《丰暇录》。《问道录》。《承雨录》一卷。《研雪录》一卷。《兰叶笔存》一卷。一名《慎辞录》。《四库全书·子部·杂家类》附《存目》云：明释本以撰。本以字以轩，别号亦已，又号师岳叟，苏州人。书中载天启四年董其昌所记玉玺事，则犹在其后也。又称先生每书竟，必令潜写填语，盖潜其本名矣。是编首页题为《兰叶笔存》，次页又题为《慎辞录》。所论《淳熙秘阁续帖》，于《黄庭内景经》点画形模，辨析丝毫，盖即姜夔“兰亭偏傍”之意。其余多谈书画，亦偶及杂事。所称引者，焦竑、董其昌语为多。中后杂载诗二十余首，即其自作。大抵随笔纪录之册，后人抄合为帙也。其中《石头城谣》一条，论乐府音节，穿凿附会，殊不足据。余皆明末山人语耳。《楝花矶随笔》一卷。附《杂文》一卷。庚子刘桐编写，有《跋》。《拂烟录》一卷。《尧封语录》四卷。《宝云语录》二卷。《灵岩首座寮语录》二卷。《樵堂说略》一卷。《尧封别录》四卷。《宝云别录》四卷。《灵岩余录》。《散随录》四卷。《宝安录》。《樵堂法顶拈》一卷。《七法顶》五篇。《法华岭太极图说表》。《临济两宗世次表》。《篋屋记》一卷。《化琉璃记》。《宝云杂著》一卷。《宗门书法》。《石楠堂石表》一卷。《丰草庵前集》三卷。分《乍醒》《七国》《苕文》三编，庚辰至乙酉之文，前有《自序》。《丰草庵文集》三卷。分《七耀》《乐府》《文苑》三编，丙戌至丙申之文，前有《自序》。《丰草庵别集》六卷。分《云汉》《易隐》《地易》《九宫》《诗纬》《太初》六编，丙戌至癸巳所作。《丰草庵诗集》十一卷。首《人间可哀编》，次《采杉编》，次《落叶编》，次《西台编》，次《病孔雀编》，次《红蕉编》，次《登峰编》，次《临兰亭编》，次《洞庭雨编》，一名《岁寒吟》，次《斗韵牌编》，丙戌至丙申之诗，前有《自序》。《辛壬杂著》。《甲申乙酉诗歌》一卷。《乙酉杂文》一卷。《丙戌悲愤诗》一卷。《宝云诗集》七卷。首《画石编》，次《西荒编》，次《洗药池编》，次《积雨编》，次《夕香编》，次《挂瓢集》，次《拂烟集》，或题“宝云南潜著”，或题“漏霜南潜著”，前有康熙己巳犹子汉策《序》。《禅乐府》一卷。有《小序》。今本惟《台山》一编附于《林胡子野语》后，原本当不止此。《湖录》曰：子樵述云：乙未诣灵岩僧堂小参，顿悟大法，为灵岩幅巾弟子。归作《禅乐府》《补船集》，皆出世后诗也。《补船长语》八卷。首《补船村》，次《杞国转》，次《研北编》，次《松花牛》，次《石火颂》，次《瞌睡鱼》，次《披云啸》，次《水声编》，凡八编。惟第五编题"月涵潜禅师石火颂，弟子灵璧灵珏记"，余并题"鹧鸪溪南潜"。又《石火颂》前有《灵岩退翁题潜子石火颂》一篇，《瞌睡鱼》前有碓庵法弟晓青题辞。按《府志》，此书入释家类，而方外诗类又有《补船集》，实复出也。《宝云诗》甲编二卷，乙存三卷。《散随续稿》一卷。《樵堂题跋》一卷。《西荒村》三卷。《西荒别存》一卷。《西荒别编》一卷。《小品》一卷。《癸亥杂文》一卷。《乙酉集》。《秋雪堂稿》一卷。《二余杂稿》。《后庚集》。《药篱杂文》一卷。《乙丑杂文》一卷。《若雨逸稿》一卷。《南潜诗》一册。上二种俱说手写本，向藏刘氏眠琴山馆，今惟《逸稿》有传钞本，《南潜诗》不可得见矣。《风雅编年》。《古乐府发》。《文苑英华诗略》。《岭云集》。录古今山水书画方外之文。见《丰草庵诗集》自注。《晓寒合录》。汪《志》云：乾隆辛丑浙江颁行《禁书总目》，说诸书皆不在目中。董《志》云：若雨先生《易发》及诸撰述，俱奉四库馆采取，唯以诗句微碍，至癸卯复奉文抽板缴销，是后来又曾抽毁。今所见刊本缺叶甚多，盖由于此。现存之诗，并无嫌讳。又云：说所著尚有《通鉴翼》《灾异编年》《五六原》《高晖堂家语》《儿雅》《樵雅》《虫鱼笺》《草木笺》《僧宝五书》。《古文编年》但有书名，疑未属草，故不录，惜不得纪官所刊《遗文总目》一详考之。又云：杨凤苞《南疆逸史跋》，载有无名氏《梦华潭客谈》，疑亦说所作。

董式：见《人物》传。《古文字考》《甲子汇纪》《古今人物略考》。

陈忱：见《人物》传。《雁宕杂著》。《雁宕诗集》二卷。韩纯玉《诗兼序略》云：雁宕与予生平未曾相识，殁后始见其诗及杂著等书，亟觅其全集，已散佚，不能多得矣。汪《志》云：成化中，湖州有一陈忱，字克诚，号醉月，尝修县志，著《瓦缶集》《览胜纪游集》。顺治中，秀水又有一陈忱，字用亶，甲午副贡，著《诚斋诗集》《不出户庭录》《读史随笔》《同姓名录》诸书，皆与雁宕同姓名，昔人纪载，每多牵溷。又按，杨凤苞《南疆逸史跋》载有陈忱《东宁纪年》，未知为雁宕，为诚斋也。

董汝煌：见《人物》传。《周易集解》《孝经注》《庄子释》《韩苏文评》。

温璜：《人物》有传。《易解》一卷。《温氏母训》一卷。一名《贞石堂家训》。《四库全书·子部·儒家类》著录云：温璜录其母陆氏之训也。璜有《遗集》十二卷，此书其卷末所附录，语虽质直，而颇切事理。末有跋语，不署名氏，称原集繁重，不便单行，乃录出，再付之梓。案，璜于顺治乙酉起兵以拒王师，其气节震耀一世，可谓不愧于母教。又高承埏《忠节录》载璜就义之日，慨然语妻茅氏曰："吾生平学为圣贤，不过求今日处死之道耳。"因绕屋而走。茅氏曰："君之迟留，得无以我及长女宝德在乎？"时女已寝，母呼之起，女问何为，母曰："死耳。"女曰："诺。"即延颈受死，璜手刃之。茅氏亦卧床引颈待刃，璜复斫死，乃自刭。知其家庭之间，素以名教相砥砺，故皆能临难从容如是，非徒托之空言者矣。故虽女子之言，特录其书于儒家，示进之也。《贞石堂集》十二卷。《易学总论》。《羲卦图说》。

清

张继周：字儒良，号草庭，吴江县学生，居浔。《醉石轩文集》四卷。《草亭笔记》二卷。

陆律：见《贡生表》。《思亲咏》一卷。康熙庚申朱射斗序。《遗诗》一卷。

董思：见《人物》传。《兼山堂集》《遇轩诗草》《耦耕诗草》《明文传》。

董汉策：见《人物》传。《周易大成》一百二十卷。《易原》。《春秋传汇》十二卷。顺治乙未自序，并《略例》十二条，第十卷、第十二卷各分上下，实十四卷。《四书全解》四十卷。一名《四书大成》。《六书原》。《历朝孝纪传赞》三十卷。《资治通鉴评》，附《宋元通鉴评》二册。《榴龛年谱》。汪《志》云：一名《如□注》。《圣门直指颂》二卷。《功过录》。《易外圣书》。《苏庵家诫》三卷。董《志》作"二卷"，讹。《补计然子》一卷。《四库全书·子部杂家类》附《存目》云：是书成于崇祯壬午，杂取《左》《国》《吴越春秋》诸书为之，凡四十篇。又《叙略》一篇：大旨以勾践之复霸，起衰激怠，事在人自为之，盖借以为宴安之戒。自云是书为寓言，又云释愤之作，是也。考《文献通考》，《范子计然》十五卷，今其书不传，故汉策补之，然不伪托于古书，贤于姚士粦《于陵子》、王逢年《天禄阁外史》以赝售欺者多矣。《道德经注》。《摄身元秘》。《祭炼书》一卷。自序。《祼文杂著》一卷。《芦窗信笔》一卷。自序。《莲漪集》一卷。《笠翁内篇》一卷。《笠翁内篇二集》一卷。《从好编》一卷。《揽胜文集》六卷。《帚园集》。《苏庵外录》。已上九种俱文集。《乍浣居诗草》。《咏昙集》。《董芝筠诗集》一卷。《咏史诗》。《巢轩诗稿》。《榴龛诗稿》一卷。《且吟》。《窥园杂咏》一卷。《和陈白沙诗》。《渭云堂诗》一卷。长洲陈三岛序。《四载诗存》一卷。《莲阁诗草》一卷。《自在吟》一卷。《夏五游》一卷。画溪温春生序。《烟艇吟》一卷。顺治辛丑皇甫钦序。《寓庵诗》。《怡颜集》。《醉沤吟》。《行舸漫咏》。《安素轩诗》一卷，附《天目放歌》。《羡门轶句》一卷。《吟诺》一卷。《芗水游》一卷，附《梦游春诗》。《百韵诗》。《云岩啸咏》。康熙十九年蔡启僔序。《梦游春诗》有张道岸跋，《百韵诗》有温秉睿跋。《章江集》。《揽胜诗集》。《九宜集》二卷，附《孤山感咏》。《鸥盟集》一卷。《时适编》一卷。已上二十八种俱诗集。《蓝珍词》一卷。《董词》一卷。《董词二集》一卷。《漱玉编》。《雪香谱》一卷。已上五种俱词集。《读古定本》十七卷。康熙戊辰自序，一名《历朝古文选》。《朝元阁诗刻》。汪《志》按，朝元阁在光福董份墓侧，后以避讳改朝阳阁。此书录阁中诸人题咏。《采真诗选》。

潘文福：见《封赠表》。《孝史》十卷。

陈寅清：见《人物》传。《榴龛随笔》《秋霞集》《江村集》。

张麟生：字绣舟，县学生。《雪泥集》二卷。

姚淳楫：字经雪，号寻川，府学生。按，或作"浮楫"，讹。《水云子文》一卷。《水云子诗草》一卷。《水云子遗稿》一卷。侄曾孙筠编录并跋。

闻廷纶：字言如。《龟经大全》六卷。

闵南仲：见《人物》传。《碎金集》二卷。《寒玉居集》二卷。有成都费锡璜、吴州后学沈默、康熙壬寅吴兴潘尚仁三序。《四库全书·集部·别集类》附《存目》云。其诗以新颖为宗，体格颇近金、元。《鸾坡存草》一卷。潘尚仁刻，《石渔续集》一卷。《著述总录》云。陈可升编有小序诗百二十首。《漱玉集》。《梅花百咏》。《枳鸾山房稿》。《螺川漫录》。

庄廷钺：见《人物》附传。《百尺楼诗稿》。范《志》作"严定越著"，《虎邱志》作"严戉"，汪《志》考为"庄廷钺"。

庄济：见《人物》附传。《半砚斋诗稿》。

温棐忱：见《人物》传。《蓬窝文集》《过庭纪述》。

温俶：字令修，庠生。《嗣骚坛吟稿》。

温达：字增望，增生。《云亭制艺诗稿》。

温睿临：见《人物》传。《南疆逸史》五十六卷。《纪略》四、《列传》五十二，首列《自序》及《凡例》二十则。《邻翼公诗集》。曰《初行集》、曰《候鸣集》、曰《偶成集》，温纯纂辑，题此名，后有纯跋，卷首自序及温涛各一卷。《游西山草》一卷。温纯跋。《评选少陵诗集》一册。温涛序。《罪言》二篇。《出塞图画山川记》，附《八旗兵志》一卷。

张应綍：字君如，县学廪生。《三礼异同辨正》八卷。《张氏谱》云。陆士渭、董衡序。董《志》作张廷荐撰，讹。《抱冬楼遗诗》四卷。

董衡：见《人物》附传。《诗依归梦记》一卷。《未学斋诗集》十卷。董《志》云。陆圻序刻。《著述总录》云。曾见残编一册，年分一集，丙戌为《焚余》，丁亥为《苔篇》，戊子为《寂圃吟》，己丑、庚寅为《汐坛草》，为《雪卧居草》，余皆缺，《总序》亦未之见。《苔篇》有顾宓波潜初序，《汐坛草》有温苍来春生序，《雪卧居草》有兄汉策序。《学斋诗词》。

纪镐：见《人物》传。《左氏佩》。《读书佩》四卷。一名《嘉言懿行录》，族孙磊跋。《亦山诗集》。孙偀序刻。《韩文近》一卷。首题吴人孙偀商声选评，纪镐武京裁定，前有《漫言》一篇，顺治已亥孙偀题，又有《选义》六则，又有苕霅棘人纪镐序。《苏文近》。自序刻。《六家文近》。自序刻。

董震虬：见《人物》附传。《古今忠孝事类》。

董渠成：见《历仕表》。《芑庵诗草》。

张肩：见《人物》传。《远偏庐遗诗》。

张发：见《举人表》。《湖山诗集》。

董樵：见《人物》附传。《易象表》《归藏论》《山海卦纬》《周礼六梦表》《史测》《蔗园诗集》《蔗园杂文》。

董闻京：见《人物》传。《易说》。《文献通考钞》。《六壬心书》。《续命书》。《喜闲录》。《偶谐篇》。《复园文集》六卷。叔祖若雨氏序，又有自序。《四库全书·集部·别集类》附《存目》云。是集皆所作杂文。自序谓。明理以端其源，博学以广其识，尊经以正其归，养气以核其实，和声以发其华。持论甚高，然核其所作，不能出公安、竟陵门户也。《阆岑文稿》。《琴鹤迁钞》。《复园诗集》。汪《志》云。《文集》有诗集自序，又有《唤愁草》《西征草》《寓言》《泛雪编》《翠微吟》《采山编》《击壤嗣音》等小引七首，当即诗集中子目。《吉云草》。《昌黎文选》。《古文餐英》。

俞隽：字人豪，号逸人。《听雨楼集》。

董牧：字放云。《是斋存稿》一卷。

董耒：见《人物》附传。《策卦十八变全图》。《香笺》。《稼庵诗存》一卷。《稼庵词存》一卷。《稼庵杂文》。《南雅》五卷，附《灵源诗存》一卷。选诸僧诗，荫在薪、逸岗及范羽、源鸿、昭让、石粲、元定、谓超、则远、普慧、方顶、正提、圣力，并董樵、董耒，凡十六人。乙卯七月漏霜，比邱南潜序。《诗存》选实訒、显谟、真谛、定识四人，宝云病僧南潜书后。

纪远：见《人物》传。《风雨吟草》一卷。附古文七篇，溪南潘耒序，御书阁僧智融刻。

邢默：字子容，归安廪生。《医学指南》四卷。

董神骏：字西御，县学生。《碧澜堂诗集》一卷。

董縠士：见《人物》附传。《古今类传》四十卷。汪《志》云：刊本《天部岁时类》四卷，首题“董縠士农山董炳文霞山辑”，康熙壬申松陵潘耒序，縠士自序，并《凡例》七条。卷面有朱印云：是书分天、地、人、物四部，兹集岁时乃天部中之一也。又朱文长印云：人部年齿嗣出，而世无传本。盖亦未刊也。《四库全书·史部·时令类》附《存目》云：是书前有潘耒序，称其兄弟共撰类书，分天、地、人、物为四部，名曰《古今类传》。先以岁时目次一编见示，乃天部中之一种，然则未成之书也。其例首为岁总类，次为春、夏、秋、冬四时类。每于一时一月又先为总类，后以一月分三十日，各纂辑典故诗文，略注所出，而以通用丽句附诸简末，其所出则咸不注焉。搜采颇为繁富。然隶事在其意义，不在其字句，是书所摭，往往乖其本旨。如王羲之“春蚓秋蛇”，本论书法，乃以“春秋”二字入之《岁序类》中，是可为得古人之意哉。《农山诗文集》。

董舫：字阆仙。《洗砚删存》一卷。《墨渡斋诗草》。

董颖佳：见《人物》附传。《中江编年集》六卷。《玉禾诗集》。

纪官：见《人物》附传。《丰草庵遗文总目》。《余素斋诗文集》三卷。漏霜老人评，丙戌自跋，丁亥沈昂跋，乾隆四年董浩序，又跋。董《志》云：茅映奎序。按，官有《北行记》《南还记》，俱编入文集中，后有族曾孙磊跋。

倪璠：见《人物》附传。《神州古史考》一卷。原书一百五十余卷，唯刊一卷。《四库全书·史部·地理类》附《存目》云：是书自序云。按今之版图，取自汉迄唐诸史地志，列于郡县之首，上搜旧闻，旁摭遗逸。凡两京十四省，共一百五十余卷，谓之《神州古史考》。又取唐以后者，别为一编，名曰《方舆通俗文》。然所梓者惟杭州一府九县而已，盖未成之书也。《方舆通俗文》一卷。《四库全书·史部·地理类》附《存目》。《庚子山集注》十六卷。首题钱塘倪璠鲁玉注释，有年谱、世系图并注释题词十四条，《四库全书·集部·别集类》著录云：是编以吴兆宜所笺《庚开府集》合众手以成之，颇伤漏略。乃详考诸史，作《年谱》冠于集首。又旁采博搜，重为注释。其中如《小园赋》前一段本属散文，而璠以为用古韵，未免失之穿凿。《汉书·艺文志》《别栩阳赋》五篇，自是人姓名，而信《哀江南赋》乃云栩阳亭有离别之赋，唐山夫人《安世房中歌》“桂华”二字自属篇名，“冯冯翼翼，承天之则”二句乃下章之首，而信《黄帝云门舞歌》乃云“清野桂冯冯”，皆显然舛误。璠依违其词，不加驳正，亦失之附会。然比核史传，实较吴本为详。《哀江南赋》一篇，引据时事，尤为典核。集末《彭城公夫人尔朱氏墓志铭》《伯母东平郡夫人李氏墓志铭》，并考核年月，证以《文苑英华》，知为杨炯之文，误入信集，辨证亦颇精审，不以稍伤芜冗为嫌也。《周易兼两》九卷。

沈奕：字夔一，监生。《尔尔草》一卷。

董奕相：见《贡生表》。《上谕十六条汇诠》。《生洲诗草》。陶尔穟序。《绣川诗草》。《金罍编》。

方毂：见《人物》传。《杏花轩诗草》。或作“杏飞轩”，疑误。

董延枋：字准生，监生，候选州同。《葵园诗刻》。

纪寅：见《人物》附传。《晴岚诗集》。石门胡鲜民序刻。《晴岚遗诗》一卷。

董友松：见《人物》附传。《镜园诗草》二卷。康熙辛酉不溪昆阳蔡启僔序。《镜园诗文集》。

董香龄：字星池，一字怀西，监生。《大还山房诗集》《星池诗草》。

董志林：见《人物》附传。《好生录》。《欲海晨钟》。《萼园集》八卷。《萼园未刻稿》。《淮游草》一卷。

董师植：见《人物》附传。《汾园集》十五卷。刊本，有康熙甲子愚舅曹溶序，凡赋二卷，诗五卷，词二卷。

董炳文：见《人物》传。《霞山诗词》。《畹香乐府》。《百花词》一卷有年侄邵基序，又有乾隆柔兆敦牂，孙婿姚成烈《敬题百花词后》一篇。

张骏生：字御周。《善田草堂诗文集》。

夏光远：见《人物》附传。《五经纂要》。《图书考》。《浔溪文献》。即增辑《南浔志》。《东瓯纪事》。《左国八家文选》。

殷赤珠：字兹在，一字芝侪，号迂叟，县学增生。《织云斋杂著》一卷。《著述总录》云。凡散行骈体文五十余首。《织云斋诗集》。《殷沈唱和集》一卷。有密庵氏跋，又许旦复跋云：赤珠与沈怡心同居城濠上，凡唱和诗一百四首。

陈某：名字无考，可升之父。《诗文集》八卷。

沈国正：见《人物》传。《论文》一篇。按，陆陇其载《困勉录》卷首。《元一遗诗》。《空山四唳》。《逸老堂春秋二禊联吟集》。《山居诗》。

温贻孙：见《人物》附传。《爱吟轩诗集》。

邢基：见《封赠表》。《脉经注释》六卷。《东垣十书批解》。《西园居士诗存》。《邢氏谱》云：徐葆光序。

董士骕：字鸣远。《遗集》一卷。

董士骥：字冀骖，府学增生。《菊溪遗集》。

曹尔价：见《人物》附传。《不寐吟》一卷。

俞棱园：名失考。《平鸣诗略》。

纪端：见《人物》附传。《菊存诗草》二卷。壬辰族孙磊跋，丁未又跋。《菊存文钞》。

董永烈：字播芬，号敬亭，府学生。《听雨轩诗草》一卷。

董焌：一名永焌，字初晖，又字东有，号旭初，监生。《膝语轩诗》一卷。

董世熙：字维清，监生。《明轩诗集》一卷。一名《绘心编》。

董陈亮：榜姓陈，名亮，见《贡生表》。《性理集解》《卧云楼琴谱》《益斋集》《卧云楼诗集》。

董学泰：字景仁，县学生。《止斋诗集》四卷。

董元烺：字晨缃，监生。《遗诗》一卷。

张鸣钧：见《人物》传。《蚕桑条约》。《张氏谱》云：刊于河南，有王士俊序。

张鸣谦：号纫兰。《纫兰诗草》《纫兰别集》。

计成：见《贡生表》。《南林居士诗集》。

夏封泰：见《人物》传。《周易直本中观》七卷。《上经》二篇，《下经》二篇，后附《编类》一篇，《系辞》一篇，《文言》《说卦》《序卦》《杂卦》一篇。《尚书宗要》六卷。《毛诗注疏学》三十一卷。《春秋参壹》。《梦呓编》一卷。承重孙耀曾跋。

曹大斌：见《人物》传。《音白黑》二卷。首题"文贞先生曹大斌敦山氏著，后学张鸿謇少翀校录"，有旃蒙赤奋若自序。《武定府志》。《嘉定县志》。《盐城县志》。《博物广志》三十卷。《艺文志》三十卷。《文贞先生敝帚编》八卷。张鸿謇选录，今所见本缺五、六两卷。《敝帚编》四卷。按，原稿一百七十余篇，此选刊六十七篇，首有自题五古一首。

谢洲：见《人物》传。《散木集》三卷。凡诗二卷、文一卷。有分千叶舒璐序、雍正甲寅桑调元序、雍正乙巳董熜序、雍正丙午曹大斌序、康熙壬寅严遂成序。又墓志铭一篇，南江董熜撰。后有乾隆戊子兰仙子姚景熹跋、董王锡跋。《散木庵诗稿》一册。有苕川张士杰、王翰青题辞。《载月轩渔草》。《宋元明诗文选》。与董熜、曹大斌同撰。

王起鹏：见《人物》传。《翻如遗文》。

董熜：见《人物》传。《四书纂要》一册。《行笈日涉录》十五卷。《蛾子时术小记》二卷。上卷自《石经》至《天体算学》十六篇，下卷自《合祭天地之失》至《太湖水利》三十九篇。《蛾子时术小记初集》一卷，附《读国语札记》。《小记》凡百五十余条，《札记》自《鲁语》已下残缺。《诗学津涉》十八卷。《南江集》二十四卷。诗二十卷、文四卷。汪《志》云：诗集编年起康熙己卯，迄乾隆丁卯，分十五集。《楚雨编》《剑吷小稿》共一卷。《白云稿》一卷。《一知集》上下二卷。《欲弹集》《监费集》《渡江小稿》各一卷。《寻则斋集》上下二卷。《南亳集》一卷。《寻则斋续集》五卷。《辛壬癸近稿》《藕花溪上小稿》《广陵新咏》《偶影斋集》《居全小斋集》各一卷，前有旧序，撰人名氏割去。又有烂溪周龙藻序。庚寅春，温山温莱忱《楚雨》《剑吷》《白云》三集序，中间有《楚雨编》自跋，《欲弹集》自序，平湖陆大业《监费集》序，盐官陈世修《渡江小稿》序，石里张尚瑗《南亳》《寻则》两集序，唯第七卷《渡江小稿》系刊本，余俱涂乙稿本。《南江诗集》四卷。仍载周龙藻、温莱忱、陈世修三序，有乾隆戊午弟文白跋。其诗皆从二十卷本选出，唯冠以赋三篇。《南江文集》二卷。董《志》作"三卷"，讹。《柳河东诗补笺》三卷。《柳氏世系表》一卷。《年谱》一卷。《附录》一卷。无序跋，首有《略例》九则。《明诗卷》。《董氏诗萃》二十卷。乾隆十年自序。《乐与集》。《水经注校本》四十卷。

董熥：字承一，又字承余，桐乡增生。《蜗庐小集》三卷。

纪肇基：字南英，县学生。《墨闲诗草》。

纪云锦：见《封赠表》。《笺疏格言》。

董懋昭：字鑑平，一字庆霄，归安廪生。《黼庵遗稿》。董熜序刻。

董良弼：初名利见，见《举人表》。《守斋诗集》一卷。

姚石：见《人物》附传。《漫吟诗钞》一卷。董熜、谢洲序刻。

董炎：见《人物》传。《坚斋诗集》三卷。《且住园吟草》《晋游草》《燕台草》三编，弟文白序。

董浩：见《人物》附传。《南谷集》四十卷。董熜序。

董煜：字麐绂，号惕夫。县学生。《梦蝶吟》。

潘尚仁：见《人物》附传。《苏门山客诗钞》十卷。《青青吟》《于役吟》《怡云集》《行有录》《吴陵宦游草》《匏系集》《塞外寒鸣》《苏门偶存》《还山吟》《放余集》，凡十编，董熜、沈德潜序。

陈可升：见《人物》传。《浔溪文献》一册。一名《浔南掌故》，又名《南浔续志》，分三十门。《饔轩集》二卷。《著述总录》云：《庚申》《辛酉诗草》各一卷，非全本也。《旭峰诗草》。《闽游草》一卷。

邢廷金：见《举人表》。《防河要议》八卷。《邢氏谱》云潘尚智序。

夏开衡：见《人物》附传。《国书分类》。

董文白：见《人物》附传。《易庵诗集》九卷。《燕游草》《闽游草》《东篱稿》《钓雪吟》《东游草》《直沽游草》《汴梁游草》《桐邱游草》《旧巢吟》各一卷，钱塘金文淳序，竹墩畏堂沈树德序、兄熜讷夫序。《桐邱倡和编》三卷。元默敦牂董邦达序。《初编》一卷，《续编》二卷，倡和者凡十一人。《会芳轩倡和编》三卷。倡和者凡十一人。《燕台倡和编》。

姚景熹：见《人物》附传。《强恕斋随笔》一卷。《爱兰仙子诗草》十二卷。《心香斋稿》《惜苔轩稿》《林栖楼稿》《凝香阁诗钞》《忆云小草》《伍草轩稿》《苕东第一楼稿》《双松轩稿》《草草山房稿》《素心草庐稿》《橘香楼稿》《十研斋残稿》各一卷，《姚氏谱》云：已刊。《兰仙子遗稿》一卷。道光癸卯孙燮序，乙未从孙锜编录并跋。

董炌：初名章炌，字竹隐，号怡亭，监生。《南窗吟草》一卷。

计士枚：见《举人表》。《卜亭诗钞》。

董源：字禹门，号青塘，县学增生。《蠖屈吟》。即《清塘遗诗》。

董扬：初名扬增，字溶加，县学增生。《苏斋诗集》。董熜序刻。《古香斋集》。

董渭：初名渭彨，字西瞻，一作西占，县学生。《畹香诗草》。

董骏：初名埈，字开雍。《赘民诗稿》。吴山秀序刻。

纪琴思：字忭随，号鹤亭，廪贡生，候选训导，改主簿。《学知堂诗集》四卷。凡《海陵稿》《袁浦稿》《倦游稿》《应酬杂录》各一卷，子豹文编录，有长梧朱星渚题辞，末附豹文撰《述略》一篇。

董燿：初名章燿，字经远，号青斋，监生。《青霞楼遗诗》一卷。

纪廷辉：见《人物》传。《清远堂诗录》。《牧庵遗诗》一卷。

夏载华：见《历仕表》。《石泉遗草》。

董绳烇：一名烇，字全夫，号曙斋，监生。范《志》作“绳铨”，讹。《余事集》一卷。即《来月轩诗草》。

吴倓：字□□。《读左录》《嗜菜集》《渡江集》。

董翼：见《举人表》。《讱斋遗诗》一卷。

沈国栋：字兰坡，归安学生。《袁江游草》一卷。《吴陵游草》一卷。

董麟兆：字昂霄，监生。《古今类辑》《耐庵诗钞》。

庄学德：字□□。《浔溪文献》。

董正：字右之，号朗君，县学生。《遗诗》一卷。

董汇吉：见《贡生表》。《淳庵遗稿》一卷。即《泰茹遗草》。

董上墉：字乘之，监生。《可亭遗诗》。

董承勋：见《人物》传。《周礼通说》。《地势考》。《畿辅水利考》。《东鲁水利考》。《洺漳小记》。《荒政记略》。《捕蝗小记》。《芑堂诗集》五卷。

张明扬：字冕廷，归安学生。《拜山诗稿》十卷。

董金城：见《人物》附传。《少客诗集》二卷。

纪复亨：见《人物》传。《祥梦记》。《鼎湖小志》一卷。《太朴遗文百一编》一卷。族侄豹文核阅，族孙汝瑚辑，乙卯豹文序。《心斋集》十卷。一名《兰梦轩稿》，凡经进诗二卷，古今诗五卷，咏物诗一卷，杼亭词二卷。《心斋集补录》一卷。纪磊编录。《晋阳唱和编》一卷。金匮陶中正序。《馆课偶存》一卷。

董三达：字备尊，监生。《遗诗》一卷。

纪日照：字丽中，县学生。《珠厓诗文集》。《半乡斋存稿》。《珠厓遗诗》二卷。族孙磊跋。

纪士玉：见《举人表》。《悬圃诗钞》。

董希辂：见《贡生表》。《莲台所见书目》。《莲台遗诗》一卷。

张鸿寯：字醴源，号芗泉。《南浔文献志》二册。乾隆戊寅自序，《凡例》九则，分三十六门，内缺《祥异》《丛谈》二门，一名《重增南浔志》，或作张鸿宪著，讹。癸卯董肇镗跋。

俞从龙：见《人物》传。《在竹居诗稿》一卷。

陆金：字丽江，号明斋。《堪舆一贯》六卷。前集《空龙镜》三卷，后集《理气会览》三卷，乾隆丁未浔溪老人自序。《经疑》一卷。《明斋诗集》一卷。

董庭坚：字襄虞，府学增生。《毅庵今体诗集》。《毅庵遗诗》一卷。

董丰垣：见《人物》附传。《禹贡纂注》一卷。《尚书大传考纂》三卷。吴江沈彤序，乾隆三年董熜序，后有《附录》《补遗》《源委备考》。《竹书纪年辨证》二卷。《补遗辨证》一卷。乾隆甲子长洲彭启丰序，江都唐绍祖序，乾隆丙辰自序，又自跋，《补遗辨证》丙辰自跋，后有侄肇镗跋。《识小编》二卷。乾隆癸未自序，《四库全书·子部·杂家类》著录。《菊町游稿》一卷。《洪范纂注》一卷。

董民杰：字兴豪，归安廪生，善珞琭子术。《凡夫仅存草》一卷。

董钧：一名秉钧，字奏廷，附监生。《百尺楼诗》一卷。

董调元：字汝梅，号箬川，廪贡生。《藕花溪吟草》一卷。

董镛：见《封赠表》。《地理摘要》二卷。

董起元：字拣青，号绍亭，监生。《九宜楼诗钞》。

姚德铉：字冶公。《吴兴志纂》《冶公集唐诗》。

董进元：字辅唐，归安学生。《恕庵诗钞》。

纪汝霖：字润章，号商岩。监生。《呓觉集》五卷。

吴岩：见《人物》传。《律表》。龙臬使承祖梓行。《灌园近稿》。《使游草》。《碧梧山馆诗集》。

丁蟾：见《人物》附传。《蓉斋诗稿》十五卷。《候虫吟》一卷。道光戊子张鑑序。《西泠草》三卷。《续候虫草》二卷。《蛤巷草》一卷。《三续候虫草》一卷。《月亭四六遗稿》一卷。

胡璘：字遗之，县学生，或作崔璘。《宝书楼诗草偶存》《瓯越游草》《豫章游草》。

徐景：字□□。《梦草轩诗草》。

王鳌：字掌丝，归安学生。《辟尘轩吟草》。

徐德元：见《人物》传。《戎疆琐记》。《香雨丛记》。《蜀中名胜记》。一作《蜀中名胜诗》。《官箴诗》。《燕中草》。《蜀中草》。《秋海棠倡和诗》八卷。《芷堂文稿》。《芷堂诗稿》。

韩宗濂：字叶溪，县学生。《梧影轩诗草》。

潘其澜：字思澄。《香泉残稿》一卷。有丁蟾题辞，道光二十八年族孙焕明序。

董兆元：字蓉采，号悟庵，县学生。《江峰笔记》。《江峰诗文集》二卷。庚戌甥男钱璋编录，璋有跋。《严海珊明史杂咏集注》四卷。海珊名遂成，𩦎村人，兆元之舅氏。《古今类诗》六十卷。以天、地、人、物为次，各有子目。《续董氏诗萃》。

董景坡：初名小坡，见《举人表》。《眉峰诗集》二卷。

陆充埰：字凤辉。《莳湜遗诗》一卷。

董启埏：见《历仕表》。《秋树诗草》一卷。

董苍零：字清载，号鲁庵，吏员候选主簿。《余事诗稿》。

张鸿窸：字少翀，号和叔，府学生。《书经理解质疑》五卷。《历朝篆体》四卷。《印宗》，一卷。《和叔遗文》二卷。《蛩吟诗集》二卷。即《少翀遗诗》。

陆嵩高：见《人物》附传。《敬堂遗诗》《凤池集》《滇游草》。

温鹤立：见《进士表》。《陂田遗草》。

南浔志卷四十一

里人周庆云纂

著述二

清

方熊：见《人物》传。《南浔文献志》。乾隆辛巳自序，《带湖草堂集》。《飞崖诗删》八卷。《吟寒集》《絮吴虀选》《庚辛集》《湖山草》《蘧庐草》《惊秋集》《田园社吟》《濒湖草》各一卷。编年始甲子迄癸未。首载茅应奎《絮吴虀小序》，又《庚辛集自序》《自书湖山草后》二篇，后有弟焘跋。

范君倓：字昉之，县学生。《天平山杂著》。《云楼诗钞》四册，《联珠集》。《闽游吟草》一卷。

范君僎：见《举人表》。《恕堂编年诗》《北游草》。

董启嘉：见《历仕表》。《东游草》一卷。

尹世奇：初名锦，字蜀江，归安学生。《西亭诗集》。

董希载：初名载复，字幼渠，号欧亭，监生。《欧余吟》《欧余小草》。

董王锡：见《举人表》。《爱莲居诗稿》。即《谦山诗集》。

董存诚：字寄梅，号立堂，又号大闲，县学生。《剑引轩偶存》一卷。

董肇钊：字继康。《保厘遗草》。

张德奎：见《人物》传。《桐雷歌诀》二卷。《八咏楼吟草》四卷。《拟南巡诗赋》二卷。

杨素培：初名成仁，字兼之，号醒斋，监生。《越游集》。

方焘：见《人物》附传。《重修南浔镇志》十二卷。乾隆乙巳自序。按，与董肇镗《志》大同小异。《山子诗钞》十一卷。《田园社吟》《待定草》《浲西草》《浲西倡和集》《浲西倡和续集》《赘生草》《曾游草》《漱湖草》《撚髭集》《榆余集》《六六吟草》各一卷，编年始戊寅迄丁巳。《笥岩诗剩》二卷。戊子海盐朱炎笠亭序。

杨素墀：字历之，县学生。《获渔诗》。

施凤藻：字赓偕，县学生。《虹映村庄诗草》《十红词》。

董肇钤：字健中。《玉岑小草》一卷。

董兴宗：字敬孜，号借轩，监生，候选县丞。《传古选录》一卷。集其兄蔚宗聘妻田烈女传志诸文，兴宗自跋。

纪豹文：见《人物》传。《山左游草》一卷。嘉庆十三年自序。《鸣铎偶存》一卷。嘉庆六年自序，余山平恕、荔园张骏、竹安倪怀经、钱塘八逸赵士霖、门人陆树德、侄孙奎光题辞。《林下杂咏》。《寿言荣赠编》一卷。自跋。《尚齿会历年倡和编》。王以衔序。

范颖通：见《人物》附传。《南浔掌故》《天平山漫志》《研北居琐录》《苕溪草堂诗稿》。

沈丰岐：字大宗，归安学生。《国朝律赋偶笺》四卷。乾隆戊寅自序。《易斋诗草》一卷。

陆贤英：见《贡生表》。《翥声遗诗》。

计发：见《人物》传。《鱼计轩诗话》一卷。《鱼计轩诗钞》一册。闵文山、凌树屏题辞。

蒋宗镐：字继丰，号涧西，太学生。《默耕堂经验良方》二册。

孙世楷：字维翰。《遗诗》一卷。

胡珊：字渠珊，号问波，县学生。或作崔珊。《问波诗草》《岭南诗草》。

孙蓝玉：字师雍，一字思蓉，号润庵，监生。《润庵诗钞》。

褚介宗：见《人物》附传。《遗诗》一卷。

董肇锦：字䌹尚。《淡村遗诗》一卷。

董肇锋：字蕴辉，县学生。《怀村遗诗》一卷。

董肇镄：字丰玉，号云门，又号霜岩，附监生。《怡云轩诗草》一卷。

张升吉：见《人物》传。《樾门啸余录》。《棠阴杂咏》。编凤山士民送行诗二百余首。

董肇镗：见《人物》附传。《南浔镇志》十二卷。乾隆丙午自作后序，例言十则。其目。卷首图，卷一沿革、分野、疆域、廨宇、古迹，卷二职官、科第、明经，卷三仕宦、封荫、荐辟，卷四人物，卷五节烈、艺术，卷六寓贤、释老，卷七祠庙、坊表、陵墓、河渠、津梁，卷八风俗、物产、祥异，卷九经籍、碑铭，卷十艺文诗，卷十一艺文文，卷十二丛谈。《梅圃小草》。《客窗偶存》一卷。《录存编》二册。按，《续董煺诗萃》未载之人。嘉庆元年自跋。

沈升峤：见《举人表》。《辛斋遗诗》。

董肇锳：字赓扬，晚年改名，奉銮县学生。《秋槎小草》一卷。

董肇镕：字冶塘，归安学生。《绣谷小草》一卷。

张大槐：字星五，号省吾，监生。《丰芑堂诗草》。

汪廷业：见《人物》附传。《医门纲要》四卷。《伤寒津要》四卷。《保婴大成集》四卷。《笠岑遗草》。《集陶诗》一卷。

归光曙：字接三，县学生。《古香遗韵》《晓斋诗草》。

陈善：字明怀，号吟怀，县学生。《挑菜集》《蔗园吟草》。

董肇镐：见《贡生表》。《月桥存草》一卷。

董一经：见《举人表》。《韦庄诗钞》。

屠元淳：字心发，归安学生。《讱庵遗诗》。

夏耀曾：见《人物》传。《小山居偶存稿》一卷。《小山居附存稿》一卷。汪《志》云：《秋水文丛》有《始谷堂合集序》，盖总录夏氏诸人之诗。今未见其书，而序中亦不言若干卷，并不言何人所编，附识于此。

范宗镐：见《人物》附传。《研北居浔著》二卷。《菁山感咏》。

张谦吉：字蕴山，县学增生。《耦庄诗草》。

张震亨：见《人物》附传。《月襟吟馆诗草》。

张丰亨：字庆来，号欧亨，府学生。《不堪持赠录》《怡云山房吟稿》。

纪松：字鹤家。《钓青集》五卷。首《莞尔集》，戊子自序，己丑夏心谷冠东氏序，庚寅莲台董皋怀序。次《自怡草》，甲午自序，壬辰晟溪凌云学坡氏序。次《率性草》，甲午自序。次《安愚草》自序，甲辰闽漳陈国治平斋氏序。次《梅花诗》，辛丑湖滨张夆之午山氏序。《钓青诗录》。族孙峻选录并序。

汪灵川：字□□。《古学摘要》二册。

纪元音：字景钟，号响泉，县学生。《题赠诗》一卷。

董抡元：字步云。《晚香诗钞》。

董载昌：初名攀龙，见《举人表》。《蕢洲诗草》。

董肇锽：字依堂。《掬盈编》一卷。从伯兆元序刻。

董锡宝：字保南。《保南小稿》。

王翰青：见《人物》传。《鹤野遗诗》。《东游草》一卷。嘉庆丙辰自序，末题“甥周以增校”。《鹤野词》一卷。甥周以增校，秋琴计深跋。

杨凤声：见《人物》附传。《睦游草》《虚舟遗草》。

陈绍登：号春麓。《春麓诗钞》。

董传：初名传孙，字定圃，号溆芳，监生。《瞻园杂咏》一卷。《芹言》。十九篇。

陆树德：字存耕，监生。《滋田诗草》。

纪思曾：见《人物》传。《鲁堂诗钞》一卷。

纪荣炳：初名元章，字邦采，县学生。《秋澜诗草》。

范登：见《人物》附传。《贡举备考》一卷。《续葺文正公年谱》。《后乐居漫志》。《研北居诗集》。《研北居文集》。《寄庭遗稿》。

金世杰：字奇若，号静斋，监生，候选布政司经历。《宋安人节孝诗钞》。《备志》云：其生母宋氏，乾隆时请旌，遍征诗歌，汇刻此编。

归鸾：见《历仕表》。《清苕渔隐诗稿》一卷。自跋。

吴谦：字晴谷，县学生。《冷余诗钞》一卷。

金大鲲：见《历仕表》。《春涛诗草》一卷。乾隆戊戌孙梅序，又有兄泽农德辉序，嘉庆五年王以衔跋。

董惇史：见《举人表》。《廉泉诗稿》。

杨凤苞：见《人物》传。《十八家晋史纂》。《南疆逸史跋》一卷。凡十二篇。《秋室荟蕞》。《采兰簃诗集》四卷。《秋室诗录》一卷。《西湖秋柳词》一卷。弟知新、元鼎注。《采兰簃文集》四卷。《秋室文录》一卷。《西图老人文钞》。《国朝湖州诗录》三十四卷。陈焯原编，凤苞补正，郑佶校刊。《本事词》。

施国祁：见《人物》传。《周易考异》。《金史详校》十卷。汪曰桢校录。《金源札记》二卷。辛未自序。《金源又札》一卷。《史论五答》一卷。即《金史答问》。《礼耕堂丛说》一卷。汪曰桢编录。《元遗山诗集笺注》十四卷。卷首为原序，例言、本传、墓铭、世系、年谱，卷末为附录、补载，实十六卷。范《志》云蒋炳刊。《元遗山文集笺注》二十六卷。《金源杂兴诗》八卷。《吉贝居暇唱》一卷。自序。《礼耕堂诗集》三卷。许旦复校写。《礼耕堂文集》。《礼耕堂外集》一卷。《礼耕堂文外集》一卷。《言情箫谱词》。

邢典：见《人物》传。《大衍挂扐说》一卷。《学易心数》一卷。自序。《醒心录》一卷。《有益语》一卷。《六壬占验》一卷。《书城杂著》三卷。凡十七篇。《课子编》。《云水堂荟萃集》一册。戊子十月丁桂题辞。《书城诗钞》一卷。吴谦序，长兴朱紫贵序。《书城文钞》一册。《南林杂咏》一卷。《丑妇编》一卷。自引，凡杂文一百二十八首。

刘桐：见《人物》传。《听雨轩集》。《楚游草》。《楚游续草》。《眠琴山馆书目》。汪《志》云：此书目为范锴、张鑑、计深、蒋履泰同编，嘉庆二十五年张鑑序。

温一贞：见《人物》传。《也痴题跋》。《绮石居杂志》。《书画管见录》。《卧痴楼诗钞》。《苏黄题跋》。锡山沈吾序手写刊本。

温纯：见《人物》传。《墨妙楼诗稿》八卷。《墨妙楼铁笔》四卷。《亦颇簃论书》一卷。《论画》一卷。《温氏诗集》四卷。《蓬莱游草》二卷。《括州游草》二卷。《吴兴诗选》十二卷。按，纯跋《温睿临诗集》谓嘉庆元年纯有《国朝吴兴诗钞》之辑，广求吾郡名家，未数月而得二百余家云云：未知即是此编否？《墨妙楼法帖》四卷。《金石史》。《五经算术》。《云谷杂记》。《敬斋古今黈》。《温氏母训》。《校勘王篛林题跋》。

王守经：少孤力学，藏谷桥人。《廉隐斋文钞》。

王毓金：字升闻，郡增生。《四书备解》《五经备解》《爱吾庐诗文钞》。

归奉璋：见《人物》传。《璞斋诗文集》。

归蓉照：字鹿岑，县学生。《乐读草庐诗集》四卷。《一得杂记》六卷。

陆唫：原名宁，见《人物》传。《柳南诗钞》六卷。

陆骥：见《人物》附传。《啸云馆诗钞》二卷。

陆驹：见《人物》附传。《虚白斋诗存》二卷。

张醇：见《人物》附传。《听雨楼吟稿》四卷。

孙履元：字少樵，县学生。《聚好斋丛残》二卷。《谈鲭》二卷。

孙枚：字元灏，号秋涛，一号芳谷，归安县学生。《芳谷诗钞》。

李邦治：见《人物》传。《自怡斋吟稿》四卷。

周良苗：见《人物》传。《听香楼尺牍》。

张秉纯：见《贡生表》。《纪作梅诗稿》一卷。

丁鸣钧：字镕九，府学生。《蓉秋诗文集》三卷。

纪元述：字绳祖，号悉斋。《阐幽录》一卷。编集陈濂继妻烈妇纪氏传志诸文，即元述姊。

邵文然：字□□。《广救急良方》一卷。道光元年自跋。

蒋炳：字鸿儒，号枕山，监生，议叙八品衔，赠奉政大夫。《枕山偶吟草》一卷。

陆岐：字虞廷，监生，自震泽迁浔。《读易随笔》一卷。

张均：字以方，号雨舫。《栽花山馆诗钞》二卷。

桂棽：初名兆鳌，字鸿九，号兰谷。《童范》。

董树藩：字扆周，号子屏，府学生。《雪鸿留印稿》。

董传经：见《人物》传。《阐易渊微》一卷。道光壬辰天心道人自序，《漱六草堂诗钞》二卷。嘉定钱大昕序，嘉定金以塾序，表弟金元镇跋。《遗诗》一卷。

董应椿：见《举人表》。《爱余阁遗集》一卷。道光庚子孙燮序。

董大辰：字星灿，附贡生。《银桥遗诗》。

纪峻：见《人物》传。《小蓬莱诗录》一卷。子南枝跋。《小蓬莱文录》一卷。《诗经异义集说》一卷。《推步小记》一卷。

沈谦：字吉甫，一字洁夫，号梦香，监生。《淮阴游草》一卷。《朐浦吟稿》一卷。《疏柳轩偶存》一卷。《琅玕馆偶存》一卷。《邗上偶存》一卷。《对影斋偶存》一卷。《琅玕馆忆存》一卷。

董应兆：字更生，县学生。《更生诗钞》一卷。

董宗海：见《历仕表》。《燮庭小草》二卷。上卷《覆瓿录》，下卷《海天吟》，嘉庆庚午自序，庚辰张今荣序。《朵云轩小草》。《录存续编》一卷。续其父肇镗之书。

张鑑：见《人物》传。《古文尚书脞说》一册。《诗本事》一卷。《韩诗考逸》一册。《左传规过比辞》六卷。即《左传杜刘规过谳》。自序。《丧服古注辑存》二卷。一名《服经古注读》。《夏小正集说》一卷。《论语考逸》一册。《孝经证坠简》一卷。《十五经丛说》五十卷。《七纬补辑》七卷。侯官赵在翰刊。附所辑《七纬》每卷后。《说文补注》一卷。《六书寤言》四卷。《假借表通释》一卷。《西夏纪事本末》三十六卷。首有《年表》一卷。《东南半壁纪事》三十卷。《隋朝行宫录》一卷。《蕃厘观志》一卷。《洞书》六卷。即《西洞庭山志》，自序。《海运刍言》四卷。分《稽古》《明试》《通论》《枝说》四篇，乙酉九月自跋。《孔子徒人图法》一卷。《嵇氏圣贤高士传存真》一卷。《两浙赈灾记》三卷，《附录》一卷。有钱宝甫、费锡章、阮元三序，嘉庆十七年李赓芸跋，仪征阮亨刊入《瀛舟笔谈》。《海内先贤行状》。《雷塘庵主弟子记》二卷。即《仪征阮文达公年谱》。《墨妙亭碑目考》三卷。自序。《傅子广辑》三卷。《神农本草存真》三卷。《眉山诗案广证》六卷。《两宋画院志》四卷。《中西星歌合钞》三卷。《历统岁实消长表》三卷。《天元借根得一》二卷。一名《天元一细草述》。《立天元一捷法》一册。《释菜》一卷。《释马》一卷。《梦史》一卷。《破虱录》一卷。《冬青馆随笔》一卷。《破睡录》一卷。《忼瀫录》一册。《楚词释文》十七卷。《上林子虚赋郭注辑存》二卷。《蝇须馆诗话》五十卷。内第二十八卷分上下，实五十一卷。《秋水文丛》五十卷。一名《秋水文稗》。第一卷赋。二卷至二十卷古今诗，分十七集，曰《扫花山馆》，曰《劳薪》，曰《湖楼》(一名《摇碧斋》)，曰《楢溪拾橡》，曰《过江》，曰《望云》，曰《冬青庳》，曰《芜城》，曰《后冬青庳》，曰《北征》，曰《南游》，曰《寄阮》，曰《礓桐馆》，曰《淮南》，曰《临顿里》，曰《林屋洞天》，曰《桑苎园丁》。二十一卷至四十九卷文，分二十类，曰书、曰序、曰跋尾、曰考、曰辨、曰论、曰条例、曰议、曰解、曰赞、曰铭、曰传、曰书事、曰记、曰碑、曰墓表、曰墓志铭、曰行状、曰诔、曰祭文。第五十卷即《海运刍言》。自跋云道光戊子编六十岁以前之作。《文丛再编》一册。一名《文稗续》。不分卷，古今诗，名《痹风集》。编年丙戌至丁酉，有自序，又文一百篇。《文丛三编》一册。一名《文稗续》，不分卷、古今诗，名《痹风集》。编年丙戌至丁酉，有自序，又文一百篇。《文丛三编》一册。一名《文稗再续》，不分卷，古今诗，名《井叔集》。编年丁酉至乙巳，有自序，又文五十篇。《文丛四编》一册。丙午以后诗文未编定，《詹詹集》四卷。皆少作之诗。《古宫词》三卷。《画塍诗》三卷。即《秋水题画诗》。《冬青馆甲集》六卷，《乙集》八卷。《甲集》诗文各三卷，道光己亥自跋；《乙集》诗二卷，文六卷，丙午自跋，并从《文丛》中选刊。《秋水词》二卷。《赏雨茅屋词》二卷。《甬游日记》一卷。

范锴：见《人物》传。《吴兴藏书录》一卷。《汉口丛谈》六卷。东坡熊士鹏序。《华笑庼杂笔》六卷。道光二十四年自序。《浔溪纪事诗》二卷。凡诗七十首并自注，乙未同里张鑑序，丙申钱塘陈文述序，道光十六年蒲圻张至曙序，丙申自跋。《湖录纪事诗》一卷。《蜀产吟》一卷。道光庚寅陈文述序。《感逝吟》一卷。《续汉上题襟集》一卷。《浔溪渔唱》一卷。《苕溪渔隐诗稿》六卷。道光十三年桐城李宗传序，壬辰无锡邹廷勷序，十六年元和朱绶仲环序，阏逢敦牂同里陆长春瓣香甫序，乙未钱塘陈文述序。《苕溪渔隐词》二卷。嘉庆十八年临洮陆芝田次农氏序，丙子丽生严学淦序，又《学淦书札》一篇，阏逢敦牂同里陆长春序。《华笑庼词》一卷。《幽华诗略》四卷。道光戊戌汉阳孙煦序，钱塘陈文述序，十九年天门熊士鹏序，辛丑自跋。其所著《揽茝山房漫记》，即散入书中，仿朱彝尊《明诗综》附《静志居诗话》例也。

王隽：字平桥，县学生。《蜀游草》四卷。《西川小草》《浪游集》《相师集》《慕陶小草》各一卷，桂森跋。

谈道中：字圣秉。《遗诗》一卷。

纪庚发：字巽岩，监生，后迁居陈溇。《唐诗钞读本》二卷。自序。

王铸：见《人物》附传。《雪浦遗诗》。

杨锴：见《人物》附传。《蕡香庳诗集》。

张镇：一名恒镇，字南华，一字小山，号荻塘，归安学生。《梦史》一卷。自序。《余闲杂咏》一卷，附《诗余》。《采兰草》一卷。从兄鑑跋。《丛桂山房吟草》一卷。一名《余闲吟草》。《浔溪渔唱》一卷。昭阳赤奋若自序。

张瀓：初名珂，见《人物》附传。《秋畹骈体文》《秋畹诗草》《古今体诗合稿》《嗜学集》。

丁源：见《人物》附传。《啸月斋诗草》二卷。《梦坡诗选》一卷。族叔若木宸序，沈登瀛跋。

董襄：见《举人表》。《苕华盦诗集》十册。编年起嘉庆壬戌，迄庚辰，分《秋虫吟集》《巢燕语集》《梦雨集》《凌云集》《化枳集》《追鸿集》《陟岵集》《息津集》《归燕集》《萍生集》《停辙集》《养蒙集》《祥琴集》《慎行集》《虚瓢集》《书空集》《击壤集》《知非集》《怆瑟集》，凡十九集，各有小序。《苕庵遗诗》。

纪方虎：见《人物》附传。《啸谷遗诗》一卷。从子南枝跋。

董庆槐：字春敷，号音树，又号菘园，附监生，善书画。《种菘山房诗草》二卷。《巴吟集》一卷。《怡云集》一卷。《遣意集》一卷。《渔洋古诗选补遗》四册。《增订周官精义》十二卷。

冯鸣盛：见《人物》附传。《筤园仅存草》一卷。

桂森：字凌荫，号未门，又号晓窗，晚号息存，廪贡生。《藕香书屋遗稿》一卷。

纪沂春：字心雩，一字景曾，县学生。《遗诗》一卷。

吴林：初名复曾，字又舆，号也鲁，县学廪生。《桐阴诗草》。

徐方来：号墨庄。《珠江吟》《墨庄诗草》。

张琛：字舜钦，号醧舫，府学廪生。《窥豹录》一百卷。《自怡集》。《醧舫文集》。《严海珊明史杂咏增注》四卷。

张曼寿：原名泮，一名澜，字礼堂，号小秋，又号眉甫，府学廪生，善八分及楷书。《橘田窗课》一卷。《眉忼小集》一卷。自序。《汝画斋词》一卷。自序。

董增龄：见《人物》传。《规杜绎义》八卷。自序。《论语雅言》二十卷。自序，嘉庆乙亥德清徐养原序，己卯谷山蔡之定序。《国语正义》二十一卷。阏逢阉茂自序，道光二年高邮王引之序。《金匮集解》二十二卷。嘉庆十九年自跋。《江海明珠》二卷。

蒋文照：字容辉，号蓉村，监生。《毛诗诸经引文异同》一卷。嘉庆四年自序。《大学古注》一卷。自跋。《地理百一》二卷。《地理管窥》一卷。

吴仙槎：字输蜜，自号太平闲民。《太平闲话》二卷。新安啸竹山人序，自跋。《天启宫词》一卷。《崇祯宫词》一卷。

徐镛：字以闻，号友竹，监生。《惇叙居闲吟草》。

董辰谟：改名炳谟，见《历仕表》。《印雪吟》一卷。汪琨、汪徵康序。

张文治：初名涛，字海门，号小海，县学生。《经文篆正》二十卷。《十三经释正》三十六卷。《古文纂》一卷。嘉庆十二年自序。《说文集证》十四卷。

纪奎光：见《人物》附传。《一斑集》一卷。纪磊跋。

纪庆曾：见《人物》传。《师泉经说》。《师泉史论》。《古滕日记》一卷。《叠翠居文集》一卷。许旦复编录。《师泉遗诗》一卷。许旦复编录。《明初三家文钞》。选宋濂、刘基、方孝孺之文。

董恩湛：字赋彤，号春泽，又号葆灵，府学廪生。《悔生稿》。《秋琴草》一卷。《闽游草》一卷。《黔滇游草》一卷。《东归录》一卷。

盛朝勋：见《人物》传。《唐述山房日录》二卷。沈垚编录，四卷，有跋，后并为二卷，又有许旦复跋，吴江沈氏刊入《昭代丛书》，并为一卷。《鸡肋偶存》一卷。

徐福：字养之，号鹤田。府学廪生，后迁居郡城。《鹤田四六稿》一卷。《豹隐集》二卷。《豹隐集续编》一卷。《鹤田词》一卷。

董允升：字寅甫，归安学生。《松门遗诗》。

孙燮：见《人物》传。《愈愚集》六卷。凡诗四卷，文二卷，道光庚寅张鑑序。《愈愚续集》四卷。诗、文各二卷。《愈愚后集》四卷。诗、文各二卷。《愈愚剩稿》二卷。诗、文各一卷。《补读书斋集》二卷。诗、文各一卷。《愈愚遗集》二卷。诗、文各一卷，汪曰桢编录。《宋六家文钞》。

董时烜：初名作梅，字傅岩，号小云，归安学生。《听雨楼诗钞》一卷。

温曰鑑：见《人物》附传。《魏书地形志校异》三卷，《附录》一卷。道光辛卯长乐梁章钜序，张鑑序，丙申丁宸跋。《历朝郡县名编韵》六册。《古壁丛钞》一卷。《拾香草堂识余》一卷。一名《梦蝶簃脞记》。《拾香草堂集》二卷。凡诗一卷，杂著一卷。《勘书巢吟钞》一卷。《云南倡和集》一卷。《读魏书地形志随笔》一卷。

汪延泽：字润之，号让庭，又号酉山，监生，候选批验所大使。《耕烟诗钞》一卷。子曰桢跋。

张封：初名嘉宁，字一清，号又华，又号寒畦，县学生。《艺圃杂记》一卷。《寒畦诗钞》二卷。

董蠡舟：见《人物》传。《周易郑义》一册。《释祀》五十五卷。计《祭法》十七卷，《祭前事》二卷，《祭事》四卷，《仪节》七卷，《祭物》十卷，《祭器》六卷，《祭服》九卷。《三国志杂校》一卷。《补五代史记纂误》一卷。《十六国史捃逸》十八卷。首附所采亡书总目一卷，实十九卷。《鼯巢随笔》一册。《鼯巢集》五卷。自己巳至壬辰之诗，自选写定。《董莭病夫诗录》十卷。凡《葛弃集》二卷、《絮影盦集》一卷、《呻吟剩语》二卷、《南浔蚕桑乐府》一卷、《惊年集》二卷，《斫鼻吟》一名《鼯巢诗录》二卷，编年自戊辰至庚寅，每集各有自序。《铸范自订稿》一卷。辛卯、壬辰之诗。《佣暇集》一卷。癸巳、甲午之诗。自序。《德辨斋集》一卷。乙未、丙申之诗。自序。《垢囊剩稿》一卷。丁酉至己亥之诗。自序。《遂非集》一卷。庚子至壬寅之诗。自序。《多暇日盦集》一卷。癸卯至乙巳之诗。自序。《兰情竹抱室集》一卷。丙午至庚戌之诗。《梦好楼诗草》一卷。亦选录之本。《浔溪棹歌》一卷。凡一百首，并自注，前有小引，道光辛卯吴江张澹序。其后复加改定，仍一百首，未刊，已编入《鼯巢集》中。《九秋吟》一卷。屠维赤奋若自序，后有弟恂题辞。《怀人诗》一卷。自序。《梦好楼文集》二卷。《鼯巢杂著》一卷。《楹联存稿》一卷。《无弦琴趣》一卷。系词集。《诗余纪事》十册。

冯步青：见《人物》附传。《药园诗存》。

董宸箴：字鸿裳。《怀好吟》一卷。

邵芝生：字仙根。监生。《仙根医述》八种。

诸常：字景眉，号薏生，府学生。《崇本堂骈体文》二卷。归安孙宪中序。《薏生诗钞》一卷。自序。

温文禾：见《人物》传。《稼生遗稿》。《辛夷花馆初稿》。同治壬戌子丰跋，光绪丁亥与丰所著合刻为《太谷遗著》，从弟濂序。

张丹山：见《人物》附传。《浔录》十册，《学古日钞》一卷。《扶竹楼诗钞》。《浔溪棹歌》一卷。凡一百首，并自注。

沈登瀛：见《人物》传。《湖州府志记疑》四册。《湖州历朝地志汇钞》二册。《重定府志郡守表》一卷。自序。《重定府志州县表》一卷。《长兴邢志条辨》一卷。辨邢澍《长兴县志》之讹，自序。《南浔备志》四册。《南浔著述总录》三卷。卷一元人、明人，卷二国朝人，卷三谱录、流寓、闺秀、方外。道光十八年自序，今本第二卷后半及第三卷残缺。《南浔诗文汇录》四册。一名《南浔艺文补》。《凝香书屋书目》一册。每书各有解题。《南林乡前辈私祀录》一卷。自序。《深柳堂杂著》三册。《深柳堂文集》一卷。甥丁桂编录。

施绮舟：字□□。《挹江楼诗稿》一卷。

陆凤铨：字栖桐，县学生。《劝戒戏子文》一篇。

归模：字建中，号朴庵，府学生。《禹贡注辑读》一卷。

张藻锦：字兰敷，县学生。《瀛士赋草笺略》《瀛士诗文稿》。

夏霖：字汝康，号心舟。《瓣香馆诗钞》一卷。

纪运芳：字应辰，县学廪生。《雨江诗钞》一卷。

董恂：见《人物》附传。《夏小正传注集证》四卷。卷首旧序、星象考、中星图杂录，卷尾逸文、释文、附录、补遗实，共六卷，道光十三年自序。《南浔志稿》二册。《古今名医传》十一卷。按，一名《医统》。《古今医籍备考》六册。《文房杂录》二册。《宫闺联名谱》八卷。分天地、色数、性道、称谓、宝器、动植、三字、四字八类。《妇女双名录》一卷。《巾帼须眉记》一卷。《七字谣纂》一卷。《古今异名编》一卷。《脂粉簿》一册。《紫藤花馆骈体文》二卷。《紫藤花馆诗集》十二卷。分《初莺》《钉铰》《笔丐》《邓笑》《瓶筲》《志余》《嗟哉》《遏云》等集。《两宋宫闺词》二卷。凡二百首，并自注。《浔溪棹歌》一卷。凡一百首，并自注。《南浔蚕桑乐府》一卷。自序。《紫藤花馆词集》九卷。凡《古琴龛尘谈》二卷、《梦香亭蝶拍》一卷、《集词牌名小令》一卷、《艳墨楼绘声谱》一卷、

《评香奁有声画》二卷（一名《百花词》），附《花间铃语》二卷，首有陆长春序。《丽雪联吟》一卷。咏白桃花凡十九人，诗四十六首，道光己丑青田端木国湖序。《紫藤花馆印谱》四卷。

沈垚：见《人物》传。《元史西北地蠡测》二卷。《地道记》十卷。《西游记金山以东释》一卷。筠潭叶绍本跋，金山钱氏刊入《指海》，附于《长春真人西游记》后。《台湾郑氏始末注》六卷。系德清沈云撰，垚注，戊戌自跋，晟舍凌氏刊入《传经堂丛书》。《新疆私议》一卷，附《葱岭南北河考》。范《志》云：王鎏刊。按，鎏所刊乃删节之本。《漳北滱南诸水考》一卷。《元和郡县志补图》五篇。《西域小记》一卷。凡《新疆统部表》《北路诸城表》《南路诸城表》三篇，今本残缺。《落帆楼杂著》三卷。汪曰桢编录。《简札摭存》三卷。汪曰桢编录。《落帆楼文集》三卷。《落帆楼后集》三卷。汪曰桢编录。《落帆楼外集》一卷。汪曰桢编录。《落帆楼别集》一卷。汪曰桢编录。

董思：字睿甫，归安学生。《研斋诗钞》一卷。

夏荫棠：字念慈，又字省斋，号曼仙。《剑华馆诗钞》一卷。纪磊编录。

范来澧：号云岩。《慎修堂辑闻》《云岩小草》。

丁桂：见《人物》附传。《欧余山房文集》一卷。许旦复编录。

张藻镛：字骏声，县学生。《谱笙诗钞》。

汪辰：一名宗海，字仲猷，号远轩，善画能医。《惜三草堂诗钞》一卷。

纪南星：见《人物》附传。《痘科集腋》三卷。

董邦桢：字维周，号砚洲，县学生。《砚洲诗赋》一卷。

范来庚：见《人物》附传。《南浔镇志》十卷。道光辛丑桐城姚元之序，王鎏序，庚子自序，并凡例七条。《秋舲渔唱》一卷。《南浔文征》。《南浔诗征》。

邢杰：号柳渔，归安学生。《绿云山房诗编》一卷。兄俊序。《绿云山房文编》一卷。兄俊序。

邢伟：号诗樵，国学生。《痘疹治案》二卷。《芝兰室吟草》一卷。

邢琛：字玉山，归安学生。《玉山诗赋》二卷。

张宫桂：一名熙柱，字翊襄，号一香，监生。《藏云阁诗钞》三卷。张珍臬序。

邵浚：字昼人。《伤寒心得》《杂症汇参》《昼人脉论》。

汪虬：一名宗淮，字子清，号莲渠，善画。《滤玉奁诗钞》一卷。兄曰桢序。

张模：字树基，归安学生。《槎仙未是草》一卷。

许旦复：见《人物》传。《农事幼闻》一卷。《冬心庐杂钞》四卷。《冬心庐诗集》四卷。《蓼红闲馆外编》三卷。

纪磊：见《人物》传。《周易消息》十五卷。《周易集说》三册。《九家逸象辨证》一卷。《虞氏逸象考正》二卷。《传义经文订讹》一卷。《朱子卦变考正》一卷。《本义辨证补订》一卷。《汉儒传易源流》一卷。《读易随笔》四卷，《续纂》一卷。《虞氏易说补注》一卷，《附录》一卷。《古易音训质正》五卷。《震泽镇志》十六卷。与震泽沈眉寿同纂。《石斋笔记》二卷。《风雨楼诗》八卷。《晓寒楼杂忆》一卷。《风雨楼文集》二卷。《纪氏诗录》六卷。《南浔诗录》三册。《白桃花集》。孙燮题辞。

纪南枝：见《人物》附传。《浔溪水道考》。

陆长春：见《人物》附传。《香饮楼宾谈》四卷。《遁斋随笔》八卷。《梦花亭骈体文集》二卷。《梦花亭诗词集》八卷。《梅隐庵诗钞》二卷。《眉月楼诗钞》四卷。《眉月楼箫谱》。《眉月楼赋钞》。《辽金元宫词》三卷。《治家格言帖体诗》。《梦花亭尺牍》。《续讳名录》一卷。《续小名录》一卷。《南都遗事》一卷。《集外诗》一卷。

陈逢春：号岭梅，归安学生。《闻见随笔》《聘棠仙馆诗钞》《词曲管见》。

朱煌：字禾呈，县学生。《桂馨诗钞》一卷。

朱鼎彝：字弁南，号余亭，恩贡生，江苏候补知县。《憩园诗稿》。

朱以濂：字蔚周，号蕖塘，县学生。《寿花居骈体文》一卷。

朱瓒：字汇玉，号介夫，岁贡生。《桑庐诗草》六卷。

蒋壑：见《人物》传。《说文解字校勘记》十五卷。《唐藩镇考》。《水经注碑目考》。《求是斋杂著》三卷。《全上古三代秦汉三国晋南北朝文编目》一百三卷。

吴汝雯：见《人物》传。《世说新语校本》九卷。《穜农笔记》。《是亦诗钞》二卷。

桂芾煌：更名煌，字芾斋。《勾股草》一卷。

徐延祺：见《人物》传。《怡云阁诗钞》四卷。自序。《梦草词》二卷。自序、谭献序，并上《诗钞》，有张廷华总序。《东华琐记》。《读书随笔》。《沪上眉史零缣集》。

温濂：见《人物》传。《香远益清居诗钞》。

朱宝善：字铁生。《铁生遗稿》。

蒋堂：见《人物》传。《校勘华严经音义》五卷。

汪曰桢：见《人物》传。《历代长术辑要》十卷。《古今推步诸术考》二卷。《廿四史月日考》五十三卷。《南浔镇志》四十卷。《莲漪草堂文钞》八卷。《湖雅》四卷。《湖蚕述》四卷。《温热经纬评》五卷。《四声切韵表补正》五卷。《玉鉴堂诗存》二卷。《古文》二卷。《骈文》二卷。《荔廧词》一卷。《方甲》一卷。

温丰：字东水，文禾子，归安学生。《劫余诗草》。《绮石居赋草》。按，丰诗赋与其父《辛夷花馆诗》同刊，温濂序，温鼎跋。

钱汝雯：见《举人表》。《宋岳鄂王年谱》八卷，附《岳鄂王文》三卷。周庆云序。

吴文光：字卧山，别号卧牛山樵。《叠梦厂诗草》。

桂荣：见《人物》传。《冬青馆古宫词音注》。《日知偶录》一卷。《童蒙故事》一卷。

谈熊江：见《人物》传。《掩埋备览集证》二卷。

庞正达：见《人物》传。《养拙斋诗存》。《弥陀经易解》，《心经易解》。两种合印，费树蔚序。

黄锺：见《贡生表》。《闻见识余》。亦名《慎余随笔》，不分卷。

郁士桢：见《人物》传。《三余吟稿》。

董熊：见《人物》传。《玉兰仙馆印谱》二册。范机、吴昌硕两序，潘飞声题辞，甥周庆云跋。

刘安澜：见《人物》附传。《国朝诗萃》一百二十卷。江阴金武祥序。

张辅：字春帆，监生。《乐琴书屋诗稿》。

沈云：号酒舲，县学生。《花月吟稿》。

郁运申：见《贡生表》。《庚辛盦尺牍》。

周昌富：见《人物》附传。《怡园剩稿》。

李廷赓：见《贡生表》。《苕东生吟草》。

李光霁：见《人物》传。《劫余小识》《下士刍言》《延桂庐诗存》。

张文元：字味青，县学生。《染香精舍诗钞》二卷。刘炳照序。

沈春辉：见《历仕表》。《蚕桑要法》一卷。

钱庚：原名开益。见《人物》传。《近许斋印谱》。俞樾序。

李庚：原名世保。见《人物》传。《申江百咏》。《歇浦棹歌》。《采兰轩诗稿》。《峦头理气精义》一卷。《痧症方案》一卷。

李世伸：见《人物》附传。《屈翁吟稿》十二卷。《坚匏录》四卷。

李惟奎：见《人物》传。《日记》。

蒋锡纶：见《人物》附传。《桐花馆诗稿》。

蒋锡绅：见《人物》附传。《婴宁斋集》。

周庆贤：见《人物》传。《晚菘斋遗著》。潘蠖序。《集义山诗》。佚。《先贤经解汇编》。

周庆森：见《人物》附传。《敝帚集》。诗一卷，崔适序。

邢传经：字厚庄，别号诵芬生。《诵芬庐诗稿》。

邱炳垣：字厚盦，增贡生。《挹翠楼吟草》。

汪《志》云：向时曾见《童蒙须知》一册，不著编辑者名氏。乾隆中刊本，题“南浔同善堂藏板”，其书采掇幼仪及嘉言善行，纂述有法，图画精工，今求之不可复得矣。又云：浔人所撰，制艺，则有殷维藩《殷价人稿》，金澳、金邃《青时文》，丁蟾松《承堂课艺》，纪云锦《乐此堂稿》，董熜《讷夫制艺》，冯鸣盛《笢园塾课》，孙燮《修竹山馆制艺旧课偶存》，钱亦昌《竹坪文稿》。试诗，则有纪复亨《兰梦轩试帖》，董恂《紫藤花馆试帖》。弹词，则有陈忱《续廿一史弹词》。曲本，则有陈忱《痴世界》，闵南仲《灞陵夜猎诸常传奇三种》，董恂《南州梦》。演义，则有董说《西游补》，陈忱《后水浒》。此类今悉不载，谱录亦不载。今刘安澜有《葭洲书屋制艺》，亦不载入。

闺媛

明

温彬：县学生张金妻，辑里编修温应录女。《凝春阁遗诗》二卷。

吴闺贞：温伯生妻，见《列女》传。《吴节孝诗选》。

清

顾氏：董廷勋妻，见《列女》传。《传家序》一篇。子汉策刊入《家诫》。

王锡蕙：庄济妻，见《列女》传。《唱随集》五卷。

金氏：董绍宗妻，见《列女》传。《兰玉轩稿》一卷。

董氏：董臻耆女，未嫁卒。《兰贤斋集》。

董琴：德清蔡云妻，见《列女》传。《静吟集》三卷。

金氏：董三凤妻，见《列女》传。《绿窗闲咏》。一名《吟香诗草》。

严文：温纯妻，见《列女》传。《遗诗》。

徐孟贤：温纯继妻，见《列女》附传。《理琴阁稿》。

姜元葆：字莹如，汪曰权妻，元和尚书姜晟孙女，善画。《闺秀诗文录》三卷。《题画诗录》二卷。

徐氏：董承勋妻，见《列女》传。《徐宜人遗诗》。

苏始芳：潘尚仁妾，见《列女》传。《筠绿剩稿》三卷。凡诗二卷，词一卷，乾隆四年赵虹序，雍正十二年钱塘许徐德音序，附康熙癸未潘尚仁《苏姬事略》。

吴端玙：姚景熹继妻，监生吴璋女。《遗诗》一卷。

姚益敬：董丰垣妻，见《列女》传。《芬陀利居小稿》一卷。乾隆十年樊榭居士厉鹗序。

周氏：附监生董钧妻，归安周孚成女。《遗诗》一卷。

沈琳仙：县学生吴元宸妻，归安编修沈树本女。《遗诗》一卷。

熊毓慧：张鹏程妻，江西新建人，教谕熊曰华女。《遗诗》一卷。

孔继光：夏祖勤妻，见《列女》传。《范湖散人未定稿》四卷。前三卷为《碧梧轩草》《桂窗草》《病中草》，编年起雍正己酉，迄乾隆癸酉。第四卷《玉楼草》，未嫁时作，桐乡冯浩评选，子耀曾编录。

吴年：董启埏妻，见《列女》传。《雪庭遗稿》一卷。乾隆二十九年弟兰庭序，婿陈奉玺校刊。

徐莒：郡城莘开妻，见《列女》传。《古芗吟稿》二卷，附《诗余》。道光己亥孙燮序，戊戌闵廷楷贡甫跋。

徐氏：县学生纪沂春妻，知县徐绳玉女。《遗诗》一卷。

吴掌珠：字罕珍，县学生张萱妻，县学生吴谦女。《饮香楼小稿》一卷。道光己丑孙燮序，辛卯长兴朱紫贵序，弟汝金跋。

汪懋芳：董庆槐妻，见《列女》传。《寿花轩诗略》一卷。道光癸巳弟妇赵棻编刊，并序。

赵棻：汪延泽妻，见《列女》传。《温氏母训附说》一卷。《遗闲琐记》一卷。自序。《滤月轩诗集》二卷。自序。《滤月轩诗续集》二卷。次卷即《南宋宫闺杂咏》一百首。《滤月轩文集》一卷。《滤月轩文续集》一卷。子曰桢编，子婿桐乡严锡康跋。《滤月轩诗余》一卷。

董馨：字桂山，举人董襄女，未嫁卒。《遗诗》一卷。

金素英：监生金燿女，适德清诸生胡椿龄。《遗诗》一卷。

汪曰采：华亭袁修瑾妻，见《列女》传。《醉墨轩诗稿》一卷。弟曰桢跋。

汪曰杼：字七襄，号绚霞，汪延泽女，适桐乡严锡康，善画。《雕青馆诗草》一卷。

徐熙珍：海宁徐鸿逵女，乌程周庆奎妻。《华蕊楼吟稿》一卷。夫兄庆云编刊，并序。

释子

明

净戒：见《方外》传。《慧济禅师语录》。

袾宏：见《方外》传。《云栖法汇》六十一卷，《附录》二卷。汪《志》云：《总目》云释经九种，《菩萨戒义疏发隐》五卷，《戒疏事义》一卷，《戒疏问辨》一卷，《弥陀经疏钞》四卷，《疏钞事义》一卷，《疏钞问辨》一卷，《净土四十八问答》一卷，《净土疑辨》一卷，《遗教经节要》一卷。辑古十七种，《诸经日诵》二卷，《具戒便蒙》一卷，《沙门律义要略》一卷，《尼戒录要》一卷，《禅关策进》一卷，《僧训日记》一卷，《缁门崇行录》一卷，《华严经感应略记》一卷，《华严经处会品目总要图》一卷，《往生集》三卷、附《劝修净土三章》，《皇明名僧辑略》一卷，《西湖高僧事略》一卷、《续》一卷，《自知录》二卷，《水陆修斋仪轨》六卷，《瑜伽施食坛仪轨》一卷，《半月诵戒仪式》一卷，《放生仪》一卷。手著十一种，《楞严经模象记》一卷、附《诸经模象记》，《西方愿文解释》一卷，《戒杀放生文》一卷、附《小云栖放生文》，《竹窗随笔》一卷、《二笔》一卷、《三笔》一卷，《正讹集》一卷，《直道录》一卷，《山房杂录》二卷。杂文、歌诗等，附《云栖大师遗稿》三卷，《答问》、附《补遗》一卷，《云栖共住规约》二卷、附各规约，《云栖纪事》一卷，《孝义无碍庵录》一卷、后附《云栖大师塔铭杂文》一卷，陶石篑《放生辨惑》一篇。《云栖志》一卷。《莲池大师七笔勾》一卷。《禅宗十牛图》一卷。《禅学》一卷。《禅警》一卷。《禅考》一卷。《禅偈》一卷。

行恣：见《方外》传。《且止庵诗集》。《浔录》云董斯张刻，朱国祯序。

雪航：名失考，报国寺僧。《法苑题名记》。

清

净孝：见《方外》传。《岁交诗》。张隽序。《洞庭游》一卷。首题"古吴周廖澹城父著，甲申冬日此山自序，乙酉春日陈宗之序"。《枯木吟》一卷，附《和枯木吟》三卷。首题"寓长生净孝述"，己亥自序，西庐僧愿跋，和者正岩、南潜、张净愿、闵声、董灵预、沈宏学、董衡、纪镐、融泰、陈寅青、宏法、行沏、徐崧、陈忱、范泰、吴智明、董铉、俞隽、董樵、董耒、汤亮、沈祖孝、顾靖，凡二十三人。其中，张净愿字梦誓，吴智明字雪普。二人名字皆经剜改，盖即张隽、吴炎也。

白生：名失考。东藏寺僧。《诗集》。

灵璧：见《方外》传。《竹憨诗集》。

悬证：见《方外》传。《侣云诗集》《暑窗客话》《平吴录》。

荫在：见《方外》传。《常照寺志》。《香谷集》六卷。《南浔备志》云友人纪官及释秉融校刊。《苏州府志》作《香茹集》，讹。

明鉴：见《方外》附传。《割泥集》。

幻峰：名失考，极乐庵僧。《遗诗》。

秉融：见《方外》传。《得闲诗集》二卷。董《志》云：智融诗集，曹大斌序刻。汪《志》按，刊本题吴兴释秉融著，有白云山人纪远序，又有云林石叟序，又有康熙辛丑曹大斌撰传。董《志》讹。

宗严：见《方外》传。《晓宜斋诗》。

秉远：见《方外》附传。《枯木吟》。

戒石：见《方外》附传。《笠雅集》《浮湘编》。

学让：见《方外》附传。《后谷诗集》。

月舫：名失考。《乐圣楼诗草》。

达曾：见《方外》传。《曼陀罗室诗钞》一卷。

达尘：见《方外》附传。《一指窝诗录》一卷，附《诗余》一卷。道光二十四年乌程孙燮序，咸丰乙卯觉阿祖观跋。

澄渟：汪《志》作"眸渟"，见《方外》附传。《墨缘诗钞》一卷。

道士

清

周科耀：一名道昱，见《方外》传。《升元观集》。《补闲吟草》四卷。《清溪谈》，九乾未莽序。《补闲诗余》一卷。

毛朴庵：见《方外》附传。《未闲诗草》。

闵九阳：见《方外》附传。《凤梧堂遗诗》。

沈煦：字春晖，居百间楼，善画。《兰陔诗草》一卷。

奴仆

清

张树培：字远峰，海宁侍讲陈邦直家奴，训导董一经娶邦直女，树培媵于董氏。《偶成集》四卷。咸丰丙辰汪曰桢序。

王珊：父王麟，自海宁陈氏媵于南浔董氏。《三秀诗钞》二卷。

王玖：珊弟。《九畹诗钞》一卷。

吴一心：董斯张仆。《唐诗选》。吴方序。

南浔志卷四十二

里人周庆云纂

大事记一史案一

《费恭庵日记》 顺治十八年辛丑十二月，湖城逆书案起。乌程南浔相国朱文肃，名国祯，博学多著述，有良史才，作《明书大事记》《大政记》《大训记》，俱系天启时所刻。又有《明书》一部，仿《史记》、廿一史例，未刊。然其论赞大抵俱称朱史氏，其未刻之《明史》亦然。相国没后，其诸孙贫，因以其稿出售于人。浔中有贡生庄允城者，字君维，家富。长子子襄，名廷鑨，有才而瞽，欲以瞽史自居。购得此书稿，乃聘诸名士茅元铭、吴炎、吴楚、吴之铭、吴之镕、张隽、唐元楼、严云起、韦全祐、蒋麟徵、潘柽章约十六七人，群为删润论断。又以史中未备者，采乡先达茅瑞徵《五芝纪事》及《明末启祯遗事》，名曰《明史辑略》，求庚辰进士李令皙为之序。刊成，于庚子冬发卖，而湖府学教授赵君宋，温州拔贡，极生事害人者。适杭州举人查继佐字伊璜、贡生范骧字文白、陆圻字丽京三人夙有文望，庄欲借其名，刊之参订姓氏中。三人以不相闻，且未见书，十二月遂具检明，呈于学道。胡尚衡批湖州府学查报。赵即刻买书一部，系叶圣基店卖，价银六两。命本学廪生俞世祯，即陈旦升，系杭州人，为之检阅磨勘，摘出数十条，出榜列于学门，又为通详。庄遂告君宋于守道。庄系大有力者，向拜前守道、现任通政司王元祚门下，即将书三部呈送通政司、礼部、察院三衙门，谓事可消弭矣。乃本府知府陈永命，系壬辰旗下进士，由庶吉士升任。其本房师李廷枢，为江南吴江人，丙戌进士，翰林，前任浙江粮道，与归安知县吴之荣对揭，俱问绞，赦出。闻赵君宋发庄事，亦买书一部，在袁祥甫店，与掌店王起蛟买。至陈府衙中，谓奇货可居也。苞苴到，与陈共享之。乃庄托府书周国泰馈陈数千金，陈竟吊出书板，劈毁置库。李竟无所获，遂将此书转交吴之荣。盖先与吴讼，俱议绞，赦后复相好结姻也。吴挟以诈庄，而庄不应，遂构镇浙将军柯奎。庄托府诸生徐秩三名典者，转央松江提督梁化凤致书馈礼于柯，事竟解。而之荣益愤，竟亲之庄家，冀其稍馈以解惭。而庄复告于守道张武烈，谓："罪令赃私既完，相应离任，何得踞任诈人无已？"守道亦恨之荣在湖州横诈三年，得赃约数十万，遂立押出境。吴愤极，复图诈朱佑明、董帷儒、董应命。朱见庄得势，且其子彦绍谓佑明云："以罪令图诈数千金，即应之万一，现任抚督提营群起效尤，竟以家业让之乎？"朱亦遂不应。吴登朱、庄之门，两家男人躲避，令妇女数百人群詈之，而守道差官兵衙役数十，朱庄贿之，立时逐押境外，直过吴江始回。吴之荣必欲雪恨，随进都，竟构旗下，以"造写逆书"为题，而加"朱史氏即朱佑明"刊一条，增入书内，首于刑部。康熙元年冬初，差满官罗多等至湖州库中吊板。新任知府谭希闵，字九子，丁亥进士，方到任未及数月，实不知情。而刑厅李焕，宁国人，壬辰进士，在任甚风力有才，独专任书吏施鲸伯。当赵君宋通详时，庄托施鲸伯贿之，因批其文书云"此书既经呈报通政司、礼部、都察院三衙门，已非秘书"等语。本年冬尽，庄允城到京，瘐死于狱，磔其尸。而次年正月二十日，满官绝早到湖州，闭城门。吴、戴两满官带旗下披甲数百，并杭、严道及部抚标兵又数百人，令城中文武各官分头密拿城中所亲见者。长桥李霜回家父子、兄弟、祖孙、奴仆内外男女家口约数百十人，俱就缚上册。内中尚有来拜年亲戚及邻舍来看者，俱并擒缚。其余南浔朱庄各家，又拿数百十人。

先是，吴之荣专恨庄与朱二人，而其余参订姓氏俱与之无仇恨，故将序文及参订诸人数页俱扯毁，而仅将"朱史氏即朱佑明"改刊一条呈首。迨诸犯解到杭州，俱在满洲营内看守锁禁，适朱佑明与赵君宋同系一处营兵看守。朱知赵为首先举发者，遂告赵云："赵老爷系有功之人，必受重赏，若得救我一家，情愿分以家资之半。"赵贪其资数十万，至审时，遂云："此书不全，姓名亦不甚的确。犯人有书一部，业经细查，姓名一些不错，盖以其书中'朱史氏'下，无'即朱佑明'四字也。"二满官督抚即令杭、严驿传二道带兵丁衙役，锁押赵君宋至湖府学署内，起书一部，在壁厨内取出，押解到案。而参订十八人及李霜回俱全家抄灭，连及亲戚、交邻不知几千百人，而赵君宋亦以藏书之家处斩矣。盖吴之荣向与李霜回相与，故首时扯去序文，因在京夹庄允城，故招出李霜回做序文，因而李有名指捉，然未尝实见序文。庄已先死，吴不能质对，李尚可游移也。自赵书一出，而无可救矣。

朱佑明作孽深重，天道难以挽回，当时已寻头路救解，弄巧成拙。时抚院朱昌祚亦系旗下，其标下传宣龚廷元，名黄，武进士，金华人，系湖州潘协镇女夫。佑明业已寻渠关通于抚院以数万金，仅一身流徙，不累家口，不致籍没，已议定押起矣。乃佑明之子念绍，为杭州壬辰进士王羽之妹夫，王寻南关图赖，托其赂救，竟致两满洲吴、戴二人，谓路又真，价又省于朱抚院，遂悔前议。昌祚大恨，立至戴、吴处告云："杭州人巷传朱佑明为敌国之富，今以百万托南关图赖来贿，嘱两位老爷求免他这原告。吴之荣不是好人，恐其首发，我辈俱要死了。这祸事不小，特来报知。"言未终而图至，戴、吴二人指天誓日，不容图开口而去。随带朱佑明出审，细问逆书情事始末，几时造写起的。朱误以为关节已到，因云：“此前朝朱相国所作，故称朱史氏。其子孙穷了，将这稿本卖与庄允城、庄廷鑨、庄廷钺家，因请了一伙有才学的，共造成了刻的。小的是不识字的，如何晓得造？”又问云：“你既不在里内造，如何得知明白？”朱佑明云：“因同在南浔镇住，所以晓得。”又问：“你既知得明白，如何不出首？”朱云：“不晓里边写的字，所以不首。”朱昌祚云：“明系知情，同谋写造的。”因令吴之荣与朱佑明对质。佑明复辨非朱史氏甚力，其“即朱佑明”四字，系吴改刻，添上诬陷的。吴之荣云：“板上张张有‘清美堂’三字，今朱佑明南浔屋内现挂‘清美堂’在上，何得狡辨？”因立差杭、严驿传二道带领官兵衙役，同协镇高鼎及乌程知县郑宗圭、总捕顾五经等同到南浔朱佑明家，起扁到杭，遂定狱矣。盖此时湖守道张武烈、湖州府谭希闵、刑听李焕俱锁押在营，故仅差杭、严等官耳。

朱佑明原住石桥浦，祖上世为木匠，其父亦作木匠，至其兄始为商，于楚中及景德镇买碗，遂积资至八千余金。明崇祯间，其兄死，将资交与佑明，盖兄弟同居共爨者也。到明末，佑明家有十余万矣。将国变，其门下估客皆欲避乱，恐货不交出，异日万一失所，悉将碗货及药材各项、桐油染料等项俱交与佑明。后各处乱离，商货不通，顿高十余倍，由是而其家资竟有百万矣。张雪尉以兄之子妻其次子彦绍，甚趋奉雪尉。雪尉之弟南纪素豪横，以趋奉者降于雪尉一等，南纪遂大恨。时杭之督织造者为太监卢九德，当时取各府富户为局内堂长，掌买丝供役。朱佑明以富充局内堂长，而石桥浦临太湖，盗贼出没其间，佑明以上供丝斤恐有疏虞，因招募武勇，置买备盗，军器、枪刀、炮铳之类，无不备具。张南纪遂构分守道史儒纲，溧阳人，在洪督师标下效劳，升是缺。谓其私蓄军器，儒纲即点兵役明早出城，而标下听用潘戒如者，连夜先泄其机于佑明。佑明即将所有军器悉投之太湖中。儒纲至，遍搜无获，而兵役见丝斤货物之类，乌能无染？佑明立报，九德具疏参拿儒纲以朝廷职员抢夺御用袍丝，下狱拟斩，后遇赦减等，改绞。囹圄五六年，恩赦免死。由是而佑明势焰弥天，草菅民命，至罪恶贯盈，天乃假手于吴之荣耳。丙申年，与嫡侄朱绎先号克燕者分家，仅以五万金与之。绎先讼于张知府，谓家资三百万，以上俱克燕口述者。

朱佑明以石桥浦临太湖，防盗戒心，遂买南浔董氏大宅，费数万金改造。每门必内外开合两重，钉以石，外加铁皮包裹，真大盗而无畏者。诸大家莫不与之婚姻，在城若张、若姚、若潘，杭州则王，曹溪则金。时金太傅家居在籍，朱佑明南浔屋既落成，因邀金至浔看新屋，张戏，留饮数日。金宴毕归，诸子跂宋、汉充迎问：“朱之新屋如何？”金云：“在一大货船中住数日耳。”诸子问故，金云：“在浪，船即有一扁矣。”朱闻货船之说，则大恶。适其甥韦甲曾买朱相国家堂扁一张，题名“清美”，乃董思白的笔，款书“朱老年亲台”，乃天然凑巧者，韦甥即以送佑明挂堂中。今各官押吴之荣同至朱屋，取其扁去对簿。朱无可置辨，遂问朱凌迟，三子及侄绎先俱斩，妻女俱配旗，家产籍没。

吴之荣又质将军柯奎听梁化凤情，乃徐秩三领庄允城拜梁门下，受贿发书与柯奎，奎听情，竟不理逆书事，因提梁至杭质对。柯奎为吴之荣折倒，不能隐讳。化凤系大功臣，且重费，因得对笔迹，谓非梁手书，系徐秩三假捏者，乃将徐秩三解京处斩。柯奎以满人不识汉字，免死，革其将军归旗。以上乃徐秩三之父徐戬生所述。徐名宝扶，松江人，湖诸生。其父号培元，在湖城行医，有名。

李霜回名令皙，天启甲子举人，榜名木实，后改名本实，字木生，最后改今名。中庚辰进士，颇有文名，知江阴县。壬午分房取张星瑞、戚藩、史燧等，皆知名士也。弘光时，升礼部主事。顺治甲午、乙未后，已病瞽，不能出门，而庄君维之书成，须一序文。时廷鑨已死，其次子廷钺字佐璜，与费夔一名尔庄者结征书社，有名，因欲费韫生撰序。而君维以韫生无文名，遂用李霜回。而李次子宏士号礽泰，亦系佐璜同社，以四币十二金送李，而宏士又减半呈父，遂央甲子同年陶子固名铸者代作。佐璜又欲列夔一于参订姓氏内，适夔一至浔中，延款，而夔一多言，好喧席，终夜号呶。君维以其狂易轻薄，遂不列名。霜回当壬寅秋闻吴之荣有举首事，谋以千金令陈紫菘至都求吴救解，约已定，至次日而出之，吝也。事败，其室中所藏，竟为姚子庄承佃而得。人皆云李之先世为讼师，故有此惨报也。霜回二弟，次名云木，归安学生。三素有疾，赤贫，李之家人视之同豚犬，后竟同诛夷。陈紫菘云：“其家中不孝不弟，惨薄之甚，原属不祥。云木有官银飞出，求救于霜回，乃以旧圆领数事，令当追籍没，则家资亦数万金。其乌盆巷书屋名是山者所藏，悉为姚子庄所有。且平素有公事、会议，默无一语，公书、公启，概不与名，其谨慎畏葸，无过之者，而竟掇大祸如此。此皆潘孔邃所言，庄佐璜乃孔邃之婿。

陈紫菘为李氏嫡亲表弟，待之素厚，后籍没时，皆其经理。李长孙书垂年二十余，应斩。紫菘与费恭庵商议，费赀改名王纶，又买出一憨不畏死之金佩源假姓王，认之为侄，因得免杀。而李之嫡长媳姚氏，系吏科姚敬舆女，姚恐祸及之，遂令伊女认为继子，即书垂所生亲母也。部抚审经十余次，佩源亦数受刑讯，抵死不改口，谓：“我王家两代，惟此一子，因与李有表亲，暂时过继一番，适到李家拜年，故并捉之在内的。”姚氏亦供自幼过继者，因得免死充军。书垂为塔下徐君房婿，相闻讨差回南，已入赘，生一子，今闻书垂已死于关外。又宏士一子，方五六岁，为道场山王大才妻所乳，向定吴青云女。当捉时，幸逃出，流离琐尾，今闻已毕姻。

陈永命既受庄氏之贿，追板劈毁置库，还李廷枢之原书，李遂转构前县吴之荣。之荣在湖，先已诈人三年，此书入手，而大祸遂起矣。之荣首庄允城、朱佑明、查伊璜等共造此书，至公庭质对，亦咬定查伊璜等主笔，查以递检，明呈于学道胡尚衡。吴复质其不首于督抚而独首于学道，明系借此得赃，名实两遂之计。况此书实系查等主笔做成的，以故学道胡尚衡以其不即申督抚吊书查究，著锁禁看守在营。守道张武烈，以赵君宋申详，不即查究转报督抚，反准庄允城告吴之荣词，俱著镇禁看守在营内。两道俱重费，乃得辨明，免死复任。而知府谭希闵以逆书板在库，不行举首，谭云“系前府陈永命事”，吊库吏周国泰诘问，则云“已有陈知府交盘册存庄允城家明书板一副”。遂以知情不发，绞死。湖推官李焕以批赵君宋详文，有“呈送通政司、礼部、察院三衙门”字样，谓之故纵，亦绞。盖三衙门官重费，故杀李以灭其口也。署乌程县学、归安训导王兆祯，训学不半月而事起，发庄廷钺到学取收管，时庄允城已拿解京，壬寅十月也。学中无监铺，令该路门斗邓攸之看守。庄族人及戈明甫等共六人写一保状保去，而庄廷钺以父允城随满官吴多等拿去，放心不下，即连夜进都。适岁暮，庄允城瘐死，已剉尸，廷钺收其骨肉。至次年癸卯二月，复到浙投到，而浙省督抚及满官已拿纵放教官王兆祯，看守锁禁在营。后兆祯绞死，原保庄姓生员俱书中参订有名五人皆凌迟，其保人戈明甫亦斩。当时查伊璜看守锁禁在营，无计可施，只得飞差人到广东总兵吴六奇处求救，得免于难。

吴六奇者，不知何许人。二十余年前，查伊璜在家，值冬尽大雪，查结社做会，送客出门，见门外一少年丐者，僵卧雪中。查讶问之，彼云：“贫甚，衣食不给。”查命之进舍，问其所能，则云：“但能饮酒不醉耳。”查酒量颇高，遂留之，与以敝衣履，快饮三日。至天霁，赠以数金而去，亦不问其姓名住址。至顺治末，已越二十年，查有相好在广中作县，因游于广，在城中过。适一大官过，查立道旁，大官在轿中见查，即命从人来问云：“此非浙江海宁查爷乎？”查答云：“是也。”遂以骑拉查进署，因跪拜，查皇恐不知何故，彼云：“故人宁忘之乎？”查云：“实健忘，不识荆州矣。”彼云：“在宅上快饮三日，何遽忘之？”查豪饮者，无日不挟客以醉，因只想衣冠交游者，茫然无以应。彼云：“我吴六奇也，在平南王下为两广提督。当二十年前，雪中僵卧，曾留饮，复相赠，久图报。今幸相遇，殆天缘也。”查方想及昔日之丐者矣。被留署中盘桓，谓查云：“汝相好所赠有限，我藩下浙省有当铺估客。”即写会票赠以千金，而裘马、衣装、盘费又及千金。查梦想不及获此大利，然见其威势赫奕，亦不敢细问其二十年来行事也。自查为逆书事危急，令人飞骑到广，当时平南势正盛，吴即为营解。故满官督抚上本俱依吴之荣口供，谓系同谋造逆。而定案时，则以查伊璜等三人虽不比吴之荣之发觉，亦系首事之人，依律颁赏。故吴之荣荫官拜他，给与朱、庄各犯财产十分之一。查伊璜、范文白、陆丽京亦稍颁给什物器用。余亲见船泊慈感寺前，领朱、庄厨桌、家伙、什物，约十余舟载去。转祸为福，真回天手段也。至康熙戊申夏，湖州府吴绮豪华甚，查与之有交，带女戏一班到湖，寓金婆楼沈敬所家。余友倪东莱名沧者，归安学诸生，特投晚生刺，面询吴六奇事，而查自述其情事如此。按，钮琇《觚剩》、王士祯《香祖笔记》、蒲松龄《聊斋志异》、汪价《啸旨》记六奇事，并与此大同小异。唯吴骞《拜经楼诗话》据查继佐所作《敬修堂同学出处偶记》云：已亥，余客长乐，潮镇吴葛如以厚币邀余至其军。又云：世相传余初有一饭之德，葛如方布衣野走，怀之而思厚报，其实无是事也。因谓出于传闻之过，或以其既贵而为之讳，皆未可定。今考秀水沈起记丐夫陆晋事云：武林艮吾寺山门之侧有异人焉，喜为乞，姓名不传。破袋竹筒，每挂书一卷，倚徙市门，出书朗诵，见者笑之。东山查伊璜先生曾叙其事云：庚午，余就秋试，寓寺中，偶出见丐，异之，急前揖丐，丐遂抗礼不下，曰："世无知我，公等差可与言。"余固恳请释丐而偕吾游，为之栉发濯体，解衣饰之。问其姓氏、家世，不答。因从同乞者得其故，系新安世族陆晋也。余同人中董治升颇饶于资，乃迎养晋于治升家，强之就童子试，得高擢。及再试，伪赴而野脱。主人供奉甚丰，终不乐也，乃谋于余，余曰："君家多大纪纲，勉集一乡塾，请晋为塾师，出入民间，可自便。"晋欣然从之。值寒食，晋假馆事，过东山草堂，索余诗稿而去。至重九，余过治升家访晋。治升嚬蹙曰："晋昨晨起，不告我，竟去。不取束脯，弃其衣履，并《东山诗稿》亦随之去矣。"是后西北多事，传闻不一。或云自浙而楚、而豫、而燕，出关东，遂为沈阳人，竟不知所终。及东山累于浔案，拘系司寇，相传有于旗员之侧百口先生冤者。以是对簿时，笔帖式下阶向先生问安，先生漠不解何意。既留北司火房，复有人传语云："公幸无恙，前所借诗稿尚在也。"而晋卒不见东山。吴越人皆传吴潮阳六奇，非也。按，起为继佐门人所记，似当得实。

壬寅秋，朱抚院委刑厅李焕观风，而夔一以多夺桌凳与赵君朱相闹。夔一云："庄君维、庄佐璜为汝所诈，我费夔一不怕汝也。"君宋遂扭夔一禀焕，焕云："我知尔为公子，何得如此放肆？"众友为之跪禀，得释。至癸卯正月，逆书之狱起，庄佐璜、李宏士辈俱与夔一至交，而赵君宋又与有隙，惴惴不宁，自二月至五月，逃居沈秋湄家，直至五月廿六狱决，诸人俱死，始回来。

戈明甫者，乌程县民壮，专差牛税、当税牌。庄君维南浔有油车当铺，故戈时至其家。戈亦善事庄，故庄待之加礼貌。适南浔有钉栅结甲事，在祇园寺公议，庄以齿长居首席，其下则金跂宋、金汉充、陆与□、董帷儒等十余人在座。时县中有差船十余驻泊，群居小慧，谓人能到寺中与诸人作揖就座者，众当醵分设席，雇妓陪酒陪宿。戈云："我能之。"即到寺见庄君维。庄素与往来，礼貌之起，与之揖让以宾礼，而其余以次照庄逊揖，拱之上坐，戈即辞出，众差俱欢呼醵分，未免声张。而金仆在船者，与差船同驻，闻其事，即缚戈过船，俟跂宋兄弟回船发落。众差大窘，随令人密报君维，君维即告金云："适有一戈姓，与寒家有表亲，分尊在城中住，弟挽之完钱粮，实非衙役也。适其邻居有差船到镇，附舟到弟处，有所言，故来至此。弟与之揖，承诸公皆礼貌之。兹闻金老先生尊管缚之过船，还求推弟薄面释之。"金昆弟原未尝知，即喝仆辈释之。戈得周旋体面，铭感异常。故壬寅冬，乌程县押庄佐璜取保，已有庄氏生员五人，必要无前程者一人，遍求未得其人。戈感恩，即时应命。俄佐璜即逃至京，而戈竟以纵放重犯杀身也。

陈永命，旗下人，壬辰进士，由庶吉士转部属，升湖州知府，居官甚严酷，且贪。其房师李廷枢以《明书辑略》构诈庄君维陈之，库吏周国泰受庄托，贿永命数千金，遂追书板劈毁，将原书回还廷枢讫。廷枢复转构吴之荣，起逆书大狱。壬寅冬，永命夺官去。至山东台儿庄，闻吴之荣首逆书事，惧罪，自缢死店中。后追其尸柩到杭州，磔尸为三十六块。其弟江宁知县陈永赖亦斩，妻子俱配旗下为奴。

李廷枢，江南震泽人，丙戌进士。由庶吉士升编修，历浙江粮道，与归安县知县吴之荣相恶。时例，浙有两粮道，一则押粮舟进京，一则在省督次年运。壬辰冬，押粮之道旗下人在省者为廷枢。之荣以廷枢未当事，馈礼甚菲，廷枢怒责之，之荣遂大诟詈。廷枢因与归安学诸生张枚生名辰生者素相识，遂托之寻之荣款，送廷枢揭参。之荣知其情，乃胁枚生寻廷枢款，亦对揭之于督抚。两皆题参革职，俱审实，拟绞。在狱五六年，后遇恩赦免死，遂复。与之荣联姻，因而起逆书之祸。后审时，以廷枢不自为发觉，乃转托之荣，责四十板，将拟以罪。之荣为之苦恳，谓："非廷枢以书托我首，我何由首发，彼因病不能到京耳。"乃免其罪，而以书估王云蛟处斩。

吴之荣，江西抚州人，顺治庚寅任归安知县，有才而敢作敢为。粮道李廷枢揭参之，庚子年遇赦出狱，坐赃八万。时刑厅李焕所任之书办施鲸伯，向系县粮书，为之荣宠任者，随即以里民出名，谓感吴恩德，情愿乐输，乞令吴到湖，赃可立还。焕为之具申，督抚允详。之荣遂至湖州，择人而噬。富民大家，卧不贴席。日日捏人拷诈，多者数千，少亦累百。在湖三年，所诈之赃约数十万。最后思诈庄允城、朱佑明等，不遂，而有首逆书之事，流毒数十家，杀人无算。

李焕，宁国人，壬辰进士，初选江西某府推官，分房取中张贞生，后为戊戌科会元。因丁艰，起补湖州府推官。顺治庚子春，任居官，甚风力，言辞慷慨，上官甚重之。惜倾听衙役，遂为书办施鲸伯所误。庄允城《明书》为赵君宋通详到案，刑厅为督抚耳目，遂重赂之。其详文批出“这书送呈通政司、礼部、都察院三衙门”。后事发，三衙门重费隐讳其事，因欲灭其口，谳词遂云“李焕故批三衙门字样”，拟绞而死。

谭希闵，字九子，扬州人，丁亥进士，任浙江推官，甲午分房取中吴光、沈彫、凌焜、潘嗣德，后升卿贰。至康熙壬寅夏，任湖州知府，居官清慎仁慈。不数月而逆书案起，都中差满官到湖吊板，谭尚未知此事。审时谓：“汝为知府，乃不知府内库中事？”问库吏周国泰，则云：“交盘册上写明。”盖国泰即前任陈永命之通贿者也。因即拟绞，于五月廿六日同李焕、王兆祯俱死于杭州钱塘门外。

李继白，乙未进士，为苏州浒墅关主事，以买《明书》处斩，以藏书之家不行首发也。其余买书者亦皆尽斩，以未详名氏不记。

陆璘，字湘远，南浔人，出入庄君维之门。《明史纪略》璘为总裁。寻馆于苏州之徐氏，主人富而有势，璘淫其闺女，主人恨甚，重费以劣行告学道，黜革，批府陈永命究拟。此庚子夏事。君维刊去其名，而不意刊去反以为福也。

陈寅清《榴龛随笔》 乌程朱文肃国祯致政家居，留心史事，所著有《大事记》，其已付剞劂者，谓之《史概》，未刻者尚多也，秘藏于家。后因寇盗，有庄氏赁朱氏之居，其子子相廷鑨，偶见此书，窃为己有，招集知名之士，妄以己意增损于其间，而朱氏原本遂汩没矣。子相既死，乃父君维允城于镇北圆通庵，召匠刻之，凡五年而告成，号曰《明书》。不知利害，冒昧从事，且自以为不世之业，夸张其事，一时趋附，厕名于其间，岂知遂召大祸也。先君子每扼腕太息曰：“可惜文肃公一生心血，付之东流。然取非其有，立名非真者，定有奇祸。天理昭昭可畏也！”

朱氏之书，至启、祯两朝而止耳。窃之者，子相也；续之者，所聘诸子也。受其子临死之属，而必欲刻之者，君维也。与其幼子佐璜廷钺无与也。佐璜一纨袴少年耳，当科试不得意，其妻为买妾以娱之。建百尺楼于后圃，杂艺花木，日与文士豪饮于其中，刻《百尺楼诗草》。乃父闻之，弗善也。后为兵备使者所赏，相见留茶款语，父乃大悦。及父就逮，佐璜随护维谨。及见司败，已喑不能言，乃头触狱门而死。佐璜头棘，无可为计，疾驰至通州。而籍没之令下，族属无噍类，兼及朱峋。峋，湖滨人，家故微贱，以入资贡，凡商贾经营，无不贷其金，冀三倍之息，以此自雄，其视令长蔑如也。言利析秋毫，而于文墨之事则无涉也，亦以得罪。归安令指为逆书有名，并其三子俱就逮，家人鸟兽散，封桩库厩，尽入于官。佐璜知事不可为，恐累及亲邻，遂自呈身。是时部抚司道郡县守令僚佐俱在浔镇，以民居作公馆者十有一所。闻佐璜归，蜂拥之去，绝无他言，惟有皈命投诚而已。惟力辨与朱峋父子无涉，始终无异词，当事者莫不伟之。至于朱峋素行以资，傲睨一世，父子骈戮，妻孥皆徙边，非不幸也。

庄氏居浔未久，因其饶于资，故世情不替。初发难为归安县令吴姓，故墨吏也，不过为恐喝之词，以幸升斗耳。而君维即挟书入长安，草疏欲上陈，辇下诸公曼词慰遣之。时予居西村，君维归，以疏稿示余，自以为无恙矣。而墨令乃捃摭其书中悖乱之语以达于部使者。部使者不敢隐，上之于朝，而狱不可解矣。或问逆书致罪之由，余不知其细，但闻之前人曰："如书中所云王某孙婿，即清之德祖，所云建州都督，即清之太祖也，而直书名。又云长山衄而锐士饮恨于沙磷，大将还而劲卒销亡于左衽。如此之言，散见于李如柏、李化龙、熊明遇传中。又指孔耿为叛，又自丙辰迄癸未，俱不书清年号，而于隆武、永历即位之正朔，必大书特书，其取祸之端有如此。况无志、表、帝纪、世家，止有列传，即王阳明一传有上下卷，共三百余页。其冗长无体裁可知已。所谓三长五难者安在也？"

事在辛丑之春，决狱在癸卯之秋。潘、吴诸子在狱日，以赋诗为事。时余寓皂溪，而戴子芸野笠馆于庙址之南，相距里许。时相过从，得见诸子传出音讯诗篇。及既授命，芸野为潘、吴立传。独于佐璜则言其少年游冶，至于慷慨激烈，力辨朱峋之冤，则未之悉也。余为备述其故，芸野始为改窜成篇。是夜，余梦己身在一荷亭之上，佐璜在水次搏颡谢余，余急起掖之，则已沉水中矣。次日，与芸野言，共嗟异之。

蒋西宿麟徵，一字辕文，为蒋仪仲之子，姬载先生之犹子也。诗文敏妙，风仪秀颖。庄氏招之，初不愿就，为贫所累，不得已而赴。命之作文，不容留稿，恐其窃归也，并禁其出入。苦不可言，痛哭辞去，后竟及难。

张文通馆于庄氏，草稿皆作细楷，时子相已死矣。张以有明一代理学诸儒，无人作传，故勉应之，亦不虞其至是也。闻其膝上有淡墨痕"成都杨慎"四字。

张非仲隽，一名僧愿，一字文通。为博士弟子员，于经史百家无不得其旨趣，所与游皆名彦。楼居积书甚富，手录者千余卷，拥列左右，己则坐卧其中。后为庄氏所招，作有明理学诸人传。其稿另录出，名曰《与斯集》。祸未发时，已知其非，逃于僧舍，年已七十余，丁母忧，茕然缟素。有诗云："空楼独夜雨床床，却把平生细较量。灾异日新忧患短，悲歌不足寤思长。曾无入巷哀王烈，徒有抛娘学范滂。好个与斯题目在，轻讴缓板赴排场。"就逮时，谈笑自若，与潘、吴诸人同死。所著有《西庐诗草》四卷。

董诵孙二酉，少有神童之名，学问渊博，与周安节善，倡和甚勤，诗笺、书法亦精妙。史事发时，没已三年矣，发冢斫棺甚惨。子濯万与沂，九岁有《感怀》五言古诗四章，顾茂伦为之跋，亦英品也。及祸至，从容就缚，士林惜之。

潘力田柽章，居平望，藏书千卷，善著述，有《松陵文献》十卷、《今乐府》二卷行世。与吴赤溟炎有志作史而未敢，商之牧斋先生，深许之，亦有成书。其就庄氏之请，非所愿也。授命之际，谈笑自若，真杰士云。

韦元介全祉，一字真长，弟次申全祐，进士，青岑明杰之子也。祖镜台先生精岐黄之术，元介先卒，次申被难。

茅鼎叔元铭，鹿门先生之孙也，以明经为学博，少有文名，试每高等，与章谔臣上奏、陈阊仙骝、吴大雍盘四子齐名。伪书编纂，仅数月耳。已而之任，逮于任所。

南昌黎博庵元宽，督学两浙，年高望重。逆书有名，督抚移檄，兵围其第，全家抄没。

苕城李霜回令皙，逆书有序。被逮时，适其家有庆祝之事，亲族七十余人悉被擒至，官以渐讯免。

吴心一者，浔上董氏之仆也。少时窜身徐氏，欲读书，遐周先生怒之，必欲令入府供洒扫之役。此子徒跣哭请于先祖，遂受业门下，得列青衿。闻庄氏有史事，心艳之，得列名其中，亦被惨戮。曾有唐诗之选，吴方轮系为之序，幸郡尊廖公昭雪，得以无恙。

刻工汤达甫，刷匠李祥甫，亦为饥所驱，祸亦及之。

齐康成治为博士弟子，好学能诗，子相以脯修招之，其约已具二十四金矣。后批曰："果能专精勤敏，则愿加六金。"遣仆送至，齐览而讶之，遂坚不赴，以免于祸。后以资为学博。

潘友龙尔夔，慷慨有风致，能文工书，庄氏慕之，列其名于简端。偶与君维有财帛交，以致诟，君维怒，削其名，得不罹祸。

所列纂录诸子，与余有交，故略序其概。其余不相知者不及录也。按，汤达甫，旌德人，见顺治十五年《重建张王庙碑》。

南浔志卷四十三

里人周庆云纂

大事记二史案二

全祖望《江浙两大狱记》 江浙有两大狱，一为庄廷鑨史祸，一为戴名世《南山集》之祸，予备记其始末，盖为妄作者戒也。明相国乌程朱文恪公尝著《明史》，举大经大法者笔之，已刻行于世，未刊者为《列朝诸臣传》。国变后，朱氏家中落，以稿本质千金于庄廷鑨。廷鑨家故富，因窜名已作刻之，补崇祯一朝事，中多指斥昭代语。岁癸卯，归安知县吴之荣罢官，谋以告讦为功，借此作起复地，白其事于将军松魁，魁移巡抚朱昌祚，朱牒督学胡尚衡，廷鑨并纳重赂以免，乃稍易指斥语重刊之。之荣计不行，特购得初刊本，上之法司。事闻，遣刑部侍郎出谳狱。时廷鑨已死，戮其尸，诛弟廷钺。旧礼部侍郎李令皙曾作序，亦伏法，并及其四子。令皙幼子年十六，法司令其减供一岁，例得免死充军。对曰："予见父兄死，不忍独生。"卒不易供而死。序中称旧史朱氏者，指文恪也。之荣素怨南浔富人朱佑明，遂嫁祸，且指其姓名以证，并诛其五子。松魁及幕客程维藩，械赴京师。魁以入议仅削官，维藩戮于燕市。昌祚、尚衡贿谳狱者，委过于初申覆之学官，归安、乌程两学官并坐斩，而二人幸免。湖州太守谭希闵莅官甫半月，事发，与推官李焕皆以隐匿罪至绞。浒墅关榷货主事李尚白闻阊门书坊有是书，遣役购之。适书贾他出，役坐其邻一朱姓者少待。及书贾返，朱为判其价。时主事已入京，以购逆书，立斩书贾及役，斩于杭。邻朱姓者，因年逾七十免死，偕其妻发极边。归安茅元锡方为朝邑令，与吴之镛、之铭兄弟尝预参校，悉被戮。时江楚诸名士列名书中者皆死，刻工及鬻书者同日刑。惟海宁查继佐、仁和陆圻，当狱初起，先首告，谓廷鑨慕其名，列之参校中，得脱罪。是狱也，死者七十余人，妇女并给边。盖浙之大吏及谳狱之侍郎鉴于松魁，且畏之荣复有言，虽有冤者，不敢奏雪也。之荣卒以此起用，并以所籍朱佑明之产给之。后仕至右佥都。按，此记误点甚多，见下杨凤苞《记史案本末考正》。

翁广平《书湖州庄氏史狱》 吴兴之南浔镇，有"庄氏九龙"焉。"九龙"者，庄允城与其弟允坤、允埰及子廷鑨、廷钺、允埰子廷镳、廷鏊、廷镜、廷铣，俱以才名著，故时比“荀氏八龙”。世居吴江之陆家港，至允城始徙南浔。允城字君维，明季岁贡生，为复社遗老，善望气术，偶过南浔之夏家园，见金银气甚盛，遂购居之，获藏金无算。见无名氏《湖滨杂记》。允埰名不详，以明末江苏督学全案得之。时里中有朱佑明一作民者，父为木工，与邻寺老僧善。父死，佑明给使寺中，伪为驯谨，僧信任之。先是，有湖广商人拥厚资，因寇氛路梗，以银置桐油簏中，寄僧舍，约曰：“俟我五年不来而后售。”适市中桐油价倍增，命佑明售其值以待。佑明发簏得银，骤富，诳僧以获窖金。阅七年，商人至，就僧索桐油，僧曰：“无忧。佑明长者，不我负也。”同造佑明，佑明欢迎曰：“赖客资，得厚其息，请以原数归，仆取其羡，幸矣。”商大喜，留饮竟醉，同宿东轩。夜半，率健仆刺杀商，且及僧，僧曰：“吾为德于尔，杀之不祥。”佑明曰：“大恩难报，舍之不祥。”僧曰：“休矣，二十年后与汝了此公案。”竟杀之。长洲顾爕《僋瓠消暑闲记》：“朱送客居别庄，宴饮无虚日，客乐之。月余，燔其庄，僧与客俱死。”当湖卢仲山纪茗中狱事：“佑明父为木匠，曾得某客寄僧舍桐油中银，骤富。后客来索银，朱不讳，尽还之，客喜而去。朱密令家丁伺于百里外，杀而夺其银。”按顾说似合。知其事者，畏而不敢发也。嗣后佑明家益饶，所为愈恣肆，里中士夫羞与往还。夤缘曹村金相国，缔姻，相国送女至，佑明别起华堂，盛供张饮馔，极山海之珍。相国顾语客曰：“美哉室！惜题署无巨公长德。”佑明闻而耻之，买得故相朱公国祯清美堂厅事，其额则华亭董宗伯书也。乃去故相款署而加髹焉。《白鹄山房纪事》。佑明以女妻庄廷鑨。廷鑨字子美，年十九，中拔萃选。《湖滨杂记》。旋目盲。卢氏《纪事》云：庄氏之子曰君味者，有才而目盲。讹。因思史迁有“左邱失明，厥有《国语》”之说，遂欲著书成一家言。初，故相朱公尝取国家大事及公卿章疏志状，命胥钞录数十帙。《顾亭林集》。《鲒埼亭外编·消暑闲记》：其书曰《史概》，题曰“清美堂”。《湖滨杂记》：购得处士朱不远《史概》，未成稿。吴赤溟文仅曰：乌程之《史概》。廷鑨得之，爰招致宾客，日夜编辑为《明书》。书垂成而廷鑨卒，无子，其父允城流涕曰：“我当先刻其书，而后为之置嗣。”《亭林集》参殳《贯斋遗稿》。佑明力任剞劂，书刻清美堂藏板，欲附名以传也。卢氏《纪事》：书印出者四十余部，后知有忌讳语，以重价购赎，仅亡其二，一在朱佑明家，一在吴之雄家。讹。书凡百余册，所附参订姓氏二十四人，皆一时知名士，实半窃其名而列入者。先允城之京师，客其舅氏吴尚书默邸，夜梦梁间白凤飞来求救。明日，吴阅大辟囚文案，有盗曰梁飞凤，允城以梦告，遂释之。允城复给金帛并书荐于某总兵，从征湖苗有功，仕至两浙提督。因感允城恩，约为兄弟，时至允城所建百尺楼中。辛丑岁，有乌程令吴之荣者，年二十余，以赃系狱，遇赦得出。尝有求于佑明，佑明不即见，属门客延之入，宿东轩，见廷鑨所著书多忌讳语，遂持以要赂。见《鲒埼亭外编》。又卢氏《纪事》："佑明很戾如其父，偶被塾师所嘲，欲闭门杀其师，为馆僮所泄，师挟其书逾墙而遁。首于江宁总督，庄与朱费数万金，重镌其板，板追入官，而坐师以诬。知此事告讦者，不独之荣一人也。"允城欲许之，梁飞凤曰："踵此而来，尽子之产不足以给也。"遂使部将驱之境外。《湖滨杂记》。卢氏《纪事》："庄氏有通家为浙江按察使，未之官，先至庄氏访利病，庄以革职令吴之雄为地方害，及莅任，即逐之。"于是之荣白其事于将军松魁，魁移巡抚朱昌祚，朱牒督学胡尚衡，允城并纳重贿以免。是年廷鑨已死，亭林曰："诸大吏右允城，不直之荣。"乃稍易忌讳语重刊之。之荣计不得行，特购初刊本，全氏《外编》。遂入京上之。四大臣大怒，遣官至杭，全氏《外编》：遣刑部侍郎。执廷鑨之父允城及其兄廷钺与弟侄等之列名于是书者十八人，皆论死。《湖滨杂记》。即逮允城至京，令三法司讯之。允城音已哑，盖之荣阴使人药之也。壬寅冬，允城死大理寺狱。明年春，复遣官至杭穷治之。允坤死于成书前，不列名，不坐，而发廷鑨墓，焚其骨，籍没其家产，并坐朱佑明家。卢氏《纪事》："谳问吴之雄朱相公者为谁？之雄未知相国也，因尝有求于佑明而不得，即以佑明当之，且以清美堂为证也。"参订二十四人中，吴江董二酉，死二岁，剖棺戮其尸，张隽投水死。《鸡窗丛谈》。胡某逃匿海滨为僧。海宁查伊璜识拔吴六奇于未遇时，至是为两广提督，遂奏免其罪。海宁范文白亦免，或谓亦六奇救之也。《湖滨杂记》参《觚剩贯斋遗稿》。乌程闵毅夫声、仁和陆丽京圻已系狱而得释。闵本《南雷文约》、陆本《遂初堂集》。其余归安茅元锡、方为朝，邑令吴之镛、之铭兄弟，吴江吴炎、潘柽章等十余人，并刻书鬻书者，同磔于杭之弼教坊，时癸卯五月五日也。作序者礼部侍郎李令皙，亦伏法，并及其四子。令皙幼子年十六，法司令其减供一岁，例得免死充军。对曰："余见父兄死，不忍独生。"卒不易供而死。将军松魁及幕客程维藩械赴京师，魁以入议减罪，仅削官，维藩戮于燕市。朱昌祚、胡尚衡贿谳者，委过于初申覆之学官，故乌程、归安两学官并斩，而朱、胡幸免。湖州太守谭希闵、推官李焕皆以隐匿罪绞。浒墅关榷货主事李尚白，《松陵文钞》作"郏人李继白"，好古文，坐榷吴关。闻阊门书肆中有是书，遣役购之。肆邻朱姓者为判其价。时主事已入京，以购逆书立斩，书估及役斩于杭。朱姓者以年逾七十免死，偕其妻发极边。其列名之同产昆弟子男年十五以下者并妻子俱论戍。是狱也，死者七十余人，遣戍者百余人。全氏《外编》参《亭林集》。又《觚剩》作"死者二百余人"，误并戍者而言也。张石里《纪事》："屠戮数十百家。"卢氏《纪事》："江宁总督及湖郡守、乌程令，皆坐斩，死者共数百人，其流徙及入官者千余人。"按，人数当以顾、全二书为正。卢记甚讹。且江宁总督与乌程令皆不与入此狱也。吴之荣卒以此起用，并以所籍朱佑明之产给之，后仕至右佥都。石里《纪事》："之荣居京师，生人面疮，蔓延遍体。医言割去初发之一则皆愈矣。乃忍痛割之，而诸疮咆勃如故。复次第割之，磔肢脔体，楚痛哀号，宛转累日而后死。”卢氏《纪事》：“之荣以发奸加道衔起用。见被杀者多，亦痛哭追悔。至武当山建坛忏罪，为神所击，伏不能起。舁归，疽发于背，洞见五脏而死。当谳狱时，浙之大吏与刑部侍郎鉴于松魁，且畏之荣复有言，故知有冤者不敢上雪也。”庄氏及参订诸人，在武林军狱时，虽受桎梏之苦，而满洲佟将军颇加防护，饮食供奉无或缺，尚得以诗歌相倡和。就刑时，诸人有作绝命词者，佟将军搜其遗草摹刻之，共六石，今惟廷鎏一石存焉。廷鎏，字美三，词翰俱妙，有“豚犬纵难全覆卵，糟糠岂罪及然萁”“一气潮回江上月，全家泪洒武林春”等句。潘、吴诗载《觚剩》中，吴有《赠美生》诗，即美三也。廷钺字佐璜，才华最富，七岁能诗，著有《百尺楼诗稿》，有“梼杌有名终累楚，鸱夷无后可留齐”之句。罹祸时，年二十四。《苕上诗钞》选其诗，作严三史，《虎邱志》作严戍云。当发难时，其友朋、亲族、奴仆之为存孤计者有数人。一为马要沈修若，匿廷铣一子于家，家人恐祸及，修若曰：“急难相救，正在此时。若学他人畏避，安赖此亲戚为？”盖所匿者，其外孙也。一为吴溇马价人，素任侠，与廷镳善，率拳勇数十人，从槛车中夺廷镳少子，认为己子。逻卒并逮价人，三受三木之刑，无异辞，遂率其少子以去。庄君佩者，允城从弟也。狱急时，君佩竭力营救，并给衣食，复尽收十八人骸骨，归葬于祖茔之侧。庄西雍，允城族子，在都知难发，命善走者日驰五百里至家，使区处后事。越五日，逻者始及门。廷鎏长子济，字日鳞，十岁补博士弟子，以文名，遣戍沈阳。震泽沈镰至戍所，设奇运策救之归。济更姓王，有《半砚斋诗稿》。沈镰见《县志·孝义传》。其三仆及仆妇、乳母五人，皆廷钺家人。一曰计阿翁，廷钺妻潘氏媵仆也。阿翁随潘至戍所，事主母备尝荼苦。主母死，土人欲火葬，阿翁以死争，得免，乃收拾遗骸，走万里归葬。一曰高仆妇、高兄弟二人，亦随主母及小主人同戍，二人触瘴死，其兄之妻在家守节。《半砚斋稿》中有《高仆妇》一篇。一曰松江乳母朱姓，或曰谢姓，曾以珠笼匿廷钺三岁子绳武遁迹松江，与其夫纺织以为食。后庄氏求绳武归，及长，思报乳母夫妇恩，竟不可踪迹。《湖滨杂记》。余按庄氏史事，《亭林集》《贯斋集》《觚剩》皆载之，邑志亦及焉。《贯斋》于庄氏兄弟不置褒贬，仲山则以才称之，亭林则曰：“不甚通晓古今，其书冗杂，不足道也。”又曰：“余一至其家，薄其人不学，竟去，是以不列名，获免于难。有忌讳语，本前人诋斥之辞未经删削者。潘、吴以才名素著，列之参阅，实未尝受其聘也。”卢氏《纪事》：“吴江潘柽、吴炎等以庄为守财奴，未受其聘，徒以名重，援入参阅。”有周恭先者，既受聘矣，以他事为庄所摈，亦免于难。卢氏《纪事》。余考前代，以著作贾祸者多矣。国朝有庄史及桐城方孝标二狱。孝标事仅见全谢山《鲒埼亭集》，亦未能详也。庄史事记者颇多，不无同异错杂，因总述其始终如此。夫允城以救梁飞凤之故，其祸即发于飞凤。查伊璜以识拔吴六奇之故，而六奇即有以免其祸。报施之不同，有如是耶？余闻之荣任乌程时，频过佑明，佑明一见即咄咄称怪，以其貌似寺僧也。及史难作逆，数杀僧之岁，正二十余年。《白鹄山房纪事》。又闻庄氏后人曰："史难将发时，南浔市中忽有若风颠者，走呼三日曰：'朱氏绝、庄氏灭。'"《湖滨杂记》。是知《易》所云"积不善之家必有余殃"，与《淮南子》所云"掘藏之家必有殃"者，洵非偶然矣。管庭芬跋右翁海村征君馆浔溪时所著《庄氏史狱记》：其中有可疑者四焉：佑明之害湖商与僧，僧曰：二十年后与汝了此公案。然史难为吴之荣发于顺治辛丑，相传之荣后身即前之僧人，其年数亦相符，则害僧当在崇祯十四五年间。岂有一市侩杀人，人皆侧目而无敢入告有司，任其漏网？则可疑者一。商之寄银七年而后来取，则寄银当在崇祯七八年间。时湖湘尚无兵燹，不至道梗难行。至辛巳、壬午间，流寇充斥，反欲载宝言旋，此可疑者二。余读武林女士陆莘行《丽京先生云游始末记》云：廷钺妻潘氏入臬狱，闻其夫已受极刑，一恸而绝。盖莘行为丽京先生之女，亦以史祸牵涉，全家入狱所目击者。此云没于戍所，拾骨归葬，可疑者三。浒墅榷关主事购一书至弃市，并其吏役皆死。佟将军虽怜才阴护，然将廷钺等倡和诗歌，公然勒石，而不怵及于兹，可疑者四。盖征君所著，惟折衷浔溪故老传闻，证以吴中先辈诸文集，故其所叙，不无牴牾。惟录此以备佚闻，不足咎其疏略也。

杨凤苞《记史案本末》 庄廷鑨，字子襄，先世吴江人。其祖始迁居乌程之南浔，家巨富。父允城，字君维，贡生，生三子，廷鑨其长也。少患疯疾，延良医治之，谓疾愈当损目，试之，果然。廷鑨遂妄以盲史自居。其家与故相国朱文肃公家邻，因购得文肃《史概》未刻列传稿本，乃招宾朋群为增损修饰，而论断仍署"朱史氏"。又续纂天启、崇祯两朝事，其中多指斥之语，名曰《明书辑略》，书成而廷鑨死。允城痛伤之，为乞故礼部主事李令晳撰序，列吴越名士十八人为参阅。十八人者，归安茅元铭、吴之铭、吴之镕、令晳子礽焘、元铭子次莱，乌程吴楚、唐元楼、严云起、蒋麟徵、韦全祐、全祐子某，吴江张隽、董二酉、吴炎、潘柽章，仁和陆圻，海宁查继佐、范骧也。始天启中，文肃已雕《史概》五种：《大政》《大训》《大事》三记，《开国》《逊国》诸臣二列传，版心皆雕清美堂。庄氏史亦雕清美堂，欲其版式整齐耳。顺治十七年冬刊成，颇行于世。陆、查、范三人未见书而闻其名在参阅中，于是年十二月各检呈于学道胡尚衡。胡饬湖州府学教授赵君宋温州人，拔贡生检举。君宋买此书磨勘，摘出毁谤语数十百条，申覆学道。按，君宋命本学生俞世桢磨勘，俞本姓陈，名旦升，原籍杭州。又列揭于学宫之门，允城上下行贿，窜易书中忌讳处，改刊数十叶，仍然印行。又贿巡道张武烈，持君宋私款，君宋不敢校，而难稍已。先是，庄拜前道王允祚为门生，已而王官通政使，庄借其声势以改刊《明书》，呈礼部、都察院、通政司三衙门检察，而推官李焕宁国人，顺治九年进士申文遂有“既经部、院检察，便非逆书”之语，谓事可销弭矣。未几，李廷枢、字辰玉，江宁人，顺治四年进士，翰林院检讨，出为浙江督粮道。或作吴江人，误。吴之荣旗下人又发其事。初，廷枢任督粮道，之荣任归安知县，以对揭赃款，各坐绞罪，系狱，遇赦得出，二人流寓浙中。越二年，闻庄史事。廷枢买得初刻书，会湖州知府陈永命，旗下人，顺治九年进士，庶吉士。其分房所取士也，以书授之，谓奇货可居。永命得赂，令将《明书》版贮库，检原书还李，而李毫无所获。复以书授之荣，盖始相恶而继相好，又结婚姻也。之荣挟以恐吓庄氏，庄氏恃已呈部院，不为理。乃构于镇浙将军柯奎，将奏其逆书。允城惧，属府学生徐典字秩三，原籍松江居间，馈松江提督梁化凤千金。梁为致书礼于奎，而事得解。之荣愤，亲诣庄氏，觊其稍馈以解惭。庄复讼诸巡道，责令归旗。之荣益愤，借口辞行，索赆于董汉策、朱佑明及允城三家。董赆以三千金，庄、朱皆不许。之荣又踵庄、朱之门，两家男子走避，令仆妇、婢女群出辱詈之，而巡道遣佐二官率兵役立逐出境。之荣愤甚，誓雪仇耻，入都签标诋斥语，而补刻“朱史氏即朱佑明”一条，添入书内，奏记于顾命四大臣。上闻，命满侍郎罗多等驰驿至湖州，取府库所贮《明书》版。知府谭希闵顺治四年进士莅任甫半月，懵不知逆书云何。罗多讽以赂，希闵不应，遂衔之，械允城至都，时康熙元年冬十月也。允城赴部刑讯，不胜毒楚，瘐死于狱，磔其尸。明年正月，再命吴、戴二满侍郎至杭谳其狱。当之荣之首告也，只恨庄、朱二人，与余人无仇，又夙与令皙相善，故其书毁去序文及参阅姓名数叶。迨执诸罪人至会城，锁禁于满洲军营，佑明与君宋同系一处，佑明哀之曰：“公为首先举发者，必受重赏。若得救我全家，当以家资之半为报。”君宋贪而许之，遂云：“此书不全，姓名亦不真。我有初刻全本，姓名无一参错。”则以书中无“朱史氏即佑明”一条故也。自君宋之书出，而参阅之十四人，时董已前死，查、范、陆三家免罪。撰序之李令皙皆凌迟死。允城在刑部虽已招令皙作序，而未见其文，尚可游移。赵书既呈，无能置辨矣。又株连姻族、友邻，累累满狱，而君宋亦坐藏弆逆书，处斩矣。佑明实不豫史事，然其家悬“清美堂”匾，文肃之故物，之荣嫁祸即以为据，亦凌迟死。案既定，斫廷鑨棺，灰其骸骨。其弟廷钺及其弟子与诸罪人之昆弟子孙年十五以上者，均斩决，妻女配沈京，披甲为奴。希闵绞死，罗多陷之也。焕亦绞，部、院司堂官惧罪，属杀焕以灭口也。焕亦受庄贿，为书吏施鲸伯所误。永命以元年冬大计罢官，行至山东台儿庄，闻事发，畏罪，缢于旅店。及是，追柩至杭，戮尸，其弟江宁知县永赖亦斩，妻子并没入官。归安训导王兆祯署乌程教谕，不数日而事起，罗多发庄廷钺在学拘禁，兆祯误信诸生五人即列名参阅中者。及县役戈明甫暂释廷钺，之京视其父，而允城毙狱中，廷钺收其余胔。至明年二月南归，兆祯已坐纵放重囚罪绞，戈明甫论斩。之荣又质奎徇情匿奏，奎不能抵讳，出化凤手书为征。化凤方以平海寇功膺宠眷，谓书乃典所伪造，得脱罪。而典械至京处决。奎以满人不识汉字，免死归旗。尚衡、武烈赂二侍郎及巡抚朱昌祚旗下人，始得免罪复任。二侍郎坐廷枢不自首举，杖之，将拟罪，之荣力为辩雪，乃贳其罪，而斩卖书贾王起蛟。君宋在黄沙路书坊买得庄氏所刊《明书》，书坊乃李姓所开，王起蛟其掌店也。两广提督吴六奇感继佐恩，极力营救，至请纳己之官易查之罪。六奇，平南藩下人，故请无不得。部议谓查、范、陆三人虽不比吴之荣之发觉，亦系首事之人，依例颁赏。于是之荣得荫袭拜他哈哈番，给与庄、朱各罪人财产之一。查、范、陆亦给罪人之什物器用，三人均委之不顾而去。其余见诸亭林、谢山两先生记事中者，此不具。

顾、殳、全三家记庄史案事。亭林谓廷鑨弟，廷钺兄，则颠倒其伯仲。《贯斋》谓廷鑨死，其父复招宾客续成，不知成书在廷鑨未死前。此皆其误之小者耳。若谢山则大误矣。朱文肃作"佫"，茅元铭作"锡"，吴之镕作"镛"，柯魁作"松魁"，此名之讹也。李令晳官主事而书侍郎，府学教授及归安训导署乌程教谕，是为两学官，而漏去府学，分归安、乌程为二，此官之讹也。参校列名皆江浙人，而曰"江楚诸名士"，此地之讹也。其尤甚者，云"岁癸卯，吴之荣罢官，谋以告讦为功"。案，吴、李对揭罢官在癸巳，系狱六年，赦免在己亥，首告在壬寅，至癸卯五月，史案已结矣。世或据三家以证余误，故附录其文而辩之。

董《志》 庄廷钺、庄廷鑨，其先震泽陆家港人，俱明诸生。素饶于资，避盗迁浔，即开质库于浔。值明末寇乱，一日，鑨妻携婢探亲，途遇寇，掠婢去，不从，死。鑨妻遁归，白其故，旋自缢死。鑨愤悼不娶，谓古人愤而著书，思作一史以传于世。会朱平涵公之孙匮乏，持《史概》续稿诣庄质库，典银五两。鑨喜甚，即浼其西宾严某，集诸同人录之为蓝本，延查伊璜、董诵孙、潘柽章、吴炎、吴敬夫、张西庐诸名宿，删定纂削，稿成付梓。朱云鸿字佑明，佐其刻资，署名"清美堂藏板"。适归安知县吴某去任过浔，叩朱告贷。朱遣子持白镪百金往赆子。忽其休官，将银自入私橐，竟拒之。吴至吴江，于坊间得是书，即往吴江县呈首。事发，凡书中列名者，皆伏诛，而朱与庄俱遭大戮。董《志》。

《史案本末》 李令晳，字霜回，归安人。少有能文声，以长兴籍中天启四年举人，榜名木实，字端木，后改今名。崇祯十三年成进士，授江阴知县，以廉谨称。弘光时，擢礼部仪制司主事。史阁部开府扬州，设礼贤馆，令晳与焉。国亡归里，徙居郡城，宅后邻乌盆巷，筑园名是山，以志不忘贻安也，因号是山石懒。与潘天行居贞、沈宋圻圻生、李夏器不器诸人诗篇酬和，又分选同时郡人诗为《同岑集》。仲子礽焘，字宏士，负才驰声气，偕庄廷钺佐璜、费尔庄夔一结征书社，而庄、费尤为刎颈交。庄氏将梓《明书》，廷钺欲厕尔庄名于参阅中，又欲费父韫生作序。允城恶尔庄轻佻，薄韫生无文名，皆不许，而属意令皙，遂乞礽焘转为之请，乃假手同年陶铸代作焉。初，令皙营生圹于赵湾，既成，夜梦羽士示以绝句或谓发地得石刻云："虎穴何须盖陶公。"首上文"茂宗勤行在，或作'莫谈身后事'。慎勿昧前因"。不解所谓，自作《苍山生圹纪事诗》，众谓祥征，不知预为陶代作序之谶也。狱急，时人皆嗾其指，陶令皙曰："无益于我，徒损彼耳。"遂坚自认。长孙王绍伪作王姓继来者，免死充军，实中表陈紫菘之谋。礽焘一子，年五六岁，乳母负之逃去，余家口悉骈戮于市，而费氏父子幸不列名书中，得免其难。铸字子固，乌程人，国朝官平湖教谕。有《坐秋轩文集》。《史案本末》。

杨凤苞《记朱佑明》 朱佑明自其父以上世业木工。其兄始商于楚、豫间，居积颇厚。兄死，佑明又力经营。至鼎革之际，其门下估客各思避乱，委其货以去。国初，商贾不通，物价腾涌数十倍，由是家益富，一时搢绅皆与结婚。郡城张御史嘉以兄子妻其仲子彦绍，佑明奉之甚厚。嘉弟汉性险谲，以奉之者降嘉一等，憾之甚。时佑明充浙江织造局内堂长，家居石桥浦，临太湖，群盗出没其间，乃召募勇士，置军器，弓刀、枪炮无不具，为御盗备也。汉以此与分巡道史儒纲密谋，将发，为兵役所泄，佑明立取诸军器沉于湖。史至，遍搜不获，而兵役、船夫偶取其上供锦段以去。佑明讼诸织造太监卢九德，厚赂之。九德疏劾儒纲以朝廷职官强劫御用袍服，罪斩，遇赦，减等遣戍。于是佑明之名震远迩，草菅人命，为其破家者不可胜计。有二女，一嫁潘尚书季驯诸孙，一嫁姚掌科延启之子。长子念绍，娶仁和王兵曹羽之妹。按，王氏系烈妇，已载《节烈》。叔子克绍，娶曹村金太傅之俊女。佑明益恃无恐，然终以其居邻盗窟，时有戒心，乃买南浔董氏废第改造，费白金数万，壮丽甲于一郡。落成时，适之俊假归，迎之过新宅，张宴数日，日以千金为供。之俊归，诸子问朱之新第何如？之俊曰："在大货船中酣饮几晨夕耳。"又问其故，曰："若荡湖船，即有名公书樯矣。"佑明闻而病之。值其甥买得朱公国祯家"清美堂"樯，董文敏其昌书款，书"朱老年亲台"，天然巧合，遂送佑明，悬之厅事，祸所伏也。及逆书狱起，已约以十万金赂巡抚朱昌祚，仅流徙一身，不累家口。既而王羽又属管理南关旗下人图赖通吴、戴二侍郎关节，赂省而悔前议。昌祚大恨，告二侍郎曰："朱佑明家富耦国，外间喧传，赍银百万，贿求免死。但之荣巨猾，恐被首发，祸反及身矣。"言未既而图赖至，吴、戴立谢之。迨对簿，之荣复质其家见有"清美堂"樯，更何辩？狱遂定。佑明磔，三子与侄绎先皆戮，惟幼子得戍边。籍其家，珍宝无算。眷属悉隶关外，妻徐氏吞金以殉。

是时之俊予告家居，亦不能庇其女云。

杨凤苞《茅鼎叔纪略》 茅元铭，字鼎叔，花林人，副使坤之孙。早慧，八岁通章句，十四补诸生。好读史，上下古今，声气所暨，皆四方奇俊之流。注名复社，同邑章上奏谔臣举砥行社，徐行道周举澹成社，元铭皆与焉。顺治末岁贡生，年几六十矣，授朝邑知县。当庄氏招撰《明书》，元铭与子次莱预编纂之役。事发，皆罹于祸。次莱妻黄氏，殉其夫。

杨凤苞《吴敬夫记略》 吴楚字敬夫，西林村人，乌程诸生。耽吟咏，好钟谭派，董说称之。尝偕闵声选唐诗《岭云集》，吴江吴宗潜序之，行于世。及楚预史祸，声、宗潜悉下狱。时以史案系累者，多文士，诸人锒铛狴犴，忼慨赋诗，互相酬答。后各免归，声合诸家诗，钞为《圜扉鼓吹编》云。

钮琇《临野堂别集》 吴愧庵名炎，潘力田名柽章，才望相埒，康熙癸卯二月同以史事株连，逮系虎林军营。吴有《营中送春》诗云："一半春光缧绁过，唾壶敲缺待如何？莺声啼老听难到，柳絮飞残扑转多。晼晚斜阳连雉堞，朦胧短梦绕岩阿。不堪往事成回首，总付钱塘东逝波。"潘《漫成四首》其一："抱膝年来学避名，无端世网忽相婴。望门不敢同张俭，割席应知愧管宁。两世先畴悲欲绝，一家累卵杳难明。自怜腐草同湮没，漫说雕虫误此生。"其二："吴关一路作羁累，棘木庭前听五词。已分残形轻似叶，却怜卫足不如葵。下堂真愧先贤训，抱璧几同楚客悲。纵使平反能苟活，他年应废《蓼莪》诗。"其三："圜土初经二月春，薰风又到絷维身。流萤夜度绨袍冷，采蕨朝供麦饭新。敢望左骖归越石，还期长珮拟灵均。多情最是他乡侣，闲谱龟兹慰苦辛。"其四："阅历风霜只自疑，难将身世问时宜。穷愁只合吾侪事，姓氏羞为狱吏知。见说成书刑铸鼎，不闻有梦召胥靡。南山此去躬耕好，未可重题酒后诗。"《与美生对酌》绝句云："平生恨不学屠沽，输与高阳一酒徒。此日尊前须尽醉，黄泉还有卖浆无？"是岁五月，吴与潘俱磔于杭之弼教坊，同死者二百余人。先一日，吴语其弟曰："我辈必罹极刑，血肉狼籍，岂能辨识？汝但视两股上，各有一'火'字者，即我尸也。"闻者无不流涕。

《志稿》 钮玉樵琇《临野堂集·黄圭庵诗文集序》云："吴愧庵先生被难，其妻子流离冀北。老母年且七十余，发垂垂白，覆双耳，倚徙蓬荜间，天涯目断，旅榇浪泊。而闺中妇殉义国门外，幼孙被羁绁，走辽海数千里道，旦夕之膳，待命闾里，呜呼悲矣！"玉樵有《感事》诗云："赭服南冠两鬓华，却携妻子系天涯。春风客泪河桥柳，夜月乡心驿路笳。恸哭范滂犹有母，飘零张俭已无家。只今知己多豪侠，空忆当时广柳车。"又有《弼教坊》诗云："绝命悲辞狱里成，衔须赴市气峥嵘。曾无富贵娱杨恽，偏有文章杀祢衡。白骨几人收远瘗，青编何日署空名？只应日夜钱塘水，怒作寒涛千载声。”盖皆为愧庵作也。

顾炎武《书吴潘二子事》 苏之吴江有吴炎、潘柽章二子，皆高才。当国变后，年皆二十以上，并弃其诸生，以诗文自豪。既而曰：“此不足传也，当成一代史书，以继迁、固之后。”于是购得《实录》，复旁搜人家所藏文集、奏疏，怀纸吮笔，早夜矻矻。其所手书，盈床满箧，而其才足以发之。及数年而有闻，予乃亟与之交。又数年，潘子刻《国史考异》三卷，予服其精审。会湖州庄氏难作。庄名廷鑨，目双盲，不甚通晓古今。以史迁有“左邱失明，乃著《国语》”之说，奋欲著书。其居邻故阁辅朱公国桢家，朱公尝取国事及公卿志状疏草，命胥钞录，凡数十帙，未成书而卒。廷鑨得之，则招致宾客，日夜编辑，为《明书》。书冗杂，不足道也。廷鑨死，无子，家资可万金。其父允城流涕曰：“吾三子皆已析产，独仲子死无后。吾哀其志，当先刻其书，而后为之置嗣。”遂梓行之。慕吴、潘盛名，引以为重，列诸参阅姓名中。书凡百余帙，颇有忌讳语，本前人诋斥之辞未经删削者。庄氏既巨富，浙人得其书，往往持而恐吓之，得所欲以去。归安令吴之荣者，以赃系狱，遇赦得出。有吏教之买此书，恐吓庄氏。庄氏欲应之，或曰：“踵此而来，尽子之财不足以给，不如以一讼绝之。”遂谢之荣。之荣告诸大吏，大吏右庄氏，不直之荣。之荣入京师，摘忌讳语，密奏之。四大臣大怒，遣官至杭，执庄生之父及其兄廷钺及弟侄等，并列名于书者十八人，皆论死。其刻书、鬻书并知府、推官之不发觉者，亦坐之。发廷鑨之墓，焚其骨，籍没其家产。所杀七十余人，而吴、潘二子与其难。当鞫讯时，或有改辞以求脱者，吴子独慷慨大骂，官不能堪，至拳踢仆地。潘子以有母故，不骂，亦不辨。其平居孝友笃厚，以古人自处，则两人同也。方庄生作书时，属客延予一至其家。予薄其人不学，竟去，以是不列名，获免于难。二子所著书若干卷，未脱稿，又假予所蓄书千余卷，尽亡。予不忍二子之好学笃行而不传于后也，故书之。且其人实史才，非庄生者流也。

《蝇须馆诗话》 庄氏史案之波及吴、潘二子者，实非应得之罪。百余年来，其著述遗闻，半归湮没。唯王晓庵先生诗文集中尚断断不置，真可谓历岁寒而不渝者也。古诗中《齐化门》一首注“赤民夫人绝命处”。诗云：“白日荒荒，仲夏严霜。蕙凋兰萎，不改其芳。一。江东之羽，罗于蓟北。淘河仰窥，争为德色。二。寄言淘河，德色何为？冥冥羽化，樊笼安施。三。谓金可开，谓石可裂。愿为精卫，海枯根竭。四。养气既充，刑于不爽。如月之望，与日代光。五。”又《广宁城》一首注“力田夫人绝命处”。诗云：“大凌河东日欲低，广宁城中牛马嘶。道旁宛死谁者氏？忠臣之女烈士妻。忆昔干戈扰京国，纷纷肉食皆偷息。中翰指力田妇翁沈君晖，乙酉殉难捐躯甘若饴，江左江山为生色。回首俄惊二十祀，遗息伶丁历九死。茹荼啮蘗初长成，喜嫁良人得良史。不逮事嫜逮事姑，鸬哺还能均两雏。但知妇德足慈孝，安知世路多崎岖？崎岖世路。原缺十七字。弱质何堪虓虎毒。刀圭日夕谨护持，下报良人义不辞。遗腹有儿转自伤，一线千钧安置之。忍死北至长安门，嗟哉朱郭不复存。回轮浪向辽东去，愁肠百折心烦冤。本为遗孤重跋涉，遗孤已亡安用妾。千秋荣辱争须臾，岂惜余生轻似叶。呕血伏车意独苦，葬身无复南朝土。万里贞魂归不孤，后有良人前有父。父兮夫兮同不朽，先驱况有延陵妇。指赤民夫人。九京犹忆分鸩时，相逢各喜无相负。气作长虹精化孛，更结愁云蔽明月。愁云蔽月何尝开，广宁城崩辽水竭。”据二诗，则吴妻先处极刑，而潘妇以有遗腹，遣戍辽左。迨遗孤既陨，而沈氏亦遂殉节尔。非晓庵之诗人，又乌能知二妇之贞与烈哉！按，力田弟稼堂耒，官翰林，尝白兄冤于朝，蒙恩昭雪。

又，顾宁人先生《亭林集》有《汾州祭吴炎潘柽章二节士》诗云：“露下空林百草残，临风有恸奠椒兰。韭溪二子所居血化幽泉碧，蒿里魂归白日寒。一代文章亡左马，千秋仁义在吴潘。巫招虞殡俱零落，欲访遗书远道难。”二子盖因吾镇庄氏史事而死。

盛百二《柚堂笔记》 稼堂太史送其犹子至辽，作《度关曲》。盖身历其情景，不自知其悲楚激昂，他人拟作，决无此真性灵发出也。康熙初，湖州庄氏史祸，吴越名士因嫁名罹其害者十七人，子孙皆发遣，而潘力田先生遂与其难。后虽逢赦，然安其风土而不能归矣。十七人之外，如陆丽京、范文白、查伊璜，赖有力者为之代白，故得免。丽京被缁，云游四方，后虽暂归，究不知所之。丽京之女名莘行，七岁即能诗，著有《云游始末》以纪其事。莘行后归园花祝氏。

《蝇须馆诗话》《西庐文钞》一册，文仅四十余首，所纪遗闻逸事亦少，今择其稍明晰者著于篇。《岁交诗序》曰：“予得交此翁因渔庵。时渔庵居南城，方却黄蘗嗣书，闭关高枕，人罕识其面，而此翁、孝章、醒公诸君子独晨夕焉。此翁两节母尚无恙，每炷香瀹茗，先供二母，次以及客，指之曰：‘吴中诩二石像，此乃吾维卫迦叶也。’既此翁以孝动天子，两节母死生得褒扬，至显荣矣。渔庵忽忽弃南城去，未几，天地崩坼，寄命戈铤。以此翁之孝，至不能躬其亲之含殓，而渔庵亦流离委琐以殁。旧日吟风弄月之地，转盼为灌莽，斯何时哉？而此翁乃以君亲无穷之一举，而注之于渔庵。十余年间，幻浔南沮洳之地为琪林香谷，凡渔庵之所欲为而不得为者，靡不为之，不知天之借此翁以成渔庵乎？抑亦借渔庵以成此翁也？抑渔庵之于此翁，各自有在，两相成，安知其不两相落也？今渔庵之窣堵岿然，而两节母之遗像在室。每过其处，高风谡然，仿佛南城时，又不知今之时为何时也。《岁交诗》者，此翁自谱其流离废兴之迹，因日月之终始，而为之永言瘏叹者也。首某年，继某年，某年以暨于今。志其初，志其变，而特未得其止也。是义熙以后之甲子也。醒公已矣，孝章犹在，尚可得而识其意也。”又刻《证人谱》，跋曰：“《证人谱》者，念台刘先生之所以为教也。先生未没时，刻于越中。后十三年，朱子相氏复刻于浔上。子相，文肃公之孙，从吾友沈尹同子游，乐善不倦，庶几复先生之教以自证者。忆甲申之岁杪，予得晤先生之友元趾王先生于浔上，元趾盛称此书。其明年，元趾遂与先生俱成千古。窃谓元趾在浔，宜有俎豆。今是书之刻于浔，倘亦元趾之意也夫。刻成又三年，岁在屠维闰月之朔，后学张隽谨跋，聊志之，以备浔之掌故。”

陆以湉《冷庐杂识》 吾邑周孟侯先生拱辰，明季贡生，先世累著清德。母夫人梦砚生花而生公，比长，聪颖绝人，又励志于学。尝坐小楼，去梯三年，读古今文五千篇有奇，由是才藻艳发，名噪一时。吴兴庄廷钺将刊《明史》，以厚币聘公。先一夕，公梦其父畀以一合，启视之，则赫然一人头也，惊而寤。适庄使至，有惊于是梦，峻词却之。及《明史》祸发，诸名士株连被戮者多，公独脱然无累。说者谓世德之报。按，拱辰为以湉母氏之七世祖，桐乡人。

董熜《董氏诗萃》 吴淩支诵孙公，讳二酉，郡试《太湖赋》得名。已从张隽先生研味濂洛书，馆阁修《书传汇纂》，颇采其说，并列其名于诸儒中。史祸株连，已前卒，坐其家。

徐逢吉《清波小志》 万松岭之中为万松书院。《志》称宋时有报恩寺，久废。明弘治十一年，浙江右参政周公因寺旧址创建书院，名曰“万松”，后复圮毁。至康熙十年，巡抚范公承谟以南浔朱氏籍没之屋，题准移构于此，仍称万松书院。康熙五十五年，赐额“浙水敷文”四大字，自此改称敷文书院。

《冬心庐杂钞》 朱佑明旧居在白鹇兜，今董氏世居之。董始售于朱，及朱籍没，官价赎回世德堂一宅，计银六百两。今尚有官给执照存焉。按，世德堂，朱为“正明堂”，乃居中正厅事，额版仍朱氏旧物。髹漆之，内隐隐露“正明”二字痕。其左寿俊堂，朱为“尊乐堂”。其右偏南小厅，今王姓所居，为清美堂。盖当时书舍，为留宾宴会之所云。汪《志》云：清美堂已拆毁，移建杭州敷文书院。王姓所居敬义堂乃后来所建，特即其遗址耳。

熊楙《蒋希图闻问录》 吴兴庄某作《明史》，以查伊璜列入校阅姓氏。伊璜知，即检举学道，发查存案。次年七月，归安知县吴某者，持书出首，累及伊璜。伊璜辨曰：“查继佐系杭州举人，不幸薄有微名。庄某遂将继佐刊入校阅。继佐一闻，即出检举，盖在庚子十月。吴令尹为庄某本县父母，其出首在辛丑七月。若以出首早为功，则继佐前而吴某后，继佐之功，当在吴某之上。若以检举迟为罪，则继佐早而吴某迟，吴某之罪，不应在继佐之下。今吴某以罪受赏，而继佐以功受戮，则是非颠倒极矣。”诸法台幸为参详，各衙门俱以查言为是，到部对理，竟得昭雪，遂与吴某同列赏格，分庄鑨籍产之半。

《蝇须馆诗话》 浔溪庄氏史案，自《亭林文集》载吴、潘二君之外，或言张非仲实与斯祸，然不见载纪。今读《全谢山先生文集》，有《陆丽京先生事略》，则讲山先生其一也。按《事略》，陆圻，字丽京，杭之钱塘人也，与其弟大行培并有盛名，为登楼社，世称为“西陵体”。乙酉之难，大行里居，自经死。先生匿海滨，寻至越中，复至福州，剃发为僧。母作书趣之归，先生尚崎岖兵甲之间，思得一当，事去乃返。雅善医，遂借以养亲，所验甚多。会庄鑨史事发，刑部当大逆，词连先生与查继佐、范骧，三人于史固无豫，庄氏以名高，故列之卷首，械系按察司狱。久之事白，诏释之。既得出，叹曰：“余自分定死，幸而得保首领，宗族俱全，奈何不以余生学道耶？”贻书友人，封还月旦，不知所之。盖讲山与浔董氏固有交，《丰草庵集》有《丽京卖药谣并序》：“秋日得陆丽京书，饷余恭寿堂诊籍。诗云：凉雨吹，枯泽涸，不能拔擢秋兰槁。丽京卖药，不能起丰草。丽京卖药三吴，丰草抱疾蘋洲。青松为筹，落梅为点。闭门偃蹇排河图。尔为医，恭寿著书言怪奇。我且为卜，不敢日垂帘于蜀。可以疗饥？不相见十年。十年相思，千秋万岁，谓我二人何为乎？”

《湖录》 闵声字毅夫，号雪蓑，乌程人。少有才名，善饮醇，终日引满不醉。醉愈豪，举笔洒洒千言，人以拟徐文长、卢次楩之间。明季乙酉将岁贡，竟以逸民自置。同郡吴楚选唐诗，名《岭云集》，声为之序。先是，南浔庄氏私纂《明史》，祸至九裂，奸人因而索赂，别生事端。以楚同事庄史，遂累声下狱一年，日为诗自娱。时浙中以他案受文字之祸者，累累满狱，群起而和之，曰“圜扉鼓吹”。迨狱解，年已七十矣。性仁恕，见义必为，家益落。工书法雕篆，晚年借以糊口，犹及见其子梦潮乙卯登科，寿八十四，无疾卒。

《贯斋遗集》 吴江四子，张隽年最长，董二酉次之，吴炎又次之，潘柽章最少。皆博闻有才，弃诸生，以著述自娱。南浔有瞽者庄鑨，私辑《明史》，未成前死，其父复招宾客续成之。有吴之荣者，旧苕中令，坐法罢官，将去，挟之以要赂于庄氏。庄氏不从，之荣惭而怒，上书告其事。事下所司穷治，辞连隽、炎、柽章。或劝之自为计，笑不应，阖户摄衣冠危坐，以待捕者。在狱赋诗相酬和，遂论磔戮。其同产昆弟，子男年十五以上者，妻属徙边。二酉死二岁，未葬，剖棺剉其尸，妻子论如例。母年九十余，死于途。隽字文通，一名僧愿；二酉字仲孙；炎字赤溟；柽章字圣木，更字力田。籍其家，惟有书籍，而柽章家为最多云。

《震泽县志》 沈镰，字兼人，少读书，隐居农圃。处士王锡阐女弟，许嫁某氏子，未婚，某氏子坐父累发遣。女日夜涕泣，求死，誓不更字人。镰，王氏戚也。闻而悲之，遂孑身走数千里，抵塞外，践冰雪，设奇运策，卒归其夫而合配焉。某氏得有后，以延其宗祀，皆镰力也。检讨潘耒高其义，比之吴保安云。潘耒《遂初堂本集》。

纪磊、沈眉寿《震泽镇志》 王济，字日鳞，本姓庄，陆溪人。年十三为诸生，聘王锡阐女弟锡蕙。未婚，以家祸戍沈阳。及归，隐洞庭翠峰寺。后赘锡阐家，遂从其姓。旋徙烂溪，潜心正学，于身心性命颇有所得。卒年五十二。著《半砚斋诗文集》。锡蕙，字树百，性淑敏，得兄锡阐指授，通历算、勾股法。庄氏祸作，屡求死，母吴护之得免。后归于济，有《唱随集》五卷。

《临野堂别集》 吴南邨先生，明末食饩归安，名驰三吴两浙间。鼎革后，改名宗汉，与兄东篱、弟西山偕隐，终其身绝迹城府。吴兴庄氏聘修《明史》，坚拒之，卒免于难。

姚汝鼐《黾勉园杂著》 先辈有识见过人处。庄氏修《明史纪略》，吾友纪达阶度、陆彬甫璘亦受庄聘，其业师张绎庵应纶惧其罹祸也，日至庄氏门，与达阶、彬甫扬厉铺张，讲项宫詹制艺。人以时文鬼笑之，则曰："吾恐杀身，故但讲时文耳。"庄心厌之，而无法以遣，因辞纪、陆二人。故纪、陆不与祸，皆张先生之力也。

《善田张氏族谱》 张汉翼述云：余家丰芑堂住宅，本思斋公别墅也。先大父君如公，复于宅后置田二十余亩，并桑地一亩八分。桑地南傍徐家漾小兜，北傍白鹇兜，白鹇兜东即朱佑明家，与余家一墙相隔。佑明惑于风鉴家言，欲将两小兜凿通，因谋买所置桑地，公不肯售。及崇祯庚辰春，家大人讳麒生，字圣游途遇佑明，佑明强邀至家。有王某者，与朱素亲昵，预为代写卖契，注明价银二十两，并以银强纳大人怀中，逼令用押。家大人不可，掷银于地而出。佑明喝悍仆数人持械追殴，家大人惊走，失足堕白鹇兜水中，幸邻里急救得免。汉翼等因约族人执朱家悍仆，赴县控诉，官置不理。家大人愤恨归家，大病几殆。迨康熙初，佑明因逆书一案，全家伏诛，产业入官。朱产西南角隙地三分，平屋两间，与余家书楼相连。家大人于己酉年奉宪承佃，改造楼房，榜曰"留云"，并跋于后。盖以云不可久留，欲子孙体此意以相儆免也。家大人临终，诫汉翼等曰："天道恶盈，一切损人利己之念，断不可有。试思三十年前，余受朱氏凌侮，几不得死于枕席。一转瞬间，人所谋我者不为人占，我所不谋者反为我有。可慨也，亦可惧也。汝曹宜谨识之。"

《浔辑》 仓桥邢氏藏有康熙四十年里人公呈底稿三纸，大同小异，今撮其略于此。

呈为逆党违旨欺宪，舞弊殃民，公吁矜鉴诛恶苏困事。康熙二年间，逆犯朱佑明等一十八案，造写逆书，生者凌迟，死者戮尸，房产籍没，家口流徙。佑明盘剥亿兆，号称百万。所有民间房屋田地，逋债抵戳，当即报官造册。随后坟园簿欠，对验不爽，差官估勘，奉旨变价。其承佃租户鳞派各项珍珠路费、细软路费、家口路费、逃人路费、皇租部费，倍于正价。奉比督追，寻蒙特旨，召佃钦房，俱系同郡绅衿士民、地方塘保举报，并无告佃之人。纳价则柜吏苛勒火耗加二，汇解则有收头、催头。解司项下，使用加三，官撄参罚，民罹血比，上累父母，下鬻儿孙，所费不赀，难以枚举，历有案据。一呈云：估价召佃，各宪府厅县屡受违限参罚。因传合郡绅衿公议，坐名报佃，责押承认。自康熙二年起，至十三年止，一切耗费杂用，倍于正价，十年追比，惨累难名。又一呈云：佃户之死于敲扑、毙于拖累者，不一而足。自承佃以来，三十余年又一呈云：佃帖给自臬司，产为八百余间，事隔三十八载。展转授受，或坍毁成墟，或颓倾改造，无从核对。前朱逆之孙朱骏肇越次潜回两次，陆信源、陆美中等即欲造谋诈害民间，奉部追缉回庄。今朱大成一呈云：朱佑明之曾孙朱大成瞷朝廷有捐纳马驼赎罪之例，恩准回籍，一呈云：上年九月间奉文回籍。不思悔艾，乃反亲赍部文到辕投递，假捏"安插清业"四字，一呈云：部咨外开有"安插清业"四字。混呈在案。冀翻朝廷成案，赎变价之钦房。蒙批乌程县查报。一呈云：串构陆信源等，捏称佃中，遂将入官房产编造一册，溷送在县，必欲给价回赎。口称有官幕仇彤云从中鼎持，招摇恐吓。据称回赎有例，不知此例何来。一呈云：奉旨承佃，价纳朝廷，与朱大成有何授受，而称回赎？即所开"安插清业"一语，原无"清赎房产"字样。伏读现行律文，入官变价之产，并无回赎之条。又云身生关外，父没北方。赝造之册籍，明系陆信源、陆美中唆诱扛帮。美中更名兆嘉，称系译字官生，钻营护身，招摇打合，总甲履户挨查。又一呈云：于今十一月，手执一册，逐户查填当日佃价，遍扬给价回赎。佃户皇皇无定，为此哭叩宪天矜电舆情，烛奸剔弊，将本犯朱大成暨党棍陆信源等立置重典。激切上呈。

又，庄廷鑨病殁，即葬于吴江六都北洪字圩。按，今地分属震泽。墓门上有"才高班马"四字，浙江学政谷霖苍题。及剖棺戮尸，墓门亦毁。今虚冢遗址犹存。孙阳顾《六都志》作"庄佐璜坟"者，误也。

南浔志卷四十四

里人周庆云纂

大事记三史案三、拐案附

陆莘行《老父云游始末》 康熙元年壬寅春二月，父友王于一者自闽至浙，寓昭庆寺。忽疾作，父亟为调治，昼夜不息。王竟不起，父为敛资棺殓，并出床头十金，令其仆扶柩归里，偕同人送至江浒。有为父言："湖州庄姓者，所著秽史，抵触本朝。兼有查、陆、范评定姓名，大为不便。"父曰："风马牛不相及也，何得有此？"归家，自思范君文白远隔海昌，不及相闻。查君伊璜住居不远，所居俗名黄泥团。何不一询？因往查。查适他出。父入书室，见案头果有此书。查归，父谓之曰："此何物，尚置是耶？若不早图，祸将作矣。"因即具牒文宗，行文湖郡教谕赵君宋查验。赵至庄，始知作书者名鑨，系瞽目，已故，无子。父某，弟廷钺。即碎其板，计六十四叉口，贮于府库。板虽碎而书已行矣。有吴之荣者，取货于庄，不获。又查有女乐，吴欲观之，亦不得，憾甚。遂抱书击登闻鼓以进。六月尽，人言籍籍，母与伯兄甚忧之，兄即呕血数升，遣仆从长安迎吾父归。父曰："板碎矣，悠悠之口何患焉？"遂束装往台州，时七月十九日也。十月四日，邱嫂沈孺人卒。父归，谓母曰："吾梦神人谓余曰：'尔诗文之祸起矣。'将来不知何似？"未几，风声渐紧，父母欷歔偶语。余尚幼，叩所以。大人曰："尔何知？以尔兄疾甚，故耳。"十一月十五日，吾父清晨同叔梯霞公出门。途遇二吏，云："纪公相延视疾。"父素善医，故假言也。父与叔逆知其意，因曰："今望日，须一奠吾母而往。"于是叩辞大母灵，哭声甚哀。叔即入内，连呼仲兄速往随父。母与两兄悲号趋出，予亦大恸踵后。父怡然随吏而去。见司李纪公元，未第时即与吾父有交，此时惟有挥涕而已。寄钱塘狱。钱令姓慕，名天颜，亦与吾父有交。日逐供应，悉皆慕办。十二月，督抚差解官龚姓者，将父与查、范起解进京。十一日，三人庭谒太守丁公浴初，字咸池，系查好友。丁素重父才名，出席而迎，命宽刑具。役跪曰："锁已灌铅。"丁怒叱曰："彼无辜，何得如是？"立命换锁，因谓父曰："君等俱属首人，到京自白。为今之计，速行为妙。"父曰："资斧缺如，寒衣未备，以此迁延。"丁即遗十金，裘一袭。父又曰："此行死生未卜，乞归，一辞母灵。"丁怜而许之。于是至家，举家骨肉，号哭震天。伯姊双手举父锒铛，一恸几绝。十五日长行，仆张煜从。三叔父于别舟送父入都，仆褚礼从。吾母将衣饰尽典，得银二百。亲友馈送，亦数十金。以四十金与叔父安家，余作进京之费。予与伯姊送至关外，父背予挥泪，谓母曰："此女素所钟爱，且远字龙山，可善视之。"又谓姊曰："吾素知汝贤孝，母与弟妹全赖于汝，勿以吾为念也。"予与伯姊吞声而归。母及庶母徐、两兄送至嘉禾。吾翁鲲涛祝公乘小艇候道左，赠金洒泪，郑重而别。父谓母曰："相送千里，终须一别。行矣，毋乱我心曲为也。我虽遭此横祸，明岁值年，凡事悉依旧规，不可苟简。尔系贤妇人，何烦瓅瓅？"命庶母曰："汝当持身以正，上下和平。"戒两兄曰："汝等惟以孝母为事，谨守礼义，终身不必读书，似我今日。"遂尔分手。一日，泊金山下，闻钟声磬声，曰："苟得生还，所不祝发空门者，有如大江。"癸卯正月十六日，得父初六至维扬信。十八夜，母梦曾祖母沈太孺人举箸呜咽。十九日，系沈亡辰。年例，祀后方始收新年所悬神像。予兄妹随母至厅事，见诸像皆作愁苦状。母心悸，命仲兄至陈庵祈签。诸婶母陆续俱至。忽一吏持柬云："纪爷至矣。"母思吾夫之出，纪所知也，至何为者。少顷，见百余人随一官到。伯兄出见，母于屏中窥之，非纪也。正疑虑间，二婶母急告母曰："京中事发，官来籍没矣。"语未竟，数十人排闼而进，曰："女眷请出外，听总捕毛爷一点，无大害也。"母将予托于二婶，冒称拒石之女，名文姑，杂于诸侄女中。文者，拒兄小字也。仓猝中即以此名应之，故册上有"侄孙女文姑，年方七岁"之语。近邻许周，父平日待之厚，此际手持粥一盂，于门上遍贴封条，且曰："某某系某人子，不可疏放。某某系某人仆，急宜追絷。"官喜其勤，即取吾家米二石、布二匹与之。令为向导，同捕役进京逮三叔。父与叔遇于纱帽胡同，为褚礼所见。叔避之，不获。许竟无功。后事解，此人惶愧欲死。是日，拒嫂携赞皇侄归宁，姊婿沈穆如、伊兄德隅、二婶母之庶母陈早出门，吴姊以目疾不至，故皆得免于难。吾父为长房；拒石兄，即忠毅公讳培子，为二房，盖同门出入者也；梯霞叔为三房；紫躔叔为五房；左城叔为六房。是晚，五房上下计三十口，俱押总捕班房。时禹川侄尚未书名，二婶向一朱姓吏再三恳求。其人许之，与同伴用草荐卷出，亦高义也。吴姊闻之，一恸而仆。于是，伯姊翁锦雯吴司李、仲姊翁甸华沈文学，二父执手持火把至窗外，泣谓母曰："事已如此，惶遽无益。闻二郎尚未收，欲藏之王店朱近修家，以延一脉。"大舅父宇台孙公恸哭而至，谓母曰："弟力微，不能脱姊。程婴之事，当力任之。"母曰："闻吏侵朱氏甚急，朱为二兄所聘岳家。弟当令其就狱，勿以一子累亲友。"舅曰："我为之，姊勿与知可也。"乃遍觅至二舅宙台家，暮夜挟之同归。捕至，密送梁姨母庵。兄慨然曰："举家为戮，何以生为？"遂自投系所，持母兄而泣。吴姊至各家踪迹，闻已出，哭曰："赵氏止此一块肉，而今已矣！"二十一日，男子发按察司监。狱卒分给铁链，所余一轻一重。二兄以大兄病甚，大兄以二兄年幼，争取重者。卒为之感动，得俱易轻者。女子发羁候所。内分七所：头二所查氏居之；三四所陆氏居之；五六所范氏居之。吾大房被逮者，吾母、两兄、庶母、仆俞纪元夫妇、褚礼妇。漏网者，义女阿金。二房被逮者，二婶母、拒兄、余与两侄女、仆赵福元、赵妇、陈妇、义孙阿寿、义孙女阿满。漏网者，拒嫂、禹川侄、赞皇侄、仆佩锦、合璧。三房被逮者，三婶母、复弟因代度兄故名诚夫、仆陆书、俞妇。漏网者，杜南兄、方义弟、履真弟、仆陆松、陆元妇、鲁妇。五房被逮者，五叔父、庶婶母贾、魏休兄、魏扶弟、仆高戚夫妇、阿团。漏网者，阿妹。六房被逮者，六婶母、婶母之母胡夫人、理扶兄、仆马星妇、可成妇、义女阿留。漏网者，桂弹弟、仆马星、陆茂。又被逮者，二叔祖梦明公、三叔祖梦文公、三叔祖母黄、庶叔祖母、仆文鼎，又子长伯。查、陆、范三姓，共计一百七十六人。二十五日，俱至贡院点名。人犯不齐，仍令归所。二十六日清晨始点。路人不论老少男女，俱垂泪，曰："陆氏世世忠孝，奈何遭此奇冤！"进天开文运牌坊，廷设三席，中满洲大人，左总督赵公，右巡按朱公，旁藩臬二司。一应闲人，俱不许进，止书吏二人。三家唱名毕，母呼曰："天乎，天乎！吾夫何罪？举首在前，发觉在后，夫何使我三姓至于此极也？"众皆泣下。赵公曰："尔夫有辩，且自安心。"于是男妇仍各分散。二月二十日，上宪意将各家男子亦归羁候所。七所对照一间，狱官之堂又三间，中供狱神。其二间内，三姓男子所居。查伊璜长子回一并二子、三子、侄汉回，范文白、弟文元、文清、子魏公、隐公、郑公。吾家则二叔祖、三叔祖、族伯子长、五叔父、拒兄、桂兄、冠兄、理兄也。妇女止居六所，余七所三姓男仆共居之。初，三姓人惟给官粮，勿令亲戚馈送，恐以毒进。赖锦雯吴公力，愿以身家保，于是传送不绝。求之古人中，不可多得。各家亲串，亦得通馈饷焉。予自父被逮后，即断荤，与吾母、诸婶、仆妇日诵经不辍。后得完聚，人咸谓陆氏叫应如神天也。一夜，庄廷钺妻潘氏至，年二十四，子方四龄，老妪一人，分六所之半间居之。又一日，赵教谕妻至，弟旃彩，侄和官年十四，婢一人，子都官年十一，长女十七，次女十三，两仆妇，分四所之半间居之。又朱佑明者，湖州人，富倍于庄，生三子。其第三媳，苏州申相国家女也。庄索朱货，佑明不与。长子劝之再三，父命中子以二百金付之，中道而复。庄不遂意，仇口诬扳。故佑明见督抚，以手自批其颊，曰："老奴悭吝，以至于此！"谓长子曰："吾害汝！"谓次子曰："汝自为之，勿吾怨也。"

正月二十四日，吾父到京，与查、范同入刑部牢。行李使费悉被逆仆张煜席卷南还。吾父茕茕无计，幸舅祖信甫裘公父子在都。三叔祖往见哭诉，公曰："我已知之，可草冤单一纸，待吾相机而行。”于是出白镪五千，关通要路。褚礼又至父执颢亭严公署。时公为掖垣，置褚于密室，三餐亲为传送。因致书浙省当道，力为暴白。不数日，命下，回浙候审，即日出京。三月初六，抵杭，入营监守。全家被系，无人馈食。姊姑吴母顾太君命人传餐，朝夕不缺。为人姑者，未有慈厚如太君者也。褚礼以密事往返南北，止十五日，少有就绪。复随三叔父回杭，即往羁候所投到，时三月十七日也。褚以膏贴半面，以帽遮之。暮夜见吴姊，诉京中之事，并言张煜逃归。即至塔下村寻煜妻，云未归。及见煜行李俱在，始不能匿，乃同至姊家。张传餐，褚复入都探事。同拘陈永祥每陵吾父。一夜，父梦三官大帝曰：“事将释矣，明日当有小警。”次日以小恙，暂松刑具，陈将银铛盗去。适查狱官至，父惶遽，别得一锁键之，以致无事。及去，遍访诸人，无失锁者，知为大帝之灵也。后数日，陈以此锁付狱卒，易糠食之。计营中所系，庄姓父子、朱姓父子、花里茅氏、前任文宗赵教谕、陈永祥、吾父及查、范、新任湖州太守谭某。尚有评文姓氏多人，不能记忆。当事知三家已有缓意，且天气渐热。四月十三日，除吾父及伊璜、文白外，将三姓男女共移小井巷官房，系所籍王元之屋。屋近吴山，住房高下不一。最高者查居之，其下吾家与范居之。二十二夜，照磨刘君来，云：“公等不日归家矣。”二十六日，果发还家。然所开止三房、五房、六房之屋。父与二房合居，尚尔封锢。因与二婶母同借三房之室居之。门前犹有役看守。桂兄病剧，吴公锦雯保出之。子长伯，俞姊保出。胡夫人，其弟方虎保出，可成妇随出。亲友探候者，门庭如市。六叔父以事入粤，郡县无不重其才名。缇骑至，令伪以伶茗宴叔，席半执之，叔神色不变，且曰：“手足死于一处，幸也。”奋然就道。五月初九归，亦羁小井巷。是月二十五日，吴姊处舆人罗五匆匆至，云：“本下矣，本下矣！”伯兄亦舆至。子长伯、胡夫人、可成妇亦至。三姓主仆复上刑具，两卒共挟一人，此际神魂俱丧。母藏并剪于身，事急自刺。次日，守卒正在午饭之际，府吏奉丁公之命，急来道喜，诸卒亦欢然而散。是日，父在营。诸人每名依次点出。朱佑明临行，妻命婢进参汤一盏，饮之出，凌迟，三子斩，妻闻惊怖立殒，三媳给边。庄鑨父服毒先死，弟廷钺凌迟，钺妻潘氏给边，幼子亦斩。教谕本拟从轻，因藏史一部于米栈中，故亦斩。妻孥得释。花里茅某亦皆灭门。郡守谭公莅任三月，以庄逃入太湖，论绞。后庄尽获，赦到，谭已决矣，惜哉！陈永祥，即前盗锁之人，日詈吾父曰：“尔死囚也，吾罪不过笞耳。”亦竟斩首。张隽，字文通，震泽人。居吴溇，近南浔。庄史列名与于难，年六十余。同里董二酉，字诵孙，亦列名，难作前卒，坐其家。见《震泽志》。吴炎，字赤溟。与潘柽章作《世家》《列传》二百余，庄史在参阅中，及于难。凡刻书、钉书、送板者，一应俱斩。一刻字匠临刑哭曰：“上有八十之母，下有十八之妻，我死妻必嫁，母其谁养？”言毕就刑，首滚至自门，忽然自竖。盖行刑之所，去家不远也。发庄鑨冢，冢前有坊曰“才高班马”。棺内富丽之甚，衣寿字绛衣，颜色如生。剑以刀碎其首，脑出溅剑喉中，立死。是时天昏地暗，日色无光。及末，方点吾父等至明伦堂，三人此际魂已去身。督抚皆曰：“尔等不惟无罪，且有钦赏。”于是叩谢出，分路各归。凡开张行路之人，无论识与不识，见父得释，欢声载道，拜贺于前。父亦答拜。途中泥泞，时尚服祖母丧，素衣为皂。归家，骨肉重逢，浑如隔世。桂兄喉音已失，不能发声，见父泪流满目而已。入屋，惟有尘埃满目，青草盈庭。赖吴姊所携仆为之洒扫。漏网之人，相继而至。二十九日，诸家犯妇发边，舟皆封钉。六月二日，桂兄卒。

十月初，有旨，将庄、朱家产一半给首人吴之荣，一半给查、陆、范。父曰：“合家获免，幸矣，反贪他人产耶？”尽归查、范。乙巳夏，之荣发恶疾，骨存于床，肉化于地，头断而死。呜呼！天之报施，其诚不爽矣。是秋，姊翁吴公以司李任粤东，延父偕往，每岁馆谷二百金。九月三日起程，丙午四月至南荣“荣”字疑误守孝山叔署。丁未春，辞叔至徽州。是岁祝发齐云，不肯背前誓也。十一月十五日，褚仆归，道所以，举家悲泣。十九日，冠兄就道，迎父于山顶。父见曰：“冤业至矣。”兄哭拜于地，请父同归，父不允。兄又禀曰：“大人纵不怜妻子，独不念先人坟墓乎？”父曰：“汝先归，吾当于来年仲春朔，回杭扫墓，兼与弟侄一诀。”戊申正月，仲兄预于江干觅一精舍，号曰“草庵”。至二月十七，吾父果至。十九，母嫂往见。二十，余与吴姊往见。诸姊兄弟亦相继往见。次第决已，誓不入城。挈童子王保，法名透月，居江渚庵中。五月，三叔父病危，迎入城。父不忍辞，至叔家，医药并施。叔小愈，谓父曰：“弟命赖兄以生，健饭始任兄行。”父曰：“唯唯。”余母子相隔一垣，父不顾也。九月，叔已平复，父召兄曰：“吾以叔疾，违约入城。吾之交广，若使有疾，谁非当治者？是吾以逃禅为名，而以医僧终也，奚可哉？适丹霞金道隐师相招，且复往粤，避迹三年，然后结茅近地。尔若阻我，我必雉缢。”兄不敢拒，命褚礼随行，时戊申九月二十六日也。

己酉冬，褚礼从丹霞归。庚戌岁，王保有禀札至。父抹其书托足之地。是冬，兄曰：“今已三年，父将至矣。”壬子春，父已逾期。仍命褚礼从余舅翁郭皋旭入广，至丹霞迎父。方知一月之前，已去武担。仆追至武担，不能踪迹。盖吾父意在弃家，不欲人知。每至即易姓名，无从察也。后值三藩之乱，往来不通，虽仲兄复历险阻，遍为寻觅，终不能得。王阮亭《皇华纪闻》云：“友人陆丽京，东南名宿。出家十余年。入粤谒天然于丹霞，法名德龙，字谁庵。”栖贤僧云：“天然为易名，今竟字与安。此后往武当，不详出处矣。”《渔洋诗话》云：“陆圻，号讲山，武林耆宿。或云在岭南为僧，释名今龙。或云隐武当为道士。”门人洪升昉思答人云：“君问西泠陆讲山，飘然一钵竟忘还。乘云或化孤飞鹤，来往天台雁岩间。”兄幸成进士，竟以神竭咯血而卒。

吾父生于前明万历壬寅九月初五寅时，今康熙丁亥年九十有四。自五十五岁弃家，不睹亲颜三十九年矣。人生之惨，有如是乎？余愧不文，略书所忆，以备家乘采择云。

傅以礼《华延年室题跋》云：右《老父云游始末》。仁和闺秀陆莘行述其父圻坐庄氏史案被逮，及事白出家不归事。圻字丽京，号讲山，前明贡生。披缁后，法字德龙，字谁庵。又改名今竟，字与安。莘行，字缵任，著有《秋思草堂集》，适袁化祝棐龙自。棐父，字仲贻，即记中所称吾翁鲲涛祝公也。中述史案，以庄廷鑨为庄龙，廷钺为庭月，朱佑明为朱右明，当是闺中传闻偶歧。至朱之无辜株连，由吴之荣诈赃不遂，特于所首逆书“向朱史氏”下增刻“即朱佑明”一条。又以逆书每页署“清美堂”，与朱厅额适合，指为确证，遂坐极刑。此记乃谓庄索朱货，不与，仇口诬扳，亦为失实。余与各家记载大致略同。汪谢城广文《南浔志》，凡诸书记是狱者，罔弗搜采，独遗是文。余尝面询广文，始知得见在成书之后，故未列入。此本乃己巳冬，从魏稼孙大令手钞本传录。甲戌秋，陆存斋观察以无名氏逸识见寄，中载此记。后有莘行姊子吴磊洎海宁吴骞跋语。两本互校，是正良多。丁杏林通守文尝从予录副，辑入《国朝稗乘》。其书后颇有考证，并附于后。无锡丁绍仪云：“是记篇名《老父云游始末》，乃钱塘陆丽京高士女莘行，记高士因庄氏私史被逮，洎事白披缁不返颠末。丽京名圻，一号讲山，钱塘贡生。少以文章经世自任。事亲孝，刲股疗母疾，久而知医。朱竹垞太史彝尊《静志居诗话》言其诗文采组六朝，医方酒令，触口悉成俪语。晚岁不知所终。丽京弟鲲庭，名培明，崇祯庚辰进士，官行人，明亡死难。梯霞名堦，有《白凤楼集》，与丽京《威凤堂集》并行。紫躔名垣，左城名埅，有《丹凤堂集》。拒石名繁弨，鲲庭子，与叔梯霞等偕隐。有《善卷堂诗文集》。冠周名寅，丽京仲子，康熙戊辰进士。万里寻父，不就职，竟以劳卒。有《玉照堂集》。王于一名猷定，南昌人，有《四照堂集》。范文白名骧，海宁人，前明岁贡生，顺治中举贤良方正，不就。有《默庵集》。查伊璜名继佐，亦海宁人，居杭州，崇祯癸酉举人。有《敬业堂先甲后甲集》《落叶编》《远道编》。赵君宋，乐清人，拔贡生。纪元，文安人；慕天颜，静宁人，均顺治乙未进士。丁谷初，获鹿人，顺治丙戌进士。谭希闵，江都人，顺治丁亥进士。金道隐，名堡，仁和人，明崇祯庚辰进士，仕永历，官御史，晚为僧，名今释，居韶州之丹霞山。庄以好名，朱以吝，均灭门。吴、潘二子，亦以鹜名，故罹极刑。盖犯造物之忌，取祸之酷，乃如此。之荣以私憾陷七十余命，仅得恶疾终，幸矣。陆世以忠厚称，查具知人鉴识。总兵吴六奇于微时厚赒之。范湛深经学，诲士孜孜不倦，故天牖其衷，先期自剖。六奇方镇粤，又请削己官，以百口保查，遂得免。堦、埅以兄故，临难不少避，初不意后之获释也。堦孙嘉、颖秩雍正癸丑、乾隆己未，先后举进士，并官清要。埅曾孙宗楷，先举雍正癸丑进士，官至兵部尚书。余不甚信因果，然于此益见报施之理有不爽者。

刘献廷《广阳杂记》 南浔朱相公有《大事记》《大政记》二书，旧已有板，庄氏因此以成《明史》，贾祸者也。更有《续大事记》三卷，皆逆案以来事。南浔与蒲州交好，蒲州当国时，一一录记，以成此书。更有列传数千纸，皆未流布。南浔之孙与陶子师交好，已许借钞矣。《明史》又获此秘本，不啻贫儿忽发覆藏也。

娄东无名氏《研堂见闻杂记》 吴兴朱国祯，号平涵，明朝哲宗时辅臣。撰《明史》几百卷，藏于家。至顺治时，其家已落。子孙不能守，以其稿本贸之庄姓者。庄故富豪，能文墨，广聘诸名士续成之，而更布之板。其所续烈皇帝朝诸传，于我朝龙兴事有犯。诸人不察也，盛行之坊间。闻吴兴有县令，挟其事与之为难，而庄不即答。于是首之朝。天子震怒，逮系若干人，如查继佐、陆圻、范骧，皆浙中名宿。其他姻党亲戚，一字之连，一词之及，无不就捕。每逮一人，则其家男女百口，皆锒铛同缚。杭州狱中至二千余人。妇女衣带及发悉剪去，恐其自缢。男子皆锻炼极刑。攀染及江南，书贾陆德儒亦被祸。陆方嫁女，妇女杂集，质明祸发，悉就缚。天子遣两部臣至杭亲讯，今狱犹未决。

又，《明史》之狱，发难于吴之庸，后攀染无数。凡藏书者，与著书一体同罪，严旨逮捕。吴江有两生，一为潘柽章，一为吴炎，平日闭门读书，亦私著《明史》一部，藏之家，未及梓。庄允城以其同心也，列之参评。后按籍擒捕，两县令、一司理登门亲缉，一则方巾大袖以迎，一则儒巾襤衫以迎，辞气慷慨。凡子女妻妾，一一呼出，尽以付之。两县令、一司理谓："君家少子姑藏匿，何必为破卵？"两生曰："吾一门已登鬼箓，岂望覆巢完卵耶？"悉就械，而挺身至杭就讯。既见两部官，痛骂不屈，夹二棍，骂益甚。两部官蹴其齿，尽落。闻两生于我朝定鼎之后，闭关不与人通，一以著书为事，其撰《明史》也，虞山钱宗伯以书三航供其纂辑，至今发未剪，亦首阳之民。其慨然以妻子尽出者，岂真铁石心哉？一腔热血，有难言者存矣。

又，《明史》之狱，决于康熙二年之五月二十六日，得重辟者七十人，凌迟者十八人，茅氏一门得其七，当是鹿门后人，如庄、如朱，皆在数中。朱字佑明，出资四五百万助刻，故亦株连。其余绞者数人，郡伯、司理皆与焉，外皆骈首就戮。浒墅榷关使者李继白，止以买书一部，亦与祸。书贾陆德儒及刻匠若干人皆不免，所籍没财产，分其半于吴之荣。若范骧、陆圻、查继佐之属，皆以首在事前，得免死释归。先是，岁辛丑，吴之荣于浙之柯大将军处发其事，有乞之于提督梁公者。梁致书于柯，事得寝。而范、陆之徒亦即首告，谓实不与闻，而私自列名。以此为首，得免死。事既再发，柯大将军以匿逆上闻，亦牵连就狱，得减死，归旗为奴。提督梁公以书一纸，亦使对簿，而大将军先期已将书纸尽行烧焜，无从质证，得不论。而中旨亦忽发，谓奸徒忌梁功高，因以诬攀。海疆多事，仍速回供职。于是梁公得安然无恙。是役也，或谓吴之荣实伪刻几叶，以成其罪，故所行之书大有异同。于是贾人、刻手，纷纷锻炼，而竟不免一夫作难，祸及万家。惨矣哉！

《戴褐夫集·朱铭德传》 朱铭德者，吴江诸生，好读书，有大节。明崇祯十七年春，流贼陷京师，烈皇帝自缢于万岁山。铭德闻之，号恸几绝。自是每岁三月十九日，陈俎豆于野，望祭思陵，哭尽哀而反。盖年二十余，至卒时，凡历数十年，怨慕如一日。当鼎革之始，下令剃发，变衣冠。铭德不忍剃，乃剪其发使短，发长更剪之，而衣冠不改。匿迹于山泽之间，穷饿自守，不以姓名示世。康熙初，乌程朱氏有《明史》之狱，引述旧文，语有触忌讳，坐死者数千人。铭德亦与分纂，而卷不列姓名，以故得免。自明之亡，东南旧臣多义不仕宦，而其家子弟仍习举业，取科第，多不以为非。铭德独使其子孙为农工自给，仅以一孙独书，而不应有司之试，孙亦佯狂骂世。铭德年七十余卒。未卒前数日，每薄暮，辄衣冠揖让于庭，若与人为酬对者。其孙窥之，不敢问，孙即佯狂骂世者也。逾数日，告其孙曰："有人召我，我今修史去矣。"遂正襟危坐而逝，孙亦寻卒。铭德于书无所不读，丹铅满箧笥，其所著诗文亦多，卒后皆零落，无一存者。吴门姜邵湘云。

戴笠《潘力田传》 潘柽章，字圣木，一字力田，参政志伊之曾孙。父凯，邑诸生，高才绩学。德清章日炌，其妇翁也。来知吴江县。凯深自晦匿，惟阴言民间利病，雪人冤抑，一无所私，人多其义。柽章生有异禀，颖悟绝人。九岁从父受文，裁过目，烬于灯，责令覆写，不差一字。年十五，补桐乡弟子员。乱后弃去，隐居韭溪，肆力于学，综贯百家，天文地理、皇极太乙之学，无不通晓。已乃专精史事，谓诸史惟马迁书最有条理，后人多失其意，欲仿之作《明史记》。而友人吴炎所见略同，遂与同事，柽章分撰本纪及诸志，炎分撰世家、列传。其年表、历法，则属诸王锡阐，《流寇志》则笠任之私家。最难得者《实录》，柽章鬻产购得之，而昆山顾炎武、江阴李逊之、长洲陈济生皆熟于典故，家多藏书，并出以相佐。柽章长于考核，炎长于叙事，互相讨论，间出其稿，质之钱宗伯谦益，谦益大善之，叹曰："老夫耄矣，不图今日复见二君。绛云楼余烬尚在，当悉以相付。"连舟载其书归。谦益有《实录辨证》，柽章作《国史考异》，颇加驳正。数贻书往复，谦益不能夺也。撰述数年，其书既成十之六七，而南浔庄氏史狱起，参阅有柽章及炎名，俱及于难。庄氏书以故阁臣朱国祯《史概》为粉本，自与苕士共足成之。刻成，两人未尝寓目，徒以名重，为所摭引，遂罹惨祸。天下既惜两人之才，更痛其书之不就，并已就者亦不传也。柽章被逮，神色扬扬如平时，在狱赋诗不辍。癸卯六月，死于杭，年三十有八。妻沈氏，中书自炳之女，坐北徙，以有身不即死，赍药自随。既免身至广宁，所生子又死，即日饮药自杀。柽章秀眉广颡，目光炯炯射人，论事须髯戟张。事亲孝，与人忠，疾恶如仇，赴义若渴。所著自史稿外，有《今乐府》《国史考异》《松陵文献》《杜诗博议》《星名考》《壬林韭溪集》凡若干卷。

李猛奤《老人燃犀录·湖州史案因果》 国初湖州有富人庄廷鑨者，老而瞽。闻"左邱失明，厥有《国语》"之说，以重资购得其乡明故相朱氏《明史稿》一部，延四方绩学之士，开馆于家，补完刊刻，冒为己作。当时名士如顾亭林、查伊璜辈，多鄙其为人，且以其书语多狂悖，不应其聘，庄犹列其名于纂修之列以为重。前归安令某向庄借贷不遂，乃上其事于朝，致兴大狱。时廷鑨已死，诏戮其尸，子孙髫龀皆斩。名士多被累者，顾、查力辨得释。此事屡见记载矣。吾友吴紫珊大令云："廷鑨父业操舟，有某官宦成归里，携眷乘其舟。行装外有油篓数十事，谓其乡油值甚昂，载此可博重息也。一日，庄下舱贮货，触一篓破油出，而篓不为轻，庄异而探之，则有黄金巨锭在焉。又破一篓亦如之，庄即泊舟僻处，杀其全家，抛尸于江，而尽取其金，遂成巨富。其弟廷钺，生时未命名，其父梦一神人谓之曰：'曷不以廷钺名之？'其父喜谓：'神人命名，子必大贵。'至是始悟其应受朝廷斧钺之诛也。"此事初无知者，庄诛后，其老仆乃稍稍泄之云。

沈日霖《晋人麈捏骨相》 南浔朱佑明者，本市贾也，偶遇捏骨相者，其人双瞽，暗中摸索，前知若蓍龟。谓朱曰："子具此骨相，当以财雄一郡。然不及二十年，便罹大祸，不特腰领不保，而家业亦不能纤毫留也。"朱甚骇其言，然亦不之深信。已而至苏，贩油行家，有商人寄顿桐油百余篓，嘱令勿售。然其人久之不来，行家以油方得价，虽违教，当无忤也，竟以畀朱。朱舁归，见油篓微破，惧其溢也，别以他篓过之，倾未半，而累累白镪随油而出。朱骇甚，乃尽启其余，莫不如前，共计有万余金。彼商至苏，闻油已售，急至南浔访朱，求分其半。朱曰："待子久矣，当全以相畀，何半也？"商甚德之。朱更酌酒，劝商饮之至醉，夜半杀之，埋于地，无人觉者。朱自是贸易日隆，不数年而富甲吴兴，如揣骨者言矣。一日在虎邱，复见揣骨者，忽忆其言有验，乃易姓名，复试之相者。揣久乃讶曰："吾忆十年前在南浔曾揣一人，其骨与尊体无纤毫异者，子即其人耶，抑非其人耶？"问祸福，皆如前言。朱颇自危惧，杀商事终当发也。然又自慰曰："以吾之资，虽弥缝数大狱，犹九牛亡一毛耳，何惧为？"既而交于金文通之俊，盛席酌金，水陆毕备。人或问文通曰："朱氏之筵，其丰何若？"文通曰："席虽丰，但在船舫中坐地。"盖讥其堂无匾额也。朱闻而羞之，乃重价觅得清美堂匾，是前朝玉音赐朱相国者，以悬厅事。复设席邀文通曰："请君再过船舫。"于是前辱则既雪矣。适有无名子造作谤书，借刻作清美堂藏板，祸随匾移，朱乃不免。捕者至，绕室检搜，而所瘗之商尸亦露。朱既正法，家亦齑粉。呜呼！文通一言之戏，不啻为商人讼孝直之冤，厥报亦巧矣哉！然而相者之术神矣。

陆心源《仪顾堂文集》 是山园者，明主事李霜回之别业也。在长桥乌盆巷，地仅亩余。中有是山堂，堂前有池园，三面环之以廊。药畤花畦，小有丘壑。霜回于弘光中，由江阴知县迁礼部仪制司主事。国亡归里，因池为园，日与潘天行、沈宋圻、李夏器诸人觞咏其中，自号是山石懒，有终焉之志。徐俟斋先生避地吴兴，曾主其家。俟斋与霜回书，所谓"以苕溪为桃源"者，或即指其地也。未几而有籍没之事。庄廷鑨者，南浔人也。得朱文肃所撰《明史概》，延诸名士续成之，而霜回为之序，其文则同里陶铸代作焉。庄氏书语多悖逆，归安令吴之荣发其事。事闻，凡列名书中者，治以叛逆律。霜回以序文与焉。缇骑至，方宴客于园，仓皇受逮。或谓盍证陶以为自脱计，霜回不可，遂死西市。一门死者十余人。

呜呼！当星移物换之秋，明室遗臣鲜不攀龙附凤，争先恐后。霜回一冗散郎官耳，自以身食明禄，不忍昧心，日与二三遗献酬对于荒亭木末之间。迹其所为，虽不能与俟斋诸公比高量洁，不可不谓之志士也。迨乎事及噬脐，阖门并命，闭口就死，绝无怨言，亦可伤矣！论者必捃摭其失而訾謷之，不亦甚哉！不亦甚哉！

霜回殁后，唯一孙伪为异姓子，得免。园归姚氏。今是山园题额，亦沈方伯世枫为姚氏书，盖非霜回之旧云。霜回名令晳，归安人。崇祯十三年进士。

姚世锡《前徽录》 先伯祖子明公，都谏公之长子，顺治甲午举人，辛丑会副。识见高超，祸福利害，了如指掌。锡闻故老言"朱佑明逆书"一案，赖公一言，举族免祸，谨述其颠末于左：都谏公婿李某，乃翁为明末部曹，鼎革后隐于家，其故第即锡祖父相传之宁远堂也。都谏公既解组，李姑丈时时过问，翁婿极相得。先伯祖一夜忽梦有馈问，及门，趋视之，但见人头数颗，惊悸而醒。次早至书斋，都谏公方与李姑丈剧谈，公正欲述宵来噩梦，阍人进言："南浔朱家差人候安，有书札礼物。"都谏公令持入，则纻丝银爵，光采耀目，书一部，札一通，求作序文一篇而已。公以梦，故在旁力阻曰："语言文字，召祸极易。倘书中或有忌讳，他日何以置辨？望大人拒绝之！"都谏公首肯。李姑丈忽哑然笑曰："大舅何太拘泥？倘毕竟不许，曷不授意来使，令求老父为之耶？"于是佑明舍姚而就李。灭门之祸，起于歆羡润笔之一念，竟至老幼骈诛，家产籍没，其居第先祖承买，迄今百年矣。祸福机关，判于片语。我宗无恙，岂不由先伯祖一人之力哉。按，给谏名延启，字季迪。子明名淳敏。世锡之祖名淳恪，字子庄。李某即李令晳之子礽焘。

范锴《咏庄氏史狱》：遗锢文人一网收，无知妄作实堪忧。摭谈丛记严垂戒，深恐他时说谬悠。

周庆贤《咏庄氏史案》：直笔犹存鲒埼亭，全谢山记载甚详。天高呼吁总无灵。三长未必称良史，庄《史》无《志》《表》《帝纪》《世家》，止有《列传》，即《王阳明》一传有上、下卷，共三百余页，其冗长无体裁可知。见《榴龛随笔》。十族还看罹极刑。惨淡云烟大落墨，荒唐生死少微星。南山戴名世《南山集》案字贯王锡侯《字贯》案同奇狱，滥胁谁教撞寸莛。姓名妄冀附千秋，盲史从来说左丘。廷鑨有才而瞽，以盲史自居。蒋径何人怜雪遘，查伊璜，吴六奇力救之，钮玉樵《觚剩》有《雪遘》一则，蒋心余为谱《雪中人》传奇。谢庭有女记云游，陆丽京被释后，出家为僧不返，其女著《老父云游始末记》。抄成瓜蔓春无剩，梦冷琼瑰泪不收。天与斯文遭劫运，悔从烟墨费雕锼。令尹由来可灭门，祸起归安令吴之荣。青磷残屑鉴烦冤。逐龙转使鸿罹网，舐犊翻成羝触藩。廷鑨临殁，谆属其父君维刻此稿，卒成此祸。漫向思翁矜旧额，朱佑明买得董香光书“清美堂”匾额，致成信谳，然而冤矣。可无羌岵叫重阍。十些遣尽心先死，参透禅机是朴园。查伊璜娱情声伎，家有十姬，均以“些”字为名，遭难后，与其妇同耽禅悦。朴园，查斋名。惊隐诗成结古欢，时遗老结惊隐社，潘、吴及难，社遂消灭。无端缀拾到丛残。史系明相国朱文肃旧稿。相公自秉董狐直，名士犹怜范叔寒。有为数金之修脯而及于难者。碧血朝埋三字狱，仓精夜哭百忧攒。低徊别有沧桑感，秋室高文论不刊。记此事无虑数十家，以杨秋室文最简要。

又拐案

《浔录》 康熙之季，浔多拐案，伪作乞食状，泛艇往来。善骗术，置药果饵给幼儿女食之，昏迷不能言，携之远扬，莫可踪迹。或首之官，不为严理，以是人皆恨入骨髓。云楚闰一作闰楚者，广德州右族也。妹将遣嫁，赴苏置买奁物，购媵婢三名，返则纡棹南浔。泊西栅，与舟子钱芳林入市酤酒。西有祇园寺，是日为五月十三日，里人曹宝臣等作武圣会，醉于酒，出。见客船幼女啼哭，疑之，诘问，而船户沈毕观于睡中模糊酬答，曹因诃为拐船。沈闻乃诧曰：“拐船奈何？”适有马四、尹瞎三、周三等至，众口喧哗，乃以讯婢。婢小无知，遂诉船中詈斥之状。值云偕舟子回，婢指为拐，尹遂持钱，曹亦持云，而沈毕观犹倔强不已。市中汤允文、尹二、陆三、范相臣、丁禹谷等，即时大讧，丛集数百人，先执沈毕观痛捶，而云力辩非是。复有陈国凡、曹彩章者，道以“素未谋面，倘得镇人证以熟识，自可解围”。云言昔曾到镇，粜广籼米于杨开泰家，杨素识也。众乃拥云、钱、沈三人至开泰米店，而店主人杨昌世以人众事大，不敢认。店仆苏二见三人哓辨不已，骤将钱芳林殴打。杨又呵令捆缚送营，讵知把总刘锦文阘茸畏缩，推不管理。丁禹谷遂令总甲沈元报巡政厅。是时，后潘巡司周国勋去任，府司狱孙秩伦一作伦秩署事在浔，又诿不肯收，遂致众益汹汹，声言人船并烧，而汛卒曹凤林、马文显、苏二、马四等，率人齐殴三人。沈先殒命，云折臂伤肾，钱受捶楚垂毙。众举伊船荡至祇园寺空地，架柴火焚。船中财物，各汛卒假称存库，俱各携去。当焰正炽时，投三尸于火。少许，忽闻爆声甚厉，则一颅脑浆迸出。有业疡医陆某者，从烈焰中奉一元首去。事后转有怜其骨殖，为收拾坛中，埋于寺殿后地。此康熙后壬寅五月间事也。嗣云楚闰兄载德居家，讶其弟久不归，来苏探之，知其已回，复至浔访问得实，于六月中胪述各情，首讼杨昌世等。乌程令为陈敏庵献德批准检验，严获案内人证，并究汛地。把总刘自以送营不理，而分赃作俑大半皆汛卒，遂自经死。杨昌世贿倾家资，得归罪于仆苏二，其余一切悉置不问。讯鞫年余，仅以苏二为首。问抵通详，时知湖州府事吴简民微有所闻，驳饬复讯，而陆某身已远扬，夤缘津要，希图免脱。杨又私赂府吏，终如前详结案。值吴守以艰去，而载德愤赴抚臬署呈诉，因奉护理抚篆布政司傅公泽渊咨参承审迟延，处州守苏公稷署湖府事，遂揭送迟延职名，并详请咨革杨昌世监生。杨复贿属院吏，以是巡抚李公馥恐以株连无辜批驳，遂以苏二抵死，具题。云载德不胜悲忿，走控于部，刑部准状，著另审定拟，而陈令以此解任。新令王公懋讷重为承审，时尹瞎三瘐死狱中，其殴毙沈毕观、起意焚烧之人尽坐，已死之尹瞎三，而以举火抬放坐之。朱二、于文焕，问抵立决。马四、尹二、陆三、苏二、周三，拟监候绞。杨昌世、丁禹谷、范相臣、曹宝臣及汛卒陈万先、王其三，以偷取银绸并枷杖。此案原属众人偾事，其实大半汛卒贪财滋哄。乃当事以把总自缢，讳言病亡，而遂周旋，不令抵罪。云亦心恨杨姓不为之分说也。其余汛卒曹凤林、狄芳、郑德胜、马文显、王公维，总甲沈元，民人曹彩章、陈国凡、汤允文等，俱以杖责结案。陆某竟以遁匿，终不到案。先之营救，固不遗余力，而后之医药乃大有所获，甚可怪也。吁！设当日把总、巡司羁三人于官遣问杨开泰，众怒亦得消弭。否则，详解邑署，缓为究办，郡城中当更有熟识之人，决不至孟浪惨毒若此也。吴门好事者以此事编传奇，付之梨园。乾隆癸亥，里中夏心谷明府封泰宰麻城时，亦有类是案者。麻之宋埠民，因获拐，聚噪争殴，送鹅笼司人船解县，沿途观者猬集。迨到堂，察其非真，因忆康熙壬寅吾浔事，或即开释，人疑易致激变，谬谕众曰：“拐有良药，俟其性过刑讯。”因密属典史散禁，傍晚提审。据称黄冈平民来麻探戚，船则冈邑编号，常来宋埠装载货物者也。因移回黄冈，取结备案。事见明府所著《梦呓编》。由斯观之，则小民无知，轻率躁妄，全在当事者有以静镇而调剂之也。汪《志》按，孙履元曰：尝询杨氏子孙，云昌世系捐职州同，非监生。尝至京师，与云氏之为京官者订为异姓昆弟，是不仅因粜米相识也。

南浔志卷四十五

里人周庆云纂

大事记四 “粤匪”、枪匪附

温鼎《庚申“粤匪”据浔纪略》 咸丰三年春，金陵为“粤匪”陷踞，苏、常一带，迁避纷纷。浔之东西栅，客舟络绎而过，人心惶惶，谣言四起。湖郡赵君竹生设团防局，南浔铺户按户支更，夜间十家悬一灯，鸣锣巡警，不数月安静如常。南浔究非要道，“粤匪”消息，民间无由知之。盖金陵城外，恃向军门大营捍蔽，遏贼东扰，故此五六年中，苏、杭得暂安枕。迨庚申二月初三，贼由宁国陷广德州，初八陷安吉，湖州戒严。初十、十一两日，郡中挈眷迁避者，日夜不绝。浔地人心扰乱，枪船诸匪，盘踞南北，设乘机蠢动，肘腋堪虞。十三日，知长兴亦陷，李定泰一军败于梅溪，退至湖城。十五日，贼攻湖城，警信日至，乃编十家牌，轮流督更，彻夜喧沸。士民将家眷迁避于乡，或至上海，数日间迁去十之六七。会双林徐公有壬任苏抚，调总兵曾秉忠以长龙炮艇六十艘至湖，军容始壮。击贼走之，郡城固而南浔亦定。贼退后，竟从山径陷武康。十九黎明，遂至杭省，武林门仓卒拒守。廿七卯刻，知杭省陷，而嘉湖亦岌岌可危，南浔岂可无备？由是温君金叔首倡团练，设立保安局于西栅祇园寺，权雇枪船。首领沈荣、吴长林，集船百余号，给与保安旗帜、号褂、火药、油烛，五日一发口粮，并劝各业及殷户资助经费。部署稍定，亦只羁縻枪匪，俾无为贼，非能使之御寇也。先是杭城陷，巡抚罗公遵殿死之。旋闻张玉梁大军由金陵来，克复杭城，王公有龄继为巡抚。四月间，金陵大营溃，苏、常继陷，湖属团防更为严密。巡抚王公将令箭至湖，一与赵，一与温，为城镇团防领袖。于是保安局由西栅移设东栅极乐庵中。是时文报不通，讹言四至，幸溃兵均由嘉兴塘而去，吾浔尚无扰，而不望亦无兵驻守。惟四月中，有军自湖城来，主兵者系江军门长贵，驻南浔一宿即东至平望，后不知所终。迨二十六日，知嘉兴城陷。在通津桥上，望之黑烟一缕，迤逦而南，知贼焚掠沿塘村庄也，居民又纷纷迁避至乡。盖三月间光复杭省后，郡城解严，吾浔之避地者悉还故土。至是，平望已被贼踞，距南浔只四十余里。东则震泽，仅有团局，烽烟逼近，与二月迥殊。各家雇船预为避贼计，惟店铺开设如常。五月二十日，赵君自郡率水陆兵勇，由南浔东剿平望踞贼，保安局枪船随往，攻克之，贼退至吴江。时泗安告警，赵君虑郡城有失，遂还，而平望仍为贼踞。是时如张玉梁一军急攻嘉兴，另有客军一支扼守平望，各乡团助之，必可力拒。苏属援贼克复嘉兴，乃张军不至，失此机会。贼于六月十一日窜至震泽焚掠，而南浔铺户居民奔避乡间，保安局枪船各恋家口，散去大半。留局者仅恃其侦探贼信，以便居民逃生。幸是日贼不西窜，吾浔夜间纷扰，东望火光灼天。至十二日黎明，贼由震泽水陆扑南浔东栅，遂放火杀人，烟炎蔽天，人声哭声如沸。盖留守家室，监守店铺，人尚不少，间有觅舟不得，妇女彳亍难行，逢贼被掳，投河者约百人，而被杀者尚少。盖贼恐郡城密迩，未知官军虚实，四栅房屋均被毁。镇上住宅，大半无恙，缘贼晨来，过午即去也。而枪船见贼已退，即打进典铺抢掠，并入富家择物携取。十三日，乡人始敢出来。由是土匪并乡民见铺户典当人尚未归，将货物掠取一空。是夜火势尚炽，因无人扑救，六典之厄，均是土匪焚毁。至十五日火始熄，男人均归河中，死尸悉行认殓。东栅自大街以西，店铺门面，尽焚无遗，南北栅店面焚去其半。此六月十二贼匪初次扰浔遭劫情形也。嗣震泽之贼退归平望，至八月间，贼始踞震泽，筑坚垒，设乡官。南浔贼退后，店户于东北两栅支棚为市，丝行择市梢易走之地，置柜收丝，装货舟中，权宜贸易。衙署均被贼毁，地方官无容身之地，局绅温君遇贼受伤，极乐庵局所被焚，温君旋缴还令箭告退。接办者为邱君笠亭，仍用沈吴枪船，设局马家港东藏寺。郡中派委员赴局，地方土棍诈扰，由局惩办。每日派枪船赴震泽探贼动静，借通消息。浔民之避于乡者，患病不惯久住，迁回不少。乃八月十六日平望之贼，向南浔沿塘西掠，午刻至浔，居人奔避仓皇。河岸路塞，贼四面兜焚搜掳，次日扰及四乡，焚掠五六里之远，乡间居民亦相率逃避。十七日晚，贼全行退去，留伪官踞守震泽。由是，南浔离贼巢仅十二里，被掳及伤毙者较多。于初次南北栅店面，又焚烧其半，并及住宅房屋。东藏寺局所，亦付一炬，邱君移局于丰年桥本宅。斯时局中枪船，仅探震泽消息，保卫丝商出境之用。他处若马要、若七里，西则骥村、晟舍，北则陆家湾、太湖塘，亦设团防局，仅能防御土匪，未能随军打仗。此外双林有官军驻守，乌镇先被贼踞。盖是年七月，张玉梁军溃于嘉兴城外，奔往省中，石门、桐乡、平湖相继失守。南浔为湖州东蔽，贼往来孔道，被扰安得不甚？然商贾纠集残资，支棚设摊，又复成市。何则？店少价贵，日用所需，缺一不可，颇获倍利。十二月中旬，贼又扰浔，四出焚掠，中市无店无屋，无人可居，仅存者亦不敢居南北市面。居家者离栅口不远，一有贼警，脱走亦易。故此次惟焚烧棚屋，掳杀尚少，与初二次情形不同。惟沿乡一带禾谷登场，被掠不少，幸不占据，两日间仍向震泽退去。此庚申“粤匪”扰浔，被灾已三次。

十一年辛酉三月，贼又西掠南浔四乡六七里之地，均被焚掳。各乡团伺贼尾，联舟而出，袭击一二，借以弋利，未闻有遏其锋者。贼恨甚，呼之曰“枪拐子”，旋复退去。计扰两日，店棚房屋又复焚毁。时浙东各郡县失陷愈多，省中军情日亟。湖郡赵君时出援杭，并剿城西窜扰之贼，不暇东顾。至是年八月廿五，苏城之贼大举西扰，并纠合乌镇之贼同时并出。廿五至浔，浔人走避一空，肆行焚掠。每日天明，向乡间放火打先锋，西至晟舍，东南至双林及七里、马要各乡，北至各溇港，烟焰日夜不绝。避难之舟，被贼包在中间，几不能出。幸港汊纷歧，或逃泊郡西，或反避严墓，踞贼安民之地，转可无虞。余则遇贼，人财并失。路上奔避之人，望烟焰不起之处，携妇孺狂奔，或前遇贼，哭喊声震天，或潜匿田禾中，日夜冻馁，掳去及倒毙者被杀者颇多。自庚申贼扰以来，惟此次遭劫最惨。至九月中旬，赵君自湖郡率兵击贼，贼甫退，杭省又被贼围，困守粮绝，十一月廿八遂失守，湖郡益孤。贼由西南两面，先将村镇占踞，渐渐包围，并不力攻。适十二月中旬，大雪盈丈，河道冻结，贼乃由太湖突至大钱口，将防守炮艇悉行掠去。南浔于十二月下旬被贼踞守，并不焚掠。伪主将为詹天燕，于马家港民居打馆，出示安民。咸丰十一年十二月，贼始踞守南浔，以长围困湖城。同治元年，贼招本地人为乡官，设军帅、师帅、旅帅、伯长等名目为伪官，惟军帅最尊，诸官皆属焉。令乡民按户出门牌，由伯长而上收纳，军帅局并设卡抽厘，拨炮船驻栅口，查缉各店铺。每日认定捐数书于簿，贼日至店中收取。若马要、七里村，亦设卡收店，捐置乡官，以纳门牌米。贼初踞浔时，伪官詹天燕在马家港朱少师第并李宅、温宅打馆，乡官局设于北小兜俞宅。正二月间，由乡官局拘泥木匠，将东吊桥以东，沿河后面包洗粉兜筑土城，至东总管堂开壕土，筑城垣，将东栅上下岸所遗房屋，拆取砖料，修盖东栅土城中之屋。二月中，遂移居土城内，而马家港遗存房屋亦拆取无遗。城隍庙、嘉应庙、报国寺、火神殿、贤圣殿亦于元年二月被苏城来贼拆取木料，装至苏州，名曰“打柴火”。此寺宇被贼焚而复拆毁者也。湖城被围三月，内已乏粮，外无援兵，虽时出击贼，围终不解。南浔自东栅土城以西大街，上下岸直至营前，一片焦土。盖贼由东往西，为水陆孔道，居民无敢行走，惟北栅之市在栅桩桥以北，南栅之市在兴福桥以南，百间楼及藕河头，存屋无几，亦无人居住。惟贫苦之家，尚有栖止破屋中者。斯时石米贵至十二千以外，客米绝迹。农民上年粮租均免，尚不困乏。惟经纪小民，避居乡间者最苦。幸丝商至沪，归则贩米至浔，借以接济，较之郡城中民食草根树皮以饿死者，尚属天渊。故居乡之家，日限两餐，或一粥一饭以度日。迨五月初三日，湖城以粮尽失守，浙西三郡及县邑均被贼踞。时军帅局设在南栅，受伪职者为罗姓，东迁乡人，尚朴，愿无倚贼殃民事。此外又设均安局，受伪职者系浔人张姓。丝船往沪，用枪船护送至盛泽外，过一贼卡而回。每包捐若干，缴贼若干充局费，固善于渔利者。当时业县之家，借得晏然出境，尚属两得。是年蚕禾两收尚稔，而米至冬六七千文。各处踞贼坐收辖境之利，并不出掠。据贼云惟有野“长毛”过境，防其打先锋。倘非大队，本地守境之贼亦可弹压，免其扰累。元年、二年幸未逢此，虽与贼处，尚能旦夕苟安。二年，左公宗棠军由衢州收复金、严，而台、处两郡已由民团克复。秋冬间，左公军由富阳攻剿余杭，并从绍兴渡江，围困省城。是年十二月，海宁贼首蔡元隆投诚，海宁遂复。而苏抚李公鸿章已于二年秋克复苏城，遂移军克吴江、平望，而平湖、海盐、乍浦均于是冬克复，苏军遂进攻嘉兴府城。是时南浔踞贼各相耳语，知官军势盛，于马家港及藕河、天带桥北各筑一土垒，恐江南军由东北袭攻也。贼无守志，群思逃遁。贼首踞守湖城，均无出路。同治三年，贼首黄老虎因江南军攻嘉兴急，左军围逼杭州，贼势日蹙，乃于正月十六日大举向菱湖、双林、南浔各乡镇焚掠，共贼十余万。乌镇贼首已投诚，剃发难民望东逃避，依托乌镇，开土城纳之，几不能容。湖城贼攻围乌镇，该镇竭力抵御，接战连日，几不能支。黄老虎率大队掠至盛泽、嘉兴附近各村镇，图解嘉兴之围。苏军派营击败之，黄老虎溃退，沿途焚掠。乌镇投诚之贼再出搏战，时在二月中旬。至十六日，苏军克嘉兴，贼仓皇窜走湖郡。此次焚掠，几及一月。城东及东南，并北至湖滨百数十里，处处被焚掠。吾浔幸正月间豫知贼信，挈眷避向江苏地方，得免于难，然遭劫者亦复不少。非然者，几无孑遗矣。二月廿四日，左军克复杭省及余杭。三月初四日，克武康。初四日，德清、石门亦由左军克复。湖州城贼虽坚守，惟恃泗安一路可窜，皖境尚有退步，咸聚菱湖东林山及附城二三里，筑坚垒，驻悍贼以守之。左军由德清、石门进攻，港汊纷歧，贼恃险易守，故一时未能得手。而南浔踞贼恐苏军攻击，时相惊扰，忽于三月中一夜间弃土城，望西尽溃。次日，居民见土城寂静，方知贼走。不数日，苏军遣道员潘公鼎新、丁军门寿昌带营至浔，屯驻东栅土城中。由是南浔设善后局，招募枪船，以防土匪，并联络苏军。潘、丁两统领，乃向西攻贼，凡备用之物，向局中索取供应。南北设有警信，苏军即为援助，合攻湖郡。乃调乌程县方某、通判佛龄阿、巡检胡某并乌程粮捕厅等官均驻南浔，以理善后事宜。马要镇亦设善后局防卫，并设粥厂以振贫穷。而晟舍犹驻悍贼，据坚垒以守，与轧村、杨湾、义皋各驻贼匪，互相声援。东迁一带，时有贼匪出没，故马要、北乡，四五月间无一日得安也。屯浔苏军虽时出队，由横塘、西栅、运河两路攻剿晟舍，终牵制于溇港各贼旁抄后袭，致未得手。六月初，苏抚又调军由湖塘屯扎吴溇，击走各溇港踞贼，又从宜兴、溧阳攻取长兴、广德，绕出西北境，而左军亦渐次将菱湖各贼垒攻下，城贼惶惧。七月廿五，苏军驻浔道员潘鼎新率队进攻晟舍，并以吴淞苏军由北会剿，连浙省张公星渠一军，亦由南而至，遂合力攻之，毙贼无算。廿六日，攻克晟舍，追至八里店。贼入城坚守不出，于廿七日启西门遁，左军遂入城。南浔自十年夏，被贼扰计一年有半，被贼踞二年有半。盖湖郡失守，较各郡独后，而克复亦较各郡为迟。浔地为郡城东蔽，适当其冲，故受祸最烈。房屋所遗，不及十分之三，此后之生聚教训尤难。人民之被掳、被戕尚少，而避乡者之病死、忧死者，不可胜数。世家大族，转瞬几成绝户。其间衣冠士族，于此四五年中，生计已绝，其贫苦为更甚。幸元、二两年，秋收丰稔，殷富寓居上海者乐善为怀，各出己资购米，并给米票，以济士类及孤寡。冬间复备棉衣裤，新旧各半，男女人给一套。时庄君杏园身任其事，不辞劳瘁，俾遭难困鳞稍得苏息。浔民虽居贼窟数年，得寓沪诸君阴为周济，出财出力，诚大有造于浔也。斯时县令及各官均入城赴任，南浔官绅拆毁东栅土城，清理街衢，善后义举，次第兴办。夫浔镇自明初攻张士诚于湖州，兵士过境，难免不扰。然争战皆在东迁山上及毗山一带，沿乡焚掠，决不如"粤匪"之甚。国初王师平定江南，剃发令下，由汉策董公率同士民投诚，故市肆不惊，民居如故。太湖巨寇虽屡欲犯浔，赖董公团勇捍卫，乡里仍得安堵。是五百余年不见兵革，获享承平之福，成此繁盛之区而风俗浇漓。咸丰初年，枪匪充斥，赌场林立，妓船聚泊，民风大坏。识者已预知劫运将临，果有兵燹之祸，历四五载而始熄。虽曰天命，岂非人事哉！幸大难削平，升平重睹，三十年来市廛稠密，渐复旧观。吾浔父老子弟，正宜安不忘危，治不忘乱，家崇勤俭，士敦廉耻，则余《"粤匪"踞浔纪略》未始不可借以为镜焉。

吴焦生《杂忆》 咸丰庚申六月十二日，"发匪"由平望、震泽，午后至浔镇。人于巳刻望镇东，火光熊熊，即相率远避。其不去者，大都为守家及年轻胆壮之人。发逆马步队约千人，由东栅大街四散至西南北三栅，放火示威，傍晚即东回。故是日被杀、被掳者尚少，惟器物已一空如洗。因匪去后，人尚未敢回镇，而枪匪、土匪乘隙掠取。然匪类所得者，终归"发贼"劫去。

八月十六日，"发匪"又至，镇人狃于前日之事，逃避者不及其半。而匪势披猖，迥非前日之比。逢屋即焚，逢人便杀，逢物便抢，无幸免者。是日被杀、被掳及自尽者几数百人，而房屋亦焚毁无遗。繁盛之区，竟成焦土。北栅仅存圆通庵、北圣堂及唐家兜蒋三松堂、后河头桂承庆堂、余家肆雍堂老厅而已。

踞浔之贼，首海天燕、次庆王、次占天燕、次源天义、次平南主将、次汲姓，而"占逆"为最久。"占逆"姓何，年四十余，隶于苏州慕王谭绍洸，踞浔后升占天福、占天安，又升至占天义。其下有文巡捕虞姓、武巡捕杨虎。"占逆"在东栅筑一土城，西至东吊桥堍，南至上塘靠官河，东至总管堂，北至洗粉兜口，拆民房为之，数月而成。“占逆”每审奸细，必在董氏老坟滩有翁仲之处，名之曰“讲道理”。在滩上筑一台，用一桌供香案，上设一座。届时乘马，身衣绣花红袍，冠如释教之毗卢帽，时或用蓝绸丈许围裹额上，两端垂二三尺，足着红绣鞋，随十余人至台下，作乐放枪，然后升座。其犯人释缚，口衔一筒或一筷，使不能言。“占逆”升座后，先念咒，后问犯人数语，即说：“拿去砍了。”尸或埋，或掷河中。首级缚在杠上，用两卒抬走。前一卒鸣钲云：“有人犯逃走，或短发作妖，或由沪来，失买剃发照等罪，照此处斩。”周行四栅，即入号令笼中。“占逆”下台后，仍鸣枪乘马，向土城回。其时“占逆”新举一子，各丝行皆送贺礼。“占逆”发请帖款客，年轻胆壮者竟尔赴宴。到土城，有小逆接进，放枪致敬。设十余席，贺者穿马褂、马衣，一揖而已。其席间侍者皆年轻小贼，伺候极周。席散送客时，排列贼队，仍鸣枪致敬。

庚申三月，有江都司奉苏省徐有壬抚军札，赴湖郡，有马步队约五千人过浔，在南栅土地堂暂驻数日，军容甚壮。至湖，不令进城，复回至苏。后闻苏垣陷，与“发逆”战败，粮绝而散。镇上设保安局。时沙锅枪匪绰号用枪船数十号，向东开至平望，与贼接战，贼巢在该镇殷家沙。初到时，贼首并不知，渐闻枪声隆隆，即乘马而出，约十余人。是时，沙手下船只已经开回，只剩沙之坐船。沙见贼来甚众，知不能敌，即投河，被贼用枪刺死。时在庚申三四月间。

六月十二，温金粟在保安局办事，“发逆”到局，伊危坐其中，骂贼不屈，被贼用手枪击死。贼退后，由邱立亭董其事。

将乱时，谣言甚多，或迁居沪上，或暂避乡间。及匪将到，反甚寂静，只闻履声橐橐而已。间有背血淋漓，急急四窜者，乃被贼追，用枪刺伤者。

南浔大塘为往来要道，“逆匪”陆续不绝，见有从别处打先锋过浔之船，所掳难民用绳穿发辫，或三四人，或五六人，停舟将所掳之衣服售卖。尝有人过问，一千文或二三元可取一大堆，然人亦往往不敢买。盖贼中相传口语云：“百文一斤肉，可以买食；千文一堆衣，大不可买。”意谓将来仍是吾辈所有，不过暂寄耳。

贼到民家，必先向墙门上挖看，及厨下、釜中、水缸内，亦尽搜索靡遗。见灵座必放火，见衣冠之人必杀之，因谓妖故也。见妇女必淫污之，见年轻子弟则掠去掮重物，不走则鞭挞之，亦有取年轻貌美之人作为公子者。或能医、能缝、能书算工作者，必重视之。此皆贼中所必需，不但保身，并可稍获其利。

当时富商先期挈眷避居沪上，亦有往来营运者。“发逆”关上稽察甚严，若用外国人挂外国旗保护，贼即不敢顾问。浔商之往来无阻者，赖有此耳。“发逆”安民后，每家挂一门牌，详载丁口年岁，以丁口之多寡，定出费之大小。各店并有日捐。南栅蒋家桥下设总局，亦名丝捐局。四栅另设分卡收税。

“发逆”《告示》首行云：“天父、天兄、天王，太平天国，第几百几十几天。”将某某掳人被逃捉到，将其人面上刺“太平天国”四字，刺后即涂以醋，用手搓之，其色永不脱。称南京为“天京”，称南浔曰“小天京”。其辫极粗而大，盘颈数转。妻称“真人”，短衣窄袖，裤管极大，喜穿红绿色。吃饭时先念咒语，贼目率赤，或云吃人心肝所致。

乱时设官丝行四家，西栅为庄恒庆杏苑、李恒鼎萍波，北栅为吴晋昌铁江，南栅为卜同昌朱兰坡。各丝行必须官丝行保结，然后可开。董事张姓，丝每包八十斤，捐洋十六元，外加一切零费洋八元。丝行每日买丝斤数洋数，有汤逆出来查明录簿。

未乱之前，大街董宅有赌场，在后面荷花池旁之小书厅，输赢甚巨。间有赌客自尽其中，恐风声漏泄，于夜深人静时，以厚资雇驳船载至漾中，沉尸灭迹。

浔镇自遭八月十六大劫之后，死伤甚多，房屋亦十不一存。至次年，南北市稍始有开小店者，后渐引至市中，两岸搭盖芦扉棚，以通贸易。惟东西大塘时有往来客匪，相戒不敢涉足。即南北有事，亦必用舟往来，当时之情景可想也。

徐有珂《避寇记》 郡乱于庚申二月，我家出避，自四月二十四日始。先一日，道路汹汹，指戴山后林火，乃亟向上林村张戚赁舟，向东长田圩孙戚赁楼。夤夜裹囊作食，送母、妻、两子、两女、两弟妇、一侄避焉。余与弟辈居守室中，残灯未烬，泪涔涔下，几若一散不可复聚。已复强收泪出侦，则寇已退矣。越数日，复完聚。十一月初六日，寇及吴溇矣。黄昏仓卒呼渔舟，十日万钱。向晓泊大唐兜，闻寇退，仍越数日归。于是始备舟。明年八月晦，寇及轧村东南数十里，彻夜若昼。时余在绿葭湾团营，阻雨，朔日至家，则家人已行矣。见弟匆匆数语，寇已及鲇鱼滩，遂别去。次日，寇经我村而北，遂东焚团营。余舟避胡溇，宿丁公桥。初三日晚，方归。寇又经我村，乃复避胡溇。于是道路传闻，纷纷莫定。初五日，至西南湾，知我舟在下塘田而未暇往也。初七日，始相见，始知三弟初三日遇贼伍浦，被创见血，幸无恙，然橐空矣，舟几绝粮。越日，余先东归，看门户，桥多断，迂道由绿葭湾走五龙、凤凰两桥。村皆无人，饿犬见灯，狂吠欲噬，焦土浮尸相望，我室幸无恙。几案筐篋，倾倒堆积，无着足处。旬日，家人始归。十二月二十一日，我郡四面贼至，人人股栗，念我生遭此大乱，不能庇一母一子，何以对先人？乃命儿奉母迁上海，儿欣然愿往，母不得已，亦许行。廿二日为先祖、先考讳日。祭毕，送母及儿出门，家人皆含泪，余强止之。至万寿桥，过舟，同吴子恭夫妇至沈协轩处。夜半，子恭返，谓余曰：“我两家在圆通桥候诸家齐集即行，无虑郡北已大乱也。”余亟至家，呼舟中室中皆起，皆口噤齿战。黎明放舟至伍浦，载二妹，由湖泊汤溇。是时东南诸村落，艇皆衔尾，终夜扰扰。廿七日至三十日，大雪盈丈，湖冰厚数尺矣。同治元年正月初六日，人言商舶阻东亭子港，上海有警，我母思归。余闻之，彻夜不寐。鸡初鸣，细君于船头作食啖我。步雪东行四十里，见母舟次。母骤问："客从何来？"我应曰："儿也。"乃喜甚，问家人，告以舟次汤溇，各无恙。乃命儿赁屋赵家港赵茂棠家，将迁焉。次日回汤溇，则舟已解维，追及之，遂宿宋溇，三宿因渎村，又宿丁家港。十二日，南风冰解，出湖至赵家港，母子家人完聚，居两月。弟辈时往来兜中，屡闻贼踞我室，则愁甚，或为之谋徙。贼去三日，初四日回里，西邻犹贼也。五月，郡城陷，私揣贼薮不可居，而力不能远徙，姑匿影以待。明年夏，官军复吴江。七月十八日，官军白篷炮船百数十轰吴溇、钱溇、大溇，贼骇窜。于是父老欷歔，谓："不图今日复见汉官仪卫矣。"岂知官军即向太湖西北去。次日，贼又麋至，明知此后必大扰，然天暑舟窄，无奈何。二十日雨霁，晚餐毕，忽炮震，有人立屋脊北望，曰："黑篷百道西北来，泊钱溇矣。"又曰："贼皆南奔矣，其官军至乎？"语未毕，村口逃船相撞，兜中船未动，则贼已至矣。我母急掩门，贼已撑我船矣。我弟不知何往，我在门内，急集家人出后门，匿田间。但闻处处打门雷动，俄倾寂然。一望，忽红日夜升，则钱溇火而村无贼矣。前门闭如故，但物在舟亡。天又大雨，欲乘间南走，急切无所措手足。时儿在伍浦，呼佣走探，中途即返，云邻村火发矣。余仓皇出门一探，则昏黑中贼叱咤捶西邻门矣。急掩门，集家人出后门，匿如故。猛思欲扶母走，则昏黑泥泞，万难出险，独走则不忍。然不走被掳，无身即无母。于是握母手含泪，母亦令之走。潜由朝皇兜过凤凰桥，脱履系袜，屡踬泥淖中。至红沙河，旧佣煮鸡子食我。天明，于吴泾渭桥遇弟，终夜狂走，念母涕泣，神色甚惨。比至中兜，则母已在岳家，而细君辈走宋家兜矣。我村早无贼，我室无恙，大门未开。儿至家，旋至宋家兜，细君见之泣，询之，始知昨夜被掳两次，脱归，渡金家兜几溺，右手大指、将指受伤，发去其半。余至晚始知之。然平时尝自念立心仁恕，所信者理，必无他虞也。越旬日，复完聚，此后辄作远徙想。八月间，遣儿附火轮，一夕达上海。余拟秋末移家周庄，俾弟居守，而余外出筹资。不意九月间屡遇警，弟以奔走忧思，伏暑，一痢不起，曾宿盛家汇地上一夕。归则渐沉重，十月初二日逝矣。余一身不能顾两地，遂于十一月朔，奉母并眷属到沪，赁屋浦东清思酿甸顾金吾家，竹篱板屋，晏如也。明年，余馆二百兰亭斋，在上海小东门；儿馆潘吟舫家，在董家渡。一月两归省，虽旅次，常有天伦至乐。六月，儿入广方言馆肄业。七月二十七日巳刻，我郡克复，将旋里，乃为之记。

黄锺《闻见识余》“逆匪”窜浔数次，士人殉难。已登《郡志》者，附贡生温文铨、张喜曾，附生温良栋、金汝砺、董书源、孙士谔、陈方穀、张家春、张抚辰，武生庄祖鋆，归安廪生温家驹，附生张以升、沈思藻。

李光霁《癸亥除夕遣怀》：风寒雪冷度残年，邻舍无人断暮烟。村社不闻传腊鼓，柴门谁更易春联。旌旗影里亲朋隔，虎豹丛中岁月迁。宋嫂鱼羹滋味好，今朝聊复当家筵。除夕入市，他无所有，惟鲫鱼两尾，买归度岁焉。伏腊依然用汉时，盛衰今昔费愁思。风高误听笳声急，夜静潜看斗柄移。冷到琴樽诗渐瘦，煨残芋栗睡偏迟。屠苏明日谁相劝，窗外梅花三两枝。

张桢《申江春感和箫士》：家山书到我心哀，万室都成劫后灰。踞穴鼠狐频肆毒，覆巢燕雀少完胎。江天渺渺飞愁去，海国纷纷泊宅来。有客弹冠正相庆，寄声珍重济时才。

纪磊《乱后过南浔有感》：乱后经过总不堪，孰为西北孰东南。邻当剩后终无四，路遇义时莫辨三。荼毒应怜今日惨，荒淫谁悔昔时贪。相逢病叟支离在，忍把伤残细与谈。

陆长春《述感二百韵》：天道有盛衰，人事多兴替。川原通塞殊，陵谷变迁易。发生荷春恩，肃杀感秋气。五行不废金，兵革亦常事。嗟予生不辰，先几示灾异。寥天鼓振枹，永夜星流彗。寇从秣陵来，断我吴兴臂。漫山蛾贼屯，遍野狼烟炽。我家浔水隈，仅赖城垣蔽。青犊逐风驰，朝发夕可至。练勇集狗屠，警众闻鹤唳。欲释妻孥忧，诡云寇已退。邻叟顾予言，君胡不早计。逆焰泼天狂，官军似儿戏。环攻一城危，坚守四门闭。舟楫幸能具，曷弗亟迁避？浔南有老屋，松径半榛秽。移徙近十年，扃镝久弃置。事急且相依，差胜居阛阓。装成游子轻，庐守先人敝。乡邻喜我还，问劳兼安慰。煮茗邀我谈，击鲜留我醉。郡城已解围，雉堞精兵卫。三驱封豕歼，一箭大兕殪。昨闻临安陷，犀利贼锋锐。流血满城阓，屠戮惨可畏。将军忽飞来，肋下插双翅。破敌著奇功，顷刻荡腥秽。妖氛既已远，将略谅有备。斥堠尽严防，林泉得小憩。豆荚佐杯盘，莼羹下盐豉。黄粱味绝佳，一饱齁齁睡。醒来日三竿，觅饮向茶肆。俄惊羽檄飞，惶遽东来骑。金陵寇甚张，斫营乘月晦。六千君子熸，十万雄师溃。荒谷缢莫敖，长城坏道济。死绥元不归，生还甲尽弃。屹屹毗陵城，犬牙足相制。督师彼何人，宵遁舟先次。苏台贼内讧，间谍常窥伺。鬼哭烟尘红，尸积河流腻。吾乡徐中丞，碧血朝衣渍。千里无坚城，三吴如鼎沸。时予处荒村，忧危日惴惴。讹言旦夕兴，寝馈一时废。松陵既不守，秀州又失坠。弃家人共逃，从逆官多伪。晨起见败兵，三五不成队。足疐面亦伤，衿捉履则曳。破栅搜鸡豚，打门索酒食。野老婉致词，无解申申詈。浔溪从南流，川涂鲜回滞。蜗舍当其冲，踪迹焉能闷。避乱访桃源，水村深且邃。葭蒲曲岸通，桑竹茂林翳。寒暄杂翁媪，逢迎到童稚。牛宫耕耒悬，鸭渚钓船系。此间洵乐郊，愿乞一椽庇。蟏蛸为扫除，让宅推高谊。明朝送孥去，离别发深喟。殊荤邻里情，不尽遮留意。篷窗闻炮声，火光烛天际。人言寇至浔，约略见旗帜。村农倚门待，云已久凝睇。是乡远市廛，守夜尨不吠。累甓床易支，悬釜灶失祭。宵眠昼得餐，此外复何冀？踽踽予独归，入门视箧笥。犹喜无寇踪，管钥仍封识。相安仅五旬，乌戍惊烽燧。彼都难久留，近在十里内。携家返故园，迁徙一而再。纵有武陵溪，问津吾未逮。萧瑟已经秋，艰难复卒岁。危檐冰堕钗，败壁镫摇穗。织蒲妾尚勤，识字儿偏慧。相守不敢离，终日愁颜对。瓟瓠过新年，春光渐明媚。少女待湔裙，顽童正挑菜。夜闻满村哗，剥啄声加厉。寇来今始真，窜逸踵相继。亟麾家人去，襆被野航寄。但顾怀中儿，勿顾簪与珥。黄巾似拥蜂，喊声达以四。凶暴胡可撄，疾走屡颠踬。如鸿避矰缴，如雉离罿罻。吉凶任天判，趋舍从众议。扶肩野桥危，伤趾路石碍。止渴欠酸梅，充饥少干糒。薄暮向田家，求宿形如丐。田家颇有情，悯我足力惫。黄齑发瓮香，留客供粗粝。夜火射萑蒲，耿耿不能寐。朝来询途人，云贼退犹未。焚掠遍四乡，荼毒无噍类。我闻心怦怦，若芒刺在背。铤险鹿斯奔，脱网鱼又逝。流离满道涂，郑侠图难绘。天胡降此厄，相对惟歔欷。再宿寇云遥，雷霆为开霁。仓皇急还家，事定魂犹悸。庋藏衣履空，余剩米盐匮。前村甲第灾，后巷丁男毙。新妇矶头沉，老媪室中缢。吾家幸无恙，瓦全出天赐。贼去恐复来，其情殊诡秘。商量买村艎，不惜多钱费。书生鲜长物，敝衣经补缀。悉索付榜人，零星又琐碎。既无富家资，胡来褐父睨。劫夺遇强梁，莫遏汹汹势。室人愁单寒，眉锁两峰翠。稚子惜裲裆，谓是娘新制。我意自夷然，百端相慰譬。方今寇盗充，物在终为累。饥来苦驱人，谋生赖计会。趁墟聚蚩氓，炎歊不可耐。午餐恶腥膻，夜枕憎蚊蚋。时闻铜马鸣，见利宁忘害。仲秋月将尽，有客走相谓。贼艘数盈千，齐泊金阊外。云将略菰城，连营到西塞。通衢此咽喉，防守严应戒。客言未及毕，东望起尘壒。弥漫杀气浓，匝匼阵云坏。速泛五湖舟，鸣桡入烟霭。樯帆接渺冥，金鼓震聋聩。大掠逾两旬，杀人如草芥。流毒百里余，浩劫付长慨。故居傍清苕，一水长如带。何处匿艑艕，念之欲垂涕。乱离忧骨肉，恐被虎狼噬。咫尺阻刀兵，相见愁无地。潜行绕岫塘，月黑宵鼓柝。阴风洒毛发，瞰人多鬼魅。出险犹彷徨，寻踪独延企。一棹忽凌波，全家重把袂。娇儿动人怜，见我先怨怼。耶胡不蚤归，不归殊愦愦。继言寇屡逢，娘已哭声大。急切恃篙工，全赖回船快。露寒号似蛩，舱小缩如猬。五夜腹常饥，十日面不靧。耶今破家还，愿同瓜皮载。患难须共尝，生死毋相背。闻言我心酸，岂不儿女爱？征鸿觅稻粱，离逖真无奈。舞橐寇愈骄，舆尸军又败。摸金祸邱垄，碎璧伤粉黛。助虐有戈船，横行更亡赖。垂涎虎视眈，攫食鸮鸣怪。故乡难图存，不如远行迈。荒凉井里墟，局蹐乾坤隘。瀛壖带鲎浔，州处而群萃。人与鲛鳄邻，壤接犬羊界。捍掫仗岛夷，避地此为最。移家五口俱，乘月片帆挂。当道卧豺狼，咥人比蜂虿。危涂历岖嵚，惊涛听澎湃。跋涉来此乡，此乡盛冠盖。膴仕簪缨华，巨贾珊瑚赛。海气涌金银，市尘混珠贝。街衢锦绣铺，楼阁丹青画。蛤帐闭瑶英，羊车看卫玠。乘骢贵客游，凫凤群仙会。而我厕其间，寒酸无乃太。佣书债未完，赁庑金谁贷？晨炊米数珠，晚爨薪折桂。徒营蚊睫巢，难觅蝇头利。绳穿管子床，葛冷西华帔。悠悠行路心，默默穷途泪。客言君甚愚，何不事权贵。曳裾能相容，吹竽可滥厕。不见同舍郎，多金似苏季。广筵宴宾僚，比房列姬侍。当其落魄时，见人常自愧。一朝附津要，便觉身心遂。谐媚人共欢，兀傲众所忌。今君苦屯邅，应少投时器。逌然谢不敏，多君惜憔悴。松柏抱坚贞，不同众芳丽。春风逞妍华，雨露均沾被。岁寒不易操，所以殊凡卉。我生适兵燹，自分宜颠沛。枉道而徇人，安忍为此态。九州多尘霾，三年依海澨。鬓添潘岳丝，怀剩祢衡刺。酒肉谢朋俦，管弦厌邻比。独坐屡攒眉，苦吟时拥鼻。乡关犹鼓鼙，水程隔迢递。莺花日暮愁，鲈脍秋风思。卑栖枝寄鹪，急景隙过驷。猪肝累尚牵，鸡肋食何味。富贵固难期，厄穷非自致。安能久居此，郁郁不得志。我思游阆风，去作神仙吏。驾鼋蹈洪涛，控鹤飞轻辔。碧城楼可居，丹鼎药堪饵。鸡犬共升天，长谢人间世。

陈根培《湖阴清话》 道咸年间，村庄完漕米一石，加耗米一斗一升一合零者，谓之九折，及递减至八折者，均谓之硬庄；完六七折至四五折者，谓之软庄；最次者，增价完钱，不能完米，谓之折庄。十一月开仓，时议价每米一石完钱五千八九百零，由渐而加至七千余，虽诉诸府道藩抚，不能更改。蒋溇陆昼堂，安徽县丞，以丁艰回籍，欲改完米，县不允。诉诸府，府亦不允。固争之，卒弃官。完钱与完米界限区分如此。咸丰三年，金陵失守后，博徒各造划船，置刀枪于其中，谓之枪船。到处演剧，引诱赌博，官不能禁止。由是折庄亦思逞府县，转用枪船以愓之，枪匪益恣肆无所忌。南浔博徒钱荣庄，遇近村有小争讼，为之排难解纷。后诉者益众，往往得一言以解，渐集枪船百余。某说之曰："我邑漕米十二万石有奇，逾于河南、甘肃各全省之半，多于湖南、湖北各省三之二，吏又鱼肉之，完米者出二石之米，不能当一石之纳，完钱者出三石之价，只以完一石之粮，乡人痛心久矣。子若能约近镇各村庄尽行完米，定八九折，转弱为强，功莫大焉。四乡且歌颂不衰矣。"荣庄欣然从之，众皆响应。漕米船聚至千余艘，遍插白旗，谓之白旗帮。衔尾进城，河为之塞，声言欲完九折。府县恐激变，转为好言以慰之。吏胥又再三恳荣庄，乃一律完米七三六折，谓一石米加四斗三升耗米也。由是不入白旗帮者，亦尽行完米如其数。无淋尖，无踢斛，无袋费，一变从前积习。后荣庄卒毙杖下。初时每届完漕，如人家田数不多，或商于外，或留米待来年食，贪便照米价折钱，谓之小折。迄后庄多小折者，即归入折庄。盖强弱之分，皆由胥吏肥己之谋，官为利惑，遂任其计算，以致漕弊丛生。间有廉明长官，亦知欺君虐民之非计，而各衙署之陋规、吏胥之把持，已积重难返，卒因循而不改。至枪匪、土豪群起，而后漕务为之一变，亦可慨也。

李光霁《劫余杂识》 咸丰六七年间，著名赌匪乔家兜钱荣章、严墓沈三、沙锅阿四、震泽吴长林、新篁陈二、新塍吴连生、盛泽孙七等，皆乘寇乱，集无赖数百人，私制炮火枪刀。造小船容四五人者，名曰枪船。就各镇市设博场，名曰老桌。浔溪在北栅后河头者曰吴厅，在南栅曰朱厅，以吴、朱二宅得名也。汪家兜、四牌楼、城濠等处，各设厂聚博徒，招女优时装演剧，昼夜不辍，曰花鼓戏。佐以妓船各一二十艘，常川停泊，曰跳板船。画舫笙歌，靡靡达旦。匪类借此以招博徒，得彩以供挥霍。数千亡命恃众横行，睚眦杀人，戕官拒捕。一日，钱荣章与沈三、沙锅阿四在东栅市河械斗。施放枪炮，毁民房，伤民命，浔溪为罢市一日，识者已决为大乱之兆。大府迫于公论，派某都司名捕至南栅嘉应庙前，登高瞭望，忽枪弹击伤左额，鼠窜而去。后派某观察督兵剿捕，始获钱荣章一人至县，杖毙。余人仍跋扈如故。日则横刀过市，骚扰闾阎。夜则十百成群，四出劫掠，抢孀逼醮，掳人勒赎，恣所欲为。盖至是而枪船赌匪之为祸烈矣。厥后“粤匪”至，托名安民，亦恶枪匪为患，各处剿杀。承平后，江浙大吏复实力捕治，而“枪船”之名始灭。

徐有珂《燕曹问答》 体元逸客燕正言问于介轩主人曹直院曰：“闻此间有花会，信乎？”曰：“然。国家兵防，十里双堠，五里只堠，今博局多于斥堠矣。”客曰：“何谓花会？”曰：“不知其详，但闻有胡蝶花、林太平、为老龙、碧桃花、林银玉、为螃蟹诸目，共三十有四，刊为图。然此间呼为字宝，不称花会。”客曰：“官不禁乎？”曰：“彼枪船皆插府县官衙旗帜于舵尾，其渠魁亦用抚部鹾使衔，官恶能禁之？”客曰：“不禁，可无害乎？”曰：“花会之设，能使人废时失业，丧心病狂，至于灭三纲五常，无父、无君、无天地而后已，不急扫除，则祸更烈于洪水猛兽矣。”客曰：“若是其甚欤？”曰：“殆有甚焉。洪水猛兽人避之，花会人趋之。我但见此事初起，人即麇至，或戏投一钱，至十百钱且千钱不等。无何，千钱者中，辄予三十贯，而千钱仍在也，其少者亦如之。于是万目凝视，万口沸腾，诧为奇赢，夸为捷得，几若世间谋利之途，无过于此。彼焦劳心力，作苦终身者，真大愚人也，曷若竭心思于此之为得乎？且失之少而得之多，十失而一得焉，犹获兼倍之利。若能竭心思，十岂无一得焉？于是瞠目凝神，驰思幻想，食至不应，火至不见，自朝至暮，继之以梦，明日复然。如是累月，农不耕，工不作，商不贩，织投杼，牧亡羊。即读圣贤书者，亦掩卷茫然也。方数十里，可十万户，无昼夜，无贤不肖，皆迷焉。所不迷者，仅百之一。”客曰：“斯真废时失业矣。”于是客容怃然。主人曰：“未也。其中得者少，失者多。不得已则与神谋，与鬼谋，而祈祷之事作焉。其始拜跪于家庭井灶、里社丛祠，既而求诸枯骨残骸、破棺荒冢，及生前游场横死之鬼。夜深人静，则携纸钱并一脔肉或鱼，炙酒一大缶，喁喁祝之。不应，则磔鸡沥血，斧其棺骸。于是怪鸟惊啼，阴磷四出。其人亦如醉如痴，偃仆其旁，若有所闻，至天明乃醒。”客懔然曰：“斯真丧心病狂矣！”曰：“未也。有捽祖宗栗主及神祇庄严法相，戏权轻重以为卜者；有烧甲马纸钱，魇魅亲生幼稚儿女，奉以为神，拜跪祷祝者；有女子夜行，抱骷髅而归纳衾裯者。其事益奇，其法益验。”客忿然曰：“是灭三纲五常矣，果若是其甚欤！夫荡覆彝伦，是无父也；不畏王法，是无君也；颠倒阴阳，渎乱幽明，是无天地也。为之奈何？”而直院主人亦曰：“为之奈何？”

吴焦生《杂忆》 咸丰八、九年，赌匪沈三、沙锅、长林，在东栅外四牌楼前，大开博场，昼夜不息，招雇跳板船即妓船数十艘，停泊其旁，引诱良家子弟。其赌有打摊、做宝之分。又有名为字宝者，是沈三为头家，四栅设字宝场四处。其正庄在北栅清风桥河西，埭前空地搭芦扉棚，围以挡木，设柜收钱付票，共三十六门。每钱一文，中者以三十倍偿之，故妇孺之钱搜括殆尽。每日早晚开两次。做法以竹筒劈作两爿，中置一字牌。开时放爆竹一串，将绳一扯，筒即自开，见一牌为某某，如打中者，即持票取钱。另有印庄，分设多处，俾就近分打，中则照正庄赔钱。嗣后又换出题中彩，暗切水浒人名，凡一百八人，中者一钱赔百文。所出题目，未见贴切，偶然文理稍通，辄被人猜去，所以不通者居多。其场所在后河头蓬莱居茶室。沈三、沙锅、长林三人，因争夺赌场，甚至持械角斗。东栅吊桥堍，用栅阑住，派枪船把守。长板桥、对河一带及天带桥堍，各执盾鼻并线枪互相激战。枪林弹雨中，误伤行人不少，因此罢市数天。初，四牌楼演唱花鼓戏，伤风败俗，莫此为甚。后移至东栅外汪家兜。壬戌年，又移至西木巷，对河北小圩，因沈三于其处开设赌场，架木为桥，以通行人。同治初年，郡委来浔，拟拆此桥，为张企亭梗议。盖北小圩之地，张以贱值得之，苟无此桥，则其地不能振兴市面，故与邑人涉讼累年，卒寝拆桥之议。乱前，停跳板船而不兼赌场者有数处，曰栲栳湾、西交界坝桥、老坟滩。每至夕阳西下时，丽服艳妆，坐船头，品竹弹丝，借资引诱。北栅则赌场、花鼓戏、跳板船兼而有之，人尤趋之若鹜。

《湖阴清话》 枪匪初事赌博，尚有陋规。至府县借以制粮户，遂写府县正堂旗，遍插船尾，公然演戏聚赌，除陋规，并设花会。咸丰八九年间，乡民之无赖者讼事，不诉诸官，而诉之枪匪。匪即呼其党羽，将被诉之人扭去，以其发悬之梁，复痛殴之。或出洋泉数十元至数百元，甚至数千元，始释去。沈纪常《枪船行》云：“枪船健儿好身手，白布束腰毡盖首。蓝呢背甲绣裲裆，白眼横斜满街走。枪船来，枪声一路轰春雷。横拖倒曳捉人去，睚眦之怨成飞灾。东市醉千觞，西市博千场。湖郡义勇旗堂堂，巨绅大贾闭门避，老拳毒手谁敢当？“粤匪”来，枪船散，双桨如飞语言乱。浔溪烽火光烛天，缩首菰芦背浃汗。“粤匪”去，枪船呼，短衣帕首盈街衢。若得金钱若珠宝，拿舟稇载争前驱。噫嘻！民不苦寇兵，乃苦枪船勇。狗苟狼贪势汹汹，大官剿贼方劳心，若辈横行上闻壅。何时盗息天网张，枭首沉船断遗种。君不见，蚩尤两冢高成堆，么麽之丑何有哉！”

许旦复《浔镇南乡为纳粮聚众欲与县主相抗者感赋二律》：名分虚悬众志离，嚣然不靖此奔驰。蠲租本少道州守，倡义宁同河朔旗。数十舟号召乡里，舟尾各悬一白旗。蚁聚蜂屯矜作健，钲鸣鼓駴问何为。急公输粟由来事，一起争端后可知。　古来三老镇乡闾，条教分明责任渠。子弟岂容轻越礼，循良端在守悬书。汉唐遗诏还存否，召杜风流亦渺如。上下乖违何至此，溃防将奈此狂且。

南浔志卷四十六

里人周庆云纂

集文一

《褚氏家谱序》　　诸暨**杨维桢**铁崖

褚氏之系，出自微子。宋共公子段食采于褚，号曰褚师，因氏焉。其在卫有褚师子申定子，盖其族之仕于卫者也。汉元成间，有褚先生大以行显，尝补司马迁《史记》。六朝来，褚陶、褚裒皆以文学名。至唐，褚亮博学才敏，预瀛洲学士之选，其子遂良为顾命大臣。遂良由河南徙钱唐，其子孙所居，号褚家塘。后有徙居苕城者，亦以褚姓其巷。今聚族乌程之朱坞，即自苕城来也。其祖为世超，墓在朱坞后洪，冢舍曰光远庵云。世超生世隆，世隆生大理评事琳，琳生省干溶，溶生宋□郎、提干大同，大同生宋迪功郎、淮安县丞士登。士登之子，长宣教郎友龙，次仲龙。友龙无子，以仲龙之子将仕郎、国史实录院检阅文字天祐为嗣焉。天祐三子：长锡珪，善州教授；《县志》作东阳教谕。次锡琦；次锡瑜，蒙古学正。善州四子：嗣良、嗣英、嗣俊、嗣贤。锡琦无子，以嗣英为其后。自士登□前凡十世，皆以诗书起家，由科举入仕者，代不乏人。宋革，故居遭兵燹，子孙亡其实录。嘉言善行，不复可考矣。嗣英于族叔祖桂岩公所访得家谱，令其子桂缮写为册。册成，乞予序。予谓君子之泽，五世而斩，褚氏之泽已逾十世，而其来者尚未艾也。桂之为伯仲者凡六人，皆从名师习举子业，里以衣冠之族称焉。岁大比，乡大夫录以充赋者，褚氏子孙居多。吾卜褚氏祖之积者厚，而嗣英之培其积者益至。吾见褚氏之来者益衍而大，以五世之泽论君子者，又岂可以律以褚氏之泽哉？褚氏子孙，尚以予言勉之。

《元故褚乐闲先生墓志铭》　　前人

公讳锡珪，字君玉。其先出唐学士亮。亮子遂良，由河南迁钱塘，子孙所居，号褚家塘。其后有徙居苕城者，亦以褚姓其巷。今聚族南浔之西，若坞庄者，即自苕城来。有起身科第者，为宋迪功郎、淮安县丞士登，公曾大父也。宋将仕郎管元吉，公大父也。宋将仕郎、国史实录院检阅文字天祐，公考也。公性沉静寡言，自幼有识量。检阅君尝夜遇盗，盗认君巾服，欲刺之。公潜以他衣冠易之于庸皂而免。长究心经史，游庠序间，猎猎有俊声。安定书院举之儒台，授东阳教谕。曰：“吾亲老且病，忍一日去侧耶？虽不仕，得朝夕养我亲，吾志周满。借有高位，违孝而往，不为也。矧县学师不能信所志者乎？”遂辞，朝夕躬上食亲前。亲有疾，衣不解带者累月，药饵必亲尝乃进。居丧，哀而毁，有常情所不堪。既葬，追慕若将见之，至老弗渝。笃孝之行，人无间言。里父老训其子弟之事亲，必指公为则云。族有贫不自给者，则与之粟；贷不偿者，焚其券。又多蓄善药以济人。平居□然，燕必冠。对客则风流谈论，务使之尽欢。晚岁凿圃，莳花竹以自娱，创乐闲堂，因自号“乐闲居士”。其在乡闾，平心率物，人比汉陈寔。博古而尤善知今事，人比唐齐幹。行游城中，邦大夫候其车音，争相迎致。问时政善不，尊而称之为“乐闲先生”。公生于宋德祐五月二十二日，卒于今至元庚辰六月二十九日，年六十有六。娶张氏。四男：长嗣良；次嗣英，出继叔后；次嗣俊，嗣贤。女一，适董汝华。孙男六：应椿、应桂、应杓、应雄、应枢。以至正三年正月六日葬于乌程永新乡大舍降坞之原。传曰：施嫱衣褐，天下称妍；贲诸赤手，天下称勇。士之美者，又岂借区区爵位耶？吾观乐闲先生者是已。先生却仕而□，为孝子，为义士。其卒也，不应铭法欤？铭曰：孝为则兮义不颇，仕则少兮德则多。先生之乐兮，阴阳争和；先生之则兮，争纪于渎与河。南之浔可竭，金之冈兮可陂，我铭其人兮不可磨。

《赠定岩上人入东序》　　　　金华**宋濂**景濂

大雄氏之道，洪纤悉备。上覆下载，如彼霄壤，无含生之弗摄也；东升西降，如彼日月，无昏衢之不照也。弘敷固假于教仪，妙悟须资于禅定。所以销融其粗浊，振拔其精明，降伏其尘劳，跻登其实际，非知力之能强，必顿觉而后成，盖亦戛戛乎难矣。为其学者，当究厥诚。一法不立而日用炽，然六入本空，而真机独露，虽有所证，未能自信。于是远访师资，以求印可。利锋相触，雨雹为之交驰；疑网既祛，星月为之朗耀。非具大慧，充大量，要不足以与于斯也。定岩戒师，吴兴士族。积善提之因，励精进之学，美誉流于四方，纯行信乎四众。且以见闻未博，践履或碍。泛东大洋海，而睹古佛显化之迹；登天台灵岩，而询应真示现之方。波涛舂撞，皆谈苦空；林木葱蒨，各彰实相。此其立志甚不小也。嗟夫！世道既降，正法不传。辞章之锦绣，足以移易其性情；势位之肥甘，足以斫丧其智慧。虽方袍而圆顶，或尘容而俗状，滔滔不返，可胜叹哉！有如定岩专心为道，如孤云野鹤，弗为世氛之所染；如崇兰幽芷，弗为无人而不芳。宁不为君子之所取乎？所谓充大量，具大慧者，异日当于定岩征之也。定岩之还也，且过南浔省亲。身居桑门，心存孝道。大雄氏所说《大报恩》七篇，皆言由孝而极其业，定岩又能行之矣。则其所可取，岂直前所云云哉？会余词林，请书首简，顾文逋之丛沓，兼羁思之缤纷，笔无停思，语多未醇，同志之士删而正之可也。

《赠董编修序》

德清**蔡汝楠**

人之才非不可驭，智非不可穷，依乎名无所托，而泊然思守其中，此非难者也。所可以为难者，豪隽倜傥之士，膺受不群之质，囊括无涯之智，凡传记可喜可恼之事，皆其所办，犹曰非其至者。回观照而智有所不敢用，根性命而才有所不敢恃，稽中德而聪明有所不敢尽，斯则敛盈于冲，协善于约，舍豪隽倜傥者之所优为，而似乎非才智者之所易为，方有过人者。由此永慎修之思，笃未见之望，其审畔援歆羡之微，以凝肫肫皓皓之体，盖若赴海之水，混混而不可阻也，斯则为甚难。仆本下邑之鄙儒也，且以童子备官，不能自树，而群处于通都大邑之中。或语之以操觚执简，穷词赋之丽则悦；语之以名山贞石，勒一代之文则悦；语之以竹帛之事，旗常之绩则悦。及语之以附青云之士，乘建瓴之便，以收天下之誉，凡骋意气，极芬华，亦无所不悦。既而以犬马疾，愿谢朝请官陪京。时则浔阳董君引仆于大人君子之林，俾闻修己尽性之说。仆即欢然，欲罢驰骋，求近里。以为曩之所好，质本不逮，而今之所闻，能不在多，精神之所在，谂察之所及，自谓一虽未协，而志或无他矣。岂意退处数年之久，声华意气之好，实时往来于中，而未能泊然以守也。夫以仆之非智非才，而况君之多才多艺；又以仆之不足为难，而况君之大过人，则仆之不能，与君之能也，皆宜相证而不容默者矣。孔子之言曰："人皆曰予智，驱而纳诸罟获陷阱之中，而莫之知避也。人皆曰予智，择乎中庸，而不能期月守也。"大抵智非决择，自不能不失之于实用；道非实修，自不能不反之于故步。今之君子，旧日之所趍，如曹植、萧统词赋之学，马迁、班固文章之学，萧何、姚元之吏能之学，陆贾、郑当时通显之学，与一切繁华之学，可以材智求者，举之终自喜其可胜，行之终自喜其可至。吾人修己尽性之学，肫肫皓皓之实，不可以材智求者，竟若存而若亡也。故客念盘互，纷华羁縻，而神明之德，障蔽于中，方且据其影响者以为是，宜其或有失于避、失于守也。子贡尝喻圣人之道于宫墙，而归之于得其门而入，自号曰智，失之不觉者，盖不得其门故也。如其果不以才智求而以志求，反观内究之功，进有无穷之途，向负可骋之能，退非羁縻之所，精神思察，一归性真。而才智之斥，聪慧之堕，则入德有门，志无摇夺，宁有茫然失之实用者乎？仆之所谓难者，至此为果确无难，愿与君共学者，盖在此也。昔仆以郎中出守千里，君以所忧者学不在吏事，故恳恳授以此指。至于君侍从之职，将揖让君相之间，稽考平生之学，殊非郡吏之比，舍学亦无可以赠君者，故仍究竟其说。若夫观省之机，则岂待仆之言而后发也？

《与董浔阳内翰书》 茅坤

尝观古者朋友远离，或托之佩玖，或申之兰茝。及其久矣不合，则借山川，诉鸿雁，以绵其道路之思。而其引睇增欷，有若儿女然者，仆每耻笑之。岂知今日仆之于兄，抑独有尔者！无他，人生宇宙，同心者寡，时或参商，情辄倍并故也。秋来露繁，木叶渐脱，四顾茕茕，诉言靡由。况以失职之人，而凭之以虫吟之候；以忧谗之士，而附之以室远之思。所谓夜弥永而路弥长，南望江流，忽不知涕之沾衣也。夏日皂隶湖南来，得兄所赠手翰，上下数千言，大约皆《易》之避难之旨、处困之戒。盖有杨恽之所不闻于会宗，魏其之所不闻于高遂者。何其忠也！仆虽不敏，当佩衣带，以示无忘。而兄又嗔仆不能远引孟氏动心忍性之旨，以益其德，俟知己者而用之，反以盛年，遽欲沉郁自废，痼情癖志于文章词赋之间，以汩没其好，而其音颇不当有所刺怼。嗟乎！兄之爱我周矣，仆岂敢尔哉！盖尝闻之古人矣：天地，逆旅也；升沉，浮阴也；荣名，委蜕也；好毁，幻劫也。人以其身游乎天地之间，所与日月争光、死且不朽者，惟区区心知而已。而至古今贤智之士，驰骛乎荣名好毁之间，以快其生平者，自达人视之，盖一觑耳。他不暇远喻，姑自仆近日所游赵郡言之：武灵王之霸，廉颇、蔺相如之威名，平原公子之好宾客，当是时，岂不矜名喜能，声施当世哉？而今已消歇。其所称高台曲池、繁讴艳舞、连翩绰约、震耀赫奕者，不可复见。而所遗一二墓宫，颓然霜露荆棘之间，往往贾竖牧儿相指睹，卧牛羊于其上耳。彼且如是，况其细者乎！故蚤夜刻行、穷而益固者，哲人之所以自适也；恣名纳时、抑而多怼者，小人之所以自惑也。前所奉兄书，将以期月之间求为弃官，而秘迹岩穴者，盖感日月之易迈，伤事几之不逢。生而无闻，死而没名，谓与萎莽同耳。此仆之有所托而逃焉，而云云于左右也。而兄之复，乃欲迟知己者之及而用之，岂不悖哉！原兄之意，岂不以圣天子在上，贤公卿方揽名延英，而海内材艺谋哲之士龙翔虎蔚而进，而仆又尝偶窃声名于时者！往岁之事适尔，而久之固自有知者。然不知士之生世，各有所适，或遇或不遇，命也。兄抑尝察仲舒所以迫扼于元封、建元之间者乎？武皇帝，汉之雄才大略之主，不世出者也。公孙弘，名相也。方弘之蔬食布衣，折节虚己，开东阁以博延天下贤良茂才之士，盛矣。而董仲舒号笃行明经儒也，独以睚眦之微，不及录用，相之江都，徙之胶东，逮身殁而止，何哉？故曰："遇不遇，命也。"使当时或偶弘，以其所推毂王臧、赵绾者推之仲舒，则他不敢过望。如汉皇帝所与廷臣考文章，改正朔，易服色，草封禅、明堂之仪，以润色一代之鸿业者，舒亦称博古洽闻旧矣，岂特默然无尺寸赞画其间乎？然而不逢，则亦飘然远去而已耳。故曰：君子逢时则奋飞，不逢则龙蟠而蚫泥。盖尝博观古今之间，岩穴之士不可胜道。若虞卿脱万户侯卿相之印，弃如敝屣，困其身于梁者，情有所为也。陶元亮一试彭泽，不得志，赋归五柳，完名环堵者，志有所摩也。嵇叔夜抱琴行吟，弋钓草野，不欲以章服揖拜上官者，性有所便也。而仆不佞，幸先人所遗宅一区，近水田数顷。他日又尝破内子玑缟之饰，买书数千卷，簏贮其中，甚可饶吾岁时宾客伏腊之费，而与诸弟子诵说为乐也。兄以为当乎？否乎？将移易其道，徘徊中外之间，从诸君薄游以成名乎？抑亦悯叔夜之不堪，察元亮之有托，性固有所专一而不化者，而顺之以适其志乎？此固中心之微，可与知者言，难与他人道者。而闻兄满告北引，仆将有进退之决于兄而待之漕河之间，故不胜感凄，缕布所云。幸为我少驻官舟焉，悉次第而裁教之。荷甚！荷甚！

《答董学士用均书》　　李攀龙

某不佞始偕计来京师，即海内诸播绅君子言文章必言馆阁，言馆阁必言执事，未尝不私窃慕之，安得附青云，观当代之盛也。久之，乃辱执事三顾某于逆旅之中，而不得亟见，坐令从游之愿，沮于出守。至今恨之，未有以报。此自执事能折节下士，而士益以此重执事，诵义无穷时。顾某何人，又至辱所推与？谓某文章司马子长、西汉诸名家之流，又谓某志行俊伟也。某何人，而敢处一于此哉？徒以在比部时，多拓落杜门，稍类强直自遂者尔，其实无以自见。即不自量，有所著述，亦复下里自好者为之，终未敢齿诸作者之列。今不知何以当执事之心？且执事以文学亲幸之臣，而不忘郡县共理之治，是岂独为爱某也？顷当淫潦为沴，自京畿千里，胔骼蔽野，而御人白日，虽有沟壑孑遗，又无以佐公家之急。而山东道塞，使者冠盖相属于敝邑，率不能饬厨传称其意，安见方六七十如五六十而非邦也者？君子之至于斯也，吾未尝不得见也。其在某，上之既无庄助、吾丘寿王尝为侍从之望，次之顺德又不可施以会稽、东郡之政。即某摛藻如春华，何益于殿最哉？诚自知不免于奉职无状矣。莫不救荒，而某拮据为甚，官无盖藏，仰给邻国。方且奉中丞、御史台德意惟谨，而何以策功名之会？大水之后，壤土膏丽，锡我来牟，将受厥明，此非所以慰执事，隐恻斯人者乎？过此以往，庶几借以喘息云尔。某何人？至辱执事也！

《与董宗伯书》 王世贞

长君来，拜领盈筐大贶，捧读教札，累数百言。至扇端见赠长篇并《枉访返棹》一律、《题山园》二律，格调高爽，辞旨雄丽。无论远逼开元，而饰奖逾情，使苏壤弃余，均荐兰蕙。昔任彦昇不惜齿牙余芬，借引后进。昌黎题长吉壁，欲骤令得名。操觚之士，以为美谈。贞之薄劣，乃兼得之。忭喜狂发，不知所裁。第留尹之补，非由时私，乃是夺我丘壑，就彼樊羁耳。方以心迹未白，上疏控辞，倘不得请，恐竟成狼狈。日夜忧之，计无所出。而猥蒙赐贺，固我老伯通家大人至谊，非衰劣所敢承也。长君枉驾时，适有州大夫会，次辰以先忌东归，踯躅丙舍，虽一获参承，遂缺杯酒之敬。惄如调饥，不揣奉酬排律一和《返驾》小律一。自愧续貂不能掩帚，唯有以教削之为幸。名园大厦，神仙宫府，迫于私冗，未获展抠衣之诚，无由窃窥其盛数也，如何？

又 前人

世贞不自量其骫骳琐尾，妄欲偷安此身方外。入世以来，于生平知旧，一切简弛。乃至通家尊宿，肺腑所切如我老伯者，亦仅一私淑起居，于元驭学士不能驰阿段、修竿尺。而贤器长兄则俨然以笺教币贶。捧诵之余，既跃然喜，且恧然愧心也。道体健胜，造物所笃，视履饮啖，剧谈久坐，神明怂溢，足以映带少年数辈，而来示忽复有疲羸之叹。岂沈昭略所云“清虚日来，滓秽日去”邪？向者获奉几杖，山园诸亭馆、泉石之胜，便是欲界仙都，小有洞天，然此犹作外境观。今谓更创别馆，绕以流泉，深居兀坐，拟迹头陀，倚榻长吟，饰巾待尽。夫此饰巾待尽，即是不作寿者相。上德无为而无以为，无生至理，要从此关研出，虚极静笃，先天自露，惟我老伯恒存之而已。世贞虽示却家累，尚以家故旅谒公府，而于长公处不能一伸杯勺之敬，能无为达者所笑？

又 前人

迩审贤器，大行公以使事南归，令孙祠部兄将以起色北首，而我老伯方以难老之锡，优游于上，岂惟天伦之盛际，抑亦人文之极观也。冬初，见医士盛生道老伯微为骨鲠所苦，因而咽中气壅，颇碍食饮，凡六日而解，今得大教果然。盖外来与内召，其病形虽同，病去即复，固不可同日语也。所喻静中为杂念所扰，不能绵绵若存，此是多劫夙障，受生本根。加以居平耳目缘染，岂能一切断尽，惟在求所以胜之，令其有起辄觉，熟则渐息耳。贞所谓“病人说病方”，当不满和缓一笑也。九月间，常德喻君见过，其所遘地仙薛翁，于衡山中授法，颇极简易，然行之者十不五得。贞幸而三日得之，一月间周身殆遍，亦自快畅。第以家弟聚首，人事旁午，米汁缘诱，墨卿见陵十寒之暴，渐尔不酬。今季方已远，尚平粗毕，昆虫闭关，此其时也。刘生所受似的，但不知为老伯尽述否？

《上董宗伯老师书》　　王世懋

世懋不登师门，历六七霜矣。皤然须发，非复绛帷旁故吾颜色。日月如驰，不知吾师黄发几何，寿骨加昔何若？昨幸辱犹舆至止，光我蓬户，属凡鸟之投异林，竟违泛扫，自恨寡缘，无弟子礼。至此即日过华亭，转而上谒通德里门，不意舟胶于冰，而狗马之疾大作，凿冰亟返，委废床褥。术者又言是月大不利见，即简书之畏且未暇，顾终已不能望颜色于咫尺之地，忍为门墙罪人，徒有流涕覆面而已。敬以喘吁之隙，口授童子为书起居，而垂橐外吏，了无可以称寿者。种种愧心，故非墨卿所悉，伏惟吾师矜而纳焉。溽寒方甚，为道珍爱，以永斗山之望。不宣。

又　　前人

世懋之自岁杪拜大教也，则靡日不心函席矣。即病夫守阁门之分，道民无境外之役，而义惟在三，儒道均重，要之不可为交游例者。实拟于春中向家兄请半月之假，潜踪负笈，执都养于外舍，问眠食毕，借便而过武林，深入天竺诸峰，穷飞来、虎跑胜处，了此一段夙缘，然后归而掩关，筹策定矣。而儿女债迫，小女为婿家委禽，遣嫁在三月初。又两儿出考在即，虽绝交关，亦须视其出入。皋比至愿，重为舐犊所夺。展转胸臆，纡轸何堪念？欲改期造请，则弟子缺然不报之罪，丘山日积，世懋所不敢也。用是敢先一介，持不腆之玄纁，谢不敏于阍者，惟我师鉴而纳焉。倘清和无暇，则以初秋为期。望颜色，聆清言，当以日为岁矣。方今存翁相公八秩，养翁老师与吾师皆以大老表闾，馆阁相望，郁为盛事。觉勾吴之墟，常有异气否？吾师天授玄解，比想专神寡虑，以膺遐祉，令老门生蒲柳之姿，常得借荫大椿之下，足矣足矣。拜送之辰，形留神往，注结中怀，言不能吐。

又　　前人

曩辱吾师之俨然而赐临也，自顾门人之礼，百不一尽，而充庭厚贶暨令孙膳部之惠，则偃然而当之，了不报谢，此其意非敢云然也。以为弟子之于师，即束脯无不手献者。若以一介之使，代将函丈之拜，且无日矣。其必欲亟驰而问眠食，此心盖寝兴不替也。坐稍逡巡，为欲请告之期远耳。不图台旌行后，家兄忽遘惫疾，形容尫削，跬步不前。舍侄游学，以弟代之。医药日奏，忧皇无出。更思百方以娱之，适有天幸，渐就平康，而舍侄复归，眉端始得少舒。问之途人，则令孙使节已闻还朝久矣。然犹昏昏于尘鞅之间，如是者又月余，而直指来临，须其行也。然后请于家兄，于朔日焚香后，买舟修谒。家兄命曰："而亟往，俟而小至，拜牌祀先也。"世懋趋而出，乃途闻妻兄之变，迂舟海虞，则阻风湖口一日夜，懊怅不已。亟竣事而夕行，风斗舟胶，仅过吴江。将抵平望，屈指归期逾约，惧干家兄之诛，不得已返棹。谨令小僮持所手上束脩，拜而送之，曰："为我泥首皋比，展限两月，终酬此心也。"并寄令郎大兄、令孙膳部两书，当时皆拟躬恳者，今亦付之两奚矣。惭汗投地，无所自容，惟吾师哀而谅焉！前睹张司马荐剡借重吾师甚，至道路籍籍，皆言："东山之起，计亦非远。"我朝三代甲科，虽间有其人，至于祖孙父子同膴仕，则千古仅见于今日。非甚盛德，何由致斯？愿吾师加餐应诏，为天下成此盛事也。舟次疾书，漫无伦次，矫首西望，神与俱驰。

又　　　　前人

世懋入山不深，竟为人所物色。国恩至再，遂不得辞。出山小草，殊不足道。然以葑菲下才，叨冒三省，追惟始路，秋毫皆洪造也。迂道菰城，即不敢望后堂丝竹，冀一见皋比，受教而行，足矣。不意安车乃出，孔道登堂，瞻拜懊叹，踌躇欲返，故棹迎谒，中途而潘司寇业已相迟，不得已留小僮，持不腆筐篚为献。顾辱使者追致教仪，捧诵不觉感泣！白首传经，以半载阅八闽文，此苦自知，谁能为不才道此者？师生谊重，今日乃见仗庇。获竣场事，得余皮骨，归见我师，盖望门而喜可知已。冗次率尔报谢，不知所裁。

《祭董浔阳座师文》　　　　王锡爵

凡号门生，恩知所自。矧徽多幸，托身名世。伯乐之闲，匠石之肆。驽足朽材，是依是庇。汇于王庭，待以国士。生我成我，在三等视。及门以来，逾三十年。出攀霄汉，入侍林泉。身范德仪，耳服微言。春风夜雪，时许周旋。窃比侯芭，入室太玄。每读师文，春容大篇。腾骞蛟龙，吐纳云烟。经纬互耀，金石相宣。毫端万象，如探九渊。斥其绪余，裁书累笺。叙致详委，酬答勤惓。凡有疑滞，遇师转圜。机脱于手，所攻无坚。知其胸中，挥斥八埏。囊锥早出，目牛无全。帝简词臣，受知独偏。时或夜半，宣室屡前。倚马趋诏，玉版并传。人皆纠纷，师独闲闲。师之在朝，日息法宫。宠毗勋辅，位跻秩宗。历践清华，岂不显融。爵独谓师，未究厥庸。师既归止，扁舟五湖。逃名晦迹，自比陶朱。义鸠宗戚，泽润里闾。爵独谓师，未展其谟。生平娓娓，画天下计。炳如烛然，森若棋置。不鄙谓爵，可以继志。倾囊倒屣，最以从事。爵也不才，因缘遭世。上揆主忧，下图民利。如冥索途，惟师指示。又如朽壤，在陶成器。惜不尽效，宠极而蹶。桃李如林，布满朝序。凡皆墙仞，经纶所寄。笠泽阴阴，苕溪涟涟。轻轩曲阿，小舫平川。徜徉竹树，点染松铅。篇咏陆离，宾觞骈阗。高谈皇羲，旁及竺乾。八十六载，绳饭渥颜。我亲其庭，玉树竞妍。长君登朝，芒陨谏垣。载贻孙谋，缨绵蝉连。伯秉高节，羽仪翩翩。仲也继兴，师待瞑焉。实繁有徒，蚍蜉撼山。相彼飘风，终朝自还。诪张既息，福不唐捐。不知者人，可知者天。生备箕畴，没归箕躔。灵兮夷犹，曷不释然？呜呼哀哉！爵于去秋，解组归来。师为命驾，至娄之隈。双瞳烂然，中夜徘徊。慷慨议论，令人心开。谓当百年，齿鲵背鲐。相期疾间，杖履追陪。天降鞠凶，茕茕夜哀。辱师唁存，琼玖在怀。曾几何时，师亦夜台。老失典刑，眼枯心灰。齐衰不吊，我吊与哉。灵其鉴之，歆此尊罍。

《〈皇明史概〉序》　　福清**叶向高**进卿

国朝史官，即备辅臣之选，一主直笔，一职平章，皆从神明上发出，互相运用。而史为之先，正欲其端心术，辨邪正，贯通今古，他日运之掌上。此祖宗深意，而近驰骛，止为枚卜之阶，殊失其质。余与少师文宁朱公先后入词林，性行相似。公快口直肠，不顾忌讳，乃退居隐约，无他嗜好，穆然若思，窅然若忘，意必有凝精着力处，而莫窥其际。乙丙间，同官留都，一日闯其书斋，则所积皆朝家典故与志传之类，中多涂抹点窜，如芟草存株，拂尘见镜。余不觉拍手曰："公留心大业而不以示人，亦不余告，何居？"曰："甫田之垦，发端安望菑畬，辄自号于人曰乃积乃仓，世间无此莽汉。"皆大笑而别。后余出入经浙渡江，公必来会，余必以问，第叹曰："学知不足，教始知困，难言难言。"久之，与余共事纶扉，票拟极烦。会坐中堂，公辄以其间退居寝室，余必翘而出之曰："军国重务，岂阁臣宴息读书时耶？"比余求归，坚卧凡五六月，天子怜之，将允放。公既日日过从，大都攒眉相慰解，至是释然，又复黯然。余曰："此回度已长别，数十年著作，今再不言，更在何日？"乃出其篇目与稿之十三以示。曰《大政》，表提纲挈领之义；曰《大训》，明圣学圣训之传；曰《大因》，著承先启后之概；曰《大志》，分门别类存体要；曰《大事》，彻首彻尾无遁情。斯称极备。始继之以《列传》，曰《开国》，曰《逊国》，曰《历朝》，曰《类》，曰《外》，二百六十年人物，灿然胪列。总曰《史概》，撮其本末，兼诸家之体，各开门户，成一家之言。余虽未得其全，而大都已了然心目间矣，因戏曰："昔陈文宪□题修正史，馆中俊乂如林，因材分任，毕竟望洋。公以一人肩之，傥所称志大宇宙，勇迈千古，非邪？"公睁目徐曰："后数年从山中索子序文，方了此一件勾当。"余悔失言，因曰："天下有以书索序者，情实未必相副，揄扬未必尽真，世之通患。余自来斤斤，亦不能免，未闻以序促书者，不求而自炫，非知舍己以要人，不惜悬空以希未必得之数，似乎孟浪，从来所无，谓亦骇听。抑公立志较然，着笔既久，游刃可期，我两人之相知已老，可以豫订，创为之，亦无不可。"即席次其语，以稿纳公袖中，慨然曰："公方任天下之重，毋庸借此立名。抑事势日异，将必有超乘而上者。公孙弘不可学，则有成其为太史公而已。"仍嘱曰："人寿几何，莫作远计。书成，彼此尚健，更端何难？不则毁之，毋留世间作话柄可也。"

《答朱平涵》　　叶向高

承教，谓尊目渐昏，古人有自托于青盲者，得无类此。若不肖，则双足蹩躠，已成废人。此是实事，周虞卿所亲见。家人欲为医治，不肖自念有三便宜，不医更妙。生平好动，一日不动，即不快活。登高涉险，甚苦吾足。今足病，则不能行，行亦须舆，一便宜也。世人之不相亮者，颇相惊恐，谓死灰复燃。今天刑吾足，朝端决无跛宰相，群疑或当少解，二便宜也。家有二老妾，不自度量，常相责望，甚为所窘。今足废则不能动，可以息其妄心，三便宜也。惟是登临游览，颇觉费力。而去家一舍有灵岩、福庐二山，洞壑奇绝，海内希有，开辟以来，湮没无称。至不肖归田之日，乡人始相率修治，名胜毕出。山又陂陀，不甚高峻，易于登陟。今诛茅结宇其间，可毕吾世。又有一二清歌雅奏可以佐欢，野叟山樵可与共话。每一回想八载纶扉呼天叫地景象，不啻自地狱登天堂。彼白简皂囊代为促归者，皆是大恩人、大功德主，子孙当世世尸祝耳。

《答朱平涵》　　无锡**高攀龙**存之

年丈以地方役事，冒群议众讪，毅然为小民造命，此大丈夫所为。即此一事，他日立朝之概可见。居庙堂之上则忧其民，处江湖之远则忧其君，此士大夫实念也。居庙堂之上，无事不为吾君，处江湖之远，随事必为吾民，此士大夫实事也。实念实事在天地间，凋三光敝万物而常存。其不然者，以百年易尽之身，而役役于过眼即无之事，其亦大愚也哉！弟丘壑中腐物也，有虚见而无实用，舍年丈其谁与归？尊柬有云：

“弟与王年兄论动极静极之说，已忘之矣。然吾辈学问，以眇尔六尺为太极作个骨子，则阴阳动静又不足言也。”何日得一抵掌，临书慨然！

《与朱平涵相公》 山阴**刘宗周**起东

顷读阁下所著书，虽游戏笔墨间事，然于当世之故，亦既娓娓及之矣。使能一一见之行事，则此书未必非先资之言，而相天下之道，思过半矣。曰小品，志逊也。虽然，道固有大于此者乎？愚生请臆而进之。今天下大患，第一在学术不明，而于大臣特甚。大臣之学术不明，则必以正心诚意为迂阔，而趋希世之邪说。以之致主，必以尧舜为不可为，而踵乱亡之覆辙，则亦适足以贼其君而已矣。方今圣天子固尝有意于尧舜之治矣，一二大臣亦尝以尧舜望其君，而至所操术以自进，不免贼害其君而不自觉。高者调停，卑者观望，调停观望之术穷，又思反其道而用之。顷者，江陵一案，不难尽诎皇祖之睿断，与之昭雪，且日以号于众曰：“事君者，学江陵而已矣。”问其故，曰：“江陵能以申韩之道事其君，拥少主，当疑国而天下谧。如今天下独不得江陵而用之，何恤时艰。”噫！拥少主，当疑国，古大臣独无伊、周其人与？江陵学申韩而失之，奈何复从而燃之？人心不正，学术不明，未有甚于此者。且夫以江陵之才，使正其心术以济，虽古之伊、周，何以加焉？先正有言曰：“正心诚意。平生所学，惟此四字。”此万世相天下之善物也。阁下居恒学孔孟之学，亦既有闻于诚正之说矣。今试取伊、周当日之事揆之，果能耻其君不为尧舜，一夫不获，时予之辜与？果能不以宠利居成功与？果能仰思不合，坐以待旦与？果能吐哺握发来天下士与？果能闻流言而不惕与？此非真有得于诚正之学者，不足以语此。阁下试取而证于今日，果能一一致之吾君，将见君诚莫不诚，君正莫不正，用人行政，各得其理，而吾君已一日而为尧舜矣，吾亦何忝为伊、周哉？倘道不出此，进之必为调停观望，退之必为江陵，无一可者。先正有言：“才让第一义不为，便无第二、第三义可为。”方今庙堂之上，纲解目弛，君子日退，小人日进，其病实由君志之未定。然则转移启沃之权，所责成于阁下者，岂其微哉？夫正心诚意，大学也；伊、周，大业也；尧舜其君，大任也。阁下先资之言，既嗛嗛乎小者而不居，得无意在斯乎？意在斯乎？不佞敬为天下贺矣。辱爱琐琐，自忘其陋，幸阁下进而教之。

《答朱相公平涵》 吴县**姚希孟**现闻

不肖迂疏狂率，自束发以后，迄于升朝，所交海内伟人巨公，以其直肠无伪，朴质未雕，时收之药笼中。然或出自门墙，或生同梓里，陶铸有日，气类非遥。虽有一日之知，未诧三生之遇，则未有立谈见许，浃月弥亲。喜其孤孑之踪，忘其谣诼之口，如阁下之于不肖者也。独恨托契方新，而睽违踵至。在朝家为大厦之失楹，在舆情则群盲之离杖。而某一身，彳亍徬徨，更逾寻常百倍。试观阁下既行之后，斥逐者几何人？褫削者几何人？唐之流徙，宋之羁管，犹不足尽其惨。驯至三木囊头者，相望于诏狱，而其祸浸寻未已。鸣呼！谁生厉阶，诸君子不得不还自咎。乃国家二百年之元炁镌削至此，如尫羸积弱之人，割痈逐症，豨苓鸟喙，日进不休，性命之源，能毋遄促？武庙初年，李文正以缄默独留，海内讥其浮沉，乃有识者以为默默匡救，所全实多。不肖当阁下杜门求去之初，曾惓惓以李文正相讽劝，而阁下毅然为刘、谢，正则正矣，如国事何？如朝士何？如苍生何？事至今日，夫复何言？不肖犹浮湛此间，足以明鹿鹿书生，无所短长之效。窃意阁下于数千里外，犹密密荫庇而遥护之。不然，当此之际，赘若养瘿，存犹硕果。不肖又非百足四翼，夤缘善入者，何以偃息至今也？但长安一块土，向者不过惊扬动地、骇浪泊天，而今且化为刀山剑林。不忍见、不忍闻之事，愈出而愈甚，此岂可一朝居？且自三月以来，家慈抱病，支离床褥，言归则沉滞稍豁，言留则危疴转增。若瓠系于此，以待矰缴之加，非但不智，亦不孝矣。秋杪冬初，或可奉访于午桥绿野之间，因穷苕霅之胜也。再荷手教，深佩注存。日来因周旋汤药，倚家慈榻前，率尔奉答，深愧不虔。统惟台慈茹宥。

又丙寅　　**前人**

不孝自昨岁奄罹大戚，匍匐南还，中道而闻严谴，自猜此躯不为世路所容。因于先人墓侧，犁土诛茅，构一庐如斗大，偃处其中，不敢自附于中郎庐墓，若土室之袁夏甫，真吾师矣。阁下不遗鄙细，惠然赐吊，因身在荒垌，不及诣河干谒谢。妄意今岁风波稍熄，当买轻桡，度云水，借榻午桥庄，俟阁下篑舆小憩。宾从旅退，然后手一编，侍函丈之侧，相与商今订古，发枕中鸿宝之藏，聆夜半入室之旨，如宋时刘、范诸君从温公洛中，效采辑之劳，供铅椠之役，鄙愿毕矣。不意一月间，砰雷骇浪叠见于枌榆之地，三木囊头就槛车而北者，络绎相继。而不平之鸣，起自氓庶，逞螳螂之怒，干雷霆之威，以千古从未有之事，近出寒乡。连鸡之势既迫，池鱼之祸将成。每一念之，诚不知死所矣。昨者伏读明旨，似欲于法外施解网之仁，第恐圣主德配唐虞，而廷臣意同罗吉，萋菲肆布，鬼蜮含沙，将来结局，未知与德音始终一辙否？若仰仗洪庇，不为余毒所溅，或俟熇暑既退，秋爽渐臻，便当以烟水为活计，瓢衲作生涯。台荡衡庐之间，将有畸人之迹，而必从苕霅发轫，且望阁下之指路歧而诏津迷也。不孝素无赀可以聚书，故架头之贫，甚于腹笥。近亦抄录数种，恐属邺侯弃脔耳。秋间造谒，或挈篋以从。向者读苏长公诗，见“魂飞汤火”之句，窃笑不已。今身履其境，欲勉为镇定，而怦怦不免。向使圣贤之俟命，与佛氏之观空，随得其一班，岂应恇扰乃尔？此其可怜愍，不徒祸患之相迫，而在处祸患之无其主也。知我者谓我心忧，更在此不在彼。凡可以指罔而豁蒙者，愿赐之司南。谨伏地击颡以俟。

又　　前人

带水盈盈，书邮阻隔。遥忆老先生闭门谢客，焚香展卷，无绿野午桥之胜，而有读《易》注书之乐。虽沧桑陵谷，总如轻云幻泡，不足供达人之一瞬。至若圣聪日就恢廓，仕路日就澄清，真水落石出，晛见雪消之会已。但此月以前之人情，苦于不痛快；此月以后之人情，又恐其过于痛快。《泰》之初爻言“连茹”，次爻即继之以“包荒”，至第三爻则“平陂往复”，动色相戒矣。安得正直而和平如老先生者？入养君德，出定群器，以徐收荡平之化，使其更百年而不变乎？蒲州敝座师与老先生埙篪同器，昔尝共患难，今亦当共太平。且圣主求旧正切，安车束帛，似可计日待也。不肖惊魂甫定，壮心半灰，今得借齿牙之光□，不为时流所摈，幸矣。至近日所见所闻，尚不胜鳃鳃过计。行藏迟速，欲取决于老先生，恨不能缩地而晤对也。

《答董伯念书》　　许孚远

承来札，备悉迩时受厄于乡里之状。先是，青芝居艰，有查处产业之意，惜乎老师不从，时当从容操纵，在我乃易为力。若在今日，真无善策矣。执吝不可，捐舍不得，拂拒固难，随顺亦难矣。此镇定含忍、委曲调停于上下之际，得失去留，一丝不挂，而又斟之酌之，权之衡之，尽其在我，听其在人，方是经济学术。青芝能之乎？《孟子》谓生于忧患，而《易》以困为德之辨，动忍增益，正在此时，愿青芝无忽也。令祖老师高年遇厄，情极难堪。青芝蚤晚□为多方温存劝慰。且若青芝处患难而不慑，捐资产而不忧，则人品超于寻常万万，老师高明洞达，亦有不以此易彼者矣。青芝力自砥砺，以上慰祖翁与尊堂，而下勉诲其诸弟，戒饬其僮仆，转危为安，转祸为福，豪杰圣贤之事也。念之，念之。

《祭董遐周文》　　归安**闵元衢**康侯

昔贤有云：“使天下一人知己者，足以不恨。”夫知己岂易言哉！若其中道永诀，触事兴思，有怀莫喻，恸人琴之俱亡，感风流之顿尽，为恨更自靡涯也。始余与兄乍晤竹溪，诵髫年之作，骎骎江阮，甘拜下风。兄不鄙夷，缄诗相引，迨予有以相印，在他人必多过情之语。兄复直笔点窜，非真宿世结集，何以有是？有而不永，可胜悼哉！世每轻视郡乘，屡经修辑，往迹愈湮。长谷以寓公而纂掌故，嘉惠我湖良厚。然博稽载籍，逸仍什九。兄大肆厥力广之，复招余佐之。于是奇僻毕呈，他郡鲜俪。乃定本垂竣，不获亲见其行，可胜悼哉！兄之家世，荐以文名，兄尤蚤振黉序，使无文园之病，将荷宗伯、给谏两公之绪，而益光大之。使假伏生之年，其所著诗文，以迄稗官，未知与用修、元美孰多？而乃月犯少微，偏应吴中也。可胜悼哉！兄尝嗤文士以身殉矣，胡当属纩之月，序至游而标曾慥之名，传六客而叩苏坚之履乎？且借书频繁，讽咏无间，岂一息尚存，终不肯放此文字担乎？夏孟兄抱疴后，恒有札云："弟病不可为矣，备志苦心，恐委秋草。"余时惊异，裁答踌躇，孰意冯楮谆谆，竟成先兆也。夫修短之数，定之于天，以兄夙深白业，谅不因去住生牵恋。惟垂白在堂，娇稚在室，遗文在笥，或不瞑目耳。然兄之明德，达于乡邦，兄之菁英，千古不泯。区区家事，外舅洎内兄弟力能持之。笥中之藏，有余与仲弓、人谷诸君子在，不患其不传也。兄亦可无憾于九原矣。独嗟弱息，此时襁负，瞻水镜以靡繇；他日诗成，丐品题而奚自？抚棺长号，引觞再酹，金石胶漆，式贯幽明。呜呼遐周，庶来鉴之。

《跋黄九烟户部〈绝命诗〉》　　黄冈**杜濬**茶村

佛氏戒嗔，良为道眼不开，琐屑细故，与夫己实理绌，妄动无明者言耳。若夫事至宏巨，名节所关，人禽之界，而亦复不嗔，则是形骸苟具，而薾然无气。古今无气之人，莫如冯道留梦炎及平康里中阿家翁耳，而可以为法乎？吾与老友故户部黄九烟先生盖深恶之，而嗔益日甚，至于无终日之间违嗔，以此取憎于世，以致困穷危殆，弗顾也。然吾之嗔仅托诸空言，而九烟之嗔，则见之实事。观其无故沉渊，无病辞世，非实事乎？盖积嗔有年，而发挥于一旦，世人但见其猝然，而不知其所以然，宜其反指醒人为醉，而不自觉其如泥也，可哀也矣！今读其《绝命诗》二章，其首章固已自明其嗔之故，次章真欲与三闾大夫方驾齐驱，岂欺我哉？夫一部《离骚》经，缘嗔而作也。故屈子不嗔，则无《离骚》；由是武侯不嗔，则无《出师表》；张睢阳不嗔，则无《郡城闻笛》之诗。文文山以嗔，故有《衣带铭》《正气歌》；谢叠山以嗔，故有《却聘书》。九烟犹是也。盖嗔者生气，故九烟不死；不嗔无气，故若辈不生。世有我辈人，不可以不辨。此皆畴昔之日，与九烟互相砥砺之概。至是其令子椅字禹公过访，出二诗。

《与尧峰月涵和尚书》 长洲徐枋俟斋

杞人之天既坠，然岂无断鳌足而柱之，炼五色石而补之者？鄙意百凡宜以静镇之，即此天而终坠矣，尤宜以静镇之。何也？动固无益也，况人定自能胜天乎？近者颇闻山头不无纷纭，我心怅然。及双老来札云一众星散，吾心益怅然。及闻吾道兄独襆被书卷，振策登山，不禁以手加额曰："赖有此耳。"宋绍兴中，金亮南侵，兵焚采石，长江无一舟敢行北岸者，独张魏公以一小舟竟进，一军见之，以为从天而降，遂以退敌。今以合众下山之时，而吾道兄独往，何以异此？古德云："出家乃大丈夫事，非将相之所能为。"今日若无道兄一人，不几疑此语为欺我耶？亦几令天下后世谓法门为无人耶？心折之至，不觉开怀饶舌，惟心亮之。近来闻见颇多不惬鄙望处，独赖吾道兄一人为狂澜一砥耳。并望敬致老和尚，为万世观瞻。不佞弟不胜手额望之。

又 前人

丰山有石钟，霜既降则鸣。盖有其具，得其地，遇其时，则不能已于声也。他之石虽和霜而不能鸣，丰之钟非霜降而亦不能鸣。何者？三者不能相并也。维人尤然，此阮嗣宗所以有广武之叹，而桓宣武所以有平乘之悲也。今以吾道兄著作非常之才，临三楚凭吊之地，而当今俯仰流连之时，而登山临水，而遇物写怀，有不著书充栋者，吾不信也。虽或今者现身法王，息心道要，举今古块垒，文章结习，一扫而空之。然愚以为真意所寄，正自不妨一存本色。不然，读《哀郢》之篇，歌《吊屈》之赋，揽衡湘云梦之奇，撷幽兰，搴芳杜，吾道兄其何以为情乎？老和尚行后，不特弟一人无所归依，举三吴同人如赤子之离慈母，故亟望老和尚速鼓慈棹，即赋归来也。惟吾兄力劝驾焉。自春而夏而秋，计道履胜，善珍重，不宣。

《风雨吟草序》 吴江潘耒稼堂

诗以道性情，清真隽永，含吐蕴藉，有言外之味，象外之意，所以为佳。今之喜学宋诗，其弊也外强而中干，粗浮浅露，一往无余，而风人之旨微矣。纪君子深暗修之士，不见三十年，遇之萧寺，发毵毵老矣。出其诗一编，冲恬婉雅，不事雕饰，而天趣盎然，情深思远，譬如筝笛竞奏，忽闻朱弦雅调，一唱三叹之音，岂不异哉！语称"操瑟立齐门"，为不善逢时。纪君绩学宿名，久困场屋，其文得无类是乎？世不乏赏音，吾知其必有合也。溪南潘耒识。

《袁氏六俊小传》录一　　长洲**汪琬**钝翁

胥台先生，讳袠，字永之。生五龄知书，七岁赋诗，有奇语。年十五，即驰声场屋间。又九岁，举乡试第一。明年，殿试二甲第一人，改庶吉士。会张孚敬新贵幸，欲招致先生于门下，先生不答，遂倡言诸吉士少年浮薄，皆予左官。先生得刑部主事，典试河南，所取多知名士。改兵部武选司，未几，而司不戒于火，先生适代其友司捍掫，乃逮下狱，论戍湖州，盖孚敬意也。先生既工文章，精笔札，湖又当山水间，凡所讽诵著述，传播远近，其名益大重。遇赦，荐起南武选，历广西提学佥事。致政归，有所经游名山，皆为文记之。卜家横塘，据有石湖之胜，意豁如也。以子贵，加赠副使。所著文集及《皇明献实》《吴中先贤传》若干卷，《世纬》及《岁时记》《周礼直解》又若干卷。王尚书元美尝赞先生像云："艺文沾沾以自喜兮，六籍洋洋取足己兮，经济秩秩不吾以兮，少而亨衢嗟中否兮，宁自隐约焉骩骳兮。"可以知先生文行矣。子尊夷，嘉靖乙丑进士，历官山东提学副使。父子皆卓然称嘉靖间名臣，吴人至今推之。

《董楚望〈苔篇〉小引》　　西吴**顾潜初**宓波

"春草碧色，春水绿波，送君南浦，伤如之何！"余少诵此，辄推千古情言之祖。当景来触绪，情咽无声，迨身阅变迁，方知繁华而歇，风流而绝，即性情之孤贞，之奇肆，而亦罔不灭。至于草枯水涸，固阴阳合散之常耳，情岂系此哉？过此以往，纵抚物增眺花于春，月于秋，余怀漠然。试问向者情从何生，今者情从何去，忽又于春而遇之。夫春之感也，万物昌荣，幽人览悟，即色而草，即波而水。坐睆阶下苔痕，而点，而钱，而寸，而咫，而尺，生无缘而蔓无端。一旦霜封卉落，而苍苍而黄黄者，复且无端无缘，而纷如也，而尘如也。人之为情，亦若是而已。而情何必言，而言又何必非情？但未知即楚望董子命篇之意否？丙申夏日，西吴顾宓波父题。

《董楚望〈汐坛吟〉序》　　长兴**温春生**苍来

盖昔者灵均有辞，茂陵有赋，渊明对酒之歌，仲宣登楼之咏，莫不情随事至，而吟咏系之。董子楚望，善思人也。抱琴半榻，邱壑苍然，廓天地于胸中，召云霞于腕底。凡山川草木，禽兽虫鱼，兴会所寓，供其咳唾，虽咏不一绪，皆思所至也。当夫蝶媚花明，萍添池靓，莺啼绣陌，云影碧苔，忽然红透疏棂，乍惊午梦，蓦尔燕飞画栋，顿叠歌怀，则有泼墨临风，整笺问翠之情矣。若夫沉李尚甘，浮瓜欲破，照榴花于玉碱，掇荷香于钓船。投竿沙溆，惊起鸳鸯；浮白樽前，滴来琥珀。避炎威之蒸烈，思枕簟之冰凉，则有高卧羲皇，醒来索句之兴矣。尔乃秋气渐加，金风吹阁。江皋木落，片片含愁；草际蛩吟，声声谱怨。怅莲房之纷坠，悼菰米之波漂，思公子兮洞庭，美人兮洛浦，则有解珮莫贻，陈辞遥寄之感矣。至于万壑凝寒，浸肌到骨，千峰觱栗，草枯木僵。呖呖征鸿，似诉长天之泪；凄凄画角，堪怜子夜之霜。言郰侯兮拥炉至止，愿党姬兮饮酒来迟，则有得句浇杯，呵冻走毫之兴矣。嗟乎！一岁之间，俯仰代变；一日之内，光景不齐，何时非诗？何诗非思？《汐坛吟》，其偶寄也夫。箬溪同学弟温苍来氏题于听松阁。

《前明徽州推官温忠烈公邱墓征诗启》　长真**朱紫贵**

窃维雒邑违天，虽周室之顽民，实殷宗之志士；谷城抗命，虽项王之余孽，实鲁国之奇男。是以褒忠胜国，许书袁粲之名；修史兴朝，补立韩通之传。前明徽州推官温忠烈公者，钟灵苕水，毓秀弁峰，志比松筠，心同铁石。释褐登朝，已北地土崩之日；脱巾赴郡，更南都瓦解之年。时则王师薄伐，天旅长驱，既清淮北，遂下江南。藐尔斗大一州，何能城成众志。公则雷霆屹若，冰霜凛然。酾酒登坛，抚弦守埤。九衢市侩，悉为李勉之兵；十丈孤城，即是王罴之冢。已而雉堞未圮，鱼钥忽开，从容私室，激烈中宵。少女投缳，生妻截吭，公亦毕命青萍，矢心白日。绝半旬之粒，抉两手之创。其事可谓惨矣，其心可谓坚矣！夫我朝黄鸟赐旗，赤乌受命。因下民之无主，遂大宝之攸归。原如唐承隋统，得天下于群盗之时；非若元灭宋朝，取江左于孤儿之手。况乎渐台放仗，揭竿悬王莽之头；巨野兴师，破冢磔蚩尤之骨。韩仇复则留侯归汉，梁祚终则开府仕周。公既莅官日浅，守土任偏。恸哭都亭，何妨拜命。苍凉海岛，奚至殉身？即谓大节在三，事君无二，则凿坏而处，可谓刘氏遗民；卖卜而逃，不失赵家义士。胡为嵎间负虎，釜底游鱼？驱三吴之残黎，封一丸之函谷。卒至冤禽填海，无补沉沦；愚叟移山，自招陨殁。不知已食其禄，焉避其难？既失此城，当与俱亡。是可忍也，谁衔温序之刀；即苟全矣，终玷卞和之璧。所以百里婴城，奋丧元之大勇；一门并命，矢碎齿之精忠也。某等载怀前哲，遥企乡贤。访碧血蕴冤之地，在青莲建宇之山。虽道畔残碑，已敲野火；而垄头劲草，不偃烈风。所望共赓佳什，上唁贞魂。庶几赋臧洪之事，气咽雨风；咏陈安之诗，声锵金石。

《工部侍郎范公璨神道碑》墓在江苏苏州木渎镇　**陆燿**

乾隆辛巳之岁，恭逢圣母皇太后七旬万寿，上命文武廷臣及予告在籍年七十以上者各九人，赐游香山，制九老诗以宠之。时则资政大夫工部侍郎松岩范公与焉。盖公自丙寅蒙恩致仕，至是以庆典来朝，获厕耆英之会，朝论荣之。越六年丙戌十二月，有司以公卒闻，谕祭如例，以某年月日，葬公于木渎之阡。公讳璨，字电文，一字约轩。其曰松岩者，以上赐“松岩乐志”额，因以为号也。系出宋文正公长子监簿公纯佑之后，十一传至从源，徙麻源九曲里，是为公始迁之祖。州同知能彦，公之考也。国子监生必才，公之祖也。府学生允龙，公之曾祖也。祖、考两世，皆赠资政大夫、河南布政使，妣皆夫人。公登康熙癸巳乡荐，雍正甲辰进士，改庶吉士。以人才荐知大兴县，擢知邓州，升莱州、安庆、江宁等府，分巡庐凤颍道，河南直隶布政使，巡抚湖北、安徽。入为都察院副都御史、工部侍郎。在大兴日，部民阿青恣横。一日方理堂事，突入攫人。公曰：“鼠辈敢尔，县令尚可为哉！”即关署扉捕之，鞫其奸状，境内肃然。县故有隐粮一案，公白京兆发之，藩司不悦，方以他事去公，在廷有白公冤者，特擢河南邓州知州。邓旁邑巨盗张连膂力绝人，吏不敢捕。公召瞽目退役以计禽而致之。旁邑坐弛再脱，公复以计禽之。副使庐凤时，境有飞蝗，公祷于神，自率乡农扑捕。忽有虫似蝗而黑，杂处蝗中，三日啮蝗为尽，咸谓公诚感所致。尝自为《捕盗》《捕蝗》二记，志其事。其自楚移皖，或挟千金追送江干，麾之不去。公虑傔从为奸，自坐鹢首谕之，视其舟去远乃已。所辖凤、庐、泗、滁，连岁灾祲，公念新旧并征，民力必困，分年带完，民赖苏息。又以江表重地，武备最急，日坐箭道，分番练习，一时营伍皆娴于艺。方是时，皆以公扬历有年，行骎骎大用矣，果入参台宪，晋佐司空。公感激遭逢，益图自效。如弛富户囤积之禁，酌命盗处分之条，核下江收漕之制，有见辄陈，不敢缄隐。旋以两亲尚在浅土，特疏陈请，遂得蒙恩卜葬，并许归田。自公解组之后，惟以经书督诸孙，不问外事。中间诣阙祝嘏者再，恭迓銮辂者三。天章宸翰、藤杖、如意、文绮、佩囊之赐，稠叠里门，不可胜纪。居平，益以盛满为戒，洁清之操，晚节弥励，菜羹疏食，不异贫寒。盖仕宦京外者二十余年，退养林泉者亦二十余年。公既贵显，让宅于从父兄弟，而自卜居于吴兴之南浔。其卒之年，距生于康熙庚申，享年八十有七。配孙夫人。子二人：仪薰，国子监生；茭，贡生。皆先公卒。孙三人：墀、城、垲，皆国子监生。女二人，孙女二人，皆适士族。曾孙男女十四人。予于公为乡后学，墀又姻也，以公隧道之文来请，因叙其世次、历官、行谊而系以铭。铭曰：范由宋启，族为吴望。监簿子孙，麻源再创。公继厥声，于宗有亢。进树勋猷，退怀廉让。始礤词锋，旋剸利器。屈服市魁，龃龉大吏。治不为武，盗以瞽致。岁不能灾，虫以类噬。建牙楚幕，弭节皖城。臣心如水，却馈遄行。谁迫饥馁，公宽其征。谁弛什伍，公练其兵。既长谏垣，荐司邦土。剔弊厘奸，即事条举。业著鼎钟，荣辞簪组。浔溪之滨，来归启宇。普天同欢，圣母万寿。公再趋朝，庞眉皓首。帝诏耇成，陟游岩阜。追媲唐贤，得公而九。自还初服，三迓銮舆。便蕃宠锡，照耀衡闾。公戒骄溢，益慎德隅。闭门却扫，乐此桑榆。溯公名德，累世相承。衣冠蕃衍，迨公复兴。园以义高，山以锡称。幽堂对启，铭示昆礽。

《杨秋室诗录序》

归安**严可均**铁桥

嘉庆廿四年，乌程严可均录其亡友杨傅九之诗而序之曰：吴兴之作者众矣，沈休文《宋书》、姚思廉《陈书》，十七史中有其二焉。由唐而宋而元，则徐元固《初学记》、孟东野、沈下贤、释皎然、牟巘、赵子昂诗文全集具存，而沈作喆《寓简》、叶少蕴《岩下放言》、胡元任《渔隐丛话》，亦略资考证。明则朱文宁《史概》、董遐周《广博物志》、郑侯升《诗集》其尤也。国初以来，为经史诸子之学者数十家，诗文千余家，而胡朏明《禹贡锥指》、郑芷畦《行水金鉴》、沈东甫《新旧唐书合钞》及徐方虎、沈操堂、我家石樵、海珊等诗集为最著。要而言之，足为休文继起者，曾不数数见。大率浅陋空疏，守兔园新册，拾宋人残唾，以自附作者之林，仿架局以为文，调弄“秋雨”“秋风”“微云”“淡月”“凉露”“晚烟”“寒鸦”“疏柳”数十字以为诗。于是乎家家有集，人人著书，书易成而不必传，而亦往往幸而传。就中有人焉，沉酣四部，罄毕生精力，而书未必成，成亦未必传。然而不佞之意，在此不在彼。夫立言所以明道，道非空谈性命之谓。其谓伦常之教，古今政治得失、成败安危之大，其精赜而散布在兵农、礼乐、刑法、天文、地理、名物、象数、草木、鸟兽、虫鱼。故必读书数万卷，网罗散失，参考异同，以求真是。然尚犹得一二而遗十百，业逾进，心逾虚，自愧无当于古之作者也。甚矣！学问之道难言之也。不佞有志而未逮三四十年矣，足迹半天下，同时朴学之士，识面多矣。其同乡同志者，丁小雅为《大戴礼》之学，姚秋农为《说文》之学，施非熊为《金史》之学，杨傅九为《明史》之学。四子者，于学无所不窥，而各有专业，用力久且勤，而小雅、傅九书未成先死，为可惜也。小雅有子，能读父书；傅九无子，死后书散亡，尤可惜也。傅九之高弟子陈抱之收拾遗稿，仅得诗百数十首，属为审定。夫傅九之可传者，不必诗。诗稿旧有千二百余首，而仅得此，又可惜也。傅九之诗，初效义山，后服膺竹垞，晚年略仿樊榭，大较多隶事，尚词华，其光黝然，朱绚朝采。独七言歌行，沉雄激荡，大放厥词。如《范忠宣公祠》《贯休罗汉》《梁将军画兰》诸作，实兼空同、竹垞之长。即诗而傅九亦可传矣。不佞为傅九惜而又为之慰也。乃厘正讹字，芟十三首，增八十首，定五言古诗五十五首、七言古诗三十二首、五言律诗三十二首、长律三首、七言律诗五首、五言绝句三首、七言绝句百七首，凡二百三十七首，分为三卷，题曰《秋室诗录》，付抱之写刻焉。傅九名凤苞，秋室其自号也，归安廪生，居乌程之南浔。许周生为作小传。

《书乌程孙氏双节图后》 舒城黄书霖

双节者，乌程孙云亭先生二女也。同治癸亥，“粤匪”陷乌程，其女之长者，年已十八，惧为贼辱，稚者仅十三，不忍其姊独婴厥难，相随至河畔，赴水以殉。二女知大义如此，孙氏之家教可知矣。咸丰初，“粤匪”鸱张蹂躏遍十数行省，其罹劫者不知凡几，而身死名传，千百中无什一。若孙氏二女之殉，《郡志》有传，乃翁复绘图，征海内君子诗若文，亦幸矣哉！窃尝综观古今大乱之作，其后蚁聚成群，动号百万，而肇衅之祸，首要不过数人。虽罪已通天，或竟保其首领以殁，而寡人之妻，孤人之子，屠戮人之父母，使天下之无辜老幼男女，并命于水火刀锯之间而不之惜，未始不怪其天之有憾于好生也。虽然，天之好生，更有重于此者。逮其数十年后，或数百年后，其祸首之幸保首领者，每举姓名，虽三尺童子犹知唾之。而殉者，无论其传不传，其气之浩浩然、落落然，自充塞于两间，历千古而不磨，如二女者，虽谓之不死可也。余亦兵燹余生耳，我家暨亲戚故旧不甘为贼辱而死于贼者，或载之郡县志，或并郡县志而无名，死者之气固不可灭，生者究引为憾事。余既知乌程有孙氏双节之事，苟不从而文之则过矣，乌乎敢！光绪癸巳长至节后六日，舒城黄书霖呵冻敬书于出使日本国籍馆理署观海楼。

《朱稼轩〈海角图〉序》 乌程徐有珂小豁

伪孔以后释《书·禹贡》“三江既入，震泽底定”，多谓太湖由娄、松、东三江入海。此虽不如郑说三江之长，而湖、海故相通也。我郡自隋仁寿时，以北枕巨浸，名之曰湖。郡东七十二里曰浔溪，江、浙之孔道也。郡北三十八溇，小梅、大钱最冲，杨溇、钱溇次之。钱溇之南有东郭村，以汉有东郭先生居此，故名。东南至浔市二十余里，水陆往来如织。昔戴表元句云“张帆出东郭，沽酒问南浔”，盖实异而名同焉。自经丧乱，市既荡为秽墟，湖壖亦不可久处矣。余家世居东郭，以寇乱故，沿湖涉江，移家海上。而浔溪朱君稼轩先一年来，其大母与余大母兄弟也，握手话戚谊，复出《海角图》相示。鸿印萍飘，有同感焉。忆昔全盛时，每以试事入郡，杏雨蘋花，月河如镜，论文角艺，其乐何如？乃河山犹是，风景都非，一隅如是，遑问六桥烟柳耶？浔溪烟火万家，相传为古鄣子国，宋曰南林，淳祐末始为镇。余每岁催租，必系舟彩虹桥畔，过姚家滩，吊钱王坟，旷怀五代时中原鼎沸，我郡独不被兵，今村落间焦土斜阳，不堪回首矣。昔者东迁之役，余于月夜呼戈船出军吴漾，由间道设伏浔溪之东。诘旦伏发，贼望风遁。此时意气甚盛，方谓郡东门户可保无虞，岂意城社丘墟至于此极耶！然槜李、虎林今相继奏捷矣，我郡洗兵指顾间耳。昨过浦东，见竹篱茅舍间桃花盛放，或五六株，或数十百株，曲港平潮，落红上下。想义熙时亦不过如是，而独不见桑，则不得不思家园新绿，有关国计民生，为东南命脉也。湖壖缫丝毕，必集浔市。端午后朱提山积，人声雷动，兵火之余，富庶可复。我侪当返故里，扫坟墓，理简编，绵文献，何恋此海角为。稼轩名宝书，癸酉以拔贡举于乡，甲戌联捷进士，令闽，乙亥分校闽闱，亦忆及海角避难时否？

《张少兰〈人海操舟图〉序》　　徐有珂

滚滚狂澜，疑九陌之无平地；茫茫前路，恍一叶之汛洪流。小心既惴以临，大力难负以走。良以楼台幻蜃，身世浮鸥，将伯欲呼，吾徒谁与？白帽辽东之避地，黄巾济北之滔天。用语后贤，无忘今日。此人海操舟之喻，所以成少兰上舍之图也。君家住南林，为古郭国，学富东壁，亦今茂先。斑衣映而丽藻新，雁字成而先声振。忆昔湖沿碧玉，洲俯白蘋，赁居则屋小于舟，入试而才大于海。十决十荡，九纬九经。此其坐珍珠船，行珊瑚窟，收发如执券，盘旋若转环，岂不幸墨薮之波恬，笔区之风利哉？若夫金牛六桥，银蟾八月，石系秦缆，山指禹航。同侪卜利市衫抛，观者谓孝廉船到。于斯时也，浪乘风而欲破，查贯月而可通。鱼龙十万军声，李郭二三知己。金粟载道，素娥候津，何图望见神仙而隔离彼岸也。然犹容与乎学浪，溯洄乎文渊。就浅就深，能左能右，以待策鳌。他日探骊诘朝，岂意吾湖宫墙草蔓，城郭烟荒。劫遇红羊，祸甚白马。屈指庚申之守，伤心壬戌之游。以至平子研京，羁栖沪上；伯英作草，漂泊尘中。虽云观水多奇，能勿望洋而叹乎？然而蛟鳄伏藏，未若人心之深险也；风涛惊骇，不如人事之掀翻也。今此歧舌交颈之场，长臂骊头之俗，清浊不辨，则红海、碧海匪奇矣；炎凉倏移，则雪海、燃海非怪矣。彼雄冠虽勇，未必乐从；而苦叶可歌，其何以济乎？今夫悬水径渡，古称忠信丈夫；砥柱中流，今属文章巨手。澹台有璧，止许义求；幼安不冠，别无过失。惟君具真愿力，施大神工。刳理质与文条，贯银钩与铁画。又复锐才锋为飞棹，植名节为长竿。组情绪为绋緉，转智识为柁幅。奇文光炎万丈，纾若帆张；卓行表式一时，立如樯峙。所以慧眼不迷于南指，只手能挽乎东流。鳞臣敛波，鲛客退舍。扶桑若荠，蓬岛如萍，此其同赋舟之独降，海若不远轶乎？君家泛宅之柑、寻源之槎耶？珂驰思八荒，欲观日出。但得一苇，便驭风行。乃或云“公无渡河”，遂空赋“印须我友”。但伯牙有移情之地，越客深共济之思。每从惶恐滩头，遥望安乐窝里。亭亭三影，耿耿一心。惟惭蛙语之樵摹，未当鹏图之远大耳。嗟乎！东南糜烂，文献烟销。击楫何人？乘桴安往？杜少陵闻收河北，涕泪裳沾；庾兰成赋哀江南，风飚道阻。此后汀州刷马，岛屿洗兵；海气镜平，人情田美。君则返故里、寻旧交，鹢首之锦标夺归，虎头之布帆无恙。遂乃牵舟岸上，纳海袖中；爰谋息肩，庶几释手。而是图也，印泥宛在，良罟可藏。凡薄海知音、同舟逸侣，孰不忆白香山之送客，而怀黄歇浦之寓贤乎？

《九友堂后记》 前人

甲戌孟冬既望后，余过浔上，闻汪君谢城、蒋君海珊联榻九友堂，亟造访焉。时乾坤清肃，夕阳欲下，堂之前碧沼波澄，佳卉叶已尽脱。呼茗话旧，感流光之荏苒，为低徊者久之。适见壁间石刻，有汪君所为记，蒋君因谓："是堂以九友始，今踵而至者不止九人矣，盍续而记之。"余惟我郡有六客堂，初时李公择是邦，张子野、刘孝叔在焉，而杨元素、苏子瞻、陈令举过之，此前六客也。继而张询作守，子瞻与曹子方、刘景文、苏伯固、张秉道过之，此后六客也。迨王梅溪作守，复有"堂上合成前后客"之句，则不止于六矣。今九友之递增，不与六客类乎？夫吾人生于嘉、道全盛之际，中遭寇乱，复睹升平，而斯堂之成，乃在通阛兴复之后，昔无而今有，可无沧桑之感者也。前记称同志为友，九为阳，数踵而至者，岂异于前所云哉？余家去浔不一舍，于浔多莫逆交。堂未筑时，尝寓浔北之绛霞楼二载，去今之堂不一里。是虽不与于前九友之列，而雪泥鸿爪，时有迹焉，从而为之后记，宜也。踵至者不止于九，若某某，若某某，得若干人，仍曰"九友"者，从其朔耳，犹"六客"之不为梅溪改也。

九友堂见"宅第"门，汪曰桢有记，文载《碑刻》。其《九友堂后记》未经刻石，见《小不其山房集》中，惜后九友仅曰"若某某，若某某"，其姓氏莫得而考焉。庆云附记。

《与家芷绶舍人书》 前人

凉雨乍歇，豆花出墙，韬卷窥园。一客忽至，俯仰道古，驰思九州，因言子之同怀。芷绶舍人，借风流航，收帆申浦，将移家而北上，沐膏泽乎凤池。比闻客言，怦怦累日，中宵不寐，离绪万端。窃念我两人，形疏意亲，貌远神近。丱时就试，弁后缔交。初犹争长黄池，既乃避君三舍。杏花春媚，翘首金台。忽忽十年，代君感喟。今则文通之笔，将润色乎丝纶；康乐之吟，亦破涕于池草。所歉西窗话雨，将所蓄酸、咸、苦、辛倾筐倒箧而出之耳。昔年闻君知几于颖川，允符乎介石。三公不易，柳下有焉。故乡漂卤，旅邸惊心，辇毂烽烟，闺思惝恍。设身以处，殊难为怀。其惟吉人，渐入佳境。然星方聚北，何年鹏复图南也！我生不辰，幕巢难徙。举头见日，不见长安。黄金避人，青灯怼我。敢告知己，何以教诸？清河、恕斋，谊如手足。久不相见，心焉数之。若小松鳞，亦称雅集。荥阳名胄，实感知音。比年以来，窃究心象纬，泛览舆图，探奥窔于经神，宗二曲之理学。生儿已长，此即籯金，何图裸壤弃龙章，而聋俗毁金奏也。然犹以护持文献自任，以扶翼名教为心。遇大著作，则补缀表章；得佳子弟，则饮食教诲。户不轻越，避腥膻也；卷不暂释，挹芬芳也。慈母长寿，免缝游子之衣；细君安贫，不羡郎官之肉。而且种瓜半亩，艺稻一畦，沽酒烹蔬，以娱暇日。世莫之识，则延道脉以俟半生；时有可为，愿出所能以拯涂炭。河山为证，始终不渝。延企还云，伏望为道珍重，惟鉴不宣。

《与张少兰书》　　前人

孟陬将尽，奉札徘徊。夹钟倏鸣，报书急递。铭授馆之高谊，述方命之因由。盖鱼已先尝，难兼熊掌；而鸠终是拙，须觅鹊巢。来者可追，他日请念。人海操舟之序，近九百言；秋风破屋之图，得四绝句。皆所谓平子见而陋之，固其宜者也。虽子期未罄伯牙之志，而齐已愿求郑谷之师。庶使哑钟克调，簉弄归正，芷绶有捷音否？试重春官，请问其目；寂眠夏簟，只觉我心。任梦鹿以针劳，时搜蟫而药倦。为想谢翁《南浔新志》，已有成书。不朽之传，先睹为快。不胫之走，延企奚如？近者乾坤气滞，雨多于旸。蚕桑望殷，什损其七。但得梅林勿渍，庶几秧畦早开耳。书不尽意，伏惟为道珍重。不宣。

《玉兰仙馆印存序》　　常熟**范玑**引泉

晓庵董君精篆刻，操铁笔来虞山，吾虞擅此技者都推服。其所主与予舍比，故得晨夕见焉。晓庵性不尚浮薄，所交皆醇谨士，常至予舍观作画，默坐移时辄去，以为常。岂无得于中者所能然乎？不然何数数也？今岁苦寒，凝冰不解累月，予炙砚呵毫，而晓庵则袖手旁倚。忽出《印存》二册示予，且告曰："岁云暮矣，羁此半年，今则行矣。每读君画而未尝一言，君其亦无一言可耶？夫目击道存，奚俟有言。"然予与晓庵实有不借夫言者，爰书数字记岁月，是亦不言之言也夫！乙巳季冬月，识于过云庵。

《书桂兰谷梦家传后》　　秀水**陶模**方之

乌程桂荣勤甫以其叔父《兰谷君家传》示予，而属予一言识其后。传为汪君曰桢所作。兰谷君为善于乡，汪君其乡人，宜其言之详尽如此，予亦何以益之哉？虽然，予于此不能无憾焉。古之善士，本其肫然蔼然之情，以施诸父母兄弟，而后推而及之于人人。其推之也有本，其施之也有序，德行于远近而已，不以为功，而人之受惠者，亦皆视为固然，而无所震矜夸耀于其间。此三代上睦姻任恤之教，所以见王政之美也。降及后世，政教渐衰，在上之君子，大都不以人心风俗为己任，而徒以利相争。于是布衣之侠，闾巷之富，人始以为善称。及其衰乱之极，乃有一二奇邪之士，挟好善之名，以阴济其贪欲之私，营营焉。日以仁义为市，而于本原之地则不复措意焉。至于干犯名义，廉耻尽丧，而犹诩诩然号于人曰："吾为然，吾为然。"呜呼！此宋鲍、陈恒之所为，古人所痛心而不忍道者，而今之士大夫顾阴师之，何怪乎盗贼横行，而诵诗读书之士，亦且从风而靡也。若兰谷君，则事其母甚孝敬，其于昆弟间又皆友爱，未尝有私财。是其人固致力于本原之地者。而汪君之论，则又引《诗》所云"不忮不求"以为称。夫今之所谓为善者，其忮求为何如也？诚能不忮不求，则其于道亦几矣，岂仅为一乡之善士已哉！君嗣子煌，好读书，守家法，勤甫为人，朴素有学行。予因是信汪君之言为不诬，辄书其所感如此，俾读是传者，毋以世俗所谓善士目君也。庆云按，文为勤甫公子拙存参议录稿见示，采入集文。

《汪谢城〈南浔志〉序》

乌程**周学濂**星海

南浔镇在郡东七十二里，吾友汪君谢城居之。谢城于书无所不窥，而尤精于史。咸丰丙辰之秋，会镇有编纂志书之举，佥以属之。至戊午冬而书成，举以示余。余观其自序，知所采摭自史籍、方志、杂说，以暨家集、谱牒流览之书，至二千五百余册，夥颐搜罗之富也。虽然，博综非难，隐栝为难。夫史家所记，尚有未可尽信者，家乘出子孙之手，恒多溢美，至于杂家、小说家者流，尤非别而裁之不可。谢城实事求是，勿使贻误于后人，厥功伟矣。其于开浚运河一则，辨旧志所书之鹘突，思深虑远，其诸仁人之言也乎？或曰："此书之考核精矣，然间有异同并列，无所折衷，何也？"曰："此公羊子所谓'传闻异辞'也。古之善著书者，如太史公、刘中垒皆然。后之人沾沾一得，辄以抵牾议之，岂得为心知其意者乎？"抑又闻诸全谢山曰："昔人图经地志，莫不扳援古人，以为桑梓生色。"余尝即其言核之，远如王伯厚，至讹文种为鄞人；近如毛西河，至强西子为萧山人。以二公之硕学，尚犹不免，而谢城于附近之世家大族，举未尝牵率书之。观于《寓贤》一门，斤斤致辨，凡偶尔托足于浔者，概从削例，其限断又何严耶！南浔自明季潘氏尔夔始创志稿，至道光庚子范氏来庚刊，有《镇志》十卷。张丈秋水尝病潘《志》体例之妄，訾其纪分野，表科目，几同优孟衣冠，虎贲言笑。范《志》亦多讹漏，自序所云"荜路蓝缕"是也。今是书出，庶一洗从前之陋也。夫谢城近著《廿四史月日考》，体大思精，为史学家所未有，汗青何日，余尤乐得而先睹之也。

《汪谢城〈莲漪文钞〉序》 嘉兴**钱泰吉**

自来史家列传，多录杂文，刘知幾所谓“更成文集”者也。志乘之书，往往于卷末列《艺文》一门，无关掌故者十且八九，浮文妨要，亦失体裁。若别录诸家遗文，与志乘相辅而行，则《中州名贤文表》《金华文统》之属，皆可取法也。汪谢城孝廉既修《南浔镇志》，因取近时十家未刻之文，录存八卷，曰《莲漪文钞》。谢城自湖州府城迁南浔，赁居董征君草堂故址，因以名也。余受而读之。施君国祁，则余三十年前读《遗山诗注》，知其熟于金源旧事者也。杨君凤苞、张君鑑，则夙闻其与纂《经籍纂诂》所辑《史》《汉》《三国》之注为详审也。孙君燮、沈君垚之文，则于吾友杨芸墅《国朝古文汇钞》二集中得观其大略。然沈君论辨舆地、考订详确之作，芸墅未及见也。若沈君登瀛、邢君典、纪君庆曾、董君蠡舟、丁君桂，皆敦学行，勤述作，或穷老一乡，或早岁无禄，遗著未行，名不及远，非谢城之勤勤论著，余亦不能知其足传于后若此也。然则《文钞》之作，曷可已哉？余初至海昌，与潘梧君文学蔼人约，共录海昌先哲之文。及纂志书，梧君已下世，其稿散佚，余所录者惟五家，不能纂续成编，与谢城之撰著并行也。谢城于南浔遗籍，搜辑甚富。镇志《著述》一门，与管文学廷芬《海昌艺文》精详相埒。盖其胚胎家学，该洽百家，见闻既多，采择益审。他日吴兴一郡之文，与弁山、霅溪同其深秀而为海内传诵者，必惊赏叹息曰：“非汪君编纂之力不及此。”於戏美哉！此编肇之矣。咸丰九年五月既望。

《历代长术辑要序》 德清**俞樾**荫甫

汪刚木先生精于史学，又精于算学，于是有《二十四史月日考》之作。其书上起共和，下迄有明，各就当时所用之术，依法推算，详列朔闰、月建、大小二十四气，略如《万年历》之式。经始于道光十有六年，至同治十有二年而书成，都凡五十三卷。既而病其繁也，又删繁就简，仿《通鉴目录》之例，专载朔闰。其后朔与前朔天干相同，则亦不记，改日乃记之。成书十卷，名之曰《历代长术辑要》，而以《古今推步诸术考》二卷附于后。盖推步诸术，固此书之条例也。既成，问序于余。余于史学粗疏，而算学又素未问津，何足以序先生之书哉！惟念“长术”之名，本于杜征南。杜氏尝著《术论》，大旨谓天行不息，日月星辰皆动物也。物动则不一，累日为月，累月为岁，不得不有毫毛之差，而算守恒数，故术无有不差失。《易》言“治历明时”，言当顺天以求合，非苟合以验天。杜氏此论，虽若通达，然不求之术，而徒求之纪载之文，则其为术劳，而终不免于疏且舛。今杜氏长术具在，不过就前后推排以成其说。孔颖达于隐二年《传》云：

杜观上下，若月不容误，则指言日误；若日不容误，则指言月误。盖杜氏所恃以考定经传者，止于如此，非知术者也。本朝经学昌明，诸老先生讲求实学，而顾震沧氏著《春秋朔闰表》。其法用方幅之纸，横书十二月，每月系朔晦于首尾，细求经传之干支日数，不合，即为置闰，则亦犹夫杜氏之术也。今先生此书，虽袭杜氏“长术”之名，而各就当时所用之术以布算，则非苟以求合者，视杜氏异矣。且以一人持筹握管，而坐致二千余年之日，至其精力固有大过人者。读其书，自周迄明，历历然如指诸掌。而群书所见朔闰有不合者，则备载于每年之下，盖存其说，以待后人之考定，固不至削足合屦，如杜氏所讥也。余于是书，虽无能赘一辞，然其用力之勤，用意之精，则固深知之。故不辞，而书数语于简端，既喜其书之成，又冀其书之流布于世，为读史者一助也。

《近许斋印谱序》 前人

钱子琢初以所著《近许斋印谱》见示，曰“近许”者，以篆体宗《说文》也。雷甘杞翁跋语详矣，然曰“近许”，则亦近之而已。余观其谱，“藉读藉观”不作“借”，洵如甘杞翁说。而“鬻及借人为不孝”，则仍作“借”字。他如“寿”字书字，亦有不尽如《说文》者。昔张有著《复古篇》，极为精审，其为林摅母撰碑，书“魏”字作“巍”，终不肯去“山”字，可谓笃信许书。及为杨时，踵《息庵记》，以小篆无“庵”字，竟作隶体书之，似乎太泥，况刻印本非作书乎？古有六书，三曰篆书，即小篆，五曰缪篆，所以摹印。然则摹印之篆，自与篆书不同，此钱子所以宗许而不泥许也。不然，以钱子之深于许学，岂惟近之云乎哉！

《与汪谢城广文书》 前人

越中一别半年矣，为学日益，谅如所祝。尊著《廿四史月日考》，已有成书否？今有一二事，辄求教于左右。直隶永年县娄山有石刻云：“赵廿二年八月丙寅，群臣上醐此石。”北沈西雍观察谓是石虎建武六年所刻，上溯石勒之年而并记之，故云赵廿二年。此殊不足据。刘宽夫侍御谓汉侯国得自纪年，此赵王遂之廿二年也。较沈说为得之。然考两《汉书》，前汉有赵敬肃王彭祖、共王充，后汉有赵节王栩、顷王商、惠王乾，并享国长久，得有廿二年。侍御只据鲁卅四年石刻上冠以五凤二年，谓此不冠以汉年，明是文帝时未有年号之故，遂断以为赵王遂，此亦未必然。汉侯国得自纪年，初不必冠以王朝之年。鲁卅四年石刻未可执为定例。鄙见欲知赵廿二年之为何王，当求八月丙寅之在何年。足下讲求有素，请详考两《汉书》赵诸王之廿二年，何年八月有丙寅日，则此碑庶可定矣。又余姚客星山有汉碑新出土，所称《三老碑》是也。其文有云："建武十七年，岁在辛丑，四月五日辛卯。"据《光武纪》，是年二月晦乙亥，四月有乙卯，则四月不得有辛卯，亦祈一核之明以教我。

《南浔周氏家谱序》 乌程**许国年**雷门

古无谱系之学，自龙门创年表、月表之例，即为后人谱系所自始。魏晋间，士大夫以门第相矜尚，沿及唐代，厥风更甚，作史者于是有宰相世系之表，盖世风夸耀使然也。自此之后，凡世家大族，无不家藏一谱，而所以别宗支、敦族谊者，于此寓焉，故君子不废也。虽然，自黄帝赐姓以来，年代久远，晋末又经五胡之乱，代北复姓，杂入中华，有两字而去其一字者，有一字而去其偏旁者。后之子孙，虽极通博，终莫知其姓之所由，而作谱者遂将史册中之同姓而贵显者，引为始祖，而不辨其源流。呜呼！郭崇韬以汾阳为父，当世皆笑之，夫岂崇韬一人哉！今之《周氏家谱》则不然。按，周氏系出绍兴余姚，自圣能公迁居湖州之南浔，及今六世，而圣能公以前生卒事迹俱无可考。无可考而不强为引，盖其慎也。故斯《谱》断自圣能公始。夫谱系之学，固宜考证详明，条分缕析，而至于无可稽者，不得不置诸阙如之例。与其援引别支，以途人而伯叔昆弟之，则虚骄之气，害及伦常，必将以伯叔昆弟而途人之也。斯《谱》之作，近者必详，远者姑阙，慎之又慎，吾有取焉。故不辞而为之序。

《金竹庭墓志铭》 仁和**樊恭煦**稼轩

古君子隐处市廛，不与当世事，而敦宗睦族，阴行其德，积累之厚，诚信所孚，有为士大夫所不可及者，今于竹庭金公见之矣。公讳桐，湖州归安人。父子安，公以支子为叔父嗣，事亲纯孝，人无闲言。公生四十余日，本生母遽病殁。稍长，追思哀慕，遇诞辰必斋戒数日，戚党有称祝者，必力却之，积数十年以为常。本生父亦早卒，恒以不及奉养为憾。少好读书，家贫不能具修脯，遂弃而学贾。客游沪渎，值中外通商，番舶云集，公谙习各国语言文字，经纪有方，要以诚信，为洋商所钦服。又智足以扩其业，广取而节用，薄己而厚人，所获资财，壹以济物为务。公世居南浔西栅，祖遗老屋曰载德堂。遭"粤寇"之难，毁于兵，乃独力重构，俾族人得以聚处养赡。婚丧之费，恒取给于公。寇平后，亲族中物故暴露者不下百棺，公悉为营葬。乡里善举，锐身坚行，凡桥梁、道路，有不便于人者无不修；年岁饥疫，有活人之事无不为；粟米、钱帛、衣裤、药饵，有可以给人之物无不蓄且具。人忘其施，公亦不以为德。故历次捐输巨资，应得奖叙，皆力辞不受，盖乐善不倦而惟恐人知如此。公度量恢闳，尤乐成人之美。或有窃金于椟中者，公知之，亟代实之，而终不言其人。兵燹之余，贫士艰于应举，公捐数千金，岁权子母，以给宾兴之费。素鄙浮薄，寡交游，苟所款洽，甘苦同之。最喜礼接文士，尝语人曰："青衿未服，佻达之风已成。士有敦风义、尚礼让者，吾爱之重之，以为子弟矜式。"教子綦严，常以先儒语录诸书谆谆讲解，勖以读书必先立品，勿汲汲于功名，妄希幸进。综公生平行谊，自少壮至老，由近及远，仁礼存心，随事自致，以化于乡而德于人者多矣。今第书其一二为征，余可从而推也。公生于嘉庆二十五年庚辰三月二十七日巳时，卒于光绪十三年丁亥四月初十日子时，享年六十八岁。元配冯宜人，嘉庆戊寅举人、翰林院典簿筤园公第四女也。宜人勤俭持家，待人宽厚，自酒浆缝纫以至礼宾承祭，经纬百端，曲有仪法。后公二年卒。生于道光八年戊子正月二十三日辰时，卒于光绪十五年己丑八月十九日未时，享年六十二岁。子二：长焘，贡生，缙云县学训导、候补中书科中书；次幼殇。女二：长未字故；次适本镇戊子科举人刘锦藻。孙四：城、堂、基、坊。女孙五。以光绪十九年癸巳七月二十八日，合葬于乌程县双林镇左近孝思港阮四圩，壬山丙向。公子焘以状来乞恭煦铭，不敢以不文辞，乃为铭曰："举世趋利，独行抱义。阴德耳鸣，不求不忮。外拯饥溺，内恤宗支。仁心为质，济众博施。善不近名，浮云富贵。和神当春，泽流罔既。大启尔宇，翼子贻孙。更千万祀，长裕后昆。"按，墓在南浔以外，文不列《碑刻》。

《刘贯经家传》

山阴**汤寿潜**蛰仙

南浔有行义长者，封通奉大夫。刘公镛，字贯经，里人称其三世尚义，亦越通奉。华问日禒，赓续奉旨加奖，交部议叙，给"乐善好施"坊额，遐迩荣羡。通奉欿然，厥施益闳，倘所谓富而仁者哉！旧籍上虞，康熙时有讳尚贤者迁南浔，六传至通奉，世为乌程人。少开敏能读。南浔盛业丝，祖若父及诸父咸佐人业丝，乃辍学执业于绵绸店。居年余，谂其师岁入仅百缗，怫然曰："此足以起家耶？"去之而从事于丝肆。凡四年，靡洪靡纤，不待提谕，劈见症结，遂与同里邢氏朋赀自为之。盖年甫冠，意气已函盖里富人矣。自泰西诸国互市上海，湖丝出口益夥，颐岁可十万包。通奉力微心雄，趋时若鸷鸟之发，营生若伊吕之谋，不数年，业翔起。当同治初，已殖财数十万，号巨富，其随手斥檄以班亲旧者不计也。与邢氏合肆及二十年，皆通奉一手出纳，比析肆，发梳眉列，无所遮幪，人以为难。南浔之富，与通奉埒者凡十数家，率好行其德，凡义塾、书院、育婴诸义举，皆通奉输巨帑以倡。嗣后晋豫之旱，顺直之水，镇江之义渡，南昌之筑堤，苏湖近属之桥工，海门之亟振平粜，汉口之火，徐淮之屡灾，官绅亟告，通奉辄视如疴痒之在体，爬搔恐后，扶僵植踣，赴义若箭。南昌堤成，流亡以宅醵建生祠，祝如畏垒。他人得其一，名声已烂焉。于时在通奉，不过荦荦大者而已。己丑，吾浙大水，湖州浸尤巨，穷民大讙，走城市乞食。通奉筹集数万金，雇轮船诣芜湖，兼旬得米万石以来，价顿平，人心以定。是役也，微通奉几殆。岁必三四至上海，人有以钱债将讼者，排解必力，或割己资以已之。言如砥矢，戾争斯和。虽严法峻刑，未有通奉牖导之速者也。晚年富益不赀，子锦藻，又以进士仕于朝，弥自戒懔，另储专款为母，岁挹子息，购米哺同里之艰食者，曰爱米，递有曾益。濒通奉殁时，岁俵爱米及千石矣。通奉恒谓人曰："人以好施目我，夫吾固惧多财之为害，而施以禳之也。论者动谓施者不望报，吾则谓有徼福之心，而后动于善，而福亦随之，不愈以坚为善者之信，而益勉为善乎？吾特求常有可以施于人者耳，而何好施之有？"及通奉既殁，夫人沈氏泣告人曰："方'粤寇'乱时，通奉捧檄办严州盐茶，由宁波逾义桥，溯富阳而上，东猘西虺，入险出险。将抵建德，闻邻舟女子哭，亟询之，则夫病将鬻女以市医药，邻之无赖给以逃，距家已一日程。通奉给资，亲送之归。此事唯告余。知他不以声于人也。"由是以观，通奉之阴德耳鸣，不求人知者多矣。徼福之说，亦以劝夫自封，而不肯缓亟人者耳，岂与夫世之娖娖自喜，挟一二小惠以为豚蹄，朝夕祝篝车于天者哉？通奉内秋外春，遇势要人，礼而能执，与侪以下之人接，输悃吐款，唯恐伤之。长女夫蒋锡绅，少时气甚锐，视并世人鲜可意者，辄戒之曰："吾少贾，未尝学问，然多宾接儒林魁石类，嗛然朴呐，无以别于农丈人，子独何以彪彪为也。"又曰："吾初设肆时，讵意今日剸精揖志，为之不已，以臻于是。意学问之道，铢积寸累，以底大成，亦若是矣。"锡绅遂折节孟晋，己卯举于乡，学行为时闻人。呜呼！通奉虽辍学，然庶有得于学之道者欤！庄辛对楚王曰："君子之富，亲戚、罪人、不肖者皆愿其寿，乐不伤于患。"富如通奉，谅哉言乎！先遵筹饷例，捐蓝翎光禄寺署正，继捐升员外郎，换花翎，叙江苏海运劳，加四品衔。锦藻官工部郎中，请加五级，封通奉大夫。论曰：《正月》诗云："瞻乌爰止，于谁之屋？"孔疏：乌集富人之屋以求食，喻民无所归。挽近吏治窳惰，民失所养，肉食者鄙，实尸其咎。哿兮富人，不当与有责邪？同、光以来，偏灾岁告，好事者创为义振，以俌有司。南浔富甲天下，天下义振亦首仗南浔。觥觥通奉，实理董之，终其身不衰。彼心矛语阱，日与利竞，不与贫人共此年谷者，闻通奉之风，亦可以少愧矣！抑闻之，通奉方殁，远近贫民以香楮哭吊者数日趾相错，益以叹横目蚩蚩，无改厥天，感动未尝不易。顾南面者无以获乎其民，惟恨恨焉谋所以胜之。若宿与吾民有积怨者，然则何也？

《刘紫回墓志铭》

长沙**王先谦**益吾

乌程刘子承幹泣而言曰："吾年四岁，吾父殁，奉王父命为吾父后。吾父之音容，今不能悉记，其嘉言懿行，更不能什一知。惟忆吾父未殁时，亲爱不肖，逾于所生，若自知景命不延，而以缵承遗绪相期待者。今距吾父殁久，所闻于吾母及吾家者，犹粗得其仿佛，不有纪述，是大伤吾父之心于九原，吾罪重于山岳矣。”余感其意，为表其墓焉。案状，君讳安澜，紫回其字。曾祖讳元吉，祖讳焕章，代有阴德，乡里称善人。父镛，以商业起家，候选员外郎，累赠光禄大夫。君幼时，从父避寇乱海上。年十四，始旋里，奋志读书。越二岁，补县学生。由是益自刻厉，于书无不窥，锐然有撰述之志。尝以谓圣清学术迈前古，诗家者流，骈出方驾，众妙具备，无人焉最而录之，将有文献放失之忧。于是博征群籍，托始开国，下讫中兴，为《国朝诗萃》一书，于诸家有传于世者，朝暮取焉，而拔其尤。而于逸民高士，则网罗散失，唯阙漏是惧。其湮晦无闻者，尤汲汲掇拾而光显之，口吟而手披，形茶而神瘁。如是者积有岁年，期成诗学断代之史。创稿甫竟，而未及写定。生平和易笃谨，不喜放言高论，声色货利之事，无所关其虑。科举文虽非所乐为，搏心壹志，冀博一第，以大门闾慰高堂。而娄应乡举，不见知有司。光绪十一年未入闱而病殁，乙酉八月初五日也。距其生咸丰七年丁巳五月二十三日，春秋二十有九。葬本邑马要乡庠上村，祔父之右。妻邱氏，子承幹，附贡生，分部郎中四品卿衔。孙世炽。君于光绪己卯年援例就中郎职，签分工部虞衡司行走。以捐振湖北水灾，奏给“乐善好施”坊额，覃恩加一品封典。

南浔志卷四十七

集文二

《答董尚书浔阳书》　　祩宏

心本不生，缘合而生；心本不死，缘散而死。似有生死，原无去来。于斯会得，生顺死安。常寂常照，如或未能，便当全身放下，密密持念一句阿弥陀佛，求生净土。假使诸缘未尽，寿命未终，倍应念佛，有大利益。古云："念佛法门，此是金仙氏之长生也。"

《〈高峰大师语录〉序》　　前人

始予乍阅内典，得经、论并古今杂著，共数帖，中有大师语，惊喜信受，如暗逢炬，至于今犹然。盖自来参究此事，最极精锐，无逾师者，真似纯钢铸就，一回转读，一回激发人意气，俾踊跃淬砺忘倦。虽悟处深玄，不敢以凡臆窥测，而但觉其直截根原，脱落窠臼。近有慈明、妙喜之风，远之不下德山、临济诸老。伟哉！堂堂乎可谓照末法之光明幢也。独恨《大藏》未收，坊刻尚鲜，怏怏于胸中者三十年。乃今以其旧本，重寿诸梓。而莲社行人有相顾耳语者，谓予旋转万流，指归净土，奈何复殷勤称赞是编，意者念阿弥陀佛，不及看万法归一耶？遂汹汹摇动。嗟乎！但了念佛是谁，不必问一归何处。兹有人焉，知生我是父，又自疑身从何来，闻者宁不绝倒。古尊宿云："如人涉远，又到为期，不取途中强分难易。"诸仁者方便多门，归元路一，愿勿以狐疑玩愒岁时，便应直往疾趋，为到家计。既到家已，千丈岩、七宝池，有智主人，二俱不受。

《答舒大司空代》　　董嗣成

鄙人盖尝历观近时数十年以来，同藉并进，而勋业之伟，爵位之隆，莫有如贵榜者。鼎甲三公，俱登枢铉，而申、王两公，又先后相继柄国。此外如心谷、本庵诸君子暨我公，又皆济济休休，骈肩比翼，以闻望丰猷，显著当世，荐登八座，辅翌熙朝。而鄙人谬以朽质腐儒，俱幸忝交知之后，岂不愉快哉！至如我公，则生平扬历中外尤最久，骏烈伟功在人耳目者尤最著，而鄙人之辱爱厚也尤最深。窃筹当今之事，至难料理，无如边计及河务者。然而疆圉燧燧，尊俎折冲，人力尚可与及。若黄河则上关天运，下系地脉，发之一线，而溃决至千百里，机在瞬息，而究竟在亿万生灵之命。大略天制其八，而人制其二。故自汉以来，河患不绝，而未有能得其要领者。我公自受事以后，又适遘其艰，排甲乙之议，躬胼胝之勤，南卫陵寝，中通饷道，北以灌输神京。此其劳绩，不敢远引。本朝陈平江、周文襄，不得方轨矣。今日之正位司空，犹然均劳逸，思股肱之义，恐未足以酬德而懋赏也。鄙人德既凉薄，运复迍邅，当犬马垂暮之年，而忽遭虎狼搏噬之毒，鼎沸云扰，瓦土崩城，史册所未闻，古今所未睹者。蒙垢忍耻，不即溘先朝露。然余息仅存，百疢并集，入春以来，益复增剧，忽忽如寄，奄奄欲绝矣。故于知己之侧，旷焉闻问，而鼎翰俨然远存，称其葆颐，美其识鉴，誉其后裔之有进也，岂不过情而难任耶？令衰朽之人，愈增一番汗愧，愈损一分福量矣。然吴太子闻枚叔教之而霍然，曹公读陈琳之檄而病愈。鄙人正在苦海，一接瑶华，如聆謦咳，千里相对，又不觉其踊跃耳。委顿之次，神魂惝恍，不能捉笔临启，口授代谢。倘旦夕尚延容图，专布积绪，云霄日远，披对难期，临楮哽塞。

《上申相公寿小启》　　前人

恭维中秋之令，欣逢上寿之期。玉露澄空，金天际晓。功成鼎铉，昔曾扶日御而驾六龙；身退林泉，今见拥云軿而游五岳。蹑罡风，乘神炁，何羡从赤松之留侯；饮沆瀣，餐醍醐，不数披白衣之李邺。芝兰绕砌，莱衣与宫锦纷飞；珠玉盈堂，孙啸共钧天儹响。正所谓仰岁星于天上，而移洞府于人间者也。嗣成谊忝葭莩，恩沾桃李。瞻驰霄汉，徒勤鹊忭之私；跧伏土苴，难效兕觥之祝。敬勒芜启，代致封词。不腆芹曝之私，仰颂冈陵之庆。

《上李中丞启》按，汪《志》作《上刘座师启》，讹　　前人

门生行能，无足比数，遵奉矩诲，惟洁己好修，一念不敢少渝。此老师之所洞鉴也。即大父家食以后，亦遑遑德施是务，何敢开罪乡闾？其间一二家奴，不谙世事，间一有之，然岂有不赦之辟，至于廷论耶？老师治湖，明于日月，公于覆载，威于雷霆，至今士民畏爱如一日。脱有不法，岂能逃于明镜悬衡之下，而一旦忽然暴发，不可复止，此其故可知已。方难之初起，门生以为毁家可以纾难，散财可以得民，不难捐资破产，冀与解纷。当此之时，为有司者稍知时变，稍有定衡，事可不烦指顾，而奈之何其暗而怯也。以膏救火，以膻驱蚁，乱之息也，何时之有？逮至冠裳夷于奴隶，豺狼遍于原野，白刃交于街衢，而徐徐焉思解散之，已蔑济矣。宇宙之间，诚无此变

乱，诚无此纪法。若夫圣天子震怒，下不测之威，则滔滔苕水，不知化为何物矣。门生自遭时变，惟束手悔过，田产任其割据，庐舍任其劫略，未尝敢一与相抗。蒙谤受辱，吞恨饮泣，京邸交游，亦未尝敢出一言以自剖雪。范氏之事，乃圣明之独断，朝堂之公论，亦天地间物极必反之理。而忌口仇家，必欲嫁祸于默然静坐待命之人，此尤冤之冤者也。家祖既已垂绝，门生已成死灰，室家亦成破甑，何能再图自完？所可恨者，尧舜清明盛时，而是非不辨，寸心不白，皦日之下，魍魉公行，则何能默默而已耶？门生知疏阔日久，兹专申候问，不宜辄诉私衷。然人穷呼天，疾痛呼父母，门生可谓穷且痛矣。不鸣于父师之侧，而谁鸣也？家祖自秋冬忧愤成病，至今未起，不能躬修候缄，并此代申。不腆薄将，稍致远意，深愧菲亵。伏惟麾顿，不备。

《上陈相公书》　　前人

不肖成菰芦中竖儒，惠徼先大父与先文端公有昆弟之谊，而先人与阁下复缔肝胆之交，么麽小子，因得侍末席而聆绪论焉。先大父存日，每提不肖成而庭训之，谈海寓豪杰，则未尝不首阁下。叙生平交知，则亦未尝不首阁下。迨先人衔王命，有事于文端公之原，不惮万里远涉，以赴巨卿素车白马之约，而不幸中道蒙雾露以死，而阁下独心察而怜之，时时不忘于词色间。于是先大父益钦阁下汪度盛心，非今人中所有矣。曩岁，成滥选南宫，时仅得伏谒戟门。会阁下方有校士之役，不敢亟见。亡何而狂戆护戾，放逐归田，而阁下复拜宣麻之命，历泰阶之先，秉钧当轴，调鼎宰衡。海内之士，归之如云，望之如日，而草莱田畯，益不敢轻溷典记，为扫门之魏，上书之韩矣。所以家受摧残，身甘戮辱，而至今未尝敢奋臆哀鸣，扪心陈乞，稍诉一字于衮舄之傍者，正恐以形迹冒干求也。然窃伏而思之，不因物为荣枯者，大造之仁也。不以情为妍丑者，明镜之照也。不肖成自束发读书，金闺通籍，无时不竞竞以行义自厉。褫职以后，益屏迹杜门，惟日讨先人未竟之绪而经画之。不意闾左少年，凭陵城社，争相鱼肉，而有司不察，以区区善念，竟成大祸！成一人不足惜，谓国法何此成，所以抱没身之冤，而终不能以自白者也。今言之，则似涉于过讦；不言，则已独泯泯而为博名高者所螫毒，死亦不瞑。且先大父位至正卿，身事先帝，未有显恶大罪。至干宪辟，而无端被蔑，堕其世业，破其室庐，使不得戴毛发以立天地。垂白皓首，饮恨吞声，自归地下，岂不痛哉！两月之间，祖既背弃，弟复夭亡，骨肉伶俜，亲知掉臂，茕然孤寡，举目成悲，不于阁下是诉而谁诉也？夫郈成与右宰，未闻有夙昔之欢，以片言之合，而成分宅之义，托者不负，受者不惭，生死之际，古人重之乃尔。矧先人忝再世之契于阁下者，而能无一引手耶？废弃之人，不宜辄以书词唐突台墀。顾身负极冤，有知己如阁下者，而竟不一吐其私，又似敢于自外者然，成有深愳焉。且先大父易箦时，曾以身后不朽事为托，没不忍背，敬以布其私悰。至阁下鼎铉之业，不敢颂以贡谀，及区区狗马之怀，欲有所陈指以效芹曝者，荒迷中亦未敢辄及。倘阁许下而教之，异日者尚图以献诸，惟台慈鉴宥。临启无任悚仄之至。

《〈皇明史概〉自序》　　朱国祯

皇明之史，有刊行者，有密纂未行者。余不自揣，妄有所辑。福清公知状，数以为问。京师垂别，且谈且举笔，凡数百言，相付曰“以序促书”，此语妙绝。书可促乎？促之而其人之才力果足以副乎？漫为之，即草野卤莽，立一名，叠几卷，亦足行世，而史不可若是其几也。班孟最著，不免雌黄。才以代分，文亦以代降，祯何人，斯敢尔措手？稍从诸书中折衷去取，庶几附于整齐之义。工未及半，会有召用之命，不无作辍，意下茫然。未几即归，归之两年，风鹤惊心，不复置念。又次年，福清捐馆，前言若为之兆，心伤甚。良友难负，旧绪可寻。复自尘中取出，略加简点。自念三长非任，更有三短，昔之名家，非父子代嬗，即朋友取资。先君子穷经，赍志以殁。余幸为此官，希成此事，踽踽无徒，孤鸣之掌不扬，半井之窥甚局。一也。陈、郑、雷、薛，卓卓名家，余都烂然。彼此互见，良工分之，各有独至；拙手合之，未见天然。二也。两汉而下，唐之驳杂，宋之陵夷，尚不胜书。天开我明，二祖之缔造，列圣之范围，中间名世应运，绸缪粉饰，视唐、宋何啻百倍。家乘野记，充栋面墙。三也。三短之中，复有三厄：一多病，一善忘，一习懒。而所幸家居最久，闲日颇长，姑取以游焉，息焉。先后三十余年，不觉积已数百卷矣。零掇之，如聚沙然，自粒而升，而石，而埒，非不勤且多也，终不可以筑室。有妄人于此，将从事焉，其九仞而高乎？抑半版而废乎？两战于中，殊不自主。庚午十一月，痰蹶几死，时年已七十有四。念岁不与我，福清之订，忽见梦寐，且稍稍在人口角，莫若因而实之，即以临别旧稿弁之，不复他求。戋戋自愧，一之谓甚，其可再乎？付之梓人。国朝原无野史之禁，忝备翰苑，参黄扉、窥金匮石室之藏，自是职掌。特以未尝奉旨，不敢进呈。题曰《史概》，以别于全。上不能绘天，次不能华国，又次不能脍口。半世精神，一生事业，可谓云尔也已矣。

《均田定役揭帖》　　前人

揭为均田定役以救民命事。东南财赋之乡，而杭嘉湖在浙尤重。嘉靖以前，编审均徭，如库子、民皂、门厨之类，悉佥乡民应役，朝充夕破，重以倭警，官吏侵渔，公私俱尽。于是庞御史尚鹏首行条鞭法，计直征银，而民力大纾。载在名宦，尸祝至今可征也。又议革去粮长，以里长收粮，彼此互管，贫富通融，十年一审。大约中人之家，应役有期，力均时暇，不至破家，破亦有救，当道可谓苦心，地方亦云大幸矣。然而法久弊生，圣贤不免，迟至今日，道以人弘，岂偶然哉？请先言弊，又先言一县目击之弊。祯，乌程人也。辛未之审，幼不及详，然创法未久，当无甚害。辛巳，则罗知县用敬在事。是时豪贵把持，首进在图还图、在甲还甲之说。罗亦利仍旧贯，苟且了事。民虽愤郁，慑于威刑，爱惜身命，且力未甚穷，只得隐忍。递至辛卯，袁知县光宇以至今辛丑，祖述其说，而民遂大困，不可支矣。兴衰各异，偏重不均。有一甲全然无田者，有一半亩产而充至数分者，有户绝丁存，妄报分数而亲族代当者，一佥解户，必至逃亡。系籍则百劫不免，漏落则安坐自如。凡势家之佃户丛仆、疏属远亲与其蔓延之种，田产悉据膏腴，亩数不啻万倍，影射那移，飞诡变幻。三十年来，无一手一足应公家之役，无一钱一粒充应役之劳。今番适当鼎新之会，在上者皆大贤大良，禺望绝命复苏、朽骨再肉，而牢不可破，殆有甚焉！不曰脱漏何妨，则曰断然不动。开口与杖，争辨授枷。惟图正积贿如山，卖免买免，报德报仇，公然无忌。而一种奸猾，又从中把持，或子女，或田产器具，乘机胁夺，此谁之责，谁之过哉？亦试度五卜年来，能保闾里间图图甲甲，尽如其旧哉？当此势穷理极之时，大奋便民除害之断，力主均田，为民造命，参酌优免，以重儒绅，均派余田，以恤编户。直下宪牌，责以如式，弗以批发了事，弗以异议动摇，弗以已成惮改，则恩波与江海同深，爱戴共乾坤无极，岂不媲美庞公，且超而上哉。除后项条款外，为革弊均田以救民命事，应否会稿通行，理合具揭。须至揭帖者。

《绪帖》　　前人

再照编审之弊，不能尽言，病根积于“在图还图，在甲还甲”两言，重以漏丁不查，报顶不允，而民之生理尽矣。夫甲止数人，若系贫难，别无援救，贫者日贫。譬如索酒一盏之中，索肴一碗之内，断不终日，其偏一也。势家大族，实繁有徒，团作一处，罔上害人，富者日富，殊无餍足。甚至把持官府，摇惑视听，正论难伸，伸亦旋遏，其偏二也。有一二已故大宦，纵公存恤，未为不可，而群小用事，形影欺瞒，主或加充，仆尽幸免。即背畔驱逐之辈，尚尔坐拥高资，公然不动，泰如王侯，睥睨自若，不知何缘概蒙顾庇，其偏三也。等则不均，威胁愈甚。凡贫难下户，止有逃移自尽一路，决不能控陈告诉。落水病儿一直到底，下既无日无天，上亦不闻不见，久成者卒难遽改，后来者无可奈何，其偏四也。逃绝既多，势必累及亲邻，展转扳扯，展转躲避，以一害十，以十害百，以百害千，其偏五也。凡此五偏，犹其大略，至于琐屑，罄竹难书。故处今之势，别无善策，惟均田一节，直截简易。若曰便于民不便于宦，则一县极富极多田之家不过数人，就中分派，大段既定，彼亦无辞。尽有子弟奴仆寄庄取羡，非士大夫本心，而士大夫于优免之内尚未足数者，比比可屈指数也。今长兴金知县业行此法，彼中士夫素称强直，然已帖帖亲认。郡中颂金长兴者，万口如一。岂可行于长兴，而不可行于各县哉？若各县不行，无论失此机会，十年内民无孑遗，而长兴士夫且将援以为辞，异日又将变而归之民矣，可不虑哉！可不虑哉！千载一时，宜汲汲为之所矣，惟仁人君子裁之、察之。遇其人而不得行，则地方气运正厄，小民命脉当斩，非人之所能为也。

《驳宦户贴银一款》　　前人

贴银在小民对支，其力相抗，或可入手。若以士夫论，祯，痴人也，只从自身上体贴。最急官银，蒙县主持帖来催，亦逊谢，待明日矣。束脩最要紧，无所吝，然遇节令，或散馆，数日皱眉矣，犹曰囊之缺也。其以书帕至者，每两赏五分，已至微细，有不九折八折者乎？折矣，有不用新倾水丝者乎？此虽世套，亦人情之常。若以贴役持券而至，必孔夫子、陶朱公合为一人，又当暇闲喜欢时，自可立地发出。三者少一，吾知其必不可得也。再从身上体帖，门户非高深也，仆从非簇拥也，然其人有敢突然至前者乎？至矣，家人有不索谢者乎？拒而有不怒，肯再通者乎？通矣，良朋胜赏，雅歌投壶，有暇料理及此乎？若夫湛思绩文，或愁冗疾病，与留得一钱之时，有不告之且去者乎？去而复来，来而复如故，又去又来，其人或怨嗟，或无状，有肯容而恕，且与之如数者乎？委之家督，督有贤于其主者乎？进之必曰官收之，官散之，官可尽法，手脚愈多，弊不滋甚乎？法当稽其所弊，有名无实，断然不可。天日在上，我辈官法难加，民隐难达。妻子奴仆，皆涂掩耳目之人；图史文章，亦雕丧心术之具。无可自致，只是出力当差。贡天子，臣职也；替小民，乡谊也；消灾积德，大利也；习事练手，远谋也。故贴银之说，诸公谋之，当道主之，祯决不敢闻命。在宦言宦，狂瞽之见止此，别有高论，请问之高品高官者其可。

《〈吴兴备志〉序》　　董斯张

志吴兴者，韦昭而下若而人，仅谈氏见。《明志》曰九江劳氏，曰娄浦氏，而乡先生唐氏书后见。浦之以《帝纪》纪郡，非古也，其创为《表》《志》粲矣。大率病劳氏之芜，求以简胜，而刻削不中程，使人咨嗟焉。往古之迹浸以微，此寓公徐长谷氏

《掌故》之所由作也。志金石、山墟，因乎谈氏、劳氏，余则仍其半，而博取他传记附益之。其匠之独者，则土风、水利、杂考之属在。唐《志》出，较浦氏，如秦变周，几不可复识，而间捃徐氏之什二。汉沈瑜，古遗孝也，章华，陈之又一泄冶也，而不书。堂邑令有诔，颜尚书西亭有记，录循良也，陆鲁望赋蚕，刺时也，亦不书。闻栗侯请志乎唐先生，先生病矣，无何，竟不禄。其门人茂才王某、李某，辄成书，诡先生草以报。或曰其序例，先生手定草也，或曰否。侯属先王父叙之。王父游先生之门，惧失侯指，不敢讼非唐氏书，叙中第微言，病不与闻云。而郡之士大夫求故实者，俞籍籍长谷氏书。岁甲寅，余始读《掌故》，甚伟之。乃稍稍取史籍比勘，其佚而未甄者不乏也。已补之为一家言，得六卷。会病，书竟罢。今天启甲子，相去十年，有问居士疾者，语及此书，惜余不竟其业，数责余，黾勉将事，百许日，再得七卷。家苦少书，间有储，久已佚去，又病不能就人借，借鲜应者。闵子康侯氏闻而伤之，遗予书曰："夫神习乎近者，其避古也若仇。某及竑弢兄，怀此旧矣。足下不起而成此书？足下起而成此书，亦可与存古也。即须书，某及子京弟，人生、生甫侄为役。"乃出其藏书几五百种示余。又居恒斋中所读书有关郡事者，立书赫蹄相寄。或雪夕扣关，余辄起篝火写之。凡数月得十有六卷。嗣张子、殷子所借书，亦皆至。最后得《丛录》一书，则康侯及其兄竑弢氏旧所辑也。雠余书，芟其复，复益三卷，其《白法志》及《艺文补》别行，复如干卷，而余之补徐氏书始克成。嗟乎！世之盗称贤达，骄吝满胸，视成人尺寸之美，如驺虞杀窃脂谷者，岂少哉？康侯其几于晰无我者也。书成，名曰《备志》，为征者二十有六，以《匡籍讹》终之。凡某事出某书，某人出某书，眉列其下，人不敢轩轾，事不敢论赞，以须夫志乎。志者之采焉而已矣。后之君子得是书，为唐氏、徐氏翼且复乎，娄浦氏《表》《志》之故烺乎？其足述哉！然则志如是，不已繁乎？志也者，外史氏上之太史者，志而史，备志而志。竑弢名光德，康侯名元衢，子京名元京，人生、生甫名自寅、及申，皆余同邑人。

《浔书序》　　董说

驺衍曰："中国于天下，乃八十一分居其一分耳。中国名曰赤县神州。赤县神州内自有九州，禹之序九州是也，不得为州数。中国外如赤县神州者九，乃所谓九州也。"夫九州之中有中国，中国之中有霅，霅之中有浔，浔眇小哉？乡人董生年二十，家甚贫，不能裹千日粮遍足迹天下，其性情忧愁，又不能久郁郁困此土也。于是谋所以重大浔者。凡生于斯，长于斯，读书于斯，得四十四人而集其文，谓之《浔书》。或曰："董生狂甚，异时高皇帝版图海内，户口六千余万，其以文章名后世，不过宋濂等三四人，大抵二千万人一人也。今以区区之浔，一旦得四十四人，积累之，则县可数百人；又积累之，则郡可数千人；又积累之，则中国可数十万人。伏羲以来，未闻有数十万人文章之士者也。此董生之过也。”或曰：“愚甚！当今谋一方，曰御盗，曰赈饥。董生既病且惫，勿能提干戈备儒将军之数。又贫，未尝推饭饭人，解衣衣人。饮食二十年矣，无尺寸之功于浔，独时时驰骋谈说，高下百家，为万缓不一急之章句之事，此董生之过也。”董生闻之曰：“狂董生者，知董生者，不知浔者也；愚董生者，不知董生者也。古盖有里社焉，是役也，不以古道重大浔而以文章，此董生之过也。”

《〈浔溪文献〉序》　潘雨夔

志者，史之遗也。天下郡国之有志也，其原本于《夏书》之《禹贡》，《周礼》之《职方》。则志也，而未始离乎经。是故稽分野则冯相保章之掌故也，考山川则山经水注之所赅也。纪科第仕宦而识人物之盛衰，详风俗食货而验政治之得失。纲维名教，节孝有书；扶植颓风，隐逸必录。旁诹艺苑，如太史陈风之年；泛列灾祥，如《洪范五行》之传。其为书也，义类勃窣渊海而壮风云，以视夫《方言》《博物》《虞初》《洞冥》诸编，猥琐夸诞，大有迳庭矣。浔溪，苕东古镇也。自予盘桓曹溪，过而喜之，若习有浔者然。洎岁在癸未，一枝托足浔，亦若习有予者。遂稔其事迹，上下五百余年间，不难口数而手绘。因复喟然曰：“浔于今日，骎骎乎盛矣！”平陂往复，人事何常？自兹以往，天地无终穷。浔之为浔，伊于何底？夫沧海可以改观，而书记长垂不朽。且予天涯人也，孤云野鹤，安定去来？昔王右军守吴兴，登欧余山，酒酣，顾谓宾僚曰：“百年之后，谁知逸少与诸君升此山乎？”因名其山曰升，即今距浔而西将五十里，横亘道旁层峦萦纡者是。夫未免有情，亦复谁能遣此？因稍为搜辑，不匝岁，诠次成帙。以其体例近乎志也，遂以名之。虽无当于制作之林，后此而踵事增华可也。其或千载之下，陵谷变迁，凭此以慰寤叹可也。客有议予者曰：“志自一统，下讫郡县止耳。为关里志者，以人重也，志镇不几僭乎？且弹丸耳，乌乎志？”子曰：“唯唯否否。夫僭不自子昉也，远不具论，近若同川、震泽，各有志矣。乌戍、青镇，合为志矣。如云其细已甚，无当一吷，则且与子哆驺衍之谈，骋化人之目，将苍烟九点，无异著面黑子。极而至竺乾氏之说，华严藏世界，净土香水海，则虽四大洲，犹不啻沧溟一沤也。子又将何所志哉？”客哑然而笑。脱稿竟，并为之序。顺治元年甲申仲冬长至日，松陵潘尔夔友龙氏题。

《同里延生社缘起》 董汉策

里有社，社有期会，自搢绅先生下逮士庶，皆得行之，所以浃笑言、笃恩好，甚便也。吾里有异乎他方者，则以改饮食宴乐之常，为斋虔礼诵之事，大抵习恭敬、远非僻，惟以仁寿相期许，名曰延生，有羲皇之思焉。夫太古之世多寿，循蜚肇纪，人皆千岁。降是世愈下、年益减，于是大齐不过百年，或复雕琢天真，则短折时有此无异。故古人敦庞淳固，而少嗜欲，保和守真，与道相应，故往往永年。晚近性溺浇浮，沉沦声色，毁抉伦常，动拂彝度，天夺灵爽，忽瞻西崦，理固然也。吾闻在昔谌母授道于净明曰斗中有孝悌王，实主纲纪，曾以大道付谌母，盖上天首重孝悌，选仙赐福，以孝悌为上品。今之人不务孝悌，而欲祈天永命，亦难矣哉！同里主此集者，可以悟矣。论孝悌以立本，养天真以颐生，更能钦奉星辰，远绍谌母净明之教，则天必报之以大年。方且小视延康龙汉，如一瞬息，循蜚春秋，又何足云？若乃借此社集为沉酣狎昵资，将见亵越召罪，何福之可求？敦伦安素，以善始终，余不能无望于同里焉。

《滋兰会约序》 前人

士生当世，未能行道于天下，则当罗俊英、广教学，相与明道于天下。此余与二三子所以有滋兰之订也。夫兰称国香，为王者瑞；士称国器，为天下宝。与斯盟者，可不自爱重焉！诸子勉之矣。尊经以为径，博学以为畹。日浃所闻以为春雨，新所知以为萌芽。植性去邪，以为根枝；礼以防躬，以为叶萼。于是优而游之，既灌溉之，则怒生也勃焉。昔人所云：“闷在芳谷，登在清庙。”岂虚语耶？谐子其勉之矣。抑吾又闻之，海隅有草焉，曰莸，似兰而非兰。使近兰，则兰燋矣，可不惧乎？诸子勉之。为学，去其乱正者而已矣。树兰，去其似兰者而已矣。

《采真雅集题名记》 前人

儒者得志于天下，则聚天下之人才于有用之地。其未得志也，则养天下之人才于无用之地。故一出一处，皆足重乎天下。夫今天下犹古也。古之天下，欲治水火有禹、益，欲饬邦政有旦、奭，欲修军令有管、乐，欲纵游说有仪、秦、轸、缓，欲理艺文有刘、班，欲选抚牧有韩、范。然而山林岩嵁之间，抱奇隐沦之士，栖情山谷，未尽见用者，代有其人。或郁塞磊落，浸淫入二氏，则黄冠槲衣，高自标榜，甚至学为懒残，块然放废者不少。惟天下人才多，故未必尽用。即用或不足尽其才，其人复不肯小用，以是坐堙。抑以老，未尝弃世，而世主弃之。其下又无人教且养焉，使学圣贤之道，遂放言异服，终不见用。惜哉！在古已然，何况今日？且士之称为见用于世者，不过乘坚策肥，毳衣肉食，秉权御威，薰灼中外而已矣。得则以夸于人，不得则摇尾而乞怜，此所谓幸遇也，非所谓见用也。所谓见用者，器称其任，官衡其材，道同则合，不同则去。故非其人则不能用我，是其人我复能用世。一屈一伸，与时推迁。龙蛰豹变，莫知其端。藏机无用，大用出焉。嗟乎！吾未见其人也。时值巳午岁交，吾乡同人有《采真雅集》之订，率皆一时耆英。凡半载一集，每集择胜地，讲道习礼，或赋诗论文，恣意所适。与集者，详注半载以来心行课程，面质当否，时摭古今事辨得失。既竣，各雅歌投壶、引觞酹月而散，司集者题名其处。闲居学道之暇，各治一家，如礼乐、天官、形胜之属；或习一艺，如琴、书、射、算之属。凡题名兼注所治及所习，考进退也。于斯时也，流瞩山水，俯仰天地，察飞潜之优游，极风云之变态。方且膏沐孔孟，尘土金张，古今一息，沧溟一粟，岂复计世将用我，我将用世哉？然而怀苦节者必能建大功，遗荣利者必能守道义，豫教养者必能希圣贤。今使朝焉夕焉，几数十年于兹不少衰，则道成而上，艺成而下。任艺文岂必不如刘、班？任抚牧岂必不如韩、范？若管、乐、仪、秦、轸、缓，儒者固不屑道矣。使治水火，饬邦政，虽不敢望禹、益、旦、奭，岂尽出其下哉？夫今人但知有用之用，而不知无用之用，又但见已用之用为可贵，而不知未用之用不可量也。然则斯集也，正所谓养天下之人才于无用之地者也。昔者文中子设教河、汾，一时魁奇之士，如房、杜、李、魏，皆出其门。宋胡文定公倡乡学，立治事斋，游其门者，历官多治绩。之二子者，善为天下养士于无用之地，明人伦，豫圣功，能使国家阴食其报，而人莫知。韩愈曰："孟子之功，不在禹下。"愚以为二子之功，亦不在契下也。当今既有可养之人才，何患无善养人才之二子？与斯集者，喜可知已。学圣贤则可以用，可以不用；不学圣贤则不可用，并不可不用。学圣贤则散在四方亦聚，不学圣贤则聚在朝廷亦散。与斯集者，又惧可知已。是为记。

《别驾吴季亭先生寿序》 曹大斌

生辰为寿，非古也，或者以为侈。虽然，敬爱其人而称愿其寿，若《南山》之诗："乐只君子，民之父母。"曷尝不祝以寿？况史传所云为寿者尤不少。则生辰为寿，亦古人未起之礼耳，何侈之有！乃愚意有进焉。敬爱其人而称愿其寿，固已。不更有称愿其寿而望以不朽之业者乎！南浔者，乌程之东鄙也。仅一聚落而实扼苏、杭之吭。夫湖州负太湖为郡，踞湖上流，常州居上流之偏，苏州承其下流，在上流者所患溪不入湖，在下流者所患湖不入江，江不入海，其势当合不当分。今制以湖州分府，专司水利，驻扎南浔，殆有见于此乎？盖太湖东南巨浸，吴淞系归海之路，吴淞淤则湖必泛溢，下流、上流均受其害。考嘉兴松江地，古仅苏属二县与杭属盐官之少半，今且建为二大郡，分县十四五，此非昔者泽薮之区耶？吾恐下流多为平陆，如大小肠窒塞，胃必满溢，岂能无害于咽喉？故五代钱氏时立秀州，立吴江，而特设撩浅军八千人治吴淞，其虑盖在此也。苟徒喜田亩之多、赋税之丰，而忽于上流、下流通塞之故，乌乎可？愚谓必重司水利者之权，而毋掣其肘，将大有造于三吴也。署别驾吴公来莅兹土，以文学饰吏治，人疑公为屈。愚谓苟任公以水利而大布其猷，则不朽之业，正在乎此。二月二十九日，为公悬弧之辰，大斌忝门墙之列，不敢以世俗颂言为谀佞。书此质于公，幸进而教之，岂仅仅桑梓之忧哉？

《夏编修元配敕封孺人节烈姚氏事迹》　　前人

雍正二年秋八月十八日，予友翰林院编修夏公讳开衡卒于京师。其贤配姚孺人扶榇南还，抵家殉节，时冬十一月二十三日，相距九十七日云。予惊闻走吊。乐清先生语予曰：“子深知亡儿，既辱状其遗事，儿妇今又以殉节死，不忍使无传也。子其终惠之。”予拱手对曰：“敬诺。”越数日，先生手疏殉节始末来。已而，编修叔弟秀才君又录生平事略见示，予受而读之。忆昔与编修游，熟闻孺人之贤，今其大节如斯，固知非一时慷慨者所得同也。谨案，孺人姚氏，祖仲璋，父绅，皆松陵耆儒。母温，生孺人未再期而殁。有姑适庄氏，怜而抚之。五岁，父娶后母韩，十三岁，庄氏姑殁。十四岁，母韩殁，遗四岁妹，孺人视若同母。父续娶，辄死辄娶者再。历事诸后母，情性非一，皆得其欢心。而事父尤孝。父故贫，以客授自给。每节序父归，婉承颜色，不使父知身是失母女也。族党共悯其早丧母，既而庭帏无间言，啧啧曰：“是善为人女，当无不善为人妇者。”二十三岁归编修。姑吴太孺人前殁已十年，而孺人父亦以是年殁。孺人以事父者事舅，自伤不逮事姑，以念母者念姑，于庶姑亦莫不顺。与编修相庄如宾。编修再上，遂成进士，服官京师，而孺人留家抚子女。庚子冬，子患痘殇，孺人痛绝。私计夫子羁孤邸舍，中馈乏主，年逾三十，似续忽虚。自顾多愁善病，须聘副室以衍继嗣。十指拮据，猝难办此，逡巡久之。今春，伯氏进士，君回籍拣选，复与计偕。儒人因竭蹶置妾，提携弱女，伯氏护与偕行。溽暑炎蒸，舆马震撼，女至寓一日而死。孺人亦积劳惨戚，抱疴床笫，甫痊，而编修疾作矣。荏苒五旬，百药罔效。吁天请代，血泪暗挥。逮编修濒死，屡顾孺人哽咽。孺人泣曰：“君无子，果有不讳，吾誓不独生。”编修颔之而逝。孺人勺水不沾，泣声断续。大殓后，伏床不能起。间日强起，闭户投缳。家人抉窗而入，解悬救苏。孺人叱曰：“汝辈不知大义，爱我实害我，多此起倒。”是时惊闻遐迩，编修之师友咸来问慰。或曰：“扶榇任重，盍姑缓死？”孺人瞿然曰：“吾过矣！吾死本无庸稍待，但遽死族次，伯氏丧费更难，或反淹滞夫子灵辆，奈何？”因勉图归计。发棹而南，嫡媵相依，呼号凄切，舟之交错行者，群谓杞梁妻再见也。过淮南，以衣饰质钱，市白绫，手缝成命妇服。至姑苏，买命妇冠带，拟送棺至墓，毕命清流。无何，停棺萧寺，念非死所，隐忍返故庐。拜舅诀别曰：“新妇夫亡无子，只欠一死耳。”舅泣谕曰：“尔以无子，矢死从夫。我命叔子为尔子，尔可无死？”答曰：“叔子为子诚善，然长养成立，惟叔是赖，未亡人何能为？”舅复曰：“尔平日善事我，今吾儿死，尔又就死，不顾老人惨况耶？”复答曰：“新妇死，舅惨在一时。新妇不死，舅睹妇思子，惨将无极。傥舅膝下无伯叔姒娣，新妇方代子职，亦何敢死？今膝下不患无人，愿舅以义断恩，新妇得速死为幸。”家人欲劝止者，莫能置喙，第用意密防。孺人俟众寝，复自经，旋为仆妇所觉，抱持解救。次早乘灵筵朝奠，左右不在，戒妾赵氏毋泄语，遂缢死，辗转东向而瞑。殆以编修停馆处在所居东隅故耶？昔张中丞守义就戮，阳阳如平常。文信国服脑子不死，绝食八日不死，卒从容就义燕市。此皆烈丈夫事也，孺人以一女子能之，岂不伟哉！秀才君谓予曰：“嫂故温柔婉淑人也。湫隘之宅，言笑不闻于户外，姒娣弟妹，初不见其忿容愠色，接邻妪、御婢获，亦蔼蔼怡怡。而大义所关，志坚金石如此，非凡所测也。”予曰：“居常则温柔婉淑，纯乎坤道，及所天陨坠，以死相从。孺人直行所无事，其死志决于编修、属纩时矣。闻其三月余未曾一饭间进糜粥，而肤貌不形瘠瘁，岂非其素定哉？”故予于殉节，始末词繁不杀者，所以表孺人之意也。愉夫村竖有以孺人之死为过者，君子亦鉴其志而已。夫死无子，决死殉夫，尚奚议焉？至如父遗命，以田代奁资，后不以归，贫窭中未尝齿及，族党有急，每脱簪珥以周之。此犹其小者不具论，论其大者，足为内外两家门户光。诚善为人女，善为人妇者矣。史官传列女者，能无有取于斯文。

《志馆采访启》　　无名氏

南浔一镇，昔为县治，今属名区。人物芳规，自宋以来，郁然相望。至于我朝，教泽涵濡，自衣冠文物以至闺媛，瘦著英声，家传苦节，尤为彪炳。余如古迹丘墓，凭吊徘徊，犹堪指数。若不急勒一书，垂之久远，恐世远年遥，渐至湮没。孝子无所表章，名流莫可稽核，非所以昭文献、发潜德也。且比邻乌镇，久有《乌青文献》，播厥芳徽，岂可使浔溪大镇，纪载蔑焉，贻讥孤陋？矧今官设别驾，转运盐漕，郁然重镇，更宜宣著表扬，以觇风土。某等是用各醵修金，敦请宿儒名彦，择于某月某日，延处御书阁，开馆编纂。凡名宦、乡贤、科第、贡举、征辟、封赠、隐逸、名德、文苑、忠孝、廉节、贞烈、义侠，以及缁黄方外，有道能文者，或系前代，或在本朝，或属流寓，或在闺阁，悉载简编，以垂不朽。至于古迹、桥梁、水利、坟墓、寺观、祠宇、残碑断碣、诗古文词，俱搜罗记载，用资察识。其界限，东至极乐庵，西至九里桥，南至辑里，北至北回桥。凡在四至之中，有宜载入文献者，开明事实，送至馆中。访之舆论佥同，即当登载。其有嘉言懿训，家刻私抄，以及诗文书籍，有关浔镇者，或行暂借，或为摘录，统祈寄送，广资参考。事关垂远，均望同心。此启。乾隆十四年八月。汪《志》按，文中“昔为县治”句讹。

《〈南浔文献志〉序》　张鸿寯

国有史，省郡邑有志，浔地弹丸而有文献，亦志例也。凡以昭往示来，俾稽古者一展卷，而千百载之兴废污隆了如指掌，岂细故哉？夫修史者，必约而赅，核而详，深而不晦，质而有章，嫉恶而不讳，褒美而不浮，此良史也。而志之所贵亦如之。夫志一方之事，使袭讹而不察其非，承舛而不易其弊，或失之华，或失之冒，皆非所以备考镜而垂鉴戒也。《南浔志》自国初潘君纂著，夏君光远、陈君可升、庄君学德相继编辑，分门别类，体例略具。顾其间遗漏尚多，未臻美备。呜呼！道旁筑舍，人莫不姗之，余有志已有年矣。而蠡测管窥，戋戋自惭。虽生长于浔，安能备悉浔事哉！敢望诸君子旁搜博采，精校去留，踵其事而广大之，永为浔镇之信史，与《乌青志》并传，则厚幸矣。乾隆二十三年戊寅孟夏，里人张鸿寯醴源氏撰。

《〈南浔文献志〉序》　方熊

距予家三里而近，曰浔溪。少而游焉，长而足之，所历殆遍，其风土习俗，固熟悉已，不特此也。时而闲居晚望，见东南烟缕缕起，与云雾相杂。谛听之，则熙攘之声盈耳。窃私心养养然，以为是不啻丰、镐、鄠、杜间也，当大有可记者。且尝与里中父老絜谈浔上往事，指而目之曰：“自前明迄今，冠盖者若而人，嘉遁者若而人，操著述而擅风骚者若而人。”心又养养然，欲举而笔之于书，为浔上佳话。无如浔偏隅也，无典籍引稽，其得之传闻无证者什之七，即散之稗官而未可信者什之三。地于吴兴最称佳丽，不幸而数百年文献无征，良可一慨。戊寅冬，于漆园庄子案头，见吴江潘友龙先生《南浔志》稿本，不禁发狂高叫，实获我心。读之，颇得志家体例，惜其中犹有不醇不备之憾。爰取原本，复采摭旧闻，旁搜说部，仍据门类，增之削之，更与同志细为商榷。顾其间事迹纷翻，记录缺略，而金石碑碣，率多漫漶。文之雅驯者，寥寥不可多得。端居穷巷，无能远为搜罗，或失之挂漏，或失之繁芜，只从耳闻目见，随得随录。存其所可信，祛其所可疑，渐积草创，取精不多，未足为潘本踵事增华，而志云乎哉！抑又思之，海上三神山，非不缥缈灵幻，骇瞩动心，但沧波眼底，一泻浤汨，而云烟倏崩屑。大约蜃蛟之气，蓬莱方壶，结撰空中。曷若曲溪皋阜，蜗舍鹿篱，桃花在水，犬吠山坳？虽小景不多，而阅历所经，皆为实境。即遥青一抹，隐隐天边矣。固知《东京梦华》不若《咸淳》志临安之为亲切也。则夫以里人志里事，聊以备掌故可也。语云："不贤者识其小者。"不其然哉！不其然哉！乾隆二十六年辛巳中秋，裘庄方熊飞崖氏题于带湖草堂。

《重修〈南浔镇志〉序》　　方焘

家孟飞崖偶得松陵潘友龙先生所著《南浔志》初定稿本读之，病其未甚详赡，且抄录多差误，欲校正而增广之，以成一方之敦史。顾寒家插架不多，鲜所引证，株守村墅，襄事无人，一人耳目未能周及。虽稍加删润，自憾有漏略之失。思协同志渐次搜罗，务期于完美而止。旋以病阻，药裹关心，未遑泚笔。厥后病卒不起，赍志以殁。回忆兄病剧时，举生平所积笔墨，倒箧畀予，兹其一也。虽残息奄奄，犹以不克成此书为恨，属予续成。因承兄志，不敢任，又不敢诿。不揣谫劣，勉诠次之，而漏略之失，仍不免焉。俟博雅君子旁罗曲摭，竂启未逮，绣诸梓以期垂久云。乾隆五十年岁在乙巳秋七月，裘庄村农方焘识。

《〈南浔镇志〉序》　　董肇镗

邱文庄公云："世有千载不刊之书，而无百年不修之志。"此言郡邑志也。而一隅之志，则当路不及纂修，而山林笔记往往嗤为好事焉。然生于斯、长于斯，则征文考献，其搜罗较详，其采择甚确，所以前人修郡邑志者，即残编断简，亦皆采择，何异野史之得参正史乎？浔水左右，不独震泽、同川各辑一志矣。他如前贤沈平之志乌青，庞太元之志菱湖，凌桂萼之志双林，艺苑流传，非徒一乡一里之幸也。浔志始自潘友龙先生，叠经夏公乐清、陈君补亭、张君醴源先后增订，颇觉踵事增华，第书无定本，未经校刻，且迄今垂三十年，复多缺略。不揣谫陋，每就所见所知者，据实补录之。然学殖弇鄙，不敢出以示人。乙巳夏，方子淞洋过访索阅，至冬，复携其昆季增订之本出以示予。雒诵之余，尤觉详赡。爰参核旧笥，遗者补之，疑者阙之，汇录一编，仍质诸方子，互相厘定，庶备一乡之掌故云尔。乾隆五十一年岁次丙午春三月，董肇镗梅圃氏谨识。

《书朱文肃自书行略后》 张鑑

明季浔上诸乡先生人品，以平涵朱文肃公为居首。文肃既刻《涌幢小品》，其序张差事云：“坐以风颠而止。”浙人皆以为别调矣。同乡御史李蕃因参论之，遂引疾去。此天启四年十一月事也。魏珰语人曰：“此老头儿也是邪人，然却不作恶事。”故较诸去相，恩遭独优。贵池吴次尾曾书其事于《剥复录》中，由是宵小害之。其为《盗柄东林伙》云南司业朱某，先之归德、江夏托足，后著《涌幢小品》，伏“梃击”“红丸”二案，得大拜。而《东林同志录》首列政府六人，亦附于叶向高、刘一燝、韩爌、吴道南、孙承宗五人之末。至《点将录》，则直指为地伏星金眼彪施恩，“伏”之一字，即用《盗柄东林伙》语，亦可笑也。其实文肃立朝不久，今自序直阁仅九月，建白固少，其居心纯白，要不可与佥壬同日语，视同时沈文定兄弟远矣。文定既结客光先，以通奉圣，弟初与兄忤，乃翻刻《三朝要典》，复借兄以媚奄而得司寇，为人发觉，珰亦恶之，始罢。然则与文肃相较，其薰莸奚待智者决哉。庚寅九月。

《〈眠琴山馆藏书目〉序》 前人

书之聚散，古人以比云烟过眼，本无足异。然聚之速，散之尤速，未有过我友疏雨者，此可慨也。疏雨长余十岁，与余同游鱼计先生之门，晨夕共笔砚，分题角韵，靡有宁晷。疏雨雄于资而多家累，年未三十，即弃举业，远游楚。余后虽课诵其家，积十余载之久，然疏雨归与游，尝以五年为率，归则吟咏必多，且工诗，格既遒上，造诣益深。或与谈杭州谷林堂赵氏暨扬州玲珑山馆马氏诸昆之耽书好客也，未尝不神往焉。乾隆壬子、癸丑间，疏雨既以藏书自任，吾湖固多贾客，织里一乡居者，皆以佣书为业。出则扁舟孤棹，举凡平江远近数百里之间，简籍不胫而走。盖自元时至今几四百载，上至都门，下迨海舶，苟得一善本，辄蛛丝马迹，缘沿而购取之。故吴门萃古斋既名闻当宁，而下此如竹垞《经义考》所云坊朋贾友，亦不可枚数。疏雨既好书，而余又适馆其家。其家堂构闲旷，每秋夏之交，设长筵广坐，名花异卉，骈列左右。主人命门者延若属，呼俦啸侣，至即十余辈。余课经之暇，亦相与商榷是非，书既山积，真赝参半，鉴别不易。其时同人之与疏雨洽缟纻者，如杨秋室、范白舫、计秋琴、蒋嗜山，间亦过从，或有所得，传观以为赏析。自此疏雨之书，固已不啻数万卷矣。如是者有年，余以召试附公车北上，疏雨尚以购书为属。明年，余被放南还，知所藏益不止。至之次日，走谒其庭，则钱宫詹竹汀方挈其婿瞿木夫来访。盖宫詹耳其名，因修志长兴，而过阅其藏。是日遍检群籍，余亦与之同饭。备闻宫詹论旧椠《陶渊明集》及吴氏《吹豳录》，皆娓娓可听。及暮，宫詹归棹，复假《中兴御侮录》及《皇元圣武亲征录》等书以去。由是东南贮藏之家与汲古之士，如钱塘何梦华、嘉兴鲍渌饮接踵而至，所得之书益精且美。其时又适值卢氏抱经堂、吴氏瓶花斋雠校精本散出四方，于是疏雨所收之富，又越从前数倍。余自因衣食奔走，既允仪征阮中丞之招，颇不能久留，尽发其藏而读之。出门之日，疏雨复申前属。至今目录中如宋王象之《舆地纪胜》，即余转托梦华钞自进呈副墨者也。余至武林节院，天子方右文稽古，凡浙抚所进文澜阁未见之本，于大内筑宛委之库以庋诸。其所经进，余悉预编校之役，方谓从此可以饫疏雨之嗜好而满其求，必有足以裨益贮藏。何图癸亥之秋，一病长卧，遽得著明凶问耶？疏雨既归道山，其家不能收拾，子幼为人荧惑，举十余万卷之书，一旦畀之他人。秋室题其身前《访书图》云："自古图书厄，多经劫火亡。未闻豪贾夺，举作债家偿。"洵实事也。犹记阮中丞搜罗时，因梦华之请，将置写官于其家，余恐其以嫠母孤儿或竟投诸水火，方谋两全之策，不谓其飘风好鸟，变幻若此之甚，斯可叹矣。昔曹秋岳为《绛云楼藏书目序》，历数虞山赏鉴之精，至割裂名人文集，以供伯喈修史之助。黄梨洲作《天一阁藏书记》，历序吴孟举黄叶山庄买书之事，自失卫湜《礼记集说》，至与夫已氏终身相诟病。然则收贮之富，在当日人或未必尽知。及其散亡，人转得按图以索其骏，大抵然欤？今年余病肺倦游，将求数武之园，筑室读书，以肆我志。过白舫斋头，则所藏旧目与占估帐籍，宛如昨日。痛盛游之难再，悼胜赏之莫偿。失今不治，并有与此目同归澌灭者，因破十日之功与白舫、秋琴、嗜山访其大略，编为一目，无滥无欺。知其中实有足以备金匮、石室之讲求，启陈农、苗发之梦想者。岂第王泾《大唐郊祀》一录，同于烟销灰烬！屈指其间，不过二十余载。世故之难问，已如此之速，可胜悼哉！此书之失，不特吾人同社眼福之薄，即谓吴兴山水精英，不能蕴此奇观，以拱后来之抉摘，奚不可也。疏雨姓刘氏，名桐，援例授州司马。眠琴山馆，其所居东厢藏书之地。

《漏霜和尚茗帚图跋》　　前人

高士董若雨先生名说，为鑑曾祖母之大父，以明季诸生隐于禅，曰南潜、曰漏霜、曰宝云，皆鼎革后所取以自号者也。先生于学无所不窥，易象天步，皆造深邃。当顺治初载，南岳和尚退翁法嗣遍天下，而其中之贤且著者，莫如正志、大瓠两首坐。正志居华山，即前大学士熊嘉鱼开元，而大瓠者，乃宣城故监司沈寿岳之子，名麟生，其后居姚江者也。一时志节之士，有托而逃，率以兴化退翁为依皈。辛卯之难，寺中星散，先生独负筐杖策，入山以从。由是，东南名宿益高其行，遂继熊、沈两公，鼎立而三。盖自甲申、乙酉之后，大江以南世家子弟，如昆山顾咸正兄弟、长洲文震亨父子、余姚孙硕肤、乌程温宝忠，其大节昭著，炳若日星。外此则无锡张云岩有誉、桐城方无可以智，亦皆染衣处晦，抱节山薇，抽身火宅之中，匿影金沙之侧。然则先生之于宗伯，亦可谓不坠乌衣马粪故家乔木者矣。此图殆作于双树拂衣之始，去尧峰退院时尚远。观其题句，有抑塞无聊不可思议之概，而精采炯碎，眉棱黝墨，此非得其神髓者不能也。忆鑑于十二三岁时，先生曾孙有金铭氏者，与鑑之大父为中表弟兄。每当岁首元辰，率董氏群从庆拜于高晖堂之后阁，见所悬海山吕氏画《漏霜听雨图》，面目略似金铭，而实与是图无异，惟两颧以下微杀，盖又后于是图数岁。古人言一族之中，三四传后，子孙必一人酷肖其祖宗之容貌者。观于此而益信矣。今《听雨图》已别属，余曾跋其尾而惋惜之。是卷幸仍归董氏，此皆吾浔遗文坠简，不独增光志乘已也。名华妙宝，其什袭又当何如耶？嘉庆庚辰十月，病起，将暂游广陵，匆匆书记。

《若雨先生画像记》　　前人

此有明遗老若雨董先生听雨小象。先生为吾乡故家子弟，丁明之季世，即弃举业，为缁流以老。州郡屡就聘之，不获见，其志节可悯矣！鑑曾祖母出董姓，为先生长子裘夏公女，与吾张氏世有潘杨之睦。忆童时值上元节，至高晖堂，即见先生此象，未尝不肃焉加敬。今董氏出先生后者，家势日颓，而先世旧物益为灰烬。是图为海山吕学所作，上有自跋，为其弟子纪官驰寄，舟居缘听，不胜浮沉身世之感。图今藏计氏秋琴馆，鑑尝揖主人而告之曰："此里中高士也，盍善弆之。"翌日，秋琴主人复于故纸堆中得余素斋稿以示鑑，盖即纪官大韶所撰。内有《丙寅五月六日宝云和尚示寂十三日往哭龛下》诗，鑑益喜其卒事之有考也，并属秋琴录其诗于后。先生弃世，故后事多不见称于人，惟全谢山《南岳和尚退翁第二碑》著其大略。其著录之书甚多，兹不具述。退翁姓李氏，名弘绪，扬之兴化人。乙丑八月。

《张闲鹤画兰跋》　　前人

湖《志》载："闲鹤性简旷，嗜饮，少进辄醉，醉辄画兰，勃勃出生气。友人陆子黄尝得所画，悬之素壁，忽发香满室，因额其居曰兰室。"所记与《墨香居画识》不殊，惟"璜"作"黄"，"兰堂"作"兰室"异尔。然《志》有《闲鹤诗钞》，不曰《夕佳楼诗钞》。余尝为同里吴氏作所藏法若真等画《秋江图》跋，一时遗老题咏，如董若雨、倪伯屏、黄九烟、吕石山、张尔就、闵雪蓑，不能悉数。至闲鹤则云："辛亥三月七日，十峰樵张道岸，时年已四百二十甲子矣。《浔上夕佳楼奉赠秋江道兄》：杨子凌云气，超然不可疏。清风融物累，真宰入黄初。木落山容见，波平帆影徐。坦怀歌尔汝，静对若凭虚。”夕佳楼，吾浔既莫知其处，而诗钞世亦鲜见。至辛卯为康熙十年，上推甲子，闲鹤生万历三十年。《诗录》言其曾为诸生，盖已七十岁矣。诗似夏古丹、魏雪窦，画亦神似宛山樵，洵足宝也。道光壬寅秋，浔上张鑑识，时年亦四百五十甲子矣。

《范白舫〈浔溪纪事诗〉序》 前人

南浔一聚落耳，名不载于地志，自宋人小说昉之，逮元戴表元乃著之于诗。至正重修南浔城碑，遂有镇儒学之设，而文献阙焉，不可谓非乡土之羞也。鑑自少病潘氏旧志体例之妄，纪分野，表科目，几同优孟衣冠、虎贲言笑，思与二三友朋改作之，则吾白舫实有同志。当是时，里中故交刘疏雨方为聚书之举，余适馆于其家，白舫朝夕过从，两人者常左右焉，披检丛残，上下议论。余牵率举业，或得一编，值有关浔事者，辄怦怦为之心动。白舫则直刺取其所得以归己，各奔走衣食。眠琴山馆藏书十余万卷，旋亦烟沉星散，洎余归家，已杳不可复问。白舫橐其稿，行万里，揽犍为山川之大且远，客十余年。比还汉阳，乃先梓其成书寄余，洋洋洒洒，益见其腹笥之富。明年东还，复出此属序。读之，则昔人一言一行，遗闻佚事，靡不毕具。不特潘书从此可废，即十余万卷，不啻如在目前。缅怀往昔，人之度量相越有如此者。昔竹垞在潞河忆故乡土风，成《鸳湖棹歌》百首，人但惊其博洽，不知其初亦欲撰《禾录》而未果。余犹及见其手校《嘉兴府志》，丹黄烂然，以不复得张元成书为憾。则读白舫是诗，当无以异也。如比诸梦得《竹枝》、铁崖《乐府》，抑末矣。若夫体制之巨，文辞之工，渊明怀南村旧居，子美吊西川古迹，有全集在。子曰：“违山十里，蟪蛄之声，犹在于耳，亦姑自其近者始之。”则此诗非余序而谁序之？用不敢辞，书以谂读是卷者。乙未闰六月。

《书处士董孔彰逸事》 前人

董处士孔彰，名嘉言，鑑曾祖母之侄也。世居浔之丰草庵。父士骥，祖耒，曾祖说，皆以博洽工诗，为遗佚以殁。详董氏《诗萃》。处士自少嗜学，不习举业，不喜著述。间为小诗，亦不存稿。日钞书自娱。生平所写古书，不下数千卷。与归安茅茂才星来善。茅精注疏之学，有疑义辄往叩处士。处士诵其词，琅琅如夙习，覆按之，不遗一字，茅亦自以为弗若也。鑑童子时，家有处士所钞《吴兴艺文补》，高五六寸许，格密行疏，精整可爱。既而为中表兄弟取去，后又于他处见别册，与此无异。询之董氏，散佚久矣。夫世所称学者，目不识九经难字，挟兔园册以取科名者，不知凡几。

求其积学好古，雪钞露纂，如处士万不一得，而处士竟湮没不传，此可叹也。以是书此以著之。星来号钝叟，通《三礼》，为方望溪、王墙东所推许。

《羡银定价议》 沈登瀛

为赋税暗加，仰祈定价，以苏民困事。窃考《府志·田赋》，乌程之田，每亩征地漕截折银一钱四分七厘零。非特比之归安、长兴、德清为多，即苏、松漕粮甲天下，而条银犹不及乌程。此先儒郑元庆所以有《重赋考》之作也。顾民之病，不患其数之多，而患其数之无定。远时不论，嘉庆二十年间，每银一钱合制钱百八十文左右，今则二百八十有零矣。曰银价日增也。然嘉庆时柜价百八十，市价百二十，是羡余六十为加五费。今柜价二百八十，市价百六十，是羡余百二十为加七半费。不过二十余年之间，正价增四之一，费增以倍，有增无减。再几十年，不可复问矣。夫国用不足，而行加赋，亦有定制。今国无分毫之增，而民受暗加之累，岂非归于州县之私橐，吏胥之蠹饱也哉？古者，聚敛之臣损下以益上，犹不可有，况剥下以肥己。病民即所以病国，其害何可胜言！然则非定价不可。顾定价而市价有低昂，价低则病在民，价昂则病在官。惟额征之银，仍随市价羡余之银，定以钱数，永不加增。约以嘉庆时六十文为准，每银一钱，外费六十。今市价钱百六十文，合为二百二十文。将来市价有增减，则百六十者随之增减，而六十文仍旧也。夫漕粮耗费较重不过加二半，今有加四之费，亦至矣，极矣。如此公私两便，民困稍苏。否则价日增而欠日积，亦何益哉？今治下呈控者纷纷，然皆不审上下之情，而为一偏之见，将何折衷？故敢私议之如此。湖州府学附学生员沈登瀛谨议。

汪曰桢按，赋税之法，欲禁贪吏不得侵渔，必先使廉吏不致亏累。倘立法之始，专为民计，不为官计，则异日必借口亏累，妄有纷更，且势必变本加厉，而民将益困，非可久之道也。沈氏此议，可谓能审上下之情而斟酌得中矣。然更有进者，每亩漕白之额，吴江、震泽最多，而乌程即次之。至条银之额，则乌程甲于天下。盖漕米之重，以正额之外，耗米屡增；而条银之重，则以正额之外，截银未减也。胡、李二《府志》“田赋”门考其源委甚详，意谓耗米不可更增，截银大可议减。恐阅时既久，民不知其由，不敢与胥吏校；官亦不知其由，不敢与旗丁校。故特为详考，以示后人。当时秉志笔者，思深虑远，斯真仁人之言也欤！夫截银一款，原非正项钱粮，有损民生，无益国课，故他处多已减除，独乌程分毫未减，岂非向隅？纵不能尽数豁除，亦当减其大半，俾民无重困，而留其小半，俾官无亏累，则催科易举，民欠不致滋多，此足民即以足国之长策也。沈氏谓正额用银，羡余用钱，银随市价，钱有定数，固属不易之论。至云“民不患数之多”，则未免语病。不过就事论事，所谓卑之无甚高论，令今可行耳。若后之贤士大夫，志在裕民生以培邦本，破除成见，不为苟且目前之计者，更当取《府志》之言而熟筹之也。

《南林乡前辈私祀录序》 前人

道光丁亥之冬，亡友盛君眉庵殁期月矣。金丈山甫抚事感怀，谋于瀛等，欲公祭之。孙君愈愚曰：“匪直盛君可念也，犹有前辈在。且同人未集，不如俟之来春。”越明年正月之吉，集于妙境庵。祭者北砚施先生、书城邢先生及眉庵为三人。又明年己丑之春，邀张丈秋水为主祭。惟时纪君师泉谋所以广之，且议每岁一举。于是公举九人，曰：九烟黄先生、若雨董先生、草亭周先生、白云纪先生、南江董先生、散木谢先生、敦山曹先生、菊町董先生、秋室杨先生。张丈留心掌故，遗文逸献，无不备悉。特举二人，曰孟朴孙先生、钝叟茅先生，皆浔上寓贤，众所不知者也，共为十四人。然是议出自仓猝，庸有未尽，且师泉必断自明以来，故所举止此。瀛与纪君石斋颇不以为然。届庚寅祭期，议增朱文肃公数人，张丈、金丈以是举宜阐幽，达者可舍焉。石斋曰：“非也。此虽私祀，实公祭也。当论品学，不必问穷达。所祭诸公，未必有过于文肃。文肃之不祀乡贤，已为缺典，况里中之祭，乌可舍诸？”议久不决，于是止增四人，曰友龙潘先生，尔就张先生，瀛所举也；曰翻如王先生，石斋所举也；曰南谷董先生，众公举也。合前祭凡十有八人。先是两祭，愈愚有诗纪其事，至是张丈和之，并绘《精庐小集图》，愈愚复为文记之。因谓瀛曰：“文肃诸人宜增也。”瀛请其说，曰：“妙境庵，古荐福祠，亦曰厚德庵，文肃之家庵也。庵后旧有文肃祠，今虽废，而我等祭于其庵，是于文肃为地主，乌有祭其地而忘其主乎？此不待议而当增者也。夫文肃，最达者也。达者可增，则诸公亦以次可增矣。子其考诸传志，将诸公行事汇为一录，以备同人采择焉可也。”瀛不获辞，于是发所藏书，采摭各门。其著者，征诸史传，次则郡邑志、镇志；其隐僻者，更征之各人诗文集。《忠义》则有张柳庄、朱公申、有子诸先生；《名宦》则有纪明斋、董青芝、朱平涵诸先生；《隐逸》则有史约之、赵心山诸先生；《文学》则有余月山、董遐周、赵长文、陈雁宕诸先生；《寓贤》则有庞夷简、袁胥台、李临川、王元趾、张西庐诸先生。于元得二人，明得十四人，国朝补一人，凡十七人，合前十八公，统为三十五人。各本原文不敢妄加润色，惟合纂接续处及无传者，不揣固陋，略为补缀。极知弃取尚有未当，然不过钞录一通，备诸先生之增损，岂敢以征文考献自任哉！录既毕，为之识其缘起如此。其同人所有诗文，亦附录于后。道光十年岁在上章摄提格橘壮月，后学沈登瀛敬述。

《南浔著述总录序》　　前人

《湖州府志》著述本郑莔畦先生《湖录》，分经、史、子、集四部，以类相从，叙次秩然，县志、镇志则以时代相次。盖一郡之大，人物既多，著述亦不少，若一邑一乡，则不能备焉。今亦仍其旧。第其人著述多者，原以四部为次，略者详之，阙者补之。其寓贤之书，旧志不载，或载而混于土著之中，瀛仿《苏州府志》例补录于后。又谱录一种，虽有粉饰，然世家望族，一方瞻仰，不可尽没。但撰者不一人，续者不一时，有难以时代分者，因与流寓、闺秀、方外并为一卷。极知寡陋，遗失良多。所冀博洽君子，勖其不逮云。道光十有八年孟秋。

《〈南浔镇志〉序》　　范来庚

南浔为乌程县之一镇，自秦始二十六年分天下为三十六郡，以乌程隶会稽郡。后虽代有沿革，而浔邑之属，乌程未之有改。其地无崇山列嶂，而天目诸山众流奔赴，如百川之归海者，胥经于是。带萦环绕，然后东注鸳湖，北流笠泽，而苕水所挟之支流，皆安纡而有所汇矣。形家言水之所聚，即为地气之所钟，宜其阛阓云屯，烟火数万家，非他邑所可仿佛。人文蔚起，代有作者。顾自宋、元以前，浔邑之专志无闻，唯明潘氏尔夔草创《镇志》，继有夏氏光远、陈氏可升、张氏鸿寯、方氏熊、方氏焘、董氏肇镗校录，其约十余类，皆未付梓。求其原稿，已渺不可得。原诸公之意，大约精益求精，不敢自是励校正而未刻。然自明迄今二百余年之事迹，遂因以无传，则岂非矜慎之过欤？来庚不揣固陋，自弱冠以来，即有志于此书，以为吾生既不能游览四方，求天下之名山大泽以自壮。而桑梓之乡，先人钓游之地，其风土人物茫焉莫辨，不几于饮水而昧其源，数典而忘其祖乎？用是旁搜载籍，博访通人，雪钞露纂，盖亦有年，积成卷帙。其体例略仿《永清县志》，分为十门：曰方舆、曰建置、曰仓货、曰官师、曰典礼，俱官斯土者所借以兴利而除弊也；曰人物、曰选举，又居斯土者所可以观感而兴起也；曰祥异、曰艺文、曰杂著，则又好古者之所资以考镜也。窃有鉴于前人志书之散佚，不欲使其事之可法可传与其共见共闻者，自兹而淹没，故付之枣梨。虽其间或有舛误，要可俟后之改正；或有遗漏，亦可俟后之增续。纵我不能为之重定，而荜路蓝缕之创，后人犹可据依而润色之也。书既成，为述其缘起如此，且有望于大雅之匡其不逮云尔。道光二十年庚子春日，里人范来庚耿臣氏识于浔溪后乐居之南窗。

《〈华笑庼杂笔〉序》　孙燮

《华笑庼杂笔》者，白舫范先生记其读书之所得也，兼及生平阅历，而故乡文献在其中，藏之箧笥，未尝示人。甲辰夏，先生以客久，将挈家归南浔，已买宅，忽中变不果，心郁郁不乐。令子小舫欲慰其故乡之思，举以付刻。刻成，先生寓书于予，请序之。夫纂辑旧闻，子部杂家之属，所以辨群言之异，而集众说之成，亦谈艺者所不可少。先生读万卷书，行万里路，与四方英俊交友，其闻见之广，迥绝等伦。而中年入蜀，当"教匪"乱后，晚岁寓居扬州，会"英夷"直入长江，两遭大变，皆惊心而动魄，诚不可无所述以诏后人。卷中所载，凡前哲嘉言，近时灾异，巴渝物产，荆楚人文，以及读书识字之指南，一物一名之辨证，莫不咸在。堪舆术数，亦略述一二。而其用意之最善者有三焉：称殉难之奇烈，以教忠义也；网遗闻之放失，以备掌故也；表著作之苦心，以传朋友也。予尝怪大兵之下江南，松江、嘉兴皆劳攻战，而吾湖取之独易。及读先生此书，乃知乙丙之际，奋螳臂以当车轴，苕溪一带未尝无人。吴兴一郡始于吴，此书开卷，即备列自吴至元明地志数十家，使后生考古得穷，原而竟委。而前辈温哂园、郑子余、陈无轩著作，可备吾湖之掌故，率多散佚。先生老友施杨老先生身殁无子，亦有遗文零落之叹，非先生此书，其残篇剩简，世将无由知之。至我友沈柳桥，留心乡邦故事，而著书未成，先生特取其二篇载之姓名，遂得附前哲，以传宏奖之风，足使衔感泉下。盖先生此书作于远游之日，所谓"三善"，原非仅在一乡，而吾乡之受益尤大。先生思归故乡而终不能得，天也。因先生之不得归故乡而遂有此书之刻，使故乡之文献得传，亦天也。自古魁儒硕彦，非独诗文雄一时，而偶然札记，亦足传世而行远。如汪钝翁以文名，而有《说铃》；王阮亭以诗名，而著《居易录》《香祖笔记》等书，当世咸奉为拱璧。先生此书将无同？予病废十年，不能出门一步，幸得先生之书而读之，时时想像楚蜀间山川雄壮，以当卧游，而油生水中，火出井底，宇宙怪怪奇奇之事，先生得之目，而因笔于书。吾辈读其书而大快于意，盖不啻发醯鸡之瓮，而引井蛙以观东海，爰不辞而为之序云。

《汲古阁写本滏水集说》　施国祁

上章涒滩之夏，刘疏雨出此本示余，曰："观其字画之峻整，乌丝之明净，非毛钞不能，是可宝也。"余以山馆珍藏本不敢假，仅取其次者而读之。今年春过之，小疏侄复出以见示，焕若神明，顿还旧观，知为宝惜传世者，未忍与诸书散去。绎其讳令，定为国初所录。且通幅结构多帖体，与今行世本《中州集》如出一手，为汲古写样无疑。闲阅诸古体，本诸《离骚》，参以庄、列、荀、扬，极以坡、谷，而杂入于佛、老。归潜云：“公性喜佛老，晚年颇畏士论，择其文主张二氏者削去，而行间道箓禅偈，征引错出，何耶？”诸史论亦平平无奇。遗山云：“公文长于辨析，极所欲言，不拘绳墨，亦似有不概于心者。惟《游华山诗》为裕之《龙山诗》之脱胎，《新体戒谕》为钦叔《百官诏》之蓝本。”想见当日游从诸名士，群然推仰，奉为科律如此。再考古诗，《遂初园八咏》止载六首，而记中尚有《悠然台》《味真庵》二目，岂元阙抑脱钞耶？外如《送杨叔能关中诗引》、《省斋铭》、遗山跋。《吊杨善渊诗》，《续夷坚志》。皆不见。若《裕州学记》有“升孟子、曾子于堂，而子思子传《中庸》，独不得配”云云。按《礼志》，大定中始迁孟对颜，至曾子绝无升配事，良系胥手倒“曾子”二字之误。又据次本卷首有杨文献元序，兹则前传后铭而已。今录呈，可精写补入。读凡数过，计正字、削字、补字约及二百，惜案头无他书可证，挂漏不免耳。曾记往岁存德堂中主人，挥金购书，估值逾倍，琅函秘册，无是□□□。而前武林、金阊诸贾，与织里贸书家，争先求售，溪上舣舟恒满。每当风日晴美，花树盈庭，酒炙茶烟，嘉宾列坐，相与辨旧刻，校足本，商略古今，以上下其论说，穷日夕不休，所蓄益富，声誉且益高。耆德如钱竹汀先生，欣然扶杖，一再过之，并许作《山馆藏书记》，载一时盛事。回视前朝顾玉山、项墨林诸大家，殊有德色。转瞬未几而主人逝矣。馆书座客，散如浮云，今所遗架上者千之一耳。春窗点勘，灯灺眵昏，老泪涔涔，不堪回首。惟小疏尔时荷衣出拜，或未悉知上事。余以老友残年，感深思旧，附述数语，庶知尊甫先生襟期浩落、学识淹通、度越寻常如此，而今岂可得哉！书归，其善保诸！

《南浔育婴堂征信录序》 汪曰桢

《康诰》曰：如保赤子。而《戴记》释之曰：心诚求之，虽不中，不远矣。盖凡事不外一诚，即保赤之道，亦唯曰诚而已矣。诚则无伪，尽其心必能殚其力也；诚则不息，奋于始必不怠于终也。南浔镇留婴堂，康熙中始创于极乐庵，未几即废。雍正中复建于船场浜，未几又废。余读董帷儒《征君碑记》及月峰纪氏《补救说》，当时未尝不尽心殚力，然卒不免始奋终怠者，何也？岂不以后之人不善继续，日久陵夷，而驯致尽弃其前功哉？吾乡自遭“粤匪”之扰，闾阎煨烬，田莱多荒。收复以来，同镇诸君经营数年，百废渐举，而凋瘵疮痍未能尽复。贫家育子者多艰于乳哺，于是诸君有复设育婴堂之议，即笺一圩义塾故址，扩而新之。有业者舍资，能事者助力，数月之间，规模大备。其处事也，密而不苛，其用财也，丰而不滥。吾因以知诸君之能尽其心，能殚其力，而始奋必无终怠也。惜为微禄所萦，羁栖数百里外，不获与诸君分任其劳。然喜诸君之诚于好善，有不能已于言者，故序诸《征信录》之首。若夫实事以求是而无流于伪，毅力以持久而不至于息，是则尤所深望于后人之力矢其诚而善为继续也已。同治九年正月撰于会稽学舍。

南浔志卷四十八

集诗一

《次庞夷简礼部兼寄近况》　归安**赵孟頫**子昂

故山深处桂阴浓，云碓无人水自舂。玉友一樽为老伴，木奴千树当侯封。宦途坎壈谋身拙，病骨支离触事慵。早挂一帆归去好，五湖烟景最情钟。

末云：园丁远报，山圃久芜，水碓空设，不觉怅然，兴秋风之感。足下先隐湖浔，愚达倍蓰，仆从之晏矣，不胜祇服。检得示韵奉酬，言不尽意。陕帖模糊，内司本，近值涌觅升元本报奉。孟頫顿首。

《感怀呈庞夷简修撰并柬张幼度附柬》　临海**陈孚**刚中

夷简太史足下：

昨得寄张应奉书，识视礼部事，枘凿居半。及读《与赵承旨诗》八章，又梦落松陵苕水间矣。烟水渔村，不换燕市，惟卢彦威识得此意，不意承旨亦处浓慕澹也。兴言及此，望云之思，惟仆最切，第恐执政不谅两人耳。外呈二诗，见仆于禁直，岑岑良苦，夫复何言！友孚载。顿首。

滥直承明署，身闲似地仙。虽无官长骂，未敢酒家眠。瘦已宽朝服，贫须乞俸钱。最愁亲舍远，梦绕白云边。

五湖烟浪阔，短棹早归休。有母思臣密，无人问客周。关河双鬓晚，风雨一灯秋。留取金銮梦，寒汀对白鸥。

《浔南书事》　长洲**虞堪**克用

偶即浔南地，川原路欲芜。老翁行乞食，稚子幼难扶。未放开河卒，犹差守戍夫。为农那可卜，愁我老江河。

《施架阁池上夜饮联句潘公颖明发将归》　**前人**

槽头酥醑倒不尽，池上梅花开欲齐。今夕好怀良足慰，觳。百年哀乐若为题。银灯绚一作“炫”席珊瑚烂，敏。采笔联诗锦绣迷。细雨作花帘际落，堪。清歌如缕拍中低。浑忘司马青衫湿，縠。似听宫莺绿树啼。公子金猊烧笃耨，敏。美人犀箸劝驼蹄。也知北海能豪杰，堪。况有东方善滑稽。腰细舞低翻弱柳，縠。手纤杯重压柔荑。先判五夜同倾倒，敏。未信三边尚鼓鼙。倏忽年华梁旦暮，堪。风流人物晋东西。江湖空阔鸿偏到，縠。梧竹高低凤独栖。乘兴放船来笠泽，敏。散愁投辖忆浔溪。襟期久矣一作“已”交如漆，堪。笑谑一作“噱”颓然醉似泥。潮涨空滩移舴艋，縠。雨晴何处看凫鹥。会须发达摅幽愤，敏。慎勿登临动惨凄。失喜今宵是何夕，酒阑起舞忽闻鸡。堪。按，敏，疑公颖名。然汪《志》则考为吕敏，字志学，无锡人，元末为道士，洪武初官无锡县学教谕，著《无碍居士诗集》。考虞山人诗，有《与吕志学夜坐》诗，此“敏”即吕敏也。縠，姓氏无考，又虞山人诗作“縠”，《鼓枻稿》作“谷”，亦未知孰是。

《徐士原画》 浔阳**张羽**来仪

营丘老仙百世师，后来学者有郭熙。寒林平远世岂有？往往赝本传其疑。吴兴徐卿好心手，貌得郭熙定真否。二三隐人长松下，茅屋正对青山口。前者回顾后者恭，抱琴伛偻随孤童。世间岂复有此辈？定是栗里柴桑翁。请君更试虎头笔，为写我像参其中。

《赠袁子永之戍湖州三首》 **屠应埈**

弱龄事篇翰，与子谐所欢。同芳握兰茝，偶德玙与璠。弹冠入鼎门，振衣陟华轩。皇心苟予顾，白首谅无愆。风波起中道，行路一何难。子行戍故越，予留滞幽燕。孤云易流迈，独波不成澜。艰危各异势，缱绻何由宣。赠子别鹄操，报我以孤鸾。

之子产南岳，倜傥非凡才。荆璞夜投人，按剑忽相猜。祸患固有期，谗言启之阶。秋风振林木，苍莽晨光开。骊驹俨在驾，执手有余哀。君子敦素节，在远分弥谐。小人实徇华，居亲志恒乖。愿保金石躯，不以秋草衰。

清清泾水流，百折犹不淄。松柏有本性，风雨宁瘁之。执德苟无爽，患难非所期。得时骋骐骥，失意为龙蛇。石室无铭功，名山有藏书。子行慎自力，吾亦反吾庐。

《同胥台月下小酌漫书以识》 **施儒**

袁子高情不耐炎，琴书携就法华庵。深深桑圃尘踪远，寂寂云房睡味甜。壁上诗篇遗妙诀，月中尊俎动清酣。经纶事业还应旧，潦倒丘园我独甘。

《董太史过吴门见访》 **皇甫汸**

予告赋闲居，多情访敝庐。交因忘世减，礼觉候门疏。酒伴芳林下，琴心茗水余。还邛宁久滞，明主待相如。

《浔阳太史见示拟大阅颂爱而赋之》 **蔡汝楠**

玉堂朝罢自委蛇，秋日抽毫赋所思。细柳营中临大驾，黄花镇外警诸夷。六军猛气才能见，万乘英声正在兹。若比子虚凭献纳，定知明主幸同时。

《雪中柬董编修》 **前人**

长安羁客逢残腊，庄舄愁来只自歌。花发江南乡信杳，雪飘苑外暮寒多。旧班无复鹓为侣，虚馆还兼雀可罗。君自同心最相忆，一瓢春酒兴如何？

《寄怀董浔阳太史》 **前人**

天上离群倏暮春，江南蓟北隔音尘。论交鲍叔偏知我，推毂祁奚不避亲。苍水自随移迹远，黄麻行见沐恩深。济时异日资元老，莫道衰颓是旧臣。

《用韵赠答浔阳太史》 **王维桢**

敢向骅骝争并驱，天衢独步果难如。九重空愧金门诏，双管真怜太史书。岁月鬓毛吾入老，斗牛剑气尔冲墟。故庐西岳三峰下，思跨茅龙上太虚。

《董宗伯用均贻示买山梅溪之作用韵奉怀》 **吴维岳**

看山清晓露华侵，路入鄣南洞壑深。不向丹炉探大药，谁知紫绶背初心。酒依兰蕙多香气，琴出松篁少俗音。磊落新篇求友切，草堂今许踏花寻。

《奉和大宗伯董公返棹之作》 吴郡**王世贞**元美

初疑兴尽子猷还，咫尺清苕未可攀。日暮碧云离合际，江秋紫气有无间。劳公郢里歌中雪，念我祇园梦里山。莫笑野人虚拥彗，至今犹自扫柴关。

《早秋奉候董浔阳即席赋》 **沈桐**

已从绿野赋归来，更筑行窝傍水隈。罨画云山联几席，绕堤烟树隐楼台。楸枰乍试莺声哢，午篆初消鹤梦回。珍重晋公林卧稳，莫教文象动三台。

《送员峤温少司成之南都五律》　　沈圣岐

童子论交三十年，贤甥似舅复联翩。国人矜式吾兹羡，宅相真成世所传。旧日朋游皆北面，一时文战有中权。可思修竹山窗下，相对寒宵拥褐眠。

割青亭上玄武波，斋阁参差水树多。晓帐横经深雨露，秋窗读易长烟萝。频年鸥海盟难定，一日鸿逵羽若何。处固无心出有为，应知王略在编摩。

辟水潆纡面面通，陪都礼数特优崇。门徒惟识阳城教，胄子先论典乐功。集頖飞鸮音自好，谈经五鹿角谁雄。君行万里烟霄路，只在宫墙数仞中。

谁是知津却问津，回瞻林鹿自甡甡。君真特达圭璋者，吾乃嵚寄历落人。清世英雄犹□□，旧京车马岂无尘。好将壮盛酬明主，蚤其烟波理钓纶。

离筵残月夜盈盈，帆底秋晴去鹢轻。昔以长饥萦绂冕，今从小草恋平生。牵裾未了斑衣慕，投璧偏深白水盟。莫向天涯频屈指，秣陵云树总关情。

《闻温长卿杜门携酒慰之》　　吴梦旸

知君安可使君孤，兀兀持来酒一壶。何谓清朝居拙宦，有言今夜告潜夫。重檐灯火风侵得，小院阶除月到无。笑我强称筋力健，出门骑马不教扶。

《读〈董伯念传〉慨然有作并序》　　黄汝亨

伯念董祠部弱龄奋迹，三十登坛，华胄高门，艺雄词长。而且约身敦素士之风，抗疏标直臣之节。一剑足酬，万金立散，可谓清朝之仗马、浊世之栖凰。而生不逢辰，才不展志，摧残市虎，偃蹇人龙。向平之怀未纾，长卿之病竟废。海内之士，莫不怜其芳洁，悲其所遭。而吾友荐卿，其舅氏也，既抱才士之痛，复深渭阳之情。裒集遗文，更立小传，情词俯仰，懔有生气。余于伯念，气疏迹亲，九原不作，手读一过，风雨凄集，不胜河山之感，聊代长歌之泣云尔。

嗟吁伯念！宗伯之孙给谏儿，魁垒落拓闻当时。一棺戢身都已矣，千秋令誉良在兹。痛君有臂不可把，读君遗事泪俱下。世人富贵何所为？讵如抱瓮负薪者。生前踔厉凌高云，死后凋残瘗原野。古来共尽何足论，但令骨朽名犹存。向平损益见何远，虞卿穷愁遭其屯。千言语主主不悟，万金散人人无恩。脱屣长安去死路，挂冠雪下辞生门。生门死路空中花，文彩风流落齿牙。旷士争夸祠部节，俗人羞问尚书家。忆昔卧床对君面，双眸炯炯如掣电。一夜西风白昼阴，可怜相思不相见。邦家殄瘁人云亡，束刍挂剑徒尔伤。有舅文章甥不死，始信情深是渭阳。

《留京会同馆云沈万三故居感赋》 海宁**谈迁**

雁翅桧，珠子柏，莲房玉蕊醒酒石。平泉草木不一存，赞皇当日愁迁客。何况当年一布衣，陶朱猗顿徒陈迹。华居仿佛拟梯仙，梯仙国宫室城楼俱金玉。金埒沟□洪武年。名珍异宝人不识，笑破石崇碎十尺。东第王侯愧比肩，骄奢已见余空宅。绿苔绣户少人行，明月流光穿兽脊。歌楼舞榭杂飞尘，遗笛声声怨赵伦。败虏不知家易尽，啼鸦犹诉故园春。

《河南道御史公署牡丹云国初沈万三遗种》 **前人**

丽锦秾妆怨洛阳，主人金谷早荒凉。几家富贵长春色，何处楼台绕古香。天宝醉吟夸禁苑，元和遗事记兴唐。兴唐寺牡丹一丛，元和中著花一千二百朵。江南花木多消歇，可耐西台老帝乡。

《贻董六遐周》 **范汭**

春来春去总无端，别院沉沉独倚阑。风抑疏花仍怯晚，雨撩纤柳不胜寒。离情泣向缄中诉，怨色偷从镜里看。咫尺巫阳峰十二，片云还往若为难。

《送顾宁人之苕上》 上元**王潢**元晫

良史才名未可删，天心命尔试诸艰。休云六代棱颜谢，直取三长驾马班。灿灿春华荣槁木，煌煌夏鼎烛神奸。书成自指苕溪水，一片丹诚告蒋山。君侨寓蒋山。沈登瀛按，顾先生应吾浔庄氏之聘。

《送黄九烟先生》 吴江**潘镠**双南

对酒真伤万古心，骊歌初动气萧森。月明天与人同醉，岁暮情将海共深。世路不须悲险阻，丈夫应自识升沉。浔南归去还高卧，书满床头雪满林。

《和黄九烟先生见赠原韵》 **前人**

人肉啄饥鸢，兵戈正目前。世情波已逝，天意月将圆。治乱何尝定？遭逢听自然。向来多感慨，杯酒漫留连。

《花朝江郢上招同闵湘人、蒋前民、吴叔子集貊其堂分赋》 **前人**

共是他乡客，江淹喜见招。冰霜矜岁月，天地老渔樵。才子诗千首，高人酒一瓢。芳菲今渐好，莫负百花朝。

《同黄九烟先生及程末能江右李集蒋前民汉书屋》 **前人**

秋光今日似春光，红叶黄花满夕阳。天地有心酬晚节，琴书无恙老他乡。客来茅舍尘氛远，酒贳邻家野味香。烟水荻芦三径好，过门应自愧求羊。

《冬至同杜苍略、黄仙裳、闵湘人、邹乾一诸子饯黄九烟先生旗亭同用首句》 **前人**

旗亭握手尽诗人，萍聚邗关快饮醇。月照素心成彦会，风吹华发半遗民。高天酿雪容偏黯，大地回春气欲新。明日片帆江上去，伯劳飞燕重伤神。

《白门黄九烟前辈贻诗十首口号八首答之》 长洲**尤侗**西堂

绝塞关山记梦游，黄榆风雪卷羊裘。十年放逐同尘土，花发江南人白头。

天语曾传别殿中，茂陵松柏已秋风。弹琴卖赋人谁问？老去相寻亡是公。来诗有“遭际依稀似长卿”之句。

少年放笔任颓唐，雁字天边留几行。不道子云耽寂寞，有人载酒问西堂。

黄香名字我尝知，何意逢人说项斯。万岭梅花萧寺雨，南浔江上寄题诗。

知公已是古先生，三十年前雁塔名。老向荒村作教授，角巾颠倒饱藜羹。

半生漂泊逼衰颓，家在吴头楚尾间。五岳空怀禽向志，篮舆只到一衡山。君楚人而居吴，有《南岳纪游》。

老僧四壁画西厢，我亦秋波戏擅场。君更淋漓成六首，放开色胆大文章。来诗云“秋波一转有奇文”，君亦作六首。

迟我谈心二十年，众人欲杀我犹怜。从今相乐还相泣，慷慨悲歌黄九烟。

《怀人诗》九首之一 吴县**徐枋**昭法

月老名南潜，灵岩嗣，即苕上旧名士董若雨也。乱后隐浔溪，既皈灵岩，即嗣法，与予最善，向年冒雨访予于万峰。

苕霅多隐沦，沉冥老湖浦。吾子继风流，登楼掩蓬户。只此避世翁，已足高千古。忽复归灵岩，弃家沾法乳。出世复无伦，居处龙象伍。一鸣契真如，法音震天鼓。与予敦素交，气味芳兰杜。搴裳枉相存，芒鞋踏寒雨。何为兹数年，不得亲玉麈？

《哭徽州司理温宝忠》 郡城**李令晳**霜回

轰传壮□凛如生，脰绝犹能两眼瞠。妻女死方成眷属，男儿到此是功名。箧中三尺淬何锐，膝下双珠匿自□。几个士师能抗节，顿教青史重乌程。

《哭温宝忠先生》 **严启隆**

子当胶庠时，与子亦落落。独以声气求，后先非寂寞。荏苒三十载，俗学骛糟粕。子气转骁腾，子文岂落魄。逮乎丙子秋，遭遇见作略。执手语河梁，告我前梦恶。前梦乃云何，万事都饮啄。慰我羁暮魂，饮子清凉药。癸未南宫开，子名讯豁达。受令司理还，顾我念藜藿。相勖有刍言，相愿故不薄。子知我意深，拊胸订一诺。岂意天地倾，宫阙成鲋涸。新安万壑中，铁骑践城郭。抽剑抉妻孥，半世酬一锷。鼎鼎共百年，斯人乃震焯。

《温宝忠殉节新安，族侄元爽经纪其丧，率其子天璧扶榇归里，感而赋此》 **吴世济**

天荒地老更何论，千古难销碧血痕。差喜阿咸敦气谊，乱山深处独招魂。

听尽声声杜宇啼，黄山斜赴浙江西。问君关外将何物，百尺遗书一跛奚。

《酬陈霁山》 吴江**潘耒**稼堂

栗里遗民去不还，刚逢一老水云间。著书富欲追繁露，琢句清堪步小山。世味淡时坚道骨，机心尽后驻苍颜。五君向秀须参预，不与山王一例删。

《闻董若雨祝发于灵岩感赋》 **金镜**

五车犹未足，方外问三车。西国添高弟，南天失巨儒。乍闻悲喜集，转念信疑俱。自顾头颅直，何为遂不如。

故是再来者，因缘亦会时。若非天反覆，未免世推移。念本由忠激，身随以奋飞。曾闻无数佛，血性一男儿。

《莺湖晚眺同诵孙宿宫》 松陵**潘柽章**力田

携手暮何之，沧茫泛碧漪。回湍激岸远，孤月出云危。兰若中流动，渔灯隔浦移。棹歌都有意，清绝竹枝词。

《暮秋怀董诵孙二首》 **前人**

同是五湖闲，轻船隔往还。浮云心欲竞，片石影俱顽。天远归鸿断，门深落叶关。何由见颜色，佳句肯时颁。

古寺松风夜，凄凉醉共僧。独漉歌犹在，千秋事更增。新霜黄入橘，晓月白连藤。不尽怀人意，还思赋大鹏。诵孙去秣圆通禅房颇久，故云。末句用李白赋大鹏遇希有鸟事，见诵孙与余倾倒者至也。

《郕衣至浔与谈近事有感》 吴江**包咸**自根

别离秋欲晚，南北尚鸣笳。雨阔三江水，霜催九月花。青溪空落日，白下走寒沙。逐鹿应难定，相看惜鬓华。

《闵孝子咏》 归安**吴晋**介兹

古来忠孝节义之事，并起于一念之血诚，至于成败利钝，非所计也。闵孝子当父垂死而毅然剖胸割肝以救之，此真足以动天地、盖古今矣。而论者以父卒不起为憾，此出于孝子引慝之诚则可。若旁人以此苛求，则必其父永不死，则必孝子先其父以死，则必其父每一病至，孝子一割肝，而父之寿算无疆。孝子之心肝有尽，而空腹槁形以死，非笃论也。世界不坠，赖此等人，凡有心者，可无咏歌以永其事乎？汪《志》按，晋撰《闵孝子传》云“父病霍然”，而此云“父卒不起”，互异。

墨胎叩马谏，不能挽颓商。武侯出师表，无裨汉沦亡。事皆人力所难济，师心创获奋若狂。深悲极痛在一时，千古借以维纲常。世儒理道胶心腹，周身矩度安且详。动云守身以观变，作事无令元气伤。一朝时艰及势阻，依违傅会多徬徨。坐令大地病顽懦，卢扁无以起膏肓。寒夜挑灯论今古，如意敲碎愁茫茫。吁嗟乎！闵孝子！目不见书史，口只谈农桑。披肝沥胆奇绝事，胡为乎不在通都大邑，而挺生于寂寞之穷乡？吁嗟乎！安得一扫天下学士大夫奄奄泉下之习气，而遍洒以孝子热血之一腔？

《袁孝子诗》 嘉善**沈袠**灿英

孝道本庸不尚奇，奇处偏从真处为。创格一空千载上，区区只有鬼神知。吾闻汝南袁孝子，清操往往闻乡里。早年丧偶王维榻，同居有弟姜肱被。其他志节难具陈，感天孝行情弥真。孝子少年有奇遇，道人持赠医家具。金刀银针及仙方，但云寄汝杳然去。种就杏林家渐充，自谓奉母免尸饔。岂知奇遇非偶尔，曲成孝行荷天公。阿母抱病病綦笃，呼天抢地嗷然哭。倏传梦语病可苏，不是龙肝命不续。孝子闻言且忖量，遍访医书总未详。世上人间无此药，我欲求之谁可告。念我生庚原属辰，龙肝直欲取诸身。况逢仙授有金刀，仙方锻炼有神膏。取肝凭仗仙人力，非此何以报劬劳。宵来归向房中宿，对天坦露皤然腹。持药持刀默祷天，剨然一割随瞑目。气息奄奄一线争，空中仿佛有人声。尔欲取肝肝既有，醒来咿喔闻鸡鸣。俯视胸前血未干，突出猩红半片肝。奇哉肝若从天与，缝却创痕勉强起。呜呼噫嘻袁孝子！古来刲股能有几？况是刲肝不顾身，母子安全俱不死。岂忘发肤在归全，当日专求母病痊。疗得膏肓心愿惬，顿忘曾氏颂冰渊。此事隐讳密且周，强自支吾舒母忧。亲戚兄弟都不闻，从此增年到白头。朅来潜德秘莫宣，剜口淋漓未泯然。一朝颠蹶伤痕裂，元神未复转缠绵。医来那得知其故，再三叩诘稍吐露。此时子弟皆在傍，耳闻不觉泪如注。孝子还恐母心伤，戒言慎勿语高堂。医者大声告亲知，非常之孝人难为。一时传诵到官府，县令罗公深异之。到门讯验长太息，急急表扬遑敢迟。官司旌额重纷纷，大书特书志乘文。要使维风且振俗，绝裾之子闻未闻。孝子初心不及此，只求疗母延暮齿。母体差安儿亦安，外来旌扬何足喜？孝子尽孝不爱身，爱身便不得其真。区区一心聊自尽，为智为愚向谁陈？

《南浔田烈女诗》　　钱塘**厉鹗**樊榭

依住浔溪上，郎家共里闳。掌珠祥入梦，冠玉弱知名。半面期幽壤，双飞誓隔生。朱丝曾约髻，毕命托精诚。

《赠董君性存叠前韵即赠董传经》　　嘉定**钱大昕**竹汀

几时消息到秦楼，容易韶光春复秋。半甲赤绳迟系足，十年黄卷负埋头。还家有梦身仍滞，旅馆思亲泪暗偷。老我境穷君莫问，商量拚醉扫顽愁。

《五君咏》录二　　归安**严遂成**海珊

元晏叩其刃，升之溺于水。云何遘斯疾，梦梦窥天咫。昔人废蓼莪，今人废芣苢。董扶摇遘恶疾多年而卒。

算尽复谁代？并举枝连芬。乐为哀所夺，起起龙蛇闻。九原不可作，谁欤定吾文？董渭瑄两子相继殁，甲子两子同登贤书。

《赠浔溪董承余秀才》　　前人

紫驰之背峰俨如，望而知其为承余。对人默塞数龟息，市上禹步姑徐徐。置之丘壑入画格，枯木竹石神清虚。平生多病病亦善，前读前汉后后汉。牛溲马勃败鼓皮，入手幻成锦绣段。江枫霜赤鲈鱼香，一牛鸣地浔之阳。片帆刺岸舍馆定，流汗奔琢根玱琅。忧如鼓残壁灯灭，三点五点悬星光。搏桑日出人鼾睡，履声橐橐闻绕床。主家老妪窃相谓，谓此嬴者无乃狂。闻我打包告归去，意殊恋恋无别语。目送孤鸿衔苇花，飞入烟深不知处。

《怀人诗六首》 录一　　　　**前人**

雁声吹堕朔云堆，髯也无年首重回。昨岁似闻中散病，青山不待巨卿来。破除生业书偏富，慰藉人游子尚才。地下若逢姚合逸山问，黄蒿如柱粉如灰。谢散木，余在山西闻其凶问。

《前怀人十六首》 录一　　　　**前人**

沉沉兵卫寝凝香，巾角弹棋妙擅场。从小便知伟节怒，老来始悔次公狂。余行二。空池旧梦无春草，散木文若别字孤坟又夕阳。生怕绝交书不免，竹林例得斥山王。董芑堂太守浔溪荷花池，余妹婿董经远所居，与群从唱和处。芑堂年最少，气遒上，雅以弈自负。余被酒亦得狂名，皆与谢三文若善。今风流云散，或墓木已拱，而余老矣，芑堂新迁武定。

《病风谣为建平公舅祖作也，公氏陆名士渭，庚辰进士，以建平县知县罢归，余少颓放不为亲族知识，独公奖借过，当于其病废谣此以唁之》

乌程**凌树屏**保厘

有鹤生东南，冰魂而雪魄。赋形苦不全，旷怀寄广漠。玱玱跃丛林，斥鷃互相吓。独有威凤姿，乃复颇相惜。谓鹤本凌云，胡为落空碧。努力愿自爱，慎无失所托。一朝腾辉光，风尘安可缚。鹤时闻此言，感泣泪潸落。举首为长鸣，面承色无怍。不料丹穴王，渐苦小儿虐。双飞横九州，宛转失其只。尔来未十年，旋复伤两翮。两翮纵已伤，神明幸不恶。颇能识妍媸，定胜彼哑哑。众鸟且勿喧，让渠占阿阁。鹤亦从之游，羽毛待梳掠。

《顾节妇潘氏》　　　　**前人**

清秋徂东访舅氏，吴兴老翁迎门窥。手持一卷冰蘖字，授我乞作节妇诗。我诗要为不苟作，安能凿空言支离。篝灯午夜辄捉管，知翁真朴不我欺。节妇之节果谁右，一百年来嗟未有。门楣曾托安仁家，生世空为彦先妇。愿随弱婿拚红颜，定为孀姑成白首。未亡仍在立孤难，有终还代悬封厚。哀鹄茹荼两不疑，缕舰懿行夫岂私？我览此卷三叹息，穷镌敢惜孱豪施。因思我舅有世母，余外祖妣陆太孺人葬三丧，亦与节妇同。高节合与相扶持。昌黎不作陇西逝，更谁传此磨穹碑。

《送董生归南浔》　　　　**前人**

董生囊无陆贾千金装，亦不至家徒司马四壁立。忾然卷被辞弟昆，从我秀州把古汲。汲古亦何好？我方穷饿荒江道。董生此意良独坚，万众不挽出峡船。愧我于生了无益，纸窗相对徒逼窄。又恐明年捉将官里去，欲倒壶卢向谁掷？丈夫有志事竟成，积丝为锦莛化楹。柯古小年还作剧，达夫壮岁终成名。尊闻行知古有是，人生何必常相处。西山有白云，南雪有幽渚。置身于其间，足可穷豪楮。感生殷勤为生云，虽复老生之言差可取。腊月遄归且闭门，磨穿铁砚彼何人？何况生是诗翁之子尚书孙。

《寿董南谷孝廉五十》　　前人

老息图南翅，相看鬓欲皤。渊深繁露学，愁绝采芣歌。前辈风流在，平生意气磨。幸逢览揆日，一笑失重疴。

失喜神犹王，应怜志已灰。那堪贫复病，空负望兼才。有鬼长摩足，沉舟自过桅。寿垣列三宿，谓皋怀昆季。差复慰崔隤！

《哭董南谷丈》　　前人

间世董夫子，今成汗漫游。龙头先丧管，鼎足竟亡刘。丈尝言吾湖不乏诗人，郡城以东势分鼎足，其一盖自谓，其余则严望都遂成及予。书只供儿读，文终为鬼□。名题乡进士，□末也应愁。

《送陆生嵩高归南浔》　　前人

送君逢至日，愧我尚离群。别绪愁添线，归心却望云。便嗟游侣尽，都恐恶言闻。好酤南浔酒，明年此共醺。

《董若雨漏霜苕帚遗像是吕海山所画》　　乌程**严可均**铁桥

风景河山劫后灰，小庵丰草破书堆。只应净扫兴亡恨，安稳蒲团入定来。若雨名说，后为僧，名南潜，有《丰草庵诗集》。

《苏台柳枝词和周雨舫》　　乌程**陆树德**滋田

长洲苑外雨空蒙，短簿祠前斗晚风。一路笙歌人不见，画船多在绿阴中。

《题周君雨舫遗照》　　郡城**高湘**芦洲

长松百尺撑青天，飞泉万丈悬秋烟。高风古意没幽谷，无人省识相留连。周子瑰奇清且贤，枕流漱石尘中仙。弃置草中杂瓦砾，璞玉居后燕石前。浔南无屋家无田，磬悬壁立常萧然。偶尔挥毫出新意，闲云孤鹤争秋妍。与余相识十余年，弹棋读画相周旋。姑胥台畔生公石，坐看浮云过眼边。今君先着蓉城鞭，我独困守尘嚣缘。忽展此图觌君面，泪珠迸落如流泉。疏林修竹水清涟，恍犹相对鸣朱弦。君试开轩扫花径，我将追步同高眠。云山缥缈景澄鲜，静如太古天始全。君能作画我饮酒，万事悠悠尽弃捐。

《题董铸范丈蠡舟**〈冬钉永慕图〉》** 德清**戴莼**秋忆

寒云沉沉压茅屋，屋里寒灯耿一粟。有人病骨方支床，悲从中来泪盈掬。悲莫悲兮萱花倾，北堂日冷风凄清。断机残线尽无恙，母氏遗迹犹分明。呜呼！此时此境难为情。

哀难忘，寓以画。此慕成终天，天心亦何隘。寄我斯图托双鲤，使我泪下不能已。小人有母病不起，奄逝已经隔年矣。天板板，空号呼。形杳杳，空追摹。篝灯犹忆教之无，每一回忆泪眼枯，伤心况复披君图！

此恨竟长抱，天道真休论。此身更何事，足慰泉下人。只余显扬志，万一酬亲恩。读书致身期有补，走肉行尸安足数。不然闭户勤清修，曾史卿云并千古。纷纷世俗声利侍，将无贻亲之羞忝厥祖。呜呼！此念复可悲，无此一念生奚为？灯光黯黯藏深帷，思君之慕重自思。探怀伸纸抒哀词，然乎否乎君思之。

《题〈汪谢城曰桢**诗集〉》** 海宁**许光清**蔓那

欢愉辞难工，诗工多在穷。古人虽有言，要由遇不同。我怀昔湮郁，读书君见疑。君情今感慨，乃于诗见之。交游共推服，题语致称扬。岂不能附益，知非君所望。诗本道性情，可以当晤言。书来有此语，我亦以为然。君意探绝学，不苟事词章。经术既抉奥，推步复求详。而我慵且拙，百弃百不成。一语还询君，何执以成名。

《杨秀才凤苞**遗像陈上舍经索题》** **严元照**

碧梧萋萋高十寻，书窗日午常阴阴。谁欤抚卷此晏坐，太息斯人空苦心。撑肠磊落书万轴，语笑从来不谐俗。槃中鲑菜三韭供，镜里头颅十年秃。仲翔元是老经师，东野谅非轩冕族。恨无定本传千古，剩有诗声驰九牧。我昔少年有狂名，意气往往陵公卿。便民桥畔识君面，君居南浔便民桥。君正壮年已老成。穷庞岂足当大敌，见君敢不跽且擎。茝畦老去王豫姚世钰死，吴孝廉兰庭史丁教授杰经皆已矣。作者何人识古风，此老无惭称继起。谁向襄阳访耆旧，他日岂无习凿齿？诀别城南日暮云，去年春杪，予力疾入城，君访予寓楼，此后不复相见。寝门一恸死生分。门生尚有侯芭在，更买青山为起坟。上舍顷谋买地归云庵侧葬君。

《题湖社怀贤图》 前人

郭外林亭好，当年有胜游。浮云辞冕绂，佳日爱春秋。枌梓流风替，丹青小劫留。因怀赵征士，终老狎沙鸥。乌程赵征士金隐居南浔，刘、顾两尚书招之入社，不赴。事见《静志居诗话》。

《沈秀才畦书来言于道场山访得明温忠烈公璜之墓作诗寄之》 前人

胜国遭末造，吾乡三忠臣。严烈愍公觉先而凌忠介公义渠后，复有温推官。推官殉徽州，妻女皆投缳。碧血之所闷，乃在城南山。实惟不食地，平旷无林峦。哀湍自响谷，荒草长于人。棚民所盘踞，狌鼯作比邻。幸有道旁碣，大字犹未刓。碣云："明崇祯癸未科进士文林郎徽州推官宝忠温公夫妻母女同殉国难之墓。姻眷弟吴时亮立。"始知一抔土，中藏万古冤。岁月几迁贸，百有七十年。夜雨泣山鬼，麦饭无耳孙。好义有沈子，家在何山前。百里叩蓬闱，为我述所闻。中酒不能饮，涕下纷潸潸。再拜告沈子，及此墓未湮。愿君策杖去，勿惜登顿烦。沈子颔其颐，归去不浃旬。书来无他语，此事覙缕陈。言曾挟山僧，窈窕寻涧源。拜起徒彷徨，夕阳在榛菅。四顾莽无人，刍荛无可询。开缄再三叹，中夜寝不安。忠节孰不钦？况在乡先贤。春秋感霜露，无人荐蘋蘩。是固吾党责，检校谅不难。硗瘠二三亩，买以充祭田。年年寒食雨，烟柳摇春妍。招要同怀子，一尊酹墓门。实惟重名教，非徒慰英魂。吾病久惙惙，兹怀尚勤勤。裁诗报我友，知我所思存。空言慎勿嗤，余襟良已殚。

《题浔溪双烈图》 闽县沈瑜庆爱苍

烈女姓孙，云亭之女。庚申粤乱，年皆及笄，随亲避兵乡间。旋寇至，二女同时投河自尽。寇退，得二女尸，竟联结一处，遂合葬焉。其父绘图征题，以志哀思。

古井千秋定不波，廿年空谷记牵萝。贤翁大有伤心处，未忍丹青着墨多。

路绕苕溪日又斜，天南烽火客无家。里闾未改承平旧，零落春风姊妹花。

恩勤风雨感漂摇，翦纸幽魂尚可招。不枉女中能竞爽，褒忠竹帛太平朝。

犒军簪珥信州城，天语犹嘉大义明。先太夫人佐先公信州城守，奉旨有"深明大义"之奖。事有至难天幸尔，黄山谷《中兴颂》诗句。为君振触写双贞。

《题前图》 吴县吴大澂清卿

回首庚申事可悲，从来巾帼有须眉。南林河畔斜阳路，应为双贞竖一碑。

彤管流芳志乘夸，披图老父尚咨嗟。秋风秋雨啼鹃血，点滴庭前姊妹花。

《题吴兴朱稼轩海角图》　平湖**刘其清**蕴山

江山如待我，萍迹暂勾留。此外疑无路，何人独倚楼。途穷天地小，潮撼古今愁。乡国频回首，苍茫云海秋。

《味古太世丈偕张少兰、凌麈遗枉过寓斋，适少泉亦至，即同小饮，喜成二律》　娄县**戴羲**寅谷

蓬巷萧条生事微，携竿日向钓鱼矶。芦花秋岸鸥相狎，枫叶江村蟹正肥。幽客忽来新旧雨，小窗共簇画图围。太世丈、少兰、麈遗，皆精鉴赏，索余旧藏书画，展玩竟日。逋翁老去清癯甚，梅鹤翛闲好息机。

故乡一别几经年，中酒情怀各黯然。短褐杜陵嗟落魄，长斋苏晋爱逃禅。麈遗是日持斋。篱边黄菊田园梦，江上红旗鼓角天。闻道娄东连报捷，幼安喜欲舞尊前。时疁城初复，进攻娄东。

《奉题董小飒所藏频罗庵烬余印痕》　**罗振邦**友兰

君家文敏有书癖，摹古直夺古人席。今君铁笔亦入神，置之秦汉几乱真。天寒岁暮来乳水，与我论交独知己。袖中忽出名山藏，五云焕作云霞光。名公巨手争点笔，宝胜梁家未焚日。我惭老大百不能，敢令燕雀追鹍鹏。诗成一笑为君写，何处飞鸿鸣月下？

《题梁氏烬余印痕册为小帆作》　德清**戴铭金**铜士

石交当日缔频罗，山舟学士自号频罗庵主。纸角钤红感旧多。黄小松司马、奚铁生处士、陈曼生大令俱归道山。铁笔忽遭回禄厄，幸留拓本重摩挲。

《纪董谓瑄董蠡舟藏书》　长洲**叶昌炽**菊裳

太卜三梦先致觭，郑人讼鹿更迷离。拨灰缩粕何须尔，转瞬钟鸣欲觉时。

《两浙輶轩录》：董熜字谓瑄，一字讷夫，乌程人，诸生。雍正甲寅荐博学鸿词，著《南江诗文集》。陈世修《序》略曰："谓瑄沉静嗜学，家富藏书，又尝游其外王父曹秋岳先生之门。倦圃所藏人间不经见书，谓瑄独窥之，故学有原本。"昌炽案，倦圃之婿名师植，字圣衣，一字汾园，乌程诸生。亦见《輶轩录》。

张鉴《梦好楼记》：《周官》"太卜掌三梦"，而《列子》"六候"与经不异，三曰思，五曰喜，其为气淫于藏，则有余于内，不足于外，一也。里中有沉默之士，曰董

子铸范，读书志古，不慕荣禄，于书靡不窥，而犹病其藏家之少，阅市之浅，颜其所居之楼曰“梦好”。棐几竹榻，百城南面，以寄其深爱笃嗜之思。

又云：自宋欧阳氏信奝然日本古文之说，而后之托安国《孝经》，以暨毛渐《三坟》、丰坊《鲁诗》不一也。以子之梦，其必拨灰缩粕，神游域外，将远驾乎皇侃《论语义疏》《七经孟子考文》之足贵，不大快欤？

又云：余曩在琅嬛仙馆，校文澜阁未收之书，得百有数十种，皆非世所经见，心欲抄其副而苦无力。然则余之校，不过一梦，而子今之梦，又焉知不为“得郑人之鹿”者耶？铸范名蠡舟，乌程人，为余同年云帆先生子，世家旧姓。近见其藏书目，所得盖不少矣，遂为之记。

《纪刘舜辉藏书》　前人

社酒唐华忆讨春，旧游如梦复如尘。蛛丝马迹缘沿得，好鸟飘风变幻频。

《两浙輶轩录补遗》：刘桐字舜辉，一字疏雨，乌程贡生。著有《楚游草》《楚游续草》《听雨轩稿》。

张鑑《瞑琴山馆藏书目序》：疏雨雄于资而多家累，年未三十，即弃举业，远游楚。余课诵其家，积十余载之久。疏雨归，则与谈杭州谷林堂赵氏暨扬州玲珑山馆马氏之耽书好客，未尝不神往焉。乾隆壬子、癸丑间，疏雨既以藏书自任，吾湖固多贾客，织里一乡，居者皆以佣书为业，出则扁舟孤棹，举凡平江远近数百里之间，简籍不胫而走。盖自元时至今几四百载，上至都门，下迨海舶，苟得一善本，蜘丝马迹，缘沿而购取之。故吴门萃古斋既名闻当世，而下此如竹垞《经义考》所云坊朋贾友，亦不可枚数。疏雨既好书，而余又适馆其家，堂构闲旷，每夏秋之交，设长筵广座，名花异卉，骈列左右。主人命门者延若属，呼俦啸侣，至即十余辈。余课经之暇，亦相与商榷是非。书既山积，真赝参半，鉴别不易。其时同人之与疏雨洽缟纻者，如杨秋室、范白舫、计秋琴、蒋嗜山，间亦过从，或有所得，传观以为赏析。自此疏雨之书，固已不啻数万卷矣。如是者有年，适值卢氏抱经堂、吴氏瓶花斋雠校精本，散出四方，于是疏雨所收之富，又越从前数倍。癸亥之秋，一病遽归道山，其家不能收拾。子幼，为人荧惑，举十余万卷之书，一旦畀之他人。秋室题其身前访书图云：“自古图书厄，多经劫火亡。未闻豪贾夺，举作债家藏。”洵实事也。飘风好鸟，变幻若此，斯可叹矣。今年余病肺倦游，过白舫斋头，则所藏旧目与占估帐籍，宛如昨日。痛盛游之难再，悼胜赏之莫偿，失今不治，并有与此目同归澌灭者。因破十日之功，与白舫、秋琴嗜山访其大略，编为一目，知其中实有足以备金匮、石室之讲求，启陈农、苗发之梦想者，岂第王泾《大唐郊祀》一录，同于烟销灰烬，屈指其间，不过二十余载，世故之难问已如此之速，可胜道哉！此书之失，不特吾人同社眼福之薄，即谓吴兴山水精英不能蕴此奇观以供后来之抉摘，奚不可也？疏雨姓刘氏名桐，援例授州司马。瞑琴山馆，其所居东厢藏书之地。

王翰青《鄂舟过刘疏雨书斋》诗：几年羁旅隔天涯，心每相亲迹甚赊。冲冻径来谋社酒，讨春先喜见唐华。水精帘卷明于月，云母窗虚白胜纱。衰拙定惭珠履客，墨庄偏许问签牙。

严可均《题刘小梦忆书图册》：君家疏雨吾好友，积书之癖与吾同。别来江子亭边树，终古山阳笛里风。人有微名都折福，世间豪举总成空。只今说着眠琴馆，卅六年前一梦中。

《白舫仁兄工诗余，属制〈花笑庼填词图〉，复赋一绝句。嘉庆己巳仲春作于汉上之听雪楼》按，图藏庆云处　　黄均穀原

湖山石畔隐花篨，碗茗炉香琢句时。为写桃腮红欲笑，分明解唱药庄词。

《题范白舫〈花笑庼填词图〉》　　章藩山甫

好花一笑思愈鲜，知君词与花争妍。问花何笑笑君癖，瘦吟花里辄晨夕。红雨乱飞茅檐春，闭门却扫霞笺擘。平生美好百不知，正以嗜古成贪痴。吴兴记录手编缉，珠囊珊网收靡遗。等身著作乐无倦，直欲磨穿青铁砚。人生精力能有几，安得恣君苦研炼。况我与君家苕溪，胡为远游来蜀西。君不见清远湖山入画稿，水晶宫里归去好。何如高挂洞庭帆，长作吾乡风月老。

南浔志卷四十九

集诗二

《寄赵承旨子昂》　　庞朴

女蔓垂垂覆屋浓，疏窗支枕日高舂。鹖冠依旧贫无恙，猿臂何妨老不封。狂泛五湖烟景阔，笑归三径世情慵。君家涧阁尤萧爽，偏我频来爱独钟。

《出都门答陈编修用来韵》　　前人

君重玉堂选，余惭金马仙。莼思南国味，柳爱北窗眠。白发投狐笔，青山挂阮钱。剡溪何望赐，蓬舍五湖边。

夙志惟谋遁，今怜晚乞休。留侯终隐汉，殷士尽归周。君母欢多寿，余乡报有秋。岩廊俱称意，先去伴汀鸥。

《题仲姬墨竹》　　管道杲

至大二年四月二日，吾妹魏国夫人仲姬见访于南浔里第，宴坐君子轩。夫人笑曰："君子名轩，何以无竹？"爰使女奴磨墨，写此幅于轩中。夫妇人之事，箕帚、中馈、刺绣之外，无余事矣。而吾妹则无所不能，得非所谓女丈夫乎？为吾子孙者，可不宝诸？他日妹丈松雪来看，当可乞题咏也。

绿窗无长物，树蕙与滋兰。光风布淑气，扬扬畹亩间。窗外何所有，修竹万千竿。密叶敷午阴，劲节当岁寒。方欣同臭味，且以报平安。吾妹忽来顾，绿纱生薄寒。幔结贻佩缫，重重青琅玕。写真一挥洒，翰墨犹未干。古意镇长在，高风渺难攀。况有斐比德，懿名垂不刊。

《闻嗣成孙被放后往游泰山喜而作此问之》　　董份

尔从被放过东蒙，计日遥登泰岱峰。吴观试曾看白马，秦松尚复绕苍龙。琼碑十丈那无字，玉检千年自有封。策马遍经探箧处，射牛应可得遗踪。

《幽居言志》　　前人

南国有狂士，投荒世无怜。屏居非自谢，顾侣亏周旋。鸿鹄本不远，众鸟嗤孤骞。物性各有适，志意两不牵。中路忽进退，无常群所嫌。绝引特易事，正尔难独捐。嗟予慕通达，失据时颠连。云胡已违弃，依依望能援。讵谓才有取，要是义自贤。微衷良不偶，感叹情难迁。有生射蓬矢，天隅岁空延。孱弱惧易朽，徒负少壮年。明时正更化，礼乐何彬然。维新介圣虑，万几方精研。遭逢闲垂古，何幸今观瞻。尝闻制作理，深仁兆其先。垂绅拱玄默，百职司存焉。淳风在厚养，精神用匪偏。昔人专择任，得一万乃兼。愿言臻至治，行慰沟壑填。居卑事易忽，地远嗟谁宣。职当乐幽居，勿使外好缠。至乐理无择，静观得所恬。深春万物熹，媚我以众妍。闭门昼寥寂，颓然对楹轩。林鸟声屡变，悠悠与化参。我心不自知，借尔代我传。天机在耳目，冥莫未能言。采真足自老，此意君勿喧。

《甲寅春见一童引瞽者入市，人皆侮之，有感而作以示吾儿》　赵金

人见无目人，群然怒而詈。我念无目人，犹能不自弃。谈星兼卖卜，得钱了生事。海上多风烟，民苦征役累。翻怜瞽者为，闲居犹高致。吁嗟青年子，宴安乐所嗜。不学心聋盲，徒尔费指示。论道常解颐，蚩蚩若昏睡。戒尔当自新，勿与聋盲类！

《郊居》　　赵金

自爱闲居卜近郊，独将心迹寄衡茅。桃花水泛鱼吹浪，芹草泥香燕补巢。杂植桑麻供国税，细分杞菊入山肴。平生方外谁为友，冷澹云霞信可交。

《被罪出都言怀》　　董嗣成

吴楚飘零一逐臣，艰难国事总伤神。扁舟已逐鸱夷兴，万死犹存马革身。易水寒风愁送客，蓟门春草解怜人。轻肥金紫从他羡，龙性由来岂易驯。

五斗初辞暂息机，缁尘不遣傍荷衣。眼中轩冕非吾乐，梦里溪山与世违。杨柳和风催驿骑，桃花春水上渔矶。浮家早结玄真子，共逐滩前白鸟飞。

《苕霅逸仙歌》　　前人

心山赵翁，高隐先辈也。自号为苕霅逸仙，盖庶几黄孙者伦欤！余与先生为忘年交，十载前曾为赋，此稿已脱，未及录也。自计偕别先生，归而先生没矣。遗命尚索余诗。其嗣子石涧君持旧稿来致先生之命，览之泫然出涕。又怪旧诗不可读，遂为别

撰一篇，亦吴季子挂剑意耶？汪《志》按，《青棠集》无此序，又诗中删去六句，今从墨迹卷子。

吾闻天目山高三万六千尺，双穴澄浤天眼坼，汤汤两道趋吴兴。青天蜃气时腾掷，匹练奔流直东注。下会浔川，一曲蜿蜒凝寒碧。绿树苍林互冬夏，寺钟渔鼓通晨夕。中有仙人庐其旁，薜荔为衣芙蓉裳。曾向长桑乞得上池水，视人能见垣一方，朝采五芝暮拾蕨，煮来白石片片充饥肠。数椽茅屋闲吟啸，五湖烟月供徜徉。胸中一一烂星斗，淋漓泉石笔下走。凿坏不迎结驷车，有客常过问奇酒。架中多贮邺侯书，门前尽种先生柳。年余八十尚尔酡朱颜，清溪日日拄杖听潺湲。不是岁星隐金马，但见紫气满函关。函关青牛一去后，华表千年白鹤何时还。自我之出风尘隔，自君之往烟云寂。遗得诗篇不忍看，为君复裁新诗兮长叹息。狂歌忽忆黄公墟，月明愁听山阳笛。

《亡兄伯念仪部壬辰以争国本被放三十二载矣，兹得尚宝卿之赠，感泪交集，成长句二章》 董斯张

久罢鸣琴泣逝波，俄然鞶带及烟萝。先皇遗诰真无忝，隔世精灵奈汝何。臣死不随春仗马，君恩还比夜舒荷。试将遗疏斋心阅，犹觉风霆亦护呵。

先把当年逐客旌，天心似见藿心倾。金鱼身后曾非望，玉尘埋余凛若生。浮白汝今谁与共？剖丹人恐不如兄。悬知碧血乘箕去，也伴前星做月卿。

《旌志诗》 前人

岁在丙午，予第五兄幼函疾且殆。吾嫂茅也，刲股为食，蕲生之。嗟夫！嘉耦曰妃，伦维首属，世风波逐，大义谁阐？夫其婉嫕妙年，出自高族，而慨然含毒茹楚，矢报所天。此其坚贞旌操，奋志誓死，岂第帷帟之情，儿女子常态耶？天道茫昧，云胡勿援？人随琴绝，祸之已甚。爰综其终始，勉缀斯词，稍极哀怨之致焉。

苍林蔽阳景，崇冈惨阴霾。原野旷萧条，清蝉惊且嘶。南国有静女，终朝闭深闺。太息复自陈，贱妾多苦怀。昔年十四五，自谓硕且颀。娉容粲明眸，秀颈若鲜卑。左体袭木难，右体被明玑。习彼傅姆训，兢兢行露诗。十六犹未笄，十七为君妻。缓步入君门，中庭树桂枝。绮疏延清旭，高楼下临溪。锦衾间角枕，华灯照层闱。柔情婉以娈，获奉君子仪。君子素开美，蹶驰称妙才。焜耀丹霞裳，皎洁青云衣。腰间墨阳剑，前后流光辉。女萝亦有根，高松亦有柯。蒲苇缔绸缪，盘石牢不移。雍雍双凤凰，两两鸣相谐。夫君且安坐，听妾前致词。怀安实败名，古人有良规。维子遭多难，家声日成陨。努力读父书，中馈妾当治。良人语我妇，卿言信足师。下里鲜见闻，吾将

远行嬉。遥遥入京国，我行卿可随。堂上有老姑，短发乱于丝。馇饱卿勿虑，娣姒罗中帷。别时再拜言，一岁还复来。来为老姑寿，祝姑日康熙。贱妾乘鱼轩，骢马观郎骑。和飙叶玉鸾，朱光曜金羁。壮哉帝王阙，峥嵘何崔嵬！崇台倚苍冥，上树九丈旗。兰宫达芝房，杏梁接文榱。千门复万户，列肆陈瑰奇。轩盖扬黄尘，意气逸路逵。共君睇繁华，贞静恒自惟。生儿名阿麟，吉梦维熊罴。夫妇笑相向，今者乐何其。轻舠泛故土，澹澹随风移。萱草郁青青，欢娱良不赀。宾客阗广筵，贺子早还归。为客烹肥羜，肴核纷难齐。出君荆南酒，荡漾白玉卮。吹笙复鼓簧，埙篪交参差。畹晚日云暮，欢余旋致悲。洪涛激平陆，祸至无端倪。献岁春正月，遘疾俄在斯。缠绵忽逾旬，骨立神亦疲。竖子居膏肓，主人命将危。卧蓐经晨夕，痡子枯形骸。筮短龟何长，皆言不可为。枹鼓勤灵觋，药饵疑群医。此时心若然，万术穷何施？贱妾闻遗语，人肉能疗羸。百身如赎君，糜躯奚足辞？手携金剪刀，悲极莫能持。挥刀剜素肤，或恐旁人窥。断割岂不苦，所嗟肝肠摧。碧血染轻衫，含辛持作糜。进君君不御，妾身将安依？良人易箦顷，呜咽语复迟。细君无我悲，命也其何尤？我有阿母存，温凊幸弗亏。弱息方在抱，借子终提携。揽涕为君言，寸心矢靡猜。与子同一体，中路长乖睽。请君勿顾妾，君去妾且追。踯躅呼皇天，泣尽血继之。日月黯其光，川为咽不波。千秋一相诀，执手从此离。祸兮谁所胎，疑召鬼伯催。魂魄散四野，招之茫无涯，弃置室与家，恍惚邻妖魑。九京窅冥冥，安得有晓时。愿攀迷縠树，使君重来兹。阿麟随妇行，呱呱索父啼。抚棺一长号，长号将自裁。老姑前槌胸，妇胡不再思？子言犹在耳，衰年迫崦嵫。弱息才一周，顾复当赖谁？长跽起相谢，义训宁敢违？请今毁故饰，升楼去其梯。绣袜罗衣裳，一一捐尘泥。朱扉刷白垩，元帐易素帏。理妾箧笥中，七宝玳瑁钗。感君旧相赠，物在人已非。茕茕叹独影，缄闭无复开。夫君梦中见，宛若平生姿。丙夜起徬徨，孤坐还成疑。昔时鸣仓庚，倏忽闻莎鸡。追寻欢笑端，慘栗增余哀。上者奉衰姑，下者鞠婴儿。妾心皎如日，慰子长夜台。妙龄失所援，同穴以为期。椅桐高百尺，乃生南山陲。修干拂元霄，孤根托层崖。斫成瑟与琴，朱弦黄金徽。发为清商曲，凄恻孰者知？清渭流春冬，宁与泾水偕？哀鸿西北来，翱翔以徘徊。行人不忍听，况余亲宗支。染翰作此歌，未歌泪先垂。

《垂白行赠詹淑正詹故为伯氏客，工篆籀之学**》** **前人**

詹生垂白忽来访，使我低头三叹息。依稀十五年前事，须髯戟张鬓犹黑。雕虫旧业今未衰，驱驰东土不遑食。悬河之口骇四坐，是翁矍铄尚多力。破裘穿履垫角巾，不念在家妻子贫。王门曳裾寡心赏，空怀剑术何处陈。我有阿兄重意气，与君一见相情亲。死逾九秋犹无坟，中路夭折多苦辛。螺杯流红泪如霰，我为其弟君其宾。世事变幻若泡影，荣华凋落安可论！生前斗酒且同乐，湖海会合原有神。君今北向秣陵寺，五更钟鸣愁杀人。

《白鹤行赠周虞卿》　　前人

虞卿乙丑春七秩矣。昨三千里谒里中相公，遇殊厚。比其归犹甑尘，余哀其老而穷愁，为作《白鹤行》吊之。昔人以青蝇吊往，今以白鹤吊生。试令樵青作泪妆歌一阕，老周郎当一顾否？

白鹤云愁渡江面，镫前吹尽梅花霰。但见蟏蛸当户织，紫钱满庭沽不得。寸田尺宅春茫茫，七十老人归自伤。往年眠雪幽州市，丞相款扉屏掾史。高轩却自朝天至，醉魄如山摇未起。有唇那学君卿痴，五侯何物结双眉。归来解装诸女问，老骨虞翻冻堪忍。囊携河上一编书，蹇卫驮还不曾损。楚萍泛雨命若烟，偷儿犹妒王家毡。梦回剑折夷门道，侠客精魂道边草。石头炼出秾华天，桂薪刚遗侏儒饱。渔蓑压船当敝庐，只网珊瑚不网鱼。鲛人泻泪一万点，化作金醪青玉碗。幅巾斜听黄鹂晚。

《哭云栖大师偈》　　前人

出家五十有余年，七尺绳床坐欲穿。今日问师何处去，山僧懒到寺门前。

芬陀供后入龛时，万五千人泪不支。天乐妙华只这是，人间争觅沈莲池。

《温长卿以宗伯兼领史局歌以送之》　　前人

二十无闻一狂者，湖上逢君入秋社。倾心相向两不言，日气青苍霜洒洒。对君岸帻复长啸，礼数宁为我辈假。论诗啜茗初夜分，谈快千回呼玉斝。生公石上苏家堤，何处听歌饱游冶。留连岂落儿女态？感慨遥令古人写。拿舟送余今几时，溪声宛在浮图下。余嗟已废无可言，君亦暂尔娱丘樊。争席寻常闻野老，客来频乞南宫草。帝方侧席思赓歌，寅清有命新嵯峨。君行迟迟无不可，青海尚腥其奈何。贱子不能与君北，晴江祖帐君为客。岸花幂历摇紫烟，解袂青林鸟将夕。谒罢承明拂几尘，侍儿然烛留余春。淋漓灏气两朝史，墨兵字字垂琳珉。其间要立逸民传，写寄吴山采药人。

《暮秋同赵长文夜集忞公精舍得衣字》　　前人

竹庵立穷渚，邻社往还稀。偶伴野人至，坐听秋叶飞。僧厨余午钵，佛火近寒衣。妙理从师悟，犹怜带月归。

《春日得朱相国手书兼致大岘寄谢二首》　　前人

元臣领史天章重，锡马曾经昼接余。文武家风姬旦礼，古今人表孟坚书。星垂上将悬中斗，岳到高山俯石闾。独有孤生寒似竹，也烦槐鼎问何如。

二月余寒雨未晴，瓦铛石火煮黄精。鹤从日下传书慰，锦赉天孙照眼惊。不负万裘酬夙志，宛如三揖费逢迎。傥然病起应西笑，翠树葱青赋拟成。

《寿朱少师七秩公弧辰当元日》　　前人

谡谡风澄百尺松，独持经术补山龙。北辰玄默尊魁柄，东序清严列大镛。天未能忘新事业，帝方延伫旧勋庸。谢家群玉纷为寿，笑语王正恰首逢。

何似灵光鲁未倾，岿然元老赞升平。致身如此心弥下，报国归来力尚赢。日借赵衰春倍暖，霖求傅说早无惊。绛帷况复沾河润，试出新歌和早莺。

《送温长卿太史还朝》　　前人

寒溪水落时，短棹与君辞。亦恋故园色，还深明主思。山晴句曲道，冰合浊河湄。怅别宁因远，衔情遂及私。艰危生事薄，潦倒俗人疑。有识能违众，非才愧独知。遥遥江屿望，脉脉暮鸿随。计到长安日，闻予闭户期。

《苏文忠现梦吕益轩先生重新寺宇赋此志感》　　温体仁

丹嶂从教力士开，赤山岂意亦成隈。沧桑难改三生愿，魂梦仍为护法媒。树立空庭窥月下，云横古甃待龙回。千年慧日敷新象，应是坡翁此再来。

《赠楚溟上人》　　前人

偶此寄浮踪，幽寻得远公。心超浊世外，身隐白云中。离垢原无净，随缘即是空。知非吾已晚，斯意傥君同。

《跛法师歌》　　释袾宏

跛脚法师胡以名？良由能说不能行。我今行说两俱拙，不应无实当斯称。春王正月才过十，午间随例入浴室。失足俄沉百沸汤，不起床敷五十日。疮痍甫平筋力疲，左长右短行参差。东行夹辅二童子，西行交倚双筇枝。是故此师名跛脚，跛去跛来人笑杀。笑杀平生好放生，善因恶果理难合。颇有市肆旃陀罗，刲羊击牛烹凫鹅。鳖鳝蟹蛤杀无数，而反康豫无纤疴。放生诚有长寿理，因果无差休乱拟。我昔杀业今须偿，身痛心生大欢喜。傍人问我喜者何，我以此脚成蹉跎。趋奔无始至今日，步步趁入无明窠。或趋名兮据高位，冲寒踏遍金阶地。或趋利兮走天涯，历尽燕秦并楚魏。或趋势豪候门墙，不减立雪之游杨。或趋女色越垣阃，由此暮夜遭伤亡。或趋檀施求无已，匍匐泥涂没其趾。或趋友朋时往来，破夏践殒诸虫蚁。或超五岳及三山，南驰北骛芒鞋穿。所以如来苦呵责，举足动足皆冤愆。幸哉今跛损成益，思欲闲行行不得。潜踪敛踪守林峦，多种狂心一朝息。客来恕我不起延，兀兀似入磨砖禅。闭门无事且高枕，欲学翠色烟岚眠。只愁此脚不终疾，趋奔万境仍如昔。愿君不跛如跛人，胜彼长年掩关客。

《闻非翁卜居浔上》　　董说

一事猜君野计疏，樵船叠架载图书。应怜山水苕溪好，得见移家画里如。蟹舍朱颜枫叶醉，松窗绿发雪晴梳。木兰制楫丝编缆，相望柴门凿小渠。

《非翁拟迁浔上诗以促之》　　前人

苕溪古寓公，诗笔例高秀。先生冰雪文，翠与晴峰斗。杯擎西坞茶，花种秋篱豆。余将觅渔路，敲门问奇籀。

《黄九烟居士重过宝云》　　前人

不朽文章感慨余，未成吴越卜新居。北天箫鼓仙韶乐，梦国河山太史书。自言将制《北俱卢传奇》，又有《梦史》，高一尺。岳记清裁空左马，禹碑真诀授樵渔。并隶九烟事。何年去挈东篱叟，谓湘中陶仲调。三笑重将旅抱舒。

《大风》　　顾云

万瓦轻于乱叶飞，太虚磅礴无光辉。空村豺虎夜深出，山下独行人未归。《吴兴艺文补》目录注：寓浔。

《解蜕吟十首并序》　　黄周星

今岁在庚申，予年已七十矣。念世事之都非，叹年华之易尽。与其苟活，不如无生。昔傅奕自铭曰："傅奕者，青山白云人也，以醉死。"余慕其风，以为醉死殊胜饿死。但自铭则当曰："诗人黄九烟之墓耳。"似兹含笑而入地，何异厌世而上仙？聊为解蜕之狂吟，以当获麟之绝笔。笑苍老人九烟氏草。

苦海空过七十年，文章节义总徒然。今朝笑逐罡风去，纵不飞升也上天。

人间枉自说科名，读到奇文鬼亦惊。三十年来千斛泪，谁知一事竟无成。

文皇桂殿久临轩，构得吾家将就园。好去昆仑山顶上，大开天眼看中原。
尘蒙锦绣最堪哀，浊世何人识异才。可惜诗文光万丈，一齐埋没付蒿莱。
伤心万事剧纷纭，不欲看来不欲闻。收拾聪明归去歇，好随冠珮拜彤云。
神鬼人兮并地天，仙家五品岂虚传。但能脱却红尘去，莫问神仙与鬼仙。
几年穷饿寄鸡栖，忍死谋生足惨凄。薇蕨已枯歌未绝，今朝真个是夷齐。
久随患难有糟糠，一旦分飞黯自伤。膝下依依惟弱女，移家好傍碧衣郎。
半生辛苦为儿曹，漫说超宗有凤毛。他日双珠能照乘，文章门第自然高。
皇天后土心无愧，万古千秋气不磨。此去何须生怨恨？江风山月自高歌。

《庚子纪年诗一百四十韵》　　前人

低头问皇天，仰面呼后土。我生何不辰，罹此百忧苦。百忧果如何？更仆难悉数。约略请敷陈，声泪已盈楮。忆昔居母腹，为日方百五。勃溪遭椎击，危若发一缕。天幸不陨殈，历冬晨始举。暗昧界周氏，僵冻漏二鼓。本是东吴人，忽改为南楚。哀哉鲜民生，生不识父母。父母谓他人，葛藟悲河浒。所赖抚育慈，恩亦均恃怙。质羸幼善病，药饵填肺腑。母也颇卞急，挤床或逢怒。稍长就外傅，头角渐可睹。群小如鬼狐，怙宠时侵侮。愤懑遽吞药，乃竟无患苦。十六试辟雍，至冬丧厥母。十七甫受室，糟糠实贫窭。寝苫仍析炊，时复缠二竖。十八补成均，十九贡天府。名始达九重，其岁为庚午。借甚早蜚声，困悴了无补。瓠落历穷冬，无聊适湘浦。四千里风波，六十日樯橹。鹪枝且卑栖，讵知非吾土。亦越癸酉冬，逝将图进取。间关赋北征，水陆备艰阻。一惊邻舟盗，再惊沉舟估。戒心乃启途，驴背触炎暑。抱疴竣棘闱，自分孙山伍。忽尔厕贤书，毋乃荷神祜！甲戌竟下第，经旬病羁旅。涉冬仍返湘，终岁门空杜。倏忽丙子秋，计偕仍赴部。附舸出洞庭，绿林逢乳虎。橐装饱馋喉，鸡肋支刀斧。性命幸无伤，万卷葬洲渚。丁丑再被放，神气倍惨沮。南还即剧病，死生争铢黍。病起复移居，奔走遍城墅。无端入亲舍，双亲忽云睹。时年二十七，始知真父母。咫尺暂相依，脉脉未敢吐。周氏寻觉之，姬竖争煽蛊。周父颓湎余，信谗遂赍怒。相尤非一端，漂摇失故处。避地过广陵，伶仃寄春庑。庚辰复计偕，名籍尚隶楚。倩人赍藩牒，兼复持资斧。谁知姬竖辈，侦探尽掩取。匍匐将抵都，敢望篴鹓羽。是年忽登第，天意怜沉苦。廷对拟第二，多士欣抃舞。乃不蒙宸鉴，依然置侪伍。其时虽释褐，齑盐仍逆旅。中有周氏奴，挟刃不利主。幸为同辈窥，遣去害始杜。篮舆冒暑归，役夫弃墟莽。逾淮复大病，岁杪才臻楚。周父俄捐馆，缞绖过忧瘝。是时寇氛炽，三楚半貙貐。狂徒忽乘衅，刑牲鸣金鼓。避乱去长沙，负困滨阳旅。癸未乃移家，舣舟湘之浒。

载米可千石，忽为乱兵阻。兵去寇旋来，破竹摧州府。自春聿徂秋，寇已逼门户。弃舟走豫章，千石付一炬。间道抵金陵，登堂且将父。母已闷黄泉，风木恨何补。甲申值南迁，谒选补计部。钱谷非所长，聊复滥圭组。未几又鼎革，苍黄移钟簴。挂冠遂逊荒，田庐弃如土。崎岖入霞关，挥泪从牧圉。戍秋复遘变，狼狈创弥巨。奔窜岭海间，重茧百里许。入水有鳄螐，上山有豺虎。贼黄巾红巾，兵赤羽白羽。宛转兵燹丛，步步逢罾罟。一厄古田冈，再厄连江溆。三厄海口村，四厄琅崎屿。五厄至南台，洪波夜冲宇。蓬跣冒暑趋，仍憩古田旅。群盗又大至，喘汗走欲死。六厄华山巅，七厄西庄圃。八厄朝渔兵，九厄槐尾炬。月黑走踉跄，日晡泣空釜。痁痎动经年，疮痏不得愈。菜色类鹄形，鹑结悬篮缕。九死而一生，孑身鬼为侣。子秋出横塘，仍遭么麽侮。流离达武林，侥幸脱砧俎。四海叹无家，举目非吾与。漂泊东南乡，卖文兼训诂。刺促十余年，捃摭偷呰窳。寄生沮洳场，饘粥聊伛偻。灵椿又见摧，终天悲屺岵。迄今庚子冬，蘧龄已届五。服政则无官，招隐则无侣。欲躬耕无田，欲授徒无主。上不能医卜，下不能农圃。居不能陶渔，行不能商贾。念欲访神仙，何处寄妻女。念欲归苾刍，无儿惧殄祖。忍死复谋生，津梁疲吴楚。空持三寸锥，无济二区鬴。眼看轻薄儿，忍辱惟聋瞽。同姓即他人，独行嗟睘踽。自怜幼服儒，科第幸窃取。名节勉砥砺，矢志答君父。俯仰无一愧，圣贤或见许。讵意丁百六，薰莸成莽卤。伤心万事非，身世两乖龉。生平好读书，书散不得聚。生平好著述，锦囊空蠹腐。生平好山水，海岳多怅伫。生平好花竹，谁乞东山墅。性懒爱幽闲，笠屩无安处。肠热轻施济，点金乏丹黍。亦复喜开樽，贫难得佳醑。还复悦倾城，奇缘悭玉杵。屈指半生来，郁郁尠欢绪。风波十之三，兵火十之五。疾病十之七，拂乱不胜数。譬彼蓼中虫，习苦竟忘苦。譬彼冰中蚕，生不识春煦。譬彼万斛舟，逆流滞荒浦。片帆未挂风，摧篙频折橹。宇宙非不宽，容身少环堵。知己一人无，悠悠怆终古。磊落好丈夫，不如姬与姥。上负生成恩，下惭贫贱妇。四十九年中，年谱皆愁谱。有眉不得扬，有气不得吐。有愿不得酬，有怀不得抒。人巧我独愚，人乐我独苦。生我意何为，厄我向谁语。天地奈尔何，长歌泪如雨。

《从月函上人乞竹》　　　前人

一片秋声午梦残，万条绿玉傍人寒。从君乞取缘何事，欲向江头把钓竿。

《立夏日同友人郊行即事》　　　前人

不将尘土负烟霞，此日清和节果佳。竹畔已登高士榻，桑间还过美人家。弥天新绿初闻鸟，随地娇红屡见花。山水文章真夙好，更期同泛五湖槎。

《题俟庵易发》 张隽

拂意聊挥杏叶图，天山巉嵥井泉枯。偏师忽破无生国，拍手灵岩唱鸬鹄。

《寄俟庵》 前人

响屧廊间片语投，归来敝屣视菟裘。要看末后全提句，莫为千峰抵死留。
英雄洒水入潺湲，叹息谁撑淡泊门。眼底骷髅干不尽，晋人吹剑更重论。
易称遁尾洵奇哉，善牧鞭从最后催。书画于人深有益，累心无奈遣须开。
破船倾底葬洪涯，不遣庞家笑米家。零落平生传述事，尚余天半粲朱霞。
丰草庵边络纬鸣，梅花渡口见秋莺。此间少许凭谁荐，肯逐他家馊饭行。
不因庐阜拒泉明，底里狂歌尚咏荆。何事溪桥传一笑，千年流水作悲声。

《初得丰草十集》 前人

十年梦读铁函书，忽枉缄题烂五车。掏指伸眉方疾读，怕惊蝴蝶更蘧蘧。
创体新题置十编，马蹄秋水似当年。何人却立梅花渡，荐得声前早外篇。

《送裘夏之灵岩定省用垂字》 前人

漏永莲花日正垂，多君触热度山篱。箧中忍睹思亲句，空外如传命子诗。零落故书犹可问，斩新公案更须窥。归云未卷南楼梦，好借罗睺为致辞。

《寓浔口号》 前人

浔市十家九压油，夜半打车兼打牛。吟枕忽惊时起坐，残红干尽更垂头。
旧吴角谱传龙子，三十年余振此风。枉为象经开讲说，里儿不学已能工。
作俑初将灵荟刊，后来风雅出扶鸾。书驱医卜归巫蛊，鸟篆虫书列大官。
一变为缁再变黄，自称扶弱不扶强。教成新箓琅玕立，好为休文上赤章。
何处妖姬唱采莲，市人相率费金钱。不应司马无情思，长旁湘江估客船。
虎吏排门被酒来，纷然关节效参陪。不知竟择谁家肉，又拥吴娘倒玉醅。
铁磨鸣钟建法筵，送来新发发齐肩。化人旁午诸山至，催纳堂头上寿钱。
市廛尺地易千金，不计传来岁月深。往往变更三四主，犹争诨欢与龟阴。
自于香火有深缘，旧管新收几缺编。旅食数年无可似，最难忘是卖书船。
闭门读易林居士，默坐观仁沈尹同。不识世间何似者，一池荷叶一庵松。自注：西庵易姓林。

《冬日赁舂皋桥芝筠先生见过纪磊按，皋桥在南栅，即高基桥》 闵南仲

广厦初蒙庇，仙舟更枉寻。斜阳如挟纩，流水似弹琴。羸马千金价，孤鸿万里音。家乡安处是，不作越人吟。

《月函老师见怀次韵奉答》 前人

半生龙剑蛰书巢，敝帚犹存未忍抛。一瓣空香依古佛，两间破屋集谈交。陶潜乞食词偏拙，阚泽佣书手懒钞。毕竟此身何处着，白蘋香淡钓秋郊。

两眉长斗月痕尖，棋局亏成玉半奁。此日诗坛宗瘦岛，他年佛火伴香严。新衔客子仍磨镜，旧号先生本织帘。若要不贫还不俗，由来竹肉那能兼。

鹧鸪溪冷梦潭孤，略彴年深已半枯。秋雨自吟枯树赋，春风谁补落花图。诗心易得鱼千里，剑气难消酒百壶。亲向晦堂闻密义，木樨香里觅萱苏。

《浔上董复园使君治螺川有善政诗以纪其事》 前人

岭北湘东烽燧举，妖童少妇城头土。母求死子妻失夫，千村万落无宁宇。已看艳玉委泥沙，更见娇红堕风雨。想魂寻梦春凄凄，死别不如生别苦。螺川通守天下稀，哀厚遗黎同子女。一声威凤鸣朝阳，孤鸿寡鹄皆成双。右《仳离曲》。

油田山溪高岂粤，一夫当关万夫却。山氓卤莽弄佳兵，饧箫土鼓充铙镯。秩宗后裔今王祥，安车徐度忘丘壑。春风电转鹰化鸠，手握渠魁解其缚。千井弓刀变耒锄，两年逋赋归扃钥。虐我则虎抚则人，金雄好语怀郭文。右《油田谣》。

禾川荒畦多且久，白日苍茫照稂莠。石田悉索供官粮，秫米赢余造私酒。鸦飞欲堕蛇倒回，若个官人能履亩。董侯学道有英标，灵雨薰风随马首。画图析壤民吏惊，判别宫商分卯酉。田清税足无照瘢，口碑郁律山川寿。右《履亩谣》。

井梧著雨秋如縠，萤火晶晶夜深绿。东邻桃李少年儿，化作冲衣白蝙蝠。箨冠小兆夕阳西，倚风三弄神弦曲。使君恐误百年人，石作阑干护幽独。清于古镜直于虹，土花碧眩蟾蜍目。青禽何处忽飞来，井上双双戛寒玉。右《井干辞》。

《寿董芝筠六秩》 温睿临

四海喁喁击壤歌，却令安石老山阿。指挥曾答苍生望，高蹈终如隐癖何。煮石茹芝堪笑傲，药栏花树足婆娑。圣朝若问经纶业，愿访先生安乐窝。

《徐松之先生过访》 **董樵**

浅水轻桡剡曲船，奚囊鹤发意翛然。挟持烟水诗人笔，松老方刻《百城烟水》，至浔搜访遗迹。来际风霜落雁天。怀抱每从游屐展，编摩先借梵宫传。辟疆老去吟坛冷，品藻端归杖屦前。

《夏永宾尊翁降乩记事》 **纪官**

昔有远方客，抱病浔之湄。深夜汲溪水，水际逢仙姿。修髯飘长袖，一丸忽赠贻。服之即庆快，长跪询所来。云我寓洞庭，王氏室相期。似梦犹未释，依言往叩之。堂悬吕祖像，宛如与药时。又我五世祖，假寐无所思。梦入湖滨宅，稠人乞赋诗。相忘已匝月，其人来致辞。怀中出梦句，抚掌共愕眙。二事非浪传，今有合璧奇。闻逃玉崖子，没后犹济施。凭乩降南村，点笔病者差。感而请姓名，五言聊自怡。览者知先生，絜酒奠庭阶。嗣君虽却谢，时祭虔不衰。始知天壤间，正气为撑持。

《裘庄丁母蒋贞媛歌》 **董友松**

吁嗟乎！烈妇易兮节妇难，荣枯阅尽冰霜寒。鹃啼深夜不敢泣，一身长作霄渊看。茹荼饮血未亡人，喻如累石排惊湍。惨澹经营生死间，绝者使续危使安。阴霾既扫白日净，拮据初就心枯干。岂念同生不同死，但恐一死之后宗祧反手成波澜。吁嗟乎！烈妇易兮节妇难。裘庄贞母有文姬，相夫未终影独悲。淹留薄命答天地，寸丝欲系悬崖摧。吁嗟乎！节妇之难，难于生百罹。孤鸿杳然去不返，寒云漠漠风凄其。熊丸味苦能疗饥，织月声哀能养躯。负土辛勤学俞母，蘋蘩勿替垂清规。庭前林立尽孑然，兰英桂粟标孙枝。秉心幸无负夫子，冰心岂肯求人知？不有采风纪彤管，芬芳委置空山陲。吁嗟乎！节妇之难，难于死而弥耀，投机断发称来兹。

《朱烈妇》 **前人**

浔东朱氏子，疾已笃矣，取妇未半月，殁于上巳日。越七日，妇遂自经于寒食之夕。

飞花如云白日暗，燕涩莺酸春冷淡。冰心一片月三更，梦断残灯鬼犹瞰。浃旬不成连理枝，风雨俄惊又一时。吴丝蜀桐弹不彻，从死黄泉作寒食。

《朱烈妇方氏哀辞》 **董师植**

云迷穗帐月痕虚，独鹄含愁赋索居。泉路从容寻旧梦，香微灯淡影疏疏。

《明月篇》 前人

闵子耐庵，名南仲，宫保曾泉公之孙、仪部园客公之子也。少有逸才，不事家人生产，旧业萧然，僦居浔上十年所矣。性落拓，复喜嬉游，人鲜矜式。余爱其才，作短歌以赠焉。

明月皎如珠，我心洁如璧。珠璧灿朝霞，光辉耀王国。明月为君怜，我亦为君悲伏枥。赠君明月珠，月明照沙砾。愿君扫雾复犁云，手挽长河涤魂魄。双璧自连城，璀璨同今昔。邀我五湖游，浮家还泛宅，弄月吟风吹铁笛。

《志异》 纪端

马迁合传岂称工，浔水东南得二公。不饭十年沈备老，无眠终岁董江翁。

《挽万里扬》 释秉融

万里扬先生者，宁国之高士也。少习经史，及长恬退，酷嗜青囊，好谈元理。气宇温和，胸无圭角，名山大川，无不游览。因寓于浔，晨夕往来，瀹茗清谈，潇洒之风，溢于眉睫。我庵建塔于郕城山，择日定穴，深有赖焉。不意今秋溘焉长逝，余适在维扬，不得面诀，感念畴昔，诗以悼之。幸遇桐邱公之贤裔修益曹公，亲视其疾，经理其丧，旅榇得归，终全交谊。求之于今，罕有其人，亦莫非有宿缘在焉？

一夜凄凉赴九泉，小窗愁对月孤圆。离魂徒设家中奠，生面从教画里传。到处为人封马鬣，问谁代汝卜牛眠。故交茗上情难尽，空向天涯焚纸钱。

《节烈篇为夏编修弁南妻姚孺人作》 谢洲

生亦谁不贪，乃独捐弃之。哀哉上林鸟，相背成孤飞。忆昔初入门，蓬荜相因依。轧轧弄机杼，琅琅诵文词。机声与书声，往往至鸣鸡。中间举两雏，一女复一儿。女能学针刺，儿能竹马嬉。团圞在家乐，虽贫亦不辞。及君被乡荐，幞被出里扉。求荣以养亲，岂怨生别离。送之及中门，不敢双泪垂。是年君下第，马首复南归。慷慨益励志，僧房长下帷。家务戒勿闻，省亲乃一来。计偕人北上，从此相见稀。天衢纵阔步，群仙接阶梯。编检供史职，敢作家室思。永为燕云客，梦或来苕溪。妾时居深闺，夫子岂不怀。官清家益贫，安得舆马资。惟恃两弱雏，茕茕历岁时。奈何生不辰，一子中道摧。椎胸更呼天，血泪日夜滋。久因得瘵疾，长愁身亦羸。幸赖存此女，视如琼树枝。君时数寄书，迫促诣京师。妾念病未痊，可使君无嗣。辛勤觅侧室，比行挟与偕。迟迟至仲夏，毒暑蒸路歧。我女最孱弱，不耐车马驰。中途抱危疾，几不及王畿。

见爷才一面，即日归黄泥。妾固痛欲绝，君亦失声啼。并无聚首欢，但有生死悲。妾乃复大病，君篇日护持。参苓颇艰难，终日颦双眉。妾愈君疾作，沉沉屡濒危。自夏复逾秋，呻吟卧重帏。药石总勿效，一旦隔夜台。夫乃妇之天，夫死妇当随。世或有不然，我是糟糠妻。斩然仅一身，偷生欲何为。决意遂投缳，君先妾来追。忽为左右觉，唤我孤魂回。又言扶榇难，非汝将付谁。斯言亦有理，强留固所宜。遥遥出国门，历历逾青齐。眼见来时路，触处增涕洟。江南又在望，不日返旧居。妾形虽故吾，妾命已如丝。又念是命妇，亦当知礼仪。维扬买朝衣，姑苏买冠帔。舟中密密缝，朝夕自提携。须臾抵故乡，上拜翁颜慈。大事妾已了，致命夫何疑。阖扉复自经，决绝无徘徊。谢子居比邻，闻之为歔欷。忆与太史交，羡其志崔嵬。将祟忽又圮，不觉心悲哀。今亦可已矣，有妇贤如斯。表扬先草野，因作挽歌诗。诵之向当路，庶几闻丹墀。旌命一朝下，可以激衰颓。莫言非中道，伟节不可讥。

《题高祖王父光禄公手书第二疏草后》　　董熜

故明神庙无适子，恭妃所产宜君王。何来郑妃恣房宴，有子亢宠干乾纲。大高殿中誓语密，金书玉盒先袭藏。时呼都人忤慈圣，每云待适欺庙堂。皇后冷落恭妃远，廷臣愤懑言难昌。是时高祖职中仪，特发大难排天阊。世子齿学古有礼，豫教斯耀前星芒。飞章丹地未省视，复救廷杖词烺烺。陛下孤立诚切直，宰相颠倒弥激昂。已分骸骨化碧血，偶蒙削籍南还乡。后来国本久乃定，犹争梃击残忠良。何况龙漦孽方炽，只手砥柱狂澜狂。国变事余二百载，史臣诵略颇不详。两番谏草幸存一，白简字字凝青霜。

《谈烈妇歌》　　张鸿窸

停我杯，击我缶，慨当以慷兮歌我谈烈妇。烈妇只知死从夫，慰姑舅。岂知清风励俗揄扬学士文人口。亲白头，孤黄发，百年教养宜磨折。无子女，有叔伯，吞金断颈，不嫌形毁而性灭。送夫君，安窀穸，三尺红罗接素帛。徘徊北面，端挂灵幡侧，生则同衾死同穴。妇从夫死，后先未及四十日。又闻盖棺时，生气犹奕奕。内缟衣兮外衰绖，层层带钮数百结，啼痕泪渍斑斑血。呜呼！烈妇得其死，慰死慰生两全耳。须眉不见立纲常，大义奇行敦女子。谈烈妇，千秋万载此姓氏，水不能浸火不毁。我歌不可长，我叹不复已。聊写一言代哀诔，布告明廷彤管史。

《田烈女》　　董承勋

日色惨澹天昼暝，瑟瑟帷风鬼瞰影。杜鹃血泪染丝纶，霜花泣月芙蓉冷。良人未识娇鸾孤，柔肠百炼坚不磨。珠襦玉匣弃勿用，从容一死随泉途。贞心炯炯乃如许，伫看绰楔褒天语。千载芳名重鼎吕，董家妇，田家女。

《松柏词为贞烈田甥作》 纪复亨

明月耿青松，飞来孤鹤语。宛转有余哀，下有田氏女。一解。五岁诵诗书，十岁织流黄。十三佐中馈，及笄许董郎。二解。董郎不知处，似说游袁浦。隐隐母叹息，兄弟私堂庑。三解。堂上何区区，郎死不复疑。母弗防阿女，女转防母知。四解。含笑语阿母，东家数接取叶。奈何阻姻情，与母整簪髻。五解。母去帷房空，女死始从容。重重束缟素，物物自缄封。六解。床头朱丝绳，毕命手所绪。孤灯青荧荧，芳魂向何处？七解。母归枕尸哭，举体栴檀香。两家请合葬，松柏郁相望。八解。

《题访书图有序》 杨凤苞

刘三桐少好聚书，楚游归后，搜罗益富，积至数万卷，筑眠琴山馆贮之，犹以为未备。尝属杭人奚冈绘访书图以见志，惜不中寿，奄忽即世。嗣子瑛幼弱，其书皆为市人窜取以去，可叹也！君从子焕宝弆是卷，出示索题，伤逝者之不作，慨遗书之悉亡。颓唐老笔，言之不文，聊以纪实而已。嘉庆十五年涂月。

尚剩奚生画，香厨久弃捐。伤心余簿录，过眼付云烟。压架犹如昨，充箱孰与迁。借君珍此卷，想象旧瑶编。

自古图书厄，多经劫火亡。未闻豪贾敚，举作债家偿。编校留希弁，飘零忆蓼塘。披寻一振触，老泪忽淋浪。

《杂诗》 施国祁

出门火伴惯经营，卖假由来少卖诚。石晕犀通妍易取，蜡言栀貌售偏成。断须不二名时价，勿使相千变物情。往记南浔区办好，金钗札语最分明。《江村消夏录·赵文敏八札第一·与直夫姨丈札》略云：金钗一双重二两，望姨丈亲自看视，那换打造发去。其余有可于南浔办者，望用情区处。南浔不必办者，已属师舅往平江办矣。

汉传文头幕马蹄，宇周原不禁河西。赍轻钱贯无方孔，估定银流有额题。案，此钱俗称洋钱，亦云番饼，出于和兰、佛兰西、千丝腊、俄罗斯诸国，载至闽、粤洋船。其文有“马剑、双烛、花篮”等名，而以人面为恒货。卅余年来，通贸中国，每舶率巨万数。其银色中等，平，圆径寸余，无孔，厚约分许，秤重曹码七钱三分五厘。沿边皆有番书数目字，内地银牙与各省银货及通宝合值流行。较之银货，无水色高下、分两轻重之辨；比之铜钱，无盘数多少、舟车搬运之劳。近来商贾无不以此钱权百货，皆私便之。蛮货居然权管榷，童眸率尔辨高低。钱既通用，即有伪造者，农人入市或得数枚，随店觅年少者估之，真伪无不立辨，且计值通宝几百几十文，纵有市价低昂，不过小小亏折，农人尤便之。万千若个深藏稳，纸里桑皮得便携。

《志异》　　纪峻

仁人视弟兄，素云肉与骨。末俗视弟兄，何殊吴与越！不思生生初，气义本一脉。嗟哉我弱弟，孝友性所发。生前多自奇，死后更咄咄。我遭二竖祟，一病五阅月。服药病转深，奄奄息如发。三更不成寐，孤灯明复灭。我弟飘然来，欲语先呜咽。为言亲年高，不堪再颠蹶。弟宁不自思，兄何不自惜？勿药当有喜，此义见周易。若再误庸医，空作沟中瘠。凄凄听斯言，恍忽记一一。寻思颇奇异，强谢参与术。气体竟以舒，转转心安适。旋复半月余，身健如恒日。感为治牲酒，再拜临其穴。弟言犹在耳，弟容不可即。反不若病中，庶可依魂魄。含泪志数行，弗使等虚掷。南枝谨案，乾隆庚戌，先君年二十三时，季父没已三年矣。季父至行不胜书，而此事更奇异也。季父讳方虎，字炳章，喜绘事，又善吟咏，卒时年仅十八。

《水巡船》　　夏荫棠

一声呵喝来，县官捉船何为哉！捉船言将赴水巡，吏胥欢喜船夫哀。船夫船夫尔莫哀，输金乃免当官差。日日输金苦不足，供伊买笑倡楼宿。不管估船夜独行，芦荻萧萧风肃肃。

《妇某氏憎其夫，将鸩之。夫觉食有异，持鸣官。官离弃其妇，原妇罪》　　金锡桂

长官新到禁浮薄，半夜张灯捉赌博。群胥洗手谢陋规，一钱不入私囊橐。有愚者氓娶美妻，凝妆婉娈空闺啼。雄飞绕树求野匹，雉鸣得牡憎家鸡。开筵召夫置精膳，腐肠药物碗中见。夫惊持碗鸣诸官，倾市愿看包铁面。官不坐衙西日斜，市人渐散心咨嗟。明朝但闻女已嫁，故夫独自归其家。尹翁归，赵广汉，神明各噪扶风传。官纵别有钩距法，奈何不下一笔判。市人不识长官意，影事讹传窃窃议。妻毒夫死妻不治，赌具何妨重准备。

《明史杂咏》　　前人

乌程士气靡于草，累叶清芬愧世臣。犹有郎官应列宿，蓬麻植立敢批鳞。礼部员外郎董嗣成。

曝书亭子诵先芬，国本危疑屡疏陈。拂袖同官归去早，幸题此老亦邪人。太子少傅、武英殿大学士，赠太傅，谥文恪，朱国祚；文渊阁大学士加少傅，赠太傅，谥文肃，朱国祯。案，国祚非浔人。

释褐之官运已倾，全家妇女亦英英。绝吭引脰寻常事，一洗乌程辱国声。徽州推官，本朝赐谥忠烈，温公璜。

《纪孝子宿墓图诗》 董蠡舟

呜呼！蓱翳何不仁。昭阳岁皋月，淫雨将二旬。田庐漂溺，冢破尸沉沦。纪君之亲墓，高地非水冲。浸淫已没马鬣封，先人体魄委之洪流中。将毋暴骨中原同，人子何地可自容。爰棹扁舟居墓侧，量水增减晨昏测。朝量一寸增，孤儿泪一升。暮量减一尺，不啻百朋锡。日日持竿测不已，何时得见墓出水。墓出水，修复完，儿虽溘死心得安。孟秋既朏日加午，雷电以风复大雨。绝维折舵力莫施，舟如一叶从掀舞。随风播荡数十里，已分湛身蛟室底。愿缓须臾且无死，孤儿得见墓出水。稽首吁天天有耳，一语未终绁木止。自夏徂秋七十日，若斧若堂看尽出。墓出水，修复完，归未浃日，天遽下玉棺，孝子身死心已安。英英诸郎君，志行芳且洁。丹青图写扬先烈，已见旌门标绰楔。孝子之名垂万春，此诗此画示后人，人人不忍死厥亲。呜呼！蓱翳何其仁！

《捉船行》 董恂

年年三月春水生，漕艘打鼓飞帆行。今年阻浅行不得，篙师缩手真无策。县吏今朝尽下乡，有例捉船云载粮。捉船载粮船数足，捉船索钱难满欲。朝廷正供官长符，那知徒饱奸胥橐。大船有钱可潜避，小船无钱复谁替？捉船计已出权宜，谁料捉船还有弊。呜呼！载粮捉船尚如此，催粮捉人更何似！

《题董若雨先生孤舟遗照》 邢典

无方得碍有家浮，想见当年孰与俦。岁隔湘人依水市，暂逢烟客过山邱。梦华潭冷心中事，丰草庵荒物外秋。著述等身名满世，萧萧芦苇一扁舟。

《晚青大兄属写小梅花庵图因题二绝》 吴岩

怪道清癯不入时，先生高格畏人知。舍南舍北梅花发，浅酌椰瓢自咏诗。

屋后青螺耸翠鬟，菰芦深处转溪湾。庵前亦有梅花放，应被人称大小山。

《题纪孝子峻〈宿墓图〉》　　许旦复

黑螟灾何酷，漫天巨浸稽。荒塍迷石券，遗兆认碑题。依恋趋庭切，追陪孤艇栖。夜深风浪起，惊绝梦中啼。

《浔溪杂咏》　　方焘

丰草逃禅非佞佛，芝筠摄静不谈玄。可堪艺苑风流外，也共青棠吹景传。

南渡状元称地主，前朝十俊半三台。近如吴范皆苏产，纪老商丘发解来。

相国丛祠沦蔓草，空王荐福只寒烟。斩新共指文星阁，涓滴谁寻一线泉？

百尺红楼四面窗，辉煌绀宇界吴江。一从宗伯题分水，来往飞舸对影双。

秋水才添没钓矶，荆吴漾口荻花飞。市头蟹胥携筐卖，争胜披绵黄雀肥。

《读〈榴龛随笔〉感赋》　　纪磊

一卷榴龛逸事搜，毫端小试亦千秋。贯高无救张敖死，常使英雄泪暗流。廷钺力白朱恂冤，虽无救于死，人咸壮之。

《商父癸卣歌为温铁华曰鑑作》　　蒋鋆

温君好古欧赵徒，广储金石供清娱。酒酣示我商代物，宝气直上冲云衢。口小底大有环纽，上下饕餮文迥殊。神灵呵护数千载，至今刻画非模糊。商家尚质不称氏，且字冠名名曰癸。曰作父癸尊彝爵，所镌之字止此矣。不陈功德不纪年，以实清酌陪嘉笾。自从牧野倒戈后，一经兵燹遂弃捐。仲尼搜罗惜未获，欲观殷道惟坤乾。不然以器许子贡，岂惟六瑚光几筵。君今何从得此卣，年年满贮延龄酒。每逢秋月春花时，手酌松醪乐宾友。更有鼎出承安宫，西汉吉金堪作偶。古来宝物借人传，祝君期颐享上寿。

《壶山修〈南浔镇志〉成用前韵志喜》　　汪曰桢

人情风土随处异，关西出将关东相。小邑亦复具文献，岂徒土物夸佳酿。好将史笔倩董狐，自无挂漏招讥谤。农桑知是民所重，器具备登若簿帐。著书未可有苦窳，信如陶人制盆盎。他时镌刻付枣梨，一编定见新书饷。

《题〈精庐小集图〉六十四韵有序》　　前人

图藏沈柳桥登瀛处，张秋水先生鑑所绘，记妙境庵祭乡先辈事也。柳桥撰《南浔备志》《南浔艺文补》《南浔著述总录》及《南林乡先辈私祀录》等书，中年遽卒，未竟其绪。亡友丁子香桂为柳桥外甥，尝以是图索题，余为家蛊所困，不复吟咏，诺久未践。顷因纂修《镇志》，检柳桥遗书，复展是图，乃补系以诗，盖距柳桥之殁已十七年，子香之殁亦十三年矣。

湖州府七县，倚郭首乌程。县东七十里，镇以南浔名。淳祐立镇来，六百有余龄。民物颇殷阜，接踵多贤英。文献久放失，约略犹可征。或生长于斯，或踪迹所经。其人三十六，季宋逮皇清。有以气节著，有以文艺鸣。穷者为隐逸，达者为公卿。要皆三不朽，无愧乡先生。殁可祀于社，古昔垂仪型。柳桥沈子曰，是宜奉椒蘅。瞽宗未及配，私祀礼亦应。爰议定轨则，共约同志朋。祀事岁一举，举必于春正。镇西古兰若，始自宋代营。云有朱进士，创以守先茔。本名厚德庵，妙境后所更。青阳好风日，花竹丽轩楹。僧房远尘坌，灵爽或式凭。虔恭设俎豆，稽拜荐芳馨。品物虽不腆，所贵将以诚。羹墙慕先哲，古谊夙心盟。旷世意相感，何啻云龙并。祭毕肃而退，饮福集家庭。乡党莫如齿，君子无所争。仪文相揖让，诗篇互酬赓。如闻号呶戒，必有监史惩。砥砺交致勖，谈晏各适情。张丈推祭酒，作绘擘溪藤。点染仅写意，六法师关荆。呼之如欲出，肖神兼肖形。柳桥谙掌故，考索最专精。著述证存佚，记载别渭泾。备志艺文补，一一仿吴兴。匹诸玉枕帖，缩本摹兰亭。别编私祀录，一册付钞誊。诬词辨谱牒，轶事搜碑铭。人各为小传，下笔心先倾。进退寓微旨，向往托拳膺。知人论其世，想见其生平。与祭者名氏，罗列咸详明。其名曰私祀，其实乃公评。此举系风化，矩范式里闳。用以志胜集，永永期相承。惜哉九载后，祭遂辍不行。顷余辑志乘，简要苦未能。努力事编划，巨粒嗤蚁擎。幸兹先路导，体例堪因仍。姑作川学海，遑诩蓝谢青。常慨风俗敝，思古寸念萦。前尘渺难溯，怅望徒盱衡。何当更举废，后贤以次增。庶几灭复续，弗替如传灯。忆昔壬寅岁，柳桥返化城。遗物勤检点，似舅有佳甥。携此索我题，历久卒未应。讵知丙午冬，甥亦归沉冥。流光惊掣电，良友嗟晨星。此诺不可负，此诗今始成。诗成重展卷，感旧涕泪零。

时咸丰戊午孟夏月在丁十九日甲子晡后时加庚，濡毫缀卷尾。乌程汪曰桢。

《题朱文肃公家书册》 前人

先民自古曰在昔，平涵居士有遗墨。纶扉元老真柱石，惜哉早告归乡国。权珰曾以邪人斥，转令青史褒清直。均田一议名藉藉，闾里欢呼省徭役。当其委蛇方退食，贻书训子垂轨则。庭诰传家后人式，二百余年珍手泽。一自萑苻烽火逼，云烟过眼徒追忆。赖有贤裔勤物色，如璜繁弱失复得。锦赙装池重拂拭，晬容仿佛如可觌。兵戈劫余留此册，墨采犹腾光絶赫。清门世世食旧德，子孙永保期无极。

《汉承安宫鼎歌温铁花索赋》 张鑑

鼎口刻“承安宫铜鼎，容一升，重十四斤。甘露三年，安丞长福、掾禄守令史宣夕世造第五”三十一字。

羡君好古世无匹，商卣周钟列甲乙。鼎复传自甘露年，斤重十四升容一。一腹彭亨石铫圆，两耳连卷象简植。活翠横分带露茄，生沙肯假负霜橘。口凿小字卅有奇，隶楷分明郭香识。承安之名宫史疏，黄图不收禁扁佚。维时宣帝起下杜，天子气从狱邸出。莲勺卤中困鱼服，仇不能即鼎有实。丞既曰福掾曰禄，令史曰宣例取吉。拜名青琐号夕郎，造此者世世不泐。《汉百官表》注：“入对青琐门，拜名曰夕郎。”夕字正是官号。昭阳宫中故剑亡，金马碧鸡祀奚及？今年冬向属玉来，明年春自甘泉入。池阳萯阳皆离宫，便问张华等蠡测。史载，甘露二年十二月，上幸萯阳宫属玉馆。三年正月，上自甘泉宿池阳宫。注：池阳县有离宫焉，则萯阳亦当不异。鑑旧见《永乐大典》所载汉南北两宫图，无承安名，则三者皆当属离宫无疑。改元神爵又黄龙，九鼎重光万牛力。儒生稽古渉前闻，浊酒不浇此胸臆。拾香草堂花竹繁，佳友时来不速集。语妙环生饕餮贪，腹俭枵羞簠簋饬。忆昔校书诚本堂，画肚钳唇费文墨。今日重看一猛省，过眼风灯那堪述。此鼎铭载《积古斋钟鼎款识》中，记旧与同年焦理堂、朱椒堂昕夕一处，赏奇析疑，间以谑语，然竟不识“夕”字之为夕郎。诗成且告杨南仲与刘原父，谓盛梅庵、陈抱之。更为精研穷绠繘。

《汉十二辰鉴歌为温甥铁花作》 孙燮

吾考宣和博古图，十二辰鉴汉首列。此鉴径八寸有奇，形质团栾无损裂。丙辰十二字不完，外铭卅六亦半缺。依稀辞义祝遐龄，几欲读之箝在舌。虽无卯金年号存，古器迥与后代别。汉家内宠多婵娟，对镜簪花花态活。昭阳殿里娇春风，长信宫中冷夜月。此时此镜定何依，妒宠忧谗两愁绝。今人不识古时颜，古器偏教今眼阅。照残兴废几千年，可惜顽铜不能说。温甥好古鉴赏精，结庐地更乐幽洁。周钟商卣罗满堂，尤爱此铜手频挈。我来正值梅花开，坐向花前饮绿雪。偶然论古及西京，清谈玉有霏霏屑。谈余出镜互摩挲，尘封未得鉴须发。吾闻古镜光最奇，背影能向日中彻。拭以珠粉涂以膏，会使清辉烂烂发。一轮寒月挂壁间，假归照我肝肠热。

《耒门表兄有琴名秋泉，崇宁癸未马希贤斫，掌残距脱而龙唇缺矣。端溪砚，叶石林所铭，损一角。古鼎，亡其盖，渔人得自太湖。瓷瓶，底有漏痕，为吴中收骨董者所弃。颜其斋前人曰四不具，有诗索和》　前人

古琴缺其唇，厥名曰秋泉。朱弦久绝响，挂壁珠丝缠。龙池瞪目视，中有细字镌。崇宁岁癸未，斫者马希贤。是时京卞用，朝政初改弦。方士铸九鼎，议乐托神仙。力辟累黍谬，意欲掩从前。取帝三寸指，以为律吕权。其说甚怪诞，天子深信焉。兹琴于此时，制作非偶然。得无大晟乐，遗器相流传。吾闻声音道，上与国政连。衰世民哀怨，亮无和声宣。请君慎勿鼓，当作古鉴悬。右缺唇琴。

毛颖秃有时，褚生等敝帚。磨尽千古人，独让陶泓久。片石出端溪，巧斫云根厚。知是北宋物，石林铭其右。数语朴而奇，端楷画不苟。想当建炎初，戎马困奔走。此研携自随，玩弄不去手。何年堕一角，刓处墨不受。造物忌廉隅，毁方成老寿。不坏非形全，请问支离叟。右三角研。

周鼎没泗水，秦政不能取。汾阴有宝鼎，得之自汉武。鼎者火之器，千年藏水府。兹鼎不知代，出自太湖浒。渔者举网惊，获此三足瓶。惜哉遗其盖，如友判不聚。难为龙剑合，徒作破镜剖。吾闻鼎之用，荐食等簋簠。虽无玉铉存，尚有黄耳坚。可以养圣贤，可以享先祖。视彼无当卮，此器不犹愈。万事忌求全，得半君无补。右无盖鼎。

瓷瓶形如瓜，色作病叶黄。配以檀木几，位置横幅旁。昔有故家子，持此易斗粮。越宿忽来返，为其底有伤。岂知入君室，珍比球琳琅。取水自挹注，揩拭生晶光。无奈水易竭，插花花不长。请以挈瓶智，借作养生方。畎浍泄尾闾，朱颜成老苍。不见蚁漏说，东坡记书堂。身漏甚不可，瓶漏夫何妨。右漏底瓶。

《编钟歌为耒门表兄作》　前人

八音之作首重金，大者篇钟小者镈。磬师所教有编钟，笙钟颂钟其名各。半悬为堵肆则全，郑氏解云数十六。或云十二与十九，聚讼纷纭究谁确。周鼎沦亡古尺废，千载茫茫徇聋俗。后人掘土见遗器，往往摩挲看不足。此器制小重百两，厚唇弇口侈其腹。旋虫错落篆带全，形模识是编钟属。想当明堂大合奏，有司斋戒宫悬宿。北陈编磬南编钟，下与笙镛相间错。凤凰来仪神鬼降，万国衣冠气肃穆。竖儒不识三代器，瞀遇精光但眙愕。故家收藏历有年，传闻垦地出西蜀。岷峨自昔隔中土，古乐何由到此作？自是好事相舆致，爱弄不啻球与玉。陵迁谷变随入土，鬼物护持在山曲。夜深望气不敢近，光焰直向斗牛烛。山灵献宝宝出世，完璧依然无损剥。长镵挖泥帚剔藓，土花洗出斑斑绿。人得人失几代谢，君适遇之乐复乐。愿君宝此惧勿渎，中有蟠龙向人攫。镜铜剑铁古有神，何况金声奏大乐。国朝作乐告成功，钟律微茫讲宜熟。纵黍横黍谁是非，或但积黍贮以竹。短长律管吹不齐，至音何由辨清浊？执将古器定高下，胜使伶伦伐嶰谷。此钟登用会有时，不见黄钟待牛铎。

《题张少兰人海操舟图》 徐延祺

先帝丙辰岁，橐笔长安游。前后两出塞，一登澄海楼。雄关高扼山海陬，两京蔽障称神州。上有延袤万里之长城，下视齐州九点烟痕浮。自藏万人海，壮观兹为尤。今年夏六月，谈笑来瀛洲。西域贾胡皆碧眼，长年三老皆黄头。历涉重洋抵平地，高桅划天风浪收。火轮发机捷于邮，绿水黑水二水皆洋名瞥眼过，十日快达申江流。张生英妙谁与俦，七年重见争揩眸。夜床抵足话朋旧，或折其臂，或搐其喉。或陷于贼庭，欲还道靡由。生存犹之死，何况归山邱！我闻此语心烦忧，饱更丧俶惊恶浪，回视身世成浮沤。示我《人海操舟图》，或恐沉溺贻神差。生乎请勿语，听我歌且讴。我今摇荡将沉舟，浮家泛宅亦不得，男呻女吟无时休。逆流勇进固其理，半由天命非人谋。安得卸帆乘下泽，与尔同为马少游，仙源一住三千秋。

《中元日常大道性黄三均偕顾旅斋相邀渡汉阳，访钟楼下寺僧莳花种竹处，晚步郭公堤上，愒坐茶寮，复呼舟沿洄梅子山麓，登卉木林即古上乘寺也，乔木参天，月华满地，山僧煮茗供客，相与纵谈移时，泛月而归，二君作图，余赋诗四章以记》 范锴

际秋暑渐微，凉飔动阶树。良朋清兴同，款扉叙欢晤。岚影展遐瞩，荷香引幽步。眷彼汉阴山，问此夕阳渡。修杨覆阴浓，新蝉咽声屡。霭霭原隰烟，霏霏水汀雾。疏钟出兰若，茅屋惬情素。墟圃一何旷，秀英适成趣。偃坐忽移时，俯仰觉神悟。苟无外物牵，自有赏心遇。

郭公著政绩，遂以名其堤。数里亘如虹，坦坦并马嘶。渟澄夹明镜，演漾无端倪。石梁中高跨，柳影分东西。葛衣袭风凉，茶寮复相稽。篱花灿秋色，晚鸦归巢栖。炊烟出丛薄，皓月升前溪。远峰露青翠，返照绚晴霓。探幽呼小舠，一碧湖光齐。

泛泛舟轻飏，沿洄山之隩。鼓枻鸣岩阿，临流划文縠。山气嘘成云，云容变攒簇。轻霞掩映间，五色迷其目。时或现金碧，时或皴绀绿。隐约亭与台，顷刻花间木。图画天然开，粉本少繁复。两君工六法，讨论互往复。余侧闻绪言，快若夜深读。渚沤

拍拍飞，翛然绝烦燠。

舍舟陟山寺，岸阴烟冥蒙。秋卉杂纷霏，忻忻雨露功。古木阅人代，郁盘摩苍穹。络以凌霄花，远讶霜叶红。荒榛窜野鼠，陨垣吟暗蛩。老僧述兴废，试茗语从容。山深梵磬清，星曜河汉中。月华霭緌阙，朗鉴心神融。维日初解夏，佛事盂兰供。光摇石龛镫，响飐檐铎风。归棹击空明，水云散不封。丹青擅能手，兹游千载逢。

南浔志卷五十

里人周庆云纂

志余一

吴骞《尖阳随笔》 汉《西岳华山碑》：郭香察书。“察书”二字，辨者纷纷。明南浔董遐周云：“道安法师撰《摩诃钵若波罗密经抄序》云：‘阿难出经，去佛未久，尊者大迦叶令五百六通迭察迭书。’以证‘察书’之说。”

李昉《太平广记》引《幽明录》 晋建武中，剡县冯法作贾，夕宿荻塘，见一女子著缞服，白皙，形状短小，求寄载。明旦船欲发，云：“暂上取行资。”既去，法失绢一匹，女抱二束刍置船中。如此，十上失十绢。法疑非人，乃缚两足。女云：“君绢在前草中。”化形作大白鹭。烹食之，肉不甚美。

郑元庆《湖录》 潘之藻云：“吴彩鸾所书《唐韵》真迹，予曾见之南浔董氏。其时董生洲司铎绍之上虞，予访之，暇时出以示予。其装潢甚精致，如今之手卷式。展卷则逐页两面皆正，殆所谓旋风叶者是也。自始至末，如小册页，合而成卷，裱法亦非凡手。其所收韵较多他本，颇有奇古字，书法酷似钟繇，骨肉匀称，笔笔欲仙，墨迹如新，真希世奇宝也。卷首尾有宋徽宗玉玺、泥金书题句并各名人题跋。”

董斯张《吹景集》 余购得一镜，纵横俱三寸余，色淳黑如漆，钮亦不甚阔，背作忘忧花叶，四旁古锦文，中有铭三十二字。铭曰：“炼形神冶，莹质良工。如珠出匣，似月停空。当眉写翠，对脸傅红。绮窗绣幌，俱含影中。”“形”“神”两字，半为土蚀。结字极奇古韫藉，微带八分。“对”字、“脸”字，创体尤诡。语亦娟娟深秀，的为徐、庾手笔，非唐诸家所逮。魏晋碑板，灰冷烟飞，寒山片石，空闻其语，即今六代风流不尽如王谢堂前燕者，赖此一照，子犹可想象百分一耳。

此铭载《蜀艺文志》，传为孟蜀时物，恐未尔。字画绝不类唐以后习气，那可以耳为眼耶？弇州云：“似隋炀帝语。”此老故具眼，然王先生犹未见字画也。考《博古图》，以为唐莹质鉴图中载二器，其一较余所藏铭多八字，亦有小异，末云：“光含晋殿，影照秦宫。镌书玉篆，镂影清铜。”“晋殿”“清铜”，语殊可笑。其一铭亦三十二字，但末句云："绮窗绣幄，俱照秦宫。"视"俱含影中"语，霄壤矣。余所藏确为六朝物，宣和二器当是唐人依仿六朝为之者。《学斋占毕》载遁迹山郭家崖石台镜铭，与此正合，且云取镜有风雨声，其神异抑寓言耶？

闵子京曰："张君房《丽情集》：蜀王宗衍幸凤州，天雄军节度使王承休妻严氏有美色，衍爱幸之，赐以妆镜，其铭云云。遐周所藏镜铭亦尔，岂严媛奁中物，因蜀亡兵燹，尘埋郭家崖几八十年，至景德中，始呈皓影，今遂归董郎玉台耶？芳魂在镜，当呼之为董郎捧砚。"

张鑑《蜀石经毛诗残本跋》 蜀石经《毛诗》残本自《鹊巢》首章"之子于归，百两御之"起，至《邶风》"二子乘舟"章止。癸亥冬，余还湖州，见于王雪浦处，未及假阅。既而雪浦寄吴门装潢，为友人持去，以影摹本还之，雪浦乃以影摹本见寄。昔人谓蜀石经《毛诗》为广政七年将仕郎、试秘书省校书郎张绍文书，而蜀相毋昭裔取唐太和本是正者，则其与今本多不同，无足为怪。闻钱唐赵氏小山堂旧有蜀石经《毛诗》，自《周南》至《卫风》，疑即此册，而又佚其半。如《后汉书·窦融传》注引《谷风》，作"不以我为德，反以我为仇"，与此略同，则其宝贵宜如何乎？甲子立冬日。

范锴《揽茝山房漫记》 王雪浦曩从书贾购丛残碑帖，中有蜀石经《召南》《邶风》二卷。《召南》阙叙文及《鹊巢》首章注，尚存半，《邶风》完好。字法整劲，墨色古润，为希世物。余按樊榭厉氏诗云："孟蜀石经仅一卷，张绍文笔严形模。《周南》疑误辨輖字，《月令》注释亡哥奴。"似厉氏所见乃《周南》一卷，今又不知流转何许。嗣雪浦家中落，不得已，归之吴门黄氏。兹道光六年石经精舍摹刊者，即是本也。

陶铸《题华严经后》 右宋板《华严经》几卷，遐周居士得之，以授沈彦老。彦老又属之某师，旁求全经，不可得。神物未合，而延津之剑已挂遐周墓上矣。某师因卓锡浔溪，求吴文学书完全部，以竟遐周之志。遐周已生兜率，而某师僧腊七十，受持此经，以老于浔溪。两人在华藏中当云把臂香林，并蒂莲胎者乎？

殷赤珠跋宋本《华严经》 岁庚辰，及门闵子右端读书法华庵中。夏六月，予以斋楼面西，为烈日所逼，亦往避焉。至则竹风荷露，幽韵撩人，鸟语蝉吟，清音悦耳，盖不啻出洪炉而来净土矣。又尝与范氵音伊大师挥扇谈禅。一日者，范公出其所藏宋本《华严经》示余，盖大中祥符五年五月流传至今者也。乃阅未数叶，范公遽曰："君其为我缀数语于其后。"随取最后一卷置余前。展而玩之，则皆里中名人跋语也，而先大父亦与焉。时年八旬有六，迄今恰阅十载。呜呼！遗文尚存，音容何在？展诵之余，曷胜怆恻！谨谢大师，不复能吐一语矣。

朱国祯《涌幢小品》 余镇中有御书阁，相传为宋高宗南渡过此，留徽宗《画鹰》一幅而去。又赵松雪有《滚马图》一卷，僧世守之。袁胥台戍我湖，宿其处，题曰："御书阁下鹰还在，名义庵中马尚存。"名义一曰法华，即御书所创处也。今庵阁如故，而二物失之已久。且胥台见时是嘉靖初年事，失去是六十年前事。盖小沙弥窃出，归董氏质库中，仅得银二两。事觉，僧往赎，不可得，诉于大宗伯浔阳公，公厚赠留之，然非所甚好，为苍头持去，不知归何处。乃孙青芝嗣部问于祖，不应。细访求，绝无踪迹。盖妙画通灵，必鬼神所宝，化去久矣。

洪迈《夷坚志》 湖州乌程县浔溪村民徐三者，绍兴十五年七月中暴死，四日而苏。言追至冥府，主者据案，皂吏满前，引问平生。既毕，授以铁棰，使为狱卒，立殿下。凡呼他囚姓名，即与同列，驱而进吏前，数其过恶，令持棰笞击，应手为血，以水喷之，乃复为人。如是者非一。良久，事稍间，纵步庑下，过一室，榜曰判官院。陈列帏帐几格，细视其人，盖故主翁王蕴监税也。询所以来，备言始末，且力乞归。蕴许诺，与俱过他府，令坐门外。须臾出，呼曰："汝未当来此，今可复生。"手书牒见付，使亟还，且曰："我在此极不恶，但乏钱及纸笔为用。汝归语吾家，速焚钱百万、纸二百张、笔二十枝寄我。阳间焚钱不谨，多碎乱，此中无人能串治，当用时殊费力，宜以帕子包而焚之，勿忘也。"又取首掠系左臂曰："恐吾家人不汝信，此吾终时物，可持以为验。"即泣谢，踊跃而出。中途频有鬼神呵阻，示以牒，乃免。益疾走登高山，跌而寤，未暇诣王氏，既而复死。明日，王氏遣信来责曰："昨夜梦监税言问来事，何不早告我？"自是三日始再苏，言某神遮留，令作竞渡戏。视左臂所系，首掠犹存，封识宛然。徐后七年至秀州魏塘，为方氏佣耕。又七年，以负租谷不能偿，泛舟遁归其乡。过太湖，全家溺死。予弟景裴说，方氏婿也。

范锴华《笑庼杂笔》 南浔镇旧有状元坊。《镇志》："坊在镇北，为宋绍熙甲寅覃恩状元、龙图阁直学士张定建。"《湖录·科目名表》："宋绍熙四年陈亮榜进士张定，字云峰，乌程人，龙图阁直学士。绍熙五年覃恩释褐榜进士万梦实，归安人。"沈柳桥云："《吴兴备志·选举》绍熙四年陈亮榜进士为陈湘、俞灏、丁端祖、刘泳之、朱甲、李岑、陈至、施一鸣、陈璧九人，并无张定。"考赵翼《陔余丛考》云："宋制，太学有积分之法，分上舍、中舍、下舍，当云内舍、外舍。以递为升降，亦多至数千人。按，《宋史·选举志》三舍之法，始于徽宗崇宁三年，罢于宣和三年，惟太学仍而不改。而成均试太学生并别有状元之目。"《癸辛杂志》："解褐舍法，下等上舍，先免解，后免省，待三年后到殿；中等上舍，径到殿，解谓乡举之试，省谓礼部试，殿谓廷对。或特旨径行解褐。此言中等之两优也。若上等上舍，无有不径行解褐，不待特旨矣。其释褐恩数优者，谓之状元。谓恩例同进士第一人耳，俗称为状元。择日于崇化堂鸣鼓集众，诸生两廊序坐，状元襴襆立同舍班，俟揖讫，诣堂上香案前，望阙谢恩是也。然则由乡举贡举者，曰进士出身；由学校而升上舍者，曰上舍出身。"《宋志》各为科目。《宋史》列传凡由进士者，曰起家进士，曰举进士，或曰中进士甲乙科。其及第者，则曰中进士第，曰进士及第，曰第进士。由上舍而仍就礼部试者，则曰以上舍中进士。其免省试而径廷对者，此上舍自为廷试，不与进士同试。曰以上舍中第。其径授官者，曰以上舍释褐，或曰以上舍两优释褐。其他以诸科、以祖荫、以父任，最为明晰。盖宋制得人，进士最盛，次则太学，诸科皆不及也。吾镇之张定，《备志》不载，诚以由上舍释褐之恩数最优者耳。郡邑志皆列于进士表，咸谬。即万梦实与张定同于绍熙五年由上舍释褐。宋世殿试未有不载帝纪者，绍熙五年无之。芷畦先生《湖录》似未达上舍释褐恩优者亦有状元之目，故疑为上年之榜，又以万梦实为进士，均误也。吾愿后之修志者，于进士后别立"上舍"一门，或注明"上舍释褐"于某人之下。

郭彖《睽车志》 吴江檀邱村人陈布袋，业匠氏，其妇家在震泽。淳熙辛丑，有故来谒其外姑，将至，路逢相识金大郎者，相揖而过。陈先闻金死月余矣，私怪之，欲至妻家谒其信否。入拜其外姑，又拜其妻祖，而伏不能起，挟掖已不省人。舁卧榻上，手足拘挛，若被执缚状。阅两时顷方醒，始言路逢金事。方拜欲起时，金忽自外出，直控其颈，即觉昏愦。若有人捽之东去海岸山巅，执问曾见金某日为某事否，对以与金初无干涉，皆不知之。旁有人持文书展亲云："误矣。"即执陈投别一山上，乃自寻路归。自临安由德清，所过街衢人物不异常时。至浔溪，距震泽十八里，见岳祠甚雄，面正向北，门外路平阔七八丈，入者纷纷，绝无出者。凡其所识近亡没者，往往见之。浔溪素无岳庙，心独怪之。既入门，栏楯皆纯铁。有人叱之出，曰："汝未当留。"即由路东还，过市桥后，遇金露首，有人驱之甚速。陈问何匆猝如此？金且行且应曰："被急取案追摄对公事耳。"陈徐至家，若过高阜甚峻，有人自后推扑，遂醒。

钮琇《临野堂别集》 桃墩旧有宋大臣吴充墓。充之后贫不自存，鬻其墓之土于里人顾姓者。顾遣人平其封，发石椁，充赭袍碧带，伟焉如生，见风忽化。两夫人朱氏、戴氏，金钗及缠臂之属，光焰犹新。其《墓志》则贾平章笔也。按，贾与吴不同时，盖吴之后人乞贾为铭耳。桃墩亦吾邑地，去吴兴之南浔可四五里许。汪《志》按，旧志并载《陵墓》，今移入《志余》。又沈彤《震泽县志》曰："《府志》云，顺治十八年，乡人浚河，得石碑一具，墓志石一座，半已灭没，惟碑额题吴枢密院使。"《觚剩》云："名充，吴江钱《志》因之。今按《宋史》本传，充为福建人，元丰朝卒于京师。"又《吴氏家谱》："充赐葬于河南开封府开封县新里乡大边村。神宗御题阡表在桃墩者，乃充八世孙四川重庆府巴县知县端朝墓。端朝次子逢龙志其圹，其墓碣大官砖刻。康熙四年水患，乡人挑泥得之。”然则《府志》《觚剩》所云误也。

都穆《寓意编》 吴江史丈明古有薛尚功摹钟鼎款识真迹二十卷，后题云：“嘉熙三年冬十有一月望后十一日，外孙朝请郎、新知临江军事杨伯岳拜观于廿四叔外翁书室。后二十年，弁阳周密得之外舅泳斋书房，赵孟𫖯鉴定。白野不华、周伯琦题名，张伯雨、柯九思跋。”此帖旧为吾乡沈雄仲藏。雄仲名洪元，巨室，号万三之后。善草隶书，老而贫，故史氏得之。成化戊申，予馆授史氏。九月，其家火，作书画多付煨烬，惟此帖及欧、褚、赵模书数卷独存。岂奇宝鬼神固卫之耶？

孔行素《信斋类稿》 宋末叛臣范殿帅文虎行兵擅杀，不可言状，国初及宋末所得湖州、南浔及庆元、慈溪等处田土，皆以豪势夺之者。至正壬辰，红巾寇犯杭城，其孙范静善为钱唐县尹者，从逆，劫官库。克复后伏诛，田地房舍皆没入官。妻子以庆元袁日严所谋，幸免其祸。范之妻，日严之异母姊也。日严以同父之故，痛其犯刑，乃以重赂赎之，其义亦可尚矣。

宋濂《跋德禅师船居诗后》 右《船居诗》十章，唯庵禅师所赋，盖禅师嗣法千岩长公，千岩则普应国师之弟子也。普应证道之后，因欲避世，多好船中居。至大己酉泊仪真，辛亥泊吴江，延祐丙辰泊南浔，故咏船居者颇多，而《广录》中所载者仅一二耳。今唯庵亦有斯咏，其殆有所本欤？然船非水则不可行，水非船则不可居，必二者相资而后可也。无相居士则不谓然。我非船，何处不可行，岂特水哉？我非水，何处不可居，岂特船哉？是将有不假迹而见，不依形而存者矣。唯庵以为何如？唯庵之诗，托物为喻，无非发明宗门心要，有益学者。予故推其子孙相承之故，喜而为之书。翰林学士金华宋濂题。

钱泳《履园丛话》 赵松雪尝拜中峰和尚为师，画一小像，甚妙。盘椅一张，师横卧其上；朱履一双，脱在椅前。此种画法，古所未见。后有偈云：“身如天目山，寂然不动尊。慈云洒法雨，遍满十方界。化身千百亿，非幻亦非真。觅赞不可得，为师作赞竟。至大二年正月人日，弟子吴兴赵孟𫖯焚香谨赞。”此幅往在吴门陆白斋先生家见之，曾倩南浔陆梅圃临过一幅，后为友人攫去。

又，世所传管仲姬墨竹最多，而真者绝少。忆于甲寅三月，余在钱塘晤鲍菉饮先生于西湖寓中，见一卷，当是夫人生平杰作。后有夫人之姊名道杲者，嫁于姚，居南浔，一诗一跋，写作俱妙。题云：绿窗无长物，树蕙与滋兰。光风布淑气，扬扬畹亩间。窗外何所有，修竹千万竿。密叶敷午阴，劲节当岁寒。方欣同臭味，且以报平安。吾妹忽来顾，绿纱生薄寒。幔结贻佩缠，重重青琅玕。写真一挥洒，翰墨犹未干。古意镇长在，高风渺难攀。况有斐媲德，懿名垂不刊。后跋云：至大二年四月二日，吾妹魏国夫人仲姬见访于南浔里第，燕坐君子轩，夫人笑曰："君子名轩，何以无竹？"爰使女奴磨墨，写此幅于轩中。夫妇人之事，箕帚、中馈、刺绣之外，无余事矣。而吾妹则无所不能，得非所谓女丈夫乎？为吾子孙者，可不宝诸？俟他日妹丈松雪来看，当又乞题咏也。姚管道杲识。

赵孟頫《兰亭十三跋》 《兰亭帖》自定武石刻既亡，在人间者有数，有日减，无日增，故博古之士以为至宝。然极难辨。又有未损五字者，五字未损，其本尤难得。此盖已损者。独孤长老送余北行，携以自随，至南浔北，出以见示。因从独孤乞得，携入都。他日来归，与独孤结一重翰墨缘也。至大三年九月五日，孟頫跋于舟中。独孤名淳朋，天台人。

李日华《六砚斋笔记》 嘉兴天福寺僧慈力，精华严教法。其女兄陈，自幼能书，适南浔姚氏，中年丧子女，遂一意奉佛。有手书《观世音普门品》，赵荣禄题其后。今天福寺不知何在，亦不见志乘，独赖魏公笔妙流传耳。谁谓翰墨非护法金汤耶？

宋雷西《吴里语》 吴兴善画者，当以曹弗兴为首称。赵孟頫亦入妙品，其下则王蒙、赵雍、钱选、唐棣、张文枢、胡钦亮、徐士元、孟玉涧、莫廷锡诸人，今鲜其伦矣。

高□□《吴兴职官补遗》引《日损斋续稿》 从仕郎陈君常之，晋陵人。子二人，长文照、次文杰，今为从仕郎、池州路东流县尹。女二人，适郑天锡、邹通德。孙男二人，在室。孙女一，适湖州路南浔镇巡检夏某。汪《志》按，元代巡检姓名无一可考，仅见于此。然据《明史·地理志》及《读史方舆纪要》，后潘司巡检移于南浔，实在明末，而此称"南浔镇巡检"，岂元时已然欤？

徐献忠《吴兴掌故集》 王升，字晋叔，德清人。其子名轸，仕为崇信县令。升寄书云："自旧年十一月初二日南浔别后，至今年，凡四得书。本家德清之役，已办两图黄册，里长及归安甲首皆不扰而办。里长不赴京仓，此甚良法也。正拟安靖几时，十二月间，本县又定新市弓兵分管十二都，但办什物，勾捉军人，至今不得安息，所费亦不少也。凡事清心洁已，以廉自守。治民以仁慈为心，报国以忠勤为本。处己当以谦敬，学业更须勉力。熟读新律，自然守法不惑。饮酒不可纵恣。此后倘有的便，可买附子一二枚，川椒一二斤，起税而来，余物非所觊也。"此书寄与御史台勾管于文桂，被太祖皇帝搜出，特诏奖赉之，仍令有司除本户杂役。

又，张羽字来仪，浔阳人。元季授安定书院山长，因卜居吴兴戴山东。洪武初，仕至太常寺丞，兼直翰林院，同掌文渊阁事，卒葬九里冈。《郡志》因其为浔阳人，遂讹以为南浔土著，甚谬。

毛奇龄《胜朝彤史拾遗记·太祖孝慈高皇后马氏》 吴兴民沈秀，资富侔国。曾为上犒军，而筑都城三之一。上忌，欲诛之。后谏曰："妾闻法也者，所以诛不法也，非所以诛不祥。民富侔国，民自不祥尔。夫不祥之民，天灾有之，于国法何预焉？"乃释秀，戍云南。

董斯张《吴兴备志》《留青日札》云：沈万三秀，名富，字仲荣。其弟万四，名贵，字仲华。本湖州南浔人。父沈祐，始徙苏之长洲东蔡村。贵之子汉杰，又徙于化周庄。今南京会同馆乃其故宅。初居东蔡村时，人以污莱之地归之。祐躬率子弟服劳，粪治有方，潴泄有法，由是致富不赀。后流云南。寻命选大户家为京官六曹，得汉杰之子曰玠者，擢员外郎，受官辞禄，上器重之，至今传。二家子孙在流所者尚富，或云善点化术。刘三吾撰《沈汉杰墓志》：沈之先为吴兴人，后徙长洲之东蔡村。万三讳富，字仲荣，与其弟万四，讳仲华，率先两浙输其税，为石者万，又尝献白金为两者千百，以佐用度。太祖却之不得，乃俾造廊房者六百五十，披甲马者千，以万四曾孙玠为仓曹户部员外郎。玠之父曰汉杰，卒葬南兴隆荡之北。先外舅东楼公则云："仲荣子茂旺，国初献白金千锭、黄金百斤，凡京城厅宇、街道、桥梁、甲马、钱谷之类，多取资于沈。乃以茂为广积库提举，侄孙为户部员外郎。坐事当辟，以营建工未就，但黥其额。后为蓝党，犹得乘马出入。工毕，尽录其家，发辽阳戍。籍其田数千顷，每亩定赋九斗三升，至今吴民粮额之重坐此。"《近峰闻略》。

又《农田余话》云："古人无画蒲萄者，吴僧温日观夜于月下视蒲萄影，有悟出新意，以飞白书体为之。酒酣兴发，以手泼墨，然后挥笔，迅于行草，收拾散落，顷刻而就如神，甚奇特也。既死，其弟子沈仲华，湖州人，传其法亦佳，世多见之。"张按，田子艺《留青日札》："沈贵字仲华，湖州南浔人。"岂即其人耶？

又，元时富人陆道源，货甲吴下，为甫里书院山长，一时名士咸与之游处。暮年对其治财者二人，以资历付之曰："吾产皆与汝，惜为汝祸耳。"道源遂为黄冠师，居陈湖之上，开端云观居之，改名宗静，又纳资为道判，时称陆道判。其故宅今为竹堂寺。所谓二人者，其一即沈万三秀也；其一姓葛，亦富，名不传。

黄玮《蓬窗类记》 沈富字仲荣，行三，故吴人呼沈万三秀，元末江南第一富家。富卒，二子茂、旺。我太祖定鼎金陵，召廷见，令其岁献白金千锭、黄金百斤，甲马、钱谷多取资于茂。茂为广积库提举，侄孙玠为户部员外郎。后茂罪当辟，以有营建工绪未讫，但黥额为蓝党，犹得乘马出入。既而发辽阳从戎，籍其田数千顷，每亩定赋九斗三升，吴下粮额之重坐此。沈之从戎辽阳，又穴地得金牛马，亦累千云。

《明太祖实录》 洪武间，南浔富民沈富、琏市沈明、前丘冯璋、士林金钿，俱以富被籍。湖州没官田最多。孝陵虽有减租之诏，七斗五升至四斗四升者，不过减十之二，民困未苏。

陆采《都公谈纂》 沈万三之富，炉火所致。其子既戍边，犹用以自给，蓄牛马千计。无锡某御史尝按辽阳，友人知其事，劝取其方。御史至，即坐沈以强盗系之狱。沈求免，御史曰："能予我丹方者，贷尔罪。"沈谢言无方，但先世所遗成药耳。因献数合得免。御史归，分友少许，友亦致富。

《尖阳随笔》 《余冬序录》载，沈万三妻丽娘死，万三作离思碑于墓上，有云"玉骨土融，百形皆幻；红脂尘化，万态俱空"云云。则万三亦复情种，非蠢然一富民而已。

《明史·王行传》 富人沈万三延行之家塾，每文成，酬白金镒计，行辄麾去，曰："使富而可守，则然脐之惨不及矣。"

《柳亭诗话》 金陵水西门有猪龙为患，相传明祖以沈仲荣聚宝盆镇之，乃止。仲荣名富，行三，因呼为沈万三。张三丰授以炉火术，其富敌国。盆即鼎器也。

《盛湖志》 明洪武初，沈富于盛泽建南胜坊、北胜坊，以兴市廛；设南书房、北书房，以处女闾。又植红梨万树于湖滨，以点缀风景。更筑九娘楼以居其第九妾，今其地犹名楼下。而前窑、下窑二村，又其置碗窑处，斜桥北堍更有洗碗池、万三井。富豪遗迹，历历可数。顾其以多财贾祸，诸家所载，言人人殊，或云伏法，或云遣戍，疑莫能明。及考高士奇《天禄识余》分注中载：明洪武初，每县分人为哥、畸、郎、官、秀五等，督率运粮，家给发户由一纸，哥最下，秀最上。每等中又各有差。巨富者谓之万户三秀，如沈万三秀，乃秀之三者。按此，则称万三秀者，不止沈富一人，其子若孙固亦沿是称也。诸家所载，互相歧异，或即由此。兹特汇而录之，参以臆见，倘亦嗜古者所乐观焉。

《吴江莫志》 沈万三秀，有宅在廿九都周庄，富甲天下，相传由通番而得。张士诚据吴时，万三已死，二子茂、旺密从海道运米至燕京。洪武初，以龙角来献，侑以白金二千锭、黄金三百斤、甲士十人、甲马十匹。建南都廊房一千六百五十四楹，酒楼四座，筑城甃阶，造铁桥、水关诸处，费巨万万计。时方征用人才，茂为广积库提举，旺之侄玠为户部员外郎。

又，洪武二十三年，莫礼过访之，见其家屏去金银器皿，以刻丝竹铺筵，设紫定器十二卓。每卓置羊脂玉二枚，长尺余，阔寸许，中有沟道，所以置箸，恐箸污刻丝也。行酒用白玛瑙盘，盘有班纹，乃紫葡萄一枝，五猿采之，谓之"五猿争果"。盏则赤玛瑙，有缠丝二物，光彩烂然，天然至宝。明日，其赘婿顾学文设宣和定器十二卓，每汤一套，酒七行，每行易一宝杯。其后顾学文以奸淫事坐党祸，连及万三曾孙德全等六人及顾氏一门，同日凌迟，而礼亦连坐诛。

王世贞《国朝丛记》 大豪沈万三伏法，高皇帝籍没其家，所漏资尚富。其子文度，为人把持其短，患之。因蒲伏见纪纲白，进黄金百两、白金千两、龙文被一床、龙角一株、奇宝十具、异缯绮四十匹，愿得从轡御，列为外府外厩，岁致米六百石、钞二十万贯、酝百石，布帛以时进，食饵羞果以月进。纪纲许之，仍语文度："吾后庭未充，若为我吴中征好者不为数。"文度因挟纪纲势，什五而分，民间室无谁何者。

《吴江莫志》 分湖陆氏宅，在廿九都，元季富室也。明初号采芝者，悉以田产送沈万三，家财悉散之亲族，夫妇出家，云游而去，人皆笑之。后沈受祸，人始服其有见。《涌幢小品》云：贾人陆氏，富甲江右，万三出其门，甚见信用。一旦叹曰："老矣！积而不散，以酿祸也。"尽以与秀，弃为道士，筑室陈湖之上，曰开云观，以寿终。

《分湖小识》 近得沈富之孙沈伯熙墓志铭，乃南昌卢充颖所撰并书。载伯熙讳庄，字伯熙，先世由南浔徙长洲。大父富，兄曰至。洪武十九年春，兄至以户役故，累继赴秋官。时伯熙亦获戾京师，与兄同系狱。既而伯熙先出，遂得疾，卒于京。呜呼！前明粮长之祸督运者，至子孙而未已云云。

《苏州府志》 同里陈某者，洪武时为序班。一子骇甚，妻梁氏有国色，知书，善吟咏。周庄顾学文者，沈万三家赘婿也，知而慕之。因以税长拿舟往来，常泊其河下，梁亦窥视焉。顾学文乃赂恶少年，诱其夫饮博，而使媪持异饰挑之，遂成私约。序班兄知之，使童子窃其私书，封寄序班，序班思有以中之。及蓝玉事发，序班从旁诬奏学文与蓝通谋，诏捕获之。词连姻党及其仇七十二家，转相援引，并及处士张璹，侍郎莫礼，员外郎张瑾，主事李鼎、崔龄、徐衍等，不下千家。党祸大起，五六年乃熄。梁亦被其父逼令自缢死。

《梦兰琐笔》 我邑富土镇有沈万三之婿顾学文，通某序班之妻。此云序班妻，与《府志》异。序班之兄讦其为胡、蓝党，此亦与《志》异。遂灭沈、顾二族，并尽洗富土之民而夷其室庐。至成、弘间，迁居者日盛，以富土之名贾祸也，离合其文，改为同里。

谈迁《枣林杂俎》 南京都察院河南道署中牡丹单红，为国初沈万三物。

《纪氏族谱》 纪童官，字彦恭，号存石，为纪氏三世祖。有度量，喜结纳，为乡里所推重。一日假寐，梦至太湖之洞庭山，值有扶乩者，遂摇笔书云："我是江南纪彦恭，偶然飞梦洞庭东。生平不负千金诺，特与君家判吉凶。”随其所叩，一一应之。及觉，历历可记。后其人来浔相访，曰：“公之精诚，上跻仙侪矣。”又里人有之松江遭横逆者，被执。询知南浔人，则曰：“识纪彦恭否？”众诡曰：“识之。”遂释一人归，曰：“若请彦恭至，当尽释之。”公为一往，皆得归。

李乐《见闻杂记》 吾乡迩远人家，子孙贵显，其祖父未有不始于笃朴俭约者。董浔阳先生之祖不识湖州府，偶及见，问：“这大墙门是何人家？”父封翰林编修，字良仪，平生款客，未尝设馒头。一日施西亭宪副访之，亦止设卷蒸。座客笑曰：“董良仪馒头，一生吃他不成矣。”盖俭则杀生少，用度节，为天道所默祐，故子孙并发云。

朱彝尊《明诗综》 赵金，字淮献，布衣。正德中，诏征不起。居南浔，著书阛阓间，入其门者如深壑。恒坐小艇出入五湖，陶然自酌。南坦、箬溪二尚书结岘山会，造庐，请入社，不应也。年六十，营茧室，敛平生齿牙爪发之已脱者，洗涤而囊盛之，以为殉葬之具。赋《全归诗》三章，又自为《生祭文》《挽诗》，自是不复出。年八十九而卒。其诗不蹈时习，取境故超。

胡承谋《府志》 南浔一人，偶遇江西林春元，善相术，相之曰：“公神色有变，亟归，可得终于室。”其人归，与妇计曰：“我死无恨，但一事未了。里某富厚，聘某人女，我为之媒。今父死，家凋落，我死，彼必赖婚矣。”遂以家积十金，为彼通财礼，令毕姻事，且告之故。女父感悟，择日成之。其夜如梦非梦，见神告曰：“汝命已尽，但有阴德，上帝已增汝寿。”果年八十余而终。

董恂《志稿》 余山人月山，善记问，尝从所亲诣郡吏，乞部使者所下状，吏重有难色，约以厚赂。吏乃持牒手示之，山人方一举目，因蹑所亲曰：“第出而覆其辞。”所亲复以核吏，不遗一字，乃皆大惊。人或口举其歌诗至数十，山人覆之不遗。有难以多者，至十数人，皆举数十，山人益覆不遗。当其举时，旁顾谐笑，杂以酬答，若不经意者，人以是称服。见《泌园集》山人墓志。

《纪氏族谱》 纪中，字公权，号西岩逸叟。善诗文，不乐仕进。嘉靖十四年卒，葬笺字二圩法华庵之东。李给谏《见闻野史》载：公一生无疾，暮年颈患瘰疙。七子孙请医，公曰：“吾自谓终身可辞药饵，今垂老不免耶！”俄梦人扑其颈七次，觉而抚之，则已瘥矣。子廷銮，字鸣之，号居易，充府掾选，迁省祭。好读书，性刚直，为郡掾吏。架阁库火，直指使者以事连府主，亲为鞫讯，强公任以脱卸之。公忿然曰：“向者乾清宫灾，亦是纪某放火耶？”竟不能屈。

朱国祯《月溪公行实》 母氏吴石松先生甥女也。石松，宿儒，甚奇公，礼均诸子，收塾中一年，悉通大义。董宗伯少二岁，亦同学。其父翠榆与民畏公善，每曰：

“吾儿儒，若儿不儒，骨似胜之。”宗伯虽贵盛，不少诎。宗伯亦终身兄事之，诲家人曰：“此老尝吹短笛，崛强，且有孙，可善待。”盖共学时，塾师以“短日”二字令拆七字，公曰：“短笛悠悠吹落日。”董赤喘徐之，始曰：“短短书生勤白日。”至是尚心折云。

范《志》引《姑苏志》 至正丙午，大明兵至南浔，王胜以城降。盖为张士诚吏兹土者，而逸其官阶。

南浔志卷五十一

里人周庆云纂

志余二

董汉策《苏庵家诫》 先宗伯公未遇时，在浔西法华寺，同纪氏诸先达读书。每三六九文期，晡刻完三艺，即浮木板，载酒肴，渡对岸绿杨下，与诸公痛饮，归来题诗壁上。擘窠字至今满室，犹淋漓有生气也。

又，偶阅废簏，见先大宗伯公讳刺，大不过指顶，足见古人谦谨如此。今官未七品，便与尺幅争寸许地矣，此最可嗤。

胡承谋《府志》 嘉靖辛丑会试，嵇、骆二太史分考。时潘仲骖、董份皆有声公车，潘以父难急进取，贿嘱嵇。嵇语骆曰："苕上衣冠寥寥，潘、董二生称一时誉髦，吾辈不妨加意一援手。"盖借董为潘地也。时法网尚宽，举子按籍可查，二生获隽。潘后以报父仇殴按使者罢官，并发其科场事，嵇亦落职归。骆曰："我二人同事场屋，嵇去，吾可独留乎？"遂请告终老。

《见闻杂记》 吾湖先辈煞有眼力，会看文字。嘉靖戊戌会元袁公炜，闵午塘先生所取也。癸丑会元曹公大章，董浔阳先生所取也。乃丁未会元胡公正蒙，则吴霁寰先生以正郎同考取之。逮万历庚子，则沈检讨潅、朱检讨国祯，二公不但同邑，且同里密迩，而沈主湖广乡试，朱主福建乡试，岂非一时文运之最盛者哉！

又，嘉靖壬戌会试，上命大学士袁炜、詹事府詹事董份主考。录既成，余师唐先生谓余曰："曾见《会试录》否？"余应曰："未见。"先生曰："适来阅序文，二公之意已向徐存斋，不属严介溪矣。"未几，严以赃败，子世蕃正罪籍没。先生于文字中盖有以识其微也。

范锴《浔溪纪事诗志》 《明世宗实录》：嘉靖四十四年六月戊寅，褫礼部尚书董份为民，以户科给事中欧阳一敬论劾故也。又《神宗实录》：万历十八年七月辛亥，先是浙江抚按傅孟春等，请存问礼部尚书董份。以是御史万国钦上言："份衣冠已褫，犹然罪人也。于此典未协，乞敕停止。"部覆："以份被论削籍，虽遇恩诏，不在存问之例。已之。”二十四年八月戊戌，刑部覆浙江巡抚刘元霖题：“乡官董份纵仆招尤，严遣章棬等，严配王九龄等。”两朝《实录》备纂。份善文章，长于衡鉴。壬戌主考会试，所取士多蒸蒸向用。位通显者，如邹应龙、李汶、许孚远、萧大亨、孙鑨、杨俊民、陈有年，同列八座卿寺几四十余人，而申文定、余文恪、王文肃相继首揆，则本朝及第三人俱入内阁者，自是科始。

《见闻杂记》 吾湖自嘉靖初以前，古风犹在。不意万历庚辰不佞归田，至辛丑才二十一年尔，中间所见所闻，吾湖乖张诧异者不一。继今以往，万一又生他衅，以费郡邑大夫区处，有世道之虑者，讵能高枕无忧耶？一、董氏之变。尚书董公，颇无大过，其对不佞，亦自认奴仆过多。奴仆既多，则争趋觅利者不少。田产广大，焉能价值尽平？只宜出示，听愚民告之郡邑，任其剖断可也。而伊孙祠部君不谙世故，自出处分之语。语一出，愚民谓登其堂者，即可袖金而还。不旬日，拥至大门者百千余人。主人闭门不纳，愚民群聚骂詈，呐喊随之。其后终以门客之言，大约田亩十分之中，退还原主二分，喧嚷稍息。代巡彭公临湖，准状极百纸，分批郡邑。一旬之内，官差官船不知凡几，而支持浮费，不啻数千金。愚民自此唯知有利，不复知有八座之尊矣。二、范氏之变。司成范公，予执友也。董氏乱方炽，人有言范亦不免。予入山谕其家人，毋私相塞窦，徒费钱财，一一听之官司，事方有绪可处。而司成快意日久，不耐窘迫。愚民群聚状，大约如董，而董公何如胸次哉！司城计拙，居于城寓。予劝其还第，不从。昕夕不胜忿忿，食不下咽。彭院所准状近六十纸，当时处分将完，未几而长子自尽矣。又未几而司成以家难自经矣。已而，疏再上，戍父母官，罢王抚台，逮彭按院。此三吴未有之乱，所损吾湖非浅鲜也。《易》有云：“君子以作事谋始。”董、范所遭，盖谋始之未慎焉。

又，董浔阳先生份，人但知其有过，不知其却有过人处。教子课孙甚严整，得前辈人体段。待至亲故友，无所不用其厚，可惜不免好胜之病。

又，乌程令袁公光宇，常熟人。在任五载，屡值水旱灾，钱粮屡亏，正额停俸，方开复停，公不介意。终其官，自不差一皂快下乡。乌程人阴受其大赐，不知也。操履廉洁，无赫赫声。其初任也，不佞谒之，会袁病，不相值。已而半载许，彼此不相识。一日，公以公事下乡，至南浔，先作一书，致殷勤想慕之意，约次日下顾。诘朝天方明，予未及梳洗，家人报公已入门矣。公能轻身以先于沉沦之仕宦，殆不拘时套者乎？

李乐《续见闻杂记》 嘉靖庚申，余馆浔上，董宗伯公延举人陆抑斋赴京训其子，而抑斋长子适初婚，母氏不欲其割爱遽行也。余亦对抑斋述亲友之意，思家或成疾，姑迟其行，何如？抑斋曰：“若吾子果尔，这等儿子要他何用？莫说病死了，我也不惜。”竟同去。父为子纲，抑斋得之，子后登科，官四川别驾。

又，余一日偶访湖郡庠诸博士，董宗伯浔阳先在，诸博士送之大门外。然董却守少游郡庠礼，不走其中道中门，由东廊上出，此目睹者。闻张庄僖公永明、潘尚书季驯诸老皆然。

又，余读书董氏，拜三庄唐先生下，顾董宗伯亦趋庄来。唐先生上坐，宗伯与余在旁，懋德侍立移时，先生亦不命之坐，礼固然也。天地生人所以长久，礼之为助居多。

《吴兴备志》《弇山堂别集·盛事述》中子先父登进士者，万历庚辰董礼部嗣成。又三年癸未，父道醇。妇翁与婿同在大位者，嘉靖中吴太保鹏为吏部尚书，而婿董公份为学士，无何亦迁工部尚书。三代甲科同时俱在者，礼部尚书董份辛丑，子南工科给事中道醇癸未，孙礼部郎中嗣成庚辰，三代俱无恙。又《异典述》中，六部尚书非内阁而带学士者，惟礼部有之。董公份则以工部尚书带侍郎非本曹者，董公复以工部尚书管吏部左侍郎事。翰林以光学士为重，若讲读以下得超迁者，诚为异典。董宗伯则以右中允迁。

沈德符《清权堂杂志》 嘉靖末，吴太宰鹏以笄女继董宗伯份之室。董时已为大司空，管少宰事。年亦相亚，遂讲敌礼，不复修半子之敬。然吴嘉兴人，董湖州人，固接壤也。

又，嘉靖辛丑科词林二大宗伯，一为乌程董浔阳份，一为华亭陆平泉树声。吴、越接壤，相去不三舍。董先贵，世宗朝宠眷隆赫，以忤旨削籍归。又十八年，而陆始正春卿之席，则今上龙飞江陵，欲收陆以为重，且示意即入揆路，将主甲戌会试。陆知其为乃子登进地，屡疏始允归，遂不出矣。至戊子，年八十，抚按为请于朝，得存问，且加太子少保。董次年己丑亦登八十，巡按御史蔡系周亦为之请。时申吴门当国，王太仓为次揆，俱董壬戌所举会试、廷试第一人，业已允行，而御史万国钦驳之，备数董立朝邪佞、居乡不法诸状，成命为寝。是年，董之子给事道醇没于家，而陆之子彦章适登第，拜行人使归，则情境大不侔矣。又七年乙未，董之长孙礼部郎嗣成在侍，而次孙嗣昭成进士，夭于京邸。董宗伯不胜痛，寻病卒，礼部君亦坐家难，愤恚发疾死，年亦未四十也。又三年戊戌，陆登九十，上遣中书柴大履存问于家。时申、王两公俱以首揆居里，同执羔雁往贺，修后进礼，隅坐，屏息以侍，观者荣之。而董八十时，两公门生方在事，且遭万抨章，更无此盛举也。陆后再膺存问，九十七而下世，饰终赠谥之典大备，尤非董所敢望。二公品行，世所共见，不复置喙。特纪其同登第，同词林大僚，同高年林下，同在三吴一方，而后先荣悴不同如此。

万二愚侍御纠董宗伯疏，首引先大父、先君遭辱为言，至云“沈某父子尝从大夫之后，偶因出游，未遑趋避，而衷甲之士，奋呼群起，几不获生焉”，此实传闻之过。先人奉使归，侍膝下，游吴之光福山，正董茔墓地，适给事道醇时为行人，亦以省墓至。给事故先人乡同年也。偶舟人争斗，彼舆儓甚众，不无稍纷扰，寻已讲解罢去，相忘久矣。万久在公车，游学吴越间，习见董氏诸奴之生事而恶之。以故入台，即首上疏，偶知予家小相失一事，遂引为确证。闻宗伯甚不乐，意谓寒家与闻。是时先君已早世，予在保抱，安知台臣白简所自来也？给事少子斯张，少年负俊才，与予善。

赵吉士《寄园寄所寄》 董尚书浔阳公三世四进士。庚辰科，公之长孙青芝先父释褐。报至，公携杖往视子舍。时隆山夫人以夫不获第，方按几大恸，公慰之曰：“汝子幸已贵，何哭为？吾子不第，是吾痛耳。”不觉涕泪交下。次科，隆山亦第。《笑史》

又，董浔阳与严嵩同朝，每过嵩，辄用赤金镂姓名，缝红绫作柬，嵩以为尊敬之也。阍人利其金，每一传报，即取金去。后嵩败，董独免交通律。汪《志》按，此事盖恶董者饰言之。当嵩柄国时，朝士孰不投刺，安得便指为交通耶？倘“金”字偶有存留，则交通之律，转难免矣。智者似必不出此。

又，湖州董尚书浔阳公得姑苏某家山石，高五丈，连巨舟载归，至震泽，舟沉堕水中。公不能释，募善泅者入水求之。泅者摸石，盛在一大石盘上，盘可合五人抱。公甚异骇，命数百人次第皆起之，而以石置盘孔，毫末凑洽。盖即当时以盛石者，而某家亦不知所始。

《清权堂杂志》 吴中有瑞云峰，宋朱勔所进艮岳物也。盖搜剔洞庭西山，最后得此，以为可匹敷庆神运石，将持入献。适闻汴京受围，道君内禅，遂弃不取，屡有光怪，凡得之者俱不利，久置隙地。后为陈太史所收，夜吐光烛天，太史病剧，因仆之，铲其一角，光顿减，而太史殁矣。久之，吴兴董宗伯买之载归赴太湖，船覆石沉，乃百计取出，则一石盘，非峰石也。又竭力再取，始得所沉石配之，即此石之座也。大喜欲立之，而乃子给谏病卒不果。乃孙仪部力谏，以为不宜蓄此妖石。适与中徐冏卿渔浦来，屡目而属意焉。徐即宗伯爱婿也，转以赠之，徐复挈还吴，方议竖此峰，而徐亦病旋殁矣。此石至今卧其围榛莽中。乃子中翰君欲绪成前志，终以惧祸未决也。

金友理《太湖备考》 吴庄《谢姑山》诗：“闻说凌波大谢姑，装成艮岳一峰孤。瑞云飞入西园去，谁写浔阳载石图。”自注云：“宋朱勔花石纲采大谢姑顶峰入汴，置御苑艮岳。明季董尚书份购归南浔，其婿徐某乞之，移置阊门外之西园，名曰瑞云峰。今园废而石犹存，四面皆踏布房，石已嵌砌入墙。”

石韫玉《苏州府志》 瑞云峰玲珑高耸，宋朱勔凿成，由太湖运石，船覆，挽起失其座，继为郁阳董氏所得。阊门下塘徐氏尚宝司某，按，当作徐太仆泰时。富堪敌国，与董联姻，董以此石赠嫁。载至中湖，船又覆，众力挽之，座随石而起，徐置之半边街东园中。百余年来，园废为踹坊。乾隆四十四年，迁于织造府西行宫内。石之遭际亦奇矣哉！

徐树丕《识小录》 瑞云峰出自西洞庭，为朱勔所采，上有"臣朱勔进"四字。会靖康乱，未进，弃诸河滨云。先王母之祖陈司成公讳霁，家于吴县横泾之上堡，治第宏壮，按经藏数，凡五千四百八十间。堂前峰石五座，其最巨者曰瑞云，层灵叠秀，挺拔云际，诚巨观也。青乌家或言类火形，不利宅主，遂断去六七尺，犹高三丈余。初，司成公采自西洞庭。渡河，舟坏，沉一石并沉一盘，百计不能起。土人云："以泥筑四面成堤，用水车车水，令干。"凡用千有余工，石始出，盘竟弃不能举。其后归之湖州董宗伯份。舁石至舟，或教以捣葱叶覆地。地滑，省人力。凡用葱万余斤，南浔数日内葱为绝种。载至前坏舟处，石无故自沉。乃从湖心四面筑堤，如司成沉石时筑岸成堤，架木悬索，役作千人，百计出之，乃前所沉石盘，非峰也。更募善泅者，摸索水底，得之一里之外。延津合浦，始为完璧。咸怪异，以为神。计司成公沉石时，恰甲子一周，会宗伯罢官，遂讫宗伯之世，置而未垒者二十余年。家冏卿讳泰来，宗伯婿也，载以归吴之下塘，所坏桥梁，不知凡几。未几，冏卿捐馆，五峰高卧深林茂草中。复四十年，冏卿子中翰竞起之。不逾年而中翰死。相传以为不祥之物云。至今犹树于东园废圃。

又，半夏，一名守田，一名水玉，能治夜不眠。姑苏张濂水，名康忠，常治董尚书浔阳不眠，用百部一两、半夏一两，董即得美睡，酬之百金。董既睡，梦为役夫牵船，赤日中甚疲劳，忽见凉树美荫，甚乐，大叫而寤。人谓张君二味药，即得百金。而董公百金，乃得役夫一息。

顾公燮《消夏闲记》摘抄 郁阳尚书董份，与严嵩最契。嵩败，份独免于祸，致政归里，家资百万，夫妇八旬齐眉。份谓夫人曰："吾见□□后辈，文章出色者，多胜于吾儿孙。将来若辈兴，董氏衰矣。"夫人曰："彼皆贫士，何不以千金赠之，彼日事经营，文理荒芜矣。"董如其言，延诸生饮宴，命家人佯以要事请入内，但汝等不得反顾。家人从之，董以袍袖拂杯箸堕地，急入内潜窥，诸生或拂几，或拾杯按席，董复入座，一饮而散。夫人促其赠银，董笑曰："吾银岂容易与人者耶？顷试其气量俱卑鄙，无远到器，尚书府不乏下走，诸生不过饮我一杯酒，乃甘为仆隶事。此措大本色，不足重也。"噫！士不自重，而为此老所揶揄。有以夫份父母葬于姑苏之元墓，有船舫直过虎山桥，大堰皆属之，广袤数十里。

张丹山《浔录》 同声社，正德中邵康山为诸生时创此社，以文章道义相砥砺。社共四十九人，董份第二十有六。逸老社，嘉靖中唐一庵所创，社共十七人。逸老续社四十人，董份居续社之第八。

孙一奎《赤水元珠医案》 大宗伯董浔老年六十七，有脾胃疾，翁以过啖瓜果而胸鬲胀痛，延予治。翁门下蒋虹桥、沈乐闲，多艺人也。翁素亲信二公，诘予曰："症脉何如？"予曰："症脉虽胸腹胀痛，然易瘳也。"二公曰："翁生平不能素食，食辄泻。今不茹荤者半月，燕居好弈，好看书，好作诗文，即盛暑亦手一编，不言倦，日永亦不瞌。今不亲笔砚者月余，不栉沐者七日，它一切无所事事，倦极矣。诸名家如沈竹亭、沈春宇、金樗邱者，剂备尝之，无益也，而公何言易？"予曰："诸公不过用二陈平胃，加山查、麦芽等消导剂耳，与症何涉？盖公伤于瓜果，非麝香、肉桂不能消，此诸君所以不能愈翁疾也。"予以高良姜、香附各一两为君，肉桂五钱为臣，麝香一钱为佐，每服二钱，酒调下之。药入腹，胸次便宽，再而知饿，三服而巾栉，交接宾客如未病者。又大宗伯郎君董龙山公夫人，为宪副茅鹿门公女，年三十五，病便血，日二三下，腹不疼。诸医诊治，三年不效。予诊之，左脉沉涩，右脉漏出关外，诊不应病。予窃谓血既久下，且当益其气而升提之，以探其症。乃用补中益气汤加地榆、阿胶、侧柏叶，服八剂，血不下者半月，彼自喜病愈矣。偶因劳而血复下，因索前药。予语龙山公曰："夫人之病，必有瘀血积于经隧，法当下而除其根也，不可再涩。"公随以语夫人，夫人曰："孙先生非误人者，识见往往出寻常，宜惟命。"盖夫人读书能文，聪明谋断不啻丈夫，故言下便能了悟。即用桃仁承气汤加丹参、五灵脂、荷叶蒂，水煎，夜服之，五鼓下黑瘀血半桶。其日血竟不来，复令人索下药。予曰："姑以理脾药养之，病根已动，俟五日而再下未晚也。"至期，复用下剂，又下黑瘀如前者半。继以补中益气汤、参苓白术散，调理全愈。又大宗伯董浔老门下有马厨者，七月初旬病，病二十余日愈剧而势甚獗。时宗伯对余弈正酣，而蒋虹桥、沈乐闲报曰："马厨危在旦夕。"宗伯闻之，推枰叹息曰："吾命！吾命！"予叩其故，语曰："能厨者不下二十人，独此厨适吾意，将恃之以娱晚节，今病不可起，奈何？"予诘何病，蒋、沈述其症："大发寒热，寒至不惮入灶，热至不惮下井，痢兼红白，日夜八十余行，腹痛恶心、汗多、神气倦甚，究其脉，不吉。下痢脉洪大者死，细微者生，今洪大逆也。"予曰："痢固忌洪大，寒热亦非细微所宜，其中必有故。"二公曰："幸一往决之。"浔翁欣然握余手，偕行至宅后桥。余入门，同居数十家，皆执香拱立以伺。予究病所由起，渠谓过客众，厨间燥热，食瓜果菱藕过多，晚又过饮御内，而寝于楼檐之下，次日即寒热腹痛，因而下痢。虽得其病症，尚未融通一治法。因沉思之，不觉行至桥，而浔老犹立而俟予，见予无婉容，知病重，遂置不问，如前握余手而回。蒋、沈谓予可治否？予曰："邀老先生之宠灵，偶有一得，乃背水阵也。人参、白术、石膏、滑石各五钱，知母、炮姜各三钱，大附子、炙甘草各二钱，作一大剂煎之。"蒋、沈将问予，浔翁即命近侍煎于其侧，不欲蒋、沈问也。熟则付饮之，饮讫即睡。明日巳刻，二公鼓掌来，言夜来痢减半，汗吐全无，脉亦敛矣。再用人参、石膏、白芍药、滑石各三钱，炮姜、肉桂、知母各二钱，炙草、附子各一钱。服后疟止，痢又减半，饮食渐进，神气渐转。改用白芍药酒炒五钱，人参、白术、滑石各二钱，甘草、陈皮、炮姜、肉桂各一钱，三剂而痢全止，饮食加，渐就安矣。蒋、沈问曰："公寒热均投，剂何名也？"予笑曰："此滑公所谓混沌汤也。"浔翁跃然喜曰："先生能起垂毙之人而生之，余诗册中临菑、虢国之誉，非虚语矣。"

《续见闻杂记》 湖郡伯栗公祁，山东夏津人，壬戌进士。绝尘之守，清莹可爱。尤不可及者，尚书董公系其大座师，家人稍有不循礼，惩治不少贷。

陈尚古《簪云楼杂说》 吴门诸生陈正礼临终属其子曰："昔曾与申相国友善，然予性介，自相国之显也，弗与通。倘汝不能自存，往必有济。"及没，其子遽往谒公，公瞿然曰："某罪深矣。"遂延入食之，以三十金为赙。无何，乌程董尚书欲与婚，公执不可。董疑门第不称，公曰："非也，特冰人未工耳。"董请益坚。公曰："若不获已，微某不可。但某名家子，恐不能致，奈何？"董祝公为介，某已受公指，有难色。公曰："某岂易辱哉？非千金为礼，终鞅鞅不惬人意。"董诺之而婚成。故人子前后获二千余金，竟丰于中人之产者且什伯矣。

《清权堂杂著》 董龙山道醇举癸未进士，其子仪部青芝嗣成，先举庚辰进士，不欲于癸未榜称年侄，为乃翁诃责。勉强书刺中晚字，而礼数则殊不然。此等皆窒碍难行者。

范颖通《研北居琐录》 董龙山与晟舍闵一范龙池暨长子青芝，于万历庚辰同试南宫。逮撤棘，青芝获隽，龙山笑曰："二龙犹在。"少顷，得龙池捷音，投袂起曰："一龙已飞矣。"旋下帷三年，癸未成进士。

钱谦益《似虞周翁八十寿序》 似虞翁以医名吴中，吴越之间以为彦修、原礼复出也，方数百里争延致之。翁美须眉，善谈笑，所至辄倾其座客。昆山有魏生者，精于度曲，著曲律二十余则，时称"昆山腔"者，皆祖魏良辅。翁与魏生游旬月，曲尽其妙。每中秋，坐生公石，歌伎负墙，人声箫管，喧呶不可辨。翁一发声，林木飘沓，广场寂寂无一人。识者曰："此必虞山周老。"或曰太仓赵五老。赵五老者，良辅高足弟子也。翁既以医游贤士大夫，又时时游少年场，与游子酒人，轻衣骏马，美酒食，列歌从，如承平王孙，而行义斩斩，有古一行之风。浔水董宗伯尝邀翁过其第，置酒高会。苕上吴允兆闻翁善歌，且不能酒，为令章以难翁。朱太史文宁故不能饮，允兆重困之，欲以令翁、太史觍涊为歌。一诗罚筹猬毛，促数竟夕，不得一当翁而罢。允兆归卧舟中，翁晨登其床，起之曰："君殆欲伶人我乎？如令章巧避我何？虽然，君知我者，今可以歌矣。"允兆跣而起，按节相和，歌声袅袅拂浔水。日上舂，乃刺舟而别。

沈登瀛《南浔备志》 章氏《吴兴旧闻补》引《闻门录》云：尚书董浔阳孙青芝为礼部主事，工于诗字，往往以手书扇轴及诗稿赠人。尚书曰："以我家势，虽日以银币为欢，犹恐未塞人望。奈何效清客行径乎！将来破吾家者，必此子也！"后果验，人服尚书先见。余谓此条不必存，所谓变乱黑白者也。读谢在杭肇淛《伯念诗集序》可见。汪《志》按，《序》云："宗伯公方以计然之策起家，擅素封于江以南，伯念弗善也，独折节读书。既成进士，授礼部郎，抗疏削籍归。居无何，董氏难作。宗伯公不爱重资，以与黔首媾，一二眈眈视者欲得而甘心焉数矣，卒以伯念故止。是时微伯念，事几殆。"

《敝帚斋余谈》 董伯念为给事道醇长子，先给事登第。壬辰以疏论国本，斥为编氓。时宗伯资产过厚，怨满一乡。伯念思稍散之，以结人心。宗伯不谓然，而伯念奋然行之。举故券以示小民，或止半价，或许回赎，各有条绪。湖俗故嚣悍，至此不以为恩，反共讦董氏，谓诸产俱属白占，欲尽徒手得之，哧哧者日千百人，伯念不能无中悔。而御史彭鲁轩应参来按浙，彭为令负清劲名，在西台亦铮铮者。巡方入苕，诸仇董者，争先投牒，填塞涂巷，并及故祭酒范屏麓应期。彭受两家词，俱以属郡邑，追逮纷纭，两家纪纲用事者，尽入狴犴。祭酒不能堪，至雉经死，范事得小解。而伯念日夜为乃祖所恨詈，乃谋之吴江一斥生周姓者，嗾祭酒夫人上疏鸣冤。范于万历初元，曾备讲员，上见疏大怒。给事孙鹏初羽侯等，复各疏纠彭之横。御史逮去，并抚台汪洪阳汝训亦罢归。董氏事渐以消弭，而伯念与宗伯以忧劳成疾，相继下世矣。伯念有才名，其志业不凡，不幸为富贵所累，以致短折，惜哉！

董肇镗《镇志》 申用嘉，字美中，号经峪，吴县人。太师文定公讳时行仲子，为董给谏馆甥，寓居于浔。由湖庠中浙闱，万历壬午举人，历官广西参政。

《吹景集》 万历庚辰，先君偕伯念兄上公车，入都闻有精康节数者。先君适有他营，命伯念先往诹之，伯念抵其寓，其人问所卜云何。伯念曰："问场屋事耳。"人曰："试随手拈一物来。"适几上陈象戏，伯念取士字授之。问伯念年几何。曰："庚申生。"其人曰："足下今必策名，名必在十一。"伯念诘之，其人曰："君庚申生人也，年正二十有一。今徒步而来，其象为辵，二十一人著一辵字，非进字乎？手拈士字，非进士乎？士十一也。又棋以木成，足下生属石榴木，木数三八，错综之数十有一，故曰名在十一。”先君后至，亦拈士字问之，其人曰：“贤子拈余已落第二，二木未象也。公之发，其癸未乎？”已而果然。

《清权堂杂著》 嘉靖以来名公，如唐荆川中丞、赵大洲阁老、赵浚谷中丞，皆巍科大儒，士林宗仰，然俱究心武事。今上初年，如冯仰芹子履、于完朴达真二大参，俱真正边才。其次则沈少林状元、董伯念礼部，并有声艺苑，亦好谈兵，但厄于年，赍志以没。

《涌幢小品》 董青芝祠部闻倭儆，集教师数十人讲武事，与一少林僧角拳，皆仆。僧曰：“此谓‘花拳入门，错了一生’矣。”祠部惘然，亦不复谭。

沈瓒《近事丛残》 万历壬辰、癸巳间，湖州董尚书份、范祭酒应期两家事起。其始也，吴江刁民告产价不敷，黄令君似华喜锄强，多为准理。而尚书之孙仪部公嗣成，又喜收小民之誉，以盖前愆，于是讼者闻风竞起，黄多批送仪部公自为处分。仪部每优饶自损以宽假之，讼者愈不已。时浙江按院彭公应参、乌程令张公应望，意皆主于锄强，民相集如狂不可禁。董之业耗破十四五，而波及于范。范居菁山，驭下严急，居乡少恩，豪富不及董，而敛怨过之。又祭酒之子，所为多不法，小民讼不休时，又值妻死不明，外议谓为被毒。公子既为小民所齮龁，而妻死之故，又无以自白，乃服毒死焉。祭酒痛其子，兼苦讼无已时，不堪其愤，不年余而自经死。尚书延策士谋自全计，有吴江生员周光祖献计曰：“令范夫人伏阙鸣冤，而后事可图也。”乃怂恿范夫人入京具奏。奏中多以赃私事诬张令君，而兼及彭按君，京师贵人，更有为之道地者。于是彭、张皆奉旨被逮，各问遣。二公虽处置失宜，稍长刁风，然所坐过重，人多冤之。二公逮而董氏安枕矣。故时人为之语曰：“周郎妙计高天下，只用夫人不用兵。”后周以此名，竟罹宪访，非无辜也。汪《志》按，崇祯《乌程县志》：知县张应望，字汝远，高淳人，万历壬辰进士，次年任，明年起。地方董、范不敷之变，奸民蜂涌，激死范祭酒，神庙震怒，逮戍。道光《苏州府志》：吴江县祝似华，万历十九年任，本姓黄，字邻初，内江人，万历己丑进士，由仪征调知吴江。湖州尚书董份占籍吴江，其苍头暴横，似华以法绳之不少假，三年升台州同知。

《吹景集》 亡兄伯念孕时，先宜人祷天竺大士，梦天雨甘露于庭，手捧之，得三十有六点，色如乳。兄弱冠籍金闺，才名横江左。晚婴家难，觞咏寄怀，密修净业。尝手书《金刚般若经》，得山阴楷法，刘元子侍御跋其尾。弥留之际，戒妇女勿前，即吾嫂亦隔窗相讯。持《金刚》后四句偈，三日不绝声。质明，呼童子曰：“吾不复留矣。”忽赤光如霞，从额上起，冉冉出窗外。仆辈都及见之，就视已瞑，得年三十六。异哉！伯氏定再来果位人也。

又，亡嫂孙硕人，少宰柏潭先生息也。笄而归家仲，未三十夭。岁丙午，予梦入家仲室，壁间悬一像，谛视之，则亡嫂影子也。像忽作语云：“六叔佳，不好语二哥，我在此中苦甚，幸写一卷《金刚经》相荐。”予惊寤，走告家仲。仲溺铅汞家言，漠不以为怀。后十年，予始命杨生代书此经，资硕人冥福。

谈迁《枣林杂俎》 万历甲午，光山彭侍御按浙，风裁峻厉，不畏强御。乌程董尚书份、吴江范祭酒应期，并怙势捍网，绳其悍奴。范至自经，董嗾其妇吴氏诉于朝。诏逮侍御，后放归。

查慎行《人海记》 李九我举乡试第一，申少师瑶泉即留为馆宾，转馆于归安董宗伯家。癸未，李得会元。申正当国，廷试时文定以子用懋入试，避读卷。是科秀水朱文恪公一甲第一，李在第二。赐第后，九我见秀水颇快快。一日秀水疾，李过候，坐榻旁，推窗见庭松蟠屈，笑曰：“弟尝梦历此景，或云功名在是，今得之矣。名次兄后，非豫兆邪？”是后欢洽无间。

《见闻杂记》 潞河有李五者，曾出入董宗伯门下。越二岁，宗伯子懋德偕严婿及余往京赴试，严道病卒。李五庄上觅佳榇不得，愿捐百金。李五曰：“无庸觅也，若家前岁曾有榇寄余舍，可用之。”在董已忘其为寄，而李一贾人也，不因其忘而匿之。良可谓义士矣。

又，夏六月，按院临湖，余访茅鹿门翁，翁舍其寓舟居也。问故，曰：“被归安，将房屋固封，以待他郡邑官至。”余问：“县有帖子来不？”曰：“无帖。”略无忿愠不平之气。时范司成同往，余曰：“兄若以身处之，不知怒到恁田地。”司成曰：“余信不如也。”又一日，董宗伯宴茅翁及余，座客某，众中呼茅翁，讥其好利而不自揣度，则好利之尤者也。翁付之一笑，不答。故余常服茅翁器度迥不可及，其享上寿宜也。

又，唐先生将终之前一二年，治具于木钟堂，邀门人仕宦者数人，闻教乐与焉。中略。先生未尝口谈人过，是日不知缘何谈及董公份、顾公震。谓董曰：“官至尚书，至贵矣。端阳止应在家同儿孙泛蒲觞，奈何不惮劳，亲谒郡邑送节？”谓顾则曰：“子静本是封君，可惜做得太早了。”盖二公皆先生门人，得以训诲深，冀其闻而改之也。

又，余嘉靖丙寅岁馆于董宗伯，时瑶泉申公以修撰丁忧起复，来访宗伯。宗伯邀予陪饮。当送席，申公具冠服，止一仆手持纱帽革带，置厅事前瓦上，侍申公无两仆也。余心服而识之。既而访于舟中，即雇赁香船，简约多秀才风味。又十年一盛夏，余访宗伯，偶友人授知县回，宗伯迓而酌之，仆从颇众，奉事逾礼。即前宴申公处。

余为心动，亦以占此友不祥。

又，予馆董氏和云楼，从者以事离左右，即昏夜尝有独处时，未闻其有声响变怪也。入冬解馆，诸友方对予言楼中曾有人自尽，时露光怪，大为余庆云。

张丹山《浔溪棹歌注》 董氏失势，因巡方彭鲁轩以田产讦奏，事载沈德符《杂著》。其后粮重，民欠尤多，遂至委单于地，无人拾者。而浔地市户田，皆雇船取租，无复有佃户送租者矣。

沈炳巽《权斋老人笔记》 我郡董宗伯、范祭酒两家民变之事，故老传闻不一。今据长洲文秉《定陵纪略》所载，参于故老之传，略记于左。万历二十二年，湖州民变，原任祭酒范应期妻吴氏上疏讼冤。奉旨："按臣彭应参既膺宪职，不能激扬一方，乃敢大肆贪婪，听信奸吏，倾陷儒臣，致死二命。王汝训巡抚两浙，该当与伊申理，反扶同饰词代辩，委任何在？著革职候勘。彭应参及乌程县知县张应望，著锦衣卫拿解来京究问。"后刑部题覆，有旨："彭应参革职为民，张应望永远烟瘴充军。"范应期，嘉靖乙丑进士，廷试一甲及第，官祭酒。为御史徐申劾奏，罢仕。居家横甚，鱼肉小民，讼牒山积。巡按彭应参属推官谢肇淛究其事。谢惧，不敢应。改属乌程令张应望。张持之过急，讼者复诪张。应期惧，自经死。其妻吴氏诣阙讼冤，政府左右之，故二人皆奉严谴。巡抚王汝训曾论劾陈于郊者，故并得罪以去。先是，归安监生欲奸其子妇，妇性烈不从，乃诬其与奴奸，纳贿于乌程令李松而属应期居间，诬逼成狱。会巡按某行部湖州，妇藏利刃以入，大哭诉冤毕，自刎堂上。巡按劾应期降处。至是，应期遇变，人皆以为烈妇伸冤云。此文氏《纪略》所载，但只叙范事而不及董。然范之死，实由于董。两台之谴，亦由政府，乃董氏私人曲为奥援，所以俱获严谴。否则一妇人鸣冤，乌能拿问按台邑令耶？盖其时董之祸烈于范，讼牒盈千，赃私累万，冤民之围宅求田者，日以千数，势甚汹汹。而按院参疏，旦晚将出。董见事势已迫，思得危题，以中按院。范本属姻戚，而兼师生，居平有事，必咨访于董。于时两家之危，俱如累卵。范密问计于董，董以诡词诱之，范竟自缢。吴氏之疏，董亦预为构就。缢之次日，即怂恿吴氏兼程入都，属政府照应。比彭疏入，则拿问之旨已下，彭疏反不得上达矣。此真神手也。彭参疏有云："东南半壁之天下，知有董浔阳，而不知有陛下。"又云："横比逆贤，矫同健卓。以泌园为郿坞，金银之堆积如山；以浔上为菟裘，纷黛之趋承列户。"又云："双凤堂中，夜夜笙歌缭绕；百间楼上，朝朝妆镜星移。"即此数语，其豪富强横可知。彭院既逮之后，范事已解，而董祸未息。未几，宗伯捐馆，冤民讼牒仍复纷如。是时，先襄敏公丁忧家居，宗伯之孙为先公爱婿，因之力恳两台，具书求解，幸得渐释书稿，附录于后。

致按台札：兹启，敝府乌程之董宦，弟之儿女姻家也。当民变之后，而浔老物故，青芝与中条相继夭殁，真可谓家破人亡矣。乃吴中之刁棍，犹群起而鱼肉之，尚可谓有天理人心耶？弟以为锄董氏于当年，则为风力；而恤董氏于今日，则为雅道。旧岁，朱澄江年丈已略挽回，而幸继之者为年丈，真董氏再造之机也。乞年丈念梓里之情，敦令弟世丈与董中条世讲之好，并推小弟薄分，少示意旨。俾刁棍有所戢，而不敢复肆其毒，则庶几可望。田租强半之入，而国课或有所出，此其感激，微独在董氏，而弟亦矢不朽矣。再启，锄强抑暴，乃朝廷之公法，亦士类之公心。弟至不肖，倘一旦得纪纲四方，矢不忍穷檐之小民，为豪右之鱼肉。顾弟有二说质之年丈，而年丈试垂听焉。罪大恶极，至杀人行劫止矣。然必诉之官司，研鞫真伪，然后服刑。刑之日，必三覆五奏然后决，盖其慎也。乃今大家之恶，不过田土耳。近来小民刁悍之极，万万无强占之理，甚者不过凶岁价廉耳，又甚则债利相准耳。而小民聚众围绕房屋，裂其衣冠，掳其货财，辱其妇女，此何法纪也？弟以为民有冤抑，一听其告。有不告官司而聚众劫掳者，以乱民之法惩之，则抢夺不可不禁。小民告状伸冤者固有，而仇家之买属伙棍，刁狯之乘风胁诈者，亦未必尽无也。君子可欺其方，上司不能不准。然复须严谕问官，虚心推究。毋原告之言是信，毋原告之证是凭，要在得情而止。罪在豪右而搏击之，罪在刁民则痛惩之，则有冤者未尝不伸，而乘机者自不得逞。此问官不可有成心者，二也。年丈高明天纵，必洞鉴乎此，而弟敢以献者，缘当时目击董、范之事，举此二端，有慨于中，久叨同乡同年之雅，故敢吐露其愚，不备不宣。

致抚台札：径启，湖州董氏，发难于吴江，浸淫于乌程，谓祸一家而止耳。不意延及范氏，亦被荼毒，回绕窘辱，状不可言，真地方之大变也。自此刁横成风，攘夺四起。房屋过卖者，欲重来占住；田产过卖者，欲重来占种；绝契文书，永不番悔者，驾言暂典；现银交易，毫无准折者，驾言债利；卖三四十年者，突然兴词；辗转三四人手者，犹然挟诈。虚声恐吓不动，则纠多人登门殴辱；凶徒一时难聚，则遍布匿名文帖，多方鼓煽。诸如此类，其情状不能述。然在务农之良民与勤俭之子弟，或畏朝廷之法度而不敢为非，或念有无之相通，彼此贸易，亦人情世俗之所必有，而不忍背义。惟是积年之教唆与市井之无赖，否则嫖赌之子弟与游手游食之奸民，或旧曾卖产则乘以胁诈，或自无产卖者则扛帮以分财。遂至趋利若膻，噬人若虎，无一人得安寝者矣。近闻台台洞悉民情，思为禁奸戢乱之计。故凡告董氏者，自今以后不准。此其德意非不甚美，而刁民犹狂逞不已者，夫以未识上之意旨也。伏乞命下所司，广布告示，重加禁戢，庶刁风知警，非特董氏受无疆之福，而士类亦得安全，则幸甚矣。

又，余外祖董湛思先生为宗伯浔阳公曾孙，乌衣世胄，好古负奇，王谢风流，东南绝调。明末，张庶常溥狎主复社，以附东林，延先生及若雨为之领袖，当世名流俱以不识两先生为耻。其后复与石门吕季臣聚江浙十余郡为澄社，杂踏千余人。先生为之创立条约，以重志节、立气概为尚。入本朝，屡中蜚语，至遭奇祸，家遂衰落。年未六十，即捐馆舍。舅氏辈九人，惟书田、蓉湖两先生最知名。外祖母沈氏家教素严。余儿时随母氏至浔，每晨兴，见诸舅率诸子妇孙曾辈肃立拱揖，问安之外，不敢发一语；不命之退，不敢退。但性信佛，房之西偏为佛室，终日趺坐其中，一老尼为伴，鱼版之声，琅琅不绝。有万寿尼庵，为黄门公夫人所建，号董氏家庵。其尼雅善逢迎，以故世传玩器及平居所蓄，半归尼手。诸舅氏皆不善治生，所遗堂构两所大宅，名世恩堂，于康熙戊子年售于淮徐道潘尚智。潘以侵欠河帑，籍没入官，今为通守行署。对河小宅名宝善堂，亭台花木，极一时之盛。此予自幼所习游者，亦于是年售于长兴钱鹤偕。两处屋价不下万有余金。于时诸舅大半物故，外兄弟数十人，惟一二人略通文墨，其余皆目不知书，日以饮博为事。不数年之后，所谓万金者已荡然无复孑遗矣。外祖书香，竟尔断绝，良可慨也。

《见闻杂记》 董懋德与余相处日久，其人所不能及处尽多。不亲僮仆，不骂詈僮仆，不鞭挞僮仆。不谀客，不慢客。大者事继母最孝，于尊公行事必极力救正，力不可为，付之慨叹而已。可惜家奴少驯谨，一二事得罪士大夫尔。

董《志》引野乘 万历时，当事好裁抑世家。董君嗣昭应甲午乡试，故事填榜时，京考必以五魁卷送直指使者。各各称许，而尤属意第四卷，拆之则董嗣昭也。不觉错愕失色，徐曰："他家有事。"主考吴太史应之曰："我辈陛辞而至可凭者，以文章为羔雁，他何论焉？"竟命执笔吏填上，直指亦无能为之难。至上春官，其卷在云间董思白太史房，拆名，而董袖其卷。时洪阳相公知贡举，礼部范公暨少宰孙公皆诘其故，不得，董第曰："江南世家，吾姑以避嫌耳。"时同考官会稽陶太史从旁熟视之，执董手而言曰："若何阻他人之功名，博一己之功名也？我辈亦世受国恩，果若今日，则大江以南无世家矣。"洪阳相公毅然曰："夫论文，惟矢心能得士耳，何嫌之避为？脱有讳忌，余直身肩之。"董遂出其卷，其两捷而两濒于危如此。

《见闻杂记》 公按，谓湖守陈幼学不能无过，过在性稍亟，轻信人言，自己亦轻出言。然胸次洞豁，是非炯然，逆耳之论，多所茹纳。事有议行而报罢者，或平涵公朱国祯之力诤，不佞乐之戆言，与有力焉。今之君子，可惜动以圣贤责人，而未必以贤人自处。于公不将功准过，然而丘民之口，未有不深嘉、不乐道者。公其二千石之最良者哉！

南浔志卷五十二

里人周庆云纂

志余三

《见闻杂记》 余馆浔中，及见钱姓号石崖者，家可二三千金尔。顾画船、歌童、演戏出入，声闻邑侯，至签极繁。解户不三十年，子孙产业荡尽，至赁房栖故居水滨，足为侈靡不安分之鉴。

《续见闻杂记》 马要沈封翁塾大寒下顾，余生平惯夙兴，才起，未栉发，而门者报封翁至矣。余讶迎，问："先生何时发舟？"曰："鸡初鸣。"余不胜叹羡。乃余婿南浔钱子人舟过我，非午则未，必经宿，明日行。余憾其无家法，尝曰："钱氏必败。"已而田产家业不下万金，果卖尽，他徙。次婿桐乡沈子，为副宪邃庵公儿，其过余家，半浔路而近晏来，较钱尤甚，吾没不及睹其败耳。若沈封翁子孙贵显绵长，宜哉！

《见闻杂记》 里中一友人邀酌，此友兄弟三四人，余入门，即语之曰："令兄辈不妨同坐。"主人先实不邀，其兄含糊应曰："家兄不在。"俄而其兄自外至曰："舍弟不请我，我闻老先生在，故来陪。"主人大不快，此同胞也。又一同宗兄弟，余馆浔中时，辱其兄相邀，有弟不之请，弟刚而滑者，扬扬挥扇自外来，语意亦类前而狂。主人大不快，陪酒，不及平生之半，竟沉酣，不省人事，家人扶进。嗟乎！为惜半卓酒馔，出丑至此。凡今之人，可以饮食细故而不慎哉！

《续见闻杂记》 里中一人恃兄贵，凌人。兄卒未久，被仇拿至家，呵之跪下，以粪灌其口。讼未毕，而家随破矣。浔中又一生，恃叔贵，起家数千金，被仇扶至慈感寺，戮辱备至，亦以粪灌其口，涂其身者，弗论也。其他仕宦明经为属托，被人毁冠裂衣，用沟泥涂身于郡邑门者，不可胜数。哀哉！财之误人甚大，而人卒弗悟已。

《纪氏族谱》 纪濂，字宗周，号明斋。嘉靖丙午举于乡，计偕入京。分宜慕公名，延为宾师，公处之泊如，讲课外不干预毫末。尝有某总兵被诬失机，罪当斩，求救于公。公悯其无罪死，又不屑以事干相国。中夜绕案行，凡数千百匝。馆僮以报。相国急趣子世蕃致问，公始为言之。越日，某总兵复职，投刺谒谢，再拜奉金币。公愕然，力却之。后谒选光州知州。

《见闻杂记》 分宜柄国，子世蕃炽恶，延吾浔上纪明斋濂训其子，馆宾二三载。而纪亦未尝不通宾客，却以礼义自闲。严氏败，分毫无累无议。可谓士之善守其身者乎！

袁宏道《锦帆集》 乌镇沈若耶者，铁匠之子也。方周岁即随父来浔，而祖居不废，时往来其间，后于乌镇从师读书。一日侵晓抵浔，过东藏寺，徘徊塔旁，见侧门半启，排闼而入。见一僧危坐，注目视沈，曰："与我有缘，赠汝一丹，服此可益智长年。"遂拜领而出。行里许，复还，问如何服法，而塔门已闭。访之寺僧，曰："此封锁久矣，从未尝开也。"生奇之，袖归吞服。后果文思顿进，入归安庠，终身康强无病，寿九十余。

李乐《乌镇同知罗斗去思碑》节录 万历时剧盗号难捕者，如盛阿长雄于浔溪，周道士、徐某雄于湖滨，祝阿龙、高三等雄于镇之前后，公选善捕十余人，授以方略，不烦鸣金耀武，各以次就擒。

《见闻杂记》 万历二十八年庚子冬，乌程地方有云七里者，著姓温族所居也。某姓人有婚嫁事，故事设酒宴邻近人，其设薄，众□□又有怒其邀不遍者。众即扬言曰："嫁女酒，任汝薄，却恐救焚酒薄不得，难道不请我们？"是夜先用计扃其户外，使内者不得出，更余纵火自外焚之。其家男子以送亲不在，妇人及眷妇凡九人，二妇又怀妊。而诸妇女俱在卧榻，被火仓皇莫措，开门不得出。家故开油坊，畜牛数头，牛惊火，叫跳奔跃，撞诸妇，惨酷难状。不逾时，尸杂诸煨烬中，难识认。盖死者凡十一人，而牛不与焉。诸纵火者伫桥观火，拍手大笑。郡邑及观察公初闻，亦骇其事，卒以为无证，不加严究。死者虽多，含冤而谁恤也？伤矣哉！伤矣哉！此地方亘古以来大变，恐不应埋没纵恶到此。

《涌幢小品》 嘉靖四十五年，马道人为妖，远近大哄，各户多悬"⿱⺮⿰齒乞⿱⺮⿰齒其⿱⺮⿰齒足⿱⺮⿰齒至"四字以压之，三四月方息。万历庚辰年，余馆于沈氏阡步之墅。薄暮，觉五里外汹汹人声，如捕贼者。稍冥，声益近而厉，如数千人水战状，大呼击撞。主人惧，以小舟遁去。余步墙外，火光四合，焰在树端，与人声震动天地。渐渐近在隔河，而墅之左右竟不能逼。余心知妖术，不为动，夜半方熄。次日归家，知浔中亦尔，盖广袤且百里矣，此妖术所为。捕兵遇一舟，有人方剪纸，人马仅寸许。擒送官治之，后不复作。

《浔溪纪事诗注》 明《南康府志》：唐一贯，字孔启，以选贡除福建理问。甲寅十月，倭寇嘉兴，载辎重百余艘，北抵王江泾，出南浔，掠乌镇。明年正月，又自海盐转掠双林，屯兵新市。时一贯以浙东道梗寓白下，闻猖獗，赴军门请兵讨之。自吴江募众嘉湖，猝遇贼，大战而殁。两院奏闻，赠松江府同知。

《涌幢小品》 余年十四五，为隆庆庚午、辛未间，见清军御史至，搜剔操切，民间骚然。每图甲有充军一名，里长解去，给一帖为据，赴县挂号。御史至，据号征帖。先考心斋府君藏其二，先祖月溪府君忘之久矣，诸甲长都忘失无存者。比御史至，莫不皇惧。先府君以帖上，乃得免。先祖喜若更生，其余死捶楚者无算。

又，屠枰石羲英，宁国人。督学浙中，持法严，竿牍俱绝。以乙丑年考我湖，先君子与焉。祯方九岁，从入郡中考之。先夕盗发署前，正先君子寓所。次日出题，乃譬之小人二句。先君因战悸不能书，书亦难辨。屠阅草稿，批曰："此有学识而书法乃尔，必警于盗者，置二等。"屠先生其殆圣乎！外严而中实，婉转能体人情。

张睿卿《茗纪》 嘉靖戊子秋，南浔镇有钱珂者，其妻产一男，六七日而死。以火焚之，有骨一片不化。因共观之，上有"宰相"二字，长半寸有余，字如图书刻出阳文，四围复有边栏，端楷整齐，人人传视。

《涌幢小品》 湖之畜蚕者，多自栽桑，不则豫租别姓之桑，俗曰秒叶。本地叶不足，又贩于桐乡、洞庭。价随时高下，倏忽悬绝。故栽与秒最为稳当，不者谓之看空头蚕。有天幸者，往往趣之。余邻家章姓者，豫占桑价，占贱即畜至百余斤。凡二十年无爽。白手厚获，生计遂饶，鼓乐赛谢以为常。一日赛毕，有妇人矮而肥白，求斋，卧于地不肯去。其家内外醉饱得意，甚厌之，叱曰："亟去，毋得聒扰。"则应曰："我与汝曾祖母有连，岁为汝应卜助生计，不啻足矣，一斋何有而悭至此？"蒲匐将入门，众恚甚，蹴之，忽不见，且骇且疑。其佛堂忽有声，曾祖母牌已裂为二。盖祖母故好善，每见裸虫，必致暖处护其生，俟生翼翔去。乃已没，已数十年矣。矮妇之祥，或在于此。以后卜吉而畜者，其价每每相左。初犹得失半，后失者居多，最后价腾十倍。弃其蚕于水，家亦随耗矣。

又，余镇人迁一墓，有蜂飞出螫其臂，溃为疮，大仅如豆，中有人声，若呼名而詈者，竟死。

又，里中有某者，父子济恶，道路以目，即宦族方盛，无如之何。有谢氏子，家可千金，少孤而佚，诱之赌博。其祖尚在，老矣，且懦甚，屡往寻归，归而复去。盖某别有诱之之术，落其度中，心已荡，不可制也。历两年，其善田宅悉勒契质于大家矣。谢老大愤，欲告于官。某闻之，笑曰："此所谓蜻蜓摇石柱者。"余叔父，谢老之婿也。来就谋，畏之，亦数数劝止，即余亦以为非敌。时县主为杨楚璞应聘，怀远人，癸未进士，有强干声。谢老奋曰："杨公好官，即死且走一遭。"状入，不省。谢老大窘曰："当死又何言？"众揶揄，尤不可忍，踉跄而归。次日，某方缓步街市，将寻谢老所在，捶之，尾而欢者数百人。忽捕者至，众失色，犹傲然挈其子以往。既至，杨不与语。某微觇气色，回顾同类曰："事败矣。"杨治它文书毕，喝与大杖三十。其子求代，并杖下狱。而召谢老，慰谕令归，俟农毕待理，盖不啻家人父子云。众闻之，皆大惊，呼杨青天。盖其人纵恶久，杨已刺知，待时而发，后竟伏罪，里中清泰者可十余年。此后陈筠塘太守尤快尤多。

又，有蒋姓者，欺其寡嫂。一日，广所居占半焉，方择日安梁，嫂额手呼天。忽大风，龙挟云雾入其门，蒋亲遇见仆地，龙爪柱掀出，坠田中，节节皆断。余方馆温氏，闻而往视，咸奇骇，以为有天。

又，近地有沈姓者，少聪慧，年九岁应试。知县奇之，命题作破，以《为政第二》《八佾第三》《里仁第四》《公冶长第五》为题，应声云："政平于上，犹有干政之人；佾美于下，不免负佾之累。"大奇之，以为神童。后以骄惰无所成，流为讼师。有淳姓者，少亦负俊，读《易》以四日毕，能七步成诗，后亦无成。徽人有方姓者，生时大雷雨，龙挂屋脊。比长，方面大耳，垂手过膝，咸谓贵征。终身食肉，痴蠢而已。天资既不足恃，而奇征亦岂尽验耶?

又，余家南浔东，去舍数百步有旧窑，土人冯姓者得之，毁其基，中有蛇千余，俱纵之去。大者数围，长十丈，一角，往东行。未几，冯一子暴死。

又，余四岁见一僧，长可八尺，方面大耳，口喃喃不甚分明。自南栅栗树桥过我门，众童子群拥而北，号曰痴和尚。冬月入水浴，良久而出，气蒸如云。余曾坐其肩，摩顶戏加拳，亦不怒也。惟过一贵人门谩骂，初犹容忍，久之不堪，令人捶之，趺坐受梃，都无所伤。放归，再出再骂，无如之何。拘于别室，绝其食可半月。暗窥之，惟闭目运气，亦有密饷枣与水者。又旬日，贵人大悔，加礼，许为造寺，未几没。闻题二诗于壁，时余尚幼，不能录记，至今以为欠事。

又，余初归，太仓相公省母给假归，入谤言，余再候，不交片语，一茶即别。复有后言，谓余豪富，田连阡亩，居第干云者，余心知来历，然无以自明。同镇董宗伯先生，座主也。宗伯殁，先生来吊，余迎之。先生率其子缑山肩舆来访，所见破瓦旧椽，愕然曰："还有厅事否？"余曰："有之敢不延坐？止后有书舍三间耳。"先生厉声曰："此件那个不有？"徐顾缑山曰："翰林先生，庭户不剪。"啧啧久之起去。野次复舣舟，召田父问状。田父指余舍，对如余言，且曰："兄弟三人共之。"意遂大解。余复登舟送别，先生执手再四曰："人言岂足信？"余曰："先生何出此言？"复厉声曰："我眼是肥皂核，去，去！不必言。"以后过先生，必留饭深谭。越十余年，复问家计若何，对曰："如初，无才故至此。"先生大笑曰："办此何必大才。"

又，粮长之害，李康惠疏之最详，曰："家有千金之产，当一年即有乞丐者矣。家有壮丁十余，当一年即为绝户者矣。民避粮长之役，过于谪戍，官府无如之何。有每岁一换之例，有数十家朋当之条。始也破一家，数岁则沿乡无不破家者矣。"读其言，直堪流涕。粮长既革，里长受累，均田所以救其穷也。若有乘除，而岂一人能与其力？纷纷者可以思矣。

又，命坐磨蝎，无事得谤。余不幸坐此宫，生平所被猜疑讥讪，无影无形横加者，都出意外，自知自忍，自怜亦自笑，今都忘之矣。惟均田实自作之孽，岂得尽归咎磨蝎？然此议发之已久，余有所感，揭之抚按，误采发下，时编审已定，众当愤结时，哄然并起。适按台马起莘从聘，自嘉兴将至，众往迎，大刻"均田便民"四字粘于道傍，处处皆遍。因随按台舟，自平望至郡城一百二十里布满，极目不见首尾，愈近愈多，号呼投水者，往往而是。既至登舆，众拥枳不得行。擒数人，旋释之。抵署问状，两县主又失辞。按台怒，却立曰："民情如此，三日不靖，于汝乎取之！"于是大议泮宫，挤排几至堕桥，权在百姓，不在县主矣。县主亦怒，据均字以一切法齐之，而各大族之子弟互纠集，直犯府主，加恶声。府主震怒，多潜遁去。有二生犷甚，自以名实之，以示无惧，遂逮捕不可解。而初发时，率其仆从可千人，抵浔焚余居。未至三里，或云小民聚且格斗，乃返。余妻子皆懵不知。又分布郡城各门，欲执余，余亦懵不知。而守道谢某至欲请兵，虞变，好言慰诸子弟曰："可速问之朱平涵。"凡汹汹者旬日，乃小止。既议上矣，抚按会题，户部驳下，按台怒，勒所司毋动。且行十年，是时许敬庵师亦深为余危之，余曰："事已然，无可奈何，第后有言入师耳者，幸以理裁。"惟丁长孺公深主其说，且屡为解于许师，傥亦所谓推波助澜者非耶？

初一册为辛丑年，第二册为辛亥年，合郡公议已定。余惩往事，不发一语，且法原非一人所得主，亦未有久而不变者，我亦何成心之有？最后县主曾兰若绍芳来问，只驳宦户贴银一款应之，曾不知何故，临期仍主均田，恨乃益深。第三册，县主曾有庵国祯暇时偶谭及，余曰："罪魁也，何敢言？惟我父母，政成将内召矣，再做一篇好文字，终之造福在此，不朽功业亦在此。"有庵默然，遂精心求之，以均之一字为主，顺人情，从中略为参酌，不一月竣事，上下帖然。未知余之罪得小解否？痛减思痛，毛发尚自懔懔，恐老死无能自明，乃略叙始末，总之所谓罪案云尔。

又，余既坐均田得罪后，徐检吾以抚台一行于苏松，众大哄，谓祟发自吴兴。徐玄仗以乡绅一议于嘉禾，与贺伯闇相驳甚苦，今不知何如？大约彷佛均之一字为主，而贤有司临期参酌，故得相安。近来田价日增，不知时和年丰，既庶且富使然，抑田役均平，民不甚苦，乐趋为长久计也？记得先慈尝言，戊午岁朝，梦太守至家编役，瘏而余生。而余甲申馆于汇沮潘氏，一夕三梦，甚清。初为乌程知县，梦中深思乡党如何相处。比觉，以为杂乱无当。少选，合眼，升湖州太守，再合眼，升浙江布政，起来失笑。由今思之，皆田土户籍官也。一生作业，神先兆之，想数有不可逃者，亦何用怼且悔也？

《浔溪纪事诗注》 茅元仪曰："赋役之法，吾湖至万历中年，弊极矣。先大夫与朱少师国祯倡均田之法，盖不以户丁而以田。然说者纷纷，谓市户等大便宜耳。然此百之一二，即存此百之一二，以应国家不时之需，亦何不可？毕竟此法行，民得休息，而诸郡亦俱仿行之，近渐以醒。"按洪武间经营兴作，命中书省议役法，恐役及贫民，以田一顷出丁夫一人，不及顷者以别田足之。太祖参酌民宜，必极中正，然终以田为则。故知以田为准，虽有逾越，不过百之一二，借口一二，任意为之，无所不至矣。祖宗精密如此，宪章之外，无他道也。

《涌潼小品》 曹桐邱镤，长子禟，生而痫，不谙男女事，故聘钱皓女，未敢娶，以情辞钱。钱不听，乃先以婢沈氏侍帷中尝之，终不谙。复申之，钱解盟别聘。女私闻，自经死。未几禟死，沈氏亦守终身，桐邱公为立后。至万历三十五年，疏闻，并旌。

桐邱公之祖，原吴之自出，育于曹，故一姓曹。祖殁，葬吴墓。余高祖民畏公，吴甥也，贫甚，殁亦葬吴墓。吴讼之官，亲友和息，归价数金而止，盖先民之忠厚乃尔。其地辛、丙、巽三水俱会。桐邱公先发庶吉士、主事、佥事，归，年九十余卒。长子禟痼病。钱、沈双烈华其后。余家迟发。余亦庶吉士、检讨、司业、祭酒。长子纬病亦如之。媳沈氏，仪郎惺予公之女，归十年而纬殁，沈犹处子也，贤孝能自立，异日必继前烈。

又，辛酉，余有不寐之病，彻夜宛转，心火焦灼，诸医束手。不得已，检古方试之，无一验，愈困，自分必死。命孙子信手抽架帙，指八字定吉凶，初得"龙为祥之来"五字，甚恶之，又得"用时文"三字，不可解。馆客邵生，持王宇泰《证治》一书至，悟曰："得非医家之时文耶？"检"不寐"一款，其方自丹溪递至，末有戴元礼二方，平平无奇，恍然曰："时文在此矣。"服之，就枕即卧。次日稍平，渐渐调服。而先一月膈病，上下如分两截，中痛甚，不能支。余友缪仲醇至，用苏子五钱即止。盖余危病，自丁巳后，此为最甚，去死几希。仅存之年，可不自爱乎？

又，丙午年，余在南中，有高明宇者，谈多奇中，谓余厄在后丙丁二年，且曰过丁巳秋，或可免，盖刚六十之期也。时去之尚远，不以为异。至丙辰冬，长孙痘殇。丁巳三月，季弟凤岐暴卒，哀惨日觉，精神恍惚，形神泮涣，且有恶梦。自忖岌岌，决符高老之言，乃发愿泛海礼普陀，且曰："死于牖，无若死于海为快。且留与诸贵人作话柄也。"时东风急，驻者三日。四月二十六晚，风小止，开舟，浪犹颠荡，行不五里，停山湾，遥见前舟已沉矣。次日转西风，挂帆半日而至。登殿作礼，宿一僧舍，终夜寝不能寐，甚苦，甚疑之。归来忽忽徂夏入秋，日展书，只以不语不动，遇拂意决不恼怒为主。至八月十一日，饮药酒，忽有异香透出五脏五官。又三日，梦若有授历者，觉而释然，偷活至于今，刚又三年矣。

又，皋亭山为武林左托，南滨钱江，黄鹤峰最高，可三千丈。乙卯，余登其颠，忽一鹤飞过，堕羽适当余左肩上，知非佳兆。凡二三年间，患难疾病，无所不经，无所不剧。因泛海上，普陀山中故稀禽鸟，复有飞鹤堕羽当右肩，喟然叹曰："此所谓铩羽且再，兆可知矣。"归来复大病，口占曰："骨格原来定，精神渐已非。横空双鹤度，海上有鱼矶。"息心待尽，更觉快然自得。而舍东有农庄，因弃家栖其中，鱼鸟日夕相亲。即其地改葬先祖月溪府君。每晨起东望，红光荡漾，庶几二鹤来归，又口占曰："渡海鹤飞还，翛然只闭关。幻躯元不著，去住总闲闲。"虽病不服药，听之而已。

又，家居以来，惟平日父老相识者来扣，始一见。余无至者，至亦不见，僧道亦如之。然此辈浸淫日盛，踪迹诡秘。只据所闻僧某，来自江北，领其徒二十余人，所至倾动，自缙绅以下，无不纳交，即富翁素称悭吝者，亦迎至其家，谓之供养，资赠甚厚。僧有闭关一二年者，亦潜出谒见，凡见者，勿论男女大小，皆有所献，多者始得其解颐一言，执笔作数字，余颔之而已。凡收数千金归，此僧妖也。一道士来自江西，同里某生母子俱病，邀之再三，始至。博衣大带，亦领二十余徒，至门传呼，禹步而入，入即危坐，茶至含而四噀，顾盼若有所见，若有所指挥，张筵甚盛。次日延入，令病人东首卧，仗剑，选数处，下橛加钉，议建醮四十九日，索千金为谢，其家疑惧而止。此道妖也。

又，余暇日行旷野，不觉十余里。忽父执陆呐斋翁棹小舟至，同入古庙中。翁素谨嘿，不轻发一语，忽谈及地方妖异事，慨曰："司成公即隐，尚善论事，试问今为有司官者，当用何术可以致治，潜消此变？"余举数端，皆笑，不尽谓然。翁曰："'大道为公'四字，今不可见，亦不可行矣。惟有'小匡'二字，尽可做得。"余竦然问状，徐曰："假如今各镇市中必有魁猾，领袖无赖子，开赌博，张骗局。僧道念佛，则挨入司香火；社节出会，则奋身醵金钱。甚至贩盐窝盐，兴讹造言，无所不至。黠者又结衣冠人为助，把柄在手，头绪甚多。流棍异说可疑之人，因而附丽，显为民害，暗酿乱端。若有司官于此等人访得的确，指名捕至，数其罪，锢于狱。从中时加纵操，开以生路，勿破其家，勿牵累其妻子，许以改过自新，使之颠倒出入于吾掌股上。而又未即轻释，则彼既有生望，又内顾重，自然震慑，不生他计，其党亦且潜伏惊散。每处将一二人弄到一二年，然后度其罪之轻重，方与发遣。根虽未除，焰自顿熄，地方便帖然有数年安静。总计前后五六年间，一任官平平过去，再无意外之儆，而良民享福亦如之，非小匡而何？”余曰：“此言极简当，极新发，抑自悟中得来乎？从读书中得来乎？”曰：“天下事那一件书中不有？那一件不自书中悟得？既读矣，有遇有不遇。遇矣，觉得另有一番作用，一番精神。平日所读似都忘却，悟于何有？”时翁方谓野次之语可以放胆，乃又有于垣之耳谓嘱余，有所中伤。翁复对余一笑，静持之，久乃得解。要之，一日小匡即一日太平，一家小匡即一家太平，一方小匡即一方太平，推之天下皆然，宁论大小耶？

又，余初归，有一丐者自称川商，遇盗，掠罄尽，几死，跪而乞食。余视其貌狞甚，疑之。稍稍诘问，语支吾，色微动，逡巡欲退。余直前揭其破帽，则秃顶，鬓蓬蓬皆假装挂于傍者。方俯首叩头，忽直立驰去。众欲追之，余亟止。尚回首，目睁睁欲啖人，可畏。

又，近日浙西丐子密为群，散各处，抱人幼女逸去，剔其眼，令行乞于市。日责钱若干，夜则行淫，积财甚富。事发捕治，有一人利而居间，众大哄，丐者适械过市，众捶杀之，乃散。

《见闻杂记》 古人言利必言害，言得必言失，言福必言祸。三者相当，自是盈虚消息之理。士君子只为贪却目前，竟贻后患。一日，与平涵太史国祯论及吾湖两尚书，既卒，皆不敢奏闻，而抚按亦未有怜而上闻者。沈亚卿节甫封翁塾以尚宝卿，蒙赐祭葬，荣在两公之上。何也？毫厘之差，千里之谬，知得不知失，知利不知害，知福不知祸，有自来矣。平涵深以余言为然。

《续见闻杂记》 万历辛丑春三月，翰林检讨朱公国祯拜南国子司业，戒行，不佞送之浔上，因讲师道立而善人多。“立”之一字，滋味甚是含蓄，所关于世道甚大。公此行与他尊官之出迥别，不可不思所以立也。若看得“立”字浅时，难道许多尊官大吏，一向只眠坐不成？平涵深以为然。时有杭、嘉二郡生列坐，听余言而讶之，想以为迂阔不近人情也。

《枣林杂俎》 丁清惠与乌程朱平涵相国善，谓其居台鼎犹秀才气象。相国笑曰：“原是老秀才，近来庶几叶台山，无阁老气。”

又，朱氏世攻革，相国不殖产，曰：“我何敢忘祖父攻革守藏时事乎？”

又，魏广微父元贞，以清直名。广微虽世学，经术疏略。同乌程朱文肃国祯在阁，河南上玉玺，拟圣谕一道，各具草。魏云：“人君得天下易，得玉玺难。”文肃讽其改，魏云："某得意在此。"

《浔溪棹歌注》 朱文肃系嘉靖戊午元日生，见公自著《年谱》。董征君芝筠，天启癸亥元日生，见公《行略》。

朱国祯自志《行略》 十四岁，在空室中取论策、古文翻阅。先叔直斋府君有《纲目》一部，全刻精好，日阅一本，能记忆，不三月而遍。有老儒吴弦斋者，与先祖为外弟，独精此书。时号"吴纲目"。时来饮，饮中征事有不知，余即响应，大骇曰："小子乃敢与老夫抗！"反覆驳问，应之如响，客不能屈。

《寄园寄所寄》 相国朱国祯，万历戊戌主会闱，得一卷甚佳，以策犯"国祯"字弃去，识者每嗤其刻。汪《志》按，此事文肃自载于《涌幢小品》，盖惧祸耳，非刻也。

《枣林杂俎》 乌程朱文肃相公同年佥事朱汝器雅相厚，非族也。文肃薨，少子中书舍人绅利汝器子谦之金，许荫叙，而绅以劾郡守朱大受，疏六上，大受发其私。又文肃祖墓在长兴，守者朱国彬盗宰木见罪，冒族父名讦绅市荫，下绅刑部，狱死。绅尝买妓俞楚烟，以榇归。

查继佐《鲁春秋》 南浔朱生，故辅文肃孙也。以乌程学鼓众北拒，事败，为北师断喉死。其友潜抱归其家，以楮封喉而殓之。妻日痛哭，肠断死。

《冷庐杂识》 明季乌程有三相国，所居相距不过九里，时有"九里三阁老"之谣。朱文肃公倡均徭之议，东南大水，又请改折，德泽及人，乡邦推重。沈漼结纳客魏，温体仁奸私误国，闾里羞称之。三人皆载《明史》，而府县志列传独详文肃事实，沈、温则讳而不书。肆志一时，陨名千载。呜呼！此亦足以为鉴戒也。

《吹景集》 神庙初，马守愚来里中，不知何许人，工谢石之术，多奇中。有为人作蹇修者，以"吉帖"二字问马，曰："此姻事已谐。以'帖'字巾傍横'吉'下，喜象也。然谐后且有忧，'吉'下口置巾上，宛然一吊字也。"后果然。卜者沈某以"金"字问，马曰："君其五行中安身立命乎？恨与小人作缘，三十年后以此败，亦以此获。"后沈以后妻故，有雀鼠之讼，乃其妇颇健，持门户，卒借温饱，忆拆字时，年恰三十一。里父之子商于楚，数稔不归，马适在东藏寺，里父拽杖之寺，访马求卜。适觌面，以杖倚米箱，揖之，马问云何，具以对。马曰："汝子已抵家，汝可速去，米贯一木，非来而何？"里父归，其子前候门矣。有江宁生者，客浔，闻其异，往看，不告姓名，值案头积书，指"波涛"二字，曰："君能为一测否？"马谛视久，忽诧曰："君佳士，何落节到此？夫水易为坎，范为润下，陷不出，下不返，淫汗漂溺，都从此生，君无还年矣。非噬非剥，肤沦于泽。是维女子，媾男为慝。夫不祥其孰章？泯之冯戎，寿为大期，著田成畴，著金成铸，著人成俦。今也不然，井田为川，铸非其器，无人俦之。荡荡汩汩，靡所止期。循声曰逃，巫臣窃妻。子意者其似之。”生傲然曰：“君亦知仆何姓乎？”马曰：“象画既昭，群鬼夜嚣，吹律知姓，万物同忧。沄焉水区，寿谁其余。按象而谈，君非蔡仲之裔乎？”江宁生乃前谢曰：“神哉先生！仆少失父兄，好为冶游，毕烬其宫，携欢而东。我云彼龙，先生愍斯，维曷涂之从？”马曰：“夫凝虑者不可惑以貌，知方者不可淆以蹈。元冥失驭，后土其奠之，急之坤乡，无与巽谋。三寿作朋，西南得之，择里而安。安钱唐其迁乎！”其摘隐蹑秘，皆此类也。某先生致事，归且浃岁，呼马诣第，拈一“休”字讯焉。马取所书字，承日影覆背，凝睇，忽曰：“异哉！一转便成兵字，夏官乏员，微公其谁？”某笑曰：“吾长安尘土，久无入梦，生勿言。”居无何，朝鲜事起，某以边材论荐，趣摄少司马。篆云：“闻长老者言马来吾里，时恒寂周邻寺，匡坐穷日，无妄言笑，所获钱亦随手散去，乞者便与之，类古称隐行君子哉！竟来去，不自道。乡里卒无有传其伎者。”遐周曰：“若以六书求马，马所测殊有乖舛处。然此自卜筮事，不詹詹执许慎、徐铉之学，苛寻其短也。今许、徐辈测之，岂能奇中如马耶？”《道书》云：“丹经万卷，不如守一愚。”马取义本此。

董肇镗《镇志》 陆以载，字处厚，为福安邑宰。一日之野，有鹦鹉向前哀鸣，忽堕地，则赫然一死人矣。就而视之，已复为鹦鹉。呼老妪问故，家先杀人，瘗尸鹦鹉笼下，掘之如生。亟召其子孙，畀以杀人者。四境颂若神明。

《近事丛残》 孙履际者，吴江吴溇人。少年亦曾读书，父业粜籴，及壮，与娶妻，婚未几月而妻生子，为乡闾所笑，因弃家出游。万历丁酉冬，寓元墓塔院僧舍中，亦能作诗画梅，往往题墙壁间。僧养之四十余日，临行不告而去，且窃其衣服布匹焉。少日，已削发披缁带泗州巾，有人于胥口湖船中见之。己亥春，至南浔，有人谓之曰：“子何酷似董三爷？”董三爷者，南浔董尚书之第三孙嗣昭，甲午、乙未联捷，发榜后不两月死于京师，归榇且入山矣。履际闻之，创为说曰：“我董三爷也。向因擅入皇宫，恐朝廷正法，故佯病死而逃，今归矣。”与一尼姑善，令传语与董之乳媪焉。其孺人悲喜惑之，而其家老及族人知事者，灼其妄冒，使人召与言，令自述颠末，而一人从傍载笔书之。事遂不能讳，执送吴江县，问徒，发配，死配所，其尼姑亦别置之死。其至吴江未审时，犹称孙令君为年兄，盖孙亦乙未科也。其愚而狡如此。意其撰名亦非本名，似踵孙宪副从龙诸郎之列，以便出入影射。

又，吴县洞庭山翁生起旸号见沧者，以资豪于乡，而狂很无赖。有族人某，先年以房一所售之，得价一千三百两，累欲与索贴，未行也。己酉间，有马医山中，住卖屋者之家，卖屋者曰：“见沧家有马，吾荐往，五钱可得也。”既往，只送二钱。卖屋者不乐，遣人还其银，索元书。翁收银而还书，略不为意。卖屋者大怒曰："吾必以屋事告于官。"有一庠友在傍曰："吾当为证。"遂入城讼之县。县令麻城陈公以闻，先入山，有所欲于翁，不应，衔之，断贴加三千两。翁执不肯服，责之十四板。出，愧愤不返家，而径之南浔典铺中，思有以报陈。有讼棍金姓者曰："是不难，当为揭帖，走南京各衙门送之官，必坏矣。"翁喜，许赠百金，而先送其三四，置酒饯赠，其人往递之。会巡江察院李公云鹄将复命，遂不荐陈。陈疑之，使人往探，知有蜚语，而莫得所从起。无何，翁又遣人伪为湖州府朱谕德国祯帖，投新巡江汪公怀德。汪故归安尹，朱宜称旧治，而乃以侍生帖入，疑其伪，执讯得状，乃并捕获撰揭始事人。翁问绞，金与递书人皆问遣，解各衙门及前后使费，请求居间与吏书伍伯人等，凡破七万金，而径死于狱，狂很之祸若此。

陈可升《浔溪文献》 乌镇兴德桥西南隅有文昌阁，为民居所没，而遗像置高阁。有李某者，恐其亵也，移而奉之浔溪别寺有年矣。神庙时分署罗抑斋即祠故址建小学，谓中堂不可无文昌像，王生鸣时力任之。方欲图像塑，夜梦神曰："我真身现在，即当时塑湖州府城隍时者所同塑也。"旦访之民家，知为李姓所移，乃迎之浔溪，而神复归焉。节录颜如愚《记》。

董斯张《蓑庵先生传》 先生吴江涤上人，晚自命曰蓑庵云。先生稚节负奇，长而善属文，喜汨罗、龙门之言，攻苦刻厉，意气感激，冀有以自见于天下。治经生言者靡靡而趋壹，禀肆间文以为鹄群。长老以诲其子弟，其子弟借此道博一科目辄弃去，手不亲古书，而先生非古书弗娱，几案唯古书。时为童子祭酒董其程者，亦斤斤古书。乡之人怜先生，诫先生毋古书，先生顾嫚骂："若曹胸无古书，安知古书不可令乃公读乎？"日益治古书，出为文，精湛卓诡，训故而外，恒竖新义。督学御史陈公子贞心奇之，然竟不第。先生壹郁奇抱不尺寸试，发愤成疾，医误以丹石投之，经岁而毒作。所居凭溪弗御凌雨薄田一双，鬻以求药。尊人殁三十年，亡以葬；长君生二十年，亡以妇。世所称穷愁亡奇先生者。而先生气益上，慨慷千古，引声抗歌，有所制，寻碎之。或为好事者拾去，得诗及杂文数千言。往先生馆斯张家张也，及犹子勋从之学《胡氏春秋》。尝丙夜阅《宋鄂忠武王传》，命童子趣热酒来，酒一行，叹息数四，曰："好岳将军！好岳将军！"酒数十行皆如之。忽张目起，大呼："贼桧何在？当磔以饲狗耳。"携三四童子持烛求桧，声色转厉。烛尽，燃纸为灯，遍求不可得，乃已。旁舍十余家夜惊起，问何状，语之故，皆抚掌大笑。时张年十有二，私谓勋："吾师非狂人。"万历癸丑六月病亟，为文以自悼，知者闻而悲之。先生名元棐，字附欧，所著有《蓑庵纂》若干册。

《善田张氏族谱》 从父青霞先生，讳光朝，字君辅。幼孤力学，事母至孝。年十七，补博士弟子员，博综经史。与同里庄懋谦日益、温念衡允治相友善。万历丁酉元旦，梦与人策马游山，将过峻岭，鞭策坠地，旁有一老人驱车以从，谓先生曰："君不以此处加鞭，不如登此车从我去。"诘其何往，老人笑曰："忘却来路耶？"骇愕而醒。每述此梦，怏怏不乐。是岁秋闱，先生习麟，经庄先生复吾日宣见先生文淹雅，决其必售。榜发被黜，先生亦不以为意。迨落卷领出，始知先生之卷，主司已拟元矣。因对策有伤时语，竟置不录。先生始蹙然曰："坠策之兆既符，登车之言将验，予殆不久人世矣。"郁郁致疾，于丁酉十二月十八日卒，年二十七。从侄廷献谨识。

南浔志卷五十三

里人周庆云纂

志余四

董斯张《书纪宣符扇头》 岁庚戌，余与宣符读书村北。时驶雨乍停，溪痕微长，草透冷香，花留艳雾。余两人凭栏啸咏，孤神远瞩，高谭往还，慨焉兴喟。大约两人平生相似者三，相异者一。孩而孤，似也；奴握家秉生事，转落，似也；此遇也旷怀千古，历落自命，一切世法无足置双眼，嗤笑都所不顾，此性也，似也。宣符异才天挺，每当落笔，奇情横逸，神光四照，良是东箭南金，定非我曹所望，天故以此限董生耳。因念宣符王父比部公、尊人贡士公与亡祖父俱为笔研交，缔好甚笃，乃宣符复不我差池，同此臭味耶？闻之长老言，比部及先王父少读书法华庵，凉燠攻苦，摩厉刻至，非古人不法。比其贵，相视责善不少别，都无形骸。唯贡士公之于先君也，亦复如是。冀宣符规我不逮，衍我两家世业，以追贤达素交。宣符曰："然。"遂志之。

沈登瀛《南浔著述总录》 遐周先生有《选采真社集》。采真社未知会于何地，起于何时。《董复园集》有《采真诗选后序》云："丙申春，家严修《采真雅集》。"丙申乃顺治十三年，复园父芝筠为遐周从孙，故重修之耳。则是社当在浔上。惜当时应社、复社等盛著，诸小社皆为所掩也。

董说《楝花矶随笔》 先借庵先生每品题翰墨，提着"新安大贾"四字，作书苑伧父目。而评人诗卷，或云百谷体，或批两字头，皆指恶诗。浔上王生者业医，从先生问草隶法，教且看八分古帖。月余，王生作八分体一纸呈先人，先人笑曰："吾不教汝写八分字。"后王生小得草隶路头。有旧存《余清斋帖》，在珏书簏中，七月持至补船。中元前三日，珏复寄此册。感遗训之未忘，伤古学之欲坠。南潜谨记。

汪曰桢《浔辑》 悫公送行诗卷，陈继儒、董其昌、王惟俭、张民表、郭涓、乔允、方泽、法铠凡八人，首有《送复元上人游二室五台小引》，款书："万历四十四年二月十八吉日启行书此，平涵居士朱国祯题。"卷藏墨溪朱氏，云得自北栅外圆照庵，庵中诸名人笔墨尚多，且《止庵诗集》板亦在庵中，惜已残缺。按，庵地属震泽，悫公驻锡处也。

朱国祯《定空上人书事叙》 定空上人，本名家子，工医，有神效。一日出游，登五台最上一峰，披剃。遍行畿内，函三梁公筑庵栖之，称为廉洁清净禅。余非能深于禅，浮慕中亦自有契，久与复元上人结伴，此一奇也。梁本大冢宰鸣泉先生之嗣，官环卫，有名。余与梁不相识而相慕，因赵太宰交其群从，既归田，时与复公道本末，慨夫南北参商，梦寐屡及，何所自来，何所自底，又一奇也。寻复公得病，甚剧，众医罕效，驻余斋七日，迁隔河禅堂自便，不三日，告病愈。骇而问之，则知来一僧，投药二剂，立起往候，知为定空。余有不寐之苦，告之，出三丸服之，便熟睡，众惊以为大医。王复公因得梁公赠卷，并起居甚详，此又大奇也。上人以礼普陀，至梁公谆谆属以北还。余固留不可，第云去可复来，盍以一言为订。

张继周《草亭笔记》 凡奴仆不可信任，而有才者尤当严绝。予家旧仆李春初来时，尚称谨愿，自与董氏仆结交，弊端百出矣。予邻陆永之有隙地数亩，与董氏屋相连。天启甲子夏，董元常之仆孙忠者，谋占不就，反诬陆占董产，捏主人名，控诸县，主人未之知也。时宰吾邑者为壬戌进士马达生思理，福建长乐人，予从祖文峰公之外孙也。稔知陆系予邻，致书于先君子，问实在情形。先君子嘱李春代写覆函，为陆申理。李春受董仆贿，反其词以达县，其词曰："陆永之素不良于行，此特横逆之一端耳。且陆氏父子数十年来出入董门，近因董氏势衰，强占董地，波澜翻覆，洵可畏也。既承下问，何敢为乡党讳？幸此案事尚细微，望小惩之而使大诫。此陆氏之福，而实出台下之赐也。"是秋，家剑水先生领乡荐，马令来恭寿堂致贺，予亦随先君子在侧。谈次，论及董、陆事，马曰："田地、房产所凭者单契。今董氏单契俱无，理应断归陆氏。所不即成案者，为舅氏书耳。"先君子不知李春易书事，因曰："予书亦为陆氏申理，与成案有何窒碍？"马袖中出陆氏总单，及李春造写之书。先君子览之，离席长揖，曰："此予之失察覆函，实嘱仆辈代书，初不知其易词以诬也。"是日，董元常得悉此事，遍讯家人，知是孙忠所为。以家法严治，孙忠杖之垂毙。李春是日本在恭寿堂侍候，惧罪及，逃窜不知去向。此事幸邑侯清慎，吾数家友谊亲情，不致被恶仆损坏，余外事之无对证者，恶仆倚势横行，为主人取怨于乡里，谅不止一二事也。

《浔辑》 明纪奉山懋勋《家训》一卷，有曰："国课固宜早完，尤宜自纳，切忌包揽，贪着小便宜，即受大吃欺。银有柜，米有仓，等头斛面比人多算一二，讨了印票，一了一当，岂不暂劳永逸？"又曰："生辰为母难之日，何可重累亲朋？况近日传单醵分纷然沓出，盛者几两，次者几星，即有余之家，趁办亦觉费事。若不足者，单至不得不与，至期勉强措凑，苦甚征徭，延年益寿者，自当恻然动心。"又曰："元宵看灯，大非美事。此时贤愚混杂，俱乘酒兴，比日间不同，易起争端。每见年年此节，必有是非。况一家之主，尚且嬉游，室中必无警备，盗贼火烛，俱防窃发。此夜只宜闭门，僮仆亦宜检束。”又曰：“待佃户自宜宽容，我见上乡人呼为租亲。盖田主佃户相须为功，原无尊卑之分，我待之以礼，彼亦不忍欺我。间有一二顽梗，亦只徐为改召，无非我乡曲伴侣，何忍以升斗结怨也？”又曰：“僧道之所，乃势利之场，一应放生同庚之会，断不必与。余本无心及此。一日，极乐庵僧请余放生，请之再三，偶赍香一赴，皆里中人。一揖之后，彼自老庚兄、老年翁唧唧哝哝，我则独行踽踽，绝无胶黏处。看寺僧之趋承，旁人之胁媚，反觉我冷寂之甚也。随斋而别。”又曰：“产业方圆之说，断不可惑。天倾西北，地陷东南，人要满愿，如何能够？每见阴谋诡计，及至方圆已属他人者，或方圆其身而子孙即割裂者，或方圆既成，同室戈矛一家吴越者。何苦自坏心术，枉费精神。又曰：“尝见蔚如叔云：‘若要教训儿子读书，先要教训阿妈。’盖内有护短之母，外鲜成器之子也。”后有己巳阳月侄曾孙复亨跋。又纪汉翀度《格言随笔》一卷，皆纂集前人格言。闵雪蓑手写本有云：“居家骨肉未能免阋墙，乃欲以肝胆二字骄语朋侪，偷儿获廉名也，吾谁欺。”又云：“每见富贵人，宁丰财厚禄，别作奢华，何尝肯隆礼师席以教子弟？宜乎硕师去而庸师来，年复一年，子弟乏开导之益，日昏一日，及其长也，块然一物而已。为父兄者能无警乎？”又曰：“父兄之于子弟，其专事姑息而不知约束者，固无论矣。即有笃于教诲，惟事扑责，不顾子弟之所安，不谅子弟之所禀，与其学问之生熟，惟欲速求成，不知功夫有序，精神有限，何可一旦助长？故为父兄若师者，须操功历久，毫不放空，亦不逼迫，使优游自得，顺天真养灵觉，慧性自然日开。”又云：“吴俗，坐定辄问新闻。此游闲小人入门之渐，而是非媒蘖交构之端也。地方无新闻可说，此便是好风俗、好世界。”后题“雪簑渔人闵声书并跋”。

陆心源《仪顾堂集·朱文肃温宝忠董伯念手札跋》 右朱文肃家书四通，温宝忠札三通，董伯念札三通，乌程周芸斋别驾所藏焉。文肃以位显，宝忠以忠著，伯念以气节重，皆吾郡有数人物。宝忠札多忧时感事之言，其子圆峤无贬辞，亦非阿其所私。盖圆峤虽嫉贤害能，而鉴于周延儒之获戾，颇能谢绝包苴，避嫌远疑。明社未亡，公论未定，宝忠亦不能不为亲者讳也。伯念三札，虽无大关系，而豪侠之气，流露行间，可以觇其所造。余皆已录入《穰梨馆过眼录》。惟文肃忝居高位，无补时艰，书中亦多龌龊语，故不录。

又《温圆峤家书跋》 右明大学士乌程温圆峤体仁家书六通，南浔周君芸斋之所收也，四致其弟仲容，一致其弟一官，其一亦致其弟，札首断烂，其名已缺。圆峤相思宗最久，当国势阽危之日，不能有所匡济。惟务逢君固位，嫉贤忌能，律以“以道事君，不可则止”之义，列之奸臣，百喙何辞？惟圆峤操守尚严，持躬尚谨，既不若严嵩之招权纳贿，亦不若冯铨、魏藻德之媚珰无耻。即崇祯五十余相中，胜于圆峤者，惟文竺坞、范吴桥、孙高阳数公，余皆伯仲之间。圆峤独被恶名，殆有幸不幸耶？六札一言买莲花庄事，一言以宣德铜炉赠弟，一为其叔作墓志，一言水贼，一言时事，一得庶常后，勉励其弟，并无龌龊不可见人之言，宜乎芸斋清闷，不忍弃置也。吾乡风俗鄙陋，士不尚志，恶直丑正，习为当然。圆峤囿于乡俗，不能自拔，岂知诛心定论，终为下流之归，可不惧哉！我愿后之学者，出处进退，必权乎道，勿以玉碎为戚，勿以瓦全为荣，则乌程百世之耻，庶乎其可雪也。时光绪乙酉冬十月跋。

《明史》 温体仁，字长卿，乌程人。万历二十六年进士。改庶吉士，授编修，累官礼部侍郎。崇祯初迁尚书，协理詹事府事。为人外曲谨而中猛鸷，机深刺骨。元年冬，诏会推阁臣，体仁望轻，不与也。侍郎周延儒方以召对称旨，亦弗及。体仁揣帝意必疑，遂上疏讦钱谦益关节受贿，神奸结党，不当与阁臣选。先是，天启二年，谦益主试浙江，所取士钱千秋者，首场文用俚俗诗一句，分置七义结尾，盖奸人给为之。为给事中顾其仁所摘，谦益亦自发其事。法司戍千秋及奸人，夺谦益俸，案久定矣。至是，体仁复理其事，帝心动。次日，召对阁部科道诸臣于文华殿，命体仁、谦益皆至。谦益不虞体仁之劾己也，辞颇屈，而体仁盛气诋谦益，言如涌泉，因进曰：“臣职非言官不可言，会推不与，宜避嫌不言。但枚卜大典，宗社安危所系。谦益结党受贿，举朝无一人敢言者。臣不忍见皇上孤立于上，是以不得不言。”帝久疑廷臣植党，闻体仁言，辄称善。而执政皆言谦益无罪，吏科都给事中章允儒争尤力，且言：“体仁热中觖望，如谦益当纠，何俟今日。”体仁曰：“前此谦益皆闲曹，今者纠之，正为朝廷慎用人耳。如允儒言，乃真党也。”帝怒，命礼部进千秋卷。阅竟，责谦益，谦益引罪。叹曰：“微体仁，朕几误！”遂叱允儒下诏狱，并切责诸大臣。时大臣无助体仁者，独延儒奏曰：“会推名虽公，主持者止一二人，余皆不敢言。即言，徒取祸耳。且千秋事有成案，不必复问诸臣。”帝乃即日罢谦益官，命议罪。允儒及给事中瞿式耜、御史房可壮等，皆坐谦益党，降谪有差。亡何，御史毛九华劾体仁居家时以抑买商人木，为商人所诉，赂崔呈秀以免。又因杭州建逆祠，作诗颂魏忠贤。帝下浙江巡抚核实。明年春，御史任赞化亦劾体仁娶娼、受金、夺人产诸不法事。帝怒其语亵，贬一秩调外。体仁乞罢，因言：“比为谦益故，排击臣者百出，而无一人左袒臣。臣孤立可见。”帝再召内阁九卿质之，体仁与九华、赞化诘辩良久，言二人皆谦益死党。帝心以为然，独召大学士韩爌等于内殿，谕诸臣不忧国，唯挟私相攻，当重绳以法。体仁复力求去以要帝，帝优诏慰答焉。已，给事中祖重晔、南京给事中钱允鲸、南京御史沈希诏相继论体仁热中会推，劫言者以党，帝皆不听。法司上千秋狱，言谦益自发在前，不宜坐，诏令再勘。体仁复疏言狱词皆出谦益手。于是刑部尚书乔允升，左都御史曹于汴，大理寺卿康新民，太仆寺卿蒋允仪，府丞魏光绪，给事中陶崇道，御史吴甡、樊尚璟、刘廷佐各疏言："臣等杂治千秋，观听者数千人，非一手一口所能掩。体仁顾欺罔求胜。"体仁见于汴等词直，乃不复深论千秋事，唯诋于汴等党护而已。谦益坐杖论赎，而九华所论体仁媚珰诗，亦卒无左验。当是时，体仁以私憾撑拒诸大臣，展转不肯诎。帝谓体仁孤立，益向之。未几，延儒入阁。其明年六月，遂命体仁以礼部尚书兼东阁大学士。体仁既借延儒力得辅政，势益张。逾年，吏部尚书王永光去，用其乡人闵洪学代之。凡异己者，率以部议论罢，而体仁阴护其事。又用御史史𡍼、高捷及侍郎唐世济、副都御史张捷等为腹心，忌延儒居己上，并思倾之。初，帝杀袁崇焕，事牵钱龙锡，论死，体仁与延儒、永光主之，将兴大狱，梁廷栋不敢任而止。比龙锡减死出狱，延儒言帝盛怒，解救殊难。体仁则佯曰："帝固不甚怒也。"善龙锡者因薄延儒。其后，太监王坤、给事中陈赞化先后劾延儒，体仁默为助，延儒遂免归。始与延儒同入阁者何如宠，钱象坤逾岁致政去，无何，如宠亦去。延儒既罢，廷臣恶体仁当国，劝帝复召如宠，如宠屡辞。给事中黄绍杰言："君子小人不并立，如宠瞻顾不前，则体仁宜思自处。"帝为谪绍杰于外，如宠卒辞不入，体仁遂为首辅。体仁荷帝殊宠，益忮横，而中阻深。所欲推荐，阴令人发端，己承其后。欲排陷，故为宽假，中上所忌，激使自怒。帝往往为之移，初未尝有迹。姚希孟为讲官，以才望迁詹事。体仁恶其逼，乃以冒籍武生事，夺希孟一官，使掌南院去。礼部侍郎罗喻义故尝与成基命、钱谦益同推阁臣，有物望。会进讲章中有"左右未得人"语，体仁欲去之，喻义执不可。体仁因自劾："日讲进规例从简，喻义驳改不从，由臣不能表率。"帝命吏部议。洪学等因谓："圣聪天亶，何俟喻义多言。"喻义遂罢归。时魏忠贤遗党日望体仁翻逆案，攻东林。会吏部尚书、左都御史缺，体仁阴使侍郎张捷举逆案吕纯如以尝帝。言者大哗，帝亦甚恶之。捷气阻，体仁不敢言，乃荐谢升、唐世济为之。世济寻以荐逆案霍维华，得罪去。维华之荐，亦体仁主之也。体仁自是不敢讼言用逆党，而愈侧目诸不附己者。文震孟以讲《春秋》称旨，命入阁。体仁不能沮，荐其党张至发以间之，而日伺震孟短，遂用给事中许誉卿事，逐之去。先是，秦、楚盗起，议设五省总督，兵部侍郎彭汝楠、汪庆伯当行，惮不敢往。体仁庇二人，罢其议。贼犯凤阳，南京兵部尚书吕维祺等议，令淮抚、操江移镇，体仁又却不用。既而贼大至，焚皇陵。誉卿言："体仁纳贿庇私，贻忧要地，以皇陵为孤注，使原庙震惊，误国孰大焉。"体仁素忌誉卿，见疏益憾。会谢升以营求北缺劾誉卿，体仁拟旨降调，而故重其词。帝果命削籍，震孟力争之，大学士何吾驺助为言。体仁讦奏震孟语，谓言官罢斥为至荣，盖以朝廷赏罚为不足惩劝，悖理蔑法。帝遂逐震孟，并罢吾驺。震孟既去，体仁憾未释。庶吉士郑鄤与震孟同建言，相友善也。其从母舅大学士吴宗达已谢政归，体仁劾鄤假乩仙判词，逼父振先杖母，言出宗达。帝震怒，下鄤狱。其后体仁已去，而帝怒鄤甚，不俟左证，磔死。滋阳知县成德，震孟门人，以强直忤巡按御史禹好善，被诬劾，震孟为不平。体仁劾德，杖戍之。体仁辅政数年，念朝士多与为怨，不敢恣肆，用廉谨自结于上，苞苴不入门。然当是时，流寇躏畿辅，扰中原，边警杂沓，民生日困，未尝建一策，唯日与善类为仇。诚意伯刘孔昭劾倪元璐，给事中陈启新劾黄景昉，皆奉体仁指。礼部侍郎陈子壮尝面责体仁，寻以议宗藩事忤帝旨，竟下狱削籍。其所引与同列者，皆庸材，苟以充位，且借形己长，固上宠。帝每访兵饷事，辄逊谢曰："臣夙以文章待罪禁林，上不知其驽下，擢至此位。盗贼日益众，诚万死不足塞责。顾臣愚无知，但票拟勿欺耳。兵食之事，唯圣明裁决。"有诋其窥帝意旨者，体仁言："臣票拟多未中窾要，每经御笔批改，颂服将顺不暇，讵能窥上旨。"帝以为朴忠，愈亲信之。自体仁辅政后，同官非病免物故，即以他事去。独体仁居位八年，官至少师兼太子太师，进吏部尚书、中极殿大学士，阶左柱国，兼支尚书俸，恩礼优渥无与比。而体仁专务刻核，迎合帝意。帝以皇陵之变，从子壮言，下诏宽恤在狱诸臣。吏部以百余人名上，体仁靳之，言于帝，仅释十余人。秋决论囚，帝再三谘问，体仁略无平反。陕西华亭知县徐兆麟莅任甫七日，以城陷论死，帝颇疑之。体仁不为救，竟弃市。帝忧兵饷急，体仁唯倡众捐俸助马修城而已。所上密揭，帝率报可。体仁自念排挤者众，恐怨归己，倡言密勿之地不宜宣泄，凡阁揭皆不发，并不存录阁中，冀以灭迹。以故所中伤人，廷臣不能尽知。当国既久，劾者章不胜计，而刘宗周劾其十二罪、六奸，皆有指实。宗藩如唐王聿键，勋臣如抚宁侯朱国弼，布衣如何儒显、杨光先等，亦皆论之。光先至舆榇待命，帝皆不省，愈以为孤立，每斥责言者以慰之，至有杖死者。庶吉士张溥、知县张采等倡为复社，与东林相应和。体仁因推官周之夔及奸人陆文声讦奏，将兴大狱。严旨察治，以提学御史倪元珙、海道副使冯元飏不承风旨，皆降谪之。最后复有张汉儒讦钱谦益、瞿式耜居乡不法事，体仁故仇谦益，拟旨逮二人下诏狱严讯。谦益等危甚，求解于司礼太监曹化淳。汉儒侦知之，告体仁。体仁密奏帝，请并坐化淳罪。帝以示化淳，化淳惧，自请案治，乃尽得汉儒等奸状及体仁密谋。狱上，帝始悟体仁有党。会国弼再劾体仁，帝命汉儒等立枷死。体仁乃佯引疾，意帝必慰留。及得旨，竟放归。体仁方食，失匕箸，时十年六月也。逾年卒，帝犹惜之，赠太傅，谥文忠。

崇祯末，福王立于南京，以尚书顾锡畴议，削其赠谥，天下快焉。寻用给事中戴英言，复如初。体仁虽前死，其所推荐张至发、薛国观之徒，皆效法体仁，蔽贤植党。国事日坏，以至于亡。

蔡奕琛《温文忠墓志铭》 戊寅岁秋七月三日，少师兼太子太师、吏部尚书兼中极殿大学士温公考终于家。长子俨赍奏遗表。震悼辍朝，太宰议赠，赠太傅，大宗伯议祭，祭九坛，加四而十三，大司空议葬，葬照一品，例资给县官。故事，易名大典，下所司谥法，危身奉上曰忠，不俟部请，断自宸裁，异数也。公有子三，伯仲相继谢世。越十有四年，岁在辛卯，介弟比部大夫幼贞公育仁率其幼子佶营窀穸事，泣而言曰："沧桑变矣，隆恩荣典，尽付冷焰空华，只墓中片石，堪永千秋耳。顾一时同朝诸老远弗能致，近又调零，舍吾子无可属者。"呜呼！文忠公，先朝清正贤辅也。奕琛忝在年家，子佶又辱门楣，虽不文，何敢辞？叙曰：

公自庚午涣颁大号，晋参揆席。维时至尊以藩封缵承大统，值权珰乱政后，勤思化理，宵旰忧劳，深维治要，首在辅弼。思得□公忠正直之臣，以破党援、寄心膂，盖金瓯几覆，而始及公。顾公以昌言受特知，实犯众忌，宣麻之纶未下，攻者如猬毛起，排群议而特简枢机，固已诧公知遇之奇矣。比秉政八年，玄黄转甚，噏訾之口，如险械肆张，毒弩层发，台省疏未已也。曹郎继之，甚而累囚继之，勋爵继之，又甚而么麽卫弁泼赖继之。从来辅臣被言，未有如公之横诋丛蔑者。然攻愈众则信弥深，辞愈切则留弥挚。崇祯以来，辅臣眷礼之厚，倚任之久，始终优异，亦未有如公者。

说者曰：公方严廉介，门无私谒，庭绝问遗，以此宠遇特渥，固也。然当日政地诸贤，砥砺谨饬者不少，微不称旨，席未暖去矣。且庚辛以来，天下何等时也？边备虚而边警更棘，民力尽而民变滋嚣，内外交讧，东西竞扰。操太阿在上者，又复英断不测，救过罔暇。使公直以尾生、孝己模棱伴食其间，抑何以上副用人图治之盛心？由今读《纶扉奏草》，乃知公致主泽民、救时应变之猷略，洵度越等夷万万也。自营竞成风，跃冶争逞，公懔守典制，首裁徇滥。以故城工有叙，边工有叙，一切平衡详酌，赏必酬劳，例勿幸启。即公一身叙赉，应得恩典，皆悉辞再三，少有溢格，必坚请俞允。其慎爵赏、惜名器有如此！羽书旁午，筹兵策饷，呼吸安危。公精心指画，悉中机宜。如延绥以鄜州绝粮、军士激散报。公曰："有抚臣塘报在此。兵害民，非民拒兵也。骄悍卒以毒穷民，不便，宜下总督核。"户部以宣云锋饷酌裁余额请。公曰："有该部原疏在足额内以裁额外，非假虚额以扣实额也。借欠款以除溢数，不便，宜仍下部议。"又如兵乱宜剿不宜抚，寇乱宜抚先宜剿，募兵宜减不宜增，援兵宜分不宜合。跋扈之大帅，不动声色，而妙就绦旋；岩疆之督抚，不徇爱憎，而密商留去。皆公呕心熟计，上佐睿谟，其运帷筹、审兵机又如此。

军兴孔棘，度支告匮，大司农仰屋计穷，至有清查溢地之议。公曰："惟正之供尚多，逋负无端。突加溢饷一百九十余万顷。扬州至一倍，原额不啻；四川至再倍，原额不啻；云南、凤阳至三倍，原额不啻。皆事理之不可信者。此不待下令征催，只一清查，必生意外，关系治乱安危不小。"又有以开采议献，公曰："是欲乘机幸用，生扰侵肥耳。往时间有行者，或聚众滋盗、或派民赔累，贻害不可言。今民困已极，易动难定，一经开采，势不得不用多人。穷民趋利如骛，奸徒乘机偷窃，别生事端，深为可虑。"皆痛切极言，得请报罢。此尤公轸恤民隐、消乱未萌之长虑也。

公辅政来，言路无日不与公为难。先后建言被黜者，往往疑公阴中。暨掌科吴执御疏指政地，诘责严切，公特揭请宥曰："此臣等他山石也。倘冒重谴，则外庭猜疑益滋，而臣等心迹愈晦。"又御史詹向善上言加派非宜，致触霆威。武英庭诘，声色俱厉。缇骑捽下，祸且不测。公申救再三，曰："容之，益彰圣度之宏；处之，翻成小臣之直。"不戁不悚，反覆跪请，霁释方退。此又公培养士气、调护主德之妙用也。盖公一生心事，光明磊落，意所不许。慷慨论列，人但见其丰裁之劲挺，岂知不见不闻之地，尽有发仲连之矢，不伐其功；补韩王之牍，不示其草者。以故公之任怨也彰，而种德也隐。从来黄扉一席，曰机要，曰密勿。机之为言微也，密之为言藏也。微则斡旋在祸福未著之先，藏则收拾在成败方胎之始，所以外庭无知名勇功之可窥。而九重默结、一心一德之契，盖渊穆中相信者真矣。谤议丛集，终始优异，良有由然。微读公奏草，则深心大业，迄今未有知者，况彼时耳食者哉！

公新膺简命，廷谢拜疏，清忠自矢，首戒贪欺，毅然以安内攘外、大法小廉为己任。竟公在事多年，先资数语，言言左券。逮没世后，天子临轩太息，称："温某辅政八载，始终无一字欺朕。"盖低徊于周道式微，而深叹后来者之难为继也。呜呼痛哉！公生平懿行，国史家乘不胜书，志其大者。元配严夫人，以敬佐孝，以俭佐廉，以和顺佐亲睦。公居官无内顾忧，居家无生事虑，内助之力居多。夫人生两子，皆先后不禄，且无后，今茕然率两稚襄大事者，庶子佶郁出也，则皆夫人逮下之惠所遗也。益令人咏《樛木》、颂《螽斯》焉。

系曰：公讳体仁，字长卿，别号圆峤。其先太原人，讳祥卿者，徙长兴，累官兵部尚书；讳亮者，复迁乌程之淤溪。再传百岁翁清乐公琏。清乐公仲子静庵公良，静庵公季子桂轩公璋，桂轩公长子碧溪公镃，碧溪公仲子西川公瀚，即公曾祖也。西川公长子古渠公，以第一甲第三人及第，季子为公王父北渠公应初，生太翁新宇公子佐。自西川公而下，皆以公贵，三世赠寓保尚书。新宇公有淑，配曰沈夫人。实生公暨比部公育仁。

公少英颖不凡，年十六，补博士弟子员，诸生时识者便以公辅相。期年二十五，丁酉麟经魁浙省，戊戌成进士，选中秘，庚子授编修，辛丑分较礼闱，壬寅覃庆封两尊人，如其秩。癸卯起居注。丙午次典楚试，辞。壬子升南少司成，癸丑升左谕德。十六载始转宫坊，先辈之不肯躐进也如此。乙卯次典北闱试，又辞。升左庶子。丙辰次分较领房，又辞。升少詹事，掌南京翰林院印。庚申丁内艰。壬戌，起升礼部右侍郎，协理詹事。癸亥回部，升左侍郎。甲子，遇覃庆，照三品例，赠大父母如其秩，补日讲官。

维时魏珰焰方炽，公以方正撄怒，讲官赏例弗及，同陵叙功又弗及，殊岌岌甚。旋丁外艰归。丁卯服阕，起升南京礼部尚书，寻改詹事府掌詹，辞，不允。戊辰冬，会枚卜纷嚣，公抗疏称旨。庚午八月，简入东阁大学士，本年加太子太保，进文渊阁。壬申，加少保兼太子太保、户部尚书，进武英殿。癸酉籍田，与九推例一品考三年满，加少傅兼太子太傅、吏部尚书，进中极殿，赠曾王父母一品如其秩。甲戌，典会试。丙子，加少师兼太子太师一品考六年满，加左柱国，赐坐蟒。

公以丁丑年致政归。归一载而台星告殒，闻者殊深哲人不慭之叹云。公生于癸酉十二月初九日，距殁年享寿六十有七。夫人严氏，处士德徵严公女，封孺人，再封恭人、淑人，赠夫人，累赠一品夫人。生于戊寅五月初九日，殁于壬申八月初四日，享年五十有五。子二：长俨，邑庠生，原荫尚宝司司丞，娶太学生董公嗣茂女；次侃，原荫中书科中书舍人，娶郡丞沈公淙女，俱严夫人出，相继卒。季佶，郡庠生，原荫中书科中书舍人，娶奕琛女，郁出。女四：一归仁和庠生程公元冲长子国子生廷梧，一归宪副吴公瑞徵次子庠生洵，一归大参潘公士达第四子庠生基祯，一归光禄卿茅公瑞徵次子庠生胤廉。孙二：鬵、炅，俱佶出，未聘。孙女二：一适明经潘公国瓒次子嘉谦，俨出；一未字，佶出。

兹将于辛卯年十月二十日卜兆于郡东毗山之阳，郁母祔焉。铭曰：

自公揆席司赞襄，鸿飞遵渚歌绣裳。自公骑箕迁帝乡，邦国殄瘁嗟云亡。勋名今古谁颉颃？华州永嘉差雁行。有俪名媛称姬姜，珠联璧合流芬芳。毗岭峨峨水泱泱，佳气郁葱土燠香。相冢氏曰终允臧，詹尹告吉在则阳。千秋永誉德全昌，宜尔子孙福未央。

王瑞国《朝野见闻纪略》 钱牧斋初登第，人即以东林领袖推之，而己亦以党魁自居。按，此二字起于《唐书》，以号李宗闵、张又新之徒，初非美名，牧斋著《初学集》中自称者非一。甫入仕，即有科场纷纭事，与浙人树敌，寻以疾归里。至乙卯、丙辰间，浙党大甚，当丁巳京察，即有欲中之者，或以立朝未久，解之而免，然居乡恒惴惴不保。

至光宗登极，尽起用诸林居者，得补原职，为纂经筵等官。次年，天启改元辛酉，于资序应典浙江试，时有所知，讽以宜换别省者，不能从。乃入闱，又以“乡人皆好之”命题，益取浙人之怒，遂有钱千秋一事。时未有发之者，而自具一简举疏，为士子口语可骇等事，大约谓闻人言籍籍。因召得悉至寓，面问之，则曰场前委有一道士、一衙胥来说合关节事，议价三千金，令其以“一朝平步上青天”句为七篇结尾字。其所指称，非房考，非副考，而即指臣也。乞行穷究，以全名节云云。疏中指天而誓，其词甚苦。奉旨下部，逮千秋，鞫之，语如前，而所谓道士、衙胥者，脱逃不获，止将千秋问遣戍去。此壬戌年间事也。论者谓牧斋名重海内，凡吴中大吏，无不奉其意旨，并远近问遗，所受取不少。岂为此三千金，遽为此不肖之事？此理之必无者。或谓必浙人之与深仇者，故为中之。然七篇结字，以无之乎者也，固已捩眼，且七字中又有绝不可作结者，场中何以浑不之觉？而其后千秋自戍所逃归，又出入其门下甚密，人以此疑之，莫能明也。至乙酉而魏珰用事，凡号为东林者，削夺几尽，牧斋居其首列。寻逮系四出，惴惴不保。至烈皇帝登极诛珰，尽返其政，得复原官召用，以资序为宫詹，寻加少宗伯衔。会尽出阁臣之为逆党者，奉旨枚卜，为更化之始，须慎选正人。牧斋之热中揆席，甚所知，复有劝其姑徐徐者，亦不听。而并诸臣之与推与否，皆取其意旨。故事，会推阁臣，视大僚而加重，必会同九卿、科道公行拟议。文选郎、吏科都给事、掌河道御史三人为政。主之于上者，冢宰总宪，而召省中，无论资之新旧，凡锋锐者，皆得旁掺其柄。时牧斋之同邑受业门人瞿式耜稼轩丙戌进士新入垣中，为东林之锋锐者，佐牧斋把持甚力。于是乌程温圆峤、宜兴周挹斋，皆资序相应。而周与其同年涿州冯鹿庵相善，有浪子之目。冯已先入阁，坐逆党废，周望亦轻。惟温久在词林，以清谨著，虽为浙人，未尝与东林树敌。两人者，皆在推敲之列，而皆不得与，乃使人致意当事者，曰：“非敢望点用也，惟资序至此，实以不与为耻，但得一列名其中，足矣。”牧斋为人颇内荏，以铤而走险为虑，而稼轩毅然不可，曰：“鼠辈即有技俩，吾已先据枢管，何足虑哉？”于是乌程愤甚，夙夜草疏上言，为直纠盖世神奸事，谓其与瞿某两人握定会推事，且及其浙闱关节事，则误谓至今未结云。于是烈皇帝立行召对，钱初不知，以为必面简阁臣也。及陛见，乌程口语澜翻，周从而证之，而钱出不意，噤不能对。惟吏科都章鲁斋，名允儒，江西人，丙戌进士。掌河道房海客，名可壮，山东人，甲戌进士。为之力辩，而斥温、周甚厉。于是烈皇帝恶其党护，大发雷霆，下钱、瞿于理，皆为编氓，而尽降谪章、房辈。于是举朝之攻温、周者，章满公车，朝堂几为讼场。未几，两人后先皆以中旨入阁，攻之者愈甚，而上之眷之者愈深。又四年，周去位，而温为首揆。至丙子，而常熟之棍徒陈履谦、张汉儒者，以事为钱、瞿所治，亡命至京师。上疏为直陈江南第一大害等事，讦奏两人把持地方，自抚按而下，惟所指使，所婪赃以巨万计。奉旨下抚按，提解来京。时二棍之来也，实承望风旨。而议者谓温之调旨下石为已甚，于是为两人讼冤者复章满公车。时巡抚张玉笥名国维，浙江人，壬戌进士为牧斋浙闱门生，力为调护，延至半载，尚未解到。而温复具疏，谓其潜他近郊，必欲逐臣而后入。于是两人始到，奉旨下刑部狱。钱之辩疏直与温为难，不复有所顾忌，谓臣无罪，不逐体仁何损？臣而有罪，即逐体仁何益？盖明示人以生杀在手云云。时烈皇帝以守令非人，使民生失所，致盗贼半天下。乃效旧制，令京官五品以上，举堪任县令者一人，三品以上举堪任郡守者一人，赴铨部考定就选。先是，西北诸省之在仕路者，大率附东林而宗牧斋。至是诸被举者群至阙下，争先赴请室，拜为弟子，至千百人，所受贽币亦以几万计。而稼轩系所门可罗雀，于是两人复小隙。未几而温果去位。时温以通国，与之为仇，亦颇淬励，不敢有所受取，上宠亦未衰，不知所以去之故。或曰时司礼大珰曹化淳为王安门下，牧斋使人微晓以东林与安同功一体，而浙人则以魏党之杀安者也，为详言其支派。于是珰于私居微有嗛温语。温闻之，即日具疏请告，凡三上，竟得请。说者谓烈皇帝太阿独操，非借□者而不能脱此辈牢笼如此。于是钱与瞿讯谳再三，坐城旦归里。先是，宜兴去位后，温于其曾致弹击者，皆授以节钺，与周亦遂有隙。于是有为钱合晋楚之成者，乃相与通问会面。至是温既去，钱之党或出财，或出力，为周谋再召，且有香火之约。既入，则上之宠眷甚至，所言无弗从，而独至推毂钱则执不许，乃叹先帝知人之明而断如此。后温得善终，以九载首揆，其橐中装不满四万金，可谓至廉。而周竟以贪败去位，逮至京，勒令自裁。至国变后，弘光在南渡，马瑶草主拥立之议，牧斋以其福王之子，恐不利于东林，欲阻之，不克，乃昵就卑求于马以解异议。议疏而遂大拜之愿，马要以荐其所仇之蔡奕琛、杨维垣，则从之，又要以劾其同志之侯广成、名峒曾，嘉定人，乙丑进士。夏瑗公，名允彝，华亭人，丁丑进士。即为具疏，未上而国亡矣。夫钱固读古今之书而明于事理者。彼楚既闭关，绝约于齐矣，秦奚重夫孤国，而与之商於之地六百里。稍有知者能辨之，而贪心所昧，一至于此！南都之陷也，闻其绕床走者一夜，而不能死，遂觍颜事二姓，欲以用其所未足，而迄不如愿，且复有逮系之祸，盖并前朝而三矣。推其意，苟以一日坐中书堂，于黄纸上押字，即昏乞亦所甘心，夕死可以无憾。是以不得于全盛，则望之于偏安；不得于本朝，则望之于异代。而定命所制，有不可强者。遂使文章道学名盖天下之人，而一败涂地至此。向使终于未改革之前，岂不为后世所共惜，而恨烈皇帝之不能用哉？昔人所谓“门户不昌，乃复有期颐之寿”，与夫“假使当年身便死，一身真伪有谁知”者，皆笃论也。至于温不胜一朝之愤，为此市井攻讦之事，致令半世谨守之生平，一朝俱丧，岂不惜哉！故尝谓古今之为君子者，往往驱人为小人；而为小人者，往往馈人以君子。使钱而为君子也，温固无辞于小人也；即钱而未必君子也，温亦无救于小人也。窃自以为定论。温之在位也，怨仇满天下，弹章无虚日，天下之恶皆归焉。凡推戴钱者，至并其操守而訾之，则何以服其心乎？善乎！夏瑗公之言曰："周明敏而贪，温洁清而险。"可谓至公至平之论矣。温之在事，凡海内有为君子如刘念台、名宗周，浙江人，辛丑进士。郑元岳名三俊，南直人，戊戌进士之类，皆相激成仇，为所忌扼而去。至吴郡之文名震孟、姚名希孟其相左为最甚，而温之倾之者最巧而费力。姚之主庚午顺天乡试也，所中武生二人，即不应入闱，亦与内帘无与，而温以是委曲中之，竟至镌级，卒抑郁而终。文以讲《春秋》称旨，特简政府，与温共事，相忌而未得其间。会冢宰谢青墩名升，山东人，丁未进士有清强声，号为中立，于温未有附丽也。而东林亦以不同调外之。吏科都许霞城名誉卿，华亭人，癸未进士起自废籍，为东林之锋锐者，与文最相契，而屡以意气陵谢。谢不能堪，乃特疏纠其把持，欲升奉常，并及吴人之与文姻娅者，申青门名绍芳，丙辰进士以方伯求升巡抚，下阁拟旨，文欲照常例下部。温谓言语及别衙门所上疏，乃下部核其虚实。今冢宰所自纠，更使谁核？欲拟即为民。文乃奋然曰："为民乃科道官极荣事。"盖惜其不以建言处，而以营进处也。而温正据此发端之语，特疏讦奏，谓其腹心股肱之臣，而为此悖理蔑法之语，臣不知其解也。并及从旁解纷者，同官何象冈名吾驺，广东人，己未进士于是奉旨文闲住，何致仕，而尽黜许等为民。于是天下愈畏其阴忮，而东林之仇愈深矣。郑鄤者，武进人。父振先，以部郎立气节，亦号东林。鄤于万历壬子举乡榜，即不理于口，为乡人所恶。至天启壬戌举进士，选庶吉士第一，号为馆元。会文湛持以词林建言被谪，而鄤具疏救之，亦被谪归，得直声，而乡人之恶之滋甚。大约以常情论之，同乡多相庇者，即有好恶，亦或相半。且常州一郡，居东林者十九，而鄤之依附之又最早而最著。乃其乡人之论，则举古今所罕有之事，皆以归之，如烝报者不一，无不切齿欲杀之，不以亲属而少宽，使人骇而且疑，不知何以致此。至魏珰时，亦被削夺。烈皇帝登极，亦得牵复，仍为庶吉士。畏其乡人，不敢出，且十载。而文大拜，乃弹冠而起，及入都门，而文已被螫去矣。温知同乡之恶之甚也，乃特疏为直纠杖母词臣事，谓前此臣同官吴宗达号青门州人，于鄤为母舅为臣言鄤有憾于其母。会母请仙，鄤亲自扶乩，假神语责其过，谓且有阴谴。其母惧而乞宥，则谓即于此地受杖三十，乃可免罪。于是鄤自持杖重捶之如数，母受重伤云云。奉旨下刑部逮问，且切责科道官，何无一言及回奏，止镌其为首者俸。于是常州一郡之官于京者，自大司马陆凤台名完学，丁未进士而下，合词具讦，揭于刑曹，证成其罪，且旁及其乱伦诸事。而他郡之顾大局者，犹有同时诣部求宽之者。说者谓温之为此，既以收常州合郡之人心，而且示天下以东林乃有此败群之人以耻之，其计可谓狡矣。鄤竟坐罪。而烈皇帝恶其人，特命加等，立磔于市。临刑说偈云："了却多生债，长留不敝身。"盖平日讲学之外，又自谓参悟禅理也。奇哉是人，吾终无以名之矣。

刘宗周《与温圆峤相公》 原任具官刘宗周谨再拜上书相公阁下：宗周一介孤踪，久甘废弃，误蒙君相特达之知，起自田间，滥竽卿贰。受事未几，不幸有犬马之疾。屡控宸严，遂荷俞旨，宗周从此辞阙且辞阁下而行矣。临歧养养，不禁中夜徬徨，自恨此生无以报君恩、酬知己。恐一旦溘先朝露，死不瞑目。则请以狂瞽之见，敬效一言于左右。

宗周自入朝以来，仰见我皇上敬天勤民，孜孜望治，精诚所至，随事足以格苍昊而对万方。无忝尧、舜在上，而阁下以清执风猷佐之于下，君臣相得，可谓鱼水。近者宗周从九卿后得与召对，见皇上处分御史詹尔选一事，益见大圣人之无我，且仰阁下之能将顺其美、匡救其失也。宗周不胜举手加额，庆太平之有日矣。

虽然，请因是而推言之。今天下祸蔓兵连，未知税驾，动称匡济无人耳。我皇上求贤若渴，不难种种破格，以尽天下之才。至起废一节，尤称旷典。该部汇题，奉赐环者仅十二人。特首录惠世扬、黄道周，中外无不颂圣人知人之哲。而惟是该部之于世扬也，始拟边抚，则曰边才而蒙驳；拟南缺，则曰文武全才而蒙驳。至再驳之后，竟成寝阁，人乃不能无望于阁下矣。夫世扬在先朝居谏垣，与杨、左同调，幸而九死一生。圣明首御，起废宜莫先世扬。而廷臣之为异己者，方操门户之见以挤之，禁锢十年，数穷理极。冢卿虽有意怜才，曲为调剂，而终不令其入长安，果奉何人之风旨与？阁下身秉国成，固有进退人才之责者也。苟天下有一贤之未进，与一不肖之未退，必责之阁下。而阁下所为进退天下士，殊有不可解者。自皇上御极以来，所废置天下士百余人，多天下贤者，而阁下不闻出一语救正，时有因而下石者。至罗喻义之以忤阁下也而废，吴家周、吴执御、瞿式耜辈之以弹阁下也而废，钱谦益之以与阁下廷辨也而废，尤其彰彰者矣。夫揆地一席，固所称比肩事主者也，即有殿争，何妨虚己？而阁下时见其实不能容之状，如巴县王应熊之以人言去也，奏辨之蚤，本自嘉善钱士升辗转相闻，而阁下不能正言告主，听其以家奴枉戍，则近于卖友。长洲文震孟为皇上特简，数月参知天下，未见其有可摘之过，而竟以许誉卿之处，一语不合，遽激圣怒以去，则近于罔上。夫长洲肮脏之姿，以语言得过阁下，诚有之矣。是时香山何吾驺并未尝赞一词，而亦以长洲同调，故坐腹诽去，则近于诬下。即尔者嘉善之去，其建言大关国体，阁下实与闻之。曷不曰"臣当同坐"，圣明未必不转圜。如詹御史，而雷霆之下，顿成缩朒，致嘉善独以言得罪，则近于阴挤同官。审如是也，将后之为阁臣与阁下共事者，不亦难乎？门户之多依傍也，与崔、魏之恶门户，有以激成之也。其谁曰不然？乃阁下不免以分门别户之心，成矫枉过正之见。一日入朝，遂有科场之讼。钱谦益本无罪，阁下特因瑕衅以阻其进，而不虞其重得罪，且阁下竟以此进。自此人人树敌，处处张弧。人之所以议阁下者日多，而阁下亦积不能堪。一朝发难，明借皇上之宠灵，为驱除异己之地，二三匪类，又稍稍起而应之，以为牙爪。使昔之立异同者皆裹足而去，朝端之上亦见风恬浪息，无有不利于阁下者，而阁下亦已安如泰山否耶？此殆昔人所为骑虎之势也。即阁下自许孤立，法不阿贵，怨不避私，其最可自信者，无如参郑鄤一事。郑鄤之禔躬不检，参之诚是也。第令鄤非门户中人，阁下其亦毅然为之否耶？如是又犹号于人曰："吾为名教卫也，吾为朝廷伸三尺法也。"即阁下平心自问，必不谓然矣。故人谓阁下特以门户杀鄤也。又无如揭张寿祺、成德一事，二人一犯赃，一溺职，业已有应得之罪，而动激圣怒以诏狱，士可杀不可辱，颇令闻者寒心。况煅炼不已，终成文致，人将谓阁下以门户杀二人也。夫三人诚足为门户之累，在阁下何妨别白。昔贤云："吾心如秤，不能为人作轻重。"阁下未之闻乎？阁下而不为别白门户计，则亦已矣。诚为别白门户计，莫若就废籍中择天下之贤者而用之，自世扬始，又举其所最不利于己者而容之。举亲举仇，共偕大道，于以匡济时艰，上报圣明，稍收末路，岂不心事昭于潞公，功名埒于夷简。从前恩怨，总属飘风。若犹未也，元祐、绍圣，纷纷无已，诸臣即自居邪枉，根株连引，并杨、左亦邪枉，杀邪枉者必正直，将何以处红本一案？国是如是，身不足惜，其如宗社何？乃者嚣讼起于缧臣，格斗出于妇女，官评操于市井，讹言横于道路，清平世宙，成何法纪？愿阁下之熟思之也。

宗周偶阅先朝载纪，如张文忠大礼大狱等事，彪炳宇宙，而终以不能爱惜人才，取讥当世，至今有不能为文忠讳者。严分宜于杨、沈之狱，坐不能救正耳，岂必真如传者所云，若其他封疆失事之诛，多所自取，后人亦一概坐分宜。张江陵功在幼主，夺情一事，竟以栈豆殉百年，尤为可惜。阁下自分相业，孰与文忠贤？稍或不慎，吾不知于严、张二公又何居矣，尤愿阁下之熟思之也。

宗周少不如人，长而无述，徒以同籍之雅，兄事阁下有年。而云泥聚散，未由时沐清光，乃私心恳恳，终不敢自外左右，辄不禁抒此胸臆，似痁似狂。计阁下得之，必詈为"党人余唾！"然宗周老矣，病且死，旦夕耳，意复何为？而自陷依傍，取讥后来，私心政自不敢负故人，因而负君父。语云："美疢不如恶石。"君臣且然，况朋友乎！阁下姑宽之，徐取而思之，即其言诚有过者，亦将有以谅其心矣。临书激切。

瀛案，永嘉张孚敬与江陵张居正同谥文忠。江陵之谥，后追夺。文中之张文忠，谓永嘉也。

董《志》 温圆峤致政家居，偕地师觅地至浔北栅。过冉庄村舍，闻读书声，因入其室，见一老人坐草堂中读史。相国与之论千古兴亡得失，了若观火。与之论人才高下，学殖醇驳，俱有卓识。与之谈河图、历律，莫不洞悉源委。相国曰："子具此全才，何不出而仕乎？"曰："十年后天下乱矣。大厦非一木所能支。"相国亦慨叹，偶及当国时事，知为温相国，即欠伸作痛苦状曰："旧恙陡发，不能复陪矣。"问姓氏，亦不答，拂衣而退。相国归，明日，遣人踪迹之，不知所之，室已空矣。按，原注云："见《觚剩》。"沈登瀛曰："今考《觚剩》无此条，不知所本何书也。"

徐岳《闻见录》 乌程温相公致政归，因寻地入山，迷道。昏黑，遥见隔林火光，匍匐投之。闻读书声，欲寻门叩问，不得。于墙外呼之，告以借宿。回云："此处虎狼甚多，我家中人出，反扃其户，以倒钩藤绕门外，我不得开以延客，奈何？"从者俱有兵器，斩藤启门而入。盖倒钩藤虎狼所畏，一触其刺，则展转钩缠，至毙而后已。相公从者多山中人，识此藤性，不然，虽有兵仗，不能去也。登堂，见一人于灯下读史，相公与之论千古兴亡得失，了若观火。与之论人材高下，学术醇驳，俱有卓识。与之谈河图、历律诸书，莫不洞悉原委。相公曰："子具如此全才，可以出而仕矣。"曰："十年后天下乱矣，大厦非一木所能支也。"相公亦大慨叹。偶及当国时事，知为乌程相公，即欠伸作痛楚状，云："旧恙陡发。"遂不复言。问姓氏，亦不答。夜半，家人归，携禽兽之属颇多，盖弋猎所得也。明日，相公回，遣人踪迹之，不知所之矣。

王应奎《柳南文钞》 龚公渊孟服阕，补崇德县。崇德，今石门也，接壤乌程。时乌程温体仁枋国，其子怙势骄纵，多行不法，尝率桀黠奴数十人，以巨艘实私鹾，道经公治。公督盐捕逻之，温子逸去，击其奴。达官贵人多为之请，公不听，论如律。邑中豪右悉股栗魄夺，而乌程亦用是深怨之矣。在崇德三年，以考最入都，拜陕西道御史。公既入台班将论列，乌程已具疏矣。门下客有阴附乌程者，窃其稿以献，乌程益怒，遂百计倾公。公之初入都也，有巨珰某督户、工二部，势张甚，监司以下率望尘而拜，或劝公盍亦少贬，公毅然曰："此膝一屈，其辱尚可湔洗乎？"珰颇衔之。至是，与乌程合谋，授意南司农托邮税不充，勒回覆考，改工部主事。受事甫十日，复贬南京兵马司指挥。

《震泽县六都志》 明末时有顾妪者，得枯木于水滨，长不数寸，形似佛像，奉之二十年。忽元旦见梦曰："汝事我勤矣，盍开我面目？"旦遇雕者，即为具庄严相。祈祷必应，远近云集。孙方伯同玄无子，祷焉，逾年果生一子。众大哗，沈内阁夫人首舍地焉，江北、山东寻声而至，日数千人。于是朱平涵相国为之护法，温圆峤、闵曾泉等，首捐资建观音堂。倾动数省，舟车填咽数里中，香霭蔽空，布施财帛，充溢堆积。推僧复元主其事，而设六柜以收之，柜各正副二人，掌记出入。有七都沈衿伯生欲掌一柜，众拒之，不能入。遂呈南抚臣，谓造王殿，设六部，谋为不轨。且有大绅与平涵素不合，益之二十金，令叩阍，谓平涵实庇僧窝赃。平涵乃致书抚按，令速拆庙，以泯其迹，先题知以伐其谋，抚、按然之。于是疏语谓庙已毁，僧尼已解散，绝无他事。乃寝。

南浔志卷五十四

里人周庆云纂

志余五

《消夏闲记摘抄》 诗流结社，自宋以来代有之。迨明万历间，白门再会，称极盛矣。至文社始于天启甲子，合吴郡金沙槜李仅十有一人评骘五经文字：张天如溥、朱云子槐主《易》；杨子常彝、顾麟士梦麟主《诗》；周简臣铨、周介生锺、吴来之昌时主《春秋》；张受先采、王惠常启荣主《礼记》，杨维斗廷枢、钱梦林旃主《书》。而效奔走以襄厥志者，嘉兴府庠生孙孟朴淳也，是谓应社。其始取友尚隘，而来之、彦林谋推大之，讫于四海。于是有广应社，贵池刘伯宗城、吴次尾应箕、泾县万道吉应隆、芜湖沈昆冈士柱、宣城沈眉生寿民感来入社。声气之孚，先自应社始也。崇祯初，熊开元宰吴江，进诸生而讲艺。于是孙孟朴里居，结吴江吴扶九翻、吴去盈允夏、沈圣符应瑞等，肇兴复社。其时云间有几社，浙江有闻社，江北有南社，江西有则社，又有历亭席社、昆阳云簪社。而吴门别有羽朋社，武林有读书社，山左有大社，佥会于吴，统于复社。复社始于戊辰，成于己巳。盟书曰："学不殖将落，毋蹈匪艺，毋读非圣书，毋违老成人，毋矜厥长，毋以辩言乱政，毋干进丧乃身。自今以往，犯者小用谏，大者摈。"佥曰："诺。"是役也，孙孟朴渡江历齐、鲁以达于京师，贤士大夫必审择而定衿契，然后进之于社。乌程相温体仁有子求入社，坚持不可。崇祯十年，有苏民陆文声疏陈风俗之弊，皆原于士子。庶吉士张溥、临川县知县张采，倡立复社，以乱天下。思陵下提督学政御史倪元珙察核。倪言诸生诵法孔子，引其徒谈经讲学，互相切劘，实非树党。文声以私憾妄讦，宜罪。阁臣以倪蒙饰，降光禄寺录事。苏州推官周之夔者，与溥同年进士，亦尝入社。至是希阁臣意，墨绖诣阙，复奏溥等树党挟持，案久未结，谗言罔极。至有草檄以声复社十大罪者，大略谓："派则娄东、吴下、云间，学则天如、维斗、卧子。上摇国柄，下乱群情。行殊八俊三君，迹近八关五鬼。外乎党者，虽房、杜不足言事业；异吾盟者，虽屈、宋不足言文章。或呼学究智囊，或号行舟太保。传檄则星驰电发，宴会则酒池肉林。"十五年，御史金毓峒、给事中姜埰各上白其事，始奉旨："朝廷不以语言文字罪人。复社一案准注销。"后福藩称制，阮大铖怨。戊寅秋，南国诸生顾杲等一百四十人之具防乱公揭也，日思报复。爰有王实鼎东南利孔久湮，复社渠魁聚敛一疏。大铖语马士英曰："孔门弟子三千，而维斗等聚徒至万，不反何待！"甚至欲陈兵江上以为防御，心知其无事，而意在于尽杀复社之主盟者。时沈昆冈暨宜兴陈贞慧定生、商丘侯方域朝宗辈皆就逮系狱，桐城钱秉镫、宣城沈眉生亡命得脱。假令王师下江南稍缓，则复社诸君难乎免于白马之祸矣。

《浔溪纪事诗注》 太仓陆世仪《复社纪略》曰："当天如之裒集国表，湖州孙孟朴实司邮，置扁舟，千里往来传送，寒暑无间。凡天如介生游辙所及，淳每为前导，一时有孙铺司之目。两越贵族子弟与素封家儿，因淳拜居张、周门下者无数，诸人亦执贽后。名流自负，趾高气扬，目无先达。乌程温育仁，首辅体仁介弟也，心丑之，著《绿牡丹》传奇以诮之。杭俗好异，争相搬演，诸门生病之，飞书两张先生，求为洗刷。西张亲莅浙，言之后之学臣黎元宽。元宽，南张同籍，声气主盟也。因禁书肆，毁版，桁杨书贾，究作传主名，执育仁家人下于狱。育仁怒，族人在介生门下者为温以介，力求解于两张先生，不许，狱竟而后归。当是时，越中饭命社局者争颂两夫子不畏强御，而娄江、乌程显开大隙矣。"按，陆道威亦入复社，其云："孟朴于两越如此。果尔，则人将鄙而弃之，又何能取信于友，举四海各社群彦胥来大会于吴郡耶？"竹垞太史云："孟朴度淮泗，历齐鲁，以达于京师贤大夫。士必审择而定襟契，然后进之于社，岂独于故乡两越而改辕易操耶？想当联社初交，未克家登户至，自必以友及友，或间有二三贵族富儿厕于其间，亦所不免。乃断曰无数，且曰温育仁心丑之，直据温氏之谣而载之矣。《复社姓氏录》具在，斑斑可考。尝闻温相有子，求入社而不可，因作《绿牡丹》以诮之，是也。惟时值流寇纷攘，生灵涂炭，士大夫既不获达而兼善天下，亦合隐忧永抱、独善其身，不应倾动朝野，结社连盟，俾小人借口朋党以陷害，此诸君子之过耳。"汪《志》按，《绿牡丹》与《西园记》《画中人》《疗妒羹》《情邮记》为《粲花五种曲》，宜兴吴石渠炳所作，见黄宗羲《思旧录》。

《震泽镇志》 孙淳，字孟朴，从父履恒，见《名臣传》。淳，嘉兴诸生，少时负诗名。天启七年，与吴𣊻、吴允夏等同举复社。时韩敬为两浙□社，淳独与之忤，失相温体仁意，其党遂具疏倾陷复社，以钱谦益、张溥、张采暨淳为社魁。疏中有"网罗天下豪杰，一手握定朝权"等语，以触上怒。赖祁彪佳、倪元璐等具疏，其诬得解。复社实自淳首倡，一诸生能奔走天下士，名动至尊，事亦奇矣。淳藏书数十万卷，著有《梅绾斋诗》二卷。

《蝇须馆诗话》 孙孟朴虽于浔为寓公，其实与土著无异，晚年强半在梅绾居。今去先生未及二百载，而遗址已无人知者，此可慨矣！兹得《梅绾居存草》，始知先生殁于丙戌之岁，在弘光改元之后。遗闻佚事，有足以裨史册者。余独怪青浦杜九高登春撰《社事始末》，既略孟朴之事而不言，并其姓氏亦阙。岂不见复社姓氏前后册及《静志居诗话》耶？

宋咸熙《耐冷谈》 明黄忠烈夫人手写楷书孝经卷，藏吴兴刘氏眠琴山馆，系绢本，高一尺，长一丈五尺二寸五分，首钤"玉音清操力学"，朱文长印。款书"右十八章，三百三十六句，一千八百有四字，明忠烈文明伯、武英殿大学士黄道周妻蔡氏玉卿书于山中"。后钤"蔡玉卿印""润石"二朱文方印。

张丹山《浔溪棹歌注》 漳浦女士蔡玉卿，故相黄石斋道周夫人也。其手书《孝经》卷子，钱竹汀少詹大昕题诗，杨秋室茂才凤苞跋后，精审可诵，予爱不忍释。因先大父奚疑公曾购石斋经传九种，藏于家，思得之以为配。后友人蒋枕山炳购去，亟录诗跋还之。外祝京兆《山海经》行楷墨迹，黄鹤山樵山水卷子，同归于蒋，至今犹为恋恋。按，此卷今藏里人邱炳华家。

《南浔备志》 王毓蓍，字元趾，会稽人。为诸生，跌宕不羁。已受业于蕺山刘先生之门，同门生咸非笑之，不顾也。杭州失守，蕺山绝粒未死。元趾上书曰："愿先生早自裁，毋为王炎午所吊。"俄一友来视，元趾曰："子若何？"曰："有陶渊明故事在。"元趾曰："不然。吾辈皆声色中人，久则难持，及今早死为愈。"六月十有二曰，召故交欢饮，伶人奏乐。酒罢，携灯出门，投柳桥下，先蕺山死。蕺山闻之，叹曰："吾二十年讲学，仅得一元趾。"乡人私谥曰正义先生。乾隆四十年，奉旨入忠义祠。甲申之冬，元趾来浔上访董若雨，寓居丰草庵。张西庐、孙孟朴皆与之订交。临别，执盏联句以赠，见三人集中，距殉节之时不过数月耳。

吴梅《蠡言》 填词、宾白之法，素乏专书。词隐之《南词谱》，玄玉之《北词谱》，不易购取。所恃为依据者，仅《西厢》《琵琶》数种而已。黄九烟周星先生云："三仄应须分上去，两平还要辨阴阳。"可谓知言。而韵之分合，尚未论及也。余旧著《曲旨》二十卷，只《源流篇》脱稿，他时须踵成之，庶足尽填词之难矣。九烟有《人天乐》传奇，惜余未之见。

钱谦益《列朝诗集》 董斯张，字遐周，归安人，故宗伯份之孙也。少负隽才，为同里吴允兆所许。长与吴门王亦房赓唱。善病，药碗不去口，喀喀呕血，犹伏床枕书。年未四十而卒，撰《广博物志》四十卷。

《明诗综》 董遐周初学诗于赵广业。及入闽，心折曹能，始归与吴允兆、王亦房酬和。是时公安、景陵派盛行，浙西风气不尽移易。遐周洽闻周见，与吾郡沈景倩略同，诗亦相似。尝以所作投前守吴季弱，季弱寓书韩求仲云："在郡两年不识有董生，吴兴守眼可抉也。近得渠见赠诗，如飞天仙人，不著一烟火字。"其倾倒若是。

《蝇须馆诗话》《楝花矶随笔》一册，乃漏霜和尚未刻稿，余所见系亡友刘疏雨手钞本，其中不无参以禅门语录，于遗佚多有可取，为正其讹字存之。曰："庚戌住梁溪宝安寺，先师在且喜阁。一日随先师至高汇旃书斋，汇旃出黄石老画卷同看。有人见司马温公山水小幅，行笔细润绝异，而石老画笔亦前未闻，但石老作老藤昏崖，模糊遗墨耳。"又曰："黄山檗庵兄昔同在研山日，自叙崇祯朝廷杖时事，实平时持观音名及咒，力杖一下即气绝，后都从冥漠中过。毕杖，经时而复苏，所以得不死也。又自指，生而肤如凝酪，不受触。檗庵言：'吾柔肤不能抵粗苎，而大杖生存，真不自意耳'。"又己未风雪中将行，偶写浔上旧事数则，赠纪余素以为别曰："余四世祖时习斋先生，三字为字，亦特异。性简淡，蔬水浩然，与古人相酬接。里人学者叩其庐，必曰谒时习斋先生问字，乃启扉泼茗。"又曰："赵长文先生言朱文肃罢相，舟至吴门，长翁以故人往迓。才相见，揖文肃首至地，笑而跃曰：'吾幸已归来矣，此时阉祸方赫然耳。'"又曰："耆旧言先伯父伯念先生建言归里，一日家集水竹间，先宗伯谓伯父：'汝从都门来，自有一时名贤送行文字。'因出呈屠赤水文轴。先宗伯阅之，蹙眉曰：'文那无结聚？'伯父退，语人曰：'此别一种论文眼。'"又曰："李九我馆余家时，或传其朔日必对策，又得朱提，遇雨霁必出晒庭中。此近傅致措大风致，语未全耳。"而闵蓑庵沉醉读《宋史》，登假山顶，大骂秦桧之时，忽促织跃出，捕得之，曰："捕得老桧也。"又，史鹤老坐读书，解粽，舍蔗霜而蘸墨，顷之。会食于堂，骇其黑齿，各大笑。此二老为借庵先生师友，书斋中实事，不同九我晒银。又曰："云栖和尚曾寓南浔豆腐桥，不知尚有遗事可寻否？"又曰："长文先生家务前门通水，步翼临流小房。嘉靖年，水房有孤客，病垂死，夜自起汲饮，遇羽人从东角来，澹月分形，高冠云衣，随童双髻。羽人震怒：'谁何？'病客自叙。童子云：'师父救伊命。'羽人倒壶，得丸药一，曰：'即合水咽之。咽之神明洞开，可不死。'因就问，稽首曰：'若某得再生，何处访谢？'羽人笑语：'定要谢吾，吾在洞庭山王太史家中堂。'后来此病客如言访之，则见挂洞宾像，飘飘如与药人。"又曰："报国寺久废，僧南林断一臂，誓还旧观。先借庵先生为作缘起，后郁成楼阁。南林者，寺古名，其为字所以誓也。余六七岁时，每新春及重九，借庵先生必命遍礼佛溪上诸院。至报国，则南公出具茗果，其当年断手，则腊而椟藏。与余坐，少顷，语修复寺殿，出腊手，亦笑亦泣，其语态至今可画。送余出寺门，余苦却之，复回。余诣寺，及门，南公辄指谓人曰：'此郎最畏人门送。'余剃染后尚健，理院事，没数年尔。"又曰："分水龙王、墩龙王及仪卫像，嘉靖朝名手塑，如唐人画。后来修饰为俗工，浪益丹青，遂不复见昔人意度，可惜。”又曰：“金孝章辛亥来研山，晤余涵空谷，住四五日，语联绵。孝章老后，日抄异书，见相知必问有何可抄书，作杜甫乞新丝态，真奇骨也。夜来梦孝章立松下，故作松钱诗，未足一句便醒。”又曰：“八月大尽觐金粟，回嘉禾石佛路上，撞栖巢底渔父曰：‘端明氏三十年来旧游也。’西风白日，执手长叹，结矮屋枫树底，夹路杂花花磊落，幽诡不尽，名‘麂眼’。篱九叠，篱尽得石廊，廊尽得楼，容膝，书画杂陈，香炉镜奁径寸，小合大盘，盂皆刻匏也。巢父手自制，语古今事略，语文史，谛视都无矜奇语，匏合辄自喜。明日别去，赠匏种子四裹，香橼八，珊瑚蕉三，眼中少见如许人。有二子，长亦生戊寅。渊厚有古骨，能读古史。有‘千百世，想不惟长谢风尘，都不人间’语。白兆归收斋米，写寄此段可兄弟长想见兹人。九月八日尧峰细雨中手字，灵璧樵事，都有可纪。然鲁鱼亥豕，至不能句，聊书以俟知者。”

俞樾《春在堂随笔》 董若雨说《楝花矶随笔》，但有钞本，沈谷臣庶常以示余，字迹皆草草，殆村学中童子所书也。其中载朱文公《祝融峰》诗云：“我来万里驾长风，绝壑层云许荡胸。浊酒三杯豪气发，朗吟飞下祝融峰。”有校者云：“下当作上。”余案头无《朱文公集》，未知孰是。然以愚见论之，作“下”者殊胜。盖既御风而行，则抟扶摇而上，背负苍天，视祝融峰转在下矣，故云“飞下祝融峰”也。若作“上”，则与芒鞋藜杖、攀援而上者何异？一字之分，仙凡顿别矣。当与谷臣言，未知以为然否？

又，董若雨，世皆以为明人。而《楝花矶随笔》有一则云：“庚申二月，在鹧鸪溪艇子上，见阳明先生书迹，念先师所许一凝字，及补山堂一凉字，皆书苑未发之秘，旧吴释南潜题。”然则此老为僧后，至康熙十九年犹在，入本朝，不可谓不久矣。顾亭林、王船山皆明之遗老，而卒于本朝，则皆本朝人物也。董若雨亦可援此例乎？考汪谢城《南浔志》，董若雨卒于康熙二十五年丙寅，年六十七，则明亡时才二十五岁耳。其为本朝人无疑。《浔志》列入明人，是论其志，非论其世。

又，《楝花矶随笔》有一则云：“客有戴星叩余门云云，此客出门，遍告市人曰：‘高晖生直是退财白虎。’”余按，汪谢城《南浔志·董说传》所载名字甚多。初名说，字若雨，号西庵，自称鹧鸪生，又称斯张子，闻谷大师锡名智龄。国变后，改姓林，名蹇，字远游，号南村，亦称林胡子，又称槁木林。灵岩大师名之曰元潜，字俟庵。为僧后更名南潜，字月涵，一作月岩，号补樵，一号枫庵，又名本以，而无高晖生之名，此可补《浔志》之缺。

《楝花矶随笔》 辛巳冬，乌程秋浦吴侯谬以文字下交，而俗眼为之转。至癸未岁，偶吴侯有所绳绳者，富客有戴星叩余门，语绎绎不可了，似欲余为关说解之，而百金为寿者。余时面发赤，骂绝之曰："去！吾学道未暇也。"此客出门，遍告市人曰："高晖生真是退财白虎。"后来人都以此见谑。明年，客前叩门，作市道语者，秋遇桎梏，而复语人曰："白虎语有时可取。"

又，癸岁多旱，癸酉十四岁记亦无霖雨，更夏秋癸未旱，纸龙蟠于市，市人戴雷神面具以为祝也。癸巳，余初芒鞋参先师于砚山，夏亦少雨。癸卯夏，先师在金粟，余往视丈室中焦热，思雨不得。癸丑，在梅溪石屏山，山田宝涧，落如玉液也。

又，癸未，余刻印章曰"梦史"，又方印曰"梦乡太史"。后十五年，先师命充书状，时假寓溪村，刻"潜居漏霜"四字印，又刻"钝榜状元"一印。或见之而戏举松雪水晶宫道人对例言钝榜状元，政合璧梦乡太史耳。今用"萧萧林下风"珀印，是先师示寂前手赐，而近复欲刻四字印曰"月函船师"，甚思船居也。

《簪云楼杂说》 南浔董说，字若雨，尝立非烟香法，使百草木皆为异香。噫！奇矣！

《楝花矶随笔》 余三十年前病，汗出透衣不已，而心摇摇，药师多补心，治不效。后遇一时望者，谓不用十全大补汤决死，投一剂而气欲断，幸急解疏散，得苏。又历一秋，叶尽脱时，遇闵持讷。曰："误矣，此当用越鞠丸，料应手而愈。"十五年前，在研山天山阁，热疾，心历落不宁，不食已几十日。沈朗中视之曰："胃病也。常服药中只加一味石斛。"遂起。又十年前，患鼻塞，欲嚏不可出，时在苕溪，历月。至木渎寻赵封初，语以病。封初曰："待思之，明日来。"转急询之。封初曰："必再隔一日定案，再隔一日得药。"生地、白茯苓、麦冬，平常数味耳。日未中，饮煎；未时初，即嚏。此三病，三医皆奇也。

董若雨《舟居听雨图自跋》 石湖泛宅者，宝云自名其舟也。辛酉夏五，泛宅之始，朔后十日，渔路微雨。宝云生有舟居之癖，其次之癖，则听雨也。听雨奈何听非舟居？凡近舟听雨，古听，非舟居，犹动也。舟听雨，静听。非舟居，雨色俗，舟听雨，绿。绿则凉，凉则远。惟凉与绿，通视于听。其微乎！泛宅之始，得雨而未快于听，其后雨连日，听乃大快。六月，住船尧峰，得苕上纪子余素驰寄《舟居听雨图》，而写石湖之雨甚悉也。计图之制，则在泛宅之前五阅月矣。吾闻得法妙于象外者，机握其前定。图中人能听未来之雨乎？抑图之者能见未来之听乎？必有辨晰之者。下署前住苏州古尧峰宝云院南潜书，有白文"南潜"之印及朱文"月函"两印记。张秋水跋云：此有明遗老若雨董先生听雨小象，先生为吾乡故家子弟，丁明之季世，即弃举业为缁流以老，州郡屡就聘之，不获见，其志节可悯矣！鑑曾祖母出董姓，为先生中子裘夏公女，与吾张氏世有潘杨之睦。忆童时，值上元节，至高晖堂，即见先生此象，未尝不肃然加敬。今董氏出先生后者，家势日陨，而先世旧物益为灰烬。是图为海山吕学所作，上有自跋，为其弟子纪官驰寄，舟居绿听，不胜浮沉身世之感。图今藏计氏秋琴馆，鑑尝揖主人而告之曰："此里中高士也，盍善弆之。"翌日，秋琴主人复于故纸堆中得《余素斋稿》以视鑑，盖即先生高弟弟子纪官大韶所撰，内有《丙寅五月六日宝云和尚示寂十三日往哭龛下》诗，鑑益喜其卒事之有考也，并属秋琴录其诗于后。先生弃世，故后事多不见称于人，唯全谢山《南岳和尚退翁第二碑》曰："退翁法嗣满天下，而最贤者，曰故大学士嘉鱼熊公开元，其后居华山，名正志。曰故监司宣城沈公岳子麟生，其后居姚江，名大瓠。曰归安故诸生董说，经学极博，隐居浔溪。辛卯之难，寺中星散，说独负书杖策入山，以是尤为时所重，其后居尧峰，曰南潜。"如是而已。其著录之书甚多，兹不具述。按，退翁姓李氏，名宏绪，扬之兴化人。乙丑八月初六日张鑑书于选学斋中。图纵约四尺，横二尺，见藏馨一山庐桂氏。依图摘录。

温棐忱《董若雨先生传》 丙申秋，作《焚砚誓词》，削发从灵岩继起诸禅师游。适三湘，上衡岳，遇陶仲调于长沙。仲调曰："吾久疑文周彖象，淆于传注家言。今读子《易发》，涣然冰释矣。"先生曰："十年注《易》，千里浮湘，得仲调一人知己，何待后世子云哉！"

钮琇《觚剩续编》 吴兴董若雨，华阀懿孙，才情恬旷。淑配称闺阁之贤，佳儿获芝兰之秀。中年以后，一旦捐弃，独皈净域，自号月涵。所至之地，缁素宗仰。于是海内无不推月涵为禅门尊宿矣。月涵于传钵开堂、飞锡住山之辈，视若蔑如，而身心融悟，得之典籍，每一出游，则有书五十担随之，虽僻谷之深、洪涛之险，不暂离也。余幼时曾见其《西游补》一书，俱言孙悟空梦游事，凿天驱山，出入老庄，而未来世界历日先晦后朔，尤奇。

董兆元《江峰笔记》 家高伯祖若雨和尚，挂瓢灵岩山。一日，家书至，展阅忽发狂大笑。一僧谓曰："和尚往日得家书，未尝有喜色，今有何快意事而若此？"公曰："吾家仅有田七亩，今樵璧书来，知田尽贸于人矣，岂非大快事？"

钮琇《徐伯贞先生传》 先生讳钟彦，字伯贞。其先世为浙中望族，元末自海盐风山迁居吴江。先生就试乌程，拔置弟子员。崇祯庚辰，岁大饥，先生砚耕之蓄稍赢。有无赖族子率群不逞者，持白棓噪于门，先生立出谷赈之。次冬岁稔，又复然。先生婉谕不能止，乃理于官，势以小戢。越三载，里盗蜂起，前族子为其魁，衔夙怨，纵火焚庐，将劫荻塘旧业。先生仓皇奉母避地浔川，乃免。鼎革后，遂屏弃制举业，方袍幅巾终其身。卒于荻塘故居，年仅六十有一。

董说《志园记》 癸未之岁，余数有元怪梦游，感而作《梦乡志》。其明年，湖上虞圣民氏馆静啸，授诸子、邹鲁圣贤遗文，谓余曰："我悲夫世之车奔马驰也，而贫且为志园，愿子记之。"余曰："诺。志园奈何？"圣民曰："我园也，志而已，故名志园。"依山结屋，环竹树，临清流。因出其图示余，图如其言也。余曰："异哉！此余所谓梦乡者也。子姑俟之。"余亦将为梦楼。顷余在苕溪道中，梦踏雨穿乱筱，俄两山拔立如门，余从门中行，过松阴十里，遂登一石楼，楼中几榻窗扉皆石也。其上有石榜碧篆七字，字如飞凤形，其文曰"七十二峰生晓寒"。今余每饭，意未尝不在晓寒也。余梦楼成，当并为子记之。明年乙酉，圣民征前约曰："我近得《桃花源图》，名画也，我将以为志园。"余曰："诺。仆采药未暇也。"又二年丁亥，圣民复手一纸告余曰："我志园又更矣，此吴憨僧《岩居读书图》也，我将以为志园，愿子记之。"

释方择跋 闻有浔南方山人往来淞泖苕霅间，词人也，往在成坛所，始一觐之，则称海印居士矣。疑之。今年秋，翩然来山中，相与激扬，累月无倦，元来此公别有长处。一日，出箧中金书《童子护命经》观之，盖利世希有秘笈，而图写精妍，尤为难得。居士乞一语跋玉芝大林后，余掩卷，亟就居士索曰："把将经来。"居士徐起拱而立。余笑曰："我从来疑汝。"

刘黄裳《董伯念楷书〈金刚经〉跋》 盖法身高大，顿失须弥；□藏精微，才容一线。四色固乃成山，五眼则名非海。九百烦恼，岂性所来？三世推求，了不可得。故龙潭不见大身，而支遁盖谈小品耳。是知离辩乃虚空之毫，枢机为大壑之滴。三十二相不见如来，而一粒粟中讵包法界邪？况见而不见，闻而不闻，曰小曰大，意何云乎？不也。三空无虚，信无虚而无实；六尘不住，因无住而生心。徇大者狂象之苦因，泥小者肖翘之阴趣。岂知以小视大者苦不尽，以大视小者多不明。何期此性本无加损？何期此经自然常圆？亦何以故终日金刚而未尝？金刚者，铁山也。具足金刚而住持。金刚者，剑锋也。火山固烈焉，镕无色之金；羚角虽坚，何碎非形之石？是果小因乎哉？羼提居士既见将军之身，不失童子之体。尔时说义，如是写经。

温棐忱《过庭》节录 东林最怒浙人，东之苗裔耳食前事，明季结复社，吴门徐昭发先生见先子按，棐忱父名潆有愠色，先子谈笑对之，徐未释也。后竟为同声之和，写山水贻先子，题诗其上，又贻诗一幅，皆寓赠言之意。先子悬之草堂曰："吾与昭发时相见也，然昭发今日方知我，晚矣。"

又，明季甲申、乙酉间，兄公望以吾父擅文誉，劝游南雍。先子以贫无资，难之。兄曰："吾以先公入监读书，荫与吾叔何难焉。"先子曰："吾借荫入监，倘不第，若之何？"兄曰："不第，叔就选中书舍人可也。且叔必第，其勿虑。"先子曰："第不可必，是时虽欲辞，不可得矣。”固却之。兄曰：“叔必不肯受。叔贫，吾资叔游南雍。”噫！先子固狷洁，而公望兄之汲引扶持，岂今之人所能及哉！

又，崇祯辛巳、壬午间，伯雨生以伪授旗牌事分守道路，公某将置于法。提卒到门，伯雨生窘甚。同弟千寻、鸿生潜出，谋于伯开美。开美曰：“盍谋之六弟？”六弟，先子也。时读书栖贤山中，乘夜到山，凌晨叩门以告，先子曰：“为之奈何？”开美伯曰：“吴讷如公向巡常镇，路公其治下也，且有交。闻路公日求所以报讷翁，惟讷翁可解此厄。”曰：“诺。”即往诉讷翁求救。翁难之，先子曰：“兄不救，雨生毙杖下矣。雨生，予从兄也。兄待予中表弟如同怀，忍视予从兄毙乎？”遂泣下。翁曰：“弟如此，吾无如何矣。”止先子宿，并留雨生、开美诸伯叔。是夕即以书投路公。次早，先子仍至山。越一日，从山中归，方念此事未释，而雨生伯已于村赛中从台上看戏，先子于舟中望见之，笑曰：“此髯而坐者，雨生也，事释矣。”讷翁不责报于吾父，吾父亦不市德于雨生伯也。

又，丙戌、丁亥间，先子结问道社，同志八九人，每到丁日，期于三日前齐集，斋戒习礼。祭日，质明而兴，设俎豆祭先师，赞者旁立，童子歌诗，俱有俨然如在之容。退而对坐，轮一人质疑请问，各伸所见，讲论竟日。

又，壬寅、癸卯间，先子避乱于南浔之洗粉兜。友沈鸿载小白以事候审于司理，时理官为朱庄钦，案在浔。二君求缓急于先子，急需若干金，刻不容缓，先子即应之，后无偿者，先子不赘齿牙也。先子曰：“吾于乙酉孟夏之杪，自留都策蹇归宿镇江，遥闻扬州兵火声，至姑苏方习竞渡，画船箫鼓弗绝也。”噫！庙堂既如彼矣，又何论疆场哉？

又，先子尝曰：“吾年三十余岁，坐宝庆堂中，觉得虚空粉碎，此时惟有乐极。忽忆《尚书·旅獒》篇，读未竟，此乐失之。执友韩公蘧庐，以问具德禅者，具德曰：‘此禅定之因也。’问大觉师，大觉曰：‘暂息尘劳。’又曰：‘此乐若得余一炷香，更入佳境矣。’”

又，先子戒淫祀，虽大病不祷。凡遇出处患难，伏魔关帝时见梦寐间。乙酉梦帝谓《春秋》不可不读，遂谢弃博士弟子。壬寅暮春遭盗，先期梦帝谓：“尔家有破城之难，时七里皆被劫。吾为尔袚，不祥。”戊午春，梦帝手画二字问曰：“汝识乎？”曰：“不识。”帝曰：“十八也。”九月初十，微疾，十八午时终。

又，乙酉杜门后，先子绝交游。吴门惟周子向先生讳茂蕖，忠介公子常来访先子，留或旬日。半月与先子联床。先生豪于饮，饮必至夜分，先子相对欣然，倦则先卧，逾时仍起视先生，每叹先生雅量。

又，先子尝称伯宝忠先生论文之言曰："走得路多，吃得苦多，吾悔之晚矣。弟年少惟精读闱墨，三六九课艺勿阙，务在一气呵成，熟能生巧。名士夸多斗靡，勿取也，徒乱人意耳。"

又，先子曾与宝忠伯会文池亭。一日，三艺伯从桥上缓步，步七八转即书，书毕仍步，无吟哦声，如是者三，则一艺成矣。家人以俗事告，同之归，少顷来构次题三题，仍步桥上如前。僧或奉茶，与之笑谈。日晡，三艺完，读之篇篇精湛。先子曰："此熟极时也。"时在乙亥夏。

温棐忱《长史公家传》节录　曾大父长史公，讳应聘，字一渠。先世由长兴迁乌程之七里，皆隐居不仕，世有厚德，而公之兄弟行，始以科第起家。公渊源家学，少负时名，屡试不第，始以例授南城兵马司指挥，神宗朝也。升四川盐课提举司提举，左迁靖江左长史。寻以老乞归。能诗，著《蜀游草》，为同时诗家所重。同堂兄弟，上者为侍从臣，次为郡县吏。文忠于公为侄孙辈，已陟宫坊。外孙吴元亮登进士入仕。公于其时，退然自下，与与抑抑。吴方伯尝言每岁正月诞辰，随诸舅父捧觞为寿，族属咸在，公无几微情容。时诏以"持盈保泰、履谦守约"之旨，此可以见公学问之本原已。年八十二。子长太学生，有传，次庠生子隆，次上林子恒，次廪生子鳌。女嫁同邑太学生潘龙山，守节抚孤，捐千古米赈饥，旌于朝，有传，载《潘氏家谱》。

《消夏闲记摘抄》　温璜，字于石，乌程人，崇祯癸未进士。司李徽州，从知府唐良懿之策，严城守，与金声共事。

又，温璜与金声共起。声被间，事败，璜取饷籍悉焚之，走山中，作书留别。知已妻茅氏愿从死，长女年十五，方寐，茅提之曰："起从父母。"女醒曰："何从？"茅曰："死耳！"遂束帛其颈，气未尽，璜以匕首绝其喉，茅亦冲刃死。璜遗笔有"世受国恩，一死图报"，夫妻与女一时尽节，薄棺火葬，不必还尸，与地方居停无累。入户，亦自刭未殊。逾日，以两手碎裂其喉而死。索饷籍名不可得，所全实多。

《枣林杂俎》　乌程温璜，崇祯癸未进士，任徽州推官。闻变，市棺三，题曰忠、曰节、曰烈。令妻女就缢，始自经。

陆心源《吴兴诗存》　温璜，初名以介，字于石，乌程人。崇祯十六年进士。少孤，母陆孺人鞠之。破屋一间，无帷帐。姑沉病且饿，同坐卧一板箱，种火煨芋以为食，教其子读书。姑卒，孺人哀毁如子。天启七年，有司闻于朝，诏旌其节孝。又一十八年而成进士，年六十矣，除徽州府推官。闻国难，恒引佩刀叹曰："此身当付汝。"乙酉六月城破，先杀其女宝德，次杀其妻茅，妻女皆延颈就死，乃自刎。初名以介，注名《复社第一集》。不以兄在相位见摈于清流。后祷梦于于忠肃祠，梦忠肃语之曰："子不当名以介，宜改曰璜。"遂更焉。著有《贞石堂集》。事迹详《府志》列传。

蔡寿昌《蜕石文钞》 某年月日，柯家山人严元照于道场山麓，访得明徽州推官温忠烈公墓所，寓书来告，并嘱为文记之，以示来者。寿昌不敢辞，谨削简焉。按《湖州府志》，公温姓，讳璜，初名以介，字于石，号宝忠，乌程人。七月弥慧，三岁而孤。母陆孺人，上事孀姑，下抚弱子，周旋三代，苦而可贞。灯火一篝，织而课读。公少秉懿训，长腾英气。磷磷秋水之石，落落冬岭之松。乡里称为善人，朋辈惮其君子。崇祯癸未成进士，年已六十，授徽州推官。铜章甫佩，金瓯旋破，猿残蜮化，鼎震龙飞。公乃雪涕登坛，精忠激烈，歃血誓众，声色慨慷。经略出于文章，山水保其残剩，一身是胆，众志成城。乙酉，南都亦覆，郡守及诸僚皆遁去。辞燕眇乐生之涕，登车鲜徐广之悲。公则诚积于中，确不可拔；挽回天命，竭尽愚忠。生也不辰，死而后已。郡人金声举兵绩溪，与公犄角。愤簿之下，焚笔研而执殳；血性相感，率妇稚为一队。虽螳螂气盛，怒欲当车；而精卫力微，势难填海。未几，声败家居，御史黄澍潜以城献。惟公雷霆屹若，锋刃怡然，目眦一瞋，背创皆裂。见危不怯，视死如归，引决全家致身。一旦，裹尸以革，得箭镞二升；合户而经，引弓弦三尺。盖城破之日，公即与夫人茅氏、女公子宝德同日殉焉。红羊劫□，苍兕呼穷。爱女银瓶，从武穆而玉碎；娇儿绣褓，赖程婴以瓦全。国殇如彼，家难如此，良足悲已！墓今在道场山之阳。玉镜飞天，金轮转地。坟前石马，夜半还嘶；冢内枯龈，死而犹啮。荆棘不剪，长过墓碑；翁仲侧眠，时砺樵斧。梨花寒食，少麦饭之一瓯；楸树丛生，荫磷火之千点。莫为之表，知者殆寡。嗟乎！牛羊勿践，先生在天之灵；蘋藻可羞，吾党尊贤之礼。从此云防雾护，不愁犁而为田。笔寿墨贞，敢请刊之于石。

《枣林杂俎》 湖州乌程董威，故尚书份之裔。苍头某颇饶，庚寅夏，有物空中求饮食，违则见祸，惧而飨之，则黑气如云，饮嚼甚壮，屡索不已。某以告威。威乱后好养生家言，禳以羽士，俄掷砖石，诟怒。而洞庭山隐士施亮生者，有道行，召治之，虽遁而不绝。某乃诉之城隍神，诟怒如故。威言于乌程令刘玺□清执最有声，遂斋沐告城隍曰："阴阳各有所司，何得纵妖扰民？"妖月余来，云："我求食，无大罪。今城隍释我矣，尔其奈我何？"威因检《道藏》有曰："凡妖魅为符咒所不及治者，制桃弓柳箭，伺其至射之。"如其法，始绝。盖太湖鱼妖也。

南浔志卷五十五

里人周庆云纂

志余六

《南浔备志》 陈雁宕忱，前明遗老，韩纯玉《近诗兼逸集》以“身名俱隐”称之。生平著述并佚，唯《后水浒》一书，乃游戏之作，托宋遗民刊行。

《冬心庐杂钞》 大士庵后有潭，颇深广。相传顺治乙酉夏，有里人诸生朱某，自沉潭中死。惜名字无考，亦未见记载，不知信否。

纪磊《石斋笔记》 李世昌，字诚谋，号塍亩。性简默，不苟言笑。遇里党有疑事，乐为辨析，故闾里咸钦服焉。康熙庚寅，年八十，邑侯李公应蛟以齿德尊优额为寿。崇祯辛未生，雍正戊申卒，寿九十八岁。

陆长春《香饮楼宾谈》 朱齇鼻，不知何许人，康熙时居南浔之石獬，授徒自给。徒有戴缨帽者，拒弗纳。有识之者曰：“朱为明之宗室，鼎革后尝举义旗，兵败，箭伤其鼻，疗治得不死，而鼻遂齇。”与吴翁声庵有莫逆交，每至翁家，遇酒则饮，食则食，无少让。或设席邀之，则坚辞弗至也。尝自请作剧，以竹箸数十，纵横几上呼鼠。鼠即至，投鼠箸中，盘旋跳跃不能出，启一箸，则鼠窜去。谓翁曰：“此即武侯八阵图也。”又尝剪红纸作金鱼，投水中，游泳如生，捞视之则仍红纸。翁每苦暑夜多蚊，朱为剪纸人黏壁上，蚊攒聚之。又患多鼠，命取空坛，书符其上，鼠群集其中，彻夜无所扰。其他戏术多类此。屡为翁选吉日，逆料是日之晴雨，无不神验。翁尝馈以银，则预书一纸，示翁曰：“某月某日某人馈银若干。”毫忽不爽。客至，或两人，或三人，朱亲自煮茗，茗碗或浮于客数，必有客后至，人服其先知。里胥来索漕银，朱曰：“银已缴。”胥请视官票，朱入内，久之，持票出，则墨痕犹湿，人又知其有缩地术矣。时或他适，不扃其扉。有偷儿入室，见千门万户，终不得出。朱至，始释之。殁前数月，自择葬地，棺衾皆预备，谓翁曰：“吾某日当死，以后事累君。”至期无疾而逝，举其棺甚轻，翁为治葬事焉。后数年，翁有从子贾于闽中遇朱于途，问翁安否，并道缱绻。从子归述诸翁，翁始悟朱之死盖尸解耳。

《墨溪剩墨》 朱鬣鼻，善壬遁，授徒浔北圆通庵。一日谓其徒曰："汝欲往扬州观灯乎？"徒以道远辞。朱曰："今夕汝止此，吾偕汝行。"徒唯唯。至晚伏几卧，朱趣之起，携手出门。移时至一处，鼓乐喧阗，灯会甚盛。观毕，市茶点归。天甫明，徒归家，家属遇诸途曰："昨夜至塾，三四返，汝师徒焉往？"语之故，不信，袖出扬州茶点，始讶然。

沈彤《震泽县志》 国初，吾邑之高蹈而能文者，相率为惊隐诗社，四方同志咸集。今见于叶桓奏诗稿与其他可考者：苕上范风仁梅隐、沈祖孝雪樵、金某完城、陈忱雁宕，禾中颜俊彦雪臞、朱临载扬、钟俞琴侠，武陵戴笠曼公，玉峰归庄元恭、顾炎武宁人，梁溪钱肃润础石，吴门陈济生皇士、程棅杓石、施諲又王，同邑吴珂匡庐、宗潜东篱、宗汉南村、宗泌西山、炎赤溟、周灿闇昭、尔兴机高、抚辰其凝、安安节、顾有孝茂伦、樵樵水、朱明德不远、戴笠耘野、钮明儒晦复、綮荪如、王锡阐兆敏、潘柽章力田，以上并见《中秋对月寄怀同社》诗。又有吴宗北窗、在瑜臞庚、南杓融司、金瓯宁武、叶世侗开期、敷夏康哉、李受恒北山、王礽云顽、沈永馨建芳、泌彦博、嘉楠石城、钱重钟铭、颜祁子京、金始垣公觐、钟钦立宾王、金成耳韶及继武桓奏。于时定乱已四五年，迹其始起，盖在顺治庚寅。诸君以故国遗民，绝意仕进，相与遁迹林泉，优游文酒，角巾方袍，时往来于五湖三泖之间，而执法之吏，不相谁何。国家文网之宽，诸君气谊之笃，两得之矣。其后史案株连，同社有罹法者，社集遂辍。

《研北居琐录》 鼎革之际，土寇扰攘，远近乡镇悉被蹂躏。我浔全赖董芝筠多方筹备，得以无恙。相传有剧盗名赤脚张三者，聚众太湖，啸拥数百艘，白昼东西焚掠。芝筠倾装出粟，与里中绅士，召募健儿，日夕警防。来则极力堵御，击败数次，盗不敢犯。嗣白抚军范忠贞公承谟发兵数百名，命芝筠参划，卒以计获。解辕诛之，湖滨始靖。汪《志》按，《苏州府志》云：赤脚张三盘踞太湖，以宜兴为巢穴，横扰三州，出没无时，官军不能制。康熙元年，巡抚韩世琦抵任。廉知张三与辕下材官朱允恭者友善，命邀张三宴会，极欢。预置长柏木桶，置酒对饮。仓猝间，将桶覆张三半身，伏兵齐出，诛之。又云：朱允恭，洞庭东山人，字公懋。富而材，家有园亭声伎之奉。康熙初年，长兴剧盗赤脚张三入太湖，掠横山，又掠木渎。虏富家子置山寨，勒千金取赎。当道患之，自顺治二年揭竿肆扰，未能弋获，湖路梗塞，莫可如何。时允恭效力于巡抚辕门，中丞韩世琦询以湖盗事宜，欲发兵剿之。允恭曰："不可。赤脚张三夫妇，娇健绝伦，舞双刀，能履水飞行，人不敢近，然好声色，可饵也。请给假五十日，得便宜行事，当缚至辕门。"许之。允恭访得其党，好言说之曰："张君诚豪杰，我欲与交欢。今以千金为寿，欲保我桑梓。"贼党携金致词，张大悦，约日到山谢。允恭乃盛设合乐以饷之。越宿，备陈女伎，阴遣勇士杂优伶中。酒酣，即席擒之，钉其手足，驰解抚辕正法，余党骇散。湖中自此安谧，允恭之功也。此二条并引《顾丹五笔记》，而事迹互异，又并与《琐录》不同，未知孰是。

又，时值鼎革，群盗猖獗。南则花林、练市、乌戍诸镇，北则姚田、太湖各溇，焚庐劫舍，囚人勒饷，在在酷虐，人不安枕，而浔则眈眈虎视，将阚而入也。董芝筠先生不惜重资，募勇士捍御。盗来诱入暗室，扑死十余人。群盗惊愕散去，不敢向浔。

温睿《临哂园别集》 太湖之军，起于吴易，而孙兆奎等佐之，其军为特盛。易字日生，吴江人，崇祯癸未进士，不谒选而归。乙酉，以水师千余人屯长白荡，出没五湖三泖间，多所杀伤。八月二十四日，为大兵所袭，一军尽覆。易部将茹文略，余姚人，字振先，骁勇善战，少从军长兴，为千夫长。浙西既降，文略独携壮士千余人入太湖，从徐云龙破长兴。云龙死，乃归。易八月之败，文略手刃数十人，身亦被十余创，血尽而仆。兵犹疑其佯死，又数刃之。大兵去，稍苏，捧其头而走。至浔溪，休于野庙。庙祝见而识之，曰："子非茹某耶？"持之而泣，傅以良药，百日始愈。间行之长兴，访母妻子，皆遇害矣。丙戌正月，又从军于麻湖，与大兵力战，所杀过当，援绝而亡。

《太湖备考》 按，国初太湖中最称不靖，若白腰党，若毛一、毛二，若赤脚张三，流毒累年，多来自长兴山寨。周禹湖营条呈，所以力请专备湖西。厥后诸盗以次殄灭夹浦、大钱诸要口，又得湖营弁兵防守，截山寇入湖之路，湖中自此宁谧。

费之墀《恭庵日记》 东阡沈尚书演，家资数百万，无嗣，以侄丙子举人沈棨号文五者承祧。文五生四子，长名始然，号若士，丁酉北榜举人，因科场弊，已流徙籍没。而次名重熙，号岸止者，系辛卯举人，又以通海谋叛，斩尸于金陵，举家皆流徙籍没。两案交并，而叛案尤重。三名抚蒸，四名建勋，又名文然，欲以出继幸免，因其家资巨富，遂为刁民王式举首，连累无辜，在钦案者数十百人。事经十余年，三次叩阍，两告督抚，并讦都御史及议政亲王者。律以反诬流徙，始得归结。然由特旨故再难讦告耳。

杨凤苞《沈简讨传》 沈简讨，名荣，字仁叔，一字尘外，本姓严，归安石冢人，广信知府正邦之孙也。正邦初官太常博士时，乌程沈尚书演与兄淮读书京邸，因请业焉。演既贵，感师恩，简讨生未弥月，乞为假子，以云报也。《近诗兼逸集》云：简讨，演之外孙。韩蘧庐虽与简讨为友，恐误记，俟再考。

简讨长而才具挥霍，志节矫然，汲古好学，颇以匡济自负，著义侠声，一时名士皆与之游。注名复社，不以演兄弟党阉鄙之。尚书富甲江左，及卒，兄子棨嗣，而居简讨于上林。崇祯之末，国势倾危，思为勤王之举。散财结客，剑侠奇才，坐上常满。

当是时，四方豪杰之士无不知有上林沈石墩者。简讨有别墅在化石墩，人因以石墩呼之。事垂集，而北都之变闻。不一年，南都又破，四方义师麻列，皆其旧识，往来黄蜚、吴易军中，为之运筹。而韩绎祖、费宏玑复入郡城。汪《志》按，胡承谋《府志·旧闻》云：崇祯十七年三月，京师陷。明年，潞王在杭州，诸生费宏玑奉札为参军副使，募兵苏湖勤王。六月初旬，大兵至省，潞王降。湖州知府王士誉遁去。推官冯汝缙献城池册籍，升知府。同知朱国藩加员外，同城视事。有总兵黄蜚兵溃，其副将黄光志、沈广生等屯兵太湖，无所属。宏玑同举人冯尔翼及防湖哨官黄永锡、王元徵，长兴诸生金攻玉等起义，皆缟素，俗号白盘头，迎黄兵于太湖。闰六月初三日夜，入据湖城，竖旗招兵。初六日，降将祖大弼统兵数千来围城，城中共推宏玑为监军，督民兵固守，擒杀知府冯汝缙及安吉知州包灏。时朱国藩以投诚得免。战守旬日，有北关外小民邱文伯改周文伯，蒋理臣改周文叔，诡言兄弟，报信城外，云教场一带，积尸秽气，无兵守，大兵因架梯入城。时十八日昧爽，光志等皆死之。宏玑分守羊角岭，亦死之。金攻玉等退保长兴，文伯、文叔以功为本府经历照磨，国藩仍为同知。七月二十八日，攻玉等复破湖州，奉楚宗某为监国。原任知府王士誉复出视事，国藩仍为同知。大兵复来，城中火，府治民居尽为灰烬，士誉复遁去，国藩出降，仍为同知。九月初，总镇张士元至，金兵退守长兴，次年死，楚藩奔浙东。时先后死义甚多。简讨亦佐之。鲁王监国于东江，倾家输饷，遂贫，监国遥授翰林院简讨。檠之子重熙授御史，锐欲上，而大兵已下越中，鲁藩遁迹海外，居数年，去监国号。简讨虽竭力资之，而邓林之望熸矣。无何，李元旦御史之狱起。李元旦，如皋人，侍郎之椿子也。鲁监国时，官御史，时入中土为间谍。而之椿避乱远游，寓家嘉兴吴祖锡许，因吴移寓湖州，施鹏举之乌山及仁叔之化石墩，元旦常往来二家之间。有谢庭兰者，娈童也，与元旦嬖妾通，李觉而毒杀其妾。庭兰跳身京师，鬻于内府，为银工，制杯斝之属，镂刻极精。得召见，乘机伏陈曰："海中余孽未平，臣江南人，习知海寇事，皆内地人为之响应，四处联络，故猝未能下耳。即臣所知者，扬州有前礼部侍郎李之椿，同子元旦出没海上，赍札敛饷，有某某等，皆授伪职。此其一也。"事下所司，执之椿至江宁，入见总督郎廷佐曰："身为前朝大臣，国亡应死久矣。儿子受国厚恩，死亦恨晚，若其所言不足信。"遂默不一语。下狱七日，不食死。与元旦同戮者四十八人，皆庭兰所举发也。祖锡遁入洪承畴幕中，以免。鲁藩授鹏举工部主事，亦幸而得脱，其仆之力也。辞连二沈，执至江宁，慷慨对簿曰："五世相韩之痛，夙所盟心，事皆有之，何必问？"重熙先毙狱中。己亥三月，简讨死于西市。临刑，口授绝命词，神色不变。汪《志》按，重熙，南浔董氏之婿。故王式讦告连及董氏事，在康熙癸卯。

金之俊《书南浔沈姓事》 岁辛卯，江浙大水，夏五正插莳，水势益漫，小民日夜事桔槔，弗食弗息。浙乌程浔镇之南，有农家沈姓者，生三子，年俱壮，为富家佃，尽力车戽，窘不能支。一日，告其父曰："我侪生不辰，值此天灾流行，春作既荒，秋成何望？惟有袖手待毙而已。死于饥，死于法，均之死也，不如为盗，况为盗未必死。"父怒曰："盗可为乎？"三子涕泗滂沱，跽而请曰："我侪亦知盗不可为也。但见今日为盗者，不惟劫资来家，可以救死，且官府争护，盗必能免死。若非盗，无生理矣。"父益怒，坚不之许。三子仍泣而固请曰："吾父若不许我侪，势不复顾矣。"词益惨激，父佯应之曰："尔辈既坚决若此，我不尔阻。但父子天性，从此死生各不相保，当具酒肉为别。"遂罄衣囊，沽酒买肉，与三子痛饮，作别离状。时止有一孙在旁，年甫七八岁，方恋恋求一饱，忽叱出，再市酒来。比孙市酒至，则父子四人俱中鸩仆地矣。盖不欲子之为盗而死，故以酒鸩之；又不忍子之不得为盗而死，故并以酒自鸩；更不忍子死竟绝嗣，故诈令其孙出外市酒，不与俱鸩，以延血祀一线也。

陆圻《冥报录》 平望黄景范，生于崇祯辛未年，今寓居南浔。于壬辰年二十二岁时，六月十九，头觉渐眩，至廿二日清晨，内室闲坐，忽头中大痛，即时倒地。昏晕中见一人披发流血，手持大刀，喊曰："还我命来！"有数十小儿劝解。其人大呼，口出黑气如烟，小儿俱被冲倒，眼前皆暗。忽见白光冲开黑气光中有老僧端坐，右手执杖，左手持珠，喝曰："且住！且住！"其人曰："我受冤七十余年，今日相逢，如何住得？"僧举手云："阿弥陀佛！饶人是福，冤冤相报，有何了期？"其人曰："是！是！奈我心放不下，如今不伤他命，罢了。"遂以手取舌，用刀割去。僧曰："罢！罢！还他罢！"其人曰："还使还，且待我恨气消。"遂持舌奔去。僧将行，顾景范曰："你还认得我么？我乃当初云栖老人也。你如今不必忙，百日内自有消息。"景范醒，见众人环立，欲言所见，不能出声，以手抚口，舌仍在也。惟喉与胸略有空痛，别无他苦。至夜独卧，恍惚见一女子窗外叫曰："你好睡也。"手撒泥沙，觉遍身麻痛。忽有武士持白伞来遮，连夜如是。至七月初一夜，景范与其妻同卧，武士以伞覆身上，掩鼻而去。但其伞甚小，止可覆自身，泥沙着伞上即滚去，有着其妻身上者，隐隐如火光。三夜如是，其妻身发大热。景范心知之，乃迁与伊外祖同卧，武士又覆伞掩鼻而去，其沙着伊外祖，亦成火光。二夜，伊外祖亦发大热。自后独卧，武士复持伞来遮。景范心想武士不知是谁。武士忽曰："我奉王命而来。"景范思不知何王。武士又曰："我王乃觉王手中所持悉怛哆般怛啰也。"又思六字是《楞严咒》，心平日常诵，今不知何故，或者宜诵咒乎。明日虔诚持咒，夜见武士，持伞倍大；次日又持，但见伞，不见武士。明日又持，至夜不见伞，并不见女子。遂每日默持。病虽未愈，亦无奈何。因遣去忧虑，一心清净，省察过愆，祸福付之无心矣。尝忆老僧百日之言以自慰，故终日无闷。至七月望日，延僧礼忏，景范手书问僧云："我初病时，见一僧，自称云栖老人，不知何人也？”僧答云：“昔有莲池和尚，在云栖设教。”因为景范言莲池故事。景范心念之，夜即梦见一老僧，身甚长大，来云：“咄！你想莲池，莫学他闭门吃饭。”觉来不会其故，忽胸中膈塞，粒食不进者三日，方思食，唯吃淡物乃觉安和，盐酸不能食矣。时母忧景范病不愈，问诸卜人，云：“有神明作祟，兼有心愿未完。”景范思神明见咎，当斋戒省过，不宜杀生祈祷，反造罪业。至于心愿，别无他事。惟正月初，曾梦一人云：“汝夏秋间有难，若肯听我书一莲经，可免此难。”曾与伊外祖言之，欲书未果。既发心而不行，亦一缺典。遂拟八月初七书起。至夜，忽梦伊父，向之流泪，景范亦悲感而觉。因想父被掳，未知存亡。景范方欲书经，愿归功父，仗佛神力，存则还乡，亡则超升。发此愿，更择十二辛亥日，是伊父本命日，书起限九月廿九日完。乃于廿九日午后，忽心痛大作，呕血升余，一时困倦，独卧床中，痛愈难忍。更余忽觉身坠床下，见一老人，须眉皓白，高冠大袖，手持一杖，同一僧至。僧向景范笑曰：“什么来由，恋这苦本？你如今冤债已清，可同我到主人处走走，可静心听我诵经。”因诵《金刚经》，余闻经声，心痛渐减。一面闻其诵经，随其行路，诵完而心痛忘矣。僧止步，见一大屋，当前门边有一对云：“诸恶淫为首，众善孝为先。”僧谓景范曰：“东君在内，尔可进见，我在外厢待。”又谓老人曰：“尔同彼进去，彼已受轮回，不复自知，你可求掌簿人为他明说。”因繇遂入内庭。庭中人曰：“今是朔日，十王来见，尔等且住。”俄有数人，冠服执笏而进，内中一人昂然挺首，老人指曰：“此忠臣杨继盛也。”已而十王皆出，老人乃同景范跪阶下，见一人冕旒坐帐中，身高丈余，面阔尺余，洁白如玉，侍卫甚众。老人通说来意。有一戴大冠朱衣者执簿至阶下，谓景范曰：“汝欲知因果，可听我言。”叫左右唤刘之麟上来。俄一人至，即割景范舌者。朱衣人曰：“昔有刘大臣，号公超，家世北京，生于嘉靖二年，父祖皆富人。大臣读书纳监，为人有口辩，长大多力，因祖父家业，复自身有才，与赵文华交厚，引见严嵩亦莫逆，遂为一方赫赫。时倭夷入侵南直，朝廷命张经等往讨，命赵文华督师。文华私邀大臣同往，既至江南，大臣说文华曰：‘倭兵甚寡，若率本部兵先取之，军功可擅也。’”文华从之，大为倭人所败。文华欲转败为功，乃催张经连夜进兵。张经欲待两路兵到，然后夹攻，不可轻进。文华衔之。大臣因曰：“不如速入京伤之。”文华遂入京，上疏，言张经玩寇殃民。既而张经与两路合兵，大破倭人，南方遂平，乃入京奏捷，朝廷以张经矫窃军功，斩之于狱。大臣有三子，长子之麟，金氏所生。嘉靖三十八年正月生，将满月而金氏死。三月继娶陶氏，至十二月即生之宝，后生之茂。及长，父欲为之麟聘柳青臣女，青臣欲相婿而配。大臣以之麟貌恶，乃以之宝示之。又为之宝聘周氏女，及二子皆成婚。柳氏色美而才，周氏丑恶而拙，于是柳氏丑其夫，之宝恨其妻。陶氏性悍而智，窥知隐情，常与柳氏言之宝美丽，一日乘之麟出，遂于房中设酒拉之宝与柳氏同饮，继乃赠遗，往来二月间，遂成丑行。时大臣知而不问也。周氏恒有不平之言。柳氏闻之，遣婢送酒。周氏饮之，遂成腹痛，乃疑有毒，往诉陶氏。陶氏素不悦之，恐其将家中隐事泄露，乃以好言安慰，留房中饮酒。至夜半，忽以刀刺其心，埋之床下。明日，乃佯寻周氏不见，遂扬言随人私奔去了。周氏母家亦疑其女，竟不之究。之宝既亡妻，与柳氏日厚，之麟微闻其风，在房诘责婢女。陶氏闻之，乃私谓之麟曰："我近日闻之宝在你房中走动，你知否？"之麟言亦略闻。陶氏曰："此乃家法大贼，人伦大恶，这畜生虽我亲生，今如此不肖，不如无有，我必杀之。"之麟受计而去。陶氏又召之宝曰："尔盗嫂事败，身命不保了。"之宝曰："奈何？奈何？"陶氏曰："作善须彻，作恶亦须彻。你可特匿我床下，自有好算。"之宝从之。陶氏乃谓之麟曰："你今日佯为出外，彼知你出，必聚一处，晚间却私藏我房中。至夜深，我与你各执器械，进房杀之。"之麟乃佯言出外，至夜来到母房，陶氏遣出婢女，独与之麟议擒之宝。又将美酒固劝，之麟径醉。陶氏忽扼其喉，叫之宝曰："下手！下手！"之宝遂砍兄头，与陶氏潜开后门，扛尸至二三里外，弃在街上。明日路人多来相报，大臣收尸归葬，竟不知其繇。奴婢在房走动者，之宝恐其泄漏，或暗中击杀，或毒药害之。后陶氏说大臣，使柳氏与之宝成婚。既成婚后，家中白日鬼行，百般作祟，禳祷无应。将及三年，之宝年二十五矣。一日有僧手执铁杖，到门化缘。柳氏素不礼僧道，见此僧逐之，僧即举杖欲击。家人奔告大臣，大臣出谓僧曰："你何故在此？"僧曰："我要取一颗宝，要折一枝柳。"大臣不会，僧曰："我要见你儿子。"大臣乃命之宝出见。之宝乃谓僧曰："尔到此何干？"僧曰："我来化缘。"之宝曰："尔有何能，敢到此化缘？"僧曰："能消一切冤鬼。"之宝以僧言奇异，乃引入内，问之曰："我家多冤鬼，师能治乎？"僧曰："治鬼甚易，先当治心。心为万类之主，心邪邪至，心正邪灭。"乃问："如何是正心之法？"僧曰："当存天理，将天理人心四字明白，便是正心之法。""又何如何作为，乃合天理？"僧曰："但当平心，己所不欲，勿施于人。"之宝低头半时，僧曰："我来化缘，你若肯舍，诸鬼齐休。若不肯舍，未有了期。"之宝曰："欲化何物，必当从命。"僧曰："不化他物，惟化柳氏。"之宝曰："柳氏乃我妻子，如何可舍？"僧以杖点之宝心曰："天理人心你舍不得，他人如何舍得？"之宝大惊，僧遂趋出，随出寻之，已不见矣。之宝乃独坐自思，深自悔过，乃曰："人未得道，心随境转。今偶闻僧言，发悔过心。倘又闻人恶言，便遭沉溺矣。不如到五台访此僧，求自新法。"屡次欲往，父母不许。在家三月余日，鬼魅日盛，坐卧不安。之宝乃决曰："今日如此景界，尚不奋发，一旦命尽，被黑业牵入地狱，岂不大悔？今只宜成就正果，救度二亲。若从一时之命，苟且度日，使同陷地狱，是小顺而大逆也。”遂决意欲行。京西山有碧云寺，其寺二僧，一曰碧岩，一曰云松。二僧曾为之宝前母金氏拜斗念经，亦与之宝相识，乃到寺寻二僧。时碧岩已死，惟云松在，乃谓云松曰：“我欲到五台，幸随我去。”云松曰：“尔方年少，欲见明师。我老矣，虽死何恨。”遂同至五台。时有幻余禅师主化，遍观僧众，不见前僧，因留年余。闻云栖有莲池设教，乃与云松往游。莲池问自何来。之宝备述前事，且求忏悔。莲池乃教之忏悔，使行苦行。三年披剃，乃受大戒，取名大惠。云松改名大慧。大惠既出家，终日念佛。一日问师云：“念佛欲何为？”师云：“念佛则成佛。”又问云：“大惠念佛几时成佛？”师曰：“时时可成。”又问云：“大惠如今何不成佛？”师云：“大惠如今何不成佛？”遂有契悟。云松死，大惠独住云栖十余年。后至金粟，密云问曰：“何来？”曰：“云栖。”又问：“平日作什么？”曰：“念佛。”曰：“尔试念看。”曰：“已念。”曰：“只恐不是。”曰：“和尚自家不是。”曰：“尚须吃痛棒。”随众作务去。后参干屎橛，未悟，往黎山结庵而住。直至崇祯二年，闻密云在元墓，乃往问曰：“不入惊人浪，难逢称意鱼。此语如何？”云曰：“这里无水又无鱼，说什么惊人称意？”遂有醒悟，回至黎山，二年而死。既死，来见阎罗天子。判官议曰：“少年虽造大恶，终能悔悟出家，未曾说法利人。今去为人，有智慧而无厚福。”大惠言：“固不敢期厚福，但一生出家，未得大成，愿得长寿，以成其志。”天子曰：“尔年止该五五，今尔愿修行，其志可嘉，增为七七。”大惠又言：“我造罪，累及父母，害兄嫂与妻，我愿救此数人，今不知皆归何所，愿我托生，得近于彼，使得化导其心。”乃命判官告曰：“尔前母金氏已托生沈氏，碧岩、云松已为其子。尔父大臣，以平生之孽，堕为女身，因金氏一缘，托生为云松之女。汝今再当为其子。陶氏受饿鬼报毕，今现为驴身，不可得见。柳氏受饿鬼报毕，托生为猪，又生为羊，又复为猪。方生三月，因其食少，乃让与母食而自饥死。土神奏闻天子，以畜生能行孝道，使复人身，今已受女身，与你尚有五年夫妇。”时判官言毕，即遣托生。“今尔身便是刘之宝害兄之时，万历八年六月廿二日也。故尔今年有此难。本当身死，以前生愿力得免。前妻周氏，万历七年六月初七日受害。旧年曾来为祸，但其受害，非尔之故，无深恨也。你今妻戚氏，前生以药酒害他成腹痛，其怨未消，尚欲为难。尔兄之麟，冤气既消，亦将托生。以平生有孽，堕为女身，数该为尔妹之女，明年癸酉日当生尔。今宿冤既消，但二十年来未曾精进。今去当日自努力，勿退初心，莫为名利所败，莫为欲爱所缚，莫为意气所碍，莫为晏安所毒。”言毕，唤一童子取一金盒至，开盒取一花瓣，置景范口，即能言。拜谢毕，遂问父亲着落。朱衣乃皱眉曰：“尔父死久矣。”景范乃言曾有二番书信。朱衣曰：“二番书信，一是你外祖所造，医生史完白知情；一是尔同宗人所为。尔今回去，当设灵供养，休望他归。”景范曰：“我父何罪，乃遭此难？今其灵魂何在，愿得相见。”朱衣曰：“尔父遭难，乃六世以前之孽。今生立心正直，死归神道，三月间升淮安城隍矣。尔但当存孝心，修行正道，日后得见。今尔母即前生之父，既堕女身，当劝他回心向善。他因前生之孽，当三世堕落，今始落幽主，一生不畅快，二世落贱主为奴婢，三世落横主为畜生。畜生不修，便有大苦，不可救矣。速乘今生挽回。尔外祖乃生前同伴，今又受恩，亦急劝他回头。他在云栖，我曾教他《金刚经》千余遍。他往石门结愿，在东高桥终日诵经，每至五更，众人梦觉之初心清净时，乃高声击梆念佛，发人善念，故今生受福报得长生。又其口信甚严，故今出言有当，争讼得胜。但所信不大，善根亦浅。年过六旬，善不补恶，今生受报已毕，来生便落薄了。又其积德不厚，不能泽及后人。除却一人，举家之人皆非贫即夭。尔回去教他速了自己正事，无涉他人闲务。他因前生信力，故早年作事胜人。今信根已坏，为人谋干，不但无功，又招仇怨。尔妻以一念之孝，顿消淫业，得复人身。但福力浅薄，寿亦不永。教他急速返本，免来生重受畜生。尔弟虽无大成，亦守家之子。”大略如是。言毕，命童子引景范出外游行，奔走如飞，见罪囚数人，至牢狱数处，种种苦难，今略存之。有一人反缚两手，肩上插一小旗，旗书“犯人钮德甫”，呼景范曰：“我与尔同乡里，幸救我。”景范谢不能。又一姓某言：“我当为猪，以临终尽心吃素，一月得为狗矣。”又一金某卧污秽中，言：“我以平生贪酒至此。”又一沈某，自粘墙上，喉中穿刀，景范心发慈悲，念佛数声，其刀自落。又一室甚大，墙中地下有刀箭飞出，穿入人身，壁书数人名。童子指曰：“此陈九思在此，今已出，王某当入此周化机，阳寿未尽未来。”景范曰：“阳人何以先书于此？”童子曰：“阴司考生人之罪当入何狱，即定其名于何狱。若又造重罪，更移别所；若有善功，即为削罪。皆于生时先定，不待既死。”乃复至殿前拜辞，同老人出，僧在门外相待。景范即拜，僧曰：“承师引我至此，请问出处？”僧曰：“我乃云栖大庆，当年与尔同事，与大净、大善同尔四人往参大智。”景范曰：“来时闻师经声，心痛顿愈，此乃甚奇。”僧曰：“尔不知么?《经》言：‘心不可得，何可得痛。’”又曰：“此经尔外祖念成差误，又失一‘忍’字，尔何不言？”景范曰：“向不知，今去当言之。”又曰：“今去当行孝道。孝乃人之本心，若无孝行，他善虽多皆伪，必不成德。且神明忌淫，又当除淫，淫乃身心兼害，若除淫则诸恶无根，修德易成。此二字乃升降大关头，修行起手处，尔当行之。然须求明师指点，住深山养静方好。若在家被尘缘汩没，便自误了。世间居尘不染的，能有几个？”景范曰：“是，是，我谨受教。”正言间，又人言大师到了。景范仰首，见云中一老僧，端坐持珠，拜救教诲。师曰：“南无佛。”旁一人曰：“承师开示，何不拜谢？”景范乃拜之。师伸手劈头一下云：“记取。”

景范忽惊醒，乃天已明，所病顿忘。遂披衣起，与家中人说所见，随以笔记之。时壬辰年十月初一日也。景范自注云："诸狱中人细访之，皆系朋友亲戚，恐有不便，故但存其姓，余不敢妄一字。"又松陵钱德唯序略曰："景范父瑞卿，名古鑑，邑庠生，即所称升淮安城隍者也。瑞卿赘于平望徐南川家，故瑞卿为平望人。乙酉秋，瑞卿遇乱兵，被执以南。景范年十五矣，号泣思父，至呕血不食。南川恐其伤生，伪作瑞卿书慰焉。朱衣人所谓'医生史完白知情'者也。初，瑞卿存亡景范未审，而闻丧自朱衣人始，南川则再来云松是也。予里人吴文可实娶景范妹，即所云'刘之麟为尔妹女'，明年癸酉日生。今癸巳岁正月六日癸酉始立春，文可果举一女，益足见其不爽云。"

《震泽县志》 顺治十四年丁酉，南北榜多关节中式，科臣特疏指参。江宁主考俱立决，房考绞，举子被论者流宁古塔，父母妻子兄弟皆连坐。吴江中式者四人：钱威、吴兆骞、庄允堡、吴兰友，皆在案发遣。威实公取经元，兆骞才士，时甚惜之。后兆骞、允堡并以赎得复籍。

《费恭庵日记》 顺治庚子七月，差满洲饷部边、蔡二人临湖州查已赦钱粮。程、安二县绅衿几受大祸，诸生中贫不能完者十之二三。有同袍严蔚宗名书开者，倡议助纳，各自通知，亲族及相好者俱惊惧，大约欠银分厘，愿出两许。而朱佑明助银五百两，董帷儒助银五百两，故得以大费成事。严蔚宗代完又约五千金，其余衿袍总无有不费者。

杨凤苞《纪孔孟文事》 孔孟文者，字元章，父为疡医，名襟海，不知何许人。与湖州府城西门外郁大和者友善，遂寓居焉。襟海死，孟文为僧于长兴弁山之土谷祠，往来诸山寨中游说。于时魏雪窦为东门令史凌祥宇赘婿，联络山海，思得一当，与思溪、钱缵、曾允武为密友，以故孟文得交于二人。后孟文盗劫一僧舍，事败，二人皆薄之。孟文昵一沙弥，貌姣好，祠之邻近有贡生潘龙基，见而悦之，会孟文犯淫戒，遂发其事于官。知长兴县事叶文凤，责逐出境外，乃挂搭于龙华寺，为堂头元素位下知客，改名雪林。一日，龙基至寺，孟文哀之，不听，复揭其短于元素，以是不容于丛林，遂遍干交游，乞助资装。允武、雪窦以其屡败检也，予之稍薄，孟文衔焉。遁至温州，得海中倡义者确耗，并内地通海者出入径路。遂假称是海中大帅某某，皆出某麾下，又伪造一册，云储峙屯某岛，士卒营某屿，战舰泊某岙，因与众有隙，脱身来投诚。是时章皇帝初晏驾，顾命四大臣秉政。镇江将军刘某，在镇数年，无寸功，方奉严旨戒节，思立一奇功，以自结于四大臣。孟文服僧服，去襟袖，作马上衣状，投刘标下，刘问状，孟文言海外之难平，皆因内地之人运粮饷、资军装，为之接应耳。内间去，外寇可立破也。刘喜，即疏题，驿召孟文至京师。陛见，赐弓刀裘马，宠遇甚隆。当初首告时，尚图讹诈，故舛其名，以钱允武为钱云五，魏雪窦为魏西斗，潘龙基为潘伦吉。渐抚以无其人覆部时，在顺治十八年辛丑夏也。而钱、魏不知省，未及行贿于孟文。越半载，遂易真名，注明地址，行镇浙将军柯奎密拿矣。是年十二月，将军发旗下披甲五百人掩至，魏、钱已先逸去，仅执龙基赴杭。允武跳身至晟舍，闵氏留一宿，闵兄弟俱连坐，瘐死于狱。又至南浔朱少师文肃之孙某许，遂被执，朱亦坐绞。雪窦遁之山阴，祁氏为逻者缚去，三家俱籍没，妻子流徙。次年壬寅，康熙改元之二月，钱、魏、潘三人，皆被惨法，死于杭。祥宇坐绞，复株连，允武之族人价人亦论死。右据潘居贞《菊旃日记》及无名氏《湖城大狱记》二书，述其大略如此。

杨凤苞《题〈河渭间集〉后》 《河渭间集选》十卷，归安钱价人瞻百选，慈溪魏耕白衣为之序。按，瞻百居归安思溪，兵部武选郎中镇之曾孙，巡抚山东佥都御史士完之孙，吏部文选郎中元慤之子。家世华膴，少工文词，与同产弟三人并以诗名，斤斤守唐法。称同调者，族人缵、曾允武及白衣寓公也。明季数试于布政司，不遇。国初，郡人立孚社，推为领袖，与吴磬、大雍争雄长，至讼之大府。弟子、著录甚多，严我斯、徐倬两侍郎为之冠。归安知县吴之荣者，贪而很，时比之国狗之瘈。以赃败，遇赦出狱，艳瞻百富厚，诬以屡年赋税己所代纳，而恫喝之。钱亦诉之上官，方相持不下。而是时允武白衣通书于延平，为孔孟文首告。之荣因构于将军柯奎，谓其累世显宦，家富不赀，连络山海，妄思嘘烬，瞻百主谋，而二人特为之奔走耳。瞻百语多不屈，遂坐惨法，死于杭，时康熙壬寅二月也。籍其家，例中分罪人资产给首告人。之荣得其家之半以去。妻子徙边。弟虞仲、方叔、丹季，皆长流宁古塔。三人之戍所，与张坦公、姚琢之、吴汉槎、钱德维为七子之会，见《秋笳集》。《吴兴诗话》谓佥都官文选郎，则以子之官移之父，谬矣。又谓虞仲父骄纵，为庄氏史案株连。吏部东林遗老，鼎革后灌园石隐而卒，未闻骄纵。史案事发，在壬寅之秋，钱氏家门已灭，抑更谬矣。

又，再考前人叙钱、魏事，纪年多误。全谢山《雪宝山人坟版》谓“孟文自延平来，以蜡书首告”，乃袭温哂园《南疆逸史》之误。又谓事在癸卯，则更谬甚。又《祁六公子墓碣铭》则云：“壬寅首告。”而竹垞《贞毅先生墓表》云：“二人坐惨法，死在壬寅六月朔。”亦皆非也。盖发难于辛丑夏，结案于壬寅春耳。汪《志》按，朱文肃公之孙名锡如。据朱氏《谱》，锡如卒于康熙元年六月初一日，则竹垞之说似不误。

《丁氏支谱》 七世有五学录，讳时庸，仕明国子学录，始自吴江儒林里迁裘庄。十七世梦兰，字弥高，年十九，父卒，即点白粮解户。时当此役者尝至破家，不得已就试学宪，补弟子员。此役例应优免，恳于府县，不允，力恳学宪、粮道转详总漕，幸而得免，家资耗费，已不和矣。入泮后，益研经史，与浔镇殷价人、吴恭简、董帷儒、七里温令威令嘉友善。娶潞村慎氏，治家整肃。尝携子返母家，其子偶于地板下得古钱一大筐，慎氏曰："此非吾家物，勿妄取。"子亦懔然不取一文。其清操如此。次子人杰，字俊公，始迁西栅米廊下，少时寄居北栅范梅屏。家有婢相谑，以非礼责之，婢惭而退。一日，遇表侄宋某，痴立道左。问其故，曰："无以自存。"意欲投河。乃委曲劝谕，为之筹资生之策。其后宋亦小康云。

南浔志卷五十六

里人周庆云纂

志余七

俞樾《右台仙馆笔记》 归安、德清、石门三邑之交，有古墓焉。背田面河，广可二亩余。规模虽颇宏敞，而兆域久堙，宰木亦尽。惟河边华表犹存，羊虎辟邪之类，皆倒于地。翁仲仆者五，其一尚垂绅端笏，独立荒烟蔓草中，然陷于土者将半矣。既无碑志可稽，亦从无祭扫者，不知为谁氏之茔也。有侵其墓旁地者，往往得祸，故相戒莫敢犯。附近居民，每见有青衣人往来墓域，则是日河中必有溺死者。溺人无论肥瘠，一经灭顶，虽即时拯起，皮骨仅存，若枯腊然。于是人皆远徙，遂成荒墟。墓南里许为某村，有孙姓者，其妻携女往母家。舟过墓前，忽一青色手自水出，大如箕，攫其女入水去。惊而救之，则已死矣。孙恨甚，筑土壅流而掘之，至数尺，无所见。又年余，孙之次子与一佣者，各负篰斫草将归矣。骤雨忽至，见河中一人以竹篙撑木簰而过。其子私计由簰渡河而南，不及一里即至家矣。乃许持篙者以钱，而登簰焉。簰小，止容一人，故佣者仍缘河岸行。行数武，回顾之，见人与木簰俱没于水矣。急告其家，孙率家众飞棹而至，钩捞水中，仅得其子之尸，而撑簰者不知所之。咸以为妖鬼所幻化也。孙益愤怒，募术士治之。一道人来应募，为坛于河之南岸。方施，敕勒有暴风自北而至，一青衣人随风径扑道人，道人不能支，为其所压。青衣人倏不见，风亦寻止。众视道人，则已扁矣，流血殷然，告于官而瘗之。时乌程南浔镇有道士周静涵者，道行甚高，孙往求之。周闭目移时，谓孙曰："此物修炼千年，吾非其敌，须召天神为助，虽幸胜之，吾亦将不免，不可往也。"孙固请之，周不得已而往，亦为坛于南岸，甫焚一符，暴风又起。青衣人见于前曰："吾大道垂成，须得生人气血以助之。故溺人于河，取其气血，然所溺者皆应死之人，非吾故戕其生也。与汝何与，而见逼迫？"周令其远去。青衣人曰："吾道尚未成，去将焉往？"周苦劝之，不听。周乃向空书符，以水噀之。青衣人笑曰："汝修止三世，不满四百年，安能治我？"径前扑之。周执令牌危坐，青衣人不敢近而退。周亦下坛，如孙氏命，扫除一室，凝神静坐于其中者九日。复至坛所，焚符而天神降。青衣人出，将与神敌。神发巨雷，声震原野，火随雷出，其光烛天。青衣人不支而遁，周掷剑中其首。神向周拱手，上入云际，遂不复见。村人共见空中一物，随剑堕于河干，就而视之，乃石人之半面也。渡河至墓域，则独立之翁仲，其右面为剑斫去，血流至地，附以河干之半面，正相吻合。周书符于其胸背，命掘起而碎之。村人并碎其卧者而煅为灰，自是墓前无复怪异。周谓众曰："此物再潜养五甲子，大道成矣。惜其欲速，遂至于此，深可悯也。"众送周归南浔。甫入门，见一人衣冠形状与周无异，自外而入，众皆见之。周曰："吾元神将散矣。"取盐汤饮之，其人遂与周合为一。后周遂多病，自处分身后事。临终谓其徒曰："吾为虚名所累，致损元功。尔等宜闭户自修，毋预外事也。"遂坐而化。

张丹山《浔溪棹歌注》 曹秋岳溶曾寄书张尔就肩，极论画竹远近多寡之势，兼及《史记》《僮约》《头责》文章烦简之法，甚畅。书载《倦圃尺牍》。

《纪氏族谱》 纪象春，字汝生，娶乌镇顾氏，生一子承午。旧传公有次子继外，即帷儒董汉策也。缘孺人与董母系胞姊妹，董不宜男，私订抱送。帷儒甫生，即匿蒸笼中，装作馒头送去，临盆坐守。旋报生男。虽董氏族众环聚，不觉也。既而渐泄其事，因争呼帷儒为"纪馒头"云。汪《志》按，此必传闻讹说，非事实也。观董中条身后争继，至于讦讼纷纭，久而后定，构造百端，终未有言帷儒出于异姓者。且其事既泄，彰灼如是，董氏族又安肯默默乎？

《苏庵家诫》 旌节先妣苦节一生，实为董氏再造。癸巳春月，先妣传家有序一通，备述艰苦，今录于左。序曰：

从来说道："创业难，守成亦不易。"要晓得守成的人，便是创业的人，不是两种。但偶然遇着时节因缘，便有创业、守成不同的名色。总皆苦心经营，自己立身，不犯诸恶，然后做成事业，非同草草。即如我年未二十归于董氏，时方多难，尚书老爷弃世已久，三代科甲，尽皆捐馆。此时只有先衿母徐太太在堂，汝父又多病，只好静坐，不理家计。太太暮年好静，不能十分照察，仓厅所遗田产，大半消耗。典中剩本，不过二千金，中间挂空号的，又大约有小半，屋租零落不堪，朝夕饔餐不继。又有三种大弊：其一，太老爷规矩已失，家里人尽是放肆的，不肯遵守约束。况且主母老，家主病，全然不看在眼上，呼之不应，略一整顿，便一齐反噬，此一大弊也；其二，如太老爷势力大了，各处小百姓未必欢喜。且家里丁少，相公、叔叔不过两三人，支撑不来，外侮频起，委实难当，此二大弊也；其三，向来人情世法不能减省，却是屋里空空的，无钱无米，灶下日用又多，每日烧柴也费百十斤。此是虚空架子，手下人偷去了，用度如此太多，日日无餍，分文不进，如何度日？此三大弊也。我到董家来，恰好顶这个苦头，抛又抛不得，做又做不来，难煞，难煞！我只得勉强支吾，将从来三弊渐渐消除。家里人要他守法，外边人来欺侮的，可忍则忍，不可忍，便情愿弃性命，破钱财，与他作个对头。其余柴米费用之类，务要核实，不必用的，多省了。如此做去，方才脚根站在实地上。却又不幸汝父因屡科不第，郁郁病痫，日夜长眠，饮食不进。我因董氏式微，汝父之病，关系非浅。早起即侍坐汤药之类，焦心劳思，不曾一刻得空。晚间同众等围坐看守，服药无效，便去求天拜地，鬼神祷祀之事，无一件不做了。以后幸天怜董氏，病渐平安，继嗣复生，多是天助，绝而再续。我复苦心朝夕侍养汝父，即有病患，自家也不及爱惜。又要料理家事，指挥童仆，风吹日炙，我多不顾，岂不苦耶？其中又有福未享而祸重生之苦。天启三年，幸生一子，冬间便遭大故，衿母徐太太背去，内无主张，外无倚托，儿幼无知，只得寄养在先姊二房太太处。丧事粗毕，贼党又生。徐柳奸人构通偷盗，忽然抛砖为号，杀入卧室，捆了汝父，又烧又抢，我只得携汝避了。室中所有，一旦罄尽，且外无救援，盗党公然出入。天乎天乎！何苦我至此耶？无救也罢，还有从中生事的说道："盗在家里。"将以不好名色加在我身上，我只得呼天求救，务要擒贼雪冤。此时亏得汝外公及长白太公、闇卿雪因两舅一力担任，捉了贼，并捉出徐柳线头，见官见府，问成罪案，方得表明了自己苦心，小小报了仇。也不意寇捆汝父，惊骇病深。从前痫症，至此复发，更觉不好。我也只是丢性命、破钱财，求医求佛，要救汝父，迁延不愈，竟不见好。吾此时另立个主意，说道："父病子在，便是根基。"大约病者不可复起，我只看得儿子长成，便是好结果了。即将一片用心费力、求天拜地的肚肠，安放在教子一节上去也。儿自襁褓中多病，我惟恐不济事，积些阴德，务求长大成立，光扬祖宗，做个顶天立地的汉子。汝父病深，浑不省事，古玩打尽，书画焚尽，玉器金饰之类，全不照管，托人管了，尽皆偷卖，或将假的换了。又兼屡次失盗，家传精华，大抵尽失，我也总不关心，岂是不值钱？他只为有了儿子，万般皆在，譬如我自己布施了也，如此自己譬喻过日，可怜！可怜！汝既出世，我便思一头好亲事，做个外助。其时惟有吴门申宅是我家旧亲，文定相公又是先太老爷的门生，遂凭媒妁，定婚申宅。幸而青翁二老叔颇肯照顾，也完了我一点念头。向来儿渐长，读书就传。我惟恐读书不出，又恐独子骄养，先生不严，空过时日，又恐体弱过劳，读书成病。喜得三件俱不碍，十岁后勉力借债，思量为汝行体纳采，只是自己力量不及耳。岁在壬申夏间，三房旌节李太太见我向善，苦修妇道，儿又聪明，决非凡品，遂有立嫡袝食，将家产授我之意。一言已出，争者四起，同宗骨肉，为这几分银子，便同仇雠一般，你也来夺，我也来夺，夺得落得，此是如何景象？我想起来，三房家产，我又不是贪图他的。分明是太太好意，以继嗣为重，立嫡立贤，也无差处，我如何忍得？却又思量，这般气色，一个女流如何抵敌得住？况且凡人以情义为重，钱财为轻，我不妨退让一分，便大家一团和气，岂不快乐。为此只是静守，凭太太分付，众位尊长均分便了。不幸命薄，太太又仙逝去矣。孤身无倚，全没帮助。汝只晓得读几句书，全然不解我的心事。亏得有至亲闵、唐、李、沈诸位老爷从公分派，渐觉内外大小俱无闲言。是年冬间，忽遭汝父长往之惨，痛切肝肠，我不能身代，幸得丧事苟完，家业亦定。便勉力揭债，借了王店盛宅千金，为汝行了聘。后汝亦入学，即勉力为汝毕姻，亦补了廪。在士林中有些浮名，我只望汝中了，便完了我心念也。数年以来，偶值荒乱，成名一事，至今未遂，我只朝夜以望。今世界乱离，我只有一子，若汝出仕，我何所依？纵然富贵，我也提心吊胆，不得安宁。故功名二字，我也断不以此责成于汝。幸喜天助善人，孙儿绕膝，虽然目下静守，前来正未可料，可喜也！可喜也！但是甲申以来，国家多事，南浔小小地方，寇盗日夜暗算，我是女流，岂料命运不好，在这个劫里，只得母子相依。外边的事，汝能撑架，里边的事，我自补凑。乙酉年秋间，生死只在顷刻，幸汝努力，不至破家。冬间遭了大盗劫掠，南边三房太太所遗当本尽失，内房旧存物件，也被劫去。丙戌一年，流离迁徙，刻刻在刀枪里过。今虽粗安，我只是体不贴席也。从中力量我道是全凭上天福庇，我因此发心持斋奉佛，此是我身亲经历的，岂不自省。我做人到这般田地，受了千辛万苦，虽是只得这几亩田产，几间房屋，却是我一生苦节做成的，即此皆是我一生心血也。较前初到董家的时节，僮仆也将就守法，外侮也将就安息，弊耗也将就改正，我也算得不负董家的人了。况且汝又长成，行年三十，汝父虽得汝能继守书香，外边的人多颂我不失苦节，又赞汝能养老亲，施恩布德，才略优长，学问充足，虽未好许汝果然全备，或者能不失一二也未可知。为是，我却放心了。兼之我老且病，因前日伏侍汝父时，吃了风霜，把持家政时受了烦恼，体中日渐狼狈，饮食减少，风痰常发。虽赖汝医药，不到得衰惫，却也觉得费力。我若只管担这重任，我也忒苦了。我今只要皈依三宝，念佛养静，做个在家出家的样了。择吉已春，将所有家业交付与汝。汝可静守哲训，体我苦心，不必固辞。此即养母第一事。因我年老，欲图安静。况从来做事英雄，皆从磨炼世故里面打磨出来，即此管家理事，多是英雄学问也。我自听堂前田亩，以供朝夕禅定奉佛，闲居自好，是我之愿。汝有孝心，正不必在饮食孝养上见。即能一朝担任，撑持得门墙，或者运至时来，有个出头进步日子，便是真孝也。汝聪明倜傥，不是等闲人，能识时观变，见人春风和气，自然无人怪汝。只是每事疏懒，不肯细密，恐有小差失处，我常忧念。然青年有志，只未曾精炼，所以是这样。若一加用心，自然是不忝所生的人。但愿积善降祥，以后子孙茂盛，家业兴隆，读书的功名早就，操家的精神强固，不为世运所淆，不受他人欺诳，教子成名，书香绵远，荣亲显祖，奕代贤仁，便不负我一生苦心，董氏昌盛有期矣。

又，世间固有不可解之事，自非亲身，鲜不目为诞妄者。如我一生所经历，癸未阎罗之梦，甲辰元天之梦，无不历历奇验。诸如此类，奇兆甚多，即两次在苕禾祈雨，克期沾足，皆无心得之，虽事出偶然，亦一奇也。倘载入稗官，后人必指为妄矣。

余在童龄，见诸大家宴客，所用瓷器，大不过三径寸，久之渐移，今且大如缸矣，食器愈大而家愈贫，于此可以见风俗之日漓也。今诸大家虽极贫，而奢靡如昨，我不知所底止。

我尝欲构别业于居吴漾畔，奈未得善地耳。不必多构，但仿孙真人《退老记》便已足。此地北望洞庭两山，门外一泓好水，渔钓最乐。

屋租盛衰，亦有气运。前此壬辰、癸巳之交，屋租顿增，我同支加租至三倍。我念薄德，即此赁房人与我比邻而居，我不能施惠，何忍加租耶？所以自壬辰至今，悉照原数不改，先大宗伯一定之额也。至于续置房屋，租额略重，则又递减七八折，甚至五折不等。汝等无论盛衰，但守故吾，睦邻恤佃，是亦一善行欤？

宴客用优人登场赐坐，或尚在通融，呼之同坐角饮，则亵甚矣。今人敬优儿如师友，殊令人讶。即不与之坐，不过曰不在行而已。天下事，被“在行”二字误却多少。

《江峰笔记》 先从伯怡庭公旧藏先征君小像数十幅，每幅后有征君亲笔题识。一展阅间，征君生平德业风流，宛然如见。惜题识大半脱落，不可一一考究。余恐年远，并所存者或不免散失，因敬录数条，俱照征君手迹，不敢妄易一字，其残蠹者缺焉。

秋七月苦旱，余方静息评《史记》，守道李公遣人从禾中赍书来请祈雨，余勉赴之。李公欲建台如世俗法，余不可。时禾中有羽士熸定华，夙负声誉，余请以折简招之，登台行持，余惟行静功于城隍庙之玉间。沈子商节昆季、吴子寅工皆在座。首日微雨，三日雷雨作，余即辞去。时七月十九日也。禾中诸老留宴，余力辞之，乘风扬帆归。沈子序夏辈，岸上追蹑，招余暂留。余答之曰：“再停七日，则川浍皆盈，吾不必留也。”序夏为之怅怏而返。至二十四日，果连日大雨，庆沾足。

余于二十年前，曾嘱潘逸老遍拾遗骸，埋藏普同塔矣。岁久遗骸更多，遂呼庄奴船役，给以钱米，走荒郊殆遍，悉归义冢焉。时壬子春正月也。

自云栖还会城，即游大涤山。山故有洞霄宫，宋时最盛。殿宇宏丽，傍分七十二斋，皆羽流居之。历代仙去者，如郭、吴、葛、许诸真人，皆潜修于此。山势环抱，原名九锁，最近一关，马不能方行。相传宋孝宗略加疏凿，以通辇道，于是真气泄矣。殿寻毁，诸斋尽颓废，不可问□。有孙善长炼师寓此，志在兴复，而资力未办，仅葺无尘殿并方丈数楹而已。余过此，慨然念之。其地有青檀山、天桂宫、伏虎岩、来贤岩、抚掌泉、白鹿山房、金□□、虚皇坛、九曲斋、翠馆斋、黄茅山、藏书岩、大涤洞诸胜，余为赋诗记之。大涤洞中有石如云，扣之如鼓，亦一奇也。归返莲溪休息，不越月，遂结友温子叔□、张子悬渡、严子兼山、皇甫子大立及二三羽流，溯□航苕溪，重至洞霄宫，修真武忏法七昼夜。时枋儿随侍，亦与焉。忏期中，二虎守门，灵幡自结，圆期有月华之瑞。感梦元、天遣二神护行，且似有愀然不乐之色，殊不可解。越一载，北行遭难，始知奇应也。

向闻水月老人名云，年已百五十岁，所云皆奇验。余初未敢信。壬子之秋，谒范大中丞，询及老人本末。范公曰："数十年前，曾相晤于关外，言无不验，寿逾百五十，非妄也。"余始信其真。是年仲冬七日，偶以督葺万松书院，舣舟圣湖，与潘子受公、沈子声紫鹭坐话。潘云："昨见水月老人，问起居再三，盍往晤言耶？"余遂以次早乘肩舆至石峁门，但见茅舍三楹，在桑林曲水间。迟许久，老人乃至。启户，入室如漆，次第开牖，天光始来。奉佛一龛，绳床，无枕被，以麻韝为枕褥，悬梁上，已尘封矣。老人与余分宾主坐，颜甚恭，惟言天下将乱，蛮王如某某皆将揭竿起，又言范公将入闽，不可不留。余见其言语参错，似无伦次者，意颇讶之。老人忽曰："浔中虫灾。"余答云："幸不至甚。"老人曰："子莫欺我，浔自某至某，纵横可六十余里，有人保奏，颇有收，子何讳也？我虽伏处环堵，常至天上，谁能诒我者？"余为惊服。盖九月望后，曾命羽流修忏保虫灾。老人所述自某至某数言，则余青词中缄闭语，无人知者。吁！可怪也。老人曰："子将来有人邀同入都，此不可不去。"余遂具陈有荐牍，我方固辞，不欲去也。老人启户送我，又抚余背曰："勉哉！不可不往。"余遂别去。还至湖湄，晤曹秋岳亲翁，云："有沈逢吉欲至浔，可同载否？"余唯唯，肩舆先至水次。少顷，逢吉至，薄暮小饮。逢吉忽言水月所言之奇中，余询之。逢吉备述吴梅村先生、周子俶窗兄二事，余不觉吐舌。天壤间固有奇人如是哉？逢吉云："余于十九岁时见水月，其时已年九十三。今我年六十余，屈指计之，水月老人当是百四十五岁也。"

三吴固称泽国，民尤苦涝。岁在庚戌，夏五中旬，风雨倾注，不三日而田禾尽淹，阡陌俱失，一望巨浸，农夫号泣，闾阎骇惧。于是州邑申请蠲救，抚军范公由杭、禾越平望，将至浔。余曰："此当今温、郑也，不可不往吁。"遂驾轻舸至梅堰，登公舟而扣请焉。公曰："真奇荒矣！有何法可救？"余曰："田不得种，米从何来？请蠲漕米，庶有瘳乎？"公曰："朝廷定例，只蠲条银十三。漕米系官府必需，岂可请蠲耶？请更思其次。"余曰："莫若改折。米不可得，银犹可典质求也。但昔岁改折，每石几及一金。如此则民益困，奈何？”公曰：“旧额平米一石，内有耗米三斗有奇。今既改折，则耗米无所用之，只折正米，民或可生乎？”余不禁手额曰：“如此，则湖民幸甚。但刻下民无粒粟可炊，则死在旦暮。老弱填沟壑，少壮为盗贼，深可虑也。”公曰：“为之奈何？”余曰：“有明季万历年间朱文肃公《救荒条议》可采用也。”公曰：“今安得此书？”时余已预觅一卷，遂出诸袖中。公大喜，曰：“是胜于百朋之锡矣。”方展阅顷，余曰：“朱文肃公所言平粜法可行也。权那藩库，并劝当道义助。若得数万金，则遣干员往楚、豫籴米，不过四十日米至矣。减价平粜，往返数次，客米多，则本处之价日减，民必庆重生矣。且计楚、豫之价必贱，今至浙，纵价量减，犹足还库，官亦无损也。”公曰：“善。请再言其次。”余曰：“本地之米不可得，请行籴籼充漕，又须从民自便，不得限定用籼。恐至冬籼贵，民之求籼更难，是两困也。故曰莫若从民便。”公曰：“善。”余曰：“再请开援纳事例。富家劝助，则难强也，许其援纳，则米自出。夫既籴楚、豫之米，又开纳粟之令，则米有盈余，然后议赈，散米设粥，皆易行也。”公曰：“吾今日闻谠言，当力行之矣。”时舟已行抵浔东关，余方起辞。公曰：“今晚至苕，愿明午来苕会众绅衿公议也。”余唯唯，即辞归。次早，疾驰入郡，诸先达俱集天宁，言人人殊。余复晋谒。时公定议改折、平粜、籴籼诸法，已定，集众，不数言，万姓欢腾焉。是夜，余宿于沈氏盟鸥别墅，有中表吴修之窗友温全思在座，甚言吴江之苦。江城宛在太湖中，水溢没县署，街衢行舟，而催科未息，江民有不远数百里来号呼于浙抚者，余为恻然。次早再谒，因具白其状。公曰：“江民呼号，吾亦念之，其如疆界何？”余曰：“地界虽有江、浙之分，然百姓孰非朝廷赤子？今浔之东偏即江邑也。相隔一塍，浙民何其欣幸，江民何其惨戚！惟公熟筹之，请将现行事例咨江抚可也。”公曰：“善。”会公将还省，余送至碧浪湖。有江民数十人具呈呼吁，公即收呈去，时七月初三日也。越四日，余随诸先达至省谢，始知疏已入告，且移咨江抚。由是江省改折，福被数郡矣。

辛亥春，正宪行设粥厂，赈饥百日。余谓若欲赈饥，须先核饥民户册，遂嘱昆季、子侄、同里中耆民至各圩查访，果有塘长、圩甲得钱妄开之弊，极贫无钱者反不得与。于是召集邻佑，口自委悉，删去冒滥，增补极贫，开写真正饥民册，每人发竹筹一根为凭，远近无不悦服矣。县所发米，只赈十七区，仅有一百五十石。广为劝募，并自助又二百余石，犹恐不敷。余即具呈于守道李公，请将乌戍原佃唐氏房屋抵司，那领所籴楚、豫之米五百石，每石七钱，算该纹银三百五十两，道详院允行。于是米数充足，然后集昆季、子侄、耆民，设厂于浔西祇园寺，担柴运水，皆吾家僮仆也。先期竟夜煮粥，质明殆盈十余缸。饥民既集，照筹发粥，日晡而尽散。凡五昼夜，执事者皆目不交睫。余曰："嘻！惫矣。再更数日，诸君殆将眊耶？是法难久行，盍少变诸？况饥民得粥，只可充一人饥肠，彼尽室嗷嗷，将何以存活？余请改赈粥为给米，每五日一发，掬米而去，一家皆饱，民其苏乎？"遂草条议，暂停施粥。命子延枋星驰至省，谒抚军，进条议。范公温颜相接，极赞其当，且曰："非尊公无此卓见，且非尊公之无私，亦不能行此法也。"批允行县给示。枋儿归县，帖已至厂矣。于是改为赈米，饥民十人为一班，东进西出，验筹发米。有重来者，子侄辈即察出。咸惊以为神，不知照数有筹，照筹有册，纵极狡诡，亦无能为也。十七区施赈已周，尚有余米，悬帖行给十六区。又有余，悬帖行给二十区。于是载米舟行，至于乌戍。事毕，余谓饥民已赈，彼一二贫儒何以自给？遂同众友公开姓氏，人给五斗。守道李公允详速行，士民均悦。是役也，告竣，结算共发一千八百余石云。越一载，司催那借之银三百五十两，家人甚困于征。比岁底，始得解。此五百石，皆余家捐助也。

赈米甫毕，至郡报竣，寓于沈园之敞闲堂，草条议十数条。时与李子雪坞、温子令思同寓，每书一条，余摘纸尾朗诵，李子、温子咸击节称善。议上，范公采行十之六七。开吴淞，浚吴江、长桥等事，皆条议所陈也。

抚军范公莅浙一载余，颇以激扬为事。适奉恩诏求贤，将以贱姓名玷荐牍，余具呈于藩台袁公固辞，藩详抚得免。余喜甚，为赋诗曰："岂余轻组绂，薄好在湖山。拂剑星临槛，听泉琴满关。千峰当户出，一鹤破云还。独坐无余恨，浮鸥对我闲。"时己酉冬子月也。余于壬子九月具呈辞荐，袁藩台不肯转详，即呈院力辞，又不批行。十一月既望，叩辕请见，具述谫才应聘有五不可：少壮犹不如人，今老矣，筋力既衰，何以经营庶务？一也。学问浅陋，无以备咨访，少所记诵，今尽忘之。应制摅词，空疏贻诮，二也。南人不能使马，孱质岂胜驰驱？三也。赋性疏傲，不晓谄曲，谐世无术，必招怨尤，四也。家事衰落，薄产只充饘粥耳，空囊无以应酬，五也。所以再三固辞，实有断不能应命者，非敢饰说也。中丞公大不悦，谓："以人事君，人臣之道。前岁荐葛世振，辞不赴。今公又辞，是使我无以对君上也。"声色俱厉。于是余不敢再陈，退而与同寓李子雪坞、王子震生言之，咸为惆怅。于是泛舟东归，发故箧，重辑诸家《易》解，曰："知进退存亡而不失其正，其惟《易》乎？吾且注《易》终老焉其可矣。"

余既坚辞不允，癸丑春日，赍咨以行，道经金阊，与皇甫大立、胡子柯星、家书田侄夜饮于寓楼。诸子或言："此行将尽抒抱负矣。"余曰："否否！余于秋间必归，与诸子重欢宴于此耳。"遂赋诗一章，中有："纁帛罗英贤，宏纲布春晖。朝野固异趣，达人观其微。行且返初服，贞心托渔矶。纶钓有秋水，衡门无是非。与君共酌月，抗言说先几。”诸子咸异之。既至都门，再赋《兼怀大涤山居》，其诗曰：“未必胥靡慰梦思，却来京洛望旌麾。铜龙日照螭头转，朱凤云连豹尾移。心在清江烟艇远，书藏元墓石床迷。拂衣归访苕源水，一笠庵中炼五芝。”盖前岁至大涤，于方丈东偏有数椽，余拟栖息于此，颜曰“一笠庵”，故云。四月二十五日到部，即具呈力辞，当事不肯收呈。至五月朔旦引见，四鼓起，未黎明进五凤楼，过太和殿东，同众官候静。鞭进，至乾清门，吏部大僚以次启奏。凡引见各官，唱名跪中道，但闻传旨云：“一二不用看，可令回去候旨。”遂随众官出。金碧裔皇，日丽五色，仰而睇，俯而思曰：“是梦境也。”退而赋《应制诗十二韵》曰：“龙轡天彩曜金支，旭日初浮五色时。云影遥随旌影动，钟声还与珮声迟。彤墀静对开青琐，紫闼传呼启绛罳。风度宝轮闻帝语，星分御仗展皇仪。枫屏姓字求贤切，秘检敷陈报国奇。案有黄封瞻政肃，廷无白简识君慈。徘徊阙下同鹓鹭，晏喜寰中息鼓鼙。繁缛礼□堂不远，遐荒俗异圣能知。坤乾已见清宁候，放息曾师虎豹姿。诹访崆峒唯论道，旁搜宛委更摛思。霞明宫殿韶光转，花压周庐瑞霭移。朝罢从容归左掖，几回珥笔集瑶池。”越七日，奉旨以科道员缺试用，同人或称贺曰：“此岂梦境耶？”余曰：“凡境皆幻。不旬，境又将变矣。”

五月十一日，缮本至通政司投进，固辞不□，恳收。投云：“须恳吏部代题。”次日至吏部，又不收呈。月之十七日，方操本重至通政，而蜚语与台参交至矣。初发吏部圈审犯，又奉旨落职发刑部，身羁犴城，处之晏如，赋《秋士微吟》四章以见意。研审再四，身婴三木，再驳再审，终无他辞。幸荷皇恩昭雪，于七月二十五日出狱。至寓，同旅中诸子小酌，赋诗曰：“今夕知何夕？春回第一宵。酒螺含沆瀣，蛩叹奏云韶。安国仙源远，更生封事遥。恩波难测量，渤海望秋潮。”此后余生，孰非帝德耶？

自淮扬至清水潭，观其塞决河，数百金置一埽，丁夫架空断絙，埽入波，漂如轻羽。间有人与埽偕堕者，□涌沉洪流，丁夫、金钱俱尽焉。少进至淮，乘野航渡。余曰：“不过月余，淮河将如沟，下流江渚间民其渔乎？”齐子曰：“何故？”余曰：“河为浊流，淮为清流，淮力胜则清浊相当，并入海。今清水潭决，则淮水之清流不能敌河水之浊流，反是内地。夫河水一斗中带八升泥，水带泥来，填阏淮河，日增月长，故淮河将如沟，下流江渚，水势漫散，畎亩陆沉，自然之势也。”齐子称善。余为赋《金堤行》以纪之。

征君学贯天人，生平以诸葛武侯、李邺侯、范文正公自期待。救荒诸策，略见一斑，惜出山旋返，不得展其经济耳。然始之辞荐，与后之辞官，固有不乐仕之隐衷，非常情所能窥测也。晚年尤好道，时俗所传神异，余不敢尽信。其可征者，有小像一幅：征君道装，与二三羽流共立石坛上，昂首望云霄间，有白鹤数十二，翔舞不下。相传征君能召鹤，洵不虚矣。惜题识脱落，未详在何地也。辛未仲秋二十七日，曾孙兆元谨识。

又一幅，奇峰突起，壁立万仞，上插霄汉，下俯洪流。峭壁上有洞五，洞内一兔、一船、一杵臼、一几，几上有炉。一桥，桥上有人，其数三，似皆石凿。又旁一峰，峭壁上结屋数椽，皆非人力之所得施也。水中有石矗起，上有小石塔。征君驾轻舸，独立船头，恍欲仙去，恨题识亦失，无从考其境地也。

《范忠贞公文集》 范承谟检举疏云：臣入京陛见，蒙皇上谕臣静养调摄，复遣御医李玉白诊视疗治。窃冀宿疾稍瘳，勉效犬马。嗣因遵奉京察典例，具疏自陈，私揣有过无功，病多才短，应在罢斥之列，乃过蒙圣恩包容宽贷，令臣仍赴总督新任。臣捧读温纶，悚愧交集。正拟谢恩陛辞，卜日束装，忽接阅邸钞，见有台臣宁尔讲指参董汉策、陈其忠一疏，奉旨该部严察议奏，臣不胜惶惧惭恧之甚。以汉策乃臣之所荐也，其忠又臣之所参，经督臣刘拟绞援免者也。忆臣于康熙八年四月内，准吏部咨开议覆台臣徐题为恩诏之颁行已久，贤才之荐举无闻一疏。查康熙六年十一月内恩诏内一款："地方有才品优长、山林隐逸之士，著该督抚核实具奏，酌与录用。钦遵颁行在案。查各省督抚，迄今并无具题相应，请敕各督抚地方，查才品优长、山林隐逸之士，实堪采取者，即行具题等。"因通行到臣，臣以浙省为人文渊薮，岂乏应举堪用之人？或以前地方官员视为具文，未知博访旁求，以致久虚盛典，臣心不胜怏怏。比即严檄各属，虚公核举，随据宁波府以葛世振应，湖州府以董汉策应。而汉策坚不出山，未列荐剡。世振又旋以老病恳辞，已经部覆议允。至十年十一月，又奉恩诏。汉策复经乡里公举，司、道、府、县勘详，其揄扬之词，溢于笔楮。臣犹谓大典固不可虚，荐举亦无容率，谆令复核，必公必慎。而各官又备列生平，通相保结，且称其曾经前抚臣秦世祯、按臣杜果等相继推毂，殷殷劝驾。而汉策庐墓山中，不即应诏。一抚一按，叹赏褒嘉，言之凿凿。及臣察验水灾，按部吴兴，爰访里人，有谓其素履无愆者，有称其拯灾赈贫，德及里闬者。秀愚童叟，一口同声。臣闻见贤而不能举者，慢也；闻人之善而疑者，薄也。国家方悬纁帛弓旌之典，微臣倘为索瘢求疵之行，则以人事君之谓何？况既有府县可据、族党可凭，臣又何容一概以为莫可信而察察为明也？今其忠所讦，虽真伪有无，事难遽定。但既人言之啧啧，保无堕行于冥冥？臣不敢以急于求贤之隐衷，饰其暗于知人之显过。乃台臣疏中以荐汉策为臣瑕，臣滋惧矣。又以受人之欺为臣惜，臣益滋愧矣。惧与愧并，台臣之为臣宽解者愈甚，臣心之惭惶者愈切，又安敢违心文过，而妄思幸免也！伏祈皇上敕部严加处分，立赐罢斥，以为冒昧荐举者戒。

董汉策《访菊篇》小引 二十年前，张潜庵寓浔水之北，余尝过其斋居玩菊。后迁戍上，浔川之菊荒矣。丁卯九月，访潜庵于太朴山房，欲观黄花，一寄谐焉。适逢七秩，遂赋赠之。

《南浔备志》 金梅，字次调，震泽曹村人。尝馆于董氏，南江先生其高第弟子也。与纪白云先生交尤深，集中唱和最多，著有《梦草集》《丙子诗草》《击辕集》各一卷。董氏门人鸠而刻之，纪先生为之叙。

庄斗《草壮子》 金邃青，曹村人，有道术。一日至吴江，时大旱，两县请崇正观道士召雨。道士启曰："曹村金相公适至此，可延致主坛，渠符咒甚灵。"县尊大喜，即亲访其舟，邀至署中，意甚殷。邃青启曰："水旱天意，非人力可为。今两县父母果能屋漏不愧，清心寡欲，斋戒上陈，为民请命，庶几精诚所格，可以感召天和。若仅小雨，乃符咒所为耳。"县公因请小雨，邃青曰："此易事。"即用黄纸画符，向烛上烧之，纸灰盘旋绕出檐去，渐高渐大，遂变成黑云一朵，顷刻大雨，淋注阶下，水骤深半尺，雨止辞去。问之城外，则雨无一点云。或邻里有暴病毒疮、痈疽，邃青往往以符救之，立愈。邻有一女被产厄死，邃青按其胸微热，急命取水至，以箸搅水，念咒毕，命饮之，初滴入口，即活动；再滴之，病人面唇青黑立退。再饮之，则张目开言曰："好滋味，是冰蜜耶？"饮尽则病全退矣。从伯楚望言，邃青游京师二十年，遇异人授以术，遂能役鬼神、召风雨。后相传时时以术为戏，发狂病死。按，邃青名澳，居浔。

纪端《先君子余素府君行略》 先君原讳永成，字遥集，一曰大韶。平日所师事者二人，一为吴溇西庐张先生，一为鹧鸪溪宝云董先生。西庐先生踵王、宋之后，以理学为己任，先王父亦山府君暨先君子咸受业焉。年十七，丧王母严，几于灭性，事后王母张以孝闻。二十岁后，习弓矢之业，然性非所嗜。在苕中，尝以诗请益于吕半隐先生。潜归家，与湖滨僧香谷云舟刻意唱和，古文则正于孙商声先生。岁壬子，范大中丞承谟主浙闱试，获售。先君子治《易》，宝云书"河图存"三字以赠，注云：纪子学《易》沈苦，将返吴中，雨中书此以为券。先君子至京师者六，旋去旋返，以王父春秋高，不忍离也。尝著《北行记》《南还记》，备言山川风土之致，而旅邸之思，风霜之感，亦复三致意焉。宝云以为似盛弘之《荆州记》。宝云夙称书薮，其所评本，先君子时时手录不下数十种，如《左传提》《史记脉》二本，钞凡三次。至宝云殁后，惧其遗文散佚，穷四十日夜书之，两目眵昏，手腕几脱矣。

孙履元《谈鲭》 广惠宫三清殿西向，其南粉壁一版，绘一仙人，高可寻丈，状貌秀伟，左执杨枝，右持一珠，俗传仙人杨珠自绘其影也。余考杨芝钱塘人，善画仙佛鬼判，特长于寻丈大体，愈大愈妙。西湖天竺寺壁观自在像，是其笔名。芝不名珠，亦未尝传其为仙也。唯殿壁屡坏屡修，此一版乃岿然经久不坏，亦可异也。其北壁一版，向为尹西村锡画刘海蟾，与之相对，笔亦飘逸，今已坏矣。或讹以为杨朱像，遂并指北壁为墨翟像，尤谬。

胡承谋《府志》 钱武舟字济亭，归安人。孝友乐善，不事表暴。康熙四十二年，南浔姚某负客债，陷缧绁，将鬻妻以偿，武舟倾囊助之，且转贷以足其数。后其人访求，率妻子踵谢，则挥手弗顾。其全人骨肉、完人名节多类此。

《蝇须馆诗话》 浔上陆氏有士潮、士渭者，棣萼连科，可称嘉话。然文采不章，遗篇无述。近阅凌进士保厘《瓠息斋集》，有《病风谣小序》曰：为建平公舅祖作也。公氏陆，名士渭，庚辰进士，以建平县知县罢归。余少颓放，不为亲族知识，独公奖借过当，于其病废，谣此以唁之。能识才士于未遇之先，可谓差强人意。

《南浔备志》 城壕上殷价人先生维藩官四川峨嵋知县，赴任时，道经一僧寺小憩，偶抽架上书阅之，乃制艺稿本，凡先生生平试卷，乡、会墨并在其中。骇问寺僧，云其亡师遗稿也。先生怅然自悟，僧即己之前生。自此忽忽若有所失，抵任月余即病卒。

瞿源洙《笠洲文集》 黄九烟先生，名周星，江宁上元人，其先为湘潭人。崇祯庚辰进士，榜姓周名星，后复本姓，即以周星为名。先生父母贫甚，卖腐为业，与周氏邻，富而无子，先生始生即为周氏所抚，弱冠成进士，不自知为黄也。周氏父母相继卒，忽有瞽妇诣门呼先生小名曰："汝本吾子。"先生骇甚，妇言："十数年来漂流异地，夫亡矣，子女皆尽，无所依倚，将借汝终老焉。"因具述昔年与周氏授受状，且曰："抱汝至此者，某媪也。今尚存，可试问之。"先生呼媪诘之，言尽合。于是持其生母大恸，而复姓为黄。时人多诋先生忘周氏抚育恩。其后生子，一承黄氏，一奉周祧，外议稍息。庆云按，汪《志·寓贤》传先生终周氏父母丧，经理弟妹婚嫁毕，始复姓归宗。甲申变后，先生隐居不仕，屡往来吾宜，从默斋汤先生游。默斋劝之讲学，先生曰："吾负不忠不孝名，何学之讲耶？"一日，先生曳杖独行至宜，铁庐潘公遇之荆南山下。铁公吾尝为之作传，所称潘孝子也。时持笔囊相随行，各通姓名纵谈，交相得，遂为先生负担，从之往吴门访徐昭法。昭法名枋，壬午举人。父汧，崇祯时官至佥事。江南溃，父殉节，昭法将从死，父止之曰："汝可不死，姑为徐祧荐饭人。"昭法遵命，奉父丧，葬讫，托迹一茅屋，伏处荒村中。先生及潘公至，叩其扉。昭法未老，几失明矣，又饿不能出户庭，强起揖客。既相见，则抱持大哭。时日暮，昭法不能具灯烛，盎中绝粒已三日矣。先生解囊，贸米数升、盐少许，共炊作糜。食讫，令潘公独卧旁榻，两人联床对语，数闻哭泣声。夜过半，两人皆作隐语，潘公静听之，多不可晓。达旦，又痛哭而别。康熙庚申年，有以博学鸿辞荐先生者，先生避之湘潭，有司又迫遣之。先生叹息曰："吾苟活三十七年矣，老寡妇其堪再嫁乎？"遂自投于浔阳江而死。庆云按，先生投南浔之闻涛阁桥下，非浔阳江也。默斋先生哀之，为作挽歌曰："九烟先生胡为者？深忠至孝俗所骇。"又曰："不死甲申死庚申，不贵黄金贵毛里。"盖以雪先生不忠不孝之谤，真实录也。又闻先生于鼎革后，家亦贫甚，以授经糊口。一日，馆于某宦家，以"贫而无谄"题命诸生作文。主人嚬蹙曰："开首第一字即言贫，不愿闻之。"先生大笑，束装辞归。是年闱中即以是题较试，主人始大悔，复邀先生，先生卒不往。先生又尝自名黄人，字略似，号半非道人。

南浔志卷五十七

里人周庆云纂

志余八

《蝇须馆诗话》 鑑曾祖姑有适归安县之花林茅氏名健思之长子佑昆者，不知于明鹿门先生何属也。茅湘客撰《絜吴羹》，多采茅氏之诗。言元铭字鼎叔，著名复社，以贡宰朝邑，为史祸株累死者数人，子弟多远引。有兄之子名兆汾，字巨澜，号遁邱，实鹿门先生曾孙也。曾仕至参将，因弃为僧，名今渐，居匡庐，晚始改服归里。又言鹿门先生长支六世孙有名吴耿者，隶籍吴中，曾应江南乙卯乡试，已得首选。时三逆方煽动，拆卷骇弃，亦异事也。吴耿子名星来，字岂宿，号遁叟。举业外兼长古文辞。入都谒方灵皋少宗伯，一见赏识，累荐衡文，名遂大噪，几致千金，竟老死牖下，尤足惜云。鑑按，遁叟先生与高晖堂董氏有中表之戚，晚年多寓丰草庵，与先伯祖悔修府君亦缔缟纻之欢。

《纪氏族谱》 纪养浩，字毓昌。攻时艺不屑趋时，故试辄不利。然矢志弥坚，发已种种，犹逐队童子而无倦意。郡城叶方伯佩荪方丱角时，公应试，常寓其家，见方伯携书就塾，邀与讲解，无不了了，因以神童目之，决其必成大器。既而方伯赠君以家贫，欲令改业，商之于公，公力阻而劝之学。逮后方伯成名，感念玉成之德，曾执弟子礼，登门道谢。

阮元《两浙輶轩录》 王标，字汇东，号立斋，归安人，仁和诸生。

《絜吴羹诗选》 范少司空约斋先生与予少同学，为贫交，嗣后云泥阔绝者二十余年。迨返初服，卜居浔溪，造谒仍如平生欢，因得晤其快婿龙湖王君。君英年绩学，挥麈霏屑，知其腹有诗书。先生乃属出吟稿相质，雅健雄深，殊不类少作，因亟录之。

《浔录》 少时读董若雨《楝花居随笔》，见孤客遇吕仙事，每艳称之。比长，谒朱心栽先生，则曰："若知镇上有郑某遇跛仙事乎？试为子述之。"其言曰："乾隆初，镇人郑姓，忘其名，于中市开布铺，每于夏初往苏之木渎镇买秋庄二门发贩。计浔至木渎水程约百四十里有奇，辄蚤起步行至渎投行，置货借宿，次蚤便船发货，身又步归，十数年以为常。是年四月，郑嘱所亲守店，自怀元银十锭东行，一路花香鸟语，比户蚕符，颇称幽适。晌午，道遇跛丐软语同行，疑之，诘其所往，以木渎对。心念孤客怀金，深虞比匪，因急行，丐亦急随，故为缓步，丐亦踯躅不前，益怪之。丐亦先知，举杖示曰：'木渎即在前矣。'视之果然。急趋就，辄隐现不常。而日薄西山，郑渐窘。丐复笑曰：'金乌西去，会见玉兔东升，何害？'未几天暝，郑惶恐，丐慰藉，旋见皎月腾空，急望东窜。又数十里，足茧神疲。少憩，丐出数枣相饷，食之，甘美不饥。因询曰：'往日傍晚辄到，兹行何辽绝也？'则又指曰：'夫独非木渎耶？'谛视不爽，乃复行数十里，月已西斜，忽见木渎近在隔岸，因思向时到渎，从未隔河唤渡，何忽有此？则见对河有庙，庙后来六七人招跛丐，丐因劝其越涧，郑骇甚，不听，则激之曰：'尔不超越，吾乃从此逝矣，勿后悔。'郑坚执不可，丐乃一纵过河，同对岸诸人招手呼郑，郑复不从。乃见数人俱向庙后去，不复见。急回顾，则石壁森立，高与天齐。再视对岸，人庙俱失，而水则江天浩淼，一望无际。不得已步回，山径崎岖，非复向时平坦。又数里，山空壁竖，虎啸猿啼。郑益心悸，见道旁有一青石，大可数围，疲极而憩，趺坐待旦。比晓寻路，山径羊肠，几十数里，始见人。问之，语音啁哳不可辨。随之而出。又数里，见一茅屋，乞笔砚，问地名，则四川峨嵋山也。郑为之舌挢不下者久之。徐访至城市，以银易钱，急问归程。行至湖南，金尽路遥，行乞而归。方届扬州，经一闬闳，有人倚门而望，询之曰：'君非南浔郑某耶？待子久矣。'郑以素昧平生，方疑讶间，仆从延之，沐浴更衣，出则盛筵相款。询其故，曰：'寒家素奉乩坛，今吕祖降临，示诗未悟，同人叩问，乩书君名，云与君有旧，令某延访。'郑曰：'久溷风尘，未娴吟咏，奈何？'出诗视之，茫然也。而群致疑者，以'鸷了'二字。郑曰：'此西吴乡音，即蝉也。伏天清音聒耳，交秋渐涩。'诸人点首称悟。饮毕，为买舟送归，赠以二十金。至家，则旅费所余，仅怀十金，而秋露桂零，寒蝉声咽矣。郑自后心慕元化，不知所终。"心栽先生，余内子之大父也，系徽国文公长子塾后裔，好古，工篆隶。余见时年六十余，剧谈移晷，厌饫旧闻，惜其时方攻举业，不暇致询也。

《蝇须馆诗话》 晟舍凌保厘先生树屏作孝廉时，尝居南浔，故其《疥壁集》小引云：余生游历，不出数百里外。丁巳春，偕计吏北上，始睹江淮天堑之险，燕赵虎都之雄，书鞭作赋，画墁成吟，邮亭舍馆，淋漓殆遍。然颇为逆旅主人所厌恶，身未去而垩漫者，往往而是。明年栖迹浔南，复不自戒，围屏坐幄之间，殊多粘缀，亦安所得碧纱笼乎？因并其两年所作，署曰《疥壁》，以志余愧。

《南浔备志》 凌树屏著有《瓠息斋前集》二十四卷、《后集》若干卷。其寓浔时所作为《疥壁集》，入《前集》内。瀛最爱其《贞志赋序》，因附录之。序曰：国初宏词诸公，率据汉唐注疏以抉剔朱子《集传》。近时学徒颇有沿窃其说者。余为正告之曰诸公皆先读《集传》，后读注疏，彼其少年识力，既无得于此，骤见汉唐人训诂，分趣别解，辄振奇之，因欲以其名物器数之学，夺我义理，颠矣。余则不然。由名物以求其义，由器数以通其理。先注疏，后《集传》，穷流溯源，反约于博，遂觉朱氏精醇，有非汉唐人所可及者。既以语诸人，退而作此赋云云。议论平正，抉明以来学者之通弊。故君之及门多高才生，既无空疏之病，亦无攻击之习。盖先后之序，得可合汉宋为一也。吾浔陆大令嵩高，亦其一云。

《浔录》 夏冠东明府少尝梦登一大家楼，看《屈突通传》。后赘于徐氏，登其楼似曾游者。抽架上一册，适得《唐书·屈突通传》，见明府自著《梦呓编》。

纪磊《南浔诗录》 姚景熹，字存之，自号爱兰仙子。少习举业，后弃去，专嗜吟咏，与弁山僧慧卿及吴云村凤鑑、郑静常念荥、潘柳村为莫逆交。居西芬草堂，著《爱兰仙子诗草》十二卷。

《蝇须馆诗话》 浔之诗人，旧有谢散木洲、姚兰仙景熹两先生，其后人均与吾张氏有姻娅之好。谢本籍余姚，来浔才及五世，诗五言特萧散，真造宋元诸名家堂奥。盖散木先生为纪白云高足弟子，其为《白云先生传》曰：苕霅之间，有白云纪先生者，讳远，字子深，又字白云，世称白云先生。姚江谢洲年四岁时，即识先生，三年从之授唐诗，五年先生教授他方，后三年复从之游，又五年乃止，而先生亦随没。先生幼奇慧，见赏于西庐张先生隽、丰草董先生说。后从西庐游，尽得其读书之法。年稍长，熤熤有文名，屡试郡县，辄冠其群。一日试于有司，而先生已醉矣，凭几熟睡，傍晚犹未觉。友人急呼之，乃操管疾书，文不加点。及发案，遂为第一，人由是奇之。后连不得志于主文者，南走闽、北走金陵，数十年始补县诸生，而年已老矣。散木又有《姚亦山漫吟诗钞跋》曰：余与兄文少居浔上时，有诗友二人焉，一曰王蕙如，一曰姚亦山。蕙如富才情，广交游，对客挥毫，一时传诵。亦山狷介自持，闭门觅句，不肯轻示人。惟予兄弟及蕙如得尽读之。亦山居新桥，予居明月桥，相去百步许，每日相过从，坐绿阴下，啜茗论文。见日西亭亭，便有忧色。抵暮，送至桥下，怅然而返。后予兄弟归姚江，蕙如亦读书吴门，亦山茕然独处，孤灯风雨，四壁虫声唧唧，寥落之况可念也。顷予复来浔上，亦山诗益平淡，由武功、长江而渐进于右丞、苏州，予于是读之而敬其人也。已而将归，因尽录之，附以蕙如倡和诸作，以为海上吟咏资，并以示吾兄文少也。亦山即兰仙之叔，其诗集予未之见。

《南浔备志》 王蕙如先生起鹏，官陕西清涧知县。偶出门，舆夫颠蹶坠舆，先生怒归，呼舆夫杖之。舆夫怨曰："山路雨滑，非我之过，今杖我不亦冤乎？我甘杀，不甘杖也。"即出小刀自劙其腹死。先生惊骇，即刻遂病，抵暮而卒。

《浔溪文录》 董翁连城，家私巨万，人称长者。有明经纪翁方出仕时，以膏腴十亩嘱中售于董，议价百金。时同里富翁沈艳羡此产，则曰："若售于我，倍价可得。"董曰："若果肯绝，我何难加倍？"因欲便赎，就董百金。纪久宦归来，田畴日辟，忘其故业。忽一日省起而中已故，语其子曰："曩时尊人介绍于董，许我找价百金，尔盍为我取诸？"闻者愕然，默计事经二十余年，时价已浮，如何致词？然不敢违命，竟造董门，直陈前说。董始而沉吟，既慨然曰："我与纪俱望九之年，难得两人具在，岂可食言？"竟兑百金，不必书契，遂持奉纪翁。纪翁曰："我固知连城不爽约也。"人称直谅、忠信，两翁有焉。

《浔溪文献》 吾镇西庄村吴氏，世为诸生，传家严毅，于里党间正色直言，少年佻薄之士，每惧惮之。吴子本初丧偶，才三旬余耳，父正平诘之曰："尔思续弦否？"答曰："一听父命。"因语之曰："我家贫士，俱馆谷于外。若新娶一妻，必需一二童婢，便增食指。且尔有男有女，不娶为是。"本初唯唯而退。特时方强壮，阳气正盛，真火上攻，遍体疮溃，头内作唧唧声。蚤起栉发，每一梳下，宛如数百萤火坠地，举煤点着。此真奇事，而其家孝友承顺可知已。

《纪氏族谱》 纪用思，字我扬，为王九牧馆甥。九牧精痘科，有起死回生之效，远近奉若神明。以无子，业传于婿。公得其秘授，亦屡著神验。然当日如严云衢为浔上世医，九牧有侄大声，其驰名尤远过乃叔。公出而与之鼎峙，究以医非世业，不免三舍之避。逮云衢、大声相继早逝，始翘然独出，舍我其谁。一时口碑，遂有"严王去了纪当头"之谚。

《善田张氏族谱》 张鸿宷，字载熙。善丹青，兼精术数。乾隆庚申，服贾，远出不还。子星椿、星枢四处寻访，杳无踪迹。星椿尝祈梦于于忠肃祠，梦见大红伞一柄，归述所梦，孺人泣曰："伞者，散也。恐不能与汝父复聚矣。"鸿宷竟不复返。

《履园丛话》 李石渠先生，名殿图，尝官福建按察使。少时祈梦，卜科第，梦神语之曰："遇亨而通。"不解所谓。乾隆乙酉中式北榜，出刘侍读亨地房。丙戌会试，卢文弨荐中，拨入纪太仆，复亨房，梦始验。

景星《杓山斋客谭》 杭州有为人代庖者，赍银千两作二酒瓮，由苏唤舟以达南浔，盖防窥伺也。既至牙家，主人曰："此处犹虑盗耶？盍启封以畀我。"瓮启，皆砖石也。先是，舟经八尺，风猛舟轻，舟人取砖石以镇舟，次早有草舠掠舟而过，舟子呼曰："王伯伯，有衣包在，曷为我寄于家？"至是，代庖者执是二端以证盗，舟子百喙无词焉。讼于官，遍毒桁杨无所承，几半年所。舟子日祷于神以为冤，以其寄物见疑，无或出者。腊除岁改矣，而案浸冷，货主人疑焉，叩于司案吏，吏曰："子之代庖者所命也。"货主人并代庖者讼于官，盗始白。盖代庖者艳浔牙之富，将以愚之而渔其金。不谓浔牙幸免，而舟子以取石寄衣之巧合而卸祸焉，几蹈不测，人心之险如此哉！

淮阴百一居士《壶天录》 雷殛所以惩恶也，而于忤逆不孝之子，则尤不可赦。中略。浙湖南浔镇有某老翁者，既贫且鳏，生二子，各授室，轮日就养。二子素忤逆，朝夕饔餐，啧有烦言。翁负气出门，谋食他方，逐逐奔驰，无所糊口，怅怅而归，二子皆不纳，惟幼媳暗为留焉，分羹以饷翁。忿甚，一日潜行不归，竟投于河。二子以失足沉溺，草草殡敛。敛毕，雷电交作，震死二子一媳，惟幼媳独免云。中略。夫乌鸟返哺，羔羊跪乳，禽兽且然。人子既不能养，且逼以死，禽兽不若矣。其遭天谴也，不亦宜乎！吁，可畏已！

《浔溪棹歌注》 故淮徐道若愚潘氏，于大街营建居第时，因在任所，俱令其仆经营，而仆复以其余资于藕河坊另建住宅，内有柏木花厅、楠木楼。未几潘败，俱入官。后来承佃者宝善堂徐氏，转售者尊德堂张氏，俱以富豪称。不数十年，皆衰替零落，拆毁殆半。

《香饮楼宾谈》 蔡三，南浔人，饮博无赖，贫不聊生。与比邻朱廷焕善。朱亦浮荡，共谋窃近寺铜佛，镕铸小钱，获利甚厚。忽两人有隙，分财各营生理。蔡以银贷于人，取倍称息，家日以裕。而朱日事游赌，所蓄荡然，时挟前事，告贷于蔡，诛求无厌。蔡虑其终为己害，欲杀之而未有间。会除夕风雪，遇朱于青华观前，复牵衣求助。蔡忿起，抽佩刀刺杀之，委尸道旁而去。朱既无亲属，邻保鸣于官，官来验视，命盛殓而已。初，里中有谭小猫者，貌姣好，蔡以娈童蓄之。比长，命司会计。是日蔡归，谭见其衣有血渍，惊问其故，蔡以实告，且戒："勿言，当为尔娶妇。"遂以血衣命之湔洗，谭诺之。久之，责偿前约，蔡不得已，出数十金为娶妇。妇甚美，蔡自纳为妾，而许谭以别娶。谭怒，扬言欲发其杀人事。蔡患之，伺其睡，手刃之。顾自念杀谭必获罪，因宠妾而憎其妻，遂诬妻与谭私，并杀妻，自首于官，官不之罪。妻兄弟廉得其情，控县及府，蔡俱以贿免，乃诉诸抚院中丞。某公前夕梦一妇人，被发浴血，跪于庭，似诉冤状。诘旦阅其词，忽忆前梦，檄县捕蔡至省，讯以刑，尽吐其实。两案并发，乃雪妇之冤，而置蔡于理。

《揽茝山房漫记》 王鹤野善制举文，屡荐不售。尤工于词，深得梅溪竹屋之音。己酉，往谒王兰泉方伯于江右，道经乐平之鹅塘，避雨于定香僧舍，门庭恍如素历。

一僧熟视之，曰："子貌何酷似我师耶？"因归，作《鹅塘行脚图》，遍乞同人题之。卒以不得志，困厄而殁。诗词遗稿，丛残无次。其甥周东帆以增刊词行世，为我友张秋水明经鑑辑选也。

又，纪冶夫少无外慕，读书敦礼，乃习形家言，名著乡闾。复善琴奕，每遇风日清佳，坐小蓬莱，一弹再鼓，怡然自乐。客至，或煮茗高谈，相对一局，胜败两忘。先是，明嘉靖间，其族祖泉石公钺有宋刻棋枰曰"小蓬莱棋局"，后失去，为余素先生得之，作文记事。见《余素斋集》。久复失之，冶夫重价购得之，璧还如旧，因颜其室"小蓬莱馆"云。

《谈鲭》 广惠宫隔岸某氏空屋，素多鬼怪，白昼窗户每自开自闭，故其家旷，弗敢居。后有张姓赁居之，见灶前有石版甚阔，疑其下有异，发而视之，则铁索悬一朱漆棺，其中更无他物。急掩之，迄不知何代何人之墓也。

《浔辑》 吴兴会馆在都中宣武门外，戴菔塘先生璐《记略》云："吾郡会馆，创自乾隆戊寅。先是少司马吴眉庵先生有舍东井书屋为馆之议，其后人以宅售于他姓，乡人欲赎而未能也。维时宫允孙约亭先生、都谏严桐峰前辈同心规画，赖有长芦董芑堂运使慨捐三百金，迄以少司马故宅尚隘，别赠一宅于北半截胡同。时中丞闵峙庭先生、方伯叶辛麓先生方官郎署，共落成焉。余于己卯入都，鸠工甫竣。馆在街西，东向。大门及门左、右屋七间，其中为堂，为南北厢。堂后为室，有厢如堂，凡屋二十有三间。馆之南有隙地若干步。丙戌，少仆纪心斋前辈、比部吴桐村先生倡议募资，增筑屋十有七间，南向。于是馆益开拓，而规制未备。余于庚寅司事，始立乡会题名。壬子不戒于火，南厢被焚，他屋亦为救火者蹂踏残毁。余亟致书中外，为修馆之计。而许春岩方伯首捐二百金，属同乡同宦粤东者王君谔、胡君钰、陆君来、范君桂、孙君登禾、蔡君群捐俸寄京。遂于春闱前刻期蒇事，且为移改大门，清理庖湢，增设床榻，夫然后宾有如归之乐。"按《记》中所云，董芑堂、纪心斋、吴桐村皆浔人也。考《朱文肃公集》有《会馆条约序略》云：会馆，古郡邸之遗也。明兴二百四十年，各郡森列，我湖缺。然宦者、应举者、薄游者、挟资而商者、徭践更者，初至茫无著足。有之自今万历戊戌始，任事醵金为泰垣沈膳部，协资为伯南、春渠、陆沈二春元，奔走效力为慕庵严君。而先十年创议立簿，则二岑茅侍御与膳部，均有草昧之功云。会今春在京者最多，而湖人素集玉河桥，桥之东有休宁故馆，彼谋舍旧而我图新，价亦中等，一媾遂成。既成，诸君立约，刊书以示后。是则明时本有会馆，不知废于何时也。

戴璐《吴兴诗话》 吴学使岩，字怀峰，号桐村，乌程南浔人。辛酉举人，仁和教谕。以巡抚匿灾，白诸学使，雷翠庭师据以入告，抚军落职。丁丑成进士，官刑部，久不得迁，赋《落叶诗》八首，沈东田及余均和。未几，晋郎中，主试贵州，视学山西，所拔多名士。善饮，工绘，自题山水诗，多清绝。终养来京，卒于会馆。蒋太史苕生挽句："星节云司怀老宿，诗坛画本吊神仙。"公于添建会馆落成，赋"环"字韵，倡和盈壁。在西曹修《律表》，龙臬使承祖梓行。

《吴氏族谱》 吴岩，字怀峰，号桐村，东阁兜人。工绘事，自题山水，诗多清绝。先是，桐村之姑适吴江八角亭子港曹氏，生子数月，来归宁后回家抱子，便旋于河溺焉。惧舅姑责，复返于兜，而以病告夫家须缓归。桐村时亦生数月，貌类曹氏子，遂以桐村易之。其舅姑莫辨，得相安于无事。旋复本姓，归乌程籍考试。

《志稿》 嘉兴钱箨石先生载，尝舟经浔溪，小步市上，遇雨，避入新桥临水一肆中。肆主见其戴红风兜，怪之，又以其久坐不去，颇形厌侮，先生不校也。及雨霁，先生出肆归舟，去其风兜，而冠上红顶见。肆主骇愧，亟诣舟谢过，先生酬以饼饵，笑遣之。盖当时乡风淳朴，初不知红风兜为贵官服也。

《耐冷谈》 昔年权学景宁，与乌程纪蔚岩豹文同官。蔚岩人极方古，予病，百计扶持，至夜不解衣，时将七旬，腰脚甚健，登山犹不用杖也。为诗不假思索，出入诚斋、放翁之间。

《蝇须馆诗话》 吾师计鱼计先生发向倡《落花诗》八首，一时和者甚众，惜不可收拾。唯帆下录曾刻其原作数首。今仲子秋琴慨其散佚，复绘为图，以征一时题咏。而录其原倡于前，和者只崔问波先生珊一家。问波与鱼计师为中表昆弟，以诸生游幕岭南几二十年，归时年才五十余。余馆刘疏雨画扇楼中，日相过从，暇则仗钞书而送，日手钞书数千卷。居家仅十稔，以中寿没，遗书零落，可慨也。

《浔溪棹歌注》 乾隆时，有邱痴者，寓广惠宫测字，晨出暮入，嗜酒，无日不陶然也。信口侈谈，常多奇中。有问病者，得"杳"字，答曰："杳杳冥冥，象入幽阴。十八丑刻，方知字灵。"果然。又有二人自乡间来问病，而邱已归寓，因往叩之。适有犬随入，因述其故，嘻曰："死矣！更何占？"询之，则曰："两口而加一犬，哭字已形。速归办丧事，吾将饮，勿溷乃公为也。"未出门，又有人来，言人已殁矣，乃惊服。余不胜载。

《谈鲭》 吾浔纪氏藏一巨瓮，其底可以旋转，而注水未尝渗漏，每有吉凶事将至，瓮辄吼。某年忽大吼，而秋卿第灾，瓮亦为人攘去，鬻诸温氏，温归张氏。后纪与张为婚姻，始以旧物送归。未几，群儿戏于室，误碎瓮口，其后遂不复吼矣。

又，广惠宫毛道人，尝有数友邀与作吴趋行，辞不往。迨诸人至吴门，则道人已先在，因偕游虎阜、支硎诸胜，留连数日，诸人先归，归告其徒以道人留吴之故，徒曰："师固未尝出也。"因相与叩其卧室，则道人笑而出迎矣。盖道人固有道者。

《幽华诗略》 董肇镄，字丰玉，号霜岩。沈柳桥云："董肇锽，字依堂，著《匊盈编》。霜岩之族兄也，先霜岩卒，诗已选入《湖州诗录》。逮郑柳门封翁选刻《续录》，列霜岩诗，不载其字与号及诗草之名，似有疑为前后一人者。所幸'镄'字未误，犹可考异。"柳桥留心南浔文献，信而有征，故附及之，以俟后之考证者。

范锴《感逝吟》小序 方蒸砂老人，初名堂，字升矣，休宁人。少游桑弢甫先生调元之门，以副贡例选直隶，曾署玉田县事。丁艰归，遂不复出，纵游江浙山水间。晚寓南屏之净居僧舍，改名塘，字问渠，号蒸砂老人。余于乾隆丙午晤于湖上，玉立长身，修髯飘白，娓娓谭诗，兴犹不浅。越岁，扁舟枉过南浔，余馆之于长生古刹，留月余而返。后闻其家迎归新安，无复音问矣。

杨凤苞《秋室遗文》 余里有沈氏某，宦闽之侯官，爱小胥范贵，携以偕归。某子服未练，夜开宴，召优伶给事。贵卧床不应，流涕曰："贵死矣！主人之丧在堂而燕乐乎？"又闽人王大槐者，与范同隶于沈，以哭母，呕血数升死。

钱大昕《竹汀日记》 过南浔镇，晤刘疏雨，观所藏书，有宋椠本张九成《孟子解》廿九卷，后缺《尽心》一篇。其《滕文公》篇"许子必织布然后衣乎""有小民之事"，与光尧御书本正同。《金陵新志》前有至正三年南台御史索元岱序。张铉字用鼎，关中学古书院山长。前载文移称浮光，张铉则光州人也。刘一止《苕溪集》五十五卷，无序跋，系钞本。又《圣宋名贤五百家播芳大全文粹》一百卷，衢山精舍叶菉子实编，富学堂魏齐贤仲贤校正。每卷或析为上下，或上中下，据前所列目，实不止五百人，举其成数耳。观刘疏雨所藏徐天麟《两汉会要》、岳珂《愧郯录》，皆宋椠，甚精。胡安国《春秋传》亦宋椠，传文比经低一格，卷末有"至正三年后丁丑秋八月七日，陈留边子昂手整于姑苏邓明仲家塾"，墨迹如新。又元椠《周礼义疏》十二卷，每卷首题"吴兴后学陈友仁君复编"。其第十二卷则俞廷椿《周礼复古编》也。据友仁序，本不知姓名者所作，乃以己名置卷端，盖俗儒好名之弊也。又《中兴御侮录》，无撰人，《襄阳守城录》，赵万年撰，皆钞本。

张封《艺圃杂记》 吾师沈辛斋先生升峤，嘉庆九年患疟，梦一青衣者引至一处，见长髯老人如世所塑判官象。延之入，分宾主礼坐。回顾青衣者曰："误矣，此归安沈某，非德清沈某也。然既至此，且少憩而去。"谈次，论及不茹荤血是法门戒律，儒者不信，宜也。然逢大士斋期及父母忌日、本身生日，儒者亦宜持斋，并宜诵《心经》《大悲咒》《往生咒》。妇女亦能如是，远胜于入庙烧香也。师问："尚有阳寿几何？"老人不对。惟曰："子无大过，惟好作绮语，亦戕福之斧也。"师病痊后，每以勿作绮语戒吾同门。

严元照《悔庵学文·复杨传九书》 孟秋廿日，奉所惠书，正当侘傺之时，发函伸纸，鬲爽眼明。比想高堂健饭，膝下承欢，不匮之孝，令人生感。如弟有六十老亲，须鬓萧衰，齿牙零落，颓然如大耋之年，而不能侍奉起居。无故挈其妻若子，二千里水陆长征，遗吾父以思子之劳。每读昌黎《欧阳詹哀词》舍朝夕之养，而来京师云云，未尝不为之抚膺叹息。嗟乎！如弟者何所为而来此！此间风物，瓷器外，一无所有，亦惟有新出之瓷，绝无古品也。弟心境殊恶，寝食不安。《张佩葱先生集》未曾写得一纸，《经义考》亦无心细阅，惟将宋本《隋书》检点一过，所补者与吾兄大同小异。《隋书》，钱景开所托售者，故携之行箧中也。中略。来书言，毗陵有谢承《后汉书》，姑苏有《韵海鉴源》，不知此说何自得之。谢书据吴淑进《事类赋表》明言甚亡，是北宋初已无其书，故《宋史·艺文志》亦不载。阎百诗述傅青主言，其家有永乐中扬州刻本，遭乱失去。明季有人在史馆见方从哲，以内府藏本携归德清，后访之方氏后人不可得。此二说均不足信。前诏征遗书，范氏天一阁书单列其目，而实无其书，故书终不出。姚之骃《后汉书补逸》采集谢书，仅一千余字耳。今云四十余卷，不敢信也。《韵海鉴源》元三百六十卷，《崇文总目》《宋·艺文志》皆作十六卷，殆是后来删本。据《困学纪闻》则十六卷亦已失传，今云七大册，岂十六卷尚未亡欤？吾兄之说书，得毋东坡所云说龙肉耶？徐宏祖之于地理，出自目验，宜非按图指索者比。承教论河源主《游记》，以正东樵之误，甚善。但弟于斯道夙未究心，他日归，当面请益也。凉风至矣，归思弥切，良觌匪遥。先此奉复。吾兄上有两亲，下无子息，千钧之重，系此一身。其勉自爱哉！弟元照拜白。

阮元《定香亭笔谈》 归安杨凤苞，予初见其《西湖秋柳》诗，以为才士也。继至吴兴，凤苞以经解入试，于先儒之说，剖析原委，甚为精核，尤深于音韵之学。

程鼎《读书堂记铜印长歌小序》 白华鲍君于南浔镇上见古铜印章，方逾寸许，镌“读书堂记”四字，以青蚨一贯得之，质之博古者，云是坡公旧物，为弇州王氏所藏。庆云按，程鼎，仁和诸生，官南河知县，著《无说诗斋吟稿》。鲍君得此印后，乞赵次闲绘图征题，诗文至五十余家，曾在上海市上见之。

南浔志卷五十八

里人周庆云纂

志余九

《晓寒楼杂忆》 浔上以书画名者，代不乏人。琴，自家冶夫先生外，无闻焉。至弈则尤绝无仅有。非弈之鲜于书画也，盖弈必造其极，始足以成名，非如书画之可以假借也。然如予所见邵丈者，亦庶乎近焉。丈讳□，字典纶，与弟某字怀芳，皆县学生，并善弈，而丈尤胜。其去国手不过二三子，远近无与为敌。同时唯姚某行十，人呼姚十老与齐名，然门第人品远不如丈矣。又博洽多闻，尝见其与人弈，酒后或与言《史》《鉴》，亦娓娓可听。晚益颓唐，然终不屑干人，遂侘傺以终。

又，家秋墀讳南星，字寿门，亦善弈，与邵丈相去不远。我家故多能弈，唯秋墀著名于时。

又，家味闲驹，予族兄也。善画，断简残编极工细。尝为人写扇头，人争宝之。亦工书，兼篆刻，人家有素事章联，半出其手。两耳重听，人故以聋呼之。又善艺菊，瓦盆累累，不下数十百种。每当花时，璀璨溢目，满圃皆馨。独携壶酒，酌花下，怡然自得，颇有柴桑风致。人有乞者，亦间与之。求诸晚近，殆罕其俦。

又，家萼园邦直，能书，颇得董华亭笔意，与先君子及冶夫兄最莫逆。尝馆洞庭东山，求书者踵相接也。予至东山时，曾于翠峰佛寺见其遗墨，今不可得矣。

又，家西庚七襄，能左书。自少嗜酒，中年得手振疾，右手遂废，因改用左。无论大小，皆以左代。即场中誊试卷，亦用左书，较之右书，反觉工整。风雨楼庭前植翠竹数竿，高出粉墙。又有梅花两株，当门左右，交柯连影，客入门者，必俯首而过。西庚为予书门联二句："隔墙但见修竹，入门先揖梅花。"实一时真景也。今西庚之书既不可得，而竹与梅花亦俱槁死，俯仰陈迹，其何以堪？

又，予自少从鲁堂先生游，故于星槎家及见其四世，其门内之雍雍和顺，固有非他家之所能及者。鲁堂先生配严孺人以下，既皆恭俭慈惠，克尽妇职。至西庚妻严氏，自少知书，内和外严，统理家政二十余年，一切婚丧皆经其手，丰俭适中，人无间言，尤所罕见。及乎临难，又能慷慨激烈，一死以殉，斯亦女中之烈丈夫哉！援笔以书，敬悚交至。

又，温君子彝，讳金蕚，又号花卿，府学生，愈愚先生高弟也，为人翩翩儒雅。予自曼仙卒后，常寓其家。甲申以后。时闵君一瀛馆金氏。载德堂。与子彝居相去止数武，晨夕过从。每风月佳时，相与坐含晖楼上，流连光景，畅谈今古，亦致足乐。丁亥，结咏霓文社于御书阁，子彝为政首，集会者凡七人，为陆虚若丙、董砚洲邦桢、闵一瀛希濂、吴啸山口口、家眉峰兆衔及予。自后递有增减，不止七人。点定者，冯筤园先生也。性嗜酒。予寓其家时，子彝尊人尚在，每夕侍饮，父子相对，欢然自得也。家故贫，父殁益甚，遂出游山左，后并挈其家以去。予尝赋《怀人诗》讽其归，子彝不能从。今闻其卒已数年矣，检阅旧章，凄然于怀。

又，钱君颖兰，师泉高弟也。师泉尝馆其家，故亦能文。师泉卒，贫无以葬，颖兰独助数十金。许丈海樵更醵金，同人并举师泉三世葬于马要，予与许丈父子及丁君子香亲临其穴，时道光乙未冬也。颖兰后以廪贡任湖北武昌知县。

又，家秋澜先生讳荣炳，原讳元章，字邦泉，乌程学生，元圃先生第四子，磊再从父也。尝著《不尽无稽》四卷，于乡邦文献，颇多纂述，惜庚申之秋焜于火，今无存矣。磊惟忆其中有纪其祖豫石先生还银事，今撮其略于左：王父豫石先生讳望，字斗南，县学生。一日晨起，见杨仆携有碎银数两，诘其从来，云拾自陶家巷。先生曰："此必人家遗失，设有意外之变，汝罪大矣。若以原银还之，我厚汝值，必偿汝银。否则我且寻失者还银，汝请从此辞矣。"杨仆素义先生，即往原处。正有夫妻勃溪者，问之，以失银故。盖妇早起扑被窗外，遗其银，疑夫以赌博窃去。杨仆为言主人意，以原银还之，夫妻大喜。后先府君于乾隆庚午举于乡，此妇尚存，特来叩贺，以为王父阴德之报云。磊按，还银细事，未必即因果也。然有一事与此正相反，附录于此，以为学者鉴。栖庄邢子容，讳默，归安廪生，有文名。一日赴秋试，在省寓，有人来访，问："谁是邢先生？"左右以对。其人曰："先生今年秋元也。某元夕梦天榜，今年浙江解元湖州归安邢默。"邢大喜。后偶游西湖，于断桥边拾遗银十余两。未几，有老妇来寻人，有指邢拾者，邢坚不与，曰："此正我今年秋元之兆也。"老妇哭而去，至遗银处，望湖欲投，有怜之者，乃代偿其银。及榜发，邢被黜解元，即代偿银者也。或云偿银者即前梦天榜之人。一念之差，遂至沦落。惜哉！

施祖望《风月闲谈》 余弱冠时，读书浔北费氏，费有族侄某，偶至溪边，瞥见半尺许小人，随波荡漾，肉色腠理，如鲜虾而腻软，因捞置岸侧。审视之，两目若瞑，左手掩脐，脐下具男子形，僵卧不动，似死似生。一市聚观，莫测何物。时初夏，溪流骤涨，群疑为水怪，仍投溪中，顺流北去。或谓此妇人所产怪胎，弃诸水者，说似近理，然方书谓胎必三月成形，五月分支。今躯干未及五月之胎，而五官四体眉发毕具，又何说欤?

又，里人邢在东，偶经通判署前，见裹物在路，拾视则珠玑满襆，默数其齿，坐阶石以待之。至薄暮，有老妪踉跄来，垂涕寻觅。询其故，妪以失珠对，计其数，与所拾相符，即还之。妪展拜，问姓氏，不顾而去。是夜在东睡至三鼓，忽若有人推醒，张目而视，则灶前失火，延及寝室，烈焰方炽。急起扑之，应手即灭，若有神助。人咸谓积善之报。

又，菜花兜郭某，在粉糍肆中佣磨为生。家有孀母一、妻一、子一、女一，恒终日不举火，而融融泄泄，家室和平。郭每丙夜归家，作食进母，必遍引近日新闻，以资谈助，为母解颐。近邻有夜深未睡者，皆闻郭母每饭必大欢乐也。郭之妻，里闬罕见其面，偶或邂逅，衣裳楚楚，容止端庄，见者咸肃然起敬。《传》云："培塿无松柏。"吾斯之未能信。

《浔溪棹歌注》 镇上旧猛将会极盛，童时犹及见之。嘉庆丙辰以后，民物殷阜，远非昔比。年来凋瘵尤甚，所谓市户田者，官银、漕米、船只耗费而外，租税无几矣。可慨也。

《墨溪剩墨》 道光十八年六月，予家藕河坊旧宅厅事中，地下忽涌火轮，大如栲栳，穿楼越墙而出。时日正午，天气晴朗，家人团坐，绝不闻雷声，墙外行人则迅雷不及掩耳。所穿处帘幕张挂俨然，微拨之，尽成灰烬矣。

《浔溪棹歌注》 吾镇无山，惟藕河坊后有煤山，原系油车堆煤之所，年久雨渍，积成培塿，高出重檐，数百年于兹矣。嘉庆末年，镇人桂某宅北坐煤山，复租蒋宏号酱坊，其后门东通煤山，欲于两后门作一径道，因将煤山西南隅开垦。见有数十骨瓶，半已掘毁，其中有大者数枚，嘱长生会中带至妙喜杼山义冢埋葬。讫越数载，桂病，延羽士沈春晖祈祷，因至山前祝送。未几，沈亦病，病中被阴司摄去。询知桂被元末张士诚将霍师古告发，以其毁弃骸骨，援沈作证，值酆都事冗，未讯而苏。后十数日，复被摄审，竭力营救，师古已可消释，而其弟骨瓶敲破抛弃，执定不允，沈苏而桂遂死，于是小径亦不复开。俗传山下多元末盗骨，于此征之犹信。

梁恭辰《劝戒三录》 顾小韩方伯学潮言：杨乘时溥，无锡诸生，年过五十，闺中但有五女，因娶妾焉。娶之日，宾客宴贺者未散，主人入房，见新姬呜咽镜奁次，慰之不止。诘其由，乃曰："忆儿家阿父为南浔通判时，尝置多妾，后为阿母不容，鞭棰极楚，逐出后，甚有流为娼者。阿父闻而不忍，使苍头持金，嫁为厮养妇，或送空门。

今不幸父兄俱戍黔疆，母妹早年丧失，孑身异路，遭媒侩居奇，侍巾栉于君子。抚今追昔，不觉悲从中来。”杨为之泫然，曰：“毋泣，我之祧嗣有命存焉，何忍以宦家女为媵妾尔。其为我女，当为择一佳婿。”女再拜，遂命与诸女寝，隶姊妹行。出谓客曰：“君辈且留，不意今夜复得一女，请再作汤饼会。”具述前事，众客颂盛德。明年，夫人举一子。临蓐时，公坐堂上，蓦见二隶导一官进，方欲迎迓，官遽趋内室，与二隶俱不见。觇其面貌，女谓酷似其父也。公年九十余终，子为名孝廉，诸婿俱显贵。义女婿后亦得官，貤赠公为中宪大夫焉。

《艺圃杂记》 赵开成，无赖子也，有断袖之癖。有唐二者，亦为所诱。赵因开一布店，嘱唐经理焉。唐少孤，颇善事母。自与赵结交后，日事赌博，母至衣食不给，亦弗顾。一日，唐病归家，赵往问焉。甫至唐门，赵忽仆地，大言曰：“赵开成，你来得恰好。予止此一子，被汝引入下流，今日要你命矣。”一时观者甚众，与赵熟识者扶赵归，狂号数声而死。次日唐亦亡。

王引之《〈国语正义〉序》 归安董文学增龄，博雅士也。所著《国语正义》，援据该备，自先儒传注及近世通人之说，无弗征引。又于发明韦注之中，时加是正，可谓语之详而择之精矣。向余为《经义述闻》一书，谨志家公之说，附以鄙见。其中亦有考证《国语》者，他日写定，当以就正于董君。

俞鸿渐《印雪轩随笔》 南浔乡间有一小儿摸蚌溪中，忽得一瓦，其色黝黑，叩之有声，以为铜也，携之归。阅数日，以布拭之，微露黄色，异而告其父。其父携至质库中，求人识别之，质库中一人见，惊曰：“此金瓦也！何为乎来哉？”乡人告以故，乃欣欣然怀之去，权之得八十两有奇。

于克襄《铁槎山房见闻录》 道光癸卯闰七月，有焦姓在吴梅梁侍郎宅内设帐。夜间梦至一处，屋甚宽敞，见王定九相国居中而坐。焦询之，旁人云：“现在京城隍也。”顷有书吏入报，某处出一土地缺。定九相国云：“可命温文禾补此缺。”随唤温告之。温自言母老家贫，求老师宽限。相国命判官查其算据，云：“十八年方可到任。”焦豁然寤，尚不识温为何许人，后始知系工部主事，乃相国门人也。有人向温述其梦，温言十八年后死为土地，亦复何恨？阅十八日而温殂。盖焦于梦中误记耳。

郑光祖《一斑录杂述》 三年前，闻有江湖男妇数十人，假逃荒名，来游各乡镇，妇女当前，直入人家内室，攫零残食物及茗碗余沥入口，虽银钱箱柜封锁并能摄取。伊等夜来聚居寺庙空屋，觇其赌博甚豪，大酒肥肉以为食，岂因荒流徙之民哉？上年癸卯，又闻嘉、湖两属亦受此扰。南浔为巨镇，店口居民遭摄取者已多。有铺户某不信，力为辨诬。然人言籍籍，姑回自检，则帐台十六番无有矣。

《太湖备考》 茭草出东山南湖，自茭田以西，绕至长圻，弥望皆是。夏秋刈之，南浔、震泽诸油坊买以饲牛，舟载不绝。

《浔辑》“古濠走马”，“垂虹落照”，一作“垂虹夕照”。“范庄莲沼”，“西村渔火”。一作“西庄渔火”。“通津霁雪”，“荻塘帆影”，“石澥菱歌”，一作“曲江菱歌”，一作“曲港菱歌”。“禅院钟声”，一作“古寺钟声”。此俗传“南浔八景”，不知始于何时。后增“东阁临流”“南楼春晓”为十景。《浔溪文献》载沈大声《咏十景》七言绝句及沈国正次韵各十首，乃康熙时人。董《志》载茅映奎、方熊诗各十首，并次大声韵，乃乾隆中人。其后复删去“通津霁雪”“东阁监流”“南楼春晓”三景，易以“洗粉花香”“煤山望月”“嘉应香市”，仍为十景，则当出嘉庆间人所为也。范《志》云：明余山人津，著有《南林八咏诗稿》，董浔阳份始增二景，董遐周斯张复易三景。沈大声咏七绝十首，朱国祯和韵。今考余山人但有《浔溪渔唱》二首，并无《南林八咏》，《渔唱》中亦无八景之目。董浔阳《泌园集》中无八景、十景诗，且南楼即董绍闻园中之百尺楼，乃顺治中庄氏所建，明时未有此楼，安得预设为一景哉？董遐周《静啸斋诗文》及生平著述，未有一字涉及十景者，范氏附会臆说，殊不足信。又误以沈国正为朱国祯，则是康熙时人作诗，而明人和之也，不益可笑乎？

《春在堂杂文续编》 两浙盐运使高君讳卿培，字滋园，安徽贵池人也。中略。道光二十三年，入资以县尉发浙江试用，即奉檄摄南浔巡检，旋补西水驿丞。

沈曰霖《晋人麈》 南浔近村有陶升九者，业医，年至七十余而没。生平足迹不出十里外，南未至乌程，北未至吴江，勿问其他矣。尝向人问其城郭之状。

黄丕烈《百宋一廛书录》 《愧郯录》余有两本，一得于杭州，一得于郡城，皆宋刻而各有钞补。郡城本，南浔友人易去，所留者乃杭州本也。宋刻缺八、九、十、十一卷，并补钞散阙者，核之共七十五叶，空白十叶。就其行款相对，所补必非无据，所空亦属缺疑。知不足斋所刻，当即据此本。目录卷九中金年号，“金”字系属后人改补，鲍刻仍之，郡城本犹未改也。此本有杨氏梦羽印。吾郡故物，仍归故土。书之精灵，亦有聚而不散者耶？

丁丙《善本书室藏书志》 刘疏雨讳桐，字舜挥，乌程人。锐志聚书，筑眠琴山馆以藏之，属奚铁生写《访书图》以寄意。

西芬草堂主人《新聊斋志异》 南浔下乡观音庵中，一北直人来就庵，髡首，随一子，甚木讷，言祸福辄中。授之两竹削，舞时泼水不入。诘之，曰：“避兵来斯。”咦！是舞削，非剑术耶？既木讷，又肯言祸福耶？彼人者，叵测之矣。

陆以湉《冷庐杂识》 乌程孙愈愚明经燮，刻苦于学，耽吟咏，尤工为古文辞。尝与震泽张渊甫学博履书曰文章之道，一真气所弥纶。自时文兴而士安于剽窃摹拟之习，去而习古文，亦同此伎俩，安得不伪？究之天下惟真者为能感人于无穷，而伪者只可欺一时之目。自古文章，传真而不传伪，故读书不必多，而要在通其意，抒辞不必丽，而要在达其心云云。又尝选欧阳永叔、苏老泉、东坡、曾子固、刘原父、李太伯之文各数十篇，早夕讽诵。而不取王介甫，恶其辩言乱政也。

又，乙未秋，余在都中，与叶素庵孝廉、归安温稼生工部同年文禾席间以经书成语，合四声者行令，共得二十余句。附录于后："坤厚载物，天五地六。於女信宿，维此二国。童子佩韘，蒲与二屈。吾子好直，将以众逆。其子幼弱，齐与晋越。商纣暴虐，公子弃疾，何以冀国？昭子退曰，刘子挚卒。曾子怒曰，曾子问曰。征鸟厉疾，毛者孕鬻？三老在学，觞酒豆肉。"

朱琰《金粟逸人逸事》 震泽吴明经晚青山秀尝谓逸人曰："君为瓜田征君入室弟子，田中有瓜，而君樊圃之，可为师门捍卫矣。"逸人曰："瓜田师录某为弟子，年最晚，谚所谓'抱蔓瓜也'。"明经曰："抱蔓而过，梢头结大。"闻者捧腹。

叶名沣《桥西杂记》 乌程施北研国祁，熟于金源掌故，所著《金源札记》外，有《元遗山诗注》十四卷，详于时事而略于故实。自言旧稿焜于火，友人怂恿更聚书注解，七月而成，宜其疏漏也。卷首列年谱一卷。考《遗山年谱》，大兴翁覃溪学士方纲、歙凌仲子教授廷堪皆有成书，详略互见，合北研而三矣。元人阎宏曾有《遗山诗注》本，后闻姚木庵之言而止。见姚文公燧《牧庵集·阎君墓志铭》。其时相去未久，引据时事，当必信而有征，惜其书之不成也。

《李氏宗谱》 莲塘公岁阑家居，一老妪伛偻入，后随一携卧具者。公问之，若弗闻。询携卧具者，知妪为增产价而来。公怜妪龙钟甚，谓妪曰："吾知尔岁阑不免拮据，予尔米若干，钱若干，可卒岁乎？"妪闻乃言曰："米如命，钱请倍之。"公曰："诺。"给如数，属原舟送归。越一日，闻妪以暴疾卒，人咸为公幸焉。

金华《客窗笔谈》 周寅亮妻沈氏，南浔人。家贫，寅亮贾于外。子昌福八岁，寅亮殁，沈下抚遗孤，上事尊嫜，专赖十指拮据。湖俗信鬼神，妇女多入庙烧香，沈独不为所惑。尝曰："以嘉言懿行为子孙讲解，可以身体力行，因果之说未足凭也。"人服其识见之超。

玉册道人《珊海余诙》 南浔某，无恒业。一日，见少年以丝卖牙行，得番钱三十余枚，潜步其后。日晡，至荒僻处，抽铁尺击其脑后，应手倒，脑浆迸出而死，以所有藏诸怀。道旁检巨石，以裤带缚尸，四顾无人，推而沉之。河渡口有小土地祠，神像生动。某戏之曰："此事惟尔知我知，秘之，当以牲献。"恍惚间，闻空中小语曰：

“我是不说，只怕尔自说。”索之已杳，心窃异之。抵家，收检行囊，计权子母数年，仅得温饱，亦无大利。适过乌镇茶肆中，见王姓，与之谈，大悦，约与合伙贸易，一路顺境，于是娶妻成家。数年，儿女绕膝。又数年，置田产，起房屋，焕然一新，家道富有矣。一日与王煮酒谈心，顾盼自得，曰：“仆始愿不及此，蒙君携带，得以自给，光景荏苒，转瞬间皤然老矣。”王曰：“吾辈终岁勤动，原图什一之利，区区者分所宜然，亦何足数？”某曰：“君所谓易者，有恒产也。若仆者，赤手成家，不亦苦乎？”王曰：“与君合伙时，并非赤手。”某曰：“十数年交好，无不可言。况事隔久远，料无他变。然追思往事，未免歉怀。”王询之，以谋害事告，述其颠末。王沉思良久，笑曰：“英雄崛起草昧，半由亡命，子何嫌焉？”先是王有长子，未弱冠，命贸丝于市，不知去向。今闻某所谋害者衣服状貌，怪其符合，归谓其妻曰：“曩者吾子走失无踪，今有端倪矣。”妻曰：“事隔二十余年，茫无证据，若以彼醉后之言，造次控告，他日反为所噬，君其危矣。唯祝我儿九原有灵，尸首未腐。命善泅者探之，得有实据，冤可雪也。”王如言，聘善泅者周姓，嘱曰：“我前在苏州买一翡翠，用布带拴缚，不意中途失手，子为我取之，百金不吝也。”周入水，顷之出，曰：“石甚巨，布带俨然，未识是否。”嘱再探之。出而恚曰：“石系拴于尸身，子必有不端事连累我，我不受汝赚也。”扭而鸣官。王随至县门，某亦昂首来，即邀为证，某不知所之。甫入署，大声呼冤，指某谋害其子，即以前夕所言为据。某曰：“冤哉！仆酒后戏言耳，子以为实耶？”令命役以大船二，跨于中流，上立架，用转关，以铁钩扎之，盘旋出水，其尸面目未变。王抚尸大恸，邻里老者识之，皆曰王某子也。某语塞，不能狡辩，遂置于法，追其赃。

《瓶庵笔记》 明魏叔子著《卖酒者传》曰：吾闻卖酒者好博，无事则与其三子终日博，喧争无复家人礼。或问之，曰：“儿辈嬉戏耳，否则博他人家，吾产败矣。”冰叔称之为智士。近时南浔某翁家资巨万，虑其子他日不克守成，十一二岁时，即携之入妓院，出手与偕。并广聘博场名手，教以种种手术、方法，以冀日后出而酬应，不致为人所愚。又沪上金珠钱当各业，店规极严，客至必挂号，无事不准外出。而夜间休业，则团聚作雀戏。虽当手与学徒亦并坐接席，无忌，利不外溢，以免亏空逃避之举。其均得卖酒者之遗风欤？

张廷贵《记叔曾祖芝山公冤狱》 余叔曾祖芝山公，讳滋三，儒而贾者也。咸丰八年，设布肆于清风桥侧，与郡人吴某交易。吴托市货为名，没其金千。讼诸官，而吴仗伊戚杨为援。杨故官汉阳，有资财，声势赫奕，郡中大豪也。为之把持，公竟不得直。愤甚，控之省。杨致函抚幕，又为所抑。冤苦郁结，几不欲生。不得已，徒步走京师，为急奏陈杨不法事十，并及时政之乖，投都察院衙门。时“粤寇”方炽，朝廷开言路。都御史不敢隐匿，竟以上闻。得旨：“湖州布衣张某，狂惑昏迷，妄谈国政。着原衙门押解回籍。”公自是殆矣。沿途被驱如羊豕，索贿不予，因而摧辱之。比至湖，邑令冯提讯讫，仍系狱。而杨阴贿狱吏，使毙之。赖冯令审其为人，庇护获免，寻释归。然在狱百日，湿秽熏蒸，溃疮遍体，手足瘫痪，遂成废人。未几卒。

《九九消夏录》 镇之名，盖古镇将之遗。宋初，废镇将而存巡检，寨镇之名因而不改。吾浙海盐县有澉水，《水经》所谓澉浦者是也。唐开元五年，张廷珪奏置镇。宋绍定三年，监澉浦镇税罗叔韶使邑人常棠为《澉水志》八卷。一镇有志，自此始也。全书八卷，分十五门，止四十有四叶，盖以简而见长者也。明人《武功》《朝邑》两志，实出于此。然近时乌程汪曰桢作《南浔镇志》，多至四十卷。尝与余言：“省志备载一省之事，不可太繁。若府志宜详于省志，县志宜详于府志，镇志宜更详于县志，务在博采广收，不遗巨细，以备将来修省志、府志者之取裁。”是说也，亦或一道乎？

管廷芬《花近楼丛书序跋记》 《罪言》二篇乌程温睿临哂园著，六叶跋云：“《罪言》者，实所以罪河臣也。然至今日，凡军政、河漕诸大政，可以持权而侵国帑者，罔弗丧心为之，又遑顾天下之清议、黎庶之颠溺哉？则河臣之罪似可稍减矣。”

又，《出塞图画山川记》附《八旗兵志》合一卷。乌程温睿临哂园著。跋云：“此篇盖康熙间敕修《皇舆图表》此书不载《四库全书》时出使绘图之事，知圣武所戢，虽外藩莫不虔恭，故周览万里，各有乡导，不至失道于沙漠。殊方异俗，载笔而书，可谓壮游之极矣。至附《八旗兵制》，本朝龙兴，长白训士练卒，辟土启疆，所至无不臣服，故严城各设旗兵驻防，永无外患之侵。今春寇陷杭城，巡抚等官纷纷殉节，赖旗兵奋勇固守，以至寇不能支而遁。足见开创良谟，虽历世尚守其法度也。”

又，《读魏书地形志随笔》一卷，乌程温曰鑑铁花著。跋云：“案是书原名《校异》，共七十余条，张丈秋水插架有之。此卷仅存其半，系删节之本。然寇患以来，苕中典籍沦散，如遇原书，当重录之。”

李遇孙《金石学录》 张鑑居湖州南浔镇，精于考古，为刘、阮二宫保师所深器，尝有《墨妙亭碑目考》及《古甓记》等书。其《碑目考》自序略云：“孙公《墨妙亭石刻》，迄今七百载，而石与拓本存者绝少。余以闻见所及，疏而出之，有郑氏莒畦所未知者，然亦十才得其六七耳。异日苟有能发府治之沮洳而复树之，则斯录之逸者存、阙者补，邑之幸，非即此书之幸欤！”

《李氏宗谱》 琴若公与闵一烟先生善，闵自言知冥中事，谓公曰：“君族有设汇年烟铺者，字纸积满坑厕，当受冥罚，后将不昌。”公属汇年易包字纸为花记，不二十年，后嗣零落殆尽矣。

又，峙群、雅深二公难后，借舌耕糊口，太夫人极严肃。客至，隔帘以觇其举止，聆其言论，供一饭必丰其馔。或语涉不经，则扶杖出，面责之。时淫雨，客议积米以待贾，太夫人隔帘语曰："年荒米贵，比户啼饥，君即获厚利，于心安乎？"客嘿然，逡巡去。以故轻薄浮躁之徒无敢至者。

郭容光《艺林悼友录初集》 董熊号晓庵，湖州人，居南浔。善篆刻，为人诚谨，所至不善承迎，故常孤寂于旅馆。余喜其真率，无趋炎之态。每为知己所作，必精心摹仿，唯嫌过守规矩，致少生趣。咸丰辛酉，重晤于沪城寓楼，已抱痼疾，犹为予治印，未几而卒。为晓庵知己者，无不为之垂泪焉。

齐学裘《见闻随笔》 南浔张秀才思训，号笏山。壬戌夏，闻"长毛"将至，先载笥箧往乡觅宅作迁避计，留其妇在家居守。一日，有一贼首至其家，一犬闻声从内奔出，直扑贼身，吃其面。时贼手无器械，从者皆出掠，无人在，不得已释妇御犬。犬终哮扑啮不放，妇乃得间避出后户。适遇其夫掉舟来，迓遂登舟。行未里许，此犬亦奔至，跃入舟。后闻此贼因受犬伤而毙，未数日，此犬亦死。盖与贼斗久，已力竭也。叶调生口述。

《冷庐杂识》 国朝志书，如平湖陆清献公陇其《灵寿志》，不登寺院，黜异端也；不载坊表，尚暗修也；不及前人文字之彰著者如《乐毅报燕王书》之类，欲人博求之典籍也。体例最严。会稽章实斋学诚作《永清志》，《叙例》有云：近人辑志，艺文不载书目，滥入诗文杂体。因力为厘正，别具文献，其识亦卓。近时乌程纪石斋磊、震泽沈退甫眉寿作《震泽镇志》，以列女载流寓、释道之前，亦足矫流俗之弊。

又，咸丰乙卯年，吾里皇甫湘山上舍岷，患牙龈肿烂，两腿青胀，其势甚剧，诸医不效。乌程温醉白诊之，谓病名青腿牙疳，不必服药，惟食马乳可愈。如其言，一月全愈。又一戴姓妇人，病证相同，亦食马乳得痊。按此证见于御纂《医宗金鉴》八十四卷"外科门"，长洲唐笠山大烈所著《医宜博览论》曾述及之，吾乡罕有此证，医家知此者亦鲜矣。

《春在堂文续编》 咸丰之季，杭州再陷，寺按，即归庆寺为焦土。收复之后，有羽高律师者，诛茅为屋，聊蔽风雨。江苏信士张月葭捐资重建法乳堂五楹，余未逮也。光绪四年，今住持律师发朗慨发宏愿，冀还旧观，监院僧莲舟助之经营。于是善信景从，檀施云集。凡六和堂、绿野堂、莲喻室、祖师殿、伽蓝殿、斋堂、客堂、库楼、寮房，次第告成，而戒坛犹有待也。爰有钱塘丁君松生与吴兴庞君莱臣、张君定甫过而叹曰："昭庆以戒律闻天下，而传戒无坛，非独佛门之不光，抑亦杭郡之羞也。"乃出巨资，重建戒坛。又以余力建法寿堂，赎还放生池，而寺之旧观尽复。都凡用洋钱八万有奇，而戒坛所费居四之一。戒坛既建，仍依故事，春冬传戒，僧俗毕集，信受奉行，而昭庆律宗于是乎又复振。

《墨溪剩墨》 浔人吴子才夏登吴山，遇雨，持伞而行。忽龙阵风起，被摄越江，至西兴坠下，偏体滑腻如脂，渡江归。有羽士见其衣曰："此龙涎也。"以十金易去。

《春在堂文续编》《沈协轩七十寿序》云：当是时，吾浙军务肃清，以整顿盐纲、规复引地为善后要策。同乡张君竹斋承办浙西鹾务，招君为助。君方讲习农桑，谢不出。张君固请，乃出而为之规画。张氏之业，勃然而兴。大府知君才，即以君为嘉所甲商。

《乌程县志》 太湖救生局在胡溇宁寿寺中，光绪二年创置。各绅士呈请浙江巡抚、江苏布政司批准，于上海丝业公所每包拨提捐银二分充经费，即用湖中罟船悬赏施救。每救一人给钱四千，死者给钱一千，将覆得救得保人船无恙者，给钱六千。冬则各发衣被，以资更换。凡有要口，设立标灯，以便黑夜识认。董事周昌富、金恩绶、吴柄槱、吴承泠、吴承源、张尧淦、陈根培、姚鑑、徐兆蓉、高汝镕、吴锡麟、钟荣森、吴之璋，震泽张绍箕、盛际唐、皇甫澄、曹奎。三年，复设分局于长兴境。

谈熊江**《掩埋备览集证》** 余之族叔殿勤公，世居苕东之通津坊，娶双阳徐氏，生一女，断弦后不复再娶。自后依人作嫁，殁于道光辛丑，越庚辰春，几四十寒暑矣。其内侄徐万成忽梦殿勤公言："我二人久假汝地，未归故土，垣颓屋破，何可容身。望转致族侄熊江，速为更新，以安泉下。"时万成抱病，不克亲为通知，乞邻友吴大龙转言始末，方知公及孺人浮厝双阳。明日往见其棺破败不堪，为之凄然久之。不得已，检骨入坛，送往祖茔安葬。不三月而万成病亡。若不早经梦托，谁为指其殡处？况无子嗣，即族中有年人亦未必悉也。公其灵哉，抑诚足感神欤？

又，辛巳冬，震泽同善堂至浙湖南浔镇梁王兜掩埋，有白发老人自西北携杖而来。时堂工正在配骨，老人细视良久，乃日寒舍屋后有无主坍棺一具，特相请乞埋之。问何居，曰："村北。"许之。老人引至其地，果有一棺，砖瓦虽坍，而棺木依然，盖由无主失修。善堂掩埋，例必暴露而后动。此棺尚可耐久，未能妄动，而反于路，瞥见桑园内敝衣败絮委树根，旁有零骨星散。细检之，得下臂骨一件，辅臂骨一件，手掌、手指、足踭、足拗、足掌、足趾等骨，大小三十九件。复向老人家问之，曰："此吾邻之节妇也。数日前，其侄雇工检骨入坛，想工之不慎，遗骸至此。"命子邀其侄至，将遗骨归并坛中。夫节妇生前之苦节，志也；死后之埋葬，理也。节妇之骨，不当分为两地，天道也。故天假手于老人以不败之棺，而谓之败。引至其地，瞥见其骨，问其由，合其体，知其节矣。

纪福寿《仲景笔记》 浔北张书常，家拥厚资，年少喜征逐，寓居沪渎，与沪人宋子霭友善，订金兰契焉。光绪丁未冬，张将归浔，先一日，宋与贷银若干，张拒之。翌日，宋来送行，再申前请，张拒之愈坚。宋乃于袖中出七响手枪，弹数发，知张已殁，因以枪自向脑猛击而毙。张年固未逾三十也，比匪之伤，可为炯戒。越数载，张有庖丁某，嗜烟酒，逋负累累，主母顾氏心弗善也，拟易之，某隐愤在心。值腊杪，主母诞辰，先期购信药，欲于面中杂下之。届时天忽晦冥，雷声隆隆，乃吐实而止。是夕人静后，复用竹竿缚稻草，以火油浸之，将火引烧，抛至间壁主人之卧房。讵料竿上之火至柴房遽落，延及厨房，欲逃出而门已断，乃以厨刀自刎于小池旁。《传》曰："天道远，人道迩。"观此腊月之雷，门外之火，天道果远乎哉？

《墨溪剩墨》 光绪八年，有匪党扶老携幼，若流民然，名铁算盘。入人家乞茗取火，一应其求，金帛旋被摄去。法华庵僧璞存积鹰银千元，悬诸屋梁。一日，有男女数人伪为乞食，迨去，僧检视所蓄，尘封如故，鹰银已失。予从弟禹畴家衣裳四笥，同时被摄一空。

又，家芋卿先生善六壬数，有友人射彩票，求先生占之。先生曰："利西南，不利东北。此去第三家有斗者，购之如君意。"友如其言，见二人象戏，顿悟，购票果获彩。其姊丈吴念椿时任湖北黄陂县，问休咎，先生为占曰："遇庚则复矣。"旋以事降阶，至庚戌得复。其奇中多类此。

《李氏宗谱》 联仙公负豪气，广交游，以时局岌岌，常抱杞忧。殁后，俞曲园太史挽云："范文正秀才任天下，顾亭林匹夫忧国家，于君见之；到浔溪相逢如故旧，在吴下每岁与周旋，而今已矣。"

李慈铭《越缦堂日记》丙集 光绪七年八月廿六日记。是日邸钞会稽教谕选钱塘举人王彦起，盖汪谢城已卒矣。谢城名曰桢，字刚木，乌程人。壬子举人，承其母教。家富藏书，邃于校勘及音韵、律历之学。乱后所储悉毁。贫老无子，得吾邑学官以终。余居忧时，曾一二往还。闻其方撰《历史朔日考》，未曾索观。及入京师，音问遂绝。方思归里，相与商析疑义，编辑古书，为名山老伴。忽见徂谢，深以赍咨。海内学人，至今殆绝，不独为一人惜也。谢城所著书，见者甚鲜，即所刻《荔墙丛书》亦仅见《四声切韵表》《补正》《历代长术辑要》《古今推步诸术考》等数种而已。

《采访册》 同治十一年，里人许香谷业湖丝，往来浔沪。一日，行至闵行，遇风覆舟，几遭灭顶，归告表叔周味六昌炽。时周为上海丝业会馆董事，悯浦南风涛之险，谋诸同业乡人陈竹坪煦元、刘贯经镛诸人，由丝商筹款，设立闵行救生局。于春申阁东偏造巡船两艘，遇风则罗巡。更集渔船编号，订立贴费章程，遇险协救。并捐置市产，以为经常之费。由陈煦元等禀道署立案勒石局中，迄今不废。

又，宣统二年，农工商部奏设南洋劝业会，在金陵城内，每省各建一馆，陈列出品。以农工商部右侍郎杨士琦为审查总长，以次为审查官，吾镇大理院推事金绍城充美术审查官，分省试用知县金绍堂充机械审查官。审查既毕，第其甲乙，分奏奖、超等奖、优等奖、金牌奖、银牌奖，凡五等。吾镇梅履中以梅恒裕丝行所出“绣麟”“金鹰钟”等经牌，得头等商勋；又“银鹰”“飞马”“黑狮”“荷花”“梅石”“梅月”等牌，得超等奖。吴其桢以其昌丝行所出“金蝶”经牌，得头等商勋；沈秉钧以沈天长丝行所出“斗鸡”经牌，得二等商勋；又沈鑑记丝行所出“金驹”经牌，得超等奖；邵月记丝行所出“青狮”经牌，得优等奖。亦异数也。

南浔志卷五十九

里人周庆云纂

志余十诗话

高士奇《天录识余》 沈富字仲荣，行三，人因以“万三秀”呼之。元末，富甲江南，其弟贵以诗讽万三云：“锦衣玉食非为福，檀板金樽可罢休。何似子孙长久计，瓦盆盛酒木绵裘。”万三不听，贵遂隐于终南，不知所终。洪武初，每县分人为哥、畸、郎、官、秀五等，家给户由一纸，哥最下，秀最上。每等中又各有等。巨富者，谓之万户三秀，如沈万三秀，乃秀之三者。

《浔辑》 董《志·艺文》载董份敝庐始成，曹侍御过访见赠次韵奉答诗云：“故里初营水石居，拟将萧散当园庐。渐裁萝薜思成幄，爰种芭蕉为学书。卧向烟云朝日过，坐依河汉晚凉舒。非君载酒追欢宴，谁慰谈元寂寞余。”今考《泌园集》，此诗首句“故里”作“帝里”，盖指都中邸第也。乃改窜编入《浔志》，谬矣。范氏《浔溪纪事诗注》亦沿其误。

《蝇须馆诗话》 董裘夏先生为其祖《遐周先生言行略》曰：先生述《董氏家语》，近始浔川，言始祖仁寿公自梅林迁浔上，里中呼为三老董公。元末行中书省三辟之。公叹曰：“龙不隐鳞，达者深痛。”竟不应，遂凿石为船以见志，曰：“此船可烂，吾其出矣。”遐周先生曰：“北宋徽宗朝，吾梅林第一祖金紫光禄大夫贞元公，与蔡京背驰者，苕中父老，至今传咏。其诗有‘三槐九棘浮云外，一树寒梅寄我心’之句。吾先世世有隐德，吾欲草创《石船志》，用昭示吾后人也。”然《石船志》卒未就。又曰：“范长倩先生允临书牍曰：故人董遐周，大宗伯之孙，黄门之子，仪部之弟，鹿门茅先生之外孙，而称馆甥于沈大司空泰垣先生。然遐周自拔足云霄之表，是能读《三坟》《五典》《八索》《九邱》，文心开辟，巨灵擘山，磊落有古节士风。概使天下不敢以富贵目梅林氏者，吾遐周之力也。”又曰：“先生晚病足，杜门著述，体清羸，自为《瘦居士传》行世。辑《吴兴备志》未竟，崇祯戊辰八月廿四日卒。前一日，犹兀兀点笔也。年仅四十有三。”

《涌幢小品》 余与董伯念分咏走马灯，董正雄盛，余结曰："炎炎谁税驾，蜡尽是归程。"伯念捏纸耸然。

《蝇须馆诗话》 董遐周先生，鑑曾祖母之曾大父也，所著有《吹景集》，凌忠介公义渠为之序。其书长于考订，实在杨用修、胡元瑞之上。尝记其《癸丑春梦中得句》云："石镜逢秦女，山精照落花。"政使醒时为之，未必奇险乃尔。又曰："癸亥长至第三日，梦与孝若舅看月，得句云：便作一庭白，虚堂分浩然。甲子二月二日，梦阅孙孟朴诗帙，有《携妓入山寺》诗，仅忆二语云：纤裾礼精舍，残日射人黄。"亦俊语也。梦中为诗，幻矣；梦阅友人诗而成句，则更幻矣。先生所著有《静啸斋诗》及《广博物志》，尤精深内典。其《静啸斋吃》记曰："云栖大师初参悦心叟，叟问云：'汝何处人？'师曰：'浙江人。'叟曰：'却为何事？'师曰：'特到这里来，求和尚开示。'叟曰：'你在三千里外远远来开示我，教我将甚么来开示你？'师当下领悟。师北归，住吾浔豆腐桥废寺中，苦行三年，无知者。由浔至云栖卓锡，可补塔铭之阙。"又曰："闻谷印禅师神识湛朗，具正知见。昨过浔之祇园寺，余往参礼，茶次，云：'如天命之谓性，居士作么生会？'余无对。他客有拈紫阳语者，师云：'不是。'良久，云：'莫之为而为者，天也；莫之致而至者，命也。这便是现成注脚。'"按，此论开自祝京兆，京兆晚岁大有悟入，今为吴中王路庵伽蓝，袁石公有记刻石，甚异也。此皆吾浔镇之掌故，故具著之。

《敝帚斋余谈》 吴江令祝麟初名似华。初到，以风力自命。时南浔董氏有田数万在吴江，祝立意苦之。未几，以暮夜得解吴江，人为一诗曰："吴江劲挺一茎竹，才逢春雨便叶绿。青枝一夜透千梢，登时改节弯弯曲。"竹谓祝姓，董礼部号青芝，用事沈医生号春宇，叶六则心腹书办也。又吴俗呼现钱为梢，故谑语云然。此辛卯年事。

金以铭《鞠逸吟庐杂钞》 朱文肃未第时，醇谨老成，不屑以浮华博虚誉。时董浔阳宗伯家居，素以文名，里中习举子业者，咸切就正，董亦乐于奖劝。乃约浃旬为期，与诸生集东藏禅院，命题角课，以月旦自任焉。朱所居与禅院相去仅隔一溪，依期赴约。董奇其文，每击节不置。一日，董见诸生环侍，执礼甚恭，乃欣然曰："满园桃李皆春色，问东君谁是先生？"无以应。朱辄离席对曰："一天星斗焕文章，唯北极堪为主宰。"董愕然，由是益奇之。后朱登第，位出董右，积薪居上，殆亦有预谶欤？

钱谦益《试拈集》 谦益梦与李长蘅谈诗，长蘅口诵一绝句，叹其清婉有味，云是湖州董伯念登第后有寄作也。觉而记之："旧巢双燕到依稀，风入疏窗烛泪肥。短雨轻寒催晓梦，梦中浑未着朝衣。"

《蝇须馆诗话》 "星名次第列银光，点将标题当饮章。圣主青年方好武，卷头先问李天王。"此明时天启宫词也。原注曰："或有用《水浒传》罡煞星名配东林诸人，以供谈谑之资。如托塔天王，则李三才也；及时雨，则叶向高也。崔呈秀得之，名曰《点将录》。佳纸细书，与《天鉴录》《同志录》同付逆贤，逆贤乘间以达御览。上不解托塔天王为何语，逆贤详述溪东西移塔事，意欲使上知东林强暴，有如此徒，所当翦也。上倾听啧啧，若恨不同时者。逆贤计阻，匿其书，逡巡而退。此诗共百首，旧题虞山陈悰著。”今阅《点将录》，内有吾浔朱相国平涵在录。汪《志》按，《录》云：地伏星金眼彪，大学士朱国祯施恩。鑑按，平涵当日不第见于此录，即《东林籍贯》浙江十一人，朱国祯居其首。又《盗柄东林伙》：“东林盛，杨时乔鼻祖，吏部侍郎朱国祯南司业，先之归德、江夏托足，后著《涌幢小品》，伏挺击、红丸二案，得大拜。”此非吾浔溪史册之光哉！

杨复吉《梦兰琐笔》 唐韦刺史应物为苏州郡，神祠在府学中，祈祷者往宿，辄以平日诗句示之。有楚人游幕吴中，家无音耗，至庙祈之，示以“居闲始自遣，微感忽难收”之句。后旋归，其妻已殁，惟一女在焉。始悟此诗下联乃“归来视幼女，零泪缘缨流”也。一士人夜在学之西庑，见韦公着大冠绛袍，车骑人马，旌幢伞盖，并从祠前大椿树上冉冉腾空而去。董若雨为作《迎神歌》曰：“韦苏州，山空无人霜叶满，宝幢云马何时返？”又曰：“韦苏州，山情水性诗骨寒，安能局促为神官？”

《蝇须馆诗话》 浔上赵长文先生为董若雨先生之师，所著有《乍醒诗草》，今亦罕见。尝得句云：“斜阳射远水。”故宝云《洗药池编》有《忆里中赵长文先生》诗云：“钞诗翻钉时文背，作隶惊抽章草心。忆著斜阳射远水，市楼句子有人吟。”盖以此也。《丰草庵前集》又有赵先生《乍醒草序》。

计发《鱼计轩诗话》 董若雨先生有《怨鹤行》，事既凄断，诗亦古雅绝伦。序云：客有南州生，少年远游，不得意，流馆西吴，闺人郁郁以殁。一日托形野鹤，飞集生馆，值生醉甚，对鹤诉愁。鹤忽堕泪，生闷绝，既而呜咽为闺人，语曰：“君不如归去，我死矣，魂魄渡江，寻君至此。”言讫而苏，鹤亦飞去。余闻其事，为作《怨鹤行》。复成《白鹤怨二首》：“白鹤复白鹤，独立兀如醉。驱汝汝不飞，那作仙人骥。一解。不飞亦不舞，斜阳傍行子。低头语白鹤，惆怅侬如尔。二解。白鹤长鸣，行客沾裳。白鹤泪垂，一何琅琅。鹤鸣尚自可，鹤泪愁杀我。三解。呼郎来前，念郎愁苦。侬不慕封侯，愿郎还故宇。欲知肠断绝，衣上吴山雨。四解。夜逐巫山云，摇荡五湖里。天风知妾恨，吹渡蘋洲水。五解。　几回梦里度金微，此夜蘋洲唤客归。与君化作鸳鸯鸟，越水吴山只共飞。怨鹤啼痕染客衣，愁魂历历是耶非。从今添入相思谱，不羡当年老令威。”按，钮琇《觚剩》其《怨鹤行》词句，稍有异同，并录如下：“白鹤复白鹤，独立兀如醉。驱汝汝不飞，那作仙人骥？”“不鸣亦不舞，斜阳傍行子。低头语白鹤，惆怅侬如许。”“白鹤长鸣，行客沾裳。白鹤泪垂，一何琅琅。鹤鸣尚自可，鹤泪愁杀我。”“呼郎来前，念郎愁苦。侬不愿封侯，愿君还故宇。欲知肠断绝，衣上钱塘雨。”

《蝇须馆诗话》《张亿娘簪花图》，康熙初年杨子鹤笔也。卷中题咏，几及百人。吾里董若雨云：“堕马新鬟发半垂，海棠片片湿胭脂。簪花自爱花间影，休向傍人问可宜。”董本诸生，后出家，名南潜。

又，董若雨一夕与其二子樵、耒论诗，耒偶吟唐人“军败鼓声死”之句，因复拈“死”字，令各呈句。以诗都不得佳，遂口占云：“旗红闪落霞，甲丽明秋水。马上响刀镮，轻躯为君死。”可称警绝。

《鱼计轩诗话》《宝云诗集》为董若雨先生出家后所著。其从子芝筠汉策序云：“先生糠秕世缘，冥迹高蹈，瓶锡所至，唯恐人知，故去而不留。即所作诗，亦湔浣纷华殆尽。”又云：“楚齿落梅，静睇鸿雪，则有《画石编》《西荒编》；操艇凫荡，摇藤啮雪，则有《洗药池编》；船子往来，倏忽无碍，松飘红堕，声冥太空，则有《积雨编》《夕香编》《挂瓢集》《拂云集》。”可谓得其意匠矣。

又，月函大师尝和《江村乞米》诗云：“烟蓑一领学渔师，趁着柑黄霜翠时。饱吃江村冷焦饭，蓬窗对和叩门诗。”冷韵孤垂，幽标独拔。同时碓庵和尚晓青爱之，遂和韵至七十首，题曰《江村攟韵编》，如：“冰雪清怀老此师，贫无锥立岁寒时。齑盐自饱空山腹，索债敲门半为诗。”“烟江万顷一鸥师，句里云涛怒立时。末代斤斤守绳墨，书生原自不知诗。”其倾倒至矣。

又，诗之起句最难得佳。月函师《咏蒲扇》云：“能使山堂下，江湖风浩然。”发端警策，不意得之小小题。

又，咏水仙花，昉自山谷老人，近搜得绝句三首，皆可喜者。归安沈凤于尔燝云：“青磁文石护婵娟，移傍银灯倍可怜。应是祝融峰上女，夜深环珮下温泉。”自注：祝融女丁芊，嫁元冥之子壬夫，共学水仙居于温泉。又前辈董若雨说云：“肌肤冰雪缟衣裳，洛水神妃试淡妆。不用花名重锡赉，献之旧有十三行。”董南谷浩云：“碧玉丛中短短枝，绿衣素面大寒时。水仙祠对孤山面，本与梅花有旧知。”

杨钟羲《雪桥诗话》 董若雨名说，后为僧，名南潜，有《丰草庵诗集》。《蚕豆》诗云：“谁赋田园杂兴题，琅玕记取夏初垂。喜看桑底新悬荚，恰值蚕眠未吐丝。细雨卖茶声过后，竹烟烧笋火停时。沙瓶漆罍分前咏，豌豆今逢第二诗。”自注：诚斋《蚕豆》诗有“沙瓶新熟西湖水，漆罍分尝晓露余。”又言：“蚕豆未有赋，盖豌豆也，吴人谓之蚕豆。”姜西溟曰：“吾乡以吴人蚕豆为豌豆，而以吴人所谓寒豆者谓之蚕豆，至今犹然。”见《湛园札记》。上元孙韶莲水在阮文达幕，赋《瓢儿菜》云：“嫩叶如瓢饱露华，白门佳种胜黄芽。锄当颜巷三秋晚，来趁吴帆一幅斜。小雪时光人中酒，故园风味客思家。使君淡泊甘如许，海玥江珧未足夸。”二诗颇相似。

《蝇须馆诗话》“孤游只共苕帚行，得地不算烟水程。扫治一片受足地，罢遣乱叶纷纵横。百无所能昔铸印，老充炙背蹲南荣。寺廊供职职自补，帚轻臂缓犹堪擎。烦将迂懒诉主者，乞假寸晷听黄莺。”此宝云和尚《扫地歌》，自题《漏霜苕帚图》诗也。其图为海山吕时敏学所写，一头陀黝然而长颐雷，面目蕉萃，短髯秃发，手持一帚，却身而罄折。余见之于纪氏，殆旧藏高足弟子大韶家，今复归董氏。海山画名，已见秀水张征士庚《画征录》。曹敦山先生《敝帚编》，有《吕海山传》。若吕君者，盖亦吾浔之方伎，不可得而泯也。汪《志》按，敦山于传后自记云：“余十五岁时，曾一识海山，今几五十年矣。海山殁已久，己巳仲夏，忽梦海山乞余作传。寤而奇之，顷刻成此。”

《雪桥诗话续集》 董若雨《首阳咏》云：“草笠古须眉，首阳一樵子。担柴入都城，闲话青峰里。云有两男儿，饥死西山址。白发齐太公，泪滴青蘋水。还顾召公言，采薇人已矣。”余谓当日之为太公者，虽出处异趣，或尚有念旧之思。若在今日，则盗憎主人，方谓二子为好名，而胡不遄死也。钱辛楣所为《若雨传》，称其诗荒淡清远，有云：“孟郊不在唐，声在吴山雨。”又云：“沈珪对胶法，象先湔绢理。俟其物性穷，始得浮气死。”盖自评其诗云尔。所著书甚众，辛楣得其手稿数百叶，皆志乘所未及举者，稍次第之，合题曰《补樵书》。补樵、南潜、漏霜，皆若雨自号。

《蝇须馆诗话》《丰草庵集·张非翁为余买书志感》：“感恩聊寄绿葵笺，重结他生文字缘。门外苦催赊药券，人间谁假买书钱？空登西阁日相望，同在南村竟各天。万卷子孙能永保，只教世世颂高贤。”盖张与遐周先生交好，宜其惓惓如此。故《丰草庵文集》又有《书先君赠非翁长歌墨迹后》曰：“每欲搜罗旧文，集先人遗事，为《高晖堂家语》一书。如东生、能始诸先生集中赠和之作为《诗文缘》；云栖、憨山两大师法语为《出世缘》；与闵康侯先生雠书讨论诸文为《著述缘》；先人集中前后游览名胜诸诗为《山水缘》；先人手跋碑版旧文、名贤墨迹诸文为《图书缘》。清缘毕集，子孙永宝，甚善，恨病未就也。先大宗伯手评《两汉书》真本落人间，非仲先生力购归先人。先人手书《长歌》为谢。非仲先生义甚，《高家语·图书缘》此为冠矣。昔康侯先生家富藏书，天性嗜学，如刘伯伦之于酒，谬谓余读书无经生习气。辛壬以后，或征奇字，或证异闻，尺书日走浔上，病甚，犹强起寄书于余，论《同名录》二百余字，言微楷细也。康侯于余家，殆世有著述缘。而数年来，非仲先生授经南村，怜余愁病，则为余买书。故《病孔雀编》载《志感诗》，有‘万卷子孙能永保，只教世世颂高贤’之句。非翁于余家亦世有图书缘矣。”非仲家居湖滨之吴溇，故集中又有《闻非翁卜居浔上》之作。其他如《题张文通先生古今经传序略》云："读《序略》者听之，某世某年月日，慎勿疾驰章句加深思。始皇帝三十四年，制可丞相斯，非医药、卜筮、种树之书皆烧之。皆烧之，六经不绝如丝。故汉有京房，故吴有虞翻，故熙宁己酉孟冬望日，文同有《黄氏易图后题》，故淳熙四年丁酉冬十月戊子，序《诗集传》新安朱熹。《春秋》善恶并书，圣如天覆无是非。翁作序略师仲尼，异同森列人自知，敬识时日寓所悲。"倡和甚多，不能一一详也。

《冬心庐杂钞》 黄九烟先生诗云："高山流水诗千轴，明月清风酒一船。借问阿谁堪作伴，美人才子与神仙。"此诗先生镌作图章，今存沈柳桥登瀛家。又自镵印文曰："性刚骨傲，肠热心慈。"

王士祯《香祖笔记》 黄九烟性简傲，尝游嘉善，遇一人负薪过市，口作吟哦声。揖入，询其名氏，曰："崔姓，名金友。"出其诗，五言云："花落无人径，云飞到处山。"七言云："因风去住怜黄蝶，与世浮沉笑白鸥。"又云："吟思白堕倾家酿，坐对青山读异书。"自号"樵隐"。黄惊异，因与定交。

尤侗《艮斋杂说》 黄九烟周星，前明进士也，楚人。流寓吴中，家贫，落拓不得意，悲愤发狂，投南浔河而死，与鹅池生宋登春相类。然鹅池依徐宗伯学谟居，礼数有加。一旦懊恼辞去，呼舟乱流，跃入鱼塘湖死。邢太仆纪之甚详。今九烟生无宗伯为之食，死无太仆为之传，没没千古，良足悲也。其诗甚多，有《圃庵集》，又作《将就园记》，盖空中楼阁也。又改韵《千字文》，和予《秋波六义》，皆甚奇。

予与九烟初不相识。一旦，贻诗十绝，其首云："云龙时地每难同，千古才人恨不穷。踏遍吴门知几度，今朝始得见尤侗。"见者讶之。予曰："无异也。唐人诗题，皆名而不字，即如子美诗'白也诗无敌'，太白诗'饭颗山前逢杜甫'，可知。今人少所见，多所怪耳。"因答八首，其末云："迟我谈心二十年，众人欲杀尔犹怜。从今相乐还相泣，慷慨悲歌黄九烟。"或问："黄先生名君，而君字黄先生，何也？"予笑曰："且让前辈。"

《鱼计轩诗话》 黄九烟周星为前明进士，上元人。鼎革后流寓吾浔。年七十，忽感怆于怀，自撰墓志，作《解脱吟》十章，纵饮尽一斗，大醉自沉于水。时为五月五日。往余有《五日后吊九烟》诗，末云："呜呼九烟真进士，同时多少曳朱紫。狗苟蝇营何足齿？先生之魂长在水，先生之名且不死。"

陆长春《遁斋随笔》 黄九烟生平著作甚多，有《山晓斋诗集》，惜未之见。查心谷为仁《莲坡诗话》载其《游冒巢民春晖园》诗云："梦老吴山五十年，今朝始得卧苍烟。三峰已叩生公石，一水还寻米芾舡。海国衣裳名士会，醉乡花月美人天。豪情胜事真千古，那羡兰亭共辋川。”

又，吴江孙孟朴淳，经营复社，不辞劳瘁。晚筑梅绾居于南浔，以诗自娱。其《塞下曲》云：“寒云万里肃秋霜，羌笛吹残柳叶黄。寄语闺中莫相忆，从军几个得还乡。”词意警策，正使偷唐人不堪并对。《梅绾居存草》内删却此诗，何也？

《蝇须馆诗话》 孙淳，字孟朴，吴江人，为嘉兴府学生。家于湖滨之田义村，与吴淡月港相近，有别业在南浔，曰梅绾居，著有《梅绾居诗草》。其诗有《自浔水入苕省求仲舅》云：“贫将同到舅，曲许共称生。园乌呼春树，山光开晓城。”皆可诵。又有《哭张天如悲娄吟四首》。案，应社之盛，实孟朴一人之力。当日有为孟朴口号云：“案头一部《汉书》，袖中一封《荐书》。逢人便说我哩天如天如。”其风趣可想矣。

又，孙氏梅绾居，以为在我浔溪者，既不言其处，同人求之数十年，亦终莫可踪迹。今读若雨先生《西台编》，有《重阅梅绾存草感赋》一律云：“可怜清啸靠湖斋，屋任溪樵斫作柴。杜甫乱来吟咏苦，谢翱老后姓名埋。难忘淡墨传吟帖，忍忆围灯斗画牌。十五国风曾踏遍，平生几两破芒鞋。”五六一联注云：“孟朴翁尺牍多淡墨欹斜，少年喜为叶子之戏。”据诗首二语，则梅绾居故址还当问诸水滨。

《余素府君行略》 苕城潘仲曦年伯善诗，尝从其岳翁韩蘧庐游，得其指授，故诗律精整，时时与先君子唱和。尝曰：“我悔不游宝云之门。”其《清明日忆沅州龚甥》诗：“芳草径连寒食雨，落花门掩夕阳天。”尝雒诵之。

又，先君子曰：“往与裘夏、江屏、书田、喜曾限韵，倡为《夏日田园杂兴》，和者甚众。”张丹宸有“杨柳滩头钓笠焦”之句，本师极赏。乙亥，夏家祠落成，沈天与一联云：“兹值樱笋荐新，适会松楹落构。”一时共赏其清新。张晚岁甚贫，然颇具风骨。

又，余游京师，寓某绅，天与适来就选，来往甚密。某绅嗣以其老也，轻之。堂中有菊，因赠句曰：“苕溪主人人似菊，庭前列菊菊如宾。我来见菊不见主，菊亦宾中作主人。”夫昔人不肯为五斗米折腰，岂欺我哉？因决意归。

又，董存素先生与先君子总角交，试必同寓，晚年往来尤笃。家素饶，适某房侄因伊戚媒蘖其间，几至争讼，先君子力为排释而止。闵湘人有句云：“碧梧阴下收棋局，红藕花中涤酒瓮。”先君子谓不孝端曰：“此汝岳翁晚年实录也。”

《雪桥诗话续集》 乌程董若雨三子：樵，字裘夏；耒，字江屏；舫，字阆仙。均能诗。裘夏句如“满川风雨公无渡，一轴图书忽不贫”“读骚醉便呼奴仆，看竹狂思策子孙”，对句皆用孟东野语。江屏《哭儿二首》云：“峡猿清昼雨沉沉，病忆孱羸痛愈深。误把三生捐故纸，才余一骨裹秋衾。烟销刘蜕埋文冢，魂结方干及第心。博得断肠碑一统，影堂哀挽字南金。”“汲古粗经枉自劳，药炉声里煮《庄》《骚》。抱来膝上王文度，看杀江东卫马曹。友许传文能槖稿，弟思慰母讳焚膏。病夫不作多时别，新点秋霜入鬓毛。”真挚之思，出以雅切，自是诗人之诗。原序：“儿名士骕，字鸣远，学制举业，镂心病羸而死，死时才十九年。宗文一去，长愁之杜甫奚堪；熊子重来，垂老之逋翁无望。吟成楚些，用代大招。”其《寄子》诗云：“晴窗淡墨笺朱子，草阁孤灯点杜诗。会取通儒旧风格，唐音宋理一茎丝。”盖自道其得力之所在也。裘夏《登朝元阁次韵》云：“云移树影南唐画，雨洗山容北宋词。春阁卷帘人语寂，青梅如豆燕来时。”“碧涧磷磷走白沙，风回丙舍扫松花。拈毫欲绘芝山景，黛色云峦似米家。”江屏《杂言》云：“缡縰破墨点金焦，意气横生十丈绡。余沖别成秋数笔，小窗微雨争萧萧。”“界破青山到眼诗，惊人华顶句谁携。雌黄难徇时嘶笑，只学毗邪杜口时。”“繁哇一洗旧筝琶，解秽频将羯鼓挝。玉茗红泉重按拍，雪蕉真本落谁家。”“抉髓披肝语自豪，丹青赝鼎自难逃。丰标纵或输崔琰，横槊英雄肯捉刀。”“谈天炙輠小齐州，蒙叟荒唐快溟游。大块浮青烟九点，古今何处著穷愁？”“宣和帝子六朝僧，剩馥残膏冷画屏。步屧好寻萧寺壁，杨芝罗汉铁樵鹰。”诸诗皆通画理。张铁桥名穆，善剑术，画入神妙。裘夏《赠铁桥》诗有“灯前宛转公孙剑，笔下骅骝韩干图”之句。鸣远诗如“石如傲客当轩立，风解留花著树轻”“买得文鱼添藻养，摘来春茗折松烹”。雏凤清声，亦自可诵。

又，范电文司空璨，秀水人，居南浔。甲辰庶常，未散馆，以人才荐，改大兴令。县故有隐粮一案，白京兆发之，藩司不悦，以他事被诬去任。在廷有白其冤者，世宗追思怡贤王，尝称其能，特擢河南邓州知州。王次山诗：“三年辇下听歌讴，直节清声到处留。太息贤王勤荐士，重逢恩命畀名州。”升莱州、江宁、安庆等府副使，庐凤历江南、直隶布政使，自湖北移抚安徽，入参台宪，晋佐司空。乾隆辛巳，文武廷臣及予告在籍年七十以上者各九人，赐游香山，制《九老诗》以宠之。电文自丙寅致仕，至是与焉。赐“松岩乐志”额，因以“松岩”为号。丙戌卒，年八十七。

《冬心庐杂钞》 孙世楷，字维翰，南浔人，生于苏州。父潮，有九子，皆早慧，以次死。维翰居长，独存。居葑溪之红板桥。父以豆腐为业，而维翰好读书、善吟咏，颜其室曰“半巢”。事亲孝，与人交，油然可亲。授徒里中，有贤声，人称“豆腐才子”。乾隆四十四年三月，咯血死。月余，父亦死。其母载两丧，归葬于南浔之野，其家遂绝。尝为《秋萤》诗云：“临风怯上露台流，雨积苔垣焰未收。多半着人因不热，故教零落到清秋。”人谓是夭亡之兆云。

戴璐《吴兴诗话》 董征君汉策，字帷儒，号芝筠，尚书份元孙，博闻宏览。范忠贞抚浙时，特荐以科道用，旋被台参，放归。忠贞殉耿逆难，浙人怀德，建祠孤山。芝筠往谒，诗云："泪洒西台梦欲迷，怒涛风急拍长提。天涯渺渺无知己，埋剑金庭伴鹤栖。""握机密启意踌躕，箧有阴符返五湖。却悔囊锥犹未试，女墙望见夜啼乌。"

王昆绳《孤忠遗翰序》 武林陆鲲庭先生，乙酉死于难，留书辞其母及兄弟。其兄丽京先生集一时南北殉难如倪鸿宝、陈木叔、黄石斋诸君平昔往还书牍、赠答诗古文，装潢成卷，而附其书于后，题曰《孤忠遗翰》，藏之。后丽京先生亦遂弃家，长往不返，其子寅寻之十余年，不得遇。丙寅夏，寅遇源于京师，出其卷示源，使源为之序。按，鲲庭先生名培，以庚辰进士居忧，未受职。甲申之变，南都授行人，奉命祭奠淮王，而南都不守，遂止山中。杭州下，乃自经。丽京先生弃诸生，医隐养母。后母卒，罹庄史之难，几死，乃叹曰："吾向不与弟俱死，徒以有老母。母既以天年终，今又遭大难幸免，尚可以余生食息人间耶？"遂弃妻子，披发入山。寅又以其辞家书数纸与小像，并附此卷后。今观其像，雉冠戎服，挟弓矢，裤靴纵马而驰，是岂山中学道之人哉？又可悲矣！初，先生罹难时，家人俱系狱，吏籍其家，裂此卷，将毁之。先生内弟孙君宇台奔入，流涕白吏曰："此无用物，毁之曷若与我。我义存故人片纸，即诸君义也。"吏笑而许之。事解，复归之先生。此卷得不失者，孙君力也。先生名圻，季弟堦，人称梯霞先生。某尝访之吴门，岸然高洁士也。寅字冠周，负至性，亢爽有大志，善文词，工诗。《曝书亭集》有《零丁为陆进士作》云："寅也敬白，零丁尺半纸，敢告行路诸君子。有父有父，一去故乡，不知日月几千里。日月逾迈，二十五年矣。请说躯体颜面皮，轩眉广颡丰两颐，口辅鬑鬑微有髭。去时牡齿尚未落，肩脾亦尚肥。平生不怒多笑嬉，目无邪视头无倛，周尺一寻长过之。请说裳衣少新制，大布宽袍泪长渍，带断续绳衫裹臂。孙孙子子虮虱萃，有时扪之掷在地。两裆敝裤双足屝，寒肌生粟暑生痱。婆留乡语听易分，问以经术辞纷纶。至若说易尤专门，方州蔀家味易根。囊中口谱可等金匮文，方不自秘恒活人。不昧财，不逐祸，缁衣黄冠无不可。惠而能以消息闻，为德者君报者我。"盖丽京论释后游岭南，依金堡丹崖精舍。一夕梦至琳宫，丹梯碧瓦中有神建龟蛇之旐，寤对寺僧言状，僧楚人，谓曰："此太和山也。"先生乃易道士衣往访，竟不知所终。冠周，康熙二十七年举进士。既释褐，微服往求竹垞，效东汉戴良体，代作《零丁》一篇授之，持以入楚云。竹垞《辛丑同王处士猷定、施学使闰章、陆处士圻泛舟西湖遇雨》云："东风吹落日，西下北高峰。欲往南屏路，中流听梵钟。回船沙岸火，骤雨石门松。不觉碧云暮，凉烟生几重。"《零丁序》云："予早岁以诗古文辞受知先生，遂定忘年之款。自辛丑夏一别，水尚知归，先生独久不返。"辛丑为顺治十八年，湖州史案在康熙二年，下距冠周戊辰进士正二十有五年也。

《雪桥诗话》 潘力田与同县吴赤溟居韭溪，皆以南浔庄廷鑨史案牵累，事在康熙癸卯。亭林《汾州祭吴炎潘柽章二节士》诗："露下空林百草残，临风有恸叹椒兰。韭溪血化幽泉碧，蒿里魂归白日寒。一代文章亡左马，千秋仁义在吴潘。巫招虞殡都零落，欲访遗书远道难。"《西坨西陵后感旧》诗："潘安曾对酒，吴质数论文。旧史悲难续，斯人意不群。一为江海别，遽作死生分。凄断山阳笛，那堪岁岁闻。"力由与王晓庵友善，晓庵尝馆其家，讲论算法，常穷日夜。晓庵每遇天色晴霁，辄登屋卧鸱吻间，仰察星象，竟夕不寐。力田著有《辛丑历辨》。

叶绍袁《甲行日注》 三十日按，为清顺治二年十一月戊寅，晴，冷。偶阅《西湖志》载刘后村吊赵紫芝诗"尽出香分妓，惟留砚与儿"二语，韵甚会。固无分香事，砚有先人所遗一二，不知犹存否？金奉川送生鱼五尾，亦放之池，共十五鱼矣。两君意甚隆，天涯旅况，何以为琼玖之报？抵暮，德谦与苍头至。家乡虏盗交讧，人无生意，途中胡虏络绎，舟楫难前，嗣后信音终付之滇云陇月矣。故德谦南返，途次许村，偶遇一南浔船，即为吾辈定之，而拉其篙师亦同入山。盖德谦逐客意已甚久也。余自至安庐，两儿病皆几死，又死一僮，无多囊橐尽耗。医药间此行又无半钱粒米寄至，无论久留，取主人厌，实亦不能枵腹存也，次日即为整装计矣。

陈撰《玉几山房听雨录》 钱塘陆景宣圻，顺治间以史案系狱。事白后变姓名出亡。过吴中，有赠友人诗云："小吏冲寒问远津，市门相见欲沾襟。当年曾识南州尉，摇手休呼梅子真。"后闻入罗浮山为僧，不知所终。同里洪昉思升有《答人问》一首："君问西泠陆讲山，飘然远引不知还。乘云或作孤飞鹤，来往天台雁荡间。"

《鱼计轩诗话》 闵湘人南仲居晟舍，为冢宰某公诸孙。天姿超绝，书一过，终身不忘。世变后，家苦贫乏，几无以自存。尝诡他姓，偕其配自鬻于塘栖大姓。所著有《碎金集》《寒玉居集》。潘太守尚仁刊于淮阴，诗特凄艳动人。自遣云："子规声里叹无家，古剑宵鸣月似沙。入梦屏帏怜夜玉，借人庭馆看朝霞。鸳鸯独立同根藕，蛱蝶单飞并蒂花。怪底狂生多感慨，最悲凉处见繁华。"又《与歌者王郎》云："翠掩修眉绛点唇，内家装束倍销魂。波寒雨淡春憔悴，此夜因君一半温。舞散歌阑缺月明，海棠春困不胜情。风流第一难忘处，说罢芳庚说小名。"诵之，如秋林夕照，哀蝉抱叶而啼也。

《南浔备志》 严铁桥丈可均曰：姚经雪名淳楫，或作"浮楫"，讹。顺治、康熙间，南浔诗老也。五律如"幽花随地发，野果隔垣垂""灌花蚁避穴，移树鸟迷巢"，七律如"窗虚正好看山坐，榻静偏宜听雨眠"，绝句如"水云深处无人住，我惯寻幽占得来""草草结茅临碧涧，小扉刚好对山开"，皆清稳可诵。有《水云草》，不传，今人鲜能举其姓名矣。

《蝇须馆诗话》 张尔就先生肩，康熙初隐居溪南之石澥，工墨竹，一时推重。鑑近在包山见其墨迹颇多，盖尔就晚馆于山之秦氏十余年，而秀水张氏庚作《画征录》，以为吴江人者，误也。董芝筠有《采菊》诗，为张尔就赋云："谁传义熙意，千载托孤云。寂寂丘中琴，音希世无闻。张生抱幽兴，植杖南山耘。根株发泉香，和风扇秋芬。四时乐澹怀，庶几达者群。"据诗意，盖亦遗世者欤？

又，石澥张肩，人但知其画竹，不知山水、人物亦妙。今按《西庐集》有《题赤壁图》云："满目江山已可怜，更凭彩笔著秋妍。故人明月应相笑，夜夜朣胧罩客船。"原注曰："尔就为敬夫作，尝叹画赤壁无佳绝者，以不知夜色故也。嗟乎！洞箫绝响，孤鹤不来。我辈过从，渺如长夜。知予心者，试属和焉。"又《用韵赠张肩尔就》云："髀盖由来共密疏，妒君容易读难书。必逢疑义轻车似，每慨知交落叶如。已信习忘同徙宅，新传却老是多梳。无思要自深思得，莫道迢迢但见渠。"观诗起句似尔就，又知天学者，贤者固不可测耶。

《楝花矶随笔》 天衣禅师云："雁过长空，影沉寒水。雁无遗迹之意，水无留影之心。"秋寓报国水堂，夜拈此语问人，间有答者，余皆笑而不言，故有《溪堂夜话》述偈云："雁过长空碧影高，天衣鸟阵秘龙韬。钱唐八月银涛壮，几个秋风惯弄潮？"

《南浔备志》 苏始芳，潘似山太守妾。著《筠绿剩稿》，有《濒危口占与夫子诀别八首》，末云："指上玉环如可验，他生重得侍韦公。"赵虹作《剩稿序》谓："越十六年，似山娶得沈大家，询其诞弥日时，即苏姬卒之日时。言貌举止，亦与前身酷肖。痴情偶结，竟获再生，诗言遂成谶语。乃知齐谐志怪，不尽无稽也。"

沈登瀛《南浔诗文汇录》 《玉汝沈老先生七秩寿序》：康熙六年岁次丁未季春，鄮山通家眷社小弟万言拜书。按，玉汝先生名皇玉，与瀛家同籍吴江之震泽镇，未分县时。而非一宗。国初寓居于浔之墨溪，与张闲鹤先生辈称石交，盖亦明遗老也。余既得见闲鹤所赠兰石卷子于先生文孙退甫处，复叩以先生事迹，退甫遂录此文以示余。余曰："非特玉汝先生当补入吾浔《寓贤》传，若万先生者，又其一矣。"观序文中"日造余室"句，不曰"余寓"，可知不仅作数日留，不知其何由而至浔，留几时而去也。

《幽华诗略》 姚景熹，好吟咏，亦山之犹子也。与先王父栖园公、先考检斋府君为纪群交，时相过从。府君尝言其室人吴氏，名端玙，才慧早世，有《暮春》云："布谷鸟啼三月暮，牡丹花放十分春。"《寒夜》云："雁逐寒来应有恨，月从秋去久无情。"又"残花落尽春无影"，又"花落空庭不见春"诸句，为人传诵。

《遁斋随笔》 姚存之先生号兰仙，南浔诗人，与谢文若洲齐名。予曾录其《春闺》

一绝。今阅张秋水先生鑑《蝇须馆诗话》，摘其句云："楼高初月上，寺远晚钟沉""渚烟沿岸合，溪水过桥分""花寒垂露重，树老得春先""看松云碍笠，坐石藓黏衣""春暖花迷路，峦晴鸟变音"。又"风定炉烟留篆迹，雨余庭砌长苔纹""当路野花难间种，隔林啼鸟不知名"。俱似《剑南集》中句。

又，谢文若先生洲，号散木，祖籍余姚，后迁于浔，为纪白云先生远入室弟子。张秋水先生鑑《蝇须馆诗话》采其句云："薄雾不成雨，夕阳开晚晴。宿云凝暮色，小雪酿轻寒。西风翻病叶，老雨滴秋寒。酸风吟破纸，寒雨下深更。炊烟隔茅舍，啼鸟在高林。墙低不碍月，屋老半遮茅。"秋水翁谓能造宋元诸名家堂奥，惜未见其全稿。

《吴兴诗话》 姚益敬字元吉，玉裁女。幼时诵《木兰诗》，问父曰："'朔气传金柝，寒光照铁衣'。着色实为大雅，若铺排过多，恐近小说。"父大奇之。适辛未进士扶沟知县董丰垣，早殁，赠孺人。著《芬陀利居稿》，厉樊榭序，以欧阳公目谢希孟有古幽闲淑女之风为比。

《蝇须馆诗话》 陆翥声先生贤英，为董南谷高弟，少有声庠序，尝作《西吴竹枝词》云："薛家镜子最精良，生练曳来半面光。拾得龙盘书小字，可知前有十三郎。"自注：袁宏道诗"薛家镜子开生练"。案，薛，杭人也，而业于湖。予购一镜，开之，止半面，光如上弦月，背铸两行，曰"湖州石十三郎自照青铜镜子"。

《鱼计轩诗话》 董南谷浩登庚子科贤书，才名藉甚，无故得奇疾，卧床第七八年，赍志而殁。其《春日枕上书怀》云："击楫吾曾溯大江，依然破砚守蓬窗。疗饥难煮书千卷，呵冻空颓笔十双。身困药垆眠病鹤，户盈债屦吠寒龙。壮怀僵折如梅干，雪压霜欺势欲降。""哀鸿本为稻粱谋，黄鹄今成笼内囚。拔宅有天看舐鼎，立锥无地且居楼。形骸散木非梨果，身世坳堂任芥舟。一卷南华真枕秘，逍遥吾欲梦中游。""八窗洞达对春妍，闷绝重帘障眼前。笼里书生非一日，帷中新妇已三年。游山只许梦庐岳，访友无能泛剡川。枕席何堪淹岁月，坐令丝发渐盈颠。""俭岁箪瓢亦孔艰，谈何容易欲希颜。典衣贱似鬻齐屦，贷粟难于请郑环。无补空糜医药费，多情休怨友朋悭。诘朝喜动家人色，缕缕炊烟上屋山。"四诗写尽贫病无聊之况。

又，前辈纪白云深尝论作诗须有远神，读者亦须有远神以会之。盖远则淡，淡则真，真则入于妙矣。记其《郡中即事》云："零星小雨人初起，寂寞微风燕未回。城市不知春已半，卖花担上草兰开。"可以扑去俗尘三斗。

又，余姚谢洲，字文若，寓居南浔，著有《散木诗集》。五言如"宿云凝暮色，小雪酿春寒""得意时开卷，寻欢偶出门""醉凭村酒力，凉受古槐恩""平堤成远步，凉月趣微吟""炊烟隔茅舍，啼鸟在高林"，皆静正雅淡，有唐人风味。

又，归安徐芷堂司马德元在京师赋《秋海棠》诗四首，和者自王公大人以下至方外闺秀，殆无虑数百家，刻成集。后在金川军幕重赋四首，和者又数十家。秋海棠亦何幸而遇芷塘欤！记其后四首之一：“何年拥髻对秋光，偶现前身未足伤。晓镜忽然舒笑靥，鬓云深怕染秋霜。由来耐冷偏成性，自小工愁别有肠。寂寂轻阴人不见，桂花岩畔是虚堂。”

又，本朝册封琉球国王，必妙选词臣以充使，前此送行之什刻入《别裁集》者，亦既彬彬矣。近周赞善煌出使琉球，纪心斋太仆复亨以四律送之云：“春融喜气指龙荒，稽首群瞻竹册光。万里使星悬地极，五更晓日耀天章。高帆展尽蓬瀛翠，腥雾重开翰墨香。破浪壮怀凭报国，真看乘去好风长。天子临轩定品题，玉函跪捧出璇闺。恩垂异域歌还舞，才选中朝璧与圭。岛岸日暄游巨鬣，汀洲潮落集饥鹈。遥闻鼓吹迎黄诏，城外晴云簇仗齐。祝融拥护拜冠缨，海色天高飐旆旌。放眼始知舆地大，恬波直作坦途行。风清楼橹腾铙吹，气静鱼龙见水城。自识使臣风采后，百蛮詟服倍心惊。礼成修贡出鲛宫，玉帛梯航仰会同。洒遍中山仙掌露，携归两袖舵牙风。水签记里常驰北，斗柄回程又指东。海外文章称夙昔，定知手笔擅坡翁。”不为奇险之语，自觉高秀，故佳。

又，温陂田进士谒选得大冶，纪太仆送之诗云：“天扶楼阁浩茫茫，曾向西风系野航。山合百蛮开大别，水分九派下寻阳。云埋旧恨羊公石，秋冷疏烟雁户粮。此日送君君有意，都来今古净琴张。”时刑部郎中吴桐村为作画幅以赠，太仆复用前韵题云：“暗水遥岑接混茫，寻幽怅少渡头航。剧怜比部增离思，写送仙郎到汉阳。夜静几时同听雨，山深无吏换输粮。风光蔼蔼林居乐，合向琴堂素壁张。”三君生同里，故相好也，年来已先后下世。

又，“生来不带趋炎性，老去弥增惮暑心。”前辈殷兹在《赤珠》句，盖炎歊为虐，最是损人佳趣。乃如国初僧悟尘净觉云：“休言炎太酷，自有冷来时。”语到了彻，恍置身清凉国土。

又，纪伯紫有《真冷堂诗集》。按《庄子》：“舜子将死，真冷禹曰。”注谓“真冷”乃“其命”之误。岭南许廉访宪《生辰志感》诗末云：“训佩书绅真冷在，居家宜俭仕宜廉。”正用《庄子》也。

又，同里董凡夫民杰与余为诗友。庚戌仲春，麻溪徐临皋寄视余新课六首，余既如数次和，凡夫见之，叹赏不置。及病革，手书四绝句相诀别，末章云：“浔西老友是诗仙，拈出梅花句极妍。笼壁有香时触鼻，故应垂死耸吟肩。”不数日而易箦矣。短笺犹在，每检阅，辄令我心如割。

又，同里前辈王溪堂起鹏，少负诗名，后以明经出宰清涧，卒于任。五言如“轻风翻燕子，小雨放梨花”“风随寒漏晓，月向乱山低”“竹韵春晴后，茶香谷雨前”。七言如“草将野色连荒岸，云放斜阳过别村”“社雨一番江燕至，春寒十日杏花稀”“三年寄梦秋风外，一榻看山暮雨中”。皆佳句也。

《雪桥诗话》 朱介裴尝谓遗山《论诗绝句》中如“望帝春心托杜鹃”及“未害渊明是晋人”“可惜并州刘越石”等语，又《述次山》一首，又《乱后元都》一首，皆显然自寓之词。按，遗山《论诗》三十首，丁丑岁三乡作。丁丑为金宣宗兴定元年，先生年二十八岁，在其登进士第之前四年。虽其时蒙古兵已入燕，先生自秀容避乱河南，至是岁寓居三乡，下距金亡垂二十年，不应预作渊明晋人之语以自况，介裴此论失考。至谓《壬辰十二月即事》诗，壬辰乃金哀宗天兴元年，十二月，哀宗出奔河北，逾年正月，济河使白撒攻卫州，败绩，遂走归德，诗盖纪此。一联云：“只知河北归铜马，又记台城堕纸鸢。”盖金白撒尝放纸鸢，置文书其上，至蒙古营则断之，以诱被俘者，故云。此说为确。其《神山考》云：“案《定襄县志》，神山县治东北五十里，平地垒石如盘，似所遗而成者。元好问尝读书于此，因题遗山。”明傅纳《诲游记》云：“神山孤立平野，或以为群山之所遗也，故又名遗山。”余考元集有《壬寅正月九日晨起》诗，自注云：“时欲经营神山别业。”又有《外家南寺》诗云：“去国衣冠有今日，外家梨栗记当年。白头来往人间遍，依旧僧窗借榻眠。”自注：“余儿时读书处也。”又有《外家别业上梁文》一篇，自述遭乱后播迁情事颇悉。合而参之，盖先生外家在定襄，故儿时读书于其邑，因取神山之别名以自号，晚乃结屋于此山。所云外家别业，即神山别业也。计壬寅之岁，先生年已五十三，时金亡已九年矣。故《上梁文》所述，皆乱后语。又闻此山下至今流水潆洄，故集中有“鱼多只说牛家汇，何处秋风有钓船”之句。自注：“牛家汇在神山下。”而《晨起诗》亦云“只今东溪把钓竿”，盖山国而兼泽国之胜者。惜乎《县志》语略而晦，又失采本集诸条，转使人疑于无证。若傅《记》述遗山之形名颇可据，却无一语及于元夫子者，可知昧没于邑人久矣。余故因白莼言，而详著其实。至《县志》载先生《圣阜危楼》《神山古刹》二律，集中无之，诗甚庸，断是赝作，宜削也。施北研注遗山诗甚略，当据此文补之。

又，施非熊为南浔老诸生，不利举业，究心于金源一代事迹，积数十年。著有《金史详校》《遗山诗文笺》。其《自题金源札记》云：“闲消我有肆帘风，寓墨金源旧事丛。野史功臣惭褚补，圭斋诤友悔刘通。书钞冷局雠难遍，字订讹传拟未工。长此一编深箧底，敢言载笔附群公。”自谓与钱詹事《考异》有不合处，非敢立异，本无事于操戈，不欲苟同，或难逃于撼树，平心论之，但求公是。其考世宗大定二十八年禁糠禅、瓢禅，云此习至蒙古始盛。耶律楚材《湛然居士集·西游录序》："西域九十六种，北方毗卢、糠、瓢、白经、香会之徒，释氏之邪也。"张昱《辇下曲》："肩垂绿发事康禅，淡扫蛾眉自可怜。出入内门装饰盛，满宫争迓女神仙。"嘉庆丁丑，尝过黄荛圃家，小住五日，与谈金元史事，如瓶泻水，无一停留。为跋《归潜志》云："夏六月过复翁家，相知十余年始识面也。翁以余喜说金源事，因出此旧钞，原校与鲍刻略同，惟《归潜堂记》之'铜壶'，此作'铜台'。向阅鲍本'壶'字不解，曾拟改作'鞮'字，今见此'台'字，乃知旧本之足贵。至太宗神射之为太祖神功，李纯甫卒于元光末，王仲见为王庆道犹子，良由神川误记，不必校。北研谨识。"沈子敦尝从问业，亦熟于辽、金、元掌故及西北边地理。

钱泳《履园丛话》 余自束发，即学松雪翁书，至十八九岁，最喜临摹山谷。业师林蠡槎谓泳受病已深，仍以松雪为退转之法。后每见松雪墨迹，辄留神披览，如《黄庭经》《乐毅论》《汲黯传》《过秦论》及《洛神》《枯树》《雪赋》《头陁寺碑》《归去来辞》之类，不一而足。中年为英煦斋相国家钩勒《松雪斋帖》六卷，既又为齐梅麓太守钩勒《松雪斋帖》六卷，则余与松雪虽不同时，若有深契焉者。嘉庆十八年九月，余始游吴兴，求所谓水晶宫、莲花庄、红蓼滩诸胜，皆草湮木瘁矣。惟一品石尚在高氏一老寡妇家，鸥波亭则仅存基址，在芦苇中。松雪旧宅惟有一门，甚低，元时旧制也。余徘徊于门外者久之，遂告之太守赵公学辙、归安陈公三立、乌程彭公志杰，刻一碣曰"元赵文敏公故里"七大字，立于旧宅之前，一时观者云集。归至南浔，舟中夜梦松雪翁来谢，面圆而白，鬑鬑有须，身着蓝衫，一如曩时在毕涧飞员外家所见松雪自绘小象者。醒而异之，乃作诗曰："北海追魂迹已陈，公来入梦又何因？燕台一宦原如寄，公《与中峰札》云'一官如寄'。鸿迹千年自有真。争说画禅成独绝，但言书法亦谁伦？雌黄却怪华亭老，不肯从公步后尘。"盖董华亭一生评论松雪，至老年则渐渐服膺，乃知松雪之书未易言也。

《冷庐杂识》 器之有铭，由来远矣，见于历朝者，不可悉数。兹择近人所作辞旨简质者录之。中略。孙愈愚明经《笔铭》："三寸管，一丈舌，慎持之，有鬼责。"

周庆云《家庭琐语》 伯曾祖雨舫公，家贫，以笔墨自给。尝寓吴中，与同县高芦洲明经湘为莫逆交。公善山水，明经尝乞画长卷，题诗其上，并书扇为赠。其诗云："前年与君游灵岩，千峰飞翠寒松杉。去年与君访邓尉，万树梅花云叆叇。爱山惜少买山钱，栖迟幽谷嗟无缘。归来寤想已二载，今生安得重留连。壁间忽起三千叠，屋底长生锁云叶。仙人骑鹤下太清，百尺寒泉扑眉睫。君本清癯七尺身，五十余年长食贫。胸中邱壑匡庐秀，袖里烟霞华岳真。我为写向好东绢，峰峦隐见时千变。关荆黄范世无人，绝妙丹青谁称羡。坐使风尘两颊生，百钱畴买蒲葵扇。今君与我是同心，江南共受霜霜侵。两鬓萧萧十指黑，老犹挟瑟求知音。我更擘笺饮君酒，醉画峨眉插星斗。置身绝顶间苍天，几时得展拿云手？”其《跋》云：“雨舫大兄先生为余作山水卷子，逋峭如黄子久，萧远似倪云林，其清秀劲达之气，又在顾陆张吴之外，世人莫知贵也。因作长卷识其卷端，兹又书便面以质推许之，当否？时嘉庆戊寅。”

又，雨舫公遗画希如星凤，伯父榆斋公犹存手泽。道光癸丑，其外孙闵朱点大寅为题七绝四章，其《序》云：雨舫公姓周氏，字佩璜，寅之外王父也。家于浔溪，秉性冲淡，志极嗜学，至老不倦。一时与之游者，皆苕东名下士，如朱松舟、温也痴两赠翁以及钮平斋祠部、高芦洲明经，晨夕过从，相与订莫逆交。平生工书画，尤善山水，殁后散佚，仅存遗稿一幅。其孙贻斋持以示我曰：“此我祖墨迹也，子盍为我跋之。”余愧不能成公家宅相，而抚此残缣，能无凄然动手泽之感？爰占四绝，并缀数语，而题之于其上：“先生系本汝南传，竞羡高风说爱莲。象外偶然游戏处，晴窗参透画中禅。”“墨化烟霞笔化风，神如秋水气如虹。层层绘出林泉景，不让徐熙点染工。”“写得江山尺幅中，半经设色半空蒙。却惭我乏添毫笔，点缀难称宅相功。”“赖有残缣遗后昆，当年手泽至今存。一时千载名堪忆，齑臼题应属外孙。”

南浔志卷六十

里人周庆云纂

志余十一诗话

蒋宝龄《墨林今话》 归安莘芦圃开，字季张，家世武科，少补武学，不称意，弃去，专志读书。工八分、缪篆，兼善写真及花卉，尤精墨竹，为沈芥舟入室弟子。沈有女弟子徐湘生亦善画，为作合焉。家极贫，佣屋以处。继得其先世莲花庄旧宅，遂摒挡徙居，求书画者不绝。年未五十，须发皓然，竟以劳卒。湘生仍借画以自给焉。湘生名茝，本姓邱，号南林女史，湖之南浔人。年未笄，即从芥舟受画法。及归，芦圃倡随之雅，人争羡之。墨香论其画，谓绝去脂粉。余亦曾见所仿衡山小幅，幽秀可喜。上题绝句云："那教胸次暂相忘，梦里秋山引兴长。料得山中花已少，半林红叶艳斜阳。"《灵芬馆诗话》又载其为姚读卿题《雨窗怀旧图》云："怅别心情未易描，等闲谁与话无聊。阶前虫语灯前影，记取疏帘第几宵。""纸糊窗畔小玲珑，坐彻幽斋怯晚风。落叶萧萧人不见，雨中可有带书鸿？"诗尤清绝。《五亭咋语余》云："湘生今老矣，然犹能作士女及细笔山水，可贵也。"

又，吴晚青山秀，字人虬，震泽岁贡生。善山水，亦长写生。与吴兴沈芥舟交善，曾索芥舟《写砚湾耦耕图》，又《寄芥舟》有句云："吴兴吾好友，诗画互磨错。时来信宿淹，床联晚青阁。"生平诗稿甚富，身后遂散佚。吴枚庵《怀旧集》选存数首，非其至也。画亦罕传。

《续黎里志》 李圣英，行三，南浔镇人，寓居侯字圩。嘉庆壬戌，父某病甫愈，母以积劳致疾，医药罔效。圣英割臂肉和药以进，母病获瘳，人咸称孝感。邱璋、邱璿、徐达源、陈赫、蔡湘皆有诗纪其事。计春树楠《广文李孝子行》云："潜甫寄我诗，云有李孝子。孝子南浔人，寄居黎花里。今秋疫大行，其母病几殆。孝子告天地，焚香为长跪。弟兄方侍寝，阿爷偶出市。四顾寂无人，割臂念辄起。持刀不知痛，进粥病遄已。纯孝感天心，效非药石比。我读潜甫诗，纪事宛良史，以之代传赞，可以风世矣。"

《遁斋随笔》 吾乡张秋水先生鑑《冬青馆集·书绿牡丹传奇后》云："此吾乡温氏启衅于复社之源，近日读而知其故者鲜矣。书中以管色为乌有亡是之辞。其实柳五柳、车尚公、范思诃据《复社纪略》各有指斥。其于越人疑亦王元趾、陈章侯一流，而吴兴沈重者，以在朝则影黎愧庵、倪三兰，在野则影张天如、杨子常、周介生辈。大致如《风筝误》《燕子笺》，亦明季文字风气所趋，而语语讥切社长，极嬉笑怒骂之致。宜愧庵当日按试，械时相阍人，究及书肆贾友而毁板厉禁之。但今玩其编简，已经蠹缺，无头讫可检。不知是原印抑系后来重雕？要其词藻有不能没者，盖相国之弟育仁暨二子俨、伉倩人为之。谢英、顾粲直用自况，惜乎名氏湮没，世有钟丑斋，不又取以入《录鬼簿》欤？如以为三百年国社所关，则一茎草现丈金六身，又焉得以宋元杂爨少之。"予友汪谢城孝廉云："考此剧为吴石渠炳所作《粲花轩五种曲》之一，见黄梨洲《思旧录》及李笠翁《闲情偶寄》。"吴半峰先生汝雯购得完本，题一绝句云："才华小顾擅当场，考试由来事不常。莫负绿英诗笔好，可怜不及白丁香。"予与谢城从先生借读谢城题诗六首绝佳，并录于此："国色天香艳绿英，文坛藻鉴属名卿。牛恩李怨成钩党，王后卢前爽定评。六甲几曾窥阃奥，一餐未免误生平。亡羊臧谷谁优绌？墙角真宜弃短檠。清浊何从辨渭泾，虚名蜗角梦难醒。方干赐第先黄土，张奭应官是白丁。假手成文供衒鬻，依人作计叹伶仃。蠹鱼纵食神仙字，争及飞蚨变化灵。""香名翕集气凌云，操选方家诩洽闻。梨枣精工传合作，刍荛险韵斗回文。隔帘有女窥罗隐，弄笔何人敌左芬。尘世茫茫知己少，只应低首拜钗裙。""白描笔底解传神，拜杀荆刘派别真。可惜小才徒炫巧，谁能薄俗更还醇。清流贻祸机缘启，好事生风指摘频。巡铺八叉家学在，如何翻倩捉刀人。""或时怒骂或轩渠，管色宫商托子虚。名士本来如画饼，秀才乃有不知书。坐云转博声华盛，视月浑忘学术疏。太息江河今日下，蔻梢蒲齿度居诸。""纶扉终始主恩长，门户纷纭政不纲。千载史书垂法戒，一编院本管兴亡。偶存楮墨麻沙本，合付衣冠爨弄场。留与南朝夸后劲，春灯燕子咏怀堂。"

《雪桥诗话》 张秋水《高邮吊秦淮海》云："南湖秋水乱寒烟，小庾乡关感暮年。四海词名欧柳共，苏门交谊李张前。醉回远道藤州梦，山抹微云学士篇。一树垂阳枚叔里，西风闲拂酒人船。"其《和阮文达云台峰》句云："雨余阆苑仙脾重，花亚朱陵地肺通。"对极工。

《墨林今话》 张秋水明经博通经史，工诗文。四十后即弃举子业，游心于山泽。已而病风痹，住林屋四载，避嚣著书，烟霞胜概，朝夕领略。时或寄兴毫素，作山水小幅，不以与人，取自娱悦而已。然好雅之士多持纸丐请，亦弗能辞。其画不主一格，工整萧散，随手为之，皆合古人意趣。乙酉冬暮，余客浔上，曾以小册一页求先生画，先生为作《浔溪归棹图》，并贻诗云："共此五湖岸，君归岁月迟。乌衣多旧泽，马磨少新知。画手应无敌，诗篇自得师。门前上春水，谅不负游期。"钤有"秋水墨缘"印。此册今在计儋石处。先生著述甚富，其已成者《左氏杜解规过》《平西夏纪略》《丧服古注辑存》《六书寤言》《天元一述》《海运刍言》《墨妙亭碑目考》《上林子虚赋》《郭注存真》《苏氏诗案广证》及《诗文前集》五十卷，《洞书》《蝇须馆诗话》若干卷，《海内先贤行略》若干卷。

《冷庐杂识》 归安杨秋室明经凤苞，博雅迈伦，屡试不得志，赋《西湖秋柳词》以寄意。前后积七十二首，情味并胜，于《西湖竹枝词》外，别开诗境。摘录于左，以拟窥豹一斑。云："回首东风十万条，画楼亚处斗纤腰。香车去后游骢散，闲杀红阑第四桥。""玉钩帘幕自年年，红粉飘零更惘然。惆怅披香春色好，无人晓起听凉蝉。""会芳故苑最魂销，花月当时妒细腰。凄断御沟流水外，昏鸦归去认前朝。""霏霏凉露湿池台，太息芳年去不回。记取总宜园内树，也愁天外雁声来。""芙蕖吹堕谢家船，堤树重攀又六年。自与秋魂共零落，行人愁踏故宫烟。""露条烟叶渐阑珊，翠馆人归夜正寒。月落平湖秋色远，梦回几度卷帘看。"

《雪桥诗话续集》 董增龄字庆千，号寿群，乌程廪生，著有《国语正义》。《春柳》诗云："鹅黄初染色偏娇，旅客无端折柳条。最爱石塘春水绿，半夽波镜映纤腰。"

又，右安门外中顶，岁以四月初一开庙。吴怀峰比部诗："十里城南绿满川，春风春柳自年年。名园几废灵祠在，孤负看花谷雨天。""都人士女竞喧奔，花市阑珊庙市繁。已见田田好荷叶，风流忆杀赵王孙。"

《冷庐杂著》 温稼生工部，余癸巳、乙未入都，皆与同行。留寓全浙老馆，与郑拙言学博三人同院而居。余与拙言闭门习业，稼生则欢场结客，角酒征歌，偶一拈毫，顷刻成文，才锋锷锷，余自愧弗如也。丙申同捷，春闱授职后，以工曹需次稽迟，郁郁不得志，益纵酒自放。癸卯秋，以疾卒于京邸，年仅四十二。余哭以诗云："惨绝邮亭讣，天涯别泪潸。羁魂千里外，幻梦十年间。少妾淹空邸，新纳姬人尚留都中。衰亲恸故山。伤心江上雁，同去不同还。忆作春明客，深情独我知。癸巳、乙未计偕入都，皆同寓寄园。联吟花写韵，赠别柳攀丝。丙申夏，捧檄出都，君饯饮于陶然亭，赋诗赠别。岂意重逢日，翻成永诀时。庚子秋，晤君于武林，匆匆话别，讵知竟不复见。千秋身后事，珍重一编诗。"稼生工吟咏，善写山水，尝自题画扇赠余曰："春明联袂已经年，乡树苍茫隔远天。记取他时归隐地，白云青嶂霅溪边。"斯人已矣，遗墨犹新，每一展诵，辄为欷歔累日。

《墨林今话》 乌程温一斋纯，幼即受画法于沈芥舟。好储古人法书名印，手自临摹，故兼善篆隶，工铁笔。诗古文词亦靡不究心，尝刻古今秘籍数种。阮云台尚书视学浙江时，极称赏之。后官处州学博，年未五十，卒于任。冯墨香云："一斋山水，浑灏渊懋，力追董、巨，为吴兴第一手。"沈五亭名夔之，归安人又称其小品尤有别趣，以姚云东、陈孟阳比之。配严氏，继配吴氏，俱能画。严名文，字淑晖，乌程人。幼聪慧，善吟咏。年十七，归一斋。一斋谓之曰："能画而不能诗，画即无韵；能诗而不能画，诗必无神。"遂潜心学画，不数月而能花果。尝自题石榴四首，已载《墨香画识》。余尤爱其《病起》一绝云："萧萧秋雨织烟丝，遍绕窗前帘幕垂。如此轻寒禁不得，莫嫌病起晓妆迟。"惜不永，年仅十八而卒。吴名德韫，字恒卿，能弹琴，工墨兰。一斋尝篆"花中疑有曲，弦外欲传神"句以贻之。

又，竺公按，即东藏寺达曾，号竺峰所著《香影庵诗》，半皆己丑年所作。和余《寒宵煨芋诗》云："风声萧萧响隔廊，寒宵对坐未觉长。月到小窗见松影，诗联短句搜枯肠。南邻送炭旧有例，称我冬来煨芋计。地炉炽火暗分香，只有两人知此味。三更已过兴尚赊，解渴更煮松萝茶。寒威凛冽败棉薄，只恐来朝吹雪花。"《早起》五绝云："冻云遮日光，黄叶落如雨。草堂门未开，但闻鸟相语。"他如"半塔颓成画，一溪清入秋""磬声凉似水，茶味澹于僧"，并可采入禅林韵语。

又，证渟亦震泽人，初号梅田。其称"墨缘"者，余所赠也。幼习楷法，兼画山水，俱有秀挺之致。余初至浔，在乙酉秋，假榻寺楼，墨缘以画请业，愿为方外弟子。余并勉其学诗，相契甚洽。越四年复至，则其画与诗俱进，画更超诣，欲参香光之席。盖其慧根既深，又加笃嗜，故能如是之速。武进汤雨生都督，今艺苑领袖，见其所作，极称赏，即驰缣素乞其画，而墨缘已抱疾不能起。辛卯六月竟化去，年才二十九，惜哉！墨缘体素弱，清削见骨，而负气兀傲，其于缁流罕有合意。独喜亲才艺之士，固亦矫矫自拔者。诗多散佚，仅存己丑以前所录本。《菁山偶成》云："白云破处鸟飞还，欲上苔梯足力艰。松竹密蒙青不了，谁能画此夕阳山。"《赠晓峰》云："一笑相逢气谊投，澹无言语对清秋。山童正爇茶炉火，与坐松风阁上头。"《静院》云："静院沉沉秋气添，月痕如雪满前檐。关情篱下霜枝瘦，却恨清香不透帘。"《题费子苕环溪种柳图》云："溪流十里漾涟漪，溪上应须柳万枝。来岁春风二三月，知君栽遍叶如眉。""次第烟光染绿痕，流莺声到竹间门。渔人打桨重来此，忽讶浓阴又一村。"《冬夜步月》五绝云："同行过溪西，何处月明好。一碧浸澄波，下视天影小。"其他可诵者甚多，余为别录一册，以俟赏音。

《遁斋随笔》 予少时尝倩墨缘上人证渟写《天台采药图》，名流题赠，佳作如林。吴铸生先生诗云："诗心飞向仙山住，春弄桃花千万树。桃花桃花落复开，刘郎阮郎来不来。神仙附会空数典，拔宅云中有鸡犬。仙山若有仙夫妻，神仙亦被情关迷。士龙士龙今才子，侘傺穷途托旖旎。忽然腕底来春风，笔端齐放桃花红。桃花红作可怜色，无限相思骨为刻。翻然一笑成子虚，武陵亦有迷津渔。便得胡麻种且勿，大可桃花作饭吃。情丝缕缚颠乎颠，风吹花片随云烟。美人香草《离骚》有，羡尔风诗真好手。披图不愿长镵将，字字喜作桃花香。”姚云门孝廉诗云：“神仙可望不可即，娜嬛仙笈读未得。神仙之说本虚无，刘阮胸中早历历。不然当日挈伴登天台，鸾迎凤舞岩扉开。何为胡麻不愿吃，掉头仍入红尘来。君也抱远志，落落颇自异。示我《采药图》，其中有深意。想见济时一片心，炼丹不为成仙计。石梁洞，华顶峰。十年前忆停游踪，尔时惜未与君同。杂花满树人何处？流水无情送落红。”吴右岑诗云：“千树万树桃花红，是耶非耶山之中。落花满地扫不得，怕向人间再流出。阮刘去后几千年，美人常抱白云眠。当日重来已无路，何人更问天台天。家常饭比胡麻好，我辈闭门苦未早。劝君不用荷锄行，黄精茯苓地上草。君才况复疑谪仙，君诗直似李青莲。有时直上蓬莱顶，俯视下界皆云烟。采药采药复采药，我为披图意深惜。有泪不肯寻常挥，逢人只道游仙乐。游仙乐，乐何如？春风扑面来徐徐。闻说山中忘甲子，桃花红得千年无？”屠半墅先生若仪诗云：“古迹荒唐莫认真，仙家迎婿本无因。画师会得空空意，只写桃花不写人。何处清溪隐钓罾？泉明一记诵犹能。鄙人也有寻仙约，不向天台向武陵。”殷谱经宫詹时为秀才，诗云：“往事分明说阮刘，妒君绮想占风流。比他前度仙郎到，只恐双鬓已白头。怕说荒唐被世猜，也曾因梦入天台。却逢彼美侬亲问，笑道从无此客来。”王砚农征君诗云：“青山不碍白云遮，□□□□□□□。采药仙扃渺何处？教人忆煞旧桃花。谁写丹青一帧留，分明瑶草满灵丘。人间已遍传新句，肯信曹唐是梦游。”王粟海先生绍轼诗云：“手把长镵劚药尝，青精饭共紫芝香。近来米价如珠贵，要乞仙家辟谷方。”吴寿驼先生星南《调南楼令》词云：“何处种灵瓜？云深望里赊。想难忘、溪上人家。笑说送归刘阮后，犹剩有、旧胡麻。一径入谽谺，分明认未差。请先生寄语烟霞。可否山中容我去，添一个，看桃花。”董铸范先生《调台城路》词云：“赤城华顶萦诗梦，丹青为抒幽抱。界道泉飞，立标霞起，药气千岩春晓。林深路杳，待劚取芝童，觅来云表。也拟偕行，青鞋布袜办都了。同来会仙石畔，乍相逢、应讶前度人到。玉洞花冥，琼台月转，可许翡帷双笑。樊川渐老，似风絮沾泥，绮怀除早。分我胡麻，残年图饭饱。”赵仪姞太夫人棻前调词云：“石梁遥亘天台路，斯游最饶清妙。手杖青藤，腰镵白木，梦里当时曾到。仙山春早，看红编夭桃，闲情多少。倚石迷花，千岩万壑径幽绕。新词继踪，石室画师，凭写出、峰迴云峭。诗咏曹唐，赋裁孙绰，输却风流怀抱。元花蓍草，想满贮奚囊，尽搜吟料。远映霞标，翠屏横夕照。”余诗词尚多，不能全录。

又，吾里东藏寺代有诗僧，余所见者，如竺峰达曾、柳桥悟诠、墨缘证渟，皆其选也。竺峰兼善画梅，柳桥兼工书，墨缘善画山水。竺峰尝留余饮于曼陀罗室。温稼生虞部文禾时为明经，闻余在寺，亦过从，谈饮甚洽。余题诗寺壁《赠竺上人》云：“薝卜香中一叩关，待将法雨洗尘颜。诗多绮语难呈佛，寺有名僧即胜山。参破画禅花欲笑，圆成茶梦鹤同闲。白莲倘结东林社，应许泉明共往还。”稼生和云：“满地松阴客款关，风前相见一开颜。林花散作诸天雨，墙竹围成半面山。但使神交如水淡，尽饶诗趣入云间。黄娇许我开新箬，准拟宵分伴月还。”竺峰和云：“新诗忽喜到禅关，老树通灵亦破颜。入社泉明多慧业，分灯惠远愧名山。雨余石径苍苔合，风静松声午梦间。尽有纱笼题壁句，扁舟可许往频还。”墨缘和云：“辴然一笑启禅关，云水相逢洗俗颜。原乞潇湘江上句，借题水墨座中山。画禅漫结千秋想，词伯能消半日闲。小住未妨归路晚，满舡明月载诗还。”

王勮《铁瓢道人遗事》 南林女史徐茝《题铁瓢道人按，即乌程周七桥农之别署小像》云：“奇哉男子，落落出尘。一瓢一笛，坐卧随身。诗瘦于鹤，梅淡如人。冰雪为胸，风月作邻。断炊绝粒，乐道忘贫。古之介士，今之逸民。”闺阁中笔墨，绝无脂粉气，不可多得。

《南浔诗录》 家冶夫兄曰公案，谓纪端嗜古绩学，于《诗》《易》中自谓时有心得。幼承庭训，即工韵语。家贫，艰于膏火，日勤课诵，夜分常熄灯默坐，构思忘寐，间或托之吟咏，以摅怀抱。诗书外别无嗜好。曾阅余素公诗，有句云：“儿子闲吟楼上头，阿翁廊下读春秋。”足见渊源有自矣。著有《菊存诗草》，其风韵亦不减《余素集》云。

《晓寒楼杂忆》 沈丈寅楣，讳树楷，归安岁贡，辑里人，山甫先生执友也。与先生同馆方丈港朱氏，以书名，亦善画。然每自韬晦，人无知者。及后先生去，朱氏丈为写《方丈录别图》，笔意潇洒，先生见之骇然。盖虽同处数年，亦不知其临池之外，兼善丹青也。与愈愚先生为婚姻，故亦时与唱和。今未知其稿尚有存否。丁酉秋试，与予同寓杭城。予著《西湖杂咏》，其第一首云：“五年梦不到西湖，湖上风光似旧无。欲上高峰愁足弱，寒泉秋菊吊林逋。”丈见之，笑曰：“殆非科名中人。”其识见远到又如此。

又，山甫先生以诗学倡后进，一时闻风兴起者，于予友得一人，曰夏君曼仙，讳荫棠，字念慈，又号省斋，心谷先生后裔也。自幼即学为诗。及予寓其家，壬午以后，予仍馆浔北道宁草堂王氏。王氏不能下榻，故予常寓曼仙家与曼仙共读。时出山甫先生诗，曼仙读之称善。故每拟其声调，好作古风。时适大水，曼仙为赋《水灾行》，情词慷慨，居然作者，使天假之年，所造当不止此。惜不久即故，年才二十有四。妻先曼仙卒，无子。后螟蛉邱氏子为子。予编其诗为《剑花馆诗集》，并哭以诗，有“一卷残诗了此生”句，盖纪其实也。方曼仙病时，予亲为扶持。曼仙病湿毒内陷，二便不通，是日因腹胀如厕，卒不得解，汗出淋漓。急扶上床，首未安枕而气已绝矣。呜呼！此情此景如在目前，蘸笔至此，其何以堪！

又，陆君虚若，讳丙，字怀谷，县学生。醇谨老成，于同人中年最长。乙酉秋试，予与同寓，尝因雇舟，雨中同出武林北门。及辛卯，君已前卒。感念旧游，为赋一绝：“打街屐齿一声声，曾共严关冒雨行。今日槐黄君不见，凄凉重过武林城。”

又，师泉按，即纪庆曾号亦间为诗，用意深远，非浅识所能窥。予尝见其《过丰草庵遗址》诗：“冰雪残冬万木枯，阳春才到气潜苏。那知薄暮荒江上，独听林中叫鹧鸪。”深得风人之致，惜不自收拾，颇多散失。卒后，许丈海樵于其家乱帙中搜得，辑成一卷，曰《师泉遗诗》，予选其卓然可传者数十首，入《纪氏诗录》。辛酉秋，遭兵燹，《诗录》亦毁。闻许丈处有原本，今未知尚存否，异日当往问之。

又，丁若木先生，讳宸，字邦佐，归安籍，辛巳恩贡，亦磊师也。甲申、乙酉，磊从先生学举业。博学多闻，自古今沿革以及乡邦文献，莫不言之凿凿。惜故自韬晦，不求人知，人亦遂无知之者。为人气度从容，内和外严。家砚香先生，人传其使酒难近，唯先生能优容之，每秋试必与偕。砚香先生亦心折先生，不敢有所忤，其足动人畏敬有如此。后习形家言，得《青囊秘术》。磊尝从先生定孙愈愚先生寿藏。及愈愚先生葬，先生已前卒，唯磊亲临其穴。因感赋一绝：“为卜牛眠曲水隈，春风三月喜追陪。司空寿藏松楸长，此日伤心我独来。”先生有三子，长某，次诗，归安学生，有足疾。先生卒，二子亦相继亡，今唯有二孙存焉。

又，殷君石溪，讳锵，字鸣球，嘉庆癸酉副贡。人亦传其有拒邻女事。性嗜酒，唯不耐攻苦作经生伎俩耳。故张君渊甫尝有诗赠之曰：“石溪性不羁，颇亦负俗累。所以与之游，谓其无他意。美色能不淫，遇酒便取醉。益以古人书，殊胜悠悠辈。”

又，家五楼兄讳大夏，原讳文凤，字韩之，秋澜先生长子，湖府增生，精研经义。汪文端公试湖州，我族之取经解者凡五人，兄其一焉。一时有纪经解之目，自后屡受知于学使者。年六十七卒。子三。予尝为赋《感旧》诗：“郑笺孔义说纷繁，风雨绳床记共论。今日一编还好在，空斋重到欲销魂。”

又，家蔷园先生讳云倬，字象贤，县学生，磊族兄也。淳厚方古，磊见时年已七十余，犹手不释卷，亦间为诗，不存稿。蔚岩先生尚齿会中曾录其数首，今已无存矣。尝作《八十自寿诗》，有“新诗惠我好题棺”句，一时和者甚众，亦足以见其胸怀之旷达云。卒年八十四。子二，长沂春，县学生，先先生卒，著有《心雩诗草》一卷。

又，董若雨先生《易发》，予未之见，即朱氏《经义考》所载观之，亦洞玑之流也。家余素先生尝从先生受《易》，集中有《喜得易图》，慨然拟古之作，因录于后，于以见先生于《易》亦精研有得也。“《易》旨出在坎，久陷天下人。点画幸不没，五岳列嶙峋。亦如江与河，滔滔自不湮。秦火不为灰，汉儒吹湿薪。焦京尚占验，一毛废全身。清言推晋代，王韩扫象尘。正义奉英辟，袭古唐诸臣。残图安乐窝，加一倍莫伦。闭门程先生，逍遥诣江岷。失位表律吕，斯义千载湮。综括理数间，紫阳世其珍。此时河与洛，荒凉在荆榛。清清鹧鸪溪，源自河洛滨。十年痴兀兀，疑病感鬼神。豁然自天开，微言得露真。不离旧点画，崭然头角新。自兹及未来，读《易》意已伸。古人去已久，恨未究其因。多少章句人，皓首徒逡巡。智者竭其智，愚者始知津。记得袖圆归，六月风雨晨。”

又，孙愈愚先生酷嗜书籍，尝积至数千百卷。庚申之秋，悉遭兵火，并其所刊诗文集板亦娓焉。予尝有诗吊之：“不积黄金只积书，当年心计未全疏。岂知转眼成灰烬，书比黄金更不如。”

又，家小山南，金冶夫先生第三子。亦能书，尝为予写“忠敬堂”额，伸纸直书，不烦绳削，而停匀工整，结构自然，洵未易得也。惜不永年，予曾为赋《感旧》诗：“石坠云奔笔势遒，空怜小阮最风流。竹林杯酒情如许，忍向灯前说旧游。”

又，家味琴南枝，冶夫先生次子。少承庭训，亦习形家言，善琴及奕，兼工吟咏。居家孝友冶夫先生有孝行，为请于朝，得旌如例。弟死，以次子嗣弟后，奉母以养。喜交游，一时往还皆知名士。著《浔溪水道考》，汪君谢城采入《镇志》。晚爱梅花，又自号梅仙。植盆梅数十于半轩前，翦裁合度，灌溉以时。每值玉雪初霏，枝头红破，暗香袭人。入其室者，如入蓬壶瑶岛，几不知有人间世也。及庚申之秋，避迹浔西，友朋零落，生计日微，遂郁郁以终，年五十□。时值乱离，无与为吊，唯予曾一临之。其后半轩梅花尽为他人携去，旧时欢笑之处亦变为瓦砾场矣。人生至此，其何以堪！予有诗哭之，为录于后：“最难忘是旧家居，庭有梅花室有书。羁魄飘零悲此日，豪谈慷慨忆当初。碧梧窗外鸿儒集，皂角栏边吊客虚。今昔几时光景异，凭棺为尔一愁吁。”

又，陈君筱塘，讳方毅，字菉如，乌程学生。其先菱湖人，至君始迁南浔。以授徒为生，好奖掖后进。有董生者，贫不能具修脯，君不受其贽，教诲有加，卒以有成。为人亦尽力。君娶张氏，与星槎为僚婿，其舅死无后，料理其丧葬。族有贫不能葬者，代为安窆。君先世有两代未葬，邀予定其穴，用意尤极周匝。性嗜酒，家庭雍穆，子弟亦恂恂。每诵读余闲，引觞独酌，陶然自得也。岁庚申，“粤匪”犯南浔，君已避村舍。八月十六日，偶携孙返旧居。翌日，匪猝至，孙被掳，君痛从之，匪屡叱回，不从，后遂不知所终。其孙至明年始潜归。予有诗哭之：“闻道全家避远村，如何罹祸忽乡园。此中去住应随鬼，大半逡巡却为孙。浔水悠悠新道路，吴门隐隐古城垣。不知何处堪凭吊，风雨秋来欲断魂。”

又，家半山汝霖，字献琛，五楼兄次子，乌程学生。少承庭训，精研经义，于汉儒说经异同，并能援引详明，故每为学使者所拔取。居家孝友，父母卒，丧葬尽礼，一人经营，不累兄弟。亲族有贫不能葬者，恒叩募大户捐资葬之。庚申之秋，避地桃花庄。明年八月，于长漾遇匪，被掳至苏城，备尝艰苦。壬戌春，始潜归，就馆上海张氏。未□月病死。吁惜哉！年四十□。子二：长鼎寿，乌程学生；次德寿，幼。许丈海樵孙女适半山子，其卒也，有诗哭之云：“跳身虎穴得全身，庆共周亲额手频。无屋可归仍客舍，有家为累作劳薪。迟迟午夜窗前月，渺渺申江梦里人。颜貌不殊惊隔世，遥天挥泪重悲辛。”予亦有一首挽之：“才伤寇掳复伤亡，一念平生欲断肠。愁锁胥江深夜月，魂销申浦隔年霜。箕裘七世虽能绍，自高高祖个臣公至半山，世书香不断，今鼎寿已入泮，庐舍三椽已就荒。回首九原应抱恨，更堪妻子尚他乡。”

又，家角斋梦麟，滨篁兄子。滨篁兄年六十四，始举角斋。及滨篁兄卒，角斋已生二子矣。角斋翩翩儒雅，幼承庭训，及长，从许丈海樵游。厄于小试，年二十□，始补博士弟子。庚申秋，避地浔西。素有肝疾，一日中暑，疑为旧疾复发，误饮糖汤少许，遽卒。时妻已前故，唯二幼子无以为计，赖妻舅金氏兄弟代为经营，始克具棺殓云。许丈有诗哭之，附录于后：“敢夸立雪有游杨，少小相从廿载强。黾勉一衿承世业，恓惶半菽奈兵荒。居怜蜗舍重遭厄，泣其牛衣痛已亡。儿女未成家又破，如何撒手便相忘。”右其一。“枯树伤怀泪点红，谁怜庾信泣途穷。关情闻说来相慰，翘首宁知望已空。三宿鸡窗同听雨，春间曾宿君家。连宵噩梦忽惊风。哭君悲其亡儿切，肠断何人识此衷。”右其二。予亦有诗一首：“一衿才获振家声，何遽颠连陨此生。青镜愁分荀奉倩，黄巾虑逼郑康成。最怜异地魂犹滞，谁恤诸雏泪暗倾。况我别来曾几日，小园记赌石棋枰。”

又，许丈海樵，讳旦，复午村人，赘南浔沈氏，后遂迁南浔。自幼生长田间，于农事尤悉，著《农事幼闻》一书，汪君谢城采入《南浔镇志》。庚申秋，避迹长村，后还午村旧居，喜钞录友朋著作。辛酉秋，予寓毁于火，旧著《风雨楼集》已灰烬。闻丈处有选本。癸亥春，自北麻贻书于丈求之，丈为寄余。及余录副本，贻书复丈，而丈已卒矣，呜呼伤哉！年八十□。予有诗哭之："作书未寄遽云亡，手把鱼笺泪万行。乱后交情君最密，生前和语我尤详。百篇慷慨新诗在，三载流离故宅荒。况是西河先抱痛，首丘虽遂恨茫茫。"

又，甲子四月，寓同里晓寒楼，忆少年交游时事，撰《杂忆》一卷。至五月初五日，至许丈海樵，检旧岁丈所答书，正端午前一日，前后适一年矣。不觉涕零，为凄然者久之。因录旧和《晚翠楼》诗，以志一时聚散之感，而《杂忆》之作，即止于此，以后不复措一辞矣。"自我识丈来，于今三十年。意气在畴昔，谓足千秋传。师友资攻错，鸣鹤感诗篇。竹林盛宴会，列坐开广筵。于时惟兴公，愈愚先生。首以道自肩。作文最豪宕，语不竭流泉。其次我家驹，半虔。日夕窥陈编。性命辨朱陆，议论得真诠。亦有金夫子，山甫先生。尝策驽骀鞭。赋诗孰与敌？鸾鹤同蹁跹。又次为两沈，卜宅东西偏。东沈郦元徒，子敦。万派穷沦涟。西沈三长擅，小试纂群贤。柳桥。眉庵亦英锐，读史能无前。最少有丁董，子香砚洲。赴试恒同船。春流溯苕霅，抵足忘宵眠。惟此数君子，腹贮皆便便。德星偶一聚，门外黄尘捐。惟时我与丈，亦或参后先。敢希骥尾附，聊用相周旋。方谓友朋乐，结习医难痊。未知何年月，得断此缠绵。岂意不数载，摇落随风烟。向时知己感，无复怜夔蚿。人生固有死，气化随推迁。如何末下寿，各已返箕躔。翻疑世多妄，自古无彭篯。今读长者诗，令我感逝川。日月不暂停，白发渐盈颠。秋风来天末，空堂为飒然。斯人复何处，搔首问穹天。"

《冷庐杂识》 上海赵仪姞女史棻，归安汪参军延泽之配也。天性高朗，有丈夫风骨。博习经史，兼工吟咏，著有《滤月轩诗集》。句如"残红尽落啼莺老，众绿新生好雨多""五夜怀亲空有梦，十年遣日只凭诗"。《春晚》云："才脱春衫换夹纱，东皇何事便思家。杜鹃声里斜阳暮，深闭幽窗避落花。"俱娟妙。

《遁斋随笔》 汪母赵仪姞太夫人棻，予友谢城孝廉曰桢母，博通经史，诗词、古文俱佳。诗如《固山渡小关》云："涧水响潺湲，征车晓度关。天风来树杪，人语隔溪湾。旅燕飞犹缓，沙鸥梦自闲。长安何处是，回首只青山。"《对月同夫子作》云："重将心事托霜蟾，隔岁诗题欲再拈。一片寒光澄碧宇，十分凉意透疏帘。清吟每向愁中得，别恨都从醉后添。幸有闲情同唱和，定知不为素娥嫌。"《读淮阴侯传》云："猎猎英风大将台，当年一饭剧堪哀。淮阴不少豪华客，谁及蛾眉解爱才。"俱臻妙境。余如"烟笼孤阁迥，风度一蝉吟""关河风劲征鸿急，沙碛云寒旅雁回""远寺钟声清别梦，夕阳人影在孤亭""湿云破晓开延嶂，嫩日烘晴上小窗"，都有画意。所著《滤月轩稿》已梓行。

《榄茝山房漫记》 乌程计明经成，字永思。其先自吴江之盛泽迁于南浔，遂自号南林居士，为甫草先生东从弟。余曾见其诗数首，五言有“空庭唯落叶，客到尚寻秋”之句，大有深致。卜亭先生士枚为南林居士哲嗣，丰仪伟然，少著文誉。常与厉樊榭、施竹田、张铁珊、舒云亭诸君交游，数上春官不第。嗣以大挑赴选京师，适丁外艰，倥偬奔丧南归，亦不复出。

又，鱼计先生计发克承家学，锐志读书，尤刻苦作诗。尝馆于同里刘氏之画扇楼，以古学诲其弟子。性和易，爱奖掖后进。时浔上诗道日衰，而里中人士复为兴起，皆先生提倡之益也。晚年赋《祭诗》，诗如“补塞忧愁全赖此，断除烟火便如何”“书评两字先须瘦，画品千家只忌豪”“间笼万态毫尖尽，满领秋情鬓脚攒”，皆道其诗境之辛苦也。殁后，并其先人篇什，俱零落无传矣。

又，冷余吴谦号与同里邢书城交，称莫逆。书城有《哭吴冷余诗》八绝句，其第二首云：“人月双圆恰半秋，酒酣稽五狎清流。水滨更有何人问，无限芦花尽白头。”自注：“丙辰中秋，与冷余泛月于稽五漾。”此亦可见两君兴趣矣。冷余，哲嗣霈，归安诸生；汝雯，乙酉拔贡，后起振振，渊源有自也。

又，柳南陆唫号性和易，善交友，晚岁以其子侄及诸孙皆能读书，才名鹊起，遂得逍遥物外。于是渚花汀草，牧笛渔榔，触处皆成诗境。客至则煮茗推敲，不谈世事。余尝诵《柳南诗钞》，一无愁苦之音，宜其颐养耆年，领略村居之乐也。句如“一径入寒绿，空庭生夕阴”“楼高秋水远，木落夕阳多”“青山无恙在，白发几人存”“平芜两岸烟初合，黄鸟一声春欲归”“野凫浴水多成队，老树临滩半露根”“一径西风催落叶，半塘秋水殿黄花”，均不愧君家放翁风格。

又，雪篷杨凤击号为秋室弟，工诗善画。尝记乾隆辛亥上巳，严铁桥招同修禊于余之鸥波小阁，皆赋诗，雪篷擅场。既而忽抱病不起，铁桥为作《哀凤操》，其序曰：“《哀凤操》，为友人杨凤击作也。凤击才而夭，严子哀之，援琴而歌曰：‘凤之飞兮，翙其仪兮。番然上击，惜不知所归兮。窅窅冥冥，曷之栖兮，已矣而不可追兮！’”《秋室文录·亡弟蕢香庳诗序》云：“往余应省选，旅杭之西籁僧房。锡朋将之甄胄，来湖上别余，留十日而发。”案，《蕢香庳集·寄兄秋室诗》有“丛雁堕寒汀，髠柳摇沙渚”“昔年别君江涨桥，景况迷离有如此”句，见《西湖秋柳词注》。

董蠡舟《鼯巢诗钞》引吴岩《题画诗》后案语 《戴太仆诗话》云：学使善饮工绘，自题山水，诗多清绝。余送使黔诗：“贾董文章开瘴疠，荆关图画富云烟。”公为击节。今诗既散失，画之流传亦绝少。道光己亥之春，得先生画一幅，并自题二绝句，一时获二，不禁狂喜，跋而藏之。录其诗于此，补镇志艺文之缺。

《董氏诗萃》 董金城亢之，熜第四子。少力学，异思壮采，惊其长老已削华就实，酷嗜李安溪、何义门诸先生书，文益清淳有根柢，为父执叶景鸿、沈颖谷、姚玉裁、沈冠云所许可。暇则掌录文选及王、韦、韩、柳、东坡、遗山、本朝王新城、朱秀水之作，求味兼采。著有《少客诗集》。后以郡廪生为湖郡拔贡第一，亨途捷足，方驰遽蹶，不竟其志，年三十五卒。督学东昌邓公亟赏其玉洁珠光、悉归典则，策论识力断制，确有见解。其卒也，内外宗悲感不置云。

《遁斋随笔》 范白舫先生，先大父诗友也，久客汉阳，著书高尺许，所刊《幽华诗略》《续汉上题襟集》，皆搜罗平昔交游零笺断纸及投赠倡和之什。先生诗崇朴素，不尚华藻，著有《苕溪渔隐诗词稿》，予为作序。兹录其《登六和塔》云："孤塔峙江皋，登临发兴豪。晴开越山翠，秋冷海门涛。四望白云落，青天一雁高。迎风铃铎响，如听奏仙璈。"《昭君词》云："穹庐毳帐月如霜，一曲琵琶泪万行。回忆汉宫歌舞罢，画图犹得近君王。"句如《古寺》云"怪禽啼似鬼，荒草长于人"，《感怀》云"穷途易洒英雄泪，佳日空消著述心"，俱佳。先生又著《汉口丛谈》，凡汉口源流支派、历朝沿革，以及坊市街衢、琳宫梵刹、名流著述、故老传闻，下至里巷歌谣、青楼韵事，靡不采录，实足补史乘之缺已。

又，董铸范先生学精三礼，说经硁硁，其考据群言，腹笥亦富。诗笔清雅，不以獭祭见长。尝以《鼯巢诗集》示予，录其《依人雀》云："凤凰自言饥，鹖旦长号寒。竹花不实桐摧残，得过且过鸣辛酸。咄哉野青雀，毛丰羽戢戢。啄粒平田足自给，蓬蒿枋榆皆可集。何为意态柔且驯，翩翩檐下来依人。主人富家子，一俗沦骨髓。惯将腐鼠吓鹓雏，断竹弹慈乌。燕巢毁却鹤煮死，那有黄花来饲尔。"《渡黄浦暮抵上海》云："尽纳西南水，滔滔赴海门。长流环郭远，巨浪挟沙浑。栉比帆樯密，云屯井邑繁。严城维缆处，灯火已黄昏。"《感怀》云："壮怀忽过请缨年，那有封侯面似田。一刺已看漫袖里，八驺岂羡列车前。蛟龙失水犹常畜，鸡犬升开亦列仙。差喜病余狂渐减，此心泥絮等枯禅。"《老妓》云："舞衫零落冷香篝，欲画蛾眉揽镜羞。顾我身如秋日扇，妒他春在别家楼。英雄末路谁青眼，名士文场易白头。一样穷途沦落感，琵琶未听泪先流。"句如"虚庭先受月，独夜预惊秋""闲愁贫酝酿，佳日病消磨""薄烟平冱树，斜照侧穿云""万事破除凭酒力，一贫消减到诗才""花影上帘和月卷，竹梢敲户倩风开""略有才华应命薄，非无骨肉只心孤""贫甚转无人索负，慵多惟恐客过存"，俱莩甲新意、自出灵杼者。先生又有《浔溪棹歌》百首，名流胜迹，逸事遗闻，靡不广为搜罗，登诸谣咏，可与《小长芦》《鸳鸯湖棹歌》并传。

又，铸范夫人吴氏，端庄流丽，有林下风。早卒，先生哭之哀，有《絮影奁诗》一卷，俱伤逝之作。其为人题《忆红图》云："人间天上去何之，又是香山舞罢时。我与流莺同一哭，五更风雨葬西施。只觉风光到眼非，恼人最是柳依依。阑干倚遍浑无绪，斜日空庭絮乱飞。平居犹复系相思，解到金铃总泪垂。况是神伤荀奉倩，悼亡偏值落花时。”又自题《花坪长忆图》云：“苔径依稀履迹存，绿萝深掩几朝昏。孤怀怕识春风面，每值花时便闭门。依旧芳菲锦作围，花坪风景未全非。落红惯把春衫污，那识桓郎爱故衣。惜花能不泪潸潸，憔悴荀郎鬓欲斑。撒手输君归去早，相逢画里尚红颜。”酸心语，不忍卒读。

又，铸范先生古诗，疏疏落落，多苍莽之气。间亦有为昌谷体者，如《秋雨曲》云：“蕉心破绿桐流翠，倒挽银河齐渗地。石破天惊逗恨多，浃旬尚洒双星泪。凄动红楼透翠栊，隔花秋点杂铜龙。背灯枕手屏山外，一翦离离瘦玉虫。碧荷声静凉珠定，彻晓新霜换明镜。西风吹满茂陵愁，长门金尽相如病。”

又，同里温铁华先生曰鑑，精地舆考据之学，著有《魏书地形志校异》《历朝郡县名编韵》。尝读书于妻父刘疏雨州司马桐眠琴山馆中，刘氏多藏书，插架至十余万卷。凡宋椠及精写本，不惜兼金罗致，先生因得流览，学日益进，诗文俱妙，所刻仅《拾香草堂集》二卷、《古壁丛钞》一卷，盖沙汰者多也。兹录其《谢文节公琴歌为吴素江赋》云：“谢公琴出广阳域，都市沉沦人不识。吴君操缦负奇癖，不惜兼金重购得。携归棐几光书帷，正气凛冽生檿丝。公也忠义在青史，试谱琴歌一奏之。初调宫弦声已苦，木波北向蹈且舞。金台回首望南云，兰亭落日冬青树。三闽四广余烬收，涨海压山沈御舟。移商忽入指南录，疾风柴市扬沙秋。羽声忼慨复变征，剑槊相摩还集矢。江东残破饶信亡，微服出奔以母耳。再三却聘书屡挥，字字悲咽摹采薇。黄冠孰诬信国请，公不饿死将安归。划然七弦似槁木，更审五音似亡角。是时故老孑无遗，谁为水云续琴曲。一激一昂歌且哀，静夜恍见忠魂来。天风海涛写不止，似闻兵甲声喧豗。主人抱琴心逾练，日三薰沐梅花片。知音补录交信编，挈侣当伴桥亭砚。临安故土移六更，谱成历叙公平生。一弹白塔子规叫，再鼓六陵霹雳惊。”又《读秦始皇本纪》云：“海中蓬岛原无路，世上桃源别有仙。”《白桃花》云：“夹岸春波明似画，一溪凉月澹无痕。”俱为杨秋室先生风苞所赏。

又，咸丰辛亥，予客扬州，倩云间黄秋士鞠绘《眉月楼填词图》，诸名士不吝珠玉，题赠甚多。最佳者，如仪征阮梅叔先生亨诗云：“绿窗风定卷疏帘，凉月填词韵自拈。好与画眉人并坐，一弯新月露微尖。摘粉搓酥最擅场，风流原不让尧章。小红色艺人间有，只少知音似顺阳。”江宁何梅屋咏诗云：“金荃乐府付吴讴，吹彻琼箫懒下楼。冷对画中姜白石，碧天眉黛一痕秋。棐几湘帘坐夜分，一枝词笔酒微醺。风流比似陈湖海，捧砚还应乞紫云。吴江是我旧停桡，爱弯煞环水一条。他日与君同唱月，樱桃湖上画眉桥。”仁和张颖仲维嘉诗云：“红豆青衫托艳思，鹅笙象管寄新词。十三人与初三月，并入屯田笔一枝。杨柳风前咳唾新，画栏一角倚吟身。远山亦是文君黛，赢得相如卖赋贫。入洛机云未易才，吴中团扇话南来。还应五凤修成后，眉史教君一例裁。”许石声鹾判大猷诗云：“新月弯弯未上弦，远山眉黛似争妍。知君自有姮娥伴，不羡吹箫白石仙。想见含毫点拍时，几回斟酌费凝思。乌丝阑纸红丝砚，写出花间绝妙词。”卢朗甫晋裴诗云：“花管争推左与言，帷云蓢水雨无痕。一弯新露娟娟影，消受琴余宝鸭温。如此才堪五凤修，偶将渔笛谱蘋洲。吴兴占得佳山水，都付词人笔底收。依然明月是前生，帘卷西风细品评。自拍红牙教小玉，肯将斟唱换浮名。”吴江仲子湘先生湘《月下笛》词云：“蟾彩微茫，鸥波宛转，替描楼影。苕溪咫尺，不少词仙旧栖隐。梅边几度婵娟照，尽一笛、春风未冷。又初三四夜，比肩东美，坐赓娇韵。闲领琼霄静，笑酒醒屯田，只吟残景。新妆正靓，小红双翠遥映。扬州便占三分二，奈客里、阑干独凭。且按谱、唱家山，一阕常娥忍听。”陈小松司马彬华《湘月》词云：“玉壶皎洁，只琼楼悄倚，勾起清兴。恰好初三，早画出、一片弯弯风景。揉碎红心，凋残青鬓，付与吟魂冷。苕溪清绝，夜凉别具幽境。应是鲁望风流，江湖啸傲，荡烟波春影。寸样愁肠，尽领略、月落天空人静。刻翠偏工，流黄自掩，酒奈今宵醒。箫声吹度，梦回却待重省。”平湖家秋山先生增《湘春夜月》词云：“倚雕阑，一弯纤月当头。几见镜影空圆，钩不住离愁。好似柳眉初展，叹落花狼藉，独上迷楼。较旧时月色，情天碧洗，香梦温柔。新词谱就，红情绿意，重忆鸾俦。露泾东风草名，春去后、女萝丝袅，还绕扶留。檀痕细掐，付翠鬟、先试娇喉。选胜处，纪游行，阅遍桥连，廿四鸿雪。”扬州朱闻溪昌祺《凤凰台上忆吹箫》词云：“纤影当楼，一钩如黛，幽情都付词人。更堪小红低唱，茶熟香温。京兆当年韵事，停按拍、细与评论。近时样，浅深淡远，点染宜匀。缅怀机云入洛，道此才真个，横扫千军。把曲曲、朱栏倚遍，形影俱清。漫说铜琶激越，算何似、残月耆卿。卷帘处，远山妒杀眉痕。”

又，寇乱时，浔南小庙中有《题壁诗》云：“阃外何人拥节旄，十年征战也徒劳。金杯饮尽千家血，银蜡烧残万姓膏。人泪落时天泪落，寇至必雨。喊声高处哭声高。群黎尽付豺狼喙，孤负君恩是尔曹。”不知何人所作。

《李氏宗谱》 峙群公按，峙群为李廷赓字道经屯溪，题诗旅壁。越一载，友人自江右归，递一缄，启视，乃逆旅主人和作也。诗有云：“投宿何曾无俗士，能诗自应是高人。心怀故土情常切，话到家乡语更真。”主人许姓，生长于浔，故云。翰墨因缘，千里一室。主人殆风雅士而市隐者欤？

跋

浙西市镇，南浔为大。其民习勤动，善治生用，能于兵燹板荡之余，转衰耗为盈阜。其人文蔚起，炳然与剧邑相埒。咸丰季年，宿儒汪谢城先生撰《南浔镇志》四十卷，采摭官私图籍至二千五百余种，可谓宏富矣。迄今岁星六周，文献留遗，虑其久而散佚。周梦坡广文创议赓续，曾辱諈诿，廉以谫陋辞。周君偕里中同志殚力搜讨，越两年而成书六十卷。旧志疆域限断较狭，新志展拓兼及辑里各村，爰不以镇名，而曰《南浔志》。子目视旧略有增并，取材多而体例严，端绪赜而文词简，与旧志相得益彰，堪备史乘采撷，不独闾里增华也。写刊将竣，周君属廉校雠一过，僭为纠正脱误若干处，私幸于浔溪舆地掌故得闻其详。因念吾《秀邑志》与《泾镇志》屡议重修，限于物力，迄未告成，不禁重有感焉。若浔事之特异于他处者，有“庄氏史案”，彼时严刑峻法，为世诟病。庚子以后，国威既挫，论者乃援“九世复仇”之说，举史案为修怨之一端。由是，知得位乘时者，当绎“罪疑惟轻”之训，慎勿与匹夫为仇，贻祸将来。而斯志之详载史案，洵可为万世鉴戒者也。特鄙意尚有未解者，君权全盛，容有文字之狱，奈何号称扩张民权，言论自由之世，亦屡思关人口而肆其威，则又何耶？且浔之史案，谓有种族之嫌，则构成之吴令，与夫依违其间之巡抚、学使，皆汉人也。其时君主幼冲，怨毒之丛，似宜有所区别矣。廉因是而又慨夫前明洪武之草菅臣民，苏州知府金䌹请减重赋，诛死金陵，民间为灯谜，疑其诮马后，灭门者数家。廉十八世从叔祖贵诚公与万三秀沈富有戚谊，捕至南京，罚筑三山街，仍毙之狱，戍其后人于辽东。由家长岁输千亩之租，给戍辽之子孙，至天启失辽始免。学官某奏疏用“殊”字，即置极刑。此类未见史传。永乐之殄灭忠良，方孝孺宗亲死者八百四十七人，九族外亲之外亲流戍绝徼者无算，死者千余人。黄子澄宗族死徙者六十五人，母妻二党谪死者三百八十人。练子宁宗族诛夷，姻戚论死者一百五十一人，远戍者数百人。胡闰族死者二百十七人。亲族之外亲师友交游死徙者数千人。胡闰妻汪氏、茅大芳妻张氏死于狱，皆命以饲狗。毁孝孺及高翔先墓，焚骨扬灰。更或将忠臣妻女发教坊为官妓者，瓜蔓搜抄，村里为墟，延及邻邑，何异豺狼。天启之昏庸残贼，杨、左等祸，举世知之矣。廉九世族祖元晖中丞，以熊襄愍事波及，拷死诏狱，籍其家，无千金，分摊于族人，咸毁家，虽徙居吴江已数世者亦不免。此犹就一案言之耳。下迄崇祯，救亡之不暇，而亦果于刑戮。综计有明一代，惨酷浮于秦、汉，奇冤碧血，罄竹难书。顾世罕有痛斥之者，岂以同种故而恕之乎？廉所以大惑不解，反覆浔镇史案，振触于怀，遂附论及此，即以为跋尾。癸亥孟冬，秀水陶葆廉病后力疾书。

附《南浔撷秀录》

序

曩闻陆君子璜编浔人游庠者为《撷秀录》，以为有裨乡里掌故而善之，然所录者不过近世数十案，同治以前阙如也。既而见李君臣尧所藏一本，不知编自何人，则自乾隆丙辰以后，各案咸备，即康、雍间，亦有一二可考者，采摭之功，可谓勤且巨矣。惟学政履历不详，编次稍有未合，爰仿平湖《采芹录》例，为之补正。首详学政，次记程、安两县命题，凡浔人之入学者姓名与字，依次列焉，其恩、拔、副、岁、优五贡，及掇科第之年分，亦为之标出，并补录最后数科，以至光绪丁未罢科举而止。斯亦云路之初桄，科举之余闻也。旧制，科目出身者为正途，童子读诸经毕，习时下文，父师之期望，当躬之激励，莫不以正途为归。然皆闭门独学，不相联络，历县、府、院试，而同隶学案，乃有同门之谊，而后有相亲相爱之情焉。夫乡曲儒生，劳精疲神，从事帖括，卒以一衿终老，转瞬澌灭于无有，岂不哀哉！犹幸有此学籍稍可表见，今科举既废，并此学籍而无之，辟雍钟鼓，嗣响销沉。此则读泮水一诗，不胜故里人文之感者已。己未九月周庆云序。

南浔撷秀录

里人周庆云重编

康熙五十八年己亥科试宗师汪士鋐字文升，江苏长洲人，丁丑会元，官中允。

程、安题：“邦君为两君之好”（安）；次：“气壹则动志”至“其心”（安）。

张文光

康熙六十年辛丑岁试宗师马豫字观我，陕西绥德人，丙戌进士，官侍讲。

雍正元年癸卯科试宗师马豫

雍正二年甲辰岁试宗师何世堪字坦园，山东新城人，己丑进士，官御史。

雍正五年丁未科试宗师王兰生字振声，直隶交河人，辛丑传胪，官司业。

雍正六年戊申岁试宗师王兰生

雍正七年己酉科试宗师王兰生

案，以上六科试题及入学姓名均缺。

雍正八年庚戌岁试宗师李清植字立侯，福建安溪人，甲辰进士，官侍讲。

程、安题："见不善如探汤"（程）、"见得思义"（安）；次："不知者以为为肉"四句（程）、同上（安）。

案，是科入学姓名缺。

雍正十年壬子科试宗师李清植

雍正十二年甲寅岁试宗师帅念祖字兰皋，江西奉新人，癸卯进士，官礼科给事中。

雍正十三年乙卯科试宗师帅念祖

案，以上三科试题及入学姓名均缺。

乾隆元年丙辰岁试宗师邓钟岳字东长，山东东昌人，辛丑状元，官内阁学士。

程、安题："瑟兮僩兮"至"僩兮者"（程）、"赫兮喧兮"至"喧兮者"（安）；次："不知足而为屦"二句（程）、同上（安）。

张三槐

乾隆二年丁巳科试宗师邓钟岳

程、安题："居其所而众星共之"（程）、"欲修其身"至"而后家齐"（安）；次。

张梃　温大鹤云皋，甲辰、乙卯，恩赏　温鹤立莘飞，庚辰　吴岩怀峰，辛酉、丁丑　纪日照

乾隆四年己未岁试宗师邓钟岳留任。

程、安题："子夏之门人"至"云何"（安）；次。

张八柱

乾隆五年庚申科试宗师邓钟岳

程、安题："以杖荷蓧"至"不分"（程）、同上（安）；次。

董兆元江峰

乾隆七年壬戌岁试宗师彭启丰字翰文，江苏长洲人，丁未会、状，官佥都御史。

程、安题："《诗》云'其仪不忒'"（程）、同上（安）。

乾隆八年癸亥科试宗师彭启丰

程、安题：“不以兵车”二句（程）、“静而后能安”（安）；次：“《诗》云‘经始灵台’”（程）、同上（安）。

案，以上二科入学姓名均缺。

乾隆十年乙丑岁试宗师陈其凝字秋崖，江南上元人，庚戌进士，官太仆寺少卿。

程、安题：“子夏云何”（程）、“齐景公待孔子”五章（安）；次：“兽之走圹”至“鹯也”（程）、“此岂山之性也哉”（安）。

陆金　吴学恕　吴天骥　范超　尹世奇西亭，归安

乾隆十一年丙寅科试宗师陈其凝

程、安题：“语小”至“鱼跃于渊”（安）；次。

案，是年入学姓名缺。

乾隆十三年戊辰岁试宗师于敏中字重常，江南金坛人，丁巳状元，官侍讲。

程、安题：“仲突”至“叔夏”（程）、“不制度”至“书同文”（安）；次：“有安社稷臣者”（程）、同上（安）。

华景镛　计发鱼计

乾隆十四年己巳科试宗师于敏中

程、安题：“红紫”至“羔裘”（程）、“问管仲，曰：‘人也。’”（安）；次：“以为衣服”（程）、同上（安）。

纪岳登　韩峰醇甫，岁　陈善明怀

乾隆十六年辛未岁试宗师雷鋐字贯一，福建宁化人，癸丑进士，官副都御史。

程、安题：“如保赤子”二句（程）、同上（安）；次：“盖《徵招》《角招》是也”（程）、同上（安）。

陆艺圃　丁正封

乾隆十七年壬申科试宗师彭启丰以吏部侍郎复任。

程、安题：“子曰：‘臧文仲，其窃位者与？’”（程）、“行不履阈，过位”（安）；次：“及其不测”二句（程）、“明乎郊社”二句（安）。

陆坤　陆嵩高肩吾，己卯、丙戌

乾隆十九年甲戌岁试宗师雷鋐复任。

程、安题：“执圭”（程）、“入公门”至“过位”（安）；次。

陆廷铨　程成　纪豹文蔚岩，恩

乾隆二十年乙亥科试宗师雷鋐

程、安题：“其次致曲”二句（程）、“周有大赉”（安）。

陆照

乾隆二十二年丁丑岁试宗师窦光鼐字东皋，山东诸城人，壬戌进士，官内阁学士。

程、安题："百官之富"（程）、"林放问礼"二节（安）；次："乐则生矣"（程）、"是未可知也"至"伤哉"（安）。

俞朝　夏耀曾少岳　许楷　沈大宗改名丰岐

乾隆二十四年己卯科试宗师窦光鼐

程、安题："有人此有土"合下一节（程）、"武王缵太王"二句（安）；次："遵先王之法"合下两节（程）、同上（安）。

张升吉奚疑，戊子　张震亨小専，庚寅　朱光　纪守谦

乾隆二十五年庚辰岁试宗师李因培字鹤峰，云南晋宁人，乙丑进士，官兵部侍郎。

程、安题："苟不固"至"达天德者"（程）、"温而理，知远之近"（安）；次。

吴履祥　沈升峤　周射斗　董肇锳秋槎

乾隆二十六年辛巳科试宗师李因培

程、安题："可以速则速"合下一节（程）、"玉振之也者"至"理者"（安）；次。

华景镐　王翰青鹤野　沈益崃

乾隆二十九年甲申岁试宗师钱维城字稼轩，江苏武进人，乙丑状元，官刑部侍郎。

程、安题："有土此有财"（程）、"有财此有用"（安）；次。

诗："山光见鸟情得情字"（程）、同上（安）。

张谦吉耦庄　温上翥　温翼　沈□□

乾隆三十年乙酉科试宗师钱维城

程、安题："庶几夙夜"二句（程）、"周虽旧邦"二句（安）；次。

朱崧

乾隆三十一年丙戌岁试宗师李宗文字郁斋，福建安溪人，戊辰进士，官工部侍郎。

程、安题："金重于羽"至"钩金"（程）、"今曰举百钧"（安）；次。

朱养浩乐芹，辛卯　董一经韦庄，癸卯　董攀龙蕢洲，甲午

乾隆三十二年丁亥科试宗师李宗文

程、安题："欲知舜与蹠之分，无他"（程）、"亲亲仁也"至"无他"（安）；次。

施国祁北砚　温一清　韩峻

乾隆三十四年己丑岁试宗师周煌字海山，四川涪州人，丁巳进士，官兵部侍郎。

程、安题：“不藏怒焉”二句（程）、“不迁怒”二句（安）。

朱景濂

乾隆三十五年庚寅科试宗师周煌

程、安题：“如其礼乐”至“能之”（程）、“愿为小相”至“瑟希”（安）；次。

归鸾镕金

乾隆三十七年壬辰岁试宗师王杰字伟人，陕西韩城人，辛巳状元，官内阁学士。

程、安题：“故从而征之，征商”（程）、“孔子行”至“女乐”（安）；次。

诗：“意钓忘鱼”（程）、同上（安）。

金大鲲春涛　温一贞也痴　周焜

乾隆三十八年癸巳科试宗师王杰

程、安题：“趋进”（程）、“宾退”（安）；次。

诗：“江泥春燕斜得衣字”（程）、同上（安）。

杨鸣琴　吴检　姚加赛　沈颐嵘　朱□□

乾隆四十年乙未岁试宗师李友棠字商园，江西临川人，乙丑进士，官工部侍郎。

程、安题：“其父攘羊”（程）、“有众逐虎”（安）；次：“砥砺廉隅”（程）、同上（安）。

诗：“舟楫仁时英得时字”（程）、同上（安）。

张丰亭欧亭　沈翔凤　吴镐　吴琢　程□□　陈珽

乾隆四十一年丙申科试宗师王杰以礼部侍郎复任。

程、安题：“必先苦其心志”（程）、“劳其筋骨”（安）；次。

诗：“湘潭展波纹得纹字”（程）、同上（安）。

庞仲模　许潮　张大绅　纪撝吉谦山　钱跃鲲　陈绍登　冯步青　沈基

乾隆四十三年戊戌岁试宗师彭元瑞字云楣，江西南昌人，丁丑进士，官工部侍郎。

程、安题：“譬如掘井”（程）、“譬如为山”（安）；次。

诗：“月以为量得功字”（程）、同上（安）。

吴谦姓谷　董师濂　朱青莲　杨凤苞秋室　纪朝勋　纪元音　吴玉龙　沈六挥

乾隆四十四年己亥科试宗师彭元瑞

程、安题：“孟之反不伐”（程）、“百里奚不谏”（安）；次。

诗：“鱼须文竹得文字”（程）、同上（安）。

邢典书城　金世增　夏其炳　纪邦宪　温邦达　方若雷　陆筠　董大辰　张振飞　董肇钰　潘宾

乾隆四十六年辛丑岁试宗师王杰以礼部侍郎复任。

程、安题：“导其妻子”至“其老”（程）、“文王之民”至“老者”（安）；次。

诗：“山骨露清秋得清字”（程）、同上（安）。

吴俨恭　方若霆　董麟达　丁鸣钧　吴绳祖　徐芹　王隽　吴极

乾隆四十七年壬寅科试宗师窦光鼐以宗人府宗丞复任。

程、安题：“徙义”（程）、“与命”（安）；次。

温乔　董启坤　吴怀堂　纪尧年　范登烟畦　董鈖　丁钰　王仲筠

乾隆四十九年甲辰岁试宗师窦光鼐

程、安题：“君子贞而不谅”（程）、“其事则齐”至“则史”（安）；次。

诗：“曙观秋河得观字”（程）、同上（安）。

张薰　董淇　张如春

乾隆五十年乙巳科试宗师窦光鼐

程、安题：“宗庙会同，非诸侯而何”（程）、“小不忍”（安）；次。

华行利　吴珩　邱文岳　董文

乾隆五十二年丁未岁试宗师朱珪字石君，顺天大兴人，戊辰进士，官工部侍郎。

程、安题：“此岂山之性也哉”（程）、“是岂水之性哉”（安）；次。

诗：“丛桂留人得人字”（程）、同上（安）。

张鑑秋水，拔、副　华行先　徐福　张恒　徐璜　董荪　周焜

乾隆五十三年戊申科试宗师朱珪

程、安题：“非帷裳”（程）、“非祭肉”（安）；次：“至于日至之时，皆熟矣”（程）、同上（安）。

诗：“石榴花发满溪津得溪字”（程）、同上（程）。

董宗海燮庭　桂森晓窗　金福谦　纪元璋　温琪　张勋　谢复培　范章锟　沈先甲

乾隆五十五年庚戌岁试宗师窦光鼐以礼部侍郎复任。

程、安题：“与其洁也”二句（程）、“与其进也”二句（安）；次。

诗：“孙叔敖举于海得滨字”（程）、同上（安）。

董应兆　董庆槐菘园　陆树槐　纪思曾向传　纪华祝　郁承佑　纪觐光　陈黉　施初

乾隆五十六年辛亥科试宗师窦光鼐

程、安题：“仁者必有勇”（程）、“叶公问政”一章（安）。

诗:“进善旌得朝字”(程)、同上(安)。

董麟仲　温伟　丁宸若木,恩　姚坚　纪凤光　方泰吉　丁健行

乾隆五十八年癸丑岁试宗师李潢字云门,湖北钟祥人,辛卯进士,官内阁学士。

程、安题:“左右手”(程)、“衣前后”(安);次:“如以利”(程)、同上(安)。

诗:“宵雅肄三得三字”(程)、同上(安)。

温梅花史　纪沂春　张澂秋畹　王复　冯鸣盛筤园,戊寅　董增龄寿群

乾隆五十九年甲寅科试宗师李潢

程、安题:“夫明堂者”(程)、“所谓故国者”(安);次:“于卫灵公”(程)、同上(安)。

诗:“立必正方得偏字”(程)、同上(安)。

符时霖　温言　张墉　丁源肇昆　朱堂　邱学涵　邵楷　纪刚正

嘉庆元年丙辰岁试宗师阮元字芸台,江苏仪征人,己酉进士,官内阁学士。

程、安题:“乡人傩”(程)、“乡人饮酒”(安);次:“今茅”(程)、同上(安)。

诗:“石鲸鳞甲动秋风得鲸字”。

董桐仪　温晋　纪观光　张镇荻塘　董英

嘉庆二年丁巳科试宗师阮元

程、安题:“去丧,无所不佩”(程)、“非帷裳,必杀之”(安);次:“今若此”(程)、同上(安)。

诗:“烛影摇红”(程)、同上(安)。

董宗沧　张鼎　纪峻石溪　纪荣春　潘霖

嘉庆四年己未岁试宗师刘镮之字信芳,山东诸城人,己酉进士,官侍读学士。

程、安题:“似不能言者”(程)、“其言似不足者”(安);次:“莫若师文王,师文王”(程)、“往见不义也”至“也哉”(安)。

诗:“抱翼凤得贤字”(程)、同上(安)。

沈勋　顾鸿　吴耀曾

嘉庆五年庚申科试宗师刘镮之

程、安题:“非崇德与”(程)、“非修慝与”(安);次:“非所以纳交”一句(程)、“非所以要誉”一句(安)。

诗:“两部鼓吹”(程)、同上(安)。

邵名杲　夏槐青　张焕　纪元枢　吴梦兰　朱梦芰

嘉庆七年壬戌岁试宗师文宁字远皋，满洲正红旗人，甲辰进士，官吏部侍郎。

程、安题："如切如磋者"至"磨者"（程）、"如琢如磨者"至"僩兮者"（安）；次："今曰举百钧"至"之任归"（程）、"归，斯受之"至"放豚"（安）。

诗："山云备卿霭得之字"（程）、同上（安）。

吴汝雯半峰，拔　孙燮愈愚，岁　陆凤铨　朱炳然

嘉庆八年癸亥科试宗师文宁

程、安题："樊迟请学稼"一节（程）、同上（安）；次："渊渊其渊"（程）、"浩浩其天"（安）。

诗："民以食为天得天字"（程）、同上（安）。

张理将　张丹山半屏　纪奎光研香　董球　方郁　姚云

嘉庆十年乙丑岁试宗师潘世恩字芝轩，江苏吴县人，癸丑状元，官户部侍郎。

程、安题："祭于公"（程）、"虽车马"（安）；次："有如时雨化之者"（程）、同上（安）。

诗："丰年玉得康字"（程）、同上（安）。

吴需　丁河　张琛　沈庚

嘉庆十一年丙寅科试宗师潘世恩

程、安题："奚取于三家之堂"（程）、同上（安）；次："尺地莫非"二句（程）、同上（安）。

诗："按图索骥得齐字"（程）、同上（安）。

张秉纯　黄作梅　吴莱　纪庆曾半虔　朱衣

嘉庆十三年戊辰岁试宗师刘凤诰字薇园，江西萍乡人，己酉探花，官吏部侍郎。

程、安题："山川"（程）、"星辰"（安）；次："国中"（程）、同上（安）。

诗："半夏生得文字"（程）、同上（安）。

董恩湛春泽　董梦松　董运标　董兆福　纪大夏　诸常薏生

嘉庆十四年己巳科试宗师刘凤诰

程、安题："无为而治者"（程）、"无情者"（安）；次："放于琅邪"（程）、同上（安）。

诗："披榛采兰得收字"（程）、同上（安）。

董杏魁　董文藻　殷烈澹如　殷锵　纪逢源　温文炳　王文淦　张德邵　张文治　张炳章　陈方毂筱塘　程汪度

嘉庆十六年辛未岁试宗师周兆基字莲塘，湖北江夏人，甲辰进士，官刑部侍郎。

程、安题："女得人焉"至"明者"（程）、"多见而识之"二句（安）；次"其自任以天下"至"如此"（程）、同上（安）。

诗："因云洒润得云字"（程）、同上（安）。

金锡治　沈青藜　沈九任　闵俊　沈锜　许旦复海樵　董允升　徐方来

嘉庆十七年壬申科试宗师周兆基

程、安题："其所令"（程）、"得一善"（安）；次："诗云'古公亶父'四句"（程）、同上（安）。

诗："文以载道得文字"（程）、同上（安）。

张曼寿小秋　张梦滢　姚锡章

嘉庆十九年甲戌岁试宗师汪廷珍字瑟庵，江南山阳人，己酉榜眼，官礼部侍郎。

程、安题："不察于鸡豚"二句（程）、"不畜牛羊"二句（安）；次："捆屦织席"（程）、同上（安）。

诗："知者乐水得流字"（程）、同上（安）。

李瀛　张萱　庄福谦　陆衡魁　沈登瀛柳桥　范涛　朱岩　徐湘云　董丙咸

嘉庆二十年乙亥科试宗师汪廷珍

程、安题："不其然乎"二句（程）、"于斯为盛"二句（安）；次："吾闻秦楚构兵"（程）、同上（安）。

诗："年丰廉让多"（程）、同上（安）。

沈垚子敦，优　董荣青小嵒，戊寅　吴林　丁泗文波　朱应垣　张钺　张封　盛朝勋介眉　范兰　陈宗芑

嘉庆二十二年丁丑岁试宗师李宗昉字芝龄，江南山阳人，壬戌榜眼，官侍读学士。

程、安题："今夫颛臾固"（程）、"而近于费，今不取"（安）；次："得侍"（程）、同上（安）。

诗："萤火不温风"（程）、同上（程）。

朱琦　陆蒙恩　纪骝　夏青　董学金　张璥　徐潮　朱养和

嘉庆二十三年戊寅科试宗师李宗昉

程、安题："美目盼兮，素"（程）、"不以绀緅饰，红"（安）；次："虽袒裼"（程）、同上（安）。

诗："暑毋褰裳"（程）、同上（安）。

董怿　李淦　吴光墀　董恪镜芙，壬午　李赞　纪启源

嘉庆二十五年庚辰岁试宗师汪守和字巽泉，江西乐平人，丙辰榜眼，官内阁学士。

程、安题：“不去也，君子去仁”（程）、“昔者先王以”一句（安）；次：“非谓有乔木之谓也”（程）、“以友天下之善士”一句（安）。

诗：“长桥压水平”（程）、同上（安）。

庞公照楚渔，癸卯、丁未　温文禾颖佳，辛卯、丙申　丁殿金康侯，副，恩赏；丁酉，恩赏　董偲　纪磊石斋　华以珪　张文洽　李邦治琴若　吴宫萼

道光元年辛巳科试宗师戴联奎

程、安题：“使无讼乎？无情者”（程）、“小大由之，有所不行”（安）；次：“子闻之也，舍馆定”（程）、同上（安）。

诗：“鹤鸣九皋”（程）、同上（安）。

邵昌　董蕙徵　董恂壶山　陆浩　董树蕃　陆文籀　陆鈖玉如，岁　张文炳　钱元楷　吴赓　张大谟　李希曾

道光三年癸未岁试宗师杜堮字石樵，山东滨州人，辛酉进士，官兵部侍郎。

程、安题：“子予也有三年之爱”（程）、“贡者校数岁之中”（安）；次：“孔子奚取焉”二句（程）、同上（安）。

诗：“频雨苔衣染旧墙”（程）、同上（安）。

邢俊湘云　张藻镛　姚筠　邢杰柳渔　归模

道光四年甲申科试宗师杜堮

程、安题：“朝秦楚”至“四夷也”（程）、“距诐行”至“三圣者”（安）；次：“得其所哉”二句（程）、同上（安）。

诗：“暗蛩啼处檐花落”（程）、同上（安）。

张燮章薇轩，恩　纪运芳　邢炳煃

道光六年丙戌岁试宗师朱士彦字咏斋，江苏宝应人，壬戌探花，官兵部侍郎。

程、安题：“曰君夫人，称诸异邦”（程）、“曰寡小君，异邦人称之”（安）；次：“其地同”（程）、同上（安）。

诗：“食我桑椹得音字”（程）、同上（安）。

张伯淳　温金萼花卿　朱云逵　张尔靖　温文铨　朱养恬

道光七年丁亥科试宗师朱士彦

程、安题：“且知方也”至“如五六十”（程）、“可使足民”至“宗庙之事”（安）；次：“何如斯可以嚣嚣矣”（程）、同上（安）。

诗：“西被于沙得西字”（程）、同上（安）。

董莲徵　纪汝绅　吴清　董邦桢研洲　纪兆衔眉峰　冯钰　朱濬文　陆丙　谢焱

道光九年己丑岁试宗师李宗瀚字春湖，江西临川人，癸丑进士，官工部侍郎。

程、安题：“闻诗”（程）、“闻礼”（安）；次：“五谷者”至“苟为不熟”（程）、同上（安）。

诗：“池塘水满蛙成市得喧字”（程）、同上（安）。

金朝珍　温锡桢　邢琛玉山　张炳荣

道光十年庚寅科试宗师李宗瀚

程、安题：“君子之中庸也”（程）、“君子之仕也”（安）；次：“五霸桓公为盛”（程）、同上（安）。

诗：“秋橘迎霜序得迎字”（程）、同上（安）。

金汝砺　纪五辰星槎，壬辰　孙斯咏秋士，丙午　李世京岐昌　王朝佐　吴庚　钱亦昌

道光十二年壬辰岁试宗师何凌汉字仙槎，湖南道州人，乙丑探花，官工部侍郎。

程、安题：“端章甫”至“鼓瑟希”（程）、“鼓瑟希”至“暮春者”（安）；次：“吾退而寒之者至矣”（程）、同上（安）。

诗：“江色映疏帘得帘字”（程）、同上（安）。

金沅春　钱梦昌　梁淇　张藻銮紫霞　邵梦庚　张喜曾　朱养曾

道光十三年癸巳科试宗师陈用光字硕士，江西新城人，辛酉进士，官礼部侍郎。

程、安题：“无恶也。子曰：‘富与贵’”（程）、“君子怀刑”至“而行”（安）；次：“其事则齐桓”二句（程）、同上（安）。

诗：“鞠有黄华得黄字”（程）、同上（安）。

董庆元　丁桂子香　张霖湘秋　董书源

道光十五年乙未岁试宗师史评字衡堂，山东乐陵人，戊辰进士，官内阁学士。

程、安题：“季康子问：‘使民敬，忠以劝’”（程）、“季氏使闵子骞为费宰”（安）；次：“则天下之民皆悦”（程）、同上（安）。

诗：“夏雨生众绿”（程）、同上（安）。

徐锡恩　吴荣椿　徐延福备甫　吴树椿　温峰　张文郁　钮重谓

道光十六年丙申科试宗师史评

程、安题：“虽赏之”（程）、“非崇德与？攻其恶”（安）；次：“或敢侮予”（程）、同上（安）。

诗："腕活笔端"（程）、同上（安）。

徐延祺紫绶，壬子　陈常　李升　严滐　董五敦　钮承谓

道光十八年戊戌岁试宗师姚元之字伯昂，安徽桐城人，乙丑进士，官刑部侍郎。

程、安题："吾生矣"（程）、"吾老矣"（安）；次："干戈朕，琴"（程）、同上（安）。

诗："云淡风轻近午天得闲字"（程）、同上（安）。

冯我仁　纪七襄西庚　陈昌修　邵湘雨帆，庚子　邵棠勿亭，甲辰　张晋堂　朱养浩砚泉　朱养元　施廷魁

道光十九年己亥科试宗师李国杞字晋卿，安徽太湖人，己丑进士，官侍讲学士。

程、安题："无若宋人然，宋人"（程）、"命也"（安）；次："则使齐人"二句（程）、"五谷熟"（安）。

诗："兰池清夏气得清字"（程）、"眠琴绿阴得阴字"（安）。

王圻西溪　温濂摩莲，岁　尹标　尹恩湛　王承朴　徐锡畴

道光二十一年辛丑岁试宗师罗文俊字萝村，广东顺德人，壬午探花，官侍读学士。

程、安题："友便辟"二句（程）、"乐骄乐"二句（安）；次："负耒耜"至"之政"（程）、同上（安）。

诗："先安笔砚对溪山得山字"（程）、同上（安）。

桂馨　张书铭厚斋　朱漱芳

道光二十二年壬寅科试宗师罗文俊

程、安题："柴也愚"至"屡空"（程）、"夫三子者"至"哂之"（安）；次："辟兄离母"至"他日归"（程）、同上（安）。

诗："东海独来看出日得看字"（程）、同上（安）。

金汝明玉泉，岁　金熙　张承惠　陆寿五　纪汝霖半山　朱尧栋　韩炳镕　张文吉　沈瀛

道光二十四年甲辰岁试宗师吴钟骏字崧甫，江苏吴县人，壬辰状元，官内阁学士。

程、安题："不赏"（程）、"不怒"（安）；次："力不能胜"至"患哉"（程）、同上（安）。

诗："锄禾日当午得禾字"（程）、同上（安）。

朱兰升少茗，恩　董庆祥　张藻镛　张抚辰　陆锋　陆鸿逵恂侯，戊午　张桢少兰，拔，丁卯、丁丑　徐延城管花，优，丁卯

道光二十五年乙巳科试宗师吴钟骏

程、安题："吾何执"二句（程）、"执射乎"二句（安）；次："今王亦一怒"一句（程）、同上（安）。

诗："裛露收新稼"（程）、同上（安）。

金涛　温文俊　桂荣琴甫　闵观澜紫槎　殷峻封　纪常　董庆来菊农　温家驹　吴桂森馨山，己未　吴锦江　林藜照乙然　张皆春　沈钰少吟　张以升　张模　温丰东水

道光二十七年丁未岁试宗师赵光字蓉舫，云南昆明人，庚辰进士，官兵部侍郎。

程、安题："慈者"至"如保赤子"（程）、"此之谓絜矩"至"父母"（安）；次："沧浪之水"至"我缨"（程）、同上（安）。

诗："鹭起湖田片雨秋得秋字"（程）、同上（安）。

张晋康　董燮　张锦春　孙履元　蒋倜生　温咸　吴炳　王汝浆　邵枏蔼人　吴锡胙　庞正达橘士，岁

道光二十八年戊申科试宗师赵光

程、安题："不揣其本"四句（程）、"金重于羽"一节（安）；次："失诸正鹄"（程）、同上（安）。

诗："寒雨连江夜入吴得吴字"（程），同上（安）。

张乃昌　张起芸台　吴春藻莲吟　金以铭荇村，岁　徐允中　沈思藻

道光三十年庚戌岁试宗师吴钟骏以礼部侍郎复任。

程、安题："五旬而举之，人力"（程）、"筑斯城也，与民守之"（安）；次："则天下之士"二句（程）、同上（安）。

诗："槐色阴清昼得清字"（程）、同上（安）。

姚锡圯　张亦贤鲁卿　黄锺鹤楼，岁　王承保　郁士桢梓湄　归秉衡　董鑑清　殷汝霖　孙士谔

案，是科因咸丰纪元广额。

咸丰元年辛亥科试宗师吴钟骏

程、安题："顾鸿雁"（程）、"驱虎豹"（安）；次："兄弟无故，一乐也"（程）、同上（安）。

诗："漠漠水田飞白鹭得飞字"（程）、同上（安）。

吴运元　温振常　沈镜涟柳漪　张熙春　纪承弼　陆丙荣　姚士璠质夫　朱宝善

咸丰三年癸丑岁试宗师万青藜字藕舲，江西德化人，庚子进士，官礼部侍郎。

程、安题：“且子食志”二句（程）、“且谓长者”二句（安）；次：“孙叔敖举于海”（程）、“百里奚举于市”（安）。

诗：“桂和秋露滴得秋字”（程）、“松带下风迎得风字”（安）。

金兆熊　庄寅武卿　温良栋　邱凤锵铸平　朱宝书稼轩，拔，癸酉、甲戌　梁桐　沈金镛瘦生　邵銮廷　方熊羹花　朱瑞莹兰蕙　徐良年虎臣　许锡镠　庞正庄栩园，岁　陆炳恩　陈逢春岭梅　张书训　纪汝刚小石，岁　董庆龄

案，是科因宣宗升祔太庙广额。

咸丰五年乙卯科试宗师吴式芬字子苾，山东海丰人，乙未进士，官内阁学士。

程、安题：“成于乐”至“好勇”（程）、“见义不为”至“季氏”（安）；次：“如必自为”（程）、“不违”回言章（安）。

诗：“小凉渐近早秋天得秋字”（程）、同上（安）。

金汝宽　张钟　方增元醒吾，岁　纪丰第幼槎，岁　董绍曾　纪承平眉峰　李世仁迺山

咸丰七年丁巳岁试宗师周玉麒字韩臣，湖南善化人，甲辰进士，官太常寺卿。

程、安题：“无为小人儒”至“武城宰”（程）、“远者东”至“父宰”（安）。

诗：“马踏春泥半是花”（程）、同上（安）。

纪荣第少槎　蒋钊　姚士亨　温镳　温家骥　梁棠　方增玉　林荣

咸丰八年戊午科试宗师周玉麒

程、安题：“孰敢不正？季康子患盗”（程）、“是尚友也。齐宣王问卿”（安）；次：“必使仰足以事父母”（程）、同上（安）。

诗：“小栏花韵午晴初得初字”（程）、同上（安）。

金汝玉　桂轮　纪录　张尔培菊墅　徐延洙　屠渫

案，是科因捐输广额七名。

咸丰九年己未岁试宗师张锡庚字星白，江苏丹徒人，丙申传胪，官副都御史。

程、安题：“舜为天子，皋陶”（程）、“瞽叟亦北面”（安）；次：“上祀先公”（程）、同上（安）。

诗：“惟有读书声最佳得声字”（程）、同上（安）。

金汝信直甫　温振庠　温士荣　温鼎秋辛，岁　张乃庄　纪梦麐

同治四年乙丑补行咸丰庚申科试宗师吴存义字和甫，江苏泰兴人，戊戌进士。

程、安题：“诗云：‘乐只君子，民之父母。’”（程）；次：“学者亦必志于彀”（程）。

诗："荷芰水亭开得亭字"（程）。

丁黻唐菱棠　蒋锡纶桐生　纪杏第紫畦　张乃常韵梅　庄祖鋆剑豪，原名剑泉　吴倬元抉云　温泰雅泉　沈善钧芷庭　吴兆棠峤州，以上乌程　郁运申庚龠，岁　闵鸿书羡青，以上归安

同治四年乙丑补行壬戌岁试宗师吴存义

程、安题：同上（程）。

钱汝雯桐轩，副，癸巳　张选青吟仙　姚嘉生西成　姚士桢芸仙　蒋锡礽词仙　李光霁雅深，原名世昂　张路青采江，以上乌程　邵经竹贤　谈鸿儒品如，以上归安

同治四年乙丑补行癸亥科试宗师吴存义

程、安题：同上（程）。

桂芾煌茀斋　董金声韫玉　董尔昌稼秋　钱锦柟香墅　潘桢小阁，以上乌程　蒋锡璜渭堂，归安

同治五年丙寅补行乙丑岁试宗师吴存义

程、安题："岂爱身不若桐梓哉"（程）、同上（安）；次。

诗："红绽雨肥梅得红字"（程）、同上（安）。

朱乃赓也秋　沈善镛啸湄　蒋锡绶杞生　吴兆鳌稚梅　陈应奎少斋　李廷赓子琴，恩　朱福增咏仙　纪蓉第小雅　钱锦荣少泉，以上乌程　闵鸾书少春，归安

同治六年丁卯补行丙寅科试宗师吴存义

程、安题："举善而教不能则劝"（程）、同上（安）；次："使天下仕者"至"王之朝"（程）、"耕者皆欲"至"王之野"（安）。

诗："鹭下点青秧得青字"（程）、同上（安）。

张为振鹭侯　张为森隄耕　蒋锡仪棣安　蒋锡侃友逵　董厚保恂如　陆鸿子林　陆墉子望　徐椿年秋陆　桂树廷芷卿　邱其相子璘　纪丙第小亭　纪开第竺生　谢承祺月樵，以上乌程　董鼎鸿少农，原名鼎洪　董运麟斯玉　钱汝钦稼轩，以上归安

同治七年戊辰岁试宗师徐树铭字寿蘅，湖南长沙人，丁未进士，官候补侍郎。

程、安题："子路问：'闻斯行诸？'"（程）、"有父兄在"至"闻斯行诸"（安）；次。

诗："人间风月不到处"（程）、"天上玉堂森宝书得堂字"（安）。

朱圻漱夫　许峻生岷谷　徐恩第砚俞　吴健雄枕泉　褚福本端卿　温彬韵花，以

上乌程　钱汝为薇轩，归安

同治八年己巳科试宗师徐树铭

程、安题：“尊贤也”（程）、“亲亲也”（安）；次。

诗：“碧天照水风吹云得云字”（程）、“明窗大凡清无尘得清字”（安）。

许潮生文波　吴崧生亦秋　温源爱麻　陈谟晓岩　沈兰征佩秋　纪荣林仲瑚　唐宗尧宾穆　李宾鸿山琴，以上乌程　邵其铭少繁，归安

同治十年辛未岁试宗师丁绍周字濂甫，江苏丹徒人，庚戌进士，官太仆寺少卿。

程、安题：“而为之牧之者”至“求牧”（程）、“而入于幽谷者，《鲁颂》曰”（安）；次：“亦有仁义而已矣”（程）、同上（安）。

诗：“新竹压檐桑四围得森字”（程）、同上（安）。

梅福墉石庵，戊子　纪同寿和伯　陆同福茀堂　纪支第浩舫　吴福瀛士洲　陆埭棠花　陈纪常少泉　陈从龙云侯，以上乌程　杨有斯韫岩　姚崧生补勤　金焘沁园，以上归安

同治十一年壬申科试宗师丁绍周

程、安题：“子曰孝哉”（程）、“子曰直哉”（安）；次：“而民欢乐之”（程）、同上（安）。

诗：“绿树阴阴可一园得园字”（程）、同上（安）。

刘安涛雨蘋，乙亥　蒋锡紬书箴，己卯　施锡圭介卿　张为霖云谷　陆葆元友梅　张廷钰绳雨　沈福源厚成　徐麟年玉台　李树春柳青　姚士传韵秋　刘安澜紫回　姚丙生廉伯　李树人渭卿，以上乌程　徐文年清轩　张搢绅少湘，原名晋绅　汤敬熙芑生，岁，以上归安

同治十三年甲戌岁试宗师胡瑞澜字筱泉，湖北江夏人，乙巳进士，官兵部侍郎。

程、安题：“王知夫苗乎”至“天”（程）、“则苗槁矣”至“则苗”（安）；次：“非天之降才尔殊也”（程）、同上（安）。

诗：“晴虹桥影出得晴字”（程）、同上（安）。

陆熊祥子璜，岁　张为荣麟史　陆同升允斋　钱锦荣月帆　陆同文选青　彭元熙子帆　吴绳其寅生　王宏纲岭先　李成霖书农　吴文元朗斋　邵文祺戟门　吴均元崧生　金凤清次生　张为弼笏孙

光绪元年乙亥科试宗师胡瑞澜

程、安题：“幼吾幼”至“可运于掌”（程）、“以御于家邦”至“彼而已”（安）；次：“有本者如是”（程）、同上（安）。

诗："炉火灰深到晓温得深字"（程）、同上（安）。

张廷贵梓良，岁　吴福熙子泉　周庆贤芹轩，壬午　陆昌鐈友白　刘锦藻澄如，戊子、甲午　陈诗桂题　闵次颜季望，甲午　陈应垚蔼楼　张为第蓉题　张乃英菱卿　王宏俊禹臣　沈文濬梅孙　张为楹仲辅　傅振镛笙伯　张宝善定甫　陈起凤翥安　张伦艺青　李肇文彬士，以上乌程　闵龙书仲荀　邵纶砚三，以上归安

光绪三年丁丑岁试宗师黄倬字恕皆，湖南善化人，庚子进士，官礼部侍郎。

程、安题："何为则民服"至"举直"（程）、"错诸枉"至"举枉"（安）；次："而民欢乐之"（程）、同上（安）。

诗："飘然思不群得然字"（程）、同上（安）。

桂福垣少波　邱炳垣厚安　周庆森蓉史　蒋汝昂补经　张家光芝青　彭元祥蟾青　王渭熊兆兰　陈廷桢鹤亭，岁　张尔钦思安　谈经云溪　庄观文士先，原名人文　韩奎佩秋　吴辅宜鹤笙，以上乌程　郁传经酉陶，归安

光绪四年戊寅科试宗师黄倬

程、安题："民事不可缓也"至"于茅"（程）；"校数岁之中"至"狼戾"（安）；次："一日暴之"（程）、同上（安）。

诗："绕郭烟岚新雨后得烟字"（程）、同上（安）。

邵麟书稚芹　沈承璋莪士　刘廷桂林秋　邱培恩晋斋　姚文熊藜青　韩煇汝明　李惟奎联仙，原名惟仁　钱锦标剑青　潘玉书麟卿，安吉学

光绪六年庚辰岁试宗师张沄卿字霁亭，云南太和人，壬子进士，官工部侍郎。

程、安题："异哉子叔疑"（程）、"昔者鲁缪公"（安）；次："见贤焉，然后用之"（程）、同上（安）。

诗："鱼戏新荷动得新字"（程）、同上（安）。

桂福均子平　张文元薇卿　蒋臣燮理卿　沈经元楚三　闵广埏纯甫　庞元济赉臣，辛卯，恩赏　吴敦豫补笙　邵其臻幹周　方闰生藕裳　朱宝禾兰生　温祖瀛润和　谈鑰介生　潘琳书茗毓，岁，安吉学

光绪七年辛巳科试宗师张沄卿

程、安题："或曰性可以为善"至"好善"（程）、"或曰有性善"至"而有象"（安）；次："言近而指远者，善言也"（程）、"守约而施博者，善道也"（安）。

诗："十里秋风红菡萏得秋字"（程）、同上（安）。

陈廷锡仲璜　顾瀚质卿，原名同文　周庆云湘舲　徐昂年楷庭　吴宝臣颂卿　邱炳珍幼銮，甲午　沈克刚直舍，原名尚仁　郑虎臣抚卿　李树友柏　陆鸿渚秋　张桂

馨子丰　刘安仁颂驺　孙经纶咏花

光绪九年癸未岁试宗师祁世长字子禾，山西寿阳人，庚申进士，官吏部侍郎。

程、安题："譬如行远"（程）、"譬如登高"（安）；次："吾为此惧"（程）、同上（安）。

诗："张琴和古松得琴字"（程）、同上（安）。

董澂源心禹　王佐贤鹅书　陈锡周闻穉　刘祖同宜孙　顾洪杰润卿，原名锡洪　张锡光云衢　沈晋三镜山　沈锦元继香　周庆善鹤侪　朱仁寿泗生　纪福寿仲景，岁　归尔臧颂眉，岁　桂福升小芾　金凤岐梧生　张润华朗青，以上乌程　王文濡均卿，原名承治，归安

光绪十一年乙酉科试宗师刘廷枚字叔涛，江苏吴县人，戊辰进士，官国子监祭酒。

程、安题："抑末也"（程）、"非然也"（安）；次："则修文德"至"既来之"（程）、同上（安）。

诗："风落瓶花笔砚香得香字"（程）、同上（安）。

吴尔昌平伯　徐升年赋农　姚兰言培生　吴咏霓蓉洲　张铭勋建臣　朱炳仁者山　张廷华萼孙，岁

光绪十二年丙戌岁试宗师瞿鸿禨字子玖，湖南善化人，辛未进士，官侍讲学士。

程、安题："如此则无敌"至"天吏也"（程）、"孟子之平陆"至"去之否乎"（安）；次："施及蛮貊"（程）、同上（安）。

诗："画船四月满旗风得风字"（程）、同上（安）。

覆试："是岂山之性也哉"（程）、同上（安）；次："食我桑葚，怀我好音"（程）、同上（安）。

诗："栽种成阴十年树得成字"（程）、同上（安）。

张为椿子枋　张为棣子鑑　邱炳蓉陶庵　沈鸣皋翰仙　沈梅徵润之　吴兆祥松溪　李惟一臣尧　温振翔勤宣，原名文焕　华家颐养园

光绪十三年丁亥科试宗师瞿鸿禨

程、安题："无常职而赐于上者"二句（程）、"治人者食于人"（安）；次："不畜聚敛之臣"（程）、同上（安）。

诗："溪上玉楼楼上月得兴字"（程）、同上（安）。

张廷镛儒珍　李承纲纯士　孙诒谷启明　陆彬质人　王振庠士庠　张为栎琴阁　朱景圻蕴人　朱景墉润庵　钱锦华清士　邱汝霖慰农　朱秉钧丙君，以上乌程　邵乃济傅舟　董承志绍光，以上归安

光绪十五年己丑岁试宗师潘衍桐字峄琴，广东南海人，戊辰进士，官翰林院侍读。

程、安题："然则举乌获"至"弗为耳"（程）、"辟兄离母"至"他日归"（安）；次："树墙下以桑"（程）、同上（安）。

诗："跨桥云屋接川湄得程字"（程）、"才过荻港又菱湖得安字"（安）。

覆试："无非事者春"（程）、同上（安）。

李宗贤希民　徐彬年亚贤　李肇锡吉甫　邱培桢石安　张尔锠稚萍　张善裕笃生　朱乃成蓉轩　冯联第辅廷　张锡熊幼琴　张令绪念生　沈秉经质人　蒋文勋殿襄　蒋臣勋冠群，岁，改名敬修　朱文蔚雅言

光绪十六年庚寅科试宗师潘衍桐

程、安题："许子奚为不自织"（程）、"皆衣褐"（安）；次："君子未有不如此"（程）、同上（安）。

诗："天清一雁远得天字"（程）、同上（安）。

邢墭邃轩　邢培植之　顾泷彝庵　张钧衡石铭，甲午　戴彬奎如松　朱新模植之　沈桢咏霓　纪祖寿缵卿　李正瑜瑾南　蒋立功成之，岁，安吉学

光绪十八年壬辰岁试宗师陈彝字六舟，江苏仪征人，壬戌传胪，官宗人府府丞。

程、安题："其斯而已矣"（程）、"斯已而已矣"（安）；次："无弗与者"（程）、同上（安）。

诗："风约半池萍得池字"（程）、同上（安）。

金理吉生　朱景增午峰　朱福骝仲薇　沈规仪威如　沈秉芹卓如　闵玉书幼槎　李惟政绘邠

光绪十九年癸巳科试宗师陈彝

程、安题："我不识能至否乎"（程）、"不识可使寡人得见乎"（安）；次："五霸假之也"（程）、同上（安）。

诗："得失寸心知得心字"（程）、同上（安）。

刘安浩梯青　李宗焕颂尧　纪华林叔瑛　王桂澂蓓荪　沈荃徵青漪　邱景瀛问清　张善昌子才　张善熙幼耕　张庆余莲庄　蒋镕菊生　汪尔泽润民，以上乌程　庞树曾蓉桢　闵谦伯寅　梅福均韶笙　汤纯熙聘三，以上归安

光绪二十一年乙未岁试宗师徐致祥字季和，江苏嘉定人，庚申会元，官大理寺卿。

程、安题："间尝窃取程子之意"（程）、"请必无归而造于朝"（安）；次："去圣人之世"（程）、同上（安）。

诗："片云头上黑得云字"（程）、同上（安）。

朱宝贤翔生　李惟弼右臣　李宗熙松清　邵书勋颂新　张振清仲英　张祖同萼孙　邢壎颂声　邱文芸叔　邱培仁静予　沈祖安鑑平　梅履泰祇安，壬寅　张宗廉清臣　丁承濂慕周　庞元澂清臣　金彤翊墀　朱焜荃生

光绪二十二年丙申科试宗师徐致祥

程、安题："殷　三仁"节（程）；次："殷　唐虞"节（程）。

诗："秧马得秧字"（程）。

覆试："下学"（程）。

金熙子辰　蒋汝藻孟苹，癸卯　曹元彬质夫　张鼎元清如　彭廉绅介臣　温调孙羹梅　张保洪叔明　张善登创臣，以上乌程　郁傅泰云扶　金堂玉森，以上归安

光绪二十四年戊戌岁试宗师陈毓棻字桂生，湖北安陆人，壬戌进士，官户部侍郎。

程、安题："故谚有之曰"（程）、"汤之盘铭曰"（安）；次："以德服人者"至"诚服也"（程）、同上（安）。

诗："万里无云月正中得云字"（程）、同上（安）。

张宗颐锡章　温譔孙镜蓉　方浏生佩刚　温松孙兰卿　邵士杰喆成　陆善同清如　陆保鋑锐先　李宗陶鹤舫　李正瑞雪舫　吴朝栋劳臣　吴赓飏丹墀　沈祖贤卓士　李宗爵梧冈　戴锦文章甫　戴锦贤仲荪　周庆成柳军

光绪二十五年己亥科试宗师文治字叔平，满州镶红旗人，乙丑进士，官兵部侍郎。

程、安题："舜其大知也与！舜好问"（程）、"舜其大孝也与！德为圣人"（安）；次："今王亦一怒"至"之民"（程）、同上（安）。

诗："民胞物与得铭字"（程）、同上（安）。

覆试："树墙下以桑"（程）、同上（安）。

温葆鋆懿铭　彭汝绅梧生　吴承运叔翘　李惟藩啸云　温曾同贡青　沈福缘允明　徐益藩赓廷　周延龄柏年　陆文苞棐君　钱锦云翰青　潘含英翰英，安吉学使

光绪二十七年辛丑岁试宗师李荫銮字玉坡，直隶景州人，癸未进士，官通政使司副使。

程、安题："子路共之"（程）、"校人烹之"（安）；次："宽则得众信"（程）、同上（安）。

钱鑫味辛　桂宝森书城　桂宝书森堂　桂宝桢幹之　桂骏逢伯　张文霓慰农　徐益彬逸宾　凌庆余志云

案，辛丑七月改废制艺，院试正场试四书义一首、经义一首，先试策、论一场。

光绪二十八年壬寅科试宗师张亨嘉字燮钧，福建侯官人，癸未进士，官大理寺少卿。

程、安题："有布缕之征"三句义（程）、同上（安）。